추천사

존 오웬을 읽는 것이 가치가 있을까? 스펄전이 오웬을 "신학의 황태자"로 불렀다는 사실만으로도 답이 될 것이다. 칼 트루먼은 이 책이야말로 오웬의 신학을 가장 포괄적으로 설명한 책이라고 평가했다. 오웬의 『성경신학』은 17세기 네덜란드의 대표적인 언약신학자인 헤르만 위치우스에 의해서도 강력한 추천을 받았다. 18세기 영국 침례교 목사 존 라일랜드는 자연세계의 시스템을 이해하는 데에 존 뉴턴의 『프린키피아』가 중요한 만큼이나, 오웬의 이 책이 모든 젊은 신학도와 목사들에게 있어서 성경을 이해하는 데에 중요하다고 말하면서, 이 책을 읽지 않는 현실에 대해 부끄러움을 느낀다고 말하였다. 이 책의 가치를 설명하는 가장 중요한 진술은 오웬 자신의 말이다. 오웬은 종교개혁신학에 대하여 자신이 기여한 바와 관련하여 이 책이 가장 넓고 가장 지속적일 것으로 여겼다. 이렇게 소중한 책이 1661년에 라틴어로 출판된 이후로 1994년까지 영어로 번역이 되지 않았다. 오웬의 『성경신학』에서 무엇을 배울 수 있을까? 오웬의 이 책은 아담에게서 그리스도에게로 이어지는 구속사의 흐름을 반영하는 언약신학의 틀을 따라 제시한다. 이러한 점에서 이 책을 통해서 개혁신학의 성경 해석과 이에 근거한 신학을 배울 수 있다. 만일 구약을 읽으면서 도덕주의적 행위의 모범을 강조하는 일에 빠지지 않고 그리스도의 빛 아래서 설교를 전하고자 한다면 이 책은 커다란 도움을 준다. 현대 설교신학자들이 '그리스도 중심적' 설교를 말하기 이전에 이미 17세기 오웬은 '그리스도 중심적' 성경해석과 설교를 가르쳐준다. 그리스도 중심적 구약 성경의 해석을 언약의 구조 아래서 풀어주는 오웬의 이 책은 자연스럽게 성경의 전 계시 역사를 통한 자세한 해설을 통해서 그리스도의 복음 아래 있는 교회와 성도에 대한 고찰과 묵상으로 나가도록 이끌어 준다. 만일 그리스도의 은혜의 복음을 교리적으로 가르치는 조직신학을 학습하고 있지만, 복음을 성경 본문에서 찾아 풀어내는 일에 여전히 어려움을 겪는다면 이 책은 커다란 도움을 줄 것이다. 오웬 자신이 스콜라적 방법론에 매우 뛰어남에도 성경의 계시 역사를 기술하고 있다는 특징을 고려할 때, 이 책을 읽는 것은 신학이란 어떠한 것이며 그 과제는 무엇인가에 대해 그리스도의 말씀을 맡은 목사가 반드시 학습하고 실천해야 할 근본적이며 핵심적인 가르침을 줄 것이다.

김병훈 교수 · 전 합동신학대학원대학교 조직신학

존 오웬은 인간의 이성을 최고의 권위로 놓기 시작한 현대 이성주의가 본격적으로 발현하기 이전의 인물이다. 그러므로 오웬의 작품 속에서는 현대 성경비평주의에 오염되지 않은 종교개혁 이후의 개혁파 신학과 신앙이 아름답고 탁월하게 남아 있다. 그런 의미에서 오웬이 사용하는 "성경신학(Biblical theology)"이라는 용어는 18세기 성경비평주의의 발현과 더불어 새로운 의미로 안착되어 오늘까지 사용되는 "성경신학"이라는 용어와는 그 의미와 사뭇 다르다. 여기서 우리가 명심해야 할 것은 신학에 있어서 덜 현대적이라는 말이 곧 덜 정확하다는 의미가 될 수 없다는 사실이다. 오히려 오웬이 사용한 "성경신학"이라는 말과 그것이 가리키는 내용은 말 그대로 성경이 우리에게 전하는 핵심적인 내용을 그의 다양하고 방대한 지식의 용광로 속에서 녹아내어 요약적으로 제시하고 있는데, 이것이야말로 진정한 의미의 "성경신학"이며, 우리 시대가 본받아야 하는 하나님에 대한 지식이라고 생각한다.

오늘날은 신학의 제분야가 따로 독립되어 있고 성경신학도 그 가운데 하나로서 발전해 왔다. 그 결과 각각의 분야의 학문적인 전문성은 증가했을지 모르나, 정작 하나님께서 성경을 통해서 우리에게 전달하려는 참된 목적을 반영하는 것에는 오히려 미진하다. 이에 반해 오웬은 이 책을 통해서 성경 자체와 거기에서 도출된 성경의 핵심적인 주제인 신학과 그 신학의 역사적 발달과 이 세상의 인문학에 대한 이 모든 지식이 어떻게 조화를 이루어서 하나님께서 성경을 통해서 이루고자 하시는 목적을 이루는 데 도움을 줄 수 있는지를 우리에게 잘 보여준다. 이 책에서 오웬은 성경 역사의 흐름대로 따라가면서 자신의 논지를 전개하고 있지만, 그의 목적은 분명하다. 바로 예수 그리스도의 복음을 더욱더 분명하게 드러내는 것이다. 이것은 하나님께서 우리에게 성경을 주신 목적이기도 하다. 오웬은 서문에서 자신이 이 책을 쓰는 이유를 "참된 신학의 본질을 밝힘으로써" 참된 신자들이 "본받아 따를 수 있는 길을 제시하려는" 것이라고 분명하게 말한다. 그러므로 오웬의 성경신학은 오늘날 흔히 생각하듯 조직신학과 구별되는 것이 아니라 그것을 포함하는 것이다. 쉽게 말하면, 이 책은 오웬 특유의 탄탄한 논리와 성경 66권 전체에 대한 분명하고 충분한 이해에 바탕을 둔 개혁파적 성경해석은 물론, 신학적이고 교리적인 지식과 당시까지의 교회사 전체에 걸친 역사신학적인 지식, 더 나아가서 고대로부터 이어지는 서양의 세속적 철학과 역사를 비롯한 인문학에 대한 방대한 지식을 반영하고 있다. 그뿐만 아니라, 이 책은 성경적인 이해와 목회적 경험과 성경을 해석하는 한 개인의 경건함이 덧붙여져서 조화를 이루는 탁월한 작품이다. 이는 종교개혁 이후 18세기 이전까지 칼빈을 비롯한 수많은 개혁파 신학자들이 공통적으로 견지했던 신학을 하는 방법론이자 신학에 대한 이해였으나 오늘날은 상실되어 가는 안타까운 유산이다.

비록 18세기 이후 계몽주의 하에서 이루어진 성경에 대한 공격과 자유주의 신학적 입장에 대한 반응을 이 책에서 찾을 수 없다는 것은 현대를 살아가는 우리에게 아쉬움으로 남긴 하나 이는 오웬의 시대가 그 이전이었기에 불가항력적인 일이다. 하지만 이 책에서 우리는 모든 시대에 적용할 수 있는 탁월한 성경해석의 원리와 신학적 방법론을 발견할 수 있다. 그리고 오히려 이런 아쉬움은 이렇게 탁월한 책을 남긴 오웬의 대답을 갈구하는 우리들의 기대를 반영하는 것이라 생각한다. 이 책은 오늘날과 같이 파편화되고 전문화된 지적 환경 속에서 신학자는 물론이고 목회자들이 성경에 대하여 가져야 하는 바른 이해의 모델을 제시해 주기에 귀한 책이다. 만약 진정으로 성경을 알고자 하여, 그 기초를 든든히 놓기를 원하고, 그런 의미에서 참된 성경신학을 갈망하는 이가 있다면 이 책을 적극 추천한다.

김효남 교수 · 총신대학교 신학대학원 역사신학

존 오웬의 『성경신학』이 우리말로 번역 · 출간된 것은 한국교회와 신학계에 큰 경사가 아닐 수 없습니다. 물론 오웬의 작품은 그 깊이와 폭의 너비가 상당해서 제대로 소화하기에 절대 호락호락하지 않습니다. 하지만 이 '단단한 음식'(히 5:14)을 제대로 소화 시키기만 한다면 신학적 근육과 영적 체력은 전과는 비교할 수 없을 만큼 강건해질 것입니다.

오웬이 서문에서 잘 지적하고 있는 것처럼 신학을 연구하는 사람들이 당면하는 가장 큰 걸림돌은 '본성적인 생각 속에 내재된 파괴적인 어두움'입니다. 오웬은 이 파괴적인 어두움을 '계시의 빛'으로 물리쳐야 한다고 역설했고, 본서를 통해 계시의 빛이 정확히 무엇인지에 대해 성경적으로, 신학적으로, 역사적으로, 철학적으로 충실히 논증했습니다.

『성경신학』은 큰 틀에서 '자연 신학'과 '복음 신학'을 대비시키는 구조를 가지고 있습니다. "죄가 더한 곳에 은혜가 더욱 넘쳤나니"(롬 5:20)라는 말씀처럼, 오웬은 자연 신학이 얼마나 본성적으로 부패했는지를 포괄적으로 논증한 후 은혜로 점철된 복음 신학의 필요성을 효과적으로 이끌어내고 있습니다. 오웬은 이를 논증하기 위해 아담부터 노아까지, 노아부터 아브라함까지, 아브라함부터 모세까지, 모세부터 그리스도까지의 언약 신학을 통시적으로 총망라하며 거시적인 구속사의 그림을 일필휘지로 능숙하게 그려내고 있습니다. 그 깊이와 폭이 정말 압도적입니다.

복음을 사랑하는 사람은 이 책을 통해 복음을 더 사랑하게 될 것이며, 성경을 사랑하는 사람은 이 책을 통해 성경을 더 사랑하게 될 것입니다. 복음과 성경의 정수(精髓)를 깊이 있게 논구한 본서를 통해 결국 우리는 복음과 성경의 영광스러운 귀결점, 예수 그리스도에게로 더 깊이 나아가게 될 것입니다.

사실 오웬의 글쓰기 스타일은 대단히 난해합니다. 오웬의 영어 작품은 특히 난해하기로 유명한데 본서는 오웬이 라틴어로 쓴 작품을 영어로 번역 후 우리말로 다시 중역한 언어적 가공 과정을 거쳤으므로 가독성 측면에서는 좀 더 읽기 수월합니다.

오웬의 『성경신학』을 통해 우리 모두의 신학적 근육이 더 강건해져 교회의 영적 체질과 신학교육의 교육적 질이 한껏 향상될 모습을 목도할 생각에 벌써부터 가슴이 뜁니다.

박재은 교수 · 총신대학교 신학과, 교목실장

먼저 이 책이 한국교회에 소개되게 섭리하신 하나님 아버지의 긍휼과 자비를 인하여 감사와 영광을 돌리지 않을 수 없습니다.

성령 하나님께서 성경을 당신 자신의 계시의 말씀으로 완결편으로 주신 이후의 교회사 속에서 바로 그 성경을 그 백성들, 곧 교회에 바르게 믿고 이해하고 적용하도록 가르치시는 일을 계속하여 오셨습니다. 그 거룩한 소산이 '개혁주의 신학의 전 체계'임에 틀림없습니다.

교회사는 그런 과정이 마치 하늘에서 무슨 '신비로운 방식'으로 임한 것이 아니었음을 보여주고 있습니다. 그 성령의 '기름부으심과 가르치심'의 줄기를 끊어 내거나 혼탁하게 하려는 사탄의 공세로 인하여 발생한 '피를 흘리는 치열한 싸움'의 진한 현실을 우리는 교회사 속에서 발견합니다. 오늘도, 아니 예수님께서 다시 오시기까지 그런 싸움은 계속될 것입니다. 그러므로 우리가 하나님의 사랑하심을 입고 하나님의 구속적인 사랑에 참예하는 순간부터 그 싸움의 일원이 되었습니다. 그러므로 그 싸움은 무슨 전문 신학자나 설교자에게만 해당되지 않고 모든 성도들에게 다 해당되는 일입니다.

교회사에서 하나님의 성령의 기름부으심과 가르치심의 반열의 선봉에 서도록 부르심을 받은 이들은 필연코 그런 싸움에서 가장 피를 많이 흘린 자들이었습니다.

존 오웬은 그런 반열에서 가장 주요한 역할을 하도록 주님께 부르심을 받은 종들 중 한 사람이었습니다. 그는 주님의 은혜의 부르심으로 어거스틴과 루터와 칼빈이 탄 병거에 같이 올라타, 적을 물리치고 그리스도의 피로 세워진 교회를 보호하는 일에서 혁혁한 헌신을 한 사람이었습니다.

그들은 한결같이 성경에 집중하여 성경이 말하는 바를 바르게 이해하고 분석하고 종합하여 '진리의 골수'를 교회에 제시하는 일에 초집중한 사람들이었습니다. 그렇게 하는 목적은 사도 베드로가 부활하신 주님께 받은 사명, "내 양을 먹이라, 내 양을 치라, 내 양을 먹이라"는 목양적 사명을 완수하려는 데 있었습니다. 다른 말로 하여, 그들의 연구물들은 변증적인 요소를 담고 있으면서 더 적극적으로는 교회(교회의 지체들 모두)를 그리스도 안에서 완전한 자로 세우려는 목적에 집중되어 있었습니다.

그래서 그들의 저서들은 다 설교된 것들이고, 아니면 설교될 것들이었습니다. 교회에서 설교되지 못할 것들은 그들의 사고에서 머물 틈을 얻지 못하였습니다.

존 오웬은 이런 점에서 교회사의 궁창에 떠서 많은 이들을 옳은 데로 인도하는 별같은 사람입니다. 주님께서 그리 되게 하셨습니다. 그의 『그리스도의 영광(*The Glory of Christ*)』, 『영의 생각, 육신의 생각(*Spiritual Mindedness*)』, 『죄 죽이기(*The Mortification of Sin*)』, 『사망을 죽인 죽음(그리스도의 구속론)(*Death of Death in Christ*)』(출간 예정), 『성령론(*A Dicourse of the Holy Spirit*)』(출간 예정), 『영적 은사론(*On the Spiritual Gifts*)』을 번역한 본 추천인은 이에 대한 증인입니다.

이 책 『성경 신학』도 단순한 신학적 작품을 내기 위한 목적에서 저술된 것이 아니라 당시 교회를 거룩하게 세우시는 주님의 손에서 쓰임 받을 목적으로 저작된 것입니다. 그래서 이 책은 성경의 진리를 체계화시켜 '변증적으로 방호하고 적극적으로 천명하고 광포하는' 외침입니다. 마치 사도들이 그 당시 유대교 지도자들 앞에서 성경으로 예수님의 그리스도되심을 논증하고 설파한 것과 같습니다. 그래서 이 책은 오늘날 신학 분화에서 '성경신학'의 형식을 띠면서 '조직신학'의 내용을 포괄하고 있습니다.

오늘날 '성경신학자'로 자처하는 이들 중에서 "조직신학자들이 성경에 집중하지 못하고 변증의 형식만 띤 너무 사변적이고 철학적인 형식에 치우쳤다"라고 공격하는 이들이 있습니다. 반면에 '조직신학자'로 자처하는 이들 중에는 "성경 신학자들이 성경에 대한 주관적 해석에 치우쳐 진리의 객관성을 존중하지 않는다"라고 맞받아치고 있는 형국입니다. 참 이상한 모습입니다. 이런 식의 신학의 분화는 '성경에 입각하여 유기적인 한 진리의 체계와 생명을 공유한 참된 신학의 통일성'을 상실한 난맥이 아닐 수 없습니다.

그러나 칼빈이나 존 오웬의 책들은 '오직 성경에 입각하여 진리의 핵심을 발견하고 거기에 진리의 객관성과 보편성'이라는 한 목적과 가치를 포괄적으로 공유하고 있습니다. 그래서 그들 책들의 논증들은 그리스도를 인정하지 않는 인문학의 공격으로부터 성경적 신앙을 변증하고 방호하는 데 능하였습니다. 아울러 각 사람이 그리스도 안에서 완전하게 서는 길을 제시하는 데 확실하였습니다. 사도 바울이 말한 바와 같습니다. "우리의 싸우는 무기는 육신에 속한 것이 아니요 오직 어떤 견고한 진도 무너뜨리는 하나님의 능력이라 모든 이론을 무너뜨리며 하나님 아는 것을 대적하여 높아진 것을 다 무너뜨리고 모든 생각을 사로잡아 그리스도에게 복종하게 하니"(고후 10:4, 5).

성경 전체를 관통하는 하나님의 복음과 그 말씀 진리의 궤적을 추적한 이 책으로 오늘날 한국교회와 그 성도들로 하여금 그렇게 이기고 세우실 주님을 찬미합니다. 이 책을 번역하느라 애쓰신 조계광 목사님과 이 책을 위하여 헌신하신 도서출판 언약의 모든 관계자 여러분에게 은혜 주시어 섬기게 하신 주님을 찬미합니다. 또 이 책을 읽을 독자들에게 은혜 주실 주님을 찬미합니다.

서문 강 목사 · 중심교회 원로목사

신학을 연구하는 것은 경외감과 겸손을 낳는다. 신학이 삼위일체 하나님에 관한 학문이라고 할 때 단순히 지적 창고의 넉넉함과 풍성함만이 아니라 삶의 실천적 영역에 깊은 영향을 미치는 것이기에, 신적 존재에 대한 두려움과 그분 앞에서 적나라하게 드러나는 삶의 현장에서 엎드림은 불가분의 관계이다.

요즘 신학적 영역이 점점 실천적 삶과 괴리감을 벌려가고 있지만, 그것을 결코 정당화할 수 없음은 신학의 출처가 성경이고 성경은 하나님을 경외하는 사람들을 위한 실천적 원리라는 사실을 부정할 수 없기 때문이다. 이를 가장 잘 실천한 사람들을 역사 속에서 찾는다면 17세기 청교도들이다. 그들의 신학은 삶이었고 그들의 삶은 성경에 아주 밀착된 것이었다. 그들은 신정국가에서 산 자들이 아니었어도 성경에 계시된 교훈에서 한 치도 벗어나지 않으려고 몸부림쳤다. 그런 하나님의 사람들을 길러낸 학자 중의 학자로 손꼽히는 존 오웬의 저작물, 『성경신학』이 한국어로 번역되어 소개된다는 것은 참으로 보배로운 선물이라 말하지 않을 수 없다.

『성경신학』은 하나님의 계시에 대한 일목요연한 체계적 이해이다. 조직신학이나 역사신학이나 실천신학이 다 하나님의 감동하심으로 주어진 성경 계시에 근거한 것이어야 한다는 측면에서 그 모든 신학에 대한 지도책과 같은 것이다. 그러나 각각의 신학 분야를 다루는 학자들 사이에서 자기의 영역이 우월하다는 편협적인 주장이 있어도 사실은 신학적 구분은 인간의 이해를 돕기 위한 편의적 구분이지 우열을 따지는 전투장이 아니다. 그런 의미에서 성경신학이 독자들에게 주는 깊은 인상은 하나님을 향한 경외심이 더욱 돈독해지고 그 하나님 앞에서 우리 스스로를 낮추는 겸손의 열매를 추구하게 하는 것이다. 이것이 없는 『성경신학』은 쓰레기에 불과하다.

본 책에서도 밝히고 있듯이 우리가 내세우는 신학적 진리의 기원과 본질과 발전 과정이 어떠한 것인지를 바르게 이해한다면 하나님을 전심으로 경외하고 그 이름을 존중히 여기며 그 앞에서 겸비하여 풍성하신 하나님의 인자와 은총을 깊이 맛보며 누리는 신나는 삶으로 이어질 것이다. 나를 포함하여 본 책을 탐독하는 독자들 모두가 스스로 있는 분께서 스스로 계시하신 그 엄청난 복을 겸허히 받아 거룩한 사랑으로 불타오르게 하는 주님을 기뻐하는 영적 강력을 삶의 구석구석에서 품어내는 복음의 광채가 되기를 소망한다. 그의 진리 안에서 참된 위로와 격려와 참 생명을 한없이 공급하시는 성 삼위 하나님과 더욱 끈끈한 교제가 넘쳐나기를 기도하며 본 책의 탐독을 적극 추천하는 바이다.

서창원 교수 · 전 총신대학교 신학대학원 역사신학

도서출판 언약을 통해 존 오웬의 『성경신학』이 출간된 것을 참으로 기쁘게 생각합니다. 이로 말미암아 우리는 존 오웬과 그의 연구를 통해 성경과 개혁 신학을 더

욱 깊이 이해할 수 있게 되었습니다. 본서의 장점을 생각할 때 특히 네 그룹의 독자층에게 이 책을 추천합니다. 첫째, 본서는 성경신학을 공부하는 사람들에게 큰 의미가 있습니다. 본서의 제목이 '성경신학'일뿐만 아니라 어떤 학자에 따르면 본서는 '최초의 성경신학'(Proto-biblical Theology)으로 불리기도 하기 때문입니다. 둘째, 조직신학을 공부하는 독자들에게 본서를 추천합니다. 본서의 라틴어 원제에는 '참된 신학'(Verae Theologiae)이 표기되어 있습니다. 본서의 장르가 일종의 '신학서론'을 포함하고 있음을 보여줍니다. 또한 오웬은 언약신학의 관점에서 본서 전체의 구조를 구성하고 있습니다. 셋째, 설교 사역자들에게 본서를 추천합니다. 본서의 서론에서 오웬은 자신의 시대에 성경을 올바르게 해석하여 영혼을 변화시키는 능력 있고 깊이 있는 설교를 선포할 설교자들이 많이 배출되기를 간절히 기대하는 마음을 표현하고 있습니다. 본서가 성경을 주해하고 설교하는 사역자들에게 직접적인 도움을 제공할 수 있음을 암시합니다. 넷째, 역사신학도에게도 본서는 큰 의미를 가지고 있습니다. 아우구스티누스 이후로 개신교 최초의 조직신학 교과서로 알려진 『신학총론(Loci Communes)』을 저술한 멜란히톤이나, 많은 성경 주석과 『기독교강요』의 저자 칼뱅, 그리고 존 오웬의 시대에 이르기까지 성경신학과 조직신학, 그리고 실천신학은 결코 분리될 수 없고 유기적으로 통합되어 있음을 역사신학자들은 잘 알고 있습니다. 17세기에 출판된 존 오웬의 『성경신학』 역시 이러한 전통을 잘 계승하고 있음을 역사신학자들은 오늘날의 신학계를 향해 확인하고 증언할 필요가 있습니다. 끝으로 성경과 기독교 신앙에 관심이 있는 모든 사람에게도 이 책을 주저함 없이 추천합니다. 존 오웬의 『성경신학』을 읽는 독자들은 건전한 신학 전통에서 성경의 풍성한 진리를 직접 맛보아 알고, 하나님의 구속 역사와 예수 그리스도의 복음을 깊이 있게 이해할 수 있을 것이기 때문입니다.

안상혁 교수 · 합동신학대학원대학교 역사신학

청교도의 황태자라 불리는 존 오웬은 그리스도가 모든 진리의 담지자가 되신다고 주장했다. 특히 그는 그리스도의 세 가지 직분, 즉 제사장, 선지자, 왕의 직분을 매우 강조했다. 그에 따르면, 성경 전체는 그리스도에 대한 설명이며 증거다. 오웬은 그리스도가 사실상 성경의 모든 페이지에서 발견되기 때문에 신자들은 성경 속에 기록된 그리스도의 인격과 사역에 대한 모든 것을 전력을 다해 깊이 숙고해야 한다고 역설했다. 이 책은 그가 말한 모든 것이 사실이라는 것을 직접 보여주고 있다. 이 책에서 오웬은 '성경에 나타난 신학'을 탐구한다. 아담의 자연신학을 자세히 설명하는 것을 필두로, 타락한 이후 전적으로 부패한 자연신학의 한계와 문제를 날카롭게 지적한다. 그리고 회복되기도 하고 다시 후퇴하기도 했던 신학의 역사를 노아, 아브라함, 모세를 거쳐 진행되는 이스라엘의 역사 가운데 재구성한다. 그리고 급기야 그리스도를 통해 드러난 거룩한 '복음 신학'을 상세하게 설명한다. 오웬이 얼마나 철저하게 성경적인 신학자인지 이 책은 유감없이 보여준다. 신학은 예배와 복종을 다루는 학문이며, 참된 신학은 하나님의 뜻에 따라 계시된 신적 진리를 다룬다는 오웬의 주장이 더욱 가슴 깊이 와닿는 것은 그만큼 오늘날 신학 세계가 혼탁하기 때문이다. 그리스도의 신학을 제시하는 것을 최종목표로 삼고 있는 이 책은 예수 그리스도만이 신학을 완전한 것으로 만드셨음을 설득력 있게 변증한다. 이 책은 모든 신학도들에게 권하고 싶은 '신학서론'이며, 모든 목회자들에게 권하고 싶은 '구속사의 기술'이며, 모든 성도들에게 권하고 싶은 '참된 경건의 보고'다. 신학의 참된 의미를 정말 깨끗하고 온전하게 회복시키고 있는 이 책은 시간을 들여 숙고할 가치가 충분하다.

우병훈 교수 · 고신대학교 신학과, 『교회를 아는 지식』의 저자

"청교도의 황태자"라 불리우는 존 오웬은 탁월하게 학문성과 영성을 겸비한 청교도들 가운데서도 두드러지게 더 뛰어난 신학자였습니다. 오웬에 대한 발군의 연구자인 칼 트루먼은 오웬에 대해 "영국 청교도 운동이 낳은 가장 위대한 신학자일 뿐만 아니라, 당대의 유럽 개혁신학자 가운데도 가장 위대한 신학자중 하나"였다고 높이 평가한 바가 있습니다. 1980년대 이후로 국내에서도 오웬의 저술들, 특히 실천적이고 영적인 저술들이 많이 출간되어왔고, 적지 않은 독자층을 형성하고 있기도 합니다. 다만 안타까운 점은 경건이나 영성의 대가로서 오웬의 기여를 넘어 개혁주의 신학과 주해가로서의 기량을 드러내준 작품들이 충분히 번역되지 못하고 있는 현실입니다. 이제 도서출판 언약에서 존 오웬의 『성경신학』과 『성령론』(축약되지 않은 저작전집 3권 전체의 번역)을 완역하여 출간하는 일을 감행해 준 것에 대해 기쁘게 생각합니다.

오웬의 『성경신학』의 원제는 상당히 긴데, 중요 사항만 따온다면 "모든 종류의 신학적 주장, 곧 참된 신학의 본질과 발흥과 발전과 연구에 관한 논의"가 될 것입니다. 본서는 1652-1657년에 부총장으로 직했던 옥스퍼드 학생들에게 강의한 내용을 담고 있으며, 왕정복고가 이루어지기 직전인 1661년에 원래 라틴어로 출간이 되었습니다. W.H. 굴드가 편집한 존 오웬의 저작전집 제17권에 수록이 되어 1862년에 다시 출간이 되었으나, 배너 오브 트루스가 20세기 후반에 영인본을 낼 때에도 누락시켜버린 오웬의 대작인데, 1994년 스티븐 P. 웨스트코트 박사의 수고를 통해 영역본으로 첫 출간이 된 것입니다. 영역본에는 성경에 대한 존 오웬의 변호서가 부록으로 첨부됐습니다. 오웬의 『성경신학』(1661)은 크게 두 부분으로 구성되어 있는데, 그것은 바로 자연 신학(Natural Theology)과 복음적 신학(Evangelical Theology)입니다. 오웬은 아담에게 허락하신 자연적 혹은 본성적 지식에 대한 논의로 시작해서, 타락 후의 자연적 혹은 본성적 지식에 대한 논의를 구약의 시대별로 논의하고, 그리고 나

서 예수 그리스도로부터 계시되는 복음적인 신학(복음주의와 혼동하지 말아야 함)에 대해서 다루어주고 있습니다. 짐 패커가 잘 적시한 대로 이러한 방식으로 17세기 신학자 존 오웬은 20세기의 게할더스 보스가 성취하게 될 성경신학의 선구적인 노력을 본서에서 펼쳐 보여준 것입니다. 비록 책이 방대하고, 때로 오웬의 문체가 복잡하고, 난해하며, 반복이 되곤 하지만, 구약과 신약이 담고 있는 신학 혹은 건전한 교리의 역사를 공부하고자 하는 그리스도인들에게 본서를 손에 들고 진지하게 정독하고, 공부하는 심정으로 읽어보시기를 권하는 바입니다.

이상웅 교수 · 총신대학교 신학대학원 조직신학

1661년에 처음 출간된 "최초의 청교도 성경신학"인 이 책을 거의 287년 후에 출간된 게할더스 보스의 『성경신학』(1948)과 비교하면서 살펴보는 것은 매우 의미 있는 일이다. 둘 다 학생들에게 했던 강의에 근거한 책이다. 그러나 결과적으로, 후대에 나온 보스의 성경신학이 좀 더 안전하고, 성경에 충실하다고 말해야 한다. 오웬의 이 작업은 좀 더 방대하고 더 정확하고자 하는데, 그러나 때로는 자신이 비판하는 다른 이들과 같이 때때로 자신의 추론이 나타난다. 예를 들어서, 오웬은 "아브라함이 사용했던 언어는 최초의 인류가 사용했던 언어였다"(번역서, 536쪽)고 하면서 확인하기 어려운 추론을 한다. 또한 유대인들이 광야에서 만든 금송아지가 아피스라고 단언하면서 말한다(537쪽). 송아지 형상을 한 아피스가 광야의 유대인들에게 영향을 미칠 수는 있지만, 그것이 아피스를 섬긴 것이라고 단언해서 말하는 것은 너무 지나친 것이다.

그럼에도 오웬의 이 『성경신학』은 후대의 보스의 『성경신학』이라는 보다 건전한 작업이 있기 전에 비슷한 작업을 잘한 작업의 하나로 높이 살 수 있다. 이 책의 첫째 기여는 타락하기 전에 아담이 자연신학을 가질 수 있었지만 타락한 인간들이 자연신학을 완전히 망쳐 놓았음을 말한 "전적으로 부패한 자연신학"이란 제목을 지닌 7에서 9장이다. 그러므로 자연신학과 복음 신학이란 이름만 보고 오웬이 마치 천주교회의 자연신학과 계시 신학의 구조를 지닌 것으로 이해해서는 안 된다. 오웬에 의하면 타락한 인간들이 가진 신학은 "전적으로 부패한 자연신학"일 뿐이다. 그러므로 "선천적 자연신학의 최종 몰락"(269쪽)을 말하는 것이 옳다. 타락 후에 하나님의 특별 계시에 의해서 주어진 신학의 첫 단계에 대해서 오웬은 "원복음과 더불어 초자연적인 신학의 최초 요소들이 드러났고, 그 첫 번째 발전 단계가 이루어졌다"(270쪽)고 잘 표현하였다. "이 새로운 단계의 신학은 언약의 가르침과 약속으로 구성되어 있다"(271쪽)는 말에서 잘 드러나듯이, 바른 신학은 이제 초자연적인 언약 신학이지 자연신학이 아니다. 이성의 힘으로 하는 "자연신학을 활용해서" 말하는 것은 잘못되었다고 오웬은 말한다(285쪽).

둘째 기여는, 오늘날 논쟁되는 요점과도 관련된 중요한 요점으로, 노아 언약이 일차적으로는 은혜 언약의 한 부분임을 잘 논의하면서 매우 상세하게 논의한 것이다. 일부 추론도 있어서 아쉽지만 그래도 노아 언약이 일차적으로는 은혜 언약의 한 측면인데, 그와 함께 일반은총적 측면도 강하게 가지고 있음을 잘 드러낸 것이다. 이런 태도가 건전한 것이다.

셋째 기여는 다른 신(神)들에 대한 개념과 숭배가 나타난 것이 노아 홍수 사건 이후라는 것을 잘 드러낸 것이다. "홍수 이전에 우상 숭배가 이루어졌을 가능성은 전혀 없다"(307쪽). 비교적 정확하게 논의하는 사람들도 이를 시사만 하지 명확히 논의하지 않는데, 오웬은 이점을 아주 명확히 하면서 논의하고 있다.

이외에도 건전한 논의를 지닌, 오웬이 "진리에 대한 순전한 사랑에 압도되어" 저술한(44쪽) 이 책을 찬찬히 읽으면서 게할더스 보스의 『성경신학』과 비교하면 우리들이 성경을 해석하는 일과 언약 신학을 전개하는 일, 즉 성경신학을 하는 일에 많은 통찰을 얻을 수 있을 것이다. 부디 많은 분들이 이런 일에 동참하기 바란다.

이승구 교수 · 합동신학대학원대학교 남송 신학 석좌교수

오웬은 신학을 논하면서 심히 겸손하다. 진리에 대한 인간의 지적 한계를 인정하며 성령의 도우심을 요청한다. 그리고 오웬에게 신학은 "교회의 신학"이고 성경은 곧 "우리의 신학"이다. 그는 성경을 신학의 발에 등이요 신학의 길에 빛으로 존중하며 성경의 역사적 흐름을 따라 신학을 진술한다. 그리고 오웬은 좌로도 우로도 치우치지 않는 신학적 균형을 유지한다. 거짓 이론에 영향을 받지 않도록, 그 이론에 과도하게 반응하지 않도록 주의한다. 오웬의 신학은 간결한 동시에 복잡하다. 간결성은 신학적 난제들을 명료하게 표현하기 때문이고, 복잡성은 신학적 주제를 그 근원까지 파고드는 심오함 때문이다. 인간이 추구할 수 있는 지식의 근원까지 파고드는 경향은 17세기 개혁주의 신학의 특징이다. 오웬은 그런 신학적 작업의 황태자다. 이번에 출간되는 『성경신학』은 오웬의 방대한 저술들을 집약한 안내서와 같다. 이 책을 통하여 신학생은 친절한 내용과 깔끔한 구조와 신학적 통합성 때문에 갈 바를 알게 될 것이고, 신학자는 문체의 수려함과 표현의 정교함과 지적인 해박함과 교리적 심오함과 학자적 경건에 도전을 받을 것이다. 신학이 분화되지 않고 통합되어 있었던 17세기의 신학적 거인이 경건하게 움직인 붓길을 따라 페이지를 이동하다 보면 해체주의 시대의 신학적 분할화 속에서 진리의 단절적인 조각들을 주로 경험하던 우리의 갈급한 가슴에 성경의 유기적인 진리와 장엄한 규모의 복음이 선물처럼 스며든다. 우리 시대에 신학의 교재 하나가 추가되어 심히 기쁘고 감사하다.

한병수 교수 · 전주대학교 선교신학대학원 원장

존 오웬 대작 시리즈 01

성경신학

신학적 진리의 기원과 본질과 발전 과정과 연구에 관한 논의

존 오웬 대작 시리즈 01

성경신학

신학적 진리의 기원과 본질과 발전 과정과 연구에 관한 논의

초판 1쇄 발행 2024년 4월 15일

지은이 | 존 오웬
옮긴이 | 조계광
발행인 | 정대운

발행처 | 도서출판 언약
편집 및 교정 | 김균필
등 록 | 제 2021-000022호

주 소 | 경기도 고양시 덕양구 동세로 138 1층(원흥동)
전 화 | 031) 965-6385
이메일 | covenantbookss@naver.com

ISBN 979-11-986084-2-0 (03230)

디자인 | 참디자인

* 이 책은 신저작권법에 의하여 국내에서 보호를 받는 저작물입니다.
  출판사의 협의 없는 무단 전재와 무단 복제를 엄격히 금합니다.
* 책값은 뒤표지에 있습니다.
* 잘못된 책은 교환하여 드립니다.

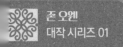

존 오웬
대작 시리즈 01

신학적 진리의 기원과 본질과 발전 과정과 연구에 관한 논의

성경신학

Biblical Theology

John Owen

존 오웬 지음   조계광 옮김

언야
THE PURITAN HERITAGE

이 책이 나오기까지 번역비로 섬겨주신

이재승 장로님, 최명희 집사님, 이구철 집사님(삼손인테크)께

감사의 마음을 전합니다.

추천의 글

하나님의 백성이 인류에게 주어진 그분의 계시를 옳게 이해해 내면화하고, 거기에 공동으로 반응해온 역사적 과정을 연구하는 신학 분야를 '성경 신학'으로 일컫는다. 이 명칭의 기원은 18세기로 거슬러 올라간다. 당시에 합리주의자였던 개블러(1753-1826)가 이 명칭을 새로 만들어 신앙의 교리들을 체계화시켜 옹호하는 교의 신학과 이 연구 분야를 구별했다. 사실, '성경 신학'은 그렇게 적절한 명칭은 아니다. 그 이유는 크게 두 가지다. 첫째는 이 분야가 독특한 역사적 탐구의 특징을 지니고 있다는 점이 명칭을 통해 즉각 드러나지 않기 때문이고, 둘째는 신학이라는 유기적 체계에 속한 다른 신학 분야들은 성경적이 아니라는 의미처럼 들릴 소지가 있기 때문이다. 따라서 가장 뛰어난 성경신학자 가운데 하나인 게할더스 보스가 자신의 연구 분야를 '계시사(啓示史)'로 일컫고자 했던 것은 조금도 놀랍지 않다. 또 다른 문제는 금세기에 들어서면서 '성경 신학'이라는 명칭이 성경에 대한 회의적인 관점을 토대로 성경적 신앙을 분석하려고 시도했던 비평 학자들 사이에서 일어난 신학 운동에 적용되었다는 점이다. 물론, 이 신학 운동은 지금은 거의 와해된 상태이기 때문에(이것은 당연한 결과였다) 더는 이 명칭을 사용하는 것을 우려할 필요는 없다. 게할더스 보스의 주저인 『성경신학』은 이 분야를 명확하게 규정함으로써 경건한 개신교 신학자들이 이 특별한 역사적 탐구와 연관된 다양한 연구 활동을 면밀하게 살펴볼 수 있는 시야를 열어주었다.

서로 다른 것들을 구별하는 것이 으레 그런 것처럼, 개블러의 구별도 학문적으로는 예나 지금이나 상당히 유익한 측면이 있다. 그러나 경험적으로 보면 그의 구별은 결국 가장 무익한 것으로 드러났다. 왜냐하면, 역사에 흥미가 있는 주석학자들은 신학에 무관심하고, 신학에 흥미가 있는 교의학자들은 역사에 무관심하게 되어 결국은 둘 다 손해를 보는 결과가 초래되었기 때문이다. 그와는 대조적으로 16, 17세기의 신학자들은 다양한 신학 분야가 사실은 신적 지혜에 근거한 하나의 유기체라는 점을 잘 알고 있었다. 그들은 진리를 목회적으로 삶에 적용하는 것은 물론, 진리를 한데 모아 주석학적으로 종합하는 것이 자신의 책무라는 점을 분명하게 인식했다. 개혁주의 성경 해석은 문법적이고, 역사적인 성격을 띠고 있었기 때문에 16세기 스위스의 칼빈과 불링거를 비롯해 17세기 네덜란드의 코케이우스와 위치우스 같은 사람들이 성경 신학에 깊이 심취했던 것은 너무나도 당연했다. 이런 점에서 코케이우스와 동시대인이자 가장 위대한 청교도 신학자인 존 오웬이 신학의 역사적 발전 과정과 올바른 탐구 방법을 다룬 연구서를 저술한 것은 당연한 일이었다. 그는 보스가 나중에 명확하게 규정한 성경 신학이라는 영역을 선구적으로 개척했고, 일관된 믿음의 견지에서 적절하게 다루었다.

1661년에 국제적인 개혁주의 학계에 기여하기 위해 라틴어로 출판된 이 연구서에는 "보편 은혜, 과학의 발흥, 로마 교회의 특징, 글쓰기의 기원, 고대 히브리 성경, 히브리어 모음 부호, 유대교 예배의 형태와 종류 및 다른 여러 가지 문제를 다룬 특별 주제들을 첨부한…모든 종류의 신학적 주장, 곧 참된 신학의 본질과 발흥과 발전과 연구에 관한 논의"라는 매우 긴 제목이 붙여졌다. 이 연구서는 광범위한 지식을 토대로 저술되었고, 그 가운데는 시대착오적인 내용도 다소 포함되어 있을 수밖에 없었지만, 대부분의 내용은 전혀 그렇지가 않다. 특히 오웬이 '복음 신학'의 특징을 그리스도 안에서 성령을 통해 발생한 믿음의 선물, 그리스도를 통한 구원, 그리스도에 대한 예배로 묘사한 6권과 마지막 부분은 참으로 탁월하기 이를 데 없다. 아울러, 성경에 관한 신학적 연구가 결실을 맺는 데 필요한 지적, 도덕적, 영적 조건들을 다룬 마지막 장의 내용은 이 연구서가 오웬이 1652년부터 1657년까지 부총장으로 일했던 옥스퍼드대학교의 학생들을 대상으로 한 강의에서부터 시작되었다는 것을 암시한다. 마침내 이 연구서의 영어판이 나오게 된 것은 참으로 크나큰 혜택이 아닐 수 없다.

한 가지 지적하고 싶은 이상한 점이 있다. 오웬의 영어는 문체가 복잡하고, 용어들이 독특하며, 어순이 라틴어와 비슷할 뿐 아니라 피곤할 정도로 반복이 심할 때가 많고, 한껏 공을 들인 길고 복잡한 논리로 정밀함을 추구한 것으로 유명하다. 그러나 그의 라틴어는 간결하고, 기운차고, 명료하고, 정연하기 때문에 오웬이 모국어로 쓴 복잡한 글보다 라틴어를 번역한 것이 읽기가 더 수월하다.

이 연구서에는 우리가 오웬에게서 기대하는 모든 특징, 곧 하나님 중심, 그리스도를 위한 열정, 성령에 대한 공경심, 인간의 죄성과 사악함에 관한 깊고, 충격적인 통찰력, 거룩함에 관한 관심, 중생에 관한 새로운 가르침, 교회가 예배하는 영적 공동체라는 견해, 철학적 체계와 방식으로 신적인 것들을 다루려는 시도에 대한 불신, 성경을 현재의 형태로 허락하신 하나님의 지혜에 대한 찬양 등이 잘 드러나 있다. 이 연구서는 탁월한 정신과 겸손한 마음에서 비롯한 결과물로서 탐구적이고, 영적이며, 헌신적일 뿐 아니라 오직 하나님의 영광만을 추구하려고 했던 오웬의 뛰어난 면모를 여실히 보여준다. 오웬이나 신학, 또는 그 둘을 조금이라도 알고 있는 사람이라면 누구나 이 최초의 청교도 성경 신학을 기쁘게 읽고, 나와 더불어 이토록 큰 가치를 지닌 책을 발행해 많은 유익을 끼친 '솔리 데오 글로리아' 출판사에 감사할 것이 틀림없다. 아무쪼록 이 연구서를 읽으면서 믿음이 더욱 크게 성장하기를 바라 마지않는다.

1994년 3월, 리젠트칼리지에서
제임스 패커

독자들에게

복음의 진리에 진지하게 관심을 기울이는
독자들에게 보내는 존 오웬의 인사말

현명한 독자들이여, 이 책에서 탐구한 문제들 가운데 최소한 몇 가지만이라도 정확하게 이해한다면 큰 유익을 얻을 수 있을 것이다. 만일 내게 그런 확신이 없었다면, 이런 식의 노력을 못마땅하게 여기는 사람들이 일으키는 반대의 불길 앞에 나 자신을 드러내기보다는 차라리 원고를 불 속에 집어 던지는 쪽을 택했을 것이다. 심지어는 참으로 기이하게도, 이 책을 처음 쓰기 시작하자마자 신성한 연구를 가로막는 방해 요인들이 한꺼번에 몰아닥치기까지 했다. 하지만 내가 진지한 생각과 기도를 통해 하늘의 지혜와 거룩한 진리에 헌신하는 삶을 살기로 작정한 이후부터 지금까지 꽤 많은 세월이 흘렀다. 나는 그 자체로는 조금도 악의적이지 않은 사람들의 생각 속에 자주 침입하곤 하는 '의심의 귀신'이 떼를 지어 몰려든다고 해도 나의 의도에 충실하기로 굳게 결심했다. '길에 있는 사자'(잠 26:13 참조)의 무서운 힘은 이미 경험을 통해 익히 알고 있다. (거룩한 진리와 일반적인 진리 둘 다를 잘 알고 있는 것으로 유명한 한 사람이 말한 대로) 나태한 사람들은 그 사자를 보고 놀라 의무를 등한시할는지 몰라도, 나의 경우는 그 힘을 더 많이 시험해 볼수록 놀라움이 덜해지는 것을 느낀다. 물론, 매일 영적인 빛을 조금씩 더 드리워 완전히 밝은 상태로 발전해 나가는 진리들을 진지하게 생각하려고 노력하면, 원수도 자신의 사나움을 나타낼 방법을 더 많이 찾게 될 것이 분명하다. 그러나 그토록 오랫동안 사람들의 생각을 흐릿하게 만들어 그런 노력을 기울이지 못하게끔 방해하던 맹목적인 편견들이 마침내 우리 시대에 이르러 대부분 사라져 없어진 덕분에 하나님을 의지함으로써 거룩한 주제들을 설명할 능력을 갖추기만 한다면 우리가 원하는 목표에서 벗어나는 일이 없을 것이라는 강한 희망을 품을 수 있게 되었다.

각 세대는 제각기 나름대로 이 일에 많은 노력을 기울였다. 오로지 자기 자신과 사사로운 이익만을 위해 동시대인들의 비위를 맞추기에 급급한 사람들과는 달리, 온갖 질투와 시기와 증오와 종파적인 적개심이 난무하는 가운데서도 꿋꿋하게 살다간 선한 사람들의 연구 업적이 종종 후세 사람들에게 축복으로 주어지는 것을 생각하면 큰 위로가 느껴진다. '사람의 정의로운 행위가 이웃에게 시기를 받는 것'은 새로운 현상이 아니다. 그러나 우리는 모든 것을 다스리는 무한한 지혜가 항상 유한한 인간들의 사악함을 적절히 제어할 것이기 때문에 악인들의 하잘것없는 노력이 미리 정해진 대로 움직이는 섭리의 놀라운 상호 작용과 오래전부터 도도하게 흘러온 온 세찬 흐름을 결코 방해하지 못할 것이라고 굳게 확신할 수 있다. 따라서 이런 일을 시작한 사람이 반대가 두려워 중도에 포기하거나 악의에 굴복해야 할 이유는 조금도 없다. 사람을 기쁘게 하려고만 애쓰는 사람은 그리스도의 참된 종이 될 수 없기 때문에 나는 내 일을 그런 식으로 할 생각이 전혀 없다.

하나님의 섭리는 주님의 포도원에서 일하는 사람들에게 종종 놀라운 위로를 안겨준다. 그들이 뿌리는 씨앗들은 사악한 공격의 갈퀴에 의해 긁혀나가고, 학대의 오물에 뒤덮일 테지만, 대중의 찬사라는 향긋한 바람만 맞는 씨앗들보다 더 기운차고, 풍성하게 싹을 틔울 것이다. 나는 이 일에 마음을 둔 이후로 '사랑 안에서 진리를 추구하는 것'에 진지한 관심을 기울이는 사람들을 섬길 수만 있다면, 사람들의 반대와 학대를 묵묵히 감수하기로 마음먹었다. 사람들의 교만한 생각과 질투심에서 비롯한 경쟁심이 나의 노력을 크게 위협하지만, 나는 그것을 조금도 중요하게 여기지 않는다. 질투하려면 마음껏 질투하라고 해라. 나는 오랫동안 내가 교회에서 맡아 온 직임에 온전히 부합하지 않는 일은 시작조차 할 생각이 없다. 더 설명하지 않아도 이 책의 제목만 보아도 내가 착수한 일의 목적을 분명하게 알 수 있을 것이다. 이것은 참된 신학의 본질을 밝힘으로써 하나님을 영화롭게 하려는 마음을 지닌 사람들이 본받아 따를 수 있는 길과 방법을 제시하려는 시도다. 내가 그리스도의 생각을 얼마나 잘 파악했는지는 현명한 그리스도인 독자들이 직접 판단해야 할 문제다. 이것은 그들에게 매우 중요한 일이다. 그들도 그리스도의 생각을 주의 깊게 헤아리고, 이해하려는 노력에 기꺼이 동참해야 한다.

내가 이 책을 통해 이루려는 연구 목표를 좀 더 분명하게 설명하려면 몇 가지 문제를 더욱 철저하게 살피고, 견해들을 면밀하게 검토해 봐야 할 필요가 있다. 그런 견해들은 신학을 공부하는 많은 학생들에게 걸림돌이 되는 것으로 드러났기 때문에 나는 이 책을 통해 그것들을 신중하게 살펴볼 수 있는 기회를 제공하려고 노력했다. 인간을 짐승과 구별하는 이성은 우리가 우리 자신의 목적을 위해 창조되지 않았다고 가르친다. 또한, 복음은 우리가 마지막 날에 그리스도께서 값없이 베푸신 은사들을 책임 있게 잘 사용했는지를 직고하게 될 것이라고 가르친다. 나는 가시 같은 어렵고, 힘든 주제들을 다루었다. 내가 경솔하게, 또는 부지중에 가시덤불 속으로 뛰어들었다고 생각하는가? 전혀 그렇지 않다. 내가 가시덤불에 가까이 다가간 이유는 그 안에 걸려 갇히게 된 사람들을 구출하기 위해서다. 나는 길을 잃고 방황하는 사람들을 직접 구하기보다 내 손가락을 길게 펴서 참된 길을 가리키는 방법을 오랫동안 즐겨 사용해왔다.

오늘날 하나님의 진리를 탐구하려는 시도를 불필요한 시간 낭비라고 생각하는 사람들이 많다. 그들은 예리한 지성을 그런 연구에 사용해야 할 이유가 없다고 생각한다. 심지어 그들은 여러 가지 이유를 내세워 자신들의 생각(또는 어리석은 태도)을 그럴듯하게 보이게 만들기까지 한다. 나는 그런 생각을 일일이 따져 논박하고 싶지 않다. 첫째는 그렇게 하다가는 나의 목적에서 멀리 벗어날 수 있기 때문이고, 둘째는 그런 생각의 배후에는 거룩함과 복음의 진리에 대한 증오심이 감추어져 있기 때문이다. 겉으로 하는 말과 마음속의 생각이 다른 사람들과 논쟁하는 데 힘을 허비하는 것은 어리석은 일일 것이다.

한편, 그릇된 동기로 이 연구에 참여하는 사람들도 있다. 그들은 지적 능력이 부족해 다른 유익한 일을 하기가 어렵거나 집에서 할 수 있는 다른 일이나 생계를 유지할 만한 다른 수단이 없는 사람들일 수 있다. 그런 사람들은 지적 능력과 활력이 자기보다 뛰어난 사람이 좀 더 유익하고, 고귀하게 보이는 직업에 종사하지 않고, 이 연구에 몰두하는 것을 보면 도무지 이해할 수 없다며 의아해한다. 그들은 하나님의 지혜를 탐구하는 일이 귀족들의 후원이나 대중의 존경이나 부나 재물이나 명예를 얻는 수단이 될 수 없는데도 기꺼이 몸 바쳐 헌신하는 사람들을 보면 마치 꿈을 꾸고 있는 것처럼 생각한다. 우리가 다루는 주제의 범위가 너무 좁아 가장 게으르고, 가장 세속적인 사람들, 심지어는 가장 사악한 사람들조차도 식견 있는 사람으로 인정받을 수 있다고 떠들어대는 사람들은 진실한 마음으로 이 연구에 헌신하려는 학생들에게 매우 위험하다. 그들의 눈에는 그런 한계를 넘어서는 지극히 놀랍고 풍성한 진리가 마치 소설가나 무명의 현학자나 영원히 아무도 알지 못할 사람들이나 다루어야 할 주제인 것처럼 보인다. 그들은 신학에 관한 지식을 고작 생계와 신분 유지에 필요한 것쯤으로 간주하고, 큰 노력을 기울여 성경을 정밀하게 연구하는 것이 많은 불이익을 가져다줄 것처럼 생각한다. 간단히 말해, "공공의 평화를 깨뜨리고, (무지에서 비롯하는) 사람들의 즐겁고, 편안한 종교적 감정을 어지럽혀야 할 이유가 무엇인가? 그런 일은 어떻게든 막아야 한다"라는 것이 그들의 생각이다.

　이런 나태한 사람들의 생각을 논박하느라 시간과 노력을 낭비할 가능성이 크지만 그럴 필요는 조금도 없다. "이 사람들은 무엇이든지 그 알지 못하는 것을 비방하는도다"(유 1:10)라는 한 마디면 충분하다. 이들은 신학의 본질과 가치와 목적을 전혀 알지 못한 채 그저 왔다가 사라져 영원히 멸망할 것이다. 이들은 과거의 위선자들처럼 "이 일이 얼마나 번거로운고," "무엇이 유익하리요"라고 불평한다(말 1:13, 3:14). 하나님은 자신의 계명에 복종하라고 엄격하게 요구하고, 약속을 통해 큰 은혜를 베푸실 뿐 아니라 우리의 지성을 활용해 자기를 아는 지식을 얻으라고 명령하신다. 이 점을 진지하게 생각하는 사람은 강력한 죄에 짓눌리지만 않는다면 그런 사람들에게 절대로 동의하지 않을 것이 틀림없다. 물론, 하늘의 지혜를 탐구하는 일을 대놓고 어리석다고 비난하는 사람은 거의 없다. 만일 그런 사람이 있다면 아마도 그런 노력을 기울일 능력이 없는 비굴한 사람이거나 사악하기 그지없는 사람일 것이 분명하다. 그러나 악하다고 생각하는 것을 경멸하면서도 실제로는 신학 연구에 투자하는 시간을 무익한 시간 낭비라고 비웃는 사람들이 적지 않다. 자기 영혼의 구원을 귀하게 여기는 사람이라면, 최소한 어느 정도는 이 일에 관심을 기울여야 마땅하지 않겠는가? 특히 우리가 믿는 종교의 거룩한 비밀을 전문적으로 다루는 사역자라면, 더더욱 그래야 마땅하지 않겠는가? 사실, 이런 사람들 때문에 신학이라는 명칭이 오랫동안 온갖 종류의 활동을 은폐하는 위장막으로 오용되어왔다. 그들의 실제 정체는 정치인, 의사, 법률가, 시인, 웅변가, 역사가, 철학자들인 것으로 파악된다. 그런 사람들이 겉으로 아닌 척하지 말고 자신의 실체를 솔직하게 드러내면 좋겠다. 오래전부터 잘 알려진 대로, 겉모습, 특별한 옷차림, 위엄 있어 보이는 걸음걸이 등, 많은 연습을 통해 형성된 특색들은 설득력 있는 겸양의 인상을 풍기지만, 그 배후에는 교만하고, 강퍅하고, 무례한 마음이 감추어져 있다. 서열이나 명예나 권세나 자부심이 신학자를 만드는 것은 결코 아니다. 그런 속임수가 나타나는 이유는 거룩한 지혜의 비밀을 사랑하지도 않고, 좋아하지도 않기 때문이다. 그들은 겉으로만 자신의 목적을 이루기 위해 지혜의 언어를 사용할 뿐, 속으로는 항상 신령한 하늘의 덕성, 곧 경건한 능력과 순결함을 은밀히 대적한다.

그런 사람들을 멀리하자. 그들은 자기 상을 받게 될 것이다(마 6:2 참조). 신학을 연구하면서 어려움을 겪는 사람들에게 건네는 인간적인 조언은 자기 자신이 가장 큰 장애 요인으로 작용하는 사람들에게는 아무런 유익이 없다. 신학을 연구하는 모든 사람의 가장 큰 걸림돌은 본성적인 생각 속에 내재된 파괴적인 어두움이다. 따라서 어두운 데에 빛이 비치라고 명령하셨던 하나님의 능력과 영으로 그것을 물리쳐야 한다(고후 4:6 참조). 그런 도움 없이 신학 연구에 시간과 노력을 투자하는 것은 그물을 가지고 바람을 잡으려는 것이나 다름없다. 앞으로 이 책에서 적절한 시기에 본성적인 생각의 어두움에 관해 생각해 볼 기회가 있을 것이다. 따라서 여기에서는 이 점을 더 자세히 논의하지 않고, 과거에 신학을 연구했던 사람들에게 큰 걸림돌로 드러났던 것들을 몇 가지 살펴보는 것으로 만족하고자 한다. 그런 어려움은 크게 두 가지로 나눌 수 있다. 하나는 신학을 연구하는 사람과 관련된 것이고, 다른 하나는 신학이라는 주제 자체와 관련된 것이다. 먼저 한두 가지 예를 들어 첫 번째 어려움을 간단하게 다루고 나서 우리의 계획과 목적을 염두에 두고 두 번째 어려움을 살펴보는 것이 좋을 듯하다.

첫째, 우리는 나태라는 장애 요인을 직시해야 할 필요가 있다. 신학을 연구하다가 차츰 싫증을 느끼는 사람들이 상당히 많다. 이것이 잘못이라고 꾸짖는 것은 그리 어렵지 않다. 그러나 그것이 비난받을 만한 일인 이유를 낱낱이 설명하려면 한도 끝도 없을 것이다. 나태는 매우 수치스러운 것이기 때문에 가장 나태한 사람들조차도 나태하다는 말을 듣는 것을 몹시 싫어할 뿐 아니라 자신의 평판이나 이익이 걸린 상황에서는 억지로라도 나태하지 않으려고 노력할 정도다. 그들은 행동으로는 아니더라도 말로는 나태함을 비난하는 일에 기꺼이 동참한다. 나는 나태의 악한 속성을 입증하려고 애쓰기보다는 그 감추어진 원인을 드러냄으로써 일평생 이룬 삶의 열매를 단 한 가지 악덕으로 위험에 빠뜨리지 않겠다고 결심한 사람들의 용기를 북돋아 그것을 힘써 극복하라고 격려하는 것으로 만족하고 싶다. 나태의 주원인은 쾌락을 추구하라고 끊임없이 부추기는, 내주하는 죄다. 생각이 정욕과 욕망과 음욕에 사로잡힌 사람은 신학 연구에 진지한 관심을 기울일 수 없다. 절제력이 없고, 성실하지 않으면 헛된 수고만 일삼을 뿐이다. 모든 속박, 그중에서도 특히 죄의 속박은 생각을 무기력하게 만든다. 거룩하고, 신령한 일을 연구하는 데 헌신하는 사람은 생각이 정욕에 굴복하면 정신적인 노력을 회피하게 되고, 육신의 악덕이 어둠의 사슬로 생각을 옭아맬 것을 알기에 육신과 나태를 크게 경계할 것이 분명하다. 안타깝게도, 우리 주위에는 하나님의 말씀을 연구하고, 해설하는 데 온전히 헌신해야 마땅한 데도 갖가지 핑계와 이름과 칭호만으로 자신의 지위를 유지하려는 사람들이 너무나도 많다. 그들은 몹시 지친 말을 꼭 빼닮았다. 그들은 아무리 박차를 가해도 자신이 처음 달려가기 시작한 길을 향해 나아가려고 하지 않는다. 그들의 타락한 본성이 새로운 죄들로 인해 더욱 심각해진 상태가 되고 말았다.

특히 삶의 목표(주로 호사스러운 생활)를 달성한 사람들이 그런 경우가 많다. 그들은 목표를 달성할 때까지만 억지로 정신적인 노력이라는 무거운 짐을 감당한다. 그 후로는 그 무엇으로도 그들이 하나님의 진리를 연구하는 일을 계속하게 만들 수 없다. 하나님과 쾌락을 동시에 사랑하는 것은 불가능하다. 아무런 수치심 없이 그리스도의 거룩한 가르침을 저버린 채, 이 악한 세상이 모든 사람에게 내미는 유혹의 손길과 관능적인 쾌락을 무턱대고 경솔하게 받아들이는 사람들이 그 얼마나 많은가? 어떤 사람들은 심지어 그런 유혹, 곧 불타오르는 나무와도 같은 악한 쾌락을 스스로 열정적으로 좇을 뿐 아니라 다른 사람들까지 부추겨 자기를 따라 죄를 짓도록 유도하기까지 한다. 타락한 본성의 깊은 뿌리로부터 멸망의 싹이 자라 나와, 비록 수고롭지만 거룩하기 그지없는 일을 등한시한 채 무익하고, 더럽고, 치명적인 습관에 빠져드는 사람들을 영원한 죽음으로 몰고 간다. 또한, 편안한 미래가 유익한 일을 할 수 있는 잠재력을 모조리 없애버릴 텐데도 오로지 그것만을 바라보고 세상의 부를 지나치게 탐하는 탓에 신학 연구에 싫증을 내는 사람들도 있다. 그런 사람들은 자신의 목표를 이룰 때까지, 곧 늘 염두에 두었던 부나 명예를 얻을 때까지만 신학 연구에 몰두한다. 이밖에 결심이 차츰 흔들리다가 곧 죄에 굴복해 수치를 모른 채 나태함에 빠져드는 사람들도 많다. 그리스도의 은혜와 성령을 의지함으로써 악한 본성과 육신적인 습관을 제어해야 하는데도 그렇게 하지 않는 까닭에 학문과 신학 연구에 잠시 열심을 내다가 결국에는 싫증을 느끼고 나태와 태만함에 빠져드는 사람들도 적지 않다. 생각이 악에 오염되어 병들면 정직한 일이나 칭찬받을 만한 일은 그 무엇도 하기가 어렵다. 교만함이나 오만함, 악한 본성의 부패한 욕망이나 야욕에 사로잡혀 있으면서도 그리스도 안에 나타난 하나님의 거룩한 계시를 정직한 태도로 성실하게 연구해 풍성한 결과를 이루어낼 수 있다고 주장하는 것이나 생각이 항상 더할 나위 없이 악한데도 감당해야 할 훈련이 있다면 무슨 훈련이든 필요한 만큼 오랫동안 참고 견딜 수 있다고 주장하는 것보다 더 어리석고, 볼썽사나운 일은 없을 것이다.

이 밖에도 도무지 성공할 수 없을 것 같은 좌절감에 사로잡혀 어리석게도 더 이상 아무런 노력도 기울이려고 하지 않는 사람들도 있다. 그런 사람들은 일종의 지성적 불치병을 앓는 것이나 다름없다. 학생들을 훈련해야 할 임무를 띤 사람들 가운데서 경건한 판단력을 지닌 사람을 찾아보기가 매우 어렵다.

단지 돈벌이를 위해 일하는 교사들은 학생들을 구별하지 않고 아무나 다 가르치려고 한다. 학교는 물론, 대학들도 숫자를 세는 법만 알면 아무라도 다 받아들인다. 그 결과, 학위 가운만 걸쳤을 뿐, 실제로는 여우가 쟁기질에 부적합한 것처럼 진지한 학문 연구에 부적합한 사람이 많아졌다. 그런 사람들은 무익하고, 쓸모없는 일에 약간의 노력을 기울였다가 곧바로 나태하고, 게으른 삶으로 되돌아가기 일쑤다. 그런 사람들은 성급하게 선택한 선한 공부를 차라리 포기하는 것이 더 낫다. 그렇지 않으면 결국에는 오히려 악한 것을 연구하는 결과가 초래되고 말 것이다. 자기에게 전혀 맞지 않은 연구에 스스로 적합하다고 생각하고 노력을 기울이면 얼마 지나지 않아 싫증을 느낄 수밖에 없고, 결국에는 그 일을 다시 하기를 꺼리며 나태와 죄에 빠져들기 쉽다. 그들은 예수 그리스도의 가르침을 대놓고 거역하는 세상을 본받는다. 그들은 단지 온갖 종류의 악을 저지르기 쉬운 단계를 뛰어넘어 그것들을 적극적으로 추구하는 단계로 나아간다. 자신이 시작한 일이 몹시 힘든 까닭에 성공할 가능성이 없을 것 같은 좌절감을 느끼기 시작한 사람들이 그런 함정에 빠지면, 십자가를 짊어지겠다는 각오와 겸손과 자기 부정과 경건을 도외시한 채 온갖 핑계를 들이대며 세상을 가능한 한 더 많이 본받으려고 애쓸 것이 틀림없다. 그런 사람들은 자신을 안일함과 방탕함에 내던지고, 교만하게 행동하며, 재능을 낭비할 뿐 아니라 자기보다 더 나은 사람들을 본받으려고는 생각은 조금도 없이 자신이 멸시하는 하늘이 자기에게 필요한 지혜를 내려줄 것으로 확신한다. 자신의 공부에 게으르고, 나태함이 지성의 힘을 좀먹도록 방치하면서 과연 무엇을 기대할 수 있을 것인지 궁금하다. 배움을 원하는 사람은 나태함으로 이끄는 이런 파괴적인 유혹이 처음 느껴지는 순간부터 경각심을 한껏 곤두세우고, 강력하게 저항할 태세를 갖추어야 한다. 그렇지 않으면 곧 교만과 자긍심에 스스로 속아 '수페누스'와 같은 사람이 되고 말 것이다(수페누스는 카툴루스가 비웃었던 악하고, 교만한 시인이었다). 올바른 생각을 지닌 사람들 가운데 그런 사람들이 중요하거나 가치 있는 일을 이루어낼 수 있을 것으로 기대할 사람은 아무도 없을 것이 분명하다.

둘째, 신학을 연구하는 사람들 가운데는 나태함이나 쾌락 추구가 아닌 종파나 파벌이나 이단의 영향 때문에 그릇된 길로 치우치거나 거룩한 진리를 탐구하는 일에 큰 장애를 겪는 사람들이 적지 않다. 종교와 관련된 연구를 하다 보면 의견의 차이가 종파의 차이로 발전할 가능성이 매우 크다. 부차적인 문제들이 종종 그런 균열을 더욱 심화시킨다. 자기가 사는 지역에서 다수를 차지하는 종파를 신봉하는 사람들은 다른 종파들이 모두 죄와 어리석음에 사로잡혀 있다고 비난하고, 비방하는 일을 일생의 과업으로 생각할 때가 많다. 이런 사실은 의견의 차이가 실질적인 차이라기보다는 지역적인 차이에서 비롯한 것이라는 인상을 준다. 대개는 지역명에 의해 종파들의 명칭이 결정된다. 그러나 종파들이 어디에서 기원했든 간에 신봉자들의 숫자가 많을수록 파괴적인 힘이 더 커지는 것은 분명하다. 그 이유는 종파가 추종적인 파당, 즉 분파적인 정신을 야기하기 때문이다.

그러나 나는 여기에서 종파주의의 본질을 논의하거나 그 해악을 단죄할 생각이 없다. 나는 단지 종파를 향한 열정이 어떻게 참된 지혜를 향한 열정을 잠식하는지를 보여주고자 할 따름이다. 이 점은 너무나도 확실한 사실이다. 한 종파의 지도자들은 자신들의 독특한 입장을 표방하는 교설에서 벗어난 지식은 무엇이든 거부한다. 종파주의자는 그 어떤 지식이나 교리나 지혜나 경건보다도 자신의 종파를 앞세운다. 이런 추종적인 정신이 부당한 의심을 기꺼이 받아들일 준비가 되어 있을 뿐 아니라 모든 인간의 본성적인 생각처럼 항상 악한 것만을 생각하는 경향이 있는 정신에 영향을 미칠 때 어떤 해악이 발생하게 되고, 또 진리를 찾는 능력이 얼마나 크게 훼손될 것인지를 한번 상상해 보라. 설상가상으로 분파적인 정신은 악하고, 교만하고, 논쟁적인 것을 생각하는 경향이 있다. 성령께서는 그런 정신의 소유자에게 자신의 은사를 허락하지 않으신다. 성경은 "여호와를 경외하는 자 누구냐 그가 택할 길을 그에게 가르치시리로다…여호와의 친밀하심이 그를 경외하는 자들에게 있음이여 그의 언약을 그들에게 보이시

리로다"(시 25:12, 14)라고 말씀한다. 어떤 사람들은 종파의 노예는 아니
지만, 종파주의자들의 맹목적인 열정에 기꺼이 동의해 그것을 목적을
이루는 수단, 곧 자신의 이익을 증대시키는 수단으로 활용하기도 한
다. 그들은 그런 목적 때문에 다른 누구에 못지않게 열심히 그 종파를
옹호하고, 거기에 동의하지 않는 사람들을 증오한다.

사람이 태어나서 독립적이고, 공정하고, 성숙한 판단력을 갖춘 상
태로 성장하기 전에 다른 사람들의 거짓된 가르침에 영향을 받거나
세속적인 이익 때문에 왕성하게 활동 중인 종파에 얽매인다면, 아마
도 그것보다 거룩한 진리를 연구하는 일에 더 큰 장애를 초래하는 요
인은 없을 것이다. 그런 식으로 부나 명예나 인기에 현혹되어 그릇된
길로 치우치는 사람들이 얼마나 많은지 모른다. 그런 것들에 사로잡
힌 사람들은 종파의 가르침을 진리의 척도이자 시금석으로 삼는다.
그들은 부지중에 자기 종파 외에 다른 종파의 견해를 받아들이면 어
쩌나 하는 두려움만을 자신을 인도해 줄 유일한 북극성으로 간주한
다. 그들은 다른 사람들이 전하는 진리와 빛을 받아들여 자신에게 이
익을 안겨주는 오류를 포기하게 될까 봐 두려워한다. 그들은 항상 자
신이 사람들 가운데서 가장 경건하고, 박학하고, 똑똑하고, 신중하다
고 생각하며 자신이 속한 종파의 잣대, 곧 무가치한 신념에 근거한 편
협한 견해로 모든 것을 판단한다. 따라서 기독교적인 온유함과 사랑
과는 완전히 동떨어진 분쟁과 증오와 법정 다툼과 논쟁만이 뒤따를
수밖에 없다.

위대한 황제들은 살육과 참화를 서로 주고받은 이후에는 종파적인
열정에 사로잡힌 신학자들보다 더 신속하게 화친을 맺는다. 종파의
추종자들은 과거의 이교도들처럼 자신의 지도자나 동료들이 가르치
는 것이면 그것이 아무리 어리석고, 터무니없고, 무익하고, 사악한 것

일지라도 마치 (이야기 속에 나오는) '하늘에서 떨어진 방패'와 같은 것으로 여겨 기쁘게 받아들인다. 그들의 열정은 오로지 종파의 저급한 가르침을 옹호하고, 선전하며, 다른 사람들의 지혜로운 가르침을 비방하는 쪽으로만 치닫는다. 그들은 자신의 종파에 속하지 않은 사람이 어리석은 바보나 악인이 아니라는 사실을 알게 되면, 즉각 위협적인 존재로 간주해 강한 적개심을 드러낸다. 그들은 아무리 사소한 문제와 관련해서도 그를 누르고 승리하는 것을 기쁘게 여기고, 그가 다른 사람들에게 패배하는 것을 볼 때면 크게 즐거워한다.

이 가련한 사람들은 가장 비열한 굴종을 선택했으면서도 여전히 오만하게도 정통주의를 향해 오류와 무지에서 비롯한 비난, 곧 이단과 분열을 초래할 뿐인 비방을 거침없이 쏟아낸다. 그들은 자신들의 입장을 난공불락의 요새처럼 생각하지만, 실상은 어리석음이라는 벽돌로 쌓아 올린 사상누각에 지나지 않는다. 만일 나에게 이런 정신이 조금이라도 있는 것처럼 느껴졌다면 감히 내 책을 통해 하나님의 진리를 나타내 보일 수 없었을 것이다. 그들은 자신들이 이미 모든 지혜를 알고 있고, 거룩한 진리를 남김없이 나타내 보일 수 있다고 생각한다. 그들은 자기 종파의 울타리 안에만 진리가 존재한다고 믿는다. 고향에 많은 금이나 금보다 더 귀한 것이 있는 사람은 기꺼이 미지의 바다를 항해하는 위험을 감수한다. 우리가 추구하는 것은 그런 사람들이 바라는 것들과는 아무런 상관이 없다. 우리가 하는 연구가 그들의 관심을 끌거나 그들의 입맛에 맞을 것이라고는 한 번도 생각해 본 적이 없다. 자기 자신과 자신의 파당만을 사랑하면 이성의 빛이 사라지기 때문에 하나의 종파에 속박되어 다른 종파들과 영원히 대립하며 우위를 다툴 수밖에 없다는 사실을 의식하기가 어렵다. 나는 교사로서 그런 사람들을 철저하게 무시하고, 외면하는 것이 나의 의무라고 생각한다. 물론, 나의 이런 말을 신앙을 가진 사람들이 특정한 회중과 관계를 맺을 의무가 없다는 의미로 받아들여서는 곤란하다. 상궤를 벗어났거나 탓할 만한 잘못을 저질렀다고 판단되지 않은 한, 신앙인이라면 누구나 그리스도를 고백하고, 하나님이 정하신 대로 그분을 예배하는 회중과 관계를 맺어야 한다. 그런 회중과 관계를 맺을 때 어떤 정신적 태도를 지니느냐에 따라 그 결과는 크게 달라진다.

내가 그리스도와 복음에 복종하며 옳게 행동하는 데 필요하다고 생각하는 것을 잠시 언급하면 다음과 같다. 믿음으로 주 예수 그리스도께 복종하고 난 후에는 거룩한 진리를 고백하고, 그것을 열심히 추구하는 신자들의 공동체, 곧 주 예수님의 명령을 지켜 행할 뿐 아니라 참되고, 순수한 경건과 절제와 겸양과 정의와 세상과의 분리를 추구하는 공동체를 찾아서 참여해야 한다. 다시 말해, 교회의 영적 특권과 성령께서 교회에 베푸신 은사들에 동참하고, 믿음과 사랑으로 그리스도의 몸을 세우는 일에 담대하게 매진해야 한다. 편협한 종파를 옹호하느라고 다른 사람들을 마치 존재하지 않는 사람처럼 무시해버리는 이들은 진리의 발전을 저해한다는 비판을 피할 수 없다. 악하거나 속된 이유로나 세속적인 목적에 이끌려 그런 일에 가담하거나 종파라는 해안까지 밀고 들어가 그곳에서 좌초하는 사람들은 특히 더 그렇다. 그런 식으로 생각이 병들면 하나님의 특별한 은혜가 주어지지 않는 이상, 치유되기가 어렵다. 그런 사람들은 어리석음에 이끌려 승리했다는 착각 속에 빠져 있는 탓에 자신을 어리석음에서 구원해 줄 영적 의원들이 자기를 죽이는 것이 아니라 치료해주려고 한다는 사실을 알지 못한다. 참으로 가련하기 짝이 없는 사람들이지만 이들에 대한 언급은 이쯤에서 그만두는 것이 좋을 듯하다.

이번에는 장래에 신학 연구에 헌신하려면 어떤 공부를 통해 지성을 갈고, 닦으며 준비해야 하는지에 대해 잠시 생각해 보기로 하자. "어떤 일이든 시작이 가장 중요하다." 초기 교육에 그릇된 것이 개입되어 나중에 그것이 더욱 발전해 하나님의 진리를 배우는 사람을 해롭게 할까 봐 우려된다. 어떤 지식의 영역에 종사하든 상관없이 다른 사람들을 실제로 가르쳐본 전문인이라면 자신의 방법이 의문시되거나 논쟁이 지나쳐 증오심으로 발전하는 것을 좋게 생각할 리 만무하다. 신학을 배우는 사람은 잘 훈련된 판단력은 물론, 그리스도의 은혜와 영을 비롯해 열린 마음과 정직한 태도와 편견에 쉽게 흔들리지 않는 경건한 성품을 지녀야 한다. 이런 이유로 교육에 관한 일반적인 접근 방식에서 발견되는 잘못들을 과감하게 지적해야 할 필요가 있다. 그런 잘못들을 제때 제거하지 않으면 마음의 성향을 부패시키고, 인격을 오염시키고, 생각을 빠져나오기 어려운 오류와 거짓된 추론에 휘말리게 만든다. 과거에는 고전 시가 교육의 중요한 토대로 사용되었다. 이것은 오늘날에도 교양 교육의 출발점으로 흔히 이용된다. 나도 고전 시의 영광과 영예를 반대할 생각이 없다. 옛 성도들은 고전 시를 하나님을 찬양하는 노래로 개작하기도 했다. 고전 시는 오래되었다는 사실만으로도 확실한 권위와 존중받을 만한 가치를 지닌다.

고대 세계의 가장 위대한 지성인들은 고전 시를 기억이 쇠퇴하지 않게 하는 수단으로 활용했다. 누구나 인정하는 대로, 고대의 시인들은 강렬하고, 예리하고, 깊은 통찰력으로 인간의 사악한 성품을 능숙하게 묘사했다. 그들의 시가 온 세상에 널리 퍼져 진리의 탐구에 헌신해야 할 사람들의 생각에 큰 영향을 미친 이유는 진리를 허구적으로 거짓되게 나타낸 것을 묘사하는 능력이 매우 탁월했기 때문이었다. 고전 시가 인간의 생각을 가장 참되게 묘사했던 이유는 부지중에 그 안에 있는 죄를 드러내어 보여주었기 때문이다.

그러나 그 모든 뛰어남에도 불구하고 심지어 이교도 가운데 가장 지혜로운 사람조차도 시를 피리 연주가들의 즐거움에 빗대어 말하기를 주저하지 않았다. 배우지 못한 사람들은 파티를 열 때 피리 연주가들을 불러 즐거운 한때를 보냈다. 그 이유는 그들과 손님들이 대화로 서로의 덕을 세울만한 교육을 받지 못했기 때문이었다. 시에는 사람들의 감정을 만족시킬 수 있는 언어의 모든 매력이 포함되어 있었기 때문에 생각의 문을 부드럽게 열어 기억 속에 지울 수 없는 인상을 심어주었다. 그러나 지금 내가 하고자 하는 일은 시의 활용이나 고대 시인들의 공로를 묘사하는 것이 아니라 시의 남용에 관해 말하는 것이다. 나는 전자도 중요하지만, 후자가 더 중요하다고 생각한다.

물론, 시에 아무런 장점이 없고, 시가 주는 기쁨은 한결같이 유치할 뿐이라는 웅변가의 견해에 동의할 생각은 조금도 없다. 그러나 교육받은 사람 가운데 시가 처음 생겨날 때부터 이교의 현인들 사이에서 온갖 추잡한 내용으로 더럽혀져 왔다는 사실을 모르는 사람은 아무도 없다. 만일 악인들을 신성시한 내용과 신들을 신인동형론적으로 표현한 내용을 비롯해 간음, 살인, 반목, 강탈, 본보기로 제시된 영웅들의 말로 다 형용할 수 없는 죄들(거짓말, 불순한 사랑, 교활함, 잔인함, 야욕, 폭압, 터무니없고 불경스러운 미신, 우상 숭배, 마귀 숭배 등)에 관한 내용을 모두 제거한다면, 고전 시 가운데 살아남을 만한 작품은 거의 없을 것이다. 그런데도 고전 시는 수치를 모른 채 그 명맥을 온전하게 유지하고 있다.

고대의 희극은 이런 가증스러움에 상스러운 농지거리라는 누룩을 첨가했다. 오늘날 우리가 자부심을 느끼는 고전에 대한 지식은 두 다리로 걷는 인간들 가운데 가장 못된 악인들이 남긴 농담의 찌꺼기에 지나지 않는다. 이것은 심지어 마케도니아인들조차도 비난했던 것이었다. 이런 것들을 정교한 기예로 제시하며 아무런 수치심 없이 무작정 뇌까렸던 사람들은 청중의 생각 속에 나중에 더 크게 짓무르고, 곪아 터져 그와 똑같은 감정과 정욕을 자극하게 될 상처를 남겨준 셈이었다. 불행한 젊은이들은 어렸을 때부터 이런 식의 수치스러운 이야기를 듣고 자란다. 그런 이야기들은 그들의 마음속에 통제하기 어려운 부패한 생각과 표현의 습관을 형성한다. 그들은 감수성이 가장 강한 시기에 그런 이야기를 즐겨 들으면서 가슴속에 소중하게 간직하고, 밤낮으로 생각한다. 이방인들 가운데 가장 뛰어난 사람들은 모든 선한 사람들에게서 그런 이야기들을 제거함으로써 온 인류가 부패해지는 것을 막으려고 노력했다. 솔직하고, 분별 있는 옛사람들은 헬라인들이 그런 것들을 전하는 시인들에게 귀를 기울였다는 사실을 들어 그들이 다른 사람들이 자기들을 생각해 주기를 바라는 것만큼 지혜롭거나 정의로웠다고 생각하지 않았을 것이 틀림없다. 필로스트라토스(헬라의 소피스트)는 『아폴로니우스의 생애』에서 젊은이들이 다른 사람들의 비행을 본받는 것을 지적했고, 코미쿠스도 아우구스티누스가 『신국론』에서 많은 사례를 인용했던 『카이레아(Chaerea)』에서 그와 똑같은 지적을 했다. 가장 주목할 만한 사실은 플라톤이 소크라테스의 입을 빌려 자신이 건설하기를 원했던 이상적인 도시 국가에서 모든 시인을 쫓아낸 것이다. 그들 정도의 학식을 지닌 고대인들은 그것을 합당하게 생각했다.

키케로는 이렇게 말했다. "악한 시인들이 어떤 결과들을 초래하는지 알지 못하는가? 그들의 비가는 가장 신념이 강한 사람들을 그릇된 길로 인도하고, 용기 있는 자들의 용기를 꺾어놓는다. 그런 시를 애호하는 이들은 그것을 읽을 뿐 아니라 암기하기까지 한다. 시인들이 빈약한 가정 훈육을 언급하고, 단순한 시골 생활을 주장하면 사내다운 활력과 미덕을 훼손하면서까지 그대로 이행한다. 따라서 플라톤이 공화국의 안녕과 가장 훌륭한 관습을 생각하면서 스스로 창안한 이상적인 도시 국가에서 그들을 배제한 것은 참으로 지당했다. 그러나 불행히도 우리는 남자들이 어렸을 때부터 이런 것을 배우도록 가르쳤고, 헬라 시인들을 모르는 사람은 학식 있는 남자로 취급하지 않는다." 이런 지혜로운 고대인들이 아무런 이유나 생각 없이 그런 말을 했겠는가? 우리가 그들보다 덜 지혜롭고, 도덕과 인격을 보전하는 일에 관심이 덜해서야 되겠는가?

에우세비우스의 글에서 종종 언급한 대로, 스토아 철학자들은 시를 도덕적이고, 윤리적인 관점에서 해석했을 뿐 아니라 참으로 어리석게도 본래의 저자들이 전혀 생각하지 않았던 지혜를 그들에게 부여하기까지 했다. 키케로는 그 전에 이미 "시인들이 스토아 철학자들을 오염시켰는지, 아니면 스토아 철학자들이 시인들에게 권위를 부여한 것인지는 내가 쉽게 결정할 수 없는 문제다. 양쪽 모두 기괴한 행위와 수치스러운 행위를 기록했다"라고 말했다.

그렇다면 이런 것들은 아직 요람에서 벗어나지 못한 아이들과 어떤 관계가 있을까? 어린아이들은 가장 불결한 이런 이야기들을 통해 즐거움을 얻고, 칭찬을 받으려고 애쓴다. 그러는 사이 그들의 감정에는 치명적인 독즙이 스며들고, 하나님을 경외하도록 그들을 훈육해야 할 임무를 띤 사람들은 옆에서 박수갈채를 보낸다. 물론, 그들이 배우는 것은 기괴한 전설일 뿐이고, 그들이 이야기로 읽는 것들은 현실 속에서는 어떤 일이 있어도 피해야 한다고 가르치면 된다는 변명을 늘어놓을 수도 있다. 그러나 아무런 상처도 없는 곳에 굳이 찜질약을 붙이거나 중독되지도 않은 곳에 해독제를 투여하기를 좋아하는 사람보다 더 어리석은 사람이 또 어디에 있겠는가? 만일 시인들이 가르치는 것이 거짓이고, 그들이 영원성을 부여한 행위들이 수치스러운 것인데도 굳이 그런 지식을 서둘러 가르치려다가 오히려 어린 심령을 망치는 결과가 초래된다면 과연 무슨 의미가 있을지 궁금하다. 치료책보다 질병이 더 강력할 때가 얼마나 많은지 모른다. 더욱이 이런 전염병은 샘의 근원에 영향을 미치기 쉽다. 다시 말해, 성경은 "만물보다 거짓되고 심히 부패한 것은 마음이라 누가 능히 이를 알리요마는"(렘 17:9)이라고 말씀한다. 우리는 하나님의 은혜로 새로워지지 않은 인간의 마음이 어떤 상태인지를 잘 알고 있다. 인간의 마음은 매혹적인 정욕은 부지런히 추구하지만, 더 건강하고, 더 나은 것을 제시하면 얼마나 나태하고, 굼뜨고, 강퍅하게 변하는지 모른다. 인간의 마음은 가장 불결한 상상 속으로 너무나도 쉽게 빠져드는 경향이 있다. 타고난 허영심을 날마다 제어해 쾌락과 정욕의 유혹을 멀리해야 할 필요가 있다는 것을 부인하는 사람은 그리스도인으로 불릴 자격이 없다. 그런 기독교는 이름 외에는 다 가짜다. 사람들은 "고대인들에게 배워야 한다"라고 말한다. 그러나 과거의 건전한 본보기를 제시하기는커녕 고대의 악덕이라는 더러운 찌꺼기로 어린아이들의 미성숙한 생각을 오염시키는 것은 수치이고, 어리석음의 극치일 뿐이다. 바울 사도는 이 점을 일깨우기 위해 "악한 동무들은 선한 행실을 더럽히나니"(고전 15:33)라는 말을 인용했다. 이것은 메난드로스가 한 말일 수도 있고, 에우리피데스가 한 말일 수도 있다. 두 사람 모두 이 격언을 사용했다. 나중에는 히에로니무스도 이 격언을 사용했다. 결국, 시인들은 자신들의 칼로 죽임을 당하게 된 셈이나 마찬가지다.

물론, 학식 있는 사람들 가운데는 어렸을 때 고전 문학을 잘 배운 까닭에 비난이나 불명예스러운 일을 한 번도 당하지 않고 그런 공부를 늙을 때까지 계속 이어왔다고 말하면서 젊은이의 진정한 수치는 고전 교육을 받지 못한 것에 있다고 주장할 사람들이 많다. 일단은 그런 주장을 인정하기로 하고, 다음과 같이 묻고 싶다. 일부 사람이 해를 받지 않고 살아남았다고 해서 모든 소년을 그런 전염병에 노출시키는 것이 과연 타당할까? 칼날에 희생되어 제단에 바쳐질 사람들 가운데 호메로스의 신이 구름 속에서 나타나서 안전하게 낚아채 가기를 기대할 수 있는 사람이 과연 얼마나 될까? 내주하는 죄를 깨닫고, 복음적인 성화에 관심을 기울이고, 마지막 날에 하나님 앞에서 자신의 삶과 수고를 낱낱이 고하게 될 것을 아는 사람은 그런 주장을 용인하지 않을 것이 틀림없다. 간단히 말해, 지혜롭다고 자처하는 사람들이 하나님의 주권적인 은혜를 경멸하며 한껏 부풀어 오른 교만한 마음으로 회개하지 않은 채 심판을 향해 달려가고 있거나 우리가 성경에서 읽은 것이 복음이 아니거나 둘 중 하나다.

시가 일반 학문 가운데 하나라는 사실을 부인할 생각은 조금도 없다. 시를 활용하고, 연습하면 영혼의 직관력이 배양되고, 이해력이 촉진되며, 분별력이 단련되고, 기억력이 향상된다. 그러나 그리스도인들은 시의 그릇된 측면들을 제거하기 전에는 그것을 용납해서는 안 된다. 물론, 여기에서는 그런 것들을 제거하는 방법이나 타락한 도덕성의 미끼를 없애는 방법이나 시가 도덕적 순결을 가르치는 교사 역할을 하게끔 만드는 방법을 상세히 논의할 자리가 못 된다. 나는 내가 말하려는 요점을 이미 충분히 말했다고 생각한다. 이 문제를 더 이상 논의하는 것은 나의 현재 목적에 부합하지 않는다. 이 문제는 다른 사람들이 다루어야 할 듯하다.

판단력이 아직 형성되지 않았거나 분별력이 미처 발달하지 못한 경솔한 젊은이가 시인들의 글을 무분별하게 읽음으로써 입게 될 해악은 쉽게 극복되기가 어렵다. 클레멘트, 오리게누스, 테르툴리아누스, 히에로니무스, 아우구스티누스와 같이 학식이 뛰어났던 교부들의 견해에 대해서는 학자들이 정통하겠지만, 그것을 옮겨 적어보는 것은 그다지 어렵지 않을 테니 한번 해보기를 바란다. 시를 통해 촉발된 불결한 정욕의 열기로 인해 고약한 냄새를 풍기는 생각을 가지고 복음과 하늘의 비밀들을 연구하겠다고 덤비는 것이나 지성소 안에 들어가서 그런 영향력을 통해 형성되고, 주조된 사람들에게 거룩한 진리가 드러나기를 바라는 것은 그야말로 제정신을 잃은 행동이 아닐 수 없다. 하늘의 능력을 한번 시험해 보겠다는 심산이 아니고서야 어떻게 그렇게 할 수가 있겠는가?

고대 철학이라는 풀밭에는 항상 뱀이 숨어 있는 법이다. 일찍이 고대 교회 안에서부터 그리스도인들이 플라톤을 벗어버리지 않은 채로 그리스도를 덧입으려고 한다는 불평이 터져 나왔다. 이방 철학과 조화를 이루게 하려고 복음을 왜곡시키는 시도가 있을 때마다 진리가 크게 훼손되고, 교회에 큰 해악이 미쳤다. 사실, 그런 해악조차도 나중에 순회 철학자들의 습격으로 인해 발생한 해악과 비교하면 비교적 가볍고, 견딜만한 것이었다. 이 점에 대해서는 나중에 다시 살펴볼 생각이다.

이번에는 계시된 복음의 진리를 조금 떼어내서 이방 철학의 잡동사니를 잡다하게 취합한 것을 덧붙이면 어떤 결과가 나타나는지를 잠시 생각해 보기로 하자. 이방의 철학적 '윤리학'의 기본 원리는 상식에 전혀 부합하지 않는다. 아리스토텔레스는 참으로 터무니없게도 '자신의 운명을 내려놓기 전에는,' 즉 죽기 전에는 아무도 진정으로 행복할 수 없다고 선언했다. 그렇게 되기까지는 운명이 다하는 순간에 이르는 과정을 재촉하거나 지연시키는 싸움이 진행될 뿐이다. 운명에 순응하면 '행복해지고,' 운명을 거스르면 불행해진다. 그러나 미덕, 자아, 어떤 '신' 등, 어디에서 도움을 발견할 수 있는지는 언급되지 않았다. 현세에서 겪는 재난과 재앙은 냉혹한 운명이 정한 길을 거부했다는 표시이고, 행복은 거기에 순응했다는 표시이다. 이런 견해에 따르면, 가엾은 욥은 더할 나위 없이 불행한 인물이 아닐 수 없다. 키케로가 친구인 레굴루스에 관해 말한 내용을 한번 생각해 보라.[1]

성도들이 누리게 될 미래의 영원한 행복은 하나님과의 교제에서 비롯하는 지혜를 통해 현세에서부터 이미 시작된다. 이 지혜를 갖추지 않고서 사건들의 과정만을 보고 추론한 생각들은 어리석음의 산물일 뿐이다.

왜곡된 논리를 펼치는 이 철학은 평온하기만 한 중간 길을 모든 미덕의 근거로 삼는다. 이것은 바꾸어 말하면 적당히 악하라는 뜻이다. 이 철학은 모든 것을 혼잡스럽게 만들기 때문에 그 어떤 추종자도 무엇이 미덕이고, 무엇이 악덕인지를 구별하기가 어렵다. 합리적인 영혼의 적절한 활동이 거부당하고, 소크라테스를 매료시켰던 침착하고, 지성적인 논리적 탐구조차 사라졌으니 항상 흔들리는 인간의 생각을 진정시킬 만한 것이 아무것도 남지 않았다. 이 철학의 주창자들은 이 점을 의식하고 철학적 탐구를 통해 완전한 지혜에 도달할 수 있다고 주장한다. 물론, 이들은 오직 하나님만이 온전히 지혜로우시다는 것을 모르지 않는다. 그러나 그런 생각에 미혹된 사상가들의 야심은 한계를 인정하지 않는다. 로마인 파브리키우스가 특사의 신분으로 피로스 왕을 방문했을 때 테살리아의 키네아스가 그를 기리는 연설을 했다. 그 안에는 로마인이 '헬라 철학자'처럼 말했다며 경탄스러워하는 내용이 포함되어 있다. 그러나 그것은 사실 로마인이 겸양의 한계를 더 잘 알고 있었다는 증거다.

---

1   역주: 키케로는 마르쿠스 레굴루스가 카르타고의 포로가 된 상태에서 고통을 기꺼이 감내함으로써 도덕적 선의 본보기를 보여주었다고 평가했다.

'미덕'과 '악덕'의 개념이 가변적이면 많은 해악이 발생하기 마련이다. 예를 들어, 용기가 미덕의 기준으로 제시되었다고 가정해 보자. 용기는 전쟁 상황에서는 좋은 것이다. 그러나 용기 자체는 미덕이 아니다. 만일 용기가 미덕이라면 이방인들 가운데 가장 지혜롭고 탁월한 사람들은 물론이고, 심지어는 그리스도를 비롯해 모든 거룩한 순교자들까지도 비난을 면할 수 없을 것이다. 이런 식의 추론은 오직 한 가지 목적(즉 인간 안에 있는 모든 종교성을 멸시하고, 말살하는 것)만을 염두에 두고 고안된 정교한 발명품과도 같다.

하나님이 직접 외부에서 계시하신 '절대적인 원칙'이 없다면, 수많은 독선적인 사상가들이 제시한 개념들, 곧 예절, 정의, 옳고 그름 등에 관한 서로 모순되는 개념들의 바다 위를 방향키 없이 표류할 수밖에 없다. 다시 말해, 하나님이 어떤 분인지, 그분을 어떻게 예배해야 하는지, 참된 행복이 어디에 있는지를 전혀 알 수 없다. 만일 미덕을 해를 당하지 않은 채로 일시적인 행복에 이르는 길로 생각하고 힘써 추구한다면, 모든 노력과 발전의 과정은 자아에서 시작해서 자아에서 끝날 수밖에 없다. 그러나 자기중심적인 태도는 그 자체로 악덕에 해당한다. 전능하신 하나님을 의지해야 한다는 것을 인정하고, 그분을 영화롭게 하려고 노력하지 않는 사람의 생각 속에는 선이나 미덕의 요소가 전혀 존재하지 않는다. 배우는 사람의 생각이 그런 이론이나 사변에 얽매여 있다면, 그것들을 떨쳐버리는 것이 얼마나 어려운 일인지를 알 수 있을 것이다. 오랫동안 생각해온 개념들과 교설들을 사정없이 도려내는 것은 나태한 사람이나 경솔한 사람의 능력으로는 감당하기 어려운 고통스러운 일이 아닐 수 없다. 세상과 내주하는 죄와 어렸을 때의 교육이 한결같이 똑같은 주장을 제기하는 상황에서 인간의 생각을 변화시키려면 은혜로운 복음의 능력이 필요하다.

변화하는 이론의 조수에 떠밀려 이리저리 떠돌기를 좋아하는 지성의 소유자들은 결국에는 불확실성이라는 바람에 휩쓸려 무신론이라는 유사(流沙) 속으로 빠져들고 말 것이다. 그런 사람들은 현실을 직시하려고 하지 않는다. 가장 잘 알려진 도덕 철학의 원리들은 복음의 비밀과 전혀 조화를 이루지 못한다. 철학으로 자신의 삶을 형성하고, 그것에 헌신하는 사람들은 복음을 수용할 수 있는 능력을 상실할 수밖에 없다. 수많은 학생들 가운데 철학을 철저하게 자신의 안내자로 받아들이는 이들이 극히 드물다고 해서 위로가 될 수 있는 것은 아니다. 참으로 슬픈 일이지만, 젊은이들의 공부가 사소한 논쟁이라는 망령과 꿈속의 그림자와 같은 것에 얽매여 있는 것은 엄연한 사실이다. 그들의 공부에는 모호한 용어들, 정의들, 미세한 구별 따위가 가득하기 때문에 그들의 혀끝으로 참된 진리를 직접 맛볼 수 있는 가능성이 매우 희박하다. 더욱이, 신중하고, 의롭고, 진실하고, 진정으로 선한 삶을 살기 위해 자기 자신을 훈련하겠다는 진지한 의도를 가지고 도덕 철학에 관한 공부를 선택한 젊은이들의 숫자는 '창일한 나일강 하구의 강줄기 숫자나 테베의 성문 숫자(일곱 개)'에도 미치지 못한다.

이방 민족들의 도덕 철학은 올바른 행위를 강조했고, 당시에 알려진 가장 뛰어난 미덕의 규칙들을 따르는 성실한 교육을 제시했다. 그것은 인간이 독자적으로 생각해 낼 수 있는 최상의 것이었다. 따라서 가변적이고, 일시적일 수밖에 없었다. 물론, 그들은 오늘날의 어떤 사람들처럼 최상의 밀이 있는데 도토리를 먹고 살기를 좋아할 만큼 어리석지는 않았다. 아리스토텔레스가 말한 격언을 몇 가지 소개하면 다음과 같다.

"우리는 미덕의 본질을 알기 위해서가 아니라 미덕을 이루기 위해 공부한다."

"행위의 주체, 곧 행위를 하는 동기를 살피는 것이 중요하다."

"우리가 공부하는 본보기를 단순히 알기만 하지 말고, 그대로 본받아야 한다."

철학을 공부하는 학생들 가운데 이런 원리들을 따르겠다고 결심한 사람이 얼마나 적은지 모른다. 세상에 대한 지식이 전혀 없는 상태에서 오직 자기 공부 외에는 아무것도 생각하지 않는 젊은이들이 많다. 술을 진탕 마시기를 좋아하고, 게으르게 지낼 때가 많은 데다 부도덕하기까지 한 이들은 대학 생활을 하면서 6개월 동안 윤리학을 공부하고 난 후에도 여전히 대학 안에서 소란을 피운다.

그러나 이런 이야기는 이것으로 충분하다. 잘못은 인간의 타락한 본성에 있다. 문제의 핵심에 초점을 맞추어야 한다. 만물의 머리이신 그리스도를 무시하고, 이방 철학에 복종하는 사람, 곧 인간의 본성적인 교만과 가장 어리석은 자기 신격화를 추구하는 사람은 복음을 믿기가 극히 어렵다. 복음은 그가 무가치하고, 무력하다는 사실을 일깨워 줄 것이다. 그는 어리석고, 무지하고, 악하고, 비참하기 때문에 그리스도 예수 안에 계시는 하나님으로부터 비롯하는 모든 지혜와 빛과 미덕과 행복을 받아들여야 한다. 배우는 사람이 믿음으로 그런 것들을 받아들여 자신의 삶을 형성해 나가려고 진지하게 노력하지 않으면, 그 모든 수고에도 불구하고 오랫동안 쏟아부은 시간과 노력과 등불을 밝힌 기름보다 훨씬 더 많은 것을 잃고 말 것이다.

물론, 고대의 철학자들 가운데는 장기간의 연구와 뛰어난 지능 덕분에 도덕 철학을 통해 놀라운 발견을 이룬 이들이 없지 않았다. 지성과 훈련을 통해 선과 악, 옳은 것과 그른 것을 구별하는 법을 배우는 것은 좋은 일이다. 그러나 이것을 과연 더없이 명확하고, 절대 변하지 않을 도덕성의 기준을 언제든 자유롭게 살펴볼 수 있는 사람들의 경우와 비교할 수 있을까? 이런 절대적인 기준을 버리고, 상대적이고, 가변적인 것, 곧 한갓 인간이 만든 조야하고, 어리석은 체계를 선택하는 것이 과연 바람직할까? 거룩하고, 의로운 체계를 추구한다면, 그 원리를 우리의 생각과 마음에 심어줄 수 있는 것을 바라봐야 한다. 그래야만 하나님께 헌신하며 그분을 위해 살 수 있다. 아리스토텔레스는 이론과 일치하는 삶의 방식을 가르칠 의도가 없는 사람은 윤리학을 가르치도록 허용하지 않았다. 이 주제는 나중에 다시 살펴볼 기회가 있을 것이다. 따라서 여기에서는 더 언급하지 않고, 다른 문제들을 살펴보는 것이 좋을 듯하다.

분별력이 조금이라도 있는 사람이라면 누구나 철학적 주제들을 가르치는 낡고, 오래된 방법들을 좋아하지 않을 것이 분명하다. 그 이유는 그런 방법들은 논쟁과 언쟁을 일으킬 가능성이 크기 때문이다. 고대 철학의 주제들은 거의 모두 사라졌고, 지금은 논쟁을 일삼기에 가장 적합한 주제들만 남았다. 이전 시대 사람들의 가르침을 논박함으로써 명성을 얻으려고 애쓰는 사람이 있다고 가정해 보자. 그는 극도로 신중해야 하고, 잠시라도 경계심을 늦춰서는 안 될 것이다. 왜일까? 그 이유는 자신이 옳다는 것을 분명하게 주장하기 위해서가 아니라 무엇인가 빌미를 제공하게 되면 자기와 똑같은 원리에 따라 행동했던 후계자들이 나중에 자기를 짓밟고 명성을 구축할지도 모른다는 우려 때문이다. 그런 이유로 그는 철학 연구를 하는 내내 뜨거운 용암 위에 형성된 얇은 외피 위를 걷는 사람처럼 극도로 조심스럽게 행동한다. 그는 자신의 주제를 발전시키거나 자신이 설명하기를 원하는 문제들을 좀 더 분명하게 밝히기보다는 다른 사람들의 반론으로부터 자신을 지키는 데 더 적합해 보이는 개념들을 정립하려고 애쓴다. 이것은 결국 그런 논쟁과 다툼을 무한정 연장하는 결과를 낳을 뿐이다.

다른 철학자들, 특히 예리한 논쟁술에 자부심을 느끼는 아랍 철학자들은 도덕 철학을 마치 전쟁처럼 생각하고, 학파들 안에서 승리를 거두는 것을 영예로 여겼다. 그 결과, 모든 학문이 다루기 힘든 논제들에 휘말려 들어 전쟁터처럼 변질되고 말았다.

심지어 오늘날에도 철학을 연구하는 사람들 가운데는 공적 논쟁의 격투장에서 희생 제물로 삼을 사람을 신중하게 준비하는 작업에 불과한 일에 열성을 기울이는 사람들이 많다. 그들은 싸움의 기술에 활용할 무기를 장만할 수만 있다면 자신들이 다루는 주제가 사실인지 거짓인지, 객관적 현실인지 주관적 사변인지를 전혀 따지지 않는다. 어떤 사람이 박학한 사람으로 간주될까? 필요한 논쟁만으로 만족하지 않고, 수치를 모른 채 온갖 조롱과 매서운 반박과 논박을 서슴지 않는 사람이 그런 사람으로 간주된다. 고개만 돌리면 이런 사람들을 주변에서 쉽게 찾아볼 수 있다. 그들이 그런 지성적 싸움에 시간을 쏟는 것을 보면 변증법과 철학의 원리에 능통하다고 생각할 것이 분명하다. 그러나 진지하고, 구체적인 주제들을 논할라치면 그들은 할 수 있는 말이 단 한마디도 없다. 그러나 그런 주제들이야말로 모든 철학이 추구해야 할 참된 핵심이다. 나는 종종 학식 있는 사람들이 왜 단순한 논리와 모든 참된 철학을 상식에 맞게 정직하게 사용하는 법을 알지 못한 채 다루기 힘든 논제들이나 불분명한 용어들과 뒤엉켜 씨름하며, 자신은 물론 학생들에게까지 무거운 짐을 짊어지게 만드는지 궁금해하곤 한다.

이런 원인들로부터 교육과 관련된 또 하나의 가장 심각한 문제가 발생한다. 학자들은 자기가 다루는 주제의 한계를 자연 안에 있는 것으로는 그 무엇으로도 규정하기가 어렵고, 학문의 개척자가 되기를 열망하는 사람들, 곧 자신의 지혜 밖에 있는 것은 어떤 것에도 의존하지 않는 소수의 사람들을 통해서만 규정될 수 있다고 믿는다. 그들의 학생들은 일평생 다른 사람들의 가르침만을 배우고, 항상 다른 누군가의 말만 받아들일 뿐, 독창적인 생각이나 실험을 통해 무엇인가를 발견하려고 노력하지 않는다. 인간의 생각은 부패한 본성을 지녔기 때문에 무슨 일을 하든 하나님께 도움과 구원을 구해야 하는데도 불구하고 자기에게 크게 해가 되는 줄도 모르고 오로지 똑같이 타락한 다른 인간들만을 신뢰할 뿐, 자신의 무력함을 인정하고 그분 앞에 나가려고 하지 않는다. 그들은 마치 하나님이 자기에게 생각하는 힘을 전혀 부여하지 않으신 것처럼 자기와 똑같은 인간의 인도만을 전적으로 따르려고 애쓴다. 한 가지 잘못은 반역이고, 또 하나의 잘못은 어리석음이다. 둘 다 하나님께 감사하지 않는 인간의 악한 본성을 잘 보여준다. 이런 것들과 이와 비슷한 것들은 모두 낡은 교육 과정의 일부인데도 많은 사람이 이것들을 통해 지혜의 훈련을 받고 있다고 믿는다. 이런 것들이 그들의 생각을 공허한 궤변으로 가득 채워 진리를 향한 참된 탐구를 진행해 나가는 데 얼마나 부적합하게 만드는지는 가늠하기조차 어렵다. 때로는 지성의 힘과 철저한 적용 및 실천적인 경험을 통해 이런 장애 요인들이 부분적으로 제거되기도 하지만, 그것들은 항상 모든 학생을 방해할 뿐 아니라 남들보다 더 둔하고, 느린 학생들에게는 수치스러운 무지의 멍에를 짊어지워 배움의 첫 단계조차 벗어나지 못하게 만든다.

이제 신학 자체를 생각해 보기로 하자. 신학을 공부하면서 올바른 한 가지 목표를 설정하는 사람은 그리 많지 않다. 권세와 부, 지위와 공적인 찬사와 같은 여러 가지 목표를 설정하는 사람이 대부분이다. 그들이 신학 공부에 공을 들이는 목적은 다른 '학식 있는' 목회자들과 어깨를 견줄 만한 전문 지식을 갖추고 나서 세속적인 부를 거머쥐는 것이다. 따라서 그들은 세속 학문에나 적합한 학습 기술과 온전히 육신적인 생각만으로 복음의 가장 심오한 교훈과 거룩한 비밀을 생각하게 되는 셈이다. 불행하게도 그들은 실제로는 그 누구보다도 복음에 더 낯선 것을 추구하면서도 자신들이 그리스도인이라는 것을 조금도 의심하지 않는다.

신학은 복음의 신령한 비밀을 다루는 영적 학문이다. 이교도의 신학은 그들이 고백했던 종교의 비밀들을 능통하게 파악하는 것을 의미했다. 복음의 거룩한 비밀에 정통하고, 거룩하게 하는 지혜를 얻겠다는 것 외에 다른 의도를 가지고 참된 신학을 공부하는 사람은 올바른 목표에서 벗어날 수밖에 없다. 올바른 목표가 아닌 부차적인 목표를 지향하면서도 그것이 복음을 욕되게 하는 것인 줄을 꿈에도 생각하지 못하는 사람들이 많다. 학생이 자기가 노력하는 일과 관련해 올바른 목표를 설정하지 못하면 수단을 선택할 때도 잘못을 저지를 수밖에 없다. 더욱이, 그가 비록 우연히 자신의 주제에 가장 적합한 수단을 선택했다고 하더라도 그것들을 통해 주어지는 유익과 혜택을 누리지 못할 가능성이 크다. 그 이유는 그들이 그런 수단을 악용해 완전히 다른 목표를 추구하려고 시도할 것이기 때문이다. 그들은 모든 수단 가운데 가장 필요한 수단(전력을 다하는 기도)을 무가치하게 여길 뿐 아니라 심지어는 온갖 멸시와 함께 걷어차 버리기까지 한다. 그런 무지한 잘못들을 통해 복음적인 신학이 있어야 할 자리에 세속적인 철학이 가르치는 것과 별반 다르지 않은, 정교하고, 교묘하고, 인위적인 학문이 들어서는 불행한 결과가 초래된다.

명제, 논제, 정의, 증거, 반론, 논박, 구별 등으로 이루어진 엄격한 격식을 갖춘 체계, 한 마디로 '철학과 신학'이 뒤죽박죽 마구 혼합되어 있는 것이 '신학'으로 잘못 일컬어지고 있다. 이런 이유로 성령의 일과 성령께 속한 일을 비교함으로써 지혜를 얻게 할 목적으로 주어진 용어들이 더 이상 성령께서 본래 지정하신 의미를 지니지 못하게 되었다.

다양한 개념과 차이를 묘사한 용어들이 오래전에 아리스토텔레스의 머릿속에 떠올랐던 불운한 우연만 없었더라면, 인간의 지혜와 세상에 드러난 하나님의 지혜를 지금보다 더 잘 묘사할 수 있었을 것이다. 형식적인 체계를 추구하는 신학자들은 믿음, 중생, 칭의, 양자, 성화와 같은 복음의 위대한 진리를 다룰 때면 즉시 용어들을 정의하려고 애쓴다. 그들은 충실한 신자들의 생각을 일깨워 밝혀주는 것보다 학교에 있는 경쟁자들의 눈을 의식해 모든 것을 신중하게 긁어모아 세밀한 용어와 표현으로 짜깁기를 시도함으로써 자기들을 논박할 기회를 찾는 사람들에게 공격의 빌미를 제공하지 않으려고 애쓴다. 아리스토텔레스적 정의(定義)의 거대한 상부 구조는 근본적으로 이런 것으로 이루어져 있다.

철학은 신학의 하녀라는 말이 있다. 그러나 실제로는 철학이 주인이다. 철학은 자신의 희생자를 가장 악랄하게 다룬다. 만일 철학이 자연 세계에 드러난 신적 지혜의 흔적을 찾아 인식할 수 있게 함으로써 사고를 명료하게 하고, 지성적인 기능을 훈련하고 강화한다면 참된 지혜의 하녀이자 신학의 하녀라고 말할 수 있을 것이다. 그러나 철학은 실제로는 예속자가 아닌 지배자다. 이런 사실이 신학에 복음의 지식과는 무관한 문제들과 다루기 힘든 복잡한 논제들을 도입하고, 난해한 용어들이라는 무거운 쇠사슬로 영적 진리를 억압하며, 사소한 것을 끝없이 파고드는 습관을 부추겨 생각을 왜곡시키는 철학의 역할을 통해 분명하게 드러난다. 철학의 일반적인 사용을 둘러싸고 일어나는 온갖 폐해가 철학이 복종이 아닌 지배의 자리를 차지하고 있다는 명백한 증거다. 이로 인해 거룩한 진리와 그 경이로움이 갖가지 방식으로 감추어져 보이지 않게 된다. 과거에 철학자들이 숭배했던 진리의 그림자는 너무나도 흐릿하고, 희미했다. 그들은 그것을 끔찍하게 사랑했고, 경이롭게 여겨 때로는 그것을 생각하면서 황홀경에 빠지기도 했다. 그러나 그들은 진리를 모든 자연미를 갖춘 그 모습 그대로 사랑하기보다는 단지 진리의 일시적인 그림자만을 보았을 뿐이다. 우리에게 '길과 진리와 생명'이 되기 위해 성부의 품을 떠나온 그리스도께서 우리에게 계시하신 참된 진리의 깊은 비밀이 한낮의 찬란한 태양의 빛줄기라면, 철학자들이 발견한 자연적 진리의 부스러기는 모두 한데 모아놓더라도 꺼질 듯 깜박이는 별빛에 지나지 않는다.

우리 모두 거룩한 사랑으로 불타오르지 않는 사람은 신학에 문외한일 뿐이라고 담대하게 외치자. 오랫동안 열심히 공부해서 난해한 문제들을 자랑삼아 떠벌리거나 현존하는 신학 서적들을 게걸스럽게 탐독했더라도 다른 것이 없이 오직 그런 노력만 기울였다면, 하나님의 진리가 지닌 자연미를 단 한 가지도 깨닫지 못했다는 강력한 증거다. 그런 사람은 거룩한 진리에 대한 사랑으로 불타오르지도 않고, 진리의 아름다움에 감탄하며 황홀해하지도 않는다.

이 세상 어디에서 이런 열정을 지닌 학생을 발견할 수 있을까? 다른 것에서 동기를 찾으려고 애쓰는 학생들만 수두룩하다. 이런 생각을 지닌 사람, 곧 오직 이것만을 결심의 이유로 삼아 하나님의 진리를 가장 사랑스럽고, 가장 아름답고, 가장 소중한 것으로 만들어 진리를 깊이 알고, 진리의 형상을 따라 자신을 형성시켜 나가겠다고 나설 사람이 과연 누가 있을까? 대다수 학생은 이와는 다른 생각을 지니고 있다. 그들은 생계를 위해 신학을 공부하는 것을 무거운 짐으로 여긴다. 만일 힘을 덜 들이고 부와 명예를 얻을 수 있는 길이 있다면, 그들은 즉시 "안녕, 잘 있으시오. 나는 그만두겠소"라고 말할 것이 틀림없다. 아아, 신학의 운명은 참으로 비참하기 그지없구나! 신학은 초자연적인 진리와 복음의 심오한 비밀을 묵상하고, 생각하는 높고, 고귀한 영적 지위를 잃고 비천하고, 무미건조하고, 무익하고, 논란거리만 많은 학문으로 전락했다. 그런 이유로 사실상 신학의 가장 큰 원수인 사람들이 가장 저급한 동기에 이끌려 신학을 공부하겠다고 아첨하고, 구애하는 형국이 빚어지고 말았다. 신학의 주위를 맴돌면서 여러 날, 여러 달, 여러 해를 신학에 구애의 손길을 보내는 사람들은 단지 굶주림과 가난에서 벗어나려고만 애쓴다. 그들은 부와 헛된 영광을 탐하기 위해 마음에 들지 않는 공부를 하겠다고 덤벼들면서 거룩한 지식의 문을 두드린다. 그들은 항상 지식의 겉껍데기, 곧 모든 학문에 공통되는 것에만 노력을 기울일 뿐, 지성소 안에 있는 거룩한 진리에는 한 걸음도 다가가지 못한다. 그들은 생명, 영혼, 하늘의 능력, 경건한 지혜, 영원한 구원과 관련된 것은 아무것도 알아보지 못한다.

신학은 시간이 아닌 영원의 자손이다. 그런데도 신학의 아름다움에 매료되거나 신학을 위해 헌신하거나 순수한 마음과 진지한 생각으로 신학의 능력을 경험하려고 노력하는 사람은 극히 드물다. 이것이 나의 생각이다. 나는 아무것도 숨기지 않고 솔직하게 말하고 싶다. 그토록 많은 학생들과 더불어 오랫동안 많은 수고를 했지만, 허무하게도 알곡이 아닌 가라지만을 거두고 있다. 다른 사람들을 가르치는 교사들 가운데는 주님의 말씀을 기초부터 다시 배워야 할 사람들이 한둘이 아니다. 충실한 그리스도인들은 이 학부생들이 복음의 비밀과 측량할 수 없는 그리스도의 풍성함을 자기들에게 선포해주기를 기다린다. 그들은 학생들이 성령의 가르침을 받아 영혼의 회심을 이루고, 교훈을 얻고, 덕스럽게 되고, 위로를 얻은 경험을 토대로 경건하고, 엄숙하고, 깊이 있는 설교를 전해주기를 바란다. 그러나 이들은 그런 바람과는 달리 알맹이 없이 화려한 미사여구만 잔뜩 사용해 무익하기 짝이 없는 설교를 전할 가능성이 크다. 누가 그런 사람을 목회자요 신학자로 일컫겠는가? 성령의 생각을 분별하지 못하고, 입으로 그분의 말씀을 전하지 않고, 복음의 비밀에 생각이 맞추어있지 않은 사람이 어떻게 목회자요 신학자일 수 있겠는가? 그들이 열심을 내는 것은 단하나, 복음 안에 나타난 하나님의 능력을 거스르는 것이다. 그들은 청중 가운데 가장 무지하고, 천박한 사람들만 즐겁게 한다. 그들의 무익한 헛소리로는 삶의 전쟁을 치를 수 있는 올바른 훈련을 쌓기가 어렵다. 주 예수님은 정해진 때가 이르면 자신의 가장 거룩한 명령을 무시한 죄에 대해 배상을 요구하실 것이다. 의로운 분노가 치솟아 주체하기 어려우나 더 말하지 않겠다. 독자들이 잘 알 테지만, 다른 곳에서는 이렇게까지 냉정함을 잃고 말한 적이 없었다.

어떤 사람은 "하나님의 밭에서 이런 가라지들을 뽑아버리면 되지 않습니까? 옛 체계를 폐지하고, 새로운 교수 방식을 제안하면 좋지 않겠습니까? 앞장서서 교육의 개혁을 주도하면 되잖아요?"라고 말할는지도 모른다.

그리스도인 독자들이여, 사도는 얽매이기 쉬운 죄를 벗어버리라고 가르쳤다. 한 번 의심하기로 마음먹으면 아무도 제재할 수 없다. 왜냐하면 의심은 다른 사람이 아닌 우리 안에서 생겨나기 때문이다. 내가 이 책에 관해 책임지고, 앞으로의 계획을 말하려고 하는 것처럼, 자기의 일은 각자 하나님 앞에서 스스로 책임져야 한다. 나는 단지 공정한 태도로 나의 말을 들어주기를 바랄 뿐이다. 어쨌든 우리에게는 중요한 일이 매우 많지만, 일부러 나서서 건드리지 않고 놔두어야 좋을 일을 애써 건드리거나 새로운 연구 방법을 제안하고픈 생각은 조금도 없다. 그런 일은 나의 성격에 맞지 않는다. 그러나 내가 아무런 가치가 없는 사람이고, 조용히 이름 없이 살아간다고 해서 다른 사람들, 곧 나보다 더 유명한 사람들이 하늘의 진리를 가르치는 것에는 아무런 흠이 없다고 말할 생각도 전혀 없기는 마찬가지다. 그 무엇도 신학적 진리에 관한 나의 연구와 사색을 학자들과 성도들에게 전하는 일을 가로막을 수는 없다. 다른 사람들이나 훌륭한 사람들도 다 그렇게 했다. 옛 웅변가가 그릇된 일을 옹호하기 위해 부르짖은 말을 나는 이 좋은 일에 적용하고 싶다. 그는 "이런 일이 언제 이루어지지 않은 때가 있었는가? 이런 일이 언제 비난을 받았던가? 이런 일이 언제 금지된 적이 있는가?"라고 외쳤다.

현명한 독자들이여, 허락해준다면 나의 목적이 무엇인지 설명하고 싶다. 잘못된 의심과 악의적인 험담은 모두 사라졌으면 좋겠다. 이 자리에서 밝혀두고 싶은 사실이 몇 가지 있다. 처음 이 책을 쓰기 시작할 때는 복음 신학에 관해 그리스도인들이 생각해야 할 몇 가지 주제를 설명하겠다는 생각 외에는 아무 생각도 없었다. 내가 이 목적을 이루기 위해 준비한 내용이 이 책의 마지막 권(6권 복음 신학)에 실려 있다. 그러나 나는 복음 신학을 설명하려면 서론이 필요하다는 것을 알게 되었다. 처음에는 서론을 간단하게 쓰려고 했지만, 보다시피 분량이 많아졌다. 사실, 이 내용은 사전에 계획된 것은 아니지만 우리의 핵심 주제와 전혀 무관하지 않다.

여기에서 이 책의 전체적인 순서와 배열된 항목들을 하나씩 길게 논할 필요는 없고, 이것들을 한데 묶어 간략하게 요약하는 것이 좋을 듯하다. 나는 신학의 명칭과 본질에 관한 서문을 쓰고 나서 하나님의 계시를 통해 다양한 방식으로 이루어진 발전 과정을 살펴본 다음에는 사건들의 역사적 순서에 특별한 관심을 기울여 그것을 참된 신학이 처음 나타난 이후부터 단계별로 나눠 기록하고, 진리에서 멀어진 많은 사례들과 그로 인한 오류들을 비롯해 (계시를 통해 제시된 기준에서 벗어난) 교회 예배의 갖가지 부패와 고대 교회의 수많은 타락 및 은혜를 통한 회복을 다루면서 결론에는 유대교가 마지막에 최종적으로 버림을 당하게 될 것이라는 내용을 언급하기로 결정했다.

이런 계획에 착수하고 나자 생각해야 할 필요가 있는 많은 요점들, 특히 바벨론 포로기 이후에 에스라를 통해 이루어진 유대 교회의 개혁이 떠올랐다. 그것이 계기가 되어 고대 교회의 제도와 의식에 관한 상세한 논의가 이루어졌다.

마지막 부분에서는 '복음 신학' 자체를 설명하려고 시도했다. 나는 성경을 토대로 복음 신학을 설명했고, 그것의 본질이 어디에 놓여 있고, 그것을 연구하는 데 적합한 사람이 누구이며, 어떻게, 어떤 방법으로 그것을 연구할 수 있고, 가장 걸려 넘어지기 쉬운 장애 요인이 무엇인지를 밝히는 것과 동시에 참된 신학의 토대 위에 건설된 참된 교회의 본질과 설립과 발전 과정을 살펴보았다.

이 책의 마지막 결론은 신학 연구의 방법론를 논의한 내용으로 이루어졌다. 현명한 독자들이여, 이 책을 요약적으로 다룰 것인지 상당한 노력을 기울여 충분히, 상세하게 다룰 것인지는 각자가 결정할 일이다. 마태복음 7장 21절이 가르치는 복음의 정신에만 일치한다면, 어떻게 하든 나는 아무 상관 없다. 우리는 아름다운 말이나 경구가 아닌 복음의 핵심을 연구해야 한다.

내가 대중 앞에 내놓은 이 책이 어떤 성격을 지녔든 간에 진리에 대한 순전한 사랑에 압도되어 이 책을 저술했다는 것만은 분명하다. 나는 믿음의 투사인 성도들이 이 책에 대해 제기하는 비판과 판단을 기꺼이 받아들일 각오가 되어 있을 뿐 아니라 다른 모든 것과 마찬가지로 이 책도 믿음으로 하나님께 온전히 바치고 싶다. 나 자신과 세상의 사악함으로 인해 지칠 대로 지친 나는 그 누구보다도 더 비참한 죄인이 아닐 수 없다.

이 책과 더불어 지금까지 하나님의 은혜로 내가 경험했던 모든 헌신과 기도와 눈물과 탄식을 실어 보낸다. 유일한 구원자이신 예수 그리스도를 통해 주어지는 하나님의 놀라운 은혜와 자비와 용서에 모두를 맡긴다.

사랑하는 독자들이여, 모두 평안하기를 빈다.

목차

3권 노아에서부터 아브라함까지의 신학

4권 아브라함부터 모세까지의 신학

5권 모세부터 그리스도까지의 신학

1권
자연 신학

1장
신학 총론 1

어떤 학문을 다루려면 용어들부터 주의 깊게 생각해야 한다. 다시 말해, 용어들을 정하고, 옳게 이해해야만 오류와 혼동을 일으키는 실수와 모호함을 피할 수 있다. "올바로 배우려면 먼저 용어들을 주의 깊게 살펴야 한다"라는 말은 사실이다. 갈레노스는 "무엇을 탐구하려면 먼저 용어들을 파악해야 한다. 그 이유는 용어들이 현실에 대응하는 개념을 나타내기 때문이다"라고 말했다.[1]

신성한 일들과 관련된 용어들은 성령께서 정하신 것이기 때문에 공손한 태도로 조심스럽게 다루어야 한다. 바울 사도는 '망령되고 헛된 말'과 말다툼을 피하라고 가르쳤다(딤전 6:20). 소위 '학자'라는 사람들의 가르침을 통해 우리의 종교를 연구하는 일에 무익한 말들이 얼마나 많이 도입되었는지 모른다. 그들은 줄곧 많은 정력을 쏟아부으면서 용어들을 둘러싸고 격한 논쟁을 벌여왔다. 기독교의 가르침 안에서 빚어지는 혼란 가운데 대부분은 이질적인 용어들을 신학에 도입해서 사용하고, 성령께서 정하신 용어들을 왜곡시켜 인위적이고, 부자연스러운 의미를 부여한 것에 그 원인이 있다. 따라서 복음이 지닌 본래의 단순함과 순수성(모든 순수함의 영원한 원천에서 그것이 처음 흘러나왔을

---

1   Galen, *On Healing*, chapter 5.

때의 상태)이 교회가 부여한 혼합물과 뒤섞이거나 갖가지 오염물로 인해 더럽혀졌다는 불평이 곳곳에서 터져 나오는 것도 전혀 무리가 아니다. 인간이 다수의 견해를 절대적으로 옳은 것으로 간주하고, 각 세대가 이전 세대와 똑같은 것을 굳게 신봉하려는 속성을 지니고 있다는 것은 어떤 증거도 필요하지 않은 명백한 사실이다. 과거의 오류들이 너무나도 크게 자라난 탓에 '기독교 안에서 기독교를 연구하는 것'은 거의 무익한 일이 되고 말았다. 거의 모든 학문이 혼란과 불확실성에 시달리는 이유는 '용어들'을 부주의하게 사용하고, 고대로부터 전해온 용법과 의미를 의도적으로 왜곡시키기 때문이다.

우리의 종교를 다루는 저술가들 가운데는 성경에서 구체적으로 발견되지 않는 용어들을 사용한 사람들이 셀 수 없이 많다. 그런 용어들이 사용되는 경우는 크게 두 가지다. 하나는 이단들의 끈질긴 반론을 논박하기 위해 부득불 새로운 용어들을 만들 수밖에 없는 경우이고, 다른 하나는 평판이 높은 학자들이 진리를 더 분명하게 밝히거나 더 정확하게 가르치기 위해서라는 구실을 내세워 스스로 새로운 용어를 만들거나 다른 사람들에게서 취한 용어를 자신의 용도에 맞게 고쳐 사용하는 경우다. 지금은 진리 자체를 적대시하지 않는 이상, 성경에서 발견되지 않는다는 이유만으로 그런 용어들이 교회에서 완전히 제거되기를 바랄 사람은 별로 없다. 따라서 현재로서는 그런 용어들을 없앰으로써 발생하게 될 볼썽사나운 논쟁, 곧 고질적인 편견과 끝없는 주장들을 피하는 것이 상책일 수 있다.

'신학'이나 '신학자'라는 용어의 사용을 격렬하게 반대하는 사람들이 적지 않다. 이런 용어들을 둘러싸고 격한 논쟁을 벌이는 것은 아무런 유익이 없다. 왜냐하면 이 용어들은 이방인들에게서 취한 것일 뿐, 성경 안에 그에 대응하는 것이 존재하지 않기 때문이다. 어떤 것에 적용되는 용어가 너무 거창하고, 위압적인 것으로 변하면, 그것을 사용하는 것 자체가 해가 된다. 용어가 분열을 일으키는 격한 논쟁의 대상이 되면, 그로 인해 발생하는 불확실성이 그것을 적용한 현실에까지 영향을 미치기 쉽다. 용어들이 성경의 단순성을 거스르는 인위적인 것이나 그런 것에 능숙한 사람들을 가리키는 의미로 사용될 때는 기독교 교리나 교리의 해설자들을 가리키는 의미로 적합하지 않다고 결론지을 수 있다. 그러나 어떤 학문이든 탐구 대상에 적합한 용어들에 대한 합의가 필요하다. 따라서 적절히 주의를 기울인다면 합의를 통해 받아들인 용어들을 안심하고 사용할 수 있다. 우리의 임무는 우리의 용어들이 나타내는 진리들을 정확하게 가르치는 것이다.

유대인들은 '거룩한 지혜,' '율법에 관한 지식,' '율법 연구,' '율법을 향한 열심' 등 신학을 다양한 방식으로 표현했다. 그들은 신학자를 '하나님의 사람'으로 일컬었다. 유대인 신학자들 가운데 가장 학식이 뛰어났던 마이모니데스는 신학을 둘로 나눠 '창조의 사역'과 '병거의 사역'으로 일컬었다. 전자는 자연 신학을, 후자는 신비 신학을 각각 가리킨다. 후자의 명칭은 에스겔서 1장에서 따온 것이다. 전자는 모든 사람에게 가르쳐야 하고, 후자는 소수에게만 가르쳐야 한다는 것이 그의 견해였다. 그러나 구약성경에는 '신학'이나 그와 비슷한 다른 용어로 번역할 수 있는 용어가 존재하지 않는다. 헬라 저술가들은 일반적으로 신들에 관해 말하는 자를 신학자로 간주했다. 예를 들어, 플루타르크는 '델포이의 신학자들'을 신탁의 제단에 바쳐진 제물들과 연관시켜 묘사했다. '테올로구메나(Theologoumena)'는 신들에 관해 쓴 글을 가리킨다. 수에토니우스는 『아우구스티누스의 생애』에서 아스켈레피아데스 멘데스(Ascelepiades Mendes)의 '테올로구메나'를 언급했다. 이 문서에는 멘데(Mende)에서 이루어진 애굽인들의 가증한 숭배 의식을 묘사하고(염소를 신으로 떠받든 것), 기괴한 관습을 옹호하는 내용이 기록되어 있다. 게라사의 니코마코스(고대의 유명한 수학자이자 음악 이론가)는 숫자의 '신학,' 즉 숫자에 부여된 신비로운 속성에 관한 책을 두 권 저술했다. 포티오스는 그것을 '제목과 전혀 일치하지 않는' 책으로 묘사했다. 이는 매우 무익한 책이라는 뜻이다.

헬라의 용법에 따르면, '테올로기아'라는 용어는 '신의 말씀'이나 '신이 말씀한다'가 아닌 '신에 관한 가르침이나 논의'를 의미한다. 아우구스티누스는 이 용어를 '하나님에 관한 논의, 또는 추론'으로 정의함으로써 이 의미에 동의했다.[2] 그러나 다른 의미를 지닌 동족어들도 발견된다. 예를 들어, '테오프로피온'은 신의 말씀(즉 예언)을, '테오세메이아'는 '신의 표적들,' 또는 '신이 보여주신 것들'을 각각 의미한다. 신들과 그들에 대한 숭배를 다룬 가장 초기의 헬라 저술가들이 최초로 신학자로 일컬어졌고, 그들의 책들이 신학으로 간주되었다. 그들은 대부분 시인이었다. 따라서 처음에는 시인과 신학자를 구별하지 않았다.[3]

시로스의 철학자 페레키데스는 산문으로 신학적 문제를 다룬 최초의 이방인으로 간주된다. 그의 교리는 신비적이고, 상징적이며, 수수께끼와 같았다. 그는 피타고라스의 스승이었고, '신학자'로 불렸다. 디오게네스와 '저명한' 메수키오스는 헤라클레이토스가 신학적인 문제들을 다룬 글을 써서 '신비들의 대가'라는 칭호를 얻었다고 말했다. 헤라클레이토스가 고레스 왕의 시대(BC550년경)에 살았던 인물이라는 점을 기억하면, 헬라의 유명인들이 동방 세계의 유명인들과 비교할 때 얼마나 어린아이 같았는지를 이해할 수 있다. '하부 애굽(Lower Egypt)'에서 활동하던 사이스의 사제는 솔론을 이렇게 질책했다. 그는 "솔론이

---

2   Augustine, *City of God*, Book 8, chapter 1.

3   Aristotle, *Metaphysics* 3. Clement of Alexandria, *Stromata* 3.

여, 솔론이여, 당신네 헬라인들은 항상 어린아이다. 헬라에는 노인들이 없다"라고 말했다. 솔론이 그의 말을 논박하자, 그 사제는 "당신들은 모두 생각이 어린 남자들이다. 고대로부터 당신들에게 전해진 지식이 하나도 없다. 오랜 세월을 통해 입증되고, 성숙해온 것이 아무것도 없다"라고 대답했다.[4] 그런데도 플리니우스는 헬라 신학은 고레스의 시대에 영광을 누리며 절정에 달했다고 평가했다.[5] 디오게네스는 『테오폼포스의 생애(*Life of Theopompos*)』에서 페레키데스가 자연과 신들에 관해 논한 최초의 헬라인'이었다고 말했다.

탈레스의 편지에서도 이와 똑같은 견해가 발견된다. "탈레스가 페레키데스에게, 당신이 이오니아인들 가운데서 최초로 신들에 관한 글을 써서 헬라인들에게 내놓았다는 사실을 알고 있소이다." 헤수키우스는 페레키데스가 시로스섬 출신이기 때문에 '시리오스'로 불렸다고 생각했다. 그는 『페레키데스의 생애(*Life of Perecydes*)』에서 "시로스는 키클라데스 제도의 섬들 가운데 하나다"라고 말했다. 어떤 사람들은 그가 시리아인이었다고 생각한다. 나도 그럴 가능성이 더 크다고 생각한다. 페레키데스는 자신의 책 서문에서 에우몰포스의 아들 무사이오스가 최초로 '신통기(神統記),' 즉 신들의 기원과 탄생에 관한 신화를 구축했다고 말했다. 플라톤주의자들은 무사이오스를 '그 신학자'로 일컬었다.[6] 그는 항상 가장 뛰어난 철학 저술가로 간주되었다. 필로스트라토스는 『헤로이쿠스(*Heroicus*)』에서 호메로스에 관해 "그는 신학과 관련된 많은 문제에서 오르페우스를 능가했다"라고 말했다. 호메로스는 신들에 관한 기존의 개념들에 많은 것을 더한 인물로 간주된다.

---

4   Plato, *Phaedo*.

5   Pliny, *Natural History*, Book 7, chapter 1.

6   Plato, *Republic*, 264.

헬라인들은 신들이 태어났다고 믿기 때문에 그들의 '신학'은 '신통기'로 일컫는 것이 더 정확하다. 헤로도토스는 『역사』에서 헬라인들과 페르시아인들을 이렇게 구별했다. "페르시아인들은 신들이 인간과 같은 방식으로 태어났다고 생각하지 않지만, 헬라인들은 그렇게 생각한다." 페르시아인들은 자연의 신들을 숭배했다. 여기에서 헬라인은 하나의 독특한 인종으로 형성된 이후의 헬라인을 가리킨다. 에우세비우스에 따르면, 헬라인의 조상들은 본래 다른 이방인들처럼 하늘과 천체들을 숭배했다. 그는 "헬라나 그곳의 식민지에 거주했던 가장 오래된 주민들은 신들의 탄생에 관해 말하지도 않았고, 우상들을 만들어 세우지도 않았으며, 심지어는 지금처럼 신들을 남성이나 여성으로 일컬으며 숭배하는 어리석음도 저지르지 않았다"라고 말했다.[7]

플라톤은 에우세비우스보다 훨씬 오래전에 『크라틸루스(*Cratylus*)』에서 "내가 보기에 헬라 내부와 그 주위에 가장 먼저 거주했던 민족들은 오늘날의 야만인들처럼 태양, 달, 하늘, 땅, 별들과 같은 것들만을 신으로 생각했던 듯하다"라고 말했다. 그러나 이 점에 대해서는 나중에 좀 더 살펴볼 생각이다.

'신학'이라는 용어가 언제 처음 기독교 진영에서 사용되었는지는 불확실하다. 요한은 요한계시록을 일컫는 명칭에서 '그 신학자'로 일컬어졌다. 몬타누스의 요한계시록 문서는 '거룩한 사도요 전도자인 그 신학자 요한의 계시'라는 제목으로 불렸고. 그 외의 다른 요한계시록 문서들은 요한을 '그 신학자'라고만 일컬었다. 에티오피아의 요한계시록 문서는 "요한은 대도시 콘스탄티노플의 주교였다. 그는 그곳에서 박해를 받았다"라는 내용을 첨가했다. 이것은 번역자가 덧붙인 글귀가 분명했다. 그러나 이 제목의 출처가 어디인지는 불확실하다. 아마

---

7   Eusebius, *Preparation for the Gospel*, Book 1, chapter 9.

도 요한계시록 1장 2절의 '요한은 하나님의 말씀을…다 증언하였느니라'라는 말씀에서 추론한 것인 듯하다. 요한이 기록한 것은 하나님에 관한 말씀이 아닌 하나님의 말씀이었다. 이미 살펴본 대로, '신학'이라는 용어는 헬라인들 사이에서 좀 더 익숙하게 사용되었다. 그러나 이 용어는 차츰 이교도의 영역에서 기독교의 영역으로 옮겨져 사용되기 시작했다. 초기 교회가 요한을 강조의 의미로 '그 신학자'라고 일컫은 이유는 그가 단순히 하나님의 말씀을 증언했기 때문이 아니라 그분의 말씀을 명확하게 해설했기 때문이었다.

디오니시우스 아레오파기타는 마치 자신이 저작 활동을 하던 시기에 '신학'과 '신학자'라는 용어가 자유롭게 사용되었던 것처럼 이 용어들을 매우 익숙하게 다루었다. 그러나 오늘날 대다수 학자들은 그의 책들을 위작으로 간주한다.

결론적으로 다시 말하지만, 이 용어들은 성경과는 무관하다. 복음의 가르침은 '생명의 말씀'(빌 2:16), '십자가의 도'(고전 1:18), '믿음의 말씀'(딤전 4:6), '그리스도의 말씀'(골 3:16), '하나님의 말씀'(살전 2:13)으로 간주되었다. 이것들을 비롯해 성경의 다른 표현들에 적절한 관심을 기울이면서 '신학'과 '신학자'라는 용어를 신중하게 잘 판단해 사용한다면 큰 무리는 없을 것이다. 그러나 이 용어들을 너무 지나치게 전문적인 의미로만 사용한다면, 진리에 해를 끼치는 결과가 초래되기 쉽다.

따라서 나도 에우세비우스와 마찬가지로 내가 다루어야 할 학문을 '교회의 신학'으로 일컫고 싶다.[8]

---

8   Eusebius, *Against Marcellus*.

2장
신학 총론 2

    내가 신학의 추상적이고 전문적인 개념을 둘러싸고 벌이는 많은 사람들의 치열한 논쟁에 가담해야 할 필요는 전혀 없다. 앞으로 살펴보겠지만, 그런 논쟁은 신학의 참된 본질과는 아무런 관계가 없다. 그런 논쟁들은 신학이 기예인지 과학인지, 과학이라면 이론적 과학인지 실용적 과학인지, 아니면 둘을 다 혼합한 것인지, 그것의 적절하고, 최종적인 목표는 무엇이고, 그것이 어떤 종류의 학문이며, 어떤 독특한 특징을 지니고 있는지와 같은 문제들에 초점을 맞춘다. 학자들은 이와 비슷한 것들에 관해 끝없는 논쟁을 일삼는다. 아리스토텔레스 철학과 기독교적 단순성을 혼합하거나 혼동하는 학자들의 난해한 추론은 단지 그들의 합리성을 개진하는 역할만 했을 뿐, 지혜를 조금도 보여주지 못했다.

    아리스토텔레스가 '신학이라는 과학'에 관해 말하면서 그것이 모든 이론적 과학 가운데 가장 탁월한 것이라고 가르쳤기 때문에 (토마스 아퀴나스를 하나님에 버금가는 존재로 여겼던) 스콜라주의자들은 혹시나 아리스토텔레스의 견해에 동의하지 않는 것처럼 보일까 봐 극도로 조심하면서 신학을 '기독교적 과학'이자 사변적 과학으로 주장했다. '기예'라는 용어는 신학과는 전혀 무관하다는 것이 일반적인 견해였다. 이런저런 사람들이 신학을 정의하면서 사용한 '과학'의 용어들이 진리와 조금이라도 공통점이 있는 것인지는 나중에 좀 더 자세히 살펴볼 생각이다. '기예와 과학'이라는 분류 자체와 그 안에서 이루어지는 정의들과 표현들은 확실하게 정해진 것이 아니라 그것들을 말한 이들의 변덕스러운 취향에 맞추어 멋대로 창작된 것이다. 아울러, 인간의 마음속에는 신학이라는 '기예'를 반영하는 기능이 없기 때문에(플라톤은 모든 기예와 과학이 본질적으로 외적 현실을 반영하고 있다고 생각했다), 우리의 주제를 체계화하려는 시도는 대부분 실패할 수밖에 없다. 그렇다면 신학을 전문적인 의미에서 '과학'으로 정의할 수 있을까? 과학은 알려진 사실과 원리들을 토대로 결론을 추론한다. 과학의 각 부분은 구체적인 대상을 따라 이름이 정해진다. 그것들이 보편적인 지식의 영역 안에서 차지하는 위치와 고찰해야 할 문제는 물론, 그런 사실들을 이해할 능력을 갖춘 생각의 기능이나 성향까지도 잘 조사될 수 있다.

모든 과학의 경우처럼, 서로 조화를 이룰 뿐 아니라 본질상 인간의 이성적 추론과 관련이 있는 근본적인 원리들과 명제들에 의존하는 지식 체계를 자연적이거나 정신적인 이해를 초월하는 신비와 동일한 수준에 올려놓는 것은 불가능하다. 하나님은 오직 하나님을 통해서만 알려질 수 있다는 것은 기본적인 명제에 해당한다. 과학적인 견해는 연구를 통해 인간의 정신을 사실들에 일치시키는 것, 곧 그런 사실들이 정한 한계 내에서 추론의 기능을 할 수 있도록 정신을 훈련하는 것을 의미한다. 반면에, 신학은 신적인 것이 인간의 정신에 미치는 영향에 의존한다. 따라서 인간의 정신은 계시자의 진리에 복종해야 한다.

신학의 주제는 주로 하나님이기 때문에 신학은 과학적 방법론과는 아무런 상관이 없다. 이는 과학이 존재하지 않은 것들과 아무런 상관이 없는 이치와 같다.

바울은 이 점을 분명하고, 명확하게 다루었다. 그는 이 문제를 신중하게 생각하면서 기독교 신학의 본질이 인간의 지혜나 지식과는 전혀 다르다는 것을 보여주었다. 그는 "내 말과 내 전도함이 설득력 있는 지혜(인간의 모든 기예와 과학은 정확히 이것에 근거한다)의 말로 하지 아니하고 다만 성령의 나타나심(증거)과 능력으로 하여"(고전 2:4)라고 말했다. 수학자와 논리학자들이 그들 나름의 증거와 증명에 의존하는 것처럼, 우리의 가르침도 성령의 나타나심과 능력이라는 증거와 증명을 근거로 삼는다. 이런 증거와 증명은 하늘이 땅 위에 있는 것처럼 인간의 지혜가 지닌 한계를 넘어선다. 바울은 '너희 믿음이 사람의 지혜에 있지 아니하고'(5절)라는 말을 덧붙여 그런 차이를 구별하는 이유와 목적을 밝혔다. 신학이 철학자들의 기예나 과학과 똑같은 판단 기준이나 그와 비슷한 원리나 목적이 아닌 '하나님의 능력'에 근거한다면 자연히 그럴 수밖에 없다(하나님의 능력은 바울의 가르침을 통해 나타난 그분의 지혜를 효과적으로 만들었다). 바울은 "그러나 우리가…지혜를 말하노니 이는 이 세상의 지혜가 아니요 또 이 세상에서 없어질 통치자들의 지혜도 아니요(이것이 바울의 지혜가 인간의 학식에서 비롯하지 않았다는 증거다) 오직 은밀한 가운데 있는 하나님의 지혜를 말하는 것으로서 곧 감추어졌던 것인데 하나님이 우리의 영광을 위해 만세 전에 미리 정하신 것이라"(6, 7절)라고 말했다.

그렇다면 하나님의 지혜와 인간의 학문은 서로 연관성을 지닐 수 있을까? 전자는 성령을 통해 우리에게 계시되었고, 후자는 다양한 세속적인 방법들을 통해 종합된 것이다. 따라서 신학의 기원, 주제, 목적, 학습과 교수 방법, 한 마디로 신학의 전체적인 개념과 목적을 고려하면, 실용적인 것이든 사변적인 것이든 과학의 범주 안에 신학이 포함될 수 없다는 것이 분명해진다. 신학은 과학적 방법론이나 규칙에 제한받을 수 없다. '방법'이나 '기술'과 같은 용어들은 과학에는 매우 적절하지만, 성경에 계시된 하나님의 뜻을 다루는 신학의 영역에서는 아무런 타당성도 지닐 수 없다.

바울이 가장 신성한 의미를 실어 말한 '비밀'이라는 용어는 이방인들 사이에서는 일차적인 문자적 의미(즉 감추어져 있거나 가려져 있는 것) 외에 다른 의미로 거의 사용되지 않았다. 이 용어의 동족어들은 '내가 신성한 비밀로 가르친다'라거나 '내가 입문시키다'라는 의미를 지닌다. 〈에투몰로기쿰 마그눔(발행 연도가 알려지지 않은 헬라어 사전)〉의 저자는 그 용어의 기원을 약간 다른 방식으로 설명했지만, 결과는 그와 마찬가지로 '내가 입문시키다'라는 의미로 풀이되었다. 이 용어는 '내가 갇혀 있다, 또는 차단되어 있다'와 '내가 몽환의 상태에 있다'라는 의미를 한데 결합한 것이다. 이것은 세상의 영향과 육신의 느낌이 차단되고 신적인 것을 향해 열려 있는 상태를 의미한다. 포티오스에 따르면, 얌블리쿠스는 '비밀'이 '내가 침묵한다'라는 용어에서 파생된 것으로 생각했다. 그러나 그가 제시한 어원학적인 추론을 통해 알 수 있는 대로, 그런 생각은 잘못되었다.

라에르티우스는 피타고라스에 관해 말하면서 "그가 헬라인과 야만인들의 신비로운 의식을 모두 전수했다"라는 표현을 사용했다. 고대 철학자들이 온 세상을 두루 돌아다니며 찾아 헤맸던 '지혜'는 신에게 인정받을 수 있는 종교를 실천하는 방법을 탐구하는 것이었다. 락탄티우스도 이것을 사실로 증언했다. 그는 "피타고라스나 플라톤이 진리를 찾으려는 열정으로 애굽인들과 점성술사들은 물론, 심지어는 페르시아인들에게까지 가서 조언을 구하고, 참된 지혜가 종교 안에 있지 않을까 하는 생각으로 그런 민족들의 종교의식과 예배에 관해 알기 위해 그토록 열심을 내었으면서도 유대인들을 찾아가지 않은 것을 생각하면 늘 놀랍기만 하다"라고 말했다.[1] 아폴로니우스가 비법을 전수받기를 원하자 "비밀들을 관장하는 자는 마술사를 입문시키거나 악령들로부터 깨끗하게 정화되지 않은 사람에게 '엘리시우스 비밀'을 보여주지는 않을 것이라며 그에게 신성한 의식을 베풀기를 거절했다." '입문'이 신성한 비밀을 가르친다는 의미라는 사실이 아폴로니우스의 대답을 통해 분명하게 드러난다. 그는 "나는 당신보다 신성한 비밀에 관해 더 많이 알고 있소이다"라고 대답했다.[2] 부다이우스는 '교부들이' 이 용어의 동족어를 입문을 통해 '비밀'을 전수받은 사람을 뜻하는 의미로 사용했다고 지적했다. 기독교적인 의미로 말하면, 이는 성경의 가르침을 받은 사람을 가리킨다. 크리소스토무스는 바울이 말한 '비밀'이 자연인으로서는 알 수 없는 일, 곧 구원받지 못한 사람들에게 비밀로 감추어진, '이해를 초월하는 기이한' 일을 의미한다고 주장했다. 다른 교부들은 이것을 '감추어져 있다가 소수에게만 계시된 것,' 또는 '입문자(곧 영적으로 성숙한 자) 외에는 가르침을 받지 못하는 것'을 가리키는 의미로 이해했다.

그러나 그리스도인인 우리에게 신성한 일이란 감추어져 있다가 침묵의 맹세나 약속을 하는 소수에게만 조금 계시되는 비밀이 아니다. 우리의 구원자이신 그리스도께서는 하나님의 감추어진 깊은 것들을 자신의 사역을 통해 밝히 드러냈을 뿐 아니라 자신의 사도들을 통해 지붕 위에서 공개적으로 외치게 하겠다고 말씀하셨다(마 10:27).

이와는 대조적으로 이방 종교들은 입문자들이 비밀을 공개적으로 언급하는 것을 엄격하게 금지했다. 카이사르는 드루이드교 사제들에 대해 "그들은 그들의 가르침을 글로 기록하는 것을 허용하지 않았다"

---

1   Apollonius, *The True Wisdom*, Book 4.
2   Philostratus, *Life of Apollonius*, Book 4, chapter 6.

라고 말했다.[3] 고대 이방 종교들의 개종자들은 가장 엄격한 비밀 엄수의 의무를 지켜야 했다. 헤로도토스는 헬리오폴리스의 거주민들로부터 애굽의 신성한 의식을 배우고 나서 "그들이 자신들의 신에 관해 내게 말해준 것을 영구한 형태로 남겨두고 싶지 않다. 왜냐하면 그렇게 하면 모든 사람이 그들에 관해 내가 아는 만큼 알게 될 것이기 때문이다"라고 말했다.

복음이 '비밀'로 일컬어진 이유는 그런 것들 때문이 아니라 사람인 우리에게 계시된 복음의 현실이 인간의 이해를 초월하기 때문이다(고전 2:7, 14).

인간이 '감추어진 은밀한 지혜'를 받아서 이해하려면 먼저 그리스도인이 되어야 한다. 다시 말해, 하나님의 뜻 안에서 성령의 가르침을 받는 것이 필요하다. 바울이 말한 '성숙한 사람'이란 신앙에 입문한 사람, 곧 성령께 순응함으로써 그분이 우리에게 가르치고자 하시는 진리들을 배우는 사람을 의미한다. 이 문구는 입문, 또는 헌신을 의미한다. 이런 이유로 초기 그리스도인들은 세례를 '봉헌'으로 일컬었다. 이와 비슷한 용법이 '봉헌하다, 거룩하게 하다'라는 표현을 사용한 〈70인경〉 출애굽기 29장 33절과 35절에서 발견된다. 그리스도께서 자신의 고난을 통해 '온전하게 되셨다(봉헌되셨다)'라고 말씀하는 히브리서 2장 10절에서도 같은 용법이 사용되었다.

따라서 신앙에 입문한 사람이란 성령을 통해 성경의 비밀들에 관한 가르침을 받고, 하나님이 '지혜와 계시의 영'(엡 1:17)을 통해 '그 뜻의 비밀'(엡 1:9)을 알려주신 덕분에 자연인의 이해를 초월한 일들을 깨닫게 된 사람을 가리킨다고 결론지을 수 있다. 바울의 판단에 따르면, 오직 그런 사람만이 신학자가 될 수 있다.

---

3   Caesar, *Gallic War*, Book 6.

기예와 과학을 어떻게 사용해야 신성한 진리를 좀 더 많이 깨달을 수 있는지는 나중에 다시 살펴볼 생각이다. 그 전에 먼저 한 가지 생각해 볼 것이 있다. 그것은 이방인들 자신도 신학이 기예나 과학에 적용되는 규칙에 속박되거나 제한받지 않고, 신적인 지혜에 관한 통찰력을 요구하며, 드러나지 않은 비밀에 의존한다는 점을 알고 있었다는 것이다. 아마도 이것이 신학의 범위와 정의와 절차와 특징과 주제를 결정하기 위해 최대한 노력하면서 그것의 최초 목적과 최종 목적 및 장단기 목표를 파악하려고 애썼던 사람들이 각자 자신의 견해를 위해 '죽기까지 싸울' 준비가 되어 있었던 이유였을 것이다. 학자들이 하나님의 생각에서 비롯한 신성한 진리의 비밀에 억지로 인간을 즐겁게 하는 인위적인 과학의 규칙이라는 굴레를 씌우거나 본질적으로 아무런 관계도 없는 철학으로 그것을 구속하려고 애쓰는 한, 인간의 합리적인 정신에 가장 확실하고, 분명하게 인식되어야 할 주제를 가장 불명료하고, 흐릿하고, 모호하고, 혼잡스럽고, 불분명하게 만드는 결과만이 초래될 것이다(자연적 진리든 계시된 진리든, 모든 진리가 그런 철학이 첨가되지 않은 상태로 크게 번성했으면 더 바랄 것이 없겠다). 불행히도, 아리스토텔레스는 이런 생각을 하지 못했다.

학자들은 원리들을 빽빽이 채워 넣고, 논증을 펼치고, 명제와 결론을 제시하고, 이전 학자들의 글을 인용하고, 거기에 자신들의 노력과 연구를 통해 발견한 것을 덧붙이는 등, 다른 과학들과 매우 흡사한 방식으로 교리 체계를 확립했다. 성경에 내재해 있는 원리들과는 전혀 무관한 그런 교리 체계는 그 자체로 모든 신빙성을 결여하고 있기 때문에 이론적인 신학이든 실용적인 신학이든 그 어떤 신학적 목적도 달성하기가 어렵다. 이것은 사실 신학이라고 일컬을 수조차 없다. 이런 성격을 지닌 체계들을 연구하면, 생각의 습관까지도 그것들과 조화를 이루며 형성된다. 이것은 스콜라주의를 좇는 것일 뿐, 신앙과는 아무런 상관이 없다.

학파들이 추구하는 신학의 성격과 가치에 관해서는 나중에 다시 살펴볼 생각이다. 한도 끝도 없이 펼쳐지는 수많은 논증, 곧 백해무익하지만 배우기는 쉽지 않은 논증들은 당분간 생각하지 말기로 하자. 이제는 언제라도 자유롭게 성령께 나아갈 수 있게 되었으니 그것을 통해 모든 속박에서 벗어난, 순수하고, 자유로운 참된 신학을 즐거워하자.

3장
신학 총론 3

이제 진리를 진지하게 추구하는 사람들의 길을 방해하는 요인들은 한쪽으로 제쳐두고(앞에서 살펴본 대로 그런 것들을 신학의 본질로 생각하는 이들이 많다), 우리의 연구와 관련된 주제의 일반적인 본질을 좀 더 자세하게 생각해 보기로 하자. 가장 먼저 생각해 볼 것은 지성과 그것을 통해 이해되는 진리가 서로 밀접하게 연관되어 있다는 점이다. 이해되는 대상과 대상을 이해하는 생각의 기능, 또는 능력은 서로 긴밀한 관계를 형성한다. 우리가 지성으로 일컫는 것이 외적인 진리와의 관계를 통해 거기에 반응하고, 순응함으로써 인식에 도달하는 기능을 발휘한다. 그 과정에서 한 가지 위험 요소가 발견된다. 그것은 관계의 한쪽 편에 속한 요인들이 다른 쪽에 속하는 것들로 생각되기가 매우 쉽다는 것이다. 다시 말해, 정신적 수용 과정에 속한 것과 경험적 진리가 혼동되고, 대상 자체와 그것을 가리키는 용어가 서로 뒤바뀐다. 전자에 속한 것이 후자에 속한 것으로 간주되는 바람에 많은 교리와 가르침이 그것들을 옳다고 확신하는 생각의 편향성에 따라 의심의 여지가 없는 진리로 제시되는 결과가 초래된다. 그러나 진리 자체와 그것을 이해하는 인간의 유한한 생각이 얼마나 정확하고, 완전한지는 서로 별개의 문제라는 점을 기억해야 한다. 이런 이유로 어떤 교리가 실제로 참인지, 아니면 인간의 정신적 기능을 통해 진술된 교리를 이해하려고 시도한 결과인지를 구별하기가 불확실할 때는 정의(定義)를 내리는 데 상당한 혼란이 발생할 수밖에 없다.

우리의 주제는 신학, 곧 전능하신 하나님의 진리와 그분께 합당한 예배와 복종을 다루는 학문이기 때문에 그런 혼란과 모호함을 피하고 싶다면 우리의 정신적 기능은 물론, 우리의 유한하고, 부패한 본성을 참작해서 주어진 진리들을 어느 정도까지 이해할 수 있을지를 항상 깊이 숙고해야 한다.

오직 하나님만이 자신을 온전하게 아실 수 있다(시 147:5). 이것은 그분의 무한한 자기 충족성의 필요조건이다. 그분의 이해는 완전하고, 한계가 없다. 자기 자신을 온전히 이해하시는 하나님의 속성을 비롯해 그분의 완전한 속성들은 모두 무한하기 때문에 다른 존재는 그것들을 온전히 알 수 없다. 오직 하나님만이 모든 것을 알고, 온전히 지혜로우시기 때문에 완전한 지식은 오직 그분 안에만 존재한다. 절대적인 신성에 속한 이런 속성, 곧 지식과 이해와 사랑을 통해 '근원적 진리들'을 아는 것을 '원(原)신학'으로 일컫는 것은 조금도 부적절하지 않을 것이다. 오직 이것만이 참되고, 온전한 신학이다(스콜라주의자들도 '원신학'을 언급하지만, 과연 이 용어를 어떤 의미로 이해하고 있는지, 또 그것을 옳게 설명할 수나 있을지 궁금하다).

우리는 하나님에 관한 우리의 지식을 토대로 무한한 신적 지식을 표현할 수 없다. 오직 그리스도께서만 그렇게 하실 수 있다. 그 이유는 그분이 신성을 지니고 계시기 때문이다(히 1:3). 우리는 하나님이 자기의 계획과 뜻에 따라 능력과 은혜로 개입하신 결과로 주어진 것들 외에는 그분에 대해 아무것도 알 수 없다. 우리 자신의 거울로는 범접할 수 없는 영광 가운데 거하시는 하나님을 직접 볼 수 없다. 우리는 단지 복음의 말씀 안에서 그리스도 예수라는 거울을 통해서만 하나님을 볼 수 있다(고후 3:18). 하나님의 생각 속에는 우리가 알고 싶어 하는 영원한 계획과 진리의 개념이 들어 있다. 따라서 우리의 신학은 모두 하나님의 뜻에 의한 행위에서 비롯한다. 그분은 그런 행위를 통해 우리에게 진리를 알려주신다. 성경은 "본래 하나님을 본 사람이 없으되 아버지 품속에 있는 독생하신 하나님이 나타내셨느니라"(요 1:18)라고 말씀한다. 우리의 생각과 교리와 예배와 복종은 항상 성경에 계시된 하나님의 뜻과 생각에 일치해야 한다. 이 점은 우리의 신학도 마찬가지다. 여기에서 신학과 다른 학문들의 차이가 다시금 분명하게 드러난다. 일반적인 추론적 사고 과정은 시작부터 결론에 이르기까지 항상 두뇌의 기능에 의해 조절되며 진행되거나 도출된 정보를 토대로 이루어지지만, 신학은 외부에서 주어지는 계시에 의존한다. 가장 탁월한 철학자 가운데 한 사람(플로티노스)은 인간의 지식 습득에 관해 "사람들의 영혼 안에 있는 지식은 의식이든 개념이든 견해든 어떻게 일컫더라도 결국에는 모두 다 감각의 대상에 해당한다. 그런 것들은 현실의 모사이며, 그것들이 나타내는 것에 항상 종속되어 있다"라고 말했다.

참된 신학은 하나님의 뜻에 따라 계시된 신적 진리를 다룬다. 신학의 내용과 빛과 능력은 온전히 신뢰할 가치가 있을 뿐 아니라 전적으로 자명하다고 말할 수 있다. 하나님이 도와주지 않으시면, 아무도 하나님이나 신성한 일에 관해 옳게 말하거나 느낄 수 없다. 성자를 통한 하나님의 자기 계시가 없으면, 그 누구도 그분을 알 수 없다. 하나님은 아무렇게나 예배받기를 원하지 않으신다. 그분은 자신이 정한 방식으로 예배받기를 바라신다. 우리의 복종은 오로지 하나님만을 의존한다. 따라서 신학도 모두 하나님과 그분께 합당한 예배와 복종을 중심으로 이루어지기 마련이다. 이런 판단 기준에 부합하는 교리는 하나님에게서 나온 것이 분명하다. 이것이 예배와 신앙과 복종과 신학을 비롯한 모든 신성한 것들과 가르침의 첫 번째 원리(규칙)라면, 참된 신학은 당연히 하늘로부터 기원한 것일 수밖에 없다. 참된 신학은 인위적인 것은 아무것도 섞이지 않았고, 온전히 위로부터 나온다(마 21:25). 하나님을 믿는 믿음은 신성하고, 신뢰할 수 있으며, 자기충족적이지 않은 원리나 추론에 의존하지 않는다. 올바른 예배는 신성한 대상을 향할 뿐 아니라 신적 명령을 따른다. 하나님이 자기를 아는 데 필요한 모든 지식을 기꺼이 허락하신 것은 타락한 인류에게는 참으로 더할 나위 없이 큰 은혜가 아닐 수 없다. 하나님은 우리의 무지로 인해 걸려 넘어지는 일이 없도록 올바른 예배를 알려주신다. 올바른 예배는 하나님에게서 기인한다.

우리는 이런 깨달음을 근거로 신학을 다음과 같이 정의할 수 있다. "하나님에 관한 교리, 곧 하나님 자신과 그분의 사역과 예배는 물론, 우리에게 요구되는 복종과 미래의 상급과 징벌에 관한 교리까지도 모두 하나님이 자신의 이름을 영화롭게 하기 위해 직접 계시하신 것이다." 이것이 하나님의 말씀, 곧 신학이다.

하나님의 말씀은 그분 안에 있고, 그분의 명령에 따라 표현되거나 전달되기 때문에 기록될 수도 있고, 기록되지 않을 수도 있다. 이 문제는 인간인 우리의 상황과 관계가 있기 때문에 잠시 살펴봐야 할 필요가 있다. 신학에 관한 이런 참되고, 고귀한 견해를 지니고 있으면, 많은 신학책과 고백과 교리문답과 신학 체계를 비롯해 언뜻 믿을 만해 보이는 다양한 명제들의 부족함이 즉각 드러날 뿐 아니라 그것들이 하나님을 영화롭게 하는 성경적 기준에 크게 못 미친다는 사실이 확연해질 것이다.

하나님의 말씀은 성경 안에 있기 때문에 성경이 곧 우리의 신학이다. 우리는 성경의 모든 부분과 그 안에 있는 모든 진리가 온전한 권위를 지니고 있다고 확신한다. 이런 확신은 다른 학문들과는 달리 명제와 명제를 쌓아 올리거나 인간의 이성적 동의 아래 이루어지는 논리적 결론들과 규칙들을 적용해서 얻어진 것이 아니다. 우리가 진리의 계시나 나타남을 주어진 대로 즉각 자신 있게 받아들일 수 있는 이유는 그것들이 신적 계시이기 때문이다. 참된 신학은 바로 그런 계시에 직접 의존한다. 우리가 정의한 기준에 따르면 다른 방법론(예를 들면, 스콜라 학자들이 '논증적 사유'로 일컫는 방법론이 대표적인 사례다. 이것은 성경에 계시된 거룩한 진리 외에 자기 확신과 인간의 이성에 근거한 다양한 관점들을 토대로 하는 방법론을 가리킨다)은 그 무엇도 허용될 수 없다. 이 점은 그런 학자들이 참 신앙을 지니고 있다고 인정하든 인정하지 않든(이 점은 치열한 논쟁을 불러일으키는 문제 가운데 하나다) 분명한 사실이다.

이런 전제에서 바라보면, 신학의 참된 본질이 순수하고, 명료한 하나님의 말씀에 근거한다는 것을 알 수 있다. 우리가 해야 할 일은 이성적 기능을 사용해 하나님이 밝혀주신 진리를 이해하는 것이다. 이것이 신학적 진리가 종종 '빛'으로 일컬어지는 이유다. 이 빛을 알고 이해하려면 피조물 가운데 그것을 받아들일 수용력을 갖춘 존재들이 있어야 한다. 이 빛을 이해할 수 있는 능력을 지닌 피조물을 두 부류로 나누어 생각하면, 우리의 목표에 한 걸음 더 가까이 다가갈 수 있다. 두 부류란 다름 아닌 천사와 인간을 가리킨다. 따라서 신학은 천사의 신학과 인간의 신학으로 나눌 수 있다. 이 두 부류는 하나님을 알고, 그분을 자유롭게 예배할 수 있는 지성을 부여받았다는 공통점이 있다. 이 두 부류의 궁극적인 목적은 하나님을 즐거워하고, 그분께 복종하는 길로 나아가는 것이다. 하나님은 이들에게 그런 목적을 이루기 위한 적절한 수단을 제공하기 위해 자신의 뜻을 계시해 알리신다.

천사들이 소유했던 하나님의 율법과 그분에 관한 본래의 지식은 더욱 증대되어 더 크게 드러날 수 있었다. 그것은 심지어 자신의 지위와 처소를 지켰던 천사들도 다 알지 못했던 지식이었다. 영원부터 하나님 안에 감추어졌던 비밀이 마침내 '교회로 말미암아' 하늘에 있는 통치자들과 권세자들에게 드러났다(엡 3:10). 하나님의 영원한 계획이 그리스도를 통해 분명하게 계시되었다. 천사들이 하나님을 섬기면서 어느 정도까지 그것을 이해했는지는 여기에서 논의할 문제가 못 된다.

인류는 두 종류, 곧 하나님이요 사람이신 그리스도 예수와 나머지 인간으로 나눌 수 있다.

그리스도의 신학, 곧 그분이 이해하신 신학은 우리가 탐구하기에 적절하지 않다. 그리스도 안에는 '지혜와 지식의 모든 보화가 감추어져 있다'(골 2:3). 그분의 지식, 곧 그분의 신학은 인격적인 결합에 근거한 것으로 성부께서 그분에게 계시하신 것이다(계 1:1). 그리스도 안에는 성령께서 거하고 계신다. 그분에게 성령이 '한량없이' 주어졌다(요 3:34). 따라서 그리스도의 신학은 우리의 신학과 근본적으로 다르다. 우리가 확립한 방법론과 추론으로는 그것을 살펴볼 수 없다. 따라서 그리스도의 신학은 고려하지 않는 것이 최선이다.

유한한 삶을 사는 인간들은 '여행자'로 일컬어질 수 있다(이 세상에 사는 동안에는 희망이 있다. 전 9:4 참조). 개중에는 이미 목적지에 도착해 육신의 차꼬에서 자유롭게 된 사람들도 있다. 신앙의 목표에 도달한 사람들은 하나님의 영원한 뜻에 따라 안식에 들어가서 그분을 영원히 즐거워한다. 그들의 신학은 빛과 영광에 지배된다. 그들은 하나님을 마주하고 그분을 있는 그대로 본다. 그들은 말로 다 할 수 없는 기쁨을 만끽하며 영원히 하나님과 어린 양을 찬양한다.

아직 '여행자'의 단계에 머물러 있는 사람들의 상태는 매우 다양하기 때문에 그들의 신학도 다양할 수밖에 없다. 여기에서 우리는 인간을 다시 두 부류로 나눌 수 있다. 하나는 처음 창조되었을 때의 인간, 곧 더럽혀지지 않은 본성을 지닌 최초의 인간이고, 다른 하나는 죄를 지어 타락한 본성을 지닌 현재의 인간이다. 아담의 신학은 타락하기 전까지는 단순하고, 순수하고, 완전했다. 타락 이후로 상황은 크게 달라졌고, 복잡해졌다. 따라서 살펴봐야 할 복잡한 문제들과 특성들이 많다. 그러나 그러기 전에 먼저 첫 사람에 관한 사실을 잠시 살펴봐야 할 필요가 있다.

4장
첫 사람의 자연 신학

온 인류의 신학이 하나님의 말씀(곧 피조 세계라는 자연의 말씀과 죄의 오염으로 인해 흐려진 자연의 말씀을 보완하기 위해 기록되어 전달된 말씀) 안에 들어 있다. 따라서 후자는 초자연적인 말씀, 또는 계시된 말씀으로 불린다. 먼저 최초의 말씀인 자연의 말씀을 본래의 순수한 상태와 죄로 인해 오염된 상태와 이교도들에 의해 왜곡된 상태로 나누어 차례로 생각해 보기로 하자.

인간은 순결하게 창조되어 더럽혀지지 않은 자연과 창조의 법칙에 따랐다. 그런 상태에서 참된 신학이란 곧 하나님이 주신 자연 신학을 의미했다. 물론, 참된 신학이 온전하고, 완전한 형태로 선천적으로 주어진 것은 아니었다. 그것은 계시를 통해 더욱 증대되고, 분명해져야 했다. 그런 상태에서 신학은 절대적으로 순수했다. 아담에게 주어진 빛은 창조주요 율법 수여자요 상 주시는 분이신 하나님을 인식하기에 충분했고, 또한 유익했다. 아담의 빛은 나중의 모든 올바른 신학(성경의 계시를 통해 상세하게 설명된 하나님의 뜻에 순응하는 신학)과 일치했다. 그의 신학은 하나님이 주신 것이었고, 창조주의 솜씨를 묵상함으로써 더욱 증대되고, 강화될 수 있었다. 그의 믿음은 날마다 성장하고, 증대되었다. 그의 육체의 필요를 채워주는 것이 필요했던 것처럼, 그의 영혼도 심지어 순결한 상태에서조차 참된 성례적 규정을 통한 도움이 필요했다. 모든 것이 그를 지혜롭게 만들어 그에게 주어진 행위 언약에 따라 하나님께 온전히 복종할 수 있도록 이끌기에 모자람이 없었다. 이것이 첫 사람의 신학이었다.

하나님이 인류의 조상을 처음 창조했을 때 이 빛(영적 지혜)을 그에게 허락하셨다. 이 빛은 그가 처한 상황에 온전하게 부합했고, 그가 창조된 모든 목적을 이루기에 적합했다. 그 이상의 다른 것은 아무것도 필요하지 않았다(전 7:29 참조). 이 신학은 아담의 환경 및 일상의 삶과 관련이 있다는 점에서는 자연적이었고, 자연적으로 인지할 수 없는 계시된 요소들을 포함하고 있다는 점에서는 초자연적이었다. 첫 사람이 맺은 언약의 관계, 곧 하나님께 복종하라는 요구(영원한 행복과 보상이 뒤따르는 약속)는 하나님의 은혜로운 뜻에서 비롯했다. 이런 관계는 하나님이 그것을 드러내기로 자유롭게 결정하셨을 때만 알 수 있었다. 그러나 이 지식(또는 하나님과의 관계)은 인간과 더불어 생겨났기 때문에 '자연 신학'으로 일컬을 수 있다. 이 신학은 최초의 원리들에 근거하기 때문에 '필연적'이라거나 '자연적'이라고 일컬어도 전혀 부적절하지 않다. 물론, 하나님의 뜻을 아는 지식의 빛은 인성의 필연적 속성도 아니고, 그것과 분리될 수 없는 특성도 아니기 때문에 엄격히 말하면 자연적인 것이라고 말할 수 없다. 그것은 자연적 능력을 통해 이루어진 영혼의 타고난 기능에서 파생되지 않았다. 그러나 정직한 본성을 지닌 존재로 창조되어 하나님의 영광이라는 궁극적인 목적을 이루기 위해 그분의 율법을 부여받은 인간의 역사적 지위를 고려하면 자연적인 것이라고 말할 수 있다. 따라서 가톨릭 문헌에서 발견되는 끝없는 논쟁이나 주장들에 얽매이지 않는 것이 안전하다.

순수하고, 오염되지 않은 본성을 지닌 첫 사람이 소유한 이 빛(지식)에 관해서는 사실상 아무런 논쟁이 없다. 모든 학자들이 이 점을 분명하게 인정한다. 그러나 그들은 다른 모든 문제와 마찬가지로 이 문제와 관련해서도 여느 때처럼 대담하게 자신들의 사변과 기묘한 의견을 덧붙인다. 소시니우스주의자들은 아담을 이성을 거의 소유하지 못한 원시인처럼 생각했다. 그들은 그를 하나님은 물론이고, 자기 자신과 아내와 주위의 동식물들조차 모르는 인간, 곧 비웃음을 살 만한 우스꽝스러운 인간으로 간주했다. 그들은 하나님이 그에게 한 가지 계명(선악을 알게 하는 나무의 열매를 먹지 말라는 것)을 주셨다는 사실은 인정했지만, 그가 정신이나 의지나 양심이나 하나님에 대한 의존 의식을 지녔다고 생각하지 않았다. 그들은 확실한 결론을 내릴 만한 정보는 없다면서 이를 밝혀줄 계시는 존재하지 않는다고 인정하지만, 그것은 가장 터무니없는 자랑과 사변을 숨기려는 위장술에 지나지 않는다. 그들은 이런 식으로 인간의 타락에 관한 가장 심각한 오류를 저지름으로써 인간이 처한 죄의 상태를 오히려 환영하고, 옹호했다. 그들은 타락한 이후보다 그 이전의 아담이 더 어리석고 무지했던 것처럼 말한다. "아담은 사내아이처럼 자기가 벌거벗었다는 사실을 알지 못했다."[1] "그는 자신의 아내를 마주했을 때 단지 감각으로만 그녀를 알아보았다."[2] 소시니우스파의 지도자는 (마치 타락의 모든 결과가 나무의 열매에 간직된 자연적인 힘에서 비롯된 것처럼) "아담은 선악을 알게 하는 나무의 잠재력을 이해하지 못했다"라고 말하기도 하고, "그는 유한한 존재였지만 자신이 유한한 존재라는 사실을 이해하지 못했다"라고 말하기도 했다. 거짓말이 들통나지 않게 숨기려면 더 많은 거짓말이 필요하다. 그들은 아담이 징벌을 받을 만한 일을 아무것도 한 것이 없다고 주장

---

1   *Racovian Catechism*, chapter 7.
2   *Racovian Catechism*, chapter 4.

하기 위해 그는 아무것도 가진 것이 없었기 때문에 아무것도 잃은 것이 없다는 거짓말을 보태야 했다. 거짓말을 감추기에는 꽤 그럴듯한 거짓말이 아닐 수 없었다.

첫 사람의 신학을 공평한 저울에 조심스럽게 달아 어느 한쪽으로 치우치지 않게 하려는 노력이 필요하다. 즉 그런 거짓 이론에 영향을 받아서도 안 되고, 그것을 논박하기 위해 과도한 반응을 보일 필요도 없다.

창조주의 권한을 지니고 계신 하나님이 만물의 주님이시라는 사실을 기억하라. 만물은 하나님을 의존한다. 만물은 하나님이 개별적으로 부여하신 본성에 순응한다. "여호와여 주께서 지으신 모든 것들이 주께 감사하며"(시 145:10)라는 말씀이 암시하는 대로, 모든 피조물은 제각기 능력과 재능을 적절하게 부여받아 창조되었기 때문에 창조주를 예배하며, 그분을 섬길 수 있다. 이런 이유로 시편 저자는 자주 모든 피조물을 향해 하나님을 찬양하라고 외쳤다. 전투하는 세상의 교회든, 승리한 하늘의 교회든 교회의 모든 성도가 영원불변하는 예배 방식을 전하고, 실천한다. "우리 주 하나님이여 영광과 존귀와 권능을 받으시는 것이 합당하오니 주께서 만물을 지으신지라 만물이 주의 뜻대로 있었고 또 지으심을 받았나이다"(계 4:11). 모든 피조물이 일제히 소리를 높여 찬양한다. "하늘 위에와 땅 위에와 땅 아래와 바다 위에와 또 그 가운데 모든 피조물이 이르되 보좌에 앉으신 이와 어린 양에게 찬송과 존귀와 영광과 권능을 세세토록 돌릴지어다 하니"(계 5:13). 하나님이 만물을 자기와 자신의 영광을 위해 지으셨기 때문에 만물은 영원히 그분께 영광과 존귀를 돌려야 한다(잠 16:4).

하나님은 자신이 정한 지고무상한 율법과 피조물에 대한 통치권에 따라 개개의 피조물이 지향해야 할 적절하고, 궁극적인 목적을 정해

주셨다. 따라서 모든 피조물은 그분이 계시하신 율법과 규칙을 따라야 한다. 개개의 피조물은 모두 창조주께 의존하기 때문에 자기와 관련된 그분의 계획을 이루는 것을 즐거워해야 한다. 하나님의 율법은 이성적 피조물과 비이성적 피조물을 포함한 모든 피조물에게 똑같이 적용된다.

이성적 피조물은 피조물이면서 이성적이라는 이중적 측면을 지니고 있기 때문에 하나님에 대한 복종도 이중적이다. 하나는 일반적이고 자연적인 복종이고, 다른 하나는 개별적이고 구체적인 도덕적 복종이다. 모든 피조물에게 복종이 요구된다. 비이성적 피조물에게는 자연적인 복종이, 이성적 피조물에게는 자연적인 복종과 신중한 동의에 의한 복종이 각각 요구된다. 이 두 부류의 피조물에게 하나님이 지극히 자애로우신 최고의 주권자로 계시된다. 오직 하나님만이 전능하시기 때문에 그분은 모든 피조물로부터 예배와 경외의 대상이 될 권한이 있으시다("내가 주인일진대 나를 두려워함이 어디 있느냐"―말 1:6). 피조 세계 자체가 이런 사실을 증언한다. 피조 세계의 증언만으로도 날마다 하나님께 복종하는 마음을 갖기에 충분하다. 이런 방식으로 하나님과 궁극적인 목적을 위한 피조물의 지속적인 복종이 이루어진다. 하나님의 내재적인 율법과 관련해서 생각해야 할 요점은 두 가지다. 하나는 율법 자체, 곧 피조물에게 요구되는 복종의 규칙이고, 다른 하나는 율법에 관한 피조물의 의식과 이해다. 율법의 가장 큰 요구는 지극히 탁월한 시혜자요 상 주시는 자이자 최고의 통치자이신 하나님을 사랑하고, 예배하고, 두려워하라는 것이다. 이런 식으로 모든 정의와 거룩함을 포괄하는 피조 세계의 도덕적 질서(하나님은 의롭고 거룩하시기 때문에 이 질서는 마땅히 의롭고, 거룩해야 한다)가 마지막 목표에 도달할 때까지 계속 유지된다. 이 계획은 하나님이 계시하신 것이기 때문에 절대적으로 확실하며 온전히 신뢰할 만한 가치를 지닌다. 이것이 첫 사람의 신학에 포함된 교리적 내용이다. 율법에 관한 그의 지식은 율법 자체의 본질과 근본적으로 다르지 않다. 이것은 영혼을 건강하게 하는 빛을 제공한다. 첫 사람은 이 빛을 통해 율법이 요구하는 대로 복종함으로써 영원히 상을 받을 수 있었다. 이것이 하나님께 도덕적으로 의존하는 순수한 상태에서 형성된 아담의 신학이었다. 그는 하나님의 명령에 기꺼이 복종함으로써 창조주를 즐거워하며 영원한 행복을 누리게 될 가능성을 경험했다.

아담은 선천적인 율법과 하나님에 관한 후천적인 지식을 둘 다 소유했고, 묵상과 예배를 돕는 많은 보조 수단을 갖추었으며, 하나님의 뜻을 이해하고, 그분께 복종할 수 있는 지혜와 능력과 힘을 부여받았다. 간단히 말해, 그는 하나님을 기쁘시게 하고, 영원한 행복을 누리는 데 필요한 모든 것을 갖추었다. 이 선천적인 율법과 실험적인 지식이 하나님의 말씀을 열심히 배우도록 아담을 이끌었다. 하나님이 자기를 아는 이들에게 요구하시는 복종이 어디에서 비롯하는지에 대한 자각과 복종의 실질적인 내용이 온전히 일치했다.

인간은 지혜와 정의와 거룩함으로 이루어진 하나님의 형상으로 정직하게 창조되었고(창 1:26, 27, 전 7:29, 골 3:10, 엡 4:23, 24), 하나님의 영광을 위해 피조물을 다스리라는 임무를 부여받았기 때문에 피조물들의 본성을 인지하고, 이해하는 능력이 없었다면 통치권을 올바로 행사할 수 없었을 것이다. 하나님이 영원한 죽음이라는 형벌과 영원한 상급과 행복이라는 약속과 함께 아담에게 복종을 요구하셨다는 사실은 그가 그런 관계를 맺는 데 필요한 지혜와 도덕적인 빛을 온전히 부여받았다는 증거였다. 그는 하나님을 알 수 있는 능력이 있었고, 더럽혀지지 않은 피조 세계를 목격했으며, 주님의 성례전적인 임재를 직접 경험했다. 그는 그런 신학을 갖추었기 때문에 하나님이 기뻐 받으실 합당한 예배를 드릴 수 있었다. 그가 행복한 삶을 살아가는 것을 방해할 수 있는 것은 아무것도 없었다.

우리는 이런 점들을 토대로 최초의 인간에게 요구되었던 복종과 그에 대한 상급을 비롯해 최초의 죄와 그로 인한 위협적인 형벌의 참된 본질을 평가할 수 있다. 언약의 능력을 나타내 보임으로써 이루어지는 복종은 위에서 언급한 신학에 순응하려는 지성과 의지의 발로였을 것이 틀림없다. 아담은 이 신학의 효력을 통해 받게 될 약속된 상급과 자신의 의무를 둘 다 분명하게 인식했다. 언약은 인간과 동시에 시작되었다. 자발적인 복종은 아담 편에서 언약에 서명하고, 인장을 찍는 수단이었다. 약속된 복종의 상급은 안정된 상태에서 하나님을 영원히 즐거워하는 것이었다. 이것이 우리의 시대에까지 계속되어 온 율법의 외침("이를 행하면 살리라")이다. 하나님은 아담에게 언약을 계시하면서 복종에 대한 다른 상급을 제안하지 않으셨다. "일정한 시간이 지나고 나서 아담에게 하나님을 영원토록 항상 즐거워하는 상급이 주어졌다면 어떤 일들이 일어났을까?"라는 문제는 대단히 위험천만한 논쟁의 주제였다. 하나님이 그렇게 되지 않을 것을 잘 알고 계셨다는 사실을 기억하라. 우리는 성경이 말씀하는 것 이상을 넘어설 수 없다. 만일 인류의 첫 조상이 무죄한 상태를 계속 유지했다면 결국에는 충실함에 대한 상급을 받았을 것이다. 그 상급은 언약의 조건을 통해 계시된 대로 아무런 방해 없이 하나님을 영원히 즐거워하는 것이었다.

이것이 우리가 알 수 있는 전부다. 유예 기간이 얼마나 길었는지, 아담이 어떤 식으로 죄를 지을 가능성에서 벗어나 하나님을 영원히 즐거워하는 상태로 들어가게 될 예정이었는지를 짐작할 수 있는 실마리는 당시의 사건들 자체는 물론, 성경 어디에서도 발견할 수 없다.

첫 사람의 복종은 인간이 지닌 하나님의 형상을 후손들에게 분명하게 보여줄 수 있는 보편적인 본보기가 될 수 있었을 것이고, 그것을 통해 복종에 대한 상급이 하나님을 더 깊이 알고, 그분과의 관계가 더욱 친밀해지는 것이라는 사실 또한 확연하게 드러났을 것이 틀림없다. 그러나 최초의 죄는 하나님의 질서를 완전히 뒤엎고, 그분께 대한 도덕적 의무를 회피하려고 시도했다(죄의 목표는 아담의 신학에 대한 주도권을 탈취하는 것이었다). 따라서 죄에 대한 징벌은 하나님과의 관계가 온전히 단절되는 것과 그분의 의로운 분노로 인한 보응을 피할 수 없을 것이라는 끔찍한 두려움이었다. 죄인의 육체와 영혼은 첫째 사망(영혼과 육체의 분리)을 거치고 난 이후에는 언젠가 다시 결합해 둘째 사망, 곧 하나님과의 영원한 분리를 거쳐 그분의 거룩한 능력과 의로운 분노를 통해 주어지는 가장 혹독한 징벌을 매 순간 끊임없이 영원토록 당하게 될 것이다. 그리스도를 통해 그런 상황을 모면할 수 있는 길이 열렸다는 것은 참으로 놀라운 긍휼이 아닐 수 없다.

첫 번째 언약이나 새 언약과 관련된 상급과 징벌은 서로 아무런 차이가 없다. 두 언약 모두 하나님을 영원히 즐거워하는 것과 그분과 영원히 단절되는 것을 마지막 결말로 제시한다. 새로운 상급이나 징벌이 더해지지는 않았지만, 새 언약을 통해 상급과 징벌의 강도가 더욱 강렬해진 것은 틀림없다. 이제는 '지극히 크고 영원한 영광의 중한 것'(고후 4:17)이 상급으로 주어지고, '사망에서 사망에 이르는 것'(고후 2:16)이 징벌로 주어질 것이다. 어떤 사람들은 아담이 '육신을 입은 모습으로 세상 밖 어딘가에서' 두 번째 유예 기간을 거친 후에 부활할 것이라고 상상하지만, 성경은 그런 내용을 한마디도 언급하지 않는다. 성경은 나태한 사변을 일삼거나 순전한 가설에 불과한 상황을 허구적으로 논하지 않는다. 아담이 지녔던 최초의 인간이라는 신분이나 본성의 내적 원리가 그의 불멸성을 보장하지 않는다. 그의 불멸성은 오직 하나님의 자유롭고 선한 은혜를 통해서만 유지된다. 따라서 그의 본성을 지탱해주던 외적 요소들이 죄로 인해 파괴되었을 때 그는 당연히 죽을 수밖에 없었다. 그는 그런 상태로 정해진 시간 동안 머물러 있다가 죽은 자들 가운데서 불려 나와 마지막 심판을 받게 될 것이다.

지금까지 자연 신학을 최초의 자연 그대로의 순수한 상태에 초점을 맞추어 잠시 살펴보았다. 이번에는 죄의 침입으로 인해 자연 신학이 어떻게 폐지되었는지를 살펴보기로 하자.

참된 신학은 무엇이든 정해진 목적을 달성하는 데 효과적이어야 한다. 그 목적은 하나님의 영광과 예배자의 영원한 행복이다. 인간이 지닌 하나님의 형상이 죄로 인해 파괴되고, 앞서 언급한 선천적인 빛(율법)이 죄의 결과로 인해 규정에 따라 사라지고 말자 하나님은 인간과의 관계를 단절하셨다. 이 진리를 기억하고, 가르치는 것이 매우 중요하다. 원시 신학과 인간이 지닌 타락 이전의 지성은 서로 밀접한 관계를 맺고 있었다. 그 관계가 죄로 인해 끊어지자 최초의 지식과 교리는 더 이상 인간을 이롭게 할 수 없게 되었다. 영혼을 건강하게 하는 최초의 신학의 빛이 사라지고 말았다. 하나님이 허락하신 계시에 의존하거나 그것을 신뢰하지 않는 가르침은 참된 신학(하나님을 즐거워할 수 있고, 영원히 그분을 즐거워하는 축복을 누리게 해줄 신학)으로 일컬을 수 없다. 모든 '여행자'가 하나님을 알고, 복종을 실천하고, 그분이 기뻐하시는 언약의 관계를 받아들이려면 계시에 의존하는 신학이 필요하다. 그러나 앞서 말한 대로, 최초의 근본적인 신학과 언약은 타락으로 인해 폐지되었다. 그러면 이제는 무엇을 할 수 있을까?

첫 번째 신학은 모든 것을 옳게 잘 가르쳤다. 그 교리는 모두 선했다. 그러나 이제는 누구도 그것을 따를 수 없게 되었다. "율법을 지키면 살 것이다"라는 핵심적인 가르침은 예나 지금이나 변함없는 진리다. 언약 자체는 그대로 남아 있지만, 인간은 그것에 반응하고, 그 안에서 하나님을 만날 수 있는 능력을 모두 상실했다. 타락으로 인해 인간에 대한 하나님의 절대적인 통치권과 그분에 대한 인간의 의무가 변한 것은 조금도 없다. 그러나 타락 이후부터는 의로운 율법이 모든 것을 지배하게 되었고, 언약에 근거한 깨지지 않은 친밀한 관계는 더 이상 존재하지 않았다. 죄의 결과로 겨우 남게 된 지식과 빛은 죄인을 생명의 길로 인도하거나 그를 구원할 충분한 능력이 없었다. 죄가 침투한 이후로 하나님을 창조주, 통치자, 보상자로 아는 단순한 지식만이 남게 되었다. 그 지식은 구원으로 이끄는 어떤 효력도 발휘하지 못한다. 따라서 하나님이 구원자이신 예수 그리스도를 통해 드러난 은혜와 긍휼을 아는 지식, 곧 아담의 신학에는 전혀 알려지지 않았던 가르침을 제공하시는 것이 필요해졌다.

죄는 그런 식으로 인간의 선천적인 빛을 파괴해 몰아냈고, 그와 더불어 첫 번째 신학의 안전성과 영원한 행복을 가져다줄 가능성도 함께 사라졌다. 첫 번째 신학만을 아는 사람들을 생명의 길로 안내할 효과적인 수단이 더 이상 존재하게 않았다. 그 신학 안에 있었던 효과적인 힘이 인간의 타락으로 인해 신학자인 인간 자신과 함께 모두 사라졌다. 앞으로 살펴보겠지만, 이것은 두 번 다시 되풀이될 수 없는 일이었다. 모든 신학은 언약에 근거한다. 첫 번째 언약이 파기되자 첫 번째 신학도 그것과 함께 사라져야 했다. 만일 아담을 상대로 확립된 언약이 없었다면 타락으로 인해 파기될 언약도 없었을 것이다. 첫 번째 언약은 인간이 도덕적으로 하나님께 전적으로 의존해 있다는 사실을 반영하는 것이었기 때문에 그것의 폐지도 보편적인 성격을 띨 수밖에 없었다. 이런 사실은 언약의 당사자들에 관한 한, 새 언약에도 똑같이 적용된다. 언약의 당사자들 가운데 어느 쪽이 거부를 당하거나 언약을 배반할 수 있는지는 지금 생각할 문제가 아니다. 여기에서는 단지 언약이 하나님에 의해 안전하게 확립되었다는 사실만을 다룰 뿐이다. 새 언약은 중보자이신 그리스도 위에 견고하게 확립되었다. 따라서 그 안에 내포된 신학도 그러기는 마찬가지다. 이 신학은 변하거나 파괴될 수 없다. 인간이 새 언약의 신학으로부터 아무리 멀리 벗어난다고 해도 언약의 진리들은 언약 자체의 본질적인 속성에 의해 영원히 보장되기 때문에 지극히 안전하며, 견고하다.

지금까지 첫 사람이 소유했던 자연 신학의 본질과 역사를 잠시 살펴보았다. 이 신학은 이렇게 몇 마디로 간단하게 살펴보는 것으로 충분하다. 왜냐하면 존재했던 시간이 비교적 짧았고, 그에 관한 정보가 성경에 그다지 많지 않기 때문이다.

5장
자연 신학의 타락과 손실

앞 장에서 다루었던 최초의 원시적인 선천적 빛은 죄의 결과로 사라져 없어졌다. 그 후부터 모든 사람은 어둠에 휩싸였고, 본성에는 희미한 그림자만 남게 되었다. 그들의 본성도 그림자처럼 어두웠던 이유는 첫 번째 신학이 항구적인 효력을 발휘할 수 없게 되었기 때문이다. 첫 번째 신학을 지탱해주던 것들이 죄와 반역으로 인해 모두 무너진 탓이었다. 이번 장에서는 그것이 어느 정도나 살아남았고, 얼마나 심하게 부패했으며, 그런 치명적인 불완전함 속에서 어떤 노력이 이루어져 왔는지를 살펴볼 생각이다.

앞으로 입증해 보이겠지만, 거의 모든 사람이 인정하는 대로 인간의 마음속에는 하나님을 창조주요 통치자요 재판관으로 인식하는 타고난 의식이 존재할 뿐 아니라 명예로운 것과 수치스러운 것을 구별하는 능력이 여전히 남아 있다. 이것은 인간의 본성에 심어진 선천적인 지식이기 때문에 완전히 파괴될 수 없다. 바울 사도는 로마서 2장 14, 15절에서 이 점을 상세히 설명했다. 건전한 지성을 소유한 죄인들은 하나님이 창조하신 세상을 생각하면서 즐거움을 느낀다. 인간의 본성이 타락으로 인해 완전히 파괴되어 하나님을 의지하고, 그분께 복종해야 한다는 법칙이 창조주를 통해 인간의 마음에 기록된 이후로 남김없이 지워 없어졌다고 믿거나 가르치는 것은 온당하지 않다. 물론, 내 말은 인간이 하나님에 대한 생득적인 지식을 지니고 태어난다는 뜻이 아니다. 인간은 그런 지식을 지니고 있지 않다. 내 말은 인간이 하나님을 알 수 있는 기능을 지니고 태어난다는 뜻이다. 아울러, 이런 잠재력은 비록 선천적인 속성의 일부이지만, 본성으로부터 논리적으로 도출되는 필연적 결과가 아닌 인간 안에 보편적으로 심기어진 인식 기능에 해당한다. 개개의 인간은 이 기능 때문에 하나님을 알고 싶어 하는 내면의 충동을 느끼고, 자발적으로 분발해 그분께 제물과 예배를 바치려고 노력한다. 건전한 정신을 소유한 사람들 안에는 이 원리가 이성만큼이나 자연스럽게 작동한다.

신학자들이 한동안 우리가 내적으로 느끼는 것을 절대로 신뢰해서는 안 된다고 가르쳤기 때문에 이런 주장의 신빙성을 입증해 보이는 것이 필요할 듯하다. 그러려면 먼저 타락한 인간의 마음속에 남아 있는 자연 신학의 흔적들을 생각해 보고 나서 그런 흔적들이 더 이상 참된 신학의 역할을 충족시킬 수 없다는 점을 설명하는 것이 좋을 듯싶다.

인간의 본성은 타락으로 인해 상상하기 어려울 정도의 큰 피해를 입었다. 사실, 우리가 '인간의 본성'으로 일컫는 것은 본래 의도된 본성의 남은 찌꺼기들에 지나지 않는다. 그러나 인간의 마음속에는 첫번째 신학의 기본 원리가 여전히 존재한다. 따라서 인간은 하나님이 존재하신다는 사실을 부인할 수 없을 뿐 아니라 간단한 추론만으로도 그분이 지극히 덕스럽고, 자애롭고, 의로우실 수밖에 없는 본성을 지니고 계신다는 것을 알 수 있다. 인간의 본성과 지성이 이 지식을 거부할 수 없는 진리로 받아들여 온전히 인정할 수밖에 없는 이유는 인간의 타락한 마음속에 그런 진리를 확실하게 일깨워주는 법칙과 이유가 존재하기 때문이다. 자연으로부터 들려오는 외침은 세상 만물이 일정한 법칙 아래 존재한다는 것이다. 법칙이 존재하는 곳에는 법칙 수여자가 반드시 존재할 수밖에 없다. 자연의 법칙을 집행하는 자가 바로 자연의 창조주다. 인간은 하나님이 존재하시고, 그분을 예배해야 한다는 의식을 피할 수 없다. 하나님이 인간에게 요구하시는 것은 그분이 정하신 의무다. 성경은 여러 곳에서 이런 사실을 분명하게 증언한다(시 145:15, 욥 12:7-9, 37-39장, 사 40:12, 마 6:26, 행 17:26-28 참조) 특히 로마서가 중요하다. 로마서 본문 몇 곳을 좀 더 자세히 살펴보면 다음과 같다.

먼저 로마서 1장 19절은 "이는 하나님을 알 만한 것이 그들 속에 보임이라 하나님께서 이를 그들에게 보이셨느니라"라고 말씀한다. '그들'은 민족들을 가리킨다. 모든 사람이 똑같은 본성을 지니고 있을 뿐 아니라 동일한 가르침을 적용받는다. 하나님을 알 만한 것이 그들 속에 나타났다. 그 지식이 하나님에 관한 타고난 의식을 통해 소수의 사람들이나 학식 있는 사람들이나 철학자들이 아닌 모두의 내면에 주어졌다. 바울 사도는 이를 토대로 18절에서 그들 앞에 분명하게 드러난 자연의 증거와 하나님의 속성을 알면서도 불의로 그런 진리를 가로막는 죄를 저지른 민족들을 하나님의 심판대 앞에 불러세워 엄히 책망했다. 그들은 자신의 본성 안에 거룩한 진리의 요소들을 보유하고 있었지만, 악하게도 그것을 억지로 묵살하려고 애썼다. 더욱이 모든 인간의 마음속에 새겨진 이 지식은 죄인들에 대한 의로운 징벌을 예고한다. 따라서 가장 사악하고, 부패한 사람들조차도 빠르게 다가오는 심판에 대한 두려움을 떨쳐버리기가 어렵다. 그러나 사람들은 하나님이 죄를 징벌할 권한이 있으시다는 것은 인정하면서도 그분이 복종을 받으셔야 할 권한이 있으시다는 것이나 그분을 올바로 알고 섬기는 방법을 알지 못한다.

한편, 율법은 모든 사람에게 하나님이 마땅히 받으셔야 할 도덕적인 복종을 요구할 뿐 아니라 그분을 예배해야 한다고 가르친다. 유대인들에게 위탁된 성문화된 율법을 소유하지 못한 민족들은 자신의 마음에 기록된 율법을 소유한다. '율법이 없어도 자기가 자기에게 율법이 되나니'(롬 2:14, 15)라는 말씀이 암시하는 대로, 그들은 중재자 없이 주어진 율법을 통해 창조주를 인정하고, 예배할 수 있다. '율법의 행위,' 곧 율법에 대한 지식을 통해 촉발되는 행위는 마음에 기록된 율법의 외적 표현이다. 따라서 기록되지 않은 율법을 온전하게 실천할수록 계시를 통해 기록된 율법을 더욱 정확하게 모사할 수 있다. 이 율법의 요구를 초월해서 살거나 율법이 요구하는 것과 금지하는 것을 적용받지 않는 사람은 아무도 없다. 하나님이나 그분이 요구하는 도덕적인 복종에 관해 아무것도 알지 못하는 사람은 단 한 사람도 없다. 그러나 오직 기록된 율법만이 하나님의 이름과 권위를 온전하게 보여줄 수 있다.

잘 알려진 대로, 양심은 이 진리를 증언하는 확실한 증인이다. 이런 이유로 바울 사도는 계속해서 "이런 이들은 그 양심이 증거가 되어 그 생각들이 서로 혹은 고발하며 혹은 변명하여"(롬 2:15)라고 주장할 수 있었다. 인간의 모든 경험은 내적 양심이 스스로에 대해 재판관의 역할을 한다는 사실을 보여준다. 양심의 재판에는 심판이나 더 우월한 존재에 대한 두려움이 반영되어있는 것이 틀림없다. 따라서 이교도인 메난드로스는 "신은 모든 유한한 인간을 위한 양심의 원천이다"라고 말했다. 전능하신 하나님이 모든 사람의 마음을 다스리며 그들에게 권위를 행사하시기 때문에 자기 자신이나 다른 사람들을 '고발하거나' '변명하는' 이 선천적인 기능이 그분에 의해 부여되었고, 그로써 그분의 존재를 증언한다는 사실을 알 수 있다. 우리 모두 안에서 하나님의 이름으로 역사하는 이 증인의 힘을 없앨 수 있는 사람은 아무도 없다. 가인과 가룟 유다와 네로와 칼리굴라 같은 흉악한 악인들은 물론이고, 그보다 좀 덜한 악인들조차도 양심의 가책에서 벗어날 수만 있다면 어떤 대가라도 기꺼이 치르려고 할 것이 틀림없다. 이것은 우리의 인간적 본성의 일부이기 때문에 우리가 아무리 온갖 계획과 책략과 힘을 동원해 통제하려고 애써도 통제할 수 없다. 현명한 사람이라면 누구나 양심을 자신의 힘으로 통제할 수 있다고 생각하지 않을 것이 분명하다. 따라서 자신을 스스로 통제하려고 애쓰는 사람들은 말할 것도 없고, 자연인이라면 누구나 양심을 우리 안에 존재하는 이질적인 요소, 곧 우리를 '푸리에스(분노의 세 여신),' '알라스토레스(복수의 신),' '에우메니다스'¹를 비롯한 무자비한 고문자들에게로 인도하는 역할을 담당하는 것으로 간주할 수밖에 없을 것이다.

때로 특별히 악한 사람은 마치 양심과는 전혀 무관한 사람인 것처럼 보일 수 있다. 그들이 양심의 가책을 전혀 느끼지 않으면서 잔인하고, 사나운 마음으로 일상을 살아가는 것을 보면 그렇게 보이기도 한다. 그러나 그런 사람들도 양심의 비난을 피하거나 심판과 단죄를 받을 날이 올 때까지 그것을 항상 외면할 수 없기는 마찬가지다. 겉으로는 인생의 궁극적인 위험을 도외시한 채 나중에 지옥에서 마지막으로 받게 될 무서운 형벌을 의도적으로 선택한 사람처럼 보일지 몰라도 실제로 양심으로부터 온전히 자유로운 사람은 아무도 없다.

이 문제를 사실 그대로 한번 생각해 보자. 우리가 잘 알고 있는 대로, 우리의 생각은 내면의 양심에 이끌려 하나님이 존재하신다는 사실을 기꺼이 인정할 수밖에 없다. 그런데도 이 사실을 부인한다면 우리 자신의 합리성을 부인하는 것이 되지 않겠는가? 우리가 이런 속성

---

1   역주: 푸리에스를 완곡하게 표현한 이름

을 지니지 못했다면 가장 저급한 존재들보다 더 못한 존재로 축소되어 아무런 존엄성이나 영예를 지니지 못한 채 우리 자신조차 의식하지 못할 것이 분명하다. 견고하게 확립된 증언과 함께 우리 안에 이런 속성이 존재하는데 이를 인정하지 않는 것이 과연 합리적일 수 있을까? 인간의 모든 경험이 이 진리를 인간의 마음이 한결같이 인정하고 있다는 것을 보여준다. 이 진리가 선천적인 것이든, 아니면 논리적 힘을 통해 이론의 여지가 없는 전제로부터 즉각적으로 도출된 것이든 결과는 마찬가지다. 플로티노스는 영원(그는 이것을 하나님과 동일시했다)을 논하면서 "영원과 시간은 서로 다르고, 오직 전자만이 그 자체로 영구하다고 주장할 수도 있겠지만, 인식을 통해서나 갑작스러운 직관을 통해 우리가 알 수 있는 것은 무엇이든 모두 시작도 없고, 끝도 없이 계속 흘러가는 시간 속의 한 점이나 한 사건에 지나지 않는다"라고 말했다. 따라서 그런 차이는 너무 미세해서 그다지 중요하지 않기 때문에 더 이상 논할 필요가 없을 듯하다.

이번에는 하나님이 존재하지 않으시기를 간절히 바랄 뿐 아니라 그분을 믿지 않는 불신앙을 노골적으로 드러내는 불경스러운 사람들에 관해 잠시 생각해 보자. 그들 안에서도 다른 사람들의 경우처럼 양심이 증언하고 있지 않겠는가? 그런 부패한 태도에는 항상 동일한 원천에서 비롯한 다른 많은 악이 뒤따르기 마련이다. 모든 인간의 본성이 증언하는 것을 대담하게 무시하는 사람들이 자신의 경험에 대해 거짓말을 하고 있지 않다고 나를 설득할 수 있는 사람은 아무도 없을 것이다. 모든 선한 사람들과 자연의 일치된 증언보다 악인들의 생각에서 비롯한 몇 가지 혐오스러운 기형적인 주장을 더 신뢰한다면 미쳤다고밖에 달리 말할 도리가 없지 않겠는가?

키케로는 "자연 자체가 모든 인간의 마음에 신들에 대한 의식을 일깨워주는데 그들의 존재에 대해 어떻게 다른 생각을 할 수 있겠는가? 공식적인 가르침과 교리는 없더라도 최소한 신성한 존재에 대한 내적 의식은 누구에게나 있기 마련인데 그런 의식마저 없는 야만적인 민족이나 종족을 어디에서 발견할 수 있다는 말인가? 에피쿠로스는 이 의식을 '선입감'으로 일컬었다. 그는 이 말을 인간이 사전의 가르침이 없더라도 이미 다른 지식의 토대를 이루는 기본 정보를 마음속에 소유하고 있다는 의미로 사용했다"라고 말했다.[2] 그는 또한 "아래의 내용을 통해 우리는 신들이 존재한다고 추론할 수 있다. 신들에 대한 믿음은 모든 사람 안에 깊이 스며들어 있다. 보편적인 인간의 관습에서 벗어나 신들을 믿지 않는 민족은 어디에도 없다"라고 말하기도 했다.[3]

아리스토텔레스는 이 점을 근거로 신들에 대한 예배를 부인하는 자들과의 논의를 금지했다. 그에게 그것은 논쟁을 초월하는 문제였고, 그것을 부인하는 것은 건전한 이성의 한계를 넘어서는 것이었다.[4] 심지어 그는 그런 사람들은 이성적 논증을 낭비할 필요 없이 징벌로 다스려야 마땅하다고 말하기까지 했다. 시대를 막론하고 현명한 사람은 누구나 이 문제와 관련해서는 그와 똑같은 태도를 보였다. 철학자들은 신들을 예배하고, 부모를 공경하라고 가르쳤다. 이것이 인간 본성의 근본적인 필요조건이라는 것이 일반적인 견해였다. 유스티누스(로마에서 활동한 초기 기독교 변증학자)는 이런 개념들을 '우리 모두의 내면에 있는 진리의 씨앗들'로 일컬었다.[5] 테르툴리아누스는 영혼의 본성을 다루면서 우리 모두의 안에 진리의 씨앗들이 있기 때문에 책임 없이 살아갈 수 있는 사람은 아무도 없다고 말했다.

---

2   Cicero, *The Nature of the Gods*, Book 1, chapter 17.
3   Seneca, *Letters*, 17.
4   Aristotle, *Topica*, Book 1, chapter 9.
5   Justin Martyr, *Apology*, Book 2.

하나님에 대한 선천적인 의식은 이교주의와 다신론의 형태로 표출되어서는 안 된다. 그런 타락의 결과는 거짓 가르침, 부패한 전통, 고질적인 편견의 산물이다. 이것들로 인해 인간의 참된 본성이 왜곡된다. 락탄티우스는 "자신의 본성을 통해 분명하게 알고 있으면서도 하나님에 대한 예배를 인정하지 않는 사람들은 그런 불경죄를 용서받기를 바랄 수 없을 것이다. 그들은 맹세를 하거나 간절한 소원을 말하거나 큰 감사를 표현할 때 주피터를 비롯해 다른 많은 신들의 이름이 아닌 '하나님'을 외친다. 이 진리는 가장 미적대는 사람들의 가슴에서조차 본성의 충동을 이기지 못하고 터져 나올 만큼 확실하다"라고 말했다.

사실, 가장 노골적인 우상 숭배의 와중에서도 이성의 힘이 느닷없이 솟구쳐 오르는 까닭에 광적인 우상 숭배자들조차도 가장 위대하고, 지고한 한 분 하나님을 고백하지 않을 수 없다. 디오니시오스도 유일신을 언급했고,[6] 아리스토텔레스도 그와 동일한 존재를 증언했으며, 율리아누스도 인간의 마음속에 하나님에 관한 선입감이 존재한다는 부인할 수 없는 증거를 제시했다. "우리는 그 어떤 공식적인 가르침을 받기 이전부터 신적 존재가 존재한다는 것과 그 존재하는 신적 존재가 예배를 받아야 한다는 것을 알고 있다. 사람들은 지체하지 말고 서둘러 예배를 드려야 한다. 우리의 눈이 무엇을 볼 때 자연스레 빛을 향하는 것처럼, 우리의 생각은 신을 향하는 성향이 있다."

따라서 가장 보편적이면서도 오래된 신조는 위기의 때나 강한 세력들이 위해를 가할 때 "하나님이 존재하신다는 것을 잊지 말라"라는 것이다. 이것은 창조의 하나님을 갈구하는 자연의 목소리다. 리비우스는 "사람은 제각각 자신의 주장을 내세울 수 있지만, 신들은 여전히 존재한다. 그들은 사람들의 일에 무관심하지 않다"라고 말하고 나서

---

6   Dionysius, *Histories*, Book 56.

"하늘의 신이 계신다. 당신은 위대한 주피터이시다"라고 덧붙였다. 술라도 보쿠스의 아들 볼루키스의 기습 공격이 두렵게 느껴질 때 신의 존재를 의식했다. 이 당시의 일이 살루스트와[7] 프라우투스의 책에 기록되어 있다.[8]

키프리아누스는 "하나님이 존재한다는 것은 의심의 여지가 없다. 그분은 우리가 하는 모든 일을 보고, 듣고 계신다. 우리 인간이 모를 수가 없는 분을 인정하기를 거부하는 것이야말로 가장 큰 죄가 아닐 수 없다"라고 분명하게 말했다.[9] 에우세비우스는 이 점을 매우 훌륭하게 설명했다. 그는 "이성적인 생각이라는 공통된 기능이 하나님을 아는 수단으로 온 민족에게 주어졌다. 이것은 참으로 뛰어나고, 유익한 수단이 아닐 수 없다. 이것을 통해 인류는 창조주, 곧 모든 자연과 우주의 창시자를 인정한다"라고 말했다.[10] 테르툴리아누스도 "우리는 하나님을 만물의 처음으로 간주한다. 이 사실은 자연이 인정하고, 교리를 통해 탐구된다"라고 말했다.[11] 그는 다른 곳에서도 "우리는 영혼의 증언을 통해 하나님이 존재하신다는 사실을 입증할 것이다. 우리의 영혼은 육신의 감옥에 갇혀 억압을 받고, 악한 사회와 그릇된 본보기들에 둘러싸여 있을 뿐 아니라 들끓는 정욕과 욕망으로 인해 무기력해지고, 거짓 신들을 노예처럼 섬길 때가 많지만 이성을 되찾아 제정신을 회복할 때는 항상 선하고, 지고하신 한 분 하나님을 향해 부르짖을 것이다. 이것은 참 하나님이 내면에 심어주신 음성을 듣는 것으로 잠에서 깨어나고, 질병에서 회복되고, 술에 취한 상태에서 맑은 정

---

7   Sallust, *Jugurthine War*.

8   Plautus, *The Captive*.

9   Cyprian, *The Vanity of Idols*.

10   Eusebius, *Preparation for the Gospel*, Book 2, chapter 9.

11   Tertullian, *Apology*.

신을 되찾게 되는 것과 비슷하다. 영혼은 또한 그분이 만인의 재판관이시라고 증언한다. 나는 그분이 지켜보는 가운데서 살아간다. 그분은 보는 대로 보응하신다. 이것이 영혼의 증언이다. 영혼은 카피톨(주피터 신전)이 아닌 하늘 너머로 눈을 돌릴 때마다 이런 것들을 항상 보게 될 것이다"라고 말했다.[12]

현자들은 대부분 선천적인 신의 개념을 인정했을 뿐 아니라 인간의 내면에 심어진 양심의 힘과 증언을 인정하고 논의했다. 메난드로스의 기록에 따르면, 타키투스는 티베리우스에 관해 쓰면서 "악인들은 자신의 비행과 수치를 자책함으로써 스스로 징벌자가 되어 자기 자신을 벌한다. 어떤 뛰어난 현자는 만일 독재자들의 마음이 밖으로 나타난다면, 마치 채찍질에 잔뜩 겁을 집어먹은 육체처럼 그 흉포함과 정욕과 악한 음모들로 인해 생겨난 좌상과 찢김과 상처를 만인 앞에 훤히 드러낼 것이라고 말하곤 했다. 사실, 티베리우스는 형통할 때나 어려울 때는 물론, 오랫동안 혼자 고립되었을 때도 마음에서 느껴지는 고통이 한결같이 자신을 괴롭혔다고 고백하지 않을 수 없었다"라고 말했다. 키케로는 양심은 한번 깨어나면 가장 잔인한 주인이 된다고 말하면서 "복수의 여신들이 우화에 나오는 횃불이 아닌 양심에 의한 정신적 고통과 거짓에 대한 응당한 보응으로 악한 사람들을 쫓아다니며 괴롭힌다"라고 덧붙였다.[13] 티베리우스는 그치지 않는 정신적 고통으로 인해 괴롭힘을 당하면서 (새로운 범죄를 저지르거나 사람들의 일에 전혀 관심을 기울이지 않는 등) 갖가지 해결책을 모색하며 궁극적인 심판이라는 개념을 비웃었지만, 자기 혐오와 마음속에서 느껴지는 고통을 결코 극복하지 못했다. 그는 로마의 원로원에 보내는 편지에서 이런

---

12   Tertullian, *Against Marcion*.
13   Cicero, *Concerning the Laws*, Book 1.

5장 자연 신학의 타락과 손실

사실을 공개적으로 인정했다. "내가 원로원 의원들에게 어떤 말을 쓸 수 있고, 어떻게 말해야 하겠소? 이런 때에 내가 무슨 말을 할 수 있으리오? 신들이 나를 멸했으면 좋겠소. 나는 숨을 쉴 때마다 매일 죽어가고 있소이다."[14] 오토는 갈바를 죽이는 사악한 범죄를 저지르고 나서 겁에 질린 나머지 온갖 제물을 다 바쳐 갈바의 영혼을 달래려고 노력했다. 이것도 이런 사실을 입증하는 증거 가운데 하나다. "생각은 범죄에 냉담할지라도 내면의 마음은 무언의 비난 속에서 땀을 뻘뻘 흘린다"라는 풍자가 유베날리스의 말은 참으로 지당하다.[15] 그는 또한 "영혼이 끔찍한 행위를 두렵게 느끼고 있고, 내면의 사형 집행인이 소리 나지 않는 채찍으로 정신을 후려갈기는데 어디로 도망칠 수 있겠는가? 그런 징벌은 무자비할 뿐 아니라 카이디키우스가 자신의 마음 속에서 밤낮으로 목격했던 라다만토스[16]보다 훨씬 더 잔인하다"라고 말하기도 했다.[17]

타키투스는 수많은 범죄를 저질렀던 누미디아의 유구르타를 통해 한 가지 훌륭한 예를 제시했다. 구체적으로 말해, 그는 "그 이후부터 유구르타는 밤이고 낮이고 편안하지가 못했다. 그는 어떤 장소나 어떤 사람이나 어떤 시간도 안심할 수가 없었다. 그는 시민들과 낯선 사람들을 똑같이 두려워했고, 모든 것을 두려운 눈으로 바라보았으며, 소리가 날 때마다 무서워 떨었다. 그는 존엄한 왕의 신분에 어울리지 않게 밤마다 아무도 모르는 새로운 장소에서 휴식을 취했으며, 느닷없이 모습을 드러내 종종 무장 소동을 일으키기도 했다. 그는 그럴 정도로 혼이 나간 듯 두려움에 시달렸다."

---

14 Suetonius, *Life of Tiberius*, chapter 16.
15 Juvenal, *Satire 13*.
16 역주: 지옥의 세 재판관 가운데 하나
17 Juvenal, *Satire 13*.

우리의 타락하고, 부패한 상태에도 불구하고 자연 신학이 여전히 많이 남아 있는 까닭에 인간이라면 누구나 내면 깊숙한 곳에서는 신학자가 되지 않을 수 없다. 하나님의 섭리 활동과 그분의 창조 사역에 대한 근원적인 인식을 통해 지금도 여전히 남아 있는 신 의식이 촉진되고, 강화된다. 이 신학은 인간의 본성을 떠받치는 토대이자 온 우주 만물의 근간이다.

이 점을 시편 저자의 말보다 더 강력하고, 설득력 있게 표현한 글은 어디에도 없을 것이다. 그는 "하늘이 하나님의 영광을 선포하고 궁창이 그의 손으로 하신 일을 나타내는도다 날은 날에게 말하고 밤은 밤에게 지식을 전하니 언어도 없고 말씀도 없으며 들리는 소리도 없으나 그의 소리가 온 땅에 통하고 그의 말씀이 세상 끝까지 이르도다 하나님이 해를 위하여 하늘에 장막을 베푸셨도다 해는 그의 신방에서 나오는 신랑과 같고 그의 길을 달리기 기뻐하는 장사 같아서 하늘 이 끝에서 나와 저 끝까지 운행함이여 그의 열기에서 피할 자가 없도다 여호와의 율법은 완전하여 영혼을 소성시키며 여호와의 증거는 확실하여 우둔한 자를 지혜롭게 하며"(시 19:1–7)라고 외쳤다. 이 시편에서 알 수 있는 대로, 하나님에 관한 우리의 지식은 두 가지 방식, 곧 하나님의 사역과 말씀을 통해 형성된다. 시편 저자는 이 둘을 비교하고, 대조함으로써 온 피조 세계로부터 하나님의 영광을 구체적으로 보여주려고 노력했다. 그는 계시된 사실들을 근거로 그 모든 것의 원천이신 하나님께 영광과 찬양을 돌렸다. 하나님의 전능하신 능력이 그분이 창조하신 세상을 통해 여실히 드러난다. 이것이 바울 사도가 "창세로부터 그의 보이지 아니하는 것들 곧 그의 영원하신 능력과 신성이 그가 만드신 만물에 분명히 보여 알려졌나니 그러므로 그들이 핑계하지 못할지니라"(롬 1:20)라고 말했던 이유다.

연속적으로 밤낮을 만들어내는 태양의 운행과 하늘은 하나님을 계시한다. 이 계시의 방법은 다양한 방식으로 표현된다. 피조 세계는 이야기를 전하고, 드러내고, 나타내고, 말한다. 우리가 보는 모든 것이 그림으로 보여주듯 강력하게 우주의 설계와 창조주의 존재를 증언한다. 이 증언은 통역이 필요 없다. 이 계시는 보편적이고, 사람들이 거주하는 세상의 맨 끝까지 널리 퍼져 있다. 하나님의 사역과 섭리에 대한 의식만으로는 그분을 올바로 알거나 받아들여 예배하기에 충분한 지식을 얻을 수는 없지만, 그분의 존재와 영광과 능력을 깨닫기에는 조금도 부족하지 않다는 것이 성경의 가르침이다. 세상에 있는 사람은 누구나 원하기만 하면 이런 증언을 통해 하나님이 존재하신다는 것과 그분이 민족들의 헛된 우상들과는 비교가 되지 않는 무한한 존재이시라는 사실을 알 수 있다.

바울 사도는 "하나님의 진노가 불의로 진리를 막는 사람들의 모든 경건하지 않음과 불의에 대하여 하늘로부터 나타나나니 이는 하나님을 알 만한 것이 그들 속에 보임이라 하나님께서 이를 그들에게 보이셨느니라"(롬 1:18, 19)라는 말씀으로 이 진리를 분명하게 확증했다. 나는 여기에서 이 말씀에 대한 해석을 둘러싸고 논쟁을 벌일 생각이 없다. 그런 논쟁은 내가 염두에 둔 현재의 목적에서 벗어난다. 소시니우스주의자들은 파괴적인 거짓으로 로마서 1장 20절을 터무니없게 왜곡시켰지만, 완전하게 논박되었다.[18]

더욱이 여기에서 나타났다고 말씀하는 '하나님에 관한 지식'은 그분의 능력과 신성과 의로운 분노를 보여주는 증거이기도 하다. 이런 것들도 정의처럼 영원히 변하지 않는다. 이 지식이 단번에 이루어진 창조 사역과 그것을 계속해서 유지해 나가는 하나님의 섭리를 통

---

18 『오웬 전집』 12권을 참조하라.

해 나타난다. 창조와 섭리는 인류를 가르치는 수단으로 생각을 일깨워 한 걸음씩 하나님을 향해 나아가도록 이끈다. 이런 점에서 이것들은 하나님을 진정으로 나타낸다. 창조의 목적은 하나님을 가리키는 또 다른 설교자가 되는 것이다. 창조는 비록 완전하지는 않지만 무한한 가치를 지닌 메시지를 전한다. 바울 사도는 '하나님에 관한 지식'이라는 주제를 더 길게 설명하지 않고, 창조와 섭리에만 관심을 집중했다. 선천적인 신 의식이라는 매개 수단과 모든 사람의 내면에 존재하는 양심을 통해 이 둘을 바라보면 하나님이 존재하신다는 것과 그분이 전능하고, 온전히 의로우시다는 것을 분명하게 알 수 있다.

이 점을 근거로 창조하고, 보존하고, 공급하는 일이 하나님의 존재와 성품과 불가분의 관계를 맺는 본질적 요소들이라는 것을 추론할 수 있다. 죄인들에 대한 은혜와 긍휼과 같은 하나님의 다른 위대하고, 놀라운 신적 속성들은 창조가 아닌 그리스도 안에서 나타나는 것들이다. 이 점은 다른 곳에서 자세히 논할 생각이다. 성경에는 성령께서 이런 식의 주장을 펼치시는 성경 구절, 곧 하나님의 사역을 통해 그분이 존재하실 뿐 아니라 그분을 알고, 경배해야 한다고 가르치는 성경 구절이 많다.

그 누가 우리가 성령의 명령에 따라 지혜롭게 되는 것을 방해할 수 있을 것인가? 예를 들어, 시편 8편, 145편 8-15절, 147편 4-6절, 욥기 12장 7-10절, 37, 38장, 이사야서 40장 12절, 마태복음 6장 26절을 살펴보라. 이 밖에도 하나님이나 그분의 이름으로 말씀을 전한 선지자들이 이런 식의 가르침을 베푼 구절들이 여러 곳에서 발견된다. 그런 구절들은 너무 많기 때문에 모두 인용하면 장황하기도 하고, 또나의 목적에 부합하지도 않을 것이다.

일단 바울의 가르침을 토대로 현재의 논의에 적합한 그의 논증 가운데 한두 가지를 간단하게 살펴보는 것이 좋을 듯하다. 먼저 사도행전 14장 15-17절은 "여러분이여 어찌하여 이러한 일을 하느냐 우리도 여러분과 같은 성정을 가진 사람이라 여러분에게 복음을 전하는 것은 이런 헛된 일을 버리고 천지와 바다와 그 가운데 만물을 지으시고 살아계신 하나님께로 돌아오게 함이라 하나님이 지나간 세대에는 모든 민족으로 자기들의 길들을 가게 방임하셨으나 그러나 자기를 증언하지 아니하신 것이 아니니 곧 여러분에게 하늘로부터 비를 내리시며 결실기를 주시는 선한 일을 하사 음식과 기쁨으로 여러분의 마음에 만족하게 하셨느니라"라고 말씀한다.

바울과 바나바는 이 말씀으로 자기들을 우상처럼 숭배하려고 했던 루스드라 거주민들을 저지했다. 그들은 우상 숭배와 인간이 만든 모든 우상이 헛되고, 어리석고, 무익하다고 역설하고 나서 유일하신 참 하나님과 그분의 절대적인 실재와 온전한 자기 충족성의 속성을 강조했으며, 그분의 사역을 증거로 제시했다. 천지와 그 안에 있는 모든 것을 지으신 하나님은 살아 계시는 하나님이신 것이 틀림없다. 하나님의 섭리 사역은 그분이 살아 계신다는 분명한 증거를 보여주기 때문에 누구든 그것을 통해 하나님을 알 수 있고, 헛되고, 무가치한 생명 없는 우상들과 그분을 쉽게 구별할 수 있다.

독자들이여, 무엇이 이보다 더 분명할 수 있겠는가? 하나님은 자기를 증언하지 않은 적이 없으시다(17절). 하나님은 자신이 세상을 창조하고, 유지하신다는 사실을 만민에게 증언하신다. 그분은 자신의 사역을 통해 그런 사실을 만인 앞에 분명하게 드러내신다. 그렇다면 하나님은 무엇 때문에 사람들이 자기들의 어두운 길을 헤매도록 놔두면서 그렇게 열심히 자신을 증언하시는 것일까? 그 이유는 하나님이 보여준 이런 증거들에도 불구하고 그분을 거부한 채 말 못 하는 우상들을 숭배하는 이들이 아무런 변명도 늘어놓지 못하게 하시기 위해서다.

이번에는 사도행전 17장 24-29절을 잠시 살펴보도록 하자. 바울 사도는 아덴 사람들을 상대로 위와 비슷한 내용의 말을 전했다. 이 본문은 나중에 자연 신학과 구원의 관계를 논의할 때 좀 더 자세히 살펴볼 기회가 있을 것이기 때문에 여기에서는 상세한 설명을 덧붙일 생각이 없다.

이방 세계의 유명한 철학자들은 하나님의 창조물들이 전하는 메시지를 분명하게 인식했다. 플라톤은 "하늘은 쉬지 않고 사람들을 가르친다"라고 말했다.[19]

키케로는 "신의 존재를 의식하지 못할 정도로 무지한 사람이 누가 있겠는가?"라고 말했다.[20]

잘레우커스(초기 이탈리아 남부의 통치자)는 "도시와 촌락의 모든 거주자들은 신의 존재를 믿고, 질서와 구도가 잘 잡힌 우주가 우연이나 인위적인 산물일 수 없다고 주장해야 한다"라고 말했다. 같은 맥락에서 티시아누스도 "우리는 보이지 않는 신의 존재를 그의 행위를 통해 알고, 이해한다"라고 말했고, 막시무스 티리우스와 마이모니데스와 같은 철학자들도 그와 비슷한 말을 했다.

그러나 이 모든 증거들이 왜곡되거나 그릇 해석될 때가 많다. 깊이 있는 연구와 과학적 지식을 이용해 자연의 숨겨진 비밀을 탐색한다고 주장하는 사람들이 누구보다도 무신론으로 치우칠 경향이 크다. 그런 사람들은 연구 활동을 오로지 지식욕을 채우기 위한 수단으로만 그릇 이용하는 탓에 하나님의 일들을 경솔하고, 무분별하게 오용하곤 한다. 역사의 변천과 흥망성쇠를 연구하는 데 오랜 세월을 바

---

19   Plato, *The Book of Laws.*

20   Cicero, *Reply to Aurusius.*

친 사람들의 경우도 마찬가지다. 그들은 하나님의 손길과 섭리를 통해 이루어지는 복잡한 현실을 관찰하고, 이해하려고 노력하지 않고, 내주하는 죄와 정신적인 무지와 악한 마음에 이끌려 위험하기 짝이 없는 속도로 무신론을 향해 치닫는다. 이런 점에서 "노인들은 주피터를 두려워하지 않는다"라는 옛 격언은 매우 지당하다. 그러나 그런 학자들의 결함을 인류 전체에 적용해서는 안 된다. 키케로는 아리스토텔레스가 다음과 같은 유명한 말을 남겼다고 전했다. "어떤 사람들이 땅 위로 나온 적이 없이 항상 지하에서만 살면서 신이나 보편적인 신적 능력이 존재한다는 것을 구전으로만 전해 들었다고 가정해 보자. 그들은 조명이 잘 되고, 조각상들과 그림들로 장식된 멋진 집에서 호사스럽게 살지라도, 어느 날 갑자기 땅이 갈라져 숨겨진 거처에서 우리가 사는 세상으로 나와 땅과 하늘과 바다와 높이 떠 있는 구름을 직접 보고, 바람의 세기를 느끼고, 타오르는 태양의 크기와 힘을 감지하고, 그것이 낮을 만들어 온 하늘에 빛을 쏟아내는 것과 밤하늘이 별들로 장식된 것을 목격하고, 달이 찼다가 기우는 모습을 비롯해 모든 천체가 영원토록 변함없이 늘 정해진 경로를 따라 떴다가 지는 것을 발견한다면 신들이 존재한다고 결론짓고, 그런 위대한 창조물들은 오직 신들만이 만들 수 있다고 말할 것이 틀림없다."[21]

키케로는 이 밖에도 여러 가지 적절한 요점을 제시했다. 그는 "하늘의 아름다움과 질서는 인류의 경의와 찬미를 받기에 합당한, 지고무상한 영원한 능력이 존재한다고 선포한다"라고 말하기도 했다.[22]

21　Cicero, *Reply to Aurusius*.
22　Cicero, *The Nature of the Gods*, Book 2.

6장
자연 신학의 불충분성

초자연적인 계시의 유익을 누리지 못하는 죄인들 사이에서 일반적으로 발견되는 신 의식은 앞서 논의한 다양한 증거에 근거한다. 이번에는 그 점을 염두에 두고 자연 신학을 열심히 추구하는 사람들이 과연 신학의 궁극적인 목적에 도달할 수 있는지, 또 자연 신학이 참된 신학이 될 수 있는지를 잠시 살펴보기로 하자.

교리가 죄인들에게 효과적으로 적용될 수 있으려면 하나님이 절대적인 존재이시라는 것과 그분이 자기 뜻대로 인류에게 주권적인 심판을 베푸신다는 두 가지 요소를 반드시 고려해야 한다. 타락한 인류의 견지에서 보면, 전자는 인간이 스스로를 구원할 수 없다는 것을 가리키고, 후자는 하나님이 제공하신 구원의 길을 가리킨다. 바울 사도는 "창세로부터 그의 보이지 아니하는 것들 곧 그의 영원하신 능력과 신성이 그가 만드신 만물에 분명히 보여 알려졌나니 그러므로 그들이 핑계하지 못할지니라"(롬 1:20)라는 말씀으로 자연 신학 아래 있는 인류의 상황을 묘사했다. 자연 신학은 두 번째 요인을 충족하지 못하기 때문에 구원을 줄 수 없다. 유한한 인간들이 하늘로부터 주어진 계시 없이 살았던 시대는 '알지 못하던 시대'(행 17:30)로 일컬어진다. 하나님은 모든 민족이 각자 자기들의 길을 가도록 묵인하셨고(행 14:16) 회개의 복음을 허락하지 않으셨다.

그런 무지 속에서 모든 사람이 예외 없이 '하나님의 생명에서 떠나 있었다'(엡 4:18). 사람들과 하나님 사이에서 전혀 소통이 이루어지지 않았기 때문에 하나님이 의도적으로 은혜와 사랑을 베푸시는 일도 없었다. 인류가 이용할 수 있는 지식은 오직 율법뿐이었다. 율법에 대한 지식만으로는 율법이 제공할 수 없는 것을 얻을 수 없었다. 특히 율법에 대해 무지한 경우는 더더욱 그럴 수밖에 없었다. 율법 자체는 하나님에게서 비롯했기 때문에 완전하고, 궁극적인 것이었지만 그것을 아는 지식이나 그에 대한 부분적인 지식만으로는 구원을 얻을 수 없었다.

사도들은 여러 곳에서 율법으로는 죄인이 하나님을 기쁘시게 할 수 없다고 가르쳤다. 심지어 선행도 믿음이 없으면 아무런 효력을 발휘하지 못한다(히 11장 참조). "믿음은 들음에서 난다(곧 하나님의 말씀을 들음으로써 생겨난다)"(롬 10:17). 요한복음 17장 3절은 "영생은 유일하신 참 하나님과 그가 보내신 자 예수 그리스도를 아는 것이니이다"라고 말씀한다. 하나님의 특별 계시가 없는 상태에서 이루어지는 그분에 관한 사색은 무죄한 상태로 창조된 첫 인간이 누렸던 지식의 지극히 작은 일부에 지나지 않는다. 하나님이 자기 아들을 보내고, 약속을 허락하심으로써 긍휼의 계시를 베푸신 것은 인류의 타락 이후에 이루어졌다. 구원의 지식은 오직 그리스도를 전파할 때 주어진다. 따라서 자연신학을 통해서는 절대로 구원을 얻을 수 없다.

그런 지식은 아무리 상세하더라도 첫 번째 언약, 곧 행위 언약의 목적에만 이바지한다. 첫 번째 언약이 죄로 인해 무익하게 된 날부터 그 효력도 함께 사라졌다. 그것이 할 수 있는 최선의 일은 징벌이 두려워 외적으로 복종하는 것이다. 아우구스티누스는 "의에 대한 사랑이 아닌 징벌에 대한 두려움 때문에 계명들을 지키는 일이 얼마든지 가능하다. 그런 사람은 외적으로 행하는 것을 마음속으로는 행하지 않기 때문에 겉으로 자기 자신을 아무리 결백하게 여기더라도 내적으로는 죄를 지을 수밖에 없다"라고 말했다.

타락한 인간의 신학에는 두 가지 요소가 존재한다. 하나는 '신학을 위한 잠재력'으로 일컬을 수 있는 내적인 빛이다. 이 빛은 아직 완전히 꺼지지 않았다. 다른 하나는 창조와 섭리 사역을 통한 하나님의 자기 계시다. 이것은 '신학의 학교'나 신학의 '실물 교육'으로 일컬을 수 있다. 이 두 가지 중 어느 것을 의지하더라도 영원한 구원을 얻을 수는 없다. 이것들은 둘 다 신학적으로 불충분하다. 첫 번째 요소, 즉 남아 있는 내적 빛은 타락한 인간에게 속한 다른 모든 것과 마찬가지로 죄와 결함을 안고 있다. 앞서 말한 대로, 이 빛의 가르침은 불완전할 뿐 아니라 율법의 한계 내에 국한되어 있고, 그리스도를 아는 구원의 지식과 연관된 것이 아무것도 없다. 타락한 인간의 악한 생각은 어둠과 무지에 휩싸여 있기 때문에 거룩한 진리를 인식하는 데 장애가 초래될 수밖에 없다. 이처럼, 남아 있는 빛의 영적 효력은 치명적인 제약을 안고 있다.

두 번째 요소도 같은 이유에서 구원을 가져다줄 수 없기는 마찬가지다. 이것은 구원에 필요한 교리들을 대충이라도 가르쳐줄 능력조차 없고, 우리의 무지한 지성을 깨우쳐줄 조명의 능력을 발휘할 수도 없다. 오직 예수 그리스도께서만이 복음을 통해 생명과 불멸을 드러내셨다(딤후 1:10).

어떤 사람들은 온 인류를 구원하는 것이 하나님의 일반적인 뜻이라고 가르쳤다. 그들은 창조와 섭리의 사역만으로도 하나님의 생각이 충분히 계시되어 나타나기 때문에 사람들이 그분을 기쁘시게 하는 복종을 실천할 수 있다고 주장했다. 그들은 마치 하나님이 이룰 수도 없고, 이룰 생각도 없는 의도와 실현되지 않을 목적과 모순된 바람을 품고 계신 것처럼 말함으로써 그분이 지니신 긍휼의 속성이 드러날 여지를 전혀 남겨두지 않았다. 그들의 정의나 진술은 그런 특성을 띨 뿐 아니라 그야말로 편협하기 이를 데 없다. 그들은 그런 계시가 누군가를 구원으로 인도하는 데 도움이 된 적이 단 한 번도 없었고, 앞으로도 없을 것이라는 점을 인정해야 마땅하다. 창조와 섭리에 함축된 하나님의 메시지를 옳게 읽으려면, 어둠의 제왕이 자기에게 속박된 비참한 인간들을 속이기 위해 매일 사용하는 그릇된 환상과 그런 증거들이 전하는 증언을 식별할 수 있는 탁월한 기술이 필요하다. 말씀의 빛이 없으면 그런 분별력을 발휘할 수 없다. 사람들의 생각을 방해하는 무지와 미신과 어둠을 제거하지 않으면, 모든 계시가 아무 소용도 없을 것이다. 그런 일은 오직 성령의 특별한 도우심이 있어야만 가능하다.

특별 주제: 보편 은혜

이 주제는 앞 장에서 간단히 다루었지만, 모든 사람의 견해가 다 똑같지 않기 때문에 여기에서 특별히 한 학파의 견해에 초점을 맞추어 좀 더 상세하게 다루는 것이 좋겠다는 생각이 들었다.

펠라기우스주의자들은 하나님이 나타내신 보편적인 은혜만으로 죄인이 구원을 얻기에 충분하고, 죄인들에게 '보편 은혜'와 더불어 자연에 나타난 하나님의 계시를 활용함으로써 구원을 얻을 능력이 부여되었다고 주장했다. 사실상 아르미니우스주의자들도 그들의 견해에 동조했지만, 여기에서 그들까지 다룰 생각은 없다. 그들은 오랫동안 고대와 현대의 많은 저자들을 통해 충분히 다루어졌다.

최근에 그랬던 것처럼, 이 논쟁의 일부가 그리스도를 믿는 참된 형제들 사이에서 불거질 때의 상황은 또 다르다. '보편적인,' 또는 '일반적인' 은혜로 일컬어지는 것이 논쟁의 기폭제가 되었다. 그로 인해 발생한 갈등은 최소한 논쟁의 주역들 사이에서는 진리는 물론, 형제애마저 희생되어 버린 것처럼 보이게 만든다. 그리스도의 생명이 우리 안에 있는데 예의를 중요하게 여기지도 않고, 인간의 연약함을 고려하지도 않아서야 쓰겠는가? 복음이 우리에게 요구하는 태도나 인간의 연약함을 고려한다면 부차적인 문제들에 관해 다른 의견을 양심껏 주장하는 사람들을 인내로 대해야 마땅하지 않겠는가? 가장 뛰어난 사람들도 오직 '부분적으로만' 알 뿐이다. 복음의 변화시키는 빛을 통해 마음이 온전하게 새롭게 되어 옛 어둠이 조금도 남아 있지 않고, 오류를 범할 가능성이 전혀 없는 상태가 된 성도는 아무도 없다. 그러나 불행히도 다른 사람들과 관련해서는 이런 사실을 기꺼이 인정하는 듯하면서도 정작 자기 자신은 그렇지 않은 것처럼 생각하는 사람들이 적지 않다. 하나하나 따져가며 면밀하게 살펴보면, 마치 자기 혼자서만 진리와 참된 신앙을 소유하고 있는 것처럼 처신하지 않는 신학자가 거의 없는 것처럼 보인다. 모두 자기에게 동의하지 않는 사람은 더는 살 가치가 없는 사람처럼 생각하고 있는 듯하다. 진리의 '형식,' 또는 '외관'과 진리의 '능력,' 또는 '역동적인 힘'의 차이가 바로 여기에 있다. 전자는 참된 것을 인식하고, 복음의 가르침에 동의하는 것으로 그치지만, 후자는 그것을 뛰어넘어 온 영혼에 복음의 형상과 모양을 아로새기고, 날마다 진리에 순응하는 인격을 연마하려고 노력한다.

교회와 종교의 역사를 연구하는 학자들은 누구나 최근에 불거진 저지대 국가(벨기에, 네덜란드, 룩셈부르크)의 학자들과 그보다 훨씬 더 유명한 프랑스의 교사들 사이에서 불거진 갈등과 충돌과 대립에 관해 잘 알고 있을 것이 분명하다. 여기에서 그 논쟁의 기원과 발전 과정을 논의하거나 몇 년 전에 그 논쟁이 일어났을 때의 상황을 상세하게 설명하는 것은 무익한 시간 낭비에 지나지 않을 것이다. 그것들은 이미 그 논쟁의 결과로 나타난 책들과 반대 주장과 상호 공방과 비난과 항변을 통해 이미 알려질 대로 충분히 알려진 상태다. 학자들이 공들여 만들어 내는 지극히 사소하고, 어리석은 것보다 더 무가치한 것은 아무것도 없을 것이다. 그런 것들은 빛을 보도록 허용해서는 안 될 것들이다(아마도 이것이 가장 바람직한 기도 응답일 것이다). 나는 평화와 형제애가 조금도 지겹지 않기 때문에 논쟁에 성급하게 뛰어들어 부적절하기 짝이 없는 문제에 열정을 기울여 서로 다투고 싶은 생각이 전혀 없다. 나는 해야 할 다른 일이 있다. 이제 이런 나의 의도를 충분히 밝혔고, 누구와 겨룰 생각이 전혀 없다는 것을 분명히 했기 때문에 '보편적인(일반적인)' 은혜에 관한 논쟁 가운데서 현재의 목적과 관련된 것만을 간추려 나의 견해를 제시하고자 한다. 나의 우려를 충분히 가라앉히지 못했다면 내가 선택한 길을 향해 한 발자국도 떼어놓을 수 없을 것이다. 나는 내가 다른 누구를 괴롭히거나 노엽게 하지 않을 것이라고 믿는다.

나는 학자들이 좀 더 부드러운 태도와 기독교적 논쟁에 관한 참된 열정과 겸손함으로 논의를 시작해 주기를 바랐다. 만일 자신들의 호전성을 드러내느라고 스스로 참된 교리로 믿는 것을 희생시킨다면 공평하고, 공정한 재판관들 앞에서 어떤 변명도 통하지 않을 것이 틀림없다. 그보다는 차라리 자신의 명성을 희생하는 것이 옳지 않겠는가? 신성한 문제들을 다룰 때는 어떤 심령 상태와 마음가짐이 필요할까? 성령의 도움과 인도가 없으면 경건한 태도로 그런 일을 시작할 수도 없고, 끝까지 밀고 나가 성공을 거둘 수도 없다고 생각해야 옳지 않을까(우리의 능력으로 무엇을 이룰 수 있을 것처럼 보여도 실제로는 아무것도 이룰 수 없다)? 성령께서 정욕에 불타오르는 인간의 정신이나 분노, 증오심, 복수심, 야심에 사로잡힌 인간의 지성에 기꺼이 동조하실 것 같은가(이것들은 그분이 특히 싫어하는 것들이다)?

다른 사람들에게 진리를 가르치고 나서 우리 자신이 진리의 힘에 굴복하지 않는 결과가 초래되지 않으려면 분발해야 하지 않겠는가? 마음 깊은 곳으로부터 자아를 부인하고, 모든 편견과 선입견을 주의 깊게 제거하지 않으면, 예수님 안에 있는 진리를 올바로 인식할 수 없다. 우리 자신이 진리를 직접 경험해 그 능력을 보여주지 못한다면, 어떻게 하나님의 진리를 다른 사람들에게 가르칠 수 있겠는가? 우리의 영혼을 밝히는 참된 복음의 가르침은 우리를 온유하고, 겸손하게 만들어 진리의 근원이신 주님을 가능한 가장 많이 닮게 해준다. 한 마디로, "위로부터 난 지혜는 첫째 성결하고 다음에 화평하고 관용하고 양순하며 긍휼과 선한 열매가 가득하고 편견과 거짓이 없다"(약 3:17).

물론, 나는 교회 안에서 자기와 의견이 다른 형제들과 평화롭게 지내기를 바라는 사람들에 대해서는 아무런 이의도 제기할 생각이 없다. 그런 문제와 관련해 학자들이나 교회의 사역자들이나 학교 교사들에게서 그들 자신의 판단력을 자유롭게 활용할 수 있는 기회를 박탈하고, 그 대신 그들을 날카롭게 정의된 의견들의 힘에 이리저리 이끌리게 만드는 것은 그리스도의 교회에 용납할 수 없는 짐을 지우는 것이다. 하나님의 말씀을 해설하는 이들이 자신의 직업을 유지하기 위해 비참한 노예들처럼 스스로 판단하기를 포기하고 다른 사람들의 견해를 억지로 추종하게 된다면, 사랑으로 덕을 세우거나 진리의 합리적인 발전을 이룰 수 있는 가능성이 모두 사라질 것이다. 복음 사역의 소명에 관한 성경의 가르침이나 복음 자체의 본질이나 믿음이나 성령의 다양한 은사나 형제애나 교회의 발전이나 우리가 현세에서 누리고 있는 빛이나 수많은 거룩한 계명들이나 우리가 매일 경험하는 은혜의 인도 등, 그 무엇도 그런 짐을 용납하지 못할 것이다. 사람들이 자신의 형제들을 지배할 수 있고, 신앙의 본질적인 요소와는 거리가 먼 사소한 문제에 관해 획일적인 견해를 강요할 수 있다고 주장하는 이단적 사고야말로 모든 시대의 교회가 경험해온 가장 큰 재난의 원인이 아닐 수 없다.

이제 이 점을 염두에 두고 많은 사람이 반대하는 견해(즉 자연 신학은 구원을 가져다주지 못한다는 것)를 계속해서 살펴보도록 하자. 참된 경험을 통해 '구원받는다는 것'이 무엇인지를 진정으로 알게 된 사람은 누구나 자연 신학만으로는 자신의 필요를 채우기에 불충분하다는 것을 쉽게 이해할 것이다. 당파심을 모두 버리면 문제가 분명해질 것이다. 논쟁자들이 그리스도로 인해 은혜로 하나님과 맺게 된 관계만을 기억하고, 영원한 구원에만 관심을 기울인다면 다툼이 가라앉아 평화가 찾아올 것이다.

선택한 자들의 구원에 관한 하나님의 뜻은 두 가지 관점에서 생각할 수 있다. 하나는 하나님의 목적(의도 또는 작정)이고, 다른 하나는 그런 목적을 이루기 위해 그분이 정하신 수단이다. 이 수단은 하나님의 계시된 뜻(또는 가르침)으로 일컬을 수 있다. 도대체 사람들이 어떤 의미에서 하나님이 어두운 길을 가도록 허용하신 이들, 곧 실제로 구원받지도 않았고, 구원을 부르짖을 수 있는 유일한 이름조차 계시해주지 않은 사람들의 안전을 원하신다고 주장하는 것인지 솔직히 나로서는 도무지 이해하기가 어렵다. 누가 구원을 베푸는지도 구원을 어떻게 얻는지도 말해주지 못하는 것을 참된 구원의 수단이라고 주장하는 사람들은 다른 사람들이 구원받기를 바라지 않는 사람들이라고 생각하는 것이 더 나을 듯하다. 심지어 영적 분별력을 지니고 있을 뿐 아니라 하나님이 예수 그리스도 안에서 풍성하게 베풀고, 성령을 통해 적용하시는 구원과 성화의 모든 수단을 의지하고, 활용하는 사람들조차도 마침내 자신의 구원이 완전해져 모든 싸움을 멈추게 될 때까지는 날마다 외적인 방해와 내적인 유혹과 싸우면서 하나님을 따른다는 것이 무슨 의미인지를 혹독한 경험을 통해 깨달아야 한다. 그런 사람들에게 자연 신학이 그들을 본향에 안전하게 데려다줄 수 있는 가치를 지녔다고 생각하느냐고 물어보라. 그러면 신속한 대답을 들을 수 있을 것이다.

하나님의 말씀을 아직도 듣지 못하고 있는 세상의 지역들을 떠올려보고, 구원의 문제와 관련해 그곳에 거주하는 비참한 민족들의 상태를 생각해 보라. 그러면 우리에게 계시된 구원의 수단을 더욱 굳게 붙잡고, 많은 사람의 가르침을 통하는 것보다 하나님의 뜻을 더욱 분명하게 알 수 있을 것이다. 학자들은 이방인들이 악한 삶을 사는 이유는 생각이 악하기 때문이라고 주장한다. 물론, 나도 그런 주장을 완전히 부인할 생각은 없다. 내가 부인하고 싶은 것은 그들의 악한 생각이 하나님이 구원을 위해 말씀을 허락하신 이들을 포함해 우리 나머지 사람들의 생각보다 훨씬 더 악하다는 주장이다. "하나님이 절대로 구원받을 수 없는 사람들, 곧 구원의 필요한 수단을 제공하지 않기로 결정하신 사람들을 진정으로 구원하실 의도를 지니고 계신다고 말할 때, 과연 우리는 어떤 의미로 그렇게 말할 수 있는 것일까?"라는 것은 너무 어려운 문제라서 쉬운 대답이나 온전한 대답을 제시하기가 어렵다. 물론, "말씀이 그들에게 전파될 수도 있다. 만일 말씀이 전파되지 않는다면, 그것은 우리의 무지와 악한 게으름 때문이다"라고 주장할 수도 있을 것이다. 복음을 아직 듣지 못한 이들에게 복음을 전할 수 있다는 것을 의심할 사람이 누가 있겠는가? 누가 그런 단순한 사실을 부인하겠는가? 그러나 하나님이 영원히 일어나지 못하도록 결정하신 일은 우리의 그 어떤 노력으로도 일어나게 할 수 없다는 것도 부인할 수 없는 또 하나의 단순한 사실이 아닐 수 없다. 역사를 돌아보면, 복음이 어떤 민족에게 전파되지 않았을 때 성경은 항상 그 이유를 하나님의 뜻으로 돌렸던 것을 알 수 있다(시 147:19, 20, 마 11:26, 행 16:6, 7). 이런 일은 인간의 부주의나 나태함으로 인한 결과가 아니다. 그러나 그것이 설혹 그런 것들로 인한 결과일지라도 이 문제는 완전히 해결되지 않는다.

만일 하나님이 진정으로 원하신다면 자신의 목적을 이루기 위해 우리에게서 그런 나태함을 말끔히 제거하실 수 있다는 것을 의심할 사람이 누가 있겠는가? 우리의 의무는 하나님의 뜻과 소명을 통해 정해진다. 만일 그런 소명이 주어지지 않았다면, 무지와 나태는 부적절한 이유가 된다. 하나님이 지금까지 복음을 듣지 못한 세상의 먼 지역에 사는 사람들에게 복음을 전하라는 확실한 소명을 우리에게 부여하셨다는 것을 어떻게 입증할 수 있을까? 교회 전체가 그 임무를 이행할 수 없는 상황이라면, 사람들을 사역자로 세워 파송함으로써 목적을 이루게 할 권한을 지닌 사람이 과연 누구일까? 믿음으로 그런 일을 시작하라고 권할 수 있으려면 먼저 하나님의 뜻을 보여주는 확실한 섭리를 통해 확신을 얻는 것이 필요하다. "누가 이 일을 감당하리요"(고후 2:16)라는 말씀이 암시하는 대로, 우리가 하나님께서 우리에게 은혜로 위탁하신 복음 사역을 수행하는 데 너무나도 게으른 것은 분명한 사실이다. 그러나 나는 그런 열띤 논쟁적 사실과는 무관하게 아메리카 대륙의 주민들에게 복음이 아직 전파되지 않았다는 명백한 사실이 우리의 나태함과 죄책을 비난하는 근거가 될 수 있다고는 생각하지 않는다.

이 문제에 관한 학자들의 가르침을 주의를 기울여 잠시 살펴보면 다음과 같다. 첫째, 학자들은 말씀의 선포라는 은혜가 주어지지 않은 이방인들 가운데 타락한 상태에서 벗어나 구원을 얻기 위해 하나님이 자연과 섭리를 통해 자기 앞에 놓아두신 증거들을 이용하거나 이용할 수 있었던 이방인은 아무도 없었다고 인정한다. 우리가 반대하는 학자들 가운데 매우 유명한 몇몇 학자들도 이 점을 분명하게 인정한다. 그들은 이 문제와 관련해 펠라기우스주의자들과 대다수 아르미니우스주의자들을 비롯해 우리 가운데서 논쟁을 좋아하는 많은 사람들의 견해와는 사뭇 다른 견해를 제시한다. 그러나 이 모든 문제를 따지는 것이 과연 무슨 가치가 있을까? 한 번도 존재하지 않았던 일의 이론적 가능성이나 하나님이 일어나도록 작정하지 않으신 것에 대해 논쟁을 일삼느라 시간만 헛되이 낭비하는 것 외에 달리 우리를 더 유익하게 하거나 더 중요하게 여길 만한 일이 있을 수 있을까? 그러나 불행히도 앞으로 알게 될 테지만 우리는 이 문제를 쉽게 떨쳐버리지 못한다.

신학계에서 명성이 높은 한 유명한 학자는 "구원의 지식은 조금씩 획득될 수 있다. 그런 증거들이 구원을 얻는 수단으로 사용할 수 있도록 이교도들에게 주어졌다"라고 말했다. 그러나 단계적으로 획득되는 그런 구원의 지식이 실제로 구원을 가져다줄 수 있을까? 구원의 지식은 무엇이든 은혜 언약에 대한 깨달음에 근거한다. 자연의 도움으로 얻어진 단계적 지식만으로도 구원을 얻을 수 있다는 것을 분명하게 입증해 보이지 않는다면, 나로서는 그런 단계적 지식을 이해할 수도 없고, 또 그것을 취할 생각도 없다. 구원의 지식은 아무리 작은 단계의 것이라고 해도 마음이 새로워져 구원받은 상태가 되어야만 비로소 가능해진다. 자연적인 마음, 즉 타락한 상태의 마음 안에는 구원의 지식이 단 한 톨도 존재할 수 없다. 마음이 새로워져야 하지 않겠는가? 구원의 지식은 마음을 새롭게 한다. 마음이 진정으로 새로워졌다면 성령께서 그 안에 계신다는 증거다. 오직 그분만이 그런 재탄생의 역사를 일으킬 수 있으시다. 구원의 지식이 조금이라도 있는 증거가 보인다면, 그것은 곧 참 신앙을 갖게 되어 성령의 내주하심이 이루어졌다는 증거다. 그런 역사를 일으키는 것이 복음 설교의 참된 목표다.

하나님이 어떤 사람들에게는 복음적 진리의 빛을 구하도록 이끄시고, 어떤 사람들에게는 자연 신학의 증거를 통해 변명의 여지가 없게 만드신다면, 과연 그렇게 하시는 이유가 무엇인지를 좀 더 생각해봐야 할 필요가 있다.

예수 그리스도와 하나님이 그분을 통해 세상을 자기와 화목하게 하시는 방법을 알지 못하면 우리는 구원의 길에 들어설 수 없다. 이것이 인류가 처한 상태다. 죄인이 창조된 자연 세계와 섭리를 유심히 살펴 얻은 지식은 아무리 많아도 결국 하나님을 창조주요 통치자로만 아는 것밖에 되지 않는다. 하나님의 말씀 외에 다른 것들은 구원에 관해 아무것도 가르치지 않는다. 이렇게 말하면 비판자들은 "만일 자연 신학에 관한 당신의 결론이 옳다면, 불쌍한 인류는 자연의 학교에서 교육을 잘 받으려고 아무리 노력하고, 모든 학습 능력을 주의 깊게 발휘해 자연에서 보고, 듣는 것을 평가하려고 아무리 애써도 결국에는 단 한 가지 사실(즉 우주를 창조하고 다스리는 가장 강력하고, 거룩하고, 의롭고, 지혜로운 하나님이 존재하고, 인류는 그의 율법을 어긴 죄로 정죄를 받아 신적 분노를 당할 수밖에 없는 상태로 죽음과 영원한 단죄라는 징벌이 주어지기만을 기다리는 것) 외에는 아무것도 얻지 못할 것이요. 만일 자연 신학의 증거들이 죄인에게 한 조각의 희망도 제공할 수 없다면, 하나님이 그런 증거들을 제공하신 목적이 단지 죄인들에게 그들이 참된 구원의 지식을 얻거나 비참한 상태에서 벗어날 수 있는 희망을 전혀 가질 수 없다는 것을 고지하는 것밖에 되지 않겠소?"라고 주장할는지도 모른다.

물론, 이런 식의 주장은 편견이 없는 솔직한 태도가 아닌 당파심에 이끌려 만들어낸 다른 교리들과 마찬가지로 많은 점에서 문제가 있다. 논쟁 중인 학자들에게 가능한 것이든 불가능한 것이든 원하는 것은 무엇이든 가정하도록 허용한다면, 그들은 자신의 전제로부터 시작해서 자신이 원하는 결론에 이르게 된 추론의 과정을 설명해야 할 의무가 있다. 만일 그런 추론 과정의 출발점이 잘못되었다면 과정 전체가 즉각 와해되어 무너질 것이다. 따라서 허용해야 할 타당한 이유가 없다면 전제 조건을 용인해서는 안 된다. 자연 세계에 나타난 하나님의 위대한 창조물들이 그분이 존재하신다는 사실 외에 아무것도 가르치지 않는다고 주장하는 근거가 무엇인가? 물론, 자연 신학은 그리스도를 가르칠 수 없다. 그러나 하나님의 창조물은 그분이 하나님이시라는 사실을 보여줌으로써 그분이 마땅히 경배를 받아야 하고, 다른 무엇보다 더 많이 사랑받으셔야 한다고 가르친다. 피조물들을 통한 하나님의 자기 계시는 그분이 가장 강력하고, 의롭고, 거룩하신 만물의 창조주요 유지자요 지배자이시라는 사실을 분명하게 보여준다. 이것은 누구나 인정할 수 있는 사실이다. 그러나 우리는 하나님이 자연과 섭리를 통해 이 모든 증거를 보여주신 것이 단지 인류가 반드시 정죄를 당하게 될 것이라는 사실을 가르치려는 의도만을 지닌 것이라고 주장해서도 안 되고, 또 그렇게 주장할 수도 없다.

어떤 사람들은 "그렇다면 죄인들은 자신의 최종적인 구원에 관해 아무 말도 할 수 없다는 것인가?"라고 항변할 수도 있다. 그러나 그것은 어쩔 수 없는 일이다. 물론, 자신의 상태를 정확하게 알고 있다면 불행한 일을 당하게 될 가능성이 작다. 하나님이 의로우시다는 이유로 그분을 고발할 것인가? 하나님이 의로운 일 외에 다른 일을 하실 수 있을까? 우리가 죄인이고, 죄를 저지른 사람은 죽음의 형벌을 받아야 마땅하다는 하나님의 율법을 몰랐다고 해서 그분을 비난할 수 있겠는가? 인간이 하나님과 영원한 행복이 자기 앞에 분명하게 드러났는데도 반역을 일으켜 본래의 순결함을 잃었다고 해서 하나님이 덜 의로우시다고 말할 수 있겠는가? 하나님이 은혜 언약 안에서 새롭게 눈을 열어주신 이들에게는 창조와 섭리의 증언을 통해서도 용서의 은혜를 분명하게 보여주시지 않겠는가? 지금까지 논의한 자연의 증거보다 하나님을 훨씬 더 분명하게 보여주는 율법이 그분의 은혜를 또한 가르쳐주지 않겠는가? 그렇다고 해서 누가 감히 단지 율법만을 의지해 구원을 얻으려고 하겠는가? 바울 사도가 율법을 통해서는 죄를 깨달을 뿐, 율법 자체가 치유책을 제공하는 것은 아니라고 힘써 가르치지 않았는가? 만일 어떤 사람이 율법이 요구하는 모든 것을 부지런히 실천하기만 하고 그 너머를 바라보지 않는다면, 그는 모세의 학교에서 자신이 죄인이며, 멸망을 향해 나아가고 있다는 사실만을 배울 뿐이다. 그렇다면 이것은 율법 자체가 죄이거나 율법 수여자인 하나님이 불의하시다는 의미일까? 절대 그렇지 않다. 율법의 행위에만 의존하는 사람은 모두 저주 아래 있다.

아마도 이번에는 "하나님이 자신의 존재를 암시하는 이런 증거들을 제공하신 데에는 분명한 목적이 있을 것이다. 그분의 의도와 바람은 사람들이 이 증거들을 무시하는 것이 아니라 오히려 그것들을 이용해 죄를 깨닫고, 제정신을 되찾아 자신을 인정하고, 예배하게 하는 것이다"라는 주장을 제기할 수도 있을 것이다.

나도 하나님이 사람들이 무시하게 할 의도로 증거를 주셨다고는 절대 생각하지 않는다. 그것은 꿈속에서조차 생각할 수 없는 일이다. 그러나 과연 하나님이 말씀을 소유하지 못한 사람들에게 섭리의 사역을 보여주는 이유가 그것을 이용해 참된 회복을 이루게 하시려는 것일까? 지금까지 언급한 학자들조차도 그렇지 않다고 말한다. 그들은 하나님이 계시하신 참된 구원 계획을 무시하지는 않지만, 진리를 알면서도 말씀을 설명하지 않는 어리석음을 범했다.

이런 전반적인 논쟁이 한 가지 요점, 즉 "하나님이 타락한 인류를 긍휼히 여기시는가? 자연과 섭리의 사역을 통해 명백하게 드러난 대로, 하나님은 기꺼이 진노를 가라앉힐 마음이 있으신가?"라는 문제에 초점을 맞추고 있다고 주장하는 사람들이 많다. 그러나 그들이 허락한다면 나는 이 문제를 다른 각도에서 생각해 보고 싶다. "하나님이…멸하기로 준비된 진노의 그릇을 오래 참으심으로 관용하시고"(롬 9:22)라는 말씀에서 알 수 있는 대로, 하나님이 섭리의 사역을 통해 타락한 인류에게 어느 정도의 은혜를 베푸시는 것은 사실이다. 그러나 그런 자비로운 오래 참으심은 죄를 용서하는 구원 은혜와는 거리가 멀다. 하나님이 죄를 속량하는 방책을 제공하셨다는 사실을 알지 못하면 누구도 구원 신앙에 도달할 수 없다. 따라서 '자연적' 증거들로부터 구원 지식을 어느 정도나 수집할 수 있는지를 생각하기보다 하나님의 뜻에 초점을 맞추어야 한다. 어둠에서 나와 그리스도의 기이한 빛 속으로 들어 간 사람, 성령이 제공하신 하나님의 진리를 받아들임으로써 영혼이 순결해진 사람이 용서의 은혜나 구원의 지혜를 하찮게 여기거나 무덤덤하게 말할 수 있겠는가? 절대 그럴 수 없을 것이다. 나는 이 문제를 논하면서 그 어떤 당파적 열정에도 이끌리지 않았다. 나는 위계질서나 교회 회의의 통제를 받지 않는다. 나는 하나님이 도우시는 대로 선한 믿음을 다해 진리를 자유롭게 해설할 뿐이다. 나의 의도는 이 논쟁의 합의점을 찾아 논란이 되는 문제들을 설명하는 것이다. 나는 이 중요한 주제를 좀 더 간단하게 다룰 수도 있지만, 우리의 이해를 돕기 위해 가능한 한 충분하게 다루려고 노력했다. 나는 내가 생각

하는 주제들을 거만하거나 오만한 태도가 아닌 낮은 자세로 겸손하게
논의하기로 결심했다. 지금까지 논의한 내용을 간단히 정리하면 다음
과 같다.

1) 하나님에 관한 자연적인 지식, 곧 그분이 자연 속에 심어주신 지
   식이 존재한다.

2) 하나님은 창조와 섭리의 사역을 통해 자신을 창조주요 유지자로
   계시하신다.

3) 사람들은 자기들에게 주어진 계시의 정도에 따라 하나님에 관해
   알거나 배울 수 있다. 그들은 그 지식을 가장 중요한 한 가지 목
   적(곧 하나님을 경배하고, 사랑하고, 영화롭게 하며, 범사에 그분께 복종
   하는 것)을 위해 사용해야 한다.

4) 이교도는 (타고난 무지와 사탄이 조장한 악한 미신과 우상 숭배에 둘러
   싸여 있기 때문에) 자신에게 주어진 계시의 정도만으로는 하나님의
   율법에 복종하거나 그분을 예배하기가 불가능하다. 그러나 그들
   은 아무런 변명도 할 수 없다.

5) 그리스도께서는 그런 수단들을 통해 계시되지 않으신다. 외적 증거
   들만을 소유한 자들은 그분을 발견해 구원자로 받아들일 수 없다.

6) 영혼이 구원을 얻으려면 복음의 전파를 통해 중보자이신 그리스
   도를 알리는 것이 반드시 필요하다.

7) 외적 계시는 (어떤 속성을 지녔거나 어떤 수단을 제공하는 것이든 상관
   없이) 성령의 효과적인 능력이 있어야만 비로소 생각과 존재 속에
   온전히 스며들어 하나님과 그분의 뜻을 보여주는 참된 계시가 될

수 있다. 이것이 없으면 아무도 영적인 일을 영적인 방식으로 이
해할 수 없을 뿐 아니라 하나님을 영화롭게 하거나 구원을 추구
할 수 있는 지혜를 얻을 수 없다.

8) 하나님은 영원 전부터 창조와 섭리 사역의 증거 외에 다른 어떤
수단도 제공하지 않기로 작정된 자들이 그런 수단을 통해 구원을
얻도록 계획하지 않으셨다. 이 점과 관련해 정통주의자들 가운데
서 논쟁이 일어나는 일은 거의 없다.

결론적으로 이 모든 논쟁은 두 가지 요점으로 나뉜다. 첫째는 "창
조와 섭리의 사역을 통해 나타난 하나님의 계시가 기록된 말씀을 소
유하지 못한 죄인들에게 어느 정도의 구원 지식을 전할 수 있는가?"
라는 것이고, 둘째는 "하나님이 영원한 구원에 이르게 할 의도로 자신
의 생각과 뜻을 그런 식으로 드러내셨는가(이 계시는 모든 인류에게 차별 없
이 주어진 것이다)?"라는 것이다. 이것은 다시 "하나님의 의도를 알지 못
하고, 기록된 말씀을 소유하지도 못한 사람들의 구원을 위해 제안된
수단들의 적절성을 어떻게 평가해야 할까?"라는 한 가지 물음으로 요
약될 수 있다.

지금으로서는 각자 나름대로 성경의 증언을 토대로 이 주제를 다
룬 책을 저술한 사람들이 제시해온 주장을 몇 가지 생각해 보는 것이
최선일 듯하다. 첫 번째 주장은 사도행전 17장 24-27절과 14장 16절
에 기록된 바울의 말에 근거한다. 이 구절들을 근거로 하나님이 죄인
들이 우연히 자기를 찾아 발견할 수 있게 하려고 자연을 창조했고, 또
자연에 대한 섭리적 통제를 통해 자신의 행위를 나타내 보이셨다는
것을 바울이 웅변적으로 증언했다는 주장이 제기되었다. 그러나 이

구절들은 이 논쟁의 핵심을 가볍게 건드리는 데 그칠 뿐, 논쟁 자체를 해결할 근거가 되지는 못한다. 이 구절들을 토대로 그토록 자신 있게 도출한 교리의 배후에 있는 것들이 무엇인지 잠시 살펴보기로 하자.

하나님이 기록된 말씀을 소유하지 못한 죄인들이 자기를 찾게끔 할 의도로 자신에 대한 이런 증거들을 제시하셨다고 생각하는 이들은 그분을 구하고, 찾는 데 필요한 모든 것이 그런 증거들 안에 포함되어 있다고 주장한다. 그러나 하나님을 구한다는 것은 그분의 존재 여부를 결정하는 것이 아니라 믿음으로 그분께로 피해 은혜의 보호를 구하는 것을 의미하고, 하나님을 찾는다는 것은 원했던 보호를 얻고, 그분의 거룩하고, 의롭고, 자애로운 성품을 경험하는 것을 뜻한다. 하나님께로 피한다는 것은 그분을 신뢰하는 것이다. 그분께로 피하는 자는 복되다(시 2:12). 그러나 은혜의 보호를 구하려면 자기를 부정하고, 하나님의 뜻에 복종해야 한다. 이것이 없으면 의롭다 하심을 받을 수 없다(눅 18:13, 14).

오직 죄의 용서를 통해서만 하나님의 거룩하고, 자애롭고, 선하신 성품을 경험할 수 있다. 바울의 말은 그리스도를 믿는 구원 신앙, 즉 구원의 효력을 일으키는 살아 있는 믿음으로 하나님을 찾아야 한다는 의미를 담고 있다. 논쟁자들이 채택한 입장은 너무 극단적이라서 공정한 논증의 한계를 벗어날 뿐 아니라 그들 자신이 제기한 논의의 한계조차 지키지 못한다. 도대체 무슨 근거로 하나님을 알고, 그분의 자비로우심을 깨닫고, 온전히 신뢰하는 태도로 그분께 피하는 데 필요한 모든 것이 섭리 사역 안에 포함되어 있다고 주장하는 것일까? 섭리만으로는 그리스도를 알 수 없다고 인정해야 마땅하지 않을까? 살아 있는 참 신앙을 가지고 구원을 얻으려면 그리스도를 믿는 것이 필요하다는 것에 기꺼이 동의해야 하지 않을까? 만일 그렇지 않다면,

기록된 말씀은 대체 무슨 용도를 지니고 있고, 우리는 어떤 의미로 오직 그리스도를 통해서만 복음이 계시되고, 생명과 불멸이 드러났다고 고백하는 것일까?

논의가 이만큼 이루어졌으니 이제는 특별히 '찾는다'와 '발견한다'라는 용어에 초점을 맞추어 사도행전의 본문들을 다시 살펴보면서 바울 사도의 가르침이 이런 견해들을 실제로 어디까지 지지하고 있는지를 다시 생각해 보는 것이 좋을 듯하다. 논쟁자들의 교리와 그들이 개진할 수 있는 모든 증거가 이것에 달려있다. 그들은 이 말씀들을 근거로 하나님의 생각과 의도를 우리에게 보여줄 수 있다고 믿고, 하나님이 헬라의 웅변가들과 학자들에게 익숙한 비유를 이용해 섭리의 사역을 통해 자신을 찾고, 발견할 수 있다고 말씀하셨다고 주장한다. 그리고 나서 그들은 하나님을 구하거나 찾는다고 말씀하는 구약성경의 구절들을 본문의 병행 구절로 제시하며 근거로 내세운다. 바울 사도의 말이 전달된 배경을 간단하게 살펴보고, 그 의미를 밝히는 것만으로도 논쟁자들이 성령의 생각이나 바울의 논리를 그대로 따르고 있는지 아닌지를 충분히 판단할 수 있다.

아덴을 방문한 바울은 그곳에 우상들이 가득한 것을 보고 크게 격분한 나머지(행 17:16) 그런 헛된 우상들과 분명하게 구별되는 참 하나님을 전하고 싶은 충동을 억누를 수가 없었다. 아덴은 우상들을 섬기는 미신에 완전히 장악된 상태였다. 바울은 그런 상황에서 말씀을 전하면서 창조 사역과 우주의 보존을 근거로 강력하고, 명쾌한 논증을 전개했다. 그는 우상 숭배자들을 더욱 확실하게 제압해 우상을 위한 제단을 피난처로 삼지 못하게 하려고 그들에게 날마다 분명하게 드러나 보이는 하나님의 행위가 훨씬 더 위대한 또 다른 창조주의 존재를 보여줄 뿐 아니라 그런 하나님이야말로 비할 데 없이 선하고, 지혜롭고, 강력하고, 모든 곳에 편재하는 최고의 존재인 것이 틀림없다고 역설했다. 따라서 그들이 자신들의 일상적인 경험 속에서 이루어지는 도저히 무시할 수 없는 하나님에 관한 증언을 받아들이지 않는다면, 그것은 어리석음의 극치가 아닐 수 없었다. 만일 만물의 창조주요 통치자이신 하나님이 창조와 섭리의 사역을 생각하는 사람이면 누구나 그것을 근거로 자기의 존재를 발견할 수 있도록 의도하셨다면, 그분을 단지 '알지 못하는 신'으로 치부하는 것은 그분을 대놓고 무시하는 것이나 다름없는 일이었다. 존재하지도 않고, 존재한 적도 없는 것들을 미신적으로 숭배하는 사람들은 스스로를 단죄할 뿐이다. 그런 사람들은 변명의 여지가 없고, 스스로 유죄를 인정하는 셈이다.

바울은 이방인들의 신들은 모두 헛된 우상일 뿐이라는 것을 보여주려고 노력했다. 아덴 사람들은 자신들이 이룬 철학적 업적을 자랑스러워했지만 전능하신 참된 하나님은 그들의 눈앞에서 날마다 창조주요 통치자로서 자신이 지닌 권능을 보여주셨다. 그들은 너무나도 어리석어 그것을 보거나 이해하지 못하고, 사람이 만든 우상들을 섬기는 어리석음을 저질렀다. 그러나 만일 그들이 하나님이 그토록 풍성하고, 풍요롭게 자신들에게 제공하신 수단들, 곧 하나님을 알도록 도와주는 것들에 관심을 기울였다면 그분을 찾아 발견했을 것이었다. 다시 말해, 그들이 하나님의 존재와 권능을 인정했다면 말 못 하는 죽은 우상들을 섬기지 않았을 것이다. 바울 사도의 말이 전달된 상황을 고려하지 않은 채 그것에 이 이상의 의미를 부여하려고 해서는 곤란하다.

이번에는 바울이 정확히 무슨 의도로 "이는 사람으로 혹 하나님을 더듬어 찾아 발견하게 하려 하심이로되"(행 17:27)라고 말했는지 좀 더 살펴보기로 하자. 이 말씀은 마치 하나님의 뜻과 의도를 가리키는 것처럼 보인다. 바울이 더할 나위 없이 미신적이었던 우상 숭배자들을 다루고 있다는 점을 잊어서는 안 된다. 바울은 문제의 최종 결론을 진술한 것도 아니고, 하나님의 뜻과 의도를 설명한 것도 아니다. 그의 말은 단지 문제의 외적 본질과 성격, 곧 하나님이 모든 사람에게 명확한 수단을 충분히 제공해 자연과 일상의 섭리를 통해 자신이 만물의 창조주요 유지자라는 사실을 인정하게 하셨다는 것만을 언급했다. 따라서 외적인 증거들을 통해 하나님을 의식하게 함으로써 인간의 죄와 사탄의 교활함이 만들어낸 우상 숭배의 구렁텅이와 모든 거짓 우상들에게서 벗어나게 하려는 의도 외에 다른 하나님의 의도를 여기에 부여하는 것은 온당하지 않다. 사실, 바울 사도는 우주를 창조하고, 유지하시는 하나님의 뜻과 의도에 관해 아무것도 말하지 않았다. 따라서 내가 진술한 내용 이상의 것을 이 구절에서 추론하려고 해서는 안 된다.

바울은 이교도들이 말씀을 소유하지는 못했더라도 기꺼이 하나님을 찾으려고만 애쓴다면 어느 정도는 그분에 대한 지식을 얻을 수 있다고 말했다. 그러나 죄의 용서, 하나님과의 화해, 복음적인 회개, 인정받는 기도, 하나님을 기쁘시게 하는 거룩한 삶과 같은 것들은 믿음이 없으면 얻을 수 없다. 일부 학자들은 본문에서 그런 의미를 찾아내려고 열심히 노력했지만, 그렇게 할 수 없었다고 인정했다.

이번에는 바울 사도의 말을 근거로 그런 교리를 만들어내려는 시도가 어떻게 가능했는지를 잠시 살펴보기로 하자. 그런 교리를 만들어내기 위해 사도의 말이 아덴에서 전달되었던 상황, 곧 그 정확한 문맥을 고려하지 않고, 그것을 루스드라에서 전달된 그의 말과 결부시키려는 시도가 이루어졌다(행 14:16, 17). 그런 시도를 통해 "이는 사람으로 혹 하나님을 더듬어 찾아 발견하게 하려 하심이로되"라는 아덴에서의 말씀이 "하나님이…모든 민족으로 자기들의 길들을 가게 방임하셨으니 그러나 자기를 증언하지 아니하신 것이 아니니 곧 여러분에게 하늘로부터 비를 내리시며 결실기를 주시는 선한 일을 하사 음식과 기쁨으로 여러분의 마음에 만족하게 하셨느니라"라는 루스드라에서의 말씀과 병행되어 해석되었다.

우리는 이 두 본문을 하나로 결합해 '주어진 증거들'이 창조주요 유지자이신 하나님을 찾아 인정하게 할 목적으로 주어졌다고 가정할 필요가 없다. 설사 그렇게 하더라도 요점은 분명하다. 그것은 하나님이 세상을 창조하고, 유지하시는 의도가 자신의 완전함을 보여주기 위함이라는 것이다. 우리는 이 이상의 의도를 찾아내려고 해서는 안 된다. 이것만으로도 이방인들은 아무런 변명도 내세울 수 없다. 논증의 설득력은 사도행전 17장 27절에서 '혹(if perhaps)'으로 번역된 두 단어의 의미에 달려있다. 이교도들도 자신들에게 주어진 수단을 통해 하나님을 발견해 구원을 얻을 수 있다는 것이 이 용어의 의미일까? 그들이 그렇게 하는 것이 하나님의 진정한 의도였을까? 우리에게는 이 '혹'이라는 용어를 인류를 창조해 그들을 정해진 장소에 두고, 거주의 한계를 정하셨다는 앞 구절의 말씀만큼 확실한 것으로 단정할 수 있는 권한이 없다. 만일 그렇다면 그와 똑같거나 비슷한 표현이 사용되었을 것이다. '우연히, 혹시'를 뜻하는 이 용어에는 그런 확실한 의미가 전혀 담겨 있지 않다. 영감의 원천이신 성령께서 다른 곳에서 이 용어나 이와 비슷한 표현을 사용하신 사례들을 살펴보면 이것이 정해진 한계 내에서의 단순한 가능성을 의미한다는 것을 분명하게 알 수 있다. 예를 들어, 사도행전 7장 1절('이것이 사실이냐'), 사도행전 8장 30절('읽는 것을 깨닫느냐'), 고린도후서 5장 3절('이렇게 입음은…'), 갈라디아서 3장 4절('너희가 이같이 많은 괴로움을 헛되이 받았느냐'), 에베소서 3장 2절('내게 주신 하나님의 그 은혜의 경륜을 너희가 들었을 터이라'), 에베소서 4장 21절('너희가 참으로 그에게서 듣고'), 골로새서 1장 23절('만일 너희가 믿음에 거하고 터 위에 굳게 서서') 등이다. 이 밖에도 인용할 수 있는 구절들이 더 있다. 이런 구절들 가운데 단 한 곳에서라도 확실한 것을 찾아내거나 가능성이나 잠재성을 넘어서는 의미를 발견할 수 있는지 생각해 보라. 이런 사례들은 모두 이 용어가 극도의 불확실성을 내포하고 있다는 것을 보여주고 있기 때문에 바울 사도가 이 용어로 하나님의 생각이나 의도를 분명하게 말하려고 했다고 생각하는 것은 전혀 합리적이지 않다. 따라서 사도행전 17장의 구절은 하나님이 세상의 창조와 통치를 통해 자신의 신성과 권능의 증거를 제공함으로써 사람들이 그것을 근거로 만물의 창조주인 자신을 찾고, 생각을 기울여 자기를 이해하려고 힘쓰며, 자기를 우상들과 구별하려는 마음을 갖도록 이끄셨다는 의미를 지닌다. 하늘의 하나님은 창조 사역을 통해 자신의 흔적을 남기셨고, 그것을 통해 자신의 존재를 발견할 수 있게 하셨다.

어떤 사람들은 '찾는다'와 '발견한다'라는 용어들의 특성 안에서 좀 더 강력한 논거를 발견했다고 생각한다. 물론, 지금 논의 중인 하나님을 아는 수단들만으로도 바울이 말하는 방식으로 그분을 충분히 찾아 알 수 있다. 만일 바울이 자신의 청중에게 가용한 수단이 전혀 없는데도 그런 요구를 했다면 부당한 일일 것이다. 바울의 말에는 온 세상 사람들이 피조 세계를 살펴보는 것만으로 하나님의 존재를 알고, 그분의 성품을 어느 정도 발견할 수 있다는 것 이상의 의미가 담겨 있지 않다. 그런데도 학자들은 그의 말을 하나님을 믿는 것, 그분 안에서 안식을 누리는 것, 기도와 찬양으로 그분을 경배하는 것, 그분을 온전히 의지하는 것, 그분의 은혜로운 성품을 경험한 것과 같은 구원의 위대한 교리를 모두 포함하는 의미로 확대하려고 든다. 간단히 말해, 그들은 언급된 자연적인 수단만으로도 구원을 충분히 얻을 수 있기 때문에 그것이 기록된 말씀이 없는 사람들에게 그런 목적으로 주어졌다고 주장하고 싶어 한다.

신성한 것들을 이해하고, 말할 수 있는 지침과 기준은 오직 성경뿐이기 때문에 신학자가 용어들을 성경에서 사용되는 의미와 다른 의미로 사용하는 것은 적합하지 않다. 논쟁자들이 이 점을 기꺼이 받아들이지 않으면, 외적인 증거들을 (그리스도의 이름을 다른 무엇보다 더 높이는) 말씀과 동일시할 수밖에 없기 때문에 결국 구원 신앙의 모든 효력이 사라지고 만다. 그런 불합리한 입장이 유지되려면 가장 확실한 논증과 증거가 필요하지만 그런 것들은 존재하지 않는다.

바울의 말을 앞에서 말한 방식으로 해석하는 것을 뒷받침해줄 증거들이 하나님을 '찾거나' '발견하는' 것을 언급하고 있는 구약성경의 구절들에서 발견된다. 그런 구절들은 본래의 의미대로 이해해야 하기 때문에 서로 병행시켜 설명해야 할 필요가 있다. 당연한 말이라고 주장하기 쉬울 테지만 나로서는 과연 그럴지 의심스러울 수밖에 없고, 심지어는 순전한 거짓말일 것이라는 생각마저 든다. 그것은 거짓말이기 때문에 그렇게 주장하는 사람을 보면 의구심을 느낄 수밖에 없다. 성령께서 구약성경에서 하신 말씀은 모두 하나님과 언약을 맺은 백성에게 주어진 것이라는 사실을 잊어서는 안 된다. 그러나 이 신약성경의 구절은 언약의 백성인 이스라엘 밖에 있는 우상 숭배자들에게 주어진 것이다. 전자는 최소한 외적으로라도 참 하나님과 연합한 민족이었고, 후자는 이교도들이었다. 전자는 말씀을 통해 하나님을 알고 있었고, 우상 숭배를 증오했지만, 후자는 하나님의 이름조차 알지 못했다. 전자에게는 이미 알고 있는 하나님의 은혜를 약속된 메시아를 통해 찾고 발견하는 문제였고, 후자에게는 섭리의 사역을 통해 하나님의 존재와 본성을 인지하는 문제였다.

하나님이 이스라엘의 죄와 반역으로 인해 자기 백성을 떠나셨을 때 그들은 자신들에게 계시된 약속에 호소하며 하나님의 얼굴을 구하고, 그분을 다시 찾아야 했다. 그와는 달리, 이방인들은 알지 못하는 하나님을 찾고, 그분을 우상들과 구별하는 법을 배워야 했다.

이런데도 사도행전의 두 본문이 서로 병행 구절이거나 용어들이 같은 의미로 사용되었다고 생각할 수 있겠는가? 유대인들은 말씀의 가르침을 받은 하나님의 언약의 백성이었다. 그들은 그리스도를 통해 계시된 복음의 약속을 의지하고, 하나님의 얼굴과 은혜를 계속해서 구하는 것이 필요하다는 것을 의식하면, 그리스도 안에서 충실한 자들로 드러나 의롭다 하심을 받을 수 있었다. 그러나 그와는 달리 바울의 말은 성경이나 그리스도에 관한 계시가 없는 사람들, 곧 세상에서 하나님도 없고, 언약에 대해서도 외인에 불과하며(엡 2:12), 오직 하나님의 존재를 증언하는 자연과 섭리의 사역만을 알고 있는 이방인들을 향한 것이었다. 따라서 그들이 만든 우상들은 헛되고, 무가치한 것이었다. 경건한 마음을 지닌 사람이라면 이렇게 서로 완전히 다른 두 가지 상황을 어떻게 혼동할 수 있겠는가?

바울 사도는 창조와 섭리의 사역을 통해 하나님의 본성을 이해하려고 노력하지 않는 이방인 청중들의 부주의함과 태만함을 질책했지만, 그것은 하나님을 찾지 않는다고 나무란 것이 아니라 자연을 연구하기를 좋아하는 그들이 그런 식으로 계속 노력을 기울여 참 하나님에 관한 것을 배우려고 힘써야 한다는 점을 일깨워주기 위한 것이었다. 다시 말해, 그들이 질책을 받은 이유는 불신앙 때문이 아니라 그릇된 논리 때문이었다. 그들 자신의 연구는 바울이 전한 하나님의 계시를 발견하기 위한 준비 작업이 되었어야 마땅했다. 하나님과 자주

교제를 나누고, 그리스도 안에서 주어진 그분의 가장 확실한 약속을 의지했던 구약 시대의 성도들에게도 과연 그와 똑같은 말씀이 주어졌는지 독자들 스스로 판단해 보기 바란다. 성경 말씀과 그리스도의 효과적인 약속들을 통해 계시된 하나님의 은혜와 긍휼을 구하는 것과 창조와 섭리의 사역이라는 희미한 빛만을 이용해 알지 못하는 신을 더듬어 찾는 것은 서로 별개의 문제다.

스스로 '새로운 방법'으로 일컫기를 좋아하는 것을 추구하는 신학자들은 '죄의 용서에 대한 하나님의 일반적인 의지'라는 가설을 만들어 자신들의 주장을 옹호하는 가장 강력한 근거로 내세운다. 그들은 이것이 신적 본성의 일부이자 하나님의 섭리 사역을 통해 입증된 것이라고 주장한다. 이 이론은 좀 더 자세히 살펴봐야 할 가치가 있기 때문에 하나님의 '용서하는 본성,' 또는 '온화한 성품'이 무슨 의미인지를 내가 이해한 대로 간단히 설명하는 것이 좋을 듯하다. 이 문제는 특히 하나님의 기록된 말씀을 소유하고 있지 않은 민족들과 관계가 있다. 이런 설명이 더욱 필요한 이유는 논쟁이 진행되는 동안에 저술된 거의 모든 책에서 이 개념이 발견되기 때문이다. 따라서 상황을 가능한 한 명확하게 정리하는 것이 모든 사람을 크게 유익하게 할 것이라는 생각이 들었다.

성경은 없더라도 하나님을 알 수 있는 잠재력을 지닌 타락한 인간들의 상태와 처지에 대해서는 앞에서 이미 논의한 바 있다. 모든 성인 남녀의 생각 속에는 하나님을 의식할 수 있는 능력이 어느 정도 존재한다. 이것은 타락 이후에도 여전히 남아 있는 원시적 지식의 흔적이다. 더욱이 하나님에 관한 선천적인 개념들은 우리 주위에서 일어나는 그분의 섭리를 깊이 생각하면 더욱 크게 깨어나고, 배양되고, 강화될 수 있다.

만일 인간이 최초의 순결한 상태를 그대로 유지했다면 타고난 능력만으로도 충분히 의무를 이행하고, 하나님을 기쁘시게 하는 복종을 실천할 수 있었을 것이다. 그러나 타락으로 인해 죄가 들어온 결과로 인간은 마음의 확신을 잃게 되었고, 하나님이나 그분께 합당한 예배에 관한 개념을 상실하고 말았다. 인간은 한편으로는 선하고, 은혜롭고, 오래 참으시는 전능자를 생각하면서도 다른 한편으로는 항상 자신의 죄를 의식하며, 신의 진노와 노여움을 걱정하고, 정의로운 보응을 두려워해야 할 처지가 되었다. 그 결과, 인간은 서로 대립하는 불확실한 이론들 사이에서 이러지도 저러지도 못하면서 끝없는 혼란 속에서 방황할 수밖에 없게 되었다. 하나님의 본성과 그분의 선하심과 관대하심을 생각하면 희망의 빛이 어렴풋하게 나타나는 것처럼 보이다가도 그분의 의로움과 정의를 생각하면 도저히 억누르기 어려운 두려움이 엄습한다. 그런 식으로 인간은 깊은 죄의식에 시달리며 평생토록 죽음의 공포와 속박에 얽매여 살아간다(히 2:15).

이런 생각들이 죄인들의 마음속에서 항상 서로 싸움을 벌이기 때문에 창조나 섭리의 증거들이 나타날 때면 때로는 이런 생각이, 때로는 저런 생각이 더 강하게 들곤 한다. 예를 들어, 하늘에서 내리는 비를 생각하거나 하늘이 정한 계절의 순환을 통해 때마다 풍성한 결실을 거두면 자신감이 솟구쳐 위대한 창조주께서 만사를 잘 처리했다며 그분을 '가장 위대하고, 뛰어난 존재(Optimus)'로 일컬으며 찬양하지만, 하늘로부터 신의 진노가 쏟아져 인간의 죄와 불경을 징치하는 것처럼 보이면 위안으로 삼았던 자신감과 그릇된 희망이 순식간에 사라지고 만다. 이런 변화는 자연적이고, 선천적인 신 의식의 결과다. 하나님의 속성들이 자연 안에 계시되어 있기 때문에 자연인도 그런 식으로 '하나님의 존재를 의식한다.' 그러나 하나님의 뜻에서 비롯한 그런 자유로운 행위들은 말씀에 나타난 그분의 계시와는 아무런 관계가 없다. 하나님에 관한 좀 더 정확한 개념은 선천적인 지식과 후천적인 지식을 하나로 결합해야만 얻을 수 있다. 하나님의 의지에서 비롯한 행위들을 이해하는 것 자체가 그분이 허락하신 계시로 간주될 수 있지만, 자연적인 지식만으로는 그런 이해에 도달할 수 없다. 한쪽에는 선함과 거기에서 비롯하는 모든 것이 있고, 다른 한쪽에는 보응하는 정의가 있다. 둘 다 하나님께는 자연스러운 것이다. 정의와 긍휼이 같이 만나고, 서로 입을 맞추어야 한다(시 85:10 참조). 어떻게 그런 일이 가능할 수 있는지는 하나님의 계시된 뜻과 그분의 주권적인 선한 의향과 관련된 문제다. 성경의 특별 계시를 모르는 사람은 아무도 이것을 이해할 수 없다.

그런데 어떻게 용서가 정의나 선처럼 하나님의 일반적인 속성에 해당한다고 말할 수 있겠는가? 하나님의 '회유 가능성(placability)'에 관한 선천적인 개념을 크게 강조하는 사람들은 그렇게 말할 테지만, 사실 이 용어는 신적 본성의 어떤 측면을 묘사하거나 하나님의 뜻으로 인한 예측 가능한 규칙적인 결과들을 보여주지 못한다. 따라서 그런 개념만으로는 하나님이 죄인을 어떻게 용서하시는지 이해할 수 없고, 또 모든 사람이 하나님의 본성적 필연성에 의해 용서받을 수 있다고 주장할 수도 없다. 만일 하나님 안에 존재하는 선한 속성이 무분별하고, 불합리한 방임이 된다면, 전능하신 하나님의 성품에 결함이 있다거나 최소한 그와 비슷한 무엇인가가 존재한다는 의심이 싹틀 수밖에 없다. 그렇게 되면 하나님의 정의와 의로운 분노는 전혀 생각할 수 없게 되고, 그런 것들을 올바로 생각하는 사람들은 잔인하고, 미신적이라는 비난을 받을 수밖에 없다.

그러나 일반적인 '회유 가능성'이라는 개념은 악인들의 희망 사항에 지나지 않는다. 이 점은 쉽게 입증할 수 있다. 플루타르크는『미신에 관해』라는 작은 책에서, 또 성령께서는 미가 선지자의 입을 통해 (미 6:6, 7) 신들의 보응과 진노에 대한 두려움에 시달리며 그들의 호의를 사려고 애쓰는 사람들을 비웃었다. 철학자들도 사람들이 섬기는 말 못 하는 우상들을 희생 제물로 달랠 수 있다고 믿는 사람들을 조롱했다. 하나님의 섭리 사역은 '회유 가능성'의 개념을 암시하지 않는다. 하나님의 사역을 연구하는 것은 모든 사람에게 요구되는 일이지만, 그것으로부터 그런 추론을 끄집어내는 것은 합리적이지 못한 순전한 미신에 불과하다. 신들에게 희생 제사를 드리는 이교도의 관습은 부분적으로는 자연 신학의 흔적에서 비롯한 태곳적의 관습을 반영하는 것이지만, 그 주된 원천은 하나님께 합당한 예배를 가로채려고 시도했던 사악한 옛 뱀에게 있다. 이방인들 가운데 가장 지혜로운 사람들도 자기들 가운데서 이루어지는 희생 제사의 기원에 대해 이것과 다른 설명을 제시하지 못했다. 희생 제사는 하나님의 뜻과 명령에서 기원했기 때문에 하나님의 계시가 주어지지 않은 사회나 계시와는 무관한 원천에서 기원했다고 주장할 수 없다.

한편으로는 하나님의 긍휼을, 다른 한편으로는 그분의 정의를 생각하면서 모순적인 추론을 일삼는 일부 사상가들은 두 개의 신, 곧 선을 관장하는 신과 온갖 재앙과 징벌을 관장하는 신의 존재를 이론화함으로써 해결책을 찾으려고 노력했다. 이런 전통은 아메리카 대륙의 대다수 원주민들 사이에서 지금까지 이어져 내려온다. 틀락스칼라의 원주민들은 스페인의 코르테스가 사용한 무기들을 보고 겁에 질려 사신들을 보내 그가 어떤 신이냐(즉 땅의 열매를 주는 선한 신인지, 아니면 인간의 피를 즐기는 악한 신인지)고 물어보게 했다. 그 이유는 무엇이 그를 존귀하게 여겨 잘 대접할 수 있는 최선의 방책인지를 파악하기 위해서였다. 그런 신념은 최근에 생겨난 것이 아니라 고대로부터 인류 안에 존재해온 것이다. 아우구스티누스는 이교도의 예배와 희생 제사에 관해 이렇게 말했다. "그들이 이런 종류의 문제를 가장 잘 알고 있는 인물로 내세우는 라베오는 자신들이 드리는 예배의 차이를 통해 선한 신들과 악한 신들을 구별한다. 악한 신들은 제물을 죽여 바치고, 음울한 탄원으로 달래야 하지만, 선한 신들은 행복하고 즐거운 예배를 좋아한다고 한다."[1]

광신적인 행위로 신들을 숭배하거나 신의 진노와 보복을 두려워했던 옛 우상 숭배자들 가운데는 가장 혐오스럽고 끔찍한 예배 방식(인신 제사)을 채택한 사람들이 있었다. 우상 숭배에 가장 깊이 중독되었던 카르타고인들이 대표적인 사례다. 희극 작가 플라우투스는 카르타고인들을 언급할 때면 항상 '종교적인' 언어를 사용했고, 그들의 이례적인 신앙의 증거를 제시하곤 했다. 로마인들은 '카르타고 연설'이라는 표현을 종교적인 내용이 담긴 연설을 가리키는 의미로 사용하기도 했다(여담이지만, 만일 한니발이 로마인들을 제압하는 것만큼 자신의 승리를 활용하는 법을 잘 알았더라면 아마도 이것이 로마인들을 비웃는 카르타고의 속담이 되었을 것이다). 이 민족의 끔찍한 희생 제사는 기록으로 잘 남아 있다.

이방 민족들 사이에서는 그런 일들이 벌어졌지만, 자연에 나타난 하나님의 사역에는 그분의 '회유 가능성'이라는 개념이 전혀 존재하지 않는다. 그런 사역의 목적은 죄인과 하나님과의 관계에 관한 것을 가르치는 것이 아니다. 하나님의 섭리와 오래 참으심을 통해 드러난 그분의 선하심에 대한 암시는 항상 정의와 임박한 진노에 관한 암시와 대조되었다. 계시 없이 희생 제사로 신들을 달래려는 시도는 가장 부패하고 수치스러운 전통의 결과물로서 사탄의 계략에서 기원한 것이

---

1   Augustine, *The City of God*, Book 2, chapter 11.

기 때문에 그 자체로 새로운 범죄로 이어질 수밖에 없었다. 이교도는 하나님의 용서하는 은혜나 회개와 구원에 이르는 길에 관해서는 아무것도 알지 못했다. 그런데 어떻게 하나님의 '일반적인 은혜'나 '회유 가능성'을 주장할 수 있겠는가?

하나님의 계시와 그분이 펼치는 계획은 두 개의 연속적인 언약(행위 언약과 은혜 언약) 가운데 하나에 속한다. 지금 논의 중인 개념들을 하나님이 자신을 달래주기를 바란다는 것을 보여주는 참된 계시로 받아들인다면, 과연 어느 언약에 속한다고 말할 수 있을까? 그것이 행위 언약에 속한다면, 과연 어떤 식으로 하나님의 '회유 가능성'을 나타낼 수 있는 것일까? 언약이라는 용어 자체가 하나님은 회유할 수 없는 존재라는 사실을 보여준다. 만일 그런 개념들이 은혜 언약에 속한다면, 어떻게 섭리의 사역이 은혜 언약을 집행하는 수단으로 간주될 수 있는지를 따져봐야 한다. 섭리의 사역은 하나님을 회유할 수 있는 존재가 아니라 진노를 누그러뜨리고, 세상을 자기와 화목하게 하시는 분으로 선언한다. 따라서 하나님 안에는 행위 언약이나 은혜 언약에 할당할 수 있는, 그 어떤 본질적인 '회유 가능한' 속성도 존재하지 않는다고 결론지을 수 있다.

이제 이를 바로잡았으니 그런 개념을 모두 배제해야 한다. 하나님의 섭리 사역이 그분의 선하심과 인내하심과 관대하심과 진노의 그릇인 우리를 향한 오래 참으심을 아무리 많이 보여준다고 해도, 본질적인 '회유 가능성'이라는 교리를 그것으로부터 도출하는 것은 온당하지 않다. 유명한 신학자들이 이 문제를 아무리 깊이 있게 논의했다고 해도 섭리나 성경을 통해 계시된 것이 아니라고 결론짓는 것이 안전하다. 논쟁의 열기를 가라앉히고, 경건한 마음으로 그리스도 안에서 죄의 용서를 하나님께 호소한다는 것이 무슨 의미인지를 솔직하고 진지하게 생각한다면, 이런 식의 추론은 생각보다 빨리 자취를 감추게 될 것이다.

이번에는 사도행전에 기록되어 있는 또 하나의 본문을 좀 더 자세히 살펴보도록 하자(사실, 이 본문을 근거로 전개한 논증은 앞에서 논의된 내용을 통해 이미 무력해진 상태다). 바울 사도는 루스드라 사람들에게 이렇게 말했다. "이르되 여러분이여 어찌하여 이러한 일을 하느냐 우리도 여러분과 같은 성정을 가진 사람이라 여러분에게 복음을 전하는 것은 이런 헛된 일을 버리고 천지의 바다와 그 가운데 만물을 지으시고 살아 계신 하나님께로 돌아오게 함이라 하나님이 지나간 세대에는 모든 민족으로 자기들의 길들을 가게 방임하셨으나 그러나 자기를 증언하지 아니하신 것이 아니니 곧 여러분에게 하늘로부터 비를 내리시며 결실기를 주시는 선한 일을 하사 음식과 기쁨으로 여러분의 마음에 만족하게 하셨느니라"(행 14:15-17). 바울은 '지나간 세대'라는 말로 이방인들에게 복음이 전달되기 전까지의 기간, 곧 그들이 아무런 특별 계시 없이 지냈던 기간을 가리켰다. 아울러, 그는 그들에게 참 하나님을 전하고 나서 '자기들의 길들을 가게 방임하셨으나'라는 말로 말씀이 없었던 그들에 대한 하나님의 생각이 어떠했는지를 보여줌과 동시에 '자기를 증언하지 아니하신 것이 아니니'라는 말로 그 기간에 그들을 향한 하나님의 목적과 태도가 어떠했는지를 설명했다.

많은 학자들이 이를 근거로 하나님이 이방인들의 일에 개입해 선지자나 사도를 통해 말씀을 전하지 않고 제각기 그들의 길을 가게 하셨기 때문에 섭리의 사역을 통해 살아 계시는 참 하나님에 관한 증언이 주어졌다는 바울의 말 속에는 단지 하나님이 존재하신다는 사실과 그분이 지극히 지혜롭고, 강력하고, 선하시다는 사실만이 아니라 그분의 선하심이 '자비'("너희 아버지의 자비로우심 같이 너희도 자비로운 자가 되라"-

눅 6:36)라는 말로 요약될 수 있다는 의미까지 함축되어 있었던 것으로 이해해야 한다고 추론했다. 이런 추론의 핵심은 하나님이 자신에 대한 가시적인 증언을 통해 자신의 '회유 가능한 속성'을 보여주셨고, 그것을 통해 사람들이 회개하고, 하나님을 예배할 수 있는 가능성이 주어졌다는 것이다.

우리는 이런 요점들을 가능한 한 공정하고, 명확하게 진술해야 한다. 이 요점들은 문제의 한쪽 면에서는 상당한 설득력을 지닌다. 그러나 다른 쪽 면에서는 본문에 회개나 하나님이 인정하시는 예배가 전혀 언급되지 않았고, 그분의 '회유 가능한 속성'도 드러나 있지 않기 때문에 그것들이 이 본문의 권위를 빌려 말할 수 있는 결론도 아니고, 그들의 주장을 뒷받침할 만한 증거도 될 수 없다고 지적하지 않을 수 없다. 공평한 독자라면 누구나 이 점을 기꺼이 인정할 것이다. 나는 성경을 근거로 이런 식의 논증, 곧 문맥을 고려하지 않고 전체적인 논의가 이루어진 상황이나 본문의 전반적인 흐름과 목적을 무시한 채 '증거 구절'만을 토대로 펼치는 논증을 좋아하지 않는다.

이 사도행전 본문을 간단히 해설하면 다음과 같다. 나면서부터 걷지 못했던 사람이 치유되는 기적을 보고 놀란 루스드라 사람들은 바울과 바나바를 주피터와 머큐리의 화신으로 믿고, 제사장들에게 회생 제사를 드리도록 종용했다. 사도들은 그들의 의도를 알아채고 군중의 어리석은 우상 숭배에 경악하며 그들 가운데로 뛰어들어가서 "여러분이여 어찌하여 이러한 일을 하느냐"라고 소리쳤다. 이들은 두 가지 오류에 사로잡혀 있었다. 하나는 주피터와 머큐리를 신들로 믿은 것이고, 다른 하나는 기적적인 사건에 대한 경험이 자신들의 우상 숭배에 정당성을 부여한다고 생각한 것이다. 따라서 사도들은 루스드라 사람들에게 자신들도 그들과 똑같은 성정을 지닌 사람일 뿐이라고 외쳤다. 그들은 이것을 계기로 이방 종교의 다른 모든 우상과 마찬가지로 주피터와 머큐리도 사악하고, 거짓된 헛된 우상에 지나지 않는다고 가르쳤다. 그들은 자신들을 신으로 여겨 놀라워하는 군중의 경배 행위를 단호히 거부했다. 그들은 자신들이 천지의 창조주인 살아 계시는 참 하나님을 전하기 위해 그곳에 왔을 뿐이라고 말했다. 사도들은 그렇게 말하면서 반론이 있을 것을 예상했다. 왜냐하면 군중이 "만일 당신들이 전하는 그런 신이 존재하고, 그분이 유일한 하나님이며, 우리가 섬기는 신들은 모두 헛것이라면, 어떻게 지금까지 그분에 대한 말을 전혀 듣지 못했고, 또 그분이 우리나 조상들에게 한 번도 전파된 적이 없을 수가 있는가?"라고 반박할 수도 있었기 때문이다. 사도들은 그들이 그런 식으로 자신들의 행위를 정당화할 것을 알고 살아 계신 하나님이 자신의 주권적인 뜻에 따라 과거에 모든 민족이 헛된 우상 숭배를 일삼으며 제각기 자기들의 길을 가도록 허용했다는 말로 그들의 그릇된 생각을 바로잡아 주었다. 사도들의 말에는 하나님이 과거에는 자기에 대한 지식과 참된 예배를 이방인들에게 허락하지 않기로 결정했지만, 이제는 그렇게 해야 할 때가 되었다고 판단하셨다는 의미가 담겨 있었다.

사도들은 그런 식으로 새 언약을 통해 중간의 벽이 무너지고, 민족과 종족과 인종의 차이가 모두 제거되었으며, 모두에게 예외 없이 하나님께로 돌아오라는 부르심이 주어졌다고 선언했다(그들은 자신들이 곧 유대인들의 반감을 사게 될 것을 알고 있었다). 그들은 청중이 과거에 자기들에게 참 하나님이 계시되지 않았다는 이유를 들어 우상을 숭배하는 행위를 변명하며, 전혀 모르는 신을 어떻게 경배할 수 있겠느냐는 주장을 제기하는 것을 차단하기 위해 참 하나님이 자신의 사역을 통해 그들에게 자신의 존재를 계시하셨다는 사실을 덧붙임으로써 그들이 그

룻된 주장으로 스스로를 옹호하지 못하게 만들었다. 여기에서 이 이상의 의미를 찾아내려고 해서는 곤란하다. 민족들에게 말씀을 통해 회개를 촉구하지 않고, 제각기 자기들의 길을 가도록 허용한 것은 하나님의 뜻이었다. 그러나 그와 동시에 하나님은 섭리의 사역을 통해 그들에게 자신의 존재를 알리셨다. 그것은 하나님에 대한 증언을 무시하고, 우상 숭배로 치달은 루스드라 사람들과 다른 이방 민족들이 자신들의 극악한 악과 현저한 어리석음을 충분히 깨달아 알 수 있을 정도의 계시였다. 선하신 하나님이 민족들에게 모든 좋은 것을 베풀어 매일 누리게 하셨을 뿐 아니라 적절한 형태의 자기 계시를 허락하셨다는 사실 때문에 그들이 징벌을 면하기는 불가능했다.

간단히 말해, 하나님은 그때까지는 일상적인 섭리의 사역을 통해 자신을 계시하면서 민족들에게 제각기 자기의 길들을 가도록 허용하셨고, 그들은 가장 어리석고, 사악하게도 하나님을 저버리고 우상들을 섬겼다. 사도들은 이런 가르침을 전하고, 적용했다. 이제 성경 본문을 직접 다루는 것은 이쯤 해두고, 일부 학자들이 그것으로부터 도출하기를 원하는 개념들을 잠시 살펴보기로 하자.

첫째, 그들은 그런 증거들이 이방인들에게 주어진 이유는 하나님이 지극히 선하고, 지혜롭고, 강력하시다는 사실을 증언하게 하기 위해서였다고 가르친다. 물론, 우리도 그렇게 생각한다. 우리에게 친절을 베푸는 사람을 선하고, 관대하다고 생각하는 것처럼, 우리에게 모든 것을 허락하신 하나님을 지극히 선하다고 생각하는 것은 너무나도 당연한 일이다. 친절을 베푸는 가장 뛰어난 존재를 가장 선한 존재로 간주하지 않을 만큼 삐뚤어진 이방인은 어디에도 없을 것이다. 로마의 위대한 웅변가도 "카피톨리누스의 신(주피터)이여, 로마의 시민들이 신의 친절한 행위에 대한 답례로…신을 최고의 선으로 일컬었나이다"

라고 말했다.[2]

둘째, 그들은 이것이 하나님이 죄인들에게 지극히 선하시다는 증거라고 가르친다. 이 점도 우리는 기꺼이 인정한다(그러나 지금 논의 중인 성경 본문은 이방인들이 어느 정도나 스스로를 죄인으로 인식하고 있었는지에 대해 아무 말도 하지 않는다. 바울 사도는 "율법이 탐내지 말라 하지 아니하였더라면" 죄를 알지 못했을 것이라고 말했다-롬 7:7). 이방인들은 죄의 본질을 모르고 있었기 때문에 죄를 이해하기가 어려웠을 것이 틀림없다. 그러나 그들이 자신이 죄인이라는 것을 알고 있었고, 하나님의 선하심이 죄책을 의식하는 이들에게 드러났다고 가정해 보자. 그런 경우에는 하나님이 죄인들에게 선하고, 자애롭고, 자비로우시다고 말하는 것이 논리적일 것이다. 그리스도께서는 죄인들을 향한 하나님의 은혜를 '자비로우심'으로 일컬었다. 그분은 "그는…악한 자에게도 인자하시니라"라고 말씀하고 나서 "너희 아버지의 자비로우심 같이 너희도 자비로운 자가 되라"라고 덧붙이셨다(눅 6:35, 36). 하나님은 죄인들에게 자비로우시다. 누가 이를 부인할 수 있겠는가? 하나님은 심지어 은혜를 모르는 자들에게까지 자비로우시다. 누가 이를 부정할 수 있겠는가? 그렇다면 하나님은 멸망 받을 운명에 처한 사람들에게도 자비로우실까? 물론이다. 하나님은 '멸하기로 준비된 진노의 그릇을 오래 참으심으로 관용하신다'(롬 9:22). 죄인들은 매일 하나님의 분노를 자극하지만, 그분은 즉각 지옥의 불로 징벌하지 않고, 오히려 축복을 베푸신다. 그러나 정해진 때가 이르면 그들은 그에 대한 대가를 톡톡히 치르게 될 것이다(호 2:9).

하나님의 인자하심과 자비하심은 일반적으로 긍휼로 일컬어진다. 그러나 이 용어는 특별한 의도가 개입된 선한 행위를 뜻한다. 다시 말

---

2   Cicero, *Pro Domo Sua*, chapter 42.

해, 선함은 하나님의 속성이지만 '긍휼'은 구체적인 상황에서 주어지는 구체적인 목적을 지닌 은혜를 가리킨다. 따라서 시편 145편 9, 15, 16절에서처럼 하나님이 사람들뿐 아니라 양과 소와 들짐승을 비롯한 모든 피조물에게 '긍휼'을 베푸신다고 번역하는 것은 정확하지 않다. 모든 피조물은 만물을 유지하시는 하나님의 섭리 사역을 통해 그분의 일반적인 선하심을 경험하지만, 온갖 일시적인 축복을 베푸시는 하나님의 선하심을 근거로 내세워 그런 축복을 누리는 사람들이 구원에 이르는 참된 회개에 이를 수 있다고 주장하는 것은 잘못이다. 사도들은 루스드라에서 그런 말을 하지 않았다. 그런 주장은 사실도 아니고, 사도들의 가르침에서 논리적으로 추론해 낼 수도 없다.

긍휼은 특별하며 목적을 지닌다. 그것은 죄 사함의 참된 원천이다. 하나님의 말씀을 소유하지 않은 이들을 다루는 성경 본문에서 이 용어가 사용된 적은 단 한 번도 없다. 구원은 오직 그리스도 안에만 있다. 심지어 논쟁자들도 하나님의 섭리 사역이 그리스도를 계시하지 않는다는 것을 인정한다.

그리스도를 통해 하나님의 품속에서 나타나 공표된 참된 긍휼은 구원 신앙과 회개의 원천이다. 이것은 하나님의 일반적인 섭리 사역을 통해 나타난 '긍휼'에 관한 그릇된 개념과 구별된다. 여기에서는 긍휼이 오직 그리스도 안에서, 그분을 통해서만 주어진다는 위대한 진리 외에는 더 이상 논의할 것이 없으니 이제 이 문제는 이 정도로 만족하기로 하자.

바울 사도가 덧붙인 "그러나 자기를 증언하지 아니하신 것이 아니니"(행 14:17)라는 문구를 액면 그대로 받아들이면 복잡한 문제가 발생할 소지가 크다. 하나님은 민족들이 각자 자기 길들을 가도록 허용했지만, 그렇다고 해서 그들을 주권적으로 다스리는 일을 포기하신 것은 결코 아니었다. 오히려 사도들은 하나님의 사역이 강력한 증언을 제시하기 때문에 이방인들이 그분을 버리고 우상들에게로 돌아섰던 행위를 정당화할 수 없다는 것을 보여주었다. 바울은 하나님이 설교 자나 선지자나 사도를 보내 민족들의 부패한 죄를 저지하는 방법을 선택하거나 그들에게 기록되거나 전파된 증언을 허락하지 않고, 오직 선택한 유대 민족에게만 그런 특권을 허락하기로 결정하셨다는 사실 을 염두에 두고 "하나님이 지나간 세대에는 모든 민족으로 자기들의 길들을 가게 방임하셨으나"라고 말했다. 그 한 가지 점에서 유대 민 족은 다른 모든 민족과 구별된다. 거기에는 하나님을 올바로 알 수 있 고, 회개와 구원 신앙에 관한 지식을 얻을 수 있는 수단인 말씀이 포 함되어 있었다(시 19:4, 9–11, 147:19, 20 참조).

하나님에 관한 구원 신앙이나 회개와 참 신앙에로의 부르심은 오 직 말씀을 통해서만 얻을 수 있다. 이것은 입증할 필요가 없는 명백 한 사실이다. 하나님이 자연과 섭리를 통해 매일 보여주시는 증거들 만으로도 그분에 관한 참된 지식을 얻을 수 있고, 그분을 올바르게 경 배할 수 있고, 삶으로 그분을 기쁘시게 할 수 있고, 죄인들을 향해 긍 휼을 베푸시는 그분의 성품을 닮을 수 있다고 주장한다면, 그런 것들 은 단지 인간이 타락 이전에 무죄한 상태에 있었을 때나 가능한 일이 었다고 대답할 수 있다. 인간은 죄인으로 전락했기 때문에 죄를 깨닫 고, 양심의 가책을 느껴 회개함으로써 하나님께로 돌이킬 수 있는 능 력을 지니고 있지 않다. 비록 섭리를 통해 나타난 하나님의 자기 계시 를 정확히 이해하는 것을 희망으로 삼는다고 해도 그분을 옳게 이해 할 수도 없고, 그분을 예배하거나 기쁘시게 하는 삶을 살아가는 방법 을 알 수도 없다. 왜일까? 그 이유는 죄가 그들을 가로막고 있기 때문 이다. 죄의 자각, 회개, 속죄에 관한 내용이 없는 계시는 타락한 인간을 구원하기에 충분하지 않다. 혹시라도 이방인들 가운데 스스로 자신의 삶을 바르게 고쳐 구원에 이를 수 있는 체계를 구축하려고 시도하는 사람이 있는지 궁금하다. 만일 있다면 당장 그만두는 것이 좋다. 그런 시도는 아무리 많이 해도 전혀 효과를 발휘할 수 없다.

사도들은 하나님의 사역을 근거로 한 논증을 통해 하나님이 존재하신다는 것과 그분이 지극히 지혜롭고, 강력한 만물의 통치자이시라는 사실을 입증했다. 또한, 그들은 우상들이 헛되고 무익한 것들이며, 그것들을 숭배하는 것은 어리석고, 우둔하고, 분별없는 행위라는 것을 보여주었다. 그것이 전부다. 그들은 하나님에 대한 참 예배나 인간의 삶에 관한 올바른 규칙에 대해서는 아무 말도 하지 않았다.

사도행전 본문을 근거로 도출된 오류가 하나 더 있다. 포착하기가 좀 더 어려운 이 오류는 종종 다음과 같은 방식으로 표현된다. "자연의 계시는 하나님에게서 비롯한 참된 계시이지만, 이교도들은 감사할 줄 모른 채 창조주요 통치자이신 하나님을 예배하지 않았다. 따라서 그런 그들을 하나님을 욕되게 하는 헛된 관습에서 돌이키게 하려고 사도의 가르침을 더해 똑같은 증언을 좀 더 분명하고, 확실하게 전달했다." 물론, 섭리의 증언과 복음의 증언은 본질적으로 하나다. 그러나 사도들은 창조 사역을 통한 하나님의 부르심과 복음의 부름을 분명하게 구별했다. 창조 사역은 그 자체로는 복음과 복음의 가르침에 관해 아무것도 말하지 않는다. 복음의 선포를 자연을 통해 주어진 증언과 같은 것으로 취급하거나 자연이 말하지 않는 증언을 좀 더 분명하고, 긴급하게 공표하는 것으로 간주해서는 안 된다. 하나님이 창조주이자 만물의 자애로운 유지자로서 자신에 관해 계시하신 섭리적 증거들과 오랫동안 감추어져 있다가 마침내 그리스도 예수를 통해 풍성한 긍휼을 드러내기에 이른 심오한 비밀의 계시 사이에는 엄청난 괴리가 존재한다. 두 개의 메시지가 정도는 물론, 방법과 내용조차 크게 다른데 도대체 무슨 이유로 하나가 다른 하나를 더 분명하고, 확실하게 드러내는 것처럼 말하려는 것인가? 복음은 하나님의 계시, 즉 성령을 통해 성자 안에 드러난 성부의 계시에 근거한다. 복음의 메시지는 죄인들을 향한 것이고, 그 능력은 용서와 화해, 곧 하나님이요 사람이신 중보자 예수 그리스도의 피 흘림을 통해 주어진 속죄의 선포를 통해 드러난다. 속죄의 효력은 성령의 강력한 사역을 통해 적용된다. 이 모든 복음의 메시지는 하나님이 기록된 말씀을 소유하지 못한 민족들에게 제각기 자기 길들을 가도록 허용하셨던 동안에는 그분의 품속에 깊이 간직되어 있었다. 섭리의 사역이나 증거들을 복음의 부름과 동일한 것으로 취급해서는 안 된다. 구원에 이르는 회개의 본질과 하나님에 대한 경험적 지식을 알고 있다고 주장하는 사람들이 그런 식의 주장을 펼친다는 사실이 그저 놀라울 따름이다.

이번에는 그런 주장의 가장 심원하면서도 그럴듯한 측면에까지 한번 파고들어 가보기로 하자. "하나님의 존재를 입증하는 증거가 온 세상 여기저기에 흩어져 있다. 이 증거들은 비록 매우 희미하지만, 이방인들이 자기들의 길을 버리고 우상 숭배에서 돌이켜 참 하나님을 예배하고, 죄와 부패로 점철된 삶을 뉘우쳐 의와 정의를 추구하도록 이끄는 데 필요한 내용을 간직하고 있다. 이런 증거들이 그런 역사를 일으키려면 하나님의 존재를 증언해야 할 뿐 아니라 그분의 화해 가능성에 관한 지식과 그분이 피조물을 자애롭게 대하기를 기뻐하신다는 사실을 알리는 내용을 담고 있어야 마땅하다. 그런 내용이 없다면 어떻게 죄인들이 참된 회개에 이르거나 하나님을 옳게 예배할 수 있겠는가?" 이것은 섭리의 사역을 이전에 공표된 복음이나 복음과 동일한 본질을 지닌 것으로 간주해서는 안 되지만, 그것이 복음을 위한 토대를 놓기 위해 복음에 앞서 의도적으로 제시된 것이 분명하기 때문에 자연히 구원의 메시지를 포함하고 있을 수밖에 없다는 주장이다(이 주장은 현대의 용어로는 '복음 전도의 준비 단계'로 일컬어진다). 이 주장은 언뜻 설득력 있게 들리지만, 실제로는 몇 가지 결함을 안고 있다. 사도들은 하나님이 단지 세상에 흩어져 있거나 그곳에 나타나 있는 증거들만으로 죄인들을 부르신다고 가르치지 않았다. 그들은 하나님이 민족들에게 제각기 자기 길들을 가게 하셨다고 가르쳤다. 본문은 물론, 다른 성경 구절들에도 이방인들이 선포된 복음 외에 다른 방법으로는 결코 죄의 길에서 돌이킬 수 없다는 의미가 분명하게 내포되어 있다(행 17:18, 엡 1:10, 3:9-11).

하나님이 창조 사역을 통해 자신을 증언하신 것과 민족들을 우상 숭배에서 돌이켜 자기를 향해 참된 예배를 드리도록 이끄시는 일은 서로 별개다. 창조 사역을 통해 온 세상에 널리 울려 퍼지는 증언은 참된 예배에 관해 한 마디도 가르치지 않는다. 우리는 오직 그리스도를 통해서만 하나님께 가까이 나아갈 수 있지만(엡 2:11-15, 18), 이 증언은 그리스도에 관해 아무것도 전하지 않는다. 마지막으로, 하나님이 자기에 대해 증언하면서 자신과의 '화해 가능성'을 나타내 보이지도 않고, 우상 숭배자들이 죄를 용서받을 수 없게끔 놔두실 리도 없다는 주장에 관해 생각해 보자. 과연 신성 안에 존재한다는 '화해 가능성'이라는 개념이 우상 숭배자들의 어리석음과 사악함을 깨우쳐줄 힘을 지니고 있을까?

아마도 이렇게 말하면, "하나님이 죄인들에게 좋은 것들을 베푸신다는 사실 자체가 그분이 화해를 원하신다는 것, 곧 그분의 기꺼운 의향을 보여주는 것이다"라는 반론을 제기할지도 모른다. 그러나 우리가 말하는 '좋은 것들'은 어떤 것들인가? 그것은 한 마디로 생활에 필요한 것들을 말한다. 그런 것은 영적 은혜가 아닌 일시적인 축복에 해당하지 않는가? 하나님은 자기가 미워하는 사람들, 곧 영원한 형벌과 멸망을 받아야 마땅하다고 생각하는 사람들에게까지도 일시적인 축복을 허락하신다(시 73:4-12, 18-20 참조). 그 자체로는 좋은 것이지만 사랑으로 베푸는 것인지 미움으로 베푸는 것인지를 알 수 없는 방식으로 주어졌다면, 그것을 가지고 하나님의 성품을 논하는 것은 결코 온당하지 않다("의인들이나 지혜자들이나 그들의 행위나 모두 다 하나님의 손안에 있으니 사랑을 받을는지 미움을 받을는지 사람이 알지 못하는 것은 모두 그들의 미래의 일들임이니라 모든 사람에게 임하는 그 모든 것이 일반이라 의인과 악인, 선한 자와 깨끗한 자와 깨끗하지 아니한 자, 제사를 드리는 자와 제사를 드리지 아니하는 자에게 일어나는 일들이 모두 일반이니"-전 9:1, 2). 하나님은 악인들에게도 일시적인 축복을 베푸신다. 그렇다고 해서 과연 하나님이 악인들에게 자기와의 화해가 가능하다는 것을 보여주려는 의도를 지니셨다고 결론지을 수 있을까? 그럴 수 없다. 오히려 주권자이신 하나님은 살육의 날을 위해 그들을 살찌우고 계시는 것이다. 하나님은 자신의 말씀을 소유하고 있지 않은 민족들이 자신의 일시적인 배려와 축복을 오용할 수밖에 없고, 그것들을 올바로 사용해 자신을 영화롭게 할 수 없다는 것을 분명하게 알고 계셨다. 이것이 모두가 인정하는 진리다.

하나님의 배려를 그분의 본성을 나타내는 의미로 이해한다면, 그분의 인내와 지혜를 보여주는 증거로 이해하는 것이 바람직할 것이다(욥 38:25, 26). 하나님은 어리석고 무지한 죄인들이 부를 쌓도록 허락하지만, 그들이 쌓은 것이 임박한 진노와 심판을 더욱 재촉할 뿐이라는 사실을 아울러 보여주신다. 과연 이런 것이 '화해 가능성'과 무슨 관계가 있을까? 우리의 요점을 더욱 분명하게 밝히기 위해 바울 사도가 말하지 않은 것, 곧 올바른 해석을 적용했을 때 그의 말에서 절대로 추론할 수 없는 것을 잠시 생각해 보기로 하자. 그것은 바로 하나님이 자연을 통해 행하시는 사역을 근거로 그분 편에서 기꺼이 화해할 의향을 지니고 계신다는 개념을 도출해 낼 수 있다는 주장이다. 그런 개념이 우리에게 어떤 결과를 가져다줄 수 있을까? 그런 억측이 과연 회개를 가능하게 할 수 있을까? 그것은 논리적으로 불가능하다. 하나님과 화해하려면 회개가 필요하다. 회개가 이루어지려면 죄를 자각해야 하고, 죄를 자각하려면 '죄의 삯은 사망'이라는 하나님의 율법을 알아야 한다. 그러나 이방인들이 스스로가 죄인이고, 하나님의 율법이 죄인의 죽음을 요구한다는 사실을 알게 되면, 하나님과 그들과의 '화해 가능성'이 오히려 완전히 차단되고 만다. 그런데 어떻게 이것을 하나님이 이방인들을 회개로 부르시는 수단으로 간주할 수 있겠는가? 결코 그럴 수 없다. 믿음이 없으면 화해와 구원에 이르는 회개가 불가능하다(히 6:6). 하나님은 믿음이 없이는 회개가 불가능하도록 정하셨다. 하나님을 믿는 믿음은 오직 그리스도를 통해서만 가능하다(그 믿음만이 생명에 이르는 회개의 근거가 된다). 바울이 말씀을 전한 루스드라 사람들과 같은 이방인들은 그리스도를 알지 못했다. 자연과 섭리를 아무리 열심히 살펴도 그리스도를 알 수는 없다. 전하는 자가 없으면 그분에 관해 아무것도 들을 수 없다. 더욱이 하나님은 그리스도 안에서 '화해 가능한' 분이 아닌 '이미 화해하신' 분으로 드러났다. 그분은 그리스도를 대리 속죄를 위한 화목 제물로 받아들여 그것을 믿는 자들과 화목하셨다(고후 5:19).

따라서 우리는 '화해 가능성'이라는 용어가 성경에 존재하지 않는다고 결론지을 수 있다. 만일 그런 용어가 존재한다고 해도 성경이 침묵하고, 피조 세계가 드러내지 않는 한, 그것을 알 수 있는 길은 없다. 설혹 우리가 그것을 알고 있었다고 해도 그것이 죄인이 믿고, 회개할 수 있는 근거가 될 수는 없다.

그런 그릇된 개념은 이교 사상에서 기원했다. 이방인들은 우상들이 분노했을 때는 그것들을 달랠 수 있다고 생각했다. 자신들의 손으로 우상들을 만들었으니 자기들에게 고분고분해야 한다고 생각하는 것이 당연하지 않겠는가? 인간은 참 하나님의 형상으로 창조되었지만, 타락으로 인해 그분을 고집스럽게 거부하는 성향을 지니게 되었다. 인간은 창조주와의 관계가 완전히 단절되자 곧바로 인간의 부패한 형상을 따라 그분을 대체할 우상들을 만들었다. 우상은 인간의 배교와 부패를 인격화시킨 것이다. 시간이 지나면서 인간은 여러 가지 악을 저지르며 자신의 부패한 습성과 악한 행위에 어울리는 우상들을 만들었고, 자연을 닮은 신들을 창안해냈다. 인간은 상상력으로 빚어낸 악한 존재 안에 자신의 본성 안에서 발견되는 것들을 그대로 새겨 넣었다. 따라서 그런 우상들은 인간의 행위를 책망할 가능성이 거의 없었다. 결국 세상에는 순식간에 사납고, 잔인하고, 괴팍하고, 관능적이고, 안일하고, 쉽게 기뻐하거나 노기를 누그러뜨리는 우상들, 곧 타락한 인간의 지성과 인격을 그대로 닮은 신들이 가득 넘쳐나게 되었다. 이런 이교주의가 기독교 신학 안에 들어설 자리는 어디에도 없다. 이교주의는 유일하신 참 하나님, 곧 우리의 하나님이요 주 예수 그리스도의 아버지이신 하나님과는 아무런 관계가 없다. "본래 하나님을 본 사람이 없으되 아버지 품속에 있는 독생하신 하나님이 나타내셨느니라"(요 1:18).

결론적으로, 이제 한 가지 주장만 남았다. 내가 이 주장을 맨 마지막으로 다루는 이유는 이것이 일부 학자들이 매우 진지하게 제시한 주장이라는 것을 알지 못했다면 이 책에서 관심을 기울이거나 언급할 가치조차 없는 순전한 궤변으로 여겨 무시했을 것이기 때문이다(이것은 당파적 열정에 사로잡혀 펼친 주장인 것이 틀림없다). "이방인들은 자기들에게 요구된 방식으로 하나님에 대한 지식을 사용하지 않았기 때문에 변명할 여지가 없게 되었다. 그들이 오용한 하나님에 관한 지식은 자연 세계를 통해 계시된 것이었다. 그 지식을 거부하고, 우상 숭배를 택한 것은 변명의 여지가 없었다. 만일 그들이 그 지식을 올바로 사용했다면 변명할 여지가 있었을 것이고, 만일 변명할 여지가 있었다면 그들은 용서를 받을 수 있었을 것이다."

이런 주장에 대한 나의 대답은 이렇다. 하나님의 말씀을 소유하지 못한 이방인들이 그런 지식을 그릇 사용했던 것만큼이나 올바로 사용하기가 수월했다면, 이런 식의 추론이 어느 정도 가능성 있게 들렸을 것이다. 그러나 한 마디로 이런 식의 추론은 전혀 가당치 않다. 이방인들에게 약간의 계시가 주어졌지만, 그들이 그것을 오용했다는 것이 바울 사도가 말한 전부다. 설혹 타락한 인간이 그런 지식을 올바로 가치 있게 사용했다고 가정하더라도 그것이 과연 그들이 죄 사함을 받는 데 유익한 영향을 미칠 수 있었을까? 그것이 그들을 구원할 수 있었을까? 바울은 말에 구원에 대한 언급은 전혀 없다. 오히려 그는 그리스도 안에 나타난 하나님의 구원 은혜가 없이 모든 민족에게 주어진 그런 정도의 계시만을 가지고서는 아무도 구원을 얻을 수 없다고 강조했다.

건전한 해석 방법을 통해 성경 본문을 중심으로 논의의 주제를 살펴보면, 이것이 우리가 도달할 수 있는 최선의 결론이라는 것을 알 수 있다. 기록된 말씀을 소유하지 못한 이방인들은 자연과 섭리를 통해 나타난 하나님의 증거들을 최대한 활용해 의도적으로 하나님을 거부하고, 자신들이 만든 거짓 우상들을 섬기는 죄를 예방할 수 있었다. 그렇게 되었다면 그들이 심판받아야 할 죄가 그만큼 줄어들었을 것이다. 그러나 구원의 수단과 하나님에 관한 구원 지식을 올바로 사용하는 문제는 여기에서 다루어지지 않았다. 본문에서 그런 의미를 찾아내려고 해서는 안 된다. 사도행전과 로마서의 본문들은 오늘날 많은 학자들이 퍼뜨리는 그릇된 가르침을 이해하고, 논박하는 데 도움을 주는 대표적인 성경 구절이다. 이제 이 정도면 우리의 목적을 이루는 데 충분했다고 생각한다. 내가 이 이상 더 상세한 논의를 전개하지 않는 이유는 두 가지다. 하나는 이 책의 목적에 부합하지 않기 때문이고, 다른 하나는 최근에 다른 사람들이 이 문제를 다룬 책들을 이미 펴냈기 때문이다.

7장
전적으로 부패한 자연 신학 1

타락으로 인해 죄가 들어온 이후로 자연 신학은 영적 가치를 상실했다. 자연 신학은 마귀의 간계와 인간의 헛된 마음으로 인해 더욱 부패해졌고, 하나님은 새로운 계시를 위탁할 특별한 민족을 부르실 채비를 갖추셨다.

이번 장에서는 자연 신학의 남은 흔적들이 더욱 부패해졌다는 것을 보여주는 뚜렷한 징후들을 살펴볼 생각이다. 최초의 신학이 타락으로 인해 치명적인 결함을 지니게 되었다는 사실은 아무도 논박하지 못할 것이다. 역사 연구가들은 그런 흔적들이 이내 불건전한 미신에 잠식되고 말았다고 말한다. 그러면 이제부터 그런 퇴락의 과정이 어떻게 진행되었는지 잠시 살펴보도록 하자.

앞서 논의한 대로, 말씀의 빛을 소유하지 못한 민족들도 자연과 함께 창조된 내적 빛이 완전히 사라지지 않고 남아 있는 데다가 창조와 섭리 사역을 통한 하나님의 자기 계시 덕분에 그분에 관한 지식을 어느 정도 알 수 있었다. 요세푸스, 순교자 유스티누스, 아테나고라스, 안디옥의 테오필루스, 오리게네스, 알렉산드리아의 클레멘트, 크리소스토무스, 에우세비우스, 테오도레트, 테르툴리아누스, 락탄티우스, 아르노비우스, 아우구스티누스를 비롯해 많은 사람들이 증언하는 대로, 미신의 보편화가 꾸준한 퇴락의 과정이었다는 것은 많은 고대인이 기록하고 증언했던 사실이다(미신의 시작은 자연히 그런 결과를 낳을 수밖에 없었다). 토마스 아퀴나스, 에우구비누스, 라이몬드 세분두스, 모라이우스, 카로니우스, 포데르베주스, 보시우스, 스투키우스, 게랄드 페라리엔시스, 그로티우스를 비롯해 많은 후대의 학자들도 그와 똑같은 진술을 했다. 아울러, 오르페우스, 호메로스, 플라톤, 크세노폰, 아리스토텔레스, 헤시오도스, 플루타르크, 에픽테토스, 아리아노스, 키케로, 세네카, 플로티노스, 얌블리쿠스, 프로클루스, 필로스트라토스와 같은 인물들의 현존하는 글을 통해서도 고대의 이교도들 사이에서 이루어진 같은 내용의 증언을 풍성하게 발견할 수 있다.

따라서 모든 민족의 기록과 역사의 증언이 서로 일치한다고 결론지을 수 있다. 못 배운 시골 사람들은 깊은 무지와 어둠에 휩싸인 까닭에 최고의 신을 생각해 본 적이나 그런 존재에 대한 복종을 올바로 실천한 적이 없었다. 또한, 배운 사람들도 대부분 경건하지 못하게 살며 종교를 멸시하는 것이 다반사였다. 그러나 과학이나 사상의 발전을 이끈 지도층에 속하는 현자들은 전혀 그렇지가 않았다. 그런 사람들은 자연 신학의 영향력이 사라지기 전에 하나님과 그분에 대한 예배와 관련해 정밀하면서도 뛰어난 글을 많이 써냈고, 하나님의 성품, 그분께 합당한 복종, 인간의 궁극적인 운명, 영원한 지복의 가능성과 같은 문제를 깊이 숙고했다. 이런 초기의 시도들은 나중에 드러난 현상들과 큰 대조를 이루기 때문에 남아 있는 빛이 어떤 식으로 조금씩 사라져 하나님을 완전히 저버린 채 극악한 우상 숭배와 불순한 허영의 늪에 빠져드는 결과가 초래되었는지를 살펴봐야 할 필요가 있다.

집단 이반이라는 이 질병과 그로 인한 인간의 불행은 두 가지 원인에서 비롯한 것으로 보인다. 타락의 결과로 각자 자신의 길을 추구하게 되자 자연 신학의 남은 흔적을 개선하려고 노력했던 사람들도 있었고, 의도적으로 그런 흔적을 도외시한 채 스스로 새로운 미신을 만들려고 시도한 사람들도 있었다. 그 최종 결과물을 살펴보면, 이 두 부류의 사람들 모두가 끔찍하고, 치명적인 결과를 초래한 것으로 드러난다. 전자가 좀 더 적절하고, 합리적인 사람들에 해당하기 때문에 그들을 먼저 생각하는 것이 좋을 듯하다.

앞서 말한 대로, 타락한 인간은 초자연적인 계시를 모두 박탈당했지만, 여전히 하나님을 알 수 있는 약간의 능력을 지니고 있었다. 그런 흔적은 이성적인 인간의 정신을 구성하는 필수 요소였다. 더욱이 타락한 인간은 양심의 기능을 통해 옳고 그른 것을 분별하는 선천적 기능을 지니고 있었다. 그 기능은 지성 자체를 없애지 않는 한, 결코 말살할 수 없었다. 양심은 쉽게 흔들리는 불확실한 안내자이기 때문에 뛰어난 철학자들은 사고력을 지닌 모든 인간을 향해 증언하는 하나님의 기본적인 외적 계시에 고무되어 그것을 통해 하나님과 인간의 상태를 더 잘 이해하려고 노력했다. 그러나 그들이 내놓은 결과물을 살펴보면, 그들이 그런 노력을 기울이도록 충동하는 힘이 어디에서 기원하는지를 모르고 있었다는 사실을 즉각 알 수 있다. 어쨌든, 그들은 신중하게 고안된 추론의 기술을 갖추었기 때문에 자연스레 하나님을 더듬어 발견하고자 하는 훈련된 정신적 기능을 통해 자신들의 신학을 구축하기 위한 지성적 활동을 전개할 수 있었다.

바꾸어 말해, 철학은 인류의 첫 조상이 타락 이전에 선천적으로 알고 있었던 참된 신학에서 비롯한 파생물로서 하나님의 사역을 통해 선포된 계시를 통해 증대되고, 깊은 지성적 사색을 통해 정연하게 다듬어지지만, 죄의 치명적인 결함을 다루는 데 필요한 요소들은 전혀 갖추고 있지 않다. 참된 철학이 하나님을 올바로 알고, 경배하는 것이라면 최초의 인간인 아담은 타락 이전에는 완전한 철학을 소유하고 있었다고 말할 수 있다. 과거의 현자와 철학자들은 정신의 힘으로 최초의 철학에서 죄의 부패한 요소를 제거함으로써 인간의 원시적 상태로 복귀하려고 시도했던 사람들이었다. 분명히 말하지만, 그것이 철학의 기원이요 본래의 목적이었다. 헬라인들은 자신들이 철학을 발전시킨 것을 항상 자랑스러워했지만, 그것은 터무니없는 자랑이었다. 예를 들어, 디오게네스 라에르티우스는 철학이 헬라인이 아닌 사람들에게서 시작되었다고 주장하는 사람들을 비웃으며, "그들은 진실을 보지 못하고, 헬라인의 성취를 헬라인이 아닌 사람들에게 돌린다. 철학뿐 아니라 인류 자체가 헬라인에게서 비롯했다"라고 덧붙였다. 그러나 타티아누스, 클레멘트, 테오필루스, 에우세비우스를 비롯해 많은 사람이 그것이 사실이 아니라는 것을 분명하게 입증해 보였다.

고대 이집트, 인도, 페르시아, 시리아, 이스라엘 등지에서 가르친 철학의 흔적들이 발견된다. 물론, 고대 헬라인들이 초기 인류의 문화 속에서 철학 연구가 처음 시작된 이후로 그것을 크게 발전시켰다는 것은 부인할 수 없는 사실이다. 그들은 소문으로 전해 들은 것이나 동방 세계의 글들을 통해 발견한 것이나 배우려는 목적으로 스승들과 함께 여러 곳을 여행하며 습득한 것을 신과 창조, 도덕적인 선과 악 등에 관해 스스로 깨달은 지식에 덧붙였다. 처음에는 '지혜'라는 이름으로 구전되었고, 나중에는 저명한 헬라인들의 글을 통해 다루어진 이 학문은 헬라 문화 안에서 높이 존중되고, 강력하게 추천되었다. 그러나 이런 노력에는 초창기부터 매우 큰 해악이 뒤따랐다. 그들이 가장 위대한 철학자로 일컫은 사람들은 대개 부도덕을 일삼은 악인들인데다가 부끄러운 줄 모르고 스스로를 선전하고, 자랑하기를 좋아했기 때문에 고대의 웃음거리와 이야깃거리로 전락하고 말았다.

"그들은 '지혜롭게 되자' 더 이상 정직하지 않았다"(세네카). 헬라 철학자 티몬은 "모든 철학자는 헛된 생각으로 가득한 수다쟁이다"라는 말을 전했고, 헬라의 비극작가 에우리피데스는 "나는 자기 자신도 돕지 못하는 궤변가들이 싫다"라고 말했다. 그런 한심한 무리 가운데 일평생 참된 지혜를 단 한 가지라도 옳게 드러낸 사람은 거의 없었다. 아테나이오스는 "당신이 철학자요? 맙소사! 나는 철학자들이 말만 지각이 있을 뿐, 행위는 몰지각하기 짝이 없다고 생각하오"라고 말했다 (이것은 아테나이오스가 아낙시포스의 말을 인용해 말한 것이다).

에픽테토스는 거만하게도 "철학자는 자기 자신에게서 선하고 악한 모든 것을 발견한다"라고 신을 향해 자랑을 늘어놓음으로써 스스로가 자만심의 노예라는 사실을 여실히 드러냈다. 그의 말에 따르면, 결국 모든 철학자가 신이 되는 셈이다. 인도의 브라만들은 자신이 신이라고 공개적으로 말하기를 주저하지 않았다. 그들의 지도자가 "당신들은 스스로를 어떻게 생각하시오?"라는 아폴로니우스의 물음에 대답한 말을 생각해 보면, 그런 사실을 분명하게 알 수 있다.

그 질문에 야르쿠스는 "우리는 신들이요"라고 대답했다.

사실, 인도의 왕 아미토크라테스는 철학자들을 누구보다 정확한 사람들로 생각했다. 아테나이오스는 그가 안티오코스에게 달콤한 포도주와 말린 무화과와 궤변론자를 보내주면 자신의 보물 창고에 있는 것으로 후사하겠다는 내용의 편지를 써 보냈다고 전했다. 아테나이오스가 플라톤에 관해 한 말도 참으로 부끄러운 말이기는 마찬가지였다. 그는 "철학자들은 자기에게서 모든 것을 발견하지만, 다른 사람들은 자기들에게서 아무것도 발견하지 못한다"라고 말했다.

철학과 철학자들의 속성이 어땠는지는 후대의 역사를 보면 분명하게 알 수 있다. 그들은 인간의 내면에 존재하는 하나님과 선악에 관한 근본 개념을 상실했거나 훼손시켰던 것으로 드러난다. 그들이 그런 개념을 삶의 행위를 위한 지침이나 척도로 삼았거나 하나님께 마땅히 드려야 할 예배를 일깨우는 것으로 인정했다는 증거는 어디에도 없다. 미약하고, 희미한 전통을 통해 대대로 이어져 온 미래와 영원한 상태에 관한 지식의 흔적을 토대로 올바른 체계를 확립했거나 하나님을 영화롭게 하는 삶의 방식을 구축한 철학자들은 단 한 사람도 없었다. 그런 '현자들(?)'을 통해 최초의 지혜의 참된 잔재가 인간의 궤변이라는 헛된 자만심으로 대체되었다(철학의 초기 영광을 회복하려는 플라톤주의자들의 때늦은 노력은 또 다른 문제였다).

결론적으로 말해, 철학은 처음에는 죄의 막강한 습격으로 인해 무너지고 파괴된 최초의 신학을 복구하려는 목적을 지녔다. 인간의 정신 기능은 처음에는 파괴된 것을 복원하려고 시도했다.

첫 번째 인간의 신학에는 두 가지 요소가 존재했다.

1) 하나님과 복종해야 할 그분의 뜻과 그분이 타락한 상태에서 인간에게 요구하셨던 예배에 관한 자연적 지식

2) 하나님을 세상의 창조주로 여겨 숭배하게 만드는 그분의 사역에 관한 지식과 그분과의 친밀한 동행

처음 시작된 철학이 자연 신학의 잔해 속에서 모습을 드러내 오직 신학에만 적절한 영역들 안으로 침투하기 시작하는 순간, 죄인들이 하나님께 드려야 할 예배를 대체할 것을 구축하려는 시도가 즉각 이루어졌다. 그런 새로운 출발을 모색했던 초기 사상가들은 보편적인 신 의식이나 인간의 내면에서 옳고 그름을 증언하는 양심을 부인할 수 없었기 때문에 많은 노력을 기울여 그런 토대 위에 전능자의 뜻에

따르는 정교한 체계를 세우려고 노력했다. 이 문제의 본질이나 우리에게 남겨진 것들을 생각해 보면, 이것이 첫 번째 철학의 목적이었던 것을 분명하게 알 수 있다. 피타고라스를 비롯한 철학자들이 애굽과 동방의 국가들로부터 수집한 고대의 지혜가 신들을 달래는 방법과 예배의 형태를 구축하려는 체계 안에서 발견된다. 그 결과로 제사장들은 어디에서나 '지식이 있는 자'로 인정되었다. 이것이 고대의 제의에 정통했던 아폴로니우스가 "지혜, 또는 철학이 무엇이오?"라는 텔레시누스의 물음에 "점술, 희생 제사. 그리고 기도 방식이요"라고 대답했던 이유였다. 그러던 중, 제사장이 아닌 최초의 철학자들이 헬라에서 배출되었고, 그들을 통해 인간의 사고는 퇴락의 길로 더욱더 멀리 나아갔다. 이 기간에도 혐오스러운 미신의 짙은 어둠 속에 진리의 희미한 흔적이 나타나 있었지만, 결과적으로는 자연 신학이 복구되지 못했다. 처음에 남아 있던 더 나은 개념들이 점점 더 크게 부패해졌다.

지금으로부터 가장 먼 고대 시대에 작성된 철학 문서들 가운데 오늘날까지 남아 있는 단편적 자료들에서도 이런 사실이 분명하게 확인된다. 인간의 본성 안에 있는 미약한 빛이 인간의 헛된 공상에 이끌려 이리저리 혼란을 겪다가 마침내 하찮은 호기심, 끝없는 언쟁, 무익한 사변이라는 진창과 수렁에 빠져 질식하고 말았다.

그러자 교활한 일부 사상가들은 철학의 일차적인 목적에 관한 모든 기억을 없애고, 임의로 정한 연구 방법을 적용해 자신들이 관찰한 것과 좀 더 일반적인 지식으로 그것을 대체했다. 그들은 마치 수갑과 족쇄를 채우듯 재빠르게 자신들이 만든 용어로 철학을 속박해 공허한 개념과 헛된 사변으로 숨통을 조였다. 이처럼, 인위적인 것이 자연을 왜곡시켜 그 정해진 길에서 벗어나게 만든 까닭에 최초의 근본 지식이 '윤리학'이나 '형이상학'과 같은 철학 분야의 억지스러운 방법론적 가르침 속으로 흔적도 없이 흡입되었다.

키케로가 '행위를 다루는 철학 분야'로 일컬은 윤리학과 (종종 '자연 신학'으로 그릇 일컬어지지만, 실상은 '윤리학'보다 자연 신학과 더 무관한) 형이상학이라는 이 두 주제는 아리스토텔레스적인 유사 과학으로 발전되어 기독교 교육이 이루어지는 지역에서 오랫동안 명성을 유지해온 학교들의 학문적 사고를 지배했고, 그곳에서 가르쳤던 신학에 지대한 영향을 미쳤다. 이 분야를 다루는 사람들은 언변이 매우 뛰어나기 때문에 그들에 대해 여느 때처럼 정중한 태도를 취하지 못하거나 의례적인 유려한 표현을 사용해 말하지 못할까 봐 내심 걱정스럽기도 하다. 물론, 나는 이런 '학식 있는' 사람들을 도무지 진정시킬 수 없는 성난 뱀 떼처럼 여겨 심하게 공격하고 싶은 생각은 추호도 없다. 나는 논쟁이라면 진절머리가 날 지경이기 때문에 어떤 주제와 관련해서든 수십 가지가 넘는 논증을 요구할 뿐 아니라 모든 논증을 신속하게 삼단논법으로 바꿀 정도로 재주가 뛰어난 사람들과 말다툼을 벌이는 것을 오랫동안 피해 왔다. 그러나 나는 온전히 자유로운 존재이기 때문에 그런 사람들의 가르침과 그것이 교육에서 차지하는 참된 위치에 관해 내 생각을 기탄없이 말하지 못할 이유는 없다고 생각한다. 이제 군말은 이쯤 해두고. 윤리학과 형이상학을 순서대로 균형 있게 생각해 보기로 하자.

윤리학은 행위와 도덕에 관한 학문이다. 윤리학은 처음에는 자연신학의 일부였고, 하나님을 좀 더 영화롭게 하며 살아가는 방법과 창조의 법칙에 따른 개인과 사회의 행동 양식과 규범을 가르치는 역할을 했다. 앞서 말한 대로, 이것은 타락 이후의 인류에게 남아 있는 원시적 지식의 한 부분이었다. 윤리와 도덕을 다루는 철학자들의 임무는 명상과 추론을 통해 이 남아 있는 지식을 일깨우고, 명료하게 밝혀

더욱 강화하고, 최대한 정확하게 가다듬어 하나님을 기쁘시게 하는 것이었다. 물론, 그런 일은 이루어지지 않았다. 뛰어난 천재성을 발휘해 일반적인 개념들을 논리적인 철학으로 체계화한 인물은 바로 아리스토텔레스였다. 그는 수집한 개념들을 체계화했을 뿐 아니라 그것들을 더욱 증대시켜 조직적으로 가르칠 수 있는 과학으로 발전시켰다. 그의 지적 능력은 그만큼 뛰어났다. 그러나 그를 비롯해 그 이전에 활동했던 철학자들은 참 하나님을 알지 못했고, 그분을 옳게 공경하지 못했기 때문에 옳고 그른 것의 한계를 왜곡시킬 수밖에 없었다. 그 결과, 윤리학은 하나님이 처음에 정하신 목적과는 사뭇 다른 목적을 추구하는 학문으로 전락하고 말았다. 도덕 철학자들 가운데 하나님을 기쁘게 하고, 그분을 영화롭게 하며, 그분을 영원히 즐거워하려는 한 가지 목적을 염두에 두고 미덕과 악덕, 옳은 것과 그른 것의 본질을 설명하고자 노력했던 사람이 과연 누가 있었는가?

간단히 말해, 미덕과 악덕과 도덕적 가치를 단순히 이해하는 것만으로는 그런 목적을 추구하거나 그것들이 타락 이전에 유지했던 상태를 회복하기가 불가능하다. 특히, 요즘에는 마치 오랫동안 사라졌다가 되돌아온 방랑자처럼 아리스토텔레스의 행위 윤리학이 또다시 교회에 침투하고 있다. 이런 점에서 윤리학에 할당된 위치와 그것의 용도와 목적을 다시금 신중하게 생각해 볼 필요가 있다.

앞서 논의한 대로, 이 철학의 토대는 인간이 무죄한 상태에 있을 때의 자연 신학 안에 있다. 그것은 하나님의 창조 법칙에 따라 그분 앞에서 행하고, 그분께 복종하고, 그분을 예배함으로써 영원한 지복의 상을 받을 수 있도록 도와줄 안내자와 같은 역할을 했다. 인간이 하나님의 영광을 위해 창조되었고, 그분께 도덕적으로 의존해 있다는 것을 인정하는 사람이면 누구나 이것이 선과 악에 관한 모든 지식의 근본 목적이라는 것에 기꺼이 동의할 것이다. 그러나 철학자들 가운데 그런 생각을 한 번이라도 해본 적이 있는 사람이 과연 누가 있을까? 오늘날 하나님을 기쁘시게 하는 방식으로 윤리학을 가르치는 그리스도인 교사가 과연 있을까? 죄인은 영원히 멸망할 것이라고 명시한 언약 아래로 비참한 죄인들을 강압적으로 되돌려 보낼 생각을 품고 있는 것은 아닌지 참으로 궁금하다. 물론, 교회에서 아리스토텔레스의 윤리학을 가르치는 사람들은 그런 결과를 목표로 삼지는 않을 것이 틀림없다. 그러나 그들이 반드시 염두에 두어야 할 목적이 있다. 이 목적을 실천하는 것 외에 도덕 철학을 가르쳐야 할 다른 이유는 없다. 모든 도덕적 의무의 목적은 하나님을 기쁘시게 하고, 그분을 영화롭게 하는 것이다. 윤리학에 이 가장 고귀한 목적을 부여해야 한다. 그러려면 어떻게 해야 할까? 다시금 가련한 유한자인 우리 자신을 창조의 율법이라는 엄격하고 세밀한 빛에 비춰봐야 할까? 그 길의 끝에는 은혜도 없고, 생명도 없다. 아마도 철학자들은 뭔가 심각한 오해가 있다면서 자신들은 전혀 다른 목적을 염두에 두고 있다고 말할는지도 모른다. 그들은 윤리적인 가르침을 실천하면 인류의 구성원으로서 사회와 공동체 안에서 서로를 유익하게 하며 안정된 삶을 살 수 있을 것으로 생각한다. 정말 그럴까? 하나님이 한 가지 목적을 위해 허락하신 윤리적 가르침을 사회적 삶을 위한 윤리적 지침이라는 전혀 다른 용도로 사용할 권한을 부여받은 사람이 과연 누구인가? 경건하게 살지 않으면 그 누구도 사회의 일원으로서 스스로 절제하며 유익하게 살 수 없고, 하나님을 영화롭게 하고 그분께 복종하는 것을 일차적인 목적으로 삼지 않으면 그 누구도 경건하게 살 수 없다. 사회적 목적을 이루려면 하나님이 부여하신 목적을 지향해야 한다. 윤리학은 신학과 분리될 수 없다. 그러나 윤리학을 하나님께로 돌아가는 준비 과정으로만 생각한다면, 그것은 은혜 언약이 아닌 행위 언약을 가리킬 뿐이다.

그렇다면 철학이나 신학의 진정한 가치는 무엇일까? 그리스도인 가운데 미덕과 악덕, 곧 도덕적인 행위와 의무 및 고결한 것과 불명예스러운 것을 가장 확실하고, 안전하게 분별할 수 있는 것이 철학자들의 글이나 그들이 원형으로 삼는 것(곧 인간의 내면에 남아 있는 신학의 잔해)이 아닌 성경에 온전하게 계시되어 있다는 것을 부인할 사람은 아무도 없을 것이다. 우리는 사실에 초점을 맞추어야 할 뿐 아니라 용어가 교육과 학습의 과정을 통해 사실에 대한 이해를 전달하는 데 필요한 불가피한 수단이라는 점을 기억해야 한다. 따라서 용어가 참된 이해를 조금이라도 방해할 때는 과감하게 내버려야 한다.

우리 주위에는 갖가지 용어와 정의와 분류와 개념들을 활용하는 데 능숙한 사람들이 많다. 어떤 학문이든 그런 것들을 통해 설명되는 것은 사실이지만, 그것들을 맹조의 발톱처럼 휘둘러 격한 논쟁 속에서 집요한 공세를 퍼부음으로써 말싸움에서 승리해 영예를 누리려고 애쓰는 것은 조금도 바람직하지 않다. 그들은 자신들의 용어들이 묘사하는 사실들 자체에 대해서는 너무나도 무지하다. 그들은 학식은 있지만 어리석기가 한이 없다. 그들이 학식이 있는 것은 분명하다. 그러나 그들은 아폴로니우스의 스승이었던 에욱시누스가 배웠던 것과 똑같은 방식으로 학문을 배운다. 그는 새들이 사람들에게 '안녕,' '잘 가시오,' '신의 축복이 있기를!'과 같은 문구를 배우는 것처럼 피타고라스 철학을 배웠다. 새들은 아무런 감정이나 인간성 없이 그런 기원이나 바람을 표현한다. 새들은 개념을 말하지 않고, 단순히 혀만 놀릴 뿐이다. 정확히 이런 방식으로 학문을 배우며 지혜로운 척하는 사람들이 많다.

인간의 생각이 가장 무익하게 보일 때는 바로 '도덕 철학'과 관련되어 활용될 때다. 악인들, 도둑들, 주정뱅이들, 폭행자들, 비겁한 자들이 지식이라는 외피로 자신을 가린다. 그런 것이 진정 도덕적이고 덕스러운 것일까? 단지 그런 것을 흉내 낸 것에 불과한 것이 아닐까? 나는 아리스토텔레스의 『니코마코스 윤리학』이 단 한 가지의 참된 미덕조차도 확실하고, 정확하게 가르치지 못했다고 자신 있게 말할 수 있다. 그런 책들이 전하는 가르침은 단 한 사람도 정직하거나 덕스럽게 만들지 못하고, 인간이라는 허울만을 뒤집어쓴 사람들이나 위선자들만 많이 양산할 뿐이다.

처음에는 자연의 율법 안에 도덕적 원리가 포함되어 있었지만, 하나님은 그것이 아닌 다른 곳에 도덕성과 미덕과 올바른 생각에 관한 모든 가르침을 베푸셨다. 우리는 이것을 사실이자 교리로 받아들인다. 앞서 말한 대로, 윤리학의 원천인 선천적인 개념들은 오래전에 폐지된 원시적 질서를 가리킬 뿐이기 때문에 새 언약을 통해 충실한 신자들에게 풍성하게 주어진 것을 제외하고는 어디에도 참된 미덕이 존재하지 않는다. 그 어떤 도덕적 선도 새로운 탄생이라는 내적 경험에서 비롯했거나 새로워진 마음을 지니게 된 사람에게서 나온 것이 아니라면 행위자를 진정으로 유익하게 하거나 이롭게 할 수 없다.

그 이유는 명백하다. 하나님은 도덕적 의무와 악을 삼가는 행위가 새 언약을 통해 요구된 복종의 형태로 나타나도록 규정하셨다. 우리가 그리스도인이라면 오직 이 원리에 따라 미덕에 관한 가르침을 베풀어야 한다. 하나님의 은혜를 언급하지 않거나 은혜의 도움을 받지 않거나 중보자이신 그리스도를 언급하지 않고서 다른 사람들을 도덕적으로 훈련하고 가르치거나, 진정으로 덕스러운 것을 행할 능력과 도움을 제공하는 유일한 원천을 언급하지 않고서 선한 행위를 독려하는 교사는 악인이 틀림없다. 우리는 정직하고, 겸손하고, 용감하고, 자제력이 있어야 한다. 하나님의 은혜로운 언약 안에서 그분에게 마땅히 드려야 할 복종을 실천하려고 노력하더라도 성령의 도우심이 있어야만 비로소 그런 자질을 갖출 수 있다. 도덕적인 덕성을 일깨우고, 사회적 의무를 설명하고, 그것들을 올바로 이행하는 것을 강조할 때든, 죄를 인정하고, 모든 악행을 미워하라고 가르칠 때든 항상 모든 가르침이 그런 방식으로 이루어져야 한다. 그러는 가운데 우리는 끊임없이 중보자이신 그리스도와 은혜의 보증이요 증거이신 성령을 바라보면서 우리가 할 수 있는 일을 남김없이 모두 이행해 하나님을 더욱 영화롭게 하고, 그분의 주권에 기꺼이 복종하려고 노력해야 한다. 이런 일을 윤리학으로 해결하려는 시도가 우리의 학교들 안에 만연해 있는 것은 참으로 어리석고도 안타까운 일이 아닐 수 없다. 학생들의 생각이 똑같은 주제에 관한 모순된 개념들, 이중적인 마음, 사실에 대한 혼동, 불확실성, 불명료함 등에 매일 시달리고 있다. 이로 인한 폐해는 상상할 수 없을 정도로 크다.

간단히 말해, 우리의 교육 현장에서 많은 인기를 누리고 있는 도덕 철학(곧 설립자인 아리스토텔레스의 인격과 지성이 가미된 도덕 철학)은 모호하고, 그릇되고, 부도덕하고, 무익하고, 위험하다. 첫째, 이 도덕 철학은 미덕을 세속적인 삶의 한계 내에 국한시킨다. 이것은 미덕을 그것의 영원한 원천으로부터 단절시켜 그 참된 본질을 훼손하고, 파괴한다. 이것은 사람들을 "가엾은 미덕이여, 나는 네가 한갓 이름에 불과하다는 것을 알았도다"라고 외쳤던 유명한 브루투스의 추종자들로 전락시킨다. 모든 것이 공포와 절망의 포로가 되고 만다.

둘째, 이 도덕 철학은 모든 사람이 덕스럽게 되는 데 필요한 선한 행위를 행할 수 있는 능력을 지니고 있다고 가르친다. 이런 가르침은 그 자체로 복음의 가르침과 정면으로 충돌한다.

셋째, 이 도덕 철학은 인간이 자신에 대한 믿음을 가져야 하고, 모든 보상과 행복이 스스로에게서 비롯한다고 가르친다. 이것은 에픽테토스의 지혜를 요약한 것으로 하나님을 멸시하는 가르침이다.

넷째, 이 도덕 철학은 미덕이 양극단을 피한 중간에 놓여 있다고 가르친다. 이것은 상상조차 하기 어려운 어리석은 가르침이다.

다섯째, 이 도덕 철학은 미덕이 무엇인지를 알 수 있게 해줄, 인식 가능한 명확하고, 보편적인 미덕의 규칙을 제시하지 않는다. 미덕은 대다수 사람을 즐겁게 하는 것일 수도 있고, 지혜로운 사람들을 기쁘게 하는 것일 수도 있다. 아마도 이것은 자기들이 무엇을 원하는지를 모르는 사람들의 생각에 가장 걸맞은 가르침일 것이다.

여섯째, 이 도덕 철학은 도덕적 의무를 하나님의 은혜, 정의, 섭리에 관한 관심과 분리한다.

일곱째, 이 도덕 철학은 자기가 가르치는 도덕성을 실천하면 신들과 인간의 관계가 돈독해질 것이라고 강조한다. 마지막으로, 이 도덕 철학은 보상이나 징벌에 관해 아무것도 가르치지 않는다.

다시 말하지만, 나는 소위 '학식 있는' 사람들과 논쟁을 벌이고 싶은 마음이 조금도 없다. 다만 다음 한 가지 말을 덧붙이고 싶을 뿐이다. 즉 교육을 받은 선한 사람들이 올바른 방향으로 도덕 철학의 개혁을 시도한다면, 두 가지 잘못을 경계해야 한다(나는 도덕 철학을 교회에서 전적으로 배제하고 싶은 생각도 없다). 하나는 젊은이들의 생각이 도덕 철학으로 인해 순결함과 단순함과 복음의 비밀에 관한 편견에 사로잡히는 일이 없게 해야 한다는 것이고(나는 지금과 같은 식의 교육이 이루어지면 그런 결과를 피하기가 어렵다고 생각한다), 다른 하나는 도덕 철학을 떠받치는 근본 원리들이 지금처럼 신학에 침투하도록 허용해서는 안 된다는 것이다(이런 경고를 진지하게 받아들이지 않으면 그렇게 될 수밖에 없다). 성경의 원칙에 따라 도덕 철학을 개혁하려고 노력하는 사람은 나의 아낌 없는 지지를 받게 될 것이다.

어떤 학식 있는 학자는 의무를 다룬 책에서 도덕 철학의 가치를 논하면서 "양심의 가책을 받지 않아도 되는 사람이 행복한 사람이다"라고 말했다(내가 이름을 밝히지 않은 이유는 그가 누구인지 알 것으로 생각하기 때문이다). 그러나 우리 그리스도인들은 이 학자가 마땅히 이해했어야 할 사실을 알고 있다. 즉 그런 마음 상태는 의무를 이행함으로써 이루어지지 않는다. 우리는 죄인들이기 때문에 그리스도 안에서 그분을 통하지 않고서는 참된 마음의 평화와 진정한 기쁨을 얻을 수 없다. 죄가 세상에 들어온 이후로 우리 앞에 열려 있는 다른 평화나 평안의 길은 존재하지 않는다. 그 학자는 양심에서 자유로우려면 본성의 명령과 법칙을 열심히 따라야 한다고 말했다. 그리스도인이라면 누구나 그런 방법으로는 그런 목적을 이룰 수 없다는 것을 분명하게 알고 있다. 본성의 법칙은 그런 능력이나 의도가 없다. 인간의 본성은 부패하고 타락했기 때문에 하나님이 증인으로 허락하신 양심도 더 이상 안전한 안내자가 될 수 없다.

이번에는 형이상학이라는 주제와 관련된 몇 가지 요점을 밝히고 싶다. 윤리학의 기원과 부패에 관해 이미 말한 내용이 형이상학에도 똑같이 적용되기 때문에 그런 내용을 다시 되풀이할 필요는 없을 듯하다. 나는 형이상학적 지식이 인간의 삶에 백해무익할 뿐이라고 생각한다. 논리학에 속한 것과 신학에 속한 것을 따로 분리하면, 중간에 남는 것은 불명료한 용어들, 무가치한 개념들, 곧 아무도 더 낫게나 더 지혜롭게나 더 명석하게나 하나님과 동료 인간들에 대한 의무를 더 잘 이행하도록 만들지 못할, 장황한 이론들로 구성된 무익하고, 번거로운 잡동사니뿐일 것이다. 형이상학적 연구로 명성이 높은 사람들이 자신의 마음을 열어 그 안에 있는 것을 살펴보고, 과연 형이상학을 연구함으로써 그 어떤 참된 지식이나 거룩함이나 정직함이나 지혜나 신중함에 도달했는지를 판단해봤으면 좋겠다. 이미 "학문은 길고 인생은 짧구나!"라고 울부짖고 있는 불쌍한 학생들에게 또 하나의 무익한 십자가와 혼란스러운 개념들을 짐 지우는 것 외에 달리 무슨 유익이 있을지 궁금하다.

둔스 스코투스는 이 지식과 신학을 혼동한 것이 너무나도 기뻤는지 마침내 신학 교사들이 자신의 분야를 철학과 합체하는 원숙한 경지에 도달했다고 외쳤지만, 실상은 복음의 가르침을 고사 직전까지 몰고 갈 독소가 생겨났다. 물론, 세속적인 지혜의 사슬과 주형으로 복음의 비밀 안에서 하나님과 교제를 나누는 영적 지성을 의도적으로 속박하려는 시도는 아니었을 테지만, 결과적으로는 (지극히 고귀하고, 장엄하고, 신령하고, 영광스러운) 복음의 진리가 인간이 만든 학문의 규칙과 용어에 얽매이는 결과가 초래되고 말았다. 그로써 복음의 진리는 그 모든 신령한 아름다움과 은혜로움을 박탈당하고, 무미건조하고, 단조롭고, 빈약하고, 메마르고, 황폐하고, 비생산적인 것으로 변질되었다. 복음의 지혜는 외적 체계를 갖춘 그 어떤 규칙이나 규정보다 더 위대하고, 더 고귀하며, 더 거룩하다. 인간의 지혜로는 복음의 지혜를 절대로 제한할 수 없다.

신학적 논쟁을 증폭시켜 길게 잡아 늘이고, 사람들의 영혼을 정직하고, 단순한 복음의 진리에서 떼어놓는 것이 나의 의도였다면 형이상학이야말로 내가 생각할 수 있는 가장 좋은 수단이었을 것이다. 형이상학은 논쟁자들에게는 가장 거대한 무기고와 다름없다. 나는 이런 무익한 지식만 가득 들어차 한껏 우쭐대는 오늘날의 형이상학자들에게 오래전에 프루덴티우스가 "신격화"라는 제목의 시에서 고대의 철학자들에 관해 말했던 것을 적용하고 싶다. 그는 "그들은 비난으로 점철된 논쟁으로 신들의 지위를 노리고, 매번 이전보다 더 사악한 언어와 하찮은 표현들을 사용해 의식을 왜곡시킨다. 그들의 복잡한 삼단 논법이 어떻게 질문의 끈을 마음대로 조이거나 느슨하게 하는지 살펴보라"라고 말했다.

여담은 이 정도로 충분한 듯하다. 지금까지 윤리학과 형이상학의 기원과 발전 과정과 남용에 관해 생각해 보았다. 미덕과 악덕에 관한 인간의 사변과 하나님과 피조 세계에 관한 인위적인 이론들이 모두 그런 것들에서 생겨났다. 궤변론자들의 기술을 습득한 사람들은 이런 학문들을 확장하고, 발전시켜 지혜의 환영을 만들어냄으로써 초자연적인 신학을 혼잡하게 했고, 거의 치명상에 가까운 해를 입혔다.

인간의 지성은 내주하는 죄라는 결함 때문에 원활하게 작동하지는 못하지만 그래도 여전히 하나님을 찾아 그분의 창조와 섭리 사역을 통해 그분에 관해 알 수 있는 것을 알아내려는 충동을 느낀다. 하나님을 더듬어 찾아 느끼려는 이런 타고난 욕구에 대해서는 이미 앞에서 논의한 바 있다. 그런 생각과 충동을 체계화하고, 분류하고, 분석하려는 시도 역시 결국에는 무익한 결과를 낳을 뿐이다. 인간의 생각은 외부에 있는 우주와 세상에 관한 지식을 습득할 수는 있지만, 이성적 추론으로 자신의 상태를 파악하거나 창조주와 접촉할 방법을 찾을 수는 없었다. 과학은 단계를 거칠 때마다 형이상학적인 문제에 시달리며 지식을 추구했지만, 결국 모두 실패로 끝나고 말았다. 우리는 그런 식으로 천문학과 그와 동반되는 점성술이라는 터무니없는 시도가 어떻게 기원해서 발전했는지를 추적할 수 있다. 별들을 비롯해 모든 천체의 기원과 경로에 관한 연구는 처음에는 자연 신학의 일부였다. 모든 사람이 그것들을 보고 창조주 하나님의 위대하심과 무한한 능력과 지혜와 선하심을 발견하고, 그분을 예배하려는 충동을 느꼈다. 그러나 죄가 세상에 들어오고 인간이 창조주를 거역한 순간부터 이 연구는 모든 곳에서 폐지되었고, 그것이 제공하는 증거도 곧 무시되어 잊히고 말았다.

인간은 자기가 기원한 땅에 집착하게 되었고, 자기 위에 있는 것들에 대해서는 아무런 관심이나 시간을 할애하지 않았다. 그렇게 세월이 좀 흐르자 사탄의 간계에 속아 넘어간 사람들은 별들을 숭배하려는 유혹을 느꼈다. 사람들은 하나님을 예배하려는 마음과 그분에 대한 지식을 잃어버린 탓에 어리석고 무분별한 태도로 우주의 질서와 경로와 아름다움을 연구하는 과정에서 손쉬운 먹잇감이 되고 말았다. 이내 많은 사람이 하늘을 신으로 받들기 시작했다. 사실, '신'을 뜻하는 헬라어는 별들의 경로와 운행을 뜻하는 '달린다'라는 동사에서 파생했다. 세월이 좀 더 지나자 이번에는 천체들에 관한 연구를 그와는 전혀 다른 목적에 이용했던 철학자들이 생겨났다. 그들은 천체들을 신으로 섬기려고 시도하거나 유일하신 참 하나님에 관한 그것들의 증언을 받아들이지 않고, 단지 우주의 본질을 발견해 이해하려는 내적 욕구를 충족하려고 노력했다. 그러나 이 또한 그 자체의 부패한 씨앗을 내포하고 있었다. 눈에 비친 천체들의 움직임과 위상(位相)과 변화 등이 관찰되고, 그런 현상들의 법칙과 원인과 이유를 이해하려는 노력이 증대되면서 천문학으로 불리는 학문이 형성되었다. 그러나 이 황금(천문학)은 곧 불 속에 던져졌고, 그 결과 점성술이라는 금송아지가 탄생했다.

물론, 이 학문은 지금도 만물의 위대한 창조주께서 피조 세계에 부여한 법칙과 질서와 경로와 본성을 진지하게 탐구하는 연구 분야로 남아 있고, 나는 그런 노력들이 나름대로 잘 작동되고 있다고 생각한다. 우리 눈앞에 모습들 드러낸 발광체들은 우리의 마음에 큰 감명을 주어 하나님의 무한한 지혜와 권능에 대한 무언의 찬사를 불러일으킨다. 이 연구를 전문적으로 진지하게 추구한다면 훨씬 더 큰 찬사가 터져 나올 것이 틀림없다. 천체들과 그것들의 운행에 관한 지식을 지금보다 더 많은 사람들이 공유한다면 크게 유익할 것이다. 그러나 나는 나의 목적에 충실해야 하기 때문에 아무도 못마땅하게 여기지 않을 한두 가지 요점만 간단하게 언급하고 싶다.

학자들이 오랫동안 연구해왔고, 또 오늘날에도 여전히 교육되고 있는 천문학은 본래의 지위와 위치와 유용성을 상실한 상태다. 천문학을 자연 신학과 하나님에 관한 관심(모든 신학의 참된 목적)으로부터 떼어놓는다면, 어떻게 본래의 역할을 다할 수 있겠는가? 인간이 하나님의 영광을 위해 창조되지 않았다면 천문학이 다 무슨 소용이 있겠는가? 천문학을 본래대로 회복시켜 하나님과 다시 연관시키든지, 아니면 완전히 거부해 내버리든지 둘 중 하나를 선택해야 한다. 모든 과학이 새롭고 참된 목적을 지향함으로써 그리스도 안에서 하나님의 영광에 아름답게 이바지해야 한다는 것을 부인하는 사람은 그리스도인으로 불릴 자격이 없다. 과학을 어떤 식으로 개혁해 각각의 연구 활동을 통해 그리스도 안에서 하나님을 진지하게 예배하는 자들을 유익하게 할 것인지, 또 그런 연구 분야들이 특히 천문학과 관련해 초자연적인 신학이라는 좀 더 포괄적인 상황 속에서 어떤 역할을 해야 하는지에 관한 문제는 내가 설명하기에 좀 벅찰 뿐 아니라 본제에서 너무 멀리 벗어난 것이기에 더 언급할 생각이 없다.

지금까지 원시 신학이 타락 이후에 그것을 새롭게 하려는 헛된 시도들을 통해 어떻게 훼손되고, 파괴되었는지에 대해 살펴보았다. 그것은 타락한 본성을 지닌 인간이 죄로 인한 무지와 어둠의 저주에서 벗어나려는 시도였다. 그런 시도를 통해 나타난 결과는 더 깊은 불행에 휘말린 것밖에 없었다. 오직 그리스도 안에서, 그분만을 통해 하나님의 형상을 새롭게 회복할 수 있다는 것과 참 신학이 타락으로 인해 상실된 그분의 형상을 회복하려는 노력의 일환이었다는 것을 기억한다면, 그리스도께 접붙임을 받지 않은 상태에서 신학을 새롭게 회복하려는 시도는 실패로 끝날 수밖에 없다는 사실을 분명하게 알 수 있을 것이다. 새로운 회복을 경험하지 못한 까닭에 인간의 타락한 상태와 철학의 관계를 옳게 이해하지 못한 사람이 철학과 신학의 교사와 혁신자가 되겠다고 나선다면, 오히려 목적에서 벗어나 자기 자신과 학생들을 무익하고, 난해한 명제들과 논쟁에 휘말리게 만드는 결과를 피하기 어렵다.

자연 신학을 새롭게 회복하려는 첫 번째 시도는 실패했고, 거의 사라졌다. 자기 자신의 타락한 상태를 인정하지 않는 죄인들은 원시 신학이 완전히 결딴난 상황에서 온전한 형태를 갖춘 이교주의의 등장으로 인해 계속해서 어둠 속에 갇혀 있어야 했다. 이것이 다음 장에서 우리가 살펴볼 주제다.

8장
전적으로 부패한 자연 신학 2

지금까지 철학이 어떻게 퇴락했고, 그 과정에서 자연 신학을 어떻게 훼손했는지를 살펴보았다. 물론, 하나님께 대한 지식의 이반이 일어나게 된 원인은 여러 가지다. 나중에 우상 숭배의 기원을 탐구할 때 알게 될 테지만, 이런 원인들은 종교적인 예배의 타락과 특별한 관계가 있는데도 그것들을 간단하게 설명하는 것조차 못마땅해하는 사람들이 많다. 인류는 최선의 노력을 다했는데도 불구하고 자연 신학으로부터 멀어졌을 뿐 아니라 하나님이 죄인들이 자기를 알 수 있도록 관대하게 제공하신 도움의 수단들과 참되고 옳은 것을 경멸하며, 마음의 어둠으로 인해 멸망을 향해 치달음으로써 모든 것을 왜곡시켰다. 모두가 동의하는 대로, 인간이 아주 먼 옛날에 알고 있었던 하나님에 관한 지식은 특정한 사람들에게 주어진 그분의 계시를 통해 더욱 증대되었고, 전승을 통해 부모로부터 자식에게 전달되었다.

하나님과 참된 예배에 관한 상당한 양의 정보가 노아와 그의 아들들과 손자들을 통해 그들의 후손들에게 전달되었다는 사실을 의심할 사람은 아무도 없다. 오염되지 않은 상태의 그 지식이 얼마나 효과적이었는지는 여기에서 논할 생각이 없다. 초창기부터 종교적인 문제들과 관련된 많은 정보가 전승을 통해 전달된 것은 분명하다. 그러나 오래지 않아 지혜로운 사람들조차도 종교에 관한 전통적 지식이 불분명하고, 불확실해졌다고 말하지 않을 수 없게 되었다. 베르길리우스는 "뮤즈들이여, 헬리콘산을 열어 나의 시에 영감을 주소서. 그대들은 신이니 모든 것을 기억하고, 말해 줄 수 있을 것이요. 그런 이야기들의 가녀린 속삭임이 살아남아 우리에게 전달되었다오"라고 말했다.[1] 그들은 약간의 속삭임을 남겼다. 스칼리제르는 "고대 철학자들이 말한 탁월한 것들이 모두 유대인의 성경에서 유래되었다는 주장은 매우 의심스럽다"라고 말하면서 플라톤이 페니키아인들의 신학으로부터 자신이 이해하지 못한 많은 것을 수집했다는 주장을 덧붙였다.[2]

그와는 대조적으로 에우세비우스는 신성한 것들에 관한 헬라인들의 지식은 모두 유대인에게서 유래했다고 말했다. 어느 주장이 진실에 더 가까운 것인지는 단언하기 어렵다. 고대인들의 글에 관심이 있는 사람은 그들이 전승을 통해 초창기에 온 세상에 퍼졌던 원시적인 지식에 관한 정보를 알고 있었을 것이라는 점을 부인하지 못할 것이다. 이 점을 구체적으로 살펴보기 위해 한두 가지 요점을 언급하면 다음과 같다. 인류는 만물의 창시자를 믿어야 할 이유를 분명하게 인지하지는 못했지만, 대부분 그의 존재를 인정했다. 헬라의 초창기 음유 시인이자 아폴론의 아들로 여겨졌던 리노스는 "처음에 모든 것이 하나였던 때가 있었다"라고 말했다. 다른 시인들도 모두 만물의 기원이 동일하다고 노래했다. 오비디우스가 자신이 쓴 시의 첫 부분에서 말한 내용은 초등학생도 다 안다. 호라티우스도 "살아 있는 피조물들이 처음 땅 위를 기어 다닐 무렵, 그들은 처음에는 못과 주먹으로, 나중에는 몽둥이로, 더 나중에는 정교한 무기를 사용에 도토리와 쉴 곳을

---

1 Virgil, *Aeneid*, Book 7, 645–646.

2 Scaliger, *Exercitation* 61.

쟁탈하려고 서로 싸웠던 한 무리의 짐승들이었다. 그들은 필요에 이끌려 살다가 마침내 명사와 동사를 만들어 자신의 감정을 표현하기에 이르렀다"라고 말했다. [3] 디오도로스 시쿨루스(1세기 후반의 헬라 역사가)는 자신의 방식으로 인류의 기원을 묘사하면서 비슷한 생각을 드러냈다.[4] 유베날리스는 "세상과 하늘이 처음 만들어졌을 때 사람들은 지금과 다른 방식으로 살았다. 진흙으로 만들어진 그들은 부모가 없이 갈라진 상수리나무에서 태어났다"라고 말했다.[5] 그와 동시대인이었던 스타티우스는 "아르카디아인들은 별들보다 오래되었고, 달보다 더 먼저였다…너는 왕성하게 자라는 숲에서 태어났다. 땅이 너의 첫 번째 발걸음 소리를 느끼고 놀라워했다. 그때까지는 경작된 밭이나 집이나 도시나 결혼이나 자녀들이 없었다. 상수리나무들과 월계수들이 원시시대의 아이들을 낳았고, 그늘을 드리운 물푸레나무가 민족들을 탄생시켰으며, 어린 사내아이들은 임신한 당마가목에서 툭툭 떨어졌다"라고 말했다.

스트라보는 인도 힌두교 사제들의 견해를 언급하면서 "그들의 견해는 많은 점에서 헬라인들과 일치했다. 예를 들어, 세상은 창조되었고, 멸망할 운명을 지녔다. 신이 세상을 만들어 숨결을 불어넣었고, 모든 곳에 돌아다닌다"라고 말했다.[6] 아리스토텔레스는 의심했지만 그런 철학자는 오직 그 한 사람뿐이었다.[7] 헤시오도스, 오르페우스, 아폴로니우스, 아리스토파네스, 플리니우스, 디오도로스 시쿨루스, 누메니우스, 아낙사고라스, 메가스테네스도 모두 동일한 전통을 믿었

---

3   Horace, *Satire* 6.

4   Diodorus Siculus, *Histories*, Book 1.

5   Juvenal, *Satire* 6.

6   Strabo, *Thebaid*, Book 4.

7   Aristotle, *Geography*, Book 15.

다. 플라톤도 마찬가지였다. 에우세비우스는 탈레스, 아낙시메네스, 크세노파네스, 파르메니데스, 데모크리토스, 엠페도클레스, 메트로도레스와 같은 철학자들도 모두 세상의 시작을 믿었다고 전했다.[8]

여기에 필로빌리우스, 루키아노스, 스트라보를 비롯해 여러 사람의 책에 언급된 홍수, 노아, 아브라함과 같은 특별한 인물과 사건들에 관한 전승을 첨가할 수 있다. 현세 이후에 만민에 대한 심판이 있을 것이라는 사실도 대부분 영혼의 불멸을 믿는 믿음과 함께 세상 모든 곳에서 인정되었다. 그런 믿음은 상식적인 추론을 통해서도 어느 정도 가능하다. 특히 일반인들보다 학식 있는 사람들이 그 문제에 더 큰 관심을 기울이는 경향이 있었다. 이런 사실은 초창기의 전통적인 지식이 우세를 점하고 있었음을 암시한다. 밀레토스의 탈레스는 영혼을 항상 활동하는 자기주도적 실체로 정의했다. 디오게네스는 탈레스가 영혼의 불멸을 최초로 언급한 인물이었다고 말했다. 아마도 이 말은 그가 이 주제를 철학적으로 깊이 있게 논의한 최초의 인물이라는 의미일 것이다. 많은 사람이 "드루이드교 사제들의 가르침을 통해 영혼이 불멸한다는 공통된 지식이 전해졌다"라고 말했던 페레키데스에게도 그와 똑같은 영예를 돌린다.[9]

카이사르도 이런 사실을 확증했다. 그는 드루이드교 사제들에 관해 말하면서 "특히 그들은 사람들에게 영혼이 죽지 않는다는 확신을 심어주려고 했다"라고 말했다.[10] 발레리우스는 "빌린 돈을 다음 세상에서 갚도록 면제해주는 것은 갈리아족의 고대적 관습 가운데 하나였다. 그 이유는 그들이 인간의 영혼이 불멸한다고 확신했기 때문이다"

---

8   Eusebius, Topic 19, *The Heavens*.

9   Pherecydes, *On the Transmigration of Souls*, chapter 2.

10   Caesar, *Gallic War*, Book 6.

라고 말했다. 플라톤이 같은 생각을 지녔다는 것은 두말할 필요조차 없는 사실이다.[11] 세계 도처의 문명화되지 않은 민족들도 영혼의 불멸을 믿는 믿음을 공유했다. 유럽인들이 아메리카 대륙에 도착하기 전에 이 믿음을 의심하는 원주민은 아무도 없었다. 사실, 그들 가운데는 심지어 부활을 믿는 사람들도 있었다. 테오폼포스가 전한 대로, 동방의 현자들 역시 인간이 다시 살아날 것이고, 영원히 불멸한다고 가르쳤다.[12] 위대한 철학자 플라톤도 "인간이 죽은 후에 다시 살아나 삶을 영위하는 것은 가능하다. 죽은 자의 영혼들 가운데 선한 사람은 과거의 삶보다 더 나은 삶을, 악한 사람은 더 못한 삶을 살게 된다"라는 말로 똑같은 견해를 피력했다.[13]

사람들은 또한 영혼의 불멸을 인정했을 뿐 아니라 현세에서 행한 옳은 행위와 그릇된 행위에 따라 모든 사람이 미래에 심판을 받게 될 것이라고 믿었다. 플라톤은 "우리는 영혼이 불멸할 뿐 아니라 썩어질 육신을 벗는 날에는 가장 엄격한 형벌을 집행할 재판관 앞에 서게 된다는 고대의 신성한 전통을 항상 믿어야 한다"라고 말했다.[14]

이런 견해가 우세했고, 악인들의 충동을 억제하는 데 매우 효과적인 것으로 간주되었기 때문에 이교 세계의 가장 뛰어난 현인 가운데 하나인 마르쿠스 포르티우스 카토는 원로원에서 카이사르에 대한 증오심을 불러일으키기 위해 그가 그와 반대되는 의견을 말했다는 주장까지 제기했던 것으로 드러났다. 살루스트는 그가 "카이사르는 삶과 죽음을 논하면서 악인들은 선한 사람들과는 달리 죽으면 더럽고, 천박하고, 혐오스럽고, 끔찍한 곳에 거하게 될 것이라는 생각이 틀렸다

11 Plato, *Phaedo*.
12 Diogenes Laertus, *Introduction to the Works of Theopompus*.
13 Plato, *Phaedo*, chapter 17.
14 Plato, *Letter* 7.

고 결론지었소이다"라고 말했다고 전했다.[15] 시인들 가운데 가장 지식이 뛰어났던 베르길리우스는 호메로스의 견해를 따랐다. 그들도 영혼의 불멸과 마지막 심판을 믿었다.[16]

일반인들도 그런 확신에 깊이 물들어 있었다. 특히 로마 교황을 숭앙하는 나라들에서는 죽은 자의 상태와 활동이 화가들이 좋아하는 그림의 소재가 되었다. 플라우투스는 "나는 아케론[17] 밑에서 진행되는 고문을 묘사한 그림들을 종종 보았다"라고 말했다.[18] 사람들은 그런 그림들이 도덕적 의무를 일깨우고, 범죄를 저지르지 않게끔 도와준다고 생각했다. 카이사르는 갈리아족에 관해 이렇게 말했다. "그들은 인간이 죽음에 대한 두려움을 무시할 때 용기를 내고, 미덕을 행할 수 있는 가장 강력한 충동을 느끼게 된다고 믿었다."[19] 루카누스는 "비록 잘못을 범하더라도 공포 가운데 가장 큰 공포, 곧 죽음의 공포에 짓눌리지 않는 사람들은 행복하다. 그런 이유로 전사들은 죽음을 맞이할 준비가 된 마음을 가지고 용기를 내 강철을 향해 돌격한다. 되찾게 될 생명을 잃는 것을 주저하는 것은 불행한 일이다"라고 말했다.[20]

아피아누스는 켈트족과 게르만족에 대해 "그들이 죽음을 아랑곳하지 않고 사나운 기질을 발휘해 놀라울 정도로 격렬한 공격을 감행하는 이유는 다시 살아날 것이라고 확신하기 때문이다"라고 말했다. 고대의 브리턴족도 그와 똑같은 기질을 지녔다. 카이사르가 증언하는 대로, 그들은 드루이드교 사제들을 통해 그렇게 훈련받았다. 영국의

---

15   Sallust, *Catiline War*, Chapter 52.

16   Virgil, *Aeneid* 6. Homer, *Odyssey*, Book 11.

17   역주: 헬라 신화에 나오는 지하 세계의 강

18   Plautus, *The Prisoners*, Book 11.

19   Caesar, *Gallic War*, Book 6, chapter 14.

20   Lucan, *Harsalia*, Book 1, line 469.

식민지 개척자들에 따르면, 뉴잉글랜드의 원주민들을 비롯해 아메리카 대륙의 부족들 모두가 봄이 되면 남쪽에서 풍성하게 불어오는 바람이 추위를 없애주기 때문에 착실하고, 지혜롭게 열심히 사는 사람들은 죽은 후에 세상의 남쪽 지역에 가고, 악하고, 나태한 영혼들은 황량한 북쪽 지역, 곧 무서운 야만의 땅으로 갈 것으로 믿고 있다고 한다. 세네카는 이런 믿음을 다음과 같이 잘 요약했다. "우리의 영혼이 지금 자신의 삶을 꾸려나가고 있는 이 어둠 속에서 해방될 때, 일순간의 섬광이 아닌 온전한 밝음을 기대하며 스스로 자축해야 할 이유가 분명히 있다. 우리의 영혼이 위에 있는 세상의 일광에서 뿜어나오는 온전한 광채를 회복하면 대낮처럼 밝은 곳, 곧 태어남의 운명을 통해 자신이 떠나왔던 곳을 다시 차지하게 될 것이다." 세네카의 전형적인 문체로 멋스럽고, 훌륭하게 표현된 것을 알 수 있다.

그러나 이 이교도들은 참된 지복에 이르는 유일한 길을 전혀 모르기 때문에 이들의 말을 지나치게 중요시할 필요는 없다. 이들은 선한 사람을 악한 사람보다 훨씬 더 가치 있게 생각하지만, 죽은 자들 가운데 가장 고귀하고, 훌륭한 사람들에 대해서도 매우 모호하고, 비참한 운명만을 제안할 수 있을 따름이다. 이들은 '죽기를 무서워하므로 한평생 매여 종노릇하는 사람들'에 지나지 않는다(히 2:15). 따라서 죽은 자들을 다스릴 수 있는 권한이 주어진 것으로 추정되는 아킬레스조차도 오디세우스에게 "영광스러운 오디세우스여, 바라건대 내게 죽음에 관해 가볍게 말하지 마시오. 나는 죽음의 영역 전체를 다스리는 것보다는 차라리 가장 비천한 사람의 노예가 되는 것이 더 좋다오"라고 말하면서 자신의 운명을 한탄했다.[21]

고대의 전통으로부터 계속 전해온 이런 생각은 인간의 타고난 본

---

21   Homer, *Odyssey*, Book 11.

성에 속한다. 모든 사람이 알고 있는 것을 부인하거나 미래의 심판과 인간의 영원한 운명이 제각기 서로 다를 것이라는 생각을 조롱하거나 거부하는 논증을 펼친 사람들은 철학자들이나 소위 '지혜로운' 사람들뿐이었다. 에피쿠로스 철학자 루크레티우스는 "아케론(지하 세계, 또는 지옥)에 대한 공포가 모든 사람을 불안하게 한다. 이 공포를 가차 없이 물리쳐야 한다"라고 말했다.[22] 키케로도 그런 지나친 이교적 생각을 비웃었다. 그는 "머리가 셋 달린 지하 세계의 케르베로스, 코키투스의 시끄러운 소리, 아케론강을 건너야 하는 두려움, 턱이 물에 잠긴 채로 목말라하는 탄탈로스와 같은 것들이 두렵지 않다고 말해주지 않겠는가? 물론, 시시포스가 땀을 뻘뻘 흘리며 어렵사리 굴리는 돌은 분명히 조금도 앞으로 나아가지 않는다. 미노스와 라다만토스라는 무자비한 재판관이 실제로 있을 수도 있다. 그들 앞에서는 루키우스 크라수스나 마르쿠스 안토니우스도 감히 변호해줄 수 없고, 데모스테네스에게 변호를 부탁할 수도 없을 것이다. 끝없이 줄지어 서 있는 사람들 앞에서 각자가 스스로를 변호해야 한다. 이런 것들이 그렇게 무서운가? 영원한 재앙인 죽음이 두려운 것이 그런 이유 때문인가? 이런 것들을 믿을 만큼 그렇게 어리석은가? 나는 그런 생각들을 논박할 때는 가장 신랄한 모습으로 돌변할 수 있다."[23]

키케로가 시인들의 근거 없는 주장이나 터무니없는 이야기를 비판한 것뿐이라면 올바른 이성에 일치하는 행동을 한 것이기 때문에 잘했다고 할 수 있지만, 그의 나머지 말을 살펴보면 그가 모든 전통을 논박하고, 그 저변에 놓여 있는 진리마저도 부인하려고 했던 사실이 분명하게 드러난다. 세네카도 트로이 전쟁을 다룬 비극에 등장하

---

22 Lucretius, *On the Nature of the Universe*, Book 3.
23 Cicero, *Tusculan Disputations*, Book 1, chapter 5.

는 인물들의 입을 빌려 "죽음이 아무것도 아니라고, 죽음 자체는 그야말로 아무것도 아니라고 인정하라. 그것은 단지 인생행로의 마지막 전환점일 뿐이다. 죽은 뒤에 어디에 있을지 궁금한가? 그렇다면 미처 태어나지 않은 사람이 어디에 있는지는 왜 궁금해하지 않는 것인가? 시간과 혼돈이 탐욕스럽게 우리를 삼키고, 공평한 죽음이 육체와 영혼을 낚아챌 것이다"라고 말했다.[24]

그렇다면 이런 위대한 고대인들을 옹호해야 옳을까? 키케로는 단지 문제의 양면을 논의했을 뿐, 결정한 것이 아무것도 없는 것일까? 세네카는 시적인 상상력을 발휘해 가공의 등장인물들을 통해 허구적인 생각을 피력한 것일까? 일반적으로 주장되는 견해를 거부했을 뿐 아니라 그것들을 강하게 논박했던 플리니우스에 대해서는 또 어떻게 해야 할까? 그는 "모든 사람은 마지막 숨을 거둔 후에는 첫 호흡을 하기 이전의 상태와 똑같은 상태가 된다. 영혼과 육체는 태어나기 이전처럼 죽은 후에도 아무것도 느끼지 못한다. 영혼의 불멸이나 윤회나 죽은 자들이 현세의 의식을 계속 유지하며 살아 있는 자들이 바치는 제사를 받는다는 생각이나 더 이상 인간이 아닌 사람을 신으로 만드는 것과 같이 죽음 이후의 삶을 창안하는 것은 헛된 사변에 지나지 않는다. 사실, 인간이 나머지 종(種)들과 구별되려면 인간의 숨 속에 뭔가 다른 성질이 있어야 한다. 그렇지 않으면 덧없이 사라지는 피조물 가운데 많은 피조물이 인간보다 더 오래 사는 것으로 드러날 것이다. 영혼 자체만을 생각하면 과연 어떤 구조를 하고 있을까? 그 본질은 무엇일까? 영혼의 이성적 능력은 어디에 놓여 있을까? 영혼은 어떤 방법으로 느끼고, 보고, 듣고, 활동할까? 영혼에 그런 기능이 없다면 무슨 소용이 있을까? 영혼은 어떤 용도를 지니고 있을까? 영혼은 어

---

24 Seneca, *The Troades*, Act 1.

디에 거할까? 영혼들의 숫자는 왔다가 사라지는 수많은 세대의 그림자들처럼 그야말로 엄청날 것이다. 이 모든 것들은 유치하기 짝이 없는 어리석음과 인간의 연약한 유한성과 끝없이 살고 싶은 탐욕이 빚어낸 창작물이다"라고 말했다.[25] 스트라보도 주저하지 않고 대다수 사람이 가진 이런 신념들을 꾸며낸 이야기로 간주했다. 그는 브라만들에 관해 말하면서 "플라톤이 영혼의 불멸과 지하 세계에서 이루어질 심판에 관한 이야기를 꾸며낸 것처럼 그들도 이야기를 꾸며낸다"라고 말했다.[26]

고대의 일반 대중과는 달리 철학자들은 플리니우스와 스트라보와 비슷한 견해를 피력했다. 그렇다면 이런 식의 '철학적' 궤변으로부터 나타난 자연스러운 결과는 무엇이었을까? 그 결과는 바로 저열한 사람들이 더 악한 죄를 짓도록 서로를 부추기는 데 필요한 논리를 제공한 것이었다. 바울이 상기시킨 대로, 그런 견해 때문에 "내일 죽을 터이니 먹고 마시자"(고전 15:32)라는 처세훈이 널리 통용되었다. 그런 정서가 고대의 시인들 사이에서 거듭 발견된다. 예를 들어, 카툴루스는 "나의 레스비아여, 살며 사랑하자. 옛사람들의 견해를 엄밀하게 따져보니 한 푼의 가치도 없구나. 태양은 졌다가 다시 뜰 수 있지만, 정해진 짧은 인생을 사는 우리는 함께 누워 영원한 밤을 지내야 한다"[27]라고 말했고, 호라티우스는 "영원한 희망을 품기에는 인생이 너무나도 짧다. 곧 밤이 찾아오면 전설 속의 지하 세계와 플루토(하데스)의 거처에 이를 것이다. 일단 그곳에 도착하면 더 이상 주사위 놀이를 해서 포도주를 차지하지도 못할 것이고, 그대의 상냥한 리시다스를 흠모할

---

25 Pliny, *Natural History*, Book 7, chapter 56.
26 Strabo, *Geography*, Book 15.
27 Catullus, *Poem* 5.

수도 없을 것이다"라고 말했다.[28] 페르시우스는 "욕망을 마음껏 발산하라. 인생의 단맛을 즐겨라. 살아 있는 자에게 속한 것이 우리의 것이다. 우리가 곧 재로 변해 세상을 떠난 영혼이 되어 전설 속으로 사라질 것이라는 사실을 잊지 마라"라고 말했다.[29]

바울이 인용한 말과 매우 비슷한 내용이 헬라인들 사이에서 발견된다. 예를 들어, 스트라보는 "데모크라테스여, 마음껏 마시며 즐거워하자. 우리는 지금 영원히 마시고, 영원이 아닌 바로 지금 즐거움을 누린다…계속 마시면서 즐거워하자. 내일이 올지, 미래에 우리가 어떻게 될지는 아무도 모른다"라고 말했다. 이런 생각은 가장 오래된 고대에서부터 시작된 것이지만, 일반인들은 선뜻 동조하려고 하지 않았다.

원시적인 지식의 흔적을 구체적으로 간직하고 있는 다른 고대의 전통들을 살펴보는 일은 그리 어렵지 않다. 모든 인류는 그 흔적을 인정했을 뿐 아니라 선용하려고 노력했다. 그러나 그런 지혜의 단편들은 처음부터 부패했고, 인간의 질병을 치유하는 치료책, 곧 영원한 죽음을 막아줄 해독제는 죄로 인해 치명적인 바이러스로 변질되고 말았다. 만일 하나님을 찾으려는 본성의 빛이 다른 모든 것과는 달리 죄로 인해 부패하지 않았다면 대대로 전해온 전통적인 가르침을 통해 큰 도움을 받았을 것이다. 그러나 그 빛은 남아 있는 빛이 모두 꺼질 때까지 갈수록 더욱 어두워졌고, 하나님에 관한 인간의 모든 생각을 왜곡시켰다. 이 과정을 잠시 살펴보면 다음과 같다.

'전통들'은 일종의 방랑자처럼 입에서 입으로 이리저리 옮겨 다니는 특성이 있다. 사람들은 전통이라는 창고에서 각자 자신을 가장 즐겁게 하는 것을 선택해 자신의 특별한 필요에 적합하게 만들기 위해

28　Horace, *Odes*, Book 1, chapter 4.
29　Persius, *Satire* 5.

다른 것을 보태거나 뺀다. 이런 유동적인 전통들을 붙잡아서 한데 결합해 연관된 체계를 만들기를 원하는 사람들이 초기 시인들이었다. 그들은 사람들의 귀를 즐겁게 하는 황홀한 운율을 사용해 온갖 종류의 매혹적인 전설을 보태 전통적인 진리를 보강한 예술을 만들어냈다. 그들은 전통을 토대로 삼은 자신들의 체계를 가지고 인류의 공통적인 유산이었던 하나님에 관한 지식을 서서히 오염시켰다. 나는 지금 최초의 진리에서 벗어나 온 인류를 오염시킨 헬라 문화에 관해 말하고 있다. 그렇게 세월이 흐르면서 건전하고, 견고하고, 진실한 것은 아무것도 남지 않게 되었다. 그들이 조상들로부터 불분명한 형태로 물려받은 난해한 진리의 단편들이 마침내 모두 이질적이고, 신화적인 의미로 변질되었고, 대담한 허구로 과장되거나 포장되었으며, 처음에 전해 들었던 것과 형식만 비슷한 꾸며낸 이야기들로 대체되었고, 공상적이고 창의적인 풍유적 기법으로 왜곡되었다. 그 결과, 남은 것이라곤 오직 자연 신학을 파괴하는 우상 숭배적인 허구뿐이었다.

헬라인들의 종교적 개념들의 기원을 추적해 그것들을 언제, 어떻게, 누구로부터 전해 들었는지를 찾아내는 것은 거의 불가능한 일이다. 본래의 진리와 자연 신학과 도덕 신학의 잔해들이 전설, 전통, 죽은 영웅들과 귀신들에 대한 숭배와 한데 뒤얽혀 헬라의 종교를 형성했다. 교사들이 제각기 자연 신학의 창고와 부패한 전통과 귀신들이 전하는 말과 대중적인 미신과 자신의 생각 속에서 끄집어낸 것들을 여기에서 일일이 다 확인하기는 어렵다. 그들의 글에서는 신성한 가르침의 흔적, 곧 자연 신학의 중요한 사실과 지극히 어리석은 전설과 사탄 숭배에 약간의 허구를 조금씩 가미한 내용이 자주 발견된다. 그런 내용에 사용된 용어들이 태양과 토성과 같은 행성들과 천체, '반신반인'과 하늘, 노아와 사탄을 가리키는 의미로 사용되었다. 이 점은 적당한 때에 좀 더 자세히 살펴볼 생각이다.

인간의 마음은 신화나 그릇된 것을 추구하는 경향이 있고, 선천적인 무지로 인해 그런 것들에 집착하기를 좋아한다. 그 결과, 편견을 몰아낼 힘이 없었던 본성의 빛은 곧 사라지고, 미신과 다신교가 들어서고 말았다. 인간의 마음이 혼자 힘으로 신화의 늪에서 헤어나올 희망은 전혀 보이지 않게 되었다.

이런 사실은 한 가지 분명한 사례를 통해 명확하게 입증해 보일 수 있다. 이교도인 플루타르크는 유대교의 의식들을 설명하면서 진리와 공정을 도외시한 채 여호와의 이름을 이악코스와 바쿠스와 동일시하려고 시도했다.[30] 이것은 샌포드가 그의 첫 번째 책『죽은 자들 가운데 강림하신 그리스도(Descent of Christ amongst the Dead)』에서 밝힌 내용이다(우리는 다신교와 우상 숭배와 헬레니즘의 기원에 관한 탐구와 관련해 이 선하고, 학식 있는 저술가에게 많은 신세를 지고 있지만, 그의 이름을 거론하거나 그를 칭찬하는 사람은 찾아보기 어렵다). '아도니스'가 히브리어 '아도나이'에서 유래했다는 사실을 부인할 사람은 아무도 없을 것이다. '사부스'와 '에비우스'는 '사바오트'를 나타낸 것으로 보인다. 플루타르크는 이것들을 적당히 짜 맞추어 유대인들 사이에서 레위인들이 어떻게 기원했는지를 설명하려고 시도했다. 그러나 그 용어들은 사실상 단지 살아 계시는 하나님을 가리키는 이름일 뿐이었다. 고대인들은 불분명하고, 의심스러운 전통을 통해 자기에게 전해진 이름들을 사용해 참된 신적 능력을 표현하려고 시도했을 뿐 아니라 하나님을 가리키는 다른 이름들을 덧붙여 구전으로 전승된 그릇된 이야기들과 연관시켰다.

다른 이름들도 비슷한 과정을 거쳤다. 예를 들어, 노아의 이름과 역사가 '신들'과 연관되었고, '바쿠스'가 이따금 노아에게서 유래한 것

---

30   Plutarch, *Symposiacom* 4, question 5.

으로 간주되어 포도나무와 포도원을 다른 전설들과 결부되었다. "시인들의 거짓말은 행위가 아닌 이름과 관련이 있다"라는 락탄티우스의 말이 이런 사실을 잘 보여준다.[31] 그런 식으로 하나님이나 창세기 9장 20절의 '농사'라는 용어도 혼잡하게 변질되었다. 보샤르가 추정하는 대로, 바쿠스는 본래 함의 손자이자 구스의 아들인 니므롯인지도 모른다(창 10:6-8).[32] 나중에 헬라인들은 니므롯을 '사그류'(위대한 사냥꾼), 또는 '네드로데스'로 일컬었다. 샌포드는 모세의 역사가 거의 모두 바쿠스와 연계되었다는 것을 보여주는 여러 가지 명백한 증거를 제시했다. 보시우스도 이 증거를 거듭 언급했고, 보샤르도 비슷한 견해를 피력했다.[33] 바쿠스에게 적용된 이야기는 그 이전에는 오시리스에게 적용되었다. 그는 사후에 태양신에게 바쳤던 모든 영예를 누렸던 애굽 민족의 위인이었다. 그러다가 마침내 전설의 니사산의 이름을 따라 명명된 테베의 바쿠스(디오니소스)가 탄생했다.[34] 일부 학자들은 니사산이 시나, 즉 시내산과 동일한 곳일 것으로 추측하기도 한다.

헬라 저술가들이 아라비아를 '인도'로 일컬었다는 것을 입증해줄 증거들을 모아 제시하기는 그다지 어렵지 않다. 더욱이 인도에도 코페누스강에서 그리 멀지 않은 캅카스 건너편에 니사로 불렸던 산이 있었다. 이런 내용이 필로스트라토스의 『아폴로니우스의 생애』에서 발견된다.[35] 그는 이 산에 바쿠스를 기리기 위해 포도나무를 심었고, 바쿠스가 그곳에서 많은 기적을 일으켰다는 이야기를 전했다. 그 지

---

31 다음의 자료를 함께 참조하라. Vossius, *On Idolatry*, Book 1, chapter 1, section 18, 19.
32 Bochart, *Sacred Geography*, Book 1, chapter 28.
33 Boshart, *Sacred Geography*, Book 1, chapter 18.
34 역주: 디오니소스라는 이름은 세 가지 의미를 지니는 것으로 알려져 있다. '니사의 디아스,' 곧 '니사산의 제우스'라는 의미는 그 가운데 하나다. 전설에 따르면, 니사산의 님프들이 디오니소스를 양육했다고 한다.
35 Philostratus, *Life of Apollonius*, Book 2, chapter 4.

역의 거주자들은 자신들의 바쿠스를 앗수르의 신으로 믿었고, 테베의 바쿠스는 그를 모방한 것으로 생각했다. 어떤 사람들은 이 산의 기슭에 니사로 불리는 도시가 있었고, 산은 메론산이었다고 주장했다. 쿠르티우스는 이 견해를 지지했다. '메로스'는 '허벅지'를 뜻한다. 이런 사실은 바쿠스가 주피터의 허벅지에서 태어났다는 이야기를 설명해 준다. 헤인시우스는 여기에서 히브리적 요소의 흔적을 발견할 수 있다면서 바쿠스가 주피터의 허벅지에서 태어났다는 것은 그가 '신의 아들'이라는 의미를 지닌다고 말했다. 루키아노스는 이 견해를 신랄하게 비웃었다.[36]

에우세비우스는 테베의 디오니소스가 태어난 배경과 그가 이룬 업적에 관한 이야기를 전했다.[37] 그는 아시아 국가들을 여행한 최초의 유럽인 가운데 하나였기 때문에 이전 세대들이 전해준 다양한 바쿠스에 관한 전설들을 샅샅이 찾아내 수집할 수 있었다. 대대로 전해온 많은 전승과 신화가 바쿠스 이야기에 덧붙여졌다. 그로써 그에 관한 이야기는 참으로 불가사의한 것으로 바뀌었다(바쿠스에 관한 이야기가 무시할 수 있는 완전한 허구가 아니라면, 그 배후에 있는 증거들을 모두 모아 바쿠스의 원형을 찾아낼 수도 있을 것이다). 고대인들은 포도나무와 포도원이 바쿠스에게서 기원했다고 믿었기 때문에 고대 시대의 바쿠스는 단지 포도주나 포도가 익는 계절인 가을을 가리키는 의미를 지녔을 뿐이라고 주장하는 신학자들의 견해를 한데 짜깁기한 내용이 더러 발견되기도 한다. 루크레티우스는 "만일 사람들이 바다를 넵투누스로, 밀을 케레스로 일컫고, 바쿠스라는 이름을 고유 명사가 아닌 한갓 포도주를 가리키는 의미로 잘못 적용한다면, 그것은 곧 세상 자체가 신들의 어머니라는

---

36 Lucian, *Dialogues 8*.

37 Eusebius, *The Preparation for the Gospel*, Book 20, chapter 2.

사실무근의 주장을 펼치게 되는 셈이다"라고 주장했다.[38] 아테나이우스는 "어떤 사람들은 바쿠스가 바다로 도망친 이야기를 고대로부터 알려진 포도주의 발효 과정을 나타내는 의미로 생각한다. 포도주는 바닷물을 첨가하면 맛이 더 좋다"라고 말하기도 했다.[39] 그러나 그 이야기가 모세의 역사를 토대로 만들어졌다는 것이 좀 더 일반적인 견해다.

비블로스의 필로는 『산쿠니아톤의 역사(History of Sanchuniathon)』에서 그런 이야기들이 조잡하고, 부적절하게 꿰어맞춘 것이라고 지적했다. 그는 "최근의 일부 신학자들은 실제로 일어난 일의 진실을 외면한 채 비유와 전설을 꾸며내고, 사건들과 우주 사이에 유사성이 존재한다는 추측을 근거로 괴기한 이야기들을 만들어내려고 애썼다"라고 말했다. 사실, 그는 자연 신학은 물론, 시인들이 꾸며낸 이야기를 모두 거부했지만, 신들에 관한 가르침은 어느 정도의 진실에 근거하고 있다고 생각했다. 디오도로스 시쿨루스의 세계의 기원에 관한 이야기와 비블로스의 필로의 『산쿠니아톤의 역사』도 똑같은 결론을 내렸다. 우리가 아는 대로, 창세기의 첫 장이 수많은 세대의 역사를 담고 있는 내용으로 바뀌었다. 그사이에 얼마나 많은 왕이 통치했는지 아는 사람은 아무도 없다. 하늘, 땅, 태양, 달, 혼돈(플루토)은 물론, 심지어는 '엘로힘'까지 거론되었다. 옛 뱀이 하나님에 관한 신성모독적인 생각을 부추기고, 그런 복잡하게 구부러지고, 뒤틀린 과정을 거쳐오면서 현기증과 혼란을 느끼는 인류에게 가증스러운 예배 형식을 퍼뜨리려고 했다는 것은 누구나 쉽게 이해할 수 있는 명백한 사실이 아닐 수 없다.

파우사니아스는 "꾸며낸 이야기를 잔뜩 쌓아 올려 진리의 토대를

---

38 Lucretius, *On the Nature of the Universem Book*.

39 Athenaeus, *Learned Banquets*, Book 1.

무너뜨린 사람들로 인해 세상이 지나온 옛길에 남겨진 진실들이 모조리 사라지고 말았다"라고 지적했다.[40] 이 말은 진리 자체가 그릇된 거짓의 무게에 짓눌려 믿을 수 없는 것이 되고 말았다는 뜻이다. 파우사니아스는 "거짓을 양산한 신화 속으로 뛰어들기를 좋아했던 사람들로 인해 진리가 오염되고, 거짓과 뒤섞이게 되었다"라는 말로 그런 일이 어떻게 일어났는지를 분명하게 보여주었다. 다시 말해, 인류의 대다수가 그런 터무니없는 이야기를 즐겨 듣고, 또 거기에 더 많은 이야기를 덧붙인 까닭에 진리가 거짓에 짓눌려 모든 권위를 잃는 결과가 초래되었다.

사람들이 불의로 진리를 가로막는 사악한 마음을 지니도록 놔두는 것이 하나님의 뜻이었다. 그 이유는 그들이 마음속에 하나님 두기를 싫어하고 '그 생각이 허망하여졌기' 때문이다(롬 1:21). 마귀의 간계와 인간의 강퍅함으로 인해 영적으로 가증한 것들이 온갖 불의와 폭력과 불결함과 더불어 세상에 홍수처럼 넘쳐났다. 다신교가 발전하면서 지극히 하찮고 무의미한 것들이 신들의 반열에 올랐고, 그 결과 사람들은 돌과 나무, 미덕과 악덕, 선과 악을 가리지 않고 모든 것을 신으로 숭배했다.

가장 낮은 들판의 풀에서부터 가장 높은 하늘의 별에 이르기까지 하나님이 창조하신 만물이 똑같이 그릇된 대우를 받았다. 바울은 "썩어지지 아니하는 하나님의 영광을 썩어질 사람과 새와 짐승과 기어다니는 동물 모양의 우상으로 바꾸었느니라"(롬 1:23)라고 말했다. 그는 이 말로 모든 종류의 우상 숭배자들을 단죄했다. 헬라 문화는 신들이 인간의 본성을 지녔다고 생각했고, 신성한 능력을 썩어질 인간의 형태로 나타내고, 표현하려고 애썼으며, 애굽인들은 새와 짐승과 파

---

40   Pausanias, *Description of Arcadia*.

충류를 숭배했다. 필로는 "그들은 개, 늑대, 사자, 악어를 비롯해 물과 땅과 하늘에 있는 수많은 피조물을 신의 자리에 올려놓고 숭배했다"라고 말했다. 안디옥의 테오필로스는 아우톨리코스에게 보낸 편지에서 "이제 마지막으로 할 말은 애굽인들이 파충류, 새, 들짐승, 수상 동물 등 수많은 피조물을 숭배하고 있다는 것이요"라고 말했다. 마치 하나님이 자기를 거역하고, 우상 숭배에 치우친 나라를 마귀가 어떻게 압제하고, 지배하는지를 명명백백하게 보여주기를 원하셨던 것처럼 들린다. 우리도 아덴의 바울처럼(행 17:22, 23) 이런 숭배의 대상들을 잠시 생각해봐야 할 필요가 있다. 애굽인들의 미신은 그 민족에게만 국한되지 않았다. 루카누스는 "우리는 그대들의 이시스와 신성한 개를 로마의 신전에 기꺼이 받아들였소"라고 말했다.[41]

최근에 아테나시우스 커처는 엄청난 열정과 노력을 기울여 애굽의 신성한 의식들로부터 뭔가 심오한 비밀을 알아내려고 애썼지만, 아무런 소득도 얻지 못했다. 오히려 그는 다른 민족들이 오늘날까지 뛰어난 지혜를 간직하고 있다고 생각해 온 그 문화가 실상은 세상의 어느 민족보다 더 어리석었다는 것을 드러냄으로써 스스로를 우스꽝스럽게 만들었다. 그는 상형문자를 경이롭게 여겼지만, 사실 당사자인 애굽인들조차도 그렇게 생각하지 않는다. 세속적인 자부심보다 기독교적 겸양을 더 가치 있게 생각한다면, 아무도 그렇게 생각하지 않을 것이다. 그러나 "그는 스스로 눈이 먼 탓에 참으로 고집스럽게도 우리에게 한밤중에 달을 보는 방법을 가르치려 든다."

지금까지 그런 숭배의 대상들에 관한 바울의 결론과 애굽의 대도시에 살았던 유대인 필로의 증언을 살펴보았다. 요세푸스도 그런 죄

---

41 Lucan, *Pharsalia*, Book 8, line 831.

를 종종 단죄했다.[42] 하나님은 출애굽기 12장 12절에서 "애굽의 모든 신을 내가 심판하리라 나는 여호와라"라고 말씀하셨다. 모세는 어떤 형태의 징벌인지는 밝히지 않았으나 하나님이 자신의 말씀을 실행에 옮기셨다고 말했다(민 33:4). 아마도 하나님은 애굽인들이 숭배했던 아피스 황소와 다른 짐승들을 죽여없애신 것으로 보인다. 여기에서 이 교도들 가운데 가장 지혜로운 사람들로 간주되는 사람들의 글을 떠올릴 사람이 많을 것이다(내가 보기에는 그런 이교의 현자들이 애굽인들보다는 미혹된 정도가 좀 덜했던 듯하다). 예를 들어, 풍자가 유베날리스는 "오, 비두니아의 볼루시우스여, 애굽인들이 어떤 괴물들을 숭배하는지 모르는 사람이 누가 있겠는가? 그들은 악어를 숭배하고, 따오기 앞에서 두려워 떤다. 한쪽에는 신성시되는 뱀들이 있고, 다른 한쪽에는 신성시되는 긴꼬리원숭이의 조각상이 빛을 번쩍인다. 그들은 한 곳에서는 강의 물고기를 숭배하고, 다른 곳에서는 개를 숭배한다"라고 말했다.[43] 또한, 아테나이우스는 아낙산드리데스의 말을 인용해 "나는 그대들과 나란히 무기를 들고 싸울 수 없다. 우리의 관습이나 법률은 매우 달라 서로 일치하지 않는다. 그대들은 황소를 숭배하고, 나는 황소를 신들에게 제물로 바친다. 그대들은 뱀장어를 강력한 신으로 간주하고, 나는 그것을 맛있는 간식으로 생각한다. 그대들은 개를 숭배하고, 나는 개를 두들겨 팬다"라고 말했다. 리콘은 "사람들은 애굽인들이 많은 점에서 지혜롭고, 지성적이라고 말한다. 그러나 그들이 뱀장어를 신으로 여길 뿐 아니라 신들보다 더 크게 존중한다는 사실을 한 번 생각해 보라. 우리는 맹세와 기도만으로 신들을 달래지만, 애굽에서는 뱀장어를 극도로 신성하게 여긴다. 따라서 열두 드라크마나 그보다 훨씬

---

42 Josephus, *Against Apion*, Book 1.
43 Juvenal, *Satire* 15.

더 많은 돈을 내놓더라도 단 한 마리의 냄새조차 맡을 수 없을 것이다"라는 안티파네스의 말을 인용했다.

필로스트라토스는 아폴로니우스가 "신들에 관해 당신에게 먼저 한 가지 이의를 제기해야겠소. 그대들은 왜 어리석고, 터무니없는 신들의 형상을 옹호하고, 사람들에게 물려주려는 것이요? 몇 가지 형상은 합리적으로 옹호할 수 있고, 또 진정으로 신다운 모습을 보여줄 수 있을지 몰라도 나머지 신전들에는 비천하고, 비이성적인 동물들의 형상이 신으로 숭배되고 있소이다"라고 인도 수도승들의 지도자인 테스파시안을 꾸짖었다고 말했다.[44] 키처는 오랜 후에 기독교의 신비로운 요소들이 애굽의 괴물 신들과 연관성이 있다는 증거가 많이 발견되었다고 주장했지만, 필로스트라토스는 애굽인들이 그런 가장 비이성적인 숭배를 전혀 합리적으로 설명하지 못했다는 것을 명확하게 밝혀냈다. 키케로의 말대로, 만일 이것이 조금이라도 이로운 점이 있다면 그것은 바로 "우리가 애굽인들을 조롱거리로 삼을 수 있다는 것이다. 애굽인들은 자기들에게 유익하다고 생각되는 피조물은 무엇이든 신으로 만들었다."[45]

길다스는 『영국의 전복(*The Overthrow of Britain*)』에서 여느 때와 같이 당당한 태도로 "영국의 끔찍한 우상들은 그 자체로 악에서 기원했고, 수적으로도 애굽의 우상들을 능가할 정도다. 지금도 버려진 마을들의 안팎에 흉측한 형태와 잔인한 특색을 갖춘 우상들이 꼿꼿하게 서 있는 모습을 더러 볼 수 있다"라고 말했다. 그리스도의 은혜로 자유롭게 된 우리는 그런 모든 사악한 괴물들과 옛 뱀의 악의적인 기만술을 혐오하며, 그저 놀라워할 뿐이다. 우리는 그리스도인으로 일컬어지기를

---

44 Philostratus, *Life of Apollonius*, Book 6, chapter 19.
45 Cicero, *The Nature of the Gods*, Book 1.

원하고, 지극히 거룩한 이름에 합당한 사람으로 불리기를 바라면서
도 이교도와 똑같이 행동하거나 그보다 더 큰 광기에 사로잡혀 있는
사악한 사람들을 가증스럽게 여겨야 마땅하다. 그들은 자신의 입으
로 자기들이 그런 죄를 저지르고 있다는 것을 분명하게 드러낸다. 예
를 들어, 코스터는 자신의 『편람(*Enchiridion*)』에서 "한 조각의 빵을 숭배
하는 사람들의 잘못보다는 차라리 이방인들이 그들의 신들을 숭배하
는 것처럼 하나님 대신 금이나 은으로 만든 조각상이나 물질로 제작
한 형상을 숭배하거나 사미인[46]의 경우처럼 창에 매달아 올린 붉은 천
조각을 신성시하거나 애굽인들이 한때 그랬던 것처럼 살아 있는 짐승
들을 숭배하는 사람들의 잘못이 더 괜찮아 보인다"라고 말했다.

우리가 이성과 의식을 소유한 인간이고, 거룩한 성경 말씀을 믿는
다면 '가장 거룩한 아버지'로 불리는 교황의 자녀들 가운데서 이교주
의의 흑암 속에서조차 보고 듣지 못했던 우상 숭배가 자행되고 있는
현실을 결코 묵과하지 못할 것이다.

세상에 온갖 '신들'이 가득했던 시절이 있었던 것은 분명한 사실이
다. 당시의 사람들은 누구를 예배해야 하는지 몰랐기 때문에 '당신께
서 누구시든'이라는 식으로 기도를 시작하는 습관이 있었다. 예를 들
어, 플라우투스는 "당신께서 누구시든 당신을 경배합니다"라고 말했
다.[47] 카피톨에 봉헌된 방패에는 '남신이든 여신이든 로마의 수호신에
게'라는 문구가 적혀 있었다. 마크로비우스가 '사모니쿠스의 단편(斷
片)'에서 발견한 기도문에는 전쟁 때에 포위 공격을 당하는 도시들의
수호신들을 향해 그곳을 떠나라고 비는 기도 내용이 기록되어 있다.
"만일 이 도시의 주민들을 보호하는 남신이나 여신이 계신다면, 만일

---

[46] 역주: 북유럽과 러시아 북서부에 사는 소수민족

[47] Plautus, *Rudens*, Book 4, line 376.

당신께서 특별히 이 도시와 주민들을 보호하는 일을 해오셨다면, 당신을 공경하며 간절한 마음으로 당신의 관용을 구하오니 이 도시와 주민들을 버리소서. 그들의 땅과 신전들을 떠나시고, 이 도시와 함께 모든 신성한 것들을 버리소서. 이 모든 것을 내버리고, 그 대신 이 도시와 주민들에게 두려움과 수치심을 불어넣고, 그들이 완전히 잊혀 사라지게 하소서. 그들을 떠나 제게로 와서 로마에서 나의 신이 되시고, 우리 도시의 신성한 것들과 지역의 신전들로 거처를 옮기소서. 우리 도시가 더 쾌적할 것이오니 그곳에서 저와 로마의 백성과 군대를 다스리소서. 맹세컨대 그렇게 해주신다면 신전들을 짓고, 경기를 열어 당신을 기리겠나이다."

위의 기도는 어떤 도시를 공략하려면 먼저 그곳의 신들이 그곳을 버리고 떠나야 한다고 믿었던 신념을 구체적으로 보여준다. 베르길리우스도 트로이의 멸망을 그런 식으로 묘사했다. 그는 "이 왕국이 섬겼던 신들이 모두 제단과 신당을 버리고 떠났다"라고 말했다.[48] 고대의 시인들은 멸망이 임박한 상황이 되면 신들의 형상을 신전에서 옮기는 광경이 펼쳐졌다는 이야기를 전했다. 대표적으로, 아이스킬로스는 "함락된 도시의 신들이 그곳을 떠나고 있다는 소식이 전해왔다"라고 말했다.[49] 로마인들은 자신들의 수호신이 도시와 일체가 되기를 바랐기 때문에 신의 고유한 이름을 망령되이 부르면 혹시나 자기들을 버리고 떠날까 봐 두려워 대사제가 "가장 뛰어나고 위대하신 주피터여, 아니면 당신께서 원하시는 그 어떤 다른 이름으로 불리시더라도…"라는 표현을 사용해 기도하도록 예전에 안전장치를 마련해 두었다.

이런 식의 무의미한 허구가 이성의 명령에 따라 살려고 노력했던

---

48   Virgil, *Aeneid*, Book 3, line 219.
49   Aeschylus, *Seven against Thebes*, line 219.

현인들을 만족시켰다면, 진정 놀라운 일이 아닐 수 없다. 우리의 일상적인 경험을 돌아보더라도 헛된 미신이 사람들의 생각에 엄청난 영향을 미치고 있다는 것을 분명하게 알 수 있다. 성 퀸티노스의 신당이 있던 마을에서 벌어진 전쟁에 참여한 사모니쿠스에 관한 이야기에서도 이와 매우 흡사한 사실이 확인된다. 스페인 사람들은 성 로렌조에게 바쳐진 교회를 헐어 없애는 것이 필요하다고 생각했다. 필리페 왕은 훨씬 더 큰 또 다른 교회를 건축해 그 손실을 보상해 주기로 엄숙하게 맹세해야 할 의무감을 느꼈다. 그렇게 해서 '성 로렌조 에스코리알 교회'가 건축되었다. 익명의 한 시인은 "필리페가 전쟁 당시에 이곳 퀸티니에 있던 교회를 파괴하고 나서 로렌조 당신을 위해 이 호화로운 교회를 건축했습니다. 적들은 교회 안에 들어가 있었고, 두려움을 불러일으키는 신성한 제단들은 그들을 지켜주지 못했습니다. 코테 필리페는 '나는 적대적인 사람들을 징벌해 신성한 폐허 아래 매장하도록 허락받았다'라고 말했습니다. 더 큰 선물을 바칠 의도가 있는 사람은 하늘이 성전을 피로 더럽히도록 허락합니다"라고 표현했다.

스타티우스가 『티데우스(*Tydeus*)』에서 언급한 고대의 기도도 이와 똑같다. "제가 저의 조상 파르타논의 품에 안기고, 제가 돌아올 때 플레우론의 성이 문을 열어 저를 맞이하게 해준다면 그곳의 언덕 한가운데에 황금 신전을 지어 바치겠나이다. 그곳에서 풍랑이 이는 이오니아 바다를 내려다보면 즐거우실 겁니다. 그곳에서 탁한 아켈로스강이 바닷물을 움직여 황금빛 소용돌이를 일으키며, 에키나데스(아켈로스강 하구에 있는 섬들)를 만나러 달려갑니다. 제가 꼭 조상들의 전투 장면을 당당한 왕들의 사나운 표정과 함께 조각으로 새기고, 높은 기둥에 제 전리품을 걸어놓겠습니다."[50]

---

50   Publius Papinus Statius, *Thebaid,* Book 2, lines 726-733.

참 하나님에 대한 무지가 이 모든 악의 원천이자 출처다. 어리석은 사람들은 스스로를 조롱거리로 만들거나 모방의 대상으로 만든다. 그들은 소위 '신들'을 만들어 숭배하고, 온갖 어리석고, 무분별하고, 상스러운 일을 저지르며, 강탈 행위와 악행과 다툼과 전쟁과 간음으로 자신을 더럽힌다. 그런 식으로 남아 있던 본성의 빛은 소멸되었고, 하나님의 권능과 신성을 드러내는 그분의 사역은 모두 간과되었다. 그 결과로 헬라주의(또는 이교주의)의 신비주의 신학이 도처에 만연해졌고, 하늘의 신, 중간 계층의 신, 지옥의 신 등 수많은 신이 탄생했다. 시인들이 만들어 낸 이런 기괴한 창작물들이 인류에 미친 해악이 얼마나 큰지 모른다. 이것들은 이성적으로 살려고 노력하는 고요한 삶에 피해를 주고, 문명사회의 질서를 파괴하고, 영원한 형벌을 무시하는 결과를 가져왔다. 이제 가장 터무니없는 사례를 한두 가지만 더 살펴보면 충분할 듯하다.

고대에는 하늘의 움직임을 보고서 시간과 공간을 산정했다. '사트르누스'는 우라노스(하늘)의 아들로 간주되었고, 크로노스(시간)와 동일시되었다. 가장 그릇된 전통은 사트르누스를 노아와 동일시하기도 했다. 그런 과정을 통해 자연 신학이 신화로 변질되었다. 노아가 그토록 크게 존중되었던 이유는 신격화된 다른 인물들이 홍수로 인해 모두 사라졌기 때문이었다. 사트르누스가 자기의 아들들을 삼켰다가 나중에 다시 뽑어냈다고 믿어졌다. 이런 개념이 생겨난 이유가 시간이 모든 것을 낳고서 다시 그것들을 삼켰다가 새로운 것들을 내뿜는 것처럼 보였기 때문인지, 아니면 노아가 아들들을 자기와 함께 방주에 데리고 들어갔다가 나중에 마치 두 번째 인생을 사는 것처럼 다시 세상에 내놓았다고 생각했기 때문인지는 확실하지 않다. 그러나 한 가지 분명한 것은 매우 오래된 희미한 전통에 교묘하게 꾸며낸 이야기를 덧붙여 터무니없는 전설을 만들었다는 것이다.

그와 더불어 사탄의 부추김을 받아 우상을 광적으로 숭배하는 관습이 서서히 생겨났다. 사악한 미신에는 항상 끔찍한 잔인함이 뒤따랐다. 어리석은 인간들은 형용하기조차 어려운 수많은 의식을 만들어 냈고, 급기야는 자신들의 비참함을 달래기 위해 사탄에게 친자식을 희생 제물로 바치기까지 했다. 이것으로부터 어린아이들을 건축물의 기초를 닦을 때 희생 제물로 바치는 의식이 생겨났다. 이것은 헬라인들의 관습보다 더 오래된 관습이지만, 차츰 사람들 사이에서 널리 통용되었던 것이 확실해 보인다. 이 관습은 말 그대로 '보편적인' 악으로 발전했다. 인류가 사탄을 숭배하면서 이 방법보다 더 일치된 태도로 실행에 옮겼던 방법은 일찍이 없었다. 옛 뱀이 그런 식으로 자기를 높이는 것이 가장 그럴싸해 보인다고 생각했는지, 아니면 죄인들을 그렇게 짓밟아 승리하기를 원했는지(사탄은 십자가로 인해 패하고, 정복당할 운명이었다), 그것도 아니면 사람들의 마음속에 참된 희생 제사에 관한 편견과 남용의 씨앗을 뿌리려고 했는지는 정확히 알 수 없다. 그러나 사탄이 이 악한 인신 제사의 관습을 널리 퍼뜨리기 위해 자신의 독즙을 아낌없이 뿜어낸 것만은 분명하다.

몇 가지 예를 들어보자. 테르툴리아누스의 기록에 따르면, 아프리카인들은 "티베리우스가 총독의 직무를 수행하기 전까지 아프리카 전역에서 공개적으로 사트르누스에게 유아들을 희생 제물로 바쳤다."[51] 카르타고인들은 시라쿠사의 왕 아가토클레스에게 패하자 신이 자기들에게 분노했다고 생각하고, 속죄의 표시로 귀족들의 아들 200명을 사트르누스에게 희생 제물로 바쳤다.[52] 그들은 로마와의 전쟁으로 어

---

51   Tertullian, *Apology*, chapter 8.

52   다음의 자료를 참조하라. Pescenninus Festus, *Lactantius*.

려움을 겪을 때도 그와 같은 희생 의식을 거행했다. 한니발의 아들 아스퍼도 희생 제물이 되었다. 실리우스는 한니발의 아내 아르밀케가 "이 신당에 피를 뿌리는 것이 무슨 경건함이란 말인가요? 어리석은 인간들의 악한 행위는 항상 신들의 참된 본성을 알지 못하는 데서 비롯하지요. 그런 야만적인 살육 의식을 걷어치우고, 향불과 참된 경건으로 올바로 기도를 드리세요. 신은 살아 계시며, 사람들을 자비롭고, 친밀하게 대하십니다. 그래서 나는 기도해요. 제단 앞에서 어린 황소를 잡아 바치는 것을 보는 것만으로 충분해요. 만일 내가 너무 많은 것을 바라고, 꼭 그런 희생 제사를 드려야 한다면, 아들을 낳은 나를 죽여 바치고, 나를 없애 당신의 맹세를 지키세요. 우리의 땅 리비아에서 그토록 많은 재능을 지닌 아이를 없애는 것이 대체 무슨 유익이 있다는 말인가요?"라고 아들의 잘못된 희생을 한탄했다고 말했다.[53]

로마인들에게는 살아 있는 사람들이 지하 세계의 신들에게 자기를 희생 제물로 바치겠다고 맹세하는 관습이 있었다. 데키우스 가문의 이야기는 유명하다. 아버지 데키우스는 갈리아족과의 전쟁에서, 아들 데키우스는 삼니움족과의 전쟁에서 각각 국가를 위해 희생하겠다고 맹세했다. 유베날리스는 "데키우스 가문은 평민 출신이다. 그러나 그들은 모든 로마 군단, 모든 용병 부대, 모든 라틴 청년들을 대신해 지하 세계와 대지의 신들을 만족시켰다. 데키우스 가문의 사람들은 그들이 구한 그 어떤 사람들보다 더 많이 존중받았다"라는 말로 그들을 칭찬했다.[54]

아르노비우스는 한때 사람들을 희생 제물로 바쳐 주피터를 예배하는 관습이 있었다고 말했다. 코르넬리우스 렌툴루스와 푸블리우스

---

53 Silius, *Punic War*, Book 4.

54 Juvenal, *Satire* 8, line 254.

리키니우스 크라수스가 집정관의 직위를 수행하던 당시에 원로원에서 인신 제사를 금지하는 법이 통과되었다. 플리니우스는 그 전까지만 해도 자연을 거스르는 의식이 공개적으로 거행되었다고 말했다.[55] 갈리아족이 공격해 왔을 때 원로들은 화려한 예복을 차려입고 광장에 모여 대사제를 시켜 죽은 자들의 혼령들에게 자기들 모두를 바치겠다는 맹세를 하게 했다.[56]

키케로는 갈리아족도 그런 끔찍한 희생 제사로 신들을 달래는 관습을 지켰다고 말했다. "그들이 오늘날까지 사람을 제물로 바치는 극악하고, 야만적인 관습을 지켜왔다는 것을 모르는 사람이 누가 있겠는가?"[57] 플루타르크는 갈리아족들이 매년 남자 한 사람과 여자 한 사람을 제물로 바쳤다고 말했다. 로마 황제 하드리아누스는 애굽의 신들에게 미동 안티노우스를 제물로 바쳤다. 디오 카시우스는 "안티노우스는 애굽에서 죽었다. 하드리아누스가 기록하고 있는 대로 그는 제물이 되어 나일강에 빠져 죽었다"라고 말했다.[58] 하드리아누스는 그를 제물로 바치고 나서 '신'으로 만들었다.

프로코피우스는 툴레섬의 주민들이 자신의 시대에까지 사람을 제물로 바치는 관습을 지켰다고 말했다. 브리튼족에게도 그런 관습이 있었다. 앵글시섬이 파울리누스에게 함락된 후에 "패배한 주민들 가운데 수비대가 설치되었다. 끔찍한 미신 행위로 인해 더럽혀진 숲의 나무들이 모두 잘려나갔다. 그들은 죄수들의 피를 제단에 뿌리는 의식을 거행했고, 인간의 창자를 살펴 신들의 뜻을 점쳤다."[59] 호라티우

---

55 Pliny, *Natural History*, Book 30, chapter 1.

56 Florus, *Histories*, Book 1.

57 Cicero, *Defence of Fonteius*, chapter 10.

58 Dio Cassius, *Xiphilinus*, Book 69.

59 Tacitus, *Annals*, Book 14, chapter 30.

스도 "나는 손님들을 매우 잔인하게 대하는 브리튼족을 방문할 것이다"라고 말했고,[60] 아크론은 "브리튼족은 자신들의 손님을 제물로 바치는 행위를 예사로 저질렀다"라고 말했다. 루카누스는 갈리아족이 인간의 피를 제물로 바쳐 숭배했던 신들을 언급했다. 그는 "그들은 피로 무자비한 테우타테스를 달랬고, 헤수스와 타라니스의 잔인한 제단 앞에서도 그렇게 했다"라고 말했다.[61]

가장 부지런한 학자 가운데 하나인 캠던은 그 모두가 브리튼족의 신들이었다고 말했고,[62] 카이사르는 갈리아족이 브리튼족으로부터 드루이드교 사제들의 가르침을 받아들였다고 선언했다.[63] 게르만족 사이에서도 그런 어리석은 행위가 자행되었다. 타키투스는 "한 남자를 공개적으로 처형하면서 이 끔찍한 의식이 시작되었다. 정해진 날에 사람을 죽여 제물로 바치는 것이 그들의 의무였다"라고 말했다.[64] 카메라이우스는 그때까지도 에트루리아 사람들 사이에서 그런 사악한 행위가 자행되었다는 것을 보여주는 내용이 대리석 비문에 적혀 있었다고 말했다.[65] 조르난데스도 고트족에 관해 그와 비슷하게 말했다. "그들은 가혹한 의식을 자주 거행해 마르스 신을 달랬다. 살육당한 희생자들은 포로들이었다."

헬라인들도 똑같은 범죄를 저질렀다. 아티카의 초창기 왕이었던 에렉토니우스는 자신의 두 딸을 제물로 바쳤다. 아테나이우스는 시지쿠스의 네안데스가 자기 자신을 희생 제물로 바쳤다고 말했다.[66] 아

---

60 Horace, *Odes*, Book 3, chapter 4, line 33.
61 Lucan, *Civil War*, Book 1, line 444.
62 Camden, *Britannia*.
63 Caesar, *Gallic War*, Book 6.
64 Tacitus, *Germania*, Book 9.
65 Camerarius, *History*, Book 2.
66 Athenaeus, *Healthy Banquets*, Book 13.

덴에 '알지 못하는 신'에게 바치는 제단을 세운 것으로 알려진 에피메니데스는 인간의 피로 아티카 지역에서 자행된 고대의 범죄를 속죄하려고 시도했다. 메노에코스는 도시를 위해 자신을 제물로 바침으로써 테베 사람들 사이에서 존중받았다. 그는 자신의 피로 지하 세계의 신들을 달래기 위해 스스로 목숨을 바쳤다. 메노에코스는 두로 출신이었다(이 미신은 두로를 통해 헬라에 전파되었다). 파피리우스 스타니우스는 다음과 같이 그의 죽음을 높이 기렸다. "성벽의 한 곳을 선택해 그곳에 올라선 훌륭한 메노에코스는 여느 때보다 더 위풍당당해 보였다. 그의 용모는 가장 높은 하늘에서 갑자기 내려온 신과 같았다. 그가 투구를 벗자 전선을 지긋이 내려다보고 있는 그의 모습이 환하게 드러났다. 그는 싸움터에 전쟁 대신 정적이 찾아오기를 바라면서 '전쟁의 신들이여, 이런 영광스러운 죽음을 맞이할 수 있게 허락해주신 포이베여, 저를 바치오니 제 피를 아낌없이 쏟아 얻은 은총을 테베에 베푸소서…아울러, 이 양순한 희생이 신들을 기쁘시게 했다면, 제 피를 받으시고 두로인들에게도 그들의 신전과 밭고 집과 아내와 자녀들을 돌려주소서'라고 빌었다."[67]

시인의 말을 통해 속죄를 위한 인신 제사에 관해 이교도들이 느꼈던 일반적인 감정이 분명하게 드러난다. 스타티우스는 나중에 읊은 "어머니의 애가"에서 "내가 하찮은 어미처럼 이 무정한 테베 사람들을 위한 속죄 제물로, 봉헌된 생명으로 바치라고 너를 길렀단 말이냐?"라고 말했다.[68]

쿠르티우스도 비슷한 맥락에서 두로인들이 무고한 소년을 사트

67　Papirius Statius, *Thebaid*, Book 10, lines 756–769.

68　Papirius Statius, *Thebaid*, Book 10, lines 793–794.

르누스에게 바쳤던 일을 언급했다.[69] 헤로도토스와 디오도로스 시쿨루스도 살아 있는 사람들을 동물 신에게 제물로 바쳤던 애굽의 관습에 관해 말했다. 헤로도토스는 사제들을 통해 메네라에우스가 애굽에서 두 명의 소년을 제물로 바쳤다는 이야기를 전해 들었다. 플로루스는 트라키아인들이 인간의 피를 신들에게 제물로 바쳤다고 말했다.[70] 디오도로스는 켈트족이 칼로 한 남자의 허리를 베어 제물로 바쳤다고 증언했다.[71] 디트마르가 자신의 열 번째 책에서 밝힌 대로, 고대 스칸디나비아 사람들과 데인 사람들은 매년 1월에 아흔아홉 명의 남자와 같은 숫자의 말과 개들을 제물로 바쳤다. 루카누스는 마르세유 사람들에 관해 이렇게 말했다. "여기에서는 신들을 위한 신성한 의식이 야만적인 의식으로 치러졌다. 제단들에는 잔인한 제물이 가득 쌓였고, 심지어는 인간의 피로 모든 나무를 정화하기까지 했다."[72] 테오도레트는 "로도스섬에서는 매년 11월 초하루가 되기 열여섯 번째 전 날에 남자 하나를 제물로 바치곤 했다"라고 말했다. 포르피리오스(신플라톤주의 철학자)는 "페니키아인들은 전쟁이나 기근이나 질병과 같은 큰 재난이 닥치면 제비를 뽑아 가장 존경받는 주민 가운데서 한 사람을 골라 사트르누스에게 제물로 바쳤다"라고 말했다.

이 보편적인 악습은 하나님의 백성에게까지 영향을 미쳤다. "그들의 우상들을 섬기므로 그것들이 그들에게 올무가 되었도다 그들이 그들의 자녀를 악귀들에게 희생 제물로 바쳤도다"(시 106:37, 38). 지금까지 열거한 사례들이면 충분하다. 더 많은 사례를 알고 싶으면 내가 쓴

---

69   Curtius, *History of Alexander*, Book 4.

70   Florus, *Histories*, Book 3, chapter 4.

71   Diodorus Siculus, Book 5.

72   Lucan, *Pharsalia*, Book 3, lines 303–305.

책을 참조하라.[73] 일부 이름뿐인 그리스도인들도 너무나도 수치스러운 나머지 기록으로 남지는 않았지만 같은 죄에 스스로 미혹되었다.

에우세비우스는 포르피리오스가 이런 희생 제사가 아브라함에게서 시작되었다면서 아브라함을 사트르누스와 동일시했으며, 그가 아노브레타 여왕에게서 낳은 딸 게네를 희생 제물로 바쳤다는 터무니없는 주장을 제기했다고 크게 질타했다. 세속적인 저술가들은 민족들과 사건들의 기원을 찾으려고 노력하면서 그런 어처구니없는 이야기를 서슴없이 지어냈다. 바로(Varro)는 고대인들이 그런 형태의 희생 제사를 선택한 이유는 가장 뛰어난 피조물인 인간을 신들이 가장 좋아할 것으로 생각했기 때문이라고 말했다. 카이사르는 인간의 생명은 인간의 생명으로 갚아야만 신들의 신성한 권위를 가장 잘 만족시킬 수 있다는 드루이드교 사제들의 신념을 언급했다. 따라서 인간이 속죄의 희생 제물이 되어야 한다는 개념이 가장 보편적이고, 가장 오래된 전통이었다고 결론지을 수 있다.

불안하고, 불확실한 정신을 소유한 인간이 짐승의 피로는 사람들의 죄를 속량해 정의롭고, 위대한 하나님을 만족시킬 수 없다고 생각했던 것은 매우 자연스럽다. 이 문제와 관련해 사탄은 늘 그러는 것처럼 인간을 공격한다. 그는 인간의 절망을 부추겨 스스로의 목숨보다 더 귀한 제물은 없다고 생각하게 만든다. 그런 생각을 통해 자기 자신이나 다른 사람을 희생 제물로 바쳐야 한다는 개념이 생겨났다. 미가 선지자는 이 큰 악의 배후에 죄의 자각과 징벌의 두려움에 시달리는 양심이 숨겨져 있다고 지적했다(미 6:7). 양심은 사탄의 부추김을 받아 그런 끔찍하고, 잔인한 행위를 세상에 퍼뜨렸다. 그런 이유로 사람들은 큰 사건이 두렵거나 큰일을 도모하려고 할 때면 신탁을 구하곤

---

73 John Owen, *On Divine Justice*, Works, Volume 10, chapter 10.

했고, 그럴 때마다 인간의 피로 제사를 드려야 한다는 대답을 들은 것처럼 행동했다. 메노에쿠스와 이피게니아의 이야기는 널리 알려져 있다. 필로스트라토스는 『아폴로니우스의 생애』에서 신들을 기리기 위해 죽을 때까지 자신을 채찍으로 때리는 스파르타인들의 관습도 이와 비슷한 기원을 지니고 있다고 말했다. "스키타이족의 다이아나를 기리기 위해 채찍질을 하는 관습이 지켜졌다. 그들은 신탁이 그것을 요구한다고 말했다. 그러나 나는 그런 행위가 신들에게 대항하는 광기의 일종이라고 생각한다."[74] 파우사니우스도 자신의 책에서 "델포이 신탁은 메가라 사람들의 물음에 귀족 젊은이를 디오니소스에게 제물로 바치라고 대답했다"라고 말했다.[75] 이런 사례들이 역사가들의 책에서 수없이 발견된다. 상황이 이 지경까지 이른 것을 보면, 가장 악의적인 사탄조차도 이보다 더 큰 죄악을 부추기려면 꽤 많이 고심해야 할 듯싶다.

이런 식으로 사악함이 최고조에 달해 한계를 정할 수 없을 지경에 이르렀다. 역겨운 이교의 신들이 저지르는 간음과 방탕이 온갖 불경스러운 범죄를 저지르도록 사람들을 부추겼고, 그런 죄인들을 옹호하는 역할을 했다. 사람들 스스로가 그런 신들을 만들었기 때문에 거짓을 말하고, 거짓 맹세를 일삼고, 온갖 종류의 불법을 자행하는 등, 자연히 그들을 닮을 수밖에 없었다. 신들의 이야기에서 다툼, 거짓말, 전쟁, 위증, 간음과 같은 내용을 빼버리면, 지금 위인으로 간주되는 고대의 많은 저술가들이 참으로 하찮아 보일 것이 틀림없다. 그러나 안타깝게도 경건한 학자 존 코메니우스가 탄식한 대로, 심지어 오늘날까지도 그런 신화에 오염된 젊은 그리스도인들이 몰록에게 제물로 바쳐지

---

74 Philostratus, *Life of Apollonius*, Book 6, chapter 10.
75 Pausanius, *Travels in Boetica*.

고 있다. 성도들에게 영원히 감추어져야 마땅한 더러운 악행을 순결한 귀를 가진 사람들에게 다시 되풀이하자니 참으로 주저된다. 그러나 마귀가 악인들의 마음속에서 어떤 극악한 생각을 불러일으키는지를 올바로 이해하려면 몇 가지 사례를 더 언급해야 할 필요가 있다.

플라우투스의『암피트리온(Amphitryo)』의 서문에 보면, 머큐리가 주피터를 염두에 두고 "당신은 나의 아버지가 지금 어떤 상태이고, 또 죄를 처벌받지 않은 채로 얼마나 자유롭게 지내는지 잘 알고 있소. 그는 자기를 즐겁게 하는 대상이 눈에 띌 때마다 조금도 망설임 없이 사랑한다오"라고 말한 내용이 발견된다. 세네카는 자신의『히폴리투스(Hyppolitus)』에서 "구름과 하늘을 다스리는 자가 열등한 모습으로 위장하고 얼마나 자주 세상에 내려오는지 모른다"라고 말했다. 인간은 축축하고 부드러운 진흙처럼 그런 신성모독을 참으로 쉽게 모사하는 성향이 있다. 생각 없는 사람들은 그런 것을 지켜보면서 박수갈채를 보낸다. 아우구스티누스는 "그런 신들을 섬기는 자들은 지독한 독에 찌든 정욕에 지배되고, 플라톤이나 카토의 가르침보다 스스로 저지른 악에 훨씬 더 큰 관심을 기울인다"라는 말로 이 점을 적절하게 지적했다.[76] 아우구스티누스의 책을 읽어보면, 여신을 숭배하는 그릇된 예배에 관해 상세하게 알 수 있다. 인류는 앞선 선례들이 보여준 악의 길을 향해 저돌적으로 과감하게 돌진했다. 테렌스가『카이레아』에 등장하는 인물의 입을 통해 한 말을 살펴보면, 그들의 눈앞에 어떤 본보기들이 있었는지를 익히 짐작할 수 있다. "모든 것이 준비되는 동안, 그 처녀는 방에 앉아서 주피터가 다이아나의 젖가슴에 금빛 소나기를 쏟아내는 모습을 묘사한 평판 그림을 바라보고 있었다. 나도 그 그림을 보기 시작했다. 신은 이미 전에도 그와 비슷한 일을 해본 적이 있는

---

[76]　Augustine, *City of God*, chapter 7.

터라 내 마음은 더욱 기뻤다. 신은 한 남자로 변신해서 또 다른 남자의 기왓장을 뚫고, 중앙 건물 안으로 들어와 그 여성을 미혹했다. 이 신은 어떤 신인가? 하늘의 가장 높은 신전들을 진동시키는 신이 아닌가! 그런데 한갓 유한자인 내가 그와 똑같은 행위를 할 수 있을까? 사실 나도 그렇게 했다. 그것도 아주 기꺼이 그렇게 했다."[77] 오늘날의 젊은이들이 시인들의 글이나 음란한 그림의 영향을 받지 않기를 간절히 바란다. 그런 악이 창궐한 탓에 사람들은 '신들의' 본보기를 따라 가장 추잡한 범죄를 저지르도록 서로를 부추겼다. 이런 이유로 카탈루스는 "어리석은 자들의 태도처럼 우리를 곤란하게 만들지 말자. 신들의 어머니인 주노가 남편의 비행을 보고서 매일 분노에 불타고 있고, 만물을 다스리는 주피터의 속임수에 치를 떨고 있다는 것을 기억하라"라고 말했다.

바벨론인들이 자신의 딸들을 신전의 창기로 내준 사실을 언급한 헤로도토스와 스트라보의 글을 읽어보면,[78] 우상들을 숭배하는 과정에서 가장 사악한 범죄가 관습적으로 행해졌다는 것을 알 수 있다. 자연히 그런 사악한 예배를 통해 악이 온 세상을 지배하기에 이르렀다. 가장 천박한 난봉꾼들은 신들에 대한 그런 끔찍한 신념과 사악한 예배를 통해 대담한 마음과 새로운 활력을 얻어 신들의 이름과 습관을 그대로 모방해 약탈, 간음, 강도질, 해적질과 같은 수많은 죄악을 저질렀다. 그런 악인들이 곳곳에 우글대며 산과 동굴과 숲과 신전과 강둑과 해안에 빈번하게 출몰했다.

로마의 이시스 신전에서 자행된 범죄에 관한 유명한 이야기는 그런 예배의 결과를 보여주는 대표적인 사례 가운데 하나다. 이 이야기

---

77 Terence, *Chaerea*, Act 3, scene 5.
78 Strabo, *Geographies*, Book 16.

는 요세푸스가 전해준 것이다. 문두스라는 로마의 기사가 고귀한 귀부인인 파울리나의 순결을 더럽히려고 오랫동안 호시탐탐 기회를 노렸다. 마침내 그는 아누비스로 가장하고 신전에 들어가서 그녀 남편의 허락하에 그녀를 겁탈했다. 고대의 영웅들 가운데는 해적, 강도, 폭군, 또는 사제들과의 관계를 통해 불법적으로 태어난 사람들이 매우 많았다. 그들의 친부가 알려진 사람들도 있고, 그렇지 않은 사람들도 있었다. 한 뛰어난 역사가는 처녀들을 시켜 베스타 여신을 섬기게 한 제도를 만든 장본인이 로물루스가 아니었을 것으로 추정할 수 있는 이유를 이렇게 설명했다. "내가 볼 때는 그가 처녀들이 여신을 섬기는 제도를 만들지 않았던 것으로 보인다. 왜냐하면 그의 어머니가 여신을 섬기는 중에 처녀성을 잃게 된 경험이 있었기 때문이다. 그는 그런 불행한 가정사를 기억하고 있었기 때문에 여사제들 가운데 어느 누가 부정해졌더라도 전통적인 율법이 요구하는 형벌을 집행하기 어려웠을 것이다."[79]

어둠의 권세가 판을 치고, 교황권이 복음의 진리를 억압하는 데 성공을 거두자 로마주의자들도 크게 미혹되어 그와 비슷한 성격의 범죄를 수없이 저질렀다. 이는 너무나도 분명한 사실이기 때문에 수치심을 전혀 느끼지 못하지 않는 한, 그것을 감히 부인할 교황은 아무도 없을 것이다. 그들은 속기 잘하는 무지한 대중에게 신비로우면서도 평화로운 영들이 한밤중에 그들의 집을 방문해 입에 담기도 부끄러운 행위를 저지른다고 둘러댔다. 그들은 자신들이 저지른 더러운 범죄를 터무니없게도 (그런 해를 끼칠 수 없는) 영들에게 뒤집어씌웠다. 초서는 당시에 유명했던 한 수도원의 '형제들'에 관해 글을 쓰면서 "꼬마 요정이 늘 걸어 다니는 그곳에 지금은 리미토르 자신이 걷고 있다. 모든 수풀

---

79 Dionysius of Halicarnassus, *Histories*, Book 2, chapter 65.

속과 모든 나무 아래 다른 몽마(夢魔)가 아닌 그가 있다"라고 말했다.

인도 철학자 야르차스가 지적한 대로, 이 모든 것의 결과는 미덕을 지키는 것이 거의 불가능해졌다는 것이다. 그는 아폴로니우스를 향해 "만일 당신들이 기꺼이 선해지거나 친절해지려고 노력한다면, 당신네 시인들 가운데 가장 지혜로운 사람들조차도 그렇게 하도록 허용하지 않을 것이요"라고 꾸짖었다.[80] 아폴로니우스 자신도 그런 판단을 인정했다. 그는 "모든 신화에 등장하는 영웅들에 관해 글을 쓰는 사람들은 독자들을 오염시킨다. 그 이유는 그들이 역겨운 욕정, 근친결혼, 신들에 대한 비방, 어린아이들을 잡아먹는 만행, 비열한 악행, 끝없는 법정 다툼과 같은 것만을 다루기 때문이다. 연애, 경쟁, 부나 권력을 위한 다툼 등이 이런 신화들의 주제다. 시인들이 언급한 행위들은 욕정과 시기심과 물욕과 권력욕을 탐하도록 이끈다."[81] 신들을 따라 행하는데 스스로가 악행을 저지르고 있다고 생각할 사람이 누가 있겠는가? 키케로는 이런 사실에 관해 다음과 같이 말했다. "일반적으로 말해, 나는 철학자들의 판단이 아닌 정신병자들의 헛소리를 묘사한 셈이다. 시인들의 목소리를 통해 퍼져나간 그런 터무니없는 이야기들은 많은 호응을 불러일으킴으로써 해악을 끼친다. 그런 이야기들은 분노에 불타오르는 신들, 정욕에 온통 사로잡힌 신들을 보여주고, 신들의 전쟁, 싸움, 갈등, 상처, 불화, 증오, 언쟁, 울부짖음, 인간들과의 불법적인 성관계, 간음, 욕정 따위를 우리의 눈앞에 드러내며, 그로 인해 태어난 반신반인의 존재들을 묘사한다. 그런 것들이 최소한의 절제도 없이 적나라하게 표현된다."[82] 독자들은 플라톤이 『티마이오스』

---

80 Philostratus, *Life of Apollonius*, Book 3, chapter 4.

81 Philostratus, *Life of Apollonius*, Book 5, chapter 5.

82 Cicero, *On the Nature of the Gods*, Book 1, chapter 16.

에서 이 주제에 관해 말한 것을 참조해야 할 필요가 있다. 그의 견해는 읽어볼 만한 가치가 있다.

세월이 지나면서 입법자들과 철학자들이 시인들을 계승했다. 그들은 일종의 중립적인 신학을 만들려고 노력했다. 그러나 그 신학도 근본적으로는 타락 이후에 나타난 최초의 배교자들이 했던 방식을 따라 창조물을 숭배하는 일종의 우상 숭배에 지나지 않았다. 시인들이든 입법자들이든, 자연 신학을 불결하고, 사악한 신화로부터 구해낼 수 없기는 마찬가지였다. 참된 원시적 전통에서 비롯하는 유익은 모두 사라지고 말았다. 그것은 시인들이 꾸며낸 이야기들을 통해 이미 완전히 파괴되었다. 그로 인해 사람들의 생각이 극복할 수 없는 편견에 치우치는 결과가 초래되었다.

이런 입법자들이 신학을 고안한 참된 이유는 종교를 통제해 공공 질서를 해치는 일이나 정부에 대항하는 일이 일어나지 않게 하기 위해서였다. 잘 알다시피, 오늘날의 정치인들도 대부분 종교를 그런 관점에서 다룬다. 이교의 입법자들은 시인들이 대중에게 전한 오류와 허구와 우상 숭배 가운데서 정부의 공식적인 권위를 노골적으로 거부하거나 공공 예절을 교란하는 내용을 제외한 나머지를 모두 법제화시켰다.

플라톤 자신이 대중적인 편견에 굴복한 사실은 잠시 생각해 볼 가치가 있다. 그는 『티마이오스』에서 "신들과 영웅들을 논하고, 그들의 기원을 이해하는 것은 우리의 능력을 넘어서는 일이다. 과거에 신들의 후예라고 주장한 사람들의 말을 신뢰하고, 그들이 최소한 그들 자신의 조상을 충분하게 잘 이해했다고 인정해야 한다. 따라서 그럴듯한 증거나 설득력 없이 말한 것일지라도 그들이 신들의 자손이라고 믿지 않을 수 없다. 그 이유는 그들의 주장이 그들 자신의 가정사에 관한 일이요, 그들이 알고 있는 사실에 관한 것이기 때문이다. 우리는 그런 문제에 관해서는 고대의 법률과 관습을 인정하고, 신뢰해야 한다. 따라서 우리는 이런 신들의 기원이 우리에게 전해진 그대로라고 주장하는 바이다"라고 말했다. 나는 플라톤이 그렇게 말한 이유가 도시 사람들이 신으로 섬겨야 한다고 주장했던 신들을 신으로 간주하지 않았다는 이유 하나만으로 사형 선고를 받았던 자신의 스승 소크라테스를 염두에 두었기 때문이라고 생각한다. 어쨌든 플라톤은 속으로는 당시 사람들의 어리석음을 은근히 조롱했는지 몰라도 겉으로는 신들의 존재를 공개적으로 인정했다. 그의 이런 추론은 『국가론』 2권에서 좀 더 발전되었다. 스트라보는 입법자들이 보이지 않는 악에 대한 두려움을 불러일으켜 사람들이 욕정을 통제할 목적으로 종교적인 신화를 창안했다고 주장했다. 그는 "신들이 휘두르는 날랜 창, 번개, 방패, 삼지창, 횃불, 용 등, 고대 신학의 도깨비 같은 요소들이 입법자들을 통해 유치한 사람들을 통제하기 위한 수단으로 전승되었다"라고 말했다.[83] 교황을 섬기는 사제들이 과거에 이와 똑같은 속임수를 사용했다는 것은 두말할 필요조차 없는 사실이다. 그들이 사람들의 생각 속에서 기독교의 생명력을 완전히 제거하는 데 성공하자 지독한 무지와 사악한 행위가 난무하기 시작했다. 따라서 그들은 사람들이 의무의 외관만이라도 지키게 하려고 연옥을 비롯해 여러 가지 무서운 것들을 생각해 내야 했다.

이것이 곧 이교도들의 정치 신학이었다. 세네카는 종교의 의식적인 요소들에 관해 "지혜로운 사람은 그것들이 신들을 기쁘게 하기 위한 것이 아닌 법률로 제정된 것이라는 이유로 그것들을 준수했다"라고 말했다. 시간이 지나면서 시인들의 광적인 시적 묘사에 깊이 매료

---

83 Strabo, *Geography*, Book 1.

된 평민들은 의식적인 요소들을 지키기 위해서라면 시민권을 박탈당해도 상관없다는 태도를 보였다. 사람들이 그런 저급한 종교적 견해를 악착같이 고집했기 때문에 입법자들은 고대의 신화를 모두 그들 자신의 정치적 이익을 위해 활용했고, 철학자들은 그런 신학을 공공 질서를 유지할 목적으로 고안된 인공물로 간주해 논박했다. 그런 관행은 처음부터 결함이 있는 상한 물품처럼 신속하게 무가치한 것으로 변질되었다.

철학자들은 좀 더 명료한 생각을 지닌 것처럼 보였다. 그들은 최소한 원시 신학의 잔해를 살펴보면서 모든 것을 철저하게 시험했다. 그러나 그들도 무신론적인 논증을 펼치는 것을 제외하고는 시인들의 부패한 신화와 기괴한 창작물로부터 자유로울 수 없기는 마찬가지였다. 그런 혼돈 속에서 철학적 '자연 신학'이 발전했다. 그것은 가장 무서운 범죄로 인해 마음이 무감각해져 진리의 명료한 힘을 따르는 법을 전혀 알지 못했던 사람들을 통해 창작된 것이라는 특성을 띠었다. 에우세비우스가 『복음을 위한 준비(*Preparation for the Gospel*)』에서 이 점을 충분히 입증해 보였기 때문에 굳이 여기에서 더 말할 필요는 없을 듯하다. 그런 사상가들은 극심한 어둠에 휩싸인 생각으로 논의를 전개했다. 따라서 그들의 노력은 신뢰할 수 없는 것이 되고 말았다.

결국, 하나님에 관한 지식은 모두 다 완전하게 어둠에 뒤덮였고, 고대의 신화 외에는 어떤 지식도 알 수 없었던 일반인들은 창작된 기괴한 이야기들로 인해 혼란을 겪으며 가장 저급한 이유로만 종교를 믿는 상태로 빠져들었다. 능숙한 탐구와 예리한 정신적 능력으로 명성을 떨친 사람들은 사실상 가장 어리석은 사람들이 되고 말았다. 일반인들은 현세를 떠난 뒤에는 모종의 심판을 받게 될 것이고, 지하 세계에서는 사람들의 상황이 제각각 다를 것이라는 전통적인 견해를 여전히 신봉했다. 다른 각도에서 신학을 형성하려는 노력도 그런 신념을 흔들어놓을 수는 없었다. 왜냐하면 그런 신념은 너무나도 강력했을 뿐 아니라 세상에 만연한 불경함과 사악함을 제어하는 데 뛰어난 효과를 발휘했기 때문이다. 세상은 오늘날까지도 참된 자연 신학을 잃어버렸지만, 그리스도를 알지 못하는 사람들도 장차 심판이 있을 것을 알고 있을 뿐 아니라 자신들의 미래 상태에 관해 불길한 예감을 느끼고 있다. 그런데도 철학자들은 한결같이 그런 생각이 마치 근거 없는 두려움에 속박되는 것인 양 조롱을 일삼았다.

'신들에 대한 두려움'으로 인해 우상을 극진히 섬기며 떠받드는 관습이 생겨났다. 그런 두려움은 '미신(superstition)'[84]으로 일컫는 것이 정확할 듯하다. 이 용어는 몇 가지 이유에서 매우 적절해 보인다. 예를 들어, 로마 웅변술의 아버지로 일컬어지는 사람은 이 용어가 아들들이 살아남아 자신을 계승해 주기를 끊임없이 기도했던 사람들을 가리키는 의미로 사용되었다고 말했고, 한 희극 작가는 당시의 부모들이 "당신의 아들이 안전하고, 건강하게 살아남아 당신보다 더 오래 살기를 바라는 것처럼…"라는 식으로 항상 기도했다고 말했다.[85] 테렌스는 "세상에! 팜필루스에게 그렇게 잘생긴 사내아이가 태어나다니! 그 아이가 그보다 더 오래 살기를 신들에게 기도한다"라고 말하면서 "네가 이 사람과 나보다 더 오래 살기를 기원한다"라고 덧붙였다.[86]

세르비우스는 다른 사람들보다 늦게까지 살아남아 장수를 누리면서도 여전히 '사소하고 무가치한 것에 몰두하는 여인들'을 언급하면

---

84 역주: 이 영어 단어는 '위에 서 있는 것'을 의미하는 라틴어 'superstitionem'에서 유래했다. 신들이나 초자연적인 것에 대한 지나친 두려움이나 무지와 불합리한 것에 근거한 종교적 신념을 가리키는 의미로 사용된다.

85 Plautus, *Asinaria*, Act 1, scene 1.

86 Terence, *The Self-tormentor*, Act 5, scene 4.

서 "그들은 가장 미신적인 것처럼 보이기를 바라는 듯 터무니없는 말을 지껄인다"라고 말했다. 도나투스도 그와 비슷하게 "장수한 그 남녀 노인들은 얼마나 미신적인지 모른다. 그들은 터무니없는 말만 지껄인다"라고 말했다. 불안정한 정신을 묘사한 속담에 "신들을 지나치게 두려워하는 사람들은 미신적이다"라는 말이 있다. 한 풍자가는 "할머니나 나이든 숙모를 보라! 그녀는 갓난아이를 요람에서 들어 올릴 때 정화의 의미로 침을 뱉고, 손가락으로 이마와 촉촉한 입술에 기름을 바르는 등 미신적으로 행동한다"라고 말했다.[87] 물론 주교들의 세례에도 그런 이교도의 관습이 포함되어 있다. 락탄티우스는 '죽은 자들을 추모하며 숭배하는' 사람들의 행위를 미신으로 간주했다.[88]

아울러, '신들에게 영감을 받았다거나' 자신의 삶이 '신들에 의해 정해졌다고' 생각하는 것도 똑같이 미신으로 간주되었다. 플라우투스는 "신성한 진리를 선포하는 사람은 미신적이다"라고 말했다.[89] 따라서 우리는 미신을 신성한 것을 향해 갑작스레 일어나는 비정상적인 충동이나 아무런 근거가 없는 무분별한 예배 체계 가운데 하나로 정의할 수 있다. 키케로와 플루타르크는 전자의 의미를 상당히 길게 논했다. 물론, 논의된 내용은 대부분 잘못되었다. 키케로는 자신의 책들 여기저기에서 산발적으로 논했고, 플루타르크는 『미신에 관해 (Concerning Superstition)』라는 제목의 정교하고, 뛰어난 책에서 논의를 펼쳤다. 수에토니우스도 『네로의 생애』에서 "그리스도인들은 새롭고, 사악한 미신을 공유하는 인종들이다"라고 말했다.[90] 어떤 사람들은 심지어 모든 종교를 미신으로 간주했다. "헛된 미신이여! 진정으로 신성한

---

87 Persius, *Satire* 2, lines 31–34.

88 Lactantius, *Institutions*, Book 2, chapter 28.

89 Plautus, *Curculio*, Act 3, scene 27.

90 다음의 자료도 함께 참조하라. Tacitus, *Annals*, Book 15.

것은 오직 하나, 마음속에 있는 미덕뿐이다."

　이교도들 가운데 가장 뛰어난 사람들도 이방 종교가 한갓 해로운 미신에 지나지 않는다고 생각했지만, 여전히 일반 대중에 대한 통제가 필요하다는 이유로 그 필요성을 주장했다. 이것은 스트라보가 분명하게 언급한 사실이다. 그는 "드라큘라도 고르곤과 에피알테스(바다의 신 포세이돈의 아들)와 도깨비들처럼 신화에 지나지 않지만, 대다수 시민은 시인들이 전하는 헤라클레스나 테세우스와 같은 영웅들이 행한 위대한 행위, 제우스와 같은 신들이 베푸는 보상을 묘사한 신화, 신화 속에서 운명이 변하거나 신들의 은전을 입는 이야기, 신화적인 조각상이나 석상이나 그림과 같은 것에 크게 열광한다. 또한, 그들은 신들의 징벌과 두려움에 관한 이야기를 말로 전해 듣거나 두려운 그림으로 나타낸 것을 볼 때는 악행을 삼가려고 노력한다. 철학적인 글을 통해 일반인들에게 경건함이나 거룩함이나 믿음을 고취하기는 불가능하다. 그러나 미신을 통해서는 그런 일이 가능해진다"라고 말했다.[91]

　플라톤은 이렇게 말했다. "그것은 여성들을 비롯해 눈에 띄는 신체적 결함을 지녔거나 우연히 위험한 상황에 놓이게 되었거나 극심한 가난을 겪고 있는 사람들이나, 그와는 정반대로 뜻하지 않게 갑작스러운 행운을 거머쥐게 되어 획득한 것을 봉헌하거나 희생 제물을 바치겠다고 맹세하거나 신들이나 영웅들(신들의 아들들)의 석상을 세우겠다고 약속하는 사람들의 특별한 습관이다. 사람들은 두려움에 사로잡혀 깨어 있는 상태로 누워있을 때 환영을 보거나 꿈속에서 본 두려운 광경을 떠올릴 때면, 먼저는 자신의 가정에, 그다음에는 마을에 제단과 신전을 세워 두려움을 달래려고 애쓰거나 미신적인 의식을 행해

91　Strabo, *Geography*, Book 1.

그런 장소를 정결하게 하려고 시도한다."[92]

교황권 아래에서 번창했던 미신을 생생하게 묘사하기에는 이보다 더 적합한 표현은 없을 듯하다. 키케로는 종교와 미신과 점술 행위에 관해 이렇게 말했다. "자연에 관한 지식과 가장 밀접하게 연관된 종교를 촉진하려고 노력해야 하는 것처럼, 미신의 근원을 근절하려고 노력해야 한다. 미신은 우리를 위협하고, 강하게 압박하며, 우리가 어디로 향하든 우리를 쫓아온다. 선견자의 말을 듣고, 징조를 보고, 희생 제사를 드리고, 새가 나는 모습을 관찰한다. 점성술사나 주술사의 모습이 떠오르고, 천둥과 번개가 치고, 어떤 것에 벼락이 떨어지는 등, 징조처럼 보이는 것이 나타나거나 행해진다. 미신적인 마음은 결코 안정을 찾을 수 없기 때문에 그런 일들은 필연코 일어날 수밖에 없다."[93] 이런 글들을 인용하는 이유는 독자들에게 미신이 이런저런 형태로 도처에 만연할 뿐 아니라 어떤 종교를 믿느냐와 상관없이 거의 모두가 미신에 노출되어 있다는 점을 주지시키기 위해서다.

이교도의 미신적인 종교에 관한 상세한 설명이 많은 저술가의 책에 잘 기록되어 있다. 고대의 이방 종교가 이교적인 견해에 발맞추어 어떻게 진행되었는지 알고 싶은 사람들은 바로, 키케로, 오비디우스, 페스투스 폼페이우스, 마크로비우스, 켄소리누스, 플리니우스를 비롯해 많은 저술가들의 글을 참고하기 바란다. 남아 있는 진리의 파편들이 그들의 전통적인 의식 가운데 숨겨져 있는 것이 확실하다. 그와 동시에 좀 더 순수한 신학도 발전을 이루었다. 이교도들은 자신들의 내적 양심을 거슬러 행동하거나 자신들의 길을 가는 데만 너무 골몰한 나머지 대부분 그런 신학을 간과하는 잘못을 범했다. 우리는 그

---

92   Plato, *Laws*, Book 10.
93   Cicero, *On Divination*.

런 신학에 관한 많은 자료를 요세푸스, 순교자 유스티누스, 알렉산드리아의 클레멘트, 에우세비우스, 테오도레트, 락탄티우스, 아우구스티누스, 스테우쿠스 에우구비누스, 모르나이우스, 그로티우스를 비롯해 좀 더 최근의 많은 저술가들의 글에서 발견할 수 있다. 이방 종교가 절정에 달해 그 어리석음을 한껏 드러냈을 때를 생생하게 묘사한 내용을 원한다면, 로마서 1장에 기록된 바울의 대담한 발언을 비롯해 테르툴리아누스, 에우세비우스, 아우구스티누스, 테오도레트와 같은 사람들의 책을 참조하기 바란다. 마이모니데스, 기랄두스, 스투키우스, 보시우스, 셀덴과 같은 사람들은 우상 숭배의 종교적 비밀 의식의 기원과 관습을 수려한 문체로 명료하게 묘사했다. 그들의 기록은 헤시오도스, 키케로, 플루타르크, 스트라보, 플리니우스, 세네카와 같은 고대인들이 증언한 내용과 조금도 모순되지 않는다.

상황이 그렇게 되어 종교가 끝없는 신화 속에서 생겨나 우상 숭배와 미신으로 이루어진 체계적 형태를 갖추게 되자, 지혜로운 사람들의 눈에는 그것이 자연 신학의 증언과 크게 모순되는 어리석기 짝이 없는 관습에 지나지 않는다는 사실이 분명하게 드러났다. 많은 사람이 그런 종교와 그와 관련된 의식들은 물론, 신들을 숭앙하는 관습을 수치스럽게 여기기 시작했다. 그들은 신들의 존재를 믿는 신념을 논박하며 자연과 피조 세계에 관한 명상, 곧 미덕에 관한 연구에만 관심을 집중했다.

키케로는 소크라테스에 관해 이렇게 말했다. "소크라테스는 사람들이 경험을 통해 미덕과 악덕 및 선과 악의 개념에 관해 배울 수 있도록 철학을 일상생활에 도입했다. 그는 진정으로 신성한 문제들은 인간이 이해할 수 있는 한도를 벗어난 것들일 뿐 아니라 설혹 그것들을 안다고 해도 덕스러운 삶을 살아가는 데 별다른 도움이 되지 못한다고 판단했다."[94] 타키투스는 "그런 말들을 전해 들었을 때 인간의 삶이 불가항력적인 숙명이나 우연 가운데 어느 것에 따라 이루어지는 것인지 판단하기 어려웠다. 고대인들 가운데 가장 지혜로운 사람들과 오늘날 그들을 추종하는 사람들은 그와는 사뭇 다른 견해를 제시한다. 사실, 신들이 우리의 탄생이나 목적에 아무런 관심을 기울이지 않는다고 생각하는 사람들이 많다"라고 말했다.[95] 세네카도 "우리는 예배를 드릴 때 제의가 실생활이 아닌 관습과 관련이 있다는 것을 잊어서는 안 된다"라고 말했다.

키케로가 자신이 저술한 학술서인 『신들의 본성에 관해(*On the Nature of the Gods*)』라는 책에서 결론으로 제시한 말은 이런 견해들과 정확하게 일치한다. 그는 "벨리우스는 코타의 논증이 진리에 더 가깝다고 생각했지만, 나는 발부스의 논증에 그런 영예를 돌렸다. 이것이 우리가 헤어지면서 나눈 마지막 말이었다"라고 말했다. 키케로는 일찍이 1권의 서두에서 신들과 종교와 관련된 문제에 관한 개인적인 생각과 견해를 설명하면서 "우리는 아무것도 사실이 아니라고 생각하는 그런 부류의 사람이 아니다. 우리는 모든 진리에는 어느 정도의 오류가 존재하기 마련이라고 주장할 뿐이다. 이것들은 외견상 진리처럼 보일 때가 너무 많아서 확실한 결론이나 합의에 도달할 수 있는 뚜렷한 표지를 찾기가 매우 어렵다"라고 말했다.

그러나 그런 우유부단한 태도는 사람들이 자기 확신이 없어야만 진리들을 모호하게 만들어 퍼뜨릴 수 있다고 생각하는 사탄만 기쁘게 할 뿐이다. 키케로가 『법률들에 관해(*Concerning Laws*)』라는 책에서 말한 바에 따르면, 아테네인들이 델포이의 아폴론(델포이 신탁)에게 어떤 종

---

94   Cicero, *Academic Questions*, Book 1, chapter 4.
95   Tacitus, *Annals*, Book 6, chapter 22.

교적 신념이 가장 우월한지 알려달라고 요구했을 때 조상들의 전통을 통해 물려받은 것이 올바른 종교라는 신탁이 답변으로 주어졌다고 한다. 고대의 가장 훌륭하고 지혜로운 사람들이 지지했던 종교적 신앙은 루카누스가 언급한 카토의 신앙이었다. "절제하며 사는 것, 목적을 변함없이 추구하는 것, 자연의 명령을 따르는 것, 국가를 위해 목숨을 바치는 것, 나 자신이 아닌 온 세상을 위해 태어났다고 믿는 것, 이것들이 진지한 카토의 확고한 신념이었다. 그는 허기를 채우는 것을 연회로, 겨울의 추위를 막아주는 것을 큰 저택으로, 다 닳아서 해진 로마의 겉옷을 화려한 장식으로, 자손을 낳는 것을 사랑의 가장 큰 가치로 여겼다. 그는 자신의 도시를 아버지요 남편처럼 돌보았고, 정의를 숭상했으며, 정직함을 철저하게 유지하려고 노력했고, 모두가 다 잘되기를 바랐던 선량한 사람이었다."[96] 페르시우스는 이교적인 삶의 방식에 뒤따르는 불확실성과 모든 사람이 그런 식의 삶을 살아가는 것에 관해 이렇게 말했다. "우리의 속된 삶의 방식을 신전에 끌어들이고, 썩은 고기를 불멸의 신들에게 바치는 것이 무슨 소용이 있겠는가? 사제들이여, 말해 보라. 이 거룩한 장소에서 황금이 무슨 도움이 되겠는가? 나는 처녀들이 비너스에게 바친 인형들이 황금에 못지않다고 생각한다. 그런데 왜 신들에게 위대한 메살라(로마의 정치인)의 자식이 귀한 음식으로도 결코 바칠 수 없는 것, 곧 순수한 마음과 기꺼운 생각과 고귀한 덕성에 고취된 정신 속에 확립된 인간의 법과 신의 법이라는 보화를 바치지 않는 것인가? 내가 그런 것들을 가지고 신전에 들어가서 나의 변변찮은 곡식과 함께 바치도록 허락하라."[97]

마침내 사람들은 신화에 염증을 느낀 나머지 기회만 있으면 신들

---

96 Lucan, *Civil War*, lines 381–391.

97 Persius, *Satire* 2, line 62.

을 조롱하기 시작했다. 매우 경건한 웅변가였던 키케로가 사제들 앞에서 클로디우스에 맞서 자신의 가문을 옹호했던 때의 일이 대표적이다. 그는 "그대는 내가 (마치 신처럼 인간의 방식대로) 태어나지 않았다고 말하는 습성이 있다고 말하는데, 그렇다면 내가 재치 있는 말이나 교양 있는 언어로 나를 가리켜 주피터라고 말하거나 미네르바가 나의 누이인 척 행세하고 다닌다는 것인가? 물론, 미네르바가 주피터의 누이라고 믿는 어리석음에 비하면 누군가를 주피터라고 말하는 것도 그렇게 외람되지는 않을 것이오. 만일 미네르바가 실제로 주피터의 누이라면, 나는 최소한 나의 누이를 위해 그녀가 처녀라고 주장하겠소. 그대 자신을 위해 동일인을 동시에 누이와 아내로 일컬을 수는 없는 법이요. 그러니 그대 자신을 주피터로 부르지는 않도록 조심하시오"라고 말했다.[98] 디오 카시우스가 기록한 대로, 안토니우스가 술에 취해 자신이 바쿠스라고 주장하자 아테네 사람들은 적절한 의식을 갖춰 그와 미네르바의 약혼식을 공식적으로 거행했다.[99] 더욱이 어떤 이교도들은 위험에 처했을 때 신들의 도움이나 권능을 기대하지 않았다. 포루스 왕은 마케도니아 군대가 쉽게 도하하지 못하도록 강에 제물을 바쳐 알렉산드로스의 부교를 지탱해주지 못하게 만들라는 친구들의 권고를 듣고는 "기도를 드리는 것은 무기를 든 사람들의 방법이 아니오"라고 일축했다. 이것은 인도의 현인들의 글과 필로스트라토스의 『아폴로니우스의 생애』에 기록되어 있는 내용이다.

만일 네로를 한 사람의 인간으로 생각하려는 사람이 있다면, 수에토니우스가 그의 생애에 관해 쓴 글에서 그가 신들을 어떻게 생각했는지 한 번 읽어보기 바란다. 세네카가 이사야가 모든 우상 숭배자들

---

[98] Cicero, *Pro Domo Sua*, chapter 35.
[99] Dio Cassius, *Histories* 48.

을 향해 선언한 말(사 44:9-20)과 비슷한 말을 네로가 했다고 말한 데에
는 그만한 이유가 있었다. 즉 네로는 "내가 신들을 만들었는데 그들을
두려워한다면 어리석은 바보일 것이다"라고 말했다.[100] 비슷한 맥락
에서 위대한 시인 호메로스도 아킬레스의 입을 통해 "오, 신들 가운데
가장 사악한 타이탄이여, 너는 내게 잘못을 저질렀다…내게 힘만 있
다면 직접 복수할 것이다"라고 말했고,[101] 프로페르티우스도 "만일 어
디든 여신이 존재한다면 우리 안에 있는 그녀의 신전인 선한 마음속
일 것이다. 이것이 나의 많은 기도가 귀먹은 주피터에게 들리지 않았
던 이유다"라고 말했다.

테르툴리아누스는 전형적인 필체로 이교도의 불경한 우상 숭배를
질타했다. 예를 들어, 그는 "너희가 라레스로 부르는 가정의 수호신들
은 소유자가 자기 마음대로 다룬다. 너희는 그것들을 사고팔 뿐 아니
라 사르트누스의 신물이나 미네르바의 신물이 낡거나 훼손되면 냄비
나 세숫대야로 사용한다. 이런 신들이 존중을 받는 이유는 단지 집주
인이 그들보다 자기 집과 더 신성한 관계를 맺고 있기 때문이다"라고
말했다.[102]

지금까지 이방 신학의 기원과 발전에 관해 살펴보았다. 그 핵심적
인 요점을 간단하게 정리하면 다음과 같다. 하나님은 우주의 기초를
세우고 난 후에 자신이 정한 때에 '이방을 비추는 빛'(눅 2:32)을 보내주
셨다. 그 이전까지는 이 비밀을 자기 안에 감추어 두고 민족들이 제각
기 자기의 길을 가도록 허용하셨다. 아마도 그렇게 하신 이유는 그들
이 오랫동안 짙은 어둠과 뿌리 깊은 악에 휩싸인 채 살아오고 난 이후

---

100 Seneca, *Tragedies: Octavia*, Book 2, Act 2.

101 Homer, *Iliad*, Book 10.

102 Tertullian, *Apology*, 13.

에 비로소 환하게 비쳤던 구원 은혜의 빛이 더욱 밝게 빛나게 하기 위해서였던 듯하다. 그러나 이 중요한 계획은 하나님의 무한한 지혜라는 은밀한 보관소에 완벽하게 밀봉되어 있지 않았다. 그분은 인류를 향한 자신의 무한한 긍휼의 창고에서 은혜로운 약속을 비롯해 아무런 의식이 없는 거짓 우상들과 그것들을 숭배하는 사람들을 향한 의로운 분노의 경고를 암시하는 것들을 꺼내 보여주셨다. "오직 여호와는 참 하나님이시요 살아 계신 하나님이시요 영원한 왕이시라 그 진노하심에 땅이 진동하며 그 분노하심을 이방이 능히 당하지 못하느니라 너희는 이같이 그들에게 이르기를 천지를 짓지 아니한 신들은 땅 위에서, 이 하늘 아래에서 망하리라 하라"(렘 10:10, 11). 하나님은 세상의 모든 우상을 쇠약하게 할 것이라고 경고하셨다. 옛 뱀의 후원 아래 그의 지시에 따라 거짓 신들과 우상들이 만들어졌고, 그것들이 역사상 가장 악명 높은 네 개의 제국을 부추겨 하나님의 백성을 대적하며, 서로 끊임없이 전쟁을 벌이게 했다. 하나님은 그런 옛 뱀을 향해 "여호와가 그들에게 두렵게 되어서 세상의 모든 신을 쇠약하게 하리니 이방의 모든 해변 사람들이 각각 자기 처소에서 여호와께 경배하리라"(습 2:11)라고 경고하셨다.

지금은 우상들이 사라진 지 오래다. 그것들은 자신의 신전과 하늘에서 사라졌고, 그것들의 영광은 태양과 달과 별이 지듯 모두 퇴색했으며, 그것들을 위한 제의와 연관된 장식품들과 예배자들을 비롯한 모든 것이 하늘 아래의 모든 지역과 땅에서 모조리 없어졌다. 우상 숭배를 일삼던 세상은 이런 사실을 깨닫고, 진리의 태양이 처음 솟아오르는 광경에 깜짝 놀랐다. 그들의 우상들은 두려움에 비틀거리며 몸을 움츠렸다. 유베날리스는 "델포이에서는 신탁이 그쳤고, 인류의 미래에 어둠이 드리웠다"라고 말했다.[103] 이교도들 사이에서 현인으로 인정받던 사람들은 신탁이 그친 이유를 설명할 때도 다른 경우와 마찬가지로 어리석은 말만 늘어놓는 데 그쳤다. 키케로는 "델포이 여사제들에게 신성한 영감을 일깨워주었던 대지의 능력이 시간이 흐르면서 강물이 말라 사라지거나 굽이쳐 다른 곳으로 흘러가는 것처럼 쇠약해졌다"라고 말했다.[104] 플루타르크의 설명도 똑같았다. 이보다 더 나은 설명을 제시한 사람은 아무도 없었다.

하나님은 차츰 구원의 빛을 더 많이 드러내면서 자신의 옛 예언을 모두 이루셨다. 따라서 그 누구도 이교의 신학을 따르고, 우상들을 숭배하고, 고대의 의식을 실천했던 행위를 변명할 수 없었다. 인류가 사탄의 계략에 걸려 저지른 모든 오류와 셀 수 없이 많은 역사상의 모든 악행을 비롯해 무지한 인간이 어리석고, 헛되고, 가증스러운 예배를 드려왔던 그 기나긴 세월, 곧 인간이 자연 신학의 흔적을 더럽히고, 오염시키고, 무익하게 만들었던 시절이 하나님이 정하신 때가 이르자 그분의 뜻에 따라 모두 완전히 사라졌다.

---

103 Juvenal, *Satire* 6.
104 Cicero, *On Divination*, Book 1, chapter 19.

9장
전적으로 부패한 자연 신학 3

지금까지 이교주의가 과거에 인류를 지배했던 사실과 그것이 오래 세월에 걸쳐 얼마나 깊이 뿌리를 내렸고, 또 인간이 거주하는 곳에서 어떤 열매를 맺었는지를 주의 깊게 살펴보았다면, 이번에는 그 모든 것을 이교주의의 최종적인 몰락과 대조해서 살펴보는 것이 필요할 듯하다. 아마도 그렇게 하면 우리의 생각이 놀랍게도 키케로가 전한 에피쿠로스 철학자 벨레니우스의 말과 다르지 않은 쪽으로 기우는 것을 알게 될 것이다. 벨레니우스는 우주의 기원에 관한 플라톤주의자들의 이론을 논박하면서 "그토록 어마어마한 일을 어떤 노동자들이 어떤 도구와 어떤 지레를 사용해 이루었단 말인가?"라고 반문했다(내친 김에 한 마디 덧붙이면, 마페우스와 리바데네이라는 성부 하나님이 그 모든 사실을 예수회 설립자인 이그나티우스에게 계시해주셨다고 주장했다). 생각이 있는 사람이라면 누구나 하나님이 그런 거대한 체계, 곧 호라티우스가 말한 '세월의 흔적이 전혀 보이지 않는 거대한 나무'처럼[1] 까마득한 옛날부터 존재해 온 것을 단숨에 무너뜨릴 때 사용하셨던 신비로운 능력과 힘에 놀라지 않을 수 없을 것이다. 고대로부터 온 세상에 만연했던 사악하고, 천박한 미신의 근간을 송두리째 없애는 엄청난 사역은 하나님의 권능

---

1   Horace, *Ode* 12, line 45.

이 아니면 절대 불가능한 일이었다.

사람들이 옛적부터 존재해 온 보편적인 미신 체계를 보존하기 위해 사용했던 몇 가지 방책과 그들이 하나님의 진리의 힘을 저지하기 위해 내세웠던 몇 가지 논증을 살펴보면, 이런 사실이 더욱 분명하게 드러날 것이다. 편견은 오류를 저지를 수 있는 활력과 힘을 제공한다. 아집이 강한 사람들은 편견에 치우쳐 근거 없는 논증을 펼침으로써 자기의 생각을 강화하고, 대담하게도 빛과 진리 앞에서 오류를 옹호하려고 애쓴다.

복음의 순수한 빛이 비치기 시작하자마자 사탄은 세상에 대한 자신의 지배가 종식될 때가 임박했다는 불안감을 느낀 듯하다. 그는 그런 위기 상황 속에서 이교주의라는 자신의 기념비적인 체계가 무너져내리는 현실을 은폐하기 위해 자신이 직접 사람들에게 영향력을 행사하지 않고, 자신의 능력을 감춘 채로 진리에 맞서 싸우는 방법을 취했다. 바꾸어 말해, 그는 진리를 받아들이는 사람들을 죽여 진리의 싹을 자르려고 시도했고, 자신의 종들을 부추겨 복음을 믿는 사람들에게 가장 끔찍하고 잔인한 행위를 자행하게 하는 한편, 자신이 세운 미신의 제국을 재건해 새롭게 활성화함으로써 옛 영광을 되찾으려고 노력했다.

그 결과, 이교주의의 전략은 두 가지로 나뉘었다. 첫째는 하나님과 신성한 것들에 관해 아무런 근거도 없는 개념들을 퍼뜨리는 것이었고, 둘째는 우상 숭배적인 예배를 부추기는 것이었다. 그러나 이 두 가지 전략은 많은 사람이 강력하게 주장하는 것과는 달리 이성의 빛으로 차분하게 생각하면 혐오스럽게 여겨 논박해야 할 요소들이 많았다. 사탄은 복음이 전파됨으로써 지적 능력이 비교적 뛰어난 사람들이 주위에서 이루어지는 미신이 아무런 근거가 없다는 사실을 깨닫고, 편견 없는 태도로 진리를 추구하는 사태가 빚어질까 봐 두려워 학식이 높은 탁월한 이교도들 안에 자신의 종들을 세워 하나님과 신학에 관한 이론들(곧 좀 더 영적이고, 합리적인 특성을 띠지만 사탄의 권위에는 전혀 위협이 되지 않을 이론들)을 창안하게 했다. 결국, 그런 방식을 통해 과거보다는 덜 터무니없고, 덜 어리석은 예배 체계가 확립되었다.

이 단계에 접어들자 아멜리우스, 에우메니우스, 플로티노스, 프로클루스, 히에로클레스, 켈수스 등, 여러 사람이 사탄의 대의에 헌신했다. 이들은 모두 우상 숭배를 충실하게 지지했지만, 이전의 대다수 철학자가 가르쳤던 것보다 우상들에 관해 좀 더 합리적인 견해를 피력했다. 그들은 자신들의 견해를 강화하기 위해 인간의 의식 깊은 곳에 남아 있는 본래의 신적 진리의 잔해를 이용했을 뿐 아니라 그 위에 그럴듯한 거짓의 색깔을 덧입혀 악한 예배와 그릇된 신비를 추구하도록 부추기려고 부단히 노력했다. 이런 체계를 좀 더 완전하게 만드는 데 가장 크게 기여한 사람들은 아폴로니우스, 포르피리오스, 얌블리쿠스, 율리아누스 등이었다. 이들은 무너져가는 헬레니즘을 보존하기 위한 마지막 노력을 이끈 지도자들로 간주될 수 있다. 하나님의 성령께서 그들을 압도하셨지만, 인간의 사악함과 불경건함이 확산되면서 참으로 수치스럽게도 온 세상이 다시금 하나님을 향한 참되고, 순수한 예배로부터 멀어질 뻔한 위기가 찾아왔다.

특별 주제: 벨라르미노가 말하는 '교회의 참된 표지'

예배로 하나님을 기쁘시게 하는 사람들을 교회로 일컫는다. 예배로 하나님을 기쁘시게 하려고 노력했던 사람들의 무리(공동체)는 예나 지금이나 항상 참 교회에 해당한다. 오랫동안 많은 지식인들이 특정한 표지를 내세워 이 무리를 스스로를 참 교회로 그릇 일컫는 사람들과 구별해야 한다는 견해를 피력해왔다. 위대한 학자 벨라르미노는 이 원리를 상세하게 입증해 보이려고 노력했다. 그는 그런 표지들의 숫자가 열다섯 가지이고, 그것들 안에 사람들의 믿음을 불러일으키는 놀라운 능력이 담겨 있다고 생각했다. 그러나 벨라르미노가 제시한 표지들을 찬찬히 살펴보면, 그것들 전부(또는 최소한 그 가운데 가장 중요한 대다수)가 하나님의 아들이 가르치셨고, 그것을 믿고 전파한 사람들이 발견한 거룩한 진리보다는 '이교주의에 어울리는 참 종교의 표지'로 불리기에 더 적합하다는 사실을 분명하게 알 수 있다. 오늘날, 그리스도인을 자처하는 사람들 가운데는 그런 '표지들'을 신뢰해야 한다고 생각하는 사람들이 상당히 많다. 그런 사람들은 신성한 진리를 입증하는 가장 강력한 증거들은 도외시하고, 종교에 대한 자신의 판단을 근거로 오로지 그것들만을 진리의 안내자로 받아들인다. 사실, 과거의 이교도들도 하나님의 말씀의 증거들이 자기들을 거슬러 말하는데도 그와 똑같은 '표지들'을 이용해 자신들의 이교적 예배를 철저하게 고수했다.

벨라르미노가 말하는 교회의 첫 번째 표지는 '가톨릭(보편적)'이라는 용어와 관련이 있다. 이것은 '가톨릭'으로 일컬어지는 교회가 참 교회라는 주장이다. 이 학식 높은 학자는 이 '표지'를 전면에 내세우지만, 근거가 매우 희박하기 때문에 결국에는 무참히 실패할 수밖에 없다. 이 표지는 내용도 없고, 중요하지도 않다. 예수님의 제자들이 언제, 어디에서 '그리스도인'으로 불렸는지는 분명하게 알 수 있지만, '가톨릭'이라는 용어의 기원은 나일강의 수원지만큼이나 깊고 불분명하다. 이 용어는 성경에서 전혀 발견되지 않는다. 이레나이우스도 당시의 신조를 암송하면서 이 용어를 언급하지 않았고, 『이반 논박(*Against the Heretics*)』를 쓴 테르툴리아누스도 마찬가지였다. 유스티누스는 "단순한 명칭은 그 명칭의 근저에 놓인 행위를 살펴보기 전에는 그 자체로 선한지 악한지 알 수 없다"라고 옳게 말했다.[2] 로마 교회는 '가톨릭'으로 불리지만 그것은 과거에 성도들이 붙여준 명칭이 아니다. 이그나티우스의 편지에 등장하는 로마 교회의 명칭은 단지 '로마에 머무르는 교회'였다. 1차 공의회의 교회 규범에서는 '로마의 주교'라고 언급했을 뿐이고, 칼케돈 공의회에서는 장소와 상관없이 모든 주교가 동등하다고 분명하게 가르쳤다. 로마 교회가 진정한 '가톨릭'이 될 수 없는 이유는 수 세기에 걸쳐 세상의 여러 곳에서 많은 그리스도인들이 각자 자신의 교황을 내세웠기 때문이다(그런 행위는 배교이자 우상 숭배로 간주되었다). 따라서 우리는 '가톨릭'이라는 명칭을 무지한 사람들이 만들어 낸 용어라고 결론짓지 않을 수 없다. 이제 용어에 관한 논의는 그만두고, 이 용어와 관련된 문제 자체를 살펴보도록 하자.

누군가가 '가톨릭교회'라는 명칭을 처음 만들어냈을 때 참 종교를 믿는 신자들은 크게 기뻐했을 것이 틀림없다. 왜냐하면 그 명칭이 참 기독교를 편협한 파당이나 종파 안에 국한시키려고 했던 사람들을 당혹스럽게 만들었기 때문이다. 만일 이 명칭이 그리스도께서 예언하신 일(즉 복음이 유대인들에게만 머물러 있지 않고 이방 세계 전역에 퍼지게 될 것이라는 예언—마 24:14, 26:13, 막 14:9)이 언젠가 성취될 것이라는 기대감을 표현한 것으로 받아들여졌다면, 그런 만족감을 느끼는 것도 전혀 나쁘지 않았을 것이다.

그리스도인들의 숫자가 늘어나 마침내 명성과 세력을 갖추게 되자 로마의 주교는 악한 계책을 통해 세속 권력의 정점에 올라섰고, 자신의 총애를 받기를 원하는 사람들의 심리를 이용해 아첨꾼들을 자기 주위로 쉽게 끌어모았다. 그러자 그는 자기 자신과 자신의 추종자들에게 '가톨릭'이라는 명칭을 부여하고(교회 안에 있는 다른 사람들의 무관심과

---

2   Justin Martyr, *Apology*, Book 2.

겸손함이 이 과정에 도움을 주었다), 자신의 권력을 이용해 건전한 생각을 지닌 사람들은 꿈도 꾸지 못할 호의를 아낌없이 베풀었다. 오래전 호라티우스의 시대에도 위용을 갖추는 것과 아첨의 관계를 보여주는 비슷한 상황이 있었다. "이 사람이 누구와 같다고 말했어야 할까? 칼리마코스(헬라 시인)와 같다고 말해야 했을까? 만일 그가 더 많은 것을 원한다면 밈네르무스(헬라 시인)와 같다고 하거나 그가 좋아할지 모르는 다른 이름으로 칭찬해 줄 수 있을 거야."[3]

회교도는 스스로를 '무슬림,' 곧 '절대 순종하는 이'로 일컫고, 마술사 시몬은 '하나님의 능력'(행 8:10)으로 일컬어졌으며, 에베소의 아데미에게는 '크다'(행 19:34)라는 칭호가 붙여졌다. 오늘날에도 대다수 사람은 가장 명예로운 명칭으로 스스로를 구별하기를 원하고, 소수자들이나 억압받는 자들은 종파나 파당으로 낙인찍힌다. 이교도들은 가장 고귀한 신분의 표지로 간주되는 명칭들을 자신들에게 모두 가져다가 붙였고, 참 하나님을 예배하는 사람들은 어디에서나 가장 불명예스러운 명칭을 부여받았다. 그런 이교도들은 가장 단호하고, 거친 어조로 자기들만이 믿음과 종교를 소중히 간직하고 있다고 자랑했고, 자기들에게 동조하지 않는 사람들은 신들을 모르는 무지한 미신의 신봉자들, 즉 '이단'이자 '분열주의자'로 몰아붙였다. 그렇다면 과연 '가톨릭,' 즉 다수의 종교가 참 종교로 드러났을까?

주님이 오시기 전까지 참 하나님에 대한 예배는 인류 가운데 극소수에 해당했던 유대인들 사이에서만 왕성하게 이루어졌다. 영향력 있는 저술가인 코르넬리우스 타키투스의 글을 읽어보면 이교도들이 유대인들을 어떻게 생각했는지 알 수 있다. 그는 "자기를 위해 국가를 세우기를 원했던 모세는 나머지 인류와는 상반되는 새로운 종교의식

---

3   Horace, *Epistles*, Book 2, letter 2, lines 99-101.

을 도입했다. 우리 가운데서 신성하게 여겨지는 것은 모두 그 민족에게는 속된 것이 되고, 그들이 허용하는 것은 모두 우리에게는 악한 것이 된다"라고 말했다. 플루타르크도 이와 비슷한 말을 했다. 고대의 역사가들은 유대인들이 성전에서 나귀의 머리를 숭배했다고 비방했다. 타키투스는 "그들은 그들의 가장 내밀한 성소에서 짐승의 머리를 신성시했다"라고 말했다(그는 다른 곳에서는 그 짐승이 나귀였다고 덧붙였다).[4] 요세푸스는 포시도니우스(BC13세기경의 역사가이자 철학자)와 오폴로니우스 말로네(BC1세기의 수사학자)가 그와 똑같은 이야기를 퍼뜨렸다고 말했다. 그런 터무니없는 거짓말을 더 열거할 생각은 없다. 다만 그 모든 거짓말도 로마의 교황들이 알비파와 발도파를 비롯한 다른 충실한 그리스도의 종들에게 퍼부었던 비방에 비하면 지극히 사소한 것에 지나지 않았다는 한마디만 덧붙이고 싶다. 이교 저술가들은 한목소리로 유대인들이 미신을 행하고, 모든 종교를 반대하며, 신들의 예배에 관한 인류의 '보편적인(가톨릭)' 견해를 거부했다고 주장했다.

그리스도인들이 처음 등장했을 때 그들도 유대인으로 간주되었다. 이방인들이 이 두 종교를 구별하는 법을 배우기까지는 꽤 오랜 시간이 필요했다. 수에토니우스는 『클라우디우스의 생애』에서 "그는 그리스도를 내세워 끊임없이 소요와 선동을 일삼는 유대인들을 모조리 로마에서 추방했다"라고 말했다. 아리아누스도 『에픽테토스』에서 "어떤 사람을 유대인으로 불러야 할지 아는가? 만일 어떤 사람이 두 가지 견해 사이에서 머뭇거린다면 그는 자신이 유대인이 아닌 불가지론자라고 말할 것이다. 그러나 어떤 사람이 세례를 받은 상태이고, 그 종파의 신념을 공개적으로 고백하는 사람들의 편에 선다면, 그는 유대인이 틀림없기 때문에 정확히 유대인으로 일컬을 수 있다"라고 말했

---

4   Tacitus, *Histories*, Book 5, chapter 3, 4.

다.[5] 어떤 사람들은 유대인들이 세례 의식을 거행한다는 사실을 입증하기 위해 이 말을 인용한다. 그러나 이 철학자는 그리스도인들을 염두에 두고 말한 것이 분명하다. 성령께서도 요한계시록 3장 9절에서 '유대인'이라는 용어를 그리스도인을 가리키는 의미로 사용하셨다. 타키투스의 글을 읽어보면, 그리스도인에 대한 이교 사회의 일반적인 생각을 엿볼 수 있다. 그는 "네로는 그리스도인이라는 상스러운 명칭으로 불리는 사람들에게 매우 특별한 형벌을 가했다. 사람들은 그들의 범죄 행위 때문에 그들을 증오했다. 그들의 명칭은 티베리우스 황제가 다스릴 때 본디오 빌라도 총독에 의해 처형된 그리스도라는 인물에게서 기원했다. 이 극악한 미신은 한동안 억제되다가 다시 출몰하고 있다"라고 말했다.[6]

아르노비우스의 글을 읽어보면, 인류와 기존의 종교를 거스르는 온갖 종류의 범죄를 저질렀다는 비난이 그리스도인들에게 쏟아졌던 것을 알 수 있다. 그리스도인이라는 명칭 자체만으로도 이단자에게 주어지는 최고의 형벌과 처형을 받아야 할 죄가 되기에 충분했다. 그런 이유로 테르툴리아누스와 같은 사람들은 그 명칭 자체를 '변증'해야 할 필요성을 느꼈다. '가톨릭'으로 일컬어질 수 있는 당시의 다수 종교 사이에서 '베르피안인들,' '아펠란인들,' '유대인들,' '그리스도인들,' '이단들'은 모두 극악한 범죄자들을 가리키는 의미로 이해되었다. 결국, 로마의 교황주의자들도 로마의 이교도들과 똑같은 속도로 똑같은 길을 걷고 있었던 셈이다. 만약에 '가톨릭'이라는 용어가 진리를 확립하거나 진리를 주장하는 견해를 확증해줄 탁월한 효력이나 가치를 지니고 있다면, 이교주의의 신봉자들이 그것을 사용할 수 있는 가장

---

5   Arrian, *Epictetus*, Book 2, chapter 9.
6   Tacitus, *Annals*, Book 15, chapter 44.

적합한 자격을 갖추었다고 결론지을 수 있을 것이다.

벨라르미노가 제시한 두 번째 표지는 '고대성'이다. 물론, 이것은 오직 하나님께만 적용되는 절대적인 고대성을 가리키지 않는다. 만일 그렇다면 벨라르미노는 다른 표지들을 제시할 필요가 없었을 것이다. 억측에 근거한 그런 의심스러운 고대성은 지나간 사건들에 관한 역사적 기록 가운데 남아 있는 것들을 토대로 한 것이다. 따라서 항상 그런 사실들과 일치하는지를 살펴보고 그 가치를 판단해야 한다. 사실, 이교주의도 그와 똑같은 주장을 내세워 자신의 가치를 입증하려는 경향이 있었다. 예수님이 성부의 품을 떠나 세상에 와서 하늘의 진리를 가르치시자 바리새인들은 "이는 어찜이냐…새 교훈이로다"(막 1:27)라는 말로 그분을 시험하기 시작했다.

바울 사도가 아덴에서 똑같은 진리를 가르쳤을 때도 철학자들은 그와 비슷한 방식으로 그를 논박하려고 했다. 그들은 그에게 "네가 말하는 이 새로운 가르침이 무엇인지 우리가 알 수 있겠느냐"(행 17:19)라고 말했다. 복음과 이교의 미신 사이에 논쟁이 벌어졌을 때 불신자들을 자극해 가장 크게 격분하게 만든 것은 바로 기독교가 새로운 것이라는 사실, 곧 역사적 권위를 지니지 못한 종교가 그들의 조상들이 신들을 섬길 때 행했던 고대의 의식을 밀쳐내려고 한다는 것이었다.

오늘날 교황주의자들이 자신들의 오류를 옹호하기 위해 '고대성'을 근거로 내세우는 방식을 살펴보면, 과거의 이교도들이 그렇게 격분했던 이유를 쉽게 이해할 수 있다. 그러나 이미 많은 사람이 로마 교회가 주장하는 고대성이 매우 의심스러울 뿐 아니라 많은 점에서 명백한 오류를 드러냈다는 점을 보여주었다. 심마쿠스는 테오도시우스에게 보내는 편지에서 벨라르미노의 논증을 이용해 "만일 오랜 시간이 종교에 권위를 부여하고, 우리의 오래된 신앙이 그토록 많은 세월 동안 면면히 유지되어왔다면, 우리의 선조들이 그들 자신의 선조들을 즐거이 따랐던 것처럼 우리도 그들을 따라야 합니다. 로마 교회가 지금 여기에 있고, 우리의 논의에 함께 참여하고 있다고 상상해 봅시다. 지극히 고귀한 군주들과 조국의 아버지들이여! 경건한 의식들이 나를 사로잡아온 세월을 존중합시다. 내가 그 오래된 의식들을 행하도록 허락해주기 바랍니다"라고 말했다. 카이킬리우스도 미누티우스 펠릭스에게 "우리의 사제들이 좀 더 새롭고, 익숙한 방식으로 신들을 예배하려고 시도하기보다 선조들의 종교와 진리를 받아들여 전통적인 의식을 존중하고, 당신이 당신의 선조들을 통해 두려워할 줄 알게 된 신들을 두려워한다면 그 얼마나 고귀하고, 그 얼마나 덕스러운 일이겠습니까?"라고 말했다.

아우구스티누스는 이 점을 신중하게 살펴보고 나서 "고대성을 근거로 오류를 부추기는 것이 마귀의 습성이다"라고 말했다. 예수회 선교사 자비에르는 아메리카 원주민들이 자신이 전하는 새로운 종교를 거부하고, 자신들의 종교가 오래되었다고 자랑하는 습성이 있다고 지적했다. 지금 이 자리에서 벨라르미노가 이교도의 논증으로 복음의 진리를 얼마나 많이 거부했는지를 살펴보거나 고대성에 근거한 논증의 배후에 도사리고 있는 이교주의를 제압하고, 극복하는 것이 얼마나 어려운 일인지를 논의할 생각은 없다. 나의 목표는 벨라르미노가 그런 논증이 그것을 일단 받아들인 사람들의 생각을 통제하는 데 매우 큰 위력을 발휘한다는 사실을 어떻게 이해하게 되었는지를 밝히는 데 있다.

에드먼드 캠피온(예수회 논객 가운데 한 사람)은 무지한 대중이 교황들의 종교를 받아들이도록 여러 가지 논증을 펼치면서 다음과 같은 말로 가장 뛰어난 기여를 했다고 자평했다. 그는 "대학들이 증언하고, 법전들이 증언하고, 인류의 일상적인 관습이 증언하고, 황제들의 선출과 취임식이 증언하고, 왕들에게 기름을 붓는 의식이 증언하고, 기사들이 증언하고, 군인들이 증언하고, 창문들이 증언하고, 동전들이 증언하고, 성문들이 증언하고, 공공건물들이 증언하고, 모든 것, 곧 만물이 우리의 종교보다 더 깊은 뿌리를 가진 종교는 이 세상에 없다고 증언한다"라고 주장했다.

이런 말은 그 자체로는 그야말로 하찮기 짝이 없지만, 그런 종교가 대중의 도덕을 부패시키면서도 그들의 생각을 단단히 옭아매 그토록 짧은 시간에, 그토록 널리 퍼져나간 이유를 분명하게 보여준다. 복음의 진리와 치열한 싸움을 벌일 때는 이런 식의 논리를 펼쳐 겉으로 보기에 그럴듯한 증거를 내세우는 척하면, 옛 이교주의를 옹호하기가 쉽다. 교황들의 종교가 전파되면서 이교의 미신이 유럽에 침입해 인구가 밀집된 지역들을 장악했다. 사실, 이교의 미신은 인간의 기억이나 역사의 한계를 넘어서는 까마득한 옛적부터 온 세상에 뿌리를 내렸다. 그것이 신뢰성을 높이는 근거가 될 수 있다. 이교주의가 세상을 지배했다는 증거가 없는 곳은 세상 어디에도 없다. 그러나 클레멘트, 유스티누스, 오리게누스, 테르툴리아누스, 아우구스티누스, 암브로시우스와 같은 사람들이 특정한 종교의 고대성을 논박할 때 사용했던 논증들도 충분히 잘 알려진 상태다. 따라서 인간의 행위와 사건들에 관한 기억 가운데 남아 있는 것을 탐구했을 때 그런 의심스러운 고대성이 진리의 추정적 근거로 간주될 수 있다면, 고대의 이교주의의 옹호자들보다 더 큰 증거와 가능성을 제시할 수 있는 사람은 아무도 없을 것이다. 다시 말해, 많은 사람이 자신들의 종교를 굳게 확신하고 있고, 그들의 신성한 의식들이 (그들이 만물이 처음 시작된 때가 있었다는 것을 인정한다는 것을 전제로) 만물이 처음 시작되었을 때부터 전해왔다는 것을 의심할 만한 근거는 전혀 없다. 그들은 자신들이 살아 있는 인간이라는 사실을 확신하는 것만큼 자신들의 종교를 굳게 확신했다. 그들이 자기 민족이 영원하다고 생각했다면, 자신들의 종교도 똑같이 영원하다고 생각했을 것이 틀림없다. 따라서 이교주의는 '모든 곳,' '항상,' '모두'라는 것을 자신을 옹호하는 근거로 삼는다. 프리소네스의 왕 로카르두스는 세례를 받을 때 한쪽 발만 물에 담그고는 "그 사람의 조상들 가운데 대다수가 어디에 갔소, 지옥이요 천국이요?"라고 물었다.

그는 대다수가 지옥에 갔다는 대답을 듣고서는 즉시 뒤로 물러나면서 "소수보다는 다수를 따르는 것이 더 낫겠소"라고 말했다.

벨라르미노 추기경이 제시한 세 번째 표지는 '중단 없이 대대로 이어져 온 것'이었다. 그가 역사가 무엇인지 이해하고 있었고, '중단 없이'라는 표현과 상관없이 '대대로 이어져 온 것'만을 생각하려고 했다면 이 '표지'가 사실상 두 번째 표지와 거의 다르지 않다는 것을 알았을 것이다. 어쩌면 그는 미래를 염두에 두고 그렇게 말했는지도 모른다. 만일 그렇다면 이 '표지'는 한 지식인의 억측에 지나지 않는다. 물론, 나는 로마 교회가 그리스도께서 다시 와서 '입에서 나온 검'(계 19:15)으로 그것을 파괴할 때까지 지속할 것이라는 점에서는 그의 말에 기꺼이 동의할 생각이 있다. 이교도들도 기도할 때마다 자신들의 종교가 과거로부터 중단 없이 이어져 왔다고 말하고, 예언할 때마다 미래에도 계속 존속할 것이라고 말했다. 이것은 시인이 "대사제가 무언의 처녀와 함께 카피톨로 승천하는 한, 나도 미래의 찬양 소리와 함께 새롭게 자라나리라"라는 말로 자신의 천재성을 드러냄으로써 영원한 명성을 누리게 되었다고 주장하는 것과 비슷하다.[7] 벨라르미노 추기경이 역사가 행세를 하고 싶었더라도 그는 결코 이방인들의 경쟁 상대가 될

---

7   Horace, *Odes*, Book 3, Ode 40.

수 없다. 이교의 미신이 언제부터 시작되었는지는 오늘날까지도 확실하게 알 수 없다. 그러나 그것이 복음이 처음 선포되기 전까지 최소한 2,000년 동안 중단없이 이어져 온 것은 분명하다. 이교의 예배는 그토록 긴 세월을 지나면서 깊이 뿌리를 내렸기 때문에 '중단 없이 대대로 이어져 온 것'이라고 주장할 수 있다. 그런 기나긴 역사를 통해 확증된 편견으로부터 사람들을 구원할 수 있는 힘이 과연 존재할지 의문이 들 정도다. 과연 이것이 참 교회의 '표지'가 될 수 있을까?

벨라르미노 추기경이 제시한 네 번째 표지는 '매우 많고 다양한 충실한 신자들'이다. 로마 교회가 이 표지를 유지하기 위해 모든 곳에서 가능한 한 많은 사람을 불러모아 어떤 대가를 치르더라도 숫자를 늘리려고 노력한다면, 그리스도께서 직접 말씀하신 참 교회의 표지와 항상 충돌을 일으킬 것이 분명하다. 그분은 '적은 무리'(눅 12:32)를 표지로 내세우셨다. 그러나 교황이 그것을 '표지'로 삼고 싶어 한다면 그렇게 하라고 해라. 전 세계적 차원에서 보면, 로마 교회는 절대적으로는 물론, 심지어는 상대적으로도 숫자가 많거나 크지 않다. 더욱이, 한갓 숫자가 참 교회의 '표지'가 될 수는 없다. 성경만을 근거로 이 논쟁을 해결하려고 한다면 쉽게 결론을 내릴 수 있을 것이다. 그러나 그것이 지금 나의 목표는 아니다. 교황의 진영에는 노련한 철학자들과 학자들이 많다. 그들은 종교에 관한 자신들의 견해에 사람들의 이목을 집중시키고, 그들을 설득해 그것을 철두철미하게 신봉하게 만드는 데 가장 적절하고 효과적인 것이 무엇인지를 너무나도 잘 알고 있다. 그들은 '숫자'의 힘을 자신들의 목적을 위해 사용하는 능력이 뛰어나다. 그들은 숫자를 주장의 근거로 내세우고, 이성적 추론을 하는 척 허세를 부리며, 종교에 관한 모든 문제를 어디서나 숫자와 칼로 해결하려고 시도한다.

우리는 여기에서 또다시 이 '표지'가 이교주의와 너무나도 잘 맞아 떨어진다는 사실을 발견한다. 이교주의는 한때 다수였다. 한마디로 온 세상에 만연했다. 높은 산이 있다고 해도 지구가 전체적으로 완벽하게 둥근 형태를 띠고 있다는 사실은 조금도 달라지지 않는다. 그와 마찬가지로 소수의 참된 예배자들이 존재했다고 해도 장구한 세월 동안 온 세상이 이교주의에 물들어 있었다는 사실은 조금도 달라지지 않는다. 인종과 거주지에 상관없이 모든 인류가 한 가지 점에서는 놀라울 정도로 서로 일치했다. 그것은 바로 다신교다. 황제들, 왕들, 지도자들, 철학자들, 현자들, 용감한 사람들, 애국자들, 공정과 선을 철저히 추구하는 사람들이 오늘날에는 도저히 상상조차 할 수 없을 정도의 과도기적 혼란을 겪었다. 그렇다면 '매우 많고 다양한'이라는 표현을 어떻게 이해해야 할까? 그런 확고한 체계가 소수의 무명인들이 전하는 말에 매료되어 그토록 오랜 세월 동안 굳게 확립되어 널리 퍼져나간 신념들을 포기한다면, 그보다 더 이성에 어긋나는 일은 없지 않겠는가? 독자들이여, 하나님의 은혜로운 뜻으로 인해 우리는 세상의 이 작은 구석에서 삶을 살아가고 있다. 다수가 받아들이는 견해를 거부하는 것이 미친 짓이라고 생각하지 않을 사람이 과연 어디에 있겠는가? 그런 태도를 보인다면, 초기 복음 전도자들에게 강력하고 신속하게 가해졌던 박해와 해악을 똑같이 당해야 할 것이 틀림없다. 그러나 많은 숫자나 고대성이 아닌 오직 그리스도의 말씀에 복종해야 한다는 것이 우리 모두의 고백이다. 교황들이 말하는 '보편성'은 이교주의의 보편성에 비견될 수 없다. 터져나갈 만큼 크게 확장되지 않는다면, 결코 거기에 필적할 수 없다.

벨라르미노가 제시한 다섯 번째 표지는 '로마 교회 내에서 이루어진 주교들의 계승'이다. 마호메트의 신봉자들도 칼리프 직위와 관련해 이와 똑같은 논리를 펼친다. 고대 로마에서는 '대신관의 장(Pontifex Maximus)'이 계속 계승되었다. 이 명칭과 칭호와 직임과 직위를 로마 교회가 받아들여 '교황'을 가리키는 의미로 사용했다. 초창기의 집정 관들부터 티베리우스 황제(티베리우스의 통치 기간에 그리스도인이라는 명칭이 처음 알려졌다)에 이르기까지 최고 대신관들의 이름이 공식적인 문서에 모두 기록되었고, 이들이 지닌 최고의 권위는 하늘에서 수여된 것이라고 믿었다. 웅변가 키케로는 대신관들 앞에서 연설하면서 "대신관들이여, 우리 조상들이 신적인 영감을 받아 많을 일을 이루었고, 제정했습니다. 이 직위보다 더 뛰어난 것은 아무것도 없었습니다. 그들은 여러분들이 불별의 신들을 섬기는 종교의식과 우리의 주권적인 공화국을 관장하기를 원했습니다"라고 말했다.[8] 이것이 오늘날까지 지속되는 로마의 특징이다. 그 이유는 로마에서 일어나는 모든 논쟁은 동전의 윗면이나 아랫면(곧 종교의 통제나 국가의 통제) 가운데 하나와 관련이 있기 때문이다. 물론, "대신관들이 종교, 신들에 대한 예배, 신성한 의식을 규정하려고 시도하는 것보다 더 교만한 행위가 어디에 있고, 그들이 자신의 책에서 조금씩 발췌한 것을 진지하게 알려주려고 시도하는 것보다 더 어리석은 행위가 어디에 있으며, 그들이 조상들이 오직 우리만 알라고 전해준 사사로운 문제들을 조사하려고 시도하는 것보다 더 간섭적인 행위가 어디에 있겠는가?"라는 말도 있었지만, 그 당시에도 이미 종교와 관련해 그들의 견해와 모순되는 견해를 주장하는 것은 미친 짓으로 간주되었다.

그러나 당시의 기록이 보여주는 대로, 과거의 대신관들은 자기들 가운데 여성, 마술사, 살인자, 근친상간을 저지른 자, 신성모독자와 같은 사람들을 절대로 포함시키지 않았다. 고대의 대신관들은 완벽한

---

8   Cicero, *Pro Domo Sua*, chapter 1.

권위를 지니고 있었기 때문에 그들의 종교적인 개념을 받아들이지 않으면 처벌을 받지 않을 수 없었다. 이 점은 오늘날 교황과 다른 견해를 지닌 사람들도 마찬가지다. 한 역사가는 과거의 로마를 말하는 것인지 오늘날의 로마를 말하는 것인지 분간하기 어려운 말투로 그들의 권력을 다음과 같이 묘사했다. "대신관들은 누마가 제도를 만든 이후로 로마인들 사이에서 가장 큰 권위를 누려왔다…그들은 모든 중대사를 관장한다. 그들은 개인들과 관원들을 위해 종교에 관한 모든 문제를 판단하는 재판관들이자 신성한 일들을 처리하는 사역자들이다(이것이 지금도 로마 교회와 그곳의 위계질서를 구분하는 관행이다). 그들은 아직 성문화되지 않았거나 전통을 통해 인정되지 않은 모든 종교 문제를 결정하고, 어떤 것을 법이나 관습으로 제도화하는 것이 합법적일지를 자기들끼리 판단한다. 그들은 신들에게 바치는 희생 제물과 예배를 비롯해 모든 의식을 자세히 살피고, 모든 사제들을 감독하며, 신전의 업무를 위해 매일 고용되는 관리들과 종자들을 지도하고, 전통적인 규칙에 어긋나는 일이나 실수가 발생하지 않도록 철저히 감독한다. 그들은 또한 신들이나 하위 신들을 대할 때의 올바른 자세나 태도와 같은 문제들을 잘 알지 못하는 개인들에게는 주석자이자 해석자가 되어 가르침을 베풀고, 자신들의 가르침을 따르지 않는 사람들이 있을 때는 각 사람을 개인적으로 조사해 징벌을 내릴 수 있다. 대신관들 자신은 재판이나 징벌을 받거나 원로원이나 백성들 앞에서 아무것도 해명할 필요가 없었다. 그들 가운데 한 사람이 세상을 떠나면 백성들이 아닌 자기들끼리 다른 사람을 선출해 빈자리를 채웠다."[9]

아마도 디오니시우스(BC54-AD7)라는 이 헬라 역사가가 지금 로마에 살고 있다면 주교들의 권위를 좀 더 정확하게 묘사했을지도 모른

---

[9]   Dionysius of Halicarnassus, *Roman Antituities*, Book 2.

다. 우리가 알기로 주교들은 장차 만인의 재판관이신 하나님 앞에서 싫든 좋든 심문을 받게 될 것이다. 그 전까지는 독자들 스스로가 로마 교황이 누구의 계승자요 누구의 대리자인지를 판단해야 한다.

벨라르미노가 제시한 여섯 번째 표지는 '초기 교회와의 교리적 일치'다. 로마 교회의 교리는 사도들이 초기 교회 안에서 가르친 것들을 필연적으로 배제할 수밖에 없기 때문에 이 '표지'는 참 교회가 과거에 로마 교회가 지금 가르치는 것과 정확히 똑같은 것을 가르쳤다는 의미로밖에 들리지 않는다. 로마 교회는 그것이 곧 선조들과 조상들의 가르침이었다고 믿는다. 이 또한 이교주의가 내세우는 강력한 논리 가운데 하나다. 그들은 조상들이 물려준 신성한 의식을 거부하는 것은 조롱과 비난밖에 받을 것이 없다고 생각했다. 그들에게는 고대의 신들을 의심하는 것이 곧 '미신'이었다. 소크라테스는 자신의 도시가 항상 믿었던 신들이 전혀 신이 아니라고 주장했다는 이유만으로 사형 선고를 받았다. 이방인들이 초기 그리스도인들에게 가장 격렬하게 분노했던 이유는 새로운 종교를 주장했기 때문이 아니라 전통적인 종교들을 거부했기 때문이었다. 과거의 우상 숭배자들이 그런 논리를 펼쳐 갓 태어난 교회에 많은 해악을 가했다는 사실이 오리게누스, 유스티누스, 테르툴리아누스, 아르노비우스, 락탄티우스, 아우구스티누스, 알렉산드리아의 클레멘트를 비롯해 이교의 궤변에 맞서 믿음을 수호했던 모든 사람의 증언을 통해 확인된다. 따라서 우리는 과거와의 일치라는 이 주장을 복음에 대항하는 과거의 편견으로 간주할 수밖에 없다.

벨라르미노가 제시한 일곱 번째 표지는 '신자들 상호 간의 연합과 그들의 머리인 로마 주교와의 연합'이다. 그런 무례한 자랑을 늘어놓다니 참으로 개탄스럽다. 로마 교회 내에서나 잘 이루어질 수 있는 이런 '연합'은 기독교의 명예를 가장 크게 더럽힌다. 외적 연합을 주장하는 것이 많은 사람에게 강력한 구속력을 발휘하지 못했다면, 그런 주장과 연합은 이미 오래전에 무너지고 말았을 것이다. 구체적으로 말해, 로마 교회에서 폭력을 제거하고, 잔인한 압제를 제거하고, 산 채로 화형에 처하는 일을 없애고, 무지와 탐욕을 제거하고, 속된 자부심을 제거하고, 이 세상과 현재를 사랑하는 마음을 제거한다면, 그런 허풍스러운 연합은 즉각 환영처럼 사라지고 말 것이다.

사실, 로마 교회의 신자들 사이에서 들판을 황폐케 하는 악행이 매일 자행되고 있고, 전쟁, 강탈, 살육, 학살, 도시 약탈이 끊임없이 벌어지고 있다. 교황이 못마땅해하며 불만을 터뜨려도 아무런 소용이 없다. 우리는 이런 사실을 통해 이 연합의 참된 본질을 철저하게 파헤칠 수 있다. 만일 그들이 세상 사람들 가운데서 가장 어리석고, 가장 분별없고, 가장 수치를 모르고, 가장 복음에 무지한 사람들이 아니었다면, 아마도 그런 부끄러운 일을 몰상식하게 자랑하는 행위를 오래전에 중단했을 것이다.

단지 외형적인 분열에 그칠 뿐이라면, 교회가 교황주의의 방식으로 하나로 연합하는 것보다는 천 개로 나뉘는 것이 더 낫다. 교회로 불리기를 바라는 이들의 강력한 연합 속에서 말과 글을 통해 교회와 정치에 관한 문제들을 둘러싸고 온갖 다툼과 갈등과 분쟁과 알력과 충돌이 수없이 일어나고 있다는 사실을 온 세상이 다 알고 있다. 교활한 사람들은 겉으로만 연합을 이루는 척한다. 그들이 연합하는 이유는 자신의 다양한 개인적 목적(정치적, 세속적, 악마적 목적)을 위해 세상의 일을 증대시켜 나가기를 바라기 때문이다. 그들은 사사로운 목적을 위해 복음적인 진리와 그리스도께서 그리스도인들을 위해 확보하신 자유를 대적함으로써 그런 연합을 굳게 강화한다.

물론, 이런 말들은 주교들 사이에 실질적인 연합이 전혀 존재하지 않는다는 뜻과는 거리가 멀다. 성령께서는 교황 제도에 관해 "그가 모든 자 곧 작은 자나 큰 자나 부자나 가난한 자나 자유인이나 종들에게 그 오른손에나 이마에 표를 받게 하고"(계 13:16)라고 예언하셨다. 과거의 이교도들 사이에서는 외적 연합을 주장할 필요가 전혀 없었다. '강한 자가 무장을 하고' 온 집을 지켰기 때문에(눅 11:21 참조) 세상에 종교적인 평화가 이루어졌다. 우상 숭배자들은 대체로 그들의 머리인 사탄과 그의 대리자인 로마 최고 대신관의 감독 아래 서로 평화롭게 살았다(물론, 그들의 종교와 의식은 매우 다양했다. 로마 교회의 현재 상황도 그와 비슷하다. 로마 교회에 속한 종교 단체들 안에서 어떤 집단은 이런 성인을 좋아하고, 어떤 집단은 저런 성인을 좋아한다).

디오(Dio)에 따르면, 온 세상 사람들이 사방에서 로마로 모여들자 마이케나스는 아우구스투스에게 외국인들이 자신이 숭배하는 신과 다른 신들을 전하거나 다른 예배를 도입하는 행위를 금지하라고 조언했다고 한다. 실제로 "열두 평판의 법률(Law of the Twelve Tables)"[10]은 외국에서 새로운 종교를 도입하는 것을 범죄로 규정했다. 로마인들에게 낯선 종교적 견해를 채택하라고 가르치는 행위를 불법과 범죄로 규정한 것이 바울의 복음 전도에도 그대로 적용되었다(행 16:21). 외국의 종교들 가운데 거의 유일하게 애굽의 종교만 로마에서 허용되었고, 진리가 어디에 있는지를 따지는 공개적인 논의는 전혀 이루어지지 않았다. 아우구스티누스는 『금식에 관해(On Fasting)』에서 "이교도들은 많은 신들을 숭배하고, 심지어는 서로 가차 없는 경쟁을 펼치며 격분하며 다투면서도 일정한 형태의 일치를 유지하며 무리를 지어 여러 신전들을 돌아다녔다. 신들이 분노하며 서로 다투더라도 그들은 이교주

---

10   역주: BC451-450년에 작성된 고대 로마법

의 안에서 조화롭게 지냈다"라고 말했다. 아우구스티누스와[11] 알렉산드리아의 클레멘트가[12] 증언하는 대로, 이교도들은 서로 달랐지만 이교주의라는 공통된 가치에 고무되어 그리스도인들을 평화를 깨뜨리는 유일한 방해 요인으로 간주해 한목소리로 비난했다.

다시 베르노미노 추기경의 말을 들어보자. 그가 제시한 여덟 번째와 아홉 번째 표지는 '교리의 거룩함과 효력'과 '교리를 가르치는 교사들의 거룩함'이다. 기독교 교리가 참되고, 거룩한 것은 분명한 사실이다. 바울 사도는 디도에게 복음을 가리켜 '경건함(거룩함)에 속한 진리의 지식'(딛 1:1)이라고 말했다. 또한, 교리는 큰 효력을 발휘한다. 그 이유는 하나님의 말씀이 '살아 있고 활력이 있어 좌우에 날 선 어떤 검보다도 예리하며'(히 4:12), '모든 믿는 자에게 구원을 주시는 하나님의 능력'(롬 1:16)이기 때문이다. 거듭난 사람은 모두 말씀으로 거듭난다(벧전 1:23). 교리의 원천이 거룩한 것은 틀림없다. 그 이유는 그 원천이 곧 지극히 거룩하신 하나님의 아들이기 때문이다(히 1:1, 2).

따라서 하나님의 말씀으로 철저하게 가르침을 받지 않으면 거룩함이 무엇인지 알 수 없고, 무엇이 거룩함을 올바로 주장하는 것인지 그릇 주장하는 것인지조차 판단하기 어렵다. 겉으로 드러난 거룩함은 거짓일 수도 있다. 로마 교회 안에 있는 사람들, 특히 '성직자들'을 보면 로마 교회가 어떤 거룩함을 지니고 있는지를 모든 사람이 다 알 수 있다. 교황들의 삶과 죽음과 윤리는 이교도의 기준에 비춰보아도 가증스럽기 비할 데 없다. 주교들의 거만함, 교만함, 탐욕, 무지, 비겁함, 잔인함, 강탈 행위나 '종교 단체들'의 교활함, 속임수, 불결함, 위선, 형용하기 어려운 죄들이나 예수회의 능숙한 사기 행각, 거짓말,

---

11   Augustine, *On the Sheep*, chapter 15.
12   Clement of Alexandria, *Stromata*, Book 7.

배신, 살인, 욕정, 위증, 온갖 종류의 사람들이 저지른 죄를 작게 축소하는 능력도 가증스럽기는 마찬가지다. 교회의 '거룩함'이 마침내 그런 수준으로까지 추락한 까닭에 그리스도와 복음의 영광을 드높이기는커녕 아메리카 원주민들이 '그리스도인'이라는 이름조차 혐오스럽게 여기는 지경이 되고 말았다. 그들은 자신들에 관해 어떤 결정을 내리든 상관없이 그리스도인들이나 그들의 종교와 조금이라도 관계를 맺는 것을 완강하게 거부할 것이 틀림없다. 그레나다의 루이스는 상황이 그런 극단적인 상태에 이른 것을 크게 한탄했다. 그는 "야만적인 원주민들 사이에서 그리스도인이라는 이름이 가증스럽게 여겨진다. 따라서 언제든 수도사들을 보낼 때는 스스로를 그리스도인으로 일컫지 말고, 그들의 형편을 보살펴주려고 온 '아버지'라고 일컫게 해야 한다. 스페인 사람들이 그들을 지나치게 잔인하게 대했던 탓에 그리스도인이라는 가장 거룩한 이름이 경건함의 칭호가 아닌 만행과 잔인성의 대명사가 되고 말았다"라고 말했다.

거룩하신 주 예수 그리스도께서는 자신이 정한 때가 이르면 그와 같은 '거룩함'에 무서운 징벌을 내리실 것이다. 예수회 신부들도 그들 나름의 '거룩함⑺'을 보여주었다. 그들은 중국인들에게 복음을 전할 때 예수 그리스도께서 십자가에 못 박히신 사실을 조심스럽게 감추고, 그 대신 전혀 다른 예수님을 믿도록 유도했다. 로마 교회는 나중에 그런 속임수를 사용하는 것을 금지했다. 나는 벨라르미노가 간단한 노력만으로도 공인된 역사가들과 자기가 속한 교회의 저술가들과 일상의 사례들을 통해 로마 교회의 유력한 신부들의 끔찍한 범죄와 욕정과 불경함에 관한 자료들을 책표지가 터져나갈 정도로 많이 수집할 수 있다는 사실을 분명히 알고 있으면서도 대담하게 그런 주장을 제기한 것이 너무나도 의아스럽다.

만일 학식이 뛰어난 이 학자(벨라르미노)가 사람들이 눈으로 확인할 수 있는 '거룩함'을 논의하기를 원한다면, 하나님이 주신 것이든 일반적인 합의를 통해 도출된 것이든 일정한 측정 기준이 있어야 할 것이다. 그것이 곧 일부 이방 철학자들의 생각이었다. 그런 규칙들이 인간의 행위를 개선하는 효력을 지닌다는 것은 많은 사례를 통해 쉽게 입증될 수 있다. 이방 철학자들이 자신들의 철학적 가르침을 좇아 삶을 엄격하게 통제했다는 것은 널리 알려진 사실이다. 세인의 눈에 명확하게 드러난 거룩함만을 가지고 따지자면 그들은 영생에 이르게 하는 예수 그리스도에 관한 지식과 신앙을 제외하고는 아무것도 부족한 것이 없었다. 그런데 이런 '표지들'이 과연 참 교회의 표지가 될 수 있을까?

벨라르미노가 제시한 열 번째 표지는 '다른 곳에서는 일어나지 않고, 오직 가톨릭교회 안에서만 일어나는 기적들'이다. 로마 교회의 고위 성직자들은 다른 무엇보다도 기적들을 논할 때 가장 뜨겁게 열변을 토하는 경향이 있다. 카푸친 수도회의 위인으로 꼽히는 발레리안은 수도회 형제들의 기적을 나열함으로써 자신의 기만적 속성을 여지없이 드러냈다. 야코부스 데 보라지네가 쓴 『황금 전설(Golden Legend)』을 읽고서도 성이 차지 않는 독자가 있다면, 발레리안이 쓴 글을 비롯해 학식 있는 존 코메니우스가 발레리안의 기적 이론에 관해 언급한 내용을 읽어보라. 망상, 하찮은 일, 허구, 거짓말, 헛되고 기괴하고 터무니없는 신성모독에서 즐거움을 찾는 사람이 있다면, 성인들의 생애를 다룬 저자들이 쓴 전설을 읽거나 교황을 성인으로 추대한 증거들을 소장하고 있는 수도원의 고문서들을 살펴보거나 4세기 이후에 수집해서 엮은 교회 연대기를 비롯해 그 밖의 자료들과 창작물들을 훑어보라. 그러면 호기심이 충족되고 남을 것이다.

나는 천 가지 중 단 한 가지만 되풀이하는 것으로 족하다고 생각한다. 그것만 보아도 나머지 전체를 쉽게 판단할 수 있다. 한 교황은 이렇게 말했다. "어느 날 프란체스코가 설교를 하는데 당나귀 한 마리가 사람들 사이에서 소란을 일으켰다. 프란체스코는 당나귀에게 '당나귀 형제여, 내가 설교를 다 마칠 때까지 조용히 해주게'라고 말했다. 그러자 당나귀는 즉시 복종하며 프란체스코의 발 앞에 다소곳이 앉았다."

만일 기적을 행하는 능력을 간직하고 있는 로마 교회의 힘에 즉각 굴복하지 않을 당나귀가 세상에 존재한다면, 그야말로 놀라운 일이 아니겠는가?

아무튼, 모두가 익히 알고 있는 대로, 참된 기적은 하늘의 진리를 확증하는 증표로 하나님의 직접적인 능력을 통해 일어난다. 우리 주 예수 그리스도와 사도들의 기적은 사람들의 마음과 생각을 움직여 진리를 듣고, 믿게 만드는 큰 효력을 발휘했다. 물론, 귀신들이 일으키는 놀라운 기적들도 있고(기적의 진정한 이유는 인간으로서는 식별하기가 어렵다), 순전히 거짓으로 꾸며낸 기적 이야기들도 있다. 사람들이 퍼뜨리고, 믿는 그런 이야기들은 순진한 대중을 미신의 올가미로 옭아매고, 그것들을 통해 거짓으로 확증한 교리를 철저하게 신봉하도록 유도하는 강력한 수단으로 활용된다.

그런 종류의 '기적'은 이교도들 사이에서도 흔하게 일어났다. 헬라나 로마의 저명한 고대 역사가들 가운데 대다수가 자신들의 글을 통해 그런 이야기들을 많이 전했다. 특별히 주목할 만한 것은 포르피리오스가 전한 피타고라스의 기적과 빌로스트라투스가 전한 아폴로니우스의 이야기다. 후자의 경우는 히에로클레스가 '투아나'[13]의 마법사가 행한 기적의 숫자와 탁월성이 그리스도께서 행한 기적에 못지않다고 말할 정도였다. 그런 주장은 최소한 에우세비우스가 한 권의 귀한 책을 저

---

13   역주: 아폴로니우스가 활동했던 도시

술해 그 사악하고, 파렴치한 거짓을 밝히 드러낼 때까지 사실처럼 회자되었다. 그러나 그런 주장조차도 교황들이 쓴 글에 비하면 그야말로 아무것도 아니다. 그들은 이런저런 형제가 그리스도와 모든 사도들보다 더 많은 기적을 행했다는 거짓말을 습관적으로 입에 올렸다.

이교도의 기적은 디오도로스, 리비우스, 폴리비우스, 플루타르크, 키케로, 플리니우스, 수에토니우스, 타키투스, 카이사르, 파우사니우스, 할리카르나수스의 디오니시우스의 책들에 셀 수 없이 많이 기록되어 있다. 발레리우스는 그런 이야기들을 많이 수집했다.[14] 나는 여기에서 이교도의 '기적들' 가운데 개별적으로 다루거나 그것들을 로마교회의 '기적들'과 비교할 생각이 전혀 없고, 다만 자주 인용되는 이야기 가운데 델포이 신전이 갈리아족의 공격으로부터 무사히 보존되었다는 이야기 하나면 충분하다고 생각한다.

여러 사람 가운데 특히 파우사니우스가 『포키스[15] 소개(*Description of Phocis*)』에서 그 이야기를 다루었다. 잘 알다시피, 사탄은 수 세기 동안 델포이에 자신의 특별한 보좌를 마련했다. 그는 세상의 다른 어떤 곳에서보다 그곳에서 더 뻔뻔스럽게 스스로를 '이 세상의 신'으로 내세웠다. 그곳에 아폴론 신전이 건축되었고, 거의 모든 인종과 민족들이 풍성한 제물을 갖다 바쳤다. 그러던 차에 갈리아족이 브렌누스의 지휘 아래 헬라를 침공해 약탈을 시도했다. 브렌누스는 테르모필레를 안전하게 지나고 나서 곧장 델포이로 진격했다. 그곳의 주민들은 크게 두려워하며 신전으로 도망쳐 신탁을 구했다. 그러자 아폴론 신은 자신의 백성을 기꺼이 지켜줄 것이라며 안심하라고 말했다. 그 즉시, 신전 주위에서 놀라운 일들이 일어났다. "지금까지 보거나 들은 것 중에서 가

14　Valerius Maximus, *Fatorum et Dictorum Memorabilium Libri IX*, Book 1, chapter 6.
15　역주: 델포이 신전이 있었던 도시

장 명확한 불가사의한 현상들이 신의 능력으로 야만인들 앞에서 갑작스레 일어났다. 갈리아족이 전선을 구축하고 있던 땅이 강력한 지진으로 온종일 진동했고, 천둥과 번개가 내리쳤다. 그 소리에 갈리아족은 크게 두려워했고, 귀가 잘 들리지 않아 지휘관들이 전하는 명령을 알아듣지 못했다. 그러고 나서는 히페로코스, 라오도코스, 피로스와 같은 영웅들의 혼령이 그들 앞에 나타났다. 갈리아족은 낮 동안에 줄곧 이런 식의 재난과 공포에 시달려야 했고, 밤중에는 훨씬 더 무서운 현상들이 일어나는 바람에 소스라쳐 놀라며 두려움에 떨어야 했다." 그런 일이 일어난 경위를 상세하게 밝힌 내용은 그것으로 끝나지 않았다. "그날 밤, 극심한 추위와 눈으로 인해 그들은 큰 고통을 겪었다. 그러고 나서는 파르나소스산에서 거대한 돌과 바위 턱이 저절로 떨어져 나와 정확히 목표물을 겨냥한 듯 야만인들의 머리 위로 쏟아져 내리기 시작했다. 경계 근무를 서려고 함께 모여있거나 서로 온기를 나누기 위해 무리를 지어 모여있던 그들은 한두 명이 아니라 한꺼번에 서른 명 이상씩 나가떨어졌다. 그런 식으로 그들은 공포에 질린 채 으깨어지고, 뿔뿔이 흩어져 마지막 한 사람까지 주검으로 변했다."

이것은 하나님이 자신에 대한 지식과 예배를 저버린 불경한 악인들을 징벌하시는 방식이었다. 하나님은 그들이 자신을 알려고 하지 않았기 때문에 그들을 어둠의 왕의 수중에 버려두셨다. 그분은 그를 통해 놀라운 기적을 많이 일으켜 그가 쌓아 올린 미신의 성채를 방어하고, 그의 추종자들을 더욱 완악하게 만들도록 허용하셨다. 하나님은 적그리스도의 제자들도 그와 똑같은 방식으로 다루겠다고 경고하셨고, 실제로 그렇게 행동하셨다. 하나님은 그들이 진리를 사랑함으로써 구원을 받지 못하게 하려고 '미혹의 역사를 그들에게 보내사 거짓 것을 믿게 하셨고,'(살후 2:1) '악한 자의 나타남은 사탄의 활동을 따라 모든 능력과 표적과 거짓 기적'(살후 2:9)이라는 말씀대로 사탄이 그들을 그릇된 길로 이끌도록 넘겨주셨다. 그러나 교황주의자들과 이교도들 사이에는 정도의 차이가 있다. 사탄은 이교도의 우상 숭배를 옹호하기 위해 놀라운 기적과 표적을 많이 행했지만, 교황주의를 표방하는 적그리스도는 그런 기적이나 표적을 실제로 행한 적이 단 한 번도 없었다. 교황주의자들이 말하는 수많은 표적과 기사들은 성경의 단순한 증언에 비춰보면 그야말로 한 푼의 가치도 없는 것으로 드러난다. 만일 어느 때라도 누군가가 나서서 델포이에서 일어난 것으로 기록된 것과 같은 일을 교황의 능력으로 이루었다고 주장한다면, 교황의 지지자들이 벌떼처럼 나서서 그런 이야기를 자신들의 명분을 진작시키는 선전 도구로 이용하고, 아무런 수치심 없이 자랑스럽게 떠벌릴 것이 틀림없다.

과거의 이교주의든, 새롭게 변형된 이교주의든 기적에 관한 주장으로 형성된 편견에 단단히 사로잡힌 이교주의의 신봉자들은 자신의 오류로 인한 어둠 속에서 쉽게 벗어나지 못한다. 왜 그럴까? 생각해 보면 이유는 간단하다. 그들은 자신의 신들이 강력하고, 융통성이 있고, 언제든 쉽게 다가갈 수 있는 데다가 구하는 것을 기꺼이 들어주고, 자기를 보살펴주며, 관심 있게 지켜보는 증거들이 명백할 뿐 아니라 그들이 갖가지 경이로운 기적들을 통해 신적 권위와 강력한 능력을 확실하게 입증해 보였다고 확신한다. 그런 사람들이 지금까지 한 번도 들어본 적이 없는 새로운 종교를, 그것도 소수의 무능한 무명인들이 전파하는 가장 미신적으로 보이는 종교를 선뜻 받아들일 리가 없지 않겠는가? 그들이 보기에 그런 종교는 지혜, 결단력, 충성심, 미덕과는 전혀 무관한 것처럼 보일 것이 분명하다. 평화로울 때든 전쟁을 할 때든 항상 의지했던 신들, 조상 대대로 믿어온 신들을 포기하고, 십자가에 못 박힌 구원자라는 낯선 유대인의 신을 받아들이는 것이 합리적으로 생각될 리가 없지 않겠는가? 그런 터무니없는 죄와 불명예를 감수하느니 차라리 죽는 것이 더 낫게 보일 수밖에 없을 것이다. 그러나 우리는 복음이 그런 산더미 같은 편견을 정복해온 과정을 너무나도 잘 알고 있다.

벨라르미노가 제시한 열두 번째 표지는 '예언의 빛'이다. 물론, 그의 이 표현은 예수 그리스도와 사도들을 비롯해 신구약 성경의 저자들에게 권위를 부여했던 진리, 곧 기독교 신앙의 토대가 아닌 미래를 예언하는 특별한 능력을 가리킨다. 그는 로마 교회에 속한 다수의 사람에게 그런 은사가 주어졌다고 주장했다. 모두가 인정하다시피 어느 시대나 교회 안팎에 거짓 선지자들이 존재했다. 지금까지 사탄이 사용해온 술책 가운데 미래의 일을 예언한다는 거짓 주장만큼 사람들의 생각을 사로잡아 옭아매는 데 더 큰 효과를 거두었던 술책은 없었다.

고대 이방 사회에는 무녀들이 있었다. 그들이 남긴 예언은 많았고, 유명했다. 리비우스와 키케로를 비롯해 여러 사람이 보존해온 그런 예언서의 파편들을 살펴보면, 그들의 예언이 가장 혐오스러운 우상 숭배를 강화하고, 확증하는 역할을 했던 것을 알 수 있다. 당시 사람들은 델포이 신탁을 숭앙했고, 그것을 모방하는 이들이 세계 곳곳에 나타났다. 사탄의 능력이 어느 정도였는지, 좀 더 정확히 말해 하나님이 그를 어디까지 허용하셨는지를 여기에서 자세히 논할 생각은 없다. 다만 한 가지 분명한 사실은 이교도들이 예언의 빛이 자기들에게만 있다는 확고한 신념을 지니고 있었다는 것이다. 그들은 자신들의 신들만이 예지력이 있고, 미래의 일을 알려줄 수 있다고 믿었다. 그들은 신들이 자신을 숭배하는 자들에게 미래의 일을 내다보는 은사를 나눠준다고 생각했다. '예언의 빛'이라는 것도 사람들의 편견을 부추겨 진리에 맞서 싸우도록 이끄는 역할을 하기는 마찬가지였다.

벨라르미노 추기경이 제시한 열세 번째 표지는 '대적자들의 용인'이다. 이것은 매우 부적절한 표현이 아닐 수 없다. 사실, 그가 열다섯 가지 표지를 다 채우려는 의향을 미리 내비치지만 않았더라도, 이런 어리석은 표현까지 사용한 이유가 무척이나 궁금했을 것이다. 로마 교회에 속한 스콜라주의 학자들을 비롯해 상당수의 사람들이 과거의 이교도들도 이성에 부합하는 삶을 살고자 노력했다면 그들의 미신에도 불구하고 구원받을 수 있다고 가르쳤다. 그들은 그럴 정도로 대놓고 이교주의를 용인했다. 이교주의의 적이었던 로마 교회가 이교주의의 진리를 용인한 것이야말로 그들 자신의 교회를 대적하는 이들의 무기를 빼앗아 가장 그럴싸하게 활용한 것이라고 말할 수 있다.

벨라르미노 추기경이 제시한 열네 번째 표지는 '교회를 대적한 자들의 불행한 결말'이다. 이것도 고대의 우상 숭배자들이 크게 반길 증거이기는 마찬가지다. 로마의 신들을 모독하던 갈리아족이 멸망하고, 고대 로마 총독 카이피오가 톨로사(오늘날의 툴루즈)의 보화를 탈취한 사건은 매우 유명하다. 고대의 저술가들은 너나 할 것 없이 당시의 종교 의식을 무시한 채 벌였던 일들이 처참하게 실패한 이야기들을 언급했다. 이런 사실을 고려하면, 이교도들이 이 '표지'를 얼마나 자신 있게 내세울 것인지를 분명하게 알 수 있다.

복음이 처음 전파되기 시작할 무렵, 이방 세계의 대도시들은 전쟁과 경쟁에서 거듭 성공을 거둬 그 위상이 절정에 다다른 상태였다. 발전할 것이 더는 남아 있지 않은 것처럼 보였다. 따라서 그 후부터 계획들이 처참하게 실패하거나 불행이 닥치거나 전쟁에서 패배하는 등, 인류에게 닥치는 재앙은 모두 그리스도인들과 그들이 믿는 종교의 탓으로 돌아갔다. 그런 증오심을 정당화하기 위해 그리스도인들이 모든 공적 재난과 사적 위기의 원인이라는 그릇된 편견이 형성되었다. 티베르강이 성벽까지 차오르거나 나일강의 물이 들판을 적시지 않거나 하늘의 운행이 멈춘 듯 보이거나 땅이 흔들리거나 기근이나 역병이 발생하면, 즉각 "그리스도인들을 사자들에게 던져줘라!"라는 외침이 터져 나왔다.[16] 만일 서로 자주 전쟁을 치르면서도 번영과 풍요를 구가하던 고대의 도시들이 복음이 전파되고 얼마 지나지 않아서부터 모든 풍요를 잃고, 가옥과 거주자들이 현저하게 줄어들었다면, 그것이 과연 이교주의가 진정으로 경건했고, 하나님의 율법에 부합했다고 결론지을 만한 증거가 될 수 있을까? 지금도 이교주의의 계승자들은 고대 도시들의 유적에 애착을 쏟으며 건축물을 새롭게 보수하고, 고대 이교주의의 유물을 현대적으로 '개량해' 고이 간직하려고 애쓰고 있지 않은가? 이런 점을 고려하면, 벨라르미노는 결국 또다시 이교도의 무기를 가지고 싸우는 것밖에 되지 않는다. 유스티누스, 테르툴리아누스, 아르노비우스(초기 기독교 변증학자), 아우구스티누스, 오로시우스(5세기 초의 스페인 신학자이자 역사가)가 이 '표지'를 이용했던 이교주의자들을 논박하기 위해 저술한 변증서들과 벨라르미노의 표지를 비교해 보면, 오늘날 그것을 어떻게 평가해야 할지 분명하게 알 수 있을 것이다.

벨라르미노가 제시한 참 교회의 마지막 표지는 '하나님이 허락하신 일시적인 번영'이다. 만일 그가 정신이 올바른 상태에서 자기 교회를 무너뜨리려고 생각했다면, 아마도 이 표지를 이용하는 것보다 더 좋은 방법은 없을 것이다. 그 이유는 이것이 이교주의와 이슬람교의 표지일 뿐 아니라 하나님의 말씀과 가장 크게 충돌하는 것이기 때문이다. 애굽으로 피신했던 유대인들은 바로 이 표지를 내세워 예레미

---

16 Cyprian, *Letter to Demetrius*. Augustine, *City of God*. Augustine, *126th Question to the Orthodox*, Books, chapter 3, 30.

야 선지자를 박해했다. "그리하여 자기 아내들이 다른 신들에게 분향하는 줄을 아는 모든 남자와 곁에 섰던 모든 여인 곧 애굽 땅 바드로스에 사는 모든 백성의 큰 무리가 예레미야에게 대답하여 이르되…우리가 하늘의 여왕에게 분향하고 그 앞에 전제 드리던 것을 폐한 후부터는 모든 것이 궁핍하고 칼과 기근에 멸망을 당하였느니라 하며"(렘 44:15-18). 벨라르미노 추기경은 자신의 표지와 이 유대인들의 표지의 차이점이 무엇인지를 밝혀야 할 것이다. 유대인들은 서로 정반대인 두 가지 상황을 부각시키면서 천체들을 숭배했을 때는 크게 번영했지만, 그런 숭배를 등한시했을 때는 큰 불행과 곤궁함을 경험했다고 결론지었다. 이를 한 위대한 이방인 웅변가의 주장과 비교해 보면, 빵과 음식과 삶의 즐거움 같은 일시적인 것들의 있고 없음이 과연 이 표지의 효력에 달린 것인지 아닌지를 쉽게 판단할 수 있을 것이다. 그는 "원로원 의원들이여, 우리가 아무리 자화자찬을 늘어놓는다고 해도 여전히 숫자로는 스페인 사람들을, 힘으로는 갈리아족을, 교활한 술책으로는 카르타고인들을, 타고나면서부터 이 나라에 익숙하고, 인구수가 많기로는 이탈리아인들과 라틴족을 아직 능가하지 못합니다. 그런데 과연 우리의 우월성을 어디에서 찾을 수 있겠습니까? 우리는 단지 종교적인 계율에 충실하다는 점에서만 이 모든 민족과 나라를 능가했습니다. 우리는 만사가 불멸의 신들의 신성한 능력으로 어떻게 통치되고, 지배되는지를 관찰함으로써 이런 독특한 지혜를 얻었을 뿐입니다"라고 말했다.[17]

만일 벨라르미노 추기경이 로마 원로원 의원 가운데 하나가 로마인들의 업적과 승리와 놀라운 성공을 언급하면서 그 모든 것을 자신들의 저급한 미신의 가치를 보증하는 증거로 결론짓는 말을 들었

---

17   Cicero, *Orations*, 9.

다면, 과연 어떻게 대답할 것인지 궁금하다. 그는 자기도 그와 똑같은 것을 참 교회의 표지이자 참된 종교요 인정받을 만한 예배의 증거로 주장했다는 사실을 부인하지 못할 것이다. 그가 이교주의에 굴복할 것인지는 확실히 단정하기 어렵지만, 자기 자신이나 진리를 옹호할 수 있을 가능성은 전혀 없을 것이 틀림없다. 할리카르나소스의 디오니시우스도 벨라르미노와 똑같은 방식으로 로마인들의 종교의식을 묘사했다. 그는 "전에 로마인들의 경건함을 알지 못했던 사람들은 그들이 항상 전쟁에서 그토록 큰 성과를 거두는 것을 보고 크게 놀라워할 테지만, 만일 그들이 경건한 태도로 신들의 도움을 구한 결과로 온갖 위험 속에서도 특별한 은총을 받았다는 사실을 깨닫는다면 그 이유를 충분히 이해할 수 있을 것이다"라고 말했다.[18]

지금까지 논의한 대로, 그리스도의 십자가를 전파한 것이 그토록 짧은 시간에 우상들을 숭배하는 종교들을 물리치고 승리한 것을 생각하면, 복음의 신성하고, 놀라운 능력이 더욱 찬란하게 빛을 발하는 것을 알 수 있다. 한 무리의 사람들이 오로지 복음 전파와 그리스도의 능력만을 의지함으로써 수많은 원수들을 제압하고, 온 세상을 정복해 왔다. 그들은 결코 그리스도를 전하는 일을 중단하지 않을 것이다. 가난한 자가 부자에게, 어리석어 보이는 사람이 지혜로운 자에게, 배움이 없는 사람이 학식이 뛰어난 사람에게 그리스도를 전할 것이다. 사람들이 고대의 편견과 이성적 추론과 전통으로 마음을 철옹성처럼 굳게 닫고, 오늘날 그리스도인을 자처하는 일부 사람들이 확실한 증거로 내세우는 '거짓 기적들'로 든든하게 무장하고, 수많은 위험과 죽음과 고문과 위기가 뒤따르더라도 그들은 세상이 하나님과 그리스도께 온전히 정복될 때까지 복음을 전하는 일을 멈추지 않을 것이다.

---

18   Dionysius of Halicarnassus, Roman Antiquities, Book 2.

2권
아담에서부터
노아까지의 신학

1장
타락 이후에 형성된 신학의 회복

앞 권에서는 신학의 일반 원리들을 논의하면서 그 기원과 용도 및 선천적인 자연 신학의 최종적 몰락에 관해 살펴보았다. 이번에는 그 것을 계승해 대체한 신학의 발전 과정에 잠시 관심을 기울여볼 생각이다. 물론, 이것은 선천적인 자연 신학이 완전히 사라졌다거나 (우리가 지금 살펴보려고 하는) 이 새로운 발전 과정이 그것을 통째로 대체했다는 의미가 아니다. 오히려 이 두 줄기의 신학은 하나로 결합한다. 심각한 오염이 일어난 와중에서 살아남은 전자의 잔해들이 후자와 결합해 몇 가지 주목할 만한 단계들을 거쳐 발전해 나갔다.

나는 앞에서 신학이 어떻게 신성한 진리를 이론적으로 가르치고, 그 의미를 좀 더 구체적인 형태로 드러내 하나님을 알고, '선악을 분별할 줄'(히 5:14) 아는 사람들의 실천에 도움을 주었는지를 살펴보았다. 점성학에 관한 고대인들의 생각도 이와 비슷했다. 예를 들어, 아리스토텔레스는 "점성학은 천체들에 관해 가르칠 뿐 아니라 항해자들이 그것을 연구함으로써 발견하게 될 실용적인 기술을 제공한다"라고 말했다. 물론, 점성학과 천문학은 고대에는 따로 구분되지 않았다. 별들의 움직임을 보고 점을 치는 행위도 똑같이 천문을 연구하는 것으로 간주되었다. 타락 이후의 참된 신학은 근원이 모두 동일하고 그 자체로 완전할 뿐 아니라 신적 조명의 연속적인 단계를 통해 더 강화되고, 더 분명해지고, 더 완벽해진다. 이 학문을 파악하고 이해하는 정신적 과정은 시대와 상관없이 모든 신학자에게 다 똑같다. 참 신학자의 인격적인 자질은 "복음 신학"에서 좀 더 자세히 다룰 예정이기 때문에 여기에서는 생략하는 것이 좋을 듯하다.[1]

이제 신학의 회복을 이끈 초자연적 계시의 다양한 단계를 살펴보는 데서부터 시작해 보기로 하자. 바울 사도는 히브리서 1장 1절에서 이 단계들을 구체적으로 열거했다. 원시 신학의 잔류물은 갈수록 부패해졌고, 그것을 대체한 연속적인 계시도 그와 거의 비슷한 과정을 거쳤기 때문에 이 점도 아울러 살펴봐야 할 필요가 있다.

죄가 침입함으로써 자연 신학이 부패하고, 무력해졌지만, 하나님의 무한한 은혜와 지혜와 사랑 덕분에 최초의 복음적 약속에 근거한 홍수 이전의 아담 신학이 생겨났다. 원복음과 더불어 초자연적인 신학의 최초 요소들이 드러났고, 그 첫 번째 발전 단계가 이루어졌다. 초창기의 세상과 당시 신학의 역사는 하나님의 생각과 은혜를 드러낸 계시의 관점에서 바라봐야 한다. 그 뒤에는 거의 전 세계에 걸친 배교가 이루어졌고, 그로 인해 온 세상이 파괴되는 심판이 뒤따랐다. 앞서 말한 대로, 참 신학은 모두 어떤 식으로든 하나님의 언약에 근거한다. 히브리어 '베리트'는 단순히 '약속'을 뜻하기도 하지만, 성경에서 처음 사용되었을 때는 하나님의 언약을 가리키는 의미를 지녔다(창 6:18, 출 34:10, 사 59:21 참조). 하나님의 약속은 항상 사역에 대한 상급이나 하나님을 향한 선한 양심에서 느껴지는 즐거움과 같은 좋은 것들을 제시한다(렘 31:33). 따라서 하나님의 모든 언약에는 명령과 약속이 포함되어 있다고 말할 수 있다. 하나님이 타락한 아담과 새 언약을 맺으셨다

---

1   이 책 6권 9장을 참조하라.

면, 특별한 명령과 요구 및 은혜로운 약속이 포함된 언약의 새로운 단계를 확립하신 것으로 이해할 수 있다. 하나님이 인간과 맺으신 언약을 확증하는 데는 그 이상의 것은 아무것도 요구되지 않는다. 이것이 은혜 언약인 이유는 언약의 중재자라는 또 다른 한 사람의 인격에 근거하기 때문이다. 올바른 복종을 통해 완전해지고, 올바른 방법으로 보상을 받는 형식을 띤 언약은 은혜 언약이 아닌 행위 언약에 해당한다. 그와는 달리 하나님의 언약은 모든 조건을 혼자서 다 짊어질 사람의 인격에 근거하는 순전한 은혜의 언약이다. 간단히 말해, 이 새로운 단계의 신학은 언약의 가르침과 약속으로 구성되어 있다.

이 언약은 장차 올 정복자에 관한 약속이 포함된 유명한 성경 구절을 토대로 삼는다. 그것은 바로 "내가 너로 여자와 원수가 되게 하고 네 후손도 여자의 후손과 원수가 되게 하리니 여자의 후손은 네 머리를 상하게 할 것이요 너는 그의 발꿈치를 상하게 할 것이니라 하시고"(창 3:15)라는 말씀이다. 약속이 주어진 이 '말씀'을 통해 그리스도의 출현이 예고되셨다. 따라서 그분은 이제부터 '그 말씀'으로 불리신다. 다시 말해, 구원을 주는 하나님의 말씀(복음의 약속)은 곧 그리스도에 관한 말씀이다. '말씀'은 우리가 '약속합니다'라거나 '약속을 꼭 지키겠습니다'라고 말하는 것과 같은 '약속'의 의미로 종종 사용되었다. 이것은 카트라이트가 『가스펠 하모니(Gospel Harmony)』라는 책에서 모두 설명한 내용이다.

어린 양이 죽임을 당하는 것도 이 언약적 약속 안에 포함되었다. 어린 양은 한편으로는 역사의 특정한 시점에서 희생되었지만, 또 한편으로는 세상의 역사가 시작될 시점에서 이미 희생된 것이나 다름없었다. 이것이 새로운 신학의 골자요 핵심이었다. 그때부터는 의로운 행위나 타고난 능력으로는 의를 이룰 수 없고, 오직 하나님이 의롭게 여겨 은혜롭게 받아주셔야만 했다. 바꾸어 말해, 영원한 죽음의 위험을 극복할 수 있는 유일한 존재의 도움이 필요했다.

인간이 타락한 직후에 하나님과 인류의 첫 조상 사이에서는 사형죄를 다루는 재판이 이루어졌다. 죄에 대한 징벌은 죽음이었다. 아담은 어떻게 해야 하나님 앞에서 다시 의로워질 수 있었을까? 하나님이 아담에게 변론을 촉구하신 죄(창 3:9)는 사형죄였다(11절-"내가 네게 먹지 말라 명한 그 나무 열매를 네가 먹었느냐"). 아담은 유죄로 드러났고, 하나님과의 관계가 단절되는 심판을 받았다. 따라서 어떤 식으로든 이 관계가 회복되려면 아담 외에 다른 누군가의 도움이 필요했다. 최초의 인간은 죄를 지어 타락했기 때문에 자기 안에서는 아무런 희망도 찾을 수 없었다. 그러나 창세기 3장 15절에는 구원자가 인간의 육신을 입고 세상에 올 것이라는 약속이 담겨 있었다. 이것은 '여자의 후손,' 곧 '여자에게서 나신'(갈 4:4) 자를 통해 회복이 이루어질 것이라는 의미였다. 바울 사도는 이 미래의 성육신을 '그가 맏아들을 이끌어 세상에 다시 들어오게 하실 때'(히 1:6)라고 표현했다. 그 말씀대로 그리스도께서 '세상에 임하셨다'(히 10:5).

사탄의 설득과 꼬임으로 죄가 여자를 통해 세상에 들어온 것처럼, 하나님이 약속하신 죄의 치유책도 여자를 통해 세상에 나타날 것이었다. 그러나 약속된 자가 완전한 구원자가 되려면 뱀에게 고난을 받고, 뱀을 정복해야 한다는 내용도 아울러 계시되었다. 뱀이 그의 발꿈치를 상하게 하는 것은 매우 큰 상처를 입을 것을 암시한다(히 2:9). 여자의 후손은 죄인들을 대신해 죽음을 맛보게 될 것이었다. 사탄은 자신이 인간을 상대로 거둔 승리가 영원한 멸망으로 확실하게 마무리되기를 바랐지만, 이 약속은 여자의 후손이 그의 손에서 승리를 빼앗아 강한 자와 함께 탈취한 것을 나눔으로써(사 53:12) 그의 사역을 완전히 파괴해 뒤엎을 것이라고 암시했다. 이 놀라운 구원자이자 영원한 승리자는 오직 믿음으로만 알 수 있다. 계시의 방법과 내용으로 미루어 볼 때, 약속을 받아들이는 사람들의 믿음이 요구되는 것을 알 수 있다. 장차 올 구원자를 통해 이루어질 이 위대한 구원이 타락한 죄인들에게 선포되었다. 죄인들은 저주받은 상태에 처해있기 때문에 구원에 참여할 수 있는 조건은 자기를 부인하고, 오직 구원자를 온전히 믿고 신뢰하는 것밖에 없었다. 이런 계시의 내용은 믿음을 전제 조건으로 만든다. 먼저 받아들여야 할 약속이 존재한다는 것을 굳게 믿지 않으면, 그 누구도 구원의 은혜를 받을 수 없다.

우리는 구원론(구원자와 중보자 및 그의 사역에 관한 교리), 은혜로 얻는 칭의, 복음적인 회개, 영원한 상급, 육체 부활과 같은 기독교의 교리가 이 첫 번째 약속 안에 포함되어 있다는 것을 어렵지 않게 발견할 수 있다.

초기 유대인들은 후대의 유대인들과는 달리 이 약속이 메시아를 가리킨다고 이해했다. 〈벤 우지엘의 탈굼〉은 "메시아 왕의 시대에 치료 약이 그 발꿈치에 발라질 것이다"라고 말했고, 〈예루살렘 탈굼〉은 "마지막 날, 곧 메시아 왕의 시대에 그 발꿈치에서 안전한 구원이 나올 것이다"라고 말하고 나서 "이것을 유념하라"라고 덧붙였다. '유념하라'라는 것은 정당한 형벌의 위협을 받은 사람에게 '조심하라'고 주의를 환기하는 의미를 지닌다.

두 탈굼 모두 뱀이 가한 상처가 치명적일 것이라고 암시한다. 바울은 똑같은 입장에서 유대인을 대하는 유대인으로서 이 약속을 다음과 같은 방식으로 정확하게 설명할 수 있었다. 그는 "자녀들은 혈과 육에 속하였으매 그도 또한 같은 모양으로 혈과 육을 함께 지니심은 죽음을 통하여 죽음의 세력을 잡은 자 곧 마귀를 멸하시며 또 죽기를 무서워하므로 한평생 매여 종노릇하는 모든 자들을 놓아주려 하심이니"(히 2:14, 15)라고 말했다. 이것은 곧 뱀에게 물린 상처의 치유책이 메시아를 통해 준비될 것이라는 말씀이 아니겠는가? 더욱이 이 일은 '이 모든 날 마지막'(히 1:2), 곧 메시아의 날에 이루어질 예정이었다. 그러나 뱀은 이 치유책에 참여할 수 없다. 탈굼과 미드라시 테힐림은 "장차 뱀만 빼고 모든 것이 치유될 것이다"라고 말했다.

장차 올 구원자는 "천사들을 붙들어 주려 하심이 아니요 오직 아브라함의 자손을 붙들어 주실 것이다"(히 2:16). 나는 히브리서 주석에서 사도가 유대인이 인정하는 관점에서 논리를 전개하고 있다는 것을 보여주려고 노력했다. 그러나 유대인들은 나중에 그리스도에 대한 증오심 때문에 이 원리들을 다르게 해석했다. "후대의 유대인들보다 고대의 유대인들이 이 문제에 관한 성경 해석과 관련해 훨씬 더 진실한 태도를 보였다. 전자는 악감정 때문에 자신들의 의도대로 성경을 왜곡하려고 시도했다"라는 파기우스(종교개혁가이자 성경 히브리어 학자, 1504-1549)의 말은 매우 지당하다. 요세푸스도 이 말씀의 명백한 의미를 그대로 받아들였다.[2] 그러나 필로는 온갖 종류의 괴상한 풍유적 해석을 시도했다. 그와 비슷하게 소시니우스주의자들도 이 말씀에 그리스도에 관한 약속이 포함되어 있지 않다는 것을 입증하려고 애썼다. 그들은 약속이나 예언은 전혀 발견되지 않고, 단지 전과는 달리 뱀과 인간들이 서로 반목하게 될 것이라는 사실적인 진술만을 발견할 수 있다고 주장했다.

존 소메루스는 페테르 카롤리우스를 논박하면서 "'그 말씀(그리스도)'이 여기에 약속되었다고 인정할 것인지 부인할 것인지 말해 보라고 하면, 그는 과연 어떻게 대답할까?"라고 말했다. 볼켈리우스와 에

---

2   Josephus, *Antiquities*, Book 1, chapter 3.

피스코피우스는 하나님의 뜻을 나타내는 계시의 점진적 단계를 다루었지만, 이 성경 본문에 대해서는 아무 말도 하지 않고 건너뛰었다.[3] 더욱이 스말키우스는 이것을 대놓고 부인하기까지 했다. 그는 "복음이 낙원에서 처음 기원했다"라고 말한 프란치우스를 이렇게 논박했다. "그것은 인간의 이성이나 문자의 세계 내에서는 그 무엇으로도 확증할 수 없는 주장이다. 만일 그가 여자의 후손이 뱀의 머리를 상하게 할 것이라는 말씀을 그리스도께서 사탄을 상대로 거두실 승리를 가리키는 의미로 생각한다면, 나는 그것이 본문의 문맥과 전혀 관련이 없다고 대답할 것이다. 물론, 성경에는 새 언약 아래에서 그리스도께 적용할 수 있는 성경 구절들이 많이 포함되어 있다. 그러나 여기에서 본문이 그런 구절에 해당한다는 것을 입증할 수 있는 사람은 아무도 없다. 복음이 낙원에서 최초로 시작되었는데도 나중에 그것이 새 언약을 통해 성취되었다고 구체적으로 주장한 성경 저자가 단 한 사람도 없었다는 것은 참으로 믿기 어려운 일이 아닐 수 없다. 사실, 그런 주장은 성경의 어디를 살펴봐도 전혀 발견되지 않는다"라고 말했다.[4]

본문의 의미를 논박한 이 학자의 주장을 간추려 요약하면 다음과 같다.

1) 본문은 그리스도를 가리키지 않는다.
2) 본문을 그런 의미로 언급한 신약성경의 구절은 단 한 구절도 없다. 그러나 심지어 제레마이어 펠벤저조차도 "그리스도께서는 하나님이 낙원에서 타락한 인간에게 약속하신 여자의 후손, 곧 뱀의 머리를 상하게 하실 자이시다"라고 말했다. 이 약속이 신약성

---

3   Volkelius, *True Religion*, Book 2, chapter 8. Episcopius, *Institutes of Theology*, chapter 9.
4   Smalcius, *Against Frantzius*, Disputation 4.

경에 단 한 번도 언급되지 않았다는 주장이 얼마나 터무니없는지는 그리 어렵지 않게 확인할 수 있다. 예를 들어, 마귀는 뱀으로(고후 11:3, 계 12:9, 14, 20:2), 그의 하수인들은 '독사의 자식들'(마 3:7)로 일컬어졌다. 그들은 마귀에게서 났고, 마귀는 그들의 아비다(요 8:44). 마귀는 또한 처음부터 살인자였다. 이것은 그가 인류의 첫 조상을 타락시킨 것을 가리킨다. 그리스도께서는 여자의 후손으로 불리셨다(히 2:14, 갈 3:16, 4:4). 심지어 소시니우스주의자들조차도 그리스도께서 머리를 상하게 하신 뱀이 사탄을 가리킨다는 것을 부인하지 못할 것이다(요 12:31, 14:30, 눅 10:18, 고전 15:54, 히 2:14, 요일 3:8 참조. 이 점에 대해서는 나중에 좀 더 살펴봐야 할 필요가 있다).

〈불가타 성경〉은 "그녀가 뱀의 머리를 상하게 할 것이다"라고 번역했다. 그 결과, 로마 교회의 주석학자들은 우둔하고, 어리석게도 동정녀 마리아에 관한 터무니없는 주장들을 제기하며 끝없이 신성모독을 일삼았다. 단지 히브리어만 살펴보아도 '후손'이나 '그'와 연관된 대명사가 둘 다 남성 명사라는 사실을 금방 알 수 있다. 어쩌면 히에로니무스가 '스포로스(남성 명사)'가 아닌 '스페르마(중성 명사)'를 사용한 헬라어 사본 때문에 잘못 판단했을 수도 있지만, 그렇다고 해도 한정 대명사 '아우톤'은 고대의 모든 저술가들이 사용했던 방식대로 남성 명사를 가리키는 것이 분명하다. 예를 들어, 코미쿠스는 라틴어로 "나를 파멸시킨 자(남성), 곧 그 악인(중성 명사)이 어디에 있는가?"라고 썼다.

용어를 이런 식으로 사용한 사례는 신약성경에서도 심심치 않게 발견된다. 몇 가지 예를 들면 다음과 같다. "그러므로 너희는 가서 모든 민족(중성 명사)을 제자로 삼아…(그들에게–남성 대명사) 세례를 베풀고…"(마 28:19). "씨 뿌리는 자가 그 씨(소포로스–남성 명사)를 뿌리러 나가서 뿌릴 새 더러는 길가에 떨어지매 (그것이–중성 대명사) 밟히매…"(눅 8:5). "다시 내가 너희에게 새 계명(여성 명사)을 쓰노니 그(남성 명사)에게와 너희에게도 참된 것(중성 명사)이라"(요일 2:18). "네가 본 이 열 뿔(중성 명사)…(이것들은–남성 명사) 음녀를 미워하고"(계 17:16). "네가 보던 열 뿔(중성 명사)은 열 왕(남성 명사)이니"(계 17:12).

이처럼 히에로니무스는 본래의 참된 의미와 다르게 번역했던 것 같다. 특히 구이도 파브리키우스 보데라누스(지식이 매우 뛰어났는데도 극단적인 미신에 사로잡혀 스스로를 망쳤다는 평가를 받는 인물)는 무모하게도 본문에서 '그'를 '그녀'로 대체했다. 본문을 번역한 것들을 아무리 샅샅이 뒤져보아도 여기에서 그 말을 그렇게 바꾸어 읽을 만한 가능성은 전혀 발견되지 않는다.[5] 사실, 그런 가능성을 암시하는 것들은 모두 인쇄업자들의 실수로 인해 잘못 표기된 용어이거나 히브리어가 아닌 것으로 보이는 용어가 새로 편찬된 본문에 삽입된 경우에 지나지 않았다.

여성 대명사로 대체한 오류가 어떻게 시작되었는지는 외경 〈솔로몬의 지혜서〉를 통해 어느 정도 짐작할 수 있다. 거기에 보면, 아담이 회개해 죄를 용서받았다는 내용이 나온다. 아담이 회개한 것은 여성 명사로 표기된 '지혜'의 중재가 있었기 때문이다. "그가 세상의 아버지로서 최초로 창조되어 홀로 있을 때, 지혜가 그를 보호했다. 그녀(지혜)는 그를 죄에서 구원했다."(10:1). 〈아가서 탈굼〉도 아담이 용서를 받았다고 진술했고, 그가 안식일에 지극히 아름다운 노래로 하나님을 찬양했다고 덧붙였다(1:1).

그러나 본래의 주제로 다시 돌아와서 생각해 보자. 죄를 지은 인간

---

5   Ludovic Capellus, *Sacred Criticism*, Book 5, chapter 11.

은 중보자의 죽음으로 구원과 죄 사함이 이루어질 것이라는 이 새로운 은혜의 신학을 통해 전혀 새로운 단계의 신학에 도달했다. 모든 참 신학의 근본적인 목적(하나님을 영원히 즐거워하는 것)은 조금도 변하지 않았다. 복음 신학을 좀 더 충분하게 살펴보면, 그런 틀 안에서 가르침이 주어지고, 수단과 원리의 발전이 이루어진 것을 알 수 있다.

이 새로운 신학의 명령들은 이중적인 차원을 지녔다. 첫째, 자연 신학의 도덕적 요구가 모두 새로운 단계의 실천 행위에 포함되었다. 이미 앞에서 설명한 대로, 하나님은 인류의 첫 조상의 도덕적 사고를 이끌기 위해 그들의 영혼 속에서 이루어진 창조적인 사역을 통해 선천적인 빛을 허락하셨다. 그 빛은 비록 오염되고, 손상되었지만, (그분의 은혜로운 섭리를 통해) 타락 이후에도 그들의 후손들에게까지 계속 이어졌다. 하나님은 이 새로운 형태의 계시를 믿음으로 받아들인 사람들을 날마다 굳세게 지탱해주셨다. 하나님의 계명들은 비록 율법으로 성문화되지는 않았지만, 여전히 온전한 복종의 규칙이었다. 충실한 자들은 새로운 상황 속에서 믿음을 통해 새로운 빛을 얻어 그것들에 다시 주의를 기울였다.

자연적인 빛의 잔류물 외에 아담에게 그의 행위의 표준이 되는 새로운 계명들이 주어진 적은 없었다. 믿음으로 그 남은 것들을 다시 활성화하는 것만으로 어떤 상황에서든 선과 악을 구별하는 방법을 충분히 깨우칠 수 있었다. 홍수 이전에 신자들이 이 율법에 따라 믿음으로 행동했던 것을 보여주는 사례들이 많다(창 4:6, 7, 7:1, 2). 어떤 사람들이 아담, 또는 노아에게 주어졌다고 주장하는 '일곱 가지 계명'에 대해서는 나중에 언급할 기회가 있을 것이다. 지금으로서는 최소한 한 가지만은 분명해 보인다. 그것은 곧 인간의 모든 의무가 항상 하나님의 계명에 근거하고 있다는 것이다.

아울러, 이 선천적인 빛(또는 내주하는 신학)에는 십계명의 계명들이 모두 포함되어 있었다. 하나님은 인간이 무죄했던 상태에서는 자신의 주권적인 뜻에 따라 그런 상태에 부합하는 명령이 바람직하다고 생각하고, 선악을 알게 하는 나무의 열매를 먹지 말라고 지시하셨다. 그러나 죄의 침투로 인해 죄인들을 위한 위대한 구원의 약속이 필요해지자 이번에는 새로운 명령으로 새로운 상황에 부합하는 계명을 제시하셨고, 그것으로 자신에 대한 복종을 실천하고, 내주하는 율법에 기꺼이 순응함으로써 약속을 믿는 믿음을 활용하게 하셨다. 새로운 계명과 증거는 희생 제사의 형태를 띠었다. 이것이 홍수 이전의 아담 신학의 토대였다.

로마 교회의 사제들은 희생 제사가 자연의 빛에서 비롯했고, 그렇게 하나님을 예배하는 방식이 인간이 무죄한 상태에서도 똑같이 적용되었을 것이라고 주장한다.[6] 공허한 상상으로 빚어낸 '미사의 희생'이라는 터무니없는 허구를 뒷받침하려면 그런 말도 안 되는 사변이 많이 필요했을 것이 틀림없다. 소시니우스주의자들은 희생 제사가 '올바른 이성'을 활용하면서부터 시작되었다고 주장했고, 사람들은 그런 주장을 믿고 개인적인 소유물 가운데 가장 좋은 것을 바침으로써 하나님을 예배해야 한다고 결론지었다.

따라서 아르미니우스 에피스코피우스는 "아벨은 하나님의 명령 없이 오직 믿음만으로, 즉 '이성을 올바르게 활용함으로써' 자신의 소유 가운데 가장 좋은 것으로 하나님을 예배해야 한다고 결론짓고, 양 떼 중에서 처음 난 가장 기름진 새끼를 희생 제물로 드렸다"라고 말했

---

6   Gregory of Valentia, *On the Sacrifice of the Mass*, Book 1. Bellarmine, *On the Mass*, Book 1, chapter 24. Lessius, *On the Justice and the Law*, Book 1.

다.[7] 얼토당토않은 말이 아닐 수 없다. 마치 하나님의 뜻을 나타내는 계시에 근거하지 않고, 단지 믿음의 유추만으로 아무것이나 행할 수 있다는 말처럼 들린다. 아무런 명령 없이 오로지 올바른 이성만을 따라 행동하는 것과 명령에 따라 충실하게 행동하는 것이 어떻게 서로 같을 수 있다는 말인가? 하나님의 약속이나 명령과 아무 관련이 없는 믿음이 어떻게 가능할 수 있다는 말인가? 과연 하나님이 자기가 기뻐 받을 예배의 형태를 마음대로 정할 권한을 인간에게 온전히 일임하셨을까? 아벨이 하나님이 자신의 소유 가운데 가장 좋은 것을 좋아하실 것이라는 생각 외에 다른 아무런 이유 없이 희생 제사를 드렸을까? 한 마디로, 이런 생각들은 모두 추측에 불과할 뿐, 참된 신학과는 거리가 멀다.

그러나 에피스코피우스는 대담하게도 다른 곳에서 또다시 이 의식의 기원을 탐구하면서 자신의 견해를 유지했다. 그는 "희생 의식이 우주가 처음 시작될 때부터 존재했다고 안심하고 말해도 될 듯하다. 그것은 가장 귀하고, 사랑스럽게 생각되는 것은 무엇이든 하나님께 바치겠다는 섬김의 행위를 통해 그분을 예배하고, 영광스럽게 하겠다는 열망과 열정에서 시작되었다. 사람들은 그런 식으로 만물이 인간이 아닌 하나님의 소유이고, 그것을 사용하고, 그로 인해 누리는 혜택이 자신들이 날마다 섬겨야 할 하나님에게서 비롯한다는 것을 공개적으로 드러냈다. 하나님이 그런 예배를 기쁘게 받기로 선택하신 이유는 그것이 지극히 경건한 감정에서 비롯한 것이었기 때문이다. 하나님이 무고한 동물들의 피를 흘리는 것을 기뻐하실 리가 없다. 따라서 희생 제사를 그분이 직접 정하신 제도라고 말하기는 어렵다. 그러나 하나님은 희생 제사를 은혜롭게 용인해 오랫동안 실행되도록 허락하셨

---

[7]   Arminius Epicopius, *Institutes of Theology*, Book 1, chapter 8.

기 때문에 사실상 그분이 희생 제사를 선택된 백성의 특유한 의식으로 정하셨다고 생각해도 전혀 이상할 것은 없다"라고 말했다.

에피스코피우스는 '전혀 이상할 것은 없다'라고 말했다. 그러나 자연이 제공하는 하나님에 관한 지식과 그분이 성경을 통해 자신을 계시하신 내용을 살펴보면, 그런 억지 주장을 믿는 것이야말로 더할 나위 없이 이상하고, 터무니없는 것이라는 사실이 분명하게 드러난다. 하나님의 지혜가 비참한 죄인들의 지혜와 의지를 떠받드는 시종과 같은 역할을 한다는 말인가? 그것도 예배와 관련해서? 사람들이 최상의 것을 바치기로 결정하면, 하나님은 당연히 그것을 기쁘게 받아들여야 할 뿐 아니라 그것을 제도로 정해 교회의 역사 대대로 계속 이행하게 하셔야 한다는 말인가?

우리가 하나님에 관해 알고 있는 모든 지식이 완전하지 못한 것과 신성은 절대로 서로 연관될 수 없다고 강력하게 증언하고 있지 않은가? 하나님이 인간이 만든 예배 제도를 거절하고, 거부하신다는 것을 보여주는 사례들이 성경의 여러 곳에 나타나 있지 않은가? 참으로 이 고대의 희생 제사가 인간의 소유 가운데 가장 좋은 것을 나눠 가지고 싶어 하셨던 하나님의 바람에 지나지 않았던 것일까? 에피스코피우스가 말한 대로, 과연 그 모든 것이 그리스도나 그분의 위대한 희생과 아무런 연관성도 없는 것일까? 그 안에 하나님의 선하심이 조금도 나타나 있지 않았던 것일까? 유한한 인간들이 자신들의 길을 가도록 허용되었을 때마다 저주와 징벌이 뒤따를 때가 많지 않았는가? 희생 제사가 정말로 약속된 메시아를 믿는 믿음을 뒷받침해 줄 든든한 진리나 교훈적인 상징이나 예표와는 아무 상관이 없었을까? 결코 그렇지 않다. 그런 어리석은 생각은 더는 해서는 안 된다. 만일 그런 생각을 조금이라도 더 한다면, 후안무치하다고 말할 수밖에 없을 것이다.

거룩한 예배가 단 한 부분만이라도 인간의 생각에 따라 결정되도록 허용되었다면, 그것이 어떤 상태에 도달했을 것인지는 익히 짐작하고도 남는다. 우리는 인간성의 본질을 너무나도 잘 알고 있다. 하나님은 그런 의식들을 통해 자신의 독생자인 성자의 죽음과 공로에 관한 모든 비밀을 어렴풋하게나마 알려주려고 하셨다. 따라서 그런 의식들은 다른 것이 아닌 하나님의 뜻을 보여주는 인격적인 계시에서 기원한 것이 분명하다. 새 언약의 핵심은 죄 사함에 있다. 바울 사도는 피 흘림이 없으면 죄 사함이 없다고 말했다(히 9:22). 따라서 하나님의 언약은 처음부터 그분의 영원한 계획에 따라 피 흘림을 통해 엄숙하게 보증되었다. 하나님이 인류의 첫 조상에게 만들어 입히신 가죽옷은 최초의 희생 제사였다고 말할 수 있다.

철학자들 가운데 희생 제사의 기원을 탐구한 사람은 포르피리오스가 유일하다. 그의 견해는 특정한 성경 구절들을 이해하는 데 도움을 주기 때문에 그 가운데 몇 가지를 간단히 살펴보는 것이 좋을 듯하다. 그는 자신의 두 번째 책인 『동물 살해에 대한 논박(*Against the Slaughter of Animals*)』에서 자신의 견해를 피력했다. 먼저 그는 모든 제사가 신에게 감사하는 마음에서 기원했다고 주장했다는 점에서 에피스코피우스의 이교적 견해와 공통점을 지녔다. 앞서 말한 대로, 이것은 사람들이 신에게 감사하기 위해 자신의 소유 가운데 가장 좋은 것을 바쳐 예배들 드렸다는 뜻이다. 그는 "받은 은혜에 보답하고, 받은 은혜만큼 시혜자에게 감사하며, 가장 많은 도움을 준 이들에게 가장 좋은 것을 주는 것은 올바른 일이다. 감사의 대상이 우리가 드리는 것들을 공급해주는 존재들인 경우는 더더욱 그렇다. 신들이 우리에게 베푼 가장 좋고, 귀한 것들은 땅의 열매들이다. 따라서 그런 것들을 드려 신들을 예배하는 것은 매우 적절하지 않을 수 없다"라고 말했다.

이 말만 놓고 보면 틀린 것이 아무것도 없다. 이런 생각은 성경과 모순되지 않는다. 성경은 "네 재물과 네 소산물의 처음 익은 열매로 여호와를 공경하라"(잠 3:9)라고 말씀한다. 포르피리오스는 "처음 익은 열매를 신들에게 바치는 것은 옳은 일이며, 온 세상 사람들을 유익하게 하는 일이라고 결론지을 수 있다"라고 덧붙였다. 그러고 나서 그는 여러 가지 증거를 제시하면서 애굽인들이 초창기부터 이 관습을 지켜왔고, 그것이 그들 이전의 머나먼 과거에서부터 존재해왔다고 말했다. 그 이유는 이성적인 사람이라면 누구나 종교적인 제물로 최고의 시혜자들을 공경하는 것이 올바른 일이라고 결론지을 것이기 때문이다. 앞으로 살펴보겠지만, 일부 그리스도인들은 지금도 여전히 이런 견해를 지니고 있다. 포르피리오스는 한 걸음 더 나아가서 고기 섭취를 절제해야 할 이유를 설명하기 시작했다. 그는 태초부터 심지어는 몰약이나 계피나 사프란이나 유향조차 섞지 않은 채로 약용 식물, 옥수수, 꽃과 같이 땅에서 나는 순수하고, 소박한 소산물을 제물을 드렸다고 주장했다. 그는 오랜 세월이 지나면서 조금씩 오류가 발생해 다른 것들을 제물로 드리게 되었다고 말했다. 그의 주장에 따르면, 가장 오래전의 애굽인들은 자신들의 화로에 순수한 첫 열매를 신들에게 태워 바치고, 옥수수를 비롯해 너그러운 자연이 제공하는 각종 산물을 드렸다고 한다. 그는 자기가 쓴 책의 많은 부분에서 이런 견해를 더욱 확대하고, 뒷받침하면서 살아 있는 동물을 바쳐 피 흘림이 있는 희생 제사를 드리는 것은 나중에 악과 불경함과 미신이 만연해지면서 새롭게 생겨난 관습으로 그것을 엄중히 경고하는 신탁이 많았다고 진술했다.

그런 관습은 허용되었지만, 다음과 같은 엄격한 제한이 뒤따랐다. "가축의 첫 새끼를 바치기를 원했던 신성한 제단의 감독자에게 다음과 같은 신탁이 주어졌다. '오, 선견자여. 가축을 강제로 죽이는 것은 옳지 않다. 그러나 가축이 자발적으로 죽음의 징후를 보이거든 그것을 신성한 제의의 일부로 받아들여 죽여도 좋다. 그러면 네 손은 정결할 것이다.'"

이것이 성경의 가르침과 정면으로 충돌한다는 것은 굳이 설명할 필요조차 없다. 성경은 자발적으로 죽는 짐승은 무엇이든 불결한 것으로 간주했다. 이 모든 사실은 포르피리오스가 가인의 계통에 속한다는 것, 곧 그가 아벨을 대적했던 가인 편에 속한다는 것을 분명하게 보여준다(창 4:3, 4).

지극히 선하고, 거룩한 최고의 유일신이 만물을 다스리며, 사람들을 선하고, 너그럽게 대한다는 포르피리오스의 주장은 주목할 만하다. 그는 이성의 힘으로, 좀 더 정확하게 말하면 '자연 신학'을 활용함으로써 그런 개념에 도달했다.

그는 신의 본질적 속성은 내재적이기 때문에 신이 그런 속성에서 벗어나는 일은 절대 불가능하다고 판단했다. 그는 "선한 신이 축복을 베풀면서 동시에 위해를 가하는 것은 불가능하다"라고 말했다. 그는 선한 본성을 지닌 중간 단계의 영들을 신 아래 위치시켰다. 그들은 천사로 일컬어졌다. 이들은 "사람들과 신들 사이를 오가며 우리의 기도를 신들에게 전하는 영들이다." 그는 가장 위대한 최고의 신과 선한 영들(천사들이나 하위 신들)은 희생 제사가 아닌 (정욕을 제어하고, 세속적인 것이 아닌 하늘의 것을 생각하고, 공상이 아닌 이성이 인정하는 것들을 선택하고, 그것들을 사랑하는 것과 같은) 영적 노력을 통해 예배해야 한다고 주장했을 뿐 아니라 악하고 해로운 영들, 즉 귀신들이 땅에서 가까운 대기 중에 거하면서 질병, 기근, 역병, 지진, 전쟁과 같은 온갖 해악을 일으킨다고 가르쳤다.

포르피리오스는 이 영들을 최고 신의 지위를 찬탈하려고 시도하는 교만하고, 기만적이고, 야심적인 존재들로 묘사했다. 그는 "거짓말을 하는 것이 그들의 본성이다. 그들은 자신이 다른 존재들보다 더 우월한 능력을 지닌 신으로 간주되기를 원한다. 그들은 사람들이 자신을 참된 신으로 착각해 주기를 바란다"라고 말했다. 나는 그가 이런 개념들을 성경에서 추출했다고 생각한다. 그보다 성경을 더 주의 깊게 연구했거나 성경의 참된 의미를 더 크게 왜곡시킨 철학자는 일찍이 없었다. 귀신들이 거짓을 말하는 본성을 지녔다는 그의 말은 요한복음 8장 44절("너희는 너희 아비 마귀에게서 났으니…그는…거짓을 말할 때마다 제 것으로 말하나니 이는 그가 거짓말쟁이요 거짓의 아비가 되었음이라")과 일맥상통한다.

그는 성경의 다른 가르침들도 플라톤 철학과 혼합시켰다. 그는 귀신들이 육적인 것들을 좋아하고, 잔인한 욕구에 사로잡혀 있기 때문에 동물 제사가 필요해졌다고 결론지었다. "육적인 것들에 매료된 사람들은 이 악한 영들의 능력과 시기심을 어떻게든 통제해야 했다. 왜냐하면 그래야만 괴롭힘을 면할 수 있을 것으로 생각했기 때문이다." 이 말의 요점은 오직 귀신들에게만 피 흘림이 있는 제사를 드렸다는 뜻이다. 그는 귀신들이 지닌 공기 같은 무형의 육체는 그런 제사의 연기와 맛으로 원기를 제공하고, 달래주어야 한다는 장황한 설명을 덧붙였을 뿐 아니라 "경건의 열정에 불타올라 신들이 아닌 귀신들과 선하거나 악한 하위 신들에게 살아 있는 희생 제사를 드린다"라고 말하기도 했다.

여기에서 이방인들이 하나님이 아닌 귀신들에게 희생 제사를 드림으로써 그들의 가장 큰 죄가 분명하게 드러나고, 인정되었다고 자인하는 한 이교도의 모습이 발견된다. 바울은 그와 거의 비슷한 말로 이방인들의 죄를 꾸짖었다. 그는 "무릇 이방인이 제사하는 것은 귀신에게 하는 것이요 하나님께 제사하는 것이 아니니"(고전 10:20)라고 말했다. 그런 행위를 자인하는 말은 스스로의 죄를 인정하는 것이기 때문에 에우세비우스, 아우구스티누스, 테오도레트는 그 말을 이용해 이방인들을 논박했다.[8] 루커스 홀스테니우스도 『포르피리오스의 생애』라는 책에서 교회의 학자들에게 유리한 정보를 포르피리오스만큼 많이 제공한 사람은 아무도 없을 것이라고 말했다. 진리의 위대한 원리들은 항상 일관성이 있을 뿐 아니라 진리를 가장 크게 거스르는 증언들과 온갖 오류 속에서도 늘 변함없이 찬란한 빛을 드리운다.

이것이 타락 이후의 아담 신학의 본질이었다. 그 안에 죄인들을 위한 구원의 교리가 미발달 상태로 내포되어 있었다. 그것은 나중에 조금씩 드러날 예정이었다. 모든 것이 원시 교회의 여정을 통해 조금씩 드러나다가 복음 안에서 온전히 계시될 하나님의 약속에 근거했다. 때가 되자 하나님께 대한 복종의 규범이 십계명을 통해 드러났고, 그 내적 본질과 실천이 선지자들을 통해 구체적으로 나타났다. 하나님의 뜻과 희생 제사라는 교육적 매체를 통해 외적인(형식적인) 예배의 형태가 제정되었다. 이 모든 것을 통해 진정한 예언적 진리(즉 하나님이 친히 제정하신 예배가 아니면 그분에게 인정받을 수 없다는 원리)가 모든 세대에 주어졌다.

---

8   Eusebius, *Preparation for the Gospel*, Book 3. Augustine, *City of God*, Book 10. Theodoret, *Sermons*, Sermon 3.

2장
타락 이후 신학의 원리들

아담의 가족을 통해 타락한 죄인들 가운데 최초의 교회가 설립되었다. 이 교회의 가장 중요한 목적은 앞에서 제시한 신학적 규범에 따라 중보자를 통해 하나님을 예배할 가시적인 형태의 공동체를 형성하는 것이었다. 그런 준비를 하는 책임이 자연스럽게 온 인류의 아버지인 아담에게 주어졌다. 그는 장차 사탄을 정복할 후손이 올 것이라는 약속을 받았다. 그는 하나님의 긍정적인 명령은 물론, 자신의 본성을 통해 그런 교회의 역할을 담당해야 했다. 그가 자신의 책임을 저버리지 않았다고 믿을 만한 증거들이 많다. 그가 하나님에게서 받은 큰 축복, 자신의 후손과 종족에 대한 그의 자연스러운 사랑과 연민, 자신의 죄가 후손들에게 끼친 영향을 기꺼이 인정하는 태도 등을 생각하면, 그가 열정을 다해 의무를 이행했다는 것을 알 수 있다.

당시 그의 가족은 하나님의 교회를 세웠고, 그들을 통해 온 인류가 생겨났다. 오직 당시의 교회만이 진정으로 '가톨릭(보편적)'으로 불릴 수 있다. 진리와 복종과 참된 예배가 왕성하게 이루어졌고, 교회는 아무런 방해도 받지 않는 상태에서 새로운 신학을 소유했다. 그러던 중 가인의 배교를 통해 최초의 이탈이 이루어졌다. 이 사건으로 인해 중보자를 통해 하나님을 예배하기로 고백한 교회에서 최초의 이탈이 발생했기 때문에 이 점을 먼저 간단하게 살펴보는 것이 필요할 듯하다.

앞서 언급한 대로, 아담의 신학은 세 부분으로 구성되었다. 가인의 배교 행위는 그 세 가지를 모두 거슬렀다. 첫째, 장차 올 중보자에 관한 약속이 모든 것의 토대였다. 바울 사도는 히브리서 11장 4절에서 아벨의 믿음을 칭찬하면서 가인이 배교한 이유가 믿음이 없었기 때문이라고 암시했다. 그는 믿음이 없다는 이유로 하나님께 책망을 받았지만, 회개를 거부한 채 불신앙 속으로 더 깊이 빠져들었다. 둘째, 하나님이 친히 자신에 대한 예배를 제정하셨지만, 가인은 자기가 좋아하는 형식으로 예배함으로써 복종이나 믿음과는 무관하게 살아왔다는 것을 스스로 드러냈다. 셋째, 그는 죄와 질투심에 사로잡혀 형제를 살해함으로써 올바른 이성과 내재적인 율법을 거슬렀다. 그 결과로 그는 거룩한 언약을 거부한 반도이자 그 개별적 요소들을 모두 거역한 죄인이 되고 말았다. 위선자의 원형으로 전락한 그는 역사 대대로 악인들의 표상이 되었다(요일 3:12).

어떤 사람들은 하나님이 하늘에서 불을 내려 제물을 불사름으로써 아벨의 제사를 인정하셨다고 생각한다. 테오도티온(구약성경을 헬라어로 번역한 2세기의 인물)은 창세기 4장 4절("여호와께서 아벨과 그의 제물은 받으셨으나")을 "하나님이 아벨과 그의 제물에 불을 내리셨다"라고 번역했다. 히에로니무스는 이 번역을 인정하며 칭찬했다. 이와 비슷하게 창세기 4장 6, 7절을 매우 이상하게 고쳐 번역한 탓에 초기 학자들 가운데 많은 사람이 가인의 죄를 그릇 설명하는 결과가 초래되었다. 본래의 말씀은 "여호와께서 가인에게 이르시되 네가 분하여 함은 어찌 됨이며 안색이 변함은 어찌 됨이냐 네가 선을 행하면 어찌 낯을 들지 못하겠느냐 선을 행하지 아니하면 죄가 문에 엎드러져 있느니라"라는 내용이었다. 그러나 〈70인경〉을 비롯해 많은 고대인들은 이 말씀을 '만일 네가 올바르게 바치되 올바르게 나누지 않으면'으로 번역했다. 이것은 성경을 번역한 것이 아니다. 그러나 아우구스티누스와 크리소스토무스와 키릴루스를 비롯해 여러 사람이 여전히 이처럼 놀랍고도 기발한 해석을 채택했다.[1] 히에로니무스는 이 구절에 대해 "죄는 히브리어에서는 남성 명사이지만 헬라어에서는 여성 명사다"라고 말했다. 그러나 그의 기억력이 퇴보된 것이 아니라면 그렇게 말해서는 안 된다. 왜냐하면 히브리어 원문에서는 남성형 분사가 여성 명사와 결합된 사례가 종종 발견되기 때문이다. 메르쿠르스라는 정확한 학자는 이 구절에 대한 혼란이 발생하게 된 원인을 잘 지적했다. 이를 간단히 설명하면 다음과 같다. '죄'가 여성 명사이지만 남성 명사처럼 보이는 이유는 죄인인 가인이 남성이기 때문이다. 그의 후손들이 버림을 받은 이유는 제물의 종류나 바친 제물의 양이나 가치 때문이 아니라 믿음이 없었고, 제사를 드리면서도 계속해서 죄를 지었기 때문이다.

하나님께 책망을 받은 가인은 형제에 대한 분노와 질투심을 한동안 감추었다. 그런 사실이 '가인이 그의 아우 아벨에게 말하고'(창 4:8)라는 말씀에 암시되어 있다. 〈사마리아 오경〉과 〈70인경〉은 여기에 "'들판으로 가자'라고 말했다"라는 문구를, 〈불가타 성경〉은 "밖으로 나가자"라는 문구를 각각 덧붙였다. 후자는 〈예루살렘 탈굼〉에서 발췌한 것이 분명한 듯하다.

히브리어 〈마소라 성경〉을 살펴보면, '가인이 그의 아우 아벨에게 말하고'라는 문구 뒤에 공백이 종종 발견된다. 린다누스와 모리누스와 같은 사람들은 이 사실을 근거로 본문이 훼손되었다고 주장한다. 히에로니무스는 그곳에 위의 문구들을 덧붙이는 것에 동의하지 않았

---

1   Augustine, *City of God*, Book 15, chapter 7. Chrysostom, *Homilies on Genesis*, 18, chapter 4. Cyril, *Address to Julian*.

다. 그는 본문만으로도 가인이 그런 말을 했을 것으로 확실하게 추론할 수 있기 때문에 '〈사마리아 오경〉과 〈불가타 성경〉이 덧붙인 문구는 불필요한 중복일 뿐이라고' 지적했다.[2] 이를 보면, 그가 오늘날 일부 사람들이 히브리 성경보다 더 선호하는 〈사마리아 오경〉에 인색한 점수를 주었다는 것을 알 수 있다. 랍비 에스라도 "가인이 아벨에게 한 말이 하나님께 꾸중을 들었다는 말이었을 것으로 보인다"라는 말로 이 구절에 관한 히에로니무스의 견해에 동의했다. 온켈로스의 경우는 히브리어 본문의 내용을 고수했다.

한편, 종종 〈예루살렘 탈굼〉으로 불리는 〈요나단의 탈굼〉은 두 형제 사이에서 긴 논쟁이 오갔던 것처럼 설명했다. "가인이 그의 아우 아벨에게 '함께 들판으로 나가자'라고 말했다. 그들은 함께 들판으로 나갔다. 가인이 그의 아우 아벨에게 '세상이 은혜로 창조되었다는 것을 알지만, 선한 행위의 열매에 따라 다스려지는 것은 아닌 것이 틀림없어. 그 이유는 편파적인 사랑이 존재하기 때문이야. 네 제사는 좋게 여겨져 받아들여졌지만 내 제사는 거절당했어'라고 말했다. 그러자 아벨은 가인에게 '세상은 은혜로 창조되었고, 선한 행위의 열매에 따라 다스려지고 있어요. 세상에 사람에 대한 차별은 존재하지 않아요. 나의 선한 행위의 열매가 받아들여진 이유는 형의 행위보다 더 나았기 때문이에요'라고 대답했다. 그러나 가인은 화를 내며 '올바른 판단이나 재판관은 존재하지 않아. 다른 세상도 없어. 의인들에게는 보상이 주어지지 않고, 악인들에게는 징벌이 주어지지 않아'라고 쏘아붙였다. 그들은 이런 문제로 들판에서 서로 다투었다."

벤 우지엘은 어리석게도 자기 나름대로 많은 부가적인 설명을 덧붙였다. 아무튼, 가인이 아벨과 평화롭게 살 수 있는 곳은 어디에도

---

2   Jerome, *On the Translation of Genesis*.

존재하지 않았다는 것만은 분명한 사실이었다.

유대인 필로는 가인이 자기 아우와 논쟁을 벌였던 궤변가였고, 하나님을 속이려고 했던 것처럼 아우를 속일 생각을 하고 있었다고 말했다.

오늘날의 학자들은 이 구절을 '가인이 그의 아우 아벨에게 말하고'라고 명확하게 번역했다. 이 말 속에는 가인이 속으로는 자기 아우를 세상에서 없애버리려는 생각을 품고, 깊은 증오심을 숨긴 채 기회를 엿보면서 증오의 감정을 더욱 크게 키워갔으면서도 겉으로는 사랑스러워하는 표정을 짓고, 다정한 태도로 아우에게 접근해 대화를 나누었다는 의미가 내포되어 있다. 이것이 다른 사람들의 생명을 빼앗으려는 사람들의 일반적인 태도다. 훗날 요압도 신뢰를 저버린 채 아브넬을 살해했고, 압살롬도 겉으로는 사랑을 회복하기 위한 대화를 나누려는 척하면서 암논을 처단했다. 최초의 순교자인 아벨은 그런 가식적인 태도에 속아 배신의 희생자가 되고 말았다. 마귀가 그런 살해를 부추겼다고 말할 수 있는 증거가 있다. 요한일서 3장 12절은 가인이 '악한 자에게 속했다'라고 말씀했다. 이것이 마귀가 '처음부터 살인한 자'(요 8:44)로 일컬어진 이유다. 마귀는 살인자의 원형이었다. 그는 가인을 부추겨 큰 죄를 저지르게 한 것에 그치지 않고, 살인을 교묘하게 계획해서 실행에 옮기게 만드는 역할을 했다. 그는 나중에도 바리새인들을 자신의 대리자들로 이용해 주 예수님을 죽음으로 몰아넣었다. 에피파니우스를 통해 우리에게 전해진 한 고대 시인의 단편적인 글이 몇 개 남아 있다. 그는 이 문제를 웅변적으로 표현했다. "오, 뱀이여! 멸망의 원천이자 근원이여! 모든 악의 창고이자 맹목적인 무지에서 비롯한 온갖 망상의 아버지여! 너는 인류의 한숨과 눈물을 양식으로 삼고, 사람들의 강한 오른팔을 이용해 그들 자신의 형제들을 죽여없앤다. 그들 사이에 사그라지지 않는 증오심을 부추겨 가인을 피로 분노를 씻어낸 최초의 인물로 만든 장본인도 바로 너고, 인류의 첫 조상들을 거룩한 상태에서 저속한 심연 속으로 추락시킨 장본인도 바로 너다."

가인의 불충실함과 위선이 여실히 드러났기 때문에 그는 더 이상 교회의 품 안에 머무르도록 허용될 수 없었다. 하나님은 자기 양 떼를 자상하게 보살피셨고, 그들이 이 악한 배교자와 그의 반역 행위를 지지하는 사람들과 계속 관계를 맺음으로써 스스로를 더럽히는 일이 일어나도록 용인하지 않으셨다. 가인의 지지자들은 그의 도시 건설을 도왔던 것으로 미루어 볼 때 그 숫자가 적지 않았던 것을 알 수 있다. 가인은 결국 저주를 받았고, 교회의 울타리 밖으로 추방되었다. 이것이 "너는 땅에서 피하며 유리하는 자가 되리라"(창 4:12)라는 말씀의 의미다. 다시 말해, 이 말씀은 "온 지면에 넓게 퍼져있는 땅으로 가라. 원하는 곳으로 가서 세상의 것들을 다루는 법을 배워라. 너는 나의 저주를 받았으니 나의 예배나 나의 교회에 참여하지 못할 것이다"라는 의미를 담고 있다.

가인은 자신의 징벌이 너무 무겁다고 호소했다. 그는 "내가 주의 낯을 뵈옵지 못하리니 내가 땅에서 피하며 유리하는 자가 될지라"(14절)라고 말했다. 그는 이미 약속된 후손과 관련된 하나님의 은혜로운 처사를 멸시했다. 그는 "내 죄벌이 지기가 너무 무거우니이다"라고 말하며 다시는 하나님의 은혜로운 임재를 누릴 수 없다는 절망감을 깊이 토로하기 시작했다. 조나스 슐리크틴기우스는 이 말이 그 자체로 비난받을 만한 내용은 아니며, 그 안에 별다른 악한 의도는 없었다고 주석했다.[3] 이런 설명은 틀지지 않지만, 가인의 말이 믿음에서

---

3   Jonas Schlichthingius, *To Meisner, on the Trinity*, p.119.

나온 말은 아닌 것이 분명하다. 그의 말에는 절망감만 가득했다.

가인은 하나님의 섭리를 뒤집을 수 없다는 것을 알았다. 그는 자신이 하나님의 임재와 성도의 교제로부터 배제되는 것이 정당하다고 생각했다. 사실, 그는 교회에서 쫓겨난 것이 아니라 스스로 기뻐하며 도망쳤다(창 4:16).

가인의 배교는 구원자에 대한 약속을 통해 교회가 설립되고 나서 어느 정도의 시간이 지난 후에 발생했다. 하와는 아담이 130세 되던 해, 그러니까 아벨이 죽은 지 일 년이 지났을 때 셋을 낳았다(창 5:3). 인류의 숫자는 증가했고, 교회는 온 인류를 포괄하는 보편적인 특성을 띠었다. 따라서 죄인들이 장차 올 중보자를 믿는 믿음으로 구원을 받았던 원시 교회의 시기가 약 130년 동안 지속되었던 것을 알 수 있다. 그때의 교회는 자기에게 계시된 신학의 기준에 따라 하나님 앞에서 거룩하고, 흠 없이 살았다. 그러고 나서 가인의 배교가 이루어졌다. 아라비아의 연대학자 아불파르구스는 테오도시우스의 권위를 빌려 매우 이상한 견해를 제시했다(테오도시우스에 관해서는 포코크의 『역사』를 참조하라). 그는 "아담은 에덴동산에서 추방된 지 30년 후에 가인을 낳았고, 아벨은 100세에 살해되었다. 아담은 그 후 즉시 아내와 동침해 셋을 낳았다"라고 말했다. 이런 터무니없는 속설이 맨 처음에 어디에서부터 기원했는지는 알 수 없지만, 동방 세계에 널리 퍼져있을 뿐 아니라 많은 사람의 글에 나타나 있다. 아마도 이것은 창세기 5장 3절을 근거로 한 추정일 것이다.

아무튼, 배교는 신자들에 대한 실제적인 박해로 이어졌고, 그로 인해 교회 개혁의 필요성이 대두되었다. 하나님은 가인에 대한 저주와 추방을 통해 앞으로의 모든 교회 개혁의 유형과 본보기를 분명하게 확립해 보여주셨다.

3장
홍수 이전의 2차 교회 개혁

가인이 아담 신학의 부패한 요소들과 함께 교회의 영역 밖으로 추방된 후에 교회는 다시 새롭게 되어 에노스의 시대에까지 번성을 누렸다. 에노스의 시대에 이르자 새로운 부패가 싹터 널리 퍼지기 시작했고, 결국에는 교회가 거의 파괴되는 지경에 이르고 말았다. 성경에 기록된 대로, 그의 시대에 "사람들이 비로소 여호와의 이름을 불렀다"(창 4:26). 이 구절에 관해 살펴봐야 할 것이 몇 가지 있다. 왜냐하면 이 구절에 대한 해석이 매우 다양하기 때문이다. 이 구절을 근거로 교회가 확실하게 개혁되었다고 주장하는 사람들도 있고, 그와 정반대로 교회가 심각한 우상 숭배에 빠졌다고 주장하는 사람들도 있다. 〈70인경〉은 이 구절을 "이 사람은 여호와의 이름을 부르기를 원했다"라고 번역했다. 이것은 '에노스'라는 이름을 '희망하다'를 뜻하는 히브리어와 대비시킨 번역이다. 그 자체로는 아무런 문제가 없는 것처럼 보이지만, 이로 인해 많은 사람이 하나님의 은혜를 갈망하는 에노스의 심정을 보여주려고 일부러 그런 이름을 지어 붙였다고 생각하게 되었다. 예를 들어, 크리소스토무스의 해석은 '에노스'를 '바라는 자'와 동일시하는 견해를 따랐다. 그는 에노스와 그의 가족의 경건한 소망을 길게 논의했다.

사실, 헬라인들은 히브리 이름을 설명하면서 어리석은 생각을 드러낼 때가 많았다. 그레고리우스 케드레누스는 아담이 자신의 맏아들을 '시기심'을 뜻하는 가인으로 일컬었다고 말했다. 가인은 시기심 때문에 자신의 형제를 살해했다. 그의 형제는 '슬픔'을 뜻하는 아벨이었다. 그의 부모들은 최초로 살해된 인간인 그를 위해 슬퍼했다. 이런 설명은 무가치할 뿐 아니라 창세기 4장 1절에 언급된 이름에 관한 설명과는 사뭇 다르다. 그러나 조나라스가 지적한 대로, 그들의 이름이 '시기심'이나 '슬픔'과 관련이 있다는 주장이 완전히 틀렸다고 볼 수는 없다.

그 일은 셋이 낳은 에노스의 시대에 일어났다. 그가 사는 동안, 교회는 매우 비참한 상태로 전락했지만, 그가 탄생한 직후부터 그런 상태였다고 말할 수 있는 확실한 근거는 없다. 에노스는 가인이 추방되고 나서 교회의 개혁이 이루어진 지 106년째 되던 해에 태어났다. 따라서 그 일은 교회의 개혁이 이루어지고 나서 약 300년이 지난 후에 일어났을 것으로 추정된다. 에노스가 가장이 되기 전에 교회가 그렇게까지 심각하게 부패했다고 생각할 만한 이유는 어디에도 없다.

그러나 〈요나단의 탈굼〉은 창세기 4장 26절의 말씀이 세상에서 우상 숭배가 처음 발생한 때를 언급하고 있다는 견해를 제시하면서 이 구절을 "사람들이 그릇된 길로 치우쳐 우상들을 만들고, 이름들을 지어 붙여 부르던 시대였다"라고 의역했다. 이와 비슷하게 아르페니우스가 번역한 아랍어 성경도 "그때부터 사람들이 하나님께 대한 참된 복종에서 멀어지기 시작했다"라고 번역했다(〈런던 대역 성경〉에 실린 사본과 비교해 보라). 〈온켈로스의 탈굼〉은 두 가지 판본이 있다. 하나는 아리우스 몬타누스가 펴낸 것이고,[1] 다른 하나는 북스토르프(독일 신학자, 1564-1629)가 펴낸 〈바실리아누스 판〉이다. 후자는 사람들이 하나님의 이

---

1   Arius Montanus, *Royal Bible*.

름을 '부르는 것을 중단했다'라고 번역했고, 전자는 '부르기 시작했다'라고 번역했다. 마이모니데스도 『별들의 숭배에 관해(*On the Worship of the Stars*)』라는 책에서 이 구절을 우상 숭배의 시작을 가리키는 의미로 이해했다. 그는 "에노스의 시대에 사람들의 아들들이 심각한 죄를 저지른 탓에 당시의 모든 현자들이 지각을 잃고 말았다. 에노스도 그런 실수를 저지른 사람 가운데 하나였다. 그들의 죄는 하나님이 별들과 천체들을 창조해 높은 곳에 두어 온 세상을 다스리는 자신의 사역자로 삼으셨기 때문에 그것들을 기리고, 찬양하며, 영화롭게 하는 것이 온당하다고 가르친 것이었다"라고 말했다.

이 학식 높은 학자는 모세가 창세기 1장 16절에 기록한 말씀("하나님이 두 큰 광명체를 만드사 큰 광명체로 낮을 주관하게 하시고 작은 광명체로 밤을 주관하게 하시며 또 별들을 만드시고")에 주목했다. 족장들의 타락한 후손들이 이 말씀을 왜곡해 낮과 밤, 곧 세상을 주관하는 역할을 부여받은 태양과 달과 별을 숭배하는 행위를 정당화했다는 것이 그의 견해였다. 랍비 다윗 킴치도 이와 똑같은 견해를 피력했다. 그는 "'그 때에 사람들이 여호와의 이름을 우상들과 형상들을 일컫는 데 사용했다'라는 말씀이 설명하는 대로, 에노스 당시의 사람들은 우상 숭배에 빠졌고, 하나님의 이름을 부르는 것을 그 목적에 그릇 남용했다"라고 말했다.

이와는 대조적으로, 그들보다 시대가 훨씬 앞섰던 요세푸스는 오직 참 하나님만을 경배했던 전통이 7대까지 계속되었다고 말했고,[2] 랍비 엘리에셀도 이 견해에 동의하면서 이 구절 자체에 태양이나 달이나 별들과 같은 우상 숭배의 대상들이 전혀 언급되지 않았다고 말했다.[3] 가장 초창기의 기독교 저술가들도 이 견해에 동의했다. 키릴루

---

2   Josephus, *Antiquities of the Jews*, Book 1.
3   Rabbi Eliezer, *Maase-Bereshith*, chapter 22.

스는 "아담의 가족들을 비롯해 노아시대 이전에 태어난 사람들은 모두 본성적으로 유일하신 하나님만을 숭배했고, 그분을 우주의 창조주로 믿었다. 그러나 홍수와 바벨탑 건설 이후의 사람들은 하나님에 관한 견해가 서로 엇갈렸다. 하늘을 하나님으로 믿는 사람들도 있었고, 태양이나 달을 하나님으로 믿는 사람들도 있었다"라고 말했다.[4] 에피파니우스가 동조한 이 견해가 정확한 것으로 보인다. 비드(영국 신학자이자 역사가, 673-735)는 '부르다'를 뜻하는 히브리어 '힐렐'이 '시작하다'라는 근원적인 의미를 지니고 있고, '피엘'은 '모독하다(더럽히다)'를, '힐필'은 '일에 착수하다, 어떤 일을 공적으로 시작하다'를 각각 의미한다고 말했다. 이것은 히에로니무스가 좋아하는 해석이었다. 그러나 사람들이 에노스의 시대에 처음 하나님의 이름을 더럽히기 시작했는지 확실하게 말하기는 어렵다. 왜냐하면 가인의 후손들이 이미 오래전에 그렇게 했기 때문이다. 따라서 나는 사람들이 에노스의 시대에 처음 하나님의 이름을 더럽혔다기보다는 특별한 방식으로 그분의 이름을 부르기 시작했다고 결론짓고 싶다.

지금까지의 논의를 통해 분명하게 드러난 대로, 본문은 예배의 부패가 아닌 원시 교회의 개혁을 암시한다. 본문의 첫머리에 나타나는 '그 때에'라는 표현은 뭔가 새로운 것이나 특별한 것을 말하려는 듯한 의미를 지닌다. 교회가 하나의 가문이라는 울타리 안에만 머물렀을 때는 개혁이 그리 어렵지 않았다. 그런 경우에는 회개하지 않은 사람들을 내쫓으면 그만이었다. 그러나 인류의 숫자가 불어나면서 교회의 영역이 더 크고 넓어지자 전과는 다른 방책이 필요했다. 죄인들이 크게 늘어 한데 섞이자 죄가 옹호되고, 난잡하게 허용되었다. 따라서 우리는 본문에서 두 가지 의미를 추론해 낼 수 있다. 첫째는 경건한 자

---

4   Cyril, *Address to Julian*.

들이 하나님을 예배하는 전통을 이어가기 위해 독특한 공동체를 형성한 것이고, 둘째는 그들이 그런 독특함을 더욱 강화하고, 확실하게 드러내기 위해 하나님의 아들들이자 예배자들이라는 특별한 명칭을 채택했다는 것이다. 다시 말해, 그들은 자신들의 모임에서 하나님의 이름을 진지하게 불렀고, 그분의 이름을 따라 자신들을 그분의 아들들이자 백성으로 일컬었다.

오늘날의 성경 번역자들은 본문을 "그 때에 사람들이 비로소 여호와의 이름을 불렀더라"라고 번역함으로써 이 두 가지 의미를 모두 인정했다(아울러 난외주에는 "그들이 여호와의 이름을 따라 스스로를 일컬었다"라고 병기했다). 공적으로 자신들을 분리해 독특한 정체성을 보존하는 것이 그들이 선택할 수 있는 개혁의 유일한 방편이었다. 사람들이 아무렇게나 뒤섞여 하나님에 대한 예배가 오염되고, 악인들이 강퍅하게 악을 고집할 때 교회는 그런 길을 선택해야 마땅하다. 하나님 앞에서 양심을 깨끗하고, 순수하게 보전해 올바른 종교적 관습을 지키겠다고 결심한 사람들이 그것 외에 달리 무엇을 선택할 수 있었겠는가? 그들이 주위의 배교자들과 자신을 구별하지 않고, 스스로를 더럽히는 일을 어찌 용납할 수 있었겠는가? 그들의 첫 번째 방법은 죄인들을 교회에서 쫓아내는 것이었지만, 죄인들의 숫자가 더 많아진 상황에서 어떻게 그 방법을 계속 사용할 수 있었겠는가? 이제는 경건한 자들이 물러나서 분리된 공동체를 재조직하는 방법밖에는 없었다. 바로 그와 같은 일이 일어났고, 본문은 그것을 언급한 것이다.

하나님의 이름이 더럽혀진 것이 그때가 처음이 아니었던 것처럼, 사람들이 그분의 이름을 불렀던 것도 그때가 처음이 아니기는 마찬가지였다. 엄밀히 말하면, 경건한 자들은 태초부터 공적인 예배를 통해 하나님의 이름을 불렀다. 이 단계에서는 단지 세상 사람들과 교회의 가시적이고, 공적인 분리가 이루어져 예배의 형태가 좀 더 엄숙하게 체계화되고, 조직화되었을 뿐이다.

이것은 홍수 이전에 이루어졌던 두 번째 교회 개혁이었다. 첫 번째 배교는 가인이라는 개인을 통해 발생했고, 첫 번째 개혁은 그를 추방하는 형태로 이루어졌다. 에노스 당시에는 배교가 더 많이 만연했고, 많은 사람이 위선에 오염되었다. 경건한 셋의 후손들은 자신들을 죄에 오염되지 않도록 보호하고, 하나님에 대한 순수한 예배를 유지하기 위해 스스로 물러나 독특한 공동체를 형성하고, 자신들을 '하나님의 아들들'로 일컬었다. 그런 식으로 교회는 최초로 공적이고, 가시적인 형태를 띠게 되었고, 주변 세상과 확실하게 대조되었다.

이런 뛰어난 개혁 덕분에 순수한 신학이 번성하고, 그 후로 약 1,000년 동안 참 교회의 전통이 맥을 이어갈 수 있었다. 그 기간에 하나님은 에녹을 산 채로 하늘로 데려가는 불가사의한 기적을 통해 복종에 대한 상을 베풀어 참 신학을 보증하고, 영생을 보장하셨다.

시간이 흐르면서 에노스 시대의 개혁을 통해 세상과 분리된 교회를 형성했던 셋의 후손들과 나란히 악한 가인의 후손들이 다시 평화를 위장한 채 교회에 접근해 오기 시작했다. 그들은 결혼을 비롯해 다양한 형태의 시민적 유대 관계를 통해 점차 경건한 자들 안으로 다시 받아들여졌다. 그로 인해 온 세상에 걸쳐 종교적인 삶과 건전한 인간 활동이 모두 파괴되는 결과가 나타났다. 개혁의 기간이 지나간 이후에 교회 안에 부패한 요소들이 다시 침투하면 항상 그런 치명적인 결과가 나타나기 마련이다.

매우 많은 숫자의 사악한 배교자들이 경건한 자들과 한데 섞이게 되자 교회가 추방이나 자의적 분리라는 방법만으로 스스로를 더 이상 정화할 수 없는 상황이 발생했다. 저지할 수단이 아무것도 없는 상태에서 배교가 신속하게 확산된 까닭에 교회가 완전히 오염되고, 훼손되기에 이르렀다. 결국, 하나님은 큰 홍수를 일으켜 배교자들을 처리함으로써 타락 이후의 아담 신학과 함께 배교의 시대에 종지부를 찍기 위해 직접 개입하셨다.

정의로운 재판관이신 하나님은 창세기 6장 1-6절에 우리를 위해 이 배교의 기원과 과정과 결말을 친히 기록하셨다. 1, 2절은 배교의 기원을 다룬다. "사람이 땅 위에 번성하기 시작할 때에 그들에게서 딸들이 나니 하나님의 아들들이 사람의 딸들의 아름다움을 보고 자기들이 좋아하는 모든 여자를 아내로 삼는지라."

'하나님의 아들들'과 '사람의 딸들'이 누구를 가리키는지는 의심의 여지 없이 명확하다. 그러나 유대인들은 선한 천사들과 악한 천사들에 관한 온갖 허무맹랑한 사변을 일삼았고, 필로와 요세푸스도 현대의 랍비들이 등장하기 오래전에 그런 사변에 동참했다. 〈에녹서〉의 저자, 조제프 스칼리제르, 키르허(17세기 독일의 예수회 수사이자 학자)를 비롯해 초기 교부들 가운데 많은 사람들, 예를 들면 순교자 유스티누스, 클레멘트, 테르툴리아누스, 락탄티우스, 에우세비우스, 암브로시우스, 조시무스 등도 그와 똑같은 견해를 피력했다.[5]

천사들의 본성과 상태(마 22:30)는 물론, 모세가 기록한 본문의 논조를 고려하면, 그런 개념이나 이해를 지지하지 않는다는 것을 즉각 알 수 있다. 흥미롭게도 〈온켈로스의 탈굼〉은 '하나님의 아들들'을 '권세가들의 아들들'로, '사람의 딸들'을 '가난한 자들의 딸들'로 번역했다. 〈70인경〉은 '하나님의 아들들'로 번역했지만, 아퀼라는 '신들의 아들

---

5   Joseph Scaliger, *Observations on Eusebius*. Kircher, *Oedipus in Egypt*, Book 2, chapter 2. Justin
     Martyr, *Apology*, Book 2. Clement, *Stromata*, Book 3. Tertullian, *On Women's Dress*. Lactantius,
     Institutions, Book 2, chapter 15. Eusebius, *Preparation for the Gospel*, Book 5. Ambrose, *The
     Veiling of Virgins*. 조시무스의 견해는 『포티우스(*Photius*)』에서 확인할 수 있다(p. 91).

들'로, 심마쿠스와 히에로니무스는 '힘 있는 자들의 딸들로' 각각 번역
했다. 이런 번역들은 당시의 사회정치적 상태의 혼돈과 변혁, 곧 신분
의 고하를 막론하고 모든 사람이 혼란스럽고, 무질서한 삶의 방식에
휩쓸렸다는 개념에 근거한다. 다시 말해, 당시의 사람들은 짐승처럼
살았다. 람바누스도 '사람의 딸들'은 단순히 '아담의 아들들'이나 '인
생'(시 33:13)의 경우처럼 일반인들, 곧 인류를 가리킨다고 말함으로써
이와 비슷한 견해를 제시했다.

진실은 매우 자명하다. 하나님의 아들들은 에노스의 시대부터 독
특한 공동체를 형성해 하나님을 예배해온 사람들, 곧 하나님의 아들
들로 입양되었다고 고백해온 사람들을 가리킨다. 그들은 이 명칭 때
문에 악한 세상 사람들의 멸시와 비웃음을 샀다. 세상은 과거에도 그
랬고, 앞으로도 항상 그런 태도를 보일 것이다. 그들은 교회를 오염시
키는 강력한 요인이었던 악인들과 수백 년 동안 관계를 끊고 지냈다.
그러나 세월이 흐르면서 교회는 이름만 하나님의 아들인 사람들을 받
아들였고, 급기야는 억누를 수 없는 정욕에 이끌려 교회 밖에 있는 불
신자들의 공동체에 속한 사람들의 딸들과 혼인 관계를 맺기까지 했
다. 유대인들의 고대 전승에 따르면, 이 당시까지 경건한 셋의 후손들
이 종교적, 인간적 법칙을 모두 잘 준수했을 뿐 아니라 심지어는 삶이
나 관습이 한데 섞이는 것을 피하기 위해 다른 사람들과 멀리 떨어진
장소에서 사는 방식을 선택했다고 한다. 이것은 결코 부인할 수 없는
진실의 한 단면을 보여준다.

알부파르구스는 "셋은 아담의 아들이었다. 전승에 따르면 그가 글
을 처음 쓰기 시작했다고 한다. 그는 자신의 후손들에게 자신의 부
모가 낙원에서 누렸던 복된 삶을 열망하는 마음을 심어주었다. 그들
은 하나님을 예배하기 위해 헤르몬산으로 가서 모든 여자를 멀리한

채 경건과 금욕의 삶을 실천하며, 자신들을 온전히 헌신하는 데까지 나아갔다. 그 결과, 그들은 '하나님의 아들들(베니 엘로힘)'로 일컬어졌다. 그러나 그들은 야렛이 400세가 될 무렵, 낙원으로 복귀할 가능성이 보이지 않자 절망감을 느끼고, 헤르몬산에서 내려와서는 여성들에게 욕정을 느끼기 시작했다. 그들과 가장 가까운 인척 관계에 있던 사람들은 그들을 혐오스럽게 여겨 자기 딸들을 그들에게 아내로 내주지 않았다. 그러자 가인의 후손들이 재빠르게 그들에게 자기 딸들을 내주었고, 그들은 그들과 결혼해 전쟁과 약탈에 능한 거인들을 낳았다"라는 이야기를 전해주었다. 이 이야기의 세부 내용은 한 유대인 몽상가가 저술한 외경 〈에녹서〉에서 기원했다. 그는 위에서 셋의 후손들이 살았다는 헤르몬산에 천사들이 내려와서 살았다고 말했다. 이런 종류의 이야기를 좋아한다면, 지금까지 전해오는 단편적인 문서들을 통해 마음껏 찾아볼 수 있다.[6] 고대인들은 천사들을 종종 '순찰자'로 일컬었다. 이 용어는 다니엘서 4장 13절("내가 침상에서 머릿속으로 받은 환상 가운데에 또 본즉 한 순찰자, 한 거룩한 자가 하늘에서 내려왔는데")에서 유래한 것으로 보인다. 〈70인경〉의 사본들은 이 용어를 거의 모두 히브리어 본문처럼 '순찰자'로 번역했고, 한두 개의 사본에서만 '깨어 있는 자'로 번역되었다.

그런 과정을 통해 모든 것이 거룩하지 않은 형태로 뒤죽박죽이 되는 바람에 교회와 세상이 더 이상 서로 구별되지 못했다. 모두가 함께 혼합되어 오염되었다. 예외가 있다면 노아와 그의 가족뿐이었다. 성령께서는 "땅에서 모든 혈육 있는 자의 행위가 부패함이었더라"(창 6:12)라는 말씀으로 이런 상황을 간단하게 묘사하셨다. 그것이 아담과 에노스의 교회, 곧 홍수 이전에 두 차례의 큰 개혁을 거쳤던 교회가

---

6   *Concerning the Watchers. The Apocalypse of Moses.*

완전히 부패해지는 원인이 되었고, 보편적인 배교가 이루어지는 결과를 낳았다. 어떤 시대든 악인들과 자유롭게 관계를 맺으면 교회의 몰락을 피할 수 없다.

잠시 멈추어 이런 부패의 과정을 좀 더 자세히 살펴보도록 하자. 성령께서는 11, 12절에서 "그 때에 온 땅이 하나님 앞에 부패하여 포악함이 땅에 가득한지라 하나님이 보신즉 땅이 부패하였으니 이는 땅에서 모든 혈육 있는 자의 행위가 부패함이었더라"라고 말씀하셨다. 부패가 모든 사람을 오염시켰고, 노아만이 유일한 예외였다. 그는 하나님의 '의의 전파자'(벧후 2:5 참조)로 나섰고, 그리스도께서는 120년 동안(창 6:3) 그의 사역을 통해 '옥에 있는 영들에게 (말씀을) 선포하셨다'(벧전 3:19). 〈벤 우지엘의 탈굼〉은 어리석은 사변을 덧붙여 본문을 설명함으로써 모든 것을 왜곡했다. 이 문서는 당시에 하늘에서 떨어진 스캄카자이와 우지엘이라는 천사가 거인들을 낳았다고 말했다.

마이모니데스는 이 보편적인 배교의 본질이 주로 우상 숭배와 연관이 있었다고 주장했다. 셀던도 그런 잘못된 견해를 주장했다. 무함마드는 자신의 코란에 당시에 숭배했다는 신들의 이름을 제시했다. 그들은 왓다, 사와히아, 자고우트, 잘로우흐, 나제라였다.[7] 타락한 천사들인 스캄카자이와 우지엘은 이 신들을 섬겼던 것으로 보인다. 그러나 이것은 모두 한갓 어리석은 사변에 지나지 않는다. 홍수 이전에 우상 숭배가 이루어졌을 가능성은 전혀 없다. 성령께서는 우상 숭배를 전혀 언급하지 않으셨다. 만일 우상 숭배가 실제로 세상의 파괴를 초래한 요인이었다면, 하나님의 심판을 재촉하는 가장 큰 원인이 되는 죄를 간과하셨을 리가 만무하다. 테르툴리아누스가 지적한 대로, 큰 홍수는 하나님의 심판을 상징하는 의미를 지녔다(물론 이것은 그리스도

---

7   Koran, *Assoar* 81.

의 십자가와는 직접적인 연관성이 없다). 성령께서 창세기 6장 2, 5, 11, 12절에서 여러 가지 죄와 범죄를 열거하며 그렇게 엄청난 재난, 곧 영원한 심판에 버금가는 그런 특별한 징벌의 원인을 지적하면서도 이 죄에 대해 아무런 언급이 없으셨다는 것이 과연 가능한 일일까? 베로수스가 당시의 죄악을 적절하게 요약한 대로, 우상 숭배가 아닌 인간의 악한 마음, 보편적인 부패, 강포와 약탈, 불법적인 결혼이 심판의 원인이었다. 심지어는 오비디우스도 "이 거인들은 큰 몸집과 강한 육체의 힘을 믿고 모든 인간을 공격하고, 제압했다. 그들은 악기들을 비롯해 온갖 쾌락의 수단을 창안해 자신들의 정욕을 채웠다. 그들은 인육을 먹곤 했다. 종교를 타락시킨 자들과 신들이 감히 저지르지 못한 범죄는 아무것도 없었다"라는 말로 이 견해에 동의했다.[8] 요세푸스의 역사서를 보면, 베로수스가 대홍수를 어떻게 기념했는지를 알 수 있다.[9]

"그 때에 세상은 물이 넘침으로 멸망하였으되"(벧후 3:6)라는 말씀대로, 배교의 결과는 배교자들이 세계적인 대홍수로 인해 모두 멸절한 것이었다. 루키아노스는 이방인들이 홍수가 있었다는 사실과 그 이유를 온전히 이해하고 있었다고 증언했다. 그는 이렇게 말했다. "오늘날에 존재하는 사람들은 태초에 존재했던 사람들이 아니다. 우리 앞서 존재했던 이전의 인류는 완전히 사라졌다. 오늘날의 사람들은 두 번째 인류다. 그들은 엄청난 숫자로 불어났지만 모두 다 데우칼리온의 후손들이다. 첫 번째 인류에 관해서는 다음과 같은 사실이 전해온다. 그들은 극도로 부패했고, 수많은 악행을 저질렀으며, 매우 불친절했고, 애원자들을 몰인정하게 대했다. 그런 이유로 마침내 큰 재앙이 그들에게 닥쳤다. 땅에서 많은 물이 솟구쳐 올랐고, 엄청난 양의 비

---

8   Ovid, *Metamorphoses*, Book 1.
9   Josephus, *Antiquities of the Jews*, Book 1, chapter 4.

가 쏟아졌다. 강들의 물이 불어나고, 바닷물이 갈수록 높아져 모든 것이 물에 잠겨 멸망했다. 사람들 가운데 오직 데우칼리온만 살아남아 두 번째 인류의 조상이 되었다. 그의 신중함과 경건함 덕분이었다. 그가 목숨을 보전받게 된 과정은 이랬다. 그는 아내와 자녀들을 데리고 자기가 만든 거대한 상자 안으로 들어갔다. 그가 상자 안에 들어갈 때 곰과 말과 사자와 뱀을 비롯해 모든 종류의 동물들, 곧 땅에 살던 모든 종이 둘씩 짝을 지어 함께 들어갔다. 그는 짐승들을 기꺼이 받아들였다. 그들은 서로를 해치지 않았다. 그 이유는 그들이 상자 안에 있는 동안, 곧 물이 모든 것을 뒤덮고 있는 동안 신이 서로 조화롭게 지내도록 이끌었기 때문이다. 이것이 헬라인들이 말하는 데우칼리온의 이야기다."[10]

오비디우스도 성경에서 유래한 것으로 보이는 비슷한 이야기를 전했고, 호라티우스도 홍수를 언급하면서 "그것은 사람들을 두렵게 했다. 사람들은 피라의 시대가 다시 돌아와서 프로테우스가 짐승들을 몰고 가장 높은 봉우리로 피난처를 찾아 나서야 했을 때처럼 새로운 공포가 시작될까 봐 두려워했다. 물고기들이 비둘기들이 오랫동안 둥지로 활용해온 키 큰 느릅나무들의 꼭대기에 들러붙었고, 공포에 질린 사슴들은 무섭게 흐르는 물살 속에서 헤엄을 쳤다"라고 덧붙였다.[11] 요세푸스도 애굽의 히에로니무스를 근거로 비슷한 이야기를 전했고, 베로시우스, 음나세아, 다마스쿠스의 니콜라스를 비롯해 에우세비우스도 비슷한 이야기를 전했다.[12] 에우세비우스는 아부데무스와 알렉산드로스 폴리히스토르의 이야기를 인용했다.

---

10 Lucian, *On the Syrian God*, Section 12.

11 Horace, *Odes*, Book 1, Ode 2.

12 Josephus, *Antiquities of the Jews*, Book 1, chapter 4. Eusebius, *Chronicles*.

고려해야 할 또 하나의 요인은 대다수 저술가가 세계적인 대홍수를 데우칼리온이나 오기게스의 지역적인 홍수와 혼동했다는 것이다(오기게스의 홍수가 데우칼리온의 홍수보다 먼저 일어났다). 그러나 케드레누스가 인용한 대로, 가장 오래된 고대 저술가 가운데 한 사람은 "헬라의 땅을 완전히 뒤덮은 두 차례의 큰 홍수가 있었다는 기록이 있다. 첫 번째 홍수는 오기게스의 시대에 아티카에서 일어났고(그러나 오기게스가 아티카가 아닌 테베의 왕이라고 주장하는 사람들이 많다는 점을 기억하라), 두 번째 홍수는 데우칼리온의 시대에 테살리아(호메로스 이전에는 이 지명이 사용되지 않았다)에서 일어났다. 데우칼리온은 가장 초창기의 왕이었던 크로노스 이후에 아테네를 통치했다. 데우칼리온의 홍수는 애굽의 연대기에도 기록되어 있다"라는 말로 이 점을 정확하게 설명했다. 애굽인들은 자신들의 땅이 이 지역적인 홍수에 영향을 받지 않았다고 분명하게 진술했다. 그러나 노아의 아들 함이 애굽인들의 조상이었던 미스라임의 아버지였다는 사실에도 불구하고, 그들은 세계적인 홍수에 대해 모르고 있었거나 두 사건을 혼동해 기억했던 것으로 보인다. 이 두 홍수의 결과에 관해 좀 더 자세히 알고 싶으면 아우구스티누스, 논누스, 오로시우스의 책을 참조하라.[13]

배교의 길로 치우친 홍수 이전의 교회는 그렇게 종말을 고했다. 당시의 교회는 두 차례의 개혁에도 불구하고 돌이킬 수 없는 배교를 저지른 탓에 초기 단계의 초자연적 계시와 함께 종적을 감추었다. 그 후로 이것은 교회의 변절과 개혁의 일반적인 유형이자 본보기가 되어 이후 세대에게 주어졌다. 하나님이 오늘날의 개혁주의 개신교 교회에 이 교훈을 확실하게 일깨워주셨으면 하는 마음이 간절하다.

---

13 Augustine, *City of God*, Book 18, chapter 9.

3권
노아에서부터
아브라함까지의 신학

1장
노아의 언약과 노아 시대의 교회

지금까지의 논의를 통해 자연법(올바른 이성의 명령과 선천적인 신학의 잔류물)과 죄의 침입 이후에 아담에게 주어진 계시가 한데 혼합되어 형성된 신학의 발흥과 전개 과정을 비롯해 온 세상이 다양한 배교의 단계를 거치면서 하나님을 완전히 저버린 탓에 배교 신학을 신봉하던 자들이 모조리 멸절하는 무서운 징벌이 임했던 과정을 살펴보았다.

이번에는 홍수 이후부터 아브라함이 부르심을 받기까지의 기간에 신학이 어떻게 새롭게 회복되어 확장과 발전을 이루어 나갔는지를 잠시 살펴볼 생각이다.

베드로는 이 기간의 신적 경륜의 범위를 이렇게 묘사했다. "이는 하늘이 옛적부터 있는 것과 땅이 물에서 나와 물로 성립된 것도 하나님의 말씀으로 된 것을 그들이 일부러 잊으려 함이로다 이로 말미암아 그 때에 땅은 물이 넘침으로 멸망하였으되 이제 하늘과 땅은 그 동일한 말씀으로 불사르기 위하여 보호하신 바 되어 경건하지 아니한 사람들의 심판과 멸망의 날까지 보존하여 두신 것이니라"(벤후 3:5-7).

사도는 위의 말씀에서 두 개의 세상을 언급했다. 하나는 물로 멸망한 세상이고, 다른 하나는 장차 불로 멸망하게 될 세상, 곧 우리가 사는 현재의 세상이다. 그리고 나서 그는 '의가 있는 곳인 새 하늘과 새 땅'(13절)이라는 말로 세 번째 세상의 도래를 예고했다. 사도가 첫 번째 세상이나 두 번째 세상과 관련해 하늘이나 땅의 본질적인 속성을 따로 묘사하지 않았던 이유는 비록 첫 번째 세상이 물로 멸망했더라도 하늘과 땅의 기본 구조는 여전히 그대로 유지되고 있었기 때문이다. 세상은 근본적으로 그 안에 거주하는 사람들과 동일시되었다. 일단 그들이 홍수로 멸망했더라도 하나님께 마땅히 드려야 할 예배는 계속 이루어져야 했기 때문에 곧바로 또 다른 세상이 시작되어야 했다. 하나님은 노아의 가족 안에 이 새로운 세상의 기초를 놓고, 이스라엘 백성을 불러 유대인 교회를 세움으로써 모든 구조를 완성하셨다. 더욱이 이 세상은 베드로가 예언적인 표현을 사용해 예고한 대로 불로 멸망하게 될 세상이었다. 이런 이유로 이사야서 51장 15, 16절은 "나는 네 하나님 여호와라 바다를 휘저어서 그 물결을 뒤흔들게 하는 자이니 그의 이름은 만군의 여호와니라 내가 내 말을 네 입에 두고 내 손 그늘로 너를 덮었나니 이는 내가 하늘을 펴며 땅의 기초를 정하며 시온에게 이르기를 너는 내 백성이라 말하기 위함이니라"라고 말씀했다.

하나님은 바다를 '휘저어서(갈라서)' 자기 백성을 애굽에서 인도해 내셨고, 그들에게 말씀(율법)을 맡기고 예배에 관한 엄숙한 가르침을 베풂으로써 자기를 위한 교회를 세워 새로운 세상(하늘과 땅)을 완성하셨다. 베드로는 바로 이 세상(즉 유대인의 교회)이 배교를 저지른 탓에 첫 번째 세상이 홍수로 심판을 받은 것과 비슷한 방식으로 불로 심판을 받게 될 것이라고 말했다. 이 두 번째 세상은 도시와 성전과 함께 불에 타 없어질 예정이었다. 사도는 충실한 자들을 향해 마지막 종말이 아직 이르지 않았으니 하나님이 약속하신 또 다른 세상, 곧 새 하늘과 땅을 바라보라고 명령했다. 이 약속은 이사야서에서 발견된다. 이사야는 거의 똑같은 표현을 사용해 "보라 내가 새 하늘과 새 땅을 창조하나니 이전 것은 기억되거나 마음에 생각나지 아니할 것이라"라고 두 번이나 반복했다(사 65:17, 66:22 참조). 선지자는 이 말씀으로 그리스도께서 오신 이후에 있을 교회의 상황을 묘사했다. 그때가 되면 하나님은 이방인들 가운데서 '제사장'과 '레위인'을 선택하실 것이었다(사 66:21). 이것은 하나님이 이방인들을 불러 복음 사역에 참여하게 하실 것을 의미한다. 또한, 바울이 히브리서 2장 5절과 6장 5절에서 언급한 대로, 교회에는 마지막 불 심판이 임할 때까지 '다가올 세상(내세)'을 바라보라는 권고가 거듭 주어질 것이다.

이처럼, 첫 번째 세상은 홍수의 물로 멸망했고, 사도들이 불로 멸망할 것이라고 예언했던 두 번째 세상은 세상의 종말이 올 때까지 지속될 것이다. 따라서 혹시라도 우리가 나아가야 길에서 벗어났다면 신속히 그 길로 다시 돌아와야 한다.

성령께서 "노아는 의인이요 당대에 완전한 자라 그는 하나님과 동행하였으며"(창 6:9), "이 세대에서 네가 내 앞에 의로움을 내가 보았음이니라"(창 7:1)라고 말씀하신 대로, 노아는 하나님이 기쁘게 여겨 인정하셨던 의로운 사람이라는 것이 일반적인 견해다. 신구약 성경 모두 그를 칭찬하며 존중하는 투로 말했다(겔 14:14, 벧전 3:20, 벧후 2:5). 사도는 히브리서 11장에서 노아가 믿음으로 의롭다 하심을 받았다고 말했다. 그런 구원 신앙은 모두 약속의 후손을 바라본다. 하나님이 노아의 의를 인정하셨다는 사실을 통해 그가 홍수 이전에 그런 신앙을 지니고 있었다는 것이 분명하게 입증된다. 따라서 노아는 우리가 앞에서 살펴본 홍수 이전의 아담 신학 덕분에 하나님 앞에서 흠 없이 행하며 그분을 기쁘시게 하는 의로운 삶을 살았다고 말할 수 있다. 앞으로 알게 되겠지만, 이 신학은 하나님의 은혜로 인해 홍수 이후에 노아의 가족을 통해 새롭게 회복되어 더욱 확대되고, 명료해졌다.

앞에서 살펴본 대로, 홍수 이전에 살았던 죄인들의 신학은 세 부분, 즉 은혜의 약속, 자연법, 하나님이 확립하신 예배로 나뉜다. 노아에게 주어진 새로운 계시를 통해 첫 번째 부분은 확대되었고, 두 번째 부분은 좀 더 온전하게 설명되었으며, 세 번째 부분은 견고해졌다.

먼저, 하나님은 "내가 내 언약을 너희와 너희 후손과 세우리라"라는 말씀으로 언약을 분명하게 언급하셨다(창 9:9-11 참조). 하나님은 이미 아담과 언약을 맺으셨다. 하나님의 은혜와 축복을 통해 여자의 후손이 중보자로 올 것이라는 약속이 주어졌다. 여기에는 하나님의 언약에 필요한 요소들이 모두 갖추어져 있었다. 다시 말해, 약속과 그것을 이룰 수단(은혜)이 제공되었을 뿐 아니라 언약의 조건에 뒤따르는 복종과 헌신이 모두 포함되었다. 약속은 항상 복종을 요구한다. 그 이유는 복종이 약속된 것을 얻는 수단으로 정해진 것을 온전히 지켜 행하는 것을 의미하기 때문이다. 요구되는 복종이 언약의 외적 요소로서 도덕적 성격을 띨 때는 특히 더 그렇다. 하나님이 그런 복종을 기쁘게 여겨 인정하시는 이유는 그분 자신이 주권적으로 그런 언약의 조건들을 정하셨기 때문이다. 이것이 이 구절에서 약속이 언약으로 일컬어진 이유다. 이 약속이 언약과 똑같은 의미를 지니는 이유는 이외에도 몇 가지가 더 있지만, 여기에서는 그것들을 길게 설명하기가 적합하지 않다. 따라서 '언약'을 뜻하는 히브리어와 관련된 몇 가지 요점을 살펴보는 것으로 만족하기로 하자.

어떤 사람들은 이 용어가 '자르다, 잘라 내다'를 뜻하는 어근에서 유래했다고 말한다.[1] 이 견해는 언약을 보증하기 위해 희생 제물을 쪼갰던 관습에 근거한다. 이와는 달리 어떤 사람들은 이 용어가 '선택하

---

1   Hugo Grotius, *Annotations on Matthew's Gospel*.

다,' 또는 '정렬하다'에서 유래했다고 생각한다.[2] 아울러, 머서는 '골라 낸' 후에 '깨끗하게 하다'라는 어근에서 유래했다고 주장한다. 이 용 어가 어디에서 유래했든, 성경은 언약을 종종 양도할 수 없는 하나 님의 '은혜로운 선물'이자 '약속'으로 일컫는다(삼하 23:5, 렘 31:31, 32, 민 18:9). 이 모든 것은 언약이 하나님의 법령(또는 칙령)으로 확립된 것이라 는 의미를 지닌다(렘 33:21). 이 용어는 양측의 협정이나 협약이 필요하 지 않은 상황에서 자주 사용되었다. 신약성경에서 이 용어에 상응하 는 헬라어는 '재산에 대한 유언이나 양도'의 의미를 지닌다. 이 헬라어 는 '언약'이라는 용어만큼 범위가 넓다. 그로티우스는 이것이 법률, 상 호 협정, 유언 등에 사용되었다고 말했다. 그러나 이와 유사한 헬라어 ('순데케'나 '디아데케')는 신약성경에서 '언약'을 뜻하는 의미로 사용된 적 이 없다. 구약성경을 헬라어로 옮긴 〈70인경〉은 항상 '디아데케'만 사 용했고, 아퀼라와 심마쿠스는 '순데케'를 선호했다. 오늘날, 볼과 같은 학자는 '언약'이 이사야서 28장 15절의 경우처럼 '순데케'를 의미한다 고 주장했지만, 그것은 착각에 지나지 않는다.[3] 왜냐하면 그가 그 구 절에 관해 언급한 〈70인경〉의 순데케는 사실상 '스올'과 관련된 '환상' 을 뜻하는 히브리어를 번역한 것이고, 그 바로 앞에 '언약'으로 번역된 용어는 통상적인 방식대로 '디아데케'가 사용되었기 때문이다. 그로티 우스는 이 점을 가장 잘 설명했다. 그는 "'순데케'는 양측의 의지적인 동의를 통해 구속력을 지니지만, 모세와 다른 성경 저자들이 사용한 언약이라는 용어는 대부분 언약을 받는 쪽의 동의나 합의가 요구되지 않는 특성을 띤다. 그 이유는 언약의 책임과 효력이 오직 하나님의 권 위와 뜻에만 달려있기 때문이다"라고 말했다.

---

2   Cocceius, *On God's Covenants*, chapter 1.

3   Ball, *Treatise on the Divine Covenants*.

이처럼, 하나님의 언약은 우리의 뜻이나 우리가 성취할 수 있는 조건에 의존하지 않는다. 언약의 효력과 힘은 모두 하나님의 권위와 은혜와 신실하심에서 비롯한다. 은혜의 약속은 절대적이며, 약속 안에 포함되지 않은 조건은 그 무엇도 언약 안에 포함되지 않는다. 따라서 인간들 사이에서 상호 협정을 통해 체결되는 언약의 상황을 근거로 신적 언약의 본질과 의미를 설명하려고 시도하는 것은 어리석고, 부적절하다. 이와 비슷하게 라틴어 '포에두스(foedus)'는 항상 양측의 엄숙한 협정을 의미하지는 않는다. '고삐를 늦춰 일들이 진행되게 하는 법과 절대적인 법률로 일들을 통제하는 법을 아는 왕'이라는 베르길리우스의 표현대로, 그것은 법률이나 헌법적 규정을 의미할 수도 있다.[4]

따라서 하나님의 약속(창 3:15)이 언약의 참된 특성을 띠고 있다는 것을 부인하거나 크리소스토무스가 〈70인경〉의 '디아데케'를 '순데케'로 번역한 것을 잘못이라고 결론지을 만한 확실한 근거는 없다.[5]

어떤 사람들은 라틴어 '포에두스'가 '친구들(즉, 손을 맞잡는다는 의미)'에서 유래했다고 생각한다. 그러나 이것은 순전한 사변에 지나지 않는다. 폴리비오스(헬라 역사가, BC200-118)는 이 용어의 기원을 분명하게 밝히기 위해 언약을 맺는 방식을 묘사했다. 그는 "당사자들에 의해 협약이 이루어지면 제사장은 손으로 돌을 하나 집어 들고서 '만일 내가 아무런 속임수 없이 이 언약과 맹약한다면 신들이 내게 모든 행복을 허락하시고, 만일 내가 달리 생각하거나 행동한다면 우리의 법률이나 가정의 신들이나 신전들이나 무덤들은 조금도 해를 입지 않고, 오직 나만 이 돌이 내 손에서 떨어지는 것처럼 죽기를 바랍니다'라는 말을 반복하면서 각 사람에게 그것을 차례로 건네주었다"라고 말했다.

---

4   Virgil, *Aeneid*, Book 1, line 66.
5   Chrysostom, *Homilies on Genesis*, Homily 28.

다른 사람들도 이와 비슷한 방식으로 언약을 맺었던 상황을 묘사했다. 예를 들어, 언약 의식을 관장하는 제사장은 "만일 내가 이 언약의 조건들을 모두 지키지 않으면, 전능하신 주피터가 이 돼지를 때리는 것만큼 혹독하게 나를 때리기를 원하나이다"라는 말을 암송했다. 그러면서 제사장은 희생 제물이 된 돼지를 돌로 세차게 때려죽였다. 이것은 리비우스가 묘사한 언약 체결의 방식과 매우 비슷하다. "주피터여, 들으소서! 언약 의식을 관장하는 제사장이여, 들으소서! 오늘 이 점토판에 적힌 말들을 처음부터 끝까지 가식 없이 공개적으로 읽고, 그 내용을 정확하게 이해한다면 로마의 백성들은 결코 이 조건들을 먼저 어기지 않을 것입니다. 만일 우리가 공적인 결정이나 은밀한 속임수로 언약을 먼저 깨뜨린다면, 위대하신 주피터여, 신께서 가진 모든 힘과 능력으로 내가 오늘 이 돼지를 때리는 것처럼 로마의 백성을 때리소서." 그는 그렇게 말하고 나서 희생 제물이 된 돼지를 예리한 돌칼로 내리쳤다.[6]

베르길리우스도 이와 비슷한 맥락에서 "무장한 왕들이 접시들을 내민 채로 주피터 앞에 서 있다가 돼지가 살육되자 협약을 맺은 것을 기뻐했다"라고 말했다. 그는 또한 "깨끗한 제의를 입은 제사장이 털을 곤두세운 돼지를 희생 제물에 쓰려고 그곳에 끌고 들어왔다"라고 말하기도 했다.[7]

이런 언약 체결의 방식은 희생 제물을 바침으로써 엄숙하고, 확고한 협약을 맺었던 고대의 관습에서 유래했을 것으로 추정된다. 고대에는 희생 제물을 두 쪽으로 쪼개놓고 언약을 맺는 당사자들이 그 사이를 걸어갔다. 이 관습은 호메로스의 시대에도 여전히 존재했다. 그

---

6   Livy, *History*, Book 1, chapter 24.
7   Virgil, *Aeneid*, Book 12, line 169.

는 파리스와 메넬라오스의 싸움이 있기 전에 맺어졌던 협약을 그런 식으로 묘사했다. 즉 그는 '그대가 신뢰할 만한 맹세를 자르게 하기 위해'라는 표현을 사용했다.[8] 에우스타티우스는 이 문구를 설명하면서 "호메로스와 헤로도토스가 사용한 '맹세를 자른다'라는 표현은 맹약을 체결하기 위해 희생 제물을 바쳤던 것을 의미한다"라고 말했다. 이오니아 방언에서 '자르다'와 '희생 제물을 바치다'를 뜻하는 헬라어는 똑같았다. 유다의 고관들도 바벨론의 왕과 그런 방식으로 언약을 체결했다. 하나님이 그 언약을 '내 계약'으로 일컬으신 이유는 그것이 그분의 이름을 불러 맹세한 언약이었기 때문이다. "송아지를 둘로 쪼개고 그 두 조각 사이로 지나매 내 앞에 언약을 맺었으나 그 말을 실행하지 아니하여 내 계약을 어긴 그들을 곧 송아지 두 조각 사이로 지난 유다 고관들과 예루살렘 고관들과 내시들과 제사장들과 이 땅 모든 백성을 내가 그들의 원수의 손과 그들의 생명을 찾는 자의 손에 넘기리니 그들의 시체가 공중의 새와 땅의 짐승의 먹이가 될 것이며"(렘 34:19-20). 언약을 맺은 당사자들은 반으로 쪼갠 희생 제물의 사이를 지나면서 만일 합의한 조건들을 지키지 않을 때는 그처럼 신체가 절단되는 형벌을 달게 받겠다고 맹세했다. 아가멤논도 자신의 신들을 향해 "증인이신 신들이여, 맹세가 훼손되지 않도록 누구든 거짓으로 맹세하거든 그가 자신의 강한 칼날로 양들의 목을 자른 것처럼 베임을 당하게 하소서"라고 기도했다.[9] 아울러, "그들의 형제 귀족들을 따라 저주로 맹세하기를 우리가 하나님의 종 모세를 통하여 주신 하나님의 율법을 따라 우리 주 여호와의 모든 계명과 규례와 율례를 지켜 행하여"(느 10:29)라는 말씀이 암시하는 대로, 거짓 맹세하는 자들도 그와 비슷한

---

8   Homer, *Iliad*, Book 3, line 252.
9   Homer, *Iliad*, Book 3, line 279, 292.

운명에 처하게 될 것이라는 맹세가 이루어졌다.

어쩌면 언약의 책임을 소홀히 한 불충실한 종들을 '엄히 때리고 외식하는 자가 받는 벌에 처하리니'(마 24:51)라는 경고의 표현도 이런 관습에서 비롯한 것일 수 있다. 히브리인들은 희생 제물을 '자르는 의식'을 통해 서로 합의해 협약을 맺었다. 〈70인경〉은 "내가 네 나라 왕위를 견고하게 하되 전에 내가 네 아버지 다윗과 언약하기를"(대하 7:18)이라는 말씀을 '내가 언약하기를'로, 〈불가타 성경〉은 '내가 약속하기를'로 각각 번역했다. '너희가 애굽에서 나올 때에 내가 너희와 언약한 말과'라는 학개 2장 5절은 문자대로 옮기면 '내가 너희에게 자른 말'이라는 뜻이다.

언약은 홍수 이후 신학의 첫 번째 발전 단계였다. 노아에게 주어진 새로운 계시를 통해 중보자의 인격에 근거해 죄인들과 하나님 사이에서 이루어지는 관계가 언약의 관계로 일컬어졌다. 하나님의 사랑과 신실하심을 분명하게 표현한 이 용어에는 위로가 가득했다. 노아의 가족을 통해 확립된 새 교회 앞에 하나님의 사랑이 풍성하게 드러났다. 더욱이 하나님은 처음으로 언약의 가시적인 표징, 즉 '구름 속에 나타난 무지개'를 허락하셨다(창 9:11, 13). 그때 무지개가 구름 속에 처음 나타났다는 의미인지, 아니면 그것이 언약의 표징으로 처음 제시되었다는 의미인지는 확실하지 않다.

그와 마찬가지로 신약성경의 성례도 '언약의 표징들'로 불린다. 이 표징 속에 내포된 약속은 '언약적 약속'으로 일컬어질 수 있다. 왜냐하면 '확증적인 표징'이 곁들어진 약속은 항상 언약의 참된 속성을 지니기 때문이다. 이런 이유로 표징 자체가 때로 언약으로 불릴 수도 있다. 성찬의 잔이 '새 언약'으로 일컬어진 것이 대표적인 경우다(눅 22:20). 창세기 본문에서 약속은 일차적으로 이 세상의 것들과 관련이 있다. 표징 자체가 일시적인 축복을 의미하는 언약적 상징이다. 그러나 거기에는 영적인 은혜, 즉 충실한 자들에게 값없이 주어지는 하나님의 사랑이 주로 내포되어 있다. 그것이 그리스도께서 육신을 입고 나타나시기 이전까지 이루어진 하나님의 경륜이었다. 이전의 축복은 모두 그리스도와 비교하면 '장차 올 좋은 일의 그림자'에 지나지 않았다(히 10:1). 그분은 '장래 좋은 일의 대제사장'이시다(히 9:11). 영원한 언약은 오직 그리스도 안에만 존재한다. 때로는 그것으로부터 일시적인 축복이 나와서 만민에게 주어지기도 하지만, 언약의 내적 본질은 영적 특성을 띠며, 오직 그리스도께 속할 뿐 아니라 그분을 통해 선택받은 신자들과만 관계를 맺는다.

이런 식으로 홍수 이전의 아담 신학은 새로운 계시, 언약의 선언, 가시적인 표징을 통해 좀 더 확대되었다. 당시 신자들의 믿음은 그런 것들을 통해 확증되었다. 무지개가 언약의 표징으로 주어짐으로써 은혜의 약속이 더욱 확고해지고, 자연에 대한 하나님의 주권적인 통치의 증거가 더욱 분명하게 드러났으며, 하나님이 인정하시는 올바른 예배가 확립되었다. 한 마디로, 언약과 가시적인 표징을 통해 참된 신학의 본질적인 요소들이 모두 강화되었다.

다음으로는 이 신학적 토대 위에 하나님의 명령이 더해졌다. 신학이 처참하게 몰락한 이후에 새롭게 회복되면서 새로운 계시가 주어졌고, 충실한 복종이 요구되었다. 첫 번째 계명은 인간의 피를 흘리지 말라는 것, 곧 살인하지 말라는 것이었다. 인간의 가장 큰 책임은 생명을 보호하는 것이다. 다른 율법은 모두 이 율법에 종속된다. 이 명령은 창세기 9장 5, 6절을 통해 주어졌다. "내가 반드시 너희의 피 곧 너희의 생명의 피를 찾으리니 짐승이면 그 짐승에게서, 사람이나 사람의 형제면 그에게서 그의 생명을 찾으리라 다른 사람의 피를 흘리면 그 사람의 피도 흘릴 것이니 이는 하나님이 자기 형상대로 사람을 지으셨음이니라." 가인의 범죄와 징벌을 통해 알 수 있는 대로, 이전에도 자연법을 통해 살인은 죄로 간주되었지만 여기에서는 폭력으로 인간을 살해하는 행위를 단죄하고, 징벌하는 엄숙한 원칙이 더욱 확고하게 확립되었다. 다른 사람들에 대한 폭력은 참된 이성을 거스르는 극악한 범죄다. 홍수 이전의 사람들은 억제되지 않은 폭력으로 서로를 억압했다. 이것이 홍수가 발생한 주된 이유였다. 그러나 당시에는 관원들이 범죄를 찾아내 징벌하는 적절한 방법이 체계적으로 확립되어 있지 않았다. 사회가 단일 가족의 범위를 벗어나 조직적으로 발전하면서 그런 체계의 필요성이 대두되었고, 그것은 오직 다수의 동의와 협의에 의해서만 이루어질 수 있었다. 따라서 하나님은 노아의 후손들에게 온 세상을 그들의 주거지로 허락함과 동시에 그런 보편적인 원칙을 제시함으로써 조직과 체계를 갖춘 사회가 사회적 정의와 공공의 평화를 보호하기 위한 치안 제도를 확립할 수 있게끔 배려하셨다. 물론 치안 제도는 인간이 만든 것일 수 있다. 그러나 그렇다고 해도 그것은 하나님의 명령이라는 확고한 토대를 바탕으로 한 것이다.

〈온켈로스의 탈굼〉은 이 구절들을 "누구든지 다른 사람의 피를 흘리면 증인들의 증언을 통해 재판관의 판결에 따라 그 사람의 피도 흘릴 것이다"라고 풀이했다. 온켈로스는 '그 사람의 피도 흘릴 것이니'라는 말씀을 또 다른 사람, 곧 '유력한 증인들'을 통해 피를 흘리게 될 것으로 이해했다. 그와 비슷하게 〈요나단의 탈굼〉도 "다른 사람의 피를 흘리는 사람은 증인들이 있는 경우에는 재판관이 사형에 처할 것이고, 다른 사람의 피를 흘렸는데 증인이 없는 경우는 만민의 하나님이 심판의 날에 직접 그를 정확하게 징벌하실 것이다"라고 설명했다. 그로티우스는 '당시에는 공적인 재판 제도가 아직 확립되지 않은' 상태였기 때문에 그런 식의 보복 행위의 권리가 보장되었는지는 확실하지 않다고 생각했다. 그러나 보복 행위를 인정하는 자연법은 당시에만 존재했던 것이 아니었다. 비록 공적인 재판 제도가 아직 확립되지 않은 상태라고 하더라도 인류의 성장에 발맞추어 홍수 이전의 세상처럼 무차별한 폭압이 자행되는 것을 예방하려면 자연법에 근거해 법적 제도를 갖추는 것이 필요했을 것이 분명하다. 따라서 뮌스터가 옳게 말한 대로, 우리는 이 구절에서 치안 제도를 확립해 관원들의 손에 칼을 들려주시는 하나님을 발견할 수 있다.

이 명령에 고기를 그 생명이 되는 피째 먹지 말라는 명령이 더해졌다. 이 명령의 의미를 필요 이상으로 파헤치려고 애쓸 것까지는 없을 것 같고, 단지 설명에 도움이 될 만한 실마리를 몇 가지 살펴보는 것으로 충분할 듯하다.

홍수 이전에는 고기를 먹는 것이 인간에게 허용되지 않았다는 것이 대다수 학자의 견해다. (만일 고기를 먹는 것이 특권이라면) 이 특권은 창세기 9장 3절에서 처음 허락되었다("모든 산 동물은 너희의 먹을 것이 될지라 채소 같이 내가 이것을 다 너희에게 주노라"). 이 말씀은 모든 살아 있는 피조물을 다스리는 권한을 인간에게 부여한 2절과 문맥상 밀접하게 연관되어 있다. 이 구절을 홍수 이전에 인간의 음식을 규정한 말씀(창 1:29)과 비교하면, 홍수 이전에는 인간이 고기를 먹지 않았다고 결론지을 수 있다. 이방인들 사이에서도 짐승의 고기를 먹지 않았던 오랜 원시적 기억이 더러 남아 있었다.

예를 들어, 오비디우스는 "재배하지 않고 저절로 나는 음식에 만족하라. 산비탈이나 가시덤불 사이에서 나무 열매와 야생 산딸기를 따 먹거나 주피터의 거대한 참나무에서 떨어진 도토리를 주워 먹어라"라

고 말했다.[10] 그는 또한 "우리가 '황금기'로 일컫는 옛적에는 땅에 과
실과 나무와 풀이 풍성했고, 토양에서 모든 것이 생산되었다. 당시에
새들은 공중을 안전하게 날아다녔고, 토끼는 아무런 두려움 없이 들
판을 이리저리 뛰어다녔으며, 물고기들이 호기심에 이끌려 낚싯바늘
을 무는 일도 없었다"라고 말하기도 했다.[11] 베르길리우스도 "주피터
가 낳은 왕이 통치하기 이전, 곧 불경한 인종이 송아지를 죽여 성찬을
즐기기 시작하기 이전에는 금발의 사투르누스(농업의 신)가 대지에 자신
의 생명을 전해주었다"라고 말했다.[12]

기독교 저술가 가운데 하나인 테르툴리아누스는 "인류는 처음에는
나무에서 나온 것과 열매들을 먹었다"라고 말했다.[13] 이 점을 간파한
철학자들은 얼마나 오랜 세월이 지난 후에 인류가 고기를 먹기 시작
했는지에 대해 논쟁을 벌였다. 플루타르크는 그런 관습을 강하게 비
판하고 나서 단순히 필요에 의해 고기를 먹기 시작했을 것이라고 말
했고, 포르피리오스는 좀 더 긴 설명을 통해 동물을 희생 제물로 바치
면서부터 그런 관습이 생겨났을 것이라고 말했다.[14] 아울러, 카조봉(프
랑스의 고전 학자)은 고대 헬라인들이 자신들이 살육한 모든 동물을 '희생
제물'을 뜻하는 말로 일컬었다고 주장하면서 그 이유는 그들이 한때는
희생 제물을 바칠 목적으로 죽인 짐승의 고기만을 먹었기 때문이라고
말했다.[15] 홍수 이전에는 번제가 유일한 형태의 희생 제사였다. 따라
서 신성한 제물로 성찬을 즐기는 관습이 희생 제사와 함께 시작된 것

---

10   Ovid, *Metamorphoses*, Book 1, Fable 2, line 103.

11   Ovid, *Metamorphoses*, Book 15, Fable 2, line 96.

12   Virgil, *Georgics*, Book 2, line 536.

13   Tertullian, *On Jewish Meats*, chapter 2(오웬은 이 책을 테르툴리아누스가 저술했다는 것을 전제
      로 인용했다).

14   Porphyry, *On Abstention from Living Creatures*.

15   Casaubon, *Observations on the Athenians*, Book 1, chapter 9.

은 고기를 먹는 것이 허용된 이후, 곧 율법이 수여되기 전이었을 것이 분명하다(셀던은 이와 반대되는 견해를 피력했다).[16]

고기를 먹는 것은 허용되었지만 그것을 피째 먹는 것은 금지되었다. "그러나 고기를 그 생명 되는 피째 먹지 말 것이니라"(창 9:4). 단순히 피 자체를 먹는 것이 아니라 피를 포함하고 있는 고기를 먹는 것이 금지되었다. 앞서 살펴본 대로, 홍수 이전의 인류는 장수했지만 잔인한 성향이 있었다. 그들의 세계는 포악함이 가득했다. 아메리카 인디언들도 심장이 살아서 뛰고 있는 짐승의 날고기를 피째 먹는 야수성을 보여주었다. 피째 고기를 먹는 것을 금지한 이유는 이런 악(폭력)이 하나님과 인간의 사이를 갈라놓을 만큼 심각한 것이었기 때문이다. 짐승의 다리를 산 채로 찢어 떼어내는 일도 있다. 아메리카의 야만인들은 오늘날까지도 그런 음식을 좋아한다. 아벤 에스라는 이 구절을 "내가 짐승의 고기를 먹으라고 허용했다고 해서 짐승의 다리를 산 채로 먹는 것과 같은 잔인한 행위를 동물들에게 저질러서는 안 된다"라고 고쳐 말했다. 그로티우스는 유대인들이 피를 섞어 만든 소시지를 먹을지도 모르는 그리스도인들에게 반감을 느껴 나중에 이 견해를 받아들였다고 말했다. 내 생각에는 이 명령이 이미 짐승이 죽어 차갑게 식은 피로 만든 음식을 먹는 것까지 금지한 것은 아닌 것으로 보인다. 본문을 합리적으로 주석하는 한, 그런 주장을 입증할 만한 근거는 발견하기 어려울 것이다.

고기와 따로 피를 섭취하는 것이나 피 자체를 일차적으로 직접 금지한 것은 아니다. 금지된 것은 고기를 '그 생명이 되는 피째' 먹는 것, 곧 아직 살아 있어 신선한 피를 흘리는 고기를 먹는 것이었다. 따라

---

16 Selden, *The Natural Law amongst the Hebrews*, Book 1, chapter 8. 고기를 먹는 관습에 관한 유대인의 견해를 살펴보려면 다음의 자료를 참조하라. "Bereshith," *Rabbinical Bible*. Japheth Ben Ali(카라이트 유대교 주석학자).

서 나는 이 문제가 기독교의 관습과 관련해 상당한 중요성을 지닌다는 것을 보여주려고 애썼던 커셀러스가 괜스레 헛된 노력을 기울였다고 생각한다.[17] 이 주제에 관해서는 차라리 루이 드 디외의 견해를 참고하는 것이 더 낫다. 이 구절의 히브리어만으로는 아직 피가 몸속에서 흐르고 있는 짐승의 고기를 금한 것인지, 살아 있는 짐승에서 취한 피를 금한 것인지 확실하지 않다.

한편, 하나님이 노아의 아들들에게 주신 것으로 종종 간주되는 유명한 일곱 가지 계명도 여기에서 잠시 살펴볼 가치가 있다. 그 일곱 가지 계명은 다음과 같다.

1) 다른 신들을 섬기지 말라.

2) 하나님의 이름으로 맹세하지 말라.

3) 다른 사람의 피를 흘리지 말라.

4) 수치스러운 행위를 들춰내라.

5) 도적질하지 말라.

6) 법정을 열어 재판하라.

7) 짐승의 고기를 산 채로 먹지 말라.

첫 번째 계명은 모든 형태의 우상 숭배를 금지한다. 두 번째 계명의 의미는 학자들 사이에서 논란이 많다. 그 이유는 여기에 사용된 히브리어가 '축복하다'와 '저주하다'의 의미를 둘 다 지니고 있기 때문이다. 따라서 이 용어를 긍정적인 의미로 받아들여 하나님의 이름을 찬양하고, 예배하거나 거짓 예배가 아닌 참 예배를 드리라는 계명으로

---

17   Curcellus, *Posthumous Essays-The Eating of Blood*.

이해하는 사람들도 있고, 부정적인 의미로 받아들여 하나님의 이름으로 맹세하는 것을 금지한 계명으로 이해하는 사람들도 있다. 세 번째 계명은 살인을 금지하고, 네 번째 계명은 간음 행위와 불법적인 관계를 색출하라는 의미를 지니며, 다섯 번째 계명은 십계명의 여덟 번째 계명과 일치하고, 여섯 번째 계명은 사회적 정의를 요구하며, 마지막 계명은 모든 형태의 잔인한 행위를 증오하라는 의미를 지닌다.

질베르 주느브라르(베네딕투스회 소속 프랑스 주석학자, 1535-1597)는 이 계명들이 홍수가 난 지 오 년째 되던 해에 노아와 그의 아들들에게 주어졌다고 주장했다. 그는 "일곱 가지 계명이 노아의 아들들에게 주어졌다. 히브리인들은 이것을 '노아의 아들들의 계명이자 자연의 계명'으로 일컫고, 유대인은 물론, 이방인에게까지 보편적으로 적용된다고 가르쳤다"라고 말했다. 이런 신념은 전통적인 유대교 안에서 생겨났으며, 탈무드와 랍비 문서에 자주 언급되었다. 그러나 이 계명들이 노아와 그의 아들들, 곧 홍수 이후에 살아남은 네 명의 남자에게 주어졌다는 주장은 옳지 않다. 유대인들은 관습적으로 이방인들은 '노아의 자손들'로, 자신들은 '아브라함의 자손들'이나 '이스라엘의 자손들'로 일컬었다. 이것은 마치 아브라함과 야곱이 노아의 후손이 아닌 듯한 말처럼 들리지만, 유대인들은 그렇게 말하면서 노아의 이방인 후손들이 영적 특권을 누리지 못했다고 주장했다. 그들의 의도는 이 계명들이 올바른 이성과 자연적 정의에 부합하는 일반적인 명령이기 때문에 유대인들처럼 십계명, 즉 성문화된 율법과 같은 기록된 특별 계시를 소유하지 못한 이방인들에 대해 구속력을 지닌다는 것을 보여주는 것이었다.

사실, 그들은 이 가운데 처음 여섯 가지 계명은 새로운 것이 아니고, 이미 아담에게 주어진 것이라고 주장했다. 이것은 그것들이 자연적 정의를 드러내는 계명들이고, 피째 먹지 말라는 마지막 계명만 노아에게 더해졌다는 주장이었다. 존 셀던은 자신의 탁월한 주석을 통해 이 문제를 잘 설명했다. 이 문제를 좀 더 자세히 살펴보고 싶으면 그의 주석을 참고하기 바란다.

나는 여기에서 쿠르지오 잉히라미(이탈리아 고고학자이자 역사가, 1614-1655)가 펴낸 책을 굳이 논하고 싶지 않다. 그는 마치 에트루리아 신화의 찌꺼기를 담아내는 것이 홍수 이후의 신학을 재확립하는 데 도움이 되기라도 하는 것처럼 노아가 자신과 함께 이탈리아로 데려간 후손들에게 가르침을 베풀었다는 기상천외한 이야기를 전했다. 노아가 이탈리아에 도착한 때부터 '카틸리나 전쟁(귀족 세르기우스 카틸리나가 BC63년에 정부를 전복하기 위해 일으킨 전쟁)' 때까지의 에트루리아(고대 이탈리아의 지명. 오늘날의 토스카나주)의 간단한 역사가 간직되어있는 것으로 드러난 자그마한 구형(球形) 용기들이 발견되었다는 그의 이야기는 허무맹랑하기 짝이 없다(아마도 이렇게 생각하는 것이 나만은 아닐 것이 틀림없다). 그의 이야기는 말도 안 되는 내용이 가득하기 때문에 만일 조금이라도 쓸모가 있다면 단지 학식 있는 사람이 한가로운 시간에 밑도 끝도 없는 상상의 나래를 펼치는 것에나 도움이 될 수 있을 것이다. 그가 노아가 전했다고 주장하는 가르침은 한 편의 그럴싸한 소설과 다르지 않기 때문에 그저 그의 글을 간단히 인용함으로써 독자들의 직접적인 판단에 맡기는 것이 좋을 듯하다. 그는 노아가 전했다는 가르침에 '노아 반디몬'이라는 제목을 붙였다. 그 가르침은 "이것이 나 안쿠스 카킨나가 받아적은 위대한 반디몬의 말이다"라는 말로 시작된다. 가르침의 내용은 이렇다. "나의 아들들과 손자들아, 내 말을 들어라. 너희 아버지가 너희에게 말하는 소리를 귀담아들어라. 내게 은혜를 베푸신 하나님을 찬양하라. 그분은 진노를 드러내 비와 폭풍우로 멸한 인류를 재건하기 위해 나를 홍수에서 건져내 안전하게 지켜주셨다. 이것은 하나님이 지으신 것이 완전히 멸망하지 않도록 하기 위한 것이었다. 따라서 너희는 위대한 '에사르'를 노여우시게 하지 말고, 오직 그분만을 두려워하고, 온 마음을 다해 그분을 섬겨라. 그분은 그럴 만한 가치가 있고, 너희를 위해 위대한 일을 많이 행하셨다. 그 이유는 그분이 하나님이시기 때문이다. 가장 위대한 에사르가 너희의 하나님이시라면, 아무것도 부족함이 없을 것이다. 이 제단을 더럽히지 말고, 누구도 가인이 했던 대로 형제를 해치지 말라. 너희 모두 평화의 유대 관계를 맺고, 그것을 깨뜨리지 말라. 내가 너희를 위해 이 산 위에 이 도시를 건설했다. 너희의 숫자가 불어나 이곳이 비좁아지거든 산 위에 다른 도시들을 건설하고, 산도 공간이 부족해지거든 좋은 장소를 선택해 다른 도시들을 건설하라. 너희 사이에 불화가 없다면 모든 것이 다 잘 될 것이고, 번영할 것이다. 형제들 사이의 부조화는 모든 것을 망칠 것이니 하나님을 두려워하지 않는 자나 형제와 다투는 자는 너희 가운데서 내쫓아라. 내 아들들아, 음행이나 불의나 사악함으로 하나님의 분노를 자극하지 말고, 너희를 창조하고, 물에서 구원했을 뿐 아니라 만물을 너희의 쓸 것으로 내주고, 너희에게 복종하게 만드신 하나님을 기억하라. 하나님은 선한 자를 높이고, 악한 자를 내치신다. 오직 그분만을 사랑하고, 그분을 경외하는 마음으로 모든 일을 행하라. 그렇게 하면 옥수수와 포도주와 기름이 풍성해지고, 너희 형제들의 아들들이 너희를 섬기며, 너희의 나라가 영원할 것이다. 신성한 의식과 제의를 비롯해 내가 너희에게 지키라고 남겨준 모든 것을 항상 잘 지켜라. 하나님이 너희를 축복하고, 모든 축복으로 가득 채워주시기를 기원한다. 낯선 세력에 대항하기 위해 너희에게 지도자가 필요할 때는 하나님이 신속하게 왕을 허락하실 것이다." 이것이 쿠르티우스 잉히라미우스가 전하는 이야기다. 학자라는 사람들 가운데 이런 어리석은 이야기를 받아들이는 사람들이 있다니 그저 놀라울 따름이다. 그의 책은 어디를 펼쳐 보아도 사기와 거짓뿐이다.

이제 다시 홍수 이후의 신학으로 되돌아가 보자. 앞에서 살펴본 대로, 아담의 자연 신학은 메시아에 관한 약속과 새로운 목적이 더해짐으로써 더욱 풍요로워졌고, 사탄이 악한 책략으로 인류를 속여 빠뜨렸던 새로운 상황 속에서 더욱 적합하게 활용될 수 있게끔 다듬어졌다. 이 신학은 가시적인 표징과 다양한 계명들로 엄숙하게 확립된 언약과 새로운 계시를 통해 더욱 확대되고, 강화되었다. 그로써 교회 안에 신앙과 복종과 올바른 예배의 규칙이 확립되었다.

이 교회 안에서 성장해 성공을 거둔 사람들 가운데는 하나님을 극진히 공경하고 사랑하며, 믿음과 경건과 복종의 삶을 살면서 의롭고, 진실하고, 온유한 태도로 다른 사람들을 대하고, 사랑과 긍휼을 베풀었던 이들이 많았을 것이 틀림없다. 겉으로는 계시가 거의 없는 것처럼 보일 때도 사람들의 마음에 구원의 빛을 비춰 심령을 거룩하게 하고, 순결하고 순전한 삶을 살게 하며, 다른 사람들을 친절히 대하고, 단순하고, 정직하게 살도록 이끄는 등, 온갖 미덕을 독려하시는 성령의 사역 덕분에 사람들은 하나님의 형상을 새롭게 회복했고, 교회는 번영을 구가했다.

홍수로 정화되어 새롭게 회복된 교회는 이 신학 덕분에 40년 동안 하나님의 인정을 받으며 순결함을 유지했다. 함의 막내아들 가나안이 출생하고 나서 상당한 세월이 흐르기 전까지는(그의 출생으로 초창기에 나타났던 함의 사악함이 더욱 분명하게 드러났다) 교회가 부패해졌다는 기록을 어디에서도 찾아볼 수 없다. 성령께서는 창세기 9장 22절을 통해 그 사건의 본질을 여실히 드러내셨다. 그것은 이성의 내적 명령을 거역하는 범죄였다. 아리스토텔레스가 말한 대로, 이성은 모든 인간에게 부모를 존중하고, 공경하라고 명령한다. 플루타르크는 '형제애'를 다룬 글에서 이렇게 말했다. "인간이라면 누구나 신들 다음으로 부모를 공경하는 것이 본성과 자연법이 정한 이치라는 것을 인정하고, 가르친다. 부모에 대한 책임을 열심히 이행하는 것보다 신들을 더 기쁘게 하는 것은 없다. 그것은 신들이 부여할 수 있는 그 어떤 책임보다 우선한다. 부모를 멸시하거나 그들에게 불의를 행하는 것보다 더 큰 악은 없다. 따라서 다른 사람들에게 악을 행하는 것이 금지된 것처럼, 부모에게 공손하지 않고, 그들이 기뻐하지 않는 말과 행위를 일삼고, 그들을 괴롭게 만드는 것은 불경스럽고 불의한 일이다." 이처럼 플루타르크는 이 책임을 감탄스러울 만큼 잘 표현했다. 히에로클레스(2세기의 스토아 철학자)도 이와 비슷한 말을 했고, 다른 철학자들도 이구동성으로 그렇게 말했다.

그런데도 창세기 9장 24절('그의 작은 아들이 자기에게 행한 일을 알고')을 근거로 함이 아닌 가나안이 그런 행위를 저지른 것으로 이해해야 한다고 주장하는 사람들이 있다는 것은 그저 놀라울 뿐이다. 그들은 "함이 자기 아버지에게 무슨 짓을 했다는 말인가? 그는 단지 형제들에게 아버지의 수치스러운 행위를 알려주었을 뿐이다"라고 주장한다. 이것은 스칼리제르가 다비드 파레우스(독일 개혁주의 개신교 신학자, 1548-1622)의 연설을 논박하면서 한 말이다. 그러나 나는 함이 노골적이면서도 확실하게 자연법을 어겼다고 확신한다. 이것은 그의 불경한 행위를 그의 형제들이 취했던 행동과 비교해 보면 분명하게 알 수 있다. 요세푸스가 옳게 말한 대로, 그는 형제들에게 아버지의 벌거벗은 모습을 보여주면서 조롱했다.[18] 그의 행위는 노아의 가족들로 구성된 교회가

---

18   Josephus, *Antiquities of the Jews*, Book 1, chapter 1.

보유했던 신학의 근간을 흔듦으로써 그들의 복종과 예배에 악영향을 미쳤다.

성경이 함의 죄를 분명하게 언급하고 있기 때문에 헛된 망상에 사로잡힌 저술가들이 인위적으로 창작해서 덧붙인 어리석은 이야기에 관심을 기울일 필요는 전혀 없다. 예를 들어, 어떤 사람들은 함이 무례한 태도로 벌거벗은 아버지를 바라보며 키득거렸다거나 다시는 아들을 낳지 못하도록 아버지의 생식기를 거세했다거나 저주의 말을 퍼부었다고 말한다. 그런 형태의 이야기들이 랍비들이 쓴 잡문에서 발견된다. 창세기 9장을 다룬 라스히(랍비 솔로몬 이삭. 1240년 출생)의 글이 대표적인 경우다. 부아사르도 그런 터무니없는 이야기를 지지했고, 심지어는 아타나시우스 키르허도 그런 이야기에 어느 정도의 신빙성을 부여했다.[19] 그런 신화들이 한때 널리 유포되면서 (락탄티우스가 말한 대로) 거기에서 사투르누스(크로노스)가 자기 아버지 우라노스의 생식기를 잘랐다는 이야기나 주피터가 낫으로 사투르누스를 거세했다는 이야기가 기원한 것으로 간주되었다.

이방 신화들이 그런 식으로 기원했을 가능성은 매우 크다. 사실, 포르피리오스는 초창기의 이야기꾼들이 성경의 세부 내용을 염두에 두었을지도 모른다는 생각이 들 정도로 전체 이야기를 솜씨 있게 가색했다. 그러나 저주는 분명히 가나안에게로 향했다. 그 이유는 그가 당시에 자기 아버지의 특별한 총애를 받았던 막내아들이었기 때문이거나 그가 자기 아버지와 함께 그 광경을 보면서 극악한 죄를 저질렀기 때문이거나 둘 중 하나다. 어쩌면 함의 자손 가운데 가나안의 가족이 교회와 하나님에 대한 참된 예배를 가장 먼저 저버렸기 때문일 수도 있다. 이스라엘 백성은 약속의 땅을 향해 출발할 때부터 자기들이 싸워

---

19 Athenasius Kircher, *On the Origin of Writing and of Monuments*, chapter 2.

야 할 가나안 족속이 오래전에 주어진 하나님의 저주로 인해 장차 멸망하여 노예로 살아갈 운명을 짊어졌다는 사실을 알고 있었다. 아무튼, 이유가 무엇이든 간에 함이 자기 아들을 통해 저주를 받고, 하나님의 가족 가운데서 쫓겨났다는 것은 분명한 사실이다. 초창기 저술가들이 노아가 술에 취한 것을 그리스도의 고난을 예표하는 의미로 받아들여 온갖 공상을 일삼은 것은 참으로 어처구니없는 일이 아닐 수 없다. 그들은 포도주, 함과 야벳, 벗어 던진 겉옷을 각각 십자가와 성례, 이방인과 유대인, 말씀의 사역자를 예표하는 의미로 이해했다.

함의 악한 행위를 통해 오랫동안 감추어져 왔던 그의 위선이 적나라하게 드러나 하나님이 부여하신 부모의 권위로 교회를 관장하던 그의 아버지의 저주를 받게 됨으로써 교회 안에서 커다란 추문이 발생하는 결과가 초래되었다. 우리는 함이 경건한 자들의 공동체에서 쫓겨난 사실을 통해 또 한 차례의 주목할 만한 교회 개혁의 사례를 발견한다. 개혁은 항상 참된 믿음으로 하나님이 인정하시는 예배를 드리는 자들 가운데서 죄인들을 쫓아내는 것에서부터 시작해야 한다. 이미 살펴본 대로, 타락 이후에 아담의 교회 안에서도 이와 비슷한 사례가 있었고, 나중에 강퍅한 죄인들의 숫자가 급속도로 불어났을 때는 소수의 충실한 신자들이 그들에게서 물러서는 방식을 통해 개혁을 이룰 수 있었다. 노아의 교회도 그런 개혁의 과정을 거쳐야 했다. 사람은 누구나 약점을 지니고 있고, 개중에는 악을 행하는 사람들이 있기 때문에 세상이 시작된 때부터 개혁이 없이는 어떤 교회도 지탱할 수가 없었다. 개혁이 이루어지고 나서 노아의 교회에 축복이 주어졌다. "셈의 하나님 여호와를 찬송하리로다 가나안은 셈의 종이 되고…"(창 9:26, 27)라는 말씀에서 알 수 있는 대로, 그 축복은 한편으로는 애처롭게 쪼그라든 교회의 상황을 위로하고, 다른 한편으로는 더욱 엄격한 복종을 실천하면서 부지런히 하나님을 섬기도록 고무하기 위한 것이었다.

함은 아버지의 징벌을 통해 하나님을 예배하는 자리에서 쫓겨났고, 경건한 자들의 거주지를 떠나 도망쳐야 했다. 그러나 인류가 지면에 널리 흩어질 때가 아직 도래하지 않았기 때문에 함은 형제들이 머물러 있는 곳과 그리 멀리 떨어지지 않은 장소에 거주했을 것으로 추정된다.

이로 인해 시간이 지나면서 다시 새로운 악이 발생했다. 그들의 후손들이 서로 섞이면서 홍수로 인한 심판과 혁신적인 교회 개혁의 기억이 여전히 생생했던 교회 안에서 새로운 배교의 싹이 자라나기 시작했다. 노아와 그의 경건한 아들들과 손자들은 가용한 수단을 모두 동원해 교회 안에서 건전하고, 순결한 예배를 유지했을 뿐 아니라 그런 예배를 통해 가르침을 받아 믿음을 지키며, 자신들에게 요구된 다른 사람들에 대한 의무를 이행하려고 노력했을 것이 틀림없다. 그러나 그들은 결국에는 함의 자손들의 그릇된 행위와 악한 유혹에 미혹되고 말았다. 다시 말해, 그들은 악을 좋아하는 성향을 지닌 인간의 부패한 본성을 지닌 까닭에 하나님을 예배하고, 그분의 계명을 지키는 삶에서 신속하게 멀어졌다. 홍수 후에 어느 정도 시간이 지나자 강퍅한 배교자들이 나타나서 교만에 사로잡혀 범죄를 저지르며 노아의 권위와 가르침과 훈육을 거부하고, 온갖 종류의 악을 향해 치닫기 시작했다. 그들은 노아의 경건하고, 평화로운 삶의 방식을 무거운 짐처럼 여기고, 정확히 그와 정반대되는 삶을 추구했다. 그들은 하나님의 권위를 존중하는 마음을 버리고, 교만으로 잔뜩 부풀어 올라 큰 명성과 영광을 영원히 누리겠다는 생각으로 거대한 탑을 건설하기 시작했다.

그들의 행위를 가증스럽게 여긴 하나님은 무서운 심판을 내리셨다. 그들의 언어가 혼잡해졌고, 그들의 큰 수고가 물거품이 되었으며, 그들은 온 지면에 뿔뿔이 흩어지고 말았다. 하나님은 그때부터 메시아가 올 때까지 인류의 대다수가 자기를 멀리하고, 제각기 자신들의 길을 가도록 허용하셨다.

2장
최초의 언어, 언어의 혼잡,
"시빌라의 신탁"

　　창세기 9장 20절은 노아가 땅을 경작하는 사람, 곧 '농부'였다고 말씀한다. 매우 비천하게 느껴지는 삶의 방식이었지만, 세상에서 살아가는 가련한 죄인들, 특히 하나님이 홍수라는 두려운 심판으로 인간의 교만함을 징벌하신 일을 목격했던 사람들에게는 꼭 알맞은 일이었다. 허탄한 이야기를 지어내기를 좋아하는 사람들은 이를 근거로 사투르누스(노아)가 레아(대지)의 남편이었다고 상상하기도 했다.[1] 나중의 세대들이 농사를 어떻게 생각했든 상관없이 당시의 악인들은 이내 그런 삶의 방식에 싫증을 느끼기 시작했다. 한편, 노아는 포도나무를 재배했고, '포도주'(히브리어로 '야인–Jain')를 마셨다. 이것 때문에 그는 '야누스(Janus)'와 동일시되기도 했다. 베드로 사도는 노아가 홍수 이전에 '의를 전파했다고' 말했다(벧후 2:5). 그는 본이 되는 삶과 행위와 가르침을 통해 그와 같은 의무를 이행함으로써 회개하지 않는 세상을 단죄했다(히 11:7). 곧 멸망할 세상을 향한 노아의 호소는 "시빌라의 신탁(기독교 계통의 저술가들이 고대 로마의 〈시빌라의 예언서〉를 모방해서 만든 작품)"에 나오는

1　다음 자료를 참조하라. Bochart, *Sacred Geography*, Book 1, chapter 1.

다음의 내용을 연상시킨다. "불충실한 자들이여! 그대들을 사로잡은 이 광기는 대체 무엇인가? 신은 그대들의 행위를 간과하지 않으신다. 만물을 창조한 불멸의 신은 모든 것을 보고, 모든 것을 알고 계신다. 그분은 그대들이 광적인 어리석음에 사로잡혀 멸망하지 않도록 내게 이 말을 전하라고 명령하셨다. 의로운 말을 하고, 악을 멀리하며, 잔인한 마음속에 증오심을 품지 말고, 땅을 인간의 피로 물들이는 행위를 중단하라."

물론, 시빌라의 이름으로 회자되는 것은 모두 순전한 허구다. 이것을 사실로 믿을 정도로 쉽게 속아 넘어가는 어리석은 사람들이 있다는 것은 참으로 놀라운 일이지만, 이 여성(시빌라)이 홍수가 일어났을 때 남편과 함께 방주를 탔던 노아의 며느리 가운데 하나였다는 주장이 계속 제기되어 왔다. 사실, "시빌라의 신탁"에 포함된 내용 가운데 많은 것을 지어낸 실제 저자들은 믿음을 버리고 이단에 빠진 그리스도인들이었다. 그들은 성경의 내용을 추려내 자신들의 이야기를 꾸며냈다. (만일 여성들이 그것을 저술했다는 전승이 사실이라면) 몬타누스파의 '여성 예언자'였던 프리스킬라와 막시밀라가 이 신탁 가운데 일부를 저술했을 가능성도 전혀 없지는 않다. 왜냐하면 이 신비롭고, '예언적인' 유사 기독교 집단은 〈시빌라의 예언서〉와 정확하게 일치하는 방식으로 자신들의 '계시'를 표현했기 때문이다. 이방인들 가운데 '무녀(시빌라)'로 불리는 여성 예언자들이 존재했던 것은 사실이다. 그들은 신들의 은밀한 계획을 알 수 있는 능력을 지녔다고 믿어졌다. 디오도로스는 무녀가 된다는 것은 곧 '신들의 영감을 받는다는 것'을 의미한다고 말했다. 할리카르나수스의 디오니시우스(헬라의 역사가이자 수사학자), 플루타르크, 키케로, 바로, 리비우스, 타키투스, 조시무스(동로마 제국의 황제 아나스타시우스 1세의 통치 기간에 활동했던 헬라의 역사가)를 비롯해 많은 사람들의 글을 통해 전해진 대로, 로마 원로원의 명령에 따라 여러 가지 일과 관련해 필요할 때마다 점을 칠 정도로 점치는 관습이 만연해 있었다.

그러나 마귀 숭배와 헬라의 다신교의 냄새가 물씬 풍기는 그런 종류의 신탁은 사실상 사탄에게서 비롯된 것이다. 타키투스는 이 점을 다음과 같이 간략하게 요약했다. "신들의 용서를 구하며 〈시빌라의 예언서〉를 참조하는 관습이 있었다. 처음에는 주피터 신전에서, 그다음에는 가장 가까운 해안에서 불카누스, 케레스, 프로세르피나를 향해 간절한 기도를 드리고, 결혼한 여성들이 주노에게 화목제를 바쳤다." 옛 뱀은 늘 하던 대로 온전한 진리를 훼손하고, 거짓말에 귀를 기울이게 할 의도로 약간의 진리와 거짓을 한데 섞는 술책을 사용했다. 그로 인해 첫 번째 약속과 그 이후의 계시를 통해 장차 메시아의 왕국이 임할 것이라는 암시는 세상 역사의 초창기부터 이교의 진창 속으로 녹아들어 그런 '신탁'과 합쳐졌다.

키케로의 글에서 이와 관련된 내용이 하나 발견된다. 그는 "〈시빌라의 예언서〉에는 그녀가 신성한 광란 상태에 빠져 기술했다고 주장되는 구절들이 있다. 이 구절들을 해석한 한 사람은 우리의 지도자들이 한갓 명목상의 왕들에 지나지 않는다고 믿게 하려고 원로원을 상대로 거짓말을 할 계책을 꾸몄던 것으로 보인다. 우리의 국가가 안전하게 보존되기를 바란다면, 왕 중 왕이 누구인지를 찾아내야 한다. 이것이 실제로 〈시빌라의 예언서〉에 언급되었다면, 과연 언제, 누구에게 그것을 적용할 수 있을 것인가? 이런 거짓을 지어낸 사람은 예언된 일 가운데 어떤 것이 실제로 일어난 것처럼 보이더라도 이름이나 시간을 구체적으로 밝히지 않는 세심함을 보였다." 이것은 키케로가 루키우스 코타(〈시빌라의 예언서〉를 지지했던 사람들 가운데 하나)를 염두에 두고 한 말이다. 코타는 마르쿠스 안토니우스의 뇌물을 받고, 위대한 왕이 올 것이라는 세간의 믿음을 이용해 이미 왕 같은 권력을 쥔 율리우스 카이사르에게 왕의 칭호를 부여함으로써 그의 야심을 정당화하고, 합법화하려고 시도했다. 수에토니우스와 타키투스와 같은 가장 유명한 로마 역사가들도 놀라울 정도로 비슷한 표현을 사용해 그런 기대감을 기록으로 남겼다. 전자는 그것을 '오래전부터 계속해서 유지되어온 신념'으로,[2] 후자는 '가장 오래된 제사장의 책에서 유래된 신념'으로 각각 일컬었다.[3] 동방으로부터 '위대한 통치자'가 올 것이라는 신념, 곧 "그때에는 동방이 우세할 것이다"라거나 "유대의 통치자가 최고의 권력을 쥘 것이다"와 같은 말들이 널리 회자되었다.

이 모든 것에는 진리의 핵심이 담겨 있었지만, 성경적인 예언에서 비롯한 개념과는 전혀 무관했다.

다시 노아로 되돌아가 보자. 노아는 홍수 이전에 동시대인들의 죄를 꾸짖었을 뿐 아니라 그 이후에도 아들들과 그들의 후손들이 하나님을 저버리는 배교 행위나 불경죄에 빠지지 않게 하려고 최선을 다했다. 그러나 그의 노력은 전이나 나중이나 이렇다 할 효과를 발휘하지 못했다. 그는 온 인류의 조상이었지만, 큰 탑을 건설해 명성을 떨치려고 했던 타락한 후손들의 어리석은 행위를 막을 수 없었다(창 11:3, 4). 성경은 노아를 비롯해 경건한 자들이 배교자들의 광기 어린 건축 사업에 동참하지 않았다고 분명하게 암시한다. 배교자들은 '하나님의 아들들'이 아닌 '사람의 자손들'이었다(창 6:2). 오직 악인들만 건축 사업에 참여했고, 교회는 그들과 거리를 두었다.

에노스의 시대 이후로 홍수 전이나 이후나 '하나님의 아들들'은 자

---

2   Suetonius, *Life of Vespasian.*
3   Tacitus, *Histories*, Book 5.

기들에게 주어진 신학을 굳게 믿으며, 의롭고 경건하게 살았던 교회를 형성했다. 이 악행을 저지른 사람들은 교회를 이탈한 배교자들이었다. '거인들'과 그들이 건축한 탑에 관한 이야기는 오랫동안 어린아이들 사이에서 큰 인기를 누려왔지만, 성경의 명백한 내용에 유치하기 짝이 없는 군더더기를 덧붙이도록 허용해서는 곤란하다. 물론, 이 탑은 하늘에까지 올라갈 목적으로 건설되지 않았다(비록 그들의 계획은 하나님에 의해 좌절될 운명이었지만, 그들이 그렇게까지 터무니없는 계획을 세웠을 리는 만무하다). 아울러, 또 다른 홍수에 대비하려는 목적으로 탑을 건설한 것도 아니었다. 그들은 세계적인 홍수가 다시 일어나지 않을 것이라는 약속을 알고 있었다. 만일 그들이 그런 가능성을 염두에 두었다면, 높은 산에서 내려와서 낮은 평지에 탑을 건설하려고 하지 않았을 것이다. 그들이 탑을 건설하려고 했던 이유는 교만과 헛된 영광에 사로잡혔기 때문이었다. 모세가 창세기 11장 4절에서 말한 대로, 그들은 기념비적인 건축물을 세워 자신들의 이름을 드높이려고 했다.

언어의 혼잡에 관해서는 그동안 많은 논쟁이 있었지만, 여기에서 그 주제를 깊이 다루는 것은 적절하지 않다. 나는 최초의 언어와 관련된 몇 가지 요점을 논의하는 것으로 만족하고 싶다.

앞서 살펴본 대로, 참된 교회, 곧 '하나님의 아들들'은 탑 건축자들의 죄와 아무런 관련이 없었다. 따라서 그들은 징벌을 당하지 않았을 것이기 때문에 최초의 언어는 그들 사이에서 계속 살아남아 후손들에게 전해졌을 것이 틀림없다. 이런 이유로 거의 모든 학자가 최초의 언어가 히브리어였다는 것에 동의한다. 사무엘 보샤르(프랑스 성경학자, 1599-1667)는 "나머지 사람들의 언어는 혼잡하게 되었지만, 하나님과 거룩한 언약을 맺은 사람들은 자신들의 언어를 그대로 유지했다. 최초의 언어는 '에벨'의 이름을 따라 히브리어로 일컬어졌다. 그것이 히

브리어였던 이유는 에벨의 후손들 안에서 존속되었기 때문이다"라고
말했다.[4]

내가 기억하는 한, 이와 다른 견해를 피력한 현대 학자는 그로티
우스 한 사람뿐이다. 그는 "세상의 언어는 하나였다. 히브리인들과 아
람인들은 제각기 그것이 자신들의 언어였다고 주장한다"라고 말했다.
히브리인들이 그렇게 주장했고, 항상 그런 주장을 펼쳤다는 그의 말
은 사실이다. 〈요나단의 탈굼〉은 "그들은 태초에 만들어졌던 신성한
언어를 말했다"라고 주장했고, 〈예루살렘 탈굼〉도 같은 견해를 제시
했다. 랍비 솔로몬 야르키는 이런 견해를 해설하면서 "세상의 유일한
언어는 신성한 언어였다"라고 덧붙였다. 초기 기독교 저술가들도 테
오도레트만 제외하고는 모두 다 그런 견해를 피력했다. 그러나 그로
티우스는 아람인들도 자신들의 언어에 대해 그와 똑같은 주장을 펼쳤
다고 말했다. 그들이 그런 주장을 펼친 것은 사실이다. 마론파 교도들
은 지금도 그렇게 주장한다. 그러나 그런 주장이 논리에 맞지 않는 것
은 분명하다. 히브리어와 아람어에 대한 지식이 있고, 그 둘의 관계를
알고 있는 사람들은 아람어가 히브리어에서 유래했다는 것을 선뜻 인
정할 것이 틀림없다. 히브리어의 순수성과 단순성이 그런 사실을 분
명하게 보여준다.

조제프 스칼리제르는 리처드 톰슨에게 보낸 편지에서 "시리아(아람)
의 마론파 교도들은 자신들의 언어가 히브리어보다 더 오래되었다고
강력하게 주장한다. 이것은 무지의 극치가 아닐 수 없다. 그런 주장은
현대 이탈리아어가 라틴어보다 더 오래되었다고 주장하는 것과 같다.
확실히 단순한 형태가 복잡한 형태보다 더 앞선다. 나는 그들의 고집
스러운 주장을 깨부술 증거를 얼마든지 쉽게 제시할 수 있다"라고 말

---

4   Bochart, *Sacred Geography*, Book 1, chapter 10.

했다.

아마도 그로티우스는 그런 주장에 대해 "히브리어는 아브라함을 비롯해 갈대아에서 이주해 온 사람들을 통해 팔레스타인에 유입된 아람의 언어다. 그들이 가나안에 머무는 동안, 그들의 언어는 가나안의 언어와 더욱더 가깝게 동화되었고, 그 결과로 히브리어가 만들어졌다"라고 응수할 것이 틀림없다.

그러나 이런 주장은 히브리인들의 역사 가운데 일부만을 고려한 것일 뿐, 그들의 조상인 에벨에 대해서는 아무런 언급도 하지 않는다. 히브리어 어원학과 히브리인들에 관한 그로티우스의 견해를 지지하는 학자들이 더러 있지만, 그런 견해의 배후에 있는 논리는 건전하다고 말하기 어렵다. 에르페니우스는 그로티우스의 견해를 지지하는 주장들을 한데 모아 소개했지만,[5] 풀러와 리베투스는 이를 철저하게 논박했다.[6] 앞서 말한 대로, 보샤르는 언어가 그런 식으로 파생되었다는 주장은 무엇이든 단호하게 거부했다.

한편, 메소포타미아 지역, 곧 강들로 둘러싸여 있는 곳에 살았던 민족이 그곳을 떠난다는 것은 매우 어려운 일이었을 것이 분명하다. 필로스트라토스는 『아폴로니우스의 생애』에서 설명한 대로, "그들(메소포타미아 지역의 거주자들)은 자신들을 일종의 섬사람으로 생각했고, 자신들의 땅을 한정하는 경계선으로 간주했던 강들로 나아갈 때는 마치 바다를 향해 나가는 것처럼 (바다나 강으로) 내려간다"라고 말했다. 그러나 아브라함이 강을 건넜다는 사실로부터 그가 히브리인으로 불렸고, 그의 민족이 사용했던 언어가 히브리어였다고 추론하는 것은 참으로 억지스러운 어원학적 견해가 아닐 수 없다. 모세는 "셈은 에벨 온 자

---

5   Erpenius, *On the Hebrew Language*.
6   Fuller, *Sacred Miscellanies*, Book 4, chapter 4. Rivetus, *Exercitations on Genesis*, Exercitation 66.

손의 조상이요"(창 10:21)라고 말했다. 이 구절을 셈이 모든 히브리 민족의 조상이라는 것 외에 다른 의미로 이해하기는 불가능하다.

따라서 에벨의 후손들은 히브리인이었고, 히브리인들은 에벨의 후손이었다. 이것은 그들이 히브리인이라는 이름으로 불릴 만한 충분한 근거가 된다. 이 구절을 "셈은 강 건너에서 온 모든 사람의 조상이었다"라는 의미로 번역할 사람이 누가 있겠는가? 만일 그렇게 번역한다면, 그것은 비교할 만한 대상도 없고, 아무런 개연성도 없는 번역이 되고 말 것이다. 만일 성령께서 '히브리인의 조상'이라는 표현을 사용하셨더라도 이 문제가 더 분명하게 해결되기는커녕 의미 없는 억측들만 난무하고 말았을 것이다. 따라서 우리는 '에벨 온 자손의 조상'이라는 표현을 다른 사람이 아닌 에벨의 모든 자손을 가리키는 의미로 이해해야 마땅하다. 이것이 성경의 일상적인 용법과 일치한다. 셈을 '강건너에서 온 자들의 조상'으로 일컬을 수 있는 이유를 그럴듯하게 설명해 줄 수 있는 근거는 어디에도 없다. 히브리인이 에벨에게서 유래했다는 우리의 주장이 정확하다는 사실이 발람의 마지막 예언을 통해서도 분명하게 확인된다. 그는 "깃딤 해변에서 배들이 와서 앗수르를 학대하며 에벨을 괴롭힐 것이니"(민 24:24)라고 말했다. 발람이 남자 조상의 이름을 따라 민족들을 지칭했다는 것이 모든 성경 번역자들의 일치된 견해다. 이런 이유로 〈불가타 성경〉은 '앗수르'와 '에벨'을 '앗수르인들'과 '히브리인들'로 번역했다.

그러나 그로티우스는 여전히 확신에 가득 차 여호수아서 24장 3절("내가 너희의 조상 아브라함을 강 저쪽에서 이끌어 내어 가나안 온 땅에 두루 행하게 하고")을 거론할 것이 틀림없다. 그로티우스는 아브라함이 강 건너에서 부르심을 받고 가나안에 왔기 때문에 그가 '강 건너에서 온 사람'이라는 이름을 얻게 되었고, 그로써 성령으로부터 그 자신과 그의 후손을 일컫는 명칭과 표징을 부여받았다고 주장하면서 거기에서 히브리인 이라는 이름이 유래했다고 덧붙였다.

그러나 민족이나 언어의 명칭이 어떻게 기원했는지를 입증해 줄 비교의 대상은 인류의 역사나 세상의 그 어디에서도 발견되지 않는 다. 따라서 이런 가설을 뒷받침해 줄 증거는 단 한 가지도 없다. 그 당 시의 역사에서 가나안에 들어가서 그곳에 정착할 생각으로 유프라테 스강을 건너온 사람들은 아브라함과 그의 씨족만이 아닐 것이다. 따 라서 강을 건너왔다는 이유 하나만으로 어떻게 다른 많은 사람을 제 쳐두고, 오직 그에게만 그 명칭을 적용할 수 있을지 궁금하다. 사실, 가나안 족속의 조상들(함의 후손들) 가운데는 바벨탑 사건으로 인해 사 람들이 사방으로 흩어졌을 때 그 강을 건너온 사람들이 많았을 것이 틀림없다. 만일 그로티우스의 견해를 따른다면, 그들이 모두 아브라 함과 그의 후손들처럼 스스로를 히브리인으로 일컬을 자격이 있었을 테고, 또 가나안 족속이 바울처럼 자신의 혈통을 자랑하며 '히브리인 중의 히브리인'이라고 주장할 수 있었을 것이다. 어떤 사람들은 가나 안 사람들이 아브라함이 강 건너에서 와서 자신들의 땅에 정착한 사 람이라는 것을 나타내기 위해 그를 최초로 히브리인으로 일컬었다는 주장을 제기해 이 그릇된 견해를 지지한다. 이런 주장도 용인할 수 없 기는 마찬가지다. 왜냐하면 창세기 14장 13절(도망한 자가 와서 히브리 사 람 아브람에게 알리니)을 통해 알 수 있는 대로, 가나안 사람들이 아닌 성 령께서 아브라함에게 이 명칭을 최초로 적용하셨기 때문이다. 아브라 함은 가나안에서 그런 식으로 최초로 히브리인으로 일컬어졌다. 가 나안의 거주자들이 그를 그렇게 일컫거나 그에게 그런 명칭을 적용한 것이 아니다. 그로티우스의 그릇된 견해는 사실상 〈70인경〉에 근거하 고 있다. 〈70인경〉은 이 구절을 '강 건너온 자 아브람에게'라고 번역했고(랜슬롯 브렌트 경은 '히브리 사람 아브람'으로 번역하면서 "헬라어로는 '나그네 아브람'"이라는 각주를 달았다). 크리소스토무스는 이를 근거로도 헛된 공상을 펼쳤다(그가 펼친 공상이 이것 하나뿐이면 참 좋으련만, 사실은 그렇지가 못했다. 그는 갖가지 무절제한 공상들을 남발했다). 그는 이 명칭의 유래에 관해 이렇게 말했다. "그의 부모들이 처음에 그가 자기들이 살던 곳을 떠나 유프라테스강을 건너 가나안에 정착하게 될 것이라는 예언을 듣고 그에게 이 이름을 지어주었다. 이런 이유로 그는 아브람으로 불렸다."[7] 그러나 크리소스토무스는 자기가 히브리어를 전혀 몰랐다는 핑계를 댔다. 요즘에는 심지어 어린아이들조차도 아브라함의 이름이 그런 식으로 기원하지 않았다는 사실을 알고 있다.

〈70인경〉의 번역자들이 이 명칭이 '방랑자'를 뜻하는 헬라어와 같은 의미라는 것을 알면서도 그것을 곧이곧대로 번역하지 않고 고쳐 번역했다는 견해도 있다. 물론, 〈70인경〉에서 그런 경우는 그리 드물지 않다. 예를 들어, 히에로니무스는 오래전에 이사야서 27장 12절의 '애굽 시내'가 '로노쿠라강'으로 번역된 것을 지적했다. '로노쿠라'는 애굽과 팔레스타인의 경계 지역에 있는 애굽 시내(와디) 근처의 마을이다(고대 아말렉 족속의 아바리스 요새). 이것이 〈70인경〉의 번역자들이 이 문구를 문자적으로 번역하지 않고, 나름대로 의미를 살려 번역했던 이유였다. 또한, 그들은 성경을 번역하면서 비슷한 히브리 문자를 잘못 읽어 본문에는 '히브리인'으로 되어 있는 것을 '노예'로 번역하기도 했다. 구체적으로 말해, 그들은 '달렛'과 '레쉬'를 혼동해 사무엘상 13장 3절의 '히브리 사람들은 들으라'를 '노예들은 멸시당했다'라고 번역했다. 어떻게 그들이 '노예들이 멸시당했다'라는 말을 생각해 냈는지 도무지 이해하기 어렵다. 그와 마찬가지로 그들은 '나는 히브리 사람이다'라

---

7 Chrysostom, *Homilies on Genesis*, Homily 35.

는 요나서의 말씀을 '나는 주님의 종이다'로 번역했다. 그들은 자신들이 생각하는 의미를 통하게 하려고 그런 식으로 마구 갖다 붙였다(말하자면, 공상의 날개를 펼친 것이다). 따라서 이런 번역에 얽매일 이유는 조금도 없다. 아우구스티누스, 스테우쿠스(이탈리아의 인문학자이자 구약성경 학자), 드루시우스(플랑드르의 개신교 목회자이자 주석학자, 1550-1616), 북스토르프 등이 분명하게 지적한 대로, 만일 모세가 아브라함을 '강 건너에서 온 자'로 일컫기를 원했다면, 우리도 '히브리 사람'이라는 명칭을 사용하지 못했을 것이다('히브리'도 '아모리'나 '아말렉'처럼 남자 조상의 이름을 딴 이름인 것이 분명하다).

이처럼, 이 명칭을 사용해야 할 이유는 충분하면서도 명백하다. 나중에 멸망했던 가나안 족속들은 수많은 씨족들의 복합체, 곧 다양한 지도자들을 앞세워 가나안으로 흘러들어왔거나 이런저런 상황에 떠밀려 고향을 버리고 동쪽으로 이주했거나 하나님의 역사로 인해 억지로 흩어져 그곳에 왔던 사람들이었다. 아브라함의 이름이 그의 조상인 셈의 이름에서 유래한 것이 아닌 것처럼, 가나안의 씨족들도 주로 그들의 조상(함이나 가나안)보다는 그들의 가장 유명한 지도자들로부터 유래한 이름으로 이웃 씨족들과 구별되었다(창 10:15-18). 그들은 아모리 족속, 여부스 족속, 히위 족속, 헷 족속 등이었다. 개개의 씨족은 각자 자신의 가장 유명한 지도자의 이름을 따랐다. 그와 마찬가지로 아브라함도 자신의 가장 유명한 지도자, 곧 자신의 씨족을 세운 에벨의 이름을 따라 히브리인으로 불렸다. 아브라함의 씨족은 그 이름으로 주변에 있는 함의 자손들과 구별되었다. 이 구절(창 14:13)에서 아브라함은 최초로 '히브리 사람'으로 일컬어졌고, 그의 동맹이었던 마므레는 '아모리 족속'으로 불렸다. 이 두 명칭이 주어진 이유는 정확히 똑같았고, 둘 다 남자 조상의 이름을 딴 것이었다. 아브라함과 그의 가족은 그 땅의 거주자로서 그곳의 족속들이 서로를 구별했던 것과 정확히 똑같은 방식으로(즉 남자 조상의 이름을 딴 씨족의 호칭으로) 그들과 구별되었다. 〈탈굼〉은 이 용어를 정확히 그런 의미로 이해했다.

〈요나단 벤 우지엘의 탈굼〉에서 이 용어를 찾아보기를 원하는 사람은 한갓 가공적인 이야기에 불과한 이야기를 발견할 것이다. 그것은 마치 다 타고 남은 잿더미 속에서 다이아몬드를 찾으려는 것이나 다름없다. 그는 창세기 14장 13절을 주석하면서 "'옥'이라고 불리는 사람이 홍수로 인해 마땅히 죽었어야 했지만, 간신히 목숨을 보전했다. 방주의 갑판에 숨어 노아의 창고에서 몰래 음식을 훔쳐 먹고 지낸 덕분이었다. 이 사람이 목숨을 보전한 것은 의로웠기 때문이 아니라 어떻게 거인족이 세상의 주님께 반역을 일으켜 그분의 권능으로 멸망하게 되었는지를 후대 사람들이 기억하도록 하기 위해서였다. 이제 유월절 전날 밤에 아브라함에게 찾아온 옥은 그가 누룩을 넣지 않은 빵을 만들고 있는 것을 발견했다"라고 말했다(아브라함이 유월절을 준비하고 있었다는 시대착오적인 발상에 주목하라). 이 이야기에 민수기 22장에 관한 그의 주석을 덧붙여보자. 그는 그곳에서 홍수 이전에 살았던 이 옥의 죽음에 관해 말했다. "이 사악한 옥이 이스라엘의 진영이 약 10킬로미터나 넓게 구축되어있는 것을 보고서 속으로 '내가 저들과 나란히 내 군대의 진용을 갖춰 맞선다면 그들이 시혼에게 했던 것처럼 내게 하지 못할 거야'라고 생각했다. 그러고는 그는 나가서 10킬로미터쯤 되는 긴 산 하나를 뜯어내서 자기 머리 위에 올려놓고 그들을 향해 집어던질 준비를 했다. 그러자 하나님은 즉시 큰 벌레를 준비해 산의 내부를 갉아먹게 하셨다. 속이 텅 빈 산은 옥의 머리 위로 갑자기 폭삭 무너져내렸다. 그는 머리를 빼내려고 안간힘을 썼지만 그렇게 할 수가 없었다. 왜냐하면 그렇게 하면 이빨이 왕창 빠지고 말 것이었기 때문이다. 바로 그때 모세가 길이가 약 열 규빗 되는 도끼를 들고 나타나서 옥의 발꿈치를 내리쳤다. 그러자 그 거인은 몸이 무너져 죽고 말았다." 이것이 우지엘이 말한 이야기다. 이솝 우화에나 적합한 이야기가 아닐 수 없다. 그는 다른 곳에서도 이 인용문과 같은 무의미한 이야기를 늘어놓았다. 사실, 이런 우화들은 어리석고 터무니없을 뿐 아니라 매우 해롭다. 무함마드의 〈코란〉도 가공적인 이야기라는 점에서 벤 우지엘의 〈모세 오경〉과 거의 차이가 없다는 것이 나의 견해다. 그런 하찮은 이야기들로 인해 하나님의 거룩한 말씀이 오염될 수 있다는 것을 잊어서는 안 된다. 〈온켈로스의 탈굼〉은 '히브리 사람'이라는 용어를 자주 사용했지만, 출애굽기 2장 6절에서는 '히브리 사람'을 '유대 사람'으로, 신명기 15장 12절에서는 '네 형제 히브리 남자'를 '네 형제 이스라엘의 아들'로 각각 번역했다. 이것은 모두 똑같이 남자 조상의 이름을 딴 것이다.

전체 씨족이 셈이나 아르박삿과 같은 다른 이름이 아닌 에벨의 이름을 따라야 하는 이유나 에벨의 다른 후손이 아닌 아브라함이 그의 이름을 따라 '히브리 사람'으로 일컬어져야만 하는 설득력 있는 근거는 어디에도 없다는 식의 반론이 제기될 수도 있다. 그러나 그 두 가지 문제 모두 그럴만한 이유와 원인이 있다. 다른 사람들은 모두 건너뛰고 셈이 에벨의 자손들의 조상이었다는 것을 강조해서 말한 사실로부터 에벨이 자신의 씨족 가운데서 가장 뛰어난 인물이었다는 결론을 도출할 수 있다. 그가 그런 탁월함과 뛰어남을 지니게 된 것은 하나님 앞에서 남달리 거룩하고, 의로웠기 때문일 것이다. 더욱이 그는 홍수 이후에 태어난 족장들 가운데서 가장 오래 살았던 사람이었다. 심지어 그는 자신의 아들 벨렉보다 더 오래 살았다. 벨렉이 죽은 뒤에 그는 자기 손자들의 두 번째 아버지가 되어 그들을 돌보며 살았을 것이 틀림없다.

이와 비슷하게 셈의 막내아들이었던 아람도 자신의 다른 형제들보다 더 오래 살았다. 따라서 아람의 언어는 그의 이름을 따라 '아람어'로 명명되었다(세월이 흐르면서 그의 가족들이 아닌 다른 많은 사람도 아람어를 사용했다).[8] 에벨은 언어들이 혼잡하게 되어 인류가 온 지면에 흩어지게 되었을 당시에 눈에 띄게 경건한 삶을 살았다. 그가 자신의 아들의 이름을 '벨렉(분열)'으로 지은 것은 하나님의 섭리를 믿는 믿음을 여실히 보여준다. 그의 가정 안에서 원시 언어가 보존되었던 것을 고려하면, 그가 탑의 건설에 동의하지 않았던 사람들의 지도자였다고 결론지을 수 있다. 우리는 위에서 인용한 모세의 말에서 알 수 있는 대로(창 10:21) 그들이 셈의 다른 후손들로부터 독립해서 따로 씨족이나 부족을 형성할 무렵에 그의 이름이 그의 후손들을 지칭하는 명칭으로 자리 잡았을 것이라는 매우 설득력 있는 근거를 발견할 수 있다. 우리는 또한 나중의 사건들을 통해 에벨의 둘째 아들인 욕단의 후손들은 물론, 벨렉의 후손 가운데 대부분이 배교의 무리에 가담함으로써 조상들에게 등을 돌렸고, 하나님에 대한 예배가 순수하게 보존되었던 장소들을 떠났다는 것을 알 수 있다. 그러나 아브라함의 경우는 믿음이 쇠락했던 부패한 주위환경에 오염될 가능성이 있었는데도 불구하고 경건한 조상들의 발자취를 따랐다는 점에서 특별히 두드러진 면모를 드러냈다. 하나님의 인도하심과 새로 주어진 계시 덕분에 그는 세상에서 떠밀려 없어질 위기에 처한 조상들의 경건한 믿음을 다시 회복하고, 하나님께 대한 참된 예배를 부활시키는 도구가 될 수 있었다. 따라서 그가 동시대인들 사이에서 두각을 나타내 유력한 씨족의 설립자이자 지도자가 되었을 때, 배교한 다른 일가친척들이 거부했던 관습(즉 남자 조

---

8   Elias Levita, *Prologue to Masoreth*.

상의 이름을 따라 자기 씨족을 명명하는 관습)을 자신의 정당한 권리로 주장했다고 해서 의아하게 생각할 필요는 조금도 없다.

이 모든 사실을 고려하면, 강을 건너온 것이 아브라함을 비롯해 하나님의 모든 백성에게 영원히 적용될 명칭이 될 만큼 중요한 사건이었다고 주장할 사람이 아직도 남아 있을지 궁금하다. 아브라함이 하나님을 따르기 위해 고향을 떠났다는 사실은 그의 믿음을 보여주는 확실한 증거였다. 그러나 단순히 강을 건넌 사실, 곧 수많은 사람이 동참했던 행위를 이 믿음을 판단하는 근거로 삼는 것은 결코 바람직하지 않다. 그의 믿음을 입증하는 증거는 하나님의 뜻과 명령을 기꺼이 받아들여 복종했다는 사실이다. 그는 조상 때부터 살아오던 고향, 곧 삶의 터전을 기꺼이 버렸을 뿐 아니라 세속적으로 더 나아질 만한 가능성이 전혀 보이지 않는데도 자기가 자라온 이교화된 예배 관습을 등지고 하나님을 따라 광야로 나아갔다. 이 모든 것과 비교하면 강을 건너는 행위는 지극히 하찮은 일에 지나지 않았다.

어떤 사람들은 이 여정이 하나님을 기쁘시게 했고, 그로 인해 아브라함과 그의 후손이 그가 머물었던 땅을 소유할 수 있는 권리를 갖게 되었으며, 그 안에서 모든 민족이 복을 받는 결과를 낳았다고 주장한다. 그런 주장은 사실이 아니고, 신학적으로도 옳지 않다. 그것이 사실이 아닌 이유는 그가 유프라테스강은 고사하고 첫 번째 강인 티그리스강을 건너기도 전에 약속이 주어졌기 때문이고, 신학적으로 옳지 않은 이유는 그가 받은 것이 값없는 은혜의 선물이었는데도 불구하고 마치 그가 복종의 대가로 공로를 인정받은 것 같은 의미를 내포하고 있기 때문이다. 약속이 복종에 대한 대가와 아무런 상관없이 아브라함에게 주어졌다는 것은 더 이상의 증거가 필요 없는 명백한 사실이다.

위에서 진술한 '히브리 사람'과 히브리어의 기원은 다음과 같은 학자들과 자료들을 통해 분명하게 확증된다. 먼저 유대인들 가운데는 요세푸스, 〈트리플 탈굼〉, 아벤 에스라, 킴치, 엘리아스 레비타가 있고, 초기 그리스도인들 가운데는 에우세비우스, 히에로니무스, 아우구스티누스, 에우케리우스, 조나라스가 있으며, 좀 더 최근에는 칼빈, 페레리우스, 머서, 〈파그니니 언어 사전〉, 뮌스터, 드루시우스, 파라에우스, 유니우스, 코르넬리우스 아 라피데, 북스토르프, 시고니우스, 〈쉰들러의 언어 사전〉, 보샤르 등 다 언급하지 못할 만큼의 많은 사람과 자료들이 있다.[9]

이제 다시 원시 언어에 관한 그로티우스의 논의를 살펴보기로 하자. 그는 히브리어가 아브라함의 언어라는 것은 인정했지만, 그것이 세상이 처음 생겨났을 때부터 사용된 언어라는 것을 부인하는 것 외에는 무엇이 최초의 언어였는지는 선뜻 밝히지 못할 것이 틀림없다 (카펠루스 이전에 히브리어가 최초의 언어였다는 것을 가장 먼저 의문시했던 사람은 조제프 스칼리제르였다. 카펠루스는 갈대아어가 최초의 언어였다고 말했다). 그로티우스는 아브라함과 그가 메소포타미아에서 함께 데려온 그의 가족들의 언어가 차츰 가나안의 방언과 동화되었다고 주장했다. 카펠루스는 아브라함과 그의 가족이 가나안에 도착해서 그곳의 언어를 배워 그것으로 갈대아어를 대체했지만, 시간이 흐르면서 두 언어가 합체되어 히브리어가 만들어졌다고 생각했다. 나는 가나안어와 그 동족어인 베니게어가 히브리어와 매우 유사하다는 것에는 동의할 수 있다. 보샤르는 자신의 뛰어난 책을 통해 이를 논증했다. 그의 책은 인명과 도시명과 같

---

9 Josephus, *Antiquities of the Jews*, Book 1, chapter 6. Aben-Ezra, *On Exodus*. Eusebius, *Preparation for the Gospel*, Book 7, chapter 2. Jerome, *Questions of Genesid*. Augustine, *City of God*, Book 16, chapter 3. Eucherius, *On Genesis*, Book 2, chapter 7. Zonaras, *Annals*, Book 1. Calvin, *Commentary on Genesis*. Pererius, *Genesis* 20. Mercer, *Genesis* 14. Munster, *Genesis 11:16*. Drusius, *Genesis* 14. Paraeus, *Genesis* 14. Junius, *On the Hebrew Language*. Cornelius a Lapide, *Genesis* 14. Buxtorf, *Dissertation on the Hebrew Language*. Sigonius, *The Hebrew Republic*.

은 고유 명사를 분석하는 데 주안점을 두었다. 그보다 앞서 그와 똑같은 연구를 시도했던 사람들이 있었다. 그러나 그로티우스의 이론에는 바벨탑의 건설을 주도했던 사람들이 순수한 형태의 원시 언어를 사용하고 있을 때 정작 (아브라함의 조상들을 비롯해) 믿음으로 그런 사악한 일을 멀리했던 사람들은 최초의 언어를 모두 잃고, 기억하지 못했다는 터무니없는 결론이 내포되어 있다.

히브리어가 최초의 언어였다는 증거를 좀 더 살펴보면 다음과 같다. 그 언어를 상실하게 된 것이 징벌의 결과였다는 점을 기억하라. 나로서는 어떻게 믿음으로 그 악한 행위에 동참하기를 거부했던 사람들이 징벌로 가해진 무지와 부패의 희생자가 되었다고 믿을 수 있는지 도무지 납득하기가 어렵다. 물론, 시간이 흐르면서 이 언어를 보유하고 있던 사람들 가운데 일부가 많든 적든 본래의 순수함에서 벗어났을 가능성이 없지는 않다. 엘리아스 레비타는 그런 점진적인 이탈을 통해 갈대아어가 시작되었을 것으로 추정했다.[10] 멸망할 운명에 처한 가나안 족속들은 원시 언어를 순수하게 보존했고, 아브라함은 그들에게 그 언어를 배워 후손들에게 물려주었고, 거기에서부터 히브리어가 형성되었다고 생각하는 것이 과연 온당할까? 더욱이 히브리인들이 (언젠가 완전히 멸망해 사라지게 될) 가나안 족속들과 어떤 식으로든 관계를 맺는 것이 항상 엄격하게 금지되었다는 사실을 생각하면, 그런 일은 더더욱 불가능할 수밖에 없다. 따라서 그런 식의 견해는 합리적인 이성적 추론을 정면으로 거스른다.

블레셋 족속이 히브리어를 사용하지 않았던 것은 분명하다. 히브리인 아버지와 아스돗 출신의 어머니 밑에서 태어난 자녀들은 "아스돗 방언은 절반쯤은 하여도 유다 방언은 못했다"(느 13:24. 그로 인해 그들

---

10 Elias Levita, *Prologue to Masoreth*.

은 느헤미야의 분노를 초래했다). 히에로니무스는 "가나안 족속들은 애굽어와 히브리어의 중간쯤에 해당하는 언어를 사용했다"라는 견해를 피력했다.[11] 그로티우스는 또한 "최초의 언어가 어디에도 순수한 상태로 보존되어 있지는 않지만, 그 흔적이 모든 언어 안에 남아 있다고 말하는 것이 진실에 더 가깝다"라고 주장했다. 아담과 하와와 같은 이름들은 모세가 히브리 청중을 고려해 히브리어로 기록했다. 그 이름들은 최초의 언어가 뜻하는 것과 똑같은 의미를 간직하고 있다. 쿠르티우스(1세기경의 인물로 추정되는 로마의 역사가)는 특정한 군대는 페르시아어로 '불사신들'로, 길리기아로 향하는 통행로는 지역 방언으로 '성문'으로, 천 명의 군인을 이끄는 지휘관은 페르시아어로 '천부장'으로 각각 불렸다는 사실을 설명했다(이쯤 되면 그로티우스가 모든 언어의 저변에 깔린 잃어버린 공통 조어(祖語)를 근거로 페르시아어, 헬라어, 라틴어의 용어들이 지니는 유사성에 관한 퀸투스 쿠르티우스의 호기심 어린 물음에 대답할 것 같은 생각이 들 수도 있다. 그러나 그는 그렇게 하지 않았다). 그로티우스는 히브리어와 갈대어라는 두 언어를 최초의 언어로 생각하지 않았다. 그는 그 둘 가운데 어느 한쪽에도 최초라는 영예를 수여하지 않았다. 비록 고로피우스 베카누스라는 사람이 자신의 모국어가 가장 오래된 언어라고 주장하려고 했지만, 아무런 실효성을 거두지 못했다는 이야기가 기록으로 남아 있기는 해도 그런 식의 견해를 고집한 사람은 그로티우스 외에는 거의 찾아보기 어렵다.

과연 하나님이 당시에 순수성을 잃어버린 여러 종류의 언어들을 짜깁기하듯 엮어서 만든 언어로 자신의 계시를 전달하셨다고 믿어야 할까? 머서는 이미 그런 이론들을 철저하게 논박했다. 따라서 그런 주장들의 무익함을 드러내는 데에는 달리 더 보탤 말이 필요 없이 그

---

11   Jerome, *On Isaiah*, Book 7, chapter 19.

의 논증만으로 충분하다. 그는 "나의 대적자는 모세가 고유 명사들을 자신이 좋아하는 토착어로 음역했다고 주장하지만, 나는 히브리어가 원시 언어였다고 굳게 확신한다. 시간이 지나면서 장소와 지역의 명칭이 이따금 변하는 경우를 제외하면, 고유 명사는 가장 이국적인 명칭이더라도 변경하지 않고 그대로 보존하는 것이 역사가들의 오랜 관습이다. 특히 사람의 이름은 역사가 자신이 사용하는 언어의 어형 변화로 인해 발생하는 최소한의 변화 외에는 거의 변하지 않는다. 약간의 왜곡이나 훼손이 일어날 수는 있지만, 본래의 이름이 인식하기 어렵게 바뀌지는 않는다. 홍수 이전은 물론, 홍수 이후부터 언어의 혼잡이 일어날 때까지 기록된 고유 명사들은 모두 히브리어였던 것이 분명하지만, 바벨탑에서 언어가 혼합해진 이후에 기록된 고유 명사들은 더 이상 그렇지가 못했다. 예를 들어, 아담('붉은 흙'), 하와('모든 산 자의 어머니'), 가인, 아벨, 셋, 게난, 마할랄렐과 같은 고유 명사들을 생각해 보라. 이 이름들의 출처는 히브리어밖에 없다"라고 말했다. 이것이야말로 경건함과 학문성을 겸비한 견해가 아니고 무엇이랴!

학자라면 모세가 사람들의 고유한 이름을 하나의 언어에서 또 다른 언어로 옮겼을 것으로 추정할 만한 합리적인 근거가 전혀 없는데도 그랬을 가능성을 논하는 것이 과연 타당한지를 스스로 판단해봐야 한다. 우리의 대적자들은 수많은 히브리 이름들에 내포된 재치 있는 말의 유희에 관해 뭐라고 말할 수 있을까? 예를 들어, 셋은 '그가 세웠다,' 또는 '그가 심었다'라는 말에서 유래했다. 그 이유는 하나님이 아벨을 대신할 또 다른 씨를 심으셨기 때문이다. 야벳은 "하나님이 야벳을 창대하게 하사 셈의 장막에 거하게 하시고"(창 9:27)라는 예언이 주어지기 오래전에 이미 '넓히다'라는 의미를 지녔다. 하와도 남자에게서 나왔다는 이유로 여자로 일컬어졌다. 만일 이 이름들 가운데 일부가 갈대아어나 아람어에서 유래했다면, 하와를 예로 들어 적절하게 논박할 수 있다. 그 이유는 '남자'와 '여자'를 뜻하는 갈대아어는 서로 사뭇 다르기 때문이다. 북스토르프는 최근에 "히브리어의 고대성과 기원에 관해"라는 매우 탁월한 연구 논문에서 이런 문제들을 합리적으로 논박할 수 있는 여지를 전혀 남기지 않았다고 생각될 정도로 완벽한 논리를 전개했다. 따라서 하나님이 태초에 인간에게 허락하신 원시 언어가 히브리어였다는 것은 명백한 사실이다.

거의 2천 년 동안 사용되어 오던 인류의 유일한 공용어는 언어의 혼잡이 일어난 후부터는 탑을 건설하는 광적인 행위에 가담하지 않았던 셈족을 통해 명맥을 유지해 나갔다. 주느브라르는 "전에 공용어였던 히브리어는 훼손되지 않은 채로 에벨의 후손들 사이에서 계속 사용되었다(에벨로부터 히브리 민족과 그들의 언어를 가리키는 명칭이 유래했다). 그렇게 된 이유는 그가 하늘까지 닿는 탑을 건설하기로 결정한 자들의 계획이나 작업에 동참하지 않았기 때문이다"라고 말했다.[12] 그러나 나중에는 그들 가운데 많은 사람이 하나님께 대한 참된 예배를 저버렸고, 그로 인해 히브리어의 순수한 형태도 왜곡되었다. 이것이 갈대아어의 기원에 관한 셀던의 견해다.[13] 엘리아스 레비타는 "신성한 언어가 변형되어 아람어가 형성되었다"라고 말했다.[14] 그는 다른 곳에서 랍비 에스라의 견해를 근거로 아람어가 다른 어떤 언어보다 히브리어와 더 가깝다는 것을 보여주었다. 그러면서 그는 "족장들의 시대에 이미 변형된 히브리어가 존재했던 것이 확실하다"라고 덧붙였다. 그는 증거의 돌기둥을 라반은 '여갈사하두다'라고 불렀고, 야곱은 '갈르엣'이라

---

12 Genebrard, *Chronology*, Book 1.

13 Selden, *Prolegomena 2 to the Syrian God*.

14 Elias Levita, *Prologue to Masoreth*.

고 불렀던 사실을 증거로 제시했다(창 31:47). 따라서 아브라함이 메소포타미아를 떠난 직후에 변형이 일어났다고 결론지을 수 있다. 그와 그의 조상들은 아담 시대부터 구두로 전해온 언어를 배워 사용했다.

교회는 셋의 후손들을 통해 계속 이어져 오면서 새롭게 갱신되어 갔기 때문에 히브리어도 순수하게 보존되었을 것이 확실하다. 물론, 히브리어라는 명칭은 에벨의 이름에서 처음 유래했다. 사실, 아우구스티누스가 정확하게 지적한 대로, 처음에는 다른 언어들이 존재하지 않았기 때문에 그런 명칭을 붙일 필요가 없었을 것이다. 그는 이렇게 말했다. "나머지 사람들이 다른 언어들을 사용하기 시작했을 때 이 언어는 에벨의 후손들 사이에서 계속 사용되었다. 전에는 이 언어가 온 인류의 공용어였고, 에벨 이후부터는 히브리어로 일컬어졌다. 왜냐하면 그것을 다른 언어와 구별하는 것이 필요했기 때문이다. 그 전에는 인간의 언어, 즉 인류의 언어였기 때문에 명칭이 따로 존재하지 않았다. 그것이 인류가 세상에서 사용했던 유일한 공용어였다."[15] 조상들의 종교를 그대로 믿었던 사람이 아브라함밖에 남지 않게 되었을 무렵, 그는 에벨의 이름을 따라 히브리인으로 일컬어졌다. 그는 그 종교를 가지고 자기와 자신의 후손에게 약속된 가나안으로 이주했다. 그 후로 아브라함의 형제들과 그들의 가족들은 차츰 부패해져 참된 종교를 저버렸고, 그로 인해 최초의 언어도 본래의 순수함을 잃게 되었다.

성경은 언어의 분화가 벨렉이 태어나기 직전에 일어났다고 기록한다(창 10:25, 대상 1:19). 뮌스터가 자신의 성경 번역본의 난외주에서 밝힌 대로 유대인들은 〈세데르 올람(히브리어 역사서)〉에서 홍수 이후부터 언어의 분화가 있기까지의 연수를 340년으로 계산했다. 그것은 홍수부터 아브라함의 탄생까지 292년, 아브라함의 탄생부터 언어의 분화까

15　Augustine, *City of God*, Book 16, chapter 11.

지 48년이 걸렸다는 계산이다. 그러나 그런 계산은 모두 틀렸다. 언어의 혼잡은 아브라함이 탄생하기 241년 전, 곧 벨렉에 태어날 즈음에 발생했다. 북스토르프는 자신의 논문에서 늘 하던 대로 이 논쟁도 학문적으로 잘 파헤쳤다.[16] 다비드 파레우스도 자신의 창세기 주석에서 이 문제를 길게 논의했다(창 13장). 최근에는 어셔가 히브리 본문을 토대로 연수를 계산해 모리누스의 반론을 적절하게 물리쳤다.[17]

온 인류가 거의 예외 없이 부패한 상태로 전락했다. 그들은 의도적으로 참 하나님과 그분에 대한 예배를 도외시하고, 헛된 공상에 사로잡혀 점차 온갖 형태의 우상 숭배로 빠져들고 말았다. 물론, 이 초창기 세대들이 하나님에 관해 알고 있던 지식을 완전히 잃었을 가능성은 그다지 크지 않지만(그 지식은 조상들이나 다양한 전승을 통해 전달되었을 것이다), 그들의 어둠 속에는 단지 신성한 빛의 파편만이 조금 남아 있었을 것이 분명하다. 그들은 하나님을 두려워했지만 우상들을 숭배했다. 세월이 흐르면서 계시된 신학이 완전히 무시되었고, 심지어는 구원자의 약속과 하나님의 언약에 관한 기억조차도 희미해졌다. 온 세상이 혐오스러운 의식과 가증스러운 우상 숭배에 오염되었다. 이제 앞에서 약속한 대로 이런 상황이 어떻게 시작해서 발전해 나갔는지를 좀 더 자세히 살펴보기로 하자.

---

16   Buxtrof, *On the Division of Languages*.
17   Ussher, *Sacred Chronology*, chapter 5.

3장
우상 숭배의 기원과 발전 1

이미 살펴본 대로, 우상 숭배의 기원과 원인을 알려줄 명확한 역사적 기록은 남아 있지 않다. 학자들이 많은 노력을 기울였지만 모두 성과 없이 끝났다는 사실이 이 점을 분명하게 보여준다. 우상 숭배가 발전한 현실을 보면 시작이 있었을 것이 분명하지만, 그것의 초기 역사와 기원과 시기와 이유와 원인은 순전히 합리적인 추론에 의존할 수밖에 없다. 키케로는 유리피데스의 말을 인용해 "가장 잘 추측하는 사람이 가장 훌륭한 예언자다"라고 말했는데, 이것이 바로 그런 경우에 해당하는 사안이다.[1]

우상 숭배가 홍수 이전에 이미 만연했다는 견해가 있다. 마이모니데스를 비롯해 유대인 저술가들 대부분이 그런 견해를 피력했다.[2] 셀던의 생각도 같았다.[3] 토성(사투르누스)에 대한 숭배가 시작되었고, 이 독소가 사람들이 방주에서 나온 직후부터 널리 퍼져나갔다는 견해도 있다. 탈굼의 저술가들은 그 책임을 함에게 돌렸다. 또 어떤 사람들은 **바벨탑**(선한 노아의 후손들 가운데 교만하고, 강퍅했던 사람들이 자신들의 명성을

---

1   Cicero, *Fragment* 128.
2   Moses Maimonides, *On Star Worship*.
3   Selden, *Prolegomena to the Syrian God*.

영원히 떨치려고 시도했던 건축 사업)을 건축하기 이전에 그런 불경스럽고 자의적인 숭배 행위가 이루어졌다는 것을 입증해 줄 결정적인 기록이나 흔적이 존재하지 않는다고 주장한다. 따라서 그런 우상 숭배가 어디에서 기원했는지를 찬찬히 주의 깊게 살펴보면서 '개의 머리를 한 아누비스를 비롯한 우상들에 대한 공포심'이 어떻게 시작되었는지를 곰곰이 따져봐야 할 필요가 있다. 이 연구는 고대를 정확하게 탐구하는 데 도움을 준다. 위대한 지성의 소유자들이 이 연구에 몰두했다. 그러나 대부분 인류 역사의 희미한 시작을 연구하는 것이기 때문에 단지 '풍문으로 전해온 미약한 실마리들만' 오늘날까지 이어져 올 따름이다. 따라서 앞으로도 오랫동안 열심히 탐구해야 할 영역이 아직 많이 남아 있다. 설혹 일부 사람들이 풍성한 성과를 거두었더라도 우리는 우리가 조금씩 알아낸 증거들을 얼마든지 자신 있게 제시할 수 있다. 물론, 새로 확립된 예배 관습의 기원은 어둠 속에 깊이 감추어져 있는 까닭에 그것이 처음 시작되었던 초창기나 실제로 이루어진 사건들의 과정에 대해 새로운 통찰력을 제시하지 못할 수도 있지만, 가장 어두운 시기에 있었던 진리를 조금이나마 드러냄으로써 과거의 협잡꾼들이 어떤 술책을 사용해 참 하나님에 대한 예배를 저버리고 그런 오류를 저지르도록 인류를 속였는지를 어느 정도는 설명할 수 있다. 이 분야를 다루는 학자들은 많은 학식을 활용해 열심히 연구를 시도했지만 그런 문제들은 대부분 무시하고 지나쳤다(물론, 그들의 연구는 나름대로 독자들의 흥미를 끌 가치가 있다).

먼저, 우리의 과제를 공정하게 다루고, 우리가 선택한 길에서 벗어나지 않기 위해 취급해야 할 주제들을 잠시 간단하게 살펴봐야 할 필요가 있다. 앞서 논의한 대로, 하나님은 자신의 영광을 위해 인간을 창조하고, 그에게 그의 본질에 적합한 선천적인 율법을 심어주어 복종을 요구하셨다. 그것이 인간의 처음 상태이자 궁극적인 목적이었다. 그러나 그것만으로는 참된 예배에 관한 계시의 기준을 확립하기에 충분하지 않았기 때문에 그 상태에서 선과 악을 알게 하는 나무의 열매를 먹지 말라는 명령이 더해졌다. 이성적인 피조물인 인간은 그 명령에 불복종함으로써 하나님에게서 멀어지는 첫걸음을 내디뎠다. 인간이 의도적으로 뱀의 말을 믿고, 하나님의 명령을 무시하기로 결정하는 순간, 도덕적 타락이 발생했다. 인간은 고의로 하나님을 뱀으로 대체했다. 이것도 우상 숭배의 한 형태로 일컬어질 수 있다. 사실, 이것은 나중에 하나님의 약속과 경고를 모두 거부한 채 사탄과 한편이 되어 그분을 대적했던 행위와 본질상 조금도 다르지 않지만, 그렇다고 해서 공식적인 우상 숭배에 해당하는 것은 아니었다(우리는 지금 우상 숭배의 기원이라는 주제를 살펴보는 중이다).

하나님은 죄가 침입한 이후에 자연 신학을 재확립하고, 새로운 계시와 희생 제사를 통해 그것을 강화하고, 심화시켰을 뿐 아니라 변화된 상황 속에서 새로운 목적을 부여하셨다. 아울러, 종교가 새롭게 형성되면서 그와 더불어 믿음이 사라지고 죄와 배교를 일삼는 경향이 생겨났다. 이 과정의 결과와 본질은 앞에서 상세히 설명한 바 있다. 가인은 하나님의 저주를 받아 교회의 엄숙한 예배에 참여할 수 없게 되었다. 그 후부터 가인의 후손은 희생 제사를 완전히 거부함으로써 조상들의 위선적인 행위를 그대로 답습했고, 자신들을 기쁘게 하는 새로운 형태의 의식을 창안했다(창 4장). 그들은 나중에는 단지 새로운 의식만이 아니라 새로운 신들을 선택하기까지 했다(삿 5:8). 아마 가인조차도 자신을 위해 새로운 신들을 세울 만큼 인성을 상실하지는 않았을 것이 틀림없다(그는 만물의 창조주인 여호와 하나님을 직접 대면했다).

세월이 흐르면서 셋의 후손들 가운데 많은 사람이 가인의 길로 치우쳤고, 에노스를 통해 교회와 예배의 개혁이 이루어졌다. 그들은 하나님의 이름을 순수하게 부르기 위해 악한 사람들과 관계를 끊고 물러났다. 그들은 따로 공동체를 형성해 자신들에게 '하나님의 아들들'이라는 칭호를 부여했다. "그 때에 비로소 사람들이 여호와의 이름을 불렀더라"(창 4:26). 이 말씀의 의미와 체계화된 예배의 새로운 시작에 관해서는 이미 앞에서 살펴본 바 있다. 그들은 하나님의 신성한 이름을 조금도 더럽히지 않았고, 오히려 교회 개혁의 표징을 보여주었다.

하나님은 홍수 이전에 '모든 혈육 있는 자의 포악함이 땅에 가득하므로'(창 6:12)라고 한탄하셨다. 이것은 사악한 배교자들이 하나님과 그분의 종교에 대해 전쟁을 선포했다는 의미였다. 그러나 그랬을지라도 그들이 우상 숭배의 죄에 휘말려 들었다고 추측할 만한 확실한 증거나 그럴듯한 근거는 어디에도 없다. 우리는 아무런 이유 없이 추측을 일삼는 경향이 있다. 홍수 이전의 시대에 관해서는 순교자 유스티누스의 헛된 공상을 논박하는 것으로 충분할 듯하다. 그는 '하나님의 아들들'이 인간 여성들과 사랑에 빠져 그들과 혼인한 천사들을 가리킨다고 생각했다. 탈굼의 저술가들을 비롯해 다른 유대인 저술가들이 함이 저지른 우상 숭배와 마술과 주문에 관해 늘어놓은 허무맹랑한 이야기도 굳이 애써 살펴볼 필요가 없기는 마찬가지다.

홍수 이후부터 바벨에서 사람들이 흩어진 사건에 이르는 시기에 관한 정보가 기록된 내용은 거의 찾아보기 어렵다. 이 기간이 얼마가 되었든 대부분은 노아가 살아서 족장이나 가장의 신분으로 부성애에 근거한 의로운 통솔력을 발휘해 사람들, 곧 자신의 후손들을 이끌었을 것으로 보인다. 이때는 고전 시인들이 그토록 칭송해 마지않았던 참된 '황금기'였다. 베르길리우스를 예로 들어보자. 그는 "주피터의 시대 이전만 해도 들판에 수고롭게 일하는 농부들이 아무도 없었다. 심지어는 땅을 나누거나 경계표를 세우는 행위조차도 불경스러운 일로 간주되었다. 사람들은 단지 공공의 선을 증대하기 위해 힘썼고, 땅은 굳이 노력을 기울이지 않아도 그들이 필요로 하는 모든 것을 풍성하게 내주었다"라고 말했다.[4] 마르티알리스는 "강력한 왕이 이전의 하늘과 초창기의 세상을 다스릴 때는 모든 사람이 평안했다. 그 당시에는 수고도 없고, 벼락도 없고, 그런 징벌을 당해야 할 범죄도 없고, 비옥한 땅이 갈라지는 법도 없었다. 모든 것이 조금도 훼손되지 않은 상태였다"라고 말했다.[5] 헤시오도스도 "크로노스의 시대, 곧 그가 하늘의 왕이었을 때는 사람들이 아무런 걱정이나 수고로움이나 슬픔이 없이 신들처럼 살았다"라고 말했고, 티불루스도 "사투르누스 왕이 다스리던 시절, 곧 땅의 길이 열려 장거리 여행이 가능하게 되기 이전의 삶은 너무나도 좋았다. 집에 문을 만들어 달 필요도 없었고, 들에 경계석을 세울 필요도 없었다. 나무들은 스스로 꿀을 떨어뜨렸다"라고 말했다. 루키아노스도 『크로노스의 책(Book of Chronos)』에서 똑같은 말을 했다. 그는 '사투르누스(크로노스)'가 "만물이 춤을 추며 뛰놀았다. 종들이나 자유인이나 모두가 동등했다. 내 시대에는 노예가 된 사람이 아무도 없었다"라고 말했다고 전했다.[6] 이 모든 말은 머나먼 과거에 있었던 노아의 부성적 통치 행위와 아직 나뉘지 않았던 세상을 가리킨다. 플루타르크는 『누마의 생애(Life of Numa)』에서 로마인들이 농신제(사투르날리아) 기간에 노예들에게 자유를 허락했던 관습이 이 황금기에서 유래했다고 말했다.

노아는 사투르누스의 원형이었다. 그는 홍수 이전에 가장 위대한

---

4   Virgil, *Georgics*, Book 1, line 125.
5   Martial, *Epigrams*, Book 12.
6   Lucian, *Book of Chronos*, chapter 8.

의의 전파자였다(벧후 2:5). 그의 경고를 무시한 탓에 온 인류가 멸망했다. 그의 아들들과 후손들이 그의 권위를 존중하고, 그의 가르침에 주의를 기울이는 동안에는 우상 숭배라는 무서운 죄를 저지를 가능성이 전혀 없었다.

홍수 이후에 어느 정도 시간이 흘렀을 때 언어의 혼잡이 일어났다는 것이 다수의 견해다. 호메로스가 『일리아드』에서 '메로폰'으로 일컬은 대로 그때 처음으로 많은 언어(혀)가 생겨났다. '메로페스'라는 용어는 다양한 의미로 읽힐 수 있다. 디디무스는 "이 용어는 다양한 음절과 명료한 발음을 지닌 분리된 목소리를 의미한다"라고 말했다. 즉 이것 때문에 불명료한 짐승의 부르짖음과 언어가 구분된다. "인간이 많은 언어를 말하는(많은 혀를 가진) 이유는 분리된 발음을 하기 때문에, 곧 언어를 말할 능력이 있기 때문이다." 에우스타디우스도 그렇게 말하면서 "그러나 갈대아의 한 탑에서 인류가 초래한 언어의 분화로 인해 인간이 많은 혀를 가진 것으로 일컬어졌다. 그 후부터 그들은 온 땅에 나뉘어 흩어졌다"라고 덧붙였다. 안디옥의 요하누스 말렐라도 그와 비슷하게 "그때 언어가 나뉘었고, 그 후부터 언어의 분화로 인해 인간은 많은 혀를 가진 존재로 불리게 되었다. 그런 징벌이 초래된 장소는 마치 '혼돈이 임했다'라고 말하려는 듯 '바벨'로 일컬어졌다"라고 말했다.

벨렉은 홍수가 끝난 후 101년째 되던 해에 태어났다. 그에게 그런 용어가 이름으로 주어진 이유는 "그 때에 세상이 나뉘었기 때문이다"(창 10:25). 이 용어는 성경의 다른 곳에서도 '나눔'을 의미한다. 예를 들어, 시편 55편 9절은 "주여 그들을 멸하소서 그들의 혀를 잘라 버리소서(나누소서)"라고 말씀한다. 유대인 저술가들은 대부분 이 용어가 예언의 의미로 에벨의 아들에게 이름으로 주어졌다고 생각했다. 코르넬리우스 아 라피데도 아우구스티노 토르니엘루스처럼 이 견해에 동의했다. 전자는 자신의 『창세기 주석(Commentary on Genesis)』에서, 후자는 자신의 『연대기(Chronicles)』에서 각각 그런 의견을 표명했다. 그와 마찬가지로 노아의 경건한 부모도 약 60년 뒤에 일어나기로 작정된 사건들을 암시하는 예언의 의미로 그의 이름을 그렇게 지어주었다.

유대인들은 벨렉이 200세가 되던 해에 바벨탑이 건축되었다고 주장한다. 그들이 제시하는 증거는 어느 정도 신빙성이 있다. 북스토르프 2세는 '서로 다른 언어들의 기원'에 관한 뛰어난 연구를 통해 이 주제에 적절한 논증들을 펼쳤다. 그 외에 칼비시우스, 페레리우스, 파레우스, 리베투스, 토르넬루스, 마시우스, 어셔와 같은 다른 많은 역사가들과 신학자들도 이 견해를 지지했다.[7]

벨렉이 언어의 분화가 일어났을 때 태어났고, 그 사건을 본 따 그런 이름이 지어졌다는 학자들의 주장은 받아들이기 어렵다. 왜냐하면 탑을 건설할 정도면 상당히 많은 사람이 필요했을 텐데 그만한 숫자의 인구가 증가하기에는 시간이 너무 짧기 때문이다. 위에서 말한 대로, 벨렉은 홍수가 지난 후 101년째 되던 해에 태어났다. 아울러, 벨렉의 이름은 예언적인 암시를 주기 위해 지어졌고, 그의 생애 말년, 곧 세상이 창조된 지 1996년째 되던 해에 인류가 흩어지는 사건이 발생했다는 견해를 취하면, 아브라함이 그 사건이 있고 나서 88년이 지난 후에 가나안에 도착했다는 의미가 된다. 그 사이에 성경이 당시에 존재했던 것으로 기록한 왕국들이 설립되기에는 기간이 지나치게 짧은 것으로 나타난다. 따라서 북스토르프는 벨렉이 에벨이 74세였을 때 낳은 맏아들이 아니라고 결론짓고, 벨렉의 출생 연도와 언어가 혼잡하게 된 사건의 연도를 뒤로 늦추었다. 그러나 노아의 후손들이

---

7   Calvisius, *Chronology*. Rivetus, *Genesis Commentary*. Rivetus, *Dissertaions*. Tornellus, *Annals of the World*. Masius, *Commentary on Joshua*. Ussher, *Sacred Chronology*.

102년이라는 기간에 남녀를 모두 합쳐 족히 1,554,420명에 달했을 것이라는 주장이 제기되었다.[8] 어셔는 『신성한 연대기(*Sacred Chronology*)』에서 그 숫자의 절반만을 인정했고, 박학한 지식을 토대로 이상한 공상을 펼쳐 히브리 연대기를 논박한 존 모리누스의 주장을 뒤엎었다.

따라서 바벨탑의 건축과 언어의 혼잡이 세상이 창조된 지 1757년째 되는 해, 곧 홍수가 있은 지 101년째나 102년째에 일어났다고 결론짓는 것이 바람직할 듯하다. 이 당시의 기록은 남아 있는 것이 아무것도 없다. 우상 숭배를 암시하는 기록이나 흔적이 어디에서도 발견되지 않는다. 기록된 자료가 하나도 남아 있지 않다. 〈예루살렘 탈굼〉의 저자들은 바벨탑의 건축자들이 탑 위에 형상을 세워 숭배할 의도를 지녔다고 말하면서 성경 말씀을 "또 말하되 자, 성읍과 탑을 건설하여 그 탑 꼭대기를 하늘에 닿게 하여 그곳에 형상을 세우고, 그 손에 칼을 들려주자"라고 고쳐 말했다. 〈요나단 벤 우지엘의 탈굼〉도 이와 거의 비슷한 말로 똑같은 이야기를 전한다. 모든 전문가가 동의하는 대로, 이 탑은 언어의 혼잡이 일어난 후에도 오랫동안 존재했다. 헤로도토스가 "벨루스의 신전"이라는 제목으로 다소 길게 묘사했던 탑이 바로 이 탑으로 추정된다. 그는 이 탑은 한 층씩 올려 쌓은 8층 탑이었고, 가장 아래쪽에 있던 탑의 높이가 최소한 67미터 달했다고 말했다. 그는 또한 가장 높은 층에 관해서는 "탑의 꼭대기에는 신당이 있었고, 그 안에는 큰 침상이 놓여있었다"라고 말했다. 따라서 언어가 혼잡하게 된 지 얼마 지나지 않아서 사람들의 어리석음에서 비롯한 거대한 건축물이 우상(태양신이었을 것으로 추정된다)을 위한 신전으로 변했던 것을 알 수 있다(여기에는 태양이 하늘을 가로질러 움직이는 동안 침상에서 휴식을 취할 수 있을 만큼 탑이 높았다는 암시가 깔려있다).

---

8   John Temporarius, *Chronological Demonstration* 2.

그러나 유대인의 전통은 이런 전승과는 다른 전승에서 유래했다. 그들은 "우리의 이름을 내고 온 지면에 흩어짐을 면하자"(창 11:4)라는 말씀을 자신들의 방식대로 해석했다. 구체적으로 말해, 그들은 당시 사람들이 우상을 숭배할 의도로 탑을 건축하자고 서로 격려했고, '이름을 내자'라는 표현에는 '우리를 위대한 이름을 가진 우상으로 만들자'라는 의미가 내포되어 있었다고 주장했다. '이름'에 하나님이나 거짓 신을 가리키는 의미가 함축되어 있다는 것이 그들의 생각이다. 사실, 레위기 24장 11절의 경우처럼 '그 이름'이 하나님을 나타낼 수는 있지만, 단순히 '이름'이나 '하나의 이름'이 하나님이나 거짓 신들을 가리킨 사례는 성경 어디에서도 발견되지 않는다. 만일 유대인들의 견해가 사실이라면, 우상 숭배의 기원을 적절하고. 설득력 있게 설명할 수 있을 것이기 때문에 그것이 어떻게 발전해서 단계적으로 확대되었는지에 대해 더 이상 억측을 일삼을 필요가 없고, 단지 한 가지 특별한 사건을 통해 인류가 하나님을 저버림으로써 우상 숭배가 완전하게 발달하게 되었다고 결론지을 수 있을 것이다. 그러나 이 모든 것은 단지 랍비들의 상상일 뿐이다. 왜냐하면 탑 건축자들에 관한 성경의 기록에는 그와 전혀 다른 의미가 담겨 있기 때문이다. 그들은 인간이었고, 스스로를 운명에 좌우되는 존재로 생각했다. 그들은 자기들이 뿔뿔이 흩어지는 것을 방지하고, 영원한 명성을 누리기를 원했다. 바로 이것, 곧 "우리의 후손들과 계승자들이 볼 수 있도록 우리를 찬양하고, 영광스럽게 할 기념비를 만들자"라는 것이 '우리 이름을 내고'라는 말씀의 의미였다.

세상의 거의 모든 사람이 강력한 폭풍우에 떠밀려가기라도 하듯 모두 한마음이 되어 창조주에 대한 예배를 저버리고 즉시 자신들이 만든 거짓 신들을 섬기기로 결정했다는 것은 도무지 믿기 어려운 일이다. 따라서 그들이 새로운 신들을 예배할 의도나 목적으로 이 탑을 건설했다는 주장은 전혀 합리적이지 않다. 성경은 그것이 그들의 동기가 아니었다고 분명하게 말씀한다. 탑을 건축하려던 사람들은 많은 죄에 오염되어 있었기 때문에 폭력과 강포함으로 권력을 휘두르지 않으면 그것을 소유해도 아무런 가치가 없다고 생각하는 성향이 있었던 것이 분명하다. 이미 살펴본 대로, 그들은 노아의 다스림과 조언을 거부했다. 그 결과, 그들은 사탄의 충동에 훨씬 더 쉽게 이끌리며 허영심을 만족시킬 수 있는 일이라면 무엇이든 서슴지 않는 경향을 띠게 되었다.

언어가 혼잡해지자 사람들은 새로운 언어를 중심으로 새롭게 집단을 형성하거나 씨족끼리 뭉쳤다. 하나님은 그런 상태에 있는 가족들과 종족들을 온 지면에 흩으셨다.

초기 교회 내에는 단지 노아가 직접 아들들과 손자들에게 땅을 나눠주고, 각각의 씨족들에게 토지를 할당했다는 것을 부인한다는 이유만으로 '이단'으로 낙인찍혔던 사람들이 있었다. 당시에는 각 집단이 제각기 다른 집단을 제멋대로 '이단'으로 지칭했기 때문에 글이나 말이 제아무리 사실이라고 해도 그런 식의 딱지가 붙지 않은 것은 거의 없었다. 성경은 노아가 땅을 분배한 것이 아니라 하나님의 개입으로 사람들이 세상의 여러 곳으로 흩어지는 결과가 나타났다고 분명하게 가르친다. 그들은 하나님에 의해 새로운 거주지로 뿔뿔이 흩어졌다.

탑의 건축자들 가운데 최초의 언어를 순수한 형태로나 거의 변함이 없는 상태로 유지했던 사람들이 있었다는 것을 입증해줄 증거는 전혀 발견되지 않는다. 그것에서 유래한 용어들이 모든 인종 안에서 공통으로 사용되었을 가능성이 없지는 않지만, 복스호르니우스(네덜란드 학자, 1612-1653)가 말한 대로 그 숫자가 그렇게 많지는 않았을 것이 분명하다.[9] 최초의 언어와 함께 조상들에게서 유전된 거룩한 진리들에 대한 지식도 대부분 사라졌다. 따라서 이곳저곳을 떠돌았던 바벨탑 건축자들 사이에서 우상 숭배가 시작되었을 가능성이 크다. 그들은 사방으로 흩어졌기 때문에 새로운 계시와 단절되었고, 그 결과 제멋대로 행동하게 되었을 것이다.

---

9   Boxhornius, *Origin of the Galatians*, chapter 7.

4장
우상 숭배의 기원과 발전 2

바울 사도는 골로새서에서 그리스도 예수 안에서는 "헬라인이나 유대인이나…야만인이나 스구디아인이나 종이나 자유인이나 차별이 있을 수 없나니"라고 말했다(골 3:11). 에피파니우스는 이 말씀을 근거로 야만주의, 헬라주의, 유대주의와 같은 다양한 유형의 종교가 존재했다고 추론했다.[1] 그는 아담부터 노아 때까지는 야만주의가, 노아부터 스룩 때까지는 스구디아주의가 우세했고, 그 후에는 헬라주의가 생겨났으며, 아브라함의 할례로부터 유대주의가 유래했다고 말했다. 그는 홍수 이전의 세상에 강포함과 폭력이 난무했다는 사실을 근거로 그 당시에 야만주의가 시작되었다고 생각했으며, 스구디아주의는 우상을 만들지 않았고, 헬라주의는 우상을 만들었다는 사실을 지적하며 전자와 후자를 구분하기도 했다. 이런 구분이 사실인지 아닌지는 다른 사람들의 판단에 맡겨두고 싶다. 페타비우스(예수회 소속 프랑스 신학자, 1583-1652)는 성경의 이 부분에 관한 주석에서 이 견해를 논박했다. 나의 견해는 거의 온 세상에 만연해 있는 모든 형태의 우상 숭배가 '사비주의(Sabaism)'와 '헬라주의'라는 두 종류로 나뉠 수 있다는 것이다. '사비주의'는 하늘, 태양, 달, 별들을 숭배하는 것이고, 헬라주의는 여기

---

1   Epiphanius, *Against All Heresies*, Book 1.

에 사자(死者) 숭배와 영웅 숭배를 첨가했다.

드루이드교는 자체적인 특성이 매우 많기 때문에 따로 지면을 할애해 다룰 생각이다. 이 두 가지 주된 형태의 우상 숭배는 다양한 우상과 형상들은 물론, 별들을 숭배한다. 그 이유는 대다수 우상 숭배자들이 하늘의 신들을 상상해 내기 전에 하늘 자체를 숭배했기 때문이다. 따라서 사비주의, 즉 천체 숭배가 우상 숭배의 근간이었다고 결론지을 수 있다. 따라서 사탄이 사람들을 미혹해 이런 형태의 치명적인 죄와 오류를 저지르게 만들 때 사용하는 궤변을 논하기에 앞서 천체 숭배와 그 증거들을 좀 더 살펴보는 것이 좋을 듯하다.

고대의 자료들은 예외 없이 태양과 하늘을 숭배하는 것에서부터 우상 숭배의 발판이 마련되었다고 암시한다. 일반 역사나 민족들의 전통에 의존하지 않고 구약성경만으로도 이에 대한 증거를 충분히 찾아낼 수 있다. 예를 들어, 한 성경 저자는 성령의 영감을 받아 교회의 덕을 세우기 위해 욥기를 저술했다(욥기의 저자는 모세이거나 그의 동시대인 가운데 하나일 수 있다). 경건했던 욥은 "만일 해가 빛남과 달이 밝게 뜬 것을 보고 내 마음이 슬며시 유혹되어 내 손에 입맞추었다면 그것도 재판에 회부할 죄악이니 내가 그리하였으면 위에 계신 하나님을 속이는 것이리라"(욥 31:26-28)라고 말했다. 이 구절을 주석한 크리소스토무스, 닐루스, 올리미오도루스를 비롯해 많은 주석자들의 노고는 인정하지만, 그들의 추측은 가장 잘못된 허구에 지나지 않는다. 그들은 이 구절에 우상 숭배가 전혀 암시되어 있지 않다고 주장했다. 그들은 욥이 자기 손에 입을 맞추지 않았다는 것은 그가 자신의 덕스러운 행위(그가 이를 '해로 일컬었다는 주장)나 자신의 명성을 자랑하기를 원하지 않았다는 의미였다고 설명하거나 그가 자신의 부와 소유(그는 이를 '달'로 일컬었다는 주장)를 스스로의 노력으로 얻은 것처럼 자기 손에 입을 맞추지 않았다는 뜻으로 해석했다.

이런 해석은 이 구절의 취지나 표현 방식과 양립할 수 없는 허튼소리에 지나지 않는다. 욥은 천체 숭배의 유혹과 그런 죄를 짓지 않았다는 사실을 언급한 것이 분명하다. 이 점을 고려하면, 그의 동시대인들 가운데 대부분이 이런 형태의 우상 숭배에 깊이 물들어 있었다는 것을 알 수 있다. 욥은 바벨탑 사건으로 인류가 흩어지고 나서 수백 년이 지난 후에 태어났다. 그의 말은 당시에 미신이 많이 발전해 신속하게 퍼져나갔다는 것을 보여준다. 욥이 마음의 유혹을 오류의 시작으로 일컫은 것은 성경의 다른 곳에서 발견되는 증언과 일맥상통한다. "너희는 스스로 삼가라 두렵건대 마음에 미혹하여 돌이켜 다른 신들을 섬기며 그들에게 절하므로"(신 11:16)라는 말씀에서도 알 수 있듯, 그는 우상 숭배의 근원지를 옳게 드러냈다.

만물은 하나님을 증언하기 위해 창조되었다. 그러나 인간의 마음속에는 온갖 위험이 내재되어 있다. 초창기의 우상 숭배자들은 공허한 논리에 미혹되어 태양과 달을 종교적으로 숭배하기 시작했다(인간이 새롭게 되어 하나님과 영적인 것을 사랑하는 마음이 생겨나지 않는 한, 인간의 논리는 백해무익할 뿐이다). 이것은 처음에는 은밀하게 시작하지만, 나중에는 점차 노골화된다. 욥이 언급한 숭배의 방식은 손을 입에 갖다 댐으로써 종교적인 경의를 표하는 간단한 찬미 방식이었다. 이런 외적인 몸짓을 통해 마음속에서 일어나는 내적 탈선이 겉으로 표현된다. 그 외에도 다른 종교적인 의식들이 뒤따랐을 것이 분명하다. 플라톤은 소크라테스가 그런 식으로 태양을 향해 경의를 표했고, 때로는 그런 숭배 의식을 통해 종교적인 황홀경에 빠져들곤 했다고 말했다. 인간의 그릇된 생각으로부터 온갖 우상 숭배가 생겨나 퍼져나갔을 때도 이 단순한 찬미 행위는 오랜 오류의 역사 속에서 사라지지 않고 계속되었다. 키케로는 "루스티쿠스가 갑작스레 내 왼쪽에서 나타났을 때 나는 마침 가만히 멈춰 서서 떠오르는 태양을 향해 경의를 표하고 있었다"라는 카탈루스의 말을 인용했다.[2] 태양은 항상 우상 숭배의 가장 기본적인 대상이었기 때문에 폼페이우스는 이 사실을 이용해 "지는 해보다 뜨는 해를 숭배하는 사람들이 더 많다"라는 말로 쇠퇴해가는 술라의 폭정을 경멸하며 비웃었다.[3] 이런 이유로 신전들은 해가 뜨는 동쪽을 마주하는 형태로 건축되었고, 여기에서 동쪽을 향해 절하거나 예배하는 관습이 유래했다. 이 관습은 그리스도인들 사이에서도 오랫동안 유행했다. 이 관습을 옹호하기 위해 여러 가지 의견이 제시되었지만, 신빙성이 있는 것은 아무것도 없다.

욥은 입맞춤도 종교적인 예배의 상징이자 표징이었기 때문에 입에 손을 갖다 대고 입을 맞춘 적이 없다고 말했다. 예를 들어, 시편 2편 12절은 "그의 아들에게 입 맞추라 그렇지 아니하면…망하리니"라고 말씀한다. 이것은 '아들'에게 온당한 종교적 찬미를 드리라는 뜻이다. 〈70인경〉은 여기에 '교양 있게'라는 문구를 첨가해 이 말씀의 의미를 왜곡시켰다. 이 점은 〈불가타 성경〉도 마찬가지다. 히에로니무스는 입맞춤에 예배의 의미가 함축되어 있다는 것을 깨닫고, 이를 '순수하게 찬미하라'라는 의미로 이해했다. 형상에 입을 맞추어 예배하는 행위도 과거나 지금이나 여전히 종교적인 예배 행위로 간주된다. 호세아서 13장 2절에서도 "제사를 드리는 자는 송아지와 입을 맞출 것이라"라는 표현이 발견된다. 이는 '송아지를 예배하거나 찬미하라'라는 뜻이다. 히에로니무스는 "헤라클레스의 석상들을 공경하고, 거기에

---

2   Cicero, *On the Nature of the Gods*, Book 1, chapter 28.
3   Plutarch, *Life of Pompey*.

입을 맞추는 것이 그들의 관습이었다"라는 키케로의 말을 인용했다.[4] 플리니우스는 "우리는 찬미를 드릴 때 몸을 돌리면서 오른손을 입에 갖다 댄다"라고 말했다.[5] 플루타르크는 몸을 회전했던 이유를 설명했다. 그는 누마가 예배를 드리면서 몸을 돌리는 관습을 도입했다고 말하면서 "예배자들이 몸을 돌리는 것은 천체들의 순환을 나타내는 것으로 설명되었다"라고 덧붙였다.[6] 이것은 별자리가 순환하는 것이나 태양이 하늘을 지나며 도는 것을 의미한다. 몸을 회전하거나 굽히는 행위는 동쪽을 향하는 신전들을 건축한 후에 도입되었는지도 모른다. 그렇다면 우상은 당연히 서쪽 끝에 안치했을 것이다. 사람들이 우상을 예배하고 나서 동쪽으로 나 있는 열린 출입구를 향해 몸을 돌렸다는 것은 태양이 여전히 그들의 가장 중요한 숭배 대상이었다는 것을 보여준다.

루키아노스는 인도인들이 입맞춤에 춤을 곁들여 예배를 드렸다고 기록했다.[7] 루키우스 아풀레이우스(로마의 철학자, 125-170)는 사람들이 여신처럼 우러러본 한 아리따운 처녀에 관한 이야기를 전해주었다. "수많은 사람이 엄지와 검지를 똑바로 세운 채로 오른손을 입에 가져다 대면서 마치 그녀가 비너스 여신인 것처럼 공손한 태도로 그녀에게 예배했다." 사람들은 우상들을 만들어 세우고 입을 맞추며 예배했다. 이교도들은 자주 손을 입에 가져다 대며 천체들을 숭배했다. 그들은 심지어는 그것들이 눈에 보이지 않을 때도 그렇게 했다. 행인들도 공공장소에 세워진 석상들에게 같은 방식으로 예를 갖추는 것이 기대되었다. 미누티스 펠릭스는 세라피스의 석상을 보는 순간, '즉시 손을

---

4   Jerome, *To Rufinus*, Book 1.

5   Pliny, *Natural History*, Book 28, chapter 2.

6   Plutarch, *Life of Numa*.

7   Lucian, *On Dancing*.

입에 갖다 대고 입을 맞추었다'라고 말했다.

마이모니데스의 주장과는 달리,[8] 욥이 살았던 초기 시대에는 태양을 향해 인간의 피는 물론이고, 악어, 쥐, 박쥐, 말 같은 것을 제물로 바치는 관습이 없었다. 이 관습은 나중에 생겨났다. 이교의 예배 관습은 신체적인 행동으로 공경심을 표현하고, 땅의 열매를 드리는 등 여전히 단순했다. 포르피리오스도 이 점에 동의했다.[9] 우상들에게 바친 초기의 제물은 (가인의 경우처럼) 땅의 소산물이었다. 그러나 하나님이 제정하신 제사는 홍수 이전이나 이후나 똑같이 피 흘림을 요구했다(창 4:4, 8:20). 사람들이 복종하는 태도로 하나님을 존귀하게 여겨 예배했던 시절에는 피의 희생 제사를 드렸을 것이 틀림없다. 그러나 거짓 예배에 빠져든 사람들은 오랫동안 동물을 제물로 바치지 않고, 자신들이 기른 땅의 열매들을 바쳤다. 호세아 선지자는 이스라엘 백성이 바알, 즉 태양에게 곡식과 포도주와 기름을 바쳤다고 탄식했다(호 2:8). 베르길리우스도 "그들은 눈을 돌려 떠오르는 태양을 바라보면서 소금을 친 음식을 제물로 바쳤다"라고 말했다. 피타고라스학파 사람들은 동물 제사를 거부함과 동시에 예배 찬양을 첨가했다. 이런 찬양은 참 예배와 거짓 예배를 막론하고 종교적인 예배의 일부로 편입되었다. 호메로스와 칼리마쿠스를 통해 그런 형식의 찬양이 지금까지 보존되었다. 그밖에도 멀리서 전해오는 모세의 율법(제사 율법)에 관한 소식과 참 예배의 발전에 뒤지지 않게끔 우상 숭배를 발전시키려고 애썼던 사탄의 노력을 통해 다양한 요소들이 이교도의 예배에 첨가되었다.

경건한 욥은 이 죄의 본질과 그에 대한 응분의 형벌을 묘사했다. 그는 태양과 달을 창조하고, 마음대로 다스리시는 전능하신 하나님을

---

8   Maimonides, *Moreh Nebuchim*, Book 3, chapter 29.

9   Porphyry, *The Avoidance of Animal Food*.

부인하는 것이 이 죄의 본질이라고 밝혔다. "위에 계신 하나님을 속이는 것이리라"(욥 31:28)라는 욥의 말은 피조물을 숭배하는 것이 곧 창조주를 부인하는 행위라는 것을 알지 못한 채 거짓 신들을 숭배하는 많은 사람의 생각을 정확하게 논박한다. 욥이 하나님이 '위에 계신다고' 강조했던 이유는 사람들이 하늘 위에서 땅에 있는 모든 것을 환하게 비추는 태양의 모습을 보는 것에서부터 태양 숭배가 시작되었기 때문이었다. 욥은 하나님이 피조 세계 위에서 그 안에 있는 모든 것을 다스리신다고 강조했다.

모세 마이모니데스는 "우상 숭배를 택한 사람은 율법에 등을 돌린다…우상 숭배에 치우친 사람은 모든 율법과 선지자들과 그들의 가르침을 부인한다"라는 말로 정확하게 이 견해를 지지했다.[10]

아울러, 욥은 태양과 달을 숭배하는 행위가 하나님의 가장 혹독한 심판과 징벌을 받아야 할 큰 죄에 해당하기 때문에 의인이라면 누구나 가증스럽게 여겨야 마땅하다고 덧붙였다. 히브리 본문에 따르면, '해'로 번역된 용어는 좀 더 문자적으로 옮기면 단순히 '빛'을 의미한다. 까마득한 고대, 즉 헬라주의의 우상들이 창안되거나 알려지기 전에는 천체, 특히 태양에 대한 숭배가 보편적으로 이루어졌다. 그런 관습은 바벨탑 사건으로 인류가 분산된 직후부터 이루어졌을 가능성이 크다. 신명기에서 발견되는 몇몇 성경 구절은 원시적인 태양 숭배에 관한 이런 견해를 뒷받침한다.

태양은 모든 곳에서 '호루스'로 일컬어진다. 디오도로스 시쿨루스와 락탄티우스를 비롯해 여러 사람을 통해 알 수 있는 대로, 애굽인들은 초창기에 이 왜곡된 형태의 미신에 깊이 빠져든 것으로 유명하다. 바벨론인들과 갈대아인들이 그들의 뒤를 따랐다('벨'은 태양을 가리켰다). 하

---

10   Moses Maimonides, *Moreh Nubuchim*, Book 2.

나님이 히스기야를 꾸짖으셨던 이유는 바벨론 왕이 태양이 뒤로 물러난 기적에 관해 묻게 하려고 사자들을 보냈을 때 그가 그 기회를 이용해 그들에게 참 하나님을 증거하지 않았기 때문이었다(대하 32:31). 태양도 그분 앞에서는 복종해야 할 피조물에 지나지 않았다. 헤로도토스도 고대 페르시아의 마사게타이 종족의 태양 숭배에 관해 말하면서 "그들은 신들 가운데 오직 태양만을 숭배했고, 말을 희생 제물로 바쳤다"라고 진술했다.[11] 태양은 페르시아인들 사이에서 '미트라'로 불리며 유일한 신은 아니었더라도 가장 위대한 신으로 숭배되었다. 나지안주스의 그레고리우스는 "페르시아인들은 미트라를 태양으로 생각했다"라고 말했다.[12] 스트라보는 "그들은 태양을 신으로 생각했고, 말을 제물로 바쳤다"라고 말했다. 보시우스는 이런 사실을 부인하며 페르시아인들이 다른 신들을 숭배하는 것에 관대했다고 주장했던 플루타르크와 헤시키우스의 말을 인용해 헤로도토스를 논박하려고 시도했지만, 이런 모든 증거는 태양이 페르시아의 최고신이었다는 것을 여실히 보여준다. 물론, 플루타르크의 시대에 이르러서는 페르시아인들이 전에 알지 못했던 신들을 첨가했을 가능성이 있다. 인류가 신들을 제작하는 기술(아포데오시스-사물을 신격화하는 것)을 개발한 이후부터는 날이 갈수록 신들의 숫자가 급격하게 늘어났다. 바로의 계산에 따르면, 그 숫자가 무려 30,000개에 달했다고 한다. 유베날리스는 "신들의 숫자는 오늘날과 같이 많지 않았다. 사람들은 몇몇 신들로 만족했기 때문에 그때만 해도 가엾은 아틀라스는 짊어져야 할 무게가 훨씬 가벼웠다"라는 말로 자기 시대 이전의 시대를 적절하게 묘사했다.[13]

---

11   Herodotus, *Histories*, chapters 2-6.
12   Gregory Nazianzen, *First Oration to Julian*.
13   Juvenal, *Satire* 13, line 46.

사실, 헤로도토스조차도 페르시아인들이 다른 신들을 허용하지 않았다고 말하지 않았다. 그는 단지 페르시아인들이 헬라에서 숭배되는 모든 신 가운데 태양만을 신으로 받아들였다고 말했을 뿐이다. 그는 다른 곳에서는 태양처럼 피조물에 불과한 천체들과 자연의 원소들이 페르시아인들의 숭배 대상에 포함되었다고 말했다. 구체적으로 말해, 그는 "그들은 달과 태양은 물론, 흙과 불과 물과 바람을 위해 희생 제물을 바쳤다"라고 말했다.[14] 그런 자연의 요소들을 부차적으로 숭배하는 것이 거의 모든 지역에서 이루어진 태양 숭배의 특징이었다. 헤로도토스는 "그들은 이런 것들에만 처음부터 희생 제물을 바쳤다"라고 덧붙였다. 여기에서부터 우상 숭배가 실질적으로 기원했다.

『점성술사들의 역사(History of the Magi)』를 쓴 저자들은 그 책의 서문에서 아하수에로 왕이 자기와 함께 원정에 나선 점성술사들이 태양을 신으로 숭배하는 것을 보고는 태양을 향해 창을 집어 던졌다는 헤로도토스의 말이 거짓이었다고 비난했다(아마도 거짓이라는 말은 너무 지나친 표현일 수도 있다). 헤로도토스는 또한 "페르시아인들은 매우 높은 산에 올라가서 하늘을 주피터로 일컬으며 그에게 희생 제물을 바치는 관습이 있었다"라고 말하기도 했다. 페르시아인들이 하늘을 어떤 이름으로 일컬었는지는 알 수 없지만, 헬라인들과 로마인들은 다른 민족들의 신들을 자신들이 숭배하는 신들의 이름으로 일컫는 관습이 있었다. 따라서 헤로도토스가 페르시아인들이 주피터를 숭배했다고 말한 것은 틀리지 않았다. 그는 단지 헬라인의 방식대로 말했을 뿐이다.

다른 저자들은 갈리아족과 게르만족이 주피터와 머큐리를 숭배했다고 말했지만, 헬라인들과 로마인들이 그런 나라들에 발을 들여놓기 전까지만 해도 그곳 사람들은 그런 이름들을 들어본 적조차 없었다.

---

14   Herodotus, *Clio*, chapter 13.

헬라인들과 로마인들은 민족과 종족과 종교의 기원에 무지한 초심자처럼, 자신들에게 익숙한 신들과 이름이 다른 신들을 섬길 것이라고는 전혀 생각하지 않았다. 카이사르의 경우는 게르만족에 관해 "그들은 태양과 달과 불처럼 자신들의 눈으로 볼 수 있는 것들만 신으로 간주했다. 그들은 다른 신들에 대해서는 들어본 적조차 없었다"라고 말한 것으로 보아 당대의 일반적인 수준의 저술가들보다는 훨씬 더 정확했던 것을 알 수 있다.[15]

타키투스의 이야기는 이와는 조금 달랐다. 그는 그들이 헤라클레스, 마르스, 머큐리, 이시스를 섬겼다는 견해를 피력했다. 립시우스는 "게르만족의 종교에 관한 타키투스의 지식은 카이사르보다 더 넓고, 정확했다"라고 말했고, 몬타누스는 "갈리아나 게르만에 관한 카이사르의 연구는 부정확한 정보에 근거했다. 그의 연구는 충분히 철저하지 못했다"라고 덧붙였다. 그러나 이 문제의 진실은 타키투스 자신도 그릇된 방향으로 치우쳤거나, 아니면 그가 다른 사람들을 그릇된 방향으로 인도하기를 원했거나 둘 중 하나에 있다고 말할 수 있다. 그 이유는 그가 로마에서 숭배하는 신들의 이름을 게르만의 지역 신들에게 적용했기 때문이다. 사실, '보단'은 머큐리가 아니었고, '타르니스'는 주피터가 아니었으며, '하이수스'는 마르스가 아니었다. 이런 이름들은 게르만족에게는 그들의 종교의 근저에 있는 헬라 신화만큼이나 생소했을 것이 틀림없다. 그러나 나는 '에오스트레'나 '아에스타르'가 아람인들이 숭배했던 '아사르테'와 동일한 여신을 가리킨다는 생각에는 기꺼이 동의할 마음이 있다. 비드는 이 여신에 관해 "'에오스트레월(月)'은 지금의 '파슈(부활절)'에 해당한다. 이 명칭은 에오스트레라고 불렸던 여신의 이름을 본뜬 것이다. 그들은 그 여신을 숭배하며 그

---

15   Caesar, *Gaelic War*, Book 6, chapter 21.

달에 축제를 즐겼다"라고 말했다. 이 이름은 아람어 명사 '이슈타르'와 매우 흡사하다. 이슈타르는 이 아람의 여신을 가리키는 명칭이기도 하다. '많은 수'라는 이 이름의 의미는 여신의 형상들과 그녀를 숭배하는 예배 장소가 매우 많았다는 것을 암시한다. 초기 그리스도인들이 달의 위상을 관찰해 절기를 정하자 이교도들은 그들이 달을 숭배한다고 생각하며 '아사르테(에오스트레)'를 공경했다. 그 후로 '부활절(Easter)'이라는 명칭이 지금까지 계속 사용되고 있다.

카이사르는 갈리아족이 머큐리, 마르스, 주피터, 미네르바를 숭배했다고 말하면서 헬라인과 로마인들이 사용했던 이름과 똑같은 이름으로 그런 신들을 명명했다. 갈리아족은 마실리아(마르세유)에 있는 헬라인 정착촌을 통해 헬라의 사상과 미신을 어느 정도 흡수했던 것으로 보인다. 그 이유는 이 신들이 드루이드교와는 아무런 관계가 없었기 때문이다. 폴리비오스는 카르타고인들과 마케도니아의 필립 5세가 함께 로마인들을 대항하기로 협정을 맺었을 때 카르타고인들이 태양과 달을 자기 군대의 신들로 주장했다고 기록했다.[16] 이런 사실은 태양과 달이 이 거짓 신들 가운데서 가장 오래된 신들이었다는 것을 입증하는 또 하나의 증거다. 태양과 달이 군대와 연관되어 있다는 것은 그것이 국가의 기원과 관련이 있을 뿐 아니라 거의 모든 종족이 전쟁으로 인해 시작되었다는 것을 보여준다. 플라톤도 헬라인들이 초창기에 태양과 달과 별들을 신으로 숭배했다고 증언했다. 그는 "헬라에 최초로 거주했던 사람들은 헬라인 외에 다른 민족들이 대부분 신으로 섬겼던 태양, 달, 별, 하늘, 땅을 신들로 숭배했던 것으로 보인다. '신들'이라는 용어도 여기에서 비롯했다. 왜냐하면 천체들은 항상 움직이는 것처럼 보였고, '신들'은 '달리는 자들'이라는 용어에서 유래했기 때

---

16   Polybius, *Histories*, Book 17.

문이다"라고 말했다.[17] 앞으로 살펴볼 테지만, 이런 어원적 견해는 적절하지 않다.

나중에 두 개의 문이 있는 신전들이 건축되기 시작했다. 한쪽의 문은 태양이 뜨는 동쪽을 향했고, 다른 쪽의 문은 태양 외의 신들에게로 향했다. 호메로스는 "두 개의 문 가운데 하나는 북쪽에 두어 사람들이 통행했고, 다른 하나는 남쪽에 두어 신성하게 여겼다. 사람은 그 문으로 통행할 수 없었다. 그것은 신들을 위한 문이었다"라는 말로 이타카에 있는 신성한 동굴을 묘사했다.[18] 남쪽으로 문을 낸 이유는 정오의 태양에서 비치는 빛을 온전히 받기 위해서였을 것이 분명하다. 포르피리오스는 "정오의 태양이란 태양이 정점에 이르렀을 때를 의미한다"라고 말했다. 신성한 건축물을 그런 식으로 설계한 것이 오늘날까지도 많은 곳에서 확인된다. 랜덤은 몇몇 인종의 경우만 보아도 이 점을 입증하기에 충분하다고 말했다. 특히 동양인들의 경우가 대부분 그렇다. 나는 형상과 조각상들이 만들어지거나 신성한 돌이나 기둥이 세워지거나 죽은 자들을 신격화하는 관습이 아직 생겨나지 않았을 때 태양 숭배를 통해 세상에서 우상 숭배가 처음 시작되었다고 생각한다. 태양과 하늘에 대한 숭배는 우상 숭배로 나아가는 첫 단계였을 것이 틀림없다. 어쨌든, 하나님은 우상 숭배가 시작된 정확한 날짜나 장소나 상황은 그냥 어둠 속에 남겨두는 것이 적절하다고 생각하셨다.

제롬 카르다누스는 프톨레마이오스의 〈천문학〉에 관한 논문에서 우상 숭배의 기원에 관해 이렇게 말했다(물론, 그의 주장은 순전한 거짓이다). "머큐리가 비너스와 결합했을 때 신들은 나약하고, 방종해졌다. 그때는 비너스의 영향력은 다른 때보다 더 약했고 머큐리의 영향력은 더

---

17   Plato, *Cratylus*.
18   Homer, *Odyssey*.

컸기 때문에 무엇이든 허용되었다. 예배가 하찮아졌고, 신들의 숫자가 늘어났다. 미신과 점술, 신들의 간통 행위와 불순한 사랑의 이야기로 점철된 전설들이 성행했고, 머큐리는 그런 모든 것을 옹호했다… 우상들은 비너스와 함께 시작되었고, 남부 지역, 즉 앗수르, 바벨론, 갈대아에서 기원했다. 앗수르 왕 벨루스가 그런 숭배 행위를 최초로 도입했다." 이런 주장은 조금이라도 이름이 있는 사람이라면 아무도 인정하지 않을, 무의미한 허튼소리에 지나지 않는다. 한 마디로, 정신 나간 헛소리다. 그렇게 학식이 많은 사람이 자신의 저서를 통해 우리 주 예수 그리스도와 하나님의 율법을 악하게 모독하는 데까지 상상의 나래를 펼치는 일을 삼가고, 스스로의 어리석음에 제동을 걸었더라면 참으로 좋았을 텐데 안타깝다.

고대인들은 니므롯이 탑을 건설하려는 헛된 수고를 기울이고 난 후에 성품이 천박해져 결국에는 우상 숭배에 온전히 빠져들었다는 견해를 피력했다. 그러나 보샤르는 "니므롯은 당시에 아직 태어나지 않았거나 한갓 어린아이에 지나지 않았다"라는 이유를 들어 그가 탑의 건설을 돕지 않았다고 말했다. 그런 추측은 정확하지 않다. 니므롯은 인류가 흩어진 후에 권력자로 부상했지만, 그는 함의 맏아들 구스의 아들이었기 때문에 탑이 건설될 무렵 60살 정도 되었을 것이다. 아마도 보샤르는 그가 탑의 건축자들 가운데 하나였다면 그들이 흩어져 사라진 장소에 자신의 왕국을 건설할 수 없었을 것이라며 반론을 제기할지도 모른다. 그러나 모든 인류가 한 사람도 빠짐없이 그곳에서 모조리 흩어졌다고 생각해야 할 확실한 이유가 어디에 있는가? 설혹 사람들이 모두 흩어졌더라도 누군가는 그곳을 다시 점유했을 것이 분명하다. 따라서 고대인들의 견해가 아무런 신빙성이 없다고 단정할 수는 없다. 탑의 건축자들은 참 하나님에 관한 지식을 모두 버렸다.

그들이 흩어진 뒤에 그들로부터 우상 숭배의 죄가 서서히 모습을 드러냈을 것이 틀림없다. 그 죄는 처음에는 조금씩 나타나다가 나중에는 홍수처럼 불어나서 온 세상을 휩쓸었을 것이다.

불과 몇 세대가 지나기도 전에 거의 모든 민족이 태양을 주신으로 받아들였다는 것이 일반적인 견해다. 산쿠니아톤은 베니게인들에게 관해 "그들은 태양을 하늘의 유일한 주인으로 여기고, 그것을 '벨-사멘'으로 일컬었다. 이 명칭은 카르타고어로 '하늘의 주인'이라는 뜻이다"라고 말했다. 태양 숭배가 세계적인 현상이 되었고, 태양은 여러 가지 다양한 이름으로 숭배되기 시작했다. 하나의 태양이 사투르누스, 주피터, 암몬, 미트라, 호루스, 디오니시우스, 마르스, 아폴론, 오시리스, 판, 바쿠스, 리베르, 조베, 사바지오스, 헤라클레스, 야누스, 벨레누스, 아벨리온 등으로 일컬어졌다. 이런 이유로 플루타르크는 '많은 이름을 가진 태양'이라고 말했다. 사람들은 단지 칭호를 늘리고, 이름을 증가시키기만 하면 신을 만들어 가장 큰 영예를 돌릴 수 있다고 생각하는 듯 보였다.

결국, 처음에는 하나의 거짓 신을 가리키는 다양한 명칭에 불과했던 것들이 거짓 종교가 확산하면서 서로 다른 별개의 신들로 나뉘었다. 리베투스는 이런 사실을 정확하게 인식했다. 오비디우스와 호라티우스를 통해서도 이름을 늘리는 것이 우상 숭배를 강화하는 책략이었다는 사실이 분명하게 확인된다. 전자는 "상쿠스나 피니우스나 세무스 가운데 누구에게 희생 제물을 바쳐야 하는지 헷갈렸다. 그러자 상쿠스는 '누구에게 제물을 바치든지 내가 그 제물을 받을 것이다. 왜냐하면 내 이름이 세 가지이기 때문이다'라고 대답했다"라고 말했고, 후자는 "자애로운 일루디아가 출산 여성을 보호한다. 일루디아여, 루시나나 게니탈리스로 불리기를 좋아하시나요?"라고 말했다. 호라티우스는 또한 "주 무타티누스, 아니면 차라리 주피터라고 부를까요?"라고 말하기도 했다. 카탈루스는 "빌려온 빛을 비출 때는 트리비아로 불리고, 출산 여성들로부터는 루시나로 불리는 '루나(달의 여신),' 곧 가장 강력한 주피터의 힘 있는 딸 '라토니아'여, 어떤 이름으로 불리든 찬양을 받으소서"라고 말했고,[19] 칼리마쿠스는 "많은 사람이 '보에드로미오스'로 일컫기도 하고, '클라리오스'로 일컫기도 하는 아폴론이여, 나는 신을 '카르네이오스'로 일컫나이다"라고 말했다.[20]

시간이 흐르면서 태양 숭배로부터 새로운 신들이 많이 생겨났고, 다양한 형태의 예배가 이루어졌으며, 그것들을 향해 잡다한 것을 구하고, 또 구한 것이 더러는 응답되는 것처럼 보이기도 하면서 국지적인 종교 집단들이 체계화된 숭배 의식을 발전시켰다. 어떤 유대인 주석학자들은 성경을 왜곡해 하나님이 이방인들에게 태양과 달을 숭배하도록 허락하셨다고 주장했다. 그들은 신명기 4장 19절("또 그리하여 내가 하늘을 향하여 눈을 들어 해와 달과 별들, 하늘 위의 모든 천체 곧 너희의 하나님 여호와께서 천하 만민을 위하여 배정하신 것을 보고")에 대한 자신들의 해석을 근거로 그런 주장을 펼쳤다. 사실, 이 말씀에는 민족들이 천체들을 숭배하려는 생각을 품지 못하게 하려는 강한 의도가 담겨 있었다. 태양의 탁월성은 하늘 아래 있는 모든 민족을 유익하게 하는 섬김의 역할을 담당하는 것에 있었다. 성경의 의미를 곡해하는 것은 유대인들의 성경 해석의 전형적인 특징이다.

유대인 타이포는 유스티누스와의 대화에서 하나님이 이스라엘은 자기를 예배하도록 부르고, 다른 민족들은 태양과 달을 숭배하게 하셨다는 주장을 분명하게 제기했다. 그는 "기록된 대로, 이것은 하나님

---

19   Catallus, *Poems*, Poem 25, line 5.
20   Callimachus, *Hymn to Apollo*.

이 이방인들에게 주어 숭배하게 하신 또 다른 신에 관해 말한다(그는 명확하게 태양과 달을 지칭하지는 않았다)"라고 말했다. 〈불가타 성경〉은 이 구절을 '주 너희 하나님이 천하 만민을 섬기게 하려고 창조하신 것'이라고 정확하게 번역했다. "하나님이 그 해를 악인과 선인에게 비추시며 비를 의로운 자와 불의한 자에게 내려주심이라"(마 5:45)라는 말씀과 비교해 보라.

5장
우상 숭배의 기원과 발전 3

앞장에서는 태양과 달의 숭배로부터 우상 숭배가 기원하게 된 경위를 살펴보았다. 이번에는 그 후에 이루어진 우상 숭배의 발전 과정을 살펴보기 전에 먼저 초기 우상 숭배자들이 그토록 열심히 우상 숭배에 빠져들었던 이유와 그들이 그런 목적을 이루기 위해 내세웠던 몇 가지 논거를 잠시 살펴보기로 하자.

첫째, 낮과 밤을 주관하는 태양과 달에 관한 지식이 어느 정도 남아서 인간의 의식 속에 깊이 뿌리박혀 있었던 것으로 보인다. 우상 숭배는 절대적인 우월성을 지닌 것처럼 보이는 것에 초점을 맞춘다. 창세기 1장에 기록된 사건들에 대한 인류 공동의 기억이 증언하는 대로, 그런 우월성이 낮과 밤을 주관하는 이 거대한 발광체들에게 부여되었다. 그것들이 '주관자'이자 '위대한 권위자'로 인정되었다면 숭배의 대상이 되는 것이 당연했다. 사실, 크기나 밝기가 태양과 달을 능가하는 별들이 많지만, 땅 위에 있는 보통 사람들의 눈에 나타난 모습으로만 보면 그것들은 확실히 '위대한' 주관자들이었다. 태양과 달의 '위대성'과 '지배력'은 바로 그런 사실에 근거했다. 달이 위대하게 여겨졌던 이유는 자체적인 형질 때문이 아니라 땅 위에 빛을 비추고, 밤을 주관하는 기능을 했기 때문이었다. 달의 빛은 빌려온 것이었지만,

인간이 보기에는 별들을 모두 합친 것보다 훨씬 더 위대해 보였다. 이 경우에도 유대인들은 성경을 해석할 때면 으레 그러는 것처럼 또 하나의 어려운 성경 본문을 해석하기 위해 터무니없는 거짓 이야기를 지어냈다. 구체적으로 말해, 〈요나단의 탈굼〉은 "하나님이 두 개의 큰 발광체를 만드셨다. 그 둘의 영광은 21년이라는 시간에서 겨우 몇 분을 뺀 정도로 거의 아무런 차이가 나지 않았다(이런 터무니없는 수치를 언급한 것은 이런 식의 설명이 마치 정밀한 탐구에 근거하는 것처럼 보이게 하려는 허세였다). 그러나 달은 태양을 비난했고, 그로 인해 영광이 줄어들었다. 하나님은 가장 큰 발광체로 남은 태양은 낮의 주관자로, 열등한 발광체가 된 달은 밤의 주관자로 각각 지정하셨다"라고 주장했다. 탈굼의 저자는 거의 모든 곳에서 그랬던 것처럼 여기에서도 성경을 왜곡했다. 마치 자신이 다루는 모든 것을 왜곡하는 것이 그의 유일한 목표였던 것처럼 보인다. 누구든지 탈굼을 읽고서는 더 뛰어나거나 더 지혜로운 사람이 될 수 없을 것이 분명하다. 아무튼, 태양과 달이 주관자로 지정되었다는 것이 이방 민족들에게 알려져 기억되었고, 그 지식은 참 하나님에 관한 지식이 쇠퇴하면서 우상 숭배로 이어졌다.

창조주에 대한 의식이 사라지자 낮과 밤(그리고 모든 인간사)을 주관하는 이 두 피조물 외에 달리 무엇을 숭배할 수 있었겠는가? 권력을 위임받은 존재를 숭배하는 것은 참으로 부끄러운 일이 아닐 수 없다. 그러나 그리스도인으로 불리기를 원하면서도 아직도 이런 사실을 이해하지 못하는 사람들이 너무나도 많다.

스스로의 힘으로 하나님에 대한 참된 예배를 발견할 기회가 없었던 인류 앞에 태양과 별들을 숭배하도록 부추기는 유혹의 손길이 드리워졌다. 하나님으로부터 낮과 밤을 주관하는 권세를 위임받은 존재들이 시간이 지나면서 그릇 와전되고 왜곡되어 유일하신 참 하나님에 관한 지식을 고의로 저버린 사람들을 타락시키는 원천이 되었다. 그 결과, 태양은 라틴어, 헬라어, 히브리어로 '왕'이라는 칭호를 얻었고, 권력과 지배를 나타내는 모든 속성을 부여받았다. 이것은 일상적인 관찰을 통해 마치 확실한 사실인 것처럼 확증되었다. 사람들은 태양과 달의 영향력과 규칙적인 움직임을 통해 낮과 밤이 나뉘고, 모든 인간사와 계절이 결정되는 것을 목도했다. 그로 인해 태양과 달을 우상으로 숭배하는 것에 대한 마지막 의구심마저 깨끗하게 사라지고 말았다.

이런 영적 타락은 똑같이 공허하기만 한 다른 논증들을 통해 더욱 강화되었다. 바울은 '(인간의) 생각이 허망하여지며 미련한 마음이 어두워진 것'(롬 1:21)에서 우상 숭배가 기원했다고 말했다. 이것은 인간에게서 신령한 하늘의 것을 생각하는 마음이 사라지면 곧바로 세상의 것들이 가득 들어차게 된다는 뜻이다. 만일 인간이 피조물보다 창조주를 더 사랑했더라면 세상의 것들을 사모하는 열정이 일어나지 않았을 것이다. 그러나 사람들은 태양과 달이 세상사를 적절히 통제하는 권능을 지녔다고 믿고, 거기에 순응하려고 애썼다. 그들은 자신들의 눈으로 그런 현상을 직접 목격했기 때문에 깊이 생각하고, 숙고할 필요성을 느끼지 못했다.

사람들은 태양이 자신들의 머리 위에 분명하게 떠 있는 것을 보면서 신으로 확신했기 때문에 일상생활 속에서 그것을 향해 도움을 구했다. 이스라엘 백성들도 그와 똑같은 생각으로 하늘의 여왕이자 주인으로 간주된 달과 별들을 숭배하려는 유혹을 느끼고, 그런 우상 숭배를 통해 세속적인 번영과 행복을 누릴 수 있을 것으로 믿었다. 그들은 "우리 입에서 낸 모든 말을 반드시 실행하여…하늘의 여왕에게 분향하고 그 앞에 전제를 드리리라 그 때에는 우리가 먹을 것이 풍부하며 복을 받고 재난을 당하지 아니하였더니 우리가 하늘의 여왕에게 분향하고 그 앞에 전제 드리던 것을 폐한 후부터는 모든 것이 궁핍하고 칼과 기근에 멸망을 당하였느니라"(렘 44:17, 18)라고 말했다. 따라서 하나님은 이스라엘 백성을 회복시켜 다시 자기를 경배하며 덕스러운 삶을 살게 하려는 의도로 하늘의 거짓 신들이 비조차 내릴 수 없는 헛된 우상에 지나지 않는다는 사실을 상기시켜 주셨다(렘 14:22). 바울 사도도 오직 만물의 창조주이신 유일한 참 하나님만이 하늘에서 비를 내려 결실을 허락하실 수 있다는 말로 이방인들의 어리석음과 그들의 가증스러운 우상 숭배를 질타했다(행 14:17). 이렇듯 이방인들은 사악한 우상 숭배를 삶에 필요한 것들을 얻기 위한 희망으로 삼았다. 그들의 그런 욕망은 이 치명적인 오류를 저지르게 만드는 가장 강력한 원인 가운데 하나였다.

시편 저자와 바울 사도는 천체들과 별들의 배치와 경로가 하나님의 영광을 보여준다고 말했다(시 19:1, 롬 1:20). 가증스러운 우상 숭배자들은 창조주의 영광을 훔쳐 피조물에게 부여하려고 시도했다. 그들은 하나님이 창조하신 하늘의 장식물들을 하나님으로 착각했다. 인간의 본성에는 눈에 보이는 하늘이 경배해야 할 신이라는 강한 신념이 뿌리박혀 있다. 사람들의 머릿속에는 그런 생각이 항상 존재한다. 이것이 우상 숭배가 까마득한 옛적부터 인류의 관습으로 존재해온 이유다. 사람들은 그때부터 '하늘을 향해 손을 들고' 경배했다. 이런 이유로 헤시오도스는 신을 '가장 높은 집에' 거하는 존재로 묘사했다. 심지어 우리 주 예수 그리스도께서도 '하늘에 계신 우리 아버지'를 부르라고 가르치셨다. 하늘은 하나님이 특별히 눈에 보이는 방식으로 자신의 영광을 드러내시는 장소였다. 소시니우스파의 교리문답은 하나님을 '하늘에 갇힌' 존재로 정의했다. 이것은 하나님의 신성을 철저하게 부인하는 것이다(어떤 사람들은 그와는 대조적으로 만물이 회복될 때까지 하늘에만 머물러 있어야 할 그리스도의 인성을 부인하기도 한다. 그들은 예수님의 인성에 온전한 편재성이나 절반의 편재성을 부여해 그분의 영화롭게 된 인성이 한 번에 모든 곳에 나타나거나 최소한 많은 장소에 나타날 수 있다고 주장한다).

육신의 눈으로 보면, 태양이 마치 하나님이 계셔야 할 곳으로 생각되는 하늘의 중심을 차지하고 있는 것처럼 보이기 때문에 육신적인 생각으로만 판단하는 사람들이 그것을 신으로 간주하는 것은 조금도 놀랄 만한 일이 못 된다. 성령께서는 "네가 하늘을 향하여 눈을 들어 해와 달과 별들, 하늘 위의 모든 천체 곧 너희의 하나님 여호와께서 천하 만민을 위하여 배정하신 것을 보고 미혹하여 그것에 경배하며 섬기지 말라"라는 말씀으로 천체들을 숭배하는 오류의 원천을 지적하셨다. 눈으로 보는 것을 통해 마음의 충동이 일어난다. 타락한 인간은 외적인 아름다움, 곧 별들의 광채와 질서와 운행에 매료되어 지나친 경이감에 빠져드는 경향이 있을 뿐 아니라 눈에 보이는 것들을 통해 참 하나님의 영광을 볼 수 있는 안목을 상실한 탓에 차츰 그것들을 노골적으로 숭배하는 데까지 나아갔다(이것은 모두 그들이 하나님에 관한 지식을 저버렸기 때문이다).

락탄티우스는 이 오류의 원천을 명확하게 파악했다. 그는 "애굽은 기후가 좋기 때문에 사람들이 집이나 주거지에 머물지 않고, 맑은 하늘 아래에서 밤을 지새우는 경우가 많다. 그런 식으로 천체들을 계속 관찰하며 별들의 경로를 살피다 보니 차츰 그것들을 신이자 우주의 수호자로 생각하게 되었고, 많은 의식과 제의를 발전시켜 그것들을 경배하기에 이르렀다"라고 말했다.

디오도로스 시쿨루스도 이와 비슷한 말을 했다. "고대 애굽의 거주자들은 놀라움과 경이감으로 우주의 질서와 본성을 관찰했고, 그 결과 태양과 달을 영원한 신으로 간주해 오시리스와 이시스로 일컫게 되었다." 디오도로스 자신도 태양과 달을 영원한 신으로 선언했다.

　이런 사실들을 생각하면, 하나님이 많은 말씀으로 강력하게 경고하신 이유를 분명하게 알 수 있다. 그것은 꼭 필요한 경고였다. 겉으로 드러난 외견만을 보고 경탄스러운 마음으로 천체들을 탐구함으로써 그것들을 숭배하는 데 빠져든 사람들이 너무나도 많았기 때문에 하나님은 자기 백성들에게 그런 일을 절대로 허용해서는 안 된다고 엄격하게 경고하지 않으실 수 없었다. 마이모니데스는 사비교도의 우상 숭배를 연구함으로써 하나님이 많은 율법을 허락하신 이유를 분명하게 알 수 있었다고 말했다. 이 문제에 대해 좀 더 자세하게 알고 싶으면 마이모니데스의 저서들을 가장 먼저 읽어봐야 한다. 마이모니데스 이후, 천체들의 질서와 운행을 근거로 도출된 주장들이 참 하나님을 모르는 사람들에게 얼마나 큰 영향을 미쳐 그것들을 숭배하도록 이끌었는지를 가장 잘 보여준 인물로는 단연 플로티노스가 손꼽힌다. 그는 "멀거나 가까운 곳에 있는 별들이 우주를 순환하며 질서 있게 움직이는 것을 보면서 그것들을 신으로 생각하지 않을 이유를 찾기는 어려울 것이다"라고 말했다.

　기독교의 빛이 넓게 멀리 비추기 시작하자 플라톤 철학을 가르치는 자들은 플라톤주의를 복음과 경쟁시키기 위해 인간이 고안해 낸 이교의 신들을 모두 내버렸지만, 태양과 다른 천체들만큼은 여전히 신들로 간주해 경배해야 한다고 가르쳤다. 그들은 별들에게 보고, 듣는 능력을 부여했다. 플로티노스는 "우리는 별들이 엄청난 기억력을 지니고 있다고 생각하기 때문에 태양과 별들에게 보고, 듣는 능력, 곧 그것들을 향해 비는 기도를 듣고 이해하는 데 필요한 감각적 능력을 부여했다. 모든 사람이 태양과 별들을 통해 자기들에게 많은 축복이 주어진다고 믿고 있다"라고 말했다.

한 저명한 플로티노스 번역자는 그가 자신의 우상 숭배를 뒷받침하기 위해 〈불가타 성경〉과 〈70인경〉에 "하나님이 태양 안에 자신의 장막을 두셨다"라고 번역된 시편 19편 4절을 인용했다고 생각했다. 그러나 히브리어 원문의 의미는 사뭇 다르다. 우리가 사용하는 영어 성경은 이 구절을 "하나님이 해를 위해 그것들 안에 장막을 만드셨다"라고 번역했다. 이 말씀은 하나님이 하늘에 태양이 있을 곳을 만드셨다는 뜻이다. 〈불가타 성경〉은 과거의 교회에 적지 않은 고민거리를 안겨주었다. 다음의 질문과 대답에 주목하라. "물음: '하나님이 하늘에 자신의 장막을 두셨다'라는 말씀에 대해 서로 모순되는 해석들이 존재한다. 그 참된 의미가 무엇인지 말해 보라. 대답: 이 구절은 '하나님이 하늘을 만들고 그 안에 해를 두셨다'라는 뜻이다."

"하나님이 그것들(하늘) 안에 태양의 장막을 두셨다"라는 〈수리아역〉의 번역도 이 정확한 해석과 일치한다.

옛사람들이 하늘을 숭배했던 이유를 간단히 정리하면 다음과 같다.

1) 낮과 밤을 주관하는 태양과 달의 역할을 그릇 이해했기 때문이다.
2) 땅의 생명을 유지하는 능력이 이 두 천체의 영향에서 비롯한다는
   것을 눈으로 직접 확인할 수 있다고 생각했기 때문이다.

그들은 그런 그릇된 생각에 얽매인 까닭에 하늘의 웅장한 모습을 명상하며 태양의 광휘와 힘, 정해진 경로를 따라 움직이는 별들, 하늘의 회전 등, 그 모든 것의 위엄에 압도되었다. 그 결과, 그들은 우상 숭배로 곤두박질쳤다.

6장
우상 숭배의 기원과 발전 4

　지금까지 살펴본 대로, 태양을 비롯한 천체들이 저급한 미신의 결과로 신의 자리와 탁월성을 찬탈한 최초의 대상이 되었다. 그 후로 시간이 흐르면서 '자연 신학'으로 일컬을 수 있는 가장 해로운 또 하나의 거짓 신념이 생겨났다. 나는 이것의 초기 발전 단계를 간단히 살펴볼 생각이다. 자연에 존재하는 것들은 만물의 창조주를 경배하도록 고무하기 위해 만들어졌다. 이것이 우리가 1권에서 다루었던 진정한 '자연 신학'이다. 앞서 논의한 대로, 최초의 우상 숭배자들은 자연물을 숭배했고, 그 과정에서 '자연 신학'이라는 칭호를 사취했다. 그들은 자연의 구조로부터 발견되는 증거들을 옳게 연구하면 만물의 창조주를 공경하는 올바른 태도를 확립할 수 있다는 것을 망각한 채 자연의 현상들을 숭배했다. 세월이 흐르면서 경건하지 못한 사람들의 악한 상상력에 의한 신격화가 이루어지면서 다양한 우상 숭배가 생겨났다는 점에 대해서는 나중에 좀 더 자세히 살펴볼 생각이다.

　좀 더 체계화된 철학 학교가 발전하고, 신성한 것에 대한 좀 더 정밀한 개념들이 널리 확산하기 시작하면서 새로운 철학자들은 인류가 무지와 어둠 속에 휩싸여 있던 '철기 시대'에 만들어진 것들을 당혹스럽게 여기게 되었다. 그들은 주피터를 비롯해 모든 헬라의 거짓 신들이 자연 현상을 인격화한 것에 지나지 않는다고 주장했다. 그들은 그 당시의 미신을 '신화적 신학'으로 일컬으며 신들이 자연에서 일어나는 현상들을 나타내는 상징들에 불과했다고 역설했다. 이런 재해석을 나는 '그들의 자연 신학'으로 일컫고 싶다. 디오도로스와 플루타르크는 그런 거짓을 지어냈고, 많은 추종자들을 거느렸다(정보의 진정한 보고라고 할 수 있는 에우세비우스의 저서들을 참고하라). 주피터는 태양이었고, 주노는 달(아니면 땅)이었다. 그 외에 나머지 거짓 신들도 모두 물리적인 세계에 존재하는 다양한 원소들과 자연적인 현상들을 나타낸 것뿐이었다. 후대의 시인들이 쓴 글의 곳곳에 이런 철학이 내포되어 있다. 예를 들어, 유베날리스는 '우박으로 울부짖는 봄철의 주피터'라고 말했고, 베르길리우스는 "봄철에 들판은 생명을 주는 씨앗을 요구하며 언제라도 벌어질 준비가 되어 있었다. 그러면 전능한 아버지 아이테르가 생명을 주는 소나기를 내려 자신의 비옥한 배우자를 껴안는다"라고 말했으며, 루크레티우스는 "만일 누군가가 바다를 넵투누스로, 옥수수를 케레스로 일컫고, 포도주라는 명칭 대신 바쿠스라는 이름을 오용하기를 좋아한다면, 둥근 세상이 사실상 신들의 어머니가 아닐지라도 그것을 그렇다고 말하도록 허용할 것이다"라고 말했다.

초기 헬라인들 가운데는 오르페우스가 있었다. 그는 "만물의 어머니인 대지, 곧 데메테르는 부귀를 내려준다"라고 말했다('데메테르'는 '대지, 곧 어머니'를 뜻하는 '게 메테르'에서 유래했다). 또한, 엠페도클레스는 아테나고라스가 인용한 시에서 "제우스는 맹렬하게 타오르고(태양), 헤라는 생명을 주며(공기), 아이도네오스와 네스티스(흙과 물)는 눈물로 인간의 시내를 적신다"라고 말했으며, 키케로는 엔니우스를 인용해 "높은 곳에서 하얗게 빛나는 존재, 곧 모든 사람이 주피터로 일컫는 그를 보라"라고 말했다.

스토아주의의 교의는 다음과 같았다. 키케로는 벨레이우스(에피쿠로스학파)를 인용해 제논(스토아학파)에 대해 이렇게 말했다. "제논은 헤시오도스의 〈신통기〉를 해석하면서 신들에 관한 관습적인 개념을 버렸다. 그는 주피터, 주노, 베스타와 같은 이름을 가진 존재들을 신으로 여기지 않고, 생명도 없고, 말도 못 하는 물체들에 그런 이름들이 부여되었다고 가르쳤다." 그와 비슷하게 그는 크리시포스에 관해서도 "그는 사람들이 주피터로 일컫는 것은 바다 위로 내려앉아 어두운 그림자를 드리움으로써 돌풍과 우박이 쏟아지지 않게 만드는 아이테르(에테르)를 가리킨다"라고 말했다.

　　플로티노스, 포르피리오스, 얌블리코스, 아르넬리오스, 에우르네니우스와 같은 플라톤적 피타고라스주의를 추종하는 사람들의 생각도 이와 조금도 다르지 않았다. 대표적인 사례로는 크로노스에 관한 고대 신화를 해석한 포르피리오스의 견해가 있다. 신화에 따르면, 크로노스는 자기 아버지 우라노스를 거세했고, 그로 인해 제우스에게 거세를 당했다고 한다. 포르피리오스는 이것을 자연의 현상들에 적용했다. "크로노스는 우라노스가 당한 대로 묶인 채 거세를 당했다. 화자(話者)인 무사에우스는 자연의 원소들이 육욕에 이끌려 성적 경험을 하려고 세상에 내려와서 '권세들'을 배출했다고 암시했다. 우라노스는 성적 욕구를 해소하기 위해 세상에 내려왔다가 크로노스에게 거세를 당했다. 크로노스와 그의 추종자들은 우라노스와 맞섰던 주모자들이었다. 권세들이 우라노스와 행성들로부터 땅에 내려왔지만, 크로노스가 우라노스의 자리를 찬탈했고, 제우스는 다시 크로노스의 자리를 빼앗았다." 그는 계속해서 이 신화의 내적인 의미를 이렇게 설명했다. "우라노스보다 서열이 한 단계 낮은 크로노스는 자신의 역행하는 움직임을 거부하고, 우라노스의 비옥한 능력을 빼앗아 그것이 땅에 닿는 것을 가로막았다. 그러나 제우스(주피터) 덕분에 크로노스의 간섭 행위가 극복되었다." 이런 기발한 책략들로 헬라주의가 미화되었고, 초기 우상 숭배자들이 옹호되었다.

비블로스의 필로는 그런 철학적 날조 행위가 철저한 실패로 끝나 현실에 대한 올바른 설명에 부적합하다는 이유로 신속하게 거부당하게 된 과정을 비교적 자세하게 설명했다. 그는 "좀 더 최근의 신화 연구가들은 과거에 이루어졌던 이런 식의 설명을 철저하게 거부했다. 그들은 천문학적인 사건들과의 관계를 허위로 날조해 '신비'를 조장한 비유적 언사와 신화를 모조리 배척했다"라고 말했다.

에우세비우스도 그런 헛된 공상을 길게 논박했다. 그 이유는 당시의 그리스도인들이 그런 그릇된 견해들과 맞서 싸워야 했기 때문이다. 복음의 빛은 모든 거짓을 불사르는 능력이 있었기 때문에 시간이 흐르자 그런 미신의 수치스러운 찌꺼기들은 이방인들 사이에서조차 비웃음거리로 전락하고 말았다. 그러나 좀 더 교활한 궤변론자들은 역사적 진리의 외관조차 갖추지 못한, 그런 날조된 거짓에 집요하게 매달리면서 그것을 새롭게 포장해 좀 더 매혹적으로 보이게 하려고 애썼다. 내친김에 하는 말이지만, 초기 교회 시대에 이방 철학의 체계가 완전히 새롭게 개조되었다. 당대의 주요 철학자였던 암모니우스(신플라톤주의를 신봉했던 헬라 철학자)는 자신의 철학적 논의를 통해 청중들의 생각 속에 참된 영적 지혜의 씨앗을 심어주었다(그의 학교에서 오리게누스, 헤렌니우스, 플로티노스를 비롯해 포르피리오스와 얌블리코스가 훈련을 받았다). 그 덕분에 기독교는 사회로부터 배척받아 미움을 받게 되었고, 스스로의 편견으로 인해 기독교를 받아들이기를 거부했던 사람들은 약간의 지혜의 파편들을 모아 정체된 플라톤 사상에 어느 정도의 생명력을 불어넣을 수 있었다.

그 외에도 기독교 신앙을 받아들이지 않은 상태에서 기독교 저술가들의 저서를 깊이 탐구했던 사람들이 더러 있었다. 그들의 저서와 사상에서 기독교의 영향을 받은 흔적들이 나타난다. 그런 사람들 가운데는 누메리우스, 아멜리우스, 플로티노스, 헤렌니우스, 포르피리오스, 얌블리코스, 프로클로스, 히에로클레스, 마리에누스, 다마시우스를 비롯해 여러 사람이 있다. 비록 플라톤주의의 사변에 열심히 몰두하는 것을 포기하거나 피타고라스주의의 마법적 주문을 외우는 것을 중단하지는 않았지만, 그들의 사상 안에는 그런 거룩한 진리의 작은 파편들이 약간 섞여 있었다.

고대인들은 모든 것이 계속적인 변화의 상태에 있다고 생각했다. 플루타르크는 '피티아'가 더 이상 신탁을 제공하지 않는 이유를 다룬 책에서 아폴론이 태양과 동일한 존재인지 아닌지를 논했다. 가장 오래전의 시인들은 아폴론이 태양이라고 말하면서 자신들의 시를 통해 그가 어디에서 태어났고, 그의 부모가 누구인지를 설명했다. 그 결과, 아르카디아인들은 아폴론이 달은 물론, 태양이 생겨나기 이전부터 존재했다고 주장했다. 그들은 고대의 신화들을 짜깁기해서 아폴론이 목자의 신분으로 망명 생활을 했다는 식의 전설을 지어냈다. 칼리마쿠스는 이 이야기를 야곱이 아람인 라반의 가정에서 목자로서 생활했던 일과 비슷한 방식으로 엮어냈다. 야곱이 목자로서 라반을 섬겼던 이유가 사랑 때문이었던 것처럼, 그도 사랑을 그런 생활과 수고를 기꺼이 감당할 수 있었던 동기('젊은 아드메투스에 대한 사랑의 열정')로 만들었다. 아폴론이 고생을 감수했던 이유를 그런 식으로 묘사한 것은 본래의 이야기를 변형시킨 일반적인 이야기와는 다르기 때문에 야곱의 생애에 관한 정보가 어떤 식으로든 그에게 영향을 미쳐 그 전설을 그런 식으로 다루려는 생각을 떠오르게 했을 가능성이 크다. 그는 아폴론이 돌보았던 어린 짐승들을 이렇게 묘사했다. "목초지의 가축들은 쉽게 불어났고, 아폴론이 눈여겨 보살핀 염소들은 모두 새끼를 뱄다. 새끼를 낳지 못한 암양들은 한 마리도 없었고, 모두 어린 양을 낳았다. 전에 새끼를 한 마리 낳았던 양이 이제는 쌍둥이를 낳았다." 이 시인의 말을 주의 깊게 살펴보면, 야곱의 이야기와 유사한 점이 많다는 것을 알 수 있다. 주의력 깊은 독자는 그런 점들을 한눈에 알아볼 것이 틀림없다. 그러나 다른 문제를 살펴봐야 하기 때문에 이 문제는 이쯤에서 그만두는 것이 좋을 듯하다.

새로운 '신비적' 자연 신학은 무지와 악의에 치우친 사람들이 지어낸 가증스러운 허구였다. 헬라주의의 신화들이 날조되거나 새롭게 나타나기 오래전부터 수많은 사람이 태양과 달과 별들을 신으로 숭배했다. 그러나 인간의 본성을 지닌 신들이 탄생한 곳은 바로 헬라였다. 그곳은 거짓 신들을 만들어낸 공장이었다. 앞서 살펴본 대로, 초창기의 헬라인들이 숭배했던 신들은 태양과 달과 별들뿐이었다. 새로운 사상가들은 과거의 무지와 어둠을 그대로 받아들였고, 자신들이 가장 수치스럽게 여겼던 이전의 사람들에 비해 향상된 것이 전혀 없었다. 유대의 랍비들도 그와 똑같은 방식으로 자신들의 탈무드를 통해 아무도 모를 모호한 이야기들을 만들어 오늘날까지 전하고 있다. 예수회가 자신들이 이들과 조금도 다르지 않다는 사실을 아직도 깨닫지 못하고 있는 것은 그저 놀라울 따름이다. 이왕 말이 나왔으니 하는 말이지만, 만일 그들이 그토록 오랜 세월 동안 지극히 혐오스럽고, 가증스러운 오류로 수많은 사람들을 마음껏 오도했던 방법을 사용하지 않고, 차라리 기독교를 완전히 배척했던 철학자들과 랍비들의 방법을 모방해 거짓말로 사람들을 자기편으로 끌어들이려고 했더라면 그보다는 더 지혜롭고, 더 명예롭게 처신할 수 있었을 것이다.

이렇게 말하면, 어떤 사람들은 "그것은 무분별한 비방이요"라고 말할지도 모른다.

사실상, 이것은 단순한 비방이 아닌 공격이다. 가장 경건한 예수회 신부들을 현대의 랍비들과 고대의 철학자들과 한 번 비교해 보라. 아래의 사례들을 살펴보면, 이 예수회 신부들이 다른 사람들과 똑같은 경로를 걷고 있는지 아닌지를 알 수 있을 것이다. 죄인들의 악행을 변명하고, 축소함으로써 죄를 더 많이 짓고, 죄에 더 깊이 빠져들도록 부추기는 것이야말로 지극히 높으신 하나님과 인간 안에 있는 불별의 영혼과 인간 사회에 대해 저지를 수 있는 가장 큰 죄에 해당할 것이다.

플라톤은 마술사 겸 사제들이 이방인들 사이에서 활동하고 있는 것에 불만을 토로했다. "본인이 지었든 조상이 지었든 죄는 무엇이든 주문과 마법으로 옳게 바로잡을 수 있는 능력을 신으로부터 부여받았다고 주장하며 사람들의 집을 돌아다니는 탁발 점술가들과 마술사들이 있다. 그들은 몇 끼의 식사와 머물 곳만 제공하면 모든 것을 해주겠다고 말한다. 그들의 고객이 어떤 원수에게 해를 가하기를 원할 때는 그들은 그것이 선한 것이든 악한 것이든 최소한의 비용만 받고 부적을 사용해 신들을 움직여 목적을 이루어주겠다고 나선다."

고대 시인들도 그런 터무니없는 주장들을 다루었다. 그들 가운데 대부분이 악한 것을 선택하는 것이 얼마나 쉬운 일인지를 보여주었다. 헤시오도스는 "악을 선택하는 것은 쉽고, 인기가 높다. 그 길은 평탄하고, 늘 가까이에 있다. 그러나 미덕 앞에는 신들이 만든 길, 곧 많은 땀을 흘려야 갈 수 있는 길고 가파른 길이 놓여있다"라고 말했다. 또, 어떤 사람들은 신들을 마음대로 조종할 수 있는 방법을 알려주기도 했다. 호메로스는 "신들도 융통성이 있다. 인간은 죄나 불법을 저질렀을 때마다 희생 제물과 부드러운 말, 곧 헌주와 제물의 향기와 기도로 신들을 달랠 수 있다"라고 말했다. 오르페우스와 (달과 뮤즈의 후손을 자처했던) 무사이오스의 많은 책들에서도 여러 가지 증거를 발견할 수 있다. 점술가들은 그런 자료들을 동원해 제사와 주술을 통해 죄로부터의 정화와 자유를 얻을 수 있고, 산 자들은 물론 죽은 자들까지 유익하게 할 수 있다면서 일반 대중은 물론, 정부까지도 속여 넘겼다. 그들은 그런 비방을 전수받으면 내세의 고통으로부터 자유로워지는 능력을 얻을 수 있다고 주장했다. 플라톤은 많은 말로 이런 미신적인 행위를 단죄했다. 그는 그런 행위들이 사회적 관계와 생명을 파괴하는 암적 요인이라고 질타했다.

이런 사실을 알면, 경건을 가장한 채로 육신의 정욕을 채우고, 재물을 추구하는 데 전력을 기울이며, 사람들의 양심을 지배하려고 애쓰는 사람들의 거짓된 말들이 예나 지금이나 조금도 달라지지 않았다는 것을 분명하게 알 수 있다. 지극히 거룩할 뿐 아니라 길이요 진리요 생명이신 주님은 바리새인들이 유대인들 가운데서 정확히 그런 점술가들과 똑같이 대담하고, 오만한 태도로 속임수를 남발했다고 지적하셨다. 그들의 거짓말은 죄를 옹호했던 점술가들의 거짓말과 조금도 다르지 않았다. 근래에 주목할 만한 책을 한 권 써서 예수회의 은밀한 행위들을 폭로한 바 있는 파스칼은 악인들과 잔인한 범죄자들의 죄를 감해주고, 묵인하고, 사면해주는 그들 안에 그와 똑같은 탐욕과 부정직함, 뻔뻔스러움과 대담함, 악을 추구하려는 뜨거운 열정과 양심의 기능을 둔감하게 만드는 속임수가 존재한다는 것을 여실히 보여주었다. 플라톤의 증언과 예수회에 대한 파스칼의 평가를 비교하면, 점술가들과 예수회의 행위가 쌍둥이처럼 닮았다는 것을 쉽게 알 수 있을 것이다.

아울러, 귀신 축출과 관련된 문제를 살펴보면 탐욕과 짝을 이루는 그릇된 교만의 실체를 보여주는 또 하나의 주목할 만한 사례를 발견할 수 있다. 필로스트라토스는 『아폴로니우스의 생애』에서 아폴로니우스가 포악을 일삼으며 극악무도하게 살았던 한 젊은이에게서 귀신을 내쫓아주었다고 말했다. "많은 사람이 그 젊은이의 난폭한 행위가 그의 병 때문이며, 술주정뱅이였던 그가 영락없이 귀신처럼 행동한다고 생각했다. 아폴로니우스가 그를 보자 귀신은 마치 큰 고통을 느끼기라고 하듯 두려움과 분노에 찬 울부짖음을 터뜨리며, 그 젊은이를 떠나 다른 사람에게로 들어가겠다고 말했다. 아폴로니우스는 마치 주인이 종에게 말하는 것처럼 귀신을 향해 말했다. 그는 분노에 찬 기색으로 그것을 '입에 담기조차 역겨운 교활한 불량자'로 일컬으며, 왕궁의 주랑 현관 주위에 서 있는 석상들 가운데 하나를 가리키면서 젊은이에게서 나올 뿐 아니라 자기가 가리킨 석상을 넘어뜨려 나왔다는 증거를 보이라고 명령했다(이 모든 일이 일어났던 장소는 왕궁의 주랑 현관이었다). 그러자 즉각 그 석상이 흔들리면서 넘어졌다."

이런 일이 실제로 일어났는지는 확실히 알 수 없다. 에우세비우스는 필로스트라토스의 거짓말을 종종 밝혀냈다. 내가 아는 한 가지 분명한 사실은 예수회 안에서는 이런 일이 거의 매일 일어나고 있는 것처럼 선전된다는 것이다. 이 둘 사이의 유사점은 참으로 놀랍다. 위의 이야기에서 아폴로니우스는 보통 사람들보다 훨씬 더 예리한 지각력을 지닌 것으로 묘사되었다. 다른 사람들은 그 술 취한 젊은이가 절제력이 거의 없고 지나치게 방탕한 행위를 일삼는다는 것만 알았지만, 아폴로니우스는 그의 내면에 있는 귀신을 볼 수 있었다. 예수회 신부들도 이와 똑같은 방식으로 다른 사람들은 박쥐처럼 눈이 멀어 개인의 어리석음에서 비롯하는 행위 외에는 아무것도 볼 수 없지만, 자기들은 젊은 남녀들의 내면에 있는 불결한 영들을 볼 수 있다고 주장한다. 필로스트라토스가 말한 귀신이 아폴로니우스 앞에서 그를 보고 깜짝 놀라며 소리쳤던 것처럼, 예수회 신부들의 이야기 속에 등장하는 귀신들도 교황의 사제를 보거나 만지면 그런 반응을 보이는 것으로 묘사되어 있다.

에드워드라는 이름의 한 가톨릭 사제가 이곳 영국에서 일어났다는 기적적인 사건들의 역사를 진술한 책에서도 한 가지 교훈적인 사례가 발견된다. 그는 "그(환자는 젊은 예수회 수사였다)가 똑바로 앉아서 팔다리를 마구 휘두르면서 사제의 손을 밀쳐내며 천장이 들썩거릴 정도로 큰 소리를 내지르며 온갖 맹세와 울부짖음과 신성을 모독하는 발언과 저주를 쏟아내는 상황인지라 그의 머리에 안수하거나 귀신 축출 의식을 시작하기가 거의 불가능했다"라고 진술했다. 필로스트라토스가 말한 젊은이보다 더 심한 경우였다. 귀신을 마구 학대하는 기술에 관한 한, 아폴로니우스는 이런 사제들에 비하면 한갓 초심자에 지나지 않았던 것이 분명하다. 그가 할 수 있었던 것은 단지 귀신을 향해 던진 '입에 담기조차 역겨운 교활한 불량자'라는 욕설 한 마디뿐이었다. 만일 조금만 관심을 기울인다면 그런 표현이 예수회 신부들이 귀신을 축출할 때 사용하는 표현들에 비해 너무나도 단조롭고, 무기력할 뿐이라는 사실을 즉각 알 수 있을 것이다. 예수회 신부들은 "귀신들의 우두머리요, 피조물 가운데 가장 비참한 존재요, 사람들을 유혹하는 자요, 타락한 천사들을 꼬드기는 자요, 영혼들을 속이는 자요, 이단들의 으뜸이요, 거짓의 아버지요, 어리석고, 불결하고, 아둔한 술주정뱅이요, 지옥의 도당이요, 가장 잔인한 뱀이요, 가장 게걸스러운 늑대요, 비쩍 마른 돼지요, 굶주려 바싹 야윈 가장 더럽고, 비천한 짐승이요, 가장 사나운 짐승이요, 잔인한 짐승이요, 피에 굶주린 짐승이요, 모든 짐승 중 가장 야만적인 짐승이요, 아케론의 혼령이요, 시꺼

먼 짐승이요, 타르타로스의 영인 이 몰상식하고, 부정하고, 거짓된 귀신아, 들어라!"라는 식으로 말한다.

이쯤 되면 아폴로니우스의 귀신 축출은 한갓 어린아이의 장난처럼 보인다. 그는 위와 같은 귀신 축출법을 통해 귀신에게 욕하는 법을 배웠어야 했다. 아마도 이렇게 마구 퍼붓는 욕설을 듣고서도 위협을 느끼지 않는 귀신이 있다면, 얼굴에 철판을 뒤집어쓴 악랄한 귀신일 것이 틀림없다. 천사장 미가엘은 이런 식의 독설을 퍼부을 엄두를 내지 못했다(유 1:9). 이런 현대의 귀신 축출 전문가들은 떠나가는 귀신에게 석상을 넘어뜨리게 하는 일까지도 모방할 수 있을 것처럼 생각되지만, 실제로는 아폴로니우스에 비해 능력이 뒤떨어진다. 이들은 촛불을 끄게 하는 일이나 창문을 깨뜨리게 하는 일도 제대로 해내지 못한다. 심지어 미사를 집전하는 사제들도 석상을 넘어뜨리는 능력은 없다.

유대인들은 이방인들에게서 귀신 축출의 기술을 배웠고, 교황주의자들은 그 둘에게서 배웠다. 순교자 유스티누스는 "그대들은 이미 이방인들에게서 배운 훈증 기술과 주문을 이용해 귀신 축출을 시도하고 있다"라고 말했다.

이제 사족은 이쯤 해두고 다시 본제로 돌아가 보자. 하늘과 태양의 숭배는 오랜 세월 동안 성행했다. 인간은 최소한 그 기간 만큼은 동료 인간을 신으로 격상시키려는 생각이 없었다. "태양은 단지 거대한 불덩이에 지나지 않는다"라고 주장했던 사람은 신성을 모독한 대가로 목숨을 내놓아야 했다.

7장
우상 숭배의 기원과 발전 5

고대의 거의 모든 저술가들이 스룩의 시대에 우상 숭배가 시작되었다고 생각했다. 스룩은 인류가 바벨에서 흩어진 지 63년째 되던 해에 태어났다. 이 시기에는 우상 숭배의 죄로부터 자유로웠다는 것이 일반적인 결론이다. 그러나 많은 배교자들이 사방으로 흩어진 직후부터 참 하나님에 대한 예배는 등한시되고 말았다. 스룩의 시대에 이 범죄가 특별한 방식으로 시작되었다는 것을 뒷받침해줄 확실한 근거는 어디에도 없다. 에우세비우스가 『연대기』에서 피력한 견해를 따르는 사람들이 많다. 그는 스룩은 야벳의 씨족에 속했고, 셈이 그의 고조부였다고 말했다. 에우세비우스의 말은 『수이다스(고대 헬라에 관한 사전)』에 두 차례 언급되었는데, 그 두 곳 모두에서 스룩이 야벳의 씨족에 속한다는 내용이 발견된다. 많은 저술가들의 말을 편집해서 만든 이 책에는 두세 차례 반복되어 진술된 것들이 많다. 사실, 스룩의 말로 간주된 것들은 헬라주의의 허구일 뿐이다. 헬라인들은 스룩이 종교적 차원에서 죽은 자를 숭배하는 행위를 처음 시작했다고 상상했다. 그들은 아브라함의 아버지 데라가 드라빔을 만들어 우상 숭배를 조장했다고 말했다. 에피파니우스는 스룩에 관해 이렇게 말했다. "돌이나 나무나 은으로 만든 형상을 미신적으로 숭배하는 행위는 아직 나타나지 않았다. 그때까지만 해도 그림이나 깃발 외에 사람들이 이 새로운 형태의 악을 발전시킨 수단은 전혀 없었다." 테르툴리아누스는 깃발과 그림의 사용으로 인해 우상 숭배를 위한 준비 작업이 완전하게 이루어졌다고 말했다.

그림이나 조각이 우상 숭배에서 기원했다는 것을 입증하기는 그리 어렵지 않지만, 어느 것이 먼저였는지를 밝히는 일은 그리 쉽지 않다. 조잡한 형태의 그림이 오랫동안 지속되었지만, 신들을 묘사하는 데 적합한 수단으로 사용되지는 않았다. 플리니우스는 미술이 그림자를 묘사하는 데서부터(곧 사람의 그림자를 관찰해 그대로 묘사하는 것에서부터) 시작되었다고 말했고, 아테나고라스는 "사우리아스가 당시에 거의 유일한 신으로 간주되었던 태양의 빛에 비친 말 그림자의 형태를 따라 그림을 그림으로써 그림자 그림을 창안했다"라고 말하면서 "크라톤이 (윤곽에 색채를 더해) 실제적인 그림을 그린 최초의 인물이었다. 그는 한 남자와 한 여자의 그림자를 하얗게 칠한 널빤지에 그리고 나서 색깔을 덧입혔다. 이 기술은 다른 사람들을 통해 향상되었다"라고 덧붙였다.[1] 사도는 히브리서에서 "율법은 장차 올 좋은 일의 그림자일 뿐이요 참 형상이 아니므로"(히 10:1)라는 말로 그림자와 참 형상을 구분했다. 데라는 나홀의 아들이자 스룩의 손자였다. 유대인들은 데라가 그릇과 조각상을 만드는 기술을 사용해 형상들을 만들었다고 주장했다. 초기 그리스도인들 가운데 많은 사람이 이 주장을 믿었다.

이런 주장이 사실이라면, 데라의 형상 제작은 스룩의 우상 숭배로부터 약 80-100년이 지난 후에 이루어진 것으로 추정된다. 그렇다면 그 시기에 진정한 의미에서의 우상 숭배가 최초로 이루어진 셈이 된다. 그러나 우리는 우상 숭배와 미신적인 숭배의 기원을 다른 각도에

---

1   Athenagoras, *Plea for the Christians*.

서 탐구할 수 있다. 즉 우리가 지금까지 추적해온 경로를 계속 추적해야 할 필요가 있다. 성령께서 말씀하신 대로, "무리가 새 신들을 택하였다"(삿 5:8). 앞에서 말한 대로, 바벨에서 인류가 흩어진 후로 배교자들이 처음 선택한 이 새로운 신들은 태양과 달을 비롯한 천체들이었다. 사람들은 이것들을 처음에는 여행의 길잡이로 삼았다가 나중에 인류가 미신이라는 그릇된 의식으로 더 깊숙이 빠져들면서부터는 숭배의 대상으로 삼아 온전히 헌신했다. 이제부터 지면이 허락하는 대로 이 점을 간단하게 살펴볼 생각이다.

인간은 무엇인가를 신으로 인정하고, 숭배하려는 본성이 있다. 인간은 일단 진리를 무시하면 양심의 가책을 느끼고 그릇된 신들을 선택하는 잘못을 저지른다. 최초의 배교자들은 태양과 달과 천체들을 숭배하면서 자신들이 지어 붙인 신들의 이름을 통해 한동안 만족을 누렸지만, 곧 양심의 질타와 동요는 물론, 새로운 상황과 시련으로 인해 자신과 재산이 위험에 처하자 다시금 불안과 위협을 느끼게 되었다. 미신 행위로 하나님을 거슬러 행동했지만, 아무도 마음의 평화를 누리지 못했다. 더욱이 하늘의 권세들(천체들)은 그들의 필요를 채워줄 만큼 충분히 가깝게 느껴지지 않았다. 바꾸어 말해, 신이 전능하지 않으면 신으로 간주하기가 어려웠다. 모든 사람이 하나님이 존재할 뿐 아니라 항상 가까이 계신다는 내적 확신을 지니고 태어난다. 그러나 이용할 수 없거나 위험을 막아주지 못하는 신, 곧 일상 속에서 인간을 지켜줄 능력이 부족한 것처럼 보이는 신은 바로 그런 이유로 인해 더는 신으로 간주되지 않았다. 엘리야는 존재하지도 않는 바알을 신으로 숭배하는 이스라엘 백성을 엄히 꾸짖으며 "그는 신인즉 묵상하고 있는지 혹은 그가 잠깐 나갔는지 혹은 그가 길을 행하는지 혹은 그가 잠이 들어서 깨워야 할 것인지"(왕상 18:27)라고 조롱했다. 그는 이런 비웃음으로 우상에게 부여된 신적 능력과 속성들을 모조리 제거하고, 그 권위를 박탈해 신적 영역에서 퇴출했다.

우상 숭배자들은 신성한 주상과 형상들을 통해 자신들의 혼란과 염려를 해소하려고 많은 노력을 기울이지만, 그들의 정신적 고뇌가 여전히 그들 자신을 고통스럽게 만드는 한, 불안함과 당혹감을 떨쳐낼 수 없다. 이런 이유로 아텐의 시민들은 데메트리오스 폴리오르케테스('도시의 해방자'라는 뜻, BC336-283)가 성문을 지나올 때 그를 신으로 떠받들며 환영해 맞이하면서 찬양의 노래를 불렀다. "찬양하라, 가장 강력한 신 넵투누스와 비너스의 아들이여! 다른 신들은 먼 곳에 있거나 귀가 없거나 존재하지 않거나 우리의 일에 무관심하지만, 우리의 왕은 나무나 돌로 만들지 않은 살아 있는 신으로 우리 안에 계시도다." 이것은 아테나이우스가 사모스의 두리스(BC340-260)가 전한 말을 그대로 옮긴 것이다.[2]

이스라엘 백성이 광야에서 아론에게 금송아지를 만들라고 요구한 것도 바로 이런 이유에서였다. "백성이…아론에게 이르러 말하되 우리를 위하여 우리를 인도할 신을 만들라 이 모세 곧 우리를 애굽 땅에서 인도하여 낸 사람은 어찌 되었는지 알지 못함이니라"(출 32:1). 그들은 자기들 안에 존재하며 가시적인 도움을 베풀 수 있는 신을 원했다. 그들은 여호와 하나님 외에 다른 신을 요구한 것이 아니라 힘들고, 불확실한 상황에서 자신들이 의지할 수 있는 신적 임재를 보여주는 상징물을 원했다. 사실, 나중에는 그런 이스라엘 백성에게 손으로 만질 수 있는 증거들이 주어지기도 했다(물론, 그것들은 하나님이 친히 제정하신 것들이었다). 이것이 이스라엘 백성의 영적 타락이 이루어진 첫 시작이었다. 여기에서 "오, 이스라엘이여, 송아지를 만드는 죄를 짓지 않

---

2 Athenaeus, *Learned Banquet*, Book 6.

는다면 아무런 징벌도 받지 않을 것이다"라는 유대인의 격언이 생겨났다. 다수의 랍비가 "내가 (그것을) 불에 던졌더니 이 송아지가 나왔나이다"(출 32:24)라는 아론의 말을 근거로 만들어낸 우화들은 대부분 매우 어리석고, 무가치하다. 그들은 아론이 그런 것을 만들 생각이 전혀 없었는데 마치 그것이 뜻하지 않게 생겨난 것처럼 말했다. 다시 말해, 그들은 이스라엘 백성 가운데 마술을 익힌 애굽인들이 더러 섞여 있었는데, 바로 그들이 아무도 생각하지 않았던 금송아지를 만들어냈다고 지어냈다. 이것은 아론과 이스라엘 백성의 책임을 면제해주려는 얄팍한 속임수에 지나지 않는다.

아무튼, 초창기 우상 숭배자들을 통해 하늘의 별들이 신성시되자 우상 숭배의 기회가 더 많이 열리기 시작했다. 이 최초의 오류를 통해 그에 버금가는 극악한 죄가 양산되었다. 어떤 오류든 한 번 시작되면 다른 많은 사람들이 거기에 치우치거나 그 올무에 걸려든 자들이 더 깊은 타락의 늪 속으로 빠져들게 되는 법이다. 그러나 천체들은 너무 멀리 떨어져 있고, 무기력하게 보였기 때문에 우상 숭배자들은 위험하고, 불확실한 상황 속에서 즉각적으로 의지할 수 있는 것이 필요하다는 점을 절실히 의식했다. 그런 상황에서 이성이 올바로 기능했더라면 전능한 능력을 지닌 참 하나님께로 되돌아갔을 테지만, 사람들은 '마음에 하나님 두기를 싫어했다'(롬 1:28). 따라서 하나님은 그들이 올바른 이성적 생각으로부터 멀어지도록 허용하셨다. 그들의 마음은 타락했고, 매일의 상황은 절박해졌기 때문에 그들은 자신들을 위해 '신들'을 선택해 세울 수 있는 길을 모색해야 했다.

더욱이 천체들의 움직임은 규칙적이고, 모든 관찰자의 눈에 똑같게 보였기 때문에 개개의 숭배자들은 그것들이 제공하는 것으로 생각되는 도움을 어떤 식으로 받아들여야 할지를 결정하기가 매우 어려웠다. 개인을 구체적으로 돌보지 않고 모든 사람에게 획일적으로 소속된 신, 곧 개개인에게 개별적으로 축복을 베풀지 않고, 마구잡이식으로 모든 사람에게 축복을 베푸는 존재는 사실상 그 누구의 신도 아니라는 것이 곧 분명해졌다. 내가 개인적으로 나의 신으로 느끼지 못하는 신은 오랫동안 나의 신으로 남을 수 없다. 이런 이유로 초창기 우상 숭배자들은 스스로가 엄청난 어려움에 봉착했다는 사실을 깨달았지만, 이미 주사위가 던져진 상태인지라 자신들이 선택한 길을 따라 더 멀리 나아갈 수밖에 없었다.

자연을 숭배하는 데서 한 걸음 더 나아가서 자연 자체에 영향력을 행사해 그 능력을 조종할 수 있는 수단을 찾아야 했다. 하나님의 통치와 인도하심에서 벗어나는 대가는 결코 작지 않았다. 새로 선택한 신들은 너무 멀게 느껴졌고, 인간의 이성은 그것들이 너무 멀어 개인을 돌볼 수 없을 뿐 아니라 사람들의 경외심이나 숭배의 대상이 되기가 어렵다고 소리쳤다. 결국, 악한 상처에는 악한 치료책이 적용될 수밖에 없었다.

거짓과 속임수가 우상 숭배의 방패이자 보호책으로 제시되었다. 우상 숭배자들은 자신들이 구축한 체계의 비효율성으로 인해 생겨난 결함을 메우기 위해 사탄의 도움을 받아 자신들이 처음에 지은 죄를 통해 생겨난 길로 선뜻 나아갔다. 그들은 멀게 느껴지는 자연의 능력들을 가깝게 보이게 하고, 자연의 유익한 영향력을 통제해 그것들을 눈에 보이는 대상으로 만들기 위해 신성한 기둥, 조각상, 형상 등을 고안해 냈다.

우상 숭배자들은 멀리 있어 길들이기 힘든 신들을 개인적으로 소유하기 어려운 상황을 극복하기 위해 신성한 돌기둥을 세웠고, 악마적인 주문이나 헌신적인 행위를 통해 그것을 태양이나 달이나 별들과 연관시켰다. 그들은 그렇게 하면 신비적 결합을 이루어 천체들의 영향력을 가깝게 끌어와 누구든 맹세와 기도를 통해 언제라도 이용할 수 있게 만들 수 있을 것으로 생각했다.

람밤(모세 마이모니데스)은 사비교도의 경전을 근거로 "사비교도는 자신들이 생각하는 방식에 따라 별들을 위한 형상을 세웠다. 그들은 태양을 위해서는 금으로 만든 형상을, 달을 위해서는 은으로 만든 형상을 세우는 등, 세상의 모든 지역과 금속에 이름을 붙여 별들에게 바쳤다. 그들은 그런 다음에는 신성한 숲들을 조성하고, 별들의 능력이 그들의 형상으로 흘러들어와서 사람들에게 예언의 능력과 지혜를 주고, 유익한 도움을 베푼다고 생각했다. 그들은 또한 나무들이 별들과 교통한다고 생각했다. 어떤 별에 특정한 나무를 바쳤으면, 그 별의 이름으로 그 나무를 심고, 정해진 방식으로 그것을 숭배하면 별이 지닌 영적 능력이 그 나무에 주입된다고 믿었다"라고 말했다.[3]

플로티노스의 말도 이런 과정을 이해하는 데 도움을 준다. 그는 "신들이 자기들에게 가깝게 다가오기를 원했던 고대의 현자들은 신성한 물체와 조각상을 만들어 우주 안에 있는 자연에 모든 생각을 집중했던 것으로 보인다. 그 결과, 그들은 '영혼'이 모든 곳에 존재할 뿐 아니라 유순하고, 길들이기 쉬운 본성을 지니고 있기 때문에 그 흐름 속으로 들어갈 수 있는 수단을 만들기만 하면 그것에 참여할 수 있다는 것을 깨달았다"라고 말했다.[4] 내가 말하려는 요점은 이 현자들이 기둥과 조각상을 이용해 영혼의 신비적 교감을 이루면 별들의 능력에 접근해 그것을 이용하거나 활용할 수 있을 것으로 생각했다는 것이다.

플로티노스는 그런 생각에 동조하면서 그런 일들이 실제로 일어날

---

3   Moses Maimonides, *Moreh Nebuchim*, Book 3, chapter 29.
4   Plotinus, *Enneads*, Book 3, chapter 9.

수도 있다고 믿게 하려고, "모방을 통해 어떤 것을 다른 것의 형태와 일치시키면 무활동의 상태가 되어 마치 거울처럼 그것의 본질을 경험할 수 있다"라고 덧붙였다. 다시 말해, 천체를 위해 조각상이나 형상을 세우면 천체의 능력이 그것과 일체가 되어 거울이 앞에 있는 사람의 형상을 포착하는 것처럼 형상 제작자의 정신적 관념 및 활동과 조화를 이룬다는 것이다. "우주는 놀라운 기능을 지닌 만물, 곧 자기에게 정신적 형상을 부여한 것을 모방하는 만물을 만들어내는 본성이 있다." 이 말은 세상에 있는 것들 가운데 우주의 '영혼' 안에 이미 존재하는 능력의 형상에 따라 만들어지지 않은 것은 아무것도 없다는 뜻이다(이것이 '영혼'에 관한 플라톤주의자들의 가르침이다). 플로티노스는 계속해서 "각 개인은 이런 식으로 만들어졌기 때문에 물질의 형태는 자기보다 우월한 형태에 일치해 형성되고, 그것은 다시 자기를 만든 신과 연결되기 때문에 신이 자기를 빚은 형태대로 신을 본다"라고 말했다. 이 말은 위의 모든 과정을 결론으로 이끈다. 즉 재료를 사용해 신비적 형태로 우상을 만들면, 그것은 우상을 만들기 이전부터 존재했던 보이지 않는 하늘의 형태와 정확하게 일치하기 때문에 형상과 그것과 관련된 능력의 상호 관계가 즉각 성립된다는 것이다(이 점을 좀 더 자세히 알고 싶으면 플로티노스와 그의 철학을 해설한 자료들을 참조하라).

만일 우리가 "한갓 물질로 만든 형상이 그런 특정한 신과 연결되는 이유가 무엇인가?"라는 반론을 제기한다면, "그것이 그 신과 일치해 만들어졌기 때문이다"라거나 "그것이 헌신의 행위를 통해 그 신과 연합하기 때문이다"라는 대답을 듣게 될 것이다. 그러나 우상을 제작하는 사람이 그 형상을 빚으면서 어떤 신이 자기에게 능력을 행사해 그 신비적인 형상을 따라 그것을 빚게 하는지를 어떻게 알 수 있는지 참으로 궁금하기 짝이 없다. 오늘날의 형상 숭배자들이 이런저런 조각상이 다른 성인(聖人)이 아닌 특정한 '성인'을 나타내는 이유를 이보다 더 그럴듯하게 설명할 수 있을지 의심스럽다.

어쨌든 이런 형태의 우상 숭배가 '점성술'이라는 이름으로 통용되는 사악한 기술을 좇는 많은 사람들 사이에서 오늘날까지도 버젓하게 이루어지고 있다. 그들은 천체들의 형태와 일치한다고 생각하는 모양과 형상을 만들고, 그것들이 천체들과의 결합을 통해 놀라운 능력과 효력을 발휘한다며 어리석은 자들을 꼬드긴다. 그들은 별들의 영혼이 자기들이 만든 조각상과 형상들에 갇혀 있다고 말하지만, 그것들이 별들의 영혼인지 귀신들인지 알지 못한다. 이 모든 것은 고약한 우상 숭배의 냄새를 풍긴다. 알베르투스 마그누스와 마르실리우스 피키누스와 제롬 카르다누스를 비롯해 여러 사람이 뻔뻔스럽게도 이런 가증스러운 이교 사상을 기독교 세계에 도입했다.[5] 여기에 마술의 모든 본질이 담겨 있다. 그러니 '하나님의 어린 양'을 나타낸 작은 형상들, 촛불, 성수 따위를 믿는 교황들의 죄를 어떻게 용서할 수가 있겠는가?

---

5   Albertus Magnus, *The Mirror*. Marsilius Ficinus, *Securing Heavenly Life*.

8장
우상 숭배의 기원과 발전 6

　남아 있는 기록물들과 고대의 기념비들을 통해 우상 숭배자들이 종교적인 숭배의 대상들을 손쉽게 이용할 수 있게 하려고 형상들을 발전시켰다는 사실이 분명하게 확인된다. 가장 오래된 우상은 두 가지 종류(끝을 뾰족하게 깎아 만든 기둥이나 운석을 부착하기도 한 약간 거친 형태의 기둥)였다. 헬라주의를 통해 사자 숭배가 도입되어 인간의 형태를 한 형상들이 등장하기까지는 상당히 오랜 시간이 걸렸다.

　헬라인들은 신성한 기둥을 '석비(Stele)'로 일컬었고, 〈70인경〉은 이것을 '페셀'로 번역했다. 히브리인들은 그런 것을 세우는 것이 금지되었다(레 26:1, 신 16:22). 킴치에 따르면, 이 용어는 '경배하기 위해 세운 돌'을 의미한다. 헤시키우스는 '아폴론 아기에우스(거리의 수호신)'가 '끝이 뾰족한 기둥,' 즉 피라미드와 같은 형태를 띠었다고 말했다. 알렉산드리아의 클레멘트는 이런 기둥들에 대해 "고대인들은 정확한 모양을 갖춘 형상이 제작되기 이전에는 단순히 기둥들을 세우고, 그것들을 신들의 좌소로 간주했다"라고 말했다. 그런 기둥들은 신들의 거처나 멀리 있는 신들의 능력이 깃드는 장소, 곧 신들의 자리로 여겨졌다. 수이다스는 숭배의 형상이 '인간이 즐거워했던 전부였다'라고 말했다. 이는 그런 식으로 인간의 눈을 만족하게 하는 것이 인간의 마음을 기쁨으로 충만하게 했다는 뜻이다.

클레멘트는 『포로니스(*Phoronis*)』의 저자가 쓴 글을 인용해 주노의 여사제였던 칼리드레에 관해 "아르고스 주노(헤라)의 열쇠를 쥐고 있는 칼리드레는 머리띠와 화관으로 그녀의 높이 솟은 기둥을 장식한 최초의 인물이었다"라고 말했다. 여기에서 '높이 솟은(마크론)'이라는 용어가 사용된 이유는 그것이 '다듬지 않은 돌'과는 달리 똑바로 세워 만든 기둥이었기 때문이다. 호메로스는 이따금 '길고,' '높다'라는 말로 기둥을 묘사하곤 했다. 클레멘트는 또한 '우리가 처음 얻은 전리품을 그 신을 기리는 축제의 열한 번째 날에 문설주와 높이 솟은 기둥에 매달아 놓기 위해'라는 에우멜루스의 말을 인용하기도 했다. 에우멜루스는 처음 얻은 전리품을 문설주와 석비에 매달아 신에게 바쳤던 일을 기록했다. 이것은 잘 알려진 사실이다.

클레멘트는 귀신들이 이스라엘 백성이 광야에서 생활하기 이전에 석비를 모방한 기둥들을 사용하도록 부추겼다고 생각했다. 다른 사람들이 어떻게 생각하든, 나는 성막이 제작될 무렵에는 이런 종류의 기둥과 석비들이 이미 많은 민족들 사이에서 흔히 사용되었을 것으로 확신한다. 아마도 이런 것들로부터 신전이나 다른 건물들의 출입구에 세워둔 작은 기둥들, 곧 '디이 안델리이(문을 지키는 수호신)'로 불리는 기둥들이 생겨났을 가능성 있다. 헤시키우스는 "그 신들은 문 앞, 곧 야외에 있는 그 집의 출입구 앞에 세워져 있었다. 인간이 형상이나 조각상을 만드는 것을 아직 생각해 내지 못했던 시대에는 종교적인 목적을 지닌 기둥들을 세웠다. 하늘의 별들만을 신으로 숭배했을 때는 인간의 형상을 한 조각상을 만들려는 생각이 없었다. 당시 사람들은 단지 멀리 있는 신들이 임할 장소를 마련할 생각뿐이었기 때문에 살아있는 존재를 우상의 형태로 만들어야 할 이유가 없었다(내가 앞서 말한 대로, 이것은 나중에 생겨난 개념, 즉 태양을 처음으로 아폴론과 일치시켰던 때에 비로소 시작된 개념이었다)"라고 말했다. 전에 트리노반테스의 콜체스터에서 이런 종류의 기둥을 본 적이 기억난다. 후세대는 그 위에 십자가의 상징을 올려놓고, 좀 더 현대적인 미신 행위의 목적을 이루는 데 사용했다.

사람들은 끝이 뾰족한 기둥들과 함께 다듬은 돌들을 만들어 그와 똑같은 목적에 사용하기 시작했다. 파우사니아스는 "그 형상 옆에 네모난 돌들이 약 서른 개 세워져 있었다. '파라에'의 주민들은 각각의 돌에 신들의 이름을 하나씩 붙여놓고 그것들을 숭배했다. 헬라인들은 과거에는 신들의 형상이 아닌 돌들을 숭배했다"라고 말했다.[1] 그는 다른 곳에서 이런 종류의 돌들을 더 많이 언급했다.[2] 이것은 태양과 달과 별들을 숭배했던 상고 시대 헬라인들의 관습이었다. 두로의 막시무스는 아랍인들에 대해 "아랍인들이 누구를 숭배하는지는 알 수 없지만, 내가 보았던 것은 네모난 돌이었다"라고 말했다. 이 알려지지 않은 신의 상징물은 네모난 돌이었다. 수이다스는 그런 돌들이 '데우사레스,' 곧 '전쟁의 신들'로 불렸으며, 마르스와 동일시되었다고 말하면서 "그것은 아무런 모양도 새기지 않은 네모난 검정 돌로 높이는 약 1.2미터, 넓이는 약 60센티미터 정도였다. 그것은 황금 기단에 놓여있었다. 그들은 그것에 제사를 드렸고, 그 앞에 제물의 피를 쏟았으며, 헌주를 바쳤다"라는 설명을 덧붙였다.

파우사니아스가 '알려지지 않은 돌들'로 일컬은 이런 돌들은 영국의 솔즈베리 평원에 있는 거대한 돌들(스톤헨지)과 같은 성격을 띤 것으로 추정된다. 존스라는 이름의 학식이 매우 뛰어난 건축가는 매우 작은 소책자를 통해 이것들이 신성한 돌이라는 사실을 입증해 보였다.

---

1   Pausanias, *Achaica*.
2   Pausanias, *Boeotica*.

디오 카시우스는 고대 브리튼족이 '안드레스타스'라는 이름으로 달을 숭배했고. 태양과 달을 위해 이 돌들을 세웠다고 말했다.

앞서 말한 대로, 그런 돌들을 숭배했던 사람들은 신의 능력과 힘을 손쉽게 이용해 자신들을 보호할 생각으로 그것들을 세웠다. 그들은 형체가 없는 영이 돌과 결합할 때 그런 효력이 발생한다고 믿었다. 그다음 단계는 돌 자체를 신성시해 '신들'로 일컫는 것이었다. 람프리디우스는 "그들은 신성시되는 돌들, 곧 오레스테스가 안치한 형상을 라오디게아의 디아나 신전에서 옮겨오기를 원했다"라고 말했다.[3] 그것은 오랜 세월 동안 신으로 숭배되어온 다듬지 않은 돌들이었다. 그로부터 '그 돌, 주피터'를 부르며 맹세하는 관습이 생겨났다. 로마 황제 안토니우스는 자신이 섬겼던 '아가발루스'라는 우상의 이름을 자신의 별명으로 채택해 스스로를 '엘라가발루스(또는 헬리오가발루스)'로 일컬었다. 헤로디아누스는 이 아가발루스 신에 대해 이렇게 말했다. "그것은 원형 기단 위에 올려진 매우 큰 돌로 위로 향할수록 뾰족한 형태를 이루었다"라고 말했다. 히브리 기둥들은 '둥근 주(主)들'로 일컬어졌다. 그들은 그 이름으로 태양을 가리켰다. 아랍인들은 그것을 '가발리테스의 신들'로 간주했다. 가발리테스는 그런 돌을 숭배하는 장소로 유명했다. '바알브올'이라는 명칭과 비교해 보라. 리비우스에 따르면, 로마 전체가 크게 존중했던 이다산의 모신(母神) 키벨레는 페시누스에서 옮겨져 승리의 신전에 세워졌다. 그것도 이런 종류의 돌이었다.

그런 형상들이 처음 사용되었을 때만 해도 그것들에 대해 전혀 알지 못했던 지역들도 많았고, 또 심지어는 그것들이 처음 나타났을 때 혐오감을 느꼈던 지역들도 많았다. 헤로도토스는 페르시아인들에 대해 이렇게 말했다. "형상이나 신전이나 제단을 세우는 것은 그들의 관

---

3   Lampridius, *Life of Heliogabalus*.

습이 아니었다. 그들은 그렇게 하는 사람들이 미쳤다고 생각했다. 내가 생각하기에 그 이유는 그들이 헬라인들과는 달리 신들이 인간에게서 비롯했다고 생각하지 않았기 때문이었을 것이다."[4] 통찰력이 매우 뛰어난 말이 아닐 수 없다.

이미 살펴본 대로, 페르시아인들은 태양과 달을 숭배하기를 좋아했고, 초창기의 우상 숭배자들이 전해준 이 미신을 끈질기게 추구했기 때문에 헬라 문화에 도입된 그런 우상들을 인정하지 않았다. 그들은 형상들을 세우지 않았다. 점성술사의 역사를 다룬 한 저술가는 디오게네스 라에르티우스의 저서에 첨부한 자신의 서문에서 아하수에로 왕이 유럽 원정 기간에 형상들을 모조리 파괴했다고 말했다. 이것은 그의 성장 배경과 정확히 일치한다. 그들은 형상들을 파괴했을 뿐 아니라 그것을 오락거리와 조롱거리로 삼았다. 캄비세스(고레스 대왕의 아들)는 멤피스의 불카누스 신전에 들어가서 '형상을 향해 크게 웃으면서 비웃었고,'[5] 카비리의 신전에 들어가서는 '조롱을 많이 퍼붓고 나서 불로 형상들을 파괴했다.' 그가 자기 조상들이 했던 방식대로 형상들을 불태운 이유는 그것들이 인간의 형상을 하고 있었기 때문이고, 그것들을 비웃었던 이유는 그것들이 우스꽝스러운 모습을 하고 있었기 때문이다. 솔레누스가 전한 대로, 그는 에베소의 디아나 신전만 남겨 놓고 아시아의 모든 신전을 불살랐다. 칼리마쿠스가 말한 대로, 그녀의 형상은 날렵하게 깎은 느릅나무(또는 너도밤나무) 줄기였다. "전쟁을 좋아하는 아마존(신화 속의 여전사)들이 신을 위해 참나무 줄기로 에베소의 해안에 나무 형상을 세웠다."[6]

---

4   Herodotus, *Histories*.
5   Herodotus, *Histories*, Book 3.
6   Callimachus, *Hymn to Artemis*.

그러나 '역사의 아버지'로 불리는 헤로도토스는 페르시아인들이 신들이 인간에게서 나오지 않았다고 믿었기 때문에 조각상을 세우지도 않았고, 우상을 숭배하지도 않았다고 말한 적이 없다. 또한, 그는 그들이 모든 기둥과 기념비를 거부했다고도 말하지 않았다. 그것은 정확한 사실이 아닌지도 모른다. 타키투스도 게르만족에 관해 비슷한 말을 했다. "그러나 그들은 신들을 벽으로 둘러싸거나 인간의 얼굴을 한 형태로 만드는 것이 신성한 존재들의 위엄에 어울린다고 생각하지 않았다. 그 대신 그들은 숲과 산을 봉헌했고, 오직 경건한 사람만이 알아볼 수 있는 보이지 않는 존재들에게만 '신'이라는 명칭을 부여했다."[7] 그러나 그는 그보다 조금 일찍 "그들은 전쟁을 할 때 신들이 자기들과 함께한다고 믿었고, 작은 형상과 조각상을 신성한 숲에서 가져와서 전쟁터에 가지고 갔다"라고 말했다.[8] 따라서 신성한 숲에 형상이나 신당이 전혀 없었던 것이 아니라 인간의 형태로 만든 것만 없었다고 결론지을 수 있다.

마이모니데스가 말한 대로, 산속에서 하늘의 별들이 숭배되었다. 고대 게르만족은 동방 사람들이 숭배했던 기둥이나 돌 대신 살아 있는 나무나 고목의 줄기를 숭배했다. 클라우디아누스는 "그런 사람만이 적막한 침묵이 흐르는 헤르시니아 숲의 외진 곳, 곧 고대 종교의 신성한 숲과 야만 시대 신들의 형상을 한 나무들이 있는 곳에서 안전하게 사냥을 하도록 허용되었다"라고 말했다.[9] 베르길리우스도 '신들의 신탁으로 여겨지는 참나무'라는 표현을 사용했다. 갈리아족에 관한 루카누스의 말에서도 비슷한 내용이 발견된다. "나무줄기를 흉측하게

---

7 Tacitus, *Hermania*, chapter 9.
8 Tacitus, *Hermania*, chapter 7.
9 Claudian, *In Praise of Stilicho*.

잘라 내어 아무런 기교 없이 만든 우중충한 신들의 형상이 세워져 있었다. 그 광경 자체, 곧 불결한 것들과 다 썩어버린 뿌리들이 그들을 놀라게 한다."

두로의 막시무스는 켈트족과 갈리아족이 엄청나게 큰 참나무 형상으로 주피터를 숭배했다고 말했고, 프로코피우스는 흑해에서부터 캅카스 산지까지 흩어져 살고 있던 아스바스기족이 자신의 시대(유스티아누스 황제의 시대)에 이르기까지 "숲과 산을 미신적으로 숭배하며, 야만적인 단순함에 이끌려 나무들을 신으로 떠받들고 있다"라고 말했다.[10] 고트족을 그들이 고대부터 거주해 오던 스키타이 지역에서 몰아낸 종족은 훈족이었다. 역사가들은 리투아니아에 살던 그들의 후손이 늦게까지 나무들을 숭배했고, 나중에는 유굴루스 왕이 그것들을 자신의 손으로 직접 베어버렸다고 말한다. 조르난데스(6세기 동로마 제국의 관리)는 훈족들이 '알리오루마이'로 일컬어진 마력을 지닌 여성들을 통해 악령들을 낳았다고 말했다. 그는 늘 그러는 대로 더할 나위 없이 고지식한 까닭에 터무니없는 말만 늘어놓는 경향이 있다.[11]

필로스트라토스는 카디스에 헤라클레스에게 바쳐진 가장 오래된 고대의 신전이 있었는데 그곳에는 우상들은 전혀 없고 단지 알려지지 않은 글자로 새겨진 비문이 적힌 석비와 돌무덤만 있었다고 말했다. 그 석비들은 마치 모루처럼 정사각형의 형태를 띠고 있었다고 한다. 실리우스 이탈리쿠스(로마 원로원 의원, 26-101)는 그 신전에 대해 "그곳에는 작은 형상이나 익숙한 신의 형상이 없었다"라고 말했다. 쿠르티우스는 두로인들이 헤라클레스를 숭배하면서 실제로는 아폴론, 즉 태양을 숭배했다고 말했다. 카디스는 처음에는 두로인들의 정착지였다.

---

10   Procopius, *History of the Goths*, Book 4.
11   Jordandes, *History of the Getae*, chapter 24.

테미스테우스는 "다이달로스 이전만 해도 머큐리의 형상들은 다듬지 않은 형체 없는 물체였다. 이는 다른 형상들도 마찬가지였다. 다이달로스가 형상들의 발을 만들었을 때, 사람들은 그가 살아 숨 쉬는 존재를 창조했다고 생각했다"라고 말했다.[12] 이 점은 나중에 좀 더 살펴볼 생각이다.

형태가 없는 돌은 운석과 관련이 있었다. 이 사실을 기록한 최초의 인물은 에우세비우스가 언급한 산쿠니아톤이었다. 그는 "카일루스(우라노스) 신이 살아 있는 돌인 운석들을 창조해 솜씨 있게 모양을 만들었다"라고 말했다.[13] 한 꼼꼼한 학자는 산쿠니아톤이 '살아 있는 돌들'이 아닌 '기름을 부은 돌들'이라고 말했고, 그런 실수는 죄를 뜻하는 히브리어 '페'와 '신'을 혼동한 데서 생겨났다고 지적했다. 그는 하늘이 살아 있는 돌들을 만들어낸다는 것은 터무니없는 상상에 지나지 않는다고 주장했다. 에우세비우스가 언급한 산쿠니아톤의 크나큰 어리석음을 생각하면, 그가 실제로는 그렇게 말하지 않았는데 잘못 혼동해 그런 터무니없는 말을 했다고 생각하는 것이 더 우스꽝스러워 보인다. 사실, 에우세비우스가 그런 말을 인용한 이유는 그것이 신학과 이성을 거스르는 엉터리없는 말이라는 것을 보여주기 위해서였다. 더욱이, 우라노스가 자신의 왕국을 되찾기 위해 사투르누스와 싸울 때 전사들로 활용하기 위해 이 돌들을 생각해 냈다는 이야기까지 전해온다. 바로 그런 이유였다면, 그가 '기름을 부은 돌들'이 아닌 '살아 있는 돌들'을 원했다고 생각하는 편이 더 자연스러울 것이다. 고대인들은 다이달로스가 만든 스스로 움직이는 우상들을 믿었던 것처럼, 그런 살아 있는 돌들을 믿었던 것으로 유명하다.

---

12   Themisteus, *Orations*, Oration 15.

13   Sanchuniathon, *Theology of the Phoenicians*.

'바에틸라이'는 운석들이었다. 헤시키우스는 이 용어를 약간 다른 문맥에서 사용했다. 그는 "바에틸루스는 주피터를 대신해 사투르누스에게 준 돌을 일컫는 말이다"라고 말했다. 이것은 유명한 고대의 신화로 그것에서 "당신은 심지어 바에틸루스도 삼킬 것이다"라는 격언이 생겨났다. 에라스무스는 헤시키우스의 말을 빌려 이것을 설명했다.[14] 그의 설명에 따르면, 사투르누스가 포대기에 싸인 바에틸루스를 발견하고 주피터를 대신해 그것을 삼켰다고 한다. 주피터 대신에 사투르누스에게 준 것으로 상상되는 바에틸루스 외에 다른 바에틸루스들이 종교적인 목적에 사용된 것이 분명하다. 수이다스가 다마스키우스로 오인했던 철학자 이소도로스의 생애를 다룬 한 저자는 이렇게 말했다 (그의 말은 포티우스가 인용한 것이다). "바에틸루스는 뒤로 길게 늘어진 옷을 입고 하늘을 가로질러 움직인다. 어떤 때는 한 학자가 그것을 손에 들고 다니는 모습을 볼 수 있다. 바에틸루스를 조사한 그 학자의 이름은 에우세비우스였다." 안드레아스 스코투스는 이 말을 가장 터무니없게 해석했다. 그는 "학자와 돌이 무슨 관계가 있는가? 이 에우세비우스는 신성한 의식이 거행되는 동안 그 돌을 수행했던 비천한 사람이었다. 그는 이따금 그것을 손으로 나르곤 했다. 그는 때로 그것이 혼자서 공중을 나는 것처럼 보이게 했다. 에우세비우스는 바에틸루스를 수행했던 사람의 이름이었다"라고 말했다. 다마시우스는 이 에우세비우스가 그 돌을 종교적으로 숭배했고, 그것을 통해 신탁을 얻었다고 말했다. 이것은 이소도로스가 스스로 움직인다고 주장했던 살아 있는 돌들 가운데 하나였다. 그는 중립적인 영, 즉 특별히 해롭지 않은 귀신이 이 돌에 생기를 불어넣었다고 말했다. 나중에 그런 돌이 세워질 때마다 어떻게 귀신들이 신속하게 그것을 점유해 활용하는지를 살펴

---

14   Erasmus, *Adagia*.

볼 생각이다. 다마시우스는 자신의 저서에서 다른 돌들도 언급했다. 그는 그것들을 '길동무'로 일컬었다.

　고대의 우상 숭배자들은 자신들의 신성한 돌에 실제로 기름을 부었기 때문에 그것을 '살아 있는 돌'은 물론, '기름을 부은 돌'로 일컬었을 가능성이 크다. 클레멘트는 "'기름을 부은 돌'로 간주된 돌들을 경배했다"라고 말했다.[15] 아르노비우스는 이교도였을 때의 자신을 가리켜 이렇게 말했다. "나는 올리브 기름을 바른 부드러운 돌을 볼 때마다 마치 능력이 깃들어 있는 것처럼 그것을 숭배하곤 했다."

　내가 아는 한, 조제프 스칼리제르는 그런 돌들은 야곱이 벧엘에 세운 돌에서 유래했기 때문에 '벧엘에서 유래한 돌들'이라는 뜻에서 '바에틸루스'로 일컬어졌다는 조심스러운 추측을 제기한 최초의 인물이었다. 그는 미신적인 목적을 위해 돌을 세우는 행위가 참 종교에 대항하려는 사탄의 악한 시도에서 비롯한 결과일 것으로 생각했다. 창세기 28장 18, 19절에 보면 야곱이 베고 자던 돌로 기둥을 세웠다는 내용이 발견된다. '세우고'로 번역된 히브리어에서 '석상'이 유래했다. 우상 숭배를 금지한 레위기 26장 1절. 신명기 7장 5절, 12장 3절에서도 이와 똑같은 용어가 사용되었다. 창세기 본문에 따르면, 야곱은 들판에서 우연히 발견한 돌을 세워 그 위에 기름을 붓고, 그 앞에서 하나님께 엄숙하게 맹세했던 최초의 인간이었다. 그는 그 돌이 장래에 '하나님의 집'이 될 것이라고 말했다. 이것은 그가 그 장소에서 하나님을 공식적으로 예배했다는 의미를 담고 있다. 그는 자기가 당장 할 수 없는 일을 약속했고, 나중에 하나님의 인도하심 덕분에 그 약속을 지킬 수 있었다(창 35:6, 7).

　주석학자들은 기둥을 세운 야곱의 행위가 옳은지를 따졌다. 대답

15　Clement, *Stromata* 7.

은 크게 두 가지였다. 하나는 그런 행위가 율법이 주어진 후에는 금지되었지만 그 전에는 허용되었다는 것이고, 다른 하나는 그 돌을 경배의 대상이 아닌 기념물로 세웠다는 것이다. 율법이 주어지기 전만 해도 경건한 사람들은 아무 곳에나 제단을 세우고, 희생 제사를 드릴 수 있었지만, 야곱의 돌은 제단이 아닌 기념물이었다. 그것은 그가 환상을 본 것을 기념하기 위한 것이었을 뿐, 영구적인 예배 장소를 나타내는 것이 아니었다. 이런 사실이 나중에 하나님이 그의 맹세를 상기시켜 주셨을 때 그가 같은 장소에 제단을 쌓았던 일을 통해 분명하게 입증된다(창 35:6, 7). 〈불가타 성경〉은 그가 돌에 '칭호'를 새겼다는 의미로 번역했다. 이는 신성한 돌을 어떤 신에게 바쳤는지를 명기하기 위해 거기에 칭호를 새겼던 흔한 관습을 가리킨다. 다마스키우스는 "그는 사람들이 주홍으로 일컫는 색으로 그 돌(바에틸루스)에 기록한 문자를 보여주었다"라고 말했다.

환상 중에 참 하나님을 본 것을 기념하기 위해 돌을 세운 야곱의 행위로부터 상상 속에서 체험한 신의 현현을 나타내는 의미로 기둥을 세우는 미신적인 관습이 유래했다. 상상으로 그려낸 그런 신들의 현현을 기록으로 남긴 고대의 저자들이 한둘이 아니다. 예를 들어, 할리카르나소스의 디오니시우스는 "여신이 고통받는 여인들에게 나타나서 도움을 베푼 일은 기록할 가치가 있다"라고 말했다. 그는 '신들의 현현을 믿지 않는 무신론자들도 철학자로 불릴 자격이 있다고 치면, 그들은 무신론을 추종하는 이들이 분명할 것이라며' 에피쿠로스 철학자들을 비판하기도 했다. 키케로가 설명한 대로, 에피쿠로스 철학자들은 신들의 '임재'나 '현현'을 비웃었다. 아테나이우스도 버가모의 코리스티우스의 말을 빌려 데메트리오스가 안티파테르에게 살해된 자신의 형제 히메라에우스의 현현을 종교적으로 숭배했다고 말했다. 그 행위는 아덴 사람들 사이에서 큰 분노를 불러일으켰다.

데메트리오스는 신의 현현을 주장했을 뿐 아니라 그것을 예배하려고 시도함으로써 아덴에서 불법으로 간주되었던 '이상한 신'을 도입하는 잘못을 저질렀다. 키케로는 그런 불가사의한 현상에 관해 이렇게 말했다. "다른 민족들은 물론, 우리 민족 가운데서도 신들과 종교적인 능력들을 기리는 의식이 나날이 더 낫게 발전하고 있다. 이것은 우연히나 마구잡이로 이루어지는 현상이 아니라 신들이 자주 자신들을 나타내 보이는 데서 비롯한 결과다"라고 말했다.[16] 이런 사실들을 고려하면 그리스도인을 자처하는 사람들 사이에서 '공현 축일'로 불리는 것이 어디에서, 어떤 신을 예배한 행위로부터 비롯했는지를 익히 짐작할 수 있다. 지금은 '신들'과 '여신들'이 '위대한 성인들'로 대체되었을 뿐이다.

유대인들은 베니게 사람들이 나중까지 여전히 운석을 숭배했고, 신들로 지칭된 이 가공하지 않은 돌들이 벧엘에서 비롯했다는 이유로 바에틸루스로 일컬어졌다고 말했다. 태양 숭배는 다음과 같은 발전 단계를 거쳤다. 즉 단순한 숭배로부터 기둥과 바에틸루스를 섬기는 데로 나아갔고, 나중에는 과일과 꽃을 바치다가 마침내는 동물 제물을 바치는 데까지 이르렀으며, 최종적으로는 사람의 형상을 한 조각상을 통해 태양 자체를 숭배하는 결과를 낳았다. 높이가 70규빗에 달하는 로도스섬의 거상도 그런 종류에 해당한다. 마크로비우스는 애굽인들과 앗수르인들이 왼손으로는 번개와 옥수수 이삭을 쥐고 있고, 오른손으로는 병거를 모는 사람처럼 채찍을 높이 쳐든 인간의 모습을 한 태양의 형상을 앞세운 채 행군하는 습성이 있었다고 진술했다.[17]

---

16 Cicero, *On the Nature of the Gods*.
17 Macrobius, *Saturnalia*, Book 1, chapter 23.

플리니우스도 "제노도루스가 네로 황제의 형상으로 사용할 거상을 만들었다. 높이가 33미터가 넘는 이 거상은 황제가 범죄자로 단죄된 이후에는 태양 숭배에 바쳐졌다"라고 말했다. 그것을 태양 숭배에 사용하라고 명령한 사람은 베스파시아누스였다. 수에토이우스는 "그는 거상을 다르게 고친 사람에게 많은 돈과 상을 내렸다"라고 말했다.[18] 이 조각상은 네로의 머리를 일곱 빛줄기를 지닌 태양으로 대체하는 것으로 변경되었고, 나중에는 코모두스가 태양의 형상을 없애버렸다고 한다. 헤로디아누스는 "그는 로마인들이 숭배했던 거대한 조각상의 머리, 곧 태양의 형태를 한 머리를 없애고, 자신의 머리를 묘사한 형상을 올려놓았다"라고 말했다. 죽은 사람들이 신들로 숭배되고, 태양이 아폴론으로 대체되기 전까지는 그런 것들이 계속 숭배되었다.

여로보암은 하나님의 임재를 나타내는 가시적인 상징물을 소유하지 못한 이스라엘 백성이 예루살렘에서 이루어지는 참 예배로 되돌아갈까 봐 두려워 금송아지들을 만들어 세웠다. 그러나 그로 인해 그의 왕국에 큰 해가 미쳐 전쟁에 패하는 결과가 초래되었다. 그와 마찬가지로 사탄은 자기가 세상에서 이룩한 왕국의 이익을 증대하기 위해 우상 숭배자들이 피조물의 증언을 유심히 살펴 '하나님을 더듬어 찾아 발견함으로써' 자신의 속박에서 벗어나는 일이 없게 하려고 온갖 속임수와 술책을 쓴다(행 17:27). 바로 이것이 그가 새로운 망상과 헛된 희망을 불어넣으려고 안간힘을 썼던 이유였다.

알렉산드리아의 클레멘트는 우상 숭배의 발전 과정을 훌륭하게 묘사했다. 그는 "고대에 수구디아인들은 칼을 숭배했고, 아랍인들은 돌을 숭배했으며, 바사인들은 강을 숭배했다. 그 외에도 수많은 고대 인종들이 독특한 돌을 세우거나 돌기둥을 만들곤 했다. 거기에 재료들

---

18   Suetonius, *Life of Vespasian*, chapter 18.

을 잘 다듬거나 새겨 만든 형상들이 더해졌다. 이카로스에 있는 디아나의 형상은 다듬지 않은 나무로 되어 있었고, 시데라에 있는 주노의 형상은 다듬은 나무줄기로 되어 있었다. 사모스섬에 있는 주노의 형상도 처음에는 나무줄기였는데 프로클루스가 집정관이 되었을 때는 조각상의 형태로 만들어졌다. 저술가 바로는 사람들이 아름답지만 사악한 예술을 개발하지 못했던 고대에는 창이 마르스의 형상으로 사용되었지만, 나중에 조각 기술이 향상되자 이 기만적 행위가 빠르게 퍼져나갔다고 말했다. 이제 사람들은 나무나 돌을 이용해 인간의 형태로 형상을 만들기에 이르렀다"라고 말했다.[19] 클레멘트는 이렇게 말하고 나서 여러 사회에서 형상을 처음 만들었던 사람들의 이름을 순서대로 나열했다.

이것은 사탄이 신성한 계시를 박탈당한 인류를 상대로 거둔 큰 승리였다. 이로 인해 자연 신학이 최종적으로 완전하게 파괴되고 말았다. 그로써 어둠의 왕은 인류의 대부분을 지배하며 역사 대대로 행사하게 될 권위의 기반을 든든히 다질 수 있었다.

---

19 Clement of Alexandria, *Discourses to the Pagans*.

9장
우상 숭배의 기원과 발전 7

    사탄은 하나님과 인간을 상대로 한 악한 책략을 아직 온전히 이루지는 못했지만, 앞에서 설명한 성공을 토대로 더 많은 것을 장악하려고 시도하며, 하나님의 보좌를 차지하려고 더욱 대담하게 행동했다. 그가 세운 계획의 다음 단계는 헬라주의(사자 숭배)의 발흥과 더불어 만족스럽게 진행되었다. 그는 이 미신을 미끼로 삼아 인간을 종교적인 숭배의 대상으로 떠받들게 하려는 의도를 노골화하기 시작했다. 그러나 다신교가 실천적인 반(反)유신론적 성격을 띠도록 이끌었던 이런 영적 반란과 불신앙이 정점에 이르기까지는 오랜 세월이 필요했다. 인류의 영적 탈선이 처음 이루어졌을 때만 해도 사람들은 '인간이 만든 신들'을 필요로 하지 않았다. 항상 일정한 법칙에 따르는 천체들의 움직임이 식상하게 느껴져 인간의 헛되고 변덕스러운 생각을 더 이상 만족시킬 수 없는 것으로 드러나자 사람들은 마침내 자신들의 형상을 닮은 신들(곧 유유낙낙하고, 태평스러워 쉽게 모방할 수도 있고, 도움을 얻어내기도 수월한 신들)을 만들기 시작했다. 헬라주의가 발전하면서 태양과 달과 별들을 비롯한 천체 숭배와 반신반인 숭배, 죽은 영웅들, 유령들, 상상 속의 정령들 등, 한 마디로 고대의 모든 우상이 하나로 결집하는 현상이 나타났다. 이 시점부터 한편에서는 사비교(하늘의 별들을 숭배하는 미신)

가 성행했고, 다른 한편에서는 인간의 형태를 한 형상들을 숭배하는 종교가 확립되었다.

우상 숭배의 기원이 의심스럽고, 불확실하다는 것은 모두가 인정하는 사실이다. 우선, 몇몇 저술가들의 견해를 소개하고 싶다. 이들은 나름대로 평판이 있는 데다 제시한 견해도 어느 정도 일리가 있기 때문에 관심을 기울일 만한 가치가 있다. 이들의 견해를 다루고 난 뒤에는 이 깊고, 혼탁한 우물과도 같은 현실 속에서 진실을 밝히는 데 필요해 보이는 요점들을 몇 가지 살펴볼 생각이다.

『솔로몬의 지혜』로 알려진 책의 저술가는 명성이 상당히 높다. 그는 "우상들은 처음부터 존재하지 않았고, 영원히 존재하지도 않을 것이다. 그것들은 인간의 허영심으로 인해 세상에 생겨났기 때문에 신속하게 종말을 고할 것이다. 아들과의 때 이른 사별로 인해 슬픔에 잠긴 한 아버지가 갑작스레 없어진 아들의 형상을 만들었다. 그로 인해 죽은 사람을 신으로 숭배하는 행위가 시작되었고, 그의 후손들은 비밀스러운 의식과 제의를 거행했다. 이 불경한 관습은 시간이 지나면서 더욱 강화되었고, 마침내는 법률처럼 굳어졌다. 왕들의 명령에 따라 새긴 형상들을 향한 예배가 이루어졌다"라고 말했다.[1] 그는 이 견해를 뒷받침하기 위해 몇 가지 논의를 덧붙였다. 이 견해는 나중의 사건들을 통해 더욱 그럴듯하게 발전되었다. 그런 식의 숭배 의식이 발전하면서 수많은 신이 만들어졌다. 한두 가지 예를 들면 다음과 같다. 먼저, 아테나이우스는 "데메트리오스 왕의 아첨꾼 가운데 하나였던 람프사쿰의 아디만투스는 티로스에 신전을 건축하고, 그 안에 석상을 세워 그것을 데모트리오스의 어머니인 비너스 필라에게 바치고 나서 그 장소를 '필라에아'로 일컬었다"라고 말했다. 데모스테네스의 조

---

1   *Wisdom of Solomon*, 5:13–20.

카인 역사가 데모카레스는 아덴의 모든 시민이 라누아에서 데메트리오스 폴리오르세테스의 정부(情婦)를 위해 신전을 지어 바치는 일에 참여했으며, 테베 사람들도 그와 같은 일을 했다고 말했다. 데메트리오스는 그런 부정한 숭배를 혐오하며 "아덴 사람들이 지하 세계의 거주자들과 어울리는 한, 고귀한 생각을 지닌 아덴 사람은 단 한 명도 나타나지 않을 것이다"라고 말했다.

인간의 감정이 기념비적인 조각상을 세우게 된 최초의 원인이었다는 견해가 있다. 다시 말해, 인간은 죽으면 잊히는 운명을 타고났지만, 죽은 자에 대한 기억을 잊지 않기 위해 조각상을 만들었고, 그것을 기회로 다른 사람들이 미신적인 우상 숭배를 발전시켰다는 것이다. 또 어떤 사람들은 미신 자체가 처음에 신들의 숫자를 증대시켰고, 나중에 그런 새로운 고안물들을 묘사하기 위해 조각상을 만들었다는 견해를 피력하기도 했다. 락탄티우스는 형상들을 세워 신으로 숭배하게 된 이유가 죽은 통치자들에 대한 사람들의 어리석은 충성심 때문이었다고 말했다. 이것은 형상들을 세워 죽은 사람을 신들의 반열에 올려놓는 행위가 이루어졌다는 견해다. 에우세비우스는 "야벳의 씨족에서 헬라주의, 즉 종교적인 우상 숭배를 최초로 창시한 스룩이 태어났다. 그와 그 주위에 있던 사람들은 통치자나 전사였던 조상들, 곧 용기 있는 행위나 덕스러운 행위를 통해 기억할 만한 가치가 있는 업적을 이룬 조상들을 기둥의 형태로 된 형상을 세워 존중했다(죽은 사람을 신으로 숭배하는 방식을 생각해 내기 오래전에 기둥을 세워 숭배했던 일에 대해서는 이미 앞에서 살펴본 바 있다)…그들은 그런 조상들을 신으로 떠받들어 희생 제물을 바쳤다. 이전 세대의 본래 의도(즉 적절한 기념비를 세워 죽은 영웅들을 유익을 끼친 인물로 존중하려고 했던 의도)를 잘 알지 못한 후대 사람들은 그들을 하늘의 신들로 여겨 숭배했다"라고 말했다. 그가 '신격화

(apotheosis)'에 관한 대목에서 덧붙인 말 가운데 고려할 만한 가장 큰 가치를 지닌 내용이 있다면, 그릇된 충성심에 이끌려 아무 생각 없이 허용했던 것들로 인해 심각한 악이 발생했다는 말일 것이다. 구체적으로 말해, 그는 "신격화는 다음과 같은 방식으로 이루어졌다. 그들은 처음에는 의식서에 죽은 사람들의 이름을 기록했고, 그런 다음에는 그들이 죽은 날을 절기로 정해 축하하며, 그 날을 기념했다. 그들은 그렇게 함으로써 축복받은 자들의 땅에 안전하게 도착한 사람들과 함께 축제를 즐길 수 있다고 믿었다"라고 말했다.

유대인들은 아브라함의 아버지 데라가 형상과 조각상을 최초로 만들었다고 주장했다. 이런 신화와 더불어 니므롯의 형상을 숭배하기를 거절했다는 이유로 아브라함이 불 속에 내던져졌다는 이야기도 전해온다. 에피파니우스가 이런 유치한 '데라 신화'를 "나홀의 아들 데라의 시대로부터 진흙과 토기로 형상들이 제작되었다. 데라는 그런 것을 만드는 장인이었다"라는 식으로까지 주장했다는 것은 참으로 놀랍기 그지없다. 그와 비슷하게 수이다스도 "데라는 다양한 재료를 사용해 형상들을 만들었다. 그는 그것들을 신으로 내세웠고, 축복의 시여자로 숭배해야 한다고 주장했다"라고 말했다. 안디옥의 요한네스 크리소스토무스는 "데라는 돌과 나무로 신들을 만들어 팔았던 조각가였다. 그가 조상들을 기리는 형상들을 만들고, 미술과 글쓰기를 도입함으로써 형상들을 미신적으로 숭배하는 관습과 온갖 형태의 우상 숭배가 인류 가운데 생겨났다"라고 말했다. 물론, 그 당시에 미술과 글쓰기는 존재하지도 않았다.

성경에는 데라의 아들 하란이 자기 아버지보다 먼저 죽었다고 기록되어 있다. 에피파니우스는 세상이 창조된 이후로 그런 일은 그때가 처음이었다면서 그렇게 된 이유가 그 자신이나 부모의 죄악 때문이었다고 주장했다. "이전 시대의 사람들 가운데 아버지보다 먼저 죽은 아들은 아무도 없었다. 전에는 아버지가 아들보다 먼저 세상을 떠났다." 에피파니우스는 아벨이 부모보다 먼저 죽었다는 반론에 대해 그의 죽음은 폭력에 의한 부자연스러운 죽음이었다고 대답했다. 그러나 학식이 뛰어났던 그의 이 모든 주장은 사실이 아니다. 홍수 이전에 살았던 라멕도 아버지보다 몇 년 앞서 세상을 떠났고, 데라의 고조부였던 벨렉도 그러기는 마찬가지였다. 지금까지 언급한 것은 옛 학자들의 일반적인 견해였다. 그런 견해는 가나안으로 가려는 확실한 의도를 품고 고향을 떠났던 한 경건하고, 거룩한 사람을 공정하게 평가하는 데 큰 걸림돌이 된다(데라는 하나님으로부터 고향을 떠나라는 지시를 받았을 것이 분명하다. 창 11:31 참조). 그런 식의 비방은 변명의 여지가 없다. 이것은 유대인의 헛된 신화에 지나지 않는다.

핀다로스는 로도스섬의 사람들이 형상을 만드는 특별한 재능이 있었다는 듯한 말을 했다. "청회색 눈을 가진 미네르바가 그들에게 이 재능을 부여해 손으로 물건을 만드는 것으로는 그 누구도 따라올 수 없게 했다. 그들은 살아 있는 생물들과 길 위를 기어 다니는 짐승들의 형태를 한 형상들을 만들었다. 이것이 그들의 큰 영광이었다."[2] 시인의 이 말에는 로도스섬 사람들이 만든 동물들과 파충류의 형상들이 생동감이 넘쳐 마치 길 위를 살아서 기어 다니는 것처럼 보일 정도로 그들의 예술적 재능이 뛰어났다는 의미가 담겨 있다. 이소도레는 프로미테우스가 인간의 형상을 최초로 만든 인물이었다고 주장하면서 그가 진흙으로 형상들을 만들었으며, 조각상을 만드는 기술이 그와 함께 시작되었다고 덧붙였다. 이런 이유로 사람들은 나중에 프로미테우스가 자기들의 형상을 빚었을 것이라고 믿었다.

---

2   Pindar, *Olympian Odes*, Ode 7, line 91–98.

이보다는 이 기술을 다이달로스가 처음 개발했다는 견해가 더 잘 알려져 있다. 실제로 고대인들은 형상들을 '다이달라스'로 일컬었다. 어떤 사람들은 그가 스스로 움직이는 조각상을 만들었다고 말하기도 했다.

이 견해를 지지하는 고대인들이 매우 많았다. 플라톤은 이렇게 전했다. "소크라테스: 그대들이 다이달로스의 형상들을 암시하는 말을 한 적이 없는 것으로 보아 그대들이 있는 곳에는 그런 것이 하나도 없었던 것 같소이다. 메논: 무슨 말씀인지요? 소크라테스: 내 말은 그것들을 묶어두지 않으면 모두 일어나 다른 곳으로 걸어갈 것이라는 뜻이요."

두로에 있는 헤라클레스의 석상과 키오스에 있는 바쿠스의 석상은 사슬로 묶어 고정했다. 그것은 그것들이 저절로 움직인다는 사람들의 일반적인 믿음 때문이었다. 따라서 아리스토텔레스는 "다이달로스의 조각상들이 하는 식으로 모든 도구가 누군가의 명령을 듣고서든 스스로가 원해서든 정해진 일을 스스로 수행할 수 있으면 참 좋으련만"이라고 말했다.[3] 고대인들은 다이달로스가 수은을 부어 넣어 그런 조각상들을 만들었다고 생각했다. 예를 들어, 아리스토텔레스는 "필립이라는 사람의 말에 따르면, 다이달로스가 나무로 비너스 상을 만들어 수은을 주입했더니 살아서 움직였다고 한다"라고 말했다.

이런 이야기가 어떻게 기원했는지를 짐작할 수 있는 실마리 가운데 하나가 그가 인간의 모습과 특징을 정확하게 묘사한 최초의 미술가로 간주되었다는 사실에서 발견된다. 그는 특히 발을 정확하게 묘사했을 뿐 아니라 한쪽 발을 앞으로 내민 모양을 그려 막 걸음을 떼어 놓으려는 듯한 모습을 연출했다. 체체(13세기 비잔틴의 박식가)는 이렇게

---

3   Aristotle, *Politics*, Book 1.

말했다. "최초의 석상들은 손이나 발이나 눈이 없는 다듬지 않은 돌에 지나지 않았지만, 다이달로스가 인간의 외모가 지닌 특징들을 모두 적용한 조각상을 만들자 그가 스스로 움직이는 형상을 만들었다는 소문이 즉시 퍼졌다." 디오도로스 시쿨루스와 팔라이파투스를 비롯해 다른 저술가들의 글에서도 이와 비슷한 이야기가 발견된다.

사실, 플라톤은 무엇이든 처음 시작할 때가 가장 불완전한 것처럼 다이달로스가 만든 형상들도 실제로는 매우 조잡했다고 말했다. "비오스가 다시 살아난다고 해도 단지 우리의 비웃음을 살 뿐일 것이다. 그와 마찬가지로 오늘날의 조각가들도 만일 다이달로스가 지금 살아서 전에 했던 대로 그의 명성과 평판을 드높였던 형상들을 만들어낸다면 우스갯거리가 되고 말 것이라고 말한다."

태양에게 바쳐진 기둥이나 석비, 다듬지 않은 돌이나 운석들 이후에 만들어진 가장 초장기의 조각상들은 우리가 오늘날 애굽인들의 기념비적 건축물들에서 발견되는 형상들(곧 발은 서로 붙어 있거나 기단 자체와 연결되어 있고, 손은 아예 없거나 있어도 기껏해야 몸통에 나란히 붙어 있는 형태)과 비슷했다. 따라서 당시에 발을 따로 떨어뜨려 놓은 채로 손과 팔을 만들어 붙인 생동감 있는 석상들이 최초로 제작된 것은 큰 혁신이었을 것이 틀림없다. 필로스트라토스는 자신의 번역자가 번역한 말을 빌려 "그것은 검정 돌로 만든 석상으로 다이달로스의 조각상들처럼 양발을 벌려 땅을 딛고 서 있다"라고 말하면서 멤논의 석상이 그런 특별한 특징을 갖추었다고 언급했다.[4] 그러나 스칼리제르는 그것은 올바른 번역이 아니라고 지적하면서 양발이 함께 붙어 있었다는 것이 원문의 의미라고 말했다.[5] 이 헬라어 원문을 문자대로 옮기면 "양발은 다이달

---

4   Philostratus, *Life of Apollonius*, Book 6, chapter 3.
5   Scaliger, *Observations on Eusebius*, 737.

로스의 방식대로 함께 서 있었다"라는 뜻이다. 그는 아폴로도로스가 팔라디온(트로이의 아테나 여신상)에 관해 한 말도 "높이는 세 규빗 정도이고, 양발은 붙어 있었다"라고 번역했다. 그러나 어떤 사람들은 "양발이 마치 걷는 듯한 모양으로 구성되어 있었다"라고 번역했다. 따라서 확실하게 결정할 수 있는 것은 아무것도 없다. 만일 멤논의 석상이 애굽의 예술품에 흔히 나타나는 대로 양발이 붙어 있는 형태로나 발이 전혀 없는 형태로 만들어졌다면(그런 석상들은 '미라'로 불린다) 특별히 언급할 가치를 지니고 있을 만한 특징은 없을 것이 틀림없다. 그러나 그것은 다이달로스 시대에 접어들어 시작된 형태를 지녔기 때문에 필로스트라토스는 애굽의 일반적인 예술품들과는 달리 양발을 따로 벌린 채로 서 있었다고, 곧 다이달로스의 방식대로 양발이 따로 떨어진 특징을 지니고 있었다고 주장했던 것으로 보인다.

　　이것이 조각과 헬라주의의 기원을 다룬 고대 저술가들의 글에서 발견되는 이야기들이다. 단지 우리의 목적에 부합하는 것만이 아닌 모든 증거를 다 제시하려고 했다면, 이보다 훨씬 더 많은 이야기를 소개했을 테지만, 이제 이런 이야기는 이쯤 해두고 진실에 가장 가까운 듯 보이는 말이나 최소한 가장 큰 개연성을 지닌 이야기를 살펴보는 것이 좋을 듯하다.

10장
우상 숭배의 기원과 발전 8

    인간을 신격화한 것이 동방에서 최초로 이루어졌다는 논박하기 어려운 증거가 있다. 동방의 땅, 곧 언어가 혼잡해진 곳에서 거주할 곳을 찾기 위해 부족들과 가문들이 세상의 모든 곳으로 퍼져나갔을 때 그들의 지도자들은 '명성이 높은 위대한 인물들'이 되었다. 인류가 어떤 지역으로 퍼져나갔든, 시간이 지나면서 아무리 기억이 희미해졌더라도 위대한 조상들에 대한 기억은 사라지지 않았을 것이 틀림없다. 셈, 함, 노아와 같은 조상들이 기억을 통해 왜곡되거나 크게 미화되어 동방에서는 '신들'이 되었고, 서방에서는 '귀신들'이 되었다(호메로스가 이타카 님프들의 동굴을 묘사한 내용에 관한 포르피리오스의 해설을 참조하라).

    앞에서 설명한 대로, 태양을 위해 바쳐진 고대의 신전들은 남쪽으로 문이 나 있었지만, 우상들에게 바쳐진 신전들은 항상 동쪽으로 문이 나 있었다. 따라서 신전에 들어온 사람들은 서쪽을 바라보며 예배를 드렸다. '주피터 카피톨리누스 신전'만 고대 시대에 우상을 서쪽을 향하도록 안치한 유일한 예외였다. 그러나 키케로가 집정관으로 일할 때 점술가들의 조언을 듣고 그 조각상을 동쪽을 향하도록 돌려놓았다.[1] 포르피리오스도 이와 똑같은 정보를 제공했다. "모든 신전의 조

---

1   Cicero, *Against Cataline*.

각상들과 출입문은 해가 뜨는 쪽을 향하고 있다. 신전에 들어오는 자들은 조각상을 바라보며 설 때 서쪽을 바라보았고, 그런 자세로 신들을 찬미하며 예배했다." 일부 초기 그리스도인들은 이런 미신을 없애기 위한 노력의 일환으로 동쪽에 있는 교회들을 찾아 들어가서 경배하는 습관을 발전시켰다(그들의 행위도 미신적이기는 마찬가지였다. 그들이 무엇을 경배했는지 의심스럽다).

이처럼, 오랫동안 하늘과 별들을 숭배하던 이교도들이 마침내 만들어낸 인간의 형상을 닮은 신들은 다름 아닌 부족들과 가문들을 이끌었던 이전의 지도자들, 곧 새로운 거주지를 찾아냈거나 다른 업적을 이룬 유명한 인물들이었다. 그들의 명성은 신화와 합체되어 차츰 종교로 발전했고, 그들을 숭앙하는 것이 곧 예배가 되었다. 참이든 거짓이든 전통이나 전승을 통해 전해진 그들의 업적, 생애, 성품, 전쟁, 공적 등에 관한 정보는 무엇이든 '신들의 역사'로 발전해 마치 하늘이 계시한 이야기처럼 간주되었다(그런 이야기들은 대부분 약간의 진실이 가미된 순전한 거짓이었다). 예를 들어, 아테나이우스에 따르면 '과일즙(Nectar)'은 사실상 바벨론의 포도주였다. 그런데 수이다스는 어리석게도 그것을 신의 음료로 일컬으면서 그것을 마시면 젊어지거나 젊음이 유지된다고 주장했다. 그는 "'네옥타르'는 '새로운, 또는 젊은'을 뜻하는 '네오스'에서 유래했다"라고 말했고, 〈어원사전(Etymologicon)〉의 편집자도 "넥타는 신들의 음료다. 그것을 마시는 사람은 젊음을 유지할 수 있다"라는 설명으로 이 주장에 동의했다.

어리석게도 권위 있는 다른 많은 저술가들도 이 용어의 기원을 헬라에서 찾으려고 애썼다. 이 용어와 우상들은 모두 동방에서 헬라로 유입되었다. 따라서 스트라보는 야만적인 민족들의 이름에서 헬라어의 어원을 찾으려고 해서는 안 된다고 강조했다. 노아가 사투르누스,

야누스, 바쿠스로 얼마나 신속하게 전환되었는지는 이미 앞에서 살펴본 바 있다. 함은 주피터 아몬이 되었고, 야벳은 이아페투스와 넵투누스가 되었으며, 셈은 플루톤과 디스가 되었다. 여기에서 이런 이름들과 다른 이름들이 신화가 널리 퍼지는 과정에서 변형되었다는 점을 논하는 것은 적절하지 않을 듯하다. 나중에 헬라 신들의 숫자를 부풀린 사람들의 역사는 좀 더 최근에 알려졌고, 충분히 입증된 터라 굳이 여기에서 논할 필요가 없다.

이처럼 헬라주의는 홍수 이후에 인류를 새롭게 혁신한 자들이나 바벨에서 흩어져 나와 새로운 땅을 개척한 지도자들에 관한 신화와 전승을 비롯해 불분명한 전설에 근거했다. 이 영웅들은 처음에는 경외심과 감사의 대상이었지만, 나중에는 신들로 격상되어 미신적인 예배의 대상이 되었다. 이들은 대부분 참 하나님을 저버린 수치스러운 죄를 저지른 지도자들이었다.

따라서 이방 민족들은 몇 가지 근본적인 요점들에 대해서는 일반적인 합의를 이루었다고 하더라도 갈수록 생각이 혼란스러워질 수밖에 없었다. 참된 역사의 핵심적인 진실을 간직한 전설이 새로운 인종을 창설한 자들에 관한 온갖 종류의 신화와 뒤섞여 후손들에게 전달되었다. 앞에서 살펴본 대로, 태양 숭배자들은 기둥과 다듬지 않은 돌들을 세우는 것으로 만족했지만, 그런 지도자들이 하늘에 거하는 신들의 반열에 오르면서 한편으로는 그들에 대한 기억을 보존하고, 다른 한편으로는 그들의 도움을 원하는 대로 얻어내기 위해 그들을 나타낸 조각상들을 세우는 일이 시작되었다. 그로 인해 결국에는 우상들을 세우고, 숭배하는 일이 온 세상에 보편적으로 이루어졌다.

인류는 바벨에서 언어가 혼잡해진 이후에 사방으로 흩어졌지만, 여전히 참 하나님을 일컫는 이름들을 어느 정도 기억하고, 그것들을 후손들에게 전해주었다. 그러나 그들은 시간이 흐르면서 더 이상 하나님을 의식하지 못하고, 자신들의 우상들에게 왜곡된 신의 이름을 부여했다. 산쿠니아톤의 기록에 따르면, 고대 베니게인들이 신들을 '엘리오스' 또는 '욮시아토스(지극히 높은)'로 일컬으며, 그들로부터 하늘과 땅이 생겨났다고 말했다고 한다. 또한, 그는 '야흐,' 또는 '여호와'를 뜻하는 '에오스'가 나중에 '조브'와 '주피터'로 바뀌었다고 진술했다. 산쿠니아톤은 주피터를 '유오'로 음역했다. 그는 '유오'를 섬기는 사제 에오롬발로스로부터 많은 것을 배웠다고 말했다. 디오도로스는 모세에게 율법을 수여한 신이 '야오'로 일컬어졌다고 말했다. 마크로비우스도 "지극히 높은 만물의 하나님은 야오이시다"라는 말로 그 말에 동의했다.

이처럼 사탄은 공유할 수 없는 하나님의 이름을 우상들에게 부여하려고 시도했다. 에우세비우스는 '하나님은 구원이시다'를 뜻하는 여호수아라는 이름이 '야오의 구원'을 익미한다고 말했다.[2] 그는 다른 곳에서도 산쿠니아톤이 말한 대로 '유오'가 아닌 '야오'라고 표기했다. 알렉산드리아의 클레멘트는 '야우'라고 표기했는데, 이것은 '야오'를 잘못 표기한 것으로 추정된다.[3] 심지어 오리게누스는 '야오니아'라고 표기하기도 했다. 원문이 변조된 것으로 보인다. 그는 "히브리 문서에 따르면, 히브리인들은 '야오니아'를 '사바오트 아도나이'와 '엘'로 일컬었다. 그러나 하나님을 적대시하는 사람들은 이것들이 한 하나님을 가리키는 이름이라는 것을 인정하지 않고, 한 신은 '야오(야흐)'로, 다른 한 신은 '사바오트'로 일컬었다"라고 말했다.[4] 그는 이교주의의 잔

---

2   Eusebius, *Demonstration of the Gospel*, Book 4.

3   Clement of Alexandria, *Stromata*, 5.

4   Origen, *Against Celsus*, Book 6.

해를 모아 기괴한 허구를 창안해낸 이단들에 관해 말했다. 그러나 그들이 고대의 전승을 통해 그런 이름들을 알게 되었든, 아니면 히브리성경을 통해 알게 되었든 큰 차이는 없다. 왜냐하면 결국 그런 이름과 칭호를 통해 전혀 다른 신이 만들어졌기 때문이다. 레이놀즈가 처음 지적한 대로, 야오니아는 야오(야흐)의 변형이다.[5] 스탠퍼드는 레이놀즈의 발견을 토대로 자신의 첫 번째 책에서 이름의 올바른 형태를 복원했다. 마태복음 22장을 주석했던 그로티우스와 다른 사람들도 그의 뒤를 따랐다.

흥미롭게도, 하나님을 뜻하는 네 개의 히브리어 자음의 정확한 발음이 과거에는 확실하게 알려졌을테지만, 오랜 세월이 흐른 지금에는 유대인들조차도 그것을 정확하게 발음하는 방법을 안다고 장담하지 못한다. 이런 사실은 그들이 한때 자신들의 하나님이었던 분에 대해 얼마나 무지했으며, 또 그들이 하나님의 이름조차 옳게 부르지 못할 정도로 그분에게 얼마나 처참하게 버림을 받았는지를 여실히 보여준다. 그것은 하나님이 그들을 자신의 특별한 백성이자 교회로 선택하셨을 때 그들에게 처음 알려준 이름이었다(출애굽기 3장). 한때는 여호와라는 이름이 충실한 자들 모두에게 알려졌을 것이 분명하지만, 하나님은 나중에 그것을 자신의 언약과 특별히 연관시키거나 약속을 첨부하지 않은 상태로 단지 이름으로만 사용하셨다. 다시 말해, 이스라엘 민족이 하나님의 백성이자 교회로 일컬어질 수 없게 된 이후에는 그들이 의도적으로 그 이름을 거부했거나, 아니면 하나님이 그들을 징벌할 의도로 그들을 자기 백성으로 선택하면서 언약의 표징으로 계시한 그 이름을 더 이상 기억하지 않기로 작정하셨거나 둘 중 하나일 것이다.

---

5   Reynolds, *On Idolatry*, Book 2, chapter 3.

한편, 지극히 높으신 하나님의 또 다른 이름인 '엘로힘'은 '엘리오스,' '아도니스,' '에반,' '에비우스'로 번역되었다. 사람들은 이 이름이 '에헤이에'에서 유래했다고 생각했다. 플루타르크는 "사람들은 승리의 함성을 터뜨리면서 그 이름을 큰소리로 외치는 데 익숙했다"라고 말했다.[6] '히에로스'는 모든 신성한 것을 가리키는 이름이었다. 사람들은 이것이 헬라어로 아무런 의미가 없는 '에'라는 이름에서 유래했다고 말한다. 그러나 이 이름은 히브리어에서 유래된 것이 틀림없다. '주피터 살라시오스'는 '여호와 사바오트'에서 유래했다. 내가 이런 사례들을 일일이 다 언급한다면 독자들이 지루해할 것이 분명하다. 산쿠니아톤은 창조 기사에 기록된 중요한 것들의 명칭들이 사람들, 즉 당시의 왕들이나 철학자들의 이름이나 칭호였다고 주장했다. 앵글족과 일부 게르만족들의 위대한 여신이었던 '땅의 여신(Earth)'은 '에레츠'에서 유래했다. 타키투스는 "그들은 대지의 어머니인 '아이르두스'를 숭배했다"라고 말했다.[7] '저녁이 되고 아침이 되니'라는 창세기 1장의 영향으로 밤을 낮보다 먼저 일컫는 민족들이 매우 많다. 타키투스는 게르만족에 관해 "그들은 낮이 아닌 밤의 숫자를 계산한다. 그들은 그런 식으로 날짜를 정하고, 약속을 정한다. 밤이 낮을 가져다주는 것으로 생각되었다"라고 말했다.[8]

그것은 사실이다. 왜냐하면 빛은 어둠 속에서 비치기 때문이다. 영어에서도 오늘날까지 그런 흔적이 나타난다. 예를 들어, 우리는 한 주를 'sennight'로, 두 주를 'fortnight'로 일컫는다. 이것은 각각 일곱 개의 밤과 열네 개의 밤이라는 뜻이다. 고대 브리튼족은 한 주는 '위드노

---

6   Plutarch, *Theseus*.

7   Tacitus, *Germania*, Book 11.

8   Tacitus, *Germania*, Book 11.

스(withnos)'로, 두 주간은 '피온데크노스(pyonthecnos)'로 일컬었다. 전자는 '여덟 개의 밤'을, 후자는 '열네 개의 밤'을 각각 의미한다. 이런 켈트 전통이 갈리아족 사이에서도 발견된다. 이것은 카이사르가 추측한 대로 똑같은 전통에서 비롯했다. 그들은 자신들이 모두 아버지 '디스'의 후손들이라고 생각했다.

그런 그릇된 사상을 통해 생겨난 헬라주의는 세상을 거의 전부 장악할 때까지 뿌리를 깊이 내리며 퍼져나갔다.

11장
우상 숭배의 기원과 발전 9

우상 숭배라는 거짓 종교가 최초의 거주자들과 함께 이곳 영국에 도입됐을 것이 분명하지만, 그 최초의 거주자들이 누구이고, 또 이 섬이 어떻게 '브리튼'이나 '브리튼섬'으로 일컬어지게 되었는지는 전혀 알 수 없다. 초창기의 야만성, 항상 변하는 인간사, 신화 제조자들의 대담함, 세월의 오랜 간격과 같은 요인으로 인해 거의 모든 민족의 기원이 매우 불확실해졌기 때문에 가장 뛰어난 지성을 지닌 사람들이 진실을 파헤치려고 아무리 열심히 노력해도 실패할 때가 많다. 더욱이 무지를 감춘 학자적인 교만함으로 인해 모른다고 솔직하게 인정하는 것보다 더 큰 해악이 발생하는 결과가 초래되기 일쑤다. 실상은 거짓에 불과한 것이 일단 진리로 둔갑하면, 사람들은 점점 더 사실에서 멀어지고, '아무것도 모르는' 중립적인 상태에서 벗어나기 마련이다. 헬라와 로마를 통해 얻을 수 있는 것을 넘어서는 고대의 역사는 모두 다 추측에 의존할 뿐이다.

우리가 이용할 수 있는 자료들을 통해 고대의 사건들을 연구할 때도 가장 초창기의 사건들을 언급한 고대의 저명한 역사가들이나 저술가들의 신뢰성과 능숙한 정도를 비롯해 그들이 사실에 얼마나 진지한 관심을 기울였는지를 판단해야 한다. 누구든 유대인의 기원과 역사만 살펴보더라도 고대의 저술가들이 일치단결해 그것을 신화라는 벽 뒤에 감추어 놓고, 거미가 실을 뽑아내듯 자신들의 생각에서 흘러나오는 것들과 자신들에게 전해온 전설이나 민담을 조잡하게 끼워 맞추었다는 것을 기꺼이 인정할 것이 틀림없다. 어떤 사람들은 문제 자체가 확실할 때도 놀랍고도 기괴한 거짓말을 늘어놓다가 종종 내게 덜미를 잡히곤 한다. 나는 이런 의심스러운 문제를 그런 사람들을 의지해 해결하고픈 생각이 전혀 없다. 따라서 영국의 거주자들이 어디에서 기원했는지를 전혀 알 수 없다고 해서 놀랄 필요는 조금도 없다. 왜냐하면 성경이 논란의 여지를 남기지 않고 확실하게 제시한 민족들을 제외한 나머지 민족들의 기원이나 초기 역사도 모두 다 암흑 속에 가려져 있기는 마찬가지이기 때문이다.

특히 영국인은 다른 민족들과는 달리 불리한 점이 더 많다. 즉 먼 과거와 관련된 이 주제가 지닌 일반적인 모호함 외에도 불확실한 요인이 두 가지나 더 있다. (1) 영국인은 나머지 세상과 동떨어진 섬 민족이기 때문에 전통적인 지식을 다른 민족들과 교환할 수 있는 기회가 제한되어 있었다. (2) 문자가 개발된 뒤에도 학식 있는 영국인들은 자신들의 민간전승을 글로 남기는 것을 거부하고, 지식을 혼자서 독점하려고 시도했다. 사실, 고대 로마에서도 두 번째 요인과 비슷한 시도가 있었다. 키케로는 로마의 초기 입법자들이 그런 의도를 품었다고 말했다. 영국인의 기원을 상세하게 연구하는 데 필요한 자료들이 대부분 완전히 파괴되었기 때문에 어느 정도 개연성이 있거나 사실인 것처럼 보이는 것을 간단하게 추적하는 것으로 만족할 수밖에 없을 듯하다.

이 섬의 거주자들이 야벳의 후손이라는 것은 모두의 일치된 견해다. 성령께서는 창세기 10장 5절에서 "이들로부터 여러 나라 백성으로 나뉘어서 각기 언어와…나라대로 바닷가의 땅에 머물렀고"라고 말씀 하셨다. 카이사르 가문이 살던 시대에도 "내가 전에 보았던 곳에는 바다와 하늘뿐이었다. 바다에는 파도가 하얗게 거품을 일으켰고, 하늘에는 구름이 낮게 드리웠다"(오비디우스)라는 잘 알려진 말이 있었다. 따라서 나머지 진실은 합리적인 추론이라는 수단을 통해 보완할 수밖에 없다. 박학한 골동품 애호가인 캠던 씨가 말한 대로, 헬라인들과 두로인들은 섬들에 대해 알고 있었을 테지만, 미래 세대를 위해 그것들에 관한 정보를 기록으로 남겨둔 문화가 없기 때문에 알 수 있는 것이 아무 것도 없다. 이런 이유로 타키투스는 "문명화되지 않은 사회가 으레 그렇듯, 원주민으로 태어났든 이민자로 이주했든 어떤 민족이 브리튼에 본래부터 살았는지를 보여주는 확실한 정보는 없다"라고 말했다.

카이사르도 고대 세계에 관한 누적된 지식의 혜택을 누렸고, 심지어는 가장 가까운 이웃 민족인 갈리아족 사이에서 오랫동안 살았던 경험이 있는 신중하고, 교양 있는 관찰자였지만, 브리튼족에 관한 것은 모두 불분명하다고 말했다. 그는 "나는 단지 그 섬에 다가가는 것만으로도 그곳 거주자들의 본성을 파악할 수 있고, 또 항구들과 해안을 정찰하는 것과 같은 큰 유익을 얻을 수 있을 것으로 생각했다. 그러나 그런 것들은 심지어 갈리아족에게도 마치 봉인된 책과 같았다. 그 이유는 재미 삼아 그곳을 여행한 사람이 아무도 없고, 그곳을 다녀온 사람들이라곤 고작 상인들뿐이었는데 그들마저도 갈리아와 가장 가까운 곳에 있는 해안 지역만을 알고 있었기 때문이다"라고 말했다. 그는 그곳의 원주민들을 토착민으로 결론지었다. "브리튼의 내륙에는 그 섬에서 태어나 자랐다고 주장하는 인종이 거주하고 있다." 이 말에는 브리튼섬이 마치 인간이 식물이나 버섯이라도 되는 것처럼 인간들을 만들어냈다는 의미가 내포되어 있다. 타키투스는 이 말을 인용하고 나서 "그들의 신체적인 특징이 약간의 실마리를 제공한다. 칼레도니아(스코틀랜드)인들의 큰 키와 붉은 머리는 그들이 게르만족에서 기원했다는 것을 암시한다. 실루리아(웨일스)인들의 거무스름한 얼굴색과 곱슬머리를 비롯해 그들의 위치가 이베리아(스페인)를 향해 있다는 사실로 미루어볼 때 과거에 이베리아인들이 바다를 건너 그곳에 정착했다고 결론지을 수 있다. 갈리아에 가장 가까운 곳에 있는 사람들은 갈리아족을 가장 많이 닮았다. 그 이유는 그 두 땅의 내륙 지역은 서로 다른 방향으로 펼쳐져 있고, 기후도 서로 달라 신체적인 외모가 그로 인해 결정되더라도 본래의 혈통적 특성은 계속 남아 있기 때문이다. 이런 사실들을 고려할 때, 갈리아족이 바다를 건너 자기들과 가장 가까운 땅을 점유했다고 생각하는 것이 합리적일 듯하다"라고 덧붙임으로써 그 기원을 좀 더 깊이 파헤쳐 들어갔다.

마치 누더기를 기우듯 주변의 모든 땅에서 온 인종들이 우리의 땅을 점유했다니 참으로 얼토당토않은 생각이 아닐 수 없다. 그보다는 갈리아에서 사람들이 집단으로 건너와서 이곳에 거주했을 가능성이 더 크다. 캠던은 카이사르나 타키투스에게서 확실한 증거를 찾을 수는 없지만, 브리튼족과 갈리아족은 같은 언어를 사용했던 것으로 보인다고 주장했다. 이런 결론은 고대 갈리아인들이 사용했던 특정한 용어들과 고대 브리튼족의 진정한 후예라고 할 수 있는 오늘날의 웨일스인들이 사용하는 용어들을 비교한 데서 비롯했다. 복스호르니우스도 『갈리아의 기원』이라는 책에서 데이비스의 『어휘 사전』을 근거로 그와 똑같은 견해를 피력했다.

유럽의 인종들은 야벳, 곧 그의 장자인 고멜의 후손이다. 킴브리족(독일 북부 지역의 인종)도 그의 혈통에서 비롯했다는 것이 다수의 견해다. 브리튼족의 참된 후예인 웨일스족은 자신들은 '키므리(고메리)족'으로,

자신들의 땅은 '키므루'로, 자신들의 언어는 '키므락스'로 각각 일컬었다. 캠던은 이를 토대로 고대 브리튼족이 가장 가까운 갈리아의 지역으로부터 건너온 킴브리족이었고, 갈리아족과 킴브리족과 켈트족은 동일한 민족이었다고 결론지었다. 아울러, '고멜'은 히브리어로 '끝'을 의미한다. 만일 그의 이름에 예언적인 암시가 담겨 있었다면, 그는 당연히 '땅의 끝'을 점유해야 했다. 이 모든 것은 충분한 가능성을 지닌다. 따라서 나는 다른 사람이 더 나은 설명을 제시할 때까지 이 설명을 받아들일 생각이다. 많은 브리튼족이 자신들의 조상이 킴로에스(또는 캄브리)로 일컬어졌고, 캄브리는 한때 브루투스의 아들 캄베르에게 장악된 브리튼섬의 일부인 캄브리아(웨일스의 별칭)에서 비롯했다고 생각한다. 이것이 우리가 알 수 있는 전부이기 때문에 인종에 관한 문제는 여기에서 중단할 수밖에 없다.

'브리타니아'라는 이름은 매우 오래되었다. 많은 학자들이 고안해 낸 여러 가지 파생어가 있지만, 모두 거짓일 뿐 아니라 터무니없는 것들이 많다. 존경할 만한 학자 엘리엇은 자신의 사전에서 이 이름이 '프리타네이아'라는 헬라어에서 유래했다고 판단했다. 프리타니스는 시장을 관리하는 헬라 관원의 직함이었고, 그가 근무하는 건물은 프리타네이아로 일컬어졌다. 이런 이유로 프리타네이아는 때로 공공 시장 자체를 가리키는 의미로 이해되었다. 따라서 헬라인들과 로마인들이 브리튼섬에 교역할 상품들이 풍부하다는 것을 발견했고, 그로 인해 그곳이 프리타네이아로 일컬어졌으며, 그것이 나중에 브리타니아가 되었다고 추론할 수 있다. 그러나 이런 추론은 많은 난제를 안고 있다. 첫째, 이것은 헤로도토스가 주석 산지가 어디인지 몰랐다는 사실에도 불구하고, 마치 헬라인들이 브리튼섬을 매우 익숙하게 알고 있었던 것처럼 보이게 만든다(당시에 헬라에 수입된 주석은 브리튼섬에서 채굴한 것이었다). 둘째, 나는 브리튼섬이 카이사르의 원정이 있기 전에는 헬라인들에게 전혀 알려지지 않았다는 캠던의 말에 동의할 수 없다. 브리튼섬의 사람들은 이미 오래전부터 브리튼족으로 일컬어졌을 것이 틀림없다(해양 제국이 전성기에 달했을 무렵, 아덴인들이 브리튼섬에 건너왔다는 일부 사람들의 주장은 사실무근이다). 발라이우스는 미노스의 관심을 피해 바다로 뛰어들었다는 크레타섬의 요정 '브리토나'에서 브리튼이라는 명칭이 유래했다고 억지 주장을 제기했다.

연구가라면 누구나 '거짓말하는 헬라인들'로부터 그런 이야기를 많이 수집할 수 있을 것이다. 비드는 이 명칭을 프랑스의 '브리타니'와 옳게 연결시켰다. 브리타니는 고대에는 아모리카로 불렸지만, 브리튼족이 그곳에 정착한 이후에 그들의 이름을 따라 그런 식으로 바뀌었다. 터무니없는 헛소리를 남발하기로는 둘째가라면 서러워할 사람이 있다면, 바로 코로피우스 베카누스일 것이다. 그는 브리튼이 '브리-다눔'에서 유래했다고 주장했다. 그는 이 말이 '자유로운 다니아(덴마크를 가리키는 라틴어 명칭)'를 뜻한다고 주장했다. 그러나 브리튼은 '다니아'나 '데인인(덴마크라는 명칭은 데인인의 나라라는 뜻이다)'이라는 명칭이 알려지기 오래전부터 이미 유명했다. 험프리 로이드는 이 명칭이 '하얀 형상'을 뜻하는 켈트어 '프리드'와 '카인'이 합쳐져 만들어졌다고 주장한다. 이런 주장을 뒷받침하는 증거는 어디에도 없다. 그의 주장도 다른 주장들처럼 터무니없기는 마찬가지다.

이런 주장들을 모두 제거하고 나면, 이 명칭의 어원과 관련해 지금까지 학식 있는 사람들 사이에서 폭넓은 지지를 받아온 두 가지 견해만 남는다. 첫 번째 견해는 트로이인의 혈통을 지닌 브루투스가 브리튼섬에 왔다는 전설에 근거한다. 그의 이름을 따라 그 땅이 브리튼섬으로 불렸고, 그곳 사람들이 '브리티시'로 일컬어졌다고 널리 주장되었다. 이것은 매우 오래된(즉 중세 시대) 이야기로 심지어는 일부 영국 왕들의 문서에서 공식적으로 인정된 주장이기도 하다. 캠던과 엘리엇은 전체 이야기를 자세히 점검했고, 그로 인해 이것이 사실이 아닌 것으로 드러났다. 현대 학자들은 대부분 여러 가지 이유에서 이것을 무가치한 이야기로 간주한다. 내 생각도 마찬가지다. 나는 이 명칭을 설명할 수 있는 또 다른 방법을 직접 탐구했다.

캠던의 이론은 '브리트(Brith)'라는 켈트어에서 유래했다. 그는 이 용어가 '채색한'이라는 뜻이라고 말했고, 데이비스의 사전은 '다채로운,' '줄무늬가 나 있는'이라는 의미라고 설명했다. 여기에 헬라어 접미사 '타니아'가 첨가되어 '브리타니아'가 만들어졌다. 초기 브리튼족이 몸에 색을 칠했다는 것은 잘 알려진 전통이다. 그런 이유로 로마인들은 그들을 '채색한' 인종으로 일컬었다. 카이사르는 "브리튼족은 전쟁터에서 두려움을 주기 위해 모두 다 몸에 청색 물감을 칠했다"라고 말했다. 이런 사실 때문에 많은 사람이 캠던의 견해에 동의한다.

복스호르니우스의 『갈리아의 기원』에 수준 높은 서문을 첨부한 뛰어난 학자 조지 혼은 그들이 브리튼족으로 불렸던 이유는 그들의 몸 전체를 물감으로 칠했기 때문이라고 말했다. '브리트'는 킴리어로 '채색한'을 의미한다. 이로써 마치 모든 논쟁이 간단하게 정리된 것처럼 보였다. 그러나 내게 고대 영국에 관한 전문가와 다른 의견을 제시할 기회가 허락된다면, 나는 그런 추측에 동의할 수 없다고 솔직하게 말하고 싶다. 그 이유는 똑같이 학식이 높은 다른 학자들이 대안을 제시했고, 또 나 나름의 또 다른 근거가 있기 때문이다. 과연 누가 브리튼족으로 불렸던 사람들을 '채색한'을 뜻하는 '브리트'로 일컬었을까? 그들 자신이 그랬을 수도 있다. 그러나 앞서 말한 대로 캠던은 그들이 자신들을 킴리족으로, 자신들의 언어를 킴리어로 일컬었다는 논박할 수 없는 증거를 제시한 바 있다. 그렇다면 헬라인들이었을까? 캠던은 카이사르 시대나 폴리비오스 시대 이전에는 브리튼섬의 존재가 헬라인들에게 알려지지 않았기 때문에 그들은 브리튼족이 몸에 물감을 칠했는지, 아니면 밝은 옷을 입었는지 전혀 알지 못했다고 말했다. 아마도 어떤 사람들은 헬라인들이 브리튼섬의 사람들과 그들이 몸에 청색 물감을 칠한 것을 처음 보고서 그것을 원주민의 언어로 어떻게 일컫느냐고 물어보았고, 거기에 '타니아'를 붙여 '브리타니아'라는 용어를 만들었을 것으로 생각할는지도 모른다. 헬라인들은 어떤 인종이 그 섬에 정착하게 되었는지는(즉 청색으로 칠한 몸이 흑인인지 백인인지는) 알지 못했지만, 용어의 기원을 알기만 하면 '채색한'이나 '채색한 민족'과 같은 개념들을 능히 표현할 수 있는 어휘력이 있었다.

브리튼족은 '채색한'을 뜻하는 헬라어가 아닌 킴리어로 항상 스스로를 일컬었고, 브리튼섬은 헬라인들이 그곳에 오기 오래전이나 그곳에 어떤 사람들이 살고 있는지를 알기 오래전에 이미 브리타니아로 일컬어졌다. 또한, 켈트어 어근에 헬라어 접미사를 첨가해 합성어를 만들었다는 것은 터무니없는 개념에 불과하고, 모든 사람이 다 몸에 칠을 한 것은 아닐 것이기 때문에 그들이 그런 관습을 근거로 자기들을 그렇게 일컫기로 결정했다고 생각하기도 어렵다. 카이사르의 기록에는 물감을 사용했다는 내용은 언급되어 있지만, '채색한'이라는 용어는 사용되지 않았다. 심지어 이런 내용은 칼레도니아의 부족 가운데 하나였던 픽트족에게 더욱 구체적으로 적용될 수 있다. 따라서 한때는 캠던과 같은 뛰어난 학자를 통해 브리타니아라는 명칭의 기원에 관한 신빙성 있는 정보를 얻을 수 있다는 희망을 품었지만, 지금은 그런 희망이 모두 사라지고 말았다.

박학다식한 사무엘 보샤르는 이와는 다른 접근 방식을 적용해 이 주제에 관한 진실을 파헤치려고 노력했다. 첫째, 그는 브리튼섬이 헬라인들에게 알려졌고, 그들이 그곳을 '카시데리데스(주석의 섬)'로 일컬었다는 사실을 입증했다. 그는 그들이 납과 주석 생산으로 인해 부를 누렸다고 말했다. 그는 또한 그들이 두로인들에게도 알려졌다고 말했다. 두로인들도 동일한 이유로 그곳을 '바라트 아낙(주석의 땅)'으로 일컬었다. 그로 인해 브리타니아라는 명칭이 헬라인들을 거쳐 로마인들에게 알려졌을 가능성이 있다. 이 주제는 너무 심원해 파헤치기가 어렵고, 나의 목표는 다른 곳에 있기 때문에 이제부터는 나의 견해를 간략하게 언급하고자 한다. 다른 이론들은 한결같이 정교하지만, 찬찬히 살펴보면 사실일 가능성이 갈수록 줄어든다. 보샤르의 이론은 큰 어둠을 비추는 빛처럼 단순하면서도 새로우며, 설득력이 있다. 따라서 나는 다른 모든 이론보다 그의 이론이 설득력 있게 느껴진다. 학식 있는 조지 혼은 〈복스호르니우스의 갈리아의 기원에 관한 서문〉에서 이 견해가 부적절하다고 말했지만, 무슨 근거로 그렇게 말했는지 궁금하다. 아마도 그는 베니게인들이 헬라 도시 국가들의 뒤를 이어 일곱 번째나 여덟 번째로 브리튼섬에 왔을 것이라고 믿었던 듯하다. 아무튼, 나는 복스호르니우스가 완전한 암흑으로부터 많은 것을 건져냈다고 생각하지만, 그는 브리타니아라는 용어의 어원적 견해를 한방에 무너뜨리고 말았다. 나는 다른 사람이 일궈놓은 밭을 일구고 싶지 않다. 학자라는 사람들이 헬라 자료만을 믿고서 헬라인들이 위험을 무릅쓰고 고향 땅을 떠나기 수 세기 전에 베니게인들이 먼저 헬라 땅에 식민지를 개척했는데도 그들이 고대의 해양 경로를 탐험하는 일에 후발 주자로 나섰다고 생각한다니 그저 어안이 벙벙할 따름이다.

브리튼섬의 명칭이 실제로 어떻게 기원했고, 누가 그곳에 가장 오래전에 거주했든지 간에 그들이 이방의 미신으로 완전히 오염되었던 것은 분명한 사실이다. 고대 말에 브리튼의 사제들과 그들이 널리 퍼뜨린 예배 체계는 그들이 그것을 통해 숭배하려고 의도했던 신들보다 훨씬 더 잘 알려졌다. 이것이 바로 나중에 살펴볼 드루이드교다. 오리게누스는 그들이 '하나의 신을 경배할 것'을 가르쳤다고 말했다. 그 말이 사실이라면, 그 하나는 천지의 창조주 하나님이 아닌 태양일 것이 틀림없다. 드루이드교는 하나님께 대한 참된 예배와는 거리가 멀어도 한참 먼 야만적인 종교였다.

여성들은 태양 외에 달도 숭배했다. 디오 카이우스는 "보아디세아는 하늘을 향해 손을 들고, '아드라스테여, 여성으로서 여성인 당신에게 감사와 찬양을 드립니다'라고 기도했다"라고 말했다. 달은 일반적으로 하늘의 여왕으로 간주되었고, 브리튼족은 승리를 가져다주는 여신으로 숭배했다. 타키투스의 견해도 디오와 같았다. 그는 브리튼족이 천체들을 숭배하며 하늘을 향해 손을 높이 들고 기도했다고 말했다. 카이사르는 드루이드교가 브리튼에서 생겨났다고 주장했다. 그는 "그 종교 체계는 브리튼에서 확립되어 갈리아까지 확대되었다. 오늘날 이 종교를 깊이 연구하고 싶어 하는 사람들은 브리튼을 방문한다"라고 말했다.

타키투스는 이웃 섬을 장악했다고 말하면서 "(드루이드교의) 의식은 그들의 미신을 강화하는 수단이었다"라고 설명했다. 카이사르는 갈리아족이 머큐리, 아폴론, 마르스, 주피터, 미네르바를 숭배했다고 말했다. 이미 설명한 대로, 갈리아족은 마르세유에 있던 헬라인들과의 접촉을 통해 그런 신들의 이름을 알고, 숭배하게 되었다. 그들은 그것을 통해 형상들과 우상들을 사용하는 법을 배웠다. 그 이전의 갈리아족은 그런 것들을 알지 못했다. 시인 루카누스는 "다듬지 않은 나무줄기로 만든 볼품없는 음침한 신들의 형상이 아무런 형태도 갖추지 않은 모습으로 서 있었다. 낡고, 거친 나무들, 곧 썩어가는 참나무들이 모든 사람에게 경외심을 불러일으켰다"라고 말했다.

브리튼에서는 머큐리를 비롯한 다른 신들의 숭배는 이루어지지 않았다. 브리튼족이 숭배했던 가장 오래된 신들은 갈리아족과 공유했던 신들이었다. 루카누스는 "그들은 야만적인 제단 위에서 잔인하게 피를 흘려 무자비한 테우타테스(갈리아의 죽음의 신)와 털북숭이 헤수스(갈리아의 전쟁신)를 달랬다. 타라니스(갈리아의 천둥신)의 제단도 수구디아인의 디아나의 제단보다 더 잔혹했다"라고 말했다.

어떤 사람들은 테우타테스가 '여행의 안내자'를 뜻하는 켈트어 '디우 타이드'에서 유래했다고 주장했다. 앞서 말한 대로, 사람들이 바벨에서 흩어졌을 때 모든 민족은 태양을 숭배했다. 태양은 그들의 여행과 방랑 생활을 인도하는 안내자였다. 모든 학자가 암몬 족속의 우상 몰록이 태양이었다는 데 동의한다. 몰록 숭배에 관해서는 나중에 유대인의 우상 숭배를 다룰 때 좀 더 상세히 살펴볼 생각이다. 카이사르가 갈리아족 사이에서 발견한 의식과 같은 의식이 존재했다는 기록은 세상의 다른 곳에서는 전혀 발견되지 않는다. 그는 갈리아족이 그 관습을 브리튼족으로부터 받아들였다면서 "고리버들로 만든 거대한 인형들 안에 살아 있는 사람들을 집어넣고서 불을 붙였다. 그들은 불길 속에서 산채로 불살라졌다"라고 말했다. 따라서 테우타테스는 태양이었다. 헤수스의 정체는 그렇게 확실하지 않다. 이런 문제와 관련해 흔히 동원되는 어설픈 추측을 시도해 본다면, 고셀리누스의 말을 생각해 볼 수 있다. 그는 이 명칭이 '용감한'을 뜻하는 비흐리어 '미주스'에서 유래했다고 말했다. 그와는 달리 캠던은 그것이 '개'를 뜻하는 켈트어 '하우드'에서 유래했다고 주장했다.

타라니스는 '천둥'을 뜻하는 '타란데'에서 유래했다. 타라니스는 '천둥'을 뜻하는 영어 'thunder'와 독일어 'donner'와 같은 의미를 지닌 웨일스어다. 'Donner'에서 '목요일'을 뜻하는 'Donnerstag'라는 용어가 유래했다. 목요일, 곧 'Thursday'는 '천둥의 날(thunder's–day)'을 의미한다. 사람들은 이를 근거로 이 신을 대기를 관장하는 신으로 이해한다. 그러나 어떤 사람들은 이 명칭이 '목표물이나 방패'를 뜻하는 '타리안'에서 유래했다고 생각한다. 나는 들짐승을 죽여 그를 달래려고 했던 관습이 있었다는 점에서 이 명칭이 '타리안'에서 유래했다고 생각하고 싶다.

브리튼족이 인간이 만든 신들을 숭배했다고 암시하는 증거는 없다. 길다스는 그들이 많은 세월이 흐른 뒤에야 비로소 앞에서 언급한 신들의 형상들을 세우게 되었다고 지적했다. 그는 "브리튼에 애굽에 있는 것들보다 더 많은 숫자의 악마 같은 괴물들이 세워져 있다. 지금도 그들이 버리고 떠난 요새들의 안과 밖에서 그들이 거칠게 새겨 만든 얼굴 모양들을 발견할 수 있다"라고 말했다. 한때 브리튼족이 큰 혼란에 사로잡혀 있었을 것이라는 추측은 얼마든지 가능하지만, 그들의 우상들에 관한 기록은 이것 외에는 아무것도 존재하지 않는다. 앞서 말한 대로, 브리튼섬의 종교는 신들보다는 사제들로 인해 더 유명하다. 이제 그들에 대해 살펴보도록 하자.

드루이드교 사제들은 브리튼의 종교의식을 집전하는 사람들이었다. 그들은 이 명칭으로 켈트족과 킴리족 사이에서 널리 알려졌다. 디오게네스 라이르티우스는 "켈트족과 갈리아족 사이에 드루이드교 사제들로 불리는 이들이 있었다"라고 말했다. 이미 살펴본 대로, 카이사르는 이 사제들과 그들의 미신이 브리튼에서 생겨났다는 견해를 피력했다. 이 명칭 자체의 기원에 대한 학자들의 견해는 그렇게 썩 잘 일치하지 않는다. 발라이우스가 수집한 켈트 왕 드리이스와 그의 계승자 바르다스에 관한 이야기들은 대부분 신빙성이 없다. 몬타누스는 '드리'가 '마구스'에서 유래했고, 그들이 드루이드로 불렸던 이유는 그들이 점성술사이었기 때문이라고 말했다. 보시우스는 이 용어가 '참된' 또는 '충실한'을 뜻하는 독일어 '드루'나 '트루'에서 유래했다고 주장했다.

좀 더 일반적이고, 좀 더 정확한 견해는 플리니우스가 제기한 주장이다. 그는 "드루이드교 사제들은 참나무와 그 나무에서 자라는 겨우살이보다 더 신성한 것은 없다고 생각했다. 그들은 지금도 여전히 참나무 숲을 선호한다. 그들은 모든 의식에 참나무 잎사귀를 사용하고, 그런 이유에서 (이를 헬라어로 옮겼을 때) 드루이드로 일컬어졌던 것으로 보인다"라고 말했다.

'드루스'는 '참나무'를 뜻하는 헬라어다. 따라서 드루이드는 그들이 참나무를 좋아한 데서 유래했다. 게다가, '드루'라는 켈트어도 의미와 빌음이 똑같다. 모두가 드루이드 사제들이 참나무숲에서 의식을 거행했다고 인정한다. 타키투스는 "그들의 미신이 신성시했던 숲들이 모두 베어졌다"라고 말했다.[1] 그들은 그런 이유로 '사로니데스'라고 불리기도 했다. 디오도로스는 "그들은 참나무숲을 염두에 두고 자신들의 사제들을 '사로니데스'라고 일컬었다"라고 말했다. 훈고학자 칼리마쿠스는 『제우스에게 바치는 찬양』에서 "축축한 라온 지역에는 참나무가 많이 자랐다"라고 말하고 나서 "참나무는 사로니데스와 같은 의미다"라고 덧붙였다. 막시무스 티리우스도 키가 큰 참나무가 켈트족의 상징이었다고 말했다.

켈트의 음영 시인들이 특별한 기능을 담당했던 드루이드교 사제들의 일부였는지, 아니면 다른 부류의 사람들이었는지는 불확실하다.

---

1   Tacitus, *Annals*, Book 14, chapter 30.

루카누스는 "근심 걱정에서 자유로운 마음들을 한데 모아 찬양과 함께 전쟁에서 죽임을 당한 영혼들을 먼 옛날로 돌려보내는 음영 시인들이여!"라고 말했다. 메르셀리누스는 "음영 시인들은 영웅시를 지어 용맹한 전사들의 유명한 행위를 되풀이했고, 아름다운 수금 가락에 맞추어 노래했다"라고 말했고, 디오도로스도 "그들 가운데는 노래를 짓는 자들, 곧 음영 시인으로 불리는 이들이 있었다"라고 말했다. 아테나이우스는 포시도니아스의 말을 인용해 "그들의 음악가들은 음영 시인으로 불렸다. 그들은 시인들이었고, 찬양의 노래를 지었다"라고 말했다. 웨일스족 가운데는 지금도 여전히 음영 시인들이 존재한다. 이들은 노래를 짓고, 계보를 작성하는 일에 헌신하는 사람들이다.

스트라보는 켈트족의 사제직을 세 계층, 즉 음영 시인, 선견자, 드루이드로 나눴다. 아마도 그가 그것을 두 계층으로 나눴더라면 더 정확했을 것이다. 그 이유는 그가 선견자에게 드루이드의 고유한 기능을 부여했기 때문이다. 그는 "선견자들은 희생 제사를 집전하고, 자연 현상을 연구했다"라고 말했다. 그러나 나는 카이사르의 권위 있는 견해를 빌려 드루이드교 사제들이 그들의 종교의식에서 주도적인 역할을 했다고 말한 바 있다.

드루이드교 사제들은 의식을 귀하게 여기게 하려고 특별한 제례복을 입었다. 요한네스 테오필로스는 그런 모습이 여섯 개의 석상에 묘사된 것을 발견했다고 주장하면서 이렇게 말했다. "석상들은 높이가 2미터가 조금 넘었고, 맨머리와 맨발이었으며, 헬라풍의 망토를 걸쳤고, 머리털과 수염이 허리까지 흘러내린 모습이었다. 디오게네스처럼 한 손에는 지팡이를, 다른 한 손에는 책을 들고 있었으며, 눈썹을 찌푸린 표정으로 머리를 숙인 채 눈을 바닥에 고정한 상태였다."

플리니우스는 "그들은 의식을 거행할 때 흰옷을 입었다…흰옷을 입은 사제가 나무 위로 기어 올라가서 황금 낫으로 겨우살이를 잘라 흰 천에 쌌다"라고 말했다. 그들은 숲속에 학교를 세워 가르침을 베풀 었다. 이것이 루카누스가 "깊은 산속의 고결한 숲에 거주하는 자들이 여!"라고 외쳤던 이유다. 카이사르는 그런 학교들에 열성 있는 젊은 이들이 잔뜩 몰려들었다고 말했다. 멜라는 "그들은 부족 가운데서 가 장 고귀한 자들에게 오랫동안 가르침을 베풀었다. 가르치는 데 무려 20년이 넘게 걸린 주제들도 있었다"라고 덧붙였다. 카이사르도 "어떤 사람들은 20년 동안 교육을 받았다"라는 말로 그런 지식과 기술을 능 숙하게 익히려면 그 정도의 훈련 기간이 필요했다는 것에 동의했다.

교육 과정이 그토록 오래 걸렸는데도 불구하고 사람들의 관심을 사 로잡았던 이유는 초심자들에게는 큰 특권이 부여되었고, 숙달한 사람 에게는 큰 명예가 뒤따랐기 때문이었다. 카이사르는 이에 대해 "드루 이드교 사제들은 관습상 전쟁 복역과 세금은 물론, 시민의 모든 의무 를 면제받았다. 그런 이점들 때문에 젊은이들은 자원했고, 부모들도 자식을 보냈다"라고 말했다. 나중에 그들이 누렸던 특권을 좀 더 자세 히 살펴볼 생각이다. 카이사르는 그들의 교육 방식을 상세하게 언급했 다. "그들은 많은 운문을 암기해서 습득했다. 다른 사적, 공적 문제들 에 대해서는 헬라어를 사용했지만, 그들의 비의적 지식은 기록으로 남 겨서는 안 된다는 미신이 있었다. 내가 볼 때, 그들이 이 관습을 채택 한 이유는 두 가지였던 것으로 보인다. 첫째는 자신들의 비밀이 대중 에게 알려지는 것을 막기 위해서였고, 둘째는 학생들이 기록된 문서에 의존해 기억을 통한 훈련을 소홀히 하는 일이 없게 하기 위해서였다. 그들은 거의 모든 것을 포괄하는 지식과 철학을 발전시켰다."

플리니우스는 그들이 점성술사들에 못지않은 지식을 소유했다고 말했다. "바다를 건너 전에는 아무것도 없었던 지역에까지 퍼져나간 지식과 기예를 내가 자세히 이야기해야 할 이유가 무엇일까? 그것은 바로 브리튼인들이 오늘날 이 뜨거운 열정에 불타올라 그들이 마치 페르시아인들의 스승이었다고 생각될 정도로 정교한 지식과 기예를 발전시키고 있기 때문이다."[2]

드루이드교 사제들은 치유자들이기도 했다. 플리니우스는 "드루이드교 사제들과 선견자들과 치유자들은 티베리우스의 통치 기간에 모두 근절되었다"라고 말했다. 그들은 마술과 의술을 혼용했던 것으로 보인다. 그들의 신학은 독특했고, 다른 종교들과 공유되지 않은 그들 자신만의 교리가 많았다. 루카누스는 "그대들은 무기를 내려놓고 드루이드교의 야만적인 제의와 불결한 의식으로 되돌아갔다. 태양과 하늘의 신들을 아는 지식이 오직 그대들에게만 주어졌다"라고 말했다.

스트라보가 말한 대로, 그들의 가장 주목할 만한 신학적 교리는 인간의 영혼과 우주의 불멸성을 믿는 신념이었다. 카이사르도 "그들은 무엇보다도 영혼이 소멸하지 않고, 사후에 다른 사람들에게로 전이된다는 교리를 신봉했다. 그들은 그런 교리가 죽음을 두려워하지 않고 용감하게 살 수 있는 동기를 부여한다고 생각했다"라고 말했다. 루카누스는 좀 더 장황한 어조로 카이사르와 비슷하게 말했다. "그대들은 죽은 자의 영혼들이 저 아래 있는 끔찍하고, 시끄러운 장소, 곧 하데스로 향하지 않고, 또 다른 세계에 존재하는 지체들을 통제한다고 가르친다. 그대들의 말이 사실이라면, 죽음은 더 오래 살 수 있는 수단이 된다. 저 북극성 아래에 사는 사람들은 그런 망상 속에서 행복한 삶을 영위하고 있다. 왜냐하면 모든 사람이 느끼는 가장 큰 두려움, 곧 죽음에 대한 두려움에 지배당하지 않기 때문이다. 그들의 전사들은 죽음을 반기는 영혼과 함께 전쟁터로 돌진한다. 어차피 다시 되돌

---

2   Pliny, *Natural History*, Book 30, chapter 1.

아올 삶인데 굳이 연연할 필요가 없지 않겠는가?"

이 밖에도, 그들은 세상이 궁극적으로 불과 물로 파괴될 것이라고 가르쳤다. 스트라보는 "언젠가는 불과 물이 모든 것을 지배할 것이다"라고 말했다. 그러나 이 말이 그런 가르침을 옳게 이해한 것인지는 불확실하다. 이것은 전승을 통해 전해진 것, 곧 세상이 한때 물로 뒤덮였고, 다음에는 불살라질 것이라는 개념을 되풀이한 것일 수도 있다.

드루이드교 사제들은 공중 연설과 웅변술에 큰 관심을 기울였다. 멜라는 "드루이드교 사제들 가운데는 지혜와 웅변술이 뛰어난 사람들이 있었다"라고 말했다. 그들은 지리학과 천문학을 뒤섞어 신학적인 사변을 엮어냈다. 멜라는 "그들은 세상과 우주의 크기와 모양은 물론, 하늘과 별들의 운행에 관해 알고 있다고 말했다"라고 덧붙였고, 카이사르도 자신의 책을 통해 그와 똑같은 내용을 전했다. "그들은 별들과 그것들의 움직임을 광범위하게 연구했고, 세상과 우주의 크기를 계산했으며, 자연 철학을 탐구하고, 그 모든 지식을 젊은이들에게 전수했다." 디오게네스는 그들이 윤리학도 가르쳤다고 말했다. "드루이드교 사제들은 수수께끼와 격언들을 활용해 철학을 가르쳤고, 신들을 존중했으며, 악을 행하지 않았다. 한 마디로, 그들은 인간답게 처신했다."

드루이드교가 절정에 달했을 무렵에는 사제들 가운데 서열이 가장 높은 사제가 지도자가 되었다. 카이사르는 "수석 사제가 죽으면, 서열이 가장 높은 자에게 직위가 계승되었다. 서열이 동등한 사람이 여럿일 때는 드루이드교 사제들의 투표를 통해 후계자가 선출되었다. 때로는 그 직위를 차지하기 위해 무장 충돌이 일어나기도 했다"라고 말했다(잘 알다시피, 로마에서 교황을 선출할 때도 그와 똑같은 일이 벌어지기도 한다).

카이사르는 드루이드교 사제들이 브리튼족에게 큰 영향력과 권력을 행사했다고 말했다. "그들은 신들에 관한 문제를 모두 관장했고,

사적이거나 공적인 희생 제사를 모두 집전했으며, 종교적인 징조들을 해석했다. 살인과 같은 범죄가 발생하거나 유산이나 재산과 관련해 분쟁이 일어났을 때도 그들이 판결을 내렸고, 형벌을 부과했다." 그들은 종교를 앞세워 다른 사람들의 일에 대해 권력을 행사했고, 사적이거나 공적인 모든 문제에 관여했지만, 본인들은 모든 공적 의무와 책임을 면제받았다. 그들은 자신들의 공동체 밖에 있는 모든 사람에게 권력을 행사했다. 그들은 관원의 역할을 공식적으로 담당하거나 자신들의 규칙에 복종하도록 강요하는 데 필요한 징벌이나 형을 집행할 권한을 지니고 있지는 않았지만, 대중이 묵묵히 자신들을 따르게 만들 수 있는 방책들을 나름대로 확보하려고 노력했다. 그들이 정치, 종교적인 파문이라는 방법을 발견해 사용한 순간, 모든 어려움이 간단하게 해결되었다. 이 방법은 일종의 황제교황주의와 같은 독재를 휘두를 수 있는 전환점이 되었다. 율리우스 카이사르도 이 점을 간과하지 않고, "공적인 직함을 지닌 사람이든 평범한 개인이든 그들의 결정에 순응하지 않으면, 희생 제사에서 배제되었다. 이것은 그들 가운데서 가장 혹독한 징벌이었다. 그렇게 배제된 사람들은 신들과 사람들의 혐오 대상으로 간주되었다. 모든 사람이 그들을 배척했고, 함께 어울리거나 대화를 나누려고 하지 않았다. 그것은 추방된 사람과의 접촉을 통해 스스로가 더럽혀지는 것을 방지하려는 시도였다"라고 말했다. 그들에게는 법을 통한 정의조차 적용되지 않았고, 공동체 안에서 그 어떤 사회적 지위도 누릴 수 없었다. 정신이 똑바른 사람이라면 이런 말을 들으면 기독교를 표방하는 사람들 사이에서도 이런 식의 강력한 불법의 무기가 오랫동안 채택되어 활용되어왔다는 사실을 즉각 떠올릴 것이 틀림없다.

신들을 예배하는 그들의 방식과 의식은 다양했지만, 대부분 기괴한 특성을 띠고 있었다. 카이사르는 브리튼섬을 처음 방문했다가 돌아온 뒤에(좀 더 정확히 말하면 격퇴당하고 온 뒤에) "브리튼족은 다양한 동물들을 희생 제물로 바쳤지만, 특히 가축들을 죽여 바치는 것을 좋아했다. 그들은 4만 마리의 소와 10만 마리의 양과 다양한 종류의 새들을 비롯해 대략 3만 마리에 달하는 온갖 종류의 야생 짐승을 제물로 바쳤다"라고 기록했다. 이 말을 한 장본인은 갈프리디우스라는 인물이었다. 그는 이야기를 거짓으로 꾸며내는 뻔뻔스러운 행위를 조금도 주저하지 않는 사람이었던 것으로 보인다.

신빙성 있는 저자들이 기록한 대로, 드루이드교의 희생 제사에서 발견되는 가장 주목할 만한 특징은 인신 제사였다. 이 제사는 두 가지 형태였다. 하나는 개인이 제삼자를 유익하게 할 생각으로 자기 자신이나 자신이 마음대로 할 수 있는 다른 누군가를 희생 제물로 바치기로 맹세했을 때 거행되었던 사적인 희생 제사였다. 카이사르는 이 제사에 관해 이렇게 말했다. "심한 질병이나 전쟁의 위험으로 고통을 겪는 사람들은 인간을 제물로 바치거나 자기 자신을 제물로 바치겠다고 맹세할 수 있었다. 그들은 인간의 생명을 인간의 생명으로 맞바꾸지 않으면 신들을 달랠 수 없다고 생각했기 때문에 드루이드교 사제들에게 인신 제사를 요청하곤 했다."

스트로보를 비롯해 많은 사람이 이런 형태의 희생 제사를 단죄했다. 희생자는 제단으로 끌려갔다. 사제는 그의 앞이마에 포도주를 뿌리거나 그렇게 할 수 없을 때는 다른 용액을 뿌렸다. 그러고 나서 그는 왼손으로 희생자의 앞머리를 움켜쥔 채로 얼굴에 헌주를 붓고는 신들에게 한 맹세를 되풀이하면서 칼로 죽였다.

또 하나는 공식적인 공적 희생 제사였다. 이것은 동방 세계에서 이루어진 몰록의 의식과 비슷했다. 카이사르는 "그들에게는 공식적인 인신 제사의 관습이 있었다. 그들은 고리버들로 만든 큰 인형 안에 살아 있는 사람들을 집어넣고 불을 붙였다. 희생자들은 불에 타 죽었다"라고 말했다. 그러고 나서 카이사르는 갈리아족을 언급했다. 갈리아족은 드루이드교의 제의 방식을 브리튼으로부터 도입했다.

스트라보도 비슷한 이야기를 전했다. "그들은 희생자에게 용액을 뿌리면서 칼로 등을 찔렀고, 그가 죽어가면서 일으키는 경련의 양태를 보고서 미래를 점쳤다. 그들은 드루이드교 사제들이 없으면 인신 제사를 드리지 않았다. 그들 사이에서 또 다른 형태의 인신 제사가 이루어졌다는 보고가 있다. 그들은 희생자들을 화살로 쏘아 죽이거나 숲속에서 십자가에 못 박아 죽이거나 덤불을 쌓고 그 위에 목재를 올려 거대한 화장용 장작더미를 만들고 나서 온갖 종류의 짐승들과 인간을 불태워 죽였다."

이처럼, 스트라보는 카이사르가 언급한 방식 외에 세 가지 인신 제사의 방식(칼, 화살, 십자가)을 기록으로 남겼다. 그는 또한 고리버들로 만든 형상에 희생자들을 집어넣고 불태워 죽이는 방법도 언급했다. 디오도로스가 언급한 인신 제사 방식은 이것들과는 또 달랐다. 그는 "그들은 범죄자들을 감옥에 가두어 놓고, 5년이 지날 때마다 말뚝을 박아 신들에게 제물로 바치고 나서 큰 장작불을 피워 처음 익은 과실들과 함께 불살랐다"라고 말했다. 결국, 드루이드교 사제들은 희생자들을 불과 칼과 화살과 십자가와 뾰족한 말뚝으로 죽였던 셈이다. 이런 가증스러운 살인 행위는 범죄자들에게만 적용되지 않았다. 카이사르는 "그들은 무고한 사람을 고통스럽게 할 만큼 심히 부패했다"라고 말했다. 디오도 그들이 저지른 인신 제사의 가공할 잔악상을 언급했다. "그들은 죄수들에게 온갖 형태의 야만적 행위를 서슴지 않았다. 그들이 저지른 가장 잔인하고, 야만적인 행위는 여성 포로들, 심지어는 귀족들과 뛰어난 미모를 지닌 여성들까지 말뚝을 박아 죽인 것이 었다. 그들은 여성들의 젖가슴을 도려내 그들의 입에 꿰매어 마치 그 것들을 먹는 것처럼 보이게 만들고 나서 말뚝을 박아 죽였다. 그들은 자신들의 신당, 특히 안다르테 숲에서 제물로 바친 희생자들을 조롱 하며, 축제를 즐기곤 했다"라고 말했다.[3]

로마인들이 드루이드교를 근절하려고 시도했던 이유는 바로 이런 가증스러운 인신 제사 때문이었다. 스트라보는 "로마인들이 갈리아족 사이에서 이 관습을 없애려고 노력했던 이유는 희생 제사를 드리고, 점을 치는 그들의 방식이 법률에 어긋나는 것이었기 때문이다"라고 말했다. 수에토니우스는 클라우디우스 황제가 "가공할 정도로 잔인한 갈리아족의 제의관습을 완전히 폐지했다. 그것은 아우구스티누스 시 대부터 로마인들에게 금지된 행위였다"라고 말했다.[4] 클라우디우스는 갈리아족 사이에서 그 관습을 없애려고 시도했을 뿐, 그것을 완전하 게 근절하지는 못했다. 왜냐하면 그 미신의 기원지인 브리튼은 아무 런 영향도 받지 않았기 때문이다. 이 관습은 수에토니우스 파울리누 스가 드루이드교 사제들을 대량으로 학살하고, 앵글시섬(웨일스 북서쪽 해안에 있는 섬)에 있는 그들의 신성한 숲을 모조리 베어 없애고 나서야 비로소 타파되었다. 타키투스는 이 사건을 이렇게 묘사했다. "무질서 한 군중, 줄지어 춤을 추고 있는 여성들, 밀집 대형을 이룬 무장한 남 자들이 해변에 서 있었고, 드루이드교 사제들은 하늘을 향해 손을 쳐 든 채로 소름 끼치는 기도를 쏟아냈다. 우리 쪽 군인들은 그런 이상한 광경과 기괴한 행위에 용기를 잃고, 마치 발이 땅에 들러붙기라도 한 듯 적의 공격에 무방비 상태로 멍청하게 서 있었다. 그러나 마침내 그

---

3   Dio Cassius, *Histories*, Book 62.
4   Suetonius, *Life of Claudius*, chapter 25.

들은 용기를 북돋우는 장군의 말을 듣고서 여성들의 무리와 광신도들 앞에서 두려워하지 말자고 서로를 격려하며 행동에 돌입해 앞에 있는 자들을 모조리 죽이고, 수많은 적을 그들이 피운 불로 태워죽였다. 그런 뒤에 점령군의 진영이 구축되었고, 피의 의식으로 신성시되었던 숲이 파괴되었다. 그들이 피의 의식을 거행했던 이유는 죄수들의 피를 제단에 뿌리고, 인간의 내장을 살펴 신들의 뜻을 알아내는 것을 종교적 의무로 생각했기 때문이다.”[5]

결국에는 하나님의 은혜 덕분에 기독교의 신령한 진리를 통해 이 사악한 관습의 잔재가 남김없이 사라졌다. 브리튼섬은 나머지 세상과 단절된 상태였을 뿐 아니라 만국을 치료하는 물, 곧 성전에서 흐르는 생명수의 원천으로부터 멀리 떨어져 있었지만, 하나님의 자비로운 섭리 덕분에 기독교 신앙이 확립된 초창기부터 복음의 사자들과 설교자들이 이곳에 발을 들여놓았다.

시몬 메타프라스테스와 메날로기우스는 베드로가 이곳에 복음을 전했다고 말했고, 테오도레트와 소프로니우스는 바울이 전했다고 말했다. 또한, 니세포루스는 바울이 로마서에서 언급한 아리스도불로가 복음을 전했다고 말했지만, 파커, 베일리, 폭스, 캠던을 비롯해 오늘날의 영국 저술가들은 거의 모두 아리마대 요셉이 이곳에 복음을 전했다고 말한다. 요셉이 최초의 전도자였다는 것은 의심의 여지가 없는 듯하다. 테르툴리아누스와 오리게네스와 같은 초기 기독교 저술가들이 남긴 자료에 보면, 그를 통해 브리튼에 복음이 전파되었다는 내용이 발견된다.

마샬은 귀족 출신이자 해박한 지식의 소유자였던 영국 여성 클라우디아 루피나를 언급했다. 그는 “클라우디아 루피나는 피부가 푸른

---

5   Tacitus, *Annals*, Book 14, chapter 30.

브리튼족의 후손인데 '라티움' 사람들의 마음을 얻게 된 이유가 무엇일까? 그녀는 눈부신 미모를 지녔다. 이탈리아의 여성들은 그녀를 로마인이라고 주장했고, 아덴인들은 그녀를 자신들의 동족이라고 주장했다"라고 말했다. 일부 학자들은 그녀가 바울이 디모데후서 4장 21절에서 언급한 글라우디아라고 생각한다. 양자의 시대가 분명하게 들어맞는다. 또한, 그녀는 마샬의 시에 언급된 '부데'와도 연관이 있다. 그는 "부데여, 그대는 내가 그대를 위해 쓴 하찮은 책들을 나의 손과 펜으로 옳게 정정해야 한다고 주장하는구려, 옳게 정정한 나의 하찮은 책들을 갖고 싶어 하다니 그대의 애착심과 관심이 너무나도 과분하구려"라고 말했다.[6]

루키우스라는 왕이 기독교 신앙을 받아들인 브리튼 최초의 왕이라고 주장하는 저술가들이 많다(그는 로마의 주교 엘레우데리오에게 편지를 쓴 장본인으로 알려져 있다. 심지어 그 편지에 대한 답장도 남아 있다). 많은 사람이 주장하는 대로, 최초의 기독교 황제는 아라비아인 필립보일 가능성이 크다. 진리를 가장 먼저 내세우는 사람에게 걸맞은 태도로 내 생각을 솔직하게 밝힌다면, 나는 그 편지에 얽힌 루키우스 이야기의 정확성을 비롯해 그와 관련된 다른 많은 정보를 오랫동안 의심해 왔다. 내가 아는 한, 이 이야기를 최초로 유포한 사람은 비드였다. 그는 루키우스가 178년에 엘레우데리오에게 편지를 써 보냈다고 말했다. 나우클레루스도 그렇게 말했지만, 바로니우스는 엘레우데리오가 그 해에 아직 로마의 주교가 아니었다고 지적했다. 최소한 날짜상의 오류가 있는 것이 분명해 보인다. 헤리퍼드의 헨리는 그가 199년, 곧 루키우스 베루스가 로마 황제가 된 지 19년째 되던 해에 로마의 주교가 되었다고 말했다(그러나 베루스는 그렇게까지 오래 통치하지 못했다).

---

6   Martial, *Epigrams*, Book 7, Epigram 10.

아도는 자신의 『연대기』에서 이 문제를 좀 더 신중하게 다루었다. 그는 엘레우데리오가 코모두스 황제의 시대에 살면서 로마 교회의 주교로 활동했다고 말했다. 여기까지는 사실이다. 왜냐하면 엘레우데리오가 주교직을 수행한 지 3년이 지나던 해와 코모두스 황제의 통치가 시작된 해가 일치하기 때문이다. 만일 서신 교환이 있었다면 이 기간에 이루어졌어야 한다. 갈프리디우스는 이 일의 그럴듯한 결말을 다음과 같이 길게 언급했다. "곧바로 각 부족의 사람들이 왕의 본을 따르기 위해 사방에서 모여들어 똑같은 방식의 정결례를 통해 자신들을 깨끗하게 함으로써 하늘나라의 백성이 되었다. (엘레우데리오가 보낸) 푸가티우스와 다미아누스라는 복된 교사들이 브리튼섬의 거의 모든 곳에서 이교주의를 몰아냈다. 그들은 다양한 신들을 섬기던 신전들을 유일하신 하나님과 성인들에게 봉헌했고, 회심자들을 관리자로 새로 임명해 배치했다. 그 전에 28명의 사제와 3명의 대사제가 있었을 때는 섬의 관원들이 그들의 권위에 복종했다. 사도의 가르침에 따라 그들은 권력을 박탈당했고, 주교와 대주교들이 그들의 자리를 메웠다. 세 명의 대주교는 런던과 요크와 칼리언이라는 세 곳의 주요 도시에 머물렀다. 마지막 도시의 존재에 관한 증거는 글라모건의 우스크강 근처에 남아 있는 고대의 성벽과 건축물의 잔해를 통해 입증된다. 미신을 제거한 후에 대주교들의 감독 아래 28명의 주교가 임명되었다."

　　나는 이것이 상식도 모르고, 수치도 모르는 사람의 이야기라고 생각한다. 이것이 얼마나 유치한 허구인지가 즉각 드러난다. 갈프리디우스 자신이 고대 브리튼의 종교와 아무런 관계가 없었던 것처럼, 당시의 종교에는 사제들과 대사제들이라는 직제가 존재하지 않았다. 내가 그의 말에 동의하는 것은 딱 한 가지, 곧 로마 교회 성직자들의 직제 구분이 어떻게 이루어졌는지를 옳게 밝힌 내용뿐이다. 이는 그들도 솔직하게 인정하는 사실이다. 그는 "사제들의 직제 구분이 유지된다. 일반 사제들도 있고, 대감독들도 있으며, 지역 주교들, 대주교들, 중앙 감독들, 수석 대주교들, 총감독들, 교황들도 있다. 사제들의 이런 직제 구분은 사제들을 일반 사제, 대사제, 총사제로 나누었던 이방인들의 체계를 이어받은 것이다"라고 말했다. 결국, 직제를 구분한 장본인들이 마침내 그것이 어디에서 유래했는지를 솔직하게 자인한 셈이 되고 말았다.

릴런드는 좀 더 신중한 태도로 적절한 한계를 넘어서지 않으려고 노력했다. 그는 "그렇게 널리 퍼져있던 미신을 흔적도 없이 없애버린 사건을 탐구해봐야 할 필요가 있다. 로마의 영지 내에서 드루이드교를 지지하거나 그 관습을 따르거나 그것을 드러내는 일체의 행위를 금지하는 로마 제국의 칙령이 발효되었다. 그러나 야만적인 원주민들은 조상 적부터 전해온 고대의 의식, 곧 드루이드교 사제들이 전해준 의식을 완강하게 고집했다. 유일한 구원자인 그리스도께서 나타나 성령의 사역을 통해 오류와 무지의 짙은 어둠을 제거하고, 자신의 밝은 빛을 세상 곳곳에 비추실 때까지 그런 긴장 상태가 계속되었다. 그 후에 루키우스가 드루이드교의 교리에 등을 돌리고, 자기 백성들 사이에서 복음이 전파되도록 전심으로 헌신함으로써 브리튼족의 영예를 영원히 빛내기에 이르렀다. 엘레우아누스와 메두이누스라는 두 귀족이 대표가 되어 로마의 엘레우데리오를 방문했고, 엘레우데리오는 그에 대한 답례로 푸가티우스와 다미아누스를 파견했다. 그들은 하나님의 뜻에 따라 이곳에 절대로 사라지지 않을 종교를 정착시킬 수 있었다"라고 말했다.

볼은 루키우스가 나중에 주교가 되어 사람들을 믿음으로 이끌었다고 주장했다. 다른 학자들은 이런 주장을 논박하면서 루키우스가 자신의 왕국에서 한 발자국도 벗어나지 않고서 통치한 지 12년째 되던 해에 콜체스터에서 사망했다고 말했다. 학식이 높은 캠던이 그런 일반적인 오해에 동조했다는 것은 참으로 이상한 일이 아닐 수 없다. 구체적으로 말해, 그는 가장 신뢰성이 높은 자료들을 근거로 그 당시의 역사를 재구성함으로써 클라우디우스가 브리튼섬을 로마 제국에 편입시켰던 때부터 브리튼섬 전체를 다스렸던 원주민 왕이 존재했을 가능성이 없었다고 주장했다(이는 루키우스가 상상 속의 인물이라는 뜻이다). 역사와 연대에 관한 그의 설명에 따르면 그 이야기를 거부하는 것이 당연했지만, 그는 여전히 신중하게 그것을 자신의 책에 포함시켰다. 이는 오랫동안 사람들의 생각 속에 깊이 뿌리박혀 유지되어온 신념을 완전히 없애는 것이 그만큼 어려웠다는 뜻이기도 하다. 그러나 나의 독자들이 솔직한 마음으로 이 주제를 다루어야 한다는 합리적인 요구를 거부하지 않는다면, 고대사를 연구하는 학생들에게 그런 이야기를 거부해야 할 설득력 있는 이유를 충분히 제시할 수 있을 것으로 사료된다.

카이사르는 브리튼섬을 두 차례 침공했지만 큰 실효를 거두지 못했다(BC55, 54). 아우구스투스와 티베리우스는 브리튼섬에 관심을 기울이지 않았고, 칼리굴라는 많은 군대를 이끌고 나섰지만 브리튼섬에는 접근조차 하지 못한 채 갈리아 해변에서 조가비를 줍는 것으로 원정을 끝마쳤다(AD40). 그러다가 마침내 클라우디우스가 집정관 아울루스 플라우티우스에게 브리튼섬의 침공을 명령했다(AD43). 당시에 브리튼섬은 여러 명의 왕이 다스리고 있었고, 내전과 파벌 간의 내분으로 인해 크게 약해진 상태였다. 클라우디우스는 브리튼섬을 로마 제국에 합병하고, 플라우티우스에게 그곳의 행정을 맡겼다. 그가 브리튼섬에서 행했던 일은 디오 카시우스와 수에토니우스의 기록을 통해 자세히 알 수 있다.

원로원은 클라우디우스에게 '브리타니쿠스'라는 칭호를 수여하는 한편, 가장 화려한 일급 개선식을 열어주었다. 그들은 플라우티우스에게도 이급 개선식을 열어주고, 후속 원정을 지휘한 베스파시아누스에게까지 승리의 기장을 수여했다. 이렇듯 이 승리의 영광과 명성은 그야말로 대단했다. 시인들도 이 새로운 영지가 제국에 더해진 것을 기리는 데 열심을 냈다. 세네카의 아버지는 "그때까지 로마의 지도자들에게 알려지지 않았던 브리튼족, 곧 스스로 자신들의 주인이 되어 살았던 그들이 그의 앞에서 꽁무니를 빼고 달아났다…미지의 바다를 막강한 함대로 뒤덮고, 야만적인 종족들과 거친 바다 한복판을 안전하게 누비며 최초로 브리튼족을 정복한 그를 보라!"라고 말했다.

이 말은 종종 '타나이스(돈강)를 정복한'으로 읽히기도 한다. 스칼리제르가 이 문구를 나름의 추측을 통해 '브리튼족을 정복한'으로 수정했다. 그러나 이 문구는 '최초로 타메시스(템스강)를 정복한 그를 보라'라고 읽어야 옳다. 그 이유는 캠던이 말한 대로 클라우디우스가 무력으로 템스강을 건넌 최초의 인물이기 때문이다. 세네카도 클라우디우스에 관해 "그는 미지의 바다 건너에 있는 브리튼족과 푸른색을 칠한 방패를 든 브리간테스족(브리튼 북부에 살던 종족)에게 로마의 사슬에 머리를 드리우라고 명령하고, 바다를 향해 로마의 새로운 힘을 두려워하라고 외쳤다"라고 말했다.

스칼리제르도 몇 가지 멋들어진 시구를 소개했다. "오, 카이사르여, 지금까지 로마의 승리에 익숙하지 않았던 땅이 그대의 쇠뇌에 맞아 처참히 무너졌도다. 이제는 가장 먼 해안에서도 그대의 제단들을 볼 수 있게 되었도다. 한때는 바다가 세상을 제한했지만, 지금은 그대의 제국을 가로막지 못하누나. 전에 정복되지 않았던 사람들이 이제는 승리의 행진에 가담하게 되었도다. 이 미지의 땅이 이제는 낮게

낮아져 그대의 월계관에 찬사를 보내누나. 오랫동안 여행자의 이야기 속에만 존재하는 것으로 보였던 땅, 바다 한복판에 감추어졌던 땅이 이제는 기꺼이 정복자에게 긴 목을 늘어뜨려 절하누나. 브리타니아여! 한때는 어떤 적도, 어떤 왕도 허용하지 않고, 우리의 세계에서 멀리 벗어난 곳에서 자유롭게 살았도다. 역경을 당했지만 오히려 유리해졌고, 불행을 당했지만 실상은 행운이로다. 이제 우리와 그대들은 함께 카이사르의 통치 아래 복을 누린다. 우리 종족의 수호자인 마르스와 퀴리누스 신이여, 높은 하늘에 거하는 두 카이사르여, 이제 미지의 브리튼족이 로마의 법 아래 있는 것을 보나이다. 이제 태양은 더 이상 제국 밖에서 지지 않으리!"

타키투스는 푸블리우스 오스토리우스가 로마의 통치에 굴복했던 종족들 사이에서 내분이 발생했을 때와 로마의 지배에서 벗어나려는 반란이 일어났을 때 질서를 회복했던 이야기를 전한다. 이런 사실은 한 명의 왕이 브리튼섬 전체를 지배할 수 있다는 개념이 갈프리디우스가 만들어낸 거짓 이야기라는 것을 분명하게 보여준다.

네로가 황제가 되었을 때, 이케니 부족(켈트족의 일파)의 여왕 부디카가 로마인들의 손에 험악한 대우를 받고 나서 용감하게 저항의 기치를 든 것에 많은 브리튼족이 크게 고무되었다. 그 결과, 이케니 부족을 비롯해 많은 동맹군이 로마의 통치에서 벗어나 조상 때 누렸던 자유를 되찾으려고 필사적인 사투를 벌였다. 그들의 반란은 결국에는 수에토니우스 파울리누스에 의해 진압되었고, 그 전쟁으로 인해 이케니 부족이 궤멸되어 노예로 전락했다. 네로가 사망한 이후에 벌어진 내전으로 로마 제국이 분열되고, 갈바, 오토, 비텔레우스를 거쳐 베스파시아누스에 이르기까지 황제 계승권을 놓고 치열한 경쟁이 이루어지자, 실루리아족과 오르도비스족(웨일스 남부와 북부에 살던 종족)이 다른 종족들과 함께 반란을 일으켰다. 그로 인해 피비린내 나는 장기간의 전쟁이 시작되었다. 이 전쟁은 율리우스 아그리콜라(역사가 타키투스의 장인)를 통해 종식되었고, 브리튼섬에 대한 로마의 지배권이 재확립되는 결과로 이어졌다. 그 결과, 브리튼섬은 어쩔 수 없이 로마의 법률과 관습을 받아들여야 했다. 브리튼섬에 남아 있는 유일한 원주민 왕은 로마의 꼭두각시 왕에 지나지 않았다. 코기붐누스는 로마의 압제를 위한 유용한 도구였고, 마지막 원주민 왕이었던 칼가쿠스는 전쟁에서 패했다. 그로 인해 이들 왕이 한때 누렸던 권위와 함께 왕이라는 칭호까지 완전히 폐지되고 말았다. 캠던은 아그리콜라가 브리튼이라는 로마 영지를 완벽하게 재조직해서 자신의 후임자에게 평화 상태로 넘겨줌으로써 브리튼섬이 완벽한 제국의 영지로 바뀌게 된 이야기를 상세하게 전했다.

네르바 황제의 시대에는 태평성대를 구가했다. 그러나 스파르티아누스가 언급한 대로, 트라야누스 황제의 시대에는 약간의 소요를 진압하는 일이 있었다. 북쪽 끝에서 여전히 독립적으로 살던 종족들이 영지를 습격하는 일이 잦아지자 하드리아누스는 그들의 침입을 저지할 목적으로 약 128킬로미터에 달하는 성벽을 쌓았다. 안토니우스 피우스와 마르쿠스 아우렐리우스의 시대에는 폭동과 반란이 빈번했지만, 롤리우스 우르비쿠스와 칼푸르니우스 아그리콜라의 노력으로 모두 진압되었다. 코모두스의 시대에는 북쪽 지역의 종족들이 성벽을 뚫고 그 안에 살던 사람들을 여러 차례 학살하는 등, 로마인들과 로마화된 브리튼족에게 큰 피해를 입히는 동안, 영지 전역에서 소요가 일어나 호응했다. 그러나 디오와 램프리디우스에 따르면, 새로운 총독 울피우스 마르켈루스가 단호하게 맞서 질서를 회복함으로써 코모두스가 사망할 때까지 로마의 평화를 교란하는 행위가 더 이상 일어나지 않게 했다고 한다. 이것이 당시에 브리튼섬에서 일어난 실제 상황이라면, 루키우스가 왕으로서 브리튼섬 전체를 지배했다는 이야기는 조금도 설득력이 없다(따라서 『엘레우데리오에게 보내는 서신』에서 그에게 '그리스도의 대리자'라는 칭호가 주어졌다는 말도 사실이 아니기는 마찬가지다). 그런 사람이 브리튼섬에 아예 존재하지 않았을 가능성이 더 크다. 그가 유력한 켈트인들의 조언에 따라 주교들과 대주교들에게 나누어 맡겼다는 섬도 어딘가에 멀리 있는 다른 섬이 분명할 테고, 요크나 런던과 같은 도시도 다른 요크나 런던이었을 것이 틀림없다. 왜냐하면 당시에 요크와 런던은 로마의 지배 아래 있었기 때문이다.

바로니우스 추기경은 루키우스 이야기와 AD183년이라는 날짜를 뒷받침하기 위해 여러 가지 반박 논증을 시도했다. 그는 "로마인들은 오늘날까지도 브리튼섬을 완전하게 장악하지 못했다. 여러 부족이 독립을 유지하며 로마 군대에 끊임없이 문제를 일으켰다는 사실이 잘 알려져 있다. 더욱이 로마인들에게 패한 부족들 가운데 일부도 계속해서 로마에 반항했고, 종종 노골적인 반란을 꾀했다. 율리아누스 카피톨리누스가 말한 대로, 마르쿠스 아우렐리우스의 시대에 폭동이 일어나 총독 칼푸르니우스 아그리콜라에 의해 진압되었다. 햄프리디우스가 말한 대로, 마르쿠스가 사망하고 코모두스가 집권했을 때도 반란이 일어나 코모두스를 폐하고 새로운 황제를 옹립하려는 움직임이 있었다. 그러나 로마 관원들의 능숙한 수완 덕분에 그런 긴장된 상황이 해소되었다. 디오는 코모두스의 통치 기간에 일어난 반란이 가장 심각했지만, 울피우스 마르켈루스에 의해 신속하게 진압되었다고 말했다"라고 주장했다.

바로니우스의 주장에 대한 나의 대답은 이렇다. 그런 수준 높은 학자가 자신의 주장에 일관성이 없다는 사실을 자각하지 못하고, 자신이 제시한 역사적 진실의 요소들이 오히려 자기가 입증하려고 시도했던 주장을 훼손했다는 사실을 깨닫지 못한 것은 참으로 이해하기 어렵다. 그는 루키우스가 로마인들에게 정복되지 않은 부족들을 다스렸던 왕이었고, 로마의 속박에서 벗어나기를 원하며 코모두스 대신에 다른 황제를 옹립하려고 시도했던 부족들에게 인정받는 인물이었다고 암시했다. 그러나 이것은 전혀 앞뒤가 맞지 않는 주장이다. 정복되지 않은 부족들은 성벽 밖에 있던 야만족들뿐이었다. 그들은 자주 영지를 습격해 로마인들과 브리튼족에게 대항했다. 오히려 다른 황제를 세우고 싶어 했던 사람들은 다름 아닌 로마 점령군에 속한 군인들이었다. 따라서 야만적인 부족들이 한 지도자의 휘하에서 일치단결했을 가능성은 매우 희박하다.

더욱이 바로니우스는 코모두스의 통치 기간에 브리튼섬에서 일어난 반란이 울피우스 마르켈루스에 의해 진압되었고, 그 반란의 결과로 영지 전역이 평화를 되찾아 로마의 통제를 다시 받게 되었다는 것을 입증하기 위해 디오의 말을 인용했지만, 그것이 오히려 그의 주장을 훼손하는 결과를 초래하고 말았다. 이미 살펴본 대로, 그런 상황에서는 루키우스가 영지 전체에서 왕의 권력을 행사하기가 불가능하다. 누구든 로마 제국의 영지 행정에 관해 조금이라도 지식이 있다면 그런 가능성을 믿지 않을 것이 분명하다. 또한, 신빙성이 있는 역사가든 없는 역사가든 로마를 상대로 반란을 일으켜 성공을 거두고 섬 전체를 다스리는 왕을 세웠다는 주장을 제기할 사람은 아무도 없다(그런 왕은 그들이 독립적으로 자유롭게 살던 시대에도 존재하지 않았다). 한 사람의 지도자나 여러 부족의 연합을 통해 이따금 반란이 일어난 것은 사실이지만, 그럴 때마다 항상 신속하게 진압되었다. 그런 반란을 통해 루키우스와 같은 왕이 탄생했다는 주장(즉『엘레우데리오에게 보내는 서신』과 갈프리디우스를 통해 제기된 주장)은 터무니없는 편견에 지나지 않는다. 그 당시의 브리튼섬의 상황을 묘사한 타키투스의 말은 유명하다. 그는 "공동의 위험에 대처하기 위해 두세 부족이 협약을 맺은 일은 거의 없다. 그들은 독자적으로 싸우기 때문에 모조리 패배할 뿐이다"라고 말했다.

바로니우스는 "그러나 그 영지에는 항상 패하지 않은 부족들이 존재했다. 루키우스는 그런 부족들 가운데 하나를 이끌었던 왕일 수 있다"라고 주장했다.

패하지 않은 부족들이 과연 누구였을까? 고작해야 집을 버리고 숲과 산과 섬의 가장 황량한 구석으로 도망친 사람들, 곧 왕도 없고, 법률도 없는 비참한 야만인들뿐이었을 것이다. 올바른 역사에 따르면, 그들에게 최고의 권력을 지닌 왕이 존재했던 적은 단 한 번도 없었다. 만일 갈프리디우스가 다시 살아난다면 그런 주장을 절대로 인정하지 않았을 것이다. 더욱이 그런 억측은 모든 역사적 사실은 물론, 전설적인 전통과도 모순을 일으킨다. 왜냐하면 정복되지 않은 야만인들이 로마 시민들보다 더 일찍 복음을 받아들인 것으로 믿게끔 요구하기 때문이다. 고대의 사건들에 대한 기록은 물론, 현대의 역사가들도 모두 한목소리로 그럴 가능성을 단호히 일축한다. 루키우스 왕이 존재했다고 주장되는 시기에 가장 먼저 기독교 신앙을 받아들인 사람들은 미개하고, 야만적인 부랑자들이 아니라 로마의 영지에 거주하던 사람들이었다. 사벨리쿠스는 "모든 영지 가운데 성직 수임을 통해 그리스도를 공식적으로 인정한 최초의 영지는 브리튼이었다"라고 말했다. 루키우스 왕이 귀족들의 도움을 받아 브리튼섬 전체를 다스렸다고 주장하는 『엘레우데리오에게 보낸 서신』은 이런 사실과 모순된다.

그러나 바로니우스는 또 이렇게 주장했다(그는 자신이 앞서 주장한 것들이 아무런 근거가 없는 것으로 드러났는데도 여전히 계속해서 반론을 제기할 태세다).

"디오는 야만족들이 자기들과 로마 군대의 정착지 사이를 가로막은 성벽을 넘어왔다고 말했다. 이런 말은 브리튼섬이 로마인들이 소유한 성벽 안쪽의 땅과 야만족이 소유한 성벽 바깥쪽 땅으로 나뉘었고, 후자가 자주 성벽을 넘어 로마 영지를 약탈했다는 사실을 분명하게 보여준다. 따라서 루키우스가 브리튼섬의 왕이었다고 말하는 것은 곧 로마인들이 섬의 일부를 장악했더라도 그가 성벽 바깥쪽의 땅을 다스렸고, 브리튼족이 그곳에서 자유를 누렸다는 의미를 지닌다."

다시 말하지만, 이것은 전혀 사실이 아니다. 무엇보다도 바로니우스는 오역의 잘못을 저질렀다. 라틴어 원문이 말하는 대로, 디오는 "브리튼족이 성벽을 넘어왔다"가 아니라 "섬의 부족들 가운데 일부가 성벽을 넘어왔다"라고 말했다. 그 목적은 로마의 영지 안에 있는 브리튼족을 습격하기 위해서였다. 역사가들은 로마화된 브리튼족과 성벽 밖에 있는 부족들을 신중하게 구별한다(비록 모든 부족이 브리튼족이라는 한 혈통에서 나왔더라도 그런 식의 구별이 이루어지는 것이 일반적이다). 바로니우스는 루키우스가 하드리아누스가 건축한 성벽 밖에 있는 땅을 다스리는 왕이었다고 주장할 테지만, 오늘날 성벽이 있는 장소를 방문한 적이 있는 영국인들 가운데 루키우스가 그 바깥쪽에 있는 작은 나라를 다스리던 왕이었다고 믿을 사람이 과연 얼마나 될지 의문이다. 문제의 초점은 세상의 다른 어딘가에서 루키우스라고 불리는 왕이 회심해 기독교 신앙을 받아들였는지 아닌지를 따지자는 데 있지 않다. 문제의 초점은 브리튼섬에서 최고의 권력을 누렸던 루키우스 왕이 스스로 하나님보다 더 월등한 권력을 지닌 존재는 없다고 인정하고, 로마의 주교 엘레우데리오의 가르침을 받아 나라를 다스리며, 브리튼섬에 기독교를 공식적으로 확립했다는 주장이 사실인지 아닌지를 확인하자는 데 있다. 푸가티우스와 다미아누스가 로마 영지(잉글랜드와 웨일스의 거의 전부)를 제쳐놓고 성벽 바깥쪽에 있는 야만인들에게 전력을 쏟아부었다고 주장할 사람이 과연 누가 있을지 궁금하다. 이것이 한갓 허구라면 사제들과 대사제들과 같은 것이나 런던과 요크와 칼리언에 관한 갈프리디우스의 주장도 결코 성립할 수 기는 마찬가지다.

이런 주장 전체가 아무런 근거가 없다는 것을 분명하게 보여주는 한 가지 잘 알려진 사실이 있다. 길다스는 『(로마 시대) 브리튼의 몰락』에서 성벽 밖에 있던 야만인들은 그로부터 훨씬 나중에, 곧 수세대가 지나 브리튼 영지가 기독교 신앙을 받아들였을 때 비로소 그리스도의 멍에를 짊어지게 되었다고 말했다.

그러나 바로니우스는 여전히 입을 다물지 않는다. 그는 (스스로 반신반의하면서도 지나가는 투로) "루키우스는 로마의 통치를 받는 영지 어딘가에 있는 작은 나라를 다스리며 로마의 통치에 복종했던 왕일 수도 있다"라고 덧붙였다. 그가 이전에 펼쳤던 주장들과 비교하면 도무지 이런 말을 해서는 안 된다. 그 이유는 스스로 자기가 말한 이야기의 신빙성과 개연성을 부인하는 것이기 때문이다. 사실, 그는 이 점을 분명하게 깨닫기라고 한 듯 결국에는 그 이상은 더 말을 계속하지 못했다.

이제 마지막으로 루키우스의 이야기와 엘레우데리오의 편지가 올바른 역사와 조금이라도 조화를 이룰 수 있는지를 간단하게 살펴봄으로써 모든 논의를 마무리하기로 하자.

그 당시의 뛰어난 역사가들(디오, 율리우스 카피톨리누스, 람프리디우스)은 루키우스라는 인물을 언급한 적이 전혀 없다. 그들은 영지 어딘가에서 왕권을 행사했던 작은 나라의 왕이 존재했다는 말을 거론한 적이 없다. 오히려 당시의 지배적인 상황을 묘사한 그들의 말은 그런 통치자의 존재를 모두 배제한다. 『엘레우데리오에게 보낸 서신』에 따르면, 루키우스가 엘레우데리오에게 편지로 로마의 법률을 적용할 수 있도록 도와달라고 요청했다고 한다. 그것은 성벽 밖에 있는 브리튼족, 곧 로마인들을 혐오했던 부족들이 결코 할 수 없는 일이었다. 영지 내의 사람들 가운데 영지 전체에 적용할 수 있는 법률(즉 통치 집단이 이론적으로 나 실천적으로 매일 유지해 나갈 수 있는 법률)을 제공받기 위해 로마에 대표단을 보낼 필요를 느꼈던 사람은 아무도 없었다. 사실, 한 저술가는 "갈리아의 수사법은 브리튼족을 법률가로 바꾸어 놓았다"라는 말로 로마가 브리튼섬을 통치하는 동안 브리튼족이 로마의 법률에 능통했다고 암시했다. 더욱이, 로마 제국은 자신들의 목적을 이루기 위해 꼭두각시 왕들을 세워둔 지역에서 복종할 법률을 임의로 선택할 수 있는 자유를 허용하지 않았다. 따라서 (바로니우스가 스스로 말한 대로 로마의 통치에 복종했던) 꼭두각시 왕이 로마의 주교에게 로마 제국의 법률을 요청했다는 것은 터무니없는 헛소리가 아닐 수 없다. 그런데도 루키우스가 하나님의 대리자로서 오직 그분에게만 복종하며 귀족들의 도움을 받아 브리튼 왕국을 다스렸다는 주장이 버젓이 제기된 것이다.

그러나 이것이 전부가 아니다. 거짓으로 꾸며낸 엘레우데리오가 로마 제국의 법률이 시민 정부의 행동 방식에 부적합하다고 비난했다는 주장까지 제기되었다. 이것은 진짜 엘레우데리오라면 절대로 하지 않을 일이고, 꿈조차 꾸지 않을 일일 것이다. 『엘레우데리오에게 보낸 서신』은 고대성을 입증할 만한 증거가 전혀 없다. 물론, 루키우스라는 왕족의 후예가 브리튼족 안에서 상당한 권세를 누리다가 기독교로 회심해 믿음을 널리 전하려고 노력했을 가능성이 있을 수도 있다. 그러나 그를 위대한 왕으로 탈바꿈시킨 것은 한갓 이야기꾼들의 허튼소리에 지나지 않는다. 한 마디로, 〈엘레우데리오의 서신〉은 위조문서다. 고대의 편견에서 벗어나 공정한 진실만을 추구하려고 노력하는 사람이라면, 이 사실을 결코 부인하지 못할 것이다.

12장
우상 숭배의 기원과 발전 10

다양한 사건들과 종교를 둘러싸고 일어난 이 모든 혼란의 와중에서도 많은 사람이 유일하신 참 하나님에 관한 지식을 보유하고 있었고, 그분이 이교의 우상들과는 무한히 다른 존재이시라는 것을 어렴풋하게나마 의식하고 있었던 것이 분명하다. 그런 흔적들이 역사와 철학을 다룬 거의 모든 고대의 책들 안에 조금씩 산재되어 있다. 만물을 다스리는 최고 신, 곧 모든 것을 자기 뜻대로 다스리고, 규정하고, 명령하는 신이 존재한다고 주장하지 않았던 철학자는 거의 없었다. 이 참된 신은 피조 세계 곳곳에 자신을 나타내는 증거들을 제시한다. 이 신은 발견하고, 또 발견해도 여전히 '알 수 없는 신'으로 불렸는데, 그 이유는 인간이 그에 대한 온전한 지식을 소유할 능력이 없다고 생각했기 때문이다.

그런 이유로, 유대인의 하나님을 언급할 때면 흔히 '그분이 누구시든'이라는 말을 덧붙이는 관습이 있었다.[1] 이 밖에도 루카누스는 '아덴의 알지 못하는 신'이라고 말했고, 필로스트라토스는 "그 비문에는 '신들'이라고 적혀 있었다"라고 말했다.[2] 유스티누스에 따르면, 이런 형

---

1   Dio Cassius, *Histories*, Book 36.
2   Philostratus, *Life of Apollonius*.

태의 종교는 소크라테스에게서 시작되었다고 한다. "(그는) 아덴 사람들에게 지성적 활동을 통해 미지의 신을 발견하라고 권고했다."

소크라테스가 뭐라고 가르쳤든, 바울이 에피멘데스의 제단에 새겨진 '알지 못하는 신에게'라는 글귀를 보고, 그것을 참 하나님을 전하는 기회로 삼은 것은 분명한 사실이다. 그 비문은 거의 모든 것을 신성시했던 아덴에 있었다. 크세노폰은 "도시 전체가 제단이고, 도시 전체가 희생 제물이며, 도시 전체가 신들에게 바쳐진 헌물이다"라고 말했다. 사실, 도시 전체가 크로노스 파고스, 팬 파고스, 포세이돈 파고스, 아레스 파고스(아베오바고), 헤르메르 파고스와 같이 신들의 이름을 따라 명명한 구역들로 나뉘었다.

'파고스'는 '구역'을 뜻하는 헬라어다. 개개의 구역에는 그곳의 신에게 봉헌된 돌기둥이 세워졌고, 그것에 따라 명칭이 정해졌다. "유다야 네 신들이 네 성읍의 수와 같도다 너희가 예루살렘 거리의 수대로 그 수치스러운 물건의 제단 곧 바알에게 분양하는 제단을 쌓았도다"(렘 11:13)라는 말씀에서 알 수 있는 대로, 심지어는 예루살렘에서조차 이와 똑같은 관습이 있었다. '알지 못하는 신'에게 바쳐진 제단들은 아덴에만 국한되지 않았다. 파우사니우스는 엘리스(헬라 서부에 있던 고대 도시)에 관해 언급하면서 "그 외에 알지 못하는 신을 위한 제단도 있었다"라고 말했다.

사람들은 이 '알지 못하는 신'이 독특한 존재임을 인정했다. 키케로는 『신들의 본성에 대해』라는 책에서 안티스테네스의 말을 인용해 "사람들은 많은 신을 섬기지만, 자연은 오직 하나의 신을 섬긴다"라고 말했다. 피타고라스학파는 "살아 있는 유일무이한 위대한 존재, 곧 세계의 영혼이 존재한다"라고 가르쳤다. 브라만들도 아폴로니우스에게 이와 똑같은 가르침을 베풀었다. 그들은 "이 살아 있는 우주를 창조한 신에게는 가장 완전한 첫 번째 자리를, 각 지역을 관장하는 신들에게는 두 번째 자리를 할당해야 한다"라고 말했다. 일부 사람들은 다신교를 거부하는 생각을 계속 발전시켜 우상 숭배를 폐하고 유일한 창조주를 섬겨야 한다고 주장하기 시작했다. 소포클레스가 대표적인 경우다. 그는 "우주와 검푸른 바다와 사납게 날뛰는 파도를 창조한 유일신이 존재한다. 비참한 우리 인간은 그를 등지고 그릇된 마음을 품은 까닭에 나무와 돌을 깎거나 금을 녹여 붓거나 상아를 깎아 우리가 고통을 느낄 때 위로해 줄 신들을 만들어냈다. 우리는 정해진 날에 그들에게 희생 제물을 바치고, 근사한 찬사를 늘어놓으며 우리 자신을 의롭다고 일컫는다"라고 말했다. 유스티누스도 『호교론』에서 "우리는 인간이 사람의 손으로 만든 것을 숭배해서는 안 된다는 견해를 피력한 극작가 메난드로스를 비롯한 여러 사람의 견해에 동의한다"라고 말했다.

BC197년에 야니쿨룸 언덕에서 누마 폼필리우스의 책들이 발견되자 원로원은 '캄푸스 마르티우스(고대 로마의 평원)'에서 그것들을 공개적으로 불태우라고 명령했다. 아마도 그 이유는 당시에 그곳의 집정관이었던 퀸투스 페틸리우스가 그것들이 겉으로는 무신론을 표방하는 듯 보이지만 실제로는 우상을 숭배하지 말고 오직 유일한 참 신만을 섬겨야 한다는 가르침을 전하고 있다고 말했기 때문이었던 것으로 보인다. 이와 비슷하게 락탄티우스도 당시의 이방인들이 '지극히 높은 주피터'로 일컬어야 할 최상의 유일신을 믿었다고 말했고, 발라리우스도 '세상의 왕이자 신들의 왕인 전능한 주피터'라고 말했다. 소라누스는 '유일한 신이자 모든 신이기도 한, 신들의 아버지이자 창시자'라고 말했다. 아마도 이런 종류의 사례 가운데 가장 유명한 것은 오르페우스가 무사이오스 앞에서 읊은 멋진 시일 것이다. "지극히 높은 우주의 유일신을 보라! 그는 하나이고, 스스로 태어났다. 만물이 이 유일신의 자손이다. 그는 만물 안에 머무른다. 유한한 인간은 그를 볼 수 없지만, 그는 모든 인간을 내려다보고 있다… 이 유일신은 주피터요, 하데스요, 태양이요, 바쿠스다. 이 유일신은 곧 그들 모두다.”

베르길리우스는 호메로스의 말을 빌려 최고 신을 ‘신들의 아버지이자 사람들의 왕’으로 일컬었다. 익명의 저자가 쓴 글은 최고 신을 세라피스(명계를 다스리는 애굽의 신)로 간주하기까지 했다. “일곱 개의 글자가 가장 위대한 불멸의 신을 선포한다. 지칠 줄 모르는 만물의 아버지이자 소용돌이치는 하늘의 음악을 짓는 쇠하지 않는 수금이여!” 일곱 개의 글자는 세라피스(Serapis)를 가리킨다. 헤시키우스는 이 해석을 지지한다. 그러나 우리는 일곱 문자와 모음이 ‘여호와(Jehovah)’를 암시한다고 생각해야 하지 않을까? 테르툴리아누스도 이와 비슷한 견해를 피력했다. 그는 “심지어 우상 숭배자들도 고통스러울 때는 자기가 섬기는 신들을 무시한 채 하늘을 올려다보며 당연한 것처럼 한 분이신 하늘의 하나님을 부른다”라고 말했다. 유스티누스, 아테나고라스, 클레멘트, 아르노비우스, 락탄티우스, 테오도레트 등의 견해도 모두 똑같았다.

프루덴티우스의 견해도 마찬가지였다. 그는 “철학자 플라톤의 부조리한 개념들을 살펴보라. 아리스토텔레스가 후미진 구석구석에 감추어 놓은 의미들을 찾으려고 애쓰는 불결한 견유학파를 생각해 보라. 모두가 뒤얽힌 미로 속에서 길을 잃는다. 각 사람은 죽어갈 때 아이스쿨라피우스의 호의를 얻을 생각으로 수탉이나 암탉을 제물로 바친다. 그러나 조리 정연한 분석이라는 시금석과 마주치면, 그들의 어리석은 사상들과 논쟁과 허약한 논증이 모두 한결같이 한쪽 방향, 곧 유일한 신을 가리키는 것으로 드러난다”라고 재미있게 표현했다.[3]

---

3   Prudentius, *Apotheosis*, lines 268, 277.

바울은 가장 위대한 이방 철학자들이 개인적으로 유일하신 하나님에 관해 그런 견해를 피력했지만, 마땅히 드려야 할 경배와 복종을 통해 그분을 영화롭게 하지는 못했다고 분명하게 말했다(롬 1장 참조).

13장
우상 숭배의 기원과 발전 11

태초부터 인간을 대적해 온 원수는 유일하신 참 하나님에 관한 이런 식의 모호한 개념을 이용해 우상 숭배자들에게 새로우면서도 놀라운 자신감을 심어주는 술책을 펼쳤다. 그는 다양한 거짓 신들 가운데서 하나를 선정해 전능한 존재의 자리에 올려놓고서 다른 신들을 모두 이 신의 수행원이자 종으로 공포했다.

그 최고신이 바로 호메로스의 제우스였다. 그는 참으로 어리석게도 제우스의 능력이 다른 하위 신들을 압도한다며 크게 과장했다. "너희 모든 남녀 신들아, 내 말을 들어라. 내 가슴 속 깊은 곳에서 우러나오는 것을 말하지 않을 수 없노라. 남신이든 여신이든 그 누구도 내가 말하는 것을 막을 수 없으리라. 너희는 모두 내가 곧 일으킬 일을 묵묵히 받아들여야 한다. 너희 가운데 어느 누가 내 뜻을 어기고 트로이인들이나 다나아인들을 돕는다면, 곧바로 상처를 입고, 내 손에 붙잡혀 올림포스로 되돌아가는 수모를 겪게 될 것이다. 그러고 나서 나는 땅 아래 있는 가장 깊은 구덩이 속으로 내려갈 것이다. 땅 위의 하늘만큼이나 깊은 저 아래의 지하 세계에는 철문과 놋쇠로 된 출입구가 있다. 너희는 내가 신들 가운데서 가장 강하다는 사실을 알아야 한다. 신들이여, 나와서 시험해 보라. 그러면 알게 될 것이다. 하늘에서 황금 밧줄을 내리면 너희 남신과 여신들 모두가 그것을 붙잡고 있는 힘을 다해도 나 제우스를 하늘에서 끌어 내리지 못할 것이다. 그러나 내가 원하면 언제라도 그 줄을 끌어 올릴 수 있고, 그러면 그것과 함께 땅과 바다와 모든 것이 끌려올 것이다. 나는 그 밧줄로 올림포스를 휘감아 모든 것을 매달아 놓을 수 있다. 나는 모든 신과 모든 인간보다 훨씬 위대하다."

이것이 호메로스가 한 말이다. 에우스타티오(안디옥의 주교, AD324-330)는 스토아철학의 가르침을 따라 이 모든 것이 한갓 자연 현상을 나타낸 것뿐이라고 말하면서 호메로스의 말을 종종 호메로스 자신이 꿈에도 생각하지 못했을 방식으로 바꾸어 놓곤 했다. 도나투스도 테렌스(로마 공화정 시기의 극작가)의 희곡에 묘사된 사랑의 장면들에 담겨 있는 '내적 의미'를 설명하면서 그와 똑같은 일을 했다. 일찍이 플라톤은 『파이드로스』에서 "시를 있는 그대로 받아들이지 않고 스스로 만들어 낸 철학을 근거로 미리 결정된 틀에 따라 해석하기를 좋아하는 사람은 상당한 양의 여유와 시간이 필요할 것이 틀림없다"라는 말로 그런 행위를 간단명료하게 논평했다.

아무튼, 이방인들이 최고의 자리와 최상의 권력을 부여하고, 온갖 장식물로 치장한 이 주피터는 실상은 악명 높은 크레타섬의 악인이거나 '크레타섬의 주피터'로 가장한 마귀에 지나지 않는다(크레타섬은 제우스의 탄생지로 알려진 그리스 최대의 섬이다). 키케로는 대사제들을 상대로 한 연설에서 "캄피톨리오 신전의 제우스여, 크나큰 은덕과 능력과 여왕 주노로 인해 로마가 가장 뛰어나고 위대하다고 칭송하는 신이여!"라고 말했다. 스타티우스(고대 로마의 시인)은 '가장 뛰어나고 위대한 신,' 곧 주노의 남편이자 캄피톨리오 언덕에 세워진 신상의 주인공인 주피터를 천둥 신으로 잘못 착각하고는 "대지의 여신 키벨레가 춤추는 크레타인들에게 어린 천둥 신 주위를 뛰놀라고 명령했다"라고 말했다.

그러나 이방인들은 최고 신은 하나뿐이라는 신념을 지녔는데도 불구하고 참 하나님과 그분의 자기 계시를 완전히 무시했다. 유일한 참 하나님에 관한 지식을 소유했던 민족은 유대인들뿐이었고, 이방인들은 그런 그들을 경멸했다. 이런 사실이 키케로의 말에 가장 분명하게 드러나 있다. 그는 "라일리우스여, 모든 국가는 각자 자신의 종교를 가지고 있고, 우리도 우리의 종교를 가지고 있소이다. 예루살렘은 아직 건재하고(예루살렘은 당시에 완전히 함락되지 않았기 때문에 로마에 종속되지 않은 상태로 여전히 주권과 독립을 유지하고 있었다), 유대인들은 여전히 평화를 누리고 있소. 그들이 믿는 종교의 가르침은 우리의 제국과 제국의 영광이나 우리의 존엄한 이름과 삶의 방식과는 완전히 다르오. 그들은 전쟁을 노골화하며 반로마적 태도를 보임으로써 그런 사실을 분명하게 드러내고 있소. 그들이 여러 번 패배와 분산을 겪으면서도 늘 다시 회복했던 역사를 지녔다는 사실이 그들이 지금까지 신들에게 얼마나 많은 사랑을 받아왔는지를 잘 보여주고 있소이다"라고 말했다.[1]

이교주의는 최고 신으로 추앙되는 주피터를 유일신으로 섬길 것인지를 결정하는 것이 불가능했다. 그 이유는 그들이 주피터가 한때는 사람이었고, 인간의 혈통을 지녔다고 믿었기 때문이다. 시인 스타티우스는 자신이 말한 천둥 신이 갓난아이로 태어났으며, 불사의 생명을 지녔다고 믿었다. 그는 "신의 신전이 이곳에 있으니 만족스러운 영예를 누리소서. 죄를 지은 이다와 신이 죽었다고 말하는 크레타가 신에게 용서를 구하기를 바라나이다"라고 말했다. 아울러, 칼리마쿠스의 『제우스에게 바치는 찬양』에서도 다음과 같은 내용이 발견된다. "제우스여, 어떤 사람들은 신이 이다산에서 태어났다고 말하고, 어떤

---

1   Cicero, *Defense of Flaccus*.

사람들은 아카디아에서 태어났다고 말합니다. 왕이시여, 그들의 말이 거짓입니까, 아닙니까? 크레타인들은 거짓말쟁이입니다. 왜냐하면 신의 무덤을 만들었다고 말하기 때문입니다. 그러나 신은 죽을 수 없나이다. 신은 영원히 살아 계십니다."

칼리마쿠스의 글을 주석한 한 고대인은 크레타인들이 거짓말을 했다는 것을 보여주기 위해 제우스의 무덤에 관한 전설을 그들이 지어냈다고 주장했다. 그는 "크레타에 있는 미노스의 무덤에 새겨진 비문에는 '제우스(의 아들) 미노스, 그의 무덤'이라는 글귀가 적혀 있었다. 그러나 세월이 흐르면서 '미노스'라는 글귀가 지워져 없어지고 '제우스, 그의 무덤'이라는 글귀만 남게 되었다"라고 말했다.

이런 이유로 아테나고라스는 사절 임무를 수행하면서 제우스가 인간처럼 태어났다는 것은 인정하면서도 인간처럼 무덤에 묻히지는 않았다는 칼리마쿠스의 주장을 비꼬았다. 그러나 그는 순진하게도 크레타인들이나 아카디아인들이 제우스의 탄생지를 거짓으로 꾸며냈는지에 대해서는 관심을 두지 않았다. 키케로는 제우스가 셋이라고 말했다. 그의 말에 따르면, 둘은 아카디아의 하늘과 대기에서 태어났고, 나머지 하나는 크레테에서 크로노스를 통해 태어났다고 한다. 필로스트라토스는 궤변론자 안티오쿠스가 제우스의 무덤을 둘러싼 논쟁에서 크레타인들을 옹호했고, 락탄티우스도 엠페메네스의 말을 인용해 제우스가 그곳에 묻혔다고 주장했다고 말했다.

플루톤(저승의 신)은 사후 세계를 관장하는 주피터의 '망령(혼령)'에 지나지 않았다. 이것이 그가 '가장 위대한 망령'으로 불리는 이유다. 이 점을 고려하면 지하 세계의 신들에게 죽은 사람을 바치는 의식을 거행할 때 "아버지 디스나 주피터의 망령, 또 그 외의 다른 어떤 이름으로 당신을 일컫든 상관없으리"라는 문구가 사용되었던 이유를 알 수 있다. 살마시우스는 "영혼은 하늘로 올라가고, 망령은 지하 세계로 내려간다"라는 말로 이 관습을 매우 정확하게 설명했다. '망령'은 일종의 죽은 육체의 형상, 즉 사자의 혼령이다. 헬라인들은 이를 '그림자'로 일컬었다. 레이놀즈는 '혼령'은 공간을 차지하지 않는 비현실적인 것의 형상에 지나지 않는다는 벨라르미노의 주장을 길게 논박했다.[2]

루크레티우스는 '그림자'를 '생명이 없는 공기'로 생각했다. 호메로스는 헤라클레스가 신들 가운데 하나로 간주된 이후로도 오랫동안 그의 형상이 지하 세계에 있었다고 말했다. 이처럼 하늘에 속한 것으로 간주된 '영혼'은 '그림자'와는 분명하게 구별되었다. '그림자'는 사람들이 세상에서 본 육체가 아닌 모사체(模寫體), 곧 그림자의 본래 모습을 알고 있는 사람들이 보고 알 수 있는(그러나 만질 수는 없는) 육체의 형상을 가리켰다. 베르길리우스는 "내가 여기저기를 찾고 있을 때 불행한 혼령, 곧 크레우사의 그림자가 내 눈앞에 나타났다. 그것은 그녀의 실제 모습보다 컸다"라고 말했다.[3] 아울러, 그는 데이포보스의 그림자를 묘사하기도 했는데 심하게 훼손된 그의 그림자는 메날라오스(헬라 신화에 나오는 스파르타의 왕)가 훼손한 그의 육체와 정확히 맞아 떨어졌다. "그곳에서 그는 프리암의 아들 데이포보스를 보았다. 그의 몸에는 온통 칼에 베인 자국들이 나 있었고, 잔혹할 정도로 심하게 훼손된 상태였다."[4]

이방인들은 주피터가 태어났다는 사실을 모두가 인정하고 있고, 심지어는 많은 사람이 그가 죽었고, 그의 그림자가 지하 세계로 내려갔다고 주장하는데도 불구하고 그를 가장 높은 신의 보좌 위에 앉혀

2   Reynolds, *Parelectiones*.
3   Virgil, *Aeneid*, 3.
4   Virgil, *Aeneid*, 4.

놓고서 유일한 참 하나님에 관한 지식의 잔해를 그에게 모두 부여하려고 시도했다. 그 결과, 모든 형태의 이교 의식과 이교 숭배에는 항상 플라우투스(로마의 희극 작가)의 희극에 등장하는 암피트리온과 소시아스의 이중성보다 더 터무니없어 보이는 이율배반적인 모순이 뒤따를 수밖에 없었다.

그러나 혼란은 이것으로 끝나지 않았다. 거의 모든 우상 숭배자들이 여전히 태양이 가장 높은 최고 신이라고 주장했다. 그들은 태양만을 전능한 신이라고 믿었다. 천체들을 숭배했던 사비교는 이런 입장을 강력하게 옹호했다. 비참한 인류의 옛 원수가 무지와 악으로 이미 단단히 결박해 놓은 자들을 데리고 노는 것에서 즐거움을 느끼기라도 하듯 이런 모순으로 인해 새로운 차원의 속임수, 즉 망상이 생겨났다. 참 하나님에 관한 모호한 개념에다 크레타에서 태어난 주피터, 태양과 천체들, 선한 요인들과 악한 물질이 모두 합쳐져 하나의 복합적인 우상이 만들어졌다. 우상 숭배적인 미신은 거기에서 멈추지 않고 더욱 발전해 나갔다. 잘 아는 대로, 천사들은 하늘의 하나님을 섬긴다. 그들은 모든 피조물 가운데 가장 고귀한 피조물이다. 많은 자료를 통해 알 수 있는 대로, 이방인들도 그런 지식을 어느 정도 보유하고 있었다. 예를 들어, 오르페우스는 "부지런한 사자들이 불의 보좌 곁에 서 있었다. 그들은 유한한 인간들 사이에서 이루어지는 일들을 관장하는 임무를 맡고 있다"라고 말했다. 그러나 "그들은 이성 없는 짐승 같이 본능으로 아는 그것으로 멸망하느니라"(유 1:10)라는 말씀이 암시하는 대로, 이방인들은 남아 있는 몇 줄기 빛조차도 그릇 오용했다. 즉 그들은 천사들을 종속적인 능력을 지닌 하위 신들로 만들어 그들이 세상을 만들었다고 주장했다. 천사들은 모두 신으로 숭배되었다. 더욱이 헬라주의는 천사들을 신격화된 인간들로 대체했다. 그들은 그런 인간들을 주피터를 시중드는 신들의 반열에 올려놓았다. 결국에는 죽은 인간들이 하나님과 천사들의 자리를 대신하게 된 셈이었다.

하위 신들이 태양을 섬기는 종들로 계속해서 창안되었다. 특히 상상을 통해 '12궁'이 만들어졌고, 그것들은 다시 열두 신으로 발전했다 (주피터도 그들 가운데 하나였다). 엔니우스는 '주노, 베스타, 미네르바, 케레스, 디아나, 베누스, 마르스, 머큐리, 주피터, 넵투누스, 불카누스, 아폴론'이라고 그 이름들을 나열했다, 그러나 다른 사람들은 주피터 외에 열둘을 나열해 그들을 그의 조언자의 신분으로 그에게 종속시켰다. 세네카는 "주피터는 자신의 뜻대로 모든 것을 행하지만, 신들의 회의에서 나온 조언에 귀를 기울인다. 그는 이것을 열두 신의 모임으로 일컫는다"라고 말했다. 주피터는 하늘에서 결정을 내릴 때마다 그들에게 조언을 구했다. 이런 이유로 그들은 '조언하는 신들'로 불렸다.

이와 관련해 아우구스티누스는 "하위 신들 가운데 찬성하는 신이 하나도 없거나 주피터의 고문 회의로 일컬어지는 신들도 존재하지 않는다면 과연 누가 결정을 내릴 것인가?"라는 유명한 말을 남겼다. 어떤 사람들은 열두 신이 아닌 열한 신을 인정하는 것으로 만족한다. 그들은 주피터는 일개 신이 아니라며 그를 열두 신 가운데서 배제했다. 예를 들어, 플라투스는 "주피터는 열한 신을 대동하곤 했다"라고 말했고, 또한 "열한 신 외에 하늘에 있는 신들이 모두 나를 구하러 올 것이다"라고 말하기도 했다. 그러나 데모카레스는 "아텐인들의 조언자는 열두 신이 아닌 테오프라스토스다"라고 말했다.

트로이에 이 열두 신을 위한 열두 제단이 건축되었다. 스트라보는 "렉토스에 가면 열두 신을 위해 만들어진 제단 하나를 볼 수 있다. 그 제단은 아가멤논의 기초로 불린다"라고 말했다. 그는 또한 "아카이아의 항구에도 열두 신의 제단이 세워져 있었다"라고 말하기도 했다. 아덴에도 독재자 페이스트라토스가 아고라 바로 옆에 세운 열두 신의 제단이 있었다. 아폴로도루스는 아덴 사람들이 포세이돈과 아테나가 자기 도시의 명칭을 둘러싸고 논쟁을 벌일 때 중재자로 나섰다고 한다. 이 재판을 비롯해 다른 유명한 재판들이 '아레오바고'라는 명칭이 생겨난 배경이다. 수에토니우스에 따르면, 아우구스투스 황제가 '열두 신들의 축제'를 개최했고, 많은 손님이 신들의 복장을 하고서 그 축제에 참석했다고 한다.

헤로도토스는 열두 신의 미신이 애굽에서 기원했다는 견해를 피력했다. "애굽인들이 처음으로 열두 신의 이름을 창안했고, 헬라인들이 그것들을 채택했다는 말이 전해온다." 애굽인들이 말하는 열두 신은 12궁에 속한 별자리들이었다.

이 신들로부터 무한히 월등한 하나의 신이 생겨났고, 그들은 묵묵히 이 신의 통치를 따랐다. 플라우투스는 "이 하나의 신, 곧 주피터가 그대의 편이라면 다른 작은 신들은 조금도 걱정할 필요가 없다"라고 말했다. 오디세우스는 헥토르에 관해 말하면서 아킬레우스에게 "제우스를 의지하게. 그는 인간이나 신들에게 전혀 무관심한 채 무한히 만족을 누린다네"라고 조언했다.

하위 신들은 최고 신 앞에서 인간을 대신해 중재 역할을 하는 것으로 믿어졌다. 고대 시인들이 가장 자주 언급하는 장면 가운데 하나는 하위 신들이 자신이 관심을 기울이는 인간을 위해 최고 신 앞에서 탄원하는 장면이다. 베르길리우스가 묘사한 대로, 비너스는 곤궁에 처한 트로이인들을 대신해 "오, 아버지여, 오, 인간과 신들을 다스리는 영원한 권세자여. 루툴리족이 거만을 떠는 모습과 투르누스(루툴리족의 왕)가 기마병들의 중앙을 휘저으며 주목을 받는 모습을 보시옵소서"라고 말했다.[5] 핀다로스는 "크로노스의 아들, 목소리가 깊고 낮은 번개와 천둥의 주인이자 모든 신들 가운데 가장 뛰어난 신을 공경하라"라고 말했다.[6]

유한한 인간들은 오늘날 로마 가톨릭교회의 '성인 숭배'에서처럼 간청과 기도로 신들의 중재를 구했다. 이 주제에 관해서는 메드의 『말세의 배교에 관한 논의(*Discourse on the Latter Day Apostasy*)』를 읽어보라고 권하고 싶다. 신들과 천사들, 태양과 12궁, 크레타의 주피터와 다른 죽은 영웅들을 뒤죽박죽 섞어놓은 이 무분별하고, 극악한 미신으로 인해 그나마 남아 있는 참 하나님에 관한 지식이 매몰되어 더는 아무 소용이 없게 되었다.

이외에 다른 우상들에 대해서는 길게 말할 필요가 없다. 그것들의 기원은 한결같이 의심스럽기만 하다. 플라우투스는 이 우상들을 '위,' '아래,' '중간'으로 나누고, 다시 '좀 더 위대한 신들,' '덜 위대한 신들,' '접시의 신들'로 구분했다('접시의 신들'이란 가정의 수호신, 곧 '식탁의 신들'을 가리킨다. 가족이 식사할 때 이 신들이 '보이지 않는 손님'으로 함께 참석한다고 믿어졌다). 오비디우스는 이들을 '신들의 평민'으로 일컫기를 주저하지 않았다. 그는 '신들의 평민, 목신, 사티로스, 가정의 수호신, 강, 님프 등과 같은 반신(半神)들'이라고 말했다.

고대인들이 전하는 이런 신들에 관한 이야기는 천차만별이었다. 예를 들어, 파우사니아스는 테베인들이 주장했던 견해를 살펴보고 나서 "그들은 이 문제에 관해 메가라(헬라의 소도시) 사람들과 견해가 달랐다. 헬라인들은 대다수 주제와 관련해 서로 다른 견해를 피력했다"라고 말했다. 신들은 종종 하늘과의 관계에 따라 '하늘 위에 있는,' '하늘

---

5   Virgil, *Aeneid*, 10, 18–20.
6   Pindar, *Pythian Hymn*, 6, 23.

안에 있는,' '하늘에 있는'과 같은 식으로 구분되기도 하고, 대기나 땅이나 바다와의 관계에 따라 '땅에 있는,' '바다 안에 있는' 등으로 분류되기도 했다. 지하 세계에 있는 신들도 땅 아래 있는 신들로 일컬어졌다. 아울러, 그들의 명칭은 '가정의 신,' '도시의 신,' '가족의 신,' '손님들의 신,' '나그네들의 신,' '조국의 신,' '모임의 신,' '열매의 신,' '군대의 신,' '승리의 신,' '탄원자들을 보호하는 신,' '승리를 주는 신,' '악을 물리쳐주는 신,' '걱정을 없애주는 신,' '죄책감을 없애주는 신'을 비롯해 '보호자,' '복수해주는 자,' '국가의 감독자,' '결혼의 감독자'와 같은 식으로 그들이 수행하는 특별한 의무나 책임에 따라 결정되었다. 아마도 독자들은 로마 교회가 이런 거짓된 잡동사니를 기독교와 얼마나 많이 혼합했는지를 즉각 알 수 있을 것이다.

14장
우상 숭배의 기원과 발전 12

    지금까지 온 세상에 퍼져있는 수많은 우상 숭배자들이 어떤 존재들을 신으로 떠받들고 있는지를 살펴보았다. 다신교의 출현으로 인해 개개의 종족과 공동체와 민족은 제각기 자신들이 원하는 신들을 선택할 수 있었다. 그 결과, 고대의 전승을 통해 엄청나게 많은 신이 공식적으로 탄생했다. 파우사니아스는 "오로포스(아티가 동부에 있던 소도시) 사람들은 암피아로스를 신들의 반열에 올려놓은 최초의 민족이었다. 나머지 헬라인들은 그들의 본을 따랐다. 한때는 한갓 인간에 불과했지만 헬라인들이 신의 영예를 부여하고, 그들에게 도시들을 봉헌한 사례들은 이 외에도 많다"라는 말로 새로운 신들이 어떤 식으로 생겨났는지를 보여주었다.

    결국, 이런 관습은 보편적인 호응을 얻었고, 사람들의 인기를 누린 사람은 누구나 신이 되었다. 개개의 집단은 제각기 자신들이 선택한 사람은 누구든 신들의 반열에 올려놓을 수 있는 권리를 주장했다. 이 관습은 헬라인들과 로마의 세금 징수원들이 날카롭게 충돌하는 원인이 되었다. 그 이유는 신들의 땅은 세금을 면제받는다는 칙령이 발효되자 세금 징수원들이 한때 인간이었던 존재는 신으로 일컬을 수 없다고 주장했기 때문이었다. 이런 사실이 마르쿠스 툴리우스 키케로의

『신들의 본성에 관해』라는 책에 언급되어 있다.

알렉산드로스, 칼리굴라, 클라우디우스, 도미티아누스 등, 그런 사악한 괴물과 같은 인간들까지도 생전에 신의 영예를 누렸다. 그들은 마치 사후에 지하 세계의 거주자가 될 것이라는 사실에 무관심한 것처럼 보였다. 퀸투스 쿠르티우스는 이런 어리석은 행위를 비판한 칼리스테네스의 글을 인용해 "클리오, 그대와 내가 신들을 만든다고 상상해 봅시다. 우리가 왕에게 그가 신성을 지녔다고 말하면 그 말을 선뜻 받아들일 것 같지 않소? 우리의 능력을 시험해 볼 수 있는 좋은 방법이 있소이다. 만일 우리가 그를 신으로 만들 수 있다면 우리는 누구든 왕으로 만들 수 있을 것이요. 하늘을 주는 것보다는 제국을 주는 것이 더 쉬울 테니 말이요"라고 말했다.

스파르타인들은 무력에 의한 위협에 직면하기 전까지만 해도 그런 식으로 신을 만드는 관행을 오랫동안 거부해왔다(그들은 나중에는 결국 키케로가 합법적이지 않다고 생각했던 방식으로 그런 관행을 수용할 수밖에 없었다). 키케로는 클라우디우스가 자기 가문을 신격화한 행위를 비판하면서 "알렉산드로스가 신이 되기를 원한다면 원하는 대로 신이 되게 하자"라는 스파르타인들의 말을 인용했다. 아덴인들은 알렉산드로스를 신처럼 경배하도록 자신들을 설득하려고 했다는 이유로 웅변가 데니아데스에게 10달란트의 벌금을 물렸다. 아테나이우스는 아덴인들이 데메트리우스 폴리오르케테스(마케도니아의 왕)를 숭배했지만, 알렉산드로스가 살아 있는 동안에 그에게 신의 영예를 거의 수여하지 않았다고 증언했다. 클라우디우스는 갑작스레 천둥소리가 크게 울리자 자신을 신격화하려는 행위를 즉각 중단하고, 황급히 천막 안으로 뛰어들어가면서 "클라우디우스가 아니라 저것이 신이다!"라고 외쳤다고 한다.

이런 이교 관습의 결과로 이상한 이야기가 하나 생겨났다. 그것은 티베리우스가 그리스도를 로마의 많은 신들 가운데 하나로 만들려고 시도했지만, 원로원의 반대로 포기해야 했다는 이야기다. 사람들이 그런 식의 이야기들을 생각해내지 않았으면 참으로 좋겠다. 하나님이 그런 이야기에 신빙성을 부여하려는 시도를 막아주시기를 바라는 마음 간절하다.

왕과 황제들은 자신이 원하는 사람은 누구나 신들로 만들었지만, 율리우스 카이사르 이후에는 원로원이 황제들의 사후에 그들을 신으로 여길지 국가의 원수로 여길지를 결정했다. 이것이 베스파시아누스가 임종을 앞두고 "내 생각에는 내가 신이 될 것 같구나"라고 말했던 이유다.

신격화가 이루어지려면 죽을 때도 여전히 자주색 왕복을 입은 채로 왕의 신분으로 죽는 것이 필요했다. 에우트로피우스는 이런 사실을 염두에 두고 디오클레티아누스에 관해 이렇게 말했다. "인간이 생겨난 후로 그 누구에게도 일어나지 않았던 일이 그에게 일어났다. 즉 그는 일개 시민의 신분으로 죽었지만, 신들의 반열에 올랐다." 그러나 로마 제국 외에 다른 나라에서는 그렇게까지 엄격하지는 않았다. 예를 들어, 알렉산드로스는 자신의 친구 헤파이스토에게 신의 영예를 수여하고, 희생 제물을 바치라고 요구했다. 아일리우스 스파르티아누스는 마크리누스가 자신이 암살한 안토니누스 카라칼라를 신들의 반열에 올려놓았다고 말했다. 디오의 글에 보면, 하드리아누스가 안티노오스를 희생 제물로 바쳐 그의 내장을 보고서 점을 치는 마술을 행하고 나서 그를 신으로 만들어 많은 장소에 그의 조각상을 세웠다는 끔찍한 이야기가 기록되어 있다.[1] 클레멘트와 테르툴리아누스는 이 사악한 행위를 옳게 단죄했다.

---

1   Dio Cassius, *Histories*, Book 49.

개인들도 자신이 원하는 사람은 누구나 경배할 수 있었다. 그런 증거가 코르켈리아가 자신의 아들 가이우스 그라투스에게 한 말 가운데 분명하게 드러나 있다. 그녀는 "내가 죽으면 너는 네 어머니인 내게 희생 제물을 바쳐야 한다. 살아 있는 동안 돌보지 않고 방치했던 나를 위해 신들에게 정성껏 기도를 드려라"라고 말했다.

간단히 진실을 말하자면, 이 당시에는 모든 종교와 신들에 관한 이야기를 경멸하는 분위기도 팽배했기 때문에 가장 극악한 미신과 가장 사악한 행위가 한데 뒤섞이는 현상이 나타났다. 플리니우스의 책을 읽어보면, 신들의 형상을 만드는 행위가 얼마나 사악하게 이루어졌는지를 알 수 있다. 우상의 형상을 그리는 사람들이 여신들을 자기가 좋아하는 창녀의 모습으로 그리는 일이 아주 흔했다. 한 창녀를 미친 듯 사랑했던 아렐리우스도 그런 행위를 저질렀다. 그런 이유로 키케로는 "우리는 단지 조각가들과 화가들이 결정한 용모의 신들만 알고 있을 따름이다"라고 불평했다. 클로디우스(키케로의 적이었던 로마의 호민관)가 키케로의 집에서 '자유의 여신'이라는 이름으로 봉헌했던 조각상은 타나그라(고대 그리스의 도시) 출신의 한 창녀를 모델로 한 것이었다. 이런 사실이 키케로가 자기 집을 보호하기 위해 대사제들 앞에서 행한 연설 안에 잘 드러나 있다.

결론적으로, 이방인들은 그릇된 종교를 만든 탓에 참된 종교적 의식으로부터 크게 벗어나는 결과를 초래했다. 옛 뱀은 그런 방법을 통해 인류를 속박했고, 그 위에 군림했다. 그는 인간을 사슬로 묶어 자신의 포로로 삼아 웃음거리로 만들었을 뿐 아니라 자신들의 미신을 위해 서로 다투며 싸우도록 부추기며 그 모습을 보고 즐거워했다. 사람들이 사탄의 멍에를 메고 괴로워하면서도 그렇게 한 것을 보면 인간의 무지가 얼마나 깊은지 익히 알 수 있다. 애굽에서는 이웃 종족들끼리 악어를 둘러싸고 서로 다투었다. "이웃 종족들 사이에 대대로 이어져 온 뿌리 깊은 질투심으로 인해 영원히 사라지지 않는 증오심과 고칠 수 없는 상처가 생겨났다. 오보스와 텐티라(고대 애굽의 도시들)의 사람들은 지금도 여전히 그런 질투심에 사로잡혀 서로를 향해 불같은 분노를 뿜어내고 있다. 왜 그럴까? 그 이유는 양쪽 사람들이 상대방의 신을 모욕하고, 서로 자신들이 숭배하는 것만을 신으로 생각하기 때문이다."[2] "그들 중 하나가 황급히 도망치다가 넘어져 붙잡히면, 승리한 무리는 그를 작게 토막을 냈다. 죽은 사람 하나면 많은 사람에게 나눠주기 충분했다. 그들은 그것을 남김없이 먹어치웠을 뿐 아니라 심지어는 뼈까지 갈아없앴다. 그들은 그것을 삶거나 꼬챙이에 꽂아 굽지 않았다. 불을 피워 요리하기까지 기다리는 것이 귀찮았기 때문이다. 그들은 시체를 날로 먹어치웠다"라고 말할 정도로 그들의 다툼은 극렬했다.[3]

한갓 이름뿐인 그리스도인들이 맹목적인 열정과 고질적인 편견에 사로잡혀 지극히 하찮은 종교적인 문제로 그리스도를 따르는 무고한 신자들을 해치는 것을 생각하면, 애굽인들의 잔인성을 언급한 옛 시인의 증언이 신빙성 있는 역사가의 진술에 근거한 것임을 쉽게 알 수 있을 것이다.

그러나 우상 숭배자들이 서로 다투더라도 유일하신 참 하나님과 그분에 대한 예배를 증오한다는 점에서는 아무런 차이가 없다. 아덴에서는 외국의 신들을 숭배하는 것을 불법으로 간주했고, 로마에서 제정된 '12표법(고대 로마 최초의 법전)'에는 "국가가 공식적으로 채택하지 않는 한, 누구도 개인적으로 신을 섬기거나 사적으로 신들을 숭배할 수 없다"

---

2   Satyicus, *Satire* 15, 33–38.

3   Satyicus, *Satire* 15, 77–83.

라는 조항이 포함되어 있었다. 그러나 유일하신 참 하나님을 숭배했던 이들을(즉 그리스도인들) 제외하면, 이 법률을 위반했거나 공인되지 않은 신들을 숭배했다는 이유로 개인이 처벌된 사례는 단 한 번도 없었다(예외가 있었다면, "소크라테스는 이 도시가 신으로 여기는 신들을 존중하지 않고 새로운 신들을 도입하는 죄를 저질렀다"라는 판결을 받았던 소크라테스가 유일했다).

기독교의 발흥으로 인해 사람들의 이런 광기와 사탄의 분노가 새롭게 촉발되었다. 초기 기독교 저술가 유스티누스는 품격 높은 어조로 그런 무지와 분노를 드러냈던 황제들을 엄중히 질책했다. 따라서 그가 남긴 훌륭한 말을 인용함으로써 3권을 마무리하는 것이 적절할 듯하다. 그는 이렇게 말했다. "우리는 그리스도의 이름 때문에 미움을 받는다. 우리는 법을 어긴 적이 없지만 범죄자처럼 끌려나가 처형되고, 우리 주위의 사람들은 나무, 강, 쥐, 고양이, 악어를 비롯해 이성이 없는 많은 짐승을 숭배한다. 그들은 자기와 똑같은 피조물을 섬긴다. 그들은 제각기 다른 곳에서 원하는 짐승들을 숭배하며 자기가 숭배하는 것과 다른 것에 영예를 부여하는 사람들을 악하게 대한다. 이 모든 사실에도 불구하고, 그대들은 우리가 그대들이 섬기는 신들을 숭배하거나 죽은 자들에게 고기를 태운 냄새나 헌주를 바치거나 형상과 조각상들에게 화환과 희생 제물을 드리지 않는 것을 우리의 죄를 입증하는 증거로 내세워 우리에게 죄를 묻는다. 똑같은 짐승들이 어떤 사람들에게는 신이 되고, 어떤 사람들에게는 희생 제물이 되고, 또 그 밖의 사람들에게는 한갓 야생 짐승이 된다는 것을 그대들도 잘 알 것이다."

4권
아브라함부터
모세까지의 신학

1장
아브라함의 신학

앞 권에서 우상 숭배의 기원을 살펴보면서 바벨에서 일어난 배교 사건의 전개 과정과 그 치명적인 결과를 생각해 보았다. 우리는 그것을 통해 자연 신학과 우상 숭배의 차이를 식별할 수 있었다. 바벨에서 일어난 배교 사건이 보편적인 성격을 지녔다는 사실이 역사를 통해 분명하게 드러났다. 바벨탑이 건설될 때 노아는 살아 있었던 것이 틀림없다. 사실, 그는 배교를 저지른 손자들이 흩어질 때도 여전히 살아 있었다. 하나님을 거역한 이 사건은 노아가 702살 되던 해에 일어났다. 그는 그 후로도 약 240년 정도 더 살았다. 셈도 오랫동안 더 생존했다. 이 두 사람 가운데 한 사람이 참 하나님께 대한 예배를 저버렸다고 생각하는 것은 온당하지 않을 것이다. 노아가 살아 있는 동안에는 그의 주위에 만물의 창조주이신 하나님을 숭배했던 사람들이 많았을 것이다. 그들은 여전히 원시 언어를 보유하고 있었고, 약속된 구원자에 대한 믿음과 하나님께 대한 거룩한 예배를 유지했다. 그들은 보편적인 배교의 시대에 널리 흩어져 살면서 곳곳에서 미움과 박해를 받으며 진리의 증인들로 살아갔다.

그 시기에는 우상 숭배가 도처에서 횡행하고, 갈수록 증대되었을 뿐 아니라 인간의 사악함과 불경함도 더욱 심각해졌다. 한 마디로, 종교적인 것이나 세속적인 것이 온통 부패로 치닫는 상황이었다. 노아 시대의 교회를 새롭게 회복하거나 인류에게 더 나은 행위를 촉구할 수 있는 희망이 모두 사라진 듯 보일 즈음에 하나님은 신학의 새로운 발전을 토대로 교회사의 새 국면을 열어나가기로 결정하셨다.

그런 일이 창세기 11, 12장에 기록된 아브라함의 소명으로 이루어졌고, 하나님은 그것을 통해 자신의 목적을 이루셨다.

타락 이후의 아담 신학은 홍수 이후에 노아의 가족과 맺은 언약들을 토대로 좀 더 확대되었다. 그때부터 함의 타락과 저주에 이를 때까지 약 40년의 세월이 흘렀다. 홍수 이후의 교회는 함의 자손들이 추방됨으로써 정화되어 잠시 정결한 상태를 유지했다. 함의 자손들을 신실한 자들의 공동체에서 추방한 결과로 개혁이 이루어진 때부터 바벨에서 대규모의 배교가 일어나기까지는 고작 60년이 채 걸리지 않았다. 개혁된 교회는 그토록 짧은 시간에 하나님을 예배하는 참 신앙에서 멀어지고 말았다. 그때부터 아브라함의 소명을 통해 새 교회가 확립되기까지는 324년이라는 시간이 소요되었다. 따라서 노아의 신학이 426년 동안 하나님께 대한 거룩한 예배와 복종의 규칙이자 규범의 역할을 했다고 결론지을 수 있다.

성경은 아브라함에게 엄숙한 소명이 주어지기 전에 그가 바벨의 배교로 인한 영향에서 온전히 자유로웠다고 말씀하지 않는다. 오히려 성경은 "옛적에 너희 조상들 곧 아브라함의 아버지, 나홀의 아버지 데라가 강 저쪽에 거주하여 다른 신들을 섬겼으나"(수 24:2)라고 말씀한다.

완악하고 교만한 유대인들은 으레 그렇듯 이 경우에도 이 구절과 아브라함은 아무런 상관이 없다고 강력하게 주장했다. 그들은 자신들과 육신의 조상들만을 추켜세울 뿐, 하나님의 은혜와 긍휼은 조금도 생각하지 않는다. 유대인들은 부계로는 아브라함의 혈통을, 모계로는 나홀의 혈통을 이어받았다고 생각한다. 따라서 하나님은 그들이 다른 민족들이 누리지 못하는 것을 누리는 이유가 순전히 은혜의 축복 때문이라는 사실을 일깨워주기 위해 그들을 포함한 모든 인류가 우상 숭배로 치닫는 성향을 지니고 있다는 것을 분명하게 보여주셨다. 하나님은 목이 곧은 이스라엘 백성이 약속된 후손을 통한 의의 약속을 멸시하고, 조상들로부터 물려받은 영광과 '아브라함의 자손'이라는 칭호를 자랑하기를 좋아할 것이라는 사실을 미리 알고 계셨다. 성령께서는 그런 식의 자기 의로부터 그들을 건져내려고 애쓰지 않으셨다. 그 결과, 그들은 온 세상에 흩어져 살면서 여전히 하나님의 은혜와 복음을 도외시한 채 오로지 복종의 행위를 통한 의로움과 조상들의 혈통만을 내세우면서 비참하게 멸망해가고 있다.

그들은 자신들의 무익한 견해와 평판을 그럴듯하게 보이게 하려고 '갈대아인의 우르'에 관한 거짓 이야기를 퍼뜨렸다. 성경에 기록된 대로, 우르는 하나님이 아브라함을 부르셨던 장소였다. 〈요나단 벤 우지엘의 탈굼〉에 보면, 창세기 11장 28절을 다음과 같이 설명한 내용이 발견된다. "니므롯은 아브라함이 자신의 우상들을 숭배하기를 거절했다는 이유로 그를 용광로에 던져 넣었지만, 불이 그를 해치지 못했다. 당시에 사람들의 생각은 둘로 나뉘었다. 그들은 '니므롯이 승리하면 그의 편에 설 것이고, 아브라함이 승리하면 그를 따를 것이다'라고 말했다. 그들은 불이 아브라함을 해치지 못하는 것을 보고서 서로에게 '아브라함의 형제 하란은 주술과 점술을 하는 사람이 아닌가? 틀림없이 그가 불에 주술을 걸어 자기 형제를 해치지 못하게 만들었을 거야'라고 말했다. 바로 그 순간에 하늘에서 불이 내려와 하란을 태워 죽였다. 그는 자기가 태어난 땅에서 갈대아인들이 아브라함을 죽이기 위해 준비한 용광로와 자기 형제의 눈앞에서 명을 달리하고 말았다."

탈굼의 저자는 늘 하던 대로 이런 식으로 거짓 이야기를 꾸며냈다.

그는 '우르'를 '불'을 뜻하는 의미로 해석했다. '우르'는 불을 뜻하기도 하지만 도시의 명칭이기도 하다. 창세기 11장 28절은 "하란은 그 아비 데라보다 먼저 고향 갈대아인의 우르에서 죽었더라"라고 말씀한다. 이것은 "그의 아버지가 여전히 살아 있었고, 그보다 오래 살았다. 그는 자기 아버지가 보는 앞에서 죽었다"라는 뜻이다. 어떤 사람들은 하나님이 데라가 우상들을 만든 것에 대한 징벌로 그가 보는 앞에서 하란을 직접 처단하셨다고 주장했다. 그러나 누구나 쉽게 알 수 있는 대로, 이것은 느부갓네살이 자신의 형상을 숭배하기를 거부했다는 이유로 다니엘의 세 친구를 풀무 불에 던져넣은 이야기를 개작한 것이다(단 3장 참조).

고대의 전승에 따르면, 갈대아인의 왕이 우상 숭배를 거부했다는 이유로 아브라함에게 불이 아닌 추방의 형벌을 내렸다고 한다. 이것은 마이모니데스가 전한 이야기다. 여러 랍비들이 이 이야기를 각자 나름대로 약간씩 고쳐 말했다. 그런 이야기 가운데 하나를 보면, 아브라함이 자기 아버지 데라가 만든 형상을 파괴하자 데라가 그 사실을 니므롯 왕에게 고해바쳤고, 그로 인해 긴 논쟁 끝에 아브라함이 용광로에 던져졌지만 천사가 나타나 그를 구원했다고 한다.

이 모든 이야기는 데라를 매우 부당하게 다루고 있다. 나는 그가 경건하고 거룩한 사람이었다고 생각한다. 마이모니데스는 『별들의 숭배에 관해』라는 책에서 갈대아인의 왕이 우상 숭배를 거부하고, 형상들을 파괴한 죄로 아브라함을 죽이려고 했다는 이야기를 전했다. 이것은 히에로니무스가 언급한 것으로 보아 매우 오래된 이야기인 것으로 추정된다.[1] 이 이야기는 요세푸스의 글에서도 발견된다. 그는 "갈

---

1   Jerome, *Questions on Genesis.*

대아인들을 비롯해 메소포타미아의 다른 거주자들이 아브라함을 대적했기 때문에 그는 이주할 계획을 세웠고, 하나님의 뜻과 도우심 덕분에 가나안 땅을 얻었다"라고 말했다.[2]

아브라함이 하나님에 관한 참된 지식을 깨닫고 난 후에 사악한 우상 숭배자들이 그를 대적했을 가능성도 없지는 않지만, 초기 그리스도인들 가운데 아브라함과 그의 아버지 데라가 우상들을 만들어 숭배하는 행위를 둘러싸고 서로 다투었다고 생각한 사람은 거의 없었다. 그렇게 생각했던 사람은 안디옥의 요한네스뿐이었다. 그는 "아브라함은 하나님에 관한 지식을 깨닫고 나자 아버지 데라가 만든 형상들이 죽은 자들의 형상이라는 것을 알았다. 그는 그것들이 한갓 먼지와 재에 불과하기 때문에 하늘의 하나님을 대신해 숭배하는 것이 온당하지 않다고 생각하고, '아버지는 속된 이익을 위해 사람들을 거짓으로 이끌고 있습니다. 아버지가 지금 보고 있는 모든 것을 창조하신 신은 하늘에 계시는 하나님 한 분뿐입니다'라고 용기 있게 데라를 꾸짖었다. 그는 그렇게 말하고 나서 곧바로 우상들을 모조리 깨부수고, 아버지를 떠나 하란으로 향했다." 그러나 이 요한네스는 하찮은 거짓 이야기를 퍼뜨리는 사람에 지나지 않는다.

이 이야기는 거짓이다. 왜냐하면 데라를 우상들을 제작해 판매하는 사람으로 묘사하고 있기 때문이다. 그것은 원시 시대의 관습이 아니었다. 필로스트라토스는 아폴로니우스의 말을 인용해 "고대의 조각가들은 우상들을 판매할 목적으로 만들지도 않았고, 도시들을 돌아다니며 그것들을 팔지도 않았다"라고 말했다.

앞서 말한 대로, '우르'는 그 의미와 상관없이 단순히 도시를 가리키는 명칭이었다.

---

2   Josephus, *Antiquities of the Jews*, Book 1, chapter 7.

람밤(모세스 마이모니데스)은 아브라함이 48세가 되기까지는 우상 숭배의 올무에 걸려 있다가 그 후에 우상들과의 관계를 완전히 끊고서 우르를 떠나 하란에 도착했다고 말했다. 따라서 아브라함이 우상 숭배를 버리고 나서 하나님의 부르심을 받기까지는 약 26년의 세월이 흘렀던 셈이다(창 12:4). 무엇 때문이었을까? 나는 아브라함이 자신의 부르심이 값없이 주어지는 순수한 은혜만으로 이루어진 것이 아니라는 것을 보여주기라도 하듯 그 기간에 하나님께 대한 사랑과 복종을 실천하고, 의를 행하고, 다양한 삶의 공로를 세우려고 열심히 노력했을 것 같은 생각이 든다. 하찮은 우리 인간은 항상 하나님의 은혜를 멸시하고, 우리 자신의 의를 추켜세울 방법을 찾으려고 애쓴다.

고대의 저자들 가운데 유대인들의 거짓 주장에 미혹되어 아브라함이 부르심을 받기 전에 점성술을 통해 참 하나님에 관한 지식을 어느 정도 알게 되었다고 생각하는 사람들이 적지 않았다. 수이다스는 이런 이야기를 '아브라함'이라는 제목 아래 길게 다루었지만, 그것은 아랍어로 기록된 유대인의 헛된 신화에 지나지 않는다. 시몬 에피스코피우스도 그런 식으로 비슷한 이야기를 지어냈다. 그는 "아브라함은 진리를 사랑하는 순전한 사람이었지만 부르심을 받기 전까지는 우상 숭배에 연루되어 있었을 것이 분명하다"라고 말했다.[3] 그러면서 그는 "그런 생각을 소유한 사람들은 예민하고, 순응적이기 때문에 진리의 빛이 비치면 즉각 영향을 받고, 깨달음을 얻는다"라고 덧붙였다. 이는 간단히 말해 아브라함의 믿음과 복종에는 칼빈주의의 불가항력적인 은혜가 끼어들 여지가 조금도 없다는 뜻이다. 이런 사실은 하나의 가설에 종속되면 거기에서 헤어나오기가 매우 어렵다는 것을 분명하게 보여준다. 아브라함이 부르심을 받기 전에 정직하고, 순전했다

---

3   Simon Episcopius, *Theological Institutes*, Book 2, chapter 4.

는 내용은 성경 어디에서도 발견되지 않는다. 성경은 단지 그가 다른 신들을 섬겼다고 말씀할 뿐이다. 이 점에서 에피스코피우스와 성령의 증언이 서로 충돌한다. 후자는 오직 하나님의 은혜만을 드높이지만, 전자는 하나님의 성령을 모르는 인간의 정직함과 순전함을 강조한다. 후자는 인간의 행위를 하나님의 영광을 드높이는 수단으로 삼지만, 전자는 그것을 인간의 변화 가능한 순응적인 생각과 태도를 강조하는 수단으로 삼는다. 이것이 하나님의 은혜를 멸시하지 않으면 아무것도 이룰 수 없을 것처럼 생각하는 사람들의 일관된 습성이다.

물론, 아브라함은 극악한 우상 숭배의 와중에서도 참 하나님에 관한 약간의 지식을 알고 있었을 것이 분명하다. '다른 신들을 섬긴' 사람들 가운데는 참 하나님을 공경하려는 태도를 완전히 버리고 다른 숭배의 대상을 선택한 사람들도 있었을 테지만, 우상들을 숭배하면서도 어느 정도는 하나님께 대한 예배를 의식했던 사람들도 있었을 것이다.

아브라함의 소명은 마음을 찢는 강력한 성령의 역사를 통해 이루어졌을 것이고, 신탁, 즉 외부에서 주어지는 말씀도 뒤따랐을 것이 틀림없다. 그 이유는 그가 당시에 큰 어둠에 휩싸인 상태로 강력한 유혹에 노출되어 있었을 뿐 아니라 사회와 가정이 서로 긴밀하게 밀착된 환경에서 비롯하는 온갖 압력에 시달렸을 것이기 때문이다. 더욱이 그에게는 미지의 장소로 떠나야 하는 두려움까지 더해졌다. 의지할 수 있는 인간적인 수단이 아무것도 없자 그는 모든 것을 인내하며 조금도 주저하지 않고 하나님의 명령에 기꺼이 복종했다. 이 부르심을 통해 마음과 삶이 거룩하게 변화되어 전인이 새로워졌고, 오직 참 하나님만을 예배하고, 섬기겠다는 엄숙한 맹세를 통해 세상과 분리되었다. 성경은 그가 하나님이 인정하시는 의식을 통해 그분을 예배하고,

섬겼을 뿐 아니라 그분의 약속을 받아들여 복종함으로써 믿음을 보여주었다고 칭찬했다. 이처럼 그는 믿음으로 의롭다 하심을 받았고, 하나님께 가장 숭고한 사랑을 바친 인물로 거듭났다.

하나님은 세상, 거짓 종교, 도덕적인 부패와의 가시적인 분리를 통해 교회사의 새로운 단계를 이끄실 생각으로 부르신 자들의 믿음과 복종과 거룩함을 보여줄 기초를 놓았고, 그것을 통해 메시아가 올 것이라는 약속을 바라보게 하셨다. 하나님의 뜻에 따라 그런 식으로 부르심을 받은 아브라함은 삶과 예배의 본보기가 되었다. 그런 그에게 승계된 노아의 신학은 새로운 계시를 통해 더욱 증대되고, 명료화되었다. 타락 이후의 신학에 새로운 빛이 비침으로써 하나님의 뜻과 은혜의 비밀이 더욱 분명하게 드러났다. 메시아의 강림이 이루어지기 전까지 이어져 온 계시의 역사 가운데 진리가 이보다 더 풍성하게 나타났던 때는 일찍이 없었다(모든 것은 메시아의 강림을 준비하기 위한 것이었다).

첫째, 이따금 반복되어온 옛 약속(창 12:3, 7, 13:15, 16, 15:1, 5, 6, 17:1, 2, 9, 22:17, 18)이 더욱 분명하고, 온전하게 설명되었다. 비로소 그리스도께서 '창으로 들여다보며 창살 틈으로 엿보기 시작하셨다'(아 2:9). 다시 말해, '향기로운 산 위에 있는 노루와도 같고 어린 사슴과도 같이 빨리 달리기 시작하셨다'(아 8:14). 그리스도께서 선택하신 백성의 믿음과 갈망과 사랑에 좀 더 분명하고, 은혜롭게 반응하기 시작하셨다. 이 기간에 사탄을 정복하고, 기쁨을 가져다줄 후손에 대한 약속이 최소한 일곱 차례나 새롭게 갱신되었다.

둘째, 그 약속이 서서히 이루어지기 시작하면서 언약의 은혜가 더욱 분명하고, 명료하게 드러났다. 하나님은 아브라함과 더불어 복종에 관해 대화를 나누면서 자신의 언약을 언급했을 뿐 아니라 자신의 이름과 속성을 거론하며 흔들림 없이 언약을 이루실 것을 암시하셨다. 그분은 아브라함에게 "나는 전능한 하나님이라 너는 내 앞에서 행하여 완전하라"(창 17:1)라고 말씀하고, 엄숙한 대화를 통해 "내가 내 언약을 나와 너 및 네 대대 후손 사이에 세워서 영원한 언약을 삼고 너와 네 후손의 하나님이 되리라"(창 17:7)라는 언약의 조건을 되풀이하셨다. '전능한 하나님'이라는 칭호가 약속된 언약의 후손인 그리스도를 통해 아브라함과 그의 후손들이 영원토록 복을 누릴 것이라는 언약과 직접 연결되었다. 언약의 후손에 관한 약속이 모든 은혜의 토대다. 이미 약속된 언약이 아브라함을 상대로 다시금 구체적으로 은혜롭게 갱신되었다. 하나님은 그의 후손 안에서, 또 그들을 통해 거룩함과 의로움과 구원을 베푸는 자비로운 하나님이시라는 사실을 보여주고, 그에 대한 반응으로 믿음과 복종을 요구하실 생각이셨다.

셋째, 아브라함에게 주어진 가장 큰 위로는 하나님의 언약이 그와 그의 가족에게만 국한되어 그들과 연관되지 않으면 아무도 영원한 축복을 받을 수 없다는 사실이었다(창 12:3). 이런 이유로, 아브라함은 '모든 믿는 자의 조상'이 되었다.

넷째, '언약의 표징'으로 할례가 제정되었다(창 1:11).

다섯째, 신자들의 어린 자녀들은 언약의 특권(즉 교회에 속하는 것)을 누린다. 그들은 은혜 언약의 특별한 관심의 대상들이다. 언약의 후손들이 완전히 멸종되는 일은 절대로 없을 것이다.

여섯째, 아마도 아브라함의 신학을 통해 이루어진 가장 큰 발전은 하나님이 그와 특별한 친구 관계를 맺고, 오랜 세월에 걸쳐 계시를 반복적으로 허락함으로써 그가 하나님께 매우 익숙해져 정직하고, 의롭고, 경건한 사람으로 거듭나 거룩한 지혜로 충만하고, 말로 다 형용하기 어려운 믿음의 비밀을 알게 되었다는 사실일 것이다. 그러나 이것들 가운데 대부분은 보편적인 것이 아닌 친밀하고, 개인적인 것이었기 때문에 현재의 논의와 직접적인 관련이 없다. 따라서 이 점을 여기에서 더 자세히 다룰 생각은 없다.

아브라함의 시대에 이루어진 이런 놀라운 신학의 발전은 430년 동안 지속되었다(갈 3:17 참조). 약속을 처음 받았을 때 아브라함의 나이는 76세였다. 그는 그때 하란을 떠나 가나안에 도착했다. 출애굽기 12장 41절은 "사백삼십 년이 끝나는 그 날에 여호와의 군대가 다 애굽 땅에서 나왔은즉"이라고 말씀한다.

이처럼, 아브라함의 신학은 정확히 430년 동안 지속되었다. 이 시기와 그 발전 단계를 정확하게 알고 싶으면 어셔의 『신성한 연대기』 8장과 9장을 참고하기 바란다.

하나님의 부르심을 받아 세상과 구별되어 그분의 뜻이 무엇인지를 알게 된 아브라함은 자신의 가정 안에 새롭게 회복된 교회를 확립하고 나서 배교자들의 미신에 오염된 사람들을 멀리하고, 진지한 마음으로 하나님을 예배하라고 명령했다. 그는 벧엘과 아이 사이에 제단을 쌓고, '여호와의 이름을 불렀다'(창 12:8). 에노스의 시대에 교회가 개혁되고 거룩한 예배가 새롭게 회복되었을 때도 이와 똑같은 표현이 사용되었다(창 4:26). 그것에 관해서는 이미 어느 정도 상세하게 논의한 바 있다. 모두가 인정하는 대로, '여호와의 이름을 불렀다'라는 말에는 희생 제사를 비롯해 하나님께 대한 모든 형태의 예배 행위가 함축되어 있다.

이 신학적 기간이 지나가면서 상당한 실패도 뒤따랐고, 그로 인해 이 기간이 종결되기 훨씬 전에 또 한 차례의 개혁이 이루어졌다. 아브라함의 후손 가운데 많은 사람이 교회를 완전히 등졌다. 그들은 다름 아닌 그두라의 아들들과 이스마엘과 에서였다. 심지어는 야곱의 가정에까지 미신이 침투했고, 아람 땅에서 아내들을 취한 것으로 인해 하나님께 대한 예배에 악영향이 미치기도 했다. 라헬이 그릇된 미신에 오염되지 않았더라면 자기 아버지의 드라빔을 훔치지 않았을 것이다(이 점에 대해서는 나중에 좀 더 자세히 살펴볼 생각이다). 이와 관련해 랍비들이 만들어낸 이야기는 너무나도 어리석다. 그들은 그녀가 자기 아버지의 가족 신을 훔친 이유는 그가 그것에게 물어 야곱의 도주 계획을 알아내지 못하게 하기 위해서였다고 말했다(드라빔은 점을 칠 때 사용되었던 것으로 보인다). 이 거룩한 족장의 가정에 우상 숭배가 어느 정도나 깊이 침투해서 퍼졌는지는 정확히 알 수 없다. 그러나 창세기 35장 1-4절("하나님이 야곱에게 이르시되 일어나 벧엘로 올라가서 거기 거주하며 네가 네 형 에서의 낯을 피하여 도망하던 때에 네게 나타났던 하나님께 거기서 제단을 쌓으라 하신지라 야곱이 이에 자기 집안사람과 자기와 함께 한 모든 자에게 이르되 너희 중에 있는 이방 신상들을 버리고 자신을 정결하게 하고 너희들의 의복을 바꾸어 입으라… 그들이 자기 손에 있는 모든 이방 신상들과 자기 귀에 있는 귀고리들을 야곱에게 주는지라 야곱이 그것들을 세겜 근처 상수리나무 아래에 묻고")에 언급된 야곱의 개혁을 고려하면, 그것이 어느 정도였는지 조금은 짐작할 수 있다.

이 거룩한 족장은 하나님의 계시를 통해 그동안 온갖 위험을 겪으며 방랑 생활을 하면서 소홀히 해왔던 하나님께 대한 엄숙한 예배를 회복해야 할 책임이 자기에게 주어졌다는 사실을 깨닫고, 교회를 개혁했다. 그는 하나님의 말씀에 복종해 개혁을 단행했고, 가족 전체, 곧 아내와 자녀들은 물론, 종들에게까지 하나님이 자기에게 요구하신 일을 시행하라고 명령했다. 이 사건은 당시에 적지 않은 사람들이 우상 숭배에 오염되어 있었다는 것을 분명하게 보여준다. 왜냐하면 그의 가족들 가운데서 한 종류 이상의 우상이 발견되었기 때문이다. 그들은 '이방 신상들과 귀고리들'을 내놓았다. 여기에서 '귀고리들'은 우상의 이름으로 봉헌된 귀고리들이었다. 라반의 드라빔과 함께 그것들을 모두 땅에 묻었다. 이것은 선례가 없는 새로운 개혁의 방식이었다. 사람들은 물론, 거짓 예배에 봉헌된 물건들까지 모두 포함되었다. 하나님은 이를 통해 후대의 사람들이 따라야 할 전례를 세우셨다. 야곱의 집에서 일어난 이 개혁은 아브라함의 가족이 따로 구별되어 나온 지 190년이 되었을 때, 곧 야곱이 105세였을 때(그가 라반의 집에서 나온 지 4, 5년이 지났을 무렵)에 이루어졌다.

2장
모세의 신학

    교회는 많은 위험을 겪으며 거의 파멸 직전까지 내몰렸지만, 하나님은 언제나 그렇듯 항상 교회를 보존하셨다. 그분은 자기의 뜻대로 부르신 자들을 하늘의 진리로 깨우치셨다. 앞서 살펴본 대로, 하나님은 아브라함을 불러 그의 가족 안에 교회를 세우셨다. 그 이전만 해도 유목 생활을 하며 불안정한 삶을 살았던 한 씨족이 정착해 강해지면서 사탄의 세력 아래 있는 외부 세계와 극명한 대조를 이루었다. 그들은 참 종교와 관련된 새로운 의식들을 통해 자신들의 구별된 삶을 밝히 보여주었다. 아브라함을 통해 참 교회가 이전보다 더욱 확실한 모습을 드러냈다.

    하나님의 교회(선택받은 백성의 모임)가 그 지체들의 경건한 삶을 통해 분명하게 드러남으로써 세상에 있는 의로운 자들과 불의한 자들의 큰 차이가 여실히 나타났다. 그러나 지체들의 숫자가 크게 불어나면 (종종 그렇듯) 다수가 참된 종교를 무시하는 상황이 발생해 교회가 또다시 쉽게 식별하기 어려운 상태가 될 때가 많다. 그럴 때는 단지 외형적인 모임을 통해서만 교회의 존재를 확인할 수 있다. 교회는 아브라함이 부르심을 받았을 때만 해도 한 가족에게만 머물러 있었지만, 거룩한 예배를 통해 영적인 빛과 새로운 계시가 증대되고, 확대되면서 차츰 성장해 나갔다. 교회는 서서히 증대되고, 확대되면서 주변 세상과 구별되었고, 좀 더 분명하게 모습을 드러냈다. 교회는 아브라함의 시대 이후로 이전의 어떤 시대보다 더 분명하고, 더 확실하고, 더 가시적이고, 더 영광스러운 모습을 갖추었다.

앞서 말한 대로, 아브라함에게 주어진 계시는 새롭게 된 교회의 토대였다. 그 계시의 조건은 하나님이 알려주신 믿음과 복종과 예배의 규칙에 따라 그분을 충실히 섬기는 것이었다. 이 신학이 430년 동안 모든 경건한 사람들의 규범이었다. 이 신학적 발달 기간에 살았던 사람들이 겪었던 일들과 하나님이 여러 세기에 걸쳐 개입하신 일들이 창세기와 출애굽기에 기록되어 있다. 하나님께 진정으로 복종하라고 교회를 격려하고, 고무하기 위해 새로운 계시들이 주어졌고, 그 결과 온갖 위험과 위기 속에서도 교회는 무너지지 않고, 잘 훈련되어 굳건하게 유지되었다. 이처럼, 교회는 하나님의 계획에 따라 그분의 은혜와 보호하심을 풍성하게 경험할 수 있었다.

성경은 언약의 백성(교회)의 뛰어난 조상이었던 아브라함이 자기가 받은 약속과 하나님을 통해 깨닫게 된 그분에 관한 지식과 생전에 계시를 통해 알게 되었거나 조상으로부터 물려받은 모든 형태의 예배 관습을 후손들에게 물려주었다고 기록한다(창 18:18, 19). 이것들이 모두 하나님의 뜻과 계획에 따라 그의 가족은 물론, 그의 인도 아래 그의 가족과 하나로 연합한 자들을 통해 후손들에게 전해졌다. 좀 더 발전된 새로운 형태의 체계화된 예배의 형태가 나타나기 전까지는 모든 사람이 각자 자신의 능력이 닿는 대로 최선을 다해 이런 규칙들을 지켰다.

아울러, 아브라함이 사용했던 언어는 최초의 인류가 사용했던 언어였다. 이 언어는 에벨 이후부터 히브리어로 일컬어졌다. 에벨의 후손들은 다른 언어들(특히 아람어)을 사용했던 동방 지역을 떠돌며 생활하는 동안 이 언어를 훼손되지 않은 상태로 보존했다. "야곱이 돌을 가져다가 기둥으로 세우고…라반은 그것을 여갈사하두다라 불렀고 야곱은 그것을 갈르엣이라 불렀으니"(창 31:45-47)라는 말씀이 암시하는 대로, 성경은 라반의 언어와 야곱의 언어가 서로 달랐다고 말씀한다. 〈불가타 성경〉의 번역자들은 이 말씀에 "두 사람이 각자 자신의 언어에 있는 적당한 용어를 사용했다"라고 덧붙였다. 라반도 에벨의 후손이었기 때문에 히브리어를 완전히 잊지는 않았을 것이다. 이 점은 그의 딸들이 야곱을 통해 낳은 아들들에게 히브리 이름을 지어준 사실을 통해서도 익히 짐작할 수 있다. 그러나 그에게는 아람어가 더 익숙했다.

히브리어는 애굽에서 노예 생활을 하던 동안에도 순수하게 보존되었다. 그러나 참 하나님에 대한 예배는 순수하게 유지되지 못했다. 성령께서는 온 교회가 아브라함의 신학에서 이탈했다고 말씀하셨다. 에스겔 선지자는 오홀라와 오홀리바라는 두 여인, 곧 아브라함의 후손인 이스라엘과 유다가 애굽에서 음행을 저질렀고, 그런 행위를 애굽 밖에서까지 계속 저질렀다고 말했다(겔 23:2, 3). 하나님은 자기 백성이 애굽의 우상들을 섬겼다며 분노하셨다(겔 20:8). 이와 비슷하게 여호수아도 이스라엘의 조상들이 강 저편에서는 물론, 애굽에서도 우상들을 섬겼다고 말했다(수 24:14). 어떤 사람들은 이런 배교의 결과로 한때 하나님께 충실했던 사람, 곧 온 세상이 자기에게 복종한다는 사탄의 자랑을 무색하게 만들었던 사람이 욥 하나밖에 없었다고 생각하기도 했다(욥 1:8, 2:3). 아브라함의 후손들 가운데서 배교가 어느 정도나 이루어졌는지, 또 그들이 어떤 우상들로 자신들을 더럽혔는지는 정확하게 알 수 없다. 어떻게 그들이 '아피스(그들이 광야에서 만든 금송아지)'를 섬겼고, 또 그들이 바벨론 포로기(하나님이 우상 숭배의 해악을 교회에서 말끔히 제거하기 위한 수단으로 정하신 사건)에 이르기까지 계속해서 우상 숭배에 미혹되었던 과정에 관해서는 나중에 자세히 살펴볼 예정이다. 그것은 이스라엘 백성이 모세의 교회와 신학으로부터 이탈하게 된 경위를 다룬 이야기다.

마침내, 하나님이 인류에게 맡기신 신학을 결정적으로 완성하실 때가 도래했다. 모세가 이 일의 중재자로 선택되었다. 하나님은 자신의 목적을 이루기 위해 선택하신 백성을 가장 한적한 아라비아 광야로 인도하셨다. 그들은 나머지 인류와 온전히 동떨어진 상태로 그곳에 머물렀다. 그분은 그곳에서 모세에게 거룩하고, 지혜로운 율법을 비롯해 수많은 신성한 의식을 가르치셨다. 하나님은 자신의 뜻을 온전하게 계시하셨다. 그 일을 이루는 데는 신학적인 빛을 엄청나게 증폭시키는 것이 필요했다. 교회 역사상 그토록 상세한 지침들이 주어졌던 시대는 일찍이 없었다. 우주가 창조된 이후부터 그때까지는 각 가정이 스스로나 다른 가정들과 협력해 자신들이 받은 계시의 빛과 올바른 이성에 따라 각자가 처한 상황에 맞추어 하나님을 예배하는 일에 헌신해야 했다. 이스라엘 백성은 에굽에 속박되어 있을 때도 그 이상의 일은 아무것도 할 수가 없었다. 모든 사람이 동일한 신학의 명령과 자연의 법칙에 따라 하나님을 예배했고, 오직 그것들만을 의지해 모든 문제를 처리했다. 그 이유는 아직 특별한 방법으로 계시가 주어지지 않았기 때문이다. 교회의 일치된 모임을 위해 그들을 하나로 연합시킬 수 있는 규칙이 아직 정해지지 않았다. 그러나 바야흐로 약속된 후손을 통해 빛나게 될 영적 영광을 나타내줄 특별한 예표가 필요한 때가 이르렀다. 하나님은 이스라엘 백성을 하나의 가시적인 형태로 한 자리에 불러모았고, 그곳을 예배의 엄숙한 중심지로 삼아 만천하에 드러내셨다. 그런 일이 시내산의 율법 수여라는 가장 두드러진 방식을 통해 이루어졌다. 다양한 유형의 율법들을 상세하게 논의하거나 모세 예배의 전체적인 체계를 다루는 것은 우리의 논제에 포함되지 않는다. 우리의 논제는 신학의 발전 과정을 탐구하는 것이기 때문에 신학을 풍요롭게 만든 요소들만 몇 가지 선택해서 살펴보는 것으로 충분할 듯하다.

우주가 창조된 이후로 거룩한 가르침, 곧 하나님에 관한 지식이 다양한 시기를 거치면서 차츰 계시되고, 확대되어 가다가 마침내 예배와 복종에 관한 일반적인 규칙들을 통해 체계적으로 종합되었다. 이 진리들은 이 시기에 이르기까지 주로 구전을 통해 보존되었기 때문에 세상의 일부 지역에서는 완전히 사라지기도 하고, 또 미신이나 이교 사상과 혼합되어 무익하게 변질되기도 했다. 이제 교회를 향한 하나님의 놀라운 사랑과 그분의 특별한 배려로 진리가 기록된 형태로 잘 보존되기에 이르렀다. 그로써 신학은 유한한 인간의 책임에서 벗어났고, 신학자들의 영적 상태와도 아무런 관련이 없게 되었을 뿐 아니라 인간의 오염이나 부패로 인한 결과들로부터도 안전하게 보존될 수 있게 되었다. 초기의 계시들과 제도들이 체계적으로 일원화되었을 뿐 아니라 새로운 계시가 더해져 하나님에 대한 올바른 예배와 그분을 영화롭게 하는 삶의 온전한 규칙들이 확립되었다. 이로 인해 지혜와 지식의 모든 보화가 감추어진 분이 오실 때까지는(골 2:3) 교회에 더 이상 새로운 가르침이 필요하지 않게 되었다.

하나님의 생각을 드러낸 계시들이 글로 기록되었고, 그것에는 하나님이 저자이시라는 표징이 분명하게 드러나 있다. 따라서 기록된 내용이 모두 하나님에게서 비롯했고, 마치 그분이 개인적으로 직접 말씀하신 메시지와 같은 권위를 지녔다는 것을 분명하게 알 수 있다.

하나님이 (아담이나 노아나 아브라함에게 했던 식으로) 유한한 인간에게 계시를 허락하기 위해 자신의 영을 직접 부어주기를 기뻐하실 때마다 그들에게 말씀하는 분이 하나님 자신이며, 그들이 받아서 이해하게 된 것이 그분의 뜻이라는 점을 일깨워주는 일이 필요했다. 그런 계시들은 좀 더 사적인 특성을 띤다. 만일 초자연적인 계시를 직접 받지 못했다는 이유로 기록된 말씀이 실제로 하나님의 뜻을 나타낸 것인지 확신하기 어렵게 느껴진다면, 다음 두 가지 기준을 적용해보기 바란다. ⑴ 계시 당사자의 삶과 사역 안에서 신성한 것과 직접 접촉했다는 확실한 증거가 발견되는가? ⑵ 계시된 내용이 신적 본성과 일치하는가?

그러나 유한한 인간이 하나님이 자기에게 직접 말씀하시는 소리를 듣는다는 것은 좀 더 생각해봐야 할 점이 있다. 말씀이 기록되기 이전에 하나님을 경외했던 사람들은 대부분 소수의 계시 수용자들을 통해 자기들에게 주어진 축복 외에는 교리의 신성함을 보증할 수 있는 다른 증거를 소유하지 못했다. 따라서 하나님의 생각이 일단 기록으로 축소된 이후부터도 유한한 개인들은 아담이 에덴동산에서 하나님의 음성을 직접 들었던 것과 같은 식으로 그분이 성경을 통해 자기에게 직접 말씀하시는 것으로 생각해야 마땅하다. 심지어 소리로 전달되는 말도 전달 매개체인 공기를 통하지 않으면 인간의 귀에 들릴 수 없다. 따라서 글이라는 매개체를 통했다고 하더라도 그것이 사람들에게 말씀하시는 하나님의 음성이라는 것을 부인할 수는 없다. 조금 전에 언급한 선택된 사람들에게 처음 계시된 것들이 기록으로 축소되었다고 해도 그런 사실은 조금도 변하지 않는다. 하나님의 기록된 말씀 안에도 신성한 요소들이 직접 주어진 계시들만큼이나 분명하게 드러나 있다. 즉 그 안에도 계시 수용자들이 직접 받은 거룩한 진리의 증거가 명확하게 나타나 있다.

아브라함은 하나님의 말씀을 직접 받은 믿음의 본보기였다. 그에게 주어진 유명한 신적 명령은 그의 외아들을 희생 제물로 바치라는 것이었다. 아브라함은 그 명령을 조금도 거부하지 않았다. 왜 그랬을까? 이성적으로는 설명이 어렵고, 하나님께 절대적으로 복종해야 한다는 단순한 원리를 기억하면 그 대답을 쉽게 발견할 수 있다. 하나님은 말로 아브라함에게 자신을 확실하고, 분명하게 나타내셨다. 그분의 말씀은 어떤 의심이나 이의도 제기할 수 없을 만큼 확실했다. 아브라함은 즉시 채비를 갖추고, 하나님의 뜻을 실행하려고 나섰다. 그것이 기록된 말씀이었더라도 상황이 달라져야 할 이유가 있을까? 하나님은 말씀의 저자이시고, 그 안에 자기를 계시하셨다. 그분의 권위는 너무나도 분명하게 드러나 있기 때문에 인간은 다른 그 어떤 증언도 필요 없이 모든 일에 즉각적으로 복종해야 한다. 이 점에 대해서는 나중에 적절한 기회가 오면 좀 더 자세하게 살펴볼 생각이다.

이처럼 유명한 율법 수여의 사건을 통해 분명하게 확증되어 기록으로 남게 된 이 신학은 다양한 방식으로 고찰할 수 있다. 만일 이 신학의 교리적 내용 자체, 곧 믿음의 범위와 우월성에 관심을 기울인다면, 최초의 복음의 약속을 이보다 더 분명하게 선포한 것은 없다고 말할 수 있다. 희생 제사 의식과 제도에 관한 율법의 거의 전부가 약속된 중보자와 그의 구원 사역과 그의 피를 통해 주어질 영원한 구원을 확증하고, 예시하고, 설명한다. 이것이 율법이 가르치는 내용이다. 새롭게 확립된 모든 예배 의식도 마찬가지다.

외적인 형태의 희생 의식이 하나님의 자유롭고, 은혜로운 목적에 따라 이스라엘 백성에게 부여되었다. 하나님은 그들에게 그것들이 예시하고, 예표하는 거룩하고, 신성한 진리를 바라보라고 요구하셨다. 따라서 이 신학을 통해 가르침을 받은 자들은 율법 제정자를 통해 자기들에게 주어진 외적 의식의 멍에에 복종해야 했지만, 여전히 믿음으로 모든 영적 축복이 그런 율법적인 의식의 그림자 아래 감추어져 있다는 것을 알고, 또 믿었다. 그것들은 모두 아직 나타나지 않은 메시아를 통해 주어질 영원한 생명 안에 간직되어있었다. 따라서 그리스도께서는 모세와 그의 해석자인 선지자들이 모두 자기와 자신의 중보 사역을 증언했다고 말씀하셨다. 그리스도의 죽음과 부활을 비롯해 거기에서 비롯하는 영원한 생명을 전했던 사도들도 실상은 모세와 선지자들을 통해 기록된 진리를 전했던 셈이었다.

모세의 신학이 부패하고, 그것을 통해 성장한 자들이 배교를 저지른 일에 관해서는 나중에 좀 더 자세히 살펴볼 기회가 있을 것이다. 여기에서는 현재의 논의에 맞게 모세의 율법에 충실해야 한다고 주장하는 현대의 배교자들이 저지르고 있는 세 가지 오류를 살펴보는 것으로 충분할 듯하다.

첫째, 그들은 하나님이 앞서 간단하게 살펴보았던 성문 신학 외에 또 다른 구전 신학을 허락하셨다고 주장할 뿐 아니라 그런 성문 신학을 신화적으로 해석한 내용은 물론, 많은 군더더기를 덧붙이기까지 했다. 성경이 인정하지 않는 이 신화가 현대 유대교의 근간이다. 그들은 유전된 '구전'에 관해 이렇게 말했다. "모세로부터 성문 율법과 구전 율법을 물려받은 눈의 아들 여호수아에게 평화가 있으라! 율법 제정자인 모세는 자리에 앉아 아침부터 저녁까지 이스라엘 백성의 문제를 판결했다. 성문 율법은 날마다 일어나는 문제들을 모두 다룰 수가 없었다. 따라서 마침내 그는 천부장, 백부장, 오십부장, 십부장을 세우고, 그들에게 '형제들의 말을 잘 듣고 공정하게 판결하라'라고 지시했다. 또한, 그는 '내가 너희에게 명하는 것을 바치고, 먹어라'라고 말했다. 그는 이 말로 희생 제물과 관련해 율법에 기록되지 않은 계명들이 자기에게 주어졌다는 것을 보여주었다. 아울러, 여호수아는 세상을 떠나 저세상으로 가기 직전에 지도자들에게 이 율법을 물려주었다. 여호수아 이후의 장로들은 그것을 다시 선지자들에게 물려주었고, 선지자들은 학개와 스가랴와 말라기의 시대에 이르기까지 그것을 서로에게 전해주었다. 그리고 그것은 다시 이 선지자들을 통해 '대(大)회당'의 수장들에게 전달되었다. 유다 왕 여고냐의 아들인 스알디엘의 아들 스룹바벨을 비롯해 그와 함께 돌아온 사람들, 곧 예수아, 느헤미야, 스라야, 르가야, 모르드개, 빌산, 미츠바, 비그바이, 르훔, 바아나 등이 '대회당'의 수장들이었다."

포코크는 모세 마이모니데스의 서문과 함께 『빛의 서(*Book of Light*)』라는 책을 아랍어와 라틴어로 출판했다. 랍비 모세는 그곳에서 이 구전이 제2성전이 파괴된 지 약 200년 후에 나타난 랍비 유다를 통해 성문화되었다고 설명했다. 그 후로 '현인들'이 그것을 해설하고, 확대시켜 마침내 미슈나와 탈무드가 완성되었다고 한다. 사람들은 어디에서나 이구동성으로 이와 똑같은 주장을 펼친다. 예를 들어, 갈라티누스는 자신의 『보편적인 진리의 비밀들(*Mysteries of Catholic Truth*)』에서 이 문제를 다루었지만, 그것은 그에 앞서 마틴 레이먼드가 말한 것을 되풀이한 것에 지나지 않는다. 유대인들이 창안한 이야기들이 시간이 지나면서 탈무드라는 결정체로 나타나게 된 과정에 대해서는 다른 곳에서 좀 더 살펴봐야 할 필요가 있다.

둘째, 유대인들은 모든 종류의 정결 의식을 비롯해 이런 율법적인 가르침들이 영원히 변하지 않는다고 주장했다. 바울은 그런 오류를 적절하게 논박했다(나는 다른 곳에서 바울이 히브리서의 저자라는 것을 입증해 보일 생각이다).[1]

---

1   역주: 오웬은 나중에 『히브리서 주석』을 저술해 이 점을 다루었다.

셋째, 유대인들은 힘이 닿는 대로 최선을 다해 그런 의식들을 준수하고, 도덕적인 율법들을 실천해야만 의롭게 되어 하나님의 인정을 받을 수 있다고 생각했다. 이 점에 대해서는 유대인의 마지막 배교를 논의할 때 다시 살펴볼 생각이다.

특별 주제: 문자의 기원

신학(경건을 다루는 진리를 가르치는 것)이 최초로 성문화되었다. 따라서 문자의 기원을 간단하게 살펴보는 것이 적절할 듯하다. 이 중요한 문제는 이미 많은 사람의 추론을 통해 잘 다루어져 왔고, 또 최근에도 여러 학자를 통해 충분히 논의된 바 있다.

따라서 이 문제를 나름대로 좀 더 자세하게 살펴봐야 할 필요가 있다고 생각할 신자들이 있을 것이 확실하기 때문에 여기에서는 그들에게 누가 되지 않을 정도로만 간단하게 다루는 것이 좋을 듯싶다. 하나님은 앞서 언급한 유명한 율법 수여의 사건이 있기 오래전부터 사람들에게 다양한 약속과 명령을 전하셨다. 그 가운데 더러는 인류 전체를 위해 주어진 것들이었다. 그 모든 것이 주님의 종이었던 사람들의 사역을 통해 세상에 알려졌다. 만일 모세 이전에 문자가 사용되었다는 것이 사실로 입증된다면, 하나님이 자신의 명령과 약속들이 기록되는 것을 원하지 않으셨던 이유를 생각해 보는 것도 가치 있는 연구가 될 것이다. 왜냐하면 율법 수여의 사건을 통해 분명하게 알 수 있는 대로, 문자 사용이 모든 사람을 유익하게 하는 것일 수 있기 때문이다. 또 이와는 정반대로 문자가 율법이 수여되기 이전에는 존재하지 않았고, 하나님이 직접 손가락으로 돌판에 기록하신 문자들이 최초의 문자였다는 추론도 얼마든지 가능하다. 나는 후자의 견해에 동의한다. 따라서 이 견해를 간단히 살펴보는 것이 좋을 듯하다.

어떤 사람들은 홍수 이전에 문자 사용의 관습이 있었다고 생각한다. 그들은 이 견해에 권위를 부여하기에 충분한 증거(즉 추론)가 있다고 주장한다. 첫째, 그들은 인류의 조상인 아담이 후손들에게 유익을 끼치려고 오랜 경험과 실천을 통해 소유하게 된 뛰어난 지혜를 바탕으로 인류를 유익하게 할 문자를 창안했다고 생각한다. 이것이 토머스 비블리앤더가 『문자의 기원에 대해(*On the Origin of Letters*)』라는 책에서 제시한 견해. 앙겔루스 로차는 '바티칸 도서관'을 묘사하면서 "벽돌 기둥 위에 아담을 묘사한 매혹적인 그림이 그려져 있다. 그의 머리 위에는 오늘날 히브리어로 불리는 고대의 문자들이 적혀 있고, 그의 발 아래에는 '하나님의 가르침을 받은 아담, 과학과 문자의 창시자'라는 라틴어 문구가 적혀 있었다"라고 말했다. 그는 마치 이 역사적인 인공물을 묘사하기만 하면 거기에 적힌 말을 진실로 만들 수 있을 것처럼 생각하고, 그것을 애써 설명하려고 노력했다.

헤르만 휴고도 비블리앤더의 주장에 동조했고, 유대인들도 아담이 창조와 회개에 관한 책들을 저술했다고 주장했다. 기랄두스는 "유대인들은 우리 가운데 있는 '무지한' 그리스도인들을 조롱하기 위해 이 기적적인 책들을 인용하곤 했다"라고 말했다.[2] 유대인들은 대담하게도 아담이 책들을 사용했다고 주장했다. 그들은 아담이 안식일 저녁에 문자를 창안했다고 가르쳤다.[3] 이슬람교도들은 어리석게도 코란의 두 구절이 세상의 기초가 놓이기 2,000년 전에 기록되었고, 그 구절들이 기록된 사본이 하나님의 낙원에 보관되어 있다고 주장하기까지 한다. 수이다스는 '아담'이라는 이름을 설명하면서 그의 재주와 글쓰기 솜씨를 언급했다. 그러나 그가 어떤 종류의 문자를 생각해냈는

---

2   Giraldus, *Dialogue*, chapter 1.
3   Munster, *Commentary on Genesis,* chapter 1.

지는 확실하지 않다. 아울러, '아브라함'이라는 제목 아래에는 "그가 신성한 문자를 창안했다"라는 설명이 덧붙여졌다. 이것은 히브리어를 가리키는 것이 분명해 보인다.

둘째, 그들은 플리니우스의 권위를 내세운다. 플리니우스는 "나는 최초의 문자가 앗수르 문자였다고 생각한다… 태곳적부터 문자가 사용되었던 것으로 보인다"라고 말했다.[4] 더욱이 유다서에는 에녹의 예언이 언급되었다(유 1:14, 15). 그 예언이 글로 기록되지 않았다면 사람들의 기억을 통해 전해졌을 것이다. 또한, 아담의 아들 셋이 두 개의 기둥, 곧 돌기둥과 벽돌 기둥을 세우고 나서 거기에 별들의 행로를 비롯해 우주를 관찰한 내용을 기록했다는 이야기도 있다. 이것은 요세푸스가 전한 이야기다.[5] 폴리도로스 베르길(이탈리아의 인문학자), 루도비꼬(스페인의 영성 신학자), 아우구스티누스를 비롯해 여러 사람이 이 이야기를 인정했다.[6] 셋째, 이미 살펴본 대로, 마이모니데스는 "우상 숭배자들은 홍수 이전에 지신들의 치명적인 오류를 옹호할 생각으로 많은 책을 썼다"라고 말했다.

내가 아는 한, 이 견해를 가장 적극적으로 옹호했던 사람은 아타나시우스 키르허였다. 그러나 그는 랍비들이 제시한 증거들에 의존한다. 그 증거들은 모두 비교적 최근의 것들이고, 대부분 터무니없기가 이를 데 없다. 그는 낙원에서 문자가 기원했다는 기괴한 주장에 신빙성을 부여하기 위해 하나님이 한 권의 책을 써서 아담에게 주셨다면서 이것은 논란의 여지가 없는 사실이라고 주장했다. 그는 또한 현재 어디에도 존재하지 않는 요세푸스의 말을 인용하기도 했다(나는 그런 말이 전에도

---

4   Pliny, *Natural History*, Book 7, chapter 56.

5   Josephus, *Antiquities of the Jews*, Book 1, chapter 1.

6   Augustine, *City of God*, chapter 39.

존재한 적이 없었다고 확신한다). 이 밖에도 그는 함이 바위와 철판에 글을 새기는 불경한 기술을 고안했고, 노아는 그가 그것들을 방주에 싣는 것을 허용하지 않았다고 말했다. 그는 자신의 자료들을 전혀 비평적으로 다루지 않고, '거짓말 잘하는 헬라인들이 역사라고 주장하는' 것은 무엇이나 무턱대고 받아들일 준비가 되어 있는 것처럼 보인다.

이것들이 문자가 홍수 이전에 존재했다는 견해를 지지하기 위한 학자들의 논증이다. 이제부터 그들의 논증이 과연 신빙성이 있는지 살펴보도록 하자.

첫째, 그들의 논증은 동의할 만한 근거가 전혀 없는 추측에 지나지 않는다. 아우구스티누스는 (요세푸스의 이야기는 인정했지만) "어떤 사람들은 최초의 인간과 함께 문자가 시작되어 노아와 아브라함의 부모들을 거쳐 이스라엘 민족에게 전해졌다고 생각하지만, 그것을 어떻게 입증할 수 있을지 잘 모르겠다"라고 말했다.[7] 우리도 모두 위대한 학자인 그와 마찬가지로 아무것도 알 수 없는 상황에 놓여있다. 〈갈대아 탈굼〉은 아담이 죄를 용서받고서 '노래로 하나님을 찬양했다'라고 말했지만, 문자는 전혀 언급하지 않았다. 앞서 말한 대로, 앙겔루스 로차는 바티칸 도서관의 기둥들과 그림들을 증거로 제시했지만, 그가 판단력이 없는 어리석은 사람이라는 것을 곧 알게 될 것이다. 아담은 예술과 과학을 창안하지 않았다. 아마도 그는 사는 동안 매우 고된 인생을 살면서 많은 시련을 겪었을 것이 틀림없기 때문에 그런 것을 창안할 겨를이 없었을 것이다. 플리니우스의 견해도 신빙성이 없기는 마찬가지다. 왜냐하면 헬라인들의 신화와 추측 외에는 우주의 기원에 대해 알고 있는 것이 전혀 없었기 때문이다. 그는 고대의 참된 과학과 관련해서는 아무것도 모르는 어린아이에 불과했다. 그는 우주가 시작이 없

---

7   Augustine, *Questions on Exodus*, Book 2. question 1.

기 때문에 문자도 영원하다고 주장했다.

에녹의 예언을 언급하는 것도 이 견해에 신빙성이나 권위를 전혀 부여할 수 없기는 마찬가지다. 왜냐하면 그런 말이 그토록 오랜 세월 동안 보존될 수 있다고 믿기가 어렵기 때문이다. 교회의 '전승'을 만족스럽게 여기는 사람들은 드루이드교 사제들 사이에서 신성한 일들을 기록으로 남기는 것이 금지되었다는 카이사르의 증언을 부인하지 못할 것이다.[8] 헤로도토스의 말을 통해 이미 살펴본 대로, 피타고라스학파와 애굽인들도 그런 관습을 준수했다.[9] 유스티아누스가 말한 대로, 스파르타인들도 법률을 기록으로 남기지 않았다. 플루타르크는 『리쿠르고스의 생애(Life of Lycurgus)』에서 "그는 성문화된 법률을 만들지 않았다"라고 말했다(리쿠르고스는 헬라 신화에 등장하는 스파르타의 입법자이다).

물론, 간결하고, 간명한 문구로 법률을 암기했을 가능성은 충분하지만, 그렇다고 해서 그것을 전통적인 견해를 뒷받침하는 근거로 내세울 수는 없다.

에녹의 예언이 기록된 형태로나 기록되지 않은 형태로 그 오랜 세월 동안 존재해왔을 것이라고 믿을 만한 근거는 조금도 없다. 유다가 처음 그것을 알게 되었거나, 아니면 전통이나 책을 통해 알게 되었거나 둘 중 하나일 텐데, 그가 최초로 그것을 기록하도록 허락받았다고, 곧 성령을 통해 그것을 처음 알게 되었다고 생각하는 것이 온당하지 않겠는가? 성령께서 그 예언을 처음 알려주고, 또한 영감을 허락해 그것을 기록하게 하셨을 것이 분명하다. 성령께서 오래전에 잊힌 그 예언을 새롭게 상기시켜 주신 데에는 그만한 이유가 있었다. 그것은 바로 유대인의 종교가 완전히 파멸해 말살될 것이라는 두려운 예언이

---

8   Caesar, *Gallic War*, Book 6, chapter 14.
9   Herodotus, *Histories*, Book 1.

남김없이 성취될 때가 임박했기 때문이었다. 베드로가 가르친 대로(벧후 3장), 홍수는 이 멸망을 나타내는 예표였다. 그의 가르침은 유다의 가르침과 일맥상통한다. 이처럼, 성령께서는 심판받을 사람들에게 경고하고, 성도들의 믿음을 굳세게 할 목적으로 매우 오래된 심판의 예언을 다시 되풀이해 기록하게 하셨다. 성령께서는 기록된 책이나 전통이 없어도 자신의 말씀을 얼마든지 되풀이할 수 있으시다.

요세푸스가 셋의 후손들이 두 기둥을 세웠다고 말한 것은 사실이고, 또 일부 사람들은 그 이야기에 신빙성을 부여했지만, 나는 그의 권위를 지나치게 신뢰할 생각이 없다. 그가 매우 간단하게 언급한 이야기의 경우는 특히 더 그렇다. 그가 문자 자체를 전혀 언급하지 않았다는 것도 주목할 만한 사실이다. 혹은 요세푸스가 참으로 경솔하고, 고지식했다고 비판할지 모르지만, 애굽의 상형 문자를 고려하면 문자를 기록하지 않은 상태로 기둥을 세울 수도 있을 가능성을 아예 배제할 수는 없을 듯하다. 그러나 어쨌든 그 이야기는 불확실하다. 그런 추측을 뒷받침해줄 근거나 증표나 증거는 어디에서도 찾아볼 수 없다. 앞서 말한 대로, 홍수 이전에 제작된 우상은 없었다. 따라서 마이모니데스의 견해까지 굳이 애써 논박할 필요는 없을 듯싶다.

결론적으로, 아담의 문자나 홍수 이전의 문자에 관한 일부 학자들의 견해는 성립하기가 어렵다. 그들이 제시한 '증거들'은 너무 미약하다. 그것들이 신빙성이 전혀 없다는 것을 입증하는 데는 한두 마디의 말이면 충분하다. 사실, 특별 주제의 서두에서 언급한 말만으로도 모든 논란을 잠재우기에 충분히 강하다. 하나님은 세상이 창조된 이후부터 자기를 경외하는 자들을 이롭게 하기 위해 자신의 주권적인 뜻에 근거를 둔 약속과 계시를 많이 허락하셨다. 그런 약속과 의무를 알지 못한다면, 자연에 내재된 법칙들을 관찰하고, 피조 세계를 관조함으로써 얻어진 자연적 지식은 아무짝에도 쓸모가 없을 것이다.

지극히 선하신 하나님은 인류가 자신에게 주어진 모든 수단을 활용해 영원한 생명을 얻기를 바라신다. 그런 수단들이 기록을 통해 가장 잘 보존되어 사람들에게 제공되었다는 것은 누구나 인정하는 사실이다. 기록을 통해 거룩한 계명들과 약속들을 보존하는 방법은 하나님을 불쾌하게 만들지 않았다(그것은 오히려 그분을 기쁘시게 했다). 그렇다면 홍수 이전에는 하나님이 왜 그런 방법을 허용하지 않으셨던 것일까? 만일 그 당시에 실제로 문자가 사용되었다면, 하나님은 왜 기록을 허용하지 않으셨던 것일까? 홍수 이전에 하나님이 거룩한 성경을 기록하도록 명령하신 흔적은 어디에도 나타나지 않는다. 따라서 그 당시에는 문자를 사용하는 방법이 알려지지 않았다고 확실하게 말할 수 있다. 테오필락토스(7세기 비잔틴 저술가이자 역사가)는 "그 거룩한 사람들은 율법 이전에 가르침을 받았지만, 문자나 책을 통해 가르침을 받지는 않았다"라고 옳게 말했다.

더욱이 문자가 홍수 이전에 익숙하게 사용되었고, 그 재앙에서 살아남은 사람들 모두에게 잘 알려진 것이었다면 인간의 삶에 그토록 귀한 가치를 지닌 것을 홍수 이후에 즉각 잊어버린 사실, 곧 바벨탑에서 사방으로 흩어진 사람들 가운데서 문자에 대한 기억이나 그것을 사용하는 방법이 전혀 보존되지 않았다는 사실을 어떻게 설명할 수 있겠는가? 문자의 기원에 관한 출판 자료들을 살펴보면, 그런 지식이 전승되었다고 믿을 만한 근거를 찾기가 어렵다. 어느 정도의 확실성을 가지고 탐구된 문자의 기원에 관한 사실들을 살펴보면, 홍수 이전에 문자가 사용되었다고 생각하기가 매우 어렵다. 그런 자료들은 오히려 홍수와 율법 수여 사이의 기간에 문자 사용이 전혀 알려지지 않았다고 암시한다. 이와 관련된 증거들을 잠시 살펴보면 다음과 같다.

릴리우스 기랄두스는 헤로도토스, 디오도로스 시쿨루스, 플리니우스, 타키투스, 루카누스와 같이 문자의 기원을 다룬 고대의 저술가들로부터 발견한 증거들을 『시인들에 관한 대화(*Dialogue on the Poets*)』라는 책에 모아놓았다. 거기에는 터무니없는 이야기와 거짓이 진실과 마구 혼합되어 있다. 그는 참으로 어리석게도 한 유대인이 히브리어 모음 부호를 고안해 '마소라'라고 일컬었다고 주장했다. 히브리어 구두법이 마소라와 무관하다는 것은 누구나 알고 있는 사실이다. 그러나 헤르만 휴고는 『문자의 기원과 고대성에 관해(*On the Origin and Antiquity of Writing*)』라는 책에 그 모든 구두법을 그대로 베껴 놓았다. 사무엘 보샤르는 고대인들의 기록을 토대로 신중하면서도 학문적으로 베니게 문자가 처음 헬라에 도입되게 된 역사와 함께 그 기원을 설명했다. 엄청난 지식과 성실한 노력에 근거한 그의 연구에 더 첨가할 것은 거의 없을 것이다. 탁월한 조제프 스칼리제르도 1617년에 에우세비우스의 연대기를 연구하면서 그와 똑같은 정보를 제공했고, 앙겔루스 로차는 바티칸 도서관을 묘사하면서 다양한 언어를 통해 많은 문자가 발명되었다고 말했다. 한편, 아타나시우스 키르허는 『이집트 오이디푸스(*Egyptian Oedipus*)』라고 명명한 자신의 대표작을 통해 다른 모든 학자의 학식과 성실함을 무색하게 해보려고 노력했다. 지금까지 그렇게 큰 허풍과 허세를 떨면서 과연 큰 빛을 비춘 학술서를 펴낸 사람이 있었는지 매우 의심스럽다. 그 책의 가치는 학자들 스스로가 잘 판단할 것이라고 믿는다.

나는 우리가 원하는 목표를 향해 나아가기 위해 이 주제를 최대한 간단하게 살펴볼 생각이다. 중국인들의 신화적 주장은 둘째치고, 앗수르인, 애굽인, 베니게인은 물론, 헬라인들까지도 자신들의 문자가 최초로 발명된 가장 오래된 문자라고 주장한다. 앗수르 문자가 최초의 문자라는 플리니우스의 견해는 이미 언급한 바 있다. 디오도로스 시켈로스는 자신의 다섯 번째 책에서 베니게인들이 아람인들과 앗수르인들로부터 문자를 받아들였다고 말했고, 마네토는 머큐리가 애굽인들에게 문자를 가르쳤다는 이야기를 전했다. 키케로도 이 점을 언급했고,[10] 플루타르크는 "헤르메스가 신들 가운데 최초로 애굽에서 문자를 발견했다"라고 덧붙였다.[11] 어떤 사람들은 크레크로프스(아덴인들의 조상)가 헬라 문자를 발명했다고 주장했다. 타키투스는 "아덴인 크레크로프스나 테베인 리누스, 또는 트로이 시대의 아르고스인 팔라메데스가 열여섯 개의 문자를 창안했다는 이야기가 전해온다. 그 직후에 다른 사람들, 특히 시모니데스가 나머지 문자를 발명했다"라고 말했다.[12] 크레크로프스는 애굽에서 태어났고, 그곳의 문자를 헬라로 도입했다고 한다. 베니게인들의 경우에는 카드모스와 그의 형제 포이닉스 이전에는 문자가 존재하지 않았다. 이것들이 어느 정도의 진실이 담겨 있는 것처럼 보이는 문자의 기원에 관한 말들이다. 그러면 과연 문자의 고대성을 모세 시대 이전의 시점까지 추적해 나갈 수 있는지 잠시 생각해 보고 나서 그와 관련된 문제들을 몇 가지 살펴보기로 하자.

에우세비우스는 크레크로프스가 카드모스 이전, 곧 모세와 동시대 사람이었다고 생각했다. 그러나 그가 문자를 발명했다는 이야기는 조금의 신빙성도 없다. 앞으로의 논의를 참조하면 그 이야기가 거짓임을 분명하게 알 수 있다. 대다수 학자는 헤르메스나 애굽인 머큐리에 관한 이야기들이 모두 신화에 불과하다고 생각한다. 키케로는 그가

10 Cicero, *On the Nature of the Gods*, Book 3.
11 Plutarch, *Symposium* 9, Question 3.
12 Tacitus, *Annals*, Book 9, chapter 14.

다섯 번째 머큐리로 애굽인들에 의해 토트로 일컬어졌으며, 그들을 위해 법률과 문자를 만들었다고 주장했다.[13] 그런 주장이 사실이라고 해도, 그는 단지 애굽인들에게 상형 문자만을 가르칠 수 있었다. 플루타르크가 이 문자에 관해 말한 대로, 애굽인들은 최초의 문자가 아닌 뱀을 잡아먹는 새(고대 애굽에서 신령한 새로 여겨진 흑따오기)의 형상을 그렸다.[14] 키르허도 흑따오기가 애굽인들의 최초의 문자라고 말했다.[15] 헤르메스로 일컬어진 사람은 메르쿠리우스 타아우투스였다. 알렉산드리아의 클레멘트는 그가 쓴 책을 열거했다.

필로는 산쿠니아톤이 이 문자들을 신중하게 조사했다면서 "타아우투스는 세상에서 문자를 발견한 최초의 인물이었기 때문에 그는 그의 책들을 열심히 살펴보았다"라고 말했다. 그러고 나서 필로는 타아우투스가 미소르의 아들, 곧 '디오스구로(헬라 신화에 등장하는 쌍둥이신 카스트로와 폴룩스)'를 낳은 시디쿠스(트로이 전쟁보다 약간 앞선 시대에 살았던 인물로 전해온다)의 형제라고 덧붙였다. 카드모스가 헬라에 문자를 도입했다는 것은 자주 주장되는 매우 오래된 견해다. 헤로도토스의 증언이 특히 유명하다. "카드모스와 함께 온 베니게인들 가운데 게피레아족이 있었다. 그들은 그 지역에 거주하면서 이전에 헬라인들 사이에 존재하지 않았던 특별한 문자와 많은 기술을 소개했다"라고 말했고, 조금 뒤에 가서는 이 문자들에 대해 "그것들이 베니게어로 불리는 것은 당연하다. 그 이유는 베니게인들이 그것들을 소개했기 때문이다"라고 덧붙였다. 이런 이유로 티몬은 그 문자들을 '카드모스의 베니게 부호'로 일컬었다. 플루타르크도 그것들이 '카드모스 때문에 베니게어로 불

---

13   Cicero, *On the Nature of the Gods*, Book 3.
14   Plutarch, *Symposium* 9, Question 3.
15   Athenasius Kircher, *Oedipus in Egypt*, 2.

렸다'라고 말했다.[16] 이것은 초기 헬라인들이 처음에 사용했던 열여섯 개의 문자를 가리킨다. 플루타르크는 그것을 '베니게에서 온 문자들'로 일컫기도 했다. 플리니우스는 "카드모스가 처음에 열여섯 개의 문자를 소개했다. 그 문자들은 베니게에서 헬라로 전해졌다"라고 말했다.[17] 아테나이우스는 "베니게인들이 음성의 보조 수단으로 문자들을 고안했다"라고 말했다.

에우스타티오(안디옥의 주교 324-330)는 문자가 음성의 보조 수단으로 도입된 이유를 몇 가지 제시했다. 이 수단을 통해 말과는 상관없는 것들 자체가 말을 하는 데 도움을 주었고, 말을 축약해서 전달하는 것이 가능해졌다. 카조봉은 "병든 생각을 치유하는 말의 힘을 고려하면, 문자를 말의 보조 수단으로 일컫는 것은 매우 적절하다"라고 말했다.[18] 타키투스는 "베니게 함대를 이끌고 항해했던 카드모스가 문명화되지 않았던 헬라인들에게 이 기술을 소개했다는 이야기가 전해온다"라고 말했다.

디오게네스가 쓴 『제논의 생애(Life of Zeno)』에 보면, 제논에 관한 경구 가운데 "만일 그의 나라가 베니게라면 그다음은 어떻게 될까? 그것은 카드모스 자신이 베니게인이고, 헬라인들 사이에서 문자를 창안했다는 뜻이 된다. 그는 초기 헬라인들에게 교육을 제공했다"라고 끝나는 대목이 있다. 이 이야기는 "에포로스가 말한 대로 카드모스는 헬라 문자를 고안한 베니게인이었다. 그런 이유로 헤로도토스는 그 문자가 베니게어로 일컬어졌다고 말했다"라는 클레멘트의 말과 일맥상통한다.[19] 수이다스는 '카드모스'라는 제목 아래 디오게네스가 전한 아

---

16   Plutarch, *Symposium* 9, Question 3.
17   Pliny, *Natural History*, Book 7, chapter 56.
18   Casaubon, *On Athenaeus*, Book 1, chapter 22.
19   Clement, *Stromata*, Book 1.

이노의 경구들을 인용했다. 헤시키우스는 "문자들은 베니게어였다"라고 말하면서 "그 명칭은 악타이온(아르테미스 여신의 목욕 장면을 훔쳐본 죄로 사슴으로 변한 사냥꾼)의 딸 포에니케에서 유래했다"라고 덧붙였다. 그러나 그 명칭은 카드모스의 이름에서 유래했을 가능성이 더 크다. 왜냐하면 악타이온이 카드모스의 손자, 곧 그의 딸 아우토의 아들이었지만 카드모스 자신이 곧 베니게인이었기 때문이다. 루카누스도 "이 이야기를 사실로 믿는다면, 베니게인들이 구어를 영구적으로 만들기 위해 조잡한 형태로 표기하려고 시도했던 최초의 사람들일 것이다"라고 말했다. 아테나이우스도 "베니게인들이 문자를 고안했다"라는 크리티아스의 말을 인용했다. 루카누스는 애굽에서는 진정한 문자가 발명되기 오래전부터 상형 문자가 사용되었다고 말했다. "멤피스는 쇄도하는 강물을 하나로 엮는 법을 터득하지 못했다. 마술사들의 언어는 단지 돌들에 새겨진 짐승들과 새들과 동물들에만 보존되었다." 쿠르티우스는 "이 민족(베니게인들)이 문자를 가르쳤거나 배운 최초의 사람들이었다"라고 말했고, 이레나이우스는 "헬라인들이 인정하는 대로, 그들은 카드모스에게서 열여섯 개의 문자를 배웠고, 나중에 기음(氣音)과 이중 모음을 차례로 고안했으며, 그 후에 최종적으로 팔로메데스가 길게 발음하는 문자들을 첨가했다"라고 말했다.

이처럼, 문자의 기원에 관한 고대의 증언들은 상당한 일관성을 지닌다. 키르허의 주장도 카드모스를 애굽인으로 간주한 것만 제외하면 이 증언들과 일치한다. 그는 많은 말로 그 점을 입증하려고 애썼지만 논리가 매우 미약하다. 에우세비우스도 그런 생각을 지녔던 것으로 보인다. 그는 "포에닉스와 카드모스는 애굽의 테베에서 아람으로 건너갔고, 두로와 시돈을 다스렸다"라고 말했다.[20] 그러나 베니게의 관

---

20 Eusebius, *Chronicles*, Book 2.

습과 종교와 이름들이 애굽과 사뭇 달랐다는 사실은 그와는 다른 견해를 지지한다.

카드모스가 헬라에 소개한 문자의 숫자에 관해서는 거의 모든 견해가 일치한다. 타키투스, 플리니우스, 플루타르크, 에우세비우스가 모두 열여섯 개라고 말했다. 플리니우스는 팔라메데스가 트로이 전쟁 이후에 네 개의 문자를 더했다고 말했다. 그것은 '세타, 크시, 파이, 카이'다. 그 후에 멜로스의 시모니데스가 또다시 '제타, 윕실론, 프시, 오메가' 네 문자를 더 첨가했다. 따라서 카드모스가 소개했던 본래의 열여섯 문자는 '알파, 베타, 감마, 델타, 엡실론, 에타, 이오타, 카파, 람다, 뮈, 뉘, 오미크론, 파이, 로, 시그마, 타우'였던 것으로 드러난다. 플루타르크의 증언도 마찬가지였다. 헬라어는 카드모스 때문에 베니게어로 불렸다. 이레나이우스도 "헬라인들은 자신들이 카드모스에게서 최초의 열여섯 개 문자를 배웠다고 인정한다"라고 말했다.

만일 카드모스가 열여섯 개의 문자를 헬라에 소개한 것이 사실이라면 그것들이 히브리어와 동시에 사용되었던 헬라어였다고 생각하기 어렵다. 율법은 카드모스 이전에 모세에 의해 기록되었다. 십계명에는 '테트'를 제외한 나머지 스물한 개의 히브리 문자가 모두 사용되었다. 만일 카드모스가 이것들을 채택했다면 왜 나머지 문자는 헬라인들에게 전하지 않았던 것일까? 아마도 베니게인들은 히브리인들이 사용한 문자들을 신중하게 연구하고 나서 더 적은 숫자의 문자들(열여섯 개)만 채택했고, 이것을 카드모스가 헬라인들에게 전해주었던 것으로 보인다. 이것들이 사마리아어로 불렸던 것인지는 확실히 알 수 없다. 사마리아 알파벳은 문자의 형태를 수정해 모두 스물두 개의 문자를 사용했다. 카드모스 이전에 문자가 사용되었다는 기록은 거의 찾아보기 어렵다. 그러나 디오도루스 시켈로스는 베니게인들이 아람인들에게서 문자를 배웠다고 말했다. "아람인들은 문자를 발명했고, 베니게인들은 그들에게 배웠다."

지금은 모든 사람이 히브리어가 흔히 '아람어'로 불렸다는 것을 알고 있다. 베니게인들은 '아람인들'로부터 문자를 사용하는 법을 배웠지만, 문자 전부를 배운 것은 아니었다(앞서 카드모스에 대해 논의한 내용을 참조하라). 따라서 아람의 글쓰기 관습 가운데 일부가 헬라에 전해졌고, 글을 쓰는 방식이 아닌 관습이 채택되었다. 가장 초기의 헬라 문서를 보아도 이미 글을 왼쪽에서 오른쪽으로 쓰는 방식이 적용되었던 것을 알 수 있다. 기랄두스는 섹스투스 폼페이우스를 통해 이 글쓰기 방식이 '타이포칸(Taepocan)'으로 불렸다는 사실을 알게 되었다. 어떤 사람들은 이 용어의 기원을 찾으려고 애쓸 테지만 내가 생각할 때 그것은 모두 헛된 노력에 지나지 않는다. 이 외에도 '좌우 교대 서법(boustrophedon)'으로 불리는 고대의 글쓰기 방식을 보여주는 자료도 더러 발견된다. 파우사니아스는 물론,[21] 이소도레, 수이다스, 메우르시우스(네덜란드 고전 학자, 1579–1639), 보시우스, 보샤르를 비롯해 여러 사람이 이 방식을 언급하거나 다루었다.[22] 카드모스가 처음에 헬라에 소개한 문자나 초기 이오니아인들이 사용한 문자가 어떤 형태를 지녔는지에 대해서는 의견이 엇갈린다. 헤로도토스는 테베의 이스메미아 아폴론 신전에서 제단에 새겨진 카드모스의 문자들을 보았는데 이오니아 문자들과 매우 비슷했다고 말했다. 첫 번째 제단의 글귀는 "텔레보아우스에서 온 암피트리온이 나를 세웠다"이었고, 두 번째 제단의 글귀는 "격투가 사카이오스가 승리 후에 나를 세웠다. 이것은 화살을 멀

---

21 Pausanias, *Description of Elis.*

22 Isodore, *Origins*, Book 6, chapter 13. Vossius, *Grammar*, Book 1. Bochart, *Sacred Geography*, Book 1, chapter 20.

리 쏘는 아폴론을 위한 지극히 아름다운 헌물이다"이었으며, 세 번째 제단의 글귀는 "라오다무스 왕이 이 제단을 세웠다. 화살을 멀리 쏘는 아폴론을 위한 지극히 아름다운 헌물이다"이었다.

보시우스는 라오다무스가 이 제단을 트로이 전쟁 이전에 봉헌했다는 것을 입증하려고 애썼지만 헛된 노력에 지나지 않았다. 그것은 헬라인들이 당시에 문자를 몰랐다는 요세푸스의 증언과 모순된다. 더욱이 라오다무스의 통치는 트로이 전쟁이 발발했던 때까지 계속되지 않았다. 그는 에테오클레스의 아들이었고, 그 원정을 지휘했던 인물은 폴리네이케스의 아들이었다.

조제프 스칼리제르는 헤로도토스가 카드모스의 문자와 매우 흡사하다고 주장했던 고대 이오니아 문자로 기록된 이 비문들이 자신이 로마의 파르네스 정원의 기둥에서 복사한 문자들과 비슷하다고 생각했다. 그가 복사한 글귀의 첫 문장은 '아미이흐트르본. 므. 아네트트레켄. 에온. 아이이오. 텔레보아온(AMIIHTRVON. M. ANETTHREKEN. EON. AIIO. TELEBOAON.)'이었다.

만일 고대 이오니아 문자가 라틴어 문자와 형태가 별로 다르지 않았다는 플리니우스의 말이나 "라틴어 문자는 가장 오래된 헬라어 문자와 형태가 똑같다"라는 타키투스의 말이 없었더라면, 아마도 나는 이것이 가장 오래된 형태의 헬라 문자라고 믿기를 주저했을 것이다.[23]

계속 사용되는 문자들은 사라질 가능성이 희박하기 때문에 이오니아 문자들이 어떻게 사용되었는지 추적할 수 있다. 필로스트라토스는 다리오 왕의 시대에 포로가 되어 바벨론에 인접한 메데로 끌려온 에레트리아인들에 관해 "그들은 헬라 방식으로(즉 글자를 오른쪽에서 왼쪽으로 썼던 동방 사람들과는 달리 왼쪽에서 오른쪽으로 쓰는 방식) 글자를 썼다. 그들의

---

23   Pliny, *Natural History*, Book 7, chapter 58.

문자는 헬라어였다"라고 말했다.[24] 그는 또한 카디스에 거주했던 헬라인들이 헤라클레스의 기둥에 '애굽인이나 인도인이나 누구도 알지 못하는 글자로' 약간의 글을 새겨놓았다고 말하기도 했다. 그러나 그곳에 헬라인들이 거주했던 것은 이오니아인들이 카드모스의 문자를 배운 지 오랜 후의 일이었다. 나는 그 비문이 베니게어로 기록되었다고 생각한다.

이처럼, 문자를 사용하는 방법은 홍수 이후 오랜 시간이 지난 후에 여러 단계를 거치면서 다양한 필요와 이유로 인해 세상에 서서히 퍼져나갔을 것이다. 결론적으로 말해, 학자들은 홍수 이전에 문자 사용이 이루어졌다고 말하기를 좋아할지 몰라도, 나는 그럴 가능성이 전혀 없다고 생각한다.

그러면 이제 홍수 직후의 시대로 거슬러 올라가서 문자의 기원에 관해 잠시 살펴보기로 하자. 아타나시우스 키르허는 애굽인들이 모세 시대 이전에 글쓰기를 시도했다는 것을 입증하려고 많은 노력을 기울였다. 그러나 그의 논증은 아브라함과 동시대인이었던 세 번째 헤르메스가 모세 시대 이전에 번영을 구가하며 애굽인들에게 글쓰기를 가르쳤다는 단 한 가지 주장에 근거할 뿐이다. 그는 이런 주장을 뒷받침하기 위해 헤르메스가 많은 책을 저술했다고 말했고, 그 가운데 몇 권이 오늘날까지 전해온다고 덧붙였다. 그는 이 문제를 만족스럽게 결론지을 때까지 오랫동안 열심히 연구하며 자신의 결론을 입증하려고 애썼다. 그러나 이 위대한 학자는 결국 가장 기괴한 허구를 곁들여 유치하기 짝이 없는 억측에 근거한 책을 펴낸 셈이 되고 말았다. 그가 제시한 증거들은 그의 폭넓은 독서와 지식을 과시하는 역할은 할는지 몰라도 참된 학자라면 그 누구도 제시하지 않을 유형에 해당한다. 그

---

24 Philostratus, *Life of Apollonius*.

것은 사실상 고대의 권위자들이 어디에서도 인정하지 않았던 것, 곧 무지한 사람들의 가장 어설픈 상상력으로 빚어낸 것과 별다른 차이가 없다. 그들은 신빙성이 조금도 없는 헤르메스라는 인물의 시대나 생애나 책에 관해 아무것도 말하지 않았다.

그런데도 키르허는 헤르메스를 수없이 언급하면서 "헤르메스가 실제로 36,000권의 책을 썼다고 주장할 생각은 없지만, 그가 애굽인들에게 상형 문자 체계를 통해 예술과 화학을 설명했던 것은 분명한 사실이다"라고 덧붙였다. 그는 현존하는 『아스켈라피우스(Ascelapius)』라는 책을 헤르메스가 저술했다고 주장했다. 이것은 이 책이 초기 기독교 이단의 작품이라는 일반적인 견해와 배치되는 주장이다. 이상하게도 그는 끝까지 그런 엉뚱한 주장을 펼쳤다. 그 모든 것을 읽고 있노라면 애처로운 감정마저 느껴진다. 아무런 소득도 없는 데 그렇게 많은 열정과 노력을 허비한 사람은 그 외에는 아무도 없을 것이다. 플라톤주의자들의 글과 성경 말씀을 약간씩 대충 꿰맞춘 흔적이 역력한 이야기를 믿고, 그것이 모세보다 앞서 살았던 헤르메스라는 사람의 글이라고 생각하는 것은 너무나도 허무맹랑한 일일 뿐 아니라 애써 눈을 꼭 감고 정오의 태양을 외면하려고 애쓰는 것이나 다름없다. 그러나 그것이 마치 논란의 여지가 없는 확실한 사실인 양 가르치는 사람들이 있다.

키르허는 헤르메스라는 이 기괴한 인물에게 완전히 매료되어 심지어는 하나님이 성자를 낳으셨다는 이유로 그분을 '자웅동체'로 일컫는 신성모독까지 저질렀다. 그가 오벨리스크와 상형 문자 비문을 해설하면서 '세 가지 형태를 띤 신'을 비롯해 그와 비슷한 주제들을 다룬 내용은 한결같이 매우 충격적인 신성모독에 지나지 않는다. 그는 과거에 종교를 빙자한 거짓이 난무했고, 고대인들 가운데 그런 거짓을 퍼뜨리는 데 열심을 냈던 사람들이 많았다는 사실을 기억해야 할 필요가 있다. 헤르메스가 저술했다는 책들에 관해서는 카조봉의 『아폴로니우스의 생애』를 참조하기 바란다. 그러면 이런 파렴치한 협잡꾼들이 창안해낸 것이 얼마나 부적절한 것인지를 알 수 있을 것이다.

키케로와 플루타르크를 비롯해 많은 사람들에 따르면, 고대에 뛰어난 지혜의 소유자로 유명했던 사람들이 자신의 명성을 드높이기 위해 헤르메스를 자처했다고 한다. 토트라는 인물도 그런 사람들 가운데 하나였다. 그는 자신이 애굽인들에게 문자를 가르쳤다고 주장했지만, 그가 모세 시대 이전에 살았다거나 그가 가르친 것이 정식으로 '문자'로 일컬을 만한 것이었는지를 확인할 수 있는 신빙성 있는 증거는 어디에도 없다. 만일 애굽인들이 그렇게 오래전에 알파벳 문자를 알고 있었다면, 그토록 오랫동안 기이하고, 어렵고, 성가신 상형 문자만을 고집해 의사를 전달하려고 애썼을 리가 만무하다.

어떤 사람들은 조로아스터가 모세보다 앞서 살았고, 문자를 발명했다고 주장한다. 그러나 포르피리오스는 『아폴로니우스의 생애』에서 그것이 후대에 날조된 주장이라는 것을 입증해 보였다. 이제 이런 얼토당토않은 이야기는 그만두고, 실질적인 유용성을 지닌 논증들을 살펴보기로 하자.

고대인들이 문서들과 관련해 개진된 논증 가운데 적절한 것은 크게 두 가지다. 첫째, 모세 자신이 '여호와의 전쟁기'(민 21:14)를 언급했다. 그런 책이 그의 시대 이전에 있었던 것처럼 보인다. "이러므로 여호와의 전쟁기에 일렀으되"라는 말씀을 보면, 모세가 그 책이 일찍부터 존재했다고 인정한 듯한 생각이 든다. 그러나 여기에 사용된 히브리어는 '책'은 물론, '이야기'를 뜻하기도 한다. 이것은 '회고하다'이거나 '열거하다'라는 의미일 수도 있다. '글을 쓴다'라는 의미는 연상을

통해서만 가능해진다. "이것은 아담의 계보를 적은 책이니라"(창 5:1)
라는 말씀과 비교해 보라. 이것이 반드시 당시에 글로 기록되어 전해
진 것을 가리킨다고 생각할 이유는 없다. 단지 어떤 것을 주제에 맞추
어 적는다는 의미일 수도 있다. '드빌'의 옛 이름은 '기랏 세벨'이었다
(삿 1:11). 〈불가타 성경〉은 이를 '문자의 도시'로 번역했다. 이는 〈70인
경〉도 마찬가지였다. 그러나 여호수아는 이 도시를 '교육의 도시' 또
는 '가르침의 도시'라는 의미를 지닌 '기랏 산나'(수 15:49)로 일컬었다.
여기에서는 교육의 의미인 것이 분명하다. 왜냐하면 모든 역사, 특히
주님의 행사를 보여주는 역사가 가르침의 수단이었기 때문이다. 따라
서 '세벨'은 기록된 문서가 아닌 정보를 얻거나 부여할 수 있는 장소를
가리킨다. 유대인들은 '여호와의 전쟁기'가 사사기를 가리킨다고 말하
지만, 나는 민수기를 가리킬 가능성이 더 크다고 생각한다. 모세가 말
한 대로, 민수기에서 여호와의 전쟁에 관한 기사를 추려낼 수 있다(예
를 들면 하나님이 홍해와 아르논강에서 행하신 일). 이런 일들은 곧 유명해져 사
람들의 입을 통해 널리 퍼졌을 것이다.

　이 문제와 관련된 두 번째 논증을 개진한 사람들은 보시우스, 심플
리키우스(로마 교황. 468-483년), 아리스토텔레스였다.[25] 포르피리오스는
아리스토텔레스의 요청에 따라 바벨론에서 가져온 천문학적 관찰 문
서가 알렉산드로스 대왕의 시대까지 보존되었다고 말했다. 만일 칼리
스테네스(아리스토텔레스의 조카이자 제자)를 통해 바벨론에서 가져온 문서
가 존재한다는 확실한 기록이 있고, 또 그런 기록이 역사를 통해 면면
히 이어져 왔다면, 이 모든 말이 참으로 인상적일 것이 틀림없다. 그
러나 우리는 역사적 사실을 논할 때 실수를 저지르기 쉽다. 신뢰할 수

25　Vossius, *De Arte Grammatica*, Book 1, chapter 9. Simplicius, *Commentary*. Aristotle, *On the Heavens*, Book 1.

있는 확실한 증거가 없을 때는 특히 더 그렇다. 심플리키우스는 자신의 견해를 피력하지 않고, 포르피리오스의 글에서 읽은 것을 그대로 전달했을 것이 틀림없다.

　포르피리오스의 말대로, 천문학적 기록은 알렉산드로스 대왕 때까지 전해졌다. 그것은 매우 간단한 기록이었다. 그러나 포르피리오스의 원본 책자는 현재 존재하지 않는다. 그것은 남아 있는 그의 책들 가운데 어디에서도 발견되지 않는다. 베로시우스는 안티오쿠스 소테르에게 헌정한 『역사(Histories)』라는 책에서 그런 기록이 480년 동안 유지되어 소테르에게까지 전해졌다고 말했다. 플리니우스에 따르면 에피고노스는 그 기록이 720년 동안 유지되어왔다고 말했고,[26] 키케로는 바벨론인들과 갈대아인들이 무려 47만 년 동안이나 하늘을 관찰했다고 말했다.[27] 그런 식으로 풍문을 통해 얻은 정보는 신빙성이 매우 희박하다. 더욱이, 천문학적 관찰 기록은 글이 아닌 다른 수단을 통해 보존될 수도 있다. 인간의 기억이나 전통이나 그림 문자와 같은 수단을 통해 보존되어온 정보가 문자가 도입된 이후에 글로 기록되었을 가능성이 있다. 플리니우스가 인용한 에피고노스의 말에서 그런 사실을 확인할 수 있다. 그는 바벨론인들이 관찰한 것이 구운 점토판에 새겨져 기록되었다고 말했다. 익명의 고대 저술가도 애굽인들의 지혜를 언급하면서 그와 비슷한 말을 남겼다. 즉 그는 "바벨론과 애굽의 현인들이 위에 있는 세상의 비밀들을 깊이 탐구했다. 그들은 자신들의 연구 결과를 돌판에 기록했다. 우리는 그것들을 보았다. 그들은 예술과 과학과 관련된 모든 것을 그런 식으로 기록했고, 기록을 새긴 돌들을 신전에 보관해두고 책처럼 꺼내 읽었다. 그것이 그들이 책 대신 사용

26　Pliny, *Natural Histories*, Book 7, chapter 56.
27　Cicero, *On Divination*, Book 2, chapter 46.

했던 수단이었다"라고 말했다.

보시우스는 "율법 수여 이전에 문자가 존재하지 않았더라면 율법이 글로 기록된 형태로, 즉 하나님이 직접 손으로 청동판에 기록하신 형태로 주어지지 못했을 것이다"라고 말했다. 물론, 여기에서 청동판은 돌판을 잘못 표기한 것이다. 그러나 이 말을 논박하기는 그리 어렵지 않다. 구체적으로 말해, 그것은 하나님이 자신의 율법을 영구적으로 보존하고, 또 모세는 물론, 그를 통해 이스라엘 백성 전체에게 문자 사용의 기술을 가르칠 목적으로 하신 일이었다.

그런 비교적 중요하지 않은 문제로 나와 반대되는 견해를 지닌 학자들과 입씨름을 하고픈 생각은 전혀 없지만, 지금까지 그 어떤 확실한 증거나 논증으로 모세를 통한 율법 수여 이전에 (정식으로 문자로 일컬을 만한 글을 이용해) 기록의 기술을 활용했다는 것을 입증한 사람이 아무도 없는 것은 분명하다. 나는 알렉산드리아의 클레멘트가 인용한 고대 헬라 역사가의 견해에 동의하고 싶다. 그는 "사람들은 최초의 철학자가 유대인들에게 글쓰기를 가르쳤다고 말한다. 베니게인들은 그것을 유대인들에게 배웠고, 헬라인들은 그것을 다시 베니게인들에게 배웠다"라고 말했다.

특별 주제: 히브리어의 고대성

기독교 시대의 가장 초창기부터 오늘날까지 모세가 저술한 오경이 기록된 형태로 존재해왔다. 이것은 흔히 '사마리아 오경'으로 불리지만 언어는 히브리어가 사용되었다. 히에로니무스도 이를 언급했고, 오리게누스도 그랬지만, 그들 가운데 어느 한 사람이 책이나 사본으로 된 그것을 실제로 본 적이 있는지는 불확실하다. 기독교 시대 초창기에 가장 유명했던 책은 오리게누스의 『헥사플라(Hexapla)』였다. 히브리어 원문과 헬라어 역본들로 구성된 이 책은 노력과 비용이 많이 든 매우 가치 있는 책이었다. 만일 오리게누스가 사마리아 오경을 살펴보았거나 그것을 가치 있게 여겼다면, 그것을 매우 높이 평가했거나 최소한 자신이 펴낸 다국어 판에 그것을 게재할 자리를 만들지 않았을까? 그러나 그는 그렇게 하지 않았다.

히에로니무스는 사마리아 오경이 히브리 원문과 문자 수가 똑같다고 말했지만, 그것은 확실히 잘못된 말이기 때문에 이 위대한 학자가 풍문으로나 간접적으로 전해 들은 것을 진술했다고 생각할 수밖에 없다. 히에로니무스와 오리게누스 둘 다 '타우'라는 사마리아 문자가 십자가를 닮았다고 주장했다. 예를 들어, 히에로니무스는 에스겔서를 주석하면서 "사마리아인들이 여전히 사용하고 있는 고대 히브리어의 마지막 문자인 타우의 형태는 십자가와 비슷하다"라고 말했다.[28] 테르툴리아누스와 아우구스티누스도 그렇게 말했다. 어떤 학자들은 에스겔이 앞이마에 십자가의 상징을 그리는 것에 관한 가르침을 베풀었다는 말도 안 되는 어리석은 주장을 제기하기도 하지만, 에스겔은 '타우'라는 문자를 언급한 적이 전혀 없다. 문제의 성경 구절은 에스겔서 9장 4절("그 가운데에서 행하는 모든 가증한 일로 말미암아 탄식하며 우는 자의 이마에 표를 그리라")이다.

'표를 그리라'라는 것은 올바른 번역이다. 라틴어로는 '표를 표시하라'라고 번역되었다. 히브리어 자동사가 종종 동족 명사(cognate noun)로 사용된다는 것은 초심자들도 아는 사실이다. 더구나 사마리아 알파벳의 마지막 문자가 십자가 형태라는 것은 올바른 사실이 아니다. 그보다는 쉬카르트(히브리어와 천문학을 가르친 독일의 교수. 1592-1635)가 '바티칸 도서관'에서 만들어낸 판본을 위해 고안된 문자의 형태일 가능성이 더

---

28   Jerome, *Commentary on Ezekiel*, chapter 8.

크다. 전에 타우 대신 십자가의 형태를 새겨넣은 동전들을 본 적이 있지만, 히에로니무스는 동전들을 언급하지 않았기 때문에 그런 증거도 무익하기는 마찬가지다. 히에로니무스와 오리게누스는 사마리아 오경을 본 적이 없었을 것이 분명하고, 사마리아 오경의 판본도 오늘날까지 보존되어 전해오지 않는다. 따라서 이 모든 증거를 간략하게 요약하면, 사마리아인들은 그 당시에 유대인들의 히브리어와 글자체가 다른 히브리어로 기록된 모세 오경을 소유하고 있었다고 말할 수 있다.

사마리아인들은 앗수르 왕 살만에셀이 사마리아라는 도시에 정착시킨 사람들이었다. 바벨론 포로기가 시작되기 약 130년 전, 곧 유다 왕 히스기야 시대에는 이스라엘 북쪽 열 지파가 사마리아 이외의 도시들을 장악하고 있었다. 성경은 그들이 '구다와 아와와 하맛과 스발와임에서' 온 사람들이라고 말씀한다(왕하 17:24). 그들은 나중에는 '구다'라는 명칭을 따라 스스로를 구다인으로 일컬었다. 도시와 지역의 명칭들을 통해 분명하게 알 수 있는 대로, 그들은 갈대아와 아람에서 온 사람들이었다. 그들은 가나안에 도착했을 때 갈대아 아람어 및 갈대아 문자를 사용했을 것이 틀림없다. 앞서 플리니우스를 통해 살펴본 대로, 갈대아인들은 아주 일찍부터 문자를 사용한 것으로 알려져 있기 때문에 그들의 문자가 영원 전부터 존재했다고 믿는 사람들까지 있었다. 따라서 갈대아인들의 문자 사용 기술은 사마리아에 정착한 사람들에게 매우 익숙했을 것이다. 바벨론과 아람의 이주자들이 그들 조상의 관습과 언어를 가지고 이스라엘 땅에 정착했기 때문에 그 당시에 '사마리아 알파벳'이 생겨났을 것이 확실하다. 그들이 하나님을 대신해서나 때로 그분과 함께 섬겼던 우상들에 관해서는 셀던의 훌륭한 책 『아람 신들에 관해』를 참조하기 바란다. 그들의 우상은 숙곳, 베놋, 네르갈, 아쉬마, 아드람멜렉, 암마멜렉이었다. 모든 부족 가운데 가장 천박한 인간 폐물과도 같은 이 사마리아인들은 그곳에 남아 있는 유대인들 덕분에 바벨론 포로기까지 그럭저럭 명맥을 유지해 나갔다. 전해오는 말에 따르면, 그들은 하나님의 계명들과 양심의 법을 거역하고 온갖 불법을 저지른 이유로 사자들의 습격에 시달리는 신적 징벌을 받았다고 한다.

사마리아인들과 이웃한 곳에서 참 하나님을 섬겼던 유대인들은 그들과 어떤 관계도 맺으려고 하지 않았기 때문에 그들은 살만에셀에게 이스라엘의 제사장 한 사람을 보내 그 땅의 관습을 가르치게 해달라고 청원했다. 물론, 그 땅의 관습이란 여로보암의 우상 숭배를 의미했다. 랍비 문서의 저술가들은 그의 이름이 두스투이라고 말했다. "산헤립이 구다인들에게 야마쿠스의 아들 랍비 두스트이를 보내 율법을 가르치게 했다"라고 말했다. 물론, 그들은 으레 그러듯 모든 것을 왜곡시켰다. 그들은 아무 근거도 없이 그 일과 전혀 무관한 산헤립을 등장시켜 그가 두스트이를 보냈다고 주장했다. 에피파니우스의 허튼소리도 그것에 뒤지지 않는다. 그의 말은 마치 잠꼬대를 하는 것처럼 부주의하기 짝이 없다. 그는 성경을 전혀 고려하지 않은 것처럼 보인다. 예를 들어, 그는 "느브갓네살은 여고냐 시대에 포로로 잡혀간 장로들의 요청을 듣고 유다에 앗수르인들을 보냈다"라고 말했다. 이 가운데 사실인 것은 아무것도 없다. 또한, 그는 그들이 사마리아에 율법을 가르칠 제사장을 한 사람 보내달라고 바벨론에 사람을 보내 요청했다고 말하기도 했다. 꿈속에서 생각해 낸 말인 것이 틀림없다. 게다가 그는 "'사마리아인들'은 한때 그 땅에 주둔하며 변방의 수비대 역할을 했거나 모세의 율법을 수호하는 임무를 수행했기 때문에 '경비병'으로 번역할 수도 있다"라고 말하기까지 했다. 전부 말도 안 되는 허튼소리에 지나지 않는다. 그러나 페타비우스는 헬라인들과 라틴인들 모두가 이 허튼소리를 받아들였다고 말했다. (스칼리제르와 페타비우스가 의심하는 대로, 만일 라틴어로 '경비병'을 의미하는 말을 덧붙인 장본인이 히에로니무스가 아니라면) 에우세비우스가 에피파니우스보다 먼저 그런 말을 했던 것처럼 보인다. 아무튼, 그 제사장이 실제로 누구였든 상관없이 그는 예루살렘에서 인정하는 참 하나님께 대한 예배에는 아무런 관심도 없었고, 부패한 혼합 종교를 가르쳤을 것이 분명하다. 사마리아에 거주했던 이스라엘 사람들은 포로로 잡혀가기 전까지 그 가르침대로 예배를 드렸다. 이처럼 사마리아인들은 예수회 신부들이나 로마 교회의 다른 대표자들이 아메리카 인디언에게 기독교를 가르쳤던 것과 거의 똑같은 방식으로 이스라엘의 종교에 관해 배웠다. 그들은 '성도'라는 이름으로만 불린다면, 회심한 후에도 얼마든지 그들의 신과 우상들을 섬기도록 허용되었다. 이런 원칙 아닌 원칙은 특히 인디언들이 '데마스'라고 일컬었던 가정 신을 섬기는 일에 적용되었다. 그러나 이 자리에서 곁길로 나가 예수회의 행위를 상세히 다룰 필요는 없을 듯하다. 예수 그리스도의 종교를 오염시킨 이 뻔뻔스러운 사람들의 목표는 오직 하나, 교황의 권력을 확장하는 것뿐이었다. 그들의 종교는 이방주의와 이교의 미신을 혼합한 것으로 믿음을 왜곡시킨 제의와 의식에서 유래했다.

그 유대인 제사장이 성문화된 하나님의 율법을 사마리아로 가져왔는지는 불확실하다. 그런 사실을 입증하는 증거나 기록은 존재하지 않는다. 구다인들은 유대인들의 세력이 외부의 힘을 통해 와해되자 슬슬 고개를 쳐들기 시작했고, 나중에 그들이 포로로 잡혀간 후에는 더욱 활개를 치며 그들이 떠난 지역을 차지했던 것으로 보인다. 그들이 하나님께 대한 예배에 좀 더 관심을 기울였는지, 아니면 아예 무시했는지는 정확히 알 수 없다.

유대인들의 본국 귀환이 허용되자 사마리아인들은 바사 왕들이 허락한 특권에 동참하기 위해 그들과 연합하기를 원했다. "(그들이) 이르되 우리도 너희와 함께 건축하게 하라 우리도 너희같이 너희 하나님을 찾노라 앗수르 왕 에살핫돈이 우리를 이리로 오게 한 날부터 우리가 하나님께 제사를 드리노라 하니"(스 4:2)라는 말씀에서 알 수 있는 대로, 그들은 그런 속된 의도를 관철하기 위해 자기들을 이스라엘로 보낸 에살핫돈의 시대부터 하나님께 희생 제사를 드리는 관습을 지켜왔다고 주장했다. 그러나 하나님의 백성은 순간의 기회를 노려 속된 이득을 얻으려는 그런 위선적인 거짓말을 신뢰하지 않았다. 유대의 교회개혁자들이 전체 백성의 중지를 모아 그들의 요청을 거부하자, 그들은 제사장들 사이에서 다툼이 일어난 것을 기화로 죄를 지어 추방된 악한 사람들의 협조를 얻어 유대인들이 예루살렘에 건축하는 성전을 그대로 좇아 그리심산에 자신들의 성전을 세우는 데까지 나아갔다. 히에로니무스와 에피파니우스는 그들이 그 산을 선택하고, 그곳을 그리심산으로 일컬은 것은 잘못이라며, 실제의 그리심산은 나폴리 부근의 히에리쿠스 옆에 있었다고 주장했다. 메르카토르도 똑같은 견해를 주장했지만 여호수아서 8장을 주석하면서는 이 견해를 논박했다.

이 이후부터 사마리아인들이 믿었던 종교가 분명하게 알려졌다. 그들은 자신들이 신전 꼭대기에 비둘기 형상을 설치하고 그것을 숭배했다는 유대인들의 말이 거짓이라고 주장했지만, 그 사실을 의심할 만한 증거는 어디에도 나타나지 않는다. 특히 요세푸스는 가장 신뢰할 수 있는 자료를 토대로 그 사실을 분명하게 증언했다. 요세푸스는 안티오쿠스가 유대인들을 박해하며 끔찍한 고통을 가했을 때 사마리아인들이 자기들도 그와 비슷한 재앙을 당할까 봐 두려워 참 하나님을 예배하는 것을 거부하겠다는 뜻을 분명하게 밝힌 서신을 그에게

써 보냈다고 말했다.[29] 그때가 그들이 모세 오경을 받아들인 시기는 아닐 것이 거의 확실한 듯하다. 왜냐하면 그들은 이미 그 사악한 독재자가 성경을 그 어떤 것보다 더 증오했다는 사실을 잘 알고 있었기 때문이다(그는 사람들에게서 성경을 빼앗아 불 속에 집어 던졌다). 그들은 자신들의 신전을 헬라의 신 주피터에게 기꺼이 바치고도 남을 만한 의향이 있었다. 따라서 만일 그들이 당시에 모세 오경을 소유했다면, 유대인들의 범죄 행위와 자신들이 아무런 상관이 없다는 증거를 보여주기 위해서라도 그것을 불 속에 던지도록 내주었을 것이 틀림없다.

사마리아인들의 모세 오경은 그들의 성전이 여전히 건재했던 시기, 곧 유대인 제사장 히르카누스의 시대 직전에 만들어졌을 가능성이 매우 크다. 히르카누스는 그리심산의 성전을 완전히 파괴해 무너뜨렸다. 사마리아인들의 경우처럼, 간절함이 없이 형식적으로 종교를 선택한 사람들의 충실성은 그야말로 하찮기 그지없다. 인간이 창조된 이후로 기록한 성경을 오염시킨 이 무익하고, 가증스러운 사람들의 행위만큼 뻔뻔하고, 사악하고, 불경한 행위는 그 어떤 종교에서도 찾아보기 어려웠다.

이번에는 자신들의 죄악을 옹호하고, 하나님이 명령하신 십계명에 또 다른 계명을 덧붙일 가능성을 확보하기 위해 성경 본문에 세겜이라는 명칭을 삽입하고, 에발산을 그리심산으로 대체하는 등, 비교적 사소해 보이는 잘못을 잠시 생각해 보기로 하자. 이것은 그들이 저지른 매우 독특한 잘못이었다. 성경에서 십계명은 두 곳, 곧 출애굽기 20장(이때 율법이 처음 주어졌다)과 신명기 5장(이때 율법이 엄숙하게 반복되었다)에 기록되어 있다. 그들은 그 두 곳에서 모두 하나님의 계명에 자신들의 계명을 덧붙였다. 그런 속임수를 저지르지 않은 사마리아 오경의

---

29 Josephus, *Antiquities of the Jews,* Book 12, chapter 7.

사본은 존재하지 않는다. 〈런던 바이블(브라이언 월튼이 1657년에 편집한 "런던 다국어 성경")〉에는 이렇게 적혀 있다. "너희 하나님 여호와께서 너희가 가서 차지할 가나안 땅으로 너희를 인도하여 들이실 때 커다란 돌을 두 개 세우고, 거기에 석회를 바른 다음 이 율법의 말씀을 기록하라. 너희가 요단강을 건넌 후에는 오늘날 내가 그리심산에서 너희에게 명령한 이 돌들을 세우고, 그곳에서 너희 하나님 여호와께 돌 제단을 쌓아라. 그 돌들을 쇠로 다듬지 말고, 거친 돌 그대로 너희 하나님 여호와께 제단을 쌓아 바치고, 요단강 저쪽, 곧 해지는 쪽으로 가는 길 뒤 길갈 맞은편 모레 상수리나무 곁에서 세겜 쪽으로 향해 있는 평지에 거주하는 가나안 족속의 땅에 있는 산 위에서 화목제를 드리고, 음식을 먹으며 너희 하나님 여호와 앞에서 기뻐하라." 이것이 사마리아인들이 자신들의 죄악을 옹호하기 위해 지어낸 말이다. 이 후안무치한 사기꾼들은 마치 하나님이 호렙산에서 율법을 수여하면서 자기들에게 직접 그렇게 말씀하신 것처럼 주장했다.

어셔는 유대인의 종교를 오염시킨 것으로 유명한 도시테우스가 왜곡된 모세 오경을 최초로 건네준 인물이라고 생각하면서 그가 부끄러운 줄 모르고 성경을 훼손한 사례들을 몇 가지 나열했다. 결론적으로 말해, 사마리아인들이 거룩한 성경을 그토록 열심히 다루려고 했던 이유가 무엇이든, 또 우리가 그들의 모세 오경을 어떤 식으로 평가하든, 그것이 히브리 성경에서 멀리 벗어난 것만은 분명한 사실이다.

어떤 학자들은 교회가 바벨론에서 복귀해 성전을 재건하고, 거룩한 예배를 회복했을 무렵에 고대의 역사나 그 어떤 역사적 사건을 살펴보아도 전혀 전례를 찾을 수 없는, 너무나도 놀라운 한 가지 사건이 일어났다고 주장했다. 그것은 바로 유대인들과 사마리아인들이 마치 서로 공모라도 한 것처럼 오랫동안 그들과 그들의 조상들이 익숙하게 알고 사용했던 언어를 버리고, 서로가 상대방의 알파벳을 받아들였다는 것(곧 유대인들은 갈대아 문자를 채택했고, 구다인들은 히브리 글자체를 받아들였다는 것)이다. 심지어 이런 주장까지 살펴봐야 할 필요가 있을지 의문이다. 그들은 오늘날 흔히 사마리아어로 일컬어지는 문자가 본래의 원시적인 히브리 문자(즉 하나님이 직접 율법을 기록할 때 사용하셨던 문자)였다고 주장한다. 그 언어로 구약성경 전체가 처음 기록되었고, 바벨론 포로기 직전까지 이스라엘 사람들이 오직 그것만을 사용했다는 것이 그들의 지론이다. 앞서 말한 대로, 사마리아인들 가운데는 앗수르인들이 포함되어 있었다. 그들은 앗수르 글자체에 매우 익숙했을 뿐 아니라 앗수르 제국과 바벨론 제국의 지배를 받으며 살았기 때문에 두 왕국에서 매일 사용하는 것처럼 늘 그 언어를 사용했을 것이 틀림없다. 그들의 언어는 아람어와 갈대아어가 혼합된 언어였고, 그들은 그 언어를 오랫동안 사용했을 것이 분명한데, 그런 그들이 그 글자체를 버리고 히브리어 글자체를 채택했다는 것이다.

그들이 히브리어를 도입하지도 않았는데 조상 적부터 사용해 온 잘 알려진 쉽고, 멋들어진 문자를 버리고, 복잡하고, 이상하고, 엉성해 보이는 유대인의 글자체를 받아들였고, 또 그렇게 했는데도 그들에게 익숙한 언어에 아무런 영향도 미치지 않았다는 주장이 과연 사실일까? 이 학자들은 유다의 두 지파가 한동안 포로 생활을 하고 나서 그들 자신의 언어를 잊어버렸기 때문에 포로 생활을 마치고 돌아온 후에는 자신들이 잊어버린 언어로 성경을 번역하기를 원하지 않았을 뿐 아니라 본래부터 사용해오던 자신들의 독특한 문자를 버리고 앗수르인들의 언어를 대거 받아들이기로 결정했다고 주장한다. 나로서는 무슨 목적으로 그런 주장을 펼치고, 무슨 이유로 그런 생각을 하는 것인지, 또 그것을 통해 교회가 무슨 유익을 얻을 수 있는지 도

무지 상상조차 하기 어렵다. 본래의 문자로 나타낸 언어는 정확히 똑같은 형태로 남아 있었기 때문에 글자체를 바꾸는 것만으로는 유익을 얻기는 불가능하다. 어떤 언어든 글자의 형태만 바꾸는 것만으로는 이렇다 할 기술을 습득하는 데 아무런 도움이 되지 않는다.

내 생각은 이런 견해를 옹호하는 사람들과 다르기 때문에 그들이 권위 있게 제기하는 이유나 증거를 간단히 논의함으로써 그와 반대되는 견해를 제시한다고 해도 이 책과 관련된 나의 목적이나 목표에서 크게 벗어나지는 않을 듯하다. 나의 노력을 제멋대로 격렬하게 논박하는 사람들로 인해 괴롭힘을 당할 듯한 생각이 드는데도 내가 애써 그렇게 하려는 이유는 이것이 마땅히 해야 할 일이라고 생각하기 때문이다.

나는 앞에서 이 문제에 관한 일부 학식 있는 사람들의 견해를 언급했다. 그들은 이 견해를 지지하기 위해 전혀 만족스럽지 못한 주장을 제기했다. 먼저, 그들이 주장하는 것이 무엇인지 살펴보기로 하자. 첫 번째 주장은 유대인들이 포로로 생활하는 동안 그들 자신의 언어와 문자를 잊었기 때문에 기록된 글자체를 바꾸어야 할 필요성이 대두되었다는 것이다. 내가 생각하기에는 그런 주장이 전혀 그럴듯하지 않게 들린다. 그런 주장으로는 불확실하기 짝이 없는 견해를 뒷받침할 만한 근거가 될 수 없다.

도시와 성전이 파괴된 때부터 많은 유대인들이 귀환했던 고레스의 통치 시대에 이르기까지 대략 50년 정도의 세월이 흘렀다. 성경을 통해 알 수 있는 대로, 그 시기를 지나서까지 살아남은 사람들이 적지 않았다. 첫 번째 성전이 불에 타 파괴되는 것을 목격한 사람들이 두 번째 성전의 기초가 놓이는 것을 목격했다. 귀환자들 가운데는 고향을 떠났을 당시의 사람들도 포함되어 있었을 텐데 그들이 고작 한두 세대가 지났을 뿐인데 익숙했던 언어를 완전히 잊어버리는 것이 과연 가능할까? 더욱이 그들이 습득했던 언어는 다른 모든 언어를 능가하는 신성한 언어였지 않은가? 그뿐 아니라 그들은 포로로 생활하는 동안 같은 도시에서 서로 밀접하게 접촉하며 살았다. 그것은 그들이 서로 위로를 주고받고, 나중에 돌아갈 때를 대비하게 하기 위한 하나님의 은혜로운 섭리였다.

성경을 살펴보면, 유다의 지도자들과 유다 백성이 대부분 에스겔 선지자가 사역하던 장소에서 살았던 것을 알 수 있다. 그들은 다른 민족들 사이에서 그들과 섞여 살아야 했지만, 종교적인 문제와 관련해서는 그들과 전혀 교류하지 않았고, 일상적인 삶의 문제와 관련해서도 최소한의 관계만을 유지했다. 따라서 그들의 언어를 오염시키거나 변화시킬 수 있는 요인은 아무것도 없었다. 그들은 다른 민족들 사이에 있으면서도 그들과 연합하기를 거부하고 독자적으로 살아갔다. 그들은 다른 민족들과 결혼 관계는 물론, 어떤 관계도 맺지 않았다. 아울러, 다니엘 선지자가 증언한 대로(단 9:2) 그들은 성경 사본을 많이 소유하고 있었다. 그것들이 히브리인들의 관습적인 글쓰기 형식으로 기록되었다는 것을 부인할 사람은 아무도 없을 것이다. 그들이 망명 생활을 하는 동안 다른 글자체나 언어로 기록된 책을 보거나 읽었거나 소유했다는 것을 입증할 수 있는 기록이나 증거는 어디에도 없다. 그들에게는 갈대아인들의 기예를 배우는 것도 금지되었다. 그들이 세상의 다른 지역에 사는 유대인들과 서신을 통해 교류했다고 생각하는 것은 매우 합리적이다. 예레미야 선지자가 그들에게 써 보낸 편지들이 대표적인 사례다. 그런 일은 그들이 여전히 공통된 언어와 글자체를 사용했을 때만 실현될 수 있다. 더욱이, 포로로 잡혀간 사람들 가운데는 제사장들과 레위인들이 있었다. 그들은 성경이 가르치는 하나님에 관한 지식을 백성들에게 전하는 교사들이었다. 그런 교육은 율법을 읽고, 해설하는 방식을 통해서만 이루어질 수 있었다. 이 교사들은 팔레스타인 밖에서 합법적으로 용인되는 신성한 의식은 모두 충실하게 거행했을 것이 틀림없다. 그들은 또한 하나님의 명령과 약속에 따라 항상 본토 귀환의 희망을 일깨우며 포로 생활이 끝날 때를 간절히 고대했을 것이 분명하다. 그런데 어떻게 그들이 조상 대대로 사용해오던 언어와 글자체를 잊었을 것이라고 주장할 수 있겠는가? 만일 그들이 자신들이 처한 상황 속에서 실제로 그랬다면 인간이라고 말하기 어려울 것이다. 그들이 자기들을 압제하는 민족(그들이 벗어나기를 간절히 염원하는 민족이요 멸망하기로 예정된 민족)의 언어를 채택해서 과연 무슨 유익을 얻을 수 있었겠는가?

그뿐만이 아니었다. 하나님은 그들이 포로로 생활하는 내내 선지자들을 보내셨다. 다니엘은 본토 귀환이 있을 때까지 생존했다. 선지자들은 히브리어로 말하며 사역했고, 히브리 문자로 자신들의 예언을 기록했다. 예언들을 자필로 기록한 문서들이 여전히 존재하고, 그것들을 기록한 저자들의 붓에 묻은 먹이 채 마르지도 않은 상태였는데, 에스라가 그런 원본들을 거부하고 다른 나라 문자로 기록된 사본들로 대체했을 것이라고 기대한다면 올바른 정신을 지녔다고 보기 어려울 것이다(다니엘서의 예언 가운데 일부가 갈대아어로 기록된 것에는 특별한 이유가 있다).

한편, 유대인들이 앗수르 전역에 흩어져 살았기 때문에 앗수르어와 갈대아어를 배울 수밖에 없었고, 그 결과 그들은 자신들의 언어를 모두 잊었으며, 본토에 돌아온 뒤에는 레위인들이 율법을 공개적으로 낭독할 때 대중이 그 의미를 이해할 수 있도록 갈대아어로 번역해야 했다는 주장이 제기되어 왔다. 이 견해를 옹호하는 근거는 느헤미야서 8장 8절("하나님의 율법책을 낭독하고 그 뜻을 해석하여 백성에게 그 낭독하는 것을 다 깨닫게 하니")이다. 어떤 사람들은 이때부터 율법을 히브리어와 갈대아어로 교차적으로 기록하는 관습(즉 히브리어 한 구절을 큰 소리로 읽고, 곧바로 갈대아어 탈굼을 덧붙여 읽는 형식)이 생겨났다고 주장한다. 물론, 그런 식으로 율법을 기록한 사본들이 지금까지 더러 남아 있기도 하다.

이 모든 주장에 대한 나의 대답은 이렇다. 첫째, 귀환한 유대인들은 그 전에 대규모로 군집을 이루어 함께 정착해서 살았고 사방으로 흩어지지 않았다. 이것은 에스라서 2장과 8장에 기록된 그들의 귀환에 관한 이야기를 주의 깊게 읽어본 사람이면 누구나 분명하게 알 수 있는 사실이다. 성령께서는 "레위 사람들은 백성이 제자리에 서 있는 동안 그들에게 율법을 깨닫게 하였는데 하나님의 율법책을 낭독하고 그 뜻을 해석하여 백성에게 그 낭독하는 것을 다 깨닫게 하니"(느 8:7, 8)라는 말씀으로 레위인들이 율법을 가르쳤던 방식을 설명하셨다. 도대체 무슨 근거로 이 구절을 랍비들이 탈굼으로 일컫는 것을 이용해 율법을 갈대아어로 해석했다는 의미로 이해하는 것인지 참으로 아리송하다. 느헤미야는 레위인들이 백성들을 가르쳐야 하는 의무를 철저히 의식했다고 말했을 뿐이다. 하나님은 그들에게 율법을 읽고, 전하고, 해설하는 막중한 책임을 맡기셨다. 성경의 역사를 보면, 그들이 포로기 이전이나 이후나 늘 자신에게 주어진 임무를 변함없이 수행해 왔다는 것을 분명하게 알 수 있다. 그들은 교회를 재건하는 일이 매우 중요했기 때문에 율법을 공개적으로 읽고, 그 의미를 풀어 설명하고, 그것을 통해 백성들을 가르치는 일을 이행해야 했다. 이 모든 것은 말씀을 전하고, 가르치는 사역을 묘사하고 있다.

둘째, 성경을 살펴보면 유다 백성들이 귀환할 때 여전히 순수한 히브리어를 말했다는 것을 분명하게 알 수 있다. 느헤미야는 소수의 유다인이 이전의 이웃 민족들과 혼인을 해 그들이 낳은 자녀들이 이방

언어를 말하는 것을 보고는 격한 분노를 터뜨렸다. "그 때에 내가 본즉 유다 사람이 아스돗과 암몬과 모압 여인을 맞아 아내로 삼았는데 그들의 자녀가 아스돗 방언을 절반쯤은 하여도 유다 방언은 못하니 그 하는 말이 각 족속의 방언이므로 내가 그들을 책망하고 저주하며 그들 중 몇 사람을 때리고"(느 13:23-25). 만일 모든 유다인들이 언어를 그런 식으로 말했다면, 과연 느헤미야가 히브리어를 말하지 못하는 어린아이들을 발견했다고 해서 그토록 격한 감정을 드러냈을까?

'보들리언 도서관'에 소장된 셀던의 책들 가운데 히브리어와 갈대아어로 된 모세 오경 사본이 포함되어 있다. 내 생각이 크게 틀리지 않았다면, 아마도 이것이 포로에서 귀환했을 때 유대인의 언어가 오염되었다는 견해를 뒷받침하기 위해 제시된 실제 사본일 것으로 추정된다. 그러나 이것을 토대로 히브리어 율법을 먼저 읽고, 갈대아어로 부연 설명을 덧붙이는 관습이 생겨났다고 추론하는 것은 매우 어리석다. 이 사본은 유대인들이 갈대아 아람어를 사용하는 것을 중단한 이후 최소한 1,000년이 지난 후에 제작된 것이다.

셋째, 유대인 정착지에서 매우 오랫동안 본래의 언어가 조금도 훼손되지 않은 상태로 보존되었다는 것은 충분히 입증된 사실이다. 같은 언어를 사용하는 사람들이 같은 장소에 살면서 사업이나 결혼을 통해 외부 사람들과 섞이는 일이 없었다면 당연히 그럴 수밖에 없다. 아일랜드의 앵글로색슨족이 대표적인 경우다. 소수의 영국인이 바다를 건너 아일랜드로 이주에 웩스퍼드에 정착한 이후로 오늘날까지 약 400년이 흘렀다. 그들은 캠던이 자신의 모국어가 무엇인지 알고 싶은 영국인이 있으면 웩스퍼드를 방문해 보라고 서슴없이 말할 정도로 자신들의 언어를 완벽하게 구사했다. 따라서 유대인들이 포로 기간에 본래의 언어를 사용하는 법을 잊었다는 주장은 아무런 근거가 없다.

아울러, 히브리어 글자체가 바뀌었다고 주장하는 사람들은 '방형(네모꼴) 문자'들이 처음에는 앗수르어나 갈대아어였다고 주장한다. 그러나 도대체 무슨 증거가 있다고 그렇게 주장하는 것인지 잘 모르겠다. 어떤 논리적 근거로 그것을 입증할 수 있을까? 갈대아인들이 기록한 문서는 어디에도 존재하지 않고, 그것을 기억하고 있는 사람도 아무도 없다. 그런데 어떤 자료를 근거로 그들이 사용한 문자의 형태를 알 수 있단 말인가? 갈대아 아람어로 기록된 탈굼들도 에스라 시대의 유대인들이 흔히 사용했던 문자들로 이루어져 있다. 이것은 이 견해를 처음 제기한 사람들도 몰랐던 사실이다. 에우세비우스는 "에스라가 히브리어 문자를 변경시켰다"라고 말했지만 갈대아어 글자체에 관해서는 아무 말도 하지 않았고, 히에로니무스도 "그가 새로운 문자들을 고안했다"라고 말했을 뿐 앗수르 글자체에 관해서는 아무 말도 하지 않았다. 비드도 "그는 새로운 문자들을 생각해냈다"라고 말하는 데 그쳤다. 그 시기에 글자체가 바뀌었다는 이론을 지지했던 일부 유대인들은 다니엘서 5장에 나오는 이야기를 근거로 천사가 왕궁 벽에 글자를 적어 문자의 견본을 제시했다는 어리석은 주장을 펼쳤다. 쾰른의 요한 포트켄은 그 언어와 글자체가 갈대아어였다고 말했다(그가 펴낸 시편의 서문을 참조하라).

이 밖에도 진리가 바벨론의 광대한 동부 제국에 널리 퍼지게 하려고 하나님의 섭리로 인해 성경이 갈대아 문자로 재기록되었다는 주장이 제기되기도 했다. 이것은 신뢰하기가 매우 어려운 견해가 아닐 수 없다. 언뜻 생각해도 히브리어를 전혀 모르는 사람들이 글자체만 자신들의 언어와 같을 뿐이고 실제로는 유대인의 언어로 기록된 책을 소유했다고 해서 무슨 유익이나 가치가 있을지 이해하기 어렵다. 단지 글자체만 익숙한 것으로 바꾸면 외국어를 배울 수 있는 기상천외한 재주가 있다는 것인지 무척 궁금하다.

거룩한 진리를 수용할 수 있는 유일한 언어가 그대로 보존되어 있는데 단순히 문자를 바꾸는 것만으로는 진리의 확산에 아무런 유익도 끼칠 수 없다는 것은 너무나도 자명한 사실이 아닐 수 없다. 더욱이, 그런 터무니없는 변화가 일어났다고 생각되는 즈음에는 갈대아 제국이 멸망했을 때다. 동쪽 제국을 장악한 바사인들이 갈대아인들과 같은 문자나 언어를 사용했는지는 전혀 확실하지 않다. 따라서 제국 전체가 폐허가 된 상태에서 단순히 갈대아 문자의 형태를 사용하는 것이 어떤 식으로 하나님의 진리를 퍼뜨려 그 제국을 유익하게 했을지 도무지 이해하기 어렵다.

지금 가장 불확실한 문제를 다루고 있는 것은 틀림없다. 그러나 나는 공정한 재판관만 있다면 내기를 걸어도 좋으니 사마리아 문자가 바로 고대의 갈대어 문자였다고 주장하고 싶다. 그것이 북쪽 열 지파가 포로로 잡혀가지 전에 북 왕국 안에서 어느 정도 사용되었을 가능성이 전혀 없지는 않다. 성경도 유대인들 가운데 앗수르어나 갈대아 아람어를 알고 있었던 사람들이 있었다고 기록하고 있다. "우리가 알아듣겠사오니 청하건대 아람 말로 당신의 종들에게 말씀하시고 성 위에 있는 백성이 듣는 데서 유다 말로 우리에게 말씀하지 마옵소서"(왕하 18:26). 히스기야의 신하들이 그렇게 말했다. 이 구절을 보면, 앗수르인들도 유다 말을 알고 있었던 것으로 나타난다. 두 민족이 서로의 언어를 알고 있었거나 최소한 그들 가운데 일부가 그것을 알고 있었다면, 유대인들 가운데 앗수르어를 구사할 수 있은 사람들이 더러 있었을 테고, 또 오래전부터 그 언어에 익숙했던 사마리아인들은 그것을 더 많이 사용했을 것이 틀림없지 않겠는가?

어떤 사람들은 사마리아인들을 적대시했던 유대인들이 하나님을 예배하는 일과 관련해 그들과 아무런 교류도 하지 않기 위해 문자를 바꾸었다고 주장하기도 했다. 그러나 사마리아인들이 모세 오경을 크게 존중했다고 해서 과연 유대인들이 히브리 문자로 기록된 모세 오경을 통째로 다르게 바꿀 생각을 품을 수 있었을까? 유대인들은 구다인들을 몹시 증오했고, 구다인들도 유대인들을 가증스러운 원수로 간주했던 것은 사실이다. 그러나 유대인들이 그런 악한 감정을 지녔다고 해서 자신들에게 역으로 닥치게 될 해악을 전혀 고려하지 않고서 오로지 자신들의 원수들을 짓밟아 억누르는 일에만 혈안이 되었을 것이라고는 생각하기 어렵다. 유대인들이 온통 증오심에 사로잡혀 (하나님이 그들에게 허락하셨고, 또 거룩한 용도로 사용되었던) 고대의 문자를 포기하고, 새로 창안했거나 이방인들과 우상 숭배자들에게서 빌려온 언어를 채택하는 미친 짓을 저질렀다는 것은 아무리 생각해도 납득할 수 없다. 그런 행위는 궁극적으로 그들의 원수들에게 아무런 해나 불이익을 끼칠 수 없다. 사마리아인들은 거룩한 의식이나 하나님과의 관계와 같은 문제를 둘러싸고 유대인들과 끊임없이 논쟁을 벌였지만, 그렇다고 해서 유대인들이 증오심에 눈이 멀어 문자를 바꾸는 것을 원수들 앞에서 자랑할 거리로 삼았다는 식의 주장을 펼치는 것이 과연 온당할까? 유대인들이 사마리아인들만 하나님이 직접 써서 모세에게 주신 신성한 문자를 소유하게끔 놔두고, 정작 자신들은 새로운 속된 문자를 채택하는 것으로 만족했다고는 도무지 생각하기 어렵다. 제아무리 고집스럽고 강퍅한 민족도 자기들이 증오하는 민족을 그런 식으로 대하지는 않을 것이 분명하다.

그러나 문자를 바꾸었다고 주장하는 학자들은 바로 그런 식의 논리를 전개한다. 지금까지 말한 대로, 모든 것이 불확실할 뿐 아니라 대부분은 명백한 거짓이다. 그런 변화를 입증할 만한 이유나 근거는 어디에도 없다.

학자들은 여전히 아무런 이유나 근거가 없는데도 그런 일이 일어났다고 주장한다. 따라서 나는 그들이 근거 아닌 근거로 제시하는 증거들과 기록들을 살펴보고, 그들의 핵심적인 주장에 대답함으로써 그들이 실상은 자신들의 견해와 정반대되는 견해를 뒷받침하는 확실한 토대를 제공했다는 것을 입증해 보이고 싶다.

그들의 주장은 기독교와 유대교의 특정한 문서를 근거로 삼는다. 그들이 특별히 언급한 유대교 자료는 탈무드의 주제 가운데 하나인 '산헤드린' 2장 3항이다. "마르 주트라와 마르 우키바는 이렇게 말했다. '태초에 율법이 히브리 문자, 곧 신성한 언어로 기록되어 이스라엘 민족에게 주어졌다. 그리고 나서 에스라 시대에는 다시 앗수르 문자와 아람어로 기록되어 그들에게 주어졌는데, 그들은 참으로 이상하게도 아람 문자와 거룩한 언어가 혼합된 언어를 채택했다. 그와는 달리, 히브리 문자는 아람어와 함께 외부인들에게 넘어갔다. 이 외부인들은 누구인가? 랍비 차스다가 말한 대로, 그들은 바로 구다인들이다.'" 물론, 구다인들은 사마리아인들을 가리킨다. 그러나 이미 잘 입증된 문제조차도 대놓고 거짓으로 속여 말하는 사람들은 이런 불확실하고, 의심스러운 주제들과 관련해서는 더더욱 신뢰하기가 어렵다. 주트라와 우키바가 했다는 말은 명백한 거짓이다. 성경이 에스라 시대에 갈대아 아람어로 기록되어 주어졌다고 말했는가? 전혀 그렇지 않다. 물론, 한두 권의 성경 가운데 일부 구절은 그 언어로 기록되어 오늘날까지 전해온다(렘 10:11, 단 2:4, 7, 스 4:8-6:18, 7:12-26). 그러나 스가랴, 학개, 말라기와 같은 에스라와 동시대를 살았던 선지자들은 자신의 예언서를 기록할 때 갈대아어를 단 한 글자도 사용하지 않았다. 그 당시에 탈굼은 작성되지 않았고, 그 후로도 오랫동안 모습을 드러내지 않았다. 따라서 사마리아인들이 히브리 문자와 아람어로 된 성경을 넘겨받았다는 것은 전혀 사실이 아니다. 모든 사람이 알고 있는 대로, 사마리아 오경 자체가 갈대아어가 아닌 히브리어로 되어 있다.

이 랍비들이 언급한 다른 모든 내용이 명백한 거짓이라면, 문자의 변경에 관한 말도 똑같이 사실이 아닌 것으로 간주해야 마땅하지 않겠는가? 탈무드의 랍비들은 앗수르 문자를 언급한 탈무드의 모든 내용은 흔히 생각하는 것과는 사뭇 다른 의미로 해석된다고 말했다. 그들은 앗수르 문자가 율법이 기록된 서판에 사용된 문자였고, 나중에는 구약성경 전체가 그 문자로 기록되었다고까지 주장했다. 벤 이스라엘은 "우리가 율법책을 비롯해 모든 신성한 주제를 기록한 이 문자는 앗수르 문자로 불린다. 증거의 서판에도 이 문자가 기록되었고, 그것이 곧 여호와의 언약궤 옆에 보관된 율법책이었다"라고 말했다.[30] 그러고 나서 그들은 그것이 '앗수르'로 불리는 이유를 설명하면서 용어들에 관해 격한 논쟁을 벌였다. 나는 더 이상 그들의 싸움에 개입해 이렇게든 저렇게든 판단하고 싶지 않다. 그들은 대부분 매우 어리석은 학자들이었다.[31]

위에서 인용한 내용보다 훨씬 더 오래된 증언이 탈무드 안에 존재하는 것도 사실이다. 그런 증언은 그와는 정반대되는 견해, 곧 오늘날의 유대인들과 그리스도인들이 알아볼 수 있는 방형 문자들이 율법과 구약성경 전체를 기록한 문자라는 견해를 지지한다. 그러나 나는 그런 증언을 여기에 옮겨적을 이유가 없다고 생각한다. 왜냐하면 그런 증언도 이 문제를 해결할 만한 가치를 지니고 있지는 않기 때문이다.

---

30   Ben Israel, *Talmudic Treatise Megilla*, chapter 1.
31   이 문제를 좀 더 자세히 알고 싶으면 다음 자료들을 참조하라. Joseph de Voyson, *Preface to The Fight of Faith*. Hottinger, *Hebrew Coins*, p. 122-123. Buxtorf, *The Antiquity of Hebrew Letters*.

박학한 북스토르프는 그런 증언을 많이 나열하고 나서(숫자는 많지만 거의 모두 아무런 가치가 없는 것들) 조금도 주저하지 않고 "나는 고대와 현대의 수많은 유대인이 히브리 문자의 고대성을 옹호하기 위해 힘써 싸웠다는 것을 더욱 분명하게 입증해 보였다고 생각한다"라는 말로 자신의 논문을 마무리했다.

그보다는 초기 기독교 저술가들의 증언이 더 큰 권위를 지니는 것으로 보인다. 따라서 이 점을 잠시 살펴보는 것이 좋을 듯하다. 에우세비우스와 히에로니무스와 비드 모두 이 문제를 다루었던 것으로 보인다. 에우세비우스는 "에스라는 가장 뛰어난 율법 학자였고, 유대인들 가운데서 가장 탁월한 스승이었다. 그는 기억을 토대로 성경을 기록해 하나로 편집했고, 그것이 사마리아 성경과 혼동되는 일이 없게 하려고 유대인의 문자를 완전히 바꾼 인물로 인정된다"라고 말했다.

그러나 에우세비우스의 말은 틀린 점이 많기 때문에 앞서 제기된 견해를 지지하는 근거가 될 수 없다. 첫째, 그의 말은 풍문에 근거한다. 그는 '에스라가…인물로 인정된다'라고 말했을 뿐, 언제, 누가 그렇게 인정했는지 밝히지도 않았고, 자신이 개인적으로 그런 주장을 사실로 받아들였는지도 분명하게 말하지 않았다. 둘째, 에우세비우스는 가장 노골적인 거짓말을 전한 저술가이다. 왜냐하면 에스라가 성경의 없어진 부분을 기억을 통해 되살려냈다고 주장했기 때문이다. 이보다 진실을 더 크게 왜곡하는 거짓말은 없다. 저술가가 얼굴색 하나 변하지 않고 거짓말을 한다면, 그에 대한 신뢰를 완전히 거두어들여야 옳지 않겠는가? 물론, 그는 에스라가 갈대아어를 채택했다고 주장하지 않고, 단지 고대의 문자를 바꾸었다고만 말했을 뿐이다. 이것은 어쩌면 모음을 도입했다는 의미일 수도 있다. 이런 주장을 최초로 제기한 사람들이 유대인과 사마리아인들이었다는 점을 기억한다면,

역사가라는 사람들을 과연 어디까지 신뢰해야 할지 잘 알 수 있을 것이다.

히에로니무스의 말은 그가 쓴 열왕기서 서론에서 찾아볼 수 있다. 그는 그곳에서 "히브리어와 매우 가까운 갈대아 아람어를 보면, 히브리인들이 스물두 개의 문자를 사용했다는 것을 알 수 있다. 갈대아 아람어의 기본 문자도 스물두 개이고, 발음도 똑같지만 글자체가 다르다. 사마리아인들도 이와 똑같은 문자로 모세 오경을 기록했다. 단지 형태와 점만 약간 다를 뿐이다. 율법 교사이자 서기관이었던 에스라가 예루살렘에 돌아와서 성전을 재건한 뒤에 다른 문자를 고안했고, 그것이 오늘날 사용되고 있는 것이 확실하다. 그 이전에 유대인과 사마리아인들의 문자는 똑같았다"라고 말했다.

나는 히에로니무스에게 "에스라가 하나님이 주신 문자를 버리고, 그것을 다른 문자로 대체했다고 주장하는 것이요? 그가 선지자들의 글을, 심지어는 자기 시대에 새로 기록된 글까지 함부로 다루었다고 확신하는 것이요? 그것이 정말 확실하오? 그런 주장이 가능하다고 믿을 수 있는 증거가 대체 무엇이오? 당신이 말하는 다른 문자, 곧 에스라가 고안했다는 문자는 어떤 문자요? 갈대아 문자였소? 만일 그렇다면 갈대아 문자가 에스라의 문자와 유사했고, 숫자도 동일했다는 말을 스스로 부인하는 셈이 되지 않겠소? 그것이 아니라면, 그가 전혀 알려지지 않은 새로운 문자를 발명했다는 뜻이요? 누가 책임진다고 무슨 권위로 그렇게 말하는 것이요? 사마리아인들이 히브리인들과 문자의 숫자가 똑같은 글자를 가지고 모세 오경을 기록했다는 것이 그대의 주장이 아니요?"라고 묻고 싶다. 그러나 그 사본들이 오늘날까지 전해온 사마리아 오경과 동일한 것이라면 마지막 주장조차도 사실일 수 없다. 이 모든 이야기 가운데서 확실한 것이 하나 있다면,

그것은 일부 기만적인 유대인들이 다른 많은 경우에서처럼 이 경우와 관련해서도 속기 잘하는 히에로니무스를 속였다는 것뿐이다. 나는 히브리어 문자가 사마리아 문자와 어떤 점들이 다른지 알고 싶다. 나로서는 형태가 근본적으로 다른 문자들을 단지 '점들'만 다르다고 말할 수 있는 것인지 잘 모르겠다.

에스라가 모음 점을 고안했다는 것을 부인할 생각은 없지만, 나는 여기에서 말하는 '점들'이 히브리어 모음 점을 가리킨다고 믿는다. 내가 볼 때, 히에로니무스는 각각 스물두 개의 문자로 구성된 세 종류의 알파벳(즉 갈대아 아람어, 그가 에스라가 발명했다고 주장하는 모음 점을 첨가한 히브리어, 그가 사마리아인들이 보유하고 있었다고 생각했던 모음 점이 없는 히브리어, 곧 그의 이론에 따르면 에스라 이전의 유대인들이 사용했던 히브리어)을 염두에 두고 말한 것으로 보인다. 이런 식으로 에우세비우스의 추측이 히에로니무스에게 와서는 '확실한 것'으로 바뀌었고, 비드에게 이르러서는 '가장 확실한 것'으로 굳어졌다. 비드는 에스라가 새로운 문자를 개발했다고 분명하게 말했다. 이처럼, 처음에는 모호한 추측에 불과했던 것이 시간이 지나면서 학자들의 공통된 견해로 발전했고, 마침내는 그것에 동의하지 않는 사람은 인간으로 취급하지도 않는 상황까지 벌어지고 말았다. 사실, 고대의 역사가들 가운데 가장 믿을 만한 역사가로 손꼽히는 타키투스도 유대인들이 당나귀의 머리를 숭배했다는 이야기를 의심의 여지가 조금도 없는 진실인 양 퍼뜨렸다. 따라서 그 역시 누군가가 자신이 말한 것을 감히 부인했다면 그를 망아지로 취급했을 것이 틀림없다.

오늘날, 에스라가 성경의 사라진 부분을 복원하는 역할을 했다는 것을 부인하는 사람이 있다면, 그도 반쯤 정신이 나간 사람 취급을 받을 것이 뻔하다. 그러나 실제로는 문자를 바꾸었다는 것보다는 성경의 사라진 부분을 복원했다고 말하는 고대의 증언이 훨씬 더 많다.

이레나이우스는 "느부갓네살의 시대에 이스라엘이 포로로 생활하는 동안 성경이 완전히 사라졌기 때문에 하나님은 레위 지파의 제사장이었던 에스라에게 자신의 거룩한 영을 불어넣어 사라진 선지서들을 모두 새로 기록하게 했고, 모세가 반포한 율법을 새롭게 복원시켜 백성들에게 전하게 하셨다"라고 말했다. 에우세비우스도 "그(에스라)가 기억을 통해 거룩한 성경을 복원한 것으로 인정된다"라고 말했고, 테르툴리아누스는 "바벨론의 공격과 점령으로 예루살렘이 파괴되었다. 에스라가 유대의 모든 문헌을 새로 복원했다는 것이 모두의 일치된 견해다"라고 말했다. 바실리우스는 클리오에게 보낸 편지에서 "그 당시, 곧 포로 귀환 이후에 에스라가 하나님의 명령에 따라 모든 성경을 복원했다"라고 말했고, 테오도레트도 시편에 붙인 서문에서 그와 비슷한 말을 했다. 알렉산드리아의 클레멘트는 그보다 훨씬 일찍 "제사장이었던 레위인 에스라가 예언을 했고, 고대의 성경을 다시 복원했다"라고 말했다. 초기 기독교 저술가들 가운데 이와 다른 견해를 피력한 사람은 거의 없다. 그러나 이 모든 진술은 성경 자체(느 8장)의 명백한 증언을 정면으로 거스르는 어처구니없는 허튼소리이자 인간의 상상력이 빚어낸 신성모독적인 발상이 아닐 수 없다.

따라서 이 논쟁과 관련해 그런 증언들을 비중 있게 받아들여야 할 이유가 전혀 없다. 위의 저술가들 가운데 가장 오래전의 인물인 에우세비우스는 자신이 문자를 새로 바꾼 인물로 주장했던 에스라보다 800년이 더 지난 후의 시대를 살았다. 그 기간에 역사의 대부분을 거의 알 수 없을 정도로 모호하게 만든 중대한 사건들이 많이 발생했다. 유대인들은 오랜 압제와 불행을 거친 후에 어느 정도 안정을 되찾자 자신들의 역사에 생겨난 공백을 가장 어리석은 이야기들로 채워 넣었고, 그 결과 그들의 거짓 이야기가 온 세상에 가득 넘쳐나게 되었다. 농지거리나 다름없는 그런 터무니없는 이야기들을 지어낸 사람들은 제각기 다른 말을 해댔지만, 그 가운데서 가장 명백한 거짓말을 전하는 데는 모두 한목소리를 냈다. 그들은 참된 역사나 보편적인 전통이나 일관된 이야기는 전혀 전하지 않았다. 그들은 더할 나위 없이 엉뚱한 사기꾼에 불과했다. 그런 랍비들의 주장을 비중 있게 받아들이는 것은 학자에게 전혀 어울리지 않는다. 문자를 바꾸었다는 거짓말에 찬동하는 것은 고사하고, 랍비들 가운데 가장 지혜롭거나 가장 오래전의 인물이 한 말을 인정하는 것조차도 학자라면 응당 해서는 안 될 일이다. 랍비들은 후안무치한 거짓된 속임수로 마치 하나님의 영감을 통해 새로운 문자가 주어져 신성한 용도로 사용되었던 것처럼 주장했다.[32]

지금까지 많은 것을 논의했지만 문제는 아직 해결되지 않았다. 히브리 문자가 변경되었다는 견해를 옹호하는 일부 학자들은 고대의 유대 동전들을 자신들의 주장을 뒷받침하는 근거로 제시한다. 그들은 많은 양의 유대 동전이 예루살렘 지역에서 발굴되었는데 거의 모든 동전에 사마리아 문자가 새겨진 것으로 확인되었다고 말했다. 그들은 방형 문자들이 새겨진 동전들은 거의 없었고, 더러는 포로기 이전의 것들도 있었지만 대부분은 그 이후, 곧 유다 백성이 귀환했을 때에 만들어진 것이라고 주장했다. 이것으로 마치 에스라가 문자를 변경했다고 생각하는 사람들이 그와 반대되는 의견을 주장하는 사람들을 성공적으로 논박하고 승리를 거둔 것처럼 보였다. 다시 말해, 이 증거로 인해 후자의 견해가 어리석고, 완고하고, 불합리할 뿐 아니라 확연히 드러난 진실조차 이해하지 못하는 것으로 입증된 듯했다. 그러나 진

---

32 이 문제에 관한 논의를 좀 더 자세히 알고 싶으면 다음의 자료를 참조하라. Picus Mirandus, *Letters to on Unknown Friend*. Buxtorf, *Treasury of Ancient Hebrew Literature*. Kircher, *Oedipus in Egypt*, Book 2, chapter 2.

리를 진정으로 사랑하는 사람이라면, 비난을 당한다고 해서 물러서거나 위협을 당한다고 해서 두려워하지 않고, 오히려 문제의 진실을 드러낼 수 있는 실마리들을 철저하게 점검한 후에야 비로소 도달할 수 있는 견해를 끝까지 견지할 것이 분명하다. 따라서 나는 우리가 가진 증거를 다시 점검한다고 해서 화를 낼 사람은 없을 것이라고 믿는다. 동전들에 근거한 증거는 다른 사람들의 조사를 통해 심각한 거짓으로 의심받을 만한 것으로 드러났다. 어떤 동전들은 유다 왕들의 시대, 곧 제1성전이 아직 건재할 때 주조된 것들이다. 이것은 한 치의 거짓도 없는 사실이다. 또, 사마리아 문자가 새겨진 동전들도 있는데, 그것들도 제1성전기에 주조된 것으로 주장된다. 마지막으로 방형 문자가 새겨진 동전들이 있는데, 그것들은 제2성전기에 주조된 것으로 주장된다. 이런 점들을 고려하면 바벨론 포로기 이전에 유대인들이 사용했던 문자의 형태는 단 하나뿐이었고, 그것이 동전에도 새겨지는 등 세속적인 목적과 신성한 목적에 모두 이용되었기 때문에 결국 그 외의 다른 문자는 존재하지 않았다고 결론지을 수 있다.

그러나 이 모든 주장은 아무리 좋게 생각하더라도 불확실하고, 의심스러울 뿐이다. 어떤 주장은 간단히 살펴만 보아도 증거나 가능성이 전혀 없는 거짓일 뿐이라는 것을 쉽게 알 수 있다.

개인들이 수집한 은이나 동으로 만든 동전들에도 사마리아 문자나 그와 크게 다르지 않아 보이는 문자(그런 문자도 흔히 사마리아 문자로 불린다)가 새겨진 것들이 더러 있다. 학자들은 그것들이 고대 유다 왕국의 동전이며, 그들의 문자를 보여주는 구체적인 사례라고 생각한다. 예를 들어, 키르허는 빌라판두스를 비롯해 몇몇 사람에게서 건네받은 아홉 개의 동전을 보여주었고, 호팅거도 몇 개를 보여주었다. 한때 셀던 대령의 소유였던 몇 개의 동전이 지금은 보들리언 도서관에 보관되어 있다. 셀던은 『히브리인들과 국제법(*The Hebrews and International Law*)』
이라는 학술서를 출판하면서 그런 동전을 몇 개 보여주는 삽화를 게
재했고, 나중에는 고대의 예술품과 문서들과 기록물을 비롯해 자기가
수집한 물건들을 열심히 탐구했다. 나도 여기에서 독자들을 위해 삽
화를 게재하고 싶었지만, 몇 가지 어려움 때문에 그렇게 할 수가 없
었다. 나도 사마리아어로 불리는 문자가 새겨진 동전들이 존재한다는
것을 기꺼이 인정한다.

그러나 그것들이 어느 정도의 권위를 지니는지를 결정해야 할 문
제가 남아 있다. 위조된 동전들이 많다는 사실도 잘 알려져 있기 때문
에 신중한 주의를 기울여야 할 필요가 있다. 그런 가짜 동전을 주조
해서 파는 사기행각을 벌이는 사람들이 많았다는 것은 누구도 의심할
수 없는 사실이다. 아마도 다른 주제와 관련해서는 이렇게 노골적으
로 속임수를 써서 학자들을 조롱하는 일이 없을 것이 분명하다. 이것
을 돈벌이 기회로 생각하는 사람들도 있고, 속기 잘하는 사람들을 우
롱하려는 악의적인 의도를 품은 사람들도 있다. 그런 사람들이 위조
하는 일에 재능을 아낌없이 발휘한 까닭에 가짜 동전들이 셀 수도 없
이 많아졌다. 프톨레마이오스 3세(에우에르케테스) 시대의 것으로 추정되
는 한 동전에는 '배불뚝이 프톨레마이오스 에우에르가토르에게 속한'
이라는 글귀가 새겨져 있다. 그와 비슷하게 두 번째 동전에는 '피리 연
주자'라는 문구가, 세 번째 동전에는 '햇병아리'라는 문구가 각각 새겨
져 있다. 배불뚝이, 피리 연주자, 햇병아리는 조롱 섞인 말투이자 용
납될 수 없는 모욕이다. 제정신이 아니라면 거만한 군주들이 자기를
모욕하는 문구가 새겨진 동전을 주조해 후손들에게 남겼다고 믿을 사
람이 누가 있겠는가? 나는 설혹 '술주정뱅이 티베리우스'라는 문구가
새겨진 동전을 발견한다고 해도 조금도 놀라지 않을 것이다. 바로니

우스 추기경은 "우리 시대에 위조범들이 나타났다. 그들은 구리 동전에 금속을 두툼하게 덧입혀 정교한 기술을 이용해 거기에 자기들이 원하는 문자와 문양을 새긴다. 그들은 더러운 이득을 바라고 그런 일을 저지른다. 그로 인해 고대를 연구하는 일에 큰 지장이 초래된다"라고 정확하게 말했다.

이런 식으로 위조된 고고학적 발굴을 새로운 '발견'의 근거로 내세우는 행위는 고대로부터 자행되어온 매우 오래된 기만술이다. 로물루스는 사비 여인들을 장악하기 위해 그런 기만술을 사용했다. 플루타르크는 『로물루스의 생애』에서 "그는 콘수스라고 불리는 신에게 바쳐진 제단을 발굴했다"라고 말했다. 그로부터 '무덤에서 파낸 돌들을 신으로 숭배하기'라는 관용 어구가 생겨났다.

키케로도 이것을 한 차례 이상 언급했고, 마르티누스 폴로누스(교황과 황제들의 연대기를 펴낸 중세 시대의 유명 저술가)는 자신의 『연대기(Chronicle)』에서 104년에 로마에서 한 거인의 유골이 발굴되었는데 그 크기가 성벽의 길이를 능가했다고 말했다. 그는 이것이 투르누스(로마 신화에 등장하는 루툴리의 왕)가 살해한 팔라스의 시체이며, 그런 사실이 비문("전사 투르누스의 창에 찔려 죽은 에반드로스의 아들, 팔라스. 그가 생전의 모습으로 여기에 누워 있다")에 새겨져 있다고 주장했다. 에반드로스의 어머니가 이 비문을 만든 것으로 추정된다. 이것은 겔리우스(2세기의 문법 학자)가 파보리누스(로마의 철학적 회의론자, AD80-160)의 말을 인용해 말한 것일 수도 있다.

이런 식의 노골적인 거짓 증거들이 도처에 차고 넘친다. 아마도 가장 터무니없는 거짓말은 쿠르지오 잉히라미가 펴낸 『에트루리아 고대사(Antiquities of Etruria)』에 게재된 프로스페르 페술라누스에 관한 이야기일 것이다. 이 이야기를 살펴보면, 다른 사람들이 속임수와 위조의 그

물에 걸려들게 하려고 거짓을 날조하는 사람들이 얼마나 많은 비용과 노력을 들여 연구에 몰두하는지를 분명하게 알 수 있다. 물론, 한 저명인사가 발견한 구형 용기들 안에 그가 발표한 기록물과 증거물들이 들어 있었다는 주장을 완전히 무시할 수는 없는 노릇이다. 다른 사람들을 속이는 것을 유일한 목적으로 삼아 이야기 전체를 공교하게 만들어 날조할 정도로 사악하고, 비열하기가 이를 데 없는 사람이 있을 것이라고는 생각하기 어렵다. 그러나 이것이 다른 누군가가 위조한 이야기일 것이라는 강한 의심을 지우기가 어렵다. 다시 말해, 필요한 학식과 여유 시간과 재능을 갖춘 누군가가 재미 삼아 그런 구형 용기들을 땅에 묻어두었을 가능성을 배제할 수 없다. 이 이야기가 거짓이라는 것을 보여주는 세부적인 요소들이 셀 수 없이 많다. 왜냐하면 그렇게 정교한 이야기를 지어내다 보면 스스로 일관성을 유지하거나 자신의 가장 큰 목적을 항상 염두에 두고 말하기가 어렵기 때문이다. 그가 '스카리트(Scarith)'로 일컬은 첫 번째 구형 용기에는 "그대는 큰 보물을 발견했다. 장소를 표시해 놓고 떠나라. 유대인의 왕이 등극한 해는 1624년, 십자가에 못 박힌 해는 1691년"이라는 문구가 적혀 있었다고 한다. 그저 놀랍기만 한 거짓말이 아닐 수 없다. 유대인의 왕이 십자가에 못 박힐 것을 미리 알았던 사람은 인간의 물론, 천사나 귀신들조차도 없었다.

이처럼, 이런 이야기들에는 미쳤다고밖에는 달리 말하기 어려운 내용이 포함되어 있다. 기발하면서도 사악한 사람들의 헛된 망상에 의해 고대의 이야기들이 날조되었다. 무너진 성벽, 나무들의 뿌리, 동굴 깊숙한 곳에서 파냈다는 인장과 동전들을 비롯해 봉인된 물건들이 얼마나 많은지 모른다. 아마도 현존하는 것으로 알려진 진짜 히브리 동전을 모두 합쳐도 호기심 많은 사람이 펴낸 책의 한쪽에 실린 동전들의 숫자에도 미치지 못할 것이다. 마치 그 모든 동전이 단 한 사람에 의해 만들어진 것처럼 보인다.

플루타르크가 『알렉산드로스의 생애(*Life of Alexander*)』에서 언급한 그의 유명한 인공물들도 그런 성격을 띠고 있었다. 갠지스강에 당도한 알렉산드로스는 부하들에게 강을 건너라고 지시했지만, 그들은 건너기를 싫어했다. 그러자 그는 커다란 무기들, 말을 가두는 거대한 우리, 중량이 무거운 재갈을 만들어 미래 세대가 그것들을 발견할 것으로 예상되는 장소에 숨겨 놓고서 자신의 군인들과 말들이 보통의 말과 사람들보다 월등히 컸다고 생각해 주기를 기대했다. 그 모든 것은 후대에 그의 명성과 영광을 실제보다 더 크게 드러내기 위한 목적을 지녔다.

최근에 동방 사람들은 서구인들이 고대의 유물을 가치 있게 여기는 것을 알고는 돌이란 돌은 모조리 뒤집어 파헤쳤을 뿐 아니라 위조품을 만들어 그들을 조롱했다. 그리스도인들이 동방 세계를 차지하게 되었을 무렵에는 히브리 동전들이 더 이상 발굴되지 않는 것처럼 보였다. 아마도 문서에 기록으로 남아 있지 않았더라면, 그리스도인을 자처하는 사람들이 그렇게 길고, 험한 순례의 길을 마다하지 않고 이슬람교도들을 찾아가서 불과 나흘 전에 만든 것을 고대의 유물이라 생각하고 조심스레 살펴보면서 비싼 가격을 치렀다는 사실이 도무지 믿기 어려운 거짓말처럼 보였을 것이다. 최근에 한 믿을 만한 목격자로부터 성 안드레의 주교관과 홀장을 보았다는 이야기를 전해 들은 적이 있다. 그의 말에 따르면, 많은 그리스도인 순례자들이 공경한 태도로 그것들을 살펴보고, 그런 축복을 누린 대가로 그것을 소유하고 있던 한 초라한 이슬람교 신자에게 기부금을 건넸다고 한다. 그러던 중 그 목격자는 그 큰 보화가 보관된 장소에 들어가서 주교관을 평소보다 좀 더 가까이에서 살펴볼 기회를 얻었고, 결국 그것에 아랍 말이 수놓아 있는 것을 발견했다. 그것은 이슬람교도들이 자신들의 신과 예언자 무함마드에게 바치는 엄숙한 기도문이었다. 따라서 그는 불경스러운 술책을 사용했다며 크게 꾸짖고는 속기 잘하는 사람들에 대해 큰 연민을 느끼며 그곳을 빠져나왔다고 한다. 키르허가 말한 대로, 아브라함 에켈리엔시스도 가장 속기 잘하는 어리석은 사람에게 주는 상을 독차지하기라도 할 것처럼 이런 유의 이야기를 많이 전했다.

이 밖에도 상당수의 아메리카 원주민들이 이스라엘의 후손이라는 견해가 제기되기도 했다. 그런 견해가 제기되자마자 곧바로 히브리어나 사마리아 문자가 새겨진 묘비와 기둥들이 '발굴되기' 시작했다.

오늘날, 동부 지방의 유대인들이 이런 장사를 독점하고 있다. 그들의 행위는 극도로 사악하다고 말하지 않을 수 없다. 그들은 수익이 날 것 같으면 어떤 그릇된 방법도 서슴지 않는다. 그런 지역을 여행하던 한 학자가 어떤 유대인에게 자기가 획득한 고대의 동전 하나를 빌려주었다. 그랬더니 그 유대인은 그다음 날에 모든 점에서 거의 똑같아 보이는 또 하나의 동전을 가지고 나타났다. 그는 어느 것이 자신이 본래 가지고 있던 동전인지 분간할 수가 없었다. 사실, 키르허의 주장 가운데 몇 가지만 사실로 입증되어도 이 문제는 단번에 해결될 것이 틀림없다. 그러나 그것들을 살펴본 결과 거짓으로 판명되면, 오히려 어둠에 가려진 그런 술책들만이 확연하게 드러날 뿐이다. 예를 들어, 그는 나바라의 토마스 오비키누스(큰 찬사를 받았던 이탈리아의 프란치스코회 수도사. 1585-1632)의 권위를 내세우며 그가 유럽의 동부 지역에서 고대의 다른 기록물과 함께 '히브리 문자'로 비문이 적힌 돌을 하나 가져왔다고 말했다. 이 돌은 호렙산 기슭에서 발견되었다고 한다. 키르허는 이스라엘 백성이 애굽에서 나와 광야를 떠돌 때 이 돌에 비문을 새겼다고 확신했다. 비문의 내용은 다음과 같다.

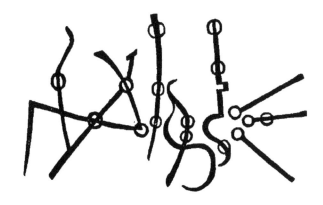

　이것이 실제로 이스라엘 회중과 모세가 광야에서 사용했던 고대 히브리 문자라면, 더 이상 이 주제를 탐구할 필요가 없고, 모든 문제가 논란의 여지 없이 완벽하게 해결될 수 있을 것이다. 그러나 이 문자는 히브리어도 아니고, 사마리아어도 아니다(사실, 이것을 문자로 일컫는 것조차 온당하지 않다). 그러나 키르허는 이것을 "하나님이 동정녀가 임신하게 하실 것이다"라는 뜻으로 번역하기까지 했다. 호팅거가 말한 대로, 그 당시에 그런 메시지가 주어졌을 가능성은 전혀 없다. 한 마디로, 키르허는 아무런 형태도 갖추지 못한 문양을 근거로 자신이 원하는 것은 무엇이나 만들어내는 자유를 누린 셈이다. 이 비문을 비롯해 키르허가 소개한 이와 비슷한 다른 사례들까지 토마스 오비키누스가 직접 날조했거나, 아니면 교활한 이슬람교도가 그가 온갖 종류의 물건을 모아서 유럽으로 가져가려고 하는 것을 보고 속기 잘하는 그를 멋지게 속여넘겼거나 둘 중 하나일 것이다. 아울러, 이 수수께끼와 같은 문양이 이슬람교의 상징일 가능성도 전혀 없기는 마찬가지다. 이런 점을 고려하면, 그런 장소에서 가져온 동전들이 얼마나 무가치한 증거물인지 분명하게 알 수 있다.

사마리아 문자의 고대성에 관한 견해가 처음 제기되었을 때만 해도 이런 동전들에 관한 이야기는 전혀 들리지 않았다. 동전에 관한 이야기는 사마리아 문자가 가장 오래된 알파벳이라는 견해가 널리 인정되면서부터 나타나기 시작했고, 위조 행위를 통해 거짓말이 진실로 둔갑했다. 동전들이 고대의 것으로 인정되려면 당연히 지금 고대의 문자로 인정되는 문자가 거기에 새겨져 있어야 하겠지만, 그것들은 단지 고대의 문자가 새겨졌다는 이유만으로 고대의 것으로 간주되었고, 그 문자는 단지 그것들이 고대에 사용된 동전이라는 이유만으로 고대의 것으로 여겨졌다. 어떤 동전들에는 뿔을 가진 모세의 형상이 새겨져 있다. 그런 일이 벌어진 이유는 호렙산에서 내려오는 모세의 영광스러운 모습을 '뿔이 나 있는' 모세로 묘사한 〈불가타 성경〉의 오역 때문이었다.

사마리아 문자가 새겨진 어떤 동전들에는 '타우'가 십자가 형태로 그려져 있다. 또한, 하나님의 신비한 칭호가 사마리아 문자로 새겨진 동전들도 있다. 그러나 이런 칭호들이 제2성전이 파괴된 이후에 생겨난 것인지 누가 알 수 있겠는가? 게다가, 사마리아 문자로 '예수'나 '구원자'라고 새겨진 동전들도 있다. 이 모든 것이 한갓 거짓에 불과하다는 것을 부인할 사람은 아무도 없을 것이다. 그 외의 동전들도 그와 똑같은 과정을 거쳐 만들어졌을 것이 틀림없다.

그러나 사마리아어로 불리는 문자가 사용되었다는 것과 제1성전이 무너지기 전에 유대인들이 그것을 알고 있었을 가능성을 배제할 수는 없다. 그 이유는 과거에 두 가지 형태의 문자를 사용했다는 것이 유대인들의 일치된 견해이기 때문이다. 북스토르프는 이런 사실을 언급하며 많은 증거를 제시했다. 이레나이우스도 초기 그리스도인들 가운데서 그와 똑같은 견해를 제시했다. 그는 제사장들이 사용한 문자가 일반인들이 사용한 문자와 달랐다고 말했다. 〈에스더서 탈굼〉의 저자는 부림절에 율법 두루마리를 '기록하고 정해 놓은 대로'(에 9:27) 읽었다는 말이 곧 자신이 '리보나이언 문자(사마리아 문자)'로 일컬은 고대의 신성한 문자로 기록되었다는 의미라고 주장했다. 이런 관습은 다른 민족들 사이에서도 성행했다. 알렉산드리아의 클레멘트는 애굽인들이 서로 다른 세 가지 형태의 문자를 사용했다고 말했다. "예들 들어, 교육을 받은 애굽인들은 먼저 서신에 사용되는 문자(즉 일상적인 문자)를 배웠고, 그다음에는 종교적인 저술가들이 사용했던 신관 문자를 배웠으며, 마지막에는 문학적이면서 상징적인 상형 문자를 배웠다."

헬리오도로스(그리스 수사학자)도 에티오피아인들에 대해 그와 똑같은 말을 했다. "나는 에티오피아 문자가 새겨진 머리띠를 보았다. 그것은 일반적인 문자가 아닌 애굽의 신성한 문자와 비슷한, 왕궁에서 사용되는 문자였다." 디오게네스 라에르티우스(3세기의 헬라 철학자)는 『데모크리토스의 생애』에서 데모크리토스가 쓴 책들을 열거하고 나서 "어떤 것들은 바벨론 문자로 기록되었고, 어떤 것들은 메로에 문자로 기록되었다"라고 말했다. 이 말은 바벨론과 메로에의 사람들 안에 두 가지 형태의 기록 방식이 존재했다는 것을 암시한다. 테오도레트는 헬라인들에 관해 "헬라 신전들에는 그들이 신성하게 여기는 특별한 형태의 문자가 있다"라고 말했다. 이처럼, 고대에는 하나의 알파벳만 사용하거나 같은 문자를 모든 용도로 사용하기를 원했던 사람들이 없었던 것으로 보인다. 그러나 어떤 사람들은 유대인들의 경우에는 신성한 것들을 모두 숨기지 않고 알려 일반적으로 사용될 수 있게 했기 때문에 다른 문자가 필요하지 않았다고 주장한다. 여기에는 다른 민족들이 수수께끼와 같은 문자를 개발한 이유가 신성한 것들이 대중에게 알려지는 것을 방지하기 위해서라는 의미가 담겨 있다. 그러나 이것이 그런 관습이 생겨난 유일한 이유라는 것을 누가 입증할 수 있겠는가? 아마 다른 이유도 많았을 것이다.

유대인들은 신성한 것들에 관한 지식을 동포들에게 가르쳐야 했지만, 자신들이 신성하게 여겼던 것을 '속된' 민족들 사이에 퍼뜨리는 것을 몹시 주저했다. 이런 이유로 이방 민족들은 유대인의 종교에 대해 깊은 무지를 드러냈다. 에스라가 새로운 문자를 발명했다고 주장하는 사람들은 유대인들이 주변의 이방 민족들과 신성한 것을 공유하지 않기 위해 그렇게 했다고 말한다. 따라서 유대인들이 이방인들을 상대하면서 자신들의 신성한 책들을 기록해 거룩하게 구별하고자 할 때는 다른 형태의 문자를 사용했을 가능성이 전혀 없지는 않다. 아울러, '일반적인' 문자는 조각과 새김, 돌을새김, 얕은 부조, 금세공을 비롯해 다른 여러 가지 공예 작업을 할 때 사용했을 가능성이 있다. 사마리아 문자는 다른 문자들과 비교할 때 다소 불규칙하고 뒤틀려 보이기 때문에 그런 용도로 사용하는 데 적합한 듯 보인다.[33] 어떤 학자는 이 문제와 관련해 큰 소동을 일으켰다. 그는 '자연적인' 문자와 '초자연적인' 문자를 운운하거나 그와 유사한 허튼 주장들을 제기하는 것에 대해 지나치다 싶을 정도의 격한 분노를 드러냈다. 여기에서 '초자연적'이라는 말은 글쓰기에 적합하지 않은 형태를 지닌 문자라는 뜻이다. 그런 문자가 어떤 목적을 위해 의도되었는지는 매우 불확실하다. 이런 이유로 쉬카르트는 "(그 문자들은) 거의 가짜라고 말할 수 있을 정도로 연결 상태가 엉성하고, 거칠고, 흉하고, 새기기가 힘들다"라고 말했다. 풀러의 묘사도 이와 비슷했다.

---

33 다음의 자료를 참조하라. John Owen, *On the Integrity and Purity of the Hebrew and Greek Texts of Scripture*, p.354ff.

이 사마리아 문자가 유대인들이 '결각(缺刻) 문자'로 일컬은 문자라는 것이 많은 사람의 견해다. 물론, 히브리 '결각 문자,' 즉 '리보나이언 문자'의 기원과 파생에 관해서는 학자마다 의견이 엇갈린다. 모리누스는 '리보나이언'이 '깊이 파인,' 또는 '조각된'을 의미한다고 말한다. 아마도 그렇게 말할 수 있는 이유가 없지는 않을 듯싶다.

랍비들은 '큰 문자들'을 언급했다. 그들은 그것이 고대에 부적으로 사용되었다고 말했다. 랍비 솔로몬은 그것이 '리보나이언 문자'라며 "그 문자들은 문기둥 위에 부착한 부적에 쓰는 문자처럼 크다"라고 말했다. 랍비 아사랴도 그렇게 말했다. 풀러는 지금까지 논의한 주제 전체를 잘 설명했기 때문에 여기에서 잠시 그의 말에 귀를 기울여야 할 필요가 있을 듯하다. 그는 "사마리아인들이 기록한 문자들이 세겔에 적어 넣은 문자와 정확히 똑같지만, 그렇다고 해서 고대에 다른 문자들은 전혀 사용되지 않고, 오직 이 문자만 사용되었다고 결론지어서는 안 된다. 어떤 인종이나 최소한 문명화된 민족이 단지 하나의 문자만 사용했다는 개념은 모든 면에서 경험과 모순된다. 오늘날까지도 문서에 사용되는 문자와 일상생활 속에서 사용하는 문자는 상당히 다르다. 전문가들은 오늘날 사용되는 아랍 문자는 그 형태가 매우 다양할 뿐 아니라 서로 작지 않은 차이가 있다고 말한다. 아마도 이것은 학자들도 많이 알지 못하는 불확실한 문제일 수 있다. 과연 누가 애굽이라는 고대의 유명한 나라에 관해 속속들이 알 수 있겠는가? 단지 한 가지 형태의 문자만으로 모든 것을 충분히 알 수 있을까? 나는 그들이 사용한 상형 문자가 그들이 일상적으로 사용한 일반적인 유형의 문자와는 완전히 다른 성질을 띠고 있었다고 확신한다. 따라서 그 누가 히브리 현인들이 오직 한 가지 종류의 문자만 사용했고, 항상 그 문자에만 매달렸다고 주장할 수 있을 것인지 궁금하다. 나는 옛 히브리인들이 전혀 다른 두 가지 일, 곧 신성한 것과 일상적인 것을 위해 최소한 서로 다른 두 가지 문자를 사용했을 것이라고 확신한다. 오늘날에 매우 풍부하게 존재하는 유대인들의 기록 문서들은 한 가지 유형의 문자를 분명하게 보여주고, 사마리아인들의 책과 동전들은 또 다른 유형의 문자를 보존하고 있다. 이런 사실들을 고려하면 서슴없이 그렇게 결론짓지 않을 수 없다"라고 말했다.

히브리 방형 문자가 새겨진 동전들도 있지만 그렇게 오래된 것들이 아니라고 말할 것이 분명하다. 왜일까? 내 생각에는 그것들에 고대의 문자가 새겨져 있지 않다는 이유에서인 듯하다. 그렇다면 사마리아 문자가 더 오래전의 것인 이유는 무엇일까? 그 이유는 더 오래된 동전들에서 그 문자가 발견된다는 생각 때문인 듯하다. 이 모든 것은 그저 우스꽝스럽기만 하다. 사마리아 문자가 초기 문자라는 것을 입증하는 증거로 동전들이 제시되었고, 다시 그 동전들이 고대의 것임을 입증하는 증거로 문자가 제시되었다. 이런 이유로 방형 문자가 적힌 동전들은 제2성전 시대의 것으로 간주된다. 그렇다면 그 이유는 무엇일까? 그 이유는 거기에 적힌 문자가 그 이전에 사용되지 않았다는 주장 때문이다. 이것도 대답을 찾아야 할 문제인 것이 틀림없다. 왜냐하면 그런 추측을 논박할 근거가 없지 않기 때무이다. 만일 방형 문자가 적힌 동전들이 제2성전기에 주조되었다면, 제1성전기에 주조된 것으로 추정되는 '고대' 동전들은 지금도 여전히 존재할 뿐 아니라 자주 발견되는 데 비해 이 동전들은 왜 그렇게 드물게 발견되는지 그 이유를 알기가 어렵다. 사실, 학식이 있는 사람이면 누구나 그런 고대 동전들이 '매일' 출토된다고 주장하기를 주저하지 않을 것이다. 제2성전이 파괴될 당시에 살았던 유대인들은 수 세기에 걸친 거듭된 재난으로 인해 제1성전과 함께 완전히 멸망한 선조들보다 훨씬 더 부유했고, 동전도 훨씬 더 많이 소유했을 것이 틀림없다. 역사가들은 로마인들에 의한 도시의 함락이 임박한 상황에서 모든 계층의 사람들이 자신들의 재산을 땅속에 감추었던 일화들을 소개했다. 더욱이, 유대인들이 포로 생활에서 돌아와서 성전을 재건할 때 그곳에 새로 거주한 사람들이 잔해물들을 철저하게 파 엎어 말끔히 청소했을 가능성은 거의 없지 않겠는가? 그로부터 400년 동안, 그 도시에 살던 사람들은 땅에 묻힌 보화를 찾기 위해 언제라도 땅을 파헤쳤을 것이 분명하다. 따라서 바벨론 포로기 이전의 것으로 추정되는 동전들은 그렇게 많이 발견되고, 제2성전기에 주조되었다고 생각하는 동전들은 그렇게 드문 사실을 이해하기는 매우 어렵다.

쉬카르트는 예루살렘에서 발굴된 고대의 동전을 목격했는데 한쪽에는 솔로몬의 얼굴이, 다른 한쪽에는 성전의 모습이 각각 새겨져 있고, 거기에 히브리어 방형 문자가 적혀 있었다고 증언했다. 키르허는 그의 증언을 지지했지만, 빌란판두스와 다른 사람들은 그 동전이 위조되었다고 주장하면서 만일 그것이 위조되지 않았다면 그들의 이론 (즉 방형 문자가 에스라 시대에 만들어졌다는 견해)이 무용지물이 되고, 그것을 열심히 옹호했던 자신들의 노력이 헛수고가 될 것이라고 말했다.

공평하게 말하면, 그들이 그런 비판을 가하는 것도 전혀 일리가 없는 것은 아니다. 그들은 "특별한 섭리가 없는 한, 유대인들이 살아 있는 피조물의 형상을 만들거나 그리는 것이 불법으로 간주되었고, 인간의 형상을 새긴 동전은 그런 형상을 만드는 불법적인 일이기 때문에 마땅히 거부되었을 것이 틀림없다"라고 지적했다. 그러나 무슨 이유로 그런 규칙을 살아 있는 피조물에게만 국한하는 것인지 묻고 싶다. 하나님의 계명은 살아 있는 것이든 살아 있지 않은 것이든 상관없이, '하늘에 있는 것이나 땅에 있는 것이나 물속에 있는' 모든 것의 형상에 적용된다. 그러나 현존하는 히브리 동전들에는 모두 이런저런 종류의 형상들이 새겨져 있다. 아론의 지팡이와 항아리도 솔로몬과 마찬가지로 땅에 있는 것이다. 이스라엘 백성은 일단 우상 숭배에 빠져들자 썩지 않는 하나님의 영광을 썩어질 사람이나 생명이 없는 물체들의 형상으로 바꾸었다. 이런 논리에 따르면, 솔로몬의 형상이 새겨진 동전은 물론, 모든 히브리 동전에서 발견되는 증거가 다 무용지물이 된다. 유대인들이 문자나 형상이나 문구가 없는 세겔을 주조했을 가능성도 없지는 않다. 따라서 동전은 제각각 개별적으로 그 가치를 평가해야 한다.

종교나 예배와 아무런 연관성이 없는데도 유대인들에게 형상을 만드는 행위가 모두 불법으로 간주되어 완전히 금지되었다는 것을 입증해줄 증거는 아직 없다. 그들은 율법이 금지하는 형상은 강력하게 거부했지만, 여전히 황제의 형상이 새겨진 로마 동전을 사용했다. 물론, 어디에서 주조된 것이든 그들이 동전에 새겨진 왕들의 형상을 숭배했을 가능성은 없다. 요세푸스가 기록한 대로, 빌라도가 가이사의 흉상을 성전에 들여놨을 때 유대인들은 폭동을 일으켰지만, 똑같은 형상이 그려진 동전은 아무렇지 않게 상거래에 사용했다. 아랍인들은 초상화가 그려진 동전을 '메탈리아'라고 일컫는다. 이 동전은 '메달리아'라는 이름으로 널리 통용되었다. 아마도 '메달'이라는 용어는 거기에서 유래했는지도 모른다. 〈에스더서 탈굼〉을 저술한 저자는 모르드개가 "모든 종류의 새들과 날개 달린 하늘의 모든 피조물이 그려진 자주색 옷을 입고 있었다"라고 말했다.

이제 히브리 문자가 바뀌었다는 견해를 주장하는 사람들이 자신들의 이론에 맞지 않는 것은 무조건 비난하고, 오직 그것을 지지하는 것만 받아들이겠다는 생각으로 동전을 권위 있는 증거물로 제시하며 문자에 대한 자신들의 주장을 더 이상 강요하지만 않는다면, 동전에 관한 논의는 이것으로 마무리하는 것이 좋을 듯하다. 그런 하찮고 어리석은 추측만으로 언어가 변경되었다는 엄청난 주장을 선뜻 받아들일 사람이 있다면, 나는 더는 아무 말도 하지 않을 테니 믿고 싶은 대로 믿어라. 내게도 그와 똑같은 자유가 허락된다면, 나는 누구에게든 자기 생각과 다른 것을 믿으라고 강요하거나 자기가 믿고 있는 것을 단념하라고 설득할 마음이 조금도 없다.

이제 남은 일은 히브리 (방형) 문자의 참된 고대성을 뒷받침하는 증거를 재검토하는 것이다. 다른 학자들이 이미 제기한 증거들은 대부분 언급하지 않을 생각이다. 그런 증거들은 어디에서나 쉽게 찾아볼 수 있기 때문에 내가 개인적으로 큰 가치가 있다고 생각하는 것들만 몇 가지 제시하는 것으로 만족하고자 한다.

첫째, 지금까지 살펴본 추측들만으로는 이런 문자의 존재 자체를 논박할 수 없다. 반대 의견을 제기하는 사람들의 미약한 비난만으로는 사실이 뒤집힐 수 없기 때문에 이 문자들의 고대성은 절대 양보할 수 없다. 이를 논박할 확실하고, 강력한 증거는 없다.

둘째, 그리스도인이든 유대인이든 사실을 입증할 문자적 증거를 요구하기 전에 고대의 교회가 거의 1,000년 동안 오직 방형 문자만을 사용했다는 것을 알아야 한다. 고대의 몇몇 학자들의 주장과 현대인들이 제시하는 한 줌의 동전만을 근거로 그토록 오랜 세월 동안 유지되어온 증거를 뒤엎도록 허용해서야 되겠는가?

셋째, 에스라 이후 600년 동안, 그가 하나님이 허락하셨고, 모든 선지자가 사용한 문자를 폐지했다고, 곧 그가 고대 문자로 기록된 성경을 거부하고, 사마리아인들만 그것을 사용하도록 버려두었다고 생각했거나 말했거나 기록했거나 공표한 사람이 누가 있었는가? 과연 그가 교회를 압제한 죄로 형벌을 받아 추방되어 멸절된 우상 숭배자들의 우상 숭배적인 문자를 사용했을까? 누구든 에스라가 하나님의 말씀을 그런 식으로 다루었다고 진지하게 믿는 사람이 있다면, 의심하는 것은 모두의 자유이므로 굳이 말릴 생각은 없다. 그러나 그들이 그렇게 믿는다면 그것은 곧 거짓을 믿는 것이다.

앞서 논의한 대로, 그런 엄청난 문자의 변화가 일어났어야 할 정당하거나 합법적이거나 필연적인 이유는 어디에도 없었다. 유대인들은 포로로 생활하면서도 자신들의 언어를 잊지 않았다. 설혹 그들이 잊었더라도 문자를 바꿈으로써 자신들의 고통을 달래려고 노력했을 가능성은 조금도 없다. 오직 에스라와 선지자들이 세상을 떠난 후에야 그들은 비로소 원시 언어의 순수성에서 멀어지기 시작했다. 그들이 자신들의 언어를 잊은 이유는 포로 생활 때문이 아니라 야만주의와 스구디아주의의 침투로 인해 발생한 주변 민족들의 영향을 받았기 때문이었다. 마카비 시대 바로 직전에 그들은 수리아 왕국의 잔혹한 폭정 아래 심한 고통을 겪었고, 결국에는 사방으로 흩어지는 바람에 조직화된 국가와 종교를 잃게 되었을 뿐 아니라 급기야는 언어까지 오염되는 결과가 초래되고 말았다. 그러나 이 모든 것은 에스라와는 아무런 상관이 없다. 그는 자기 민족에게서 고대로부터 사용되어온 문자를 빼앗지 않았다.

색다른 이론이 아닌 진리를 말하기를 원한다면, 그런 변화는 불가능하다고 생각해야 마땅하다. 많은 제사장과 귀족들을 비롯해 수많은 히브리인들이 예루살렘에 돌아오지 못한 채 동방 세계에 남았다. 그들이 성경 사본을 보유하지 못했다고 말하는 것은 고대의 역사는 물론, 유대인들에 관해 큰 무지를 드러내는 셈이다. 심지어 에스라가 언어를 변경했다고 주장하는 사람들조차도 지금까지 알려진 사본들, 곧 고대로부터 사용되어 온 사본들이 모두 '방형' 문자로 기록되어 있다고 인정한다. 편견에 완전히 치우치지 않는 한, 본토로 귀환한 유대인들이 고대 문자를 버리고 대체 문자를 고안해 사용했고, 귀환하지 못한 대다수 유대인들, 곧 동방 세계에 거했던 그들의 동포들은 고대 문자를 그대로 사용했다고 믿을 사람은 아무도 없을 것이 분명하다. 요세푸스는 수많은 유대인이 동방 세계, 곧 바벨론과 앗수르 인근 지역에 머물렀다고 말하는 가장 강력한 증인 가운데 하나다. 그는 세월이 흐르면서 그들의 인구가 크게 불어나 많은 전투를 치르며 승리를 거두다가 마침내 파르티아 제국의 강력한 세력에 의해 제압되었지만, 쉽사리 굴복하지는 않았다고 말했다. 세페르 이크하림은 신성한 문자는 결코 오염되지 않았다고 강조했다. "에스라가 바벨론에서 돌아왔을 때 단지 소수만 그를 따라왔다. 이스라엘의 유력자들, 즉 현인들과 귀족들은 바벨론에 남았다. 따라서 에스라는 율법의 어느 것 하나도 변경할 수 없었을 것이다. 만일 그랬다면 바벨론과 사마리아와 앗수르를 비롯해 다른 지역의 여러 도시에 남아 있던 사람들, 곧 그와 함께 돌아오지 않은 사람들의 율법과 그의 율법이 서로 일치하지 않았을 것이다." 이런 강력한 추론은 문자가 변경되어 성경이 오염되었다는 주장을 강하게 논박한다. 만일 에스라의 문자로 기록된 사본이 있다면, 온 세상에 수많은 사본이 흩어져 있을 텐데 그런 사본들은 어디에도 존재하지 않는다. 이런 사실을 과연 누가 설명할 수 있겠는가?

더욱이, 에스라가 모음 부호만을 고안해 본문에 적용했다고 하더라도 동방 세계 전역에는 그것이 첨가되지 않은 사본들이 셀 수 없이 많다. 만일 그것이 영감을 통해 개발된 부호였다면 도처에 흩어져 있는 유대인들에게 순식간에 전파되었을 것이다. 그러나 에스라 시대 이후에 그런 부호가 사용되지 않은 채로 많은 세대가 그냥 흘러갔다.

조상 적부터 전해오는 사본들, 곧 모음 부호가 없는 사본들을 사용해야 한다고 주장하는 사람들이 대다수였을 것이다. 실제로 그들은 조상들이 사용했던 것과 똑같은 사본들을 후손들에게 물려주었다. 이런 식으로 오랜 시간에 걸쳐 작성된 모음 부호 없는 히브리어 사본들이 세계 곳곳에 많이 남아 있다.

최근의 학자들이 제시한 견해를 받아들인다면, 곧 가장 오래된 문자를 버리고 새로운 문자로 대체하는 일이 성공적으로 이루어졌다면, 유대인들이 조금이라도 존재하는 곳이면 세계 어디에서나 모종의 신비로운 합의가 이루어져 '고대' 사마리아어를 단번에 완전하게 내버렸다는 말이 될 텐데 그것은 또 어떻게 설명할 수 있을 것인지 궁금하다. 아무런 소문이나 기록이나 증언도 없이 기존의 사본들(곧 성령의 도구로 사용된 필사자들이 기록해서 넘겨준 것으로 간주되는 문서들)이 그렇게 철저하게 파괴되는 일이 어떻게 일어날 수 있겠는가?

문자가 대체되었다고 주장되는 시대부터 바벨론 탈무드가 작성된 AD500-600년경까지 유대인들의 정착촌과 학교와 회당들이 그 명맥을 면면히 이어왔다. 그런 유대인들 가운데는 사마리아인들을 듣도 보도 못한 인종으로 생각하는 사람들이 많았다. 불결해질 위험을 무릅쓰고 그들과 교제를 나누었던 사람은 거의 없었을 것이 틀림없다. 만일 흩어진 유대인들 가운데서 성경을 필사하려고 노력한 사람이 아무도 없고, 오직 하나님이 직접 제공하신 원본 성경과 선지자들이 사용하다가 후대에 물려주어 그때까지 전해온 사본들만을 사용했다면 그것은 참으로 놀라운 기적이 아닐 수 없을 것이다. 거듭 말하지만, 모음 부호가 언제 발명되었든, 역사 대대로 모음 부호 없이 기록한 사본들이 많이 보존되어 있다는 것은 명백한 사실이다. 그런데도 반대 의견을 지닌 사람들은 새로운 문자가 즉각 받아들여졌고, 옛 문자는 흔적도 없이 완전히 사라졌다고 믿도록 요구한다.

넷째, 에스라가 문자를 변경했다는 주장을 논박하는 옛 유대인들의 증언이 많다. 북스토르프는 최근에 그런 증언들을 많이 소개했다. 그런 증언들이 이 문제를 종결지을 수 있는 권위를 지닌다고 생각하는 독자들은 그의 책을 읽어보기 바란다.

다섯째, 히브리 문자의 변경, 사마리아 문자, 그것들을 통해 추론된 내용과 관련된 문제들 가운데는 불확실한 것이 많다. 사마리아인들이 언제 모세 율법을 최초로 받아들였는지 확실하게 아는 사람은 아무도 없다. 그들이 그것을 왜곡시켰다는 것은 분명한 사실이다. 그들이 하나님을 진지하게 경배했는지도 의심스럽다. 기록에 따르면, 그들은 때로 하나님을 대놓고 부인하기도 했다. 당시에 존재했던 민족들 가운데 어떤 민족이 오늘날까지 살아남아 있는지도 불확실하기는 마찬가지다. 스칼리제르는 사마리아인들에 대해 글을 쓴 최초의 현대인이다. 가상디가 『페레스키우스의 생애(*Life of Perescius*)』에서 말한 대로, 스칼리제르는 페레스키우스를 동방으로 보내 사마리아 오경을 가져오게 했다고 한다.

가상디는 그 일의 결과에 대해 스칼리제르가 사마리아 오경의 사본을 손에 넣기 전에 세상을 떠났다고 말했다. 그가 죽기 전에 손에 넣었던 것은 알파벳을 비롯해 연도와 계절을 계산하는 법을 다룬 단편적인 문서들뿐이었다. 그러나 유럽에서 그런 문자들을 접할 수 있는 사람이 그 한 사람 외에는 거의 없었는데도 그때부터 줄곧 그것이 가장 오래된 히브리 문자라는 주장이 제기되었고, 그 주장에 동의하지 않는 사람은 '덜 되먹은 인간'으로 취급되었다. 그는 심지어는 아무리 사소한 문제라도 자기에게 동의하지 않으면 격하게 화를 내는 성격을 지녔다. 투델라의 베냐민은 자기가 동방 세계를 여행할 때 사마리아인들이 '아인'과 '헤트'와 '헤'라는 세 문자를 사용하지 않았다고 말하면서 그것이 곧 그들이 진정한 고대 히브리어를 사용했던 증거라고 주장했다. 그러나 베냐민의 주장은 신뢰할 수 없다. 그는 유대인이지만 자기 민족의 역사와 상황에 관한 문제를 옳게 가르쳐줄 안전한 안내자가 못 된다. 물론, 그의 인격을 무시할 수 있는 충분하고도 확실한 근거가 없다면 그를 함부로 거짓말쟁이라고 단정하기는 어렵다. 그러나 그의 시대 이후로 유럽에 유입된 사마리아 오경의 사본들은 그의 큰 무지와 후안무치한 거짓말을 여실히 드러냈다. 이 모든 것은 베냐민의 시대보다 훨씬 더 최근의 것들이다. 모리누스도 호팅거와 다른 사람들처럼 이 사본들을 나열했는데 그 가운데 300년 전에 존재했던 사본은 단 하나도 없었다. 이미 살펴본 대로, 학자들이란 사람들이 수치를 모른 채 불경스럽게도 많은 거짓을 남발했다. 나는 그들이 자신들의 이론을 뒷받침하기 위해 스스로 출판한 것들을 적절하게 변경시켰다고 생각한다. 만일 그들이 베냐민을 신뢰하지 않는다면, 에스라를 통해 문자가 변경되었다는 자신들의 이론을 지지해 줄 또 다른 유대의 자료들을 권위 있게 제시해 줄 사람을 과연 어디에서 찾을 수 있을지 궁금하다.

이런 사소한 문제를 너무 오래 다룬 듯한 생각이 든다. 사실, 일부 학자들이 그토록 열심히 외쳐대는 파괴적인 비판에서 히브리 문자가 변경되었다는 이론이 핵심 역할을 차지하지만 않았더라도 이렇게까지 길게 말하고 싶은 생각은 없었을 것이다.

3장
모세 신학의 결론

　법률의 기원에 관한 기록을 비롯해 고대의 모든 역사가 모세 율법이 큰 명성을 떨치며 일찍부터 널리 알려지기 시작했다고 증언한다. 어떤 사람들은 모세 시대 이전부터 문자 기록의 기술이 존재했다고 주장하지만, 나는 앞에서 몇 가지 이유를 밝힌 대로 그런 주장에 동의할 생각이 없다. 내가 아는 한, 하나님이 수여하신 율법 이전에 성문화된 법률이 인류 안에 존재했다고 가르친 사람은 아무도 없다. 하나님이 직접 돌판에 기록하신 것보다 먼저 이루어진 기록이 존재한다는 것은 순전한 추측에 지나지 않는다. 아울러, 모세 시대 이전에 어떤 민족이 체계화되지 않은 이성의 명령을 능가하는 성문법을 공식적으로 제정했다는 것을 입증해 줄 적절한 근거도 찾아볼 수 없기는 마찬가지다. 심지어는 성문화되지 않은 법률을 제정했다는 증거조차도 발견되지 않는다.

　민족들과 국가들의 역사가 처음 시작되었을 무렵에는 사회적 법률이라는 것이 한갓 최고 권력자들의 전횡적인 뜻에 지나지 않았다. 그러다가 민족들이 항구적인 사회를 형성해 정착할 때부터 이성의 원리와 공익성의 경험을 통해 고대의 관습이 형성되었고, 권력자들도 공공의 권리와 인간의 유익을 존중해주기를 바라는 기대감이 생겨났다.

이 가장 거룩한 율법의 명성이 널리 확산되는 것이 성령의 뜻이었다. 신명기 4장 5, 6절은 "내가 나의 하나님 여호와께서 명령하신 대로 규례와 법도를 너희에게 가르쳤나니…너희는 지켜 행하라 이것이 여러 민족 앞에서 너희의 지혜요 너희의 지식이라 그들이 이 모든 규례를 듣고 이르기를 이 큰 나라 사람은 과연 지혜와 지식이 있는 백성이로다 하리라"라고 말씀한다. 이 말씀은 이방 민족들이 모세 율법에 관해 듣고, 그것의 정의로움을 알게 되면 이성 없는 짐승과 다름없이 진정한 법률의 통제를 받지 않은 상태로 불안정하고, 불확실한 삶을 살아온 어리석음과 수치를 깨닫게 될 것이라는 뜻이다. 따라서 백성들의 행복한 삶에 진정으로 관심을 기울였던 통치자들은 자기 민족에게도 하나님의 축복이 임하기를 바라는 마음으로 이 율법을 모방해 적용하려고 노력했다. 심지어 헬라인들 가운데 가장 지혜로운 사람들조차도 모세를 최초의 입법자로 인정했다. 디오도로스 시쿨루스는 "신들과 영웅들에 의해 창안되었다는 신화를 바탕으로 한 고대 애굽의 삶의 양식 이후로 자기 백성에게 성문법을 주어 그것을 지키며 살도록 권고한 최초의 인간은 바로 모세다. 그는 도량이 큰 인물이었고, 그의 삶의 방식은 높이 칭찬할 만하다"라고 말했다.[1]

한두 사람이 나머지 사람들을 다스리는 권위가 신으로부터 비롯했다는 것이 모든 현인의 공통된 견해였다. 모든 권위는 하나님이 부여하신 것이기 때문에 그들은 그분을 통하지 않고서 권위를 행사하는 사람은 없어야 한다고 정확하게 판단했다. 그들은 모세 율법 안에 명시된 이 진리를 어떤 식으로든 전해 들었거나 발견했을 것이 분명하다. 잘레우쿠스(이탈리아의 입법자), 리쿠르고스, 미노스(크레타섬의 왕), 누마(전설상의 로마 왕)와 같은 유명한 이방인 입법자들은 신들로부터 율법

---

1   Diodorus Siculus, *World History*, Book 1, chapter 1.

을 받았다고 주장하며 그것으로 국가를 결속시키려고 노력했다. 누마는 아리키아의 숲에서 에게리아(로마 신화에 등장하는 여신)로부터, 리쿠르고스는 델포이에서 아폴론으로부터, 잘레우쿠스는 미네르바로부터 각각 율법을 받았다고 전해온다. 이런 이야기들은 이 율법들이 사실상 이스라엘의 율법에서 기원했다는 것을 암시한다.

이탈리아 남부 로크리의 잘레우쿠스는 바벨론 포로기 직전이나 그 시대에 살았던 것으로 추정된다. 그는 이방인들 가운데서 글로 법률을 제정한 최초의 인물이었다. 스트라보는 로크리 사람들에 관해 "그들은 성문법을 사용한 최초의 사람들이었다"라고 말했고, 마르키아누스(동로마 제국 황제)는 "로크리 사람들은 성문법을 따랐던 최초의 사람들이었다. 그 성문법은 잘레우쿠스가 반포한 것으로 보인다"라고 덧붙였다. 그와는 달리, 리쿠르고스는 자신의 법률을 성문화해서는 안 된다고 명시했다.

다시 우리의 주제로 되돌아가자. 계시된 모세 신학 안에는 신령한 가르침이 담긴 신성한 원리들이 함축되어 있었다. 그것들은 하나님에 대한 예배를 확고하게 구축할 수 있는 견고한 토대를 형성했다. 이 점을 간단히 살펴보면 다음과 같다.

거룩한 계시는 하나님이 인정하시는 모든 종교적 예배의 유일한 규칙이요 규범이자 독특한 토대다. 이것이 모든 신학의 첫 번째 원리다. 이 진리가 후대를 위해 거룩하게 구별되어 성경이라는 신뢰성 있는 기록 안에 소중히 간직되었다. 세상이 창조된 이후로 하나님이 인간에게 자기에 대한 예배의 한계나 수단을 임의로 결정하도록 허락하신 적은 단 한 번도 없었다. 그러나 이 탁월한 신학적 토대가 모세 시대 이전까지는 부득불 큰 어둠 속에 감추어져 있을 수밖에 없었다. 하나님이 기뻐하지 않으시는 많은 일들이 적절한 견책 없이 일어나도록 허용되었지만, 마침내 위대한 원리들이 명확하게 드러나 거룩한 예배의 중심이 되었다. 이 기본 원리 안에 구약성경에서 자주 언급되는 세 가지 원칙이 포함되어 있다.

첫 번째 원칙은 하나님과 예배와 관련해 그분이 계시하신 것 외에는 그 어떤 가르침도 참된 신학으로 간주될 수 없다는 것이다. 하나님은 "내가 너희에게 명령하는 말을 너희는 가감하지 말라"라고 말씀하셨다(신 4:2, 12:32). 오직 성경에 기록된 진리만이 구원과 생명을 가져다준다. 이 진리를 해설하고, 가르치는 것 외에 다른 것을 더해서는 안 된다.

하나님이 자신의 예배와 관련해 제정하신 것은 무엇이든 모두 최상의 권위를 지닌 그분이 제정하신 것이기 때문에 우리의 이성과 조화를 이루지 못하는 것처럼 보이거나 인간이 생각하기에 어렵고, 불합리해 보이더라도 기꺼운 마음으로 정성을 다해 복종하고, 존귀하게 여겨야 한다. 유대인들이 제정한 많은 규칙들 가운데는 이런 원칙과 정면으로 충돌하는 것들이 많았다. 그것들은 입법자가 원하는 대로 독단적으로 제정되어 그의 권력과 권위를 통해 집행되었다. 베드로는 그런 규칙들을 '우리 조상과 우리도 능히 메지 못하던 멍에'(행 15:10)로 일컬었다. 그것들은 그리스도인들의 합리적인 예배를 정면으로 거스른다. 의식들은 오직 하나님의 주권적인 뜻에 따라 준수되어야 한다. 그것들에 아무것도 더하지 말라는 명령은 율법의 근본 원칙에 해당하며, 지금도 여전히 효력을 지닌다. 이 원칙은 십계명의 두 번째 계명에 근거한다. 하찮은 인간들은 교만하게도 자신의 감정에서 끌어낸 가공적인 것을 종교적인 예배에 끌어들여 미신과 철학을 이용해 그럴듯한 구실을 붙여 옹호하려는 경향이 매우 강하다(이것은 모든 인류의 경험이 증언하는 사실이다). 따라서 하나님은 미래 세대를 위해 이 명령을 처음 어긴 배교자들을 엄하게 처벌함으로써 이 신학을 신성불가침한 원리로 세우기를 기뻐하셨다. 하나님이 직접 하늘로부터 제단 위에 불(성령을 나타내는 예표이자 상징)을 내려주신 후에 대제사장의 아들들이 그 가르침을 어기고 신성한 의식에 다른 불을 사용했다. 그들은 하나님의 이름을 거룩하게 하지 못했기 때문에 즉시 불에 타 목숨을 잃고 말았다. 이런 사실은 이 신성한 진리의 기본 원칙이 모세의 신학을 통해 영원토록 엄숙하게 확립되었다는 것을 분명하게 보여준다.

두 번째 원칙은 의롭다 함을 받아 하나님께 인정받고, 죄에서 해방되어 영원한 구원을 얻는 길은 오직 약속된 후손과 순수한 은혜를 통해서만 주어진다는 것이다. 다시 말해, 하나님과 인간을 중재하는 약속된 중보자, 곧 자신을 영원한 희생 제물로 바쳐 구속을 이룸으로써 죄인들을 하나님께로 다시 돌아오게 할 중보자가 계시되었다. 모세 율법은 모든 은혜가 장차 올 중보자 안에 영원토록 거한다고 가르쳤다. 이것이 초자연적 신학, 곧 죄인들의 구원과 하나님과의 화해를 떠받치는 근본 원리다. 이 신학은 첫 번째 약속이 주어졌을 때 희미하게 계시되었고, 노아의 시대에 주어진 언약을 통해 새롭게 되풀이되었으며, 아브라함에게 주어진 계시를 통해 더욱 분명하게 드러났다가 이제는 마침내 공식적으로 확실하게 나타나기에 이르렀다. 모세 율법을 통해 이루어진 신학적 발전 안에는 다음과 같은 놀라운 진리들이 포함되어 있다.

1) 이 거룩한 진리의 빛에 압도된 이스라엘 백성은 하나님의 은혜를 나타내는 계시를 허락받지 못한 다른 모든 민족과 자신들이 조금도 다르지 않은 비참한 죄인, 곧 유기된 저주받은 진노의 자녀들이라는 사실을 깨달았다. "너는 또 네 하나님 여호와 앞에 아뢰

기를 내 조상은 멸망할(방랑하는) 아람 사람으로서…"[2]라는 말씀이 암시하는 대로, 하나님은 그들이 이 빛을 통해 자신들의 영적 비참함이 얼마나 심각한지를 깨닫고, 그 사실을 양심과 마음속에 깊이 새기도록 이끄셨다. 그들의 조상들이 누렸던 영적 특권과 그들이 현재 누리는 새롭고, 놀라운 축복이 그들의 행위나 섬김과는 전혀 상관없이 온전히 하나님의 순전한 은혜를 통해 주어졌다(신 8:6-9, 9:4-6, 10:15 참조).

2) 하나님은 그들에게 더없이 귀중한 말씀의 축복을 맡기셨지만, 그들은 영적 능력이 없었기 때문에 하나님이 거듭남의 은혜를 베풀어 그들을 돕지 않으시면 그분을 기쁘시게 하거나 영원한 구원에 속한 것들을 모두 잃을 수밖에 없었다(신 29:4, 30:6 참조).

3) 죄가 가려져 용서를 받음으로써 하나님과 화목을 이루는 것은 오직 피의 희생을 통해서만 가능하다. 이미 몇 가지 계명들이 이 진리를 가르쳤지만, 그 가운데서도 속죄일에 드리는 희생 제사에 이 진리가 가장 분명하게 함축되어 있다(레 16장). 사도는 그것을 근거로 "율법을 따라 거의 모든 물건이 피로써 정결하게 되나니 피 흘림이 없은즉 사함이 없느니라"(히 9:22)라고 말했다. 그러나 동물 제사는 그 자체로 죄를 없애는 효력을 발휘하거나 인간이 하나님께 나아가서 그분의 은혜를 통해 죄에서 정결해지는 결과를 발생시키지 못했다. 그런 희생 제사들은 또 하나의 가장 탁월한 희생 제사를 예시하는 예표일 뿐이었다. 사람들은 희생 제사의 참된 내적 의미를 망각했고, 그와 더불어 장차 올 메시아를 의

---

2   역주: 〈새 국제역 성경〉은 '방랑하는'으로, 〈킹제임스 성경〉은 '멸망할'으로 각각 번역했다.

지하는 마음마저 사라졌는데도 양심의 공포와 율법의 엄격함에
서 벗어날 수 있는 피난처를 찾으려고 애쓰지 않고, 오히려 가증
스러운 우상 숭배를 저지르기 시작했다. 대제사장이 주관한 희생
제사는 백성들의 죄를 대신 속량하는 의미를 지녔다. 희생 제사
의 이런 대리적 기능이 모세 신학의 위대한 두 번째 원리였다.

세 번째 원칙은 지극히 탁월하고, 영광스러운 의식들을 통해 이전
에 얻을 수 있었던 것들을 훨씬 능가하는 영예와 축복이 참여자들에
게 주어졌지만, 그것들은 단지 미리 정해진 기간까지만 지속되도록 계
획되었다는 것이다. 다시 말해, 때가 차면 율법 수여자의 권위가 부여
된 존재, 곧 모든 것의 궁극적인 지향점이자 하나님의 온전한 뜻을 완
벽하게 이루실 분이 나타날 예정이었다. 그분의 말씀에 모두가 복종할
것이 요구되었고, 그렇지 않을 때는 여호와의 총회로부터 쫓겨나는 형
벌을 당하게 될 것이라는 경고가 주어졌다(신 18:16-19). 이런 모세 신학
의 원리에 따라 강력한 토대, 곧 머릿돌이요 모퉁잇돌인 예수 그리스
도(아담과 아브라함에게 약속된 후손)께서 교회 안에 나타나셨다. 하나님은 주
기적으로 교회를 확장하고, 많은 영예를 베푸셨다. 그로 인해 더욱 존
귀하고, 영광스러워진 교회는 그리스도의 영적 통치의 영광을 더욱 확
연하고, 찬란하게 드러내는 상징이 되었다(고후 3장 참조).
물론, 이 신학 아래에서 살았던 사람들 가운데는 궁극적으로 이 모
든 것이 폐지될 것이라는 사실을 내다보지 못한 사람들이 많았다. 그
이유는 그들이 의식적인 예배에 뒤따랐던 일시적인 영광만을 지나치
게 좋아하고, 감탄스러워했기 때문이다. 그러나 이 모든 것이 예시하
는 것들을 누릴 수 있기를 간절히 갈망했던 충실한 사람들이 있었던

것도 분명한 사실이다. 이 당시의 교회를 하나님 앞에서 영광스럽고, 보배롭게 만들었던 한 가지 특징이 있다면, 그것은 바로 하나님과 구원의 교제를 나누는 것이었다(당시의 사람들 가운데는 그런 교제를 경험한 사람들이 많았다). 성령께서는 많은 사람의 믿음과 복종이 영원히 기억되도록 안배해 우리에게 교훈과 위로를 주는 본보기로 삼으셨다. 우리에게는 알려지지 않았지만, 생명책에 기록된 사람들, 곧 이 신학의 빛과 인도를 따라 하나님께 충실하게 복종하면서 성령의 내적 평화와 위로를 경험했던 사람들도 많았을 것이 틀림없다.

하나님은 자신이 세운 입법자에게 계시를 통해 지금까지 논의한 신학적 진리를 드러냄으로써 이 당시의 교회를 떠받칠 토대를 다지게 하셨다. 또한, 하나님은 이 신학이 잊히지 않게끔 제사장과 레위인들을 통해 규칙적인 사역이 이루어지게 했을 뿐 아니라 거의 모든 세대마다 선지자들을 일으켜 영감을 받아 기록한 성경과 구두로 전하는 말씀으로 이 원리들을 명료하게 설명하고, 백성들에게 원칙에 따라 종교적인 예배와 일상적인 삶을 체계화하는 법을 가르치게 하셨다.

선지자들의 글을 보면, 그들이 하나님의 말씀을 온전하고, 안전하게 보존하기 위해 모든 노력을 쏟아부었다는 것을 알 수 있다. 그들은 하나님의 권위로 그 모든 일을 했고, 장차 오실 그리스도를 통해 의와 죄 사함이 이루어질 것을 예언했다. 그들은 교회가 밝고, 희망찬 기대감으로 메시아의 사역을 통해 확연하게 드러날 영적 영광을 바라보도록 이끌었다.

5권
모세부터
그리스도까지의 신학

1장
모세 신학의 부패와 회복 1

모세 신학의 예배 체계는 영구적인 것으로 설계되지는 않았지만, 이전의 체계들보다는 훨씬 더 확실하고, 안정적이었다. 이미 살펴본 대로, 우주 창조 이후로 시간이 지나면서 아브라함의 후손들을 제외한 모든 인류가 태초에 주어진 하나님의 가르침과 신학의 원리들을 저버렸다. 이번에는 이 점을 염두에 두고 모세 이후의 세대들이 어떻게 그와 똑같은 오류를 저질러 죄의 전철을 되풀이하게 되었는지를 살펴볼 생각이다.

유대 교회가 이 단계에서 저지른 오류는 두 가지였다. 하나는 부분적인 배교였고, 다른 하나는 전면적인 반역이었다. 전자는 새롭게 주어진 하나님의 은혜를 통해 적절하게 해결되었지만, 후자는 유대 민족이 징벌을 받아 완전히 멸망하는 결과를 가져왔다. 후자의 경우는 유대 교회가 둘로 나누어진 이후로 더욱 신속하게 진행되었다. 구체적으로 말해, 한쪽에는 이스라엘 열 지파가 있었고, 다른 한쪽에는 하나님이 제정하신 엄숙한 예배 체계를 그대로 유지했던 두 지파가 있었다. 그때부터 유대 민족은 빠르게 쇠망했다. 그들은 두 단계의 반역 행위를 통해 영원히 멸망하고 말았다.

유대 교회의 배교는 앞서 살펴본 근본적인 신학적 진리를 완전히 도외시할 정도로 극심했다. 그로 인해 심각한 도덕적 타락이 일어났다. 그들이 하나님의 진리를 경멸할 때마다 온갖 종류의 범죄가 자행되었다. 이것은 인간의 부패한 본성에서 비롯하는 필연적인 결과다. 거룩한 복종의 참된 규범과 토대를 무시하면, 모든 도덕이 무너질 수밖에 없다.

'부분적인 배교'에는 모든 형태의 오류와 미신과 우상 숭배가 포함되었다. 유대인들은 모세 신학의 예배 체계가 처음 구축되었을 때부터 바벨론에 포로로 잡혀가기까지 여러 시대에 걸쳐 그런 죄들을 저질렀다. 교회가 시내산에서 설립되어 바벨론 포로기에 이르기까지의 과정은 1,007년 동안 지속되었다. 그 후 교회는 바벨론에서 귀환했지만, 그로부터 600년 뒤에는 대량으로 학살당해 완전히 종말을 고했다. 교회의 개혁은 교회의 이상적인 형태를 온전히 회복하는 데까지 이르지 못했기 때문에 늘 회복과 쇠퇴가 반복되었다. 개혁된 교회들 가운데 시내산에서 설립된 교회의 지속 기간만큼 유지되었던 교회는 단 하나도 없었다. 유감스럽게도, 유럽의 개혁 교회도 그러기는 마찬가지다. 참으로 슬프게도, 개혁 교회 가운데 사도적 교회의 완전함에 도달한 교회는 단 하나도 없었다. 교회는 세속적인 것들에 깊숙이 얽매인 탓에 자신을 둘러싸고 있는 온갖 올무에서 벗어날 수가 없었다. 지금도 나를 두렵게 하는 요인들이 너무나도 많아 우리의 교회도 이전의 교회들이 지속되었던 기간을 넘어서지 못한 채 그들처럼 거룩함과 순결함을 잃고 몰락할까 봐 심히 우려된다.

아마 내가 하는 말에 동의하지 않을 사람은 아무도 없을 것이다. 우리의 교회들은 민족과 나라와 국가와 정치적 요구와 같은 것에 얽매인 까닭에 부정하고, 부패한 세상의 영향력과 가치관에서 충분히 자유롭지 못한 상태다. 일부 지역에서는 하나님의 진리를 통해 새롭게 각성된 교회들이 복음적인 교회의 특징을 모두 상실한 채 빠르게 쇠퇴하고 말았다. 고귀한 조상을 둔 후손들이 타락의 늪에 빠져드는 경우가 많은 것처럼, 하나님이 십자가를 통해 베푸신 은혜로 인해 생명을 얻은 교회가 세상의 명예와 부를 탐욕스럽게 추구하고 있다. 하나님의 진리를 저버린 교회가 수많은 사람을 영원한 멸망으로 몰아넣고 있다. "우리 부모의 세대는 우리 조부모의 세대보다 더 악했고, 그들은 자신들보다 더 악한 후손, 곧 우리를 낳았다"라는 말이 우리를 가리키는 말이 될까 봐 두렵다.[1]

이제 서론은 이쯤 해두고, 본론으로 돌아가기로 하자. 방금 말한 대로, 유대 교회가 앞에서 논의한 모세 신학의 원리들에서 부분적으로 이탈하는 사태가 초래되었다. 그 첫 번째 원리는 성경의 충족성과 완전성이었다. 유대인들은 시간이 지나면서 이 원리를 망각하거나 사소한 것으로 간주했다. 이 죄로부터 온갖 사악한 미신과 인위적인 예배 체계가 생겨났다. 성령께서는 그 죄를 엄히 꾸짖으셨다. 성경을 등한시한 결과로 아무 근거 없이 제멋대로 생각해 낸 예배 방식이 올바르고, 적법한 것으로 간주되기 시작했다. 하나님의 영광이 인간의 뜻과 변덕스러운 생각에 의존하고 있는 것처럼 보였다(오늘날 기독교도 그와 똑같은 오류를 범하고 있다). 하나님은 선지자들의 비범한 사역을 통해 그런 어리석은 행위를 제거하려고 하셨다. 하나님은 유대인들이 사악하게 왜곡시킨 예배의 기본 원리를 재확립할 의도로 그들이 특히 이 원리를 어긴 탓에 그들의 죄가 더욱 심각해지는 결과가 빚어졌다고 질책하셨다. 그분은 그들이 '내가 명령하지 아니하였고 생각하지도 아니한 일'을 행했다고 꾸짖으셨다(렘 7:31, 19:4, 5 참조).

배교자들은 두 가지 차원(예배의 대상과 예배의 수단)에서 이 기본적인

---

1   Horace, *Odes*, Book 3, Ode 6.

신학적 원리를 거슬렀다. 첫째, 그들은 유일하신 참 하나님 외에 다른 낯선 신들을 숭배했다. 그들은 하나님과 그것들을 나란히 예배하기도 했고, 하나님을 배제한 채 그것들만을 예배하기도 했다. 우상을 숭배한다는 것은 암묵적으로나 명시적으로 유일하신 참 하나님을 부정하는 행위였다. 우상 숭배자들은 하나님의 이름을 사용해 우상 숭배를 은폐하거나 자신들의 행위를 정당화하려고 애썼지만, 하나님은 '신들'로 일컬어진 우상들의 범주에 속하지 않으신다. 배교자들이 저지른 가장 무서운 죄는 아무런 근거가 없는 예배를 드린 것이었다. 그들은 참 하나님 대신에 우상들을 숭배했다. 따라서 그들이 숭배했던 우상들을 간단하게 살펴보는 것이 좋을 듯하다. 그러나 그 전에 반드시 짚고 넘어가야 할 한 가지 요점이 있다. 그것을 먼저 잠시 생각해 보기로 하자.

2장
모세 신학의 부패와 회복 2

하나님은 선지자들을 통해 자기를 버리고 주변 민족들의 우상들을 섬겼던 이스라엘 백성을 엄히 꾸짖으셨다. 성령께서 '여호와께서 명령하사 따르지 말라 하신 사방 이방 사람을 따라'(왕하 17:15)라고 말씀하신 대로, 그들은 자신들이 아는 가까운 이웃 민족들의 우상을 섬겼다. 그들이 어떤 민족들이었고, 또 이스라엘 백성이 고대 시대에 그들에 대해 얼마나 알고 있었는지를 간단하게 살펴보는 것이 필요할 듯하다.

아브라함은 갈대아 우르 출신이었다. 갈대아에서 보면, 메소포타미아는 북쪽으로 유프라테스강과 접해 있었고, 수사(Susa)는 남쪽으로 티그리스강과 접해 있었으며, 남쪽에는 페르시아만이 있었고, 서쪽에는 아라비아 사막이 있었다. 그곳에 앗수르 제국이 건설되었을 무렵, 그곳은 유대인들에게 가장 잘 알려진 지역이었다.

아브라함은 하나님의 명령에 따라 갈대아를 떠나 강을 건너 아람 나하라임(메소포타미아의 일부)으로 건너갔다. 그곳은 가장 유명했던 두 강 사이에 놓인 지역으로 여러 가지 이유로 이스라엘 백성에게 익숙해진 곳이었다. 야곱은 그 지역 출신의 두 아내와 결혼했고, 그들 가족은 그곳에서 꽤 오랫동안 살았다. 나중에는 다윗 왕국의 경계선이 그곳까지 이르렀다. 이스라엘 민족은 애굽을 '미스라임'으로 일컬었다. 그것은 바벨에서 인류가 흩어진 직후에 그곳을 차지했던 함의 둘째 아들의 이름을 따른 것이었다. 더욱이, 이스라엘 민족은 애굽에서 오랫동안 노예 생활을 하면서 하나의 민족으로 성장했기 때문에 그곳을 누구보다 잘 알고 있었을 것이 틀림없다. 그들은 나중에도 애굽과 가까이 지내면서 상거래를 했기 때문에 그들에 대해 매우 익숙했다. 이스라엘 민족은 아라비아는 '에렙'으로, 아라비아 사막은 '게달'로, 아라비아 남부 지역(Arabia Felix, 아라비아에서 가장 풍요로웠던 지역)은 '스바'로, 페트라 지역은 '소바'로 각각 일컬었다.

아라비아에는 암몬 족속, 모압 족속, 미디안 족속, 이두매 족속을 비롯해 여러 족속이 살고 있었다. 이스라엘 백성은 그들과 많은 전쟁을 치렀기 때문에 그들을 잘 알고 있었다. 그들은 지중해를 '대해(大海)'로 불렀고, 그곳의 서쪽 지역과 그 너머에 있는 지역은 '다시스'로 일컬었다. 이사야서 23장 1절에서는 그 지역이 '깃딤'으로 일컬어지기도 했다.

이스라엘 백성이 가나안 족속들을 알게 된 경위는 주로 전쟁과 정복을 통해서였다. 그 가운데 일부는 목숨을 부지한 채 이스라엘의 율법 아래 살도록 허용되었다. 따라서 이스라엘 백성은 그들을 잘 알고 있었다. 이스라엘 역사를 돌아보면, 그들이 아라비아와 인접한 아람의 지역들은 물론, 베니게도 잘 알고 있었던 것으로 드러난다. 그들은 아람을 '아라비아반도 서북쪽 지역(Arabia Petraea, 아람 사막지대)'과 구별했다. 한편, 바사인들과 엘람인들은 나중에 알았고, 처음에는 잘 알지 못했다.

이스라엘 백성은 일반적으로는 이방인들과 상거래를 하는 행위가 금지되었기 때문에 특정한 몇몇 시기를 제외하고는 배로 바다를 항해하지 않았다. 따라서 그들은 세상의 나머지 지역들에 관해서는 잘 알지 못했다. 그들은 당시에 살았던 민족들 대부분을 알지 못했다. 비록 동쪽에 있는 인도는 '오빌'로, 유럽 대륙은 '깃딤'으로, 헬라는 '포벨'로, 이오니아는 '야완'으로, 메대는 '마대'로, 리디아와 에티오피아는 '룻'으로, 아프리카는 '풋'으로, 스페인은 '체파랏'으로, 골은 '사르파트'로 일컬었지만, 그 지역들에 살던 민족들에 대한 정보는 매우 희박했기 때문에 그들이나 그들이 숭배했던 신들에 대해서 아무것도 알지 못하는 상태였다. 이스라엘의 배교자들은 헬라 문화와 유럽 대륙의 미신에 대해 무지했기 때문에 자연히 자신들이 잘 아는 동방 민족들의 우상들을 선택할 수밖에 없었다. 그들은 갈대아인들로부터는 태양 숭배를, 메소포타미아로부터는 드라빔을, 애굽으로부터는 신성한 송아지 숭배를 배웠고, 모압 족속과 미디안 족속으로부터는 바알 브올이라는 가증한 우상을 섬기는 관습을 받아들였다. 몰록은 암몬 족속의 우상이었고, 두로인들은 그들에게 다양한 형태의 바알 숭배를 가르쳐주었다. 또한, 그들은 블레셋 족속과 함께 바알세붑을 숭배했으며, 아람인들로부터는 하늘의 여왕 아스타르테(아스다롯)를 섬기는 법을 배웠다. 아하스 왕은 다메섹의 이름 없는 신에게 희생 제물을 바쳤고, 다른 사람들은 바사인들로부터 '탐무즈(풍요의 신)'를 위해 애곡하는 관습을 배웠다.

이런 사실들을 고려하면 선지서, 특히 예레미야서, 호세아서, 아모스서, 에스겔서에 기록된 많은 구절들의 의미가 분명하게 드러난다. 하나님은 그런 구절들을 통해 자기 백성이 주변 민족들과 함께 영적 간음을 저질러 스스로를 더럽힌다고 질타하셨다.

이스라엘 백성은 이방 민족들이 우상들을 섬기는 의식이 참으로 가증스럽고, 터무니없고, 수치스럽고, 불결했는데도 불구하고 기꺼이 그들의 미신적인 의식을 두루 채택했다. 그들은 바사인들과 갈대 아인들처럼 태양을 위해 말을 희생 제물로 바쳤고, 애굽인들이 아피스를 숭배했던 방식대로 광야에서 축제와 춤을 곁들여 금송아지를 숭배했다. 그들은 암몬 족속과 두로인들을 모방해 자신들의 아들과 딸들을 희생 제물로 바치는 일도 서슴지 않았다. 그들은 아람인들이 아스타르테에게 헌주를 바친 것을 본받아 하늘의 여왕을 위해 포도주와 떡을 바쳤다. 한 마디로 그들은 살아 계시는 참 하나님께 대한 지극히 거룩하고 순결한 예배를 저버리고, 저주받은 우상 숭배자들이 어둠의 왕의 부추김을 받아 고안해 낸 의식들을 채택했다. 그들이 채택한 의식들은 더할 나위 없이 사악하고, 더럽고, 역겹고, 부도덕했다.

3장
모세 신학의 부패와 회복 3

우상들, 곧 거짓 신들은 구약성경에서 다양한 방식으로 묘사되었고, 때로는 고유한 이름으로 일컬어지기도 했다. 그들이 그런 명칭들로 불린 데에는 여러 가지 이유가 있었다. 그런 예를 몇 가지 들어보는 것도 나쁘지 않을 듯하다.

첫째, 그것들은 성경에서 '허무한 신들(즉 신들이 아닌 신들)'(대하 13:9)로 일컬어졌다. 누구든 원하면 하나님이 아닌 우상들을 섬기는 제사장이 될 수 있었다. 예레미야서 2장 11절에는 "어느 나라가 그들의 신들을 신 아닌 것과 바꾼 일이 있느냐"라는 말씀이 기록되어 있다. 여기에서 '신들'은 바울 사도가 고린도전서 8장 5절에서 말한 '신이라 불리는 자'를 가리킨다. 많은 사람이 그것들을 신으로 일컬었지만, 그것들은 결코 신이 아니었다. 성경의 다른 곳에서는 그것들을 '본질상 하나님이 아닌 자들'로 일컬었다(갈 4:8). 그것들이 신으로 불린 것은 사람들이 미신에 이끌려 제멋대로 신으로 생각했기 때문이다.

둘째, 우상들의 이름은 가시적인 형상이나 추정된 속성에 따라 정해졌다. 레위기 26장 1절은 "너희는 우상을 만들지 말지니 조각한 것이나 주상들을 세우지 말며"라고 말씀했다. '우상'이라는 용어는 구약성경에서 약 20여 회 사용되었다. 〈70인경〉은 이 용어를 다양하게 번역했다. 방금 인용한 레위기의 구절에 언급된 우상은 '손으로 만든,' 즉 '사람들의 손으로 제작된 신들'로 번역되었다. 이사야서 2장 8절의 '우상'은 '가증한 것들,' 즉 '가증스럽게 여겨야 마땅한 것들'로 번역되었고, 에스겔서 30장 13절과 레위기 19장 4절에서는 '우상'으로, 하박국서 2장 18절에서는 '말 못 하는 우상'으로 각각 번역되었다. 이 밖에도 시편에서는 우상이 '신상'(시 97:7)과 '귀신들'(시 96:5)[1]로 일컬어졌고, 이사야서에서는 '신들과 형상들'로, 예레미야서에서는 '무가치한 신들'로 일컬어졌다. 이처럼 우상은 신이 아니었다. 그것들은 허무하고, 무가치한 것들이었다. 우상을 뜻하는 용어들은 '허무하고, 공허한 비실재'라는 의미를 지녔다. 그것이 우상의 본질이다. 이런 이유로 바울 사도는 "우리가 우상은 세상에 아무것도 아니며 또한 하나님은 한 분밖에 없는 줄 아노라"(고전 8:4)라고 말했다. 이것은 우상이 아무런 능력이나 힘을 지니고 있지 않다는 것, 곧 전적으로 무능하다는 것을 의미한다. 우상은 거짓이고, 헛되고, 공허하고, 무익하고, 무가치하다. 바울 사도는 우상을 '이런 헛된 일'(행 14:15)로 일컬었다.

우상의 이런 의미는 그것들을 숭배하는 이들에게도 똑같이 적용된다. 우리는 이사야서 66장 3절을 흔히 '우상을 찬송한다'라고 번역하지만, 〈70인경〉은 "우상을 찬송하는 자는 하나님을 저주하는 신성모독자다"라고 번역했다. 히에로니무스도 '우상'으로 번역한 이 용어의 어근은 '기만, 거짓,' 또는 '헛된 노력'은 물론, '사악함, 허무함'이라는 의미를 지닌다고 말했다. 우상 숭배는 이 모든 요인이 하나로 합쳐진 행위에 해당한다. 우상은 거짓으로 사람들을 속인다. 미신적인 숭배는 허무함과 불행만을 가져다줄 뿐, 아무런 유익을 끼치지 못한다. 이것이 우상들이 '거짓' 또는 '거짓말쟁이'로 종종 일컬어지는 이유다. 이

---

1   역주: 〈한글 개역 개정역 성경〉에서는 '우상'으로 번역되었다.

사야서 44장 20절에 보면, "나의 오른손에 거짓 것이 있지 아니하냐"라는 문구가 발견된다. 이것은 "나는 약속한 것을 아무것도 줄 수 없는 거짓된 우상을 붙들고 있다"라는 뜻이다. 히에로니무스는 '거짓을 행하며'라는 호세아서 7장 1절의 문구를 '우상을 섬기며'로 번역했다.

우상은 또한 '죽은 자'로 일컬어졌다(시 106:28). "그들이 또 브올의 바알과 연합하여 죽은 자에게 제사한 음식을 먹어서." '죽은 자에게'로 번역된 문구는 소유격이다. 즉 따라서 '죽은 자의 희생 제물'은 아무도 도울 수 없는 시체나 다름없는 대상에게 바쳐진 제물을 가리킨다. 그것은 헛되고, 무익할 뿐이다. 그런 것을 향해 도움이나 위로를 구할 사람은 어리석기 짝이 없는 사람뿐이다. "우리 소망을 살아 계신 하나님께 둠이니"(딤전 4:10)라는 바울의 말에서 거짓 신들이 지닌 이런 특징과 정반대되는 하나님의 속성이 발견된다.

이 밖에도 우상은 우상 숭배가 미신적인 숭배자들의 마음과 양심에 미치는 영향에 따라 명명되기도 했다. 구체적으로 말해, 우상은 '슬픔,' '고통,' '고생' 등, 극심한 불안을 야기하는 존재로 일컬어졌다. 미신은 가장 큰 오류와 가장 두려운 불안 외에는 아무것도 가져다줄 수 없다. 사무엘하 5장 21절은 "거기서 블레셋 사람들이 그들의 우상을 버렸으므로 다윗과 그의 부하들이 치우니라(불태우니라)"라고 말씀한다. 여기에서 '우상'을 문자대로 옮기면 '슬픔'이다. 〈70인경〉은 사무엘상 31장 9절의 '자기들의 신당'을 '자기들의 우상들'로 번역했다.

'형상'과 '우상'은 상호 교차적으로 사용될 때가 많다. 이 용어의 어근은 "주의 손으로 나를 빚으며 만드셨는데"(욥 10:8)라는 말씀에서처럼 '형상, 형태'를 의미한다. 깎아내고, 파내고, 갈아낸다는 것은 고통과 근심을 가져다주고, 초조하게 만들어 슬픔이나 탄식을 자아내게 한다는 의미를 내포한다. 이처럼, 우상들은 자기를 숭배하는 자들에게 고생, 슬픔, 양심의 불안, 하나님의 진노에 대한 두려운 생각 따위를 불러일으킬 뿐이다. 이사야서 45장 16절은 "우상을 만드는 자는…욕을 받아 다 함께 수욕 중에 들어갈 것이로되"라고 말씀한다. 여기에서 '우상'으로 번역된 히브리어는 '눌러 짜낸다'라는 의미를 지닌다. 이는 곧 '고통'이나 '불평'을 자아내게 만든다는 뜻이다. 유니우스는 이 문구를 '형상을 만드는 자들'로, 〈불가타 성경〉은 '망상을 만들어내는 자들'로 각각 번역했다. 이 용어의 문자적인 본래 의미는 '아이를 낳는 고통'이다. 미가 선지자는 우상 숭배가 양심에 산고와 같은 고통을 가한다고 말했다(미 6:7 참조).

같은 맥락에서 형상은 '혼란,' '황량함,' '공허함,' '광막함,' '쓸쓸함'으로 일컬어졌다. 하나님이 정하신 의식과 무관한 종교적인 예배는 인간의 마음을 굳건하게 하고, 고귀하게 만들지 않고, 황폐하고, 혼란스럽게 만들 뿐이다. 이것이 사무엘상 12장 21절이 "돌아서서 유익하게도 못하며 구원하지도 못하는 헛된 것을 따르지 말라 그들은 헛되니라"라고 말씀하는 이유다. 〈70인경〉은 마지막 문구를 "그들은 아무 것도 아니니라"라고 번역했다. 어떤 사람들은 민수기 23장 21절의 '반역'이 우상을 일컬은 말이라고 말하기도 한다.

우상들은 이런 무능력함 때문에 '헛된 것들'로 일컬어졌다(렘 8:19, 10:8). "이방인의 우상(헛된 것) 가운데 능히 비를 내리게 할 자가 있나이까"(렘 14:22). 〈70인경〉은 이 구절을 "민족들의 우상들 가운데 비를 내리게 할 자가 있나이까"로 번역했다(신 32:21 참조).

우상은 그것을 만든 재료에 따라 분류되고, 명명되기도 했다. 선지자들은 그것들을 경멸하는 투로 '나무'나 '돌'로 일컬었다. '내 백성이 나무에게 묻고'(호 4:12, 렘 10:8 참조). 우상 숭배자들이 어떻게 생각하든 그들의 우상은 나무나 돌에 지나지 않는다. 따라서 그것들은 '목석의 신들'로 일컬어졌다. "너희는 거기서 사람의 손으로 만든 바 보지도 못하며 듣지도 못하며 먹지도 못하며 냄새도 맡지 못하는 목석의 신들을 섬기리라"(신 4:28). 같은 이유에서 우상들은 '금신'이나 '은신'으로 일컬어지기도 했다. 이것은 우상들이 그런 재료로 만들어졌다는 것을 의미한다. 아론의 송아지는 '금신'이었다(출 20:23, 32:31 참조).

아울러, 신상, 형상, 새긴 석상, 부어 만든 우상 등 우상의 외적인 형태가 그것의 명칭이 되기도 했다(민 33:52, 대하 23:17). 〈70인경〉은 이것을 주로 '제작된 우상들'로 번역했고, 오늘날의 번역자들은 간단히 '형상들'로 번역했다. 이 용어는 '새겨 만든 것'을 의미한다. 이런 이유로 하나님은 "스스로 부패하여 자기를 위해 어떤 형상대로든지 우상을 새겨 만들지 말라 남자의 형상이든지, 여자의 형상이든지…만들지 말라"(신 4:16-18)라고 명령하셨다. 〈70인경〉은 이 말을 '모든 형상, 곧 새겨 만든 형상'으로 번역했다.

이처럼 재료는 물론, 제작 방식에 따라 우상의 명칭이 결정되었다. '새긴다'라는 것은 나무나 돌을 비롯한 재료들을 깎아 형태를 만든다는 뜻을 내포한다(출 20:4, 레 26:1, 삿 18:17, 사 42:17). 〈70인경〉은 '새긴, 조각한'을 뜻하는 '글루프타'와 '글룹마타'(레 26:1, 신 4:16 참조), '우상'을 뜻하는 '에이돌라'(출 20:4, 대하 34:3), '석상'을 뜻하는 '아갈마타'(사 21:9), 형상을 뜻하는 '에이코네스'(사 40:19, 20), '제단 주위에 있는 것들'을 뜻하는 '페리도미오이'(대하 34:3)와 같은 다양한 용어를 사용했다. 오늘날의 학자들은 이 모든 것을 거의 일정하게 '새긴 형상들'로 번역한다.

이와 비슷하게 랍비들은 지금도 다양한 히브리어를 사용해 그리스도인들이 사용하는 형상들을 묘사한다. 그들이 사용한 아람어 '카칼'은 어리석은 것이나 불경한 것을 만드는 것을 의미한다. 우상을 만드는 것보다 더 불경스러운 직업은 없다.

우상들은 '부어 만든 신들'로 일컬어졌다("너는 신상들을 부어 만들지 말지니라"-출 34:17). 이런 우상들은 '사람의 손으로 만든 신'으로 간단하게 표현되었다(신 4:28). 우상은 유일하신 참 하나님이나 그분의 언약의 백성과 관련해서는 '다른 신들'로 일컬어졌다(출 20:3). 이것은 그것들이 '하나님과 다른,' 곧 신이라고 인정할 수 없는 우상이라는 뜻이다(신 32:16 참조).

우상은 이방인들이 숭배하는 것이었기 때문에 '민족의 신들'(신 13:7)로 일컬어지기도 했다. 이 말은 이방인들이 숭배하는 것이 참 하나님과 그분의 언약과 그분에 대한 예배와는 아무런 상관이 없다는 뜻이다. 여호수아서 24장 14절은 '강 저쪽에서' 섬기는 신들, 곧 갈대아인들이 숭배했던 우상들을 언급했다.

어떤 우상들의 이름은 '숲의 신들과 형상들'의 경우처럼(사 27:9, 이 문구에 관해서는 〈킹 제임스 성경〉을 참조하라. 이 문구를 문자대로 옮기면 '아세라와 분향단'이라는 뜻이다), 숭배 의식에서 사용된 특정한 제의 방식에 따라 결정되었다. 레위기 26장 30절에서도 "내가 너희의 산당들을 헐며 너희의 분향단을 부수고 너희의 시체들을 부숴진 우상들 위에 던지고"라는 내용이 발견된다. 〈70인경〉은 '우상들'을 '너희의 손으로 만든 나무 형상들'로 번역했다. 이사야서 17장 8절에도 '자기 손가락으로 지은 숲의 신들이나 형상들'이라는 문구가 사용되었다(〈킹 제임스 성경〉 참조). 〈70인경〉은 '형상들'을 '가증한 것들'로 번역했다. 이 용어의 히브리어 어근이 '강렬함, 뜨거움'을 의미할 수도 있기 때문에 '태양상'으로 종종 번역되지만, 단순히 '형상들'을 의미할 가능성이 크다.

드라빔도 그런 우상 가운데 하나였다. 이 용어의 기원은 불확실하다. 이 용어가 '치유자'를 뜻하는 히브리어에서 유래했다고 생각하는 것은 잘못이다. 오히려 이 용어는 이방인들에게 속한 것, 곧 낯설고,

이국적인 것들을 가리키는 의미를 지닌 것처럼 보인다. 이 점에 대해서는 우상들의 고유한 이름들을 다룰 때 좀 더 자세히 살펴볼 기회가 있을 것이다. 〈70인경〉은 '드라빔'이라는 용어를 그대로 사용하거나(삿 17:5, 18:14, 17, 삼상 15:23) 간단히 '우상들'로 번역했다(창 31:19, 34, 35). 〈70인경〉은 또한 '새긴 것'이나 '조각한 것'을 뜻하는 '글루푸타'라는 용어와 '말하는 것들'(겔 21:21, 슥 10:2 참조)을 뜻하는 '아포텐고메노이'라는 용어를 사용하기도 했다. 오늘날의 영어 성경은 흔히 '우상들'로 번역한 뒤 난외주에 '드라빔'이라고 표기했지만, 호세아서 3장 4절의 경우는 그렇게 번역하지 않고 본래의 용어를 그대로 사용했다.

'새 신들'도 우상들을 일컫는 표현 가운데 하나였다('무리가 새 신들을 택하였으므로'—삿 5:8). 이 표현은 마치 하루아침에 솟아난 버섯처럼 '갑작스레 새로 나타난 것들'이라는 의미를 지닌다(삿 10:14 참조).

'가증한 것들'은 우상의 본질을 드러내는 명칭이다. "요시야가 또 유다 땅과 예루살렘에 보이는 신접한 자와 점쟁이와 드리빔과 우상과 모든 가증한 것을 다 제거하였으니"(왕하 23:24). 〈70인경〉은 여기에서 '역겹고, 혐오스러운 저주받은 것'을 의미하는 헬라어를 사용했다. 열왕기상 11장 5-7절에서 밀곰은 '암몬 사람의 가증한 밀곰'으로, 그모스는 '모압의 가증한 그모스'로, 몰록은 '암몬 자손의 가증한 몰록'으로 각각 일컬어졌다(겔 20:7, 8, 슥 9:7, 렘 4:1, 32:34, 사 66:3 참조).

마지막으로, 우상들에게는 '오물, 똥'과 같은 극도로 경멸적인 표현이 적용되었다. "우상을 만들어 스스로 더럽히는 성아"(겔 22:3)라는 말씀은 예루살렘이 더럽고, 냄새나는 우상들을 만들었다는 뜻이다. 여기에서 우상들에게 적용된 용어는 욥기 20장 7절과 에스겔서 4장 12절에서는 '똥'을 가리키는 의미로 사용되었다. 이방인들의 신들은 그렇게 일컬어질 정도로 무가치했다. 이제 서론은 이 정도면 충분할 듯하니 성경에 등장하는 다양한 우상들, 곧 이스라엘 백성이 포로기 이전에 숭배했던 우상들을 하나씩 차례로 살펴보기로 하자. 이스라엘 백성 전체나 최소한 그 대부분이 우상을 섬긴 탓에 그들 모두가 죄책을 감당해야 했다.

4장
모세 신학의 부패와 회복 4

바알브올은 이스라엘 백성이 애굽에서 나온 뒤에 숭배했던 최초의 이방 신이었다. 그들은 그것을 숭배함으로써 스스로를 더럽혔다. 이 우상은 민수기 25장 3절에 처음 언급되었다. "이스라엘이 바알브올에게 가담한지라." 이 사건은 시편 106편 28절("그들이 또 브올의 바알과 연합하여 죽은 자에게 제사한 음식을 먹어서")과 호세아서 9장 10절("그들이 바알브올에 가서 부끄러운 우상에게 몸을 드림으로 저희가 사랑하는 우상같이 가증하여졌도다")에 다시 언급되었다. 민수기 25장 18절은 이 가증한 우상을 '브올'로 간단하게 명명했다('이는 그들이 속임수로 너희를 대적하되 브올의 일과'). 여호수아는 "브올의 죄악으로…재앙이 내렸으나 오늘까지 우리가 그 죄에서 정결함을 받지 못하였거늘 그 죄악이 우리에게 부족하여서"(수 22:17)라고 말했다.

바알브올은 모압의 우상이었다. 모압 족속과 미디안 족속이 그것을 숭배했다. 모압 족속은 발람의 조언을 듣고 이스라엘 백성을 속여 바알브올 숭배에 가담하게 만들었다(민 31:15, 16). 신약성경에서까지 "네게 발람의 교훈을 지키는 자들이 있도다 발람이 발락을 가르쳐 이스라엘 자손 앞에 걸림돌을 놓아 우상의 제물을 먹게 하였고 또 행음하게 하였느니라"(계 2:14)라고 말할 정도로 이 사건은 불법의 유혹을 나타내는 대명사가 될 만큼 유명했다. 요세푸스도 미디안 족속이 설득력 있는 논증을 펼쳐 이스라엘 백성을 배교와 음행으로 유혹했다고 말했다.

이 우상이 정확히 무엇이었는지는 확실하게 알기 어렵다. 성경이 그것을 경멸하는 투로 그런 이름을 부여한 것일 수도 있다. 그것을 숭배했던 자들은 그것을 다른 이름으로 일컬었는지도 모른다.

'브올'이 음란한 것이나 추잡한 것을 나타내는 의미일 것으로 생각하는 사람들이 많지만, 이 용어의 기원은 매우 불확실하다. 이 말의 어근은 '열다, 벗기다, 드러내다'를 의미한다. 이 용어에 상응하는 아람어는 '먹은 것을 토하다, 게워내다'라는 의미를 지닌다. 마르틴 부처는 시편 106편을 주석하면서 이 용어를 그런 의미로 이해했고, 칼빈은 같은 구절을 다루면서 이 용어의 어근을 언급했지만 그것이 그런 의미를 지녔다고 확신하지 않았다. 랍비들은 이 우상을 언급할 때마다 '바알브올 앞에서 자기 자신을 벗기다'라는 의미로 말했다. 이런 사실로 미루어 볼 때, 고대의 해석자들은 대부분 바알브올을 프리아포스(헬라의 번식과 다산의 신)와 동일시했던 것을 알 수 있다. 그러나 나는 미디안 족속이 이스라엘 백성을 부추겨 우상을 숭배하는 의식의 일부였던 음란한 행위에 가담하도록 이끌었다는 사실 외에 다른 가능성은 없다고 생각한다. 사실, 프리아포스라는 우상은 당시에 존재하지 않았다. 이 우상은 엄청난 범죄를 저질러 자기 나라에서 추방되었다가 나중에 말하기도 부끄러운 이유로 신들의 반열에 오르게 된 람프사케누스 폰티쿠스에게서 유래했다. 엄격히 말해, 시므리와 고스비의 경우를 통해 알 수 있는 대로(민 25장), 음행은 공식적인 숭배 의식의 일부가 아니었다. 어떤 사람들은 '브올'의 추정된 의미와 프리아포스에 관한 허구적인 이야기를 결합해 이 우상에 관한 신비로운 의식을 설명하면서 그런 음란한 행위는 순결한 영혼과 눈으로는 차마 볼 수 없는 것이기 때문에 다른 사람들에게 절대로 강요해서는 안 된다고 주장했다. 이런 주장에 관해 좀 더 자세히 알고 싶으면 보시우스의『우상들의 기원에 관해(On the Origin of Idols)』를 참조하라. 지금까지 '열다'를 뜻하는 어근에서 비롯한 명칭이 이 우상에게 적용된 이유를 밝히려는 노력이 다양하게 이루어졌다. 예를 들어, 이사도레는 이 우상의 입이 크게 벌려진 상태로 조각되었거나 사람들이 그것을 보고 놀라 입을 쩍 벌렸기 때문이라고 말했다. 나는 초기 그리스도인들이 이스라엘 백성의 부도덕한 행위를 보고서 이 우상을 프리아포스와 동일시하려고 했기 때문일 가능성이 가장 크다고 생각한다. 유대인들도 이 어근의 의미를 활용해 이 우상을 숭배하는 의식으로부터 온갖 형태의 음란한 행위가 이루어졌다고 말했다.

앞서 언급한 대로, 이 우상을 숭배하는 의식에는 죽은 자에게 바친 제물을 먹는 행위가 포함되었다(시 106편). 어떤 사람들은 이 희생 제물이 세상을 떠난 사람들에게 바쳐진 것이었다고 이해한다. 그러나 그런 미신은 당시에 널리 퍼져있기는커녕 아예 존재하지도 않았다. 이미 말한 대로, 우상들은 능력과 힘이 전혀 없는, 죽어 있는 것들이었다. 따라서 '죽은 자'로 불리는 것이 당연했다. 바알브올도 그런 우상 가운데 하나였다. 그것에 바쳐진 희생 제물을 먹는 행위는 살아 계시는 하나님께 대한 반역이었다. 이것이 희생 제물이 '죽은 자에게 제사한 음식'으로 일컬어진 이유다.

이 바알브올이 어떤 우상이었는지는 정확히 알 수 없다. 나중에 바알로 일컬어지는 우상들에 관해 전반적으로 살펴볼 기회가 있을 것이다. 여기에서는 '브올'이라는 용어에만 초점을 맞추기로 하자. 이 용어는 매우 난해하기 때문에 다양한 추측이 난무하는 원인이 되었다.

그러나 "발락이 발람을 인도하여 광야가 내려다보이는 브올산 꼭대기에 이르니"(민 23:28)라는 말씀에서 알 수 있는 대로, 브올이 모압의 산 가운데 하나인 것은 분명하다. 그 산 위에 '벳브올(브올의 집)'로 일컬어진 신당이 건축되었다. 모세는 "벳브올 맞은편 모압 땅에 있는 골짜기에 장사되었다"(신 34:6). 브올 산 위에 신당이 세워졌다. 이 점을 고려하면 이 우상이 바알이었다는 것을 분명하게 알 수 있다. 민수기 22장 41절에서도 "발락이 발람과 함께 하고 그를 인도하여 바알의 산당에 오르매"라는 내용이 발견된다.

따라서 바알브올이라는 명칭이 모압인들이 숭배했던 바알의 신당이 있던 장소에서 유래했다고 생각하는 것이 가장 바람직하다. 이는 주피터가 '카피톨리누스'로, 조브가 '올림포스'로, 아테네가 '헬레니스'나 '라우레타나'로 불리는 것과 비슷하다.

수이다스는 '벨파고르(Belphagor)'라는 제목 아래 다음과 같은 해결책을 제시했다. 그는 바알은 '크로노스'이고, '파고르'는 그가 숭배되었던 장소를 가리킨다고 말했다. 테오도레트도 시편 106편을 해설하면서 브올이라는 명칭은 숭배 장소에서 유래했다고 말했다면서 '카피톨리누스'와 '올림포스'처럼 바알이라는 칭호를 붙일 필요가 없었다고 덧붙였다. 이처럼 바알브올은 브올산에서 숭배되었던 바알을 가리킨다. 이 점과 관련해 학자들이 제시한 온갖 현학적인 주장들은 전혀 고려할 가치가 없다. 그것은 단지 바알을 가리킬 뿐이다. 다음 장에서는 바알에 관해 살펴보기로 하자.

5장
모세 신학의 부패와 회복 5

바알은 이스라엘의 슬픈 배교의 역사에서 매우 큰 비중을 차지한다. 이는 고대 근동 지역에서 가장 유명하고, 명성이 높았던 우상이었다. 바알은 사사기 2장 11절을 통해 성경에서 처음 언급되었다. "이스라엘 자손이 여호와의 목전에 악을 행하여 바알들을 섬기며." 이스라엘 백성은 바벨론에 포로로 잡혀갈 때까지 줄곧 이 우상과 연루되어 스스로를 더럽혔다. 바알 숭배는 베니게 출신의 여성과 결혼한 아합 왕의 통치 시대에 절정에 달했다. 북이스라엘 열 지파 내에서 바알은 여호와 하나님의 자리에 올랐다. 이 극악한 죄에 오염되지 않은 사람은 단 한 사람도 발견하기가 어려웠다. 엘리야 선지자는 그런 사람이 아무도 없다고 믿었다. 하나님이 7,000명을 남겨두어 이세벨의 극렬한 박해로부터 그들을 보호하셨지만, 엘리야는 그 사실을 알지 못했다. 랍비들은 아합이 엄숙한 경고와 함께 여호와 하나님을 숭배하는 행위를 금지한다는 포고문을 사마리아 성문에 붙여 놓았다고 주장했다. 그러나 이 주장은 유대인들이 지어낸 또 하나의 거짓 이야기에 지나지 않는다. 심지어 바알 숭배를 가장 맹렬하게 옹호하고, 아합 가문의 온갖 사악한 범죄 행위를 앞장서서 이끌었던 이세벨조차도 나봇의 포도원을 강탈할 때 여호와 하나님을 모독했다는 율법을 이용해야 했다.

사사기 2장 11절을 비롯해 다른 많은 성경 구절에서 '바알들'이라는 복수형이 사용되었기 때문에 이것이 하나의 우상을 가리키는 명칭이 아닌 아람의 모든 신을 가리키는 일반적인 명칭일 것으로 추측하는 사람들이 많았다. 사실, '바알'이 '주'를 의미하고, 히브리인들은 항상 우상들이 그것들을 숭배하는 사람들에게는 '주인'이나 '주'와 다름없다고 주장했기 때문에 우상은 무엇이든 바알로 일컬어질 수 있다. 선지자들도 '바알들'이라는 용어를 사용해 특정한 하나의 우상을 미신적으로 숭배하는 행위만이 아닌 모든 형태의 불경한 숭배 행위(곧 유일하신 참 하나님 외에 다른 것에 스스로의 양심을 내맡겨 지배를 받는 행위)를 단죄했다.

그러나 사사기 10장 6절은 '바알들'을 아람이나 시돈이나 모압이나 암몬이나 블레셋의 신들과는 따로 구별해 열거했다. 이 명칭은 사사기 2장 13절에서는 단수형으로 쓰여 하나의 특정한 신을 가리키는 의미로 사용되었다. 따라서 하나의 바알 신이 존재했던 것으로 보이지만, 다른 많은 우상도 그 명칭을 따라 '바알들'로 일컬어졌을 가능성이 있다. 물론, 바알을 위해 세운 형상들이 매우 많았기 때문에 복수형이 사용되었을 수도 있다. 이것이 복수형과 단수형이 무차별적으로 사용된 이유일 수 있다. 바울 사도는 단수형을 사용해 이 악명 높은 우상을 가리켰다(롬 11:4).

바알세붑은 바알을 가리키는 또 다른 명칭이다. 이것은 아소도 근처에 있는 베니게 해안 도시 에그론의 우상이었다. 이스라엘 민족이 선지자를 통한 계시가 중단되는 징벌을 받고 있을 즈음에 아하시야 왕은 사자를 보내 이 우상에게 자기가 병에서 회복될 것인지를 물어보게 했다(왕하 1:2). '브올'의 경우처럼 '세붑'도 많은 학문적 논쟁과 억측을 불러일으킨 원인이 되었다. 엄격히 말하면, 이 용어는 파리를 뜻한다. 이것은 '파리들의 신'이라는 경멸의 의미로나 그것이 파리들을 쫓아내는 능력을 지녔다는 의미로 붙여진 것일 수 있다.

스칼리제르는 이 명칭이 처음에는 '희생 제물의 주인'을 의미했지만, 나중에는 희생 제물의 피로 인해 신당에 파리 떼가 몰려들었기 때문에 '파리들의 주'라는 경멸적인 의미로 바뀌었다는 견해를 피력했다. 어떤 사람들은 진절머리나는 파리들이 해안을 위협하는 상황에서 이 우상이 파리 떼가 그곳의 거주지를 침범하지 않도록 막아주는 역할을 했기 때문에 그런 명칭이 붙여졌다고 추측하기도 했다. 그러나 뮌스터(독일의 히브리어 학자)는 히브리인들 사이에서 이 이름이 사용된 이유를 정확하게 설명할 방법이 없다고 솔직하게 인정했다. 그런 식의 칭호가 이방인들 가운데서 사용된 경우도 더러 있었다. 예를 들어, 브루기아인들은 아폴론을 '생쥐의 신'을 뜻하는 '스민테우스'로 일컬었다. 그 지역에서 아폴론은 '생쥐를 잡은 신'으로 간주되었다. 아울러, 고대 유대 전통에 따르면 예루살렘 신전은 매일 많은 동물을 죽여 제물로 바쳤는데도 불구하고 성가신 파리 떼로부터 기적적으로 보호되었다고 한다. 따라서 이와 비슷한 개념이 우상이나 우상의 신당이나 그 숭배자들과 연관되었을 가능성도 배제할 수는 없을 듯하다.

신약성경에서는 이 명칭이 '바알세불'로 번역되면서 '귀신들의 왕'이라는 새로운 의미를 띠게 되었다. 이방인들의 우상들이 많은 속임수를 사용해 자신을 숭배의 대상으로 만든 귀신들에 지나지 않았다는 점을 고려하면, 이 특정한 우상(즉 가장 널리 숭배되었고, 가장 크게 존중받았던 우상)에게 그들의 군주이자 왕이라는 칭호를 부여한 것은 매우 자연스러운 일처럼 보인다. 마지막 글자들을 바꿔 '세불'로 일컬은 것은 그것을 숭배하는 자들을 더욱 수치스럽게 만드는 것이었다. 그 이유는 그것이 '똥'을 의미하기 때문이다. 앞서 말한 대로 그것은 이방의 신들을 일컫는 명칭이었다. 따라서 이 명칭은 '똥의 주'를 의미한다. 일부 사람들은 이것이 '거주지의 주'를 뜻한다고 주장하지만, 그럴 가능성은 거의 없다.

바알 숭배는 두로인들에게서 기원했다. 그들은 그것을 '하늘의 주'를 뜻하는 '바알사몬'으로 일컬었다. 아우구스티누스도 이 명칭을 언급하며 '사멘'이 하늘을 뜻하는 의미였다고 말했다. 이처럼 이 명칭은 '하늘의 주피터'처럼 '하늘의 주'를 의미할 수 있다. 명칭은 매우 다양하지만, 모두 바알이라는 하나의 우상으로 귀결된다.

사사기 8장 33절과 9장 4절에서는 세겜 족속의 신이 '바알브릿'으로 일컬어진 것을 알 수 있다. 이 명칭은 '언약의 주'라는 뜻이다. 〈70인경〉의 번역자들은 이 점에 착안해 히브리인들이 하나님을 버리고 실제로 바알과 언약을 맺었다고 생각했다. 그들은 "이스라엘 자손이 바알과 언약을 맺고 그를 자신들의 신으로 삼았다"라고 번역했다. 히에로니무스도 "그들이 바알과 협약을 맺고, 그를 자신들의 신으로 삼았다"라고 번역했다. 그러나 사사기 9장 4절은 이 신이 이미 그런 일이 있기 전부터 그 명칭으로 일컬어졌다는 것을 분명하게 보여준다.

바알이 베니게의 베리투스(오늘날의 베이루트) 지역에 거주했던 사람들의 신이었다는 견해도 있다. 그러나 앞서 말한 대로, 이 모든 우상은 전부 바알을 가리킨다. 단지 이 이름에 이런저런 이유로 다양한 명칭이 덧붙여졌을 뿐이다.

6장
모세 신학의 부패와 회복 6

이제 배교한 이스라엘 백성이 거룩한 땅에서 바알을 어떻게 숭배했는지를 잠시 살펴보기로 하자, 그들은 바알을 위해 조상들의 하나님을 거부하는 죄를 지었다.

예배 체계는 인위적이고 자연적인 것이거나 하나님이 선하신 뜻대로 친히 제정하신 것이거나 둘 중 하나다. 배교가 일어나면, 인위적인 예배 체계가 하나님이 제정하신 예배 체계를 밀어내는 현상이 빚어진다. 성령께서는 여로보암을 통해 우리에게 그런 사실을 일깨워주셨다(왕상 12:31-33). 그는 '자기 마음대로' 새로운 예배 의식을 제정했다(대하 13:9 참조). 배교자들은 하나님께 드려야 할 예배를 바알에게로 돌렸다. 도덕적인 예배가 이루어지려면, 믿음과 소망과 사랑으로 영혼을 하나님께 복종시키고, 그분이 항상 모든 것을 지켜보고, 인도하신다는 생각으로 기도와 기원과 간구와 엄숙한 호소를 통해 영혼의 갈망을 토로함으로써 신적 능력을 구해야 한다. 그런 예배는 무릎을 꿇고, 몸을 엎드리고, 찬양을 드리는 등, 영혼의 내적 활동을 외적으로 드러내는 방식을 통해 이루어질 수 있다. 우상 숭배자들은 이 모든 방식을 동원해 바알에게 종교적인 영예를 돌렸다. "그들이 아침부터 낮까지 바알의 이름을 불러 이르되"(왕상 18:26)라는 말씀을 통해 알 수 있는 대로,

그들은 그의 이름을 진지하게 부르면서 그를 향한 믿음과 소망을 구체적으로 드러냈다. 그들은 "바알이여 우리에게 응답하소서"라고 부르짖었다. 엘리야는 하나님 대신 바알을 선택한 그들에게 하나님을 따를 것인지 바알을 따를 것인지 결정하라고 요구했다(21절). 그들은 바알을 자신들의 하나님, 곧 마음을 감찰하고, 만사를 주관하는 전능한 신으로 주장하며 그의 이름으로 맹세했다(렘 12:16 참조). 거기에 그들은 무릎을 꿇고, 몸을 엎드리고, 입을 맞추는 행위를 곁들였다. 하나님은 그런 상황에서도 배교자들 가운데 자신의 남은 백성이 있다고 말씀하셨다. "그러나 내가 이스라엘 가운데에 칠천 명을 남기리니 다 바알에게 무릎을 꿇지 아니하고 다 바알에게 입 맞추지 아니한 자니라"(왕상 19:18).

인위적인 예배 체계를 채택한 이스라엘 백성은 하나님께 드려야 할 헌신을 우상에게 바치는 것으로 그치지 않고, 바알을 숭배하는 이웃 민족들에게서 빌려온 것이나 자신들이 스스로 고안한 것들을 첨가하기까지 했다. 그들은 바알을 위해 신당을 건축했다. 아합은 사마리아에 '바알의 신전을 건축했다'(왕상 16:32). 자주 언급되던 이 신전은 예후에 의해 파괴되어 공중 화장실로 전락하는 수모를 겪었다. 왕 가운데 바알 신전을 건축한 첫 번째 배교자는 아합이었다. 기드온의 개혁에 관한 내용을 통해 알 수 있는 대로(삿 6:28) 그 전의 우상 숭배자들은 신성한 숲을 조성하는 것과 제단을 쌓는 것으로 만족했다. 잘 알다시피, 하나님의 명령에 따라 성전을 건축한 사람은 솔로몬이었다. 하나님과 경쟁하고, 그분을 모방하려고 했던 고대의 우상은 자신의 종인 아합을 시켜 최초로 자기를 위한 신전을 세우게 했다.

"바알의 신전 안에 바알을 위하여 제단을 쌓으며"(왕상 16:32)라는 말씀에서 알 수 있는 대로, 신전 안에는 희생 제단이 놓여 있었다. 사실,

바알의 신전에는 형상들과 제단이 여러 개 있었다(대하 23:17, 왕하 3:2 참조). 그러나 그 형상들이 어떤 형태였는지는 확실하게 알 수 없다.

신성한 숲은 우상 숭배를 위한 또 하나의 장치였다. 이 숲은 두 가지 종류였던 것으로 보인다. 하나는 나무들이 무성한 자연적인 숲이었고, 다른 하나는 자연물을 형상화한 인공물과 주상들을 만들어 꾸민 인위적인 숲이었다. 기드온이 베어 없애버린 숲은 전자에 해당했다. 이 숲들은 종종 '높은 곳'에 위치했다. 후자에는 이동이 가능한 형상들이 세워져 있었는데, 그것들은 종종 신전으로 옮겨져 의식에 사용되곤 했다. 요시야는 여호와의 성전에서 '숲(아세라)'을 꺼내와서 기드론 시내에서 불살랐다(왕상 23:6). 열왕기 21장 7절은 간단히 '숲'으로 일컬어진 이 우상을 '아로새긴 숲(의 형상)'으로 일컬었다(〈킹 제임스 성경〉을 참조하라). 나는 예루살렘 성전이 완공되었을 때 그 이전에 예배 장소로 사용되었던 성막을 그 안으로 옮겨다 놓았을 것으로 생각한다. 그와 비슷하게 우상 숭배자들도 신전들을 건축하고 나서 전에 바알 숭배에 사용했던 나무숲을 버리고, 숲을 형상화한 인공물(그림이나 형상)을 주상들과 함께 그곳에서 옮겨왔을 것이다.

바알을 숭배하는 의식을 거행하기 위해 많은 제사장이 한데 모여 50명씩 무리를 지었다. 열왕기상 18장 19절에는 800명이 언급되었다. 그들 가운데 450명은 사마리아에 있는 바알 신전에서 의식을 주관하던 제사장들이었고, 나머지는 다른 도시들과 마을들에 인접한 숲에서 일하던 제사장들이었을 것으로 보인다. 이 제사장들은 '바알을 섬기는 자들'로 일컬어졌다(왕하 10:21). 참 하나님을 섬겼던 이들이 제사장들, 레위인들, 선지자들로 나뉘었던 것처럼, 그들도 세 부류로 나뉘었다. 첫 번째 부류는 상급자들의 명령과 지시에 따라 신전의 허드렛일을 처리했고, 두 번째 부류는 제사 의식을 주관했으며, 마지막 부류는 사람들을 거짓 예언으로 미혹하는 역할을 했다(왕하 10:19).

스바냐서 1장 4절("내가…남아 있는 바알을 그곳에서 멸절하며 그마림이란 이름과 및 그 제사장들을 아울러 멸절하며")에서 알 수 있는 대로, 이들은 모두 '그마림'으로 일컬어졌다. 이 용어는 열왕기하 23장 5절과 호세아서 10장 5절에서도 같은 의미로 사용되었다(한글 성경에서는 모두 '제사장'으로 번역되었다). 북스토르프의 설명에 따르면, 이 용어의 아람어 상당 어구는 '하위 제사장, 이방인 제사장, 우상을 숭배하는 제사장, 희생 제사의 주관자, 우상의 사역자'를 의미했다. 사사기 17장 5절에서 알 수 있는 대로, 아람인들은 이 용어를 제사장을 가리키는 의미로 사용했다. 이 용어는 하나님을 섬기는 제사장들을 가리키는 용도로 두어 차례 사용되기도 했기 때문에 경멸적인 의미와 좋은 의미를 둘 다 지니고 있었던 것으로 보인다. 사실, 아람어 신약성경은 그리스도를 '라브 그마림(대제사장)'으로 일컬었다(히 2:17).

어떤 사람들은 바알의 제사장들이 검은 옷을 입고 직임을 수행했기 때문에 그렇게 일컬어졌다는 견해를 제시했다. 그러나 '카마르'는 '뜨거워지다, 오그라들다, 불타다'를 의미하기도 한다. 이 점을 고려하면 그들이 어린아이들을 산 채로 불태워 바치는 무서운 의식을 거행했기 때문에 그런 칭호로 일컬어졌다고 결론지을 수도 있다. 물론, 이 용어의 의미를 다르게 설명할 수 있는 여지가 얼마든지 남아 있다. 그들은 그런 끔찍한 의식을 거행했기 때문에 얼굴이 거무스름하게 그을렸을 수도 있다. 열왕기하 10장 22절에서 알 수 있는 대로, 바알의 제사장들은 특별한 옷을 입었다. 한 사람의 수장이 그들 전체를 다스렸다. 여호야다의 개혁 운동이 일어났을 때 그들의 수장이었던 인물의 이름은 '맛단'이었다(왕하 11:18).

온갖 종류의 희생 제물이 바알에게 바쳐졌다. 하나님은 호세아 선지자를 통해 이스라엘 백성이 기름과 포도주와 곡식을 바알에게 바쳤다고 질책하셨다(호 2:8). 예레미야도 그들이 바알에게 분향했다고 여러 차례 말했다(렘 7:9, 11:13, 11:17). 그들은 (몇 년 동안 키웠으면 더 훌륭한 제물이 될 수 있었던) 송아지를 바알에게 바치기도 했다(삿 6:25, 26 참조). 그들은 심지어 인신 제사도 서슴지 않았다(이 문제는 다음 장에서 좀 더 자세히 살펴볼 생각이다).

이번에는 그들이 그렇게 화려하게 숭배했던 우상이 과연 무엇이었는지 잠시 생각해 보자. 앞에서 살펴본 대로, 어떤 사람들은 바알이 하나의 우상이 아닌 공통된 속성을 지닌 다양한 우상을(즉 미신적인 숭배를 받았던 모든 우상을) 가리킨다고 생각한다. 그러나 "여호와가 만일 하나님이면 그를 따르고 바알이 만일 하나님이면 그를 따를지니라"(왕상 18:21)라는 엘리야의 말은 그런 생각을 불식시킨다. 여호와가 이스라엘의 하나님을 가리키는 고유 명사인 것처럼, 바알은 우상 숭배자들이 섬겼던 거짓 신을 가리키는 고유 명사다. 앞서 말한 대로, 바알 숭배는 베니게에서 기원했다. 그곳에서는 태양이 하늘의 유일한 신으로 숭배되었고, '바알사몬'은 '하늘의 주'를 의미했다. 태양, 즉 바알은 빛과 모든 생명을 주관하는 것처럼 보였기 때문에 '주'로 일컬어졌다. 피조물 가운데 으뜸이었던 태양은 신으로 숭배되었다. 열왕기하 23장 5절의 '바알과 해와 달과 별'이라는 표현에 근거해 바알이 태양과 구별된다는 반론을 제기하는 것은 아무런 타당성이 없다. 그 이유는 '바알, 즉 해와 달과 별'이라는 식으로 '바알'을 설명하는 의미로 덧붙인 것일 수 있기 때문이다. 명칭이 많다고 해서 항상 다양한 것들을 의미하는 것은 아니다. 많은 이름으로 하나의 똑같은 우상을 섬겼을 것이 틀림없다. 앞에서 이미 태양을 가리키는 많은 명칭을 살펴본 바 있다.

어리석고 강퍅한 이스라엘 백성은 주변 민족들의 우상들을 숭배했다. 그들은 이름과 의식은 다양했지만, 실상은 똑같은 우상을 섬겼던 셈이었다. 물론, 우상을 섬겼던 이스라엘 백성이 자기들이 바알이라는 이름으로 태양을 숭배하고 있다는 사실을 항상 의식하고 있었다는 주장을 제기할 생각은 조금도 없다. 그들이 주변 민족들의 우상들을 숭배했던 진정한 이유는 그들이 번영을 누리며 모든 것을 자기들 마음대로 할 수 있는 것처럼 보였기 때문이다. 사악한 아하시야가 다메섹의 우상들에게 희생 제물을 바쳤던 이유도 그것들이 자신의 적들을 돕는다고 생각했기 때문이다.

7장
모세 신학의 부패와 회복 7

이스라엘의 역사 속에 등장한 두 번째 우상은 몰렉이다. 몰렉은 '암몬 자손의 가증한 몰록'(왕상 11:7)으로 일컬어졌다. 두로인들이 바알(주)로 일컬었던 우상을 암몬 족속은 몰록(왕)으로 일컬었을 수 있다. 누군가를 '주'로 일컫든 '왕'으로 일컫든 큰 차이는 없다. 몰렉은 몰록(암 5:26), 밀곰(왕상 11:33), 말감(습 1:5)으로도 일컬어졌다(이름의 접미사가 약간씩 달라진 것을 알 수 있다). 〈70인경〉은 레위기 18장 21절을 번역하면서 '왕'과 '주'의 중간쯤에 해당하는 헬라어 '아르콘(통치자)'을 사용했다. 이 우상은 레위기 18장 21절에 처음 언급되었다. 몰렉 숭배는 그 후 곧 널리 알려졌다. 몰렉 숭배 의식은 특히 두 가지로 악명이 높았다. 하나는 의식을 거행하는 방식이었고, 다른 하나는 의식을 자주 거행했던 장소였다. 몰렉 숭배는 '불 가운데도 지나가게 하는 의식'으로 유명했다(레 18:21, 신 18:10, 왕하 16:3, 23:16).

이처럼 몰렉 숭배는 두 종류의 의식, 곧 제물을 산 채로 불태우는 것과 불로 속죄 의식을 거행하는 것으로 이루어졌다. 보시우스는 단지 후자의 의식만 거행되었을 뿐이라고 주장했고, 마이모니데스도 그와 똑같은 견해를 피력했다. 마이모니데스는 "네 자녀를 몰록 앞에 내놓지 말라. 그 의식은 어떻게 이루어졌을까? 우선 큰 불을 피워놓고 나서 딸이든 아들이든 자녀 가운데 하나를 데려다가 그 신성한 불을 지키게 했다. 그러면 제사장이 나중에 아이를 아버지에게 다시 데려다주고, 아버지는 제사장의 승인을 받아 아이를 불 가운데로 지나가게 했다. 아이에게는 가능한 한 신속하게 불 가운데를 지나가라는 지시가 주어졌기 때문에 불에 타지 않았다. 그것은 단순히 불 가운데를 지나가는 의식이었다"라고 말했다.[1] 그러나 이런 주장은 성경의 명확한 말씀과 모순된다.

몰렉을 숭배하는 의식이 거행되었던 유명한 장소는 '힌놈의 아들 골짜기'였다. 그곳에서 아하스 왕은 자신의 자녀들을 불살랐다(대하 28:3). 예레미야는 다른 사람들도 그와 똑같은 일을 저질렀다고 증언했다(렘 7:31). 그 결과, 그 골짜기는 '죽음의 골짜기'로 일컬어졌다. 시편 저자도 불 가운데로 지나게 해 몰렉에게 제물로 바치는 의식을 그런 의미로 이해했다. "그들이 그들의 자녀를 악귀들에게 희생 제물로 바쳤도다 무죄한 피 곧 그들의 자녀의 피를 흘려 가나안의 우상들에게 제사하므로 그 땅이 피로 더러워졌도다"(시 106:37, 38). 이 말씀은 희생 제물을 산 채로 태워 바치는 의식을 분명하게 언급하고 있다. 유대인 모세 게룬덴시스와 이삭 아바르바넬도 이 의식을 그런 의미로 이해했다.

이스라엘 민족이 베니게인들을 통해 이 미신을 받아들였다는 것에 이의를 제기하는 사람은 아무도 없다(이미 살펴본 대로 베니게인들은 자신들의 자녀들을 사투르누스에게 제물로 바쳤다). 엔니우스(고대 로마의 시인)는 카르타고인들에 대해 "카르타고인들은 어린 아들들을 제물로 바치는 데 익숙했다"라고 말했다. 실리우스 이탈리쿠스(고대 로마의 정치인)도 "신들에게 용서를 구하기 위해 불이 지핀 제단 위에 어린 자녀들을 제물로 바치는 것이 디도(카르타고를 창설한 여왕)가 세운 민족의 관습이었다"라고 말

---

1   Moses Maimonides, *Concering Idolatry*, chapter 6.

했고, 소포클레스도 "갓난아이들을 크로노스에게 희생 제물로 바치는 것은 일찍부터 시작된 야만인들의 관습이었다"라고 말했다. 플라톤은 "인간을 제물로 바치는 것은 우리의 관습이 아니다. 우리는 그것을 가장 사악한 범죄로 간주한다. 그러나 카르타고인들은 인간을 제물로 바칠 뿐 아니라 그것을 합법적이고 신성한 일로 간주한다. 그들의 지도자들 가운데는 자기 아들을 크로노스에게 제물로 바친 사람들도 있다"라고 말했다. 사실, 베니게인들의 인신 제사를 언급하지 않은 고대의 저술가는 거의 없다. 이스라엘 백성은 그런 악한 관습을 본받아 큰 범죄를 저질렀다.

랍비 문헌의 저술가들도 이 가증스러운 제사 의식을 묘사했다. 그들은 "속이 빈 몰록 석상 안에는 일곱 칸의 방이 마련되어 있었다. 첫 번째 방은 가장 좋은 곡식 제물을 바칠 때 열었고, 두 번째 방은 비둘기 제물을, 세 번째 방은 양 제물을, 네 번째 방은 수양 제물을, 다섯 번째 방은 송아지 제물을, 여섯 번째 방은 황소 제물을 바칠 때 열었다. 그러나 아들을 바치기를 원하는 사람이 있을 때는 마지막 일곱 번째 방을 열었다. 이 우상의 얼굴은 송아지 형상이었고, 그 양손은 구경꾼들을 향해 뻗어 있었다. 그들은 어린아이가 우상 안에서 산 채로 불살라질 때 춤을 추었다. 어린아이의 비명이 들리지 않게 하려고 북을 두들겼다"라고 말했다. 리라(Lyra)는 "히브리인들이 몰록으로 일컫은 우상은 내부가 비어 있는 구리 조각상으로 인간의 형태를 하고 있었다. 우상 전체가 시뻘겋게 될 때까지 그 안에다 불을 지폈다. 그리고 나서 어린 소년을 앞으로 펼쳐진 우상의 팔 위에 올려놓았다. 제사장들은 죽어가는 어린아이의 울부짖음이 들리지 않게 하려고 북을 크게 두들겼다. 그런 식으로 아이의 부모들에게서 자연적인 동정심이 일어나는 것을 막았다. 그들은 아이의 영혼이 신들의 환영을 받으면서 고통 없이 평안하게 세상을 떠난다고 믿었다"라고 말했다. 이와는 약간 다른 이야기를 전하는 저술가들도 있다. 그들은 "그마림은 큰 불을 피우고 나서 아이의 아버지에게서 아이를 인계받아 다른 그마림에게 건네주었다. 그는 다시 아이를 부모에게 데려다주었다. 이 의식을 거행한 아이는 합당한 희생 제물로 인정되었다. 그러면 아이의 아버지는 아이를 불 가운데로 이끌어 불살라질 때까지 계속 앞으로 나아가게 했다"라고 말했다. "네 자녀를 넘겨주지 말라"라는 계명이 주어진 이유는 그마림에게 아이를 넘겨주는 관습 때문이었던 것으로 보인다. '넘겨 주는 것'은 희생 제물로 바치기 위한(즉 불태워 죽이기 위한) 준비 단계에 해당했다. 디오도로스 시쿨루스는 카르타고에 사투르누스에게 봉헌한 거대한 청동상이 있었고, 그 밑에는 인간 제물을 불태워 바치기 위한 불이 지펴져 있었다고 말했다. 드루이드 교도들 가운데도 이와 비슷한 관습이 있었다는 사실은 앞에서 이미 논의한 바 있다.

여기에서 불을 정화 의식에 사용했던 관습을 잠시 살펴보는 것이 좋을 듯하다. 시간이 지나자 우상 숭배자들은 그런 끔찍한 방식을 버리고, 덜 잔인한 수단을 채택했다. 그런 끔찍한 살육에 혐오감을 느꼈던 사람들은 실제 인간 대신에 인간의 형상을 제물로 바치기 시작했다. 우상 숭배자들은 불을 정화의 수단으로 삼았다. 우상을 숭배하는 의식에 자신을 정결하게 봉헌하려면 많은 고통을 겪어야 했다. 그런 고통 가운데 하나는 불 가운데로 지나가는 것이었다. 그 의식을 거행하려면 불에 데어 상처를 입을 수밖에 없었다. 나지안주스의 그레고리우스는 율리아누스를 논박하면서 "일련의 징벌의 단계를 거쳤다는 상처를 보여주지 않는 사람은 미트라를 숭배하는 신성한 의식에 참여할 수 없었다"라고 말했다. 논니우스(벨기에 출신의 의사)도 "그들은 가벼운 징벌을 당하고 나서 좀 더 심한 징벌을 당하는 과정을 거쳐야만, 마침내 신을 섬기는 신성한 의식에 참여할 수 있었다. 불과 물을 비롯해 다양한 방식의 시련을 통해 징벌을 받아야 했다"라고 말했고, 베르길리우스도 "우리는 특히 신성한 소락티스의 수호자 아폴론을 숭배한다. 우리는 신 앞에 소나무를 쌓아 불을 피우고, 불꽃 가운데서 경건한 믿음을 보여준다. 우리 예배자들은 시뻘건 숯 위를 딛고 서 있다"라고 말했다.[2] 이 점을 좀 더 알고 싶으면 플리니우스의 책을 참조하라.[3]

이스라엘 백성은 이런 관습에 물들어 큰 죄를 지었다. 그것이 미가 선지자가 "내가 무엇을 가지고 여호와 앞에 나아가며 높으신 하나님께 경배할까 내가 번제물로 일 년 된 송아지를 가지고 그 앞에 나아갈까…내 허물을 위하여 내 맏아들을, 내 영혼의 죄로 말미암아 내 몸의 열매를 드릴까"(미 6:6, 7)라고 말했던 이유였다. 참된 희생 제사가 무엇인지 몰랐던 비참한 위선자들은 죄로 인한 양심의 큰 가책에 짓눌려 미치광이와 같은 짓을 벌였다.

몰렉 숭배에 사용된 장소는 '힌놈의 아들 골짜기'였다. 아드리코미스(Adrichomis)는 "그 장소는 예루살렘 교외에 있었다. 그곳의 동쪽 가까운 곳에는 감람산이 있었다. 실로암 연못과 기드론 시내가 아름다운 성전에 물을 공급했고, 그 주위로는 나무가 무성한 유쾌한 숲과 동산이 많았다"라고 말했다. 다른 많은 우상도 마을 안에 신전과 신당을 가지고 있었지만, 건축물이 아닌 신전을 가진 우상은 몰렉뿐이었다. 이 골짜기는 이스라엘 백성이 가나안을 차지하기 이전부터 이미 '힌놈의 아들 골짜기'로 불렸다(수 15:8). 따라서 이 명칭의 기원을 굳이 찾으려고 애쓸 필요는 없다. 예를 들어, 어떤 사람들은 '그가 소리치다, 울부짖다'에서 '힌놈'이라는 용어가 유래했다면서 그곳에서 제물로 바쳐

---

2   Virgil, *Aeneid*, Book 9, chapter 3.

3   Pliny, *Natural History*, Book 7, chapter 2.

진 어린아이들의 비명 때문에 그렇게 일컬어졌다고 주장하지만, 나는 그곳이 그런 범죄로 오염되기 오래전부터 그곳을 처음 차지했던 소유자의 이름을 따라 그렇게 명명되었을 것으로 생각한다. '게헨나'는 '게 힌놈'에서 유래했다. 여호수아서 18장 16절에서도 '힌놈의 골짜기'라는 용어가 발견된다.

이 골짜기는 나중에 여러 가지 이유로 저주받은 자들의 거주지와 연관되었다. 히에로니무스는 고대인들이 그곳을 그런 식으로 생각하지 않았다고 말했다. 그러나 그는 이 아람어 표현을 잘 알지 못했던 것이 틀림없다. 이사야서 33장 14절을 비롯해 성경의 여러 곳에서 이용어는 종종 지옥을 가리키는 의미로 사용되었다. 그리스도께서도 게헨나를 그런 식으로 사용하셨다(마 5:29, 30, 10:28).

한때 매우 아름다웠던 골짜기가 끔찍하고, 혐오스러운 장소로 변했다. 그 이유는 그곳에서 힘없는 어린아이들을 산 채로 불살랐고, 산헤립이 이끄는 앗수르 군대가 전멸을 당했으며, 요시아 왕이 죽은 자들의 뼈를 던져 의도적으로 그곳을 더럽혔기 때문이다(왕하 23:4-14). 이처럼 그 골짜기는 그런 죄와 두려운 고통과 징벌이 이루어진 곳이기 때문에 하나님이 정하신 때에 죄인들에게 임할 영원한 형벌을 상징하는 예표가 되었다. 요시아는 그곳을 시체로 더럽혀 두 번 다시 미신적인 목적에 사용할 수 없게 했다.

이 골짜기 안에는 도벳으로 불리는 특별한 장소가 있었다. 이 용어는 미신적인 의식을 거행하기 위해 선정한 장소를 가리키는 것으로 보인다. "왕이 또 힌놈의 아들 골짜기의 도벳을 더럽게 하여"(왕하 23:10). 대다수 사람이 도벳이 '북'을 뜻하는 히브리어에서 유래했다고 생각한다. 우상 안에 있는 불을 피운 방에서 어린아이들이 죽어가며 내지르는 고통스러운 비명을 들리지 않게 하고, 또 자식을 제물로 바친 사악한 부모들이 그 소리를 듣고 동정심을 느끼지 못하게 하려고 북을 두들겼다. 포레리우스(포르투갈 출신의 도미니크회 신학자)는 이사야서 30장 33절을 주석하면서 '도벳'이 '경이로움, 놀라움'을 의미한다고 말했고, 그곳의 광경이 놀라움을 불러일으킨 데서 그렇게 불렸다고 설명했다. 그는 이 주장을 뒷받침하기 위해 욥기 17장 6절("하나님이 나를 백성의 속담 거리가 되게 하시니 내가 전에는 작은 북과 같았다")을 인용했다.[4]

이 구절은 성경 번역자들에게 약간의 어려움을 안겨주었다. 그들은 이 구절을 매우 다양하게 번역했다. 아리우스 몬타누스는 "나는 게헨나의 불처럼 될 것이다"라고 번역했고, 유니우스는 "나는 북의 양가죽처럼 될 것이다"라고 번역했다. 〈불가타 성경〉은 "나는 본보기가 될 것이다"라고 번역했고, 〈70인경〉은 "나는 그들의 웃음거리가 될 것이다"라고 번역했으며, 〈아람어 성경〉은 "나는 게헨나 안에 있을 것이다"라고 번역했다. 〈킹 제임스 성경〉은 "내가 전에는 작은 북과 같았다"라고 번역했고, 난외주에 '전에는' 대신 '그들 앞에서'라고 표기해 두었다. 경건한 욥은 자신이 웃음거리와 조롱거리가 되었다고, 곧 어리석은 사람들이 북처럼 두들기는 노리개가 되었다고 한탄했다(그것이 아니면 자신의 거듭된 불행이 마치 북을 마구 치는 것과 같았다는 의미일 수도 있다). 이사야서 30장 33절에서 이 용어는 영원한 징벌을 가리키는 의미로 사용되었기 때문에 대다수 주석학자는 욥기의 구절에서도 그와 똑같은 의미로 사용되었다고 생각할 것이 틀림없다. 힌놈의 골짜기에서 타올랐던 불과 그것이 상징하는 것(즉 예수님이 마귀와 그의 사자들을 위해 예비되었다고 말씀하신 영원한 불)을 비교해 보면, 이사야가 그곳을 저주받은 자들이 거하며 형벌을 받게 될 장소를 가리키는 의미로 사용했다는 것을

---

4 역주: 〈킹 제임스 성경〉은 후반절을 이렇게 번역했고, 〈한글 개역개정 성경〉은 〈새 국제역 성경〉과 마찬가지로 "그들이 내 얼굴에 침을 뱉는구나"로 번역했다. 창세기 31장 21절도 함께 참조하라.

분명하게 알 수 있을 것이다.

그곳에서 실제로 어떤 우상을 숭배했는지에 대해 상당한 혼란이 있을 수 있다. 그 이유는 몰록 숭배가 바알 숭배와 매우 유사했기 때문이다(바알에게도 어린아이들을 희생 제물로 바쳤다). 힌놈의 골짜기에는 그를 위한 '사당'이 건축되어 있었다(렘 7:31). 아모스는 이스라엘 백성이 '광야에서 40년 동안 몰록을 숭배했다고' 말했지만(암 5:25, 26, 행 7:42, 43 참조), 이스라엘의 역사를 돌아보면 그 당시에는 바알브올 외에 다른 우상은 언급되지 않았던 것을 알 수 있다. 따라서 몰록은 곧 바알이었고, 바알은 태양신이었다. 어떤 사람들은 제사의 형태가 사투르누스 숭배를 가리킨다고 주장하지만, 보시우스는 두로인들이 섬겼던 '사투르누스'는 다름 아닌 태양이었다고 말했다.

몰록은 스발와임 사람들이 자기 자녀들을 불태워 바쳤던 아드람멜렉(아남멜렉)이었다(왕하 17:31). '아드람멜렉'은 '위풍당당한 왕'이라는 뜻이고, '아남멜렉'은 '왕이 응답하다'라는 뜻이다. 이것은 사람들이 이 우상으로부터 신탁을 받았다는 것을 암시한다.

이처럼 형태는 다양했지만, 그것들은 모두 태양신 숭배였다고 결론지을 수 있다. 후대의 우상 숭배자들은 모든 가면을 벗어던진 채 대놓고 태양을 신으로 떠받들며 숭배했다. 이스라엘의 역사를 통해 알 수 있는 대로, 유다의 왕들은 태양에게 말과 병거를 제물로 바쳤다(왕하 23:11). 잘 알려진 대로, 동방 세계에서 말들은 태양을 위한 신성한 제물로 간주되었다. 이 점에 대해 좀 더 자세히 알고 싶으면 크세노폰과 파우사니아스의 책을 참조하라.[5] 헤로도토스도 말과 함께 병거를 제물로 바쳤다고 말했지만[6] 진짜 병거인지 모형인지는 확실하지 않

---

5   Xenophon, *Cyropaedia*, Book 7. Pausanias, *Description of Laconia*.
6   Herodotus, *Histories*, Book 10.

다. 제물로 바친 말은 전령사들이 매일 왕의 명령서를 가지고 아침 해가 막 떠오를 무렵에 타고 달려갔던 빠른 준마들이거나 왕과 수행원들이 태양을 숭배하기 위해 타고 갔던 왕궁의 말들이었을 것이다. 말들을 제물로 바치는 것은 태양을 숭배하는 의식의 일부였다. "낮을 동쪽으로 향하여 동쪽 태양에게 예배하더라"(겔 8:16). 앞에서 살펴본 대로, 태양 숭배는 매우 일찍부터 시작되었다.

8장
모세 신학의 부패와 회복 8

이번에는 아스다롯을 비롯해 이름 없는 우상들을 몇 가지 살펴보기로 하자. 아스다롯은 열왕기서에서 '시돈 사람의 여신'으로 두 차례 일컬어졌다(11:5, 33, 히브리어는 신을 가리키는 여성형 명사가 없기 때문에 그대로 번역하면 '여신'이 아닌 '신'이다). 이 여신은 사사기 2장 13절에 처음 언급되었고, 사사기 10장 6절과 사무엘상 31장 10절에 또다시 언급되었다. 이 이름과 똑같은 이름으로 불린 도시도 있었다(신 1:4, 수 9:10). 이 우상의 이름을 따라 명명된 것이 분명하다. 우상들의 이름을 따라 도시의 이름을 짓는 일은 매우 흔했다. 그런 도시들은 그 이름을 가진 우상을 숭배하는 중심지였다.

아스다롯이 양의 형태를 띤 우상이라는 것과 그 이름이 어린 암양을 가리키는 이름이라는 것이 유대인들의 일반적인 견해다. 그러나 많은 양과 가축을 이 우상에게 희생 제물로 바쳤기 때문에 그런 이름을 지니게 되었다는 견해도 있다. 〈70인경〉은 사무엘상 7장 4절을 번역하면서 '아스다롯의 숲'이라는 표현을 사용했다. 따라서 이 우상을 숲에서 숭배했다고 말하는 사람들이 많다.

아스다롯은 아사르테(아람의 가장 유명한 여신), 아테르가티스, 데르케토와 같은 다른 이름으로 일컬어지기도 했다. 이 이름들이 모두 아스다롯에서 유래했다는 것이 일반적인 견해다. 이 여신에 관한 아테나이우스의 설명(특히 아테르가티스라는 이름에 관한 설명)은 아무런 근거가 없다. 그는 가티스 여왕이 자기 외에는 아무도 생선을 먹어서는 안 된다는 포고령을 공포했고, 그로 인해 '아테르가티도스'라는 별명을 얻게 되었다고 생각했다. 자신들이 섬기는 신들에게서 이름들의 기원을 찾는 것이 헬라인들의 관습이었지만, 올바른 학자라면 아테르가티스가 아스다롯에게서 유래했다는 것을 선뜻 인정할 것이 틀림없다.

그런데도 이 전설로부터 생선을 먹지 않는 것이 아스다롯 숭배의 일환이었다는 터무니없는 이야기가 생겨났다. 에리트레아의 디오게네스가 말한 대로, 아람인들 사이에서도 그에 못지않은 어리석은 이야기가 한 가지 회자되었다. "어느 날 비너스가 유프라테스강을 보려고 자기 아들 큐피드와 함께 아람에 왔다. 갑자기 거대한 티폰이 나타났다. 비너스와 그녀의 아들은 강물 속으로 뛰어들었고, 물고기로 변신해 위기를 모면했다. 그 근처에 살던 아람인들은 이것을 보고 물고기를 더 이상 먹지 않았다. 혹시나 신들을 공격하거나 낚아 올리기를 원하는 것처럼 보일까 봐 두려웠기 때문이다." 아마도 이보다 더 어리석고, 터무니없는 이야기는 다시 없을 것이다.

이 우상의 하반신은 물고기 형태를 띠고 있고, 머리와 가슴은 여인의 모습을 하고 있다는 내용이 자주 발견된다. 그런 형상이 어디에서 기원했는지는 불확실하지만, 그로 인해 물고기를 숭배하는 미신이 생겨났을 가능성이 있다. 닛사의 그레고리우스는 이 우상이 비너스라고 말했다. 나는 이 우상이 예레미야가 자주 언급했던 '하늘의 여왕'과 동일한 우상이라고 확신한다. 따라서 아스다롯은 달과 동일시될 수 있다. 달은 또한 비너스, 디아나, 주노 루키나 등과 동일시되기도 한다. 이처럼, 이 우상은 많은 이름을 가지고 있다. 아스타르테라는 아람의 여신이 사실은 달이라는 것이 루키아노스의 견해였다. 히에로니무스는 예레미야서 7장 18절의 '하늘의 여왕'이 별들 사이에서 위세를 떨치는 달을 가리킨다고 말했고, 호라티우스는 "달이 열등한 발광체들 위에서 빛을 비추듯, 율리아누스의 별이 열등한 사람들 위에서 빛을 비춘다"라고 말했다.[1] 이런 말들은 '하늘의 여왕'이 비너스 여신을 가리킨다는 것을 분명하게 보여준다. 비너스가 달이라는 것은 일찍부터 인정된 사실이다.

물론, 히브리어에서 '태양'을 가리킬 때 이따금 여성형 용어가 사용되었고, 아람인들도 '루누스'로 불리는 신을 섬겼다는 사실을 근거로 내세워 태양을 하늘의 여왕으로 주장하는 사람들도 없지 않았다. 그러나 나는 그런 문법적인 추론이 특별한 가치를 지니고 있다고 생각하지 않는다. 태양은 모든 문화권에서 '하늘의 주'라는 칭호를 부여받았지만, 달에게는 단지 '하늘의 여왕'이라는 칭호만 부여되었다.

필로스트라토스는 아프리카에 살던 유대인들이 '하늘의 여왕'이라는 칭호로 운명의 여신을 숭배했다고 말했다. 그는 "갓에게 상을 베풀며 므나에게 섞인 술을 가득히 붓는 너희여"라는 이사야서 65장 11절을 염두에 두었을 것이 틀림없다. 이 말씀은 매우 다양하게 번역되었다. 〈70인경〉은 '신(divinity)'을 뜻하는 '다이모니온'과 '운명'을 뜻하는 헬라어를 사용해 "신에게 상을 베풀고, 운명에게 섞인 술을 가득히 붓는 너희여"라고 번역했다. 히에로니무스의 라틴어 성경도 '운명'이라는 용어를 사용했고, '므나'로 번역된 히브리어 '메니'는 대명사로 취급해 "운명에게 상을 베풀고, 그것에게 술을 가득히 붓는 너희여"라고 번역했다. 심마쿠스는 히에로니무스와 똑같은 방식으로 이 구절을 이해했고, 유니우스는 "큰 무리에게 상을 베풀고, 한갓 숫자일 뿐인 것

---

1   Horace, *Odes*, Book 1, Ode 12, line 46.

에 술을 붓는 너희여"라고 그 용어들이 지닌 문자적인 의미를 밝히려고 노력했다. 이 구절에 사용된 두 개의 히브리어 가운데 '가드'는 '군대, 무리'라는 뜻이고, '메니'는 '세다, 계산하다'라는 뜻이다. 따라서 〈킹 제임스 성경〉은 이 용어들을 '군대'와 '그 숫자'로 번역하고, 난외주에 '가드'와 '메니'라고 표기했다. 아리아스 몬타누스는 "주피터를 위해 상을 베풀고, 메니를 위해 술을 붓는 너희여"라고 번역했다. 번역이 매우 다양하기 때문에 어떤 것이 더 낫다고 말하기 어렵다. 확실한 것은 여기에서는 '하늘의 여왕'이 전혀 언급되지 않았다는 것이다. 주석학자들은 행성들의 상서로운 조합, 천궁도, 주피터, 머큐리, 별자리, 행운, 에돔의 신들에 관해 다양한 견해를 제시했고, 아무런 근거도 없이 상상을 초월하는 온갖 공상을 펼쳤다.

나는 온전히 동의하는 것은 아니지만 그나마 히에로니무스의 말이 이 구절의 의미와 가장 근접한 내용일 것으로 생각한다. 그는 이렇게 말했다. "많은 도시들, 특히 애굽과 알렉산드리아에 고대의 우상 숭배 관습이 존재한다. 한 해의 마지막 날이 되면 새 포도주를 섞은 음료와 함께 온갖 음식이 가득한 상을 차려 다가올 한 해의 풍요를 약속하는 좋은 징조로 삼는다. 이스라엘 사람들도 혹시나 우상들을 통해 불길한 일이 일어날까 봐 그런 관습을 따랐다." 우상 숭배자들은 태양과 달은 물론, 하늘의 모든 별을 숭배했다. 히에로니무스는 그렇게 말하면서 열왕기상 11장 33절의 그모스를 언급했다. 이사야서 15장에 언급된 우상들이 바로 그런 신들이었다. 우리는 여기에 사사기 11장 24절에 언급된 몰렉을 추가할 수 있다.

마지막으로, 이름이 언급되지 않은 우상들도 있었다. 아하스가 제물을 바쳤던 '다메섹 신들'이 그 가운데 하나다(대하 28:23). 그는 심지어 그것들을 위해 제단까지 만들었다(왕하 16:11-13). 아사 왕의 어머니

마아가는 숲에 형상을 만들어 세웠다(대하 15:16). 히브리어로는 그것을 '끔찍한 것'으로 일컬었고, 〈불가타 성경〉은 '프리아포스의 형상'으로 일컬었으며, 다른 번역 성경들은 '가증한 것'으로 일컬었다. 이런 표현들은 죽음과 공포를 불러일으키는 것을 가리킨다. 카스탈리오는 이것을 '신성한 숲에서 갑작스레 나타나 사람들을 두렵게 만드는 것'으로 번역했다.

이밖에 징조, 손금, 풍수, 복술, 제비뽑기, 델포이 신탁과 같은 기만적인 행위들은 여기에서의 논의 주제와 관련이 없기 때문에 굳이 다루지 않아도 될 듯싶다. 비참한 배교자들이 유일하신 참 하나님을 저버리고, 악하고, 미신적인 마음으로 숭배했던 우상들 가운데 중요한 것들을 살펴보는 것만으로 충분하다.

9장
모세 신학의 부패와 회복 9

이번에는 배교자들이 종교적인 제의를 행하면서 저질렀던 죄를 잠시 살펴보기로 하자. 그들은 계시를 통해 제정된 예배 체계를 자기들이 멋대로 생각해낸 예배 체계로 대체하기 시작했다. 가장 먼저 주의를 기울여야 할 것은 아론의 금송아지다(출 32:1-5). 모세가 자리를 비우고 산 위에 올라간 사이에 이스라엘 백성은 하나님의 임재를 보여줄 가시적인 상징물을 원하기 시작했다. 그때만 해도 이스라엘 공동체를 위해 상세하게 제정된 예배 체계는 존재하지 않았다. 따라서 그들은 아론을 압박해 금송아지를 만들게 했다. 그들은 "우리를 위하여 우리를 인도할 신을 만들라 이 모세 곧 우리를 애굽 땅에서 인도하여 낸 사람은 어찌 되었는지 알 수 없노라"(출 32:23)라고 말했다. 그들은 사실 하나님의 역할이 아닌 모세의 역할을 해줄 신을 구했던 셈이다. 그들이 오늘 아론을 강요해 만든 것을 내일부터 신으로 숭배할 의도를 지녔다고 생각하기는 어렵다. 우상들을 신으로 간주할 의도가 없이, 단지 환유적 의미로 신들의 이름을 우상에게 부여하는 것은 흔한 관행이었다. 그들이 원했던 것은 하나님의 임재를 구체적으로 느끼게 해줄 상징물을 만드는 것이었다.

어떤 사람들은 아론이 이 송아지를 애굽의 아피스의 형태로 빚었을 것으로 생각한다. 그것은 애굽의 제사장들이 죽은 아피스 황소를 기리기 위해 금으로 만든 형상이었다. 어쩌면 그들은 황소가 일을 해 땅의 열매들을 얻게 해주는 중요한 역할을 했다는 점을 고려했을 수도 있다. 그러나 성경은 이것이 수송아지의 형상이었다고 말씀하는 것처럼 보인다. 왜냐하면 시편 106편 20절에 '송아지'를 뜻하는 용어와 남성형 분사가 하나로 결합된 형태가 사용되었기 때문이다. 헤로도토스는 애굽인들이 이시스를 기리는 의미로 암송아지를 신성시했지만, 희생 제물을 바칠 때는 수송아지를 사용했다고 말했다. 호세아 선지자가 여로보암이 광야의 금송아지를 모방해 만든 송아지 형상을 여성형 명사로 일컬은 것을 문제로 간주할 필요는 없다. 〈70인경〉은 그것을 근거로 '암송아지'로 번역했지만, 히에로니무스가 옳게 주석한 대로 선지자는 단지 조롱의 투로 그렇게 일컬었을 뿐이다. 성경은 그것이 큰 형상이었다고 암시한다. "자기 영광을 풀 먹는 소(수소)의 형상으로 바꾸었도다"(시 106:20). 스데반도 마음이 다시 애굽으로 향했던 이스라엘 백성의 죄를 꾸짖으면서 이 형상을 언급했다(행 7:39, 40). 그것은 그들이 애굽에서 보았던 형상들과 똑같았다.

출애굽기의 이야기를 통해 분명하게 알 수 있는 대로, 이스라엘 백성은 여호와 외에 다른 신을 섬길 의도가 없었다. 그들은 하나님을 대신할 또 다른 전능한 신을 찾지 않았고, 단지 모세의 역할을 대신해 줄 중재자를 원했을 뿐이다. 그들은 이 송아지를 보는 순간, "이스라엘아 이는 너희를 애굽 땅에서 인도하여 낸 너희의 신이로다"라고 외쳤고, 아론은 그 앞에 제단을 쌓고 "내일은 여호와의 절일이니라"라고 말했다(출 32:4, 5). '너희의 신'은 본래는 복수형이지만, '신들'이 아닌 '신'으로 읽는 것이 좋다. 그 이유는 송아지도 하나였고, 그것을 봉헌 받은 하나님도 한 분이셨기 때문이다. 느헤미야서 9장 18절은 "또 그들이 자기들을 위하여 송아지를 부어 만들고 이르기를 이는 곧 너희를 인도하여 애굽에서 나오게 한 신이라 하여"라고 말씀한다. 이것은 송아지가 '너희 하나님의 형상'이라는 뜻, 곧 그분이 '너희 가운데 계신다는 것을 보여주는 가시적인 상징물'이라는 뜻이다. 그들이 참으로 어리석고, 강퍅한 백성이었던 것은 사실이지만, 그렇다고 그들이 광야에서 며칠 만에 만들어낸 송아지를 정말로 자기들을 애굽에서 인도해 낸 신으로 믿었다고 생각하는 것은 전혀 사리에 맞지 않는다. 만일 이스라엘 백성이 실제로 그렇게 믿었다면, 스스로를 송아지보다 더 우매한 짐승으로 만드는 어리석음을 범하게 되었을 것이다.

아론은 이스라엘 백성을 불러 모아놓고 금송아지를 봉헌하고 나서 '여호와의 절일'을 선포했다. 그것은 축제와 춤으로 금송아지 형상 앞에서 여호와 하나님을 영화롭게 하는 날, 곧 아피스나 오시리스나 이시스가 아닌 여호와를 기리는 날이었다. 이스라엘 백성은 광야에서 다름 아닌 여호와 하나님을 영화롭게 했다. 당대의 권위자 가운데 하나였던 존 레이놀즈는 우상 숭배를 다룬 책과 요한계시록에 관한 논문을 통해 이 점을 학문적으로 가장 잘 설명했다.

이스라엘 백성이 그런 일을 저지른 것이 중대한 죄에 해당한다는 것과 하나님이 그런 미신적인 행위와 예배 형식을 임의로 결정하는 것을 극도로 혐오하신다는 사실이 그 일의 결과를 통해 분명하게 드러났다. 이 자리에서 이 점을 상세하게 설명하는 것은 적절하지 않고, 다만 "내가 보응할 날에는 그들의 죄를 보응하리라"(출 32:34)라는 말씀에서 "송아지를 만들지만 않는다면 이스라엘은 아무런 징벌도 받지 않을 것이다"라는 유대인의 격언이 생겨났다는 사실을 기억하는 것으로 충분할 듯하다.

이 죄를 짓는 순간, 이스라엘 백성은 가장 큰 오명을 뒤집어쓰고,

대대로 이방인들 사이에서 조롱거리가 되고 말았다. 다시 말해, 이스라엘 백성이 금송아지를 숭배했던 사건은 이방인들에게 예루살렘 성전에서 금나귀를 숭배했다는 거짓된 이야기를 지어낼 빌미를 제공했다. 이 이야기는 더할 나위 없이 사악한 거짓말이지만, 이스라엘 백성의 어리석음이 그런 거짓말의 근거와 빌미가 되었다는 것은 분명한 사실이다. 타키투스는 "그들은 길을 잃은 자기들을 구원하고, 목마름에서 구해준 그 피조물의 형상을 지성소에 봉헌했다"라고 말했다.[1] 그는 그 피조물이 나귀였다고 말했다. 이 뛰어난 역사가의 이 한마디 말은 지극히 간단명료한 그 자신의 문체조차도 능가하는 것처럼 보인다. 왜냐하면 그 한마디 말로 놀라운 위업을 달성했기 때문이다. 다시 말해, 역사상 간단한 말 한마디로 그토록 많은 거짓말을 퍼뜨린 저술가는 그 외에는 아무도 없었다. 그러나 나는 복잡한 미궁과도 같은 거짓 속에서도 올바른 역사를 어렴풋하게나마 감지할 수 있다고 생각한다. 성경의 역사를 살펴보면, 이스라엘 백성이 때때로 길을 잃고, 목마름에 지쳐 광막한 광야에서 이리저리 헤매곤 했다는 것을 알 수 있다. 그들은 자기들에게 물이 있는 곳과 가야 할 길을 알려줄 안내자를 간절히 원했다. 그러나 그들이 물이 있는 곳으로 향하는 한 무리의 나귀를 발견하고, 그것들을 자신들이 간절히 바라던 안내자로 삼았다는 것은 늙은 여인네들이 지어낸 헛된 이야기일 뿐이다.

이 구절을 통해 분명하게 알 수 있는 사실은 그들이 금송아지를 만든 이유가 하나님의 임재를 보여줄 가시적인 상징물, 곧 어려울 때 신탁을 구하고, 광야의 길을 인도해줄 대상을 원했기 때문이라는 것이다. 이스라엘 백성은 가나안에 정착하고 나서 오랜 세월이 지난 뒤에도 광야에서의 일을 본보기로 삼아 단과 벧엘에 그와 비슷한 형상을

---

1   Tacitus, *Histories*, Book 4, chapter 4.

만들어 세웠다. 그러나 이방인들은 세부적인 내용을 그릇 혼동해 금송아지를 살아 있는 나귀로 변경시켜 반석에서 물이 나왔던 기적은 나귀들이 이스라엘 백성을 샘물가로 인도했다는 이야기로, 단과 벧엘은 예루살렘으로 바꾸어놓았다. 아마도 요세푸스(이스라엘 백성의 행위와 고대 역사를 가장 꼼꼼하게 다루었던 역사가)가 아론의 금송아지 사건에 대해 일체 아무 말도 하지 않고 침묵을 지켰던 것은 이방인들의 그런 허무맹랑한 이야기들이 새롭게 회자되거나 오래도록 지속될 기회를 주지 않기 위해서였던 것으로 보인다. 〈벤 우지엘의 탈굼〉은 이 죄에 대해 "이 일에 관한 악한 소문이 땅 위의 모든 민족들 가운데 퍼져나갔고, 그로 인해 우리는 오늘날까지도 오명을 뒤집어쓰고 있다"라고 말했다.

출애굽기 32장 20절은 모세가 이 송아지를 '부수어 가루를 만들어 물에 뿌려 이스라엘 자손에게 마시게 했다'라고 말씀한다. 셀던과 그로티우스는 이 말씀에 '아피스를 침수하는 의식'이 암시되어 있다고 생각했다. 애굽인들은 정해진 시간에 아피스를 나일강의 물로 씻는 의식을 거행했다. 그러나 그것은 우상을 숭배하는 의식의 하나이자 매우 미신적인 행위였기 때문에 모세가 이스라엘의 우상 숭배자들을 징벌하면서 그런 의식을 모방했을 가능성은 조금도 없다. 이 견해는 성경의 진술을 정면으로 거스른다.

일부 유대인 지도자들은 "내가 불에 던졌더니 이 송아지가 나왔나이다"(출 33:24)라는 말씀을 근거로 아론은 금송아지를 숭배한 죄에 연루되지 않았다고 주장했다. 그들은 아론이 이스라엘 백성이 우상 숭배를 위해 아낌없이 바쳤던 장식물들을 건네받아 불에 던져 넣기는 했지만, 애굽에서 빠져나올 때 그들과 함께 나왔던 애굽의 마술사들이 마법을 이용해 금송아지 형상을 만들어냈다고 주장했다. 벤 우지엘은 거기에서 한 걸음 더 나가서 사탄이 금덩이 위에 내려와서 그것을 송아지 형상으로 빚었다고 말하기까지 했다. 이런 주장은 모두 아론의 행위에 관한 성경의 증언과 완전히 모순된다. 성경은 "아론이 그들의 손에서 금 고리를 받아 부어서 조각칼로 새겨 송아지 형상을 만드니"(출 32:4)라고 말씀한다. 그런데도 프란시스 몽크는 아론의 혐의점을 모두 제거하려고 노력했다.[2] 그의 현학적인 논문에는 마구 지어낸 근거 없는 내용이 많이 포함되어 있다. 어떻게 제정신으로 그런 말을 할 수 있는지 그저 놀라울 따름이다. 그는 아론이 당시에 대제사장이었고, 산 위에서 어떤 형상도 만들어서는 안 된다는 하나님의 말씀이 주어졌을 때 그 형상의 형태를 목격했다고 주장했다. 더욱이 그는 그룹의 형상을 만들라는 하나님의 명령이 훨씬 나중에야 주어졌는데도 송아지가 그룹을 나타낸 것이라고까지 주장하기까지 했다. 그는 하나님이 형상을 만드는 행위를 분명하게 금지하셨다는 사실을 깡그리 무시했다. 그는 일일이 열거하기조차 귀찮을 정도로 많은 곳에서 성령의 증언과 모순되는 말을 거침없이 늘어놓았다.

아론은 이스라엘 백성에게 여호와 하나님 외에 섬겨야 할 또 다른 신을 제시하지는 않았지만, 인위적인 예배 체계에 참여했을 뿐 아니라 하나님의 확실하고, 분명한 명령을 어기고 가시적인 상징물을 만드는 죄를 저질렀다.

---

2   Francis Monk, *The Absolution of Aaron*.

10장
모세 신학의 부패와 회복 10

모세 이후 오랜 세월이 흐르고 나서 여로보암이 아론의 금송아지를 모방해 두 개의 금송아지를 만들었다. 여로보암의 우상 숭배는 그것으로부터 기원했다. 애굽에 요셉의 탁월한 업적을 기리기 위한 송아지 형상이 세워졌고, 요셉의 혈통을 이어받은 에브라임 지파에 속했던 여로보암이 송아지를 그의 신성한 상징물로 채택해 자신의 가문을 숭앙하도록 했다는 일부 저술가들의 주장은 허무맹랑하기 그지없다. 이 문제와 관련된 사실은 매우 불확실하고, 해석도 극단적일 때가 많다. 아론의 송아지가 나중에 송아지를 만들었던 일에 일종의 영감을 제공했다는 것이 상식에 훨씬 더 잘 부합한다. 이스라엘 백성이 조상들의 행위를 기억하고, 기념하기를 좋아했다는 사실은 광야 생활을 하는 동안 만들었던 놋뱀과 기드온의 에봇을 통해서도 잘 드러난다. 나중에 금송아지를 만든 일은 열왕기상 12장 28-32절에 기록되어 있고, 성령께서는 역대기하 13장 6-9절에서 여로보암이 그것을 만들었던 이유를 좀 더 분명하게 설명하셨다.

당시에 레위 지파는 유다 왕국을 출입하는 행위가 금지된 상황이었는데도 다른 경건한 이스라엘 사람들과 함께 하나님의 계명에 충실하기 위해 조상 적부터 살던 고향을 떠나 유다 왕국으로 이주했다. 지배욕과 권력욕에 사로잡힌 사람들은 경건한 믿음의 행위조차도 은밀하고, 악의적인 의도를 감춘 행위로 간주하는 경향이 있다. 여로보암도 마찬가지였다. 그는 예루살렘으로 순례의 여행을 떠나는 사람들이 참된 종교적인 의도를 지녔다고 생각하지 않고, 자신의 통치권을 거부하거나 자기의 목숨을 노리는 음모에 가담할지 모른다고 의심했기 때문에 그런 자유를 허용하려고 하지 않았다. 그러나 율법에 따르면, 이스라엘의 모든 남성은 일 년에 세 차례 예루살렘 성전에 가서 하나님을 예배해야 했다. 여로보암은 그 율법을 지키다 보면 자기 백성이 점차 줄어들고, 많은 사람이 자신의 적들과 내통하는 사태가 빚어질 것으로 생각했다. 그는 그런 관습을 지키면 왕국이 오래 유지되지 못할 것이라는 결론에 도달했다. 어떻게 하면 좋을까? 하나님과 그분에 대한 예배를 노골적으로 거부하고, 백성들이 자기와 함께 죄에 동참해 주기를 바라야 할까? 인간적인 것이든 신적인 것이든, 다른 어떤 것보다 자신의 야심을 더 중요시했던 여로보암은 새로 잡은 권력이 아직은 몹시 불안정했기 때문에 그런 위험한 실험을 시도해 무작정 백성들이 자기와 함께 그런 극악한 불경죄를 저지르기를 바라기가 어려웠다. 따라서 그는 아론이 금송아지를 만든 전례를 떠올렸고, 아론이 한때 구상했던 방식으로 여호와 하나님을 예배할 수 있다고 백성들을 설득했다. "이에 계획하고 두 금송아지를 만들고 무리에게 말하기를 너희가 다시는 예루살렘에 올라갈 것이 없도다 이스라엘아 이는 너희를 애굽 땅에서 인도하여 올린 너희의 신들이라 하고"(왕상 12:28). 이처럼 그는 아론이 금송아지를 봉헌하면서 했던 말과 똑같이 말했다.

여기에서도 그들이 거부했던 것은 하나님이 아닌 예루살렘이 그분을 예배하는 중심지라는 사실이었다. 여로보암과 그의 백성은 금송아지를 통해 여전히 여호와 하나님을 숭배하려는 의도를 지녔다. 나중에 예후가 바알 숭배를 척결했을 때도 이스라엘 열 지파는 금송아지 숭배를 고집했던 것을 알 수 있다(왕하 10:18-29). 그들은 마지막으로 멸망해 포로로 잡혀갈 때까지 그 관습을 유지했다.

'드라빔'도 우상이었다. 유대인들 사이에서 드라빔이 최초로 언급된 곳은 사사기 17장 5절이다. 이것에 대해서는 아브라함의 신학을 다룰 때 살펴본 바 있다. 그것들이 무엇이었는지는 정확하게 알 수 없다. 그로티우스는 '별들이 상서로운 기운을 낼 때 제작한 형상들'이라고 말했다. 사울의 딸 미갈의 이야기는 그것이 인간의 형태나 얼굴을 한 작은 우상들이었다고 암시한다. 그녀는 자기 아버지가 다윗을 죽이려고 보낸 전령들을 속이려고 그것을 그의 침상에 눕혀 놓았다. 그들은 그 형태를 보고 다윗이 병들어 침상에 누워 있다고 생각했다(삼상 19:13). 커처는 드라빔이 인간의 얼굴을 한 형상이었다고 말하며 그것을 만드는 방법을 다음과 같이 묘사했다. "그들은 처음 난 아들을 죽여 머리를 비틀어 떼어냈고, 그것을 소금에 보존했다. 그런 다음에는 금박지에 부정한 영의 이름을 새기고, 촛불을 켠 채로 그 머리 앞에서 경배했다."

고대인들은 죽은 자를 통해 점을 치는 방법을 사용했다. 하드리아누스 황제는 죽은 자의 창자를 살펴 신들의 의중을 파악하기 위해 자신의 미동 안티노우스를 죽이게 하고 나서 그를 신들의 반열에 올려놓았다. 형상들 앞에 촛불을 켜는 관습은 지금도 여전히 계속되고 있다. 성경을 보면, 드라빔을 점치는 용도로 사용했던 것을 알 수 있다. 스가랴는 '드라빔들은 허탄한 것을 말하며'(슥 10:2)라고 말했고, 에스겔은 '우상(드라빔)에게 묻고'(겔 21:21)라고 말했다. 커처는 드라빔 숭배가 마귀 숭배였다고 말했지만, 그것은 한갓 유대인의 헛된 이야기에 지나지 않는다. 그 이유는 이스라엘 백성이 비록 드라빔을 사용했지만,

여호와 하나님 외에 다른 신을 섬길 의도는 전혀 없었기 때문이다. 이스라엘 백성이 사용했던 드라빔은 로마인들의 가정 신들처럼 가지고 다니기 쉬운 작은 형상들이었다. 미가가 자신의 우상을 만드는 데 사용했던 은은 본래 그의 어머니의 것이었다. 그녀는 그것을 '드라빔을 만드는 데' 바쳤다(사사기의 기록을 보면, 미가가 레위인 제사장을 얻고서 매우 기뻐했던 것을 알 수 있다. 만일 그가 여호와 하나님을 섬길 의도가 없었다면 자신의 제사장이 어떤 지파 출신이든 괘념치 않았을 것이다. 삿 17:13 참조). 드라빔은 '제사장의 예복'인 에봇과 함께 제작되었다. 기드온의 에봇은 포로기 때까지 보존되었지만, 호세아는 이스라엘이 에봇이나 드라빔이 없어도 은총을 얻게 될 것이라고 예언했다(호 3:4). 어떤 사람들은 호세아가 이 구절에서 참된 예배와 거짓 예배를 언급했다면서 에봇은 여호와에 대한 예배를, 드라빔은 우상 숭배를 각각 가리킨다고 주장하지만 나는 동의할 수 없다. 둘 다 미신의 대상이자 도구였다. 에봇으로 점을 치는 것이나 드라빔으로 점을 치는 것이나 그릇되기는 마찬가지였다.

에봇의 형태는 출애굽기에 상세하게 묘사되어 있기 때문에 여기에서 길게 설명할 필요는 없을 듯하다. 그것은 금실로 짠 겉옷이었다. 처음에는 이스라엘의 승리를 상기시키는 물건이었지만 나중에는 미신적인 용도로 그릇 사용되었다. 아우구스티누스는 기드온의 에봇이 전체를 대표하는 물건으로 언급되었다면서 기드온이 이스라엘 백성을 고무해 하나님을 예배하도록 이끌기 위해 제사장의 의복을 모두 제작했을 것으로 생각했다. 만일 그렇다면, 그의 열정은 칭찬할 만한 가치가 있다. 그러나 그것은 오용되었고, 악한 결과로 이어졌다. 비록 하나님을 완전히 저버릴 의도는 없었다고 하더라도, 그것들은 그분의 명백한 뜻을 거스르는 도구였다. 광야에서 놋뱀을 만든 일은 모두가 잘 아는 사실이다. 그것도 처음에는 경건한 목적으로 제작되었지만, 나중에는 미신적인 행위로 왜곡되었다. 히스기야 왕은 결국 그것을 부숴 없애버렸다(왕하 18:4).

이것들이 거짓 예배의 도구와 수단으로 사용된 주된 우상들이었다. 이스라엘 백성은 이것들을 통해 배교의 길을 걷기 시작했다. 그들은 모세 신학의 근본 원리에서 벗어나기 시작하자 온전히 부패해 더러워졌고, 우상 숭배에 깊이 빠져들었다. 그들은 마침내 하나님의 징벌을 받았고, 이 가증한 우상 숭배의 늪 속에서 허우적거리던 열 지파는 귀환의 희망이나 약속 없이 적국의 포로가 되어 끌려갔다(대하 36:16).

11장
모세 신학의 마지막 폐지

지금까지 살펴본 대로 배교자들은 인간이 고안한 우상 숭배 관습을 도입함으로써 모세 신학의 근본 원리를 훼손했다. 이번에는 그들이 모세 신학의 다른 본질적인 요소들을 어떻게 무시했는지를 살펴보기로 하자. 모세 신학은 값없이 주어지는 칭의와 영원한 구원이 메시아의 중재와 공로를 통해 실현될 것이라고 가르쳤다. 이 위대한 진리는 시간이 흐르면서 율법의 행위와 올바른 의식과 제의의 집행이라는 영혼을 파괴하는 오류로 대체되었다. 그 결과, 마음이 강퍅한 사람들은 그런 거짓에 미혹되어 마치 자기들만 하나님의 관심을 받을 자격이 있는 것처럼 오로지 자신만을 생각하며 교만하게 행동했다. 진심 어린 복종에는 아무런 관심도 없이 온갖 악한 일을 저지르기를 좋아했던 그들은 희생 제사와 종교의식만을 전적으로 의지했다. 하나님은 오랫동안 선지자들의 사역을 통해 그런 치명적인 오류를 제거하려고 노력하셨지만, 이스라엘 백성은 부도덕한 생각과 미신에서 돌이키지 않고 충실한 증인들을 향해 분노를 터뜨렸다. 정의는 조금도 아랑곳하지 않고 선지자들을 핍박한 것은 결코 작은 죄가 아니었다. 모세 신학은 장차 메시아가 세상에 오면 율법의 의식들은 미리 정해진 목적을 완수하고, 모든 역할을 끝마치게 될 것이라고 가르쳤지만, 그들은 그 가르침을 무시하고, 자신들의 의식이 영원할 것이라는 거짓 이야기를 지어냈다.

이런 배교 행위 때문에 하나님은 70년의 포로 생활이라는 징벌을 통해 교회를 깨끗하게 정화하기를 원하셨다. 그들의 배교는 너무나도 심각했기 때문에 경건한 자들을 배교자들과 분리하는 것과 같은 방법만으로는 충분한 개혁이 이루어질 수가 없었다. 더욱이 당시에는 교회와 국가가 서로 밀접하게 연관되어 있었기 때문에 둘 중에 어느 하나만을 정화하는 것이 불가능했다. 교회는 형편없이 줄어들어 소수의 충실한 자들만 남게 되었다. 그들은 온갖 불의, 강탈, 방탕, 살인, 압제뿐인 상황 속에 휩싸여 있었다. 그런 상황에서 하나님은 북쪽 열 지파는 더 이상 회복하려고 애쓰지 않고 국가의 멸망이라는 징벌을 가하셨고, 남쪽 유다는 새롭게 정화시켜 나중에 약속의 땅에 다시 돌아와서 참된 모세 신학을 올바로 준수하는 데 필요한 기초를 새롭게 다지게 하는 경륜을 펼치셨다.

유다 왕국의 교회도 전부는 아니지만 대부분 배교를 저질렀기 때문에 거기에 상응하는 끔찍한 징벌을 받았다. 예루살렘과 성전이 불과 칼에 의해 산산이 파괴되었고, 그곳의 거주자들은 비참한 포로 신세가 되어 적국으로 끌려갔으며, 그로 인해 모든 예배가 중단되고 말았다.

그러나 하나님은 자기 백성을 향한 사랑이나 섭리를 베풀어 교회를 돌보는 일을 중단하지 않으셨다.

12장
에스라의 교회 개혁 1

하나님은 포로기에도 교회를 보살피는 일을 중단하지 않으셨다. 그 기간에도 선지자들을 통해 주어진 그분의 약속이 경건한 자들의 믿음을 계속해서 고무했다. 포로 생활은 응당한 징벌이었지만, 국가적인 죄에 대한 자애로운 아버지의 징계와 같았다. 포로로 잡혀간 이스라엘 백성의 상태는 하나님에 대한 체계화된 예배나 의식과 무관했던 다른 민족들의 상태와는 달랐다. 교회가 공적인 예배를 중단하지 않은 상태로 내적으로 개혁되기에는 불가능한 상황이 도래한 것은 사실이었지만, 그들은 그 기간에도 기록된 하나님의 말씀을 소유했고, 성령의 임재를 경험했으며, 선지자들의 가르침을 받았을 뿐 아니라 확실한 귀환의 약속을 의지했다. 성전이 거룩했던 것처럼 예루살렘과 온 유다가 거룩했다. 제사장은 모두 특정한 가문의 후손들이었고, 신성한 의식이 하나의 특정한 장소에서 이루어졌다. 따라서 제사장들의 대다수가 부패해져 배교를 저지르게 되면 일반 백성도 대거 그렇게 될 수밖에 없었기 때문에 철저한 정화와 궁극적인 회복이 이루어지려면 그들을 모조리 예배의 장소에서 제거해야만 했다. 미리 정해진 포로 기간이 지나자 유다 백성은 선지자들과 경건한 제사장들의 인도 아래 고향에 돌아와서 계시된 신학의 원칙에 따라 철저한 교회 개혁을 이룰 수 있었다. 에스라서와 느헤미야서와 같은 역사서와 학개서와 스가랴서와 말라기서와 같은 예언서는 이 과정을 소상하게 기술하고 있다.

에스라의 개혁이 견인차가 되어 시작된 이 개혁에서 근본 요소가 몇 가지 발견된다. 그것은 ⑴ 성전의 회복, ⑵ 대(大)회당의 설립, ⑶ 성경 사본들의 신중한 개정, ⑷ 열정적인 말씀 선포, ⑸ 혼합된 민족들의 분리다.

나는 이 가운데서 성전의 회복과 관련된 내용은 다루지 않기로 마음먹었다. 그 이유는 그 내용이 우리의 목적에 맞지 않고, 또 다른 사람들이 이미 적절하게 잘 다루었기 때문이다.

유대인들은 이 개혁의 두 번째 요소(대회당의 설립)를 매우 명예로운 일로 생각한다. 그들은 당시의 개혁자들을 '대회당의 사람들'로 일컫는다. 이 회당, 즉 의회는 일찍이 광야에서, 곧 모세가 71인으로 구성된 의회를 설립해 자기를 돕게 했을 때 처음 생겨났다. 이 의회는 규모가 작은 의회나 지역 의회와 구별하기 위해 흔히 '대의회'로 일컬어졌다. 어떤 학자들은 이 의회가 광야 세대에만 국한되었고, 가나안에 정착한 이후로 사사들과 왕들이 임명되었을 때는 더 이상 존재하지 않았다고 주장했다. 셀던은 의회들의 존재를 강력하게 옹호하면서 그런 주장을 논박했다. 물론, 그는 의회들이 활동을 중단했을 때가 많았다는 사실까지 부인하지는 않을 것이 분명하다. 이 회당, 또는 의회가 백성들이 포로 생활에서 돌아오면서 신속하게 복구되었다. 에스라 개혁의 중요한 한 부분이었던 이것에 아무런 흥미를 느끼지 못하고, 그것이 한갓 유대인의 허구에 지나지 않는다고 주장하는 사람들도 있다. 나는 그저 그런 사람들이 거짓투성이인 탈무드의 저술가들이 임의로 지어내 자신들의 목적에 부합하는 것만 '전통'으로 인정한 것을 무작정 받아들이지만 않는다면 더 바랄 것이 없겠다. 조금 전에 말한 대로, 71인 의회는 하나님의 분명한 명령에서 비롯된 신성한 제도였다. 만일 하나님의 율법을 잘 읽고 철저한 개혁을 이루겠다는 뜨거운 열정을 품고서 포로 생활에서 돌아온 선지자들과 지도자들이 자신들의 권위와 질서를 유지하는 데 필요한 의회를 신속하게 복구하지 않았다고 생각한다면, 나로서는 굳이 입씨름을 벌이며 시간을 낭비하고픈 생각이 전혀 없다. 개혁자들은 자신들의 의무를 잘 이행했을 것이 틀림없기 때문에 백성들에게 크게 유익할 뿐 아니라 자신들의 통치에 꼭 필요한 제도를 소홀히 하지 않았을 것이 분명하다.

이들이 '대회당'의 의원들로 불렀던 이유는 이전에 정확하게 정해졌던 숫자를 채웠기 때문이 아니라 그 직임을 감당할 만한 충분한 자격과 자질을 지녔기 때문이다. 그들은 영감을 받은 사람들, 곧 선지자이자 성령의 도구들이었다. 교회는 모세 시대 이후로 그런 의회의 유익을 누리지 못했다. 따라서 개혁에 참여한 사람들은 하나님이 제정하신 제도가 그토록 오랫동안 무시되어온 것을 알고 그것을 다시 복구하려고 시도했다. 모든 개혁은 성경에 근거한 신적 권위를 내세워 충실한 자들을 유익하게 하는 관습과 관례를 확립하는 데 초점을 맞춘다. 이 교회 개혁은 최초에 확립된 모세 신학을 따랐기 때문에 개혁자들과 선지자들을 비롯해 하나님이 선택하신 사람들은 모세처럼 행동해야 했다. 그들은 모세처럼 막중한 임무(오랜 세월에 걸쳐 황폐해져 온 민족의 재건)를 맡았다. 그들이 참된 신학의 원칙에 따라 모든 것을 회복하려고 정성을 다해 노력했던 일들이 성경에 많이 기록되어 있다. 그 가운데 하나가 초막절의 회복이었다. "율법에 기록된 바를 본즉 여호와께서 모세를 통하여 명령하시기를 이스라엘 자손은 일곱째 달 절기에 초막에서 거할지니라 하였고… 백성이 이에 나가서 나뭇가지를 가져다가 혹은 지붕 위에, 혹은 뜰 안에, 혹은 하나님의 전 뜰에, 혹은 수문 광장에, 혹은 에브라임 문 광장에 초막을 짓되 사로잡혔다가 돌아온 회중이 다 초막을 짓고 그 안에서 거하니 눈의 아들 여호수아 때로부터 그 날까지 이스라엘 자손이 이같이 행한 일이 없었으므로 이에 크게 기뻐하며"(느 8:14, 16, 17). 그들은 일곱째 달의 절기를 지켰지만, 여호수아의 때부터 그때까지는 초막절을 지킨 적이 없었다.

그러나 사무엘 선지자, 다윗 왕, 요시야 왕을 비롯해 과거의 위대한 개혁자들이 모두 무시한 듯 보이는 고대의 관습을 회복하는 것이 무슨 유익이 있었을까? 거룩한 예배와 종교적인 의식이 절정에 달했던 다윗 시대 이전까지 개혁을 이끌어나간다는 것은 지나치게 규칙에 얽매이는 행위가 아니었을까? 그러나 하나님은 이 문제를 그런 식으로 생각하지 않으셨다. 그분은 자신이 만 왕의 왕이요 만 주의 주라는 것을 널리 알리는 의식을 기쁘게 여기셨고(슥 14:16-19 참조), 계시된 말씀의 원칙에 모든 것을 맞추려고 노력하는 것이 옳다는 것을 개혁자들에게 분명하게 일깨워주셨다.

그런 다음에는 사회 개혁이 이루어졌다. 그것은 솔로몬의 시대부터 이스라엘 민족과 차츰 섞여 살게 되었던 이방인 아내들을 축출해 교회를 정화하는 것이었다. 유대 남성들은 최초의 관습과 하나님의 뜻을 저버리고 여러 명의 아내를 두었을 뿐 아니라 가장 사소한 이유를 들어 제멋대로 이혼을 남발했다. 말라기는 "이는 너와 네가 어려서 맞이한 아내 사이에 여호와께서 증인이 되시기 때문이라 그는 네 짝이요 너와 서약한 아내로되 네가 그에게 거짓을 행하였도다…오직 하나를 만들지 아니하셨느냐 어찌하여 하나만 만드셨느냐 이는 경건한 자손을 얻고자 하심이라…이스라엘의 하나님 여호와가 이르노니 나는 이혼하는 것을…미워하노라"(말 2:14-16)라고 말했다. 이 말씀은 포로기 이전의 시대에는 전혀 존재하지 않았던 관습을 강하게 질타하고 있다. "오직 하나를 만들지 아니하셨느냐"라는 15절은 약간 모호한 면이 있다. 그 이유는 '하나'라는 용어가 남성형인 듯해 한 사람의 여성을 가리키는 의미로는 적합하지 않기 때문이다. 이런 이유로 이 말을 '하나님만'이라는 의미, 곧 "오직 그분만이 창조하지 않으셨느냐"라는 의미로 번역하는 성경 번역자들이 많다. 랍비 다윗 킴치가 말한 대로, 이 용어의 여성형은 존재하지 않는다. 어쩌면 '하나'를 중성형으로 간주하는 것이 더 정확할지도 모른다. 이와 매우 흡사한 문법 구조가 스가랴서 11장 7절에서 발견된다. 〈요나단의 탈굼〉은 '하나'가 아브라함을 가리킨다는 터무니없는 설명을 제시했다. 그러나 성경의 참된 저자요 가장 뛰어난 해석자인 우리 주 예수 그리스도께서는 이 말을 태초에 창조된 하나의 여성을 가리키는 의미로 이해했고, 합법적인 혼인을 통해 한 남자와 한 여자가 결합하는 것이 하나님의 뜻이라고 가르치셨다. 이와 비슷하게 '이혼하는 것'으로 번역된 선지자의 말도 상당히 모호한 면이 있다. 히에로니무스는 이 구절을 "너희는 아내가 미우면 버린다"라고 번역했다. 〈킹 제임스 성경〉은 난외주에 이 번역을 표기했지만, "나는 이혼하는 것을…미워하노라"라고 그와는 다르게 번역했다. 이 구절은 확실히 애매한 측면이 있지만, 나는 후자의 번역이 성령의 의도에 가장 가깝다고 생각한다. 말을 첨가하지 않고 본문에서 발견할 수 있는 의미를 그대로 표현하는 것이 최선이다. 따라서 나는 이 구절을 하나님이 이혼하는 것을 미워하신다는 의미로 이해하고 싶다.

그런 방식으로 바벨론 포로 생활을 마치고 돌아온 유대 교회를 위한 개혁의 토대가 마련되었다. 개혁자들은 하나님이 본래 제정하신 것들(곧 오랜 세월이 흐르면서 무시되어 잊힌 것들)을 부지런히 찾아내 믿음으로 철저하게 적용했고, 정성을 다해 준수했다.

성경의 정확성에 관해서는 앞에서 이미 말한 바 있다(땅 위의 교회가 명맥을 유지하는 것은 보배로운 성경 덕분이다). 교회는 성령의 돌보심을 받으며 하나님의 섭리를 통해 보존되어왔다. 성경은 모든 개혁의 궁극적인 토대이기 때문에 다시금 좀 더 특별한 관심을 기울여 살펴봐야 할 필요가 있다. 에스라와 그의 동료들과 선지자들은 그때까지 충실하게 보존되어온 고대의 성경 사본들을 소유하고 있었을 것이 틀림없다. 곳곳에 흩어져 살면서 사본들을 제작하는 과정에서 필사 상의 오류가 발생했고, 그들은 그것을 바로잡기 위해 최대한의 노력을 기울였다. 그들은 성경에서 그런 오류를 찾아내 제거하는 작업을 하는 동안, 하나님의 강력한 인도와 영감을 경험했을 것이 분명하다. 어떤 사람들은 그런 개정 작업이 이루어지면서 '히브리 글자체가 바뀌었다는' 근거 없는 주장을 제기했다. 그러나 이미 살펴본 대로, 에스라는 히브리 문자를 바꿀 생각도 없었고, 그렇게 할 수도 없었다. 그는 거룩한 성경 저자들과 선지자들이 하나님이 가르쳐주신 형태대로 기록한 고대의 문자를 존중히 여겨 보존해야 했다.

이 밖에도 성경이 모두 소실되었지만, 기억을 통해 기적적으로 복구되어 에스라를 통해 재기록되었다는 이상한 견해가 있는데 의외로 양식 있는 사람들 사이에서 많은 신뢰를 얻고 있다. 어쩌면 이 견해는 앞의 견해보다 더 어리석고, 신성모독적일 수 있다. 제발 앞으로는 교회를 향한 하나님의 보살핌과 섭리와 사랑을 그런 식으로 폄훼하는 사람들이 다시는 나타나지 않았으면 좋겠다.

학식 있는 사람들 가운데 에스라가 성경 본문에 히브리어 모음 부호를 첨가했다고 가르치는 사람들이 매우 많다. 나는 그런 견해를 논박하거나 그 가능성을 부인할 생각은 없다. 유대 교회 안에서 선지자들의 사역이 끝나자 성경을 순수하게 보존해야 할 책임이 대두되었고, 그것 때문에 모음 부호가 필요했을 것이다. 모음 부호가 신적 기원을 지니고 있고, 기록된 계시의 필수 요소였다고 이해한다면, 그것이 히브리어와 함께 생겨났다고 생각하든, 에스라가 고안한 것으로 생각하든 아무런 차이가 없을 것이다. 그러나 모음 부호가 탈무드 시대, 곧 랍비 시대 이후에 개발되었다고 주장하는 사람들도 있다. 이 문제는 논의의 여지가 있다. 나는 이 책의 의도와 목적에 가장 잘 부합하는 한도 내에서 이 문제에 대한 나의 견해를 밝힐 생각이다. 나는 아무도 기분 나쁘게 하고 싶지 않고, 그 누구도 특별히 논박할 생각이 없다. 마치 병아리를 막 부화하고 나서 꼬꼬 우는 암탉을 다른 곳으로 쫓아내는 것처럼, 나의 노력을 고맙게 생각하는 사람이 아무도 없더라도 나는 묵묵히 내 일을 할 뿐이다.

특별 주제: 히브리어 모음 부호의 기원

방금 말한 대로, 성경에 깊은 관심을 기울였던 에스라와 그의 동료들이 모음 부호를 개발해 스물두 자의 자음으로만 이루어진 언어에 첨가했다는 것이 일부 학자들의 견해다. 그와는 달리 어떤 학자들은 모음 부호가 히브리 문자와 함께 생겨났다고 주장한다. 후자의 견해를 애써 옹호해야 할 이유는 없지만, 그렇다고 그것을 반대하고 싶은 생각도 없기는 마찬가지다. 물론, 이것은 에스라가 모음 부호를 개발했다고 주장하는 사람들이 후자의 견해도 신적 기원을 지닌다고(곧 하나님의 영감에서 비롯한 것이라고) 인정해 줄 것을 전제로 한 발언이다.

내가 특별 주제를 통해 옹호하고, 지지하려는 견해는 우리가 오늘날 하나님의 은혜로 유익하게 사용하고 있는 히브리어 모음 체계가 에스라 시대 이후에 생겨나지 않았고, 무오한 신적 기원을 지닌다는 것이다.

탈무드 시대의 랍비들 이후에 모음 부호가 생겨났다고 주장하면서 다른 주장을 펼치는 사람들을 가차 없이 비난하는 이들이 있다. 나는 그들의 그런 근거 없는 자신감에 전혀 위축되지 않고 그들의 주장을 철저하게 분석해볼 생각이다. 자기만족과 교만으로 마음이 한껏 부풀어 오른 사람들이 자신들의 견해를 강요하기 위해 쏟아내는 격한 분노와 위협에 단호히 맞서거나 최소한 그것을 무시해버리는 법을 터득하지 못한 사람은 오늘날과 같이 분쟁이 심한 시대에는 모든 논쟁을 중단하고, 진리를 옹호하려는 희망마저 포기하는 것이 나을 것이다. 분쟁을 일으키는 열정이 더는 없었으면 좋겠다.

학자들이 맨 처음에 이 문제에 대해 다양한 견해를 피력하며 서로 나뉠 때만 해도 어떤 식으로 논쟁을 종결할 것인지는 그다지 큰일처럼 여겨지지 않았을 것이다. 유대인들 가운데 모음 부호에 관한 견해를 피력할 생각을 가졌던 학자는 레위인 엘리아스가 유일했다. 그는 모음 부호가 없는 성문 율법과 나란히 전통적인 불문 율법이 존재했고, 랍비들이 백성들 가운데서 미신과 배교가 점차 기승을 부릴 때 전통적인 율법이 잊히는 것을 방지하기 위해 모음 부호를 첨가해 그 둘을 하나로 결합했다고 주장했다. 그는 최소한 모음 부호의 신적 기원을 의심하지는 않았다. 그는 그런 랍비들을 영감을 받은 하나님의 대변자로 생각했다. 모음 부호가 직접 계시되었는지, 아니면 선택받은 사람들이 영감을 받아 만든 것인지는 별로 중요하지 않다. 그리스도인들은 모음 부호가 후대에 기원했다는 개념을 처음 다루었을 때만 해도 자신들의 사변을 통해 얼마나 많은 해악이 발생할 것인지 전혀 예상하지 못했다. 우리는 마침내 성경을 훼손하려는 학자들의 대담함이 끝을 모르고 날뛰고, 더는 용납하기 어려운 수준에까지 도달한 시대를 맞이했다. 그런 일이 날로 증대되고 있는 까닭에 언젠가는 성경에 신성한 것이나 확실한 것이 아무것도 남지 않을 것처럼 느껴진다. 하나님의 말씀을 공경하고, 구약성경의 진리 가운데 가장 작은 것까지도 안전하게 지키는 것이 모든 사람의 의무다. 히브리어 모음 부호가 랍비 시대 이후에 생겨났다는 이 근본적인 오류로부터 교회 안에서 수많은 오류가 발생해 널리 퍼져나감으로써 성경의 진리 자체를 파괴하려는 위협이 대두되었다.

어떤 사람들은 상형 문자의 경우처럼 성경의 말씀도 따로 떼어 하나씩 연구해야 한다고 주장한다. 또 어떤 사람들은 유대인들이 모음 부호를 사용함으로써 성경 자체가 오염되고, 변경되었다고 말한다. 벨라르미노는 후자의 견해를 피력하는 사람 가운데 하나다.[1] 모리누스는 한술 더 떠서 모음 부호가 없으면 히브리어는 의미가 통하지 않는다면서 오류를 저지를 가능성이 있을 뿐 아니라 어떤 것들을 틀리게 말한 사람들, 곧 열정만 가득할 뿐 확실성은 부족한 사람들이 모음 부호를 개발했기 때문에 성경을 삶과 믿음의 규칙으로 받아들일 수 없다고 주장했다.[2] 발렌시아의 그레고리우스도 대폭적인 동의를 표하면서 라틴어 역본인 〈불가타 성경〉으로 히브리 성경을 바로잡을 수 있다고 말했다. 또한, 모음 부호가 랍비 시대 이후에 개발된 것이기 때문에 발전의 가능성이 있다고 말하는 학자도 있고, 모음 부호는 성경 본문과 동일한 권위를 지니지 못하기 때문에 본문에서 좀 더 적절한 의미를 추출할 수 있다면 독자가 임의로 다양하게 읽을 수 있다고 말하는 학자도 있다. 카펠루스는 현재의 히브리 성경과 고대의 다른 번역본들(특히 헬라어 역본인 〈70인경〉)의 차이는 그것들이 모음 부호가 만들어지기 이전에 존재했다는 사실로 설명될 수 있다고 주장했다. 이

---

1   Bellarmine, *The Word of God*, Book 7, chapter 2.
2   Morinus, *Exercitations,* Book 1, chapter 2.

런 다양성은 마소라 학자들이 자신들의 모음 부호를 성경 본문에 표기했을 때 대부분 사라졌다. 대담함에다 근면함까지 갖춘, 다투기 좋아하는 오늘날의 불경한 학자들은 이런 견해들을 통해 시작된 논의를 토대로 훨씬 더 신성모독적인 견해를 피력했다. 이 주제를 조금이라도 알고 있는 사람이라면 오랫동안 학자들이 끊임없이 논쟁을 벌여왔다는 사실을 잘 알 것이다. 그 가운데 대표적인 것은 카펠루스와 북스토르프의 논쟁이다. 최근에 양쪽 편에 있는 사람들이 말한 것들은 모두 그 두 사람 가운데 한 사람의 견해를 제시한 것이다. 북스토르프의 견해를 답습하는 것을 부끄러워하지 않는 사람들은 그가 랍비 문헌이라는 광산을 열심히 파헤쳐 찾아낸 증거들을 사용하기를 주저하지 않으면서 그것으로 그의 견해를 옹호하기도 하고, 공격하기도 한다.

내가 영어로 모음 부호의 기원을 다룬 책을 펴낸 지 2년이 넘었다. 많은 사람이 내가 말한 내용에 반응을 보였는데, 자신들의 평판이 위태롭다고 느끼거나 다른 사람의 견해를 거칠게 비난하기를 좋아하는 사람들이 대부분이었다. 만일 내가 그런 사람들과 직접 논쟁을 벌인다면, 그들의 논리를 쉽게 격파해 그들의 주장이 얼마나 빈약한지를 만천하에 드러낼 수 있을 것이다. 그러나 그것은 나의 현재 목적과 거리가 멀다. 나는 자료와 능력이 충분하지만 모든 논쟁을 다루느라 이 책의 두께를 불필요하게 늘릴 생각이 조금도 없다.

나는 여기에서 히브리어 모음 부호의 신적 기원을 뒷받침하는 몇 가지 중요한 근거를 잠시 살펴보고 나서 그것을 부인하는 자들이 제기한 논점들을 간단히 논박하는 것으로 만족하고 싶다. 그런 뒤에는 다시 에스라의 교회 개혁에 관한 남은 논의를 마무리할 생각이다.

가장 먼저 언급해야 할 것은 교회가 모음 부호가 포함된 히브리 성경을 소유하고 있었고, 또 그것을 널리 사용했다는 사실이다. 교회가 그런 성경을 공통적으로 사용했다는 사실은 가볍게 간과하거나 그냥 무시하고 넘어갈 일이 아니다. 우리의 대적자들조차도 교회가 동일한 성경을 소유하는 것이 큰 유용성을 지닌다고 인정할 것이 틀림없다. 모음 부호가 개발되기 이전에 기록된 성경 사본은 세상 어디에도 존재하지 않는다. 그 어떤 논증으로도 교회가 모음 부호가 표기된 성경을 보편적으로 소유하고 있었다는 사실을 적절하게 논박하기는 어려울 것이다. 물론, 모음 부호가 없는 성경 사본들이 전에도 있었고, 지금도 있는 것은 사실이다. 그러나 그 가운데 모음 부호가 개발되기 이전에 기록된 사본은 단 하나도 없다. 모음 부호의 신적 기원을 부인하는 사람들도 이 사실을 인정하지 않을 수 없을 것이다. 따라서 교회가 모음 부호가 표기된 성경 사본을 그토록 오랫동안 소유해왔다는 사실에 온당한 권위와 가치를 부여해야 마땅하다.

보들리언 도서관에 소장된 셀던의 책들 가운데는 두 권으로 장정된 매우 오래된 아름다운 모세 오경이 포함되어 있다. 아람어 탈굼을 히브리어와 비교할 수 있게 기록한 것처럼, 이 사본에도 히브리어와 아람어가 교차적으로 기록되어 있다. 이 사본을 처음 보는 순간, 나는 모음 부호가 히브리어 문자가 기록되고 나서 오랜 후에 첨가된 것임을 즉각 알아차렸다. 먹물의 색깔과 기록 형태가 그 사실을 분명하게 보여주었다. 그러나 이 사본은 모음 부호가 개발된 지 오랜 후에 기록된 것이다. 그런 사례들이 그 자체로 모든 의심을 일소하기에 충분한 증거 능력을 지니는 것은 아니지만, 모음 부호가 첨가된 성경 사본과 그렇지 않은 성경 사본이 동시에 존재했다는 증언을 논박할 만한 증거는 어디에도 없다. 소수의 초창기 저술가들이 모음 부호에 관해 전혀 언급한 적이 없다는 증거를 내밀면서 허무맹랑한 문법적 주장과 지나친 억측을 일삼는 경우가 있지만, 그렇다고 해서 그것이 교회가 보편적으로 모음 부호가 표기된 성경을 소유하고 있었다는 사실을 논박하기에 충분한 논증이 될 수는 없다. 만일 히브리 모음 부호의 신적 권위를 무시하는 논증들을 한쪽으로 조금도 치우치지 않은 공평한 저울에 달아보면 참으로 무가치하기 짝이 없다는 사실이 즉각 드러날 것이다. 조상 적부터 소유해온 것을 그토록 쉽게 포기할 만큼 어리석은 사람들이 어디에 있겠는가? 나 같아도 물려받은 유산 가운데 어느 한 가지를 버리려면 그래야 할 충분한 이유가 필요할 것이고, 설혹 그런 이유가 있더라도 마지못해 어쩔 수 없이 그렇게 할 것이 분명하다.

이 주제의 본질적인 속성 자체가 그것이 사람이 아닌 하나님에게서 비롯했다는 증거다. 성령께서는 바람이 부는 것처럼 원하는 대로 역사하신다. 히브리어 모음 부호는 성령께서 성경을 처음부터 끝까지 기록하실 때 그분의 생각을 적절하게 표현하고, 압축하는 수단이었다. 그것은 성경의 모든 곳에서 용어들의 의미를 무오하고, 확실하게 결정하는 일관되고, 규칙적인 도구였다. 예를 들어, 성경의 예언 가운데 가장 심오한 비밀이 담겨 있지만 불분명한 언어로 표현된 구절들을 한번 생각해 보자. 유대인들은 박쥐만큼이나 눈이 멀어 예언의 참된 의미를 파악하지 못할 때가 많았다(우리 주 예수 그리스도께서 오시기 전까지는 그럴 수밖에 없었다). 모음 부호를 통해 그런 성경 구절의 의미가 확실하게 드러났다면, 어떤 학자가 그것을 무시하고 인간의 온갖 억측을 채택하겠는가? 만일 그렇게 하는 학자가 있다면, 그는 자신의 견해를 내세우기 위해 가장 부끄럽고, 강퍅한 죄를 짓는 셈이다. 카펠루스의 무익한 이론들이 그런 경우에 해당한다. 그는 '무성 쉐와'와 그와 비슷한 문법적인 요소들을 언급함으로써 그런 잘못을 저질렀다(그는 '무성 쉐와'가 아무 의미 없이 첨가되고, 남발되었다고 주장했다). 참으로 애처롭기 짝이 없는 일이 아닐 수 없다. 학자라는 사람이 그런 주장을 펼치는 것은 고사하고, 그런 문제를 생각했다는 사실만으로도 그저 어안이 벙벙할 따름이다. 그런데도 이 주제에 관한 책을 출판해 히브리어 모음 부호의 일부는 아무짝에도 쓸모가 없고, 억양법도 대부분 불필요하다고 주장하는 학자들이 적지 않다. 그러나 과연 누가 성경의 일점일획에 담긴 이유를 온전히 이해했다고 주장할 수 있겠는가? 나는 아집에 사로잡힌 그런 사람들의 허튼 문법적인 주장에 관심을 기울이거나 신빙성을 부여하는 것과 같은 무익한 일에 시간을 낭비하고 싶은 생각이 조금도 없다.

어떤 사람들은 히브리어 모음 부호가 완전하지 않기 때문에 그것을 옳게 교정하는 작업이 필요하다고 주장한다. 나는 여러 가지 이유에서 그들이 오만과 교만에 사로잡힌 나머지 도를 넘었다고 말하지 않을 수 없다. 그런 사실은 자기들과 다른 견해는 무엇이든 대놓고 경멸하는 그들의 태도만 보아도 분명하게 드러난다. 그들이 남자다운 기백이 있고, 자신의 역량을 시험해 보기를 원한다면 어디 한 번 나를 마음껏 시험해 보라고 말하고 싶다. 진짜 동전과 위조된 동전의 차이는 곧 드러나기 마련이다. 그들은 몸이 가루가 될 때까지 아무리 노력해도 모음 부호를 처음 기록한 사람의 열정에 미치지 못할 것이다. 말만 마구 쏟아내 논점을 흐리게 만드는 것으로는 그들의 주장이 성립될 수 없다. 이 문제를 진지한 태도로 편견 없이 살펴보는 사람이면 누구나 모음 부호가 하나님이 만드신 다른 모든 것처럼 더 더할 것이나 뺄 것이 없는 완벽하고, 신성한 것이라는 사실을 알게 될 것이 분명하다. 나는 하나님이 만드신 것을 옳게 교정하겠다고 나서는 사람들에게 욥기의 말씀을 읽어보라고 권하고 싶다. 욥은 "보소서 나는 비천하오니 무엇이라 주께 대답하리이까 손으로 내 입을 가릴 뿐이로소이다 내가 한 번 말하였사온즉 다시는 더 대답하지 아니하겠나이다"(욥 40:4, 5)라고 말했다.

우리의 탐구 주제가 '사실'을 요구하기 때문에 유대인들의 증언은 그 자체로 너무나도 중요하지 않을 수 없다. 그들은 모두 모음 부호가 신적 기원을 지닌다는 데 동의했다. 심지어 거의 유일하게 모음 부호가 탈무드 시대 이후에 디베랴의 마소라 학자들을 통해 개발되었다고 주장했던 레위인 엘리스조차도 그것이 시내산에서 모세에게 구두로 주어진 율법 안에 내포되어 있었고, 처음에 기록되었을 수도 있는 형태 그대로 빈틈없이 보존되어 전해졌다고 말했다. 아울러 다른 유대인 학자들은 대부분 모세나 에스라가 모음 부호를 개발했다고 말했다. 이것을 상세하게 입증한 내용을 살펴보기를 원한다면, "히브리어 모음 부호의 기원"이라는 북스토르프의 논문이나 조제프 드 부아쟁이 해박한 지식을 토대로 마르틴 레이먼드의 『믿음의 옹호(*Defense of Faith*)』에 덧붙인 '서문'을 참조하기 바란다. 내가 전에 랍비들의 증언이 이 주제와 관련해 상당한 신빙성을 지닌다고 말하자 그런 사실 자체가 그들이 모음 부호 체계를 개발한 사람들일지도 모른다는 의구심을 자아낸다는 반론이 즉각 제기되었다. 그러나 그것이 어리석고, 온당하지 않은 생각이라는 사실이 금세 드러났다. 랍비들은 그런 일을 감당할 역량이 없었다. 그들이나 그들의 조상들이나 그런 것을 생각하지도 않았고, 그런 주장을 펼치지도 않았다.

우리의 대적자들은 유대인들의 증언이 지닌 가치를 평가절하하면서 기록된 문자에 대한 논쟁은 있었지만 모음 부호들이 나타내는 발음에 관한 논쟁은 전혀 없었다고 주장했다. 모음의 발음은 항상 존재했다. 언어는 정확한 발음 체계가 없으면 성립할 수 없다. 따라서 발음을 나타내는 기호들이 언제 개발되었고, 누구를 통해 확립되었는지는 크게 중요하지 않다. 나는 이런 차이점, 곧 이 문제를 해결하는 데 큰 중요성을 지닌 요인을 충분하게 설명하지 않았다는 이유로 격한 항변에 직면하곤 했다. 그러나 내가 언제 디베랴의 마소라 학자들의 시대가 이를 때까지 유대인들이 말 못 하는 벙어리로 지내왔다고 말한 적이 있었는지 궁금하다. 만일 그들에게 모음이 없었다면, 한 단어도 정확하게 발음하지 못했을 테니 말을 하지 못했을 것이 틀림없다. 모음이 없으면 단 한 마디도 옳게 말할 수 없다는 것은 삼척동자도 아는 사실이다. 나는 하나의 문자가 기록되거나 새겨지기 전에 이미 히브리어에 모음이 존재했다는 것에 전적으로 동의한다. 이 점은 논란의 여지가 없는 사실이다. 누구든 아무런 어려움 없이 이 점을 입증할 수 있을 것이다. 우리가 탐구해서 해결해야 할 문제는 모음의 발음이 아닌 모음의 기호가 어떻게 기원했느냐는 것이다. 히브리인들이 모음 부호가 개발되기 이전에 벙어리가 아니었고, 다른 모든 사람과 마찬가지로 언어를 사용했다는 것에는 아무도 이견이 없다. 만일 어떤 사람이 마치 이것이 모음 부호가 후대에 생겨났다는 이론을 뒷받침하는 데 중요한 가치를 지닌 것처럼 상세한 논의를 전개한다면 그렇게 할 수도 있겠지만, 그렇게 하더라도 그것이 왜 자신들의 주장에 적절한지를 설득력 있게 밝힐 수는 없을 것이다.

모음 부호가 본문을 정확하게 이해하는 데 매우 유익하다는 점은 이미 충분히 강조했기 때문에 여기에서는 더 이상 논의하지 않을 생각이다. 이 문제는 히브리어를 사용해 성경을 진지하게 연구하는 모든 사람의 판단에 맡겨두고 싶다. 랍비 베차이는 출애굽기 13장 17절을 주석하면서 "모세의 책에 기록된 문자들 안에 있는 점들은 인간의 육체 안에 있는 숨결과 같다"라고 말했다. 만일 우리가 성령께서 사용하신 용어들의 의미를 결정하고, 한정함으로써 우리의 마음을 황홀하게 만드는 신령한 빛을 한갓 인간의 생각과 판단에서 비롯한 것으로 생각한다면, 상상을 초월하는 크나큰 해악과 편견이 믿음을 향해 반기를 들 것이 분명하다. 그런 그릇된 사변에 이끌려 곁길로 치우치는 것 자체만으로도 충분히 고통스럽다. 히브리 성경의 본문이 '불확실하고, 모호하다고' 판단하고, 헛된 공상이나 번역 성경들을 통해 얻어낸 내용에 근거해 '수정안'과 '개선책'을 제시하는 학자들이 많다. 그들은 학식과 능력이 뛰어나다는 평판을 들으면 들을수록 하나님과 사람들을 존중하는 마음을 더욱 과감하게 내던지고, 불안정하고, 의심스럽고, 어리석기까지 한 억측을 더 높이 쌓아 올린다. 그런 사람들은 자신이 하는 일을 조금도 두렵게 생각하지 않는다. 야욕에 사로잡힌 오늘날의 지성인들은 물불을 가리지 않고 싸움터로 달려나가는 사람들과 다름없기 때문에 앞으로 그들에게서 무엇이 더 나올는지 참으로 걱정스럽기 그지없다.

모음 부호와 그것의 독특한 억양을 제거하면(즉 사마리아 문서의 경우처럼 용어들을 구분하는 표시가 없다면) 어떤 책이든 아무런 구별이 없이 문자만 덩그러니 남게 될 것이다. 만일 그렇게 되면, 교회를 해롭게 하는 온갖 해악과 위험과 추문과 장애 요인이 마구 발생할 것이 틀림없다. 모음 부호가 한갓 익명의 학자들이 고안해낸 체계일 것이면 그런 결과가 초래될 수밖에 없다.

'알렙,' '와우,' '요드'가 '헤'와 함께 때로 '읽기의 근원'으로 일컬어졌다는 주장이 제기되었다(이 자음들은 '약자음'으로 일컬어진다). 이런 주장을 제기하는 사람들은 이 문자들이 그 자체로 모음이거나 최소한 사라진 모음의 위치를 명시하는 역할을 했기 때문에 모음 부호가 개발되기 전까지 모음이 없는 글에 뒤따르는 불편을 완화하는 기능을 했고, 디베랴의 마소라 학자들이 모음 부호를 개발해 발음을 영구히 고정시켰기 때문에 모음 부호 자체는 신적 권위를 지니지 못한다고 강조했다.

그러나 그들이 '읽기의 근원'으로 일컫는 문자들이 실제로 그런 목적에 사용되었다면, 그것들이 용어들을 발음해야 할 때마다 매번 적절한 위치에 나타나야 하는데도 그렇지 않은 이유가 무척이나 궁금하지 않을 수 없다. 만일 그것들이 그런 목적에 사용되었는데 본문에서 지금 발견되는 곳에만 나타난다면 모음의 역할을 한 것은 고사하고, 사라진 모음의 위치를 명시하는 기능조차 하지 못했다는 사실이 분명하게 드러난다. 그것들로 표시하지 않은 용어들의 숫자가 너무나도 많을 뿐 아니라 설혹 모두 표시했더라도 발음을 하는 데 아무런 도움도 되지 못한다. 물론, 이런 판단은 우리에게 있는 본문이 정확하다는 것을 전제로 한다. 단지 '알렙' 하나만으로 모든 것이 즉각 분명해질 수 있을까? 만일 그렇게 생각한다면 참으로 어리석은 일이 아닐 수 없다. 과연 본문이 그것을 요구했기 때문에 처음에는 필요할 때마다 그것이 사용되었을 것이라고 주장할 수 있을까? 그런 주장은 모든 히브리 자음이 '알렙'으로 분리되었을 것이라고 주장하는 것과 같다. 예를 들면, 이것은 '코프-베트-레쉬'가 '코프-알렙-베트-알렙-레쉬'의 형태로 쓰였다는 주장과 같다. 하나님의 선지자들이 그분의 영감을 받아 기록한 수많은 문자들을 성경에서 마음대로 제거한 사람들이 언제, 어느 곳에 있었느냐고 묻고 싶다. 유대인들을 비난해야 할까? 그들은 성경을 미신처럼 숭상했기 때문에 그런 생각조차 하지 않았을 것이다. 성경에 기록된 개개의 문자가 얼마나 되는지를 알기 위해 그 숫자를 일일이 세기까지 했던 그들이 그렇게 하지 않고 무작정 수많은 문자를 없애버렸을 가능성은 전혀 없다. 모음 부호가 후대에 개발되었다는 주장은 빛과 진리, 곧 성경의 명확성을 크게 훼손한다. 이런 식의 견해는 그런 해악을 없앨 수 없다.

또 어떤 사람들은 헬라어 모음을 활용해 히브리 본문을 읽었다가 나중에 마소라 학자들이 모음 부호를 고안해 그것을 대체했다고 주장하기도 한다. 그러나 이것은 순전한 공상일 뿐이다. 중요한 문제들을 근거 없는 주장과 억측으로 결정할 수는 없지 않겠는가? 히브리어 발음은 유대적인 용법을 통해서만(바꾸어 말하면 모음 부호가 표기된 본문을 통해서만) 습득할 수 있다. 성격이 전혀 다른 문자인 헬라어를 빌려와 보조 수단으로 삼아야 할 필요는 결코 없었을 것이다.

마소라 학자들이 모음 부호를 발명했지만, 자기들 생각대로 그것을 만들어 붙이지 않았다는 주장을 제기하는 사람들도 있다. 그들은 구전 율법의 전통적인 발음에 따라 모음 부호가 개발되었다고 주장한다. 최근의 한 저술가는 마소라 학자들이 기존의 발음법에 따라 성경에 모음 부호를 표시해 성령의 생각을 정확하게 전달해야 했기 때문에 제멋대로 모음 부호를 개발할 수 없었을 것이라고 주장했다. 이런 주장을 신빙성 있게 받아들이기 전에 먼저 그것이 실제로 얼마나 합리적인 추론인지를 생각해봐야 할 필요가 있다. 그는 "마소라 학자들은 과거에 받아들여졌던 관습적인 발음법에 따라 자신들의 성경에 모음 부호를 표기했다"라고 말했다.

나는 그런 발음법이 어떤 사람들 사이에서 받아들여졌고, 또 어떤 규칙을 모음 부호를 결정하는 '기준'으로 삼았느냐고 묻고 싶다. 마소라 학자들 사이에서 합의가 이루어졌다고 생각해야 할까? 모음 부호가 개발되었다고 주장되는 시기에 히브리 본문을 완벽하게 이해했던 그리스도인들이 있었는지 의심스럽다. 따라서 마소라 학자들이 무엇인가를 향상시켰다면, 단지 그들끼리만 합의한 것이라고 말할 수밖에 없다. 내가 다른 곳에서 밝힌 대로, 만일 그런 학자들이 실제로 존재했다면 그들은 자신들이 목적에 부합하는 것이면 무엇이든 행하려고 했던, 아무짝에도 쓸모없는 사람들에 지나지 않았다고 말할 수 있다.

그러나 그런 읽기가 받아들여져 성령께서 의도하신 참된 의미를 밝혀냈다면 그것이 곧 그들이 모음 부호를 개발했던 목표일 것이라는 반론을 제기할 수도 있을 것이다. 그렇다면 나도 다시 "올바른 읽기가 무엇인지를 결정하는 중재자가 누구인가?"라고 묻고 싶다. 마소라 학자들이 자신들의 판단에 따라 모음 부호를 삽입했다고 말하는 것과 그들이 자기들 사이에서 가장 올바르고, 참되다고 판단하는 본문의 의미에 따라 모음 부호를 표기했다고 말하는 것이 과연 무슨 차이가 있을까? 나의 대적자는 그 차이를 설명할 수 있을까? 그는 과연 어떤 증인들을 불러 자신의 주장을 뒷받침할 수 있을까? 세네카는 역사가의 맹세를 요구한 사람은 아무도 없었다고 말했다. 그 어떤 것도 확실하게 입증될 수 없다고 인정하는 것이 가장 공정하고, 공평한 행위일 것이다. 물론, 그들이 자신의 판단에 따랐다고 해서 성령의 생각을 이해하려고 노력하지 않았다거나 판단력을 활용하는 것이 왜곡된 행위라는 뜻은 아니다. 키케로는 로스키우스(로마 시대의 배우)를 변호하는 연설에서 엄격한 판단과 독단적인 판단은 전혀 다르다고 말했다. 우리 자신이나 우리의 일과 관련된 문제들을 다른 사람들이 판단하도록 허용할 때는 그들이 옳고, 공정한 것에 무관심한 채 모든 것을 감정대로 처리하기를 바라지 않을 것이 분명하다. 따라서 마소라 학자들이 모음 부호를 표기한 성경 사본들이 있다고 말할 때는 그것이 그들의 견해에 따라 이루어졌을지라도 그 일을 제멋대로 처리했을 것이라는 의미와는 거리가 멀다. 오히려 디베랴의 랍비들 사이에 존재했던 지식과 기술과 판단력과 성실성의 정도에 따라 일이 처리되었을 것이 틀림없다. 그들의 능력이 썩은 땅콩 한 알의 가치조차 없다고 말하고 싶은 생각은 결코 없지만, 그렇다고 해서 그들의 견해를 히브리 사본의 정확한 읽기를 보여주는 유일한 기준으로 받아들일 생각이 없는 것도 또한 사실이다. 마소라 학자들 이전의 것이 틀림없어 보이는 모음 부호가 표기된 사본들이 존재한다. 그런 사본에 정통한 학자들, 곧 모음 부호가 표기된 사본들을 보고서 모음 부호가 표기되지 않은 사본들을 읽는 법을 배우지 않은 학자는 사실상 아무도 없다. 이런 사실을 고려하면, 마소라 학자들도 자신들의 판단이 아닌 전통에 의존했고, 조상 적부터 전해온 의미를 토대로 자신들의 사본에 모음 부호를 표기했다고 말할 수 있지 않겠는가? 두려운 신성모독에 해당하는 유치한 이야기를 전통이라는 이름으로 능숙하게 지어내는 사람들과 랍비 전통의 전달자들이 어느 정도나 충실했는지를 생각하면, 모음 부호가 표기되지 않은 본문들이 전통을 통해 어떻게 다루어져 왔을지를 익히 짐작할 수 있다. 진실로 그들은 진리의 흔적을 그 토대부터 모조리 뒤엎는 것을 칭찬받아 마땅한 일로 생각했을 것이 분명하다. 이런 사실은 매우 잘 알려져 있을 뿐 아니라 나중에 좀 더 언급할 기회가 있을 것 같아서 여기에서는 장황하게 논할 생각이 없다. 그러나 그들은 이 전통의 수호자이자 보호자(아니, 개발자)이기 때문에 그런 불량자들을 통해 히브리 본문의 참된 의미를 배우려고 해서는 안 된다. 어쩌면 그들은 이것이 단순히 전통이 아니라 자국어 사용이 중단된 지 오랜 이후까지 줄곧 전승되어온 모음 부호가 표기되지 않은 본문에 대한 전통적인 해석을 토대로 한 것이기 때문에 참된 의미가 보존되었다고 주장할지도 모른다. 내가 볼 때 그런 주장은 더더욱 놀라울 뿐이다. 왜냐하면 읽을 수 없는 문자로 기록되었거나 '고착되기' 이전의 본문에 담긴 참된 의미를 어떻게 파악할 수 있을지를 설명하기가 쉽지 않기 때문이다. 문자는 소리나 모음을 사용하지 않고서는 말로 읽을 수 없기 때문에 자음만을 보고서 거기에 해당하는 모음을 결정할 수 있는 방법을 발견한다면 그보다 더 기쁜 일을 없을 것이다. 자음만 있는 사본은 소리를 첨가하는 당사자가 제멋대로 원하는 의미를 얼마든지 만들어낼 수 있다. 나는 여기에서 이 문제를 더 자세히 다룰 생각이 없다. 랍비들이 모음 부호를 개발했다는 이론으로 야기된 해악을 모음 부호의 신적 기원을 주장하는 사람들의 탓으로 돌려서는 안 된다.

내가 최근에 시작되었다고 말한 견해의 불확실성과 변동성을 고려하면, 모음 부호의 고대성과 신적 기원을 주장하는 견해에 더 큰 힘과 권위가 실릴 수밖에 없다. 이 견해를 주장하는 사람들은 에스라가 모음 부호 체계를 개발했다고 생각하지 않는다. 그렇다면 모음 부호는 누가 만들었을까? 그 일은 누구의 명령과 부추김과 권위를 통해 실행되었을까? 그 일의 성공과 실패를 판단하는 심판자는 누구였을까? 그 일은 교회에 극도로 중요한 일이었기 때문에 완벽하고 정확하게 수행되어야 했다. 그렇다면 교회는 그 일과 그 결과를 어떻게 생각했을까? 우리의 대적자들은 이 모든 것에 대해 뭐라고 말해야 할까? 그들은 자기들이 이 일에 대해 아무것도 알지 못한다고 솔직하게 말해야 할 것이다. 설혹 그들이 그렇게 인정하지 않더라도 그래야 할 수밖에 없다는 것을 입증하기는 매우 쉽다. 앞서 말한 대로, 디베랴의 마소라 학파의 공동 작업을 통해 그 일이 이루어졌다는 주장이 제기되었다. 최소한 엘리아스 레비타는 그렇게 주장했다. 그들이 그 일을 AD5세기에 완료했다고 말하는 사람들도 있고, 6세기에 완료했다고 말하는 사람들도 있다. 모리누스는 7세기나 8세기에 완료되었다고 주장했다. 그러나 디베랴의 마소라 학자들이 역사상 전혀 존재하지 않았다거나 그들이 모음 부호를 개발했다고 주장하는 사람들이 먼저 그들의 존재를 허구적으로 지어냈다면 어떻게 될까? 모음 부호의 신적 기원을 주장하는 견해가 틀렸다는 것을 확실하고, 분명한 역사의 기록을 통해 입증할 수 있을까? 나는 그럴 가능성은 없다고 생각한다. AD350년경, 곧 히에로니무스가 팔레스타인에 있을 무렵, 디베랴라는 도시에 세상에 알려지지 않은 보잘것없는 유대인 학파가 존재했던 것은 사실이다. 그러나 이 공상적인 일을 지지하고, 날조한 사람들이 필요로 하는 시간만큼 오랫동안 그 학파가 존재했는지는 불확실하다. 사실, 그럴 가능성은 희박하다. 당시 세계의 역사적 상황을 돌아보면, 로마 제국의 영토 안에서 그런 공동체가 안전하게 유지되기가 어려웠을 것이라는 사실을 금세 알 수 있다. 전쟁과 반란과 학살이 자주 이루어졌던 영지에서는 특히 더 그랬을 것이 틀림없다. 그들이 그 일을 수행했다고 주장되는 기간은 매우 불확실한 데다가 그 지역 내의 유대인들은 콘스탄티누스 황제의 특사였던 갈루스를 통해 큰 패배를 경험했기 때문에 그 후에 과연 디베랴에 랍비 학교의 흔적이 남아 있었을지는 확신하기가 매우 어렵다. 더욱 분명한 사실은 유대인들의 지식 습득과 교육은 동방 지역에 거주했던 유대인들, 곧 팔레스타인보다는 바벨론 인근에서 좀 더 평화로운 정착 생활을 영위했던 유대인들 사이에서 주로 이루어졌다. 서방 지역의 랍비들이 한두 세기 동안 물고기들처럼 조용히 침묵을 지킨 후에 동방 지역에서 '바벨론 탈무드'로 불리는 어리석은 이야기가 대거 날조되었다. 그런데 세상에 알려지지 않은 보잘것없는 학자들, 곧 그토록 엄청난 일을 수행할 능력이나 평판을 제대로 갖추지 못한 무명의 학자들이 어떻게 위대한 유대인들에게 조언을 구하지도 않고서 스스로 그 일을 완수할 수 있었겠는가? 아마도 이것을 믿을 사람이 있다면, 자신에게 유익이 될 것처럼 보이는 것은 무엇이나 무작정 받아들이기를 좋아하거나 자기만큼 우둔하지 않은 사람들과 맞서 다투기를 좋아하는 사람들뿐 일 것이다.

유대인의 문헌들을 긍정적으로 생각하는 사람조차도 그들이 자기 민족의 업적을 드높이는 것처럼 보이는 것이면 무엇이든 과도하게 자랑하기를 좋아하는 사람들이라는 것을 기꺼이 인정할 것이 틀림없다. 그들은 사실은 사실대로 빼놓지 않고 자랑하고, 지금까지 들어본 적이 없는 허구적인 거짓 이야기까지도 아무런 수치심 없이 서슴없이 날조하는 사람들이다. 그런 그들이 그토록 오랫동안 이 모음 부호의 개발(지금까지 그들이 자랑해왔던 그 어떤 일보다 더 위대한 일)을 전혀 자랑하지 않은 채 침묵을 지켜왔다. 그러던 중 약 1,000년이 지나고 나서야 레비타가 나타나서 디베랴의 마소라 학자들이 모음 부호 체계를 고안했을 것으로 추정했다. 만일 그들이 그것을 개발했다면, 그것을 기록으로 남겨 고대로부터 분명하게 알려진 사실이 되었을 텐데 그런 기록을 남긴 사람이 아무도 없었지 않은가? 그리스도인이든 유대인이든, 학식이 있는 사람이든 없는 사람이든, 그 '새로운' 체계를 전부, 또는 일부라도 비판적으로 평가하는 글은 고사하고, 작은 암시조차 남긴 사람이 아무도 없었던 이유가 대체 무엇일까? 전통이라면 아무리 사소한 것 하나까지도 철저하게 고수하기로 유명한 민족이 성공적인 결과를 가져온 그토록 위대한 업적을 기록으로 남기지 않고서 그렇게 짧은 시간에 그것에 관한 지식이 사라지도록 방치했다는 것을 어떻게 믿을 수 있겠는가? 나는 그런 말도 되지 않는 허무맹랑한 억측을 믿을 생각이 조금도 없다.

성경의 모음 부호가 지극히 뛰어난 발명품이었다는 사실을 부인할 사람은 아무도 없을 것이다. 그것은 전무후무한 일이었다. 교회는 모음 부호의 발명으로 엄청난 유익을 얻었다. 많은 학자들이 모음 부호가 성경을 옳게 이해하는 데 절대적으로 필요하다고 말한다. 어떤 히브리어 어휘 사전의 서문을 보면, "모음 부호가 없으면 히브리어에 관한 신뢰성 있는 교육이 이루어질 수 없고, 모든 글자를 제각기 다른 방식으로 읽어야 할 것이다. 모음 부호가 없으면 하나의 용어를 둘러싸고 바벨탑 사건 때보다 더 큰 혼란이 야기될 것이라"라는 내용이 발견된다. 루돌프 카발레리우스는 "나는 모음 부호와 억양의 고대성과 관련해 히브리어가 모든 언어의 원형으로 태초부터 사용되었다고 주장하는 사람들의 견해에 동의한다. 그와 다른 견해를 주장하는 사람들은 성경의 권위를 의심스럽게 만들 뿐 아니라 성경을 송두리째 파괴하는 결과를 초래할 뿐이다. 그 이유는 모음 부호나 특별한 표식이 없으면 성경은 확실성과 안정성을 모두 잃게 될 것이기 때문이다"라고 말했다. 프란시스쿠스 유니우스, 벨라르미노, 유다이우스 크리스티아누스의 견해도 그와 똑같았다. 특히 크리스티아누스는 모음 부호 없이 성경을 읽으려는 사람을 재갈을 물리지 않은 말을 타는 사람에 비유했다. 히에로니무스는 요비니아누스 사본에 관해 "무녀들 외에는 그 누구도 그 문자들을 읽을 수 없다"라고 말했다. 나는 비록 이런 식의 표현을 사용해 모음 부호가 없는 히브리어에 관해 말하지는 못하더라도 어느 시인의 표현을 빌려 한마디 거든다면, 모음 부호가 없는 본문을 둘러싼 갖가지 해석과 그로 인해 나타나게 될 수많은 어려움 속에서 '나무들만 보고 숲은 보지 못하는' 결과가 초래될 것이라고 말하고 싶다. 엥겔스가 발렌틴 쉰들러의 『어휘 사전(Lexicon)』에 게재한 서문에서 언급한 말은 매우 중요하다. 그는 "모음이 히브리 자음과 동시에 존재하지 않았고, 스물두 개의 히브리어 알파벳이 만들어진 오랜 후에야 비로소 개발되었다고 주장하는 박학하고, 훌륭한 학자들이 많다. 그러나 내가 방금 인용한 성경 구절들을 간단히 살펴만 보아도 모음 부호가 스물두 개 자음과 함께 만들어졌다는 것을 즉각 알 수 있다. 만일 그렇지 않았다면 성경은 밀랍처럼 이렇게 저렇게 마구 변형될 수 있을 것이다. 더욱이 인간이 모음 부호를 개발했다면, 오늘날 성경은 신적 권위가 아닌 인간적 권위만을 지닐 것이다"라고 말했다. 아벤 에스라도 "모음 부호와 일치하지 않는 해석은 무엇이든 동의해서는 안 된다. 나도 그렇게 하지 않을 것이다"라고 말했다. 그는 출애굽기 20장 1절을 주석하면서도 "본문이 몸이라면 억양은 영혼이다. 몸은 영혼을 위한 옷에 지나지 않는다"라고 말했다.

이 논쟁에 참여한 신학자들 가운데 그런 견해를 지닌 사람들이 훨씬 더 많다. 로마 교회의 일부 저술가들도 모음 부호를 제거하면 히브리어를 전혀 이해할 수 없거나 큰 어려움을 겪으며 불완전하게 이해할 수밖에 없다고 인정한다. 그러나 어떤 학자들은 모음 부호가 랍비시대에 기원했다는 자신들의 주장이 성경에 큰 해를 끼치고, 성경을 불확실한 것으로 만드는데도 모음 부호의 신적 기원을 믿는 사람들을 강하게 비난한다. 그런 주장은 내가 거룩한 예배로 그리스도를 영화롭게 해야 한다는 것을 부인했다는 어떤 소시니우스주의자의 주장과 조금도 다르지 않다. 그는 내가 "만일 그리스도께서 유일하고, 지고한 하나님이 아니시라면, 그런 식으로 그분을 영화롭게 해서는 안 된다"라고 말했다는 이유로 그런 주장을 펼쳤다(잘 알다시피, 소시니우스주의자들은 그리스도께서 자신을 하나님으로 생각하지 않으셨다고 확신한다).

그러나 다시 말하지만 가장 위대한 학자들이 한결같이 이 문제에 대한 우리의 견해를 지지한다. 그들은 성경의 참된 의미를 이해하려면 모음 부호와 억양을 사용하는 것이 중요하기 때문에 그것들을 제거하면 모든 것이 극도로 혼란스럽고, 불확실해진다고 생각했다.

모두가 인정하는 대로, 성경 본문에 모음 부호와 억양이 표기됨으로써 성경 연구에 큰 발전이 이루어졌다. 그러나 모음 부호는 인간이 발명한 것이 아니다. 모음 부호가 표기된 성경 본문을 연구해서 얻는 지식을 간접적으로든 직접적으로든 모두 무시한 채로 사전에 형성된 개념들을 염두에 두지 않고 오로지 자음들만을 바라본다면, 곧바로 큰 어려움과 불확실함과 어둠 속으로 빠져들고 말 것이다. 개인들이 성경을 읽고서 제각기 내린 판단이 발음과 의미의 기준이 된다면, 학자들 사이에서 극도로 혼란스럽고, 파괴적인 논쟁이 벌어질 것이 불을 보듯 뻔하다. 그렇게 되면 하나님의 순전한 말씀이 논쟁의 빌미가 되어 치열한 싸움이 전개될 것이다. 과학이라는 미명을 앞세우거나 박학다식하다는 평판을 듣고 싶어 하는 거만하고, 무절제한 사상가들이 제각기 자신의 성경을 내놓으며 "이것이 조금도 의심할 수 없는 가장 확실한 성경이요"라고 말할 것이다. 그러나 확실한 것이 있다면, 아무것도 확실하지 않다는 사실뿐일 것이다. 히브리어를 습득하는 것은 물론, 성경을 연구하는 데 도움을 주는 수단들이 모음 부호의 존재에 달려 있다는 점을 잊어서는 안 된다. 모음 부호는 자신들의 고대 언어를 공부하는 유대인들에게도 반드시 필요한 것이다. 따라서 이것을 간과한다면, 마치 창문, 아니 수문이 활짝 열려 물이 마구 쏟아져 나오듯 다툼이 끝없이 야기될 것이다. 성경에 대한 우리의 이해 가운데 일부가 아닌 전부가 의심스러워진다면, 좀 더 발전된 지식을 원하는 학자들은 지식을 발전시켜 성경의 참된 의미에 한 걸음 더 다가가거나 올바른 해석에 도달하는 일이 불가능해지는 까닭에 큰 불만을 느끼게 될 것이 분명하다. 그렇게 되면 가장 박학하고, 탁월한 비평가라는 뛰어난 명성을 얻기 위해 서로 치열하게 다투느라 성경의 구조와 근간이 온통 훼손되고 말 것이다.

그런 결과를 의심하는 사람은 문헌학의 영역, 특히 문헌 비평학에 대해 아무것도 모르는 문외한일 것이 틀림없다. 어떤 문헌은 지극히 신성하기 때문에 어떤 식으로든 그것을 변경하거나 새로운 것을 더해서는 안 된다. 성경이 그런 특성을 띤 문헌이라는 사실이 그것을 기록한 저자의 절대적인 권위와 내용의 초월적인 탁월성을 통해 확실하게 입증된다. 성경의 탁월성과 내적 본질을 공정하게 살펴보면, 이런 주장이 허튼소리가 아니라는 것을 즉시 알 수 있을 것이다. 물론, 학자는 부지런히 주의 깊게 살펴보고 나서 올바른 이성에 부합하지 않은 것처럼 보이는 것이 있다면, 무엇이든 자유롭게 거부할 수 있다. 이 문제와 관련해서도 그런 원칙을 포기하도록 강요하는 것은 아무것도 없다. 모음 부호의 발명이 경이로운 일이라는 것에 대해서는 모두가 동의한다. 그런 사실 자체가 우리의 관심을 요구한다. 우리는 이 주제가 경이롭다는 이유만으로 그것을 주의 깊게 살펴보는 일을 거부할 생각이 조금도 없다. 만일 본문의 참된 의미에 더 적절하고, 더 나은 본문 읽기가 가능해진다면, 모음 부호를 엄밀하게 검토하고 나서 새로운 읽기로 대체할 수 있다. 그것은 매우 합법적일 뿐 아니라 꼭 필요한 일일 것이다. 그러나 그런 변화가 불가피한 것이 아니라면(또는 자신의 비판력을 과시하기를 좋아하고, 온갖 새로운 정보나 본문 읽기나 의미를 제시하는 데 열심인 비평가들이 서로 다투기만 하고 설득력 있는 증거를 제시하지 못한다면) 거룩한 진리의 수탁자에게 합당한 경의를 표하고, 지금까지 인정되어온 본문 읽기를 존중해야 한다.

모음 부호가 후대에 발명되었다고 주장하는 사람들이 모음 부호의 도움 없이는 올바른 해석에 도달하는 것은 고사하고 히브리어를 습득하는 것조차 불가능하다는 반론에 대해 어떤 궁색한 주장을 펼칠지 궁금하다. 모리누스도 그런 사실을 인정했다. 그는 마소라 학자들이 모음 부호를 첨가해 이미 기록된 본문의 발음을 고착시켰다고 주장하는 사람들을 비웃었다. 히브리어가 대다수 언어와 비교할 때 어휘의 숫자가 적은 것은 사실이지만, 그렇다고 해서 익히기가 쉬운 것은 결코 아니다. 의미가 매우 다양한 용어들이 많다. 여러 가지 잠재적인 의미를 지닌 용어들이 적지 않다. 심지어는 같은 문자가 사용되었는데도 뜻이 전혀 다른 용어들도 있다. 예를 들어, '쉰-라멘-멤-헤'는 '솔로몬'이라는 이름으로 읽을 수도 있고, '완전한'이나 '징벌'이나 '의복'이라는 의미로 읽을 수도 있다. 히브리어 어휘나 용어 사전을 살펴보면 그와 비슷한 사례들이 셀 수 없이 많다는 것을 즉각 알 수 있다. 하나의 언어가 자국어로 사용되어 매일 수많은 사람이 그것을 사용해 말한다면, 용법을 통해 특정한 단어의 의미를 정확하게 알아내는 것은 조금도 어렵지 않다. 그러나 언어가 사용이 중단된 채 한 권의 책 안에만 보존되어있는 경우에는 그 책을 통해 제공된 것 외에는 발음을 결정할 수단이 달리 존재하지 않는다.

어떤 사람들은 헬라어도 한때는 억양이 존재하지 않았지만 완벽하게 읽을 수 있었다고 말한다. 그러나 어떻게 헬라어 억양을 히브리어 모음 부호와 비교할 수 있겠는가? 만일 그렇게 생각하는 사람이 있다면, 두 언어의 용법과 기능을 전혀 모르는 사람일 것이 틀림없다. 헬라어는 억양이 필요하지 않을 정도로 매우 유연하고, 어휘가 풍성하다. 용어들이 다양하기 때문에 억양은 거의 아무런 기능도 하지 않는다. 문장 안에 있는 용어들이 서로 밀접하게 연결되어 있기 때문에 의미가 분명하다. 따라서 억양은 헬라어의 의미를 이해하는 데 아무런 기여도 하지 않는다. 헬라어는 똑같은 문자로 구성된 상태에서 억양에 의해 의미가 달라지는 단어들이 거의 없다. 그러나 히브리어는 그렇지가 않다. 용어들의 차이도 별로 크지 않을뿐더러 문장 안에서 용어가 차지하는 위치를 통해 의미가 명확하게 드러나는 것도 아니다. 문장이 느닷없이 중단되고, 생략이 잦으며, 용어들의 의미가 모호할 때가 너무나도 많다. 기왕에 헬라어를 언급했으니 약간의 설명을 덧붙이는 것이 필요할 듯하다. 사실, 헬라어도 드물게 의미를 명확하게 하는 데 억양이 필요할 때가 더러 있다. 그런 경우에는 억양이 없으면 오류를 저지르기 쉽다).

히에로니무스를 통해 발견된 한 가지 사례를 살펴보면 그런 사실을 어렵지 않게 확인할 수 있다. 에우세비우스는 자신의 『연대기』에서 "에피메니데스는 아덴을 정화시켰다"라고 말했지만, 히에로니무스는 "에피메니데스는 아덴을 뒤엎었다"라고 말했다. 역사를 통해 잘 알려진 사실인데도 '카다라이'라는 단어의 억양 때문에 그런 차이가 발생한 것이다. 에피메니데스는 아덴을 파괴한 것이 아니라 희생 제사를 드려 그곳을 정결하게 했다. 아리스토텔레스가 인용한 격언과 관련해서도 이와 비슷한 일이 발생했다. 그가 "'어려움'을 원하는 사람은 아무도 없고, 행복을 마다하는 사람은 아무도 없다"가 아니라 "'악'을 원하는 사람은 아무도 없고, 행복을 마다할 사람은 아무도 없다"라고 말한 것으로 보아 그 말의 올바른 의미를 이해하지 못한 것으로 보인다. 헬라어 '포네로스'는 마지막 모음에 강세를 주어 읽으면 '사악한'이라는 뜻이 되지만, 첫 번째 모음에 강세를 주어 읽으면 '어려운, 곤란한'이라는 뜻이 된다. '사악한'과 '행복한'이 아닌 '어려운'과 '행복한'이 서로 반대되는 의미라는 간단한 사실을 통해 이 용어가 어떤 의미로 사용되었는지를 쉽게 구분할 수 있다. '모크데로스'와 그 동족어들도 그와 비슷한 모호성을 지니고 있다. 이 용어는 억양을 주지 않고 읽으면 '곤란한 삶을 살고 있는 사람'이나 '사악한 삶을 사는 사람' 둘 다를 의미한다. 아테나이우스의 『학식 있는 연회 참석자들(Learned Banqueters)』에 보면, 스트라토니코스가 "밤빌리아에서 가장 어려운 사람이 누구요?"라는 질문을 받는 대목이 나온다. 이 질문은 "밤빌리아에서 가장 사악한 사람이 누구요?"라는 이중 의미를 지닌다. 이것은 밤빌리아인들이 가장 빈궁하게 살아가고 있을 뿐 아니라 강도질과 약탈 행위로 악명이 높다는 사실을 가리키는 일종의 말장난이었다. 이처럼 헬라어에서도 억양의 위치에 따라 '그가 파괴한다'라는 의미가 되기도 하고, '그가 정화한다'라는 의미가 되기도 한다.

　문맥을 신중하게 살펴 어려움을 해결하는 것이 바람직하지만, 심지어 뛰어난 사람들조차도 억양 없이 기록된 용어의 모호함 때문에 실수를 저지를 때가 있다. 그런 경우에 해당하는 대표적인 사례로 키케로를 들 수 있다. 그는 라틴어와 헬라어에 관해서는 당대의 가장 뛰어난 인물이었다. 그는 바사 제국의 왕 아하수에로와의 전투를 앞둔 스파르타의 왕 레오니다스가 전투에서 자신이 죽을 것을 직감하고, "곧 지하 세계에서 성찬을 즐길 테니 용맹스럽게 싸우자"라고 말했다고 전했다.[3] 이와는 달리 디오도로스 시쿨루스는 그의 말을 아침 식사를 신속하게 마치자는 의미로 받아들여 "곧 지하 세계에서 저녁을 먹게 될 테니 너희들의 식사를 신속히 마쳐라"라고 옮겼다. 이런 차이가 발생한 이유는 헬라어 '아리스톤'이 식사를 뜻하지만, 전쟁의 신 '아레스'에서 파생한 용어일 수도 있기 때문이다. 따라서 후자일 경우에는 '용맹스러운, 용감한'이라는 뜻이 된다. 이 인용문의 취지는 현세에서의 아침 식사와 지하 세계에서의 만찬을 대조하는 것에 있다. 그러나 키케로는 이 점을 알아차리지 못한 채 이 용어를 '용맹스러운'의 의미로 이해하고 '용맹스럽게 싸우자'라고 번역했다. 지면만 허락한다면 이와 비슷한 사례들을 얼마든지 더 제시할 수 있을 것이다.

　히브리 모음 부호의 진정한 권위를 이해하려면, 그 체계를 만든 창시자의 권위를 생각해야 한다. 에스라가 모음 부호를 고안했다고 생각하지도 않고, 그 체계의 신적 기원을 인정하지도 않는 사람들의 주장을 면밀하게 살펴봐야 만 우리가 원하는 목표에 좀 더 가까이 도달할 수 있다. 이미 언급한 대로, 에스라의 역할을 부인하는 사람들

3　Cicero, *Tusculan Disputations*, chapter 42.

은 이구동성으로 디베랴의 마소라 학자들이 모음 부호 체계를 개발했다고 주장했다. 그러나 그것이 개발된 시기에 관해서는 그들 사이에서도 의견이 분분하다. 그들은 마소라 학자들이 탈무드가 완성된 후에 디베랴에 살았고, 탈무드가 모음 부호의 개발을 촉진했다고 주장했지만, 적절하고, 합리적인 근거는 한 가지도 제시하지 못했다. 디베랴에 유대인 학교가 있었던 것은 사실이지만, 그 학교는 그보다 몇 세기 이전에 그곳에 존재했다가 바벨론 탈무드가 완성되기 오래전에 자취를 감추었다. 그러나 자신들의 주장이 사실이기를 바라는 학자들이 많다는 점을 고려해 일단은 그 당시에 디베랴에 숫자가 많든 적든 그런 유대인 랍비들이 일부 거주하고 있었다고 가정해 보자. 그들의 인격이나 교리나 성실함이나 판단력을 평가하거나 그들의 평판을 깎아내리는 일은 모두 자제하고, 그 시기에 존재했다고 주장되는 모음 부호만을 생각해 보기로 하자. 바울 사도는 유대인들이 하나님의 말씀을 맡는 큰 특권을 누리고 있다고 말했다(롬 3:2). 그러나 그 시기에 그들은 이미 오래전에 믿음에서 멀리 벗어난 상태였고, 하나님의 말씀을 맡아 보관하는 특권도 사라진 지 오래였다. 하나님의 말씀은 그분의 언약을 통해 그들의 조상들에게 맡겨졌다. 그러나 그들의 불충실함과 배교로 인해 언약이 파기되었고, 그들은 더 이상 하나님의 백성, 곧 그분의 교회가 아니었다. 그들은 말씀의 합법적인 소유권은 물론, 언약을 통해 약속된 성령의 임재까지 온전히 상실하고 말았다. 유대인들이 저지른 두려운 행위를 생각하면, 성령과 무관해진 자들이 어떤 태도로 하나님의 말씀을 대하는지를 익히 짐작할 수 있다. 그들은 지극히 거룩한 하나님의 말씀을 씻지 않은 손과 불결한 마음과 더러운 양심으로 대했다. "더럽고 믿지 아니하는 자들에게는 아무것도 깨끗한 것이 없고 오직 그들의 마음과 양심이 더러운지라"(딛 1:15)라는 말씀대로, 그들은 온통 더러운 상태였기 때문에 그들이 만지는 것은 무엇이든 다 오염되었다. 그들은 말씀 안에 거하시는 성령을 거의 의식하지 못했기 때문에 강퍅할 대로 강퍅해져 자신들이 매일 다루는 성경에 간직되어 있는 진리를 격렬하게 거부했다. 하나님의 주권과 구원에 관한 교리가 그들에게는 지긋지긋하고 혐오스러운 가르침으로 변했다. 그들은 미슈나를 만든 랍비 예후다의 시대(AD200)부터 줄곧 조상들이 모세 신학을 통해 가르친 것과 전혀 다른 새로운 종교를 신봉해 왔고, 급기야는 모세 신학의 토대 위에 확립된 기독교를 맹렬하게 거부하기까지 했다. 지극히 거룩하신 하나님의 아들을 거부하고 살해한 죄로 하나님의 징벌이라는 응당한 저주를 받은 그들은 그 중압감과 책임에서 벗어나는 데만 급급한 나머지 또다시 새로운 죄를 저지르기 시작했다. 그러면서 그들은 예술과 과학과 역사를 비롯해 인류에게 유익한 모든 지식을 등한시했다. 탈무드는 유대인들이 자랑하는 위대한 교사들이 온갖 종류의 우상 숭배와 미신에 사로잡혀 헛소리를 남발하는 어리석고, 무능한 사람들이었다는 사실을 분명하게 보여준다. 그들은 사실에 전혀 근거하지 않고, 오직 거짓말을 다투는 자리에서 승리하고야 말겠다는 일념만으로 무작정 논쟁에 뛰어들었다. 만일 오늘날 출판된 성경들이 하나님의 저주를 받은, 그런 수치스럽고, 기만적이고, 어리석고, 무능한 지성적 난쟁이들을 통해 우리에게 주어졌고, 유대인이든 그리스도인이든 아무런 비평 없이 그들이한 일을 주저하지 않고 받아들여 활용했기 때문에 그 이후로 그것이 어떤 상황에서나 본문 읽기의 표준이 되어 구약성경을 해석하고, 설명하는 공인된 수단으로 인정되었다고 생각하고 싶거든 마음대로 해라. 그러나 내 동의는 결코 얻지 못할 것이다. 나는 매우 뛰어난 일부학자들이 다양한 논증을 개진한 사실도 잘 알고 있지만, 그것들 가운데 나를 설득할 만한 논증은 단 하나도 없었다. 따라서 나는 그런 권위자들의 주장에 이끌려 내가 확신하는 신념을 포기할 생각이 조금도 없다. 더욱이 나는 모음 부호가 랍비들의 시대에 개발되었다는 견해를 지지하는 학자들 가운데 숨은 동기를 지닌 사람들이 많다고 생각한다. 이 점은 좀 더 살펴봐야 할 필요가 있다.

누군가가 모음 부호가 후대에 개발되었다는 견해를 지지하는 학자들을 길게 열거한 목록을 만들 수도 있을 것이라고 말한다면, 나는 최근 1세기 이내에 존재했던 학자들만으로는 그런 목록을 만드는 것이 불가능하다고 대답하겠다. 그 이유는 이 견해가 널리 퍼지게 된 것은 고작 1세기에 불과하기 때문이다. 어쩌면 이 견해는 앞으로 1세기가 더 지나면 시들해져 없어질지도 모른다. 나는 위대한 학자들의 이름과 평판을 그 누구보다 더 기꺼운 마음으로 존중해줄 생각이 있다. 문헌학에 뛰어난 학자는 그때나 지금이나 모두 존중을 받아야 마땅하지만, 나는 그들의 견해를 길게 논평하는 것은 시간 낭비라고 생각한다. 신중한 독자라면 누구나 학자들의 치열한 논쟁이나 견해를 논의하는 것으로는 갈등이 해소될 수 없다는 것을 알고 있을 것이 틀림없다. 더욱이 내가 볼 때 학자들은 권위자들의 글을 인용하면서 부주의할 때가 많다. 예를 들어, 발렌틴 쉰들러가 모음 부호가 랍비들의 시대에 개발되었다는 견해에 동의했다면서 그의 명성과 권위를 내세우는 사람들이 많다. 그러나 그의 저서를 주의 깊게 살펴보면 그가 에스라 시대보다 훨씬 더 일찍부터 모음 부호 체계가 존재했다고 판단했던 것을 알 수 있다. 다른 권위자들도 이 문제에 대해 중립적인 견해를 표방하고 있는 것으로 드러났고, 모음 부호가 후대에 기원했다는 견해를 지지하는 것처럼 보이는 사람들도 실제로는 그와는 전혀 다른 문제를 다루고 있는 것으로 밝혀졌다. 따라서 모음 부호가 랍비들의 시대에 개발되었다고 일관되게 주장하는 사람들은 사실상 소수에 지나지 않는다. 아마도 충분한 자격과 공적을 쌓은 덕분에 신학계는 물론, 하나님의 교회 안에서 위대한 명성을 떨쳤던 사람들, 곧 생전에도 명성이 자자했고 오늘날에도 많은 추종자를 거느린 사람들이 자신의 말이 오늘날에 어떤 식으로 이용될지를 미리 내다보았다면, 틀림없이 이 주제와 관련해 더욱 신중하게 용어들을 선택해 자신의 견해를 피력했거나 아예 아무런 언급도 하지 않았을 것이다.

어떤 사람들은 "고대 히브리어 알파벳은 사마리아어 알파벳과 똑같았다. 사마리아어는 모음 부호가 없기 때문에 고대 히브리 사본들에도 모음 부호가 없었다"라고 주장하기도 한다. 나는 이런 식의 논증을 펼치는 이유는 그것 말고는 달리 개진할 만한 확실한 논증이 없기 때문이라고 말하고 싶다. 앞서 말한 대로, 고대 히브리어 알파벳은 지금 유대인들 사이에서 사용되고 있는 알파벳과 조금도 다르지 않았다. 게다가 사마리아인들이 글을 쓸 때 모음 부호를 사용했는지 아닌지는 전혀 확실하지 않다. 포스텔은 그들이 한때는 모음 부호를 사용했지만, 참으로 어리석게도 그런 훌륭한 고안물을 사용하는 것을 소홀히 한 탓에 소실되고 말았다고 주장했다.

만일 에스라가 고대의 사본을 거부하고, 출처가 다른 대체물을 만들었거나 빌려 사용했다고 주장한다면, 나는 "만일 그가 새로운 문자를 개발했다면 거기에 모음 부호를 추가했을 것이 당연하지 않은가?"라고 되묻고 싶다. 그러나 전에 그런 주장을 펼쳤던 학자들이 대부분 그것이 무익하고, 빈약한 논증이라고 생각하고 이미 주장을 철회한 상태이기 때문에 이 문제는 더 거론할 필요가 없다.

이 밖에도 "오늘날의 유대인들은 모음 부호가 없이 기록된 율법 사본을 회당에 비치하고 있다. 그들은 그것을 거의 숭배하다시피 할 뿐 아니라 모세가 기록한 율법처럼 정확하다고 말한다. 유대인들과 회당은 저 멀리 중국에도 있는데 그곳에도 모음 부호가 없는 율법책이 존재한다. 일부는 에스라 이후 600년이 지나 기록된 것이다. 이런 사실은 모세나 에스라가 아닌 탈무드 시대 이후의 랍비들이 히브리 모음 부호 체계를 개발했다는 증거다"라는 논증을 펼치는 사람들도 있다. 앞에서 이것이 얼마나 빈약한 논증인지를 이미 설명했다. 이 논증은 이 논쟁과 관련해 아무런 가치를 지니지 못한다. 여기에서는 이 논증의 요점을 몇 가지 되풀이하는 것이 족할 듯하다.

첫째, 그런 회당의 관습이 일반적이었는지, 또 유대 민족 전체와 모든 회당에 보편적이거나 공통된 것이었는지를 입증할 만한 적절한 증거는 어디에도 없다. 온 세계에 존재하는 회당이 서방 세계에 사는 소수의 유대인이 지켜온 관습을 보편적으로 지켜왔다고 판단할 만한 증거가 존재하지 않기 때문에 그들의 관습은 이 문제와 관련해 조금도 중요하지 않다. 둘째, 모음 부호가 없는 성경 사본을 회당에 비치하는 관습이 고대로부터 기원했다는 것을 입증하는 증거도 전혀 없기는 마찬가지다. 오늘날의 회당들에서 이루어지는 행위는 미신적이고, 우상 숭배적일 뿐 아니라 대부분 최근, 곧 탈무드 시대 이후에 시작되었다. 셋째, 유대인들 가운데 가장 학식이 높은 사람들을 비롯해 많은 사람이 회당의 관습을 토대로 초창기의 사본들이 모음 부호가 없었다고 주장하는 견해를 일관되게 논박한다. 그들은 대부분 모음 부호 체계의 신적 기원설을 지지한다. 회당에 비치된 성경 사본들에는 또 다른 방식으로 본문을 읽을 수 있는 난외의 주가 표기되어 있다. 우리의 대적자들은 그런 것들도 모음 부호처럼 모세가 쓴 것이 아니라고 말해야 할 것이다. 따라서 모든 성경 사본에 본래의 본문과는 다르게 읽을 수 있는 문장이 표기되어 있었다면, 회당에 비치된 성경 사본들이나 오늘날의 일부 유대인들의 관습은 한때 모든 사본에 모음 부호가 존재하지 않았다는 증거가 될 수 없다. 모음 부호가 랍비 시대에 개발되었다고 주장하는 사람들은 회당에서 성경 본문을 (특히 교육을 받지 못한 사람들을 위해) 큰 소리로 더 쉽게 읽게 하려는 의도로 그것을 개발했다고 주장한다. 그런 주장 자체가 모음 부호가 표기된 성경 본문이 회당에서 관습적으로 사용되었다는 방증이다. 헬라파 유대인들은 회당에서 헬라어로 번역한 율법서를 사용했다. 따라서 오늘날의 일부 유대인들의 관습은 합법적인 논증의 증거가 될 수 없다. 더욱이 유대인들조차도 이 관습을 사뭇 다르게 설명한다. 랍비 교육을 위한 스물한 가지 규칙을 주의 깊게 살펴보면, 모음 부호를 표기하지 않은 성경 사본을 회당에서 사용해야 할 필요성을 즉각 알아차릴 수 있다. 왜냐하면 모음 부호가 표기된 성경 사본을 사용하면 그런 규칙들 가운데 일부를 지킬 수가 없기 때문이다. 성경 읽기를 도와줄 모음 부호를 표기하지 않은 상태에서 훈련과 연습을 통해 필요한 모음과 억양을 모두 정확하게 지켜 발음하는 능력을 갖추기 전까지는 아무도 공중 앞에서 율법서를 읽도록 허용되지 않았다. 이런 사실만으로도 오늘날 회당에서 모음 부호가 표기되지 않은 성경 사본을 사용하는 이유가 충분히 설명된다. 그들은 성경을 큰 소리로 읽을 때 개개의 단어를 극도로 신중하게 발음함으로써 모음들을 구별할 뿐 아니라 각 단어를 억양의 고저에 따라 낭송한다. 그들이 오늘날 모음 부호가 표기되지 않은 성경 사본을 사용하는 또 다른 이유가 있는데, 나는 앞에서 이미 이것을 언급한 바 있다. 모리누스는 "이런 식으로 쓰인 책은 다양한 해석이 가능하다. 그런 책은 조상들의 전승을 기억해야만 이해할 수 있는 신비적인 해석과 감추어진 의미를 전하는 훌륭한 매개체다"라고 말했다.[4]

---

4   John Morinus, *Samaritan Grammar*, chapter 9.

모음 부호를 표기하지 않은 오늘날의 성경 사본들이 모세가 자필로 기록한 성경을 최대한 그대로 모사하려는 의도적인 시도였다고 가정하더라도 에스라가 나중에 성경 본문에 모음 부호를 표기하지 않았다고 단정하기 어렵기 때문에 오늘날의 유대 관습은 이 논쟁과 관련해 전혀 적절하지 않다.

1520년경에 독일에서 살았던 엘리아스 레비타의 주장을 근거로 또 하나의 논증이 개진되었다. 그는 탈무드 시대 이후에 디베랴의 마소라 학자들이 모음 부호를 개발했다고 강력하게 주장하며 그것을 입증하려고 시도했다. 이런 주장을 중요하게 간주하는 이유는 무엇일까? 그 이유는 레비타가 그렇게 말했기 때문이다. 그렇다면 그의 주장에 다른 많은 사람들의 증언보다 더 큰 권위를 부여하는 것이 과연 온당할까? 그들도 똑같이 각자 훌륭한 가르침을 전한 것으로 유명할 뿐 아니라 대부분 레비타보다 훨씬 오래전에 살았던 사람들이다. 그와 다른 견해를 지닌 사람들이 상대적으로 더 중요하고, 숫자도 훨씬 더 많다면, 한 사람의 견해는 쉽게 논파될 수 있지 않은가? 그의 견해에 과도한 비중을 두는 이유가 무엇일까? 그것은 유대인들이 자기 민족의 평판을 높이는 것처럼 보이는 것은 무엇이나 자랑하기를 좋아하는 습성을 지니고 있기 때문이다. 그들은 그 목적을 위해서라면 아무런 수치심 없이 거짓 이야기를 날조하기까지 한다. 따라서 그들이 자신들의 명분을 내세울 목적으로 개진하는 의견은 신뢰해서는 안 된다. 물론, 레비타의 말은 모음 부호 체계의 고대성과 가치를 크게 저하시키는 것이기 때문에 그가 모종의 진실에 이끌리지 않았다면 그렇게 말하지 않았을 것이라고 생각할 수도 있다. 그러나 실제 상황은 그런 것과는 전혀 달랐다. 랍비들의 학파가 출현한 이후로 그들을 통해 모음 부호 체계와 같은 뛰어난 발명에 필적할 만한 업적이 이루어진

적이 한 번도 없었다. 따라서 랍비들이 성경을 이해하는 뛰어난 능력과 지혜를 부여받았다고 말하는 것보다는 그들이 모음 부호를 개발해 성경에 표기한 사람들로 선택되었다고 주장하는 것이 자기 민족에게 더 큰 영광과 영예를 돌리는 길이라고 생각했을 수 있다. 그런 성경은 인류의 타락 이후로 세상에 나타난 가장 완전한 축복이 아닐 수 없었을 것이다. 단언하건대, 모음 부호의 신적 기원을 부인하는 사람들조차도 유대 민족이 하나님의 버림을 받은 이후로 모음 부호의 발명에 비견할 만한 과업을 이루었거나 시도한 적이 없다는 것을 기꺼이 인정할 것이 틀림없다. 랍비들 가운데 소요학파의 철학을 열심히 공부하고 나서 좀 더 합리적으로 추론할 수 있는 능력을 갖춤으로써 유익하게 연구할 수 있는 책들을 저술한 사람들이 더러 있었다는 사실을 부인할 생각은 조금도 없다. 그러나 그 이전에 미슈나와 탈무드를 저술한 랍비들은 우화, 꿈 이야기, 지어낸 이야기, 거짓말 외에는 아무것도 말한 것이 없다는 것이 학자들의 공통된 견해다. 성경 본문에 모음 부호를 표기한 것은 가장 뛰어난 판단력과 신중함과 진리를 귀하게 여겨 사랑하는 마음에서 비롯한 결과물이다. 랍비들이 모음 부호를 개발했다는 레비타의 거짓 주장을 용인하는 것보다 유대인들의 후안무치함과 랍비들을 무작정 신뢰하는 일부 그리스도인들의 어리석음을 더 확실하게 보여주는 것은 없다. 어쩌면 엘리아스 자신도 자신의 주장이 먹히면 성경을 공부하는 모든 사람이 자기가 말한 디베랴의 랍비들 덕분에 그런 엄청난 축복을 누리게 되었다고 인정할 것이라는 생각으로 그런 견해를 제시했을 수 있다.

혹시 엘리아스보다 더 앞선 인물인 아벤 에스라의 권위를 내세워 주장을 펼칠 생각이라면, 그가 실제로 어떻게 말했는지 함께 살펴봐야 할 필요가 있다. 그는 출애굽기 25장 31절을 주석하면서 "나는 디베랴의 현인들이 자세히 살펴본 책들을 보았다. 일부 장로들은 모든 용어와 점들이 온전한지, 아니면 결함이 있는지를 확인하기 위해 세 번이나 빠짐없이 상세하게 살폈다고 말했다. 그들은 심지어 사본들 가운데서 '요드'의 차이까지 살폈고, 스페인과 프랑스를 비롯해 바다 건너 있는 다른 나라들에서 가져온 사본들에 대해서도 서로의 동의 여부를 확인했다"라고 말했다. 아벤 에스라의 권위를 내세우는 사람들은 이 글을 읽으면 상당히 당혹스러워할 것이 틀림없다. 왜냐하면 모음 부호가 후대에 개발되었다는 주장을 뒷받침할 만한 증언이 전혀 발견되지 않기 때문이다. 오히려 그는 '점들이' 이미 존재하는 것처럼 말했다. 다시 말해, 아벤 에스라는 랍비들이 자신들이 만든 모음 부호가 공인된 발음과 일치하는지를 살펴보기 위해 사본들을 점검한 것이 아니라 그것들이 정확하게 필사되었는지를 확인하기 위해 그것들을 세심하게 살폈다고 말했다. 그들이 논의했던 한 가지 특별한 문제는 '요드'라는 문자가 올바로 사용되었는지를 점검하는 것이었다. 아벤 에스라는 디베랴의 랍비들이 그 문제를 해결하기 위해 모든 점들과 가용한 사본들을 면밀하게 조사하면서 자신들이 소유하고 있던 고대의 표준 사본과 비교했다고 말했다. 이것은 그들이 모음 부호를 개발했다는 의미와는 거리가 멀다. 그들은 자음은 물론, 모음도 개발하지 않았다. 그들은 단지 문구와 용어와 문자와 모음 부호를 주의 깊게 살펴보았을 뿐이다. 이처럼 아벤 에스라는 디베랴의 랍비들이 많은 사본을 꼼꼼하게 살폈고, 그것들이 문자와 점들로 이루어졌으며, 나중에 자기가 그 가운데 많은 것을 직접 보았다고 말했다.

두 개의 탈무드(예루살렘 탈무드와 바벨론 탈무드)가 모음 부호에 관해 아무런 언급도 하지 않았다는 주장이 이따금 제기된다. 그러나 학식이 뛰어난 보시우스는 미슈나에는 언급되지 않았지만 두 탈무드에는 언급되었다고 말했다. 탈무드를 근거로 모음 부호의 존재를 부인하는 데에는 이중적인 의도가 담겨 있다. 하나는 모음 부호가 존재하지 않았다고 말하기 위해서고, 다른 하나는 그것이 언급되지 않은 이유가 그것들이 그 이전에는 존재하지 않았기 때문이라고 말하기 위해서다. 이 모든 것에는 탈무드가 저술될 당시에 모음 부호가 아직 개발되지 않았다는 의미가 함축되어 있다. 이 주장의 논리를 순서대로 따지려면, 먼저 탈무드에 모음 부호를 언급하는 내용이 전혀 발견되지 않는다는 말부터 살펴봐야 한다. 이런 견해를 피력하는 학자들 가운데 실제로 부피가 엄청나게 큰 탈무드를 주의 깊게 읽고서 그것들이 모음 부호를 전혀 언급하지 않았다는 결론을 제시한 사람들이 얼마나 될지 참으로 궁금하다. 사실, 그들이 하는 일이라고는 스스로 판단의 주체가 되어 특별히 선정한 구절들을 강조하는 것뿐이다. 그들은 모음 부호가 실제로 알려져 사용되었다면 그런 구절들을 통해 언급되었을 것으로 생각한다. 그러나 나는 탈무드가 모음 부호를 언급한 적이 없다는 말에 모두가 동의한다고 해도 그것이 아직 개발되지 않았다고 단정할 수는 없다고 생각한다. 히브리어와 관련된 문제들 가운데는 탈무드가 전혀 언급하지 않고 지나간 것들이 많다. 따라서 우리는 진실을 왜곡하지 않고서도 얼마든지 이런 주장을 간단하게 무시해버릴 수 있다. 그러나 사실, 두 탈무드를 살펴보면 그것들이 저술되었을 때 모음 부호가 이미 존재했다는 것을 입증하는 내용이 전혀 없지는 않은 것으로 드러난다. 따라서 이 주장은 아무런 근거나 설득력이 없다. 이 문제와 관련된 탈무드의 구절들은 북스토르프가 자신의 책에서 길게 나열했고, 그의 아들이 적절히 활용해 카펠루스의 비판을 능숙하게 논박했기 때문에 굳이 여기에 인용할 필요는 없을 듯하다. 랍비 아사

랴의 증언과 예루살렘 탈무드와 바벨론 탈무드를 참조하기 바란다.[5]

그러나 모음 부호가 꼭 필요한 탈무드의 대목에서도 그것을 언급한 내용이 전혀 발견되지 않는다는 지적이 있다. 예를 들면, 한 가지 방식 이상으로 읽을 가능성이 있는, 자음으로만 구성된 용어들이 있을 때는(곧 문자만 가지고서 표현할 수 없을 때는) 모음 부호를 표기해 구분해야 할 필요가 있는데도 탈무드를 저술한 랍비들이 이 문제를 다루었던 방식을 살펴보면 모음 부호 없이 발음만을 이용해 용어를 구별했다는 것을 알 수 있다고 한다. 이런 논증을 펼치는 사람들은 당시에 모음 부호가 이미 존재했다면 그런 용어에 '카메츠(a, o),' '세레(e),' '홀렘(o),' '히렉(i)'을 표기해 발음함으로써 훨씬 더 쉽게 다른 의미로 읽었을 것이라고 주장한다.

그러나 과거에는 모음 부호들이 그런 명칭으로 체계를 갖춰 구분되지 않았을 수도 있다. 사실, 그런 체계는 오랜 후에 히브리 문법학자들이 다른 언어들을 모방해 구축한 것이다. 마소라 학자들도 그런 명칭 가운데 일부를 사용했지만 '세레'와 '카메츠'를 자주 혼동했고, '카메츠'를 종종 '카톤'으로 일컬었다. 이런 사실은 이 명칭들이 정식으로 채택되어 구분되지 않았다는 증거다. 이와 비슷하게, 그들은 '쉐골'을 '파타흐'나 '카톤'은 물론, 심지어는 '슈렉'으로 일컫기도 했다. 발음하는 소리가 곧 명칭이 되었기 때문에 탈무드의 저술가들은 후대의 문법학자들이 만든 실제적인 명칭들을 알지 못하는 상태에서도 모음을 발음할 수 있었다. 따라서 그들이 모음을 충분히 잘 알고서 글을 자유자재로 썼을 것으로 단정해도 무방할 것이다. 더욱이 탈무드의 원본이나 초기 사본들이 모음 부호 없이 저술되었다는 것을 오늘

---

5   Rabbi Azariah, *Imre Bina* 59. *Jerusalem Talmud*, Megil, chapter 4. *Babylonian Talmud*, Megil 2, Folio 3, Nedarim folio 37.

날 어떻게 입증할 수 있겠는가? 유대인들은 탈무드보다 오래된 미슈나에 고대로부터 모음 부호가 표기되었다고 일관되게 주장한다. 그런 미슈나 사본은 어디에도 존재하지 않았지만, 최근에 하나가 발견되어 암스테르담에서 연구되고 있다. 이처럼, 탈무드에 모음 부호가 표기되지 않았다는 주장에 근거한 견해는 그릇된 추론에서 비롯한 억측에 지나지 않는다. 더욱이 북스토르프는 의미가 달라질 수 있는 용어가 탈무드에서 사용되었을 때는 모음 부호를 표기하지 않고서도 그 의미를 분명하게 드러내는 방식으로 다루어졌다는 것을 이미 오래전에 입증해 보인 바 있다.

아울러, 필요 이상의 모음 부호, 곧 쓸모없는 모음 부호가 많다는 주장도 있다. 이것은 카펠루스가 모음 부호의 고대성을 논박하기 위해 제기한 주장이다. 그는 모두 열네 개의 모음 부호가 있는데 인간의 입으로 낼 수 있는 소리가 그렇게 많지 않기 때문에 그 가운데서 최소한 몇 개는 불필요하다고 말했다. 그는 이런 주장을 토대로 모음 부호 가운데 몇 개는 아무런 의미가 없기 때문에 히브리어를 배우거나 발음하는 데 도움이 되지 않는 무가치한 부호라고 역설했다. 그는 또한 모음 부호를 랍비들이 개발했지만 그렇게 잘 만들어지지 않았기 때문에 그것이 개발된 목적에 완벽하게 부합하지 못했다고 지적했다. 그러나 모음 부호가 랍비들의 시대에 만들어졌다는 견해를 지지하는 사람들은 그와 정반대되는 주장을 펼친다. 그들은 모든 모음 부호가 의도된 소리를 정확하게 표시하고 있다고 주장한다. 그들은 과거에 조잡한 형태로 만들어진 모음 부호는 존재하지 않았고, 또 문자를 처음 사용한 사람들(즉 단순히 긴급히 필요한 것만을 표현하려는 생각을 지닌 사람들)은 그것을 전혀 사용하지 않았다고 말한다. 이처럼 어떤 사람들은 모음 부호가 불필요하게 많다고 생각하고, 어떤 사람들은 그것이 소리를 표시하는 데 더할 나위 없이 적합하다고 생각한다. 이들의 공통점은 한 가지, 곧 모음 부호의 신적 기원을 부인하고, 그것이 후대에 개발되었다고 주장하는 것이다. 그러나 이런 시시한 반론을 모두 간단하게 논박할 해결책이 있다. 모음 부호 체계의 완전성을 강조하는 사람들은 그런 완전함이 하나님으로부터 비롯했다는 것을 기억해야 한다. 완전함에 가까운 것일수록 그것이 하나님으로부터 직접 주어졌다고 생각해야 마땅하다. 히브리어는 모든 언어 가운데서 가장 완벽하며, 가장 오래되었다. 그것은 다른 모든 언어의 모형이자 원형이다. 많은 학자들이 여러 가지 설득력 있는 근거를 토대로 인정하는 대로, 히브리어는 하나님이 예언의 영을 부여받은 사람들을 통해 직접 허락하신 것이다. 나도 이 견해에 동의한다. 우리의 부분적이고, 불완전한 이해를 히브리어와 그 모음 부호 체계의 완전성과 혼동해서는 안 된다. 모음 부호 가운데 무익하고, 불필요한 것이 많다고 주장하는 사람들의 논증은 인간의 교만에서 비롯한 것으로 신빙성이 없다. 우리가 그다지 중요하지 학자들 몇 사람의 주장에 이끌려 하나님의 말씀 안에서 그들의 생각과 다른 것이나 그들이 불필요하다고 말하는 것을 제멋대로 제거하는 것이 과연 온당할까? 그것이 주장을 펼치는 올바른 방법이고, 성경을 진지하게 다루는 태도일까? "모음 부호 가운데 몇 가지가 사용된 이유를 도무지 이해할 수 없다. 따라서 그것들은 무익하다. 이런 점에서 랍비들이 모음 부호를 개발했다고 밖에 달리 생각할 수 없다"라는 식으로 모든 논쟁이 신속하게 해결될 수 있을까? 인간이 심판의 자리에 앉아 자신이 인정하는 무지의 잣대로 하나님의 말씀을 판단하는 것이 과연 옳은 일일까? 모든 것을 안다고 주장하는 사람보다는 아무것도 모른다고 고백하는 사람에게 더 큰 희망이 있다. 그런 사람은 언젠가는 억양이나 모음 부호의 도움을 받아 성경 말씀을 조금이라도 더 잘 이해할 수 있는 기회가 있다. 그는 성경 말씀을 하나님의 생각에 좀 더 부합하는 방식으로 이해하는 법을 배울 수 있다. 무지하고, 하찮은 우리 현대인들이 억양과 모음 부호가 무익하다고 단정하는 것이 과연 온당한 일일까? 모음 부호 체계가 신적 기원을 지닐 가능성이 있다는 점을 조금이라도 고려한다면, 아무도 이 주제를 그렇게 경솔하게 다루지는 못할 것이다.

세바스티안 뮌스터는 랍비 다윗 킴치의 아모스서 주석의 머리글에서 "유대인들은 오늘날의 사람들 가운데 모음 부호 체계를 완전히 이해하는 사람은 아무도 없다고 주장한다"라고 비웃었다. 그와는 달리, 레비타는 자기가 모음 부호 체계를 설명하는 책을 저술했는데 그것이 로마에서 분실되었다고 말했다. 아마도 그 책이 지금까지 남아 출판되었다면 그렇게 비웃지는 못했을 것이고, 현대 학자들도 즐겁게 그 지식을 습득했을 것이다. 이 밖에도 히에로니무스가 모음 부호를 언급한 적이 없었기 때문에 그가 그것을 전혀 몰랐다는 주장이 제기되기도 한다. 그러나 그가 글의 주제와 관련이 있든 없든 자신이 알고 있는 것을 모두 기록했어야 했다고 주장할 수 있는 근거가 무엇인지 참으로 궁금하다. 내가 생각할 때는 히에로니무스가 히브리어가 자기가 알고 있는 다른 모든 나라의 언어와는 달리 모음 부호를 사용하지 않았다는 것을 그 당시에 알았다면, 오히려 그 점을 반드시 언급했을 가능성이 더 컸을 것으로 보인다. 따라서 나는 그런 어리석은 주장에 동의할 생각이 없다. 만일 나의 대적자들이 자신들의 주장을 입증할 능력이 있다면 마음껏 그렇게 해보라고 말하고 싶다.

폴리비우스의 경우와 비교해 보라. 고대 역사가들 가운데 카르타고 전쟁에 관한 정보를 그보다 더 많이 알려준 사람은 어디에도 없다. 그의 글을 보면, 그가 카르타고어를 알고 있었을 뿐 아니라 그들의 기록을 면밀하게 살펴보았다는 사실을 분명하게 알 수 있다. 그는 자신의 『역사(*Histories*)』 3권에서 한니발이 로마를 침공하기 위해 이끌고 온 세력들을 상세하게 설명했다. 그는 한니발이 직접 새긴 동판에서 그런 정보를 얻어냈다고 말했다. 그러나 폴리비우스는 카르타고어를 매우 잘 알고 있었는데도 불구하고 자신의 책에서 그것의 특이점을 논의하거나 언급한 적이 한 번도 없었다. 아마 히에로니무스가 히브리어 모음 체계를 언급하지 않은 것도 그와 똑같은 경우에 해당할 것이다. 이미 모음 부호 체계를 온전히 알고 있는데 굳이 그것을 언급할 이유가 무엇인가? 만일 모음 부호가 표기된 사본들과 표기되지 않은 사본들이 항상 존재했던 상황에서 그가 그것을 전혀 알지 못했다면, 어떻게 그것이 존재하지 않는다는 것을 입증해 보일 수 있었겠는가? 아울러, 히에로니무스가 자신의 번역서에 매우 한정된 숫자의 사본만을 조사하고, 살펴보았을 가능성도 있다. 그런 경우라면 그가 모음 부호가 표기된 사본을 본 적이 없었다고 해도 조금도 놀랄 일이 못 될 것이다. 히브리어 문법학자들은 물론, 그 어떤 사람도 히브리어의 공식적인 체계를 다룬 내용의 책을 출판한 적이 없다. 따라서 그 체계를 언급한 적이 없다는 사실에 근거한 주장은 아무런 설득력이 없다. 그것은 증거가 없는 억측에 지나지 않는다. 그러나 이런 모든 주장에도 불구하고 히에로니무스의 책들을 살펴보면 그가 히브리어 모음과 억양 체계를 알고 있었다는 증거가 전혀 없지는 않다는 것을 확인할 수 있다. 내가 다른 곳에서 인용한 대로, 그는 "히브리어는 낱말 사이에서 모음을 매우 적게 사용한다"라고 말했다. 랍비 아사랴 드 부아쟁과 시몽 드 뮈는 히에로니무스가 말한 '모음'은 때로 '약자음'으로 불리는 '알렢,' '와우,' '요드'를 가리킨다고 주장했다. 이 자음들은 다른 언어들의 모음과 같은 기능을 했다. '요드'와 '와우'가 모음의 기능을 한 약자음인 것은 분명하다. 그러나 그것들도 모음 부호를 지니고 있고, 헬라어의 체계와는 전혀 다른 방식으로 용어의 의미를 다르게 만든다. '알렙'이 모음으로 사용되었다는 사실은 확실하게 입증되지 않았다. 이 문자는 모음과는 전혀 다른 방식으로 발음될 때가 많다. 따라서 히에로니무스가 이 단순한 문자들을 염두에 두고 모음을 언급한 것이 아니라고 자신 있게 말할 수 있다. 더욱이 그의 『요나서 주석』에서는 "나는 어떤 번역 사본들을 보고 매우 놀랐다. 왜냐하면 히브리어는 문자와 음절과 억양과 낱말들의 사이가 그렇게 긴밀하지 않기 때문이다"라는 말이 발견되기까지 한다. 보다시피, 그는 '억양'을 확실하게 언급했다. 그는 에스겔서 27장을 주석하면서 이렇게 말했다. "히브리어 이름은 그 자체의 특별한 의미를 지닌다. 그러나 그것은 억양의 다양성 때문에 다양하게 해석될 수 있다. 억양으로 인해 용어들 안에서 의미의 변화가 발생한다." 그가 쓴 『이사야서 주석』의 머리글에 '파울라와 에우스토니쿠스에게 주는 편지'라는 항목이 있다. 그는 그곳에서 히브리 예언이 '콤마와 콜론'으로 기록되었다고 말했다. 그는 또한 창세기 47장 31절 주석에서도 "어떤 사람들은 여기에서 야곱이 요셉의 지팡이 끝을 향해 예배를 드렸다는 식으로 그릇 해석한다. 그러나 이 구절이 히브리어는 그와는 전혀 다른 의미를 지닌다. 그것은 그가 자기 아들에게 능력이 주어진 것에 감사하며 침상 머리에서 하나님께 예배했다는 뜻이다"라고 말했다. 이 경우가 흥미로운 이유는 '미타'라는 한 단어에 모음 부호가 다르게 찍히면 의미의 차이가 발생하기 때문이다. 히에로니무스는 히브리서를 기록한 사도도 이 단어를 '지팡이(홀. 규)'를 뜻하는 의미(마테)로 읽었다는 것을 알았지만(히 11:21 참조), 창세기 본문처럼 '침상'을 뜻하는 모음 부호를 선호했다. 이것이 그가 "이 구절의 히브리어는 그와는 전혀 다른 의미를 지닌다"라고 말했던 이유다. 모음 부호가 없었다면 그런 의미의 차이가 발생할 수 없었을 것이다. 과연 그가 히브리서를 기록한 사도의 이해를 거부하고, 니고데모라는 그다지 중요하지 않은 사람의 이해를 따랐거나 그 어떤 도움도 받지 않고 순전히 자신의 추론만을 통해 그런 의미를 읽어냈을까? 그가 모음 부호가 표기된 히브리 창세기 사본을 소유하고 있지 않았다면 어떻게 "나는 그 히브리 용어를 다르게 읽었다"라는 식으로 말할 수 있었겠는가? 이처럼 히에로니무스는 모음 부호를 매우 잘 알고 있었을 뿐 아니라 자기의 목적에 부합할 때마다 종종 모음 부호를 언급했을 것이 분명하다. 이렇게까지 말해도 만족스럽지 않은가? 여전히 히에로니무스가 한두 사람의 지역 랍비의 이해를 토대로(곧 그들이 이 히브리 용어를 항상 침상을 뜻하는 미타로 주장했다는 사실에 근거해) 그런 이해에 도달했다고 말할 셈인가? 그는 모두에게 공개된 성경 사본을 소유하고 있었을 것이 분명하다. 따라서 한두 사람의 지역 랍비의 견해나 당시에 그 말이 사용된 용법이나 사도의 권위를 무조건 따라야 할 이유는 없었을 것이다. 이런 사실은 그가 모음 부호가 표기된 성경 사본을 직접 다루면서 주석을 써 내려갔다는 명확한 증거가 아닐 수 없다. 모음 부호가 표기되지 않은 이 히브리 용어는 두 가지 방식으로(즉 미타와 마테로) 읽을 수 있다(나는 개인적으로 이 말을 야곱이 연약한 육신을 요셉의 지팡이에 기대고 하나님을 경배했다는 의미로 이해하고 싶다).

마지막으로, 늦게 억양을 도입한 언어로 취급되는 아랍어 및 아람어와의 유사성을 근거로 또 하나의 논증이 개진되었다. 이 논증은 "히브리어가 그런 유사 언어들과 달라야 할 이유가 무엇인가?"라고 묻는다. 그러나 아랍어와 아람어가 언제 처음으로 기록되었고, 또 언제부터 억양을 사용했는지는 매우 불확실하다. 골리우스가 〈코란〉 수라 31장에 관한 서문에서 밝힌 대로, 가장 초창기의 아랍어 사본은 통용되지 않은 지가 매우 오래되었다. 그 후로 세월의 부침과 변천을 거치면서 아랍어에 어떤 변화가 일어났는지는 전혀 알 수 없다. 어쩌면 모음 부호의 사용이 중단되었다가 나중에 사라센인들을 통해 다시 개발되었을 수도 있다. 모음 부호 체계가 아랍어나 아람어에 언제 도입되었는지를 보여주는 신빙성 있는 증거는 어디에도 없다. 이 동방의 언어들이 모두 처음에는 모음 부호가 없었다고 가정하면, 에스라가 히브리어에 그것을 첨가했다고 생각할 수밖에 없다.

이것들이 학자들이 히브리어 모음 부호 체계의 고대성을 논박하기 위해 내세우는 논증들이다. 그들은 그런 논증들을 앞세워 모음 부호 체계가 탈무드 시대 이후에 랍비들을 통해 개발되었다는 주장을 제기했다. 그 결과, 그들은 스스로 위대한 유산을 배격하는 결과를 초래했다. 지금까지 논의한 대로, 그들의 증거와 추론들을 살펴보면, 그들과 나의 견해가 확연히 다르다는 것을 분명하게 알 수 있다.

에스라의 큰 노력을 통해 히브리 성경 안에서 '케레(변형-읽는 것)'와 '케티브(본문-기록된 것)'를 병기해 용어를 다르게 읽는 방식이 시작되었다고 생각하는 학자들이 많다. 나는 그런 식의 읽기 방식의 본질과 횟수에 관해 다른 곳에서 충분히 말했기 때문에 여기에서 그것을 다시 되풀이할 생각은 없다. 성령께서 성경을 처음에 허락하셨을 때부터 그것들이 존재했다고 말하는 사람들도 있고, 그것들 안에 심오한 비학(祕學)이 숨겨져 있다고 말하는 사람들도 있으며, 몇 가지 히브리 문자의 모호성 때문에 그런 문제가 야기되었다고 말하는 사람들도 있다. 어떤 사람들은 마소라 학자들이 그런 변형들을 알고 있었거나 많은 책에서 자료를 수집해 본문을 비평적으로 교정할 생각으로 덧붙였다고 말하기도 한다. 이것은 성경 본문의 신적 보존이라는 교리를 무시하는 사람들의 주장이다. 그들은 성경을 읽는 것을 '마소라 히브리어'로 일컬으며 그것이 성경과 큰 차이가 있는 것처럼 말한다. 나는 학자들이 견해와 책들을 면밀하게 검토한 결과, 이 문제를 정확하게 판단하기는 어렵다는 생각이 들었지만, 아이작 애버반넬이 예레미야서 서문에서 말한 내용을 지지하고 싶다. 그는 다른 사람들의 견해를 불만족스럽다는 투로 이렇게 말했다. "이 문제는 저절로 해결될 것으로 보인다. 에스라는 모음과 억양을 첨가하고, 구절들을 나누기 전에 다른 대회당 의원들과 함께 성경 사본들을 기록된 그대로 완벽하게 모아서 주의 깊게 읽었다. 그들은 이따금 용어를 다르게 읽는 방식을 표기하기도 하면서 그런 변형이 발생하는 이유가 다음 두 가지 중 하나라고 결론지었다. (1) 사본들 사이에 약간의 차이가 있는 것을 발견한 과거의 서기관이 자신의 사본에 두 가지 읽기 방식을 모두 포함시켰다. 그 이유는 혹시나 영감된 용어를 임의로 삭제할까 봐 두려워했기 때문일 수도 있고, 거기에 모종의 깊은 비밀이 감추어져 있을지도 모른다는 느낌이 들었기 때문일 수도 있다. 그는 언뜻 불필요하거나 오류가 있는 것처럼 보이는 문자들도 아무런 이유 없이 기록되지는 않았을 것으로 생각했기 때문에 자신이 읽는 문자를 정확하게 보존했다. 그러고 나서 본문에서 이상하게 보이는 것은 난외주에 설명을 달았지만, 단락의 일반적인 취지에 부합하는 명백하고, 단순한 의미를 강조했다. (2) 에스라가 사본들을 대조하다 보니 서기관이 문법이나 철자법에 관한 지식의 부족으로 인해 정확하게 표기하지 못한 경우 외에도 이따금 분명한 이유 없이 어형 변화를 일으키는 용어를 발견했다. 따라서 그런 경우는 히브리어 문법의 규칙에 따라 정확하게 표기하는 것이 필요했다. 이것이 난외주에 변형된 용어들이 발견되는 원인이었다. 경건한 서기관들은 저자들이 성령의 영감을 받아 말한 용어들을 임의로 다르게 바꾸는 것을 두려워했다."

13장
에스라의 교회 개혁 2(결론)

　　포로 생활에서 돌아온 유대 교회를 다시 살펴보기로 하자. 앞서 말한 대로, 귀환한 유대인들은 오랫동안 바벨론의 어둠 속에 갇혀 지냈기 때문에 하나님에 관한 지식을 부지런히 배우고, 예배와 의식을 올바로 거행하는 방법을 익히는 것이 필요했다. 따라서 개혁자들은 느헤미야서 8장 1-8절에 기록된 대로 백성들을 가르치기 시작했다. "모든 백성이 일제히…광장에 모여…하나님의 율법책을 낭독하고 그 뜻을 해석하여 백성에게 그 낭독하는 것을 다 깨닫게 하니." 배교 행위가 이루어지는 동안, 설교와 석의를 통해 백성들에게 말씀을 가르치는 엄숙한 의무가 줄곧 무시되거나 등한시되어왔다. 그것은 레위인들과 제사장들의 고유한 의무였다(선지자들의 말씀 선포는 하나님의 직접적인 명령을 통해 이루어진 것으로 이 의무와는 구별되었다). "제사장의 입술은 지식을 지켜야 하겠고"(말 2:7)라는 말씀대로, 그것은 하나님이 부여하신 의무였다. 그들은 하나님의 의도와 말씀의 의미를 설명해야 했다. 이것이 하나님이 호세아서 4장 6절에서 의무를 등한시한 그들을 엄히 꾸짖으신 이유였다. 이것은 제사장들은 물론, 레위인들에게 부여된 의무이기도 했다(신 33:10). 여호사밧이 하나님의 뜻에 따라 교회를 개혁하는 일에 착수했을 때 가장 세심한 주의를 기울인 것이 바로 설교의 회복이었다. 제사장들과 레위인들이 율법에 무지한 죄를 지었기 때문이거나 그 숫자가 감소했기 때문에 그 의무를 짊어지기에 부적합한 것으로 드러나자, 여호사밧은 교회 개혁을 중시하는 관리들에게 설교자의 임무를 부여했다(대하 17:7-9). 설교를 등한시하는 것은 교회의 부패를 알려주는 확실한 징후 가운데 하나이고, 이 의무를 신중하게 이행하는 것은 교회 개혁의 확실한 증거 가운데 하나다. 따라서 포로기 이후의 개혁자들은 가능한 한 신속하면서도 신중하게 설교를 회복하는 일에 관심을 집중했다. 하나님으로부터 바벨론의 어둠 속에서 오랫동안 헤매던 교회를 회복하는 일을 위탁받은 개혁자들은 과감하게 그 일을 추진했고, 놀라운 성공을 거두는 축복을 경험했다.

최근의 일부 유대인들은 내가 위에서 인용한 느헤미야서의 말씀이 아람어로 부연 설명한 내용을 가리킨다고 주장했다. 일부 그리스도인들도 그 말에 현혹되어 그들의 주장에 동의하며 거의 광기에 가까운 열정으로 그들의 견해를 지지했다. 이미 언급한 대로, 학자들의 추측과는 달리 귀환한 유대인들은 히브리어에 관한 지식을 잃어버리지 않았다. 에스라 시대의 설교자들은 먼저 율법책을 분명하게 읽고, 그 의미를 설명해 백성들을 깨우쳤다. 만일 일반 백성이 읽는 소리를 이해하지 못했다면 율법책을 읽는 것이 무슨 소용이 있었겠는가? 따라서 이 본문의 내용은 말씀을 부지런히 전해 하나님에 관한 지식을 새롭게 가르쳤다는 의미로밖에는 달리 이해하기 어렵다. 그 후에 즉시 이루어진 것은 에스라서 3장 2, 3절에 기록된 대로 사마리아인들을 배격하는 것이었다. "(그들이) 스룹바벨과 족장들에게 나아와 이르되 우리도 너희와 함께 건축하게 하라 우리도 너희같이 너희 하나님을 찾노라 앗수르 왕 에살핫돈이 우리를 이리로 오게 한 날부터 우리가 하나님께 제사를 드리노라 하니 스룹바벨과 예수아와 기타 이스라엘 족장들이 이르되 우리 하나님의 성전을 건축하는데 너희는 우리와 상관이 없느니라 바사 왕 고레스가 우리에게 명령하신 대로 우리가 이스라엘의 하나님 여호와를 위하여 홀로 건축하리라 하였더니."

위선자들이 요청한 것은 하나님의 예배에 동참하는 것이 아니라 당시에 유대인들이 누렸던 바사 왕들의 은덕을 함께 누리는 것이었다. 만일 그들이 진지한 마음으로 이스라엘의 하나님을 예배하기를 원했다면 배격당하지 않았을 테지만, 이 사건의 정황을 통해 명확하게 드러난 대로 실상은 전혀 그렇지 않았다. 그들은 경건한 척 가장하고 많은 일을 하기를 원했지만, 과거의 세겜 족속처럼(창 34:23) 마음의 동기가 순수하지 못했다.

에스라서 9장과 10장을 보면, 사마리아인들을 배격하고 난 후에도 유대인들과 혼합된 불경한 민족들을 철저하게 분리해내는 과정이 이루어졌던 것을 알 수 있다. 그런 식으로 전면적인 교회 개혁이 단행되어 비난받을 만한 이유가 말끔히 제거되고, 모세 신학이 갱신되었다.

14장
유대 교회의 마지막 배교 1

교회가 개혁된 후로 시간이 흐르면서 감사할 줄 모르는 사람들을 통해 또다시 배교가 일어났고, 그로 인해 두렵고, 무서운 파멸이 뒤따랐다. 이 일도 이 책의 목적과 관련이 있기 때문에 조심스레 살펴봐야 할 필요가 있다. 모든 결함과 죄로부터 온전히 자유롭지는 못했지만, 선지자들의 사역은 교회 안에서 계속 진행되었고, 교회는 순수함을 유지하며 하나님을 기쁘시게 했다. 그러던 중 선지자들의 사역이 점차 사라지자 유대 교회의 기초가 조금씩 허물어지고, 그 구조가 흔들리기 시작했다. 머지않아 몰락할 것이 불가피한 듯 보였다. 지금부터 교회를 그런 파멸의 길로 몰고 간 것이 무엇인지를 설명하고, 그 배교의 본질을 간략하게 살펴볼 생각이다.

에스라의 개혁 이전에 이스라엘 민족은 아람과 애굽의 왕들에게 종속되어 폭정에 시달렸을 뿐 아니라 큰 재난들로 인해 곳곳으로 흩어졌다. 그러는 동안 이스라엘 땅에는 이방인들이 유입되었고, 그로 인해 그들은 국내외에서 온갖 악에 오염되었다. 나중에 헬라인들이 동방 세계에 그들의 논쟁적인 철학을 퍼뜨리기 시작하면서부터는 마케도니아 군대가 가는 곳마다 그들의 미숙한 논증으로 인해 많은 논란이 야기되었다. 솔로몬의 성전이 아직 건재했던 기간에 예배의 의무를 진지하게 수행했던 일반 대중은 헬라 철학을 잘 알지 못했지만, 유대인 학자들은 그것을 흡수하기 시작했다.

바벨론 포로기 이전의 유대 문헌들에는 철학에 관한 지식을 알고 있었다는 흔적이나 과학에 관심을 보였다는 내용이 전혀 발견되지 않는다. 다만 갈대아인들에게서 받아들인 수학만은 예외였는데, 그것은 우상 숭배의 관습이 유입되는 가교역할을 했다. 인간의 지혜는 모두 교만함의 발로이거나 미신적인 부패로 치우치는 경향이 있다. 진리에 복종하는 훈련을 철저하게 받지 못한 사람들의 경우는 특히 더 그렇다. 따라서 헬라 철학이 차츰 교회 안으로 유입되어 둥지를 틀기 시작하자 악이 크게 성행하게 되었고, 그로 인해 참신학이 훼손되고 말았다. 믿음의 수준이 단지 율법에 복종하는 것에만 머물렀던 사람들은 새로운 철학에 현혹되어 학교들을 세웠다. 그 학교들은 고대의 '선지자들의 학교'와는 전혀 달랐을 뿐 아니라 헬라 철학이 수많은 학파로 갈라져 논쟁을 일삼았던 것처럼, 끝없는 논쟁을 부추기는 한편, 복잡하고 난해한 논증들을 발전시켜 종파들을 양산하는 온상이 되었다.

플라톤 학파나 아리스토텔레스 학파나 제논 학파와 같은 학파들이 여러 파벌로 갈라진 헬라인들 사이에서 논쟁의 대명사가 되었던 것처럼, 유대인들 사이에서도 샴마이 학파나 힐렐 학파를 비롯한 많은 학파가 생겨나 서로 논쟁을 벌였다. 바리새파, 사두개파, 에세네파가 마치 아카데미 학파, 소요학파, 스토아학파와 우열을 다투기라도 하는 듯 서로 난타전을 벌였다. 그러나 논쟁의 욕구는 헬라인들보다 유대인들에게 훨씬 더 많은 해악을 끼친 것으로 드러났다. 그 이유는 그들의 사변이 헬라인들처럼 허구적인 것이나 무가치한 것, 곧 이론적인 차원의 논쟁들에만 집중된 것이 아니라 하나님께 대한 예배와 경건한 삶과 성경 해석과 깊은 관련이 있었기 때문이다. 그것들은 예배자의 영원한 운명을 좌우하는 중차대한 사안들이었다.

아울러, 이 무렵에 이스라엘 백성은 마침내 히브리어를 잘 모르는 상태가 되고 말았다. 이는 그들이 이방인들과 뒤섞여 살게 된 데서 비롯한 두 번째 결과였다. 다른 지역에 흩어져 살던 유대인들은 헬라어를 말했고, 고국에 살던 이들은 아람어를 말했다. 그들은 성경에 기록된 언어를 이해하지 못하자 율법에 대한 무지를 드러냈고, 그로 인해 과거보다 미혹되기가 더 쉬워졌다. 큰 지혜를 지녔다는 명성을 얻기 위해 그런 무지를 이용했던 간교한 율법 학자들이 적지 않았다. 그들은 하나님을 두려워하는 마음은 조금도 없이 백성들 위에 자기를 높이 추켜세우고, 다른 사람들을 열등한 인간으로 멸시했으며, 권위 있는 칭호로 불리며 우월함을 과시했고, 뛰어난 지성을 소유했다는 명예를 누리기 위해 서로 치열하게 논쟁을 벌였다.

이런 종파적인 논쟁의 기원과 결과, 갖가지 견해와 차이점, 그로 인해 빚어진 범죄 행위들을 여기에서 상세하게 논의하려면 이 책의 부피를 정해진 한계보다 훨씬 더 크게 늘려야 할 것이다. 그런 것들은 이미 다른 사람들이 충분히 다루었기 때문에 가장 중요한 요점만을 몇 가지 간단하게 언급하는 것이 좋을 듯하다. 조금 전에 말한 대로, 일반 대중은 무지했고, 그들의 교사들은 교만하고, 편협하고, 허영심이 강했다. 그것이 이 배교의 주된 원인이었다. 다시 말해, 일반인들은 히브리 문자를 몰랐고, 지도자들은 성경의 참뜻을 이해하지 못했던 것이 전면적인 배교가 발생하는 결과를 낳았다.

이 기간에 하나님이 세우신 신정정치 제도는 폐지되었지만, 하스몬 왕조가 설립되어 통치권을 행사했다. 하스몬 왕조는 헬라의 문화와 윤리관과 종교를 노골적으로 수용했던 정권이었다. 심지어는 히르카노스, 알렉산드로스, 아리스토불로스, 안티고노스라는 그들의 이름조차도 헬라 이름이었다. 그들은 마케도니아 방식으로 백성들을 다스렸다. 그로 인해 수많은 해악이 발생했다. 교회 안에서는 선지자들의 사역이 더 이상 이루어지지 않았고, 백성들은 매일 이방인들과 어울려 살았다. 그들은 조상들의 원어를 거의 다 잊어버렸고, 학자들과 교사들은 자신들의 학교를 세울 목적으로 이방 철학자들과 똑같은 방식으로 서로 격렬한 논쟁을 벌였다. 곳곳에 종파들이 생겨났지만, 가라지를 제거하듯 그런 악한 상황을 바로잡겠다고 나서는 개혁자는 아무도 없었다. 간단히 말해, 모든 것이 마지막 파멸을 향해 거침없이 치닫고 있었다.

이 치명적인 배교의 결과와 주요 요점들을 상세하게 다루기 이전에 먼저 이스라엘 백성이 본래의 언어에 대한 지식을 상실한 상태에서 생겨난 한 권의 번역 성경과 그와 관련된 또 하나의 주제를 간단히 언급하는 것이 필요할 듯하다.

특별 주제: 〈70인경〉

흔히 〈70인경〉으로 불리는 헬라어역 성경은 유대 교회가 완전한 배교를 향해 신속하게 치닫고 있을 무렵에 생겨났다. 이 번역 성경과 관련해서는 프로타고라스가 라이르티오스의 입을 통해 한 말을 생각하지 않을 수 없다. 그는 민족들의 신들에 관해 논하면서 "그러나 그런 신들에 관해서는 그들이 존재하는지 아닌지를 안다고 주장하기가 어렵다. 지식에 도달하기까지는 방해 요인과 불확실한 것이 너무나 많고, 우리네 인생도 너무 짧다"라고 말했다. 이 번역 성경에 관한 말들도 너무나 불확실하고, 그에 대한 견해도 천차만별이다. 그런 것들을 모두 다 살펴보기에는 한 사람의 인생으로는 턱없이 부족하기만 하다. 그런데도 이 번역 성경을 둘러싼 논쟁에 성급히 뛰어드는 어리석은 사람들이 많다. 이 번역 성경의 기원에 관한 이야기를 유대인들의 무가치한 허구로 인해 조작된 것으로 일축하는 학자들이 없지는 않지만, 대다수 학자는 일흔두 명의 사람들이 이 번역 성경을 만들었다는 것에 동의한다.

이레나이우스와 알렉산드리아의 클레멘트는 프톨레마이오스 라고스의 통치 시대에, 현명한 역사가 요세푸스는 프톨레마이오스 필라델포스의 통치 시대에, 그 밖의 사람들은 필로메테르의 통치 시대에 이 번역 성경이 완성되었다고 각각 말했다. 순교자 유스티누스는 필라델포스가 유대의 헤롯 왕에게 사람을 보내 성경 번역자들을 요구했다고 기록했다. 그러나 이것은 위대한 유스티누스의 큰 실책인 것으로 드러났다. 그의 시대에 이미 이 번역 성경과 관련해 상당한 거짓 정보가 유통되고 있었다. 많은 사람이 말하는 대로, 데메트리오스 팔레레오스(헬라 웅변가)는 성경 편찬 사업을 통해 헬라어로 번역된 유대인의 경전을 소유하라고 필라델포스에게 권유했지만, 필라델포스가 팔레레오스와 함께 문헌과 관련된 일을 처리했을 가능성은 매우 희박했다. 왜냐하면 라이르티우스가 지적한 대로, 그는 헤롯이 왕이 된 첫날부터 그를 크게 혐오했고, 디오스폴리스 근처에서 말벌에 쏘여 죽었기 때문이다. 보시우스는 필라델포스가 자기 아버지가 통치하는 동안 도서관을 설립했다고 말함으로써 이 문제를 해결하려고 시도했지만, 그런 주장은 고대인들의 보편적인 신념과 정면으로 배치된다. 더욱이 필라델포스의 아버지가 죽기 오래전부터 이미 그와 헤롯은 서로를 증오하는 관계였다. 가장 흔한 이야기는 대제사장이 이스라엘 열두 시파에서 각각 여섯 명의 학자를 필라델포스에게 보내 번역 작업을 하게 했다는 것이다. 당시에 예루살렘에서 이스라엘 열두 지파를 통해 그렇게 많은 학자를 구했을 가능성이 매우 작은데도 이 이야기를 신 빙성 있게 받아들이는 사람들이 많다. 파견된 사람들이 학자들(번역자 들)이 아닌 제사장과 사역자들이었다는 주장도 있었다. 그것은 아우구 스티누스의 견해였다. 그러나 히에로니무스는 그렇게 생각하지 않았 다. 일흔두 명의 번역자가 일흔두 개의 방에 따로 분리되어 각자 번역 작업을 완료하고 나서 번역한 것들을 비교해 보니 단 하나의 용어에 대해서도 서로 아무런 차이가 없었다고 전해온다. 유스티누스가 그렇 게 선언했고, 다른 사람들도 그의 뒤를 따랐다. 히에로니무스는 이 이 야기를 크게 비웃었고, 다른 많은 사람도 그 이야기를 무시하거나 무 가치하게 생각했다. 유스티누스보다 한 걸음 더 나아가서 번역자들이 정확히 72일 만에 모두 동시에 작업을 마쳤다고 말하는 사람들도 있 었다. 다른 사람들은 그런 엄청난 작업이 그렇게 신속하게 끝났다는 말을 믿지 않았다. 아리스테아스, 요세푸스, 필로를 비롯해 탈무드 학 자들 대부분은 그들이 단지 모세 오경을 번역했을 뿐이라고 말했다. 에스피에레스와 모리누스를 비롯한 거의 모든 현대 학자들은 그들 이 구약성경 전체를 번역했다고 말했고, 어떤 사람들은 그들이 하루 를 금식의 날을 정하고, 번역이 불완전하다며 불평했다고 말했다. 필 로는 히브리어 원문을 번역하지 않고, 바벨론 탈무드를 근거로 번역 했다고 주장했다. 일부 랍비들은 그의 주장에 동의했다. 카펠루스를 비롯해 모음 부호에 관한 논쟁과 관련해 그를 추종했던 사람들은 히 브리어 원문을 번역했지만 모음 부호가 없는 사본을 사용했기 때문에 변형이 일어났다고 말했다.

이 밖에도 대제사장이 필라델포스 왕을 존중하는 의미로 황금으로 기록한(또는 최소한 황금으로 장식한) 사본을 애굽에 보내 번역 작업에 사용하게 했다고 주장하는 사람들도 있고, 성경을 그런 식으로 처리하면 사용하기가 부적합할 뿐 아니라 성경의 신성함을 모독하는 처사일 것이라고 주장하는 사람들도 있었다. 어떤 사람들은 언어에 대한 재능이 탁월한 사람들이 번역 작업을 위해 선정되어 가장 훌륭한 믿음으로 번역 작업을 완수했다고 말했고, 어떤 사람들은 그들이 많은 곳에서 그들 자신의 견해에 따라 번역을 시도함으로써 큰 실수를 저질러 작업을 망쳤다고 말했다. 뮌스터와 히메네스는 그들이 통찰력이 없었다고 불평했다.

히에로니무스가 아우구스티누스에게 이 번역 성경에 관해 언급한 대로, 사람들의 견해는 놀라울 정도로 다양했다. 그는 자신의 『이사야서 주석』 서문 안에 게재한 '파울라와 에우타키우스에게 주는 편지'에서 번역자들이 자신들의 믿음의 비밀을 헬라인들의 눈앞에 드러내는 것을 원하지 않았다고 말했다. 많은 사람이 현존하는 〈70인경〉이 그런 학자들이 번역한 원본이라고 말하지만, 드루시우스와 그를 따르는 사람들은 원본은 오래전에 소실되었다고 주장했다. 오늘날에는 대다수 학자가 설혹 원본이 남아 있더라도 히에로니무스의 시대 이후로 많은 곳이 크게 훼손되었을 것이라는 벨라르미노의 말에 동의한다. 그러나 모리누스는 그것이 조금도 훼손되지 않고 순수하게 보존되었다고 주장했다. 앞서 말한 대로, 어떤 사람들은 이 번역 성경을 둘러싼 이야기들이 모두 한갓 유대인들의 거짓 이야기에 지나지 않는다고 생각한다. 예를 들어, 헤인시우스는 출애굽이 24장 7-11절을 근거로 거짓 이야기를 지어냈다고 생각했다. 그는 "모세와 아론을 비롯해 칠십 인 장로가 하나님께로 올라갔다. 여기에서 칠십인 장로의 이야기와 히에로니무스가 논박한 거짓 이야기들이 생겨났을 것이 틀림없다. 그런 식의 순전한 허구가 신성한 문제를 다루는 데 개입하도록 허용해서는 안 된다"라고 말했다.

　유대인 저술가들이 추론에 매우 능하고, 조금이라도 기회가 있으면 터무니없는 거짓 이야기를 지어내는 데 탁월하다는 사실을 알고 있는 사람들은 아리스타르코스의 말이 매우 지당하게 들릴 것이 틀림없다. 그는 그런 사람들을 '실력도 없고, 문법도 모르는, 무지하기 짝이 없는 사람들'로 일컬었다. 이 번역 성경을 둘러싼 논쟁과 이견들을 몇 가지 다루는 것조차도 이 책의 목적에는 부합하지 않지만, 나의 견해를 간단하게 제시하면 다음과 같다.

　율법서, 즉 모세 오경이 프톨레마이오스 필라델포스의 시대에 헬라어로 번역되었다는 것은 많은 증언과 잘 기록된 역사를 통해 거의 확실하게 입증되었다. 알렉산드리아의 유대인들이 흩어져 사는 동포들, 곧 히브리어를 배울 기회가 전혀 없는 상태에서 오직 헬라어만 알고 있는 유대인들을 위해 번역했을 가능성이 크다. 당시에 아람어로 쓰인 탈무드가 존재했는지는 전혀 알 수 없지만, 그랬을 것으로 추측하는 사람들이 많다. 왜냐하면 당시의 유대인들 가운데 아람어를 사용했던 사람들이 매우 많았기 때문이다. 헬라파 유대인들 가운데는 이미 그들보다 앞서 성경을 헬라어를 번역한 사람들도 있었을 것으로 추정된다. 그러나 아무런 흔적도 남아 있지 않기 때문에 그런 시도에 관한 말들은 모두 순전한 추측에 지나지 않는다. 시간이 지나면서 모세 오경에 구약성경의 나머지 부분이 더해졌다. 같은 번역자들이 구약성경 전체를 한꺼번에 번역하지 않았다는 것이 많은 사람의 견해이고, 이 점은 쉽게 입증될 수 있다. 번역 성경에 아람어가 다소간 영향을 미쳤다는 것도 즉각 명백하게 드러난다. 〈70인경〉을 언제, 누가 완성했든 그것이 유대 교회가 파멸을 향해 치닫던 시기의 산물이라는 것은 분명한 사실이다. 그런 사실 하나만으로도 설혹 그것이 우리 시대까지 조금도 훼손되지 않고 온전하게 보존되었다고 가정하더라도 거기에 얼마만큼의 권위를 부여해야 할지를 익히 짐작할 수 있다. 앞서 말한 대로, 히에로니무스는 본래의 알렉산드리아 번역본이 남아 있었더라도 이미 자신의 시대에 〈70인경〉이 많이 훼손되었고, 다양하게 해석되었다고 말했다. 〈70인경〉이 어디에서 번역되었든 히브리 원문 성경과 상이한 곳이 무려 600곳이 넘을 뿐 아니라 구절의 의미가 명백한 곳에조차 헬라어 번역자들이 실수를 저질렀다는 것은 부인할 수 없는 사실이다.

이 모든 사실에도 불구하고, 하나님이 이 번역 성경을 도구로 이용했고, 그것을 교회에 위탁하셨다는 주장이 제기되기도 한다. 이것은 마치 하나님이 미사곡을 불렀고, 제사장처럼 희생 제사를 드렸다고 말하는 것처럼 들린다. 물론, 신약성경의 기록을 통해 하나님이 〈70인경〉을 승인하셨을 것이라는 가능성을 발견할 수도 있다. 사실, 헬라어 신약성경에는 〈70인경〉의 번역이 히브리 원문 성경과 다른데도 그것과 문구가 서로 일치하는 경우가 심심치 않게 나타난다. 물론, 그것은 전체적인 의미가 아닌 문구의 차이일 때가 많다. 그러나 많은 사람이 지적하는 대로, 사도들은 〈70인경〉을 따르는 것처럼 보일 때조차도 사실은 히브리 원문 성경을 따랐을 것이 틀림없다. 성경의 저자인 성령께서 자신이 선택한 용어를 사용해 헬라어 신약성경에 영감을 주어 과거에 히브리어 구약성경을 통해 허락하신 말씀의 의미를 나타내셨기 때문에 이따금 헬라어 구약성경(70인경)과 표현이 일치하더라도 조금도 놀랄 일이 못 된다고 말하는 사람들의 견해는 매우 흥미롭다. 나중에 〈70인경〉의 사본들을 사용했던 그리스도인들은 자연히 자신들이 인용한 구약성경의 구절들을 신약성경에 기록된 구절에 맞게 고쳐 말했을 것이다. 이런 주장을 제기하는 사람들의 견해는 상당한 개연성을 지닌다.

이 자리에서는 다른 저술가들이 지금까지 관심을 기울인 적이 없었던 한 가지 주목할 만한 사례를 소개하는 것으로 충분할 듯하다. 신약성경을 살펴보면 아주 간략하게 언급된 구약성경의 구절들이 더러 발견된다. 그것들은 출처를 정확하게 말하기가 매우 어려운 구절들이다. 어떤 학자들은 그릇된 열정에 이끌려 그것들이 헬라어 구약성경에서 유래했다고 생각하고, 그 자리에 그것들을 삽입하기 시작했다. 사실, 전에는 구약성경에 그런 구절들의 흔적이 없었기 때문에 그것들이 그곳에서 유래했을 가능성은 전혀 없었다. 구체적인 사례 가운데 하나는 바울 사도가 히브리서 1장 6절에서 인용한 말씀이다. "하나님의 모든 천사들은 그에게 경배할지어다." 일부 학자들은 이 구절의 출처를 정확히 모르면서도 그것을 신명기 32장 43절에 삽입해야 한다고 생각했다. 따라서 〈70인경〉에 보면, 이 구절이 "너희 하늘들아, 그와 함께 즐거워하라. 하나님의 모든 천사들은 그에게 경배할지어다 너희 이방인들와 그분의 백성과 함께 즐거워하라"라고 되어있는 것을 볼 수 있다. 이것은 히브리어 원문 성경에서는 전혀 발견되지 않는 내용이다. 원문 성경에는 "너희 민족들아 주의 백성과 함께 즐거워하라"라고만 되어있다. 따라서 모세의 말을 좀 더 돋보이게 하려는 이유 외에는 히브리서의 구절을 신명기의 구절에 억지로 삽입시켜야 할 이유나 '즐거워하라'라는 용어를 거듭 반복해야 할 특별한 이유를 달리 찾기가 어렵다. 히브리서의 문맥을 살펴보면, 바울 사도가 신명기나 그 외의 구약성경에서 그 말씀을 인용한 것이 아니라 성령으로부터 직접 영감을 얻어 기록했다는 사실이 분명하게 드러난다. 만일 성령께서 구약성경의 말씀을 영감으로 허락하셨다면, 신명기보다는 차라리 시편 97편의 말씀이 주어졌을 가능성이 더 크다. 시편 97편에는 그와 똑같은 말씀이 기록되어 있다(시 97:7 참조).

주목할 만한 사례를 한 가지 더 소개하면 야곱이 침상 머리에서 하나님께 경배했다는 모세 오경의 유명한 구절이다(창 47:31). 바울 사도는 족장 야곱이 기력이 쇠해 죽어가면서도 강한 믿음으로 '지팡이'에 기대어 하나님께 경배했다고 말했다. 신약성경의 이 용어가 나중에 〈70인경〉의 본문에 삽입된 것이 분명해 보인다. 최초의 헬라어 성경 번역자들이 '침상'을 '지팡이'로 번역하지 않았다는 것은 그들이 다른 곳에서 모두 '침상'이라는 용어를 일관되게 사용했다는 간단한 사실을 통해 분명하게 확인된다(예를 들어, 그들은 동시대의 역사를 다룬 대목에서 한결같이 '침상'을 사용했다. 창 48:2, 49:33 참조). 하나님이 허락하시면 이 점에 대해 나중에 좀 더 자세히 살펴볼 기회가 있을 것이다.

특별 주제: 〈탈굼〉의 기원

유대 교회가 파멸을 향해 치닫던 그 시기에 구약성경을 아람어로 의역한 탈굼들이 생겨났다고 말하는 학자들이 매우 많다. 성경을 아람어로 번역한 번역본들이 오늘날까지 남아 있는 것들보다 더 많았는지는 불확실하다. 어떤 학자들은 〈70인경〉을 논하면서 그것이 히브리어 원문 성경이 아닌 아람어 번역본을 번역한 것이라고 주장했다. 유대인이나 그리스도인을 막론하고 모든 학자가 같은 장소나 같은 시기에 구약성경 전체가 완전하게 번역되지는 않았다는 것에 동의한다.

오늘날까지 전해오는 모세 율법, 곧 모세 오경의 탈굼은 모두 세 권이다. 그 가운데 하나에는 온켈로스라는 이름이, 다른 하나에는 우지엘의 아들 요나단이라는 이름이 각각 표기되어 있고, 마지막 탈굼은 이유는 알 수 없지만 〈예루살렘 탈굼〉으로 일컬어진다. 역사서와 선지서를 번역한 부분적인 탈굼에도 요나단이라는 이름이 표기되어 있다(동일 인물이거나 다른 인물일 수 있다). 소경이거나 눈이 한쪽밖에 없었다고 전해오는 요셉이라는 인물은 〈욥기, 시편, 잠언의 탈굼〉을 저술한 것으로 알려져 있다. 신원미상의 저자가 저술한 것으로 알려진 에스더서, 아가서, 룻기, 전도서, 예레미야애가에 관한 주석도 지금까지 남아 있지만, 터무니없고 유치하기 짝이 없는 거짓 이야기로 꾸며져 있다. 이것들도 때로 탈굼으로 일컬어진다. 에스라서와 다니엘서는 처음부터 아람어로 표기된 구절들이 더러 있을 뿐, 전체가 아람어로 번역되지는 않았던 것으로 보인다. 엘리아스 레비타가 자신의 책 '서문'에서 〈다니엘서 탈굼〉을 언급했다는 주장이 종종 제기되지만, 그의 표현을 주의 깊게 살펴보면 그 말이 다니엘서 전체의 탈굼이 아닌 아람어로 표기된 구절들만을 가리킨다는 것을 알 수 있다. 그는 그런 구절들을 좀 더 정확하게 이해하기 위해 '다니엘서의 탈굼에 일치하는' 아람어 문법을 배우려고 노력했을 뿐이다. 최근에 라비우스가 말한 대로, 〈역대기 탈굼〉도 오늘날까지 남아 있다. 뛰어난 학식을 지닌 새뮤얼 클라크가 그것의 사본을 입수했고, 조만간 출판할 계획이다. 이렇게 되면, 구약성경의 대부분을 아람어로 의역한 역본이 거의 다 완성될 것으로 보인다.

저술가들은 이 의역본들이 저술된 시기를 확실하게 알지 못했다. 요세푸스와 오리게누스와 히에로니무스와 같이 그런 종류의 문헌들을 가장 열심히 조사했던 저술가들도 그 문제에 대해 아무 말도 남기지 않았다. 식스투스 세넨시스는 초창기 학자들이 '아람어 사본'으로 알려진 좀 더 완벽한 탈굼을 알게 되었을 것이라고 말했다. 그 사본은 마침내 출판되었고, 유대인들이 저술한 아람어 탈굼과는 현저하게 다른 탈굼, 곧 후대의 그리스도인들이 만든 것으로 드러났다. 어떤 사람들은 참으로 기발하게도 발음과 의미가 유사하다는 이유를 내세워 요나단 벤 우지엘이 사실상 초기 학자들이 자주 언급했던 유명한 번역자 테오도티온이었다고 주장했다. 그러나 본도에서 개종한 테오도티온이 구약성경을 헬라어로 번역한 것은 유명하지만 그것을 아람어로 번역했다는 기록은 어디에서도 찾아볼 수 없다.

나의 결론은 초기 기독교 주석가들이 아람어 의역본을 전혀 알지 못했다는 것이다. 따라서 나는 그것들이 예루살렘과 성전이 파괴된 후에 저술되었을 뿐 아니라 저작 시기가 사실상 히에로니무스의 시대보다 더 나중이라고 말하는 사람들의 견해에 동의하고 싶다. 히에로니무스는 그 지역에서 상당히 오랫동안 살았기 때문에 만일 당시에 아람어 의역본들이 존재했다면 그것들을 몰랐을 리가 없다. 유대인들과 그리스도인들이 서로를 증오했기 때문에 각자 상대방의 업적을 인정하기를 주저했을 것이라는 추정만으로는 이 사실을 설명하기가 어렵다. 사실, 가장 뛰어난 유대인 학자 가운데 하나였던 요세푸스의 경우는 그리스도인들에 대해 아무런 분노를 표출한 적이 없다. 그는 자기 민족의 역사를 서술하면서 구약성경의 헬라어 역본에 관한 길고, 흥미로운 이야기를 열정적으로 전했다. 그와 마찬가지로 아람어 역본들이 존재했다면 히브리 문헌뿐 아니라 히브리 전통까지도 열심히 탐구했던 히에로니무스 역시 그것들을 언급했을 것이 틀림없다.

물론, 나는 이것을 절대적인 증거로 주장하고픈 생각이 없다. 히에로니무스가 당시에 존재했던 책들과 문헌들을 모조리 읽었을 가능성은 없다. 그것은 인간의 지성으로 감당하기 불가능한 일일 뿐 아니라 한 사람이 평생의 시간을 다 쏟아부어도 이룰 수 없는 일이다. 더욱이 그가 자기가 보았거나 주목했던 책들을 자기의 저서에 모두 언급해야 할 이유도 없다. 앞에서 지적한 대로, 고대 저술가들의 침묵을 근거로 삼은 논증은 어떤 문서나 사본의 권위에 의문을 제기할 수 있는 설득

력이 없다. 이 문제에 대해서는 각주에 소개한 자료들을 참조하기 바란다.[1]

이제 세 권의 탈무드를 하나씩 간단하게 살펴보기로 하자. 모든 학자가 동의하는 대로, 세 권의 탈무드를 비교할 때 가장 뛰어난 가치를 지닌 것은 온켈로스의 탈무드다. 유대인들이 이 견해에 동의할지는 잘 모르겠다. 아마도 그들은 동의하지 않을 듯하다. 그들은 허구와 거짓 이야기를 매우 좋아하는데 온켈로스의 탈굼에는 그런 내용이 비교적 적다. 온켈로스가 누구인지는 알려지지 않았다. 심지어는 그가 몇 세기의 인물인지조차도 알 수 없다. 그러나 어떤 사람들은 힐렐과 샴마이의 시대(곧 예루살렘이 멸망한 지 약 100년이 지난 시기)에 활동했던 유대인 개종자였다고 말한다. 랍비 아사랴는 이 견해에 동의했지만, 다른 유대인 주석가들은 "샴마이와 힐렐은 온켈로스가 할례를 받기 전에는 그에게 율법의 말씀을 가르치지 않았다"라고 말했다. 어떤 사람들은 그가 개종자였다는 데 동의하면서 그가 로마 황제 티투스의 누이가 낳은 아들이라는 주장을 덧붙여 그를 성전이 멸망할 당시에 살았던 인물로 간주했다. 이것은 유카신의 견해였다. 아사랴는 이 견해를 인정하지 않았지만, 그의 반론은 온켈로스를 그 이전의 인물로 간주했던 몇몇 랍비들의 주장에 근거한 것에 지나지 않았다. 어떤 사람들은 이름의 유사성을 근거로 온켈로스가 아퀼라와 동일 인물이라는 주장을 제기했다. 아퀼라는 히에로니무스가 두 개의 헬라어 역본을 만들었다고 말했던 인물이다. 일부 유대인 권위자들은 그 무렵에 살면

---

1   Peter Galatinus, *Catholic Arcana*, Book 1, chapter 3. Martin Raymond, *Defense of the Faith*, Book 1. Buxtorf, *The Origin of the Points*, p. 12. Joseph de Voysin, *Preface to the Defense of the Faith*. Cocceius, *On the Sanhedrin*, p. 226. Morinus, *Preface to the Greek Bible*. Hoornbeek, *Preface to the Jewish Controversies*. Hottinger, *Philosophy of the Sacred Books*. Rivet, *Introduction to the Sacred Scripture*, p. 119.

서 명성을 떨쳤던 아퀼라라는 인물을 언급하기도 했다. 많은 사람이 그를 온켈로스로 생각했다.

이처럼, 온켈로스가 어느 시대에 살았는지 정보가 전혀 확실하지 않기 때문에 아무나 자유롭게 그에 대해 원하는 대로 추측할 수 있다. 한 가지 분명한 사실은 그의 아람어 의역본이 읽을 가치가 있는 유일한 탈굼이라는 것이다. 그의 탈굼은 무가치한 이야기를 횡설수설 늘어놓지 않고, 비교적 히브리 성경을 엄격하게 따르며, 성령의 말씀과 그 의미를 대부분 잘 전달하고 있다. 나는 오직 이 탈굼만이 예루살렘이 멸망하기 전에 저술된 탈굼이었을 것으로 결론짓고 싶다. 왜냐하면 그 이후부터 유대인들은 성령의 인도하심이 없는 상태로 온갖 형태의 유치하고, 터무니없는 허튼소리들을 늘어놓기 시작했기 때문이다. 옛 유대인들이 온켈로스의 탈굼에 어떤 가치를 부여했는지는 알수 없지만, 그의 탈굼이 히브리 원문 성경의 구절들과 나란히 병기된 사실로 미루어 볼 때 후대의 유대인들은 그것을 매우 중요하게 생각했던 것이 틀림없다. 유대인들은 회당에서 공개적으로 그것을 낭독하지 않아야 할 특별한 이유는 없었다면서도 그것을 낭독한 적이 한 번도 없었다고 말했다. 유대인들은 마지막으로 세계 곳곳으로 흩어진 이후로는 아람어를 완전히 잊어버렸다. 아무튼, 얼빠진 사람 외에는 시대나 출신도 모르는 익명의 저자가 번역한 책에 가치를 두어 성경 본문을 결정할 사람이 아무도 없을 것이다.

〈요나단의 탈굼〉은 다니엘서를 제외한 선지서와 역사서를 아람어로 번역한 것이다. 요나단 벤 우지엘이 저자로 알려져 있다. 앞서 말한 대로, 이 인물은 〈율법서 탈굼〉이라는 또 다른 탈굼을 저술하기도 했다. 그가 살았던 시대는 온켈로스가 살았던 시대보다 훨씬 더 불확실하다. 많은 유대인이 그가 힐렐의 제자였다고 말하지만, 그들은 기원을 설명할 수 없는 것은 무엇이든 각자 자기 종파에서 가장 유명한 지도자였던 힐렐과 샴마이에게 돌리는 경향이 있다. 그들은 이 탈굼의 첫 시작과 진행 과정과 완성이 모두 특별한 기적을 통해 이루어졌다고 주장했다. 구체적으로 말해, 그것을 처음 시작했을 때는 마치 그것이 성경을 모독하는 행위라도 되는 것처럼 지진과 함께 번역자의 머리 위로 뇌성이 울렸고, 그것이 진행되는 과정에서는 그것을 승인한다는 의미로 하늘에서 불이 내려 그가 글을 쓰는 양피지 위를 나는 파리들을 태워죽였으며, 그것이 완성되었을 때는 칭찬하는 소리가 들려왔다고 한다. 이것은 토마스 아퀴나스가 그의 두 번째 저서인 『신학대전』의 첫 번째 부분을 완성했을 때 그리스도를 표현한 석상에서 "토마스야, 네가 나에 대해 잘 썼구나"라는 소리가 들려왔다는 이야기와 별반 다르지 않다. 과연 그런 것을 믿는 사람들이 있었는지 의문이다.

갈라티누스는 〈선지서 탈굼〉을 저술한 이 요나단이 율법서 전부를 번역했다고 주장했다. 그는 자신이 구약성경의 나머지 부분을 번역한 내용이 더해진 사본을 직접 보고, 검토했다고 말했다. 그가 이 의역본의 첫 부분에서 견본으로 제시한 용어들은 우리가 현재 소유하고 있는 사본들과 정확하게 일치한다. 레비타는 〈요나단의 탈굼〉의 사본들이 한때는 유대인들 사이에서조차 한 지역에서 기껏해야 한두 권 정도밖에 없을 정도로 매우 희귀했다고 말했다. 랍비 아사랴도 요나단이 율법서와 선지서의 번역을 완료했다고 말했다.[2] 어떤 유대인들은 그를 그리스도께서 오시기 이전의 인물, 곧 바벨론 포로 생활에서 귀환할 당시의 인물로 간주했을 뿐 아니라 그가 선지자였다고 말했다. 그를 후대의 인물로 생각하는 사람들은 그가 성전이 파괴된 이후, 곧 온켈로스의 탈굼이 완성된 이후에 살았다고 주장했다.

---

2   Azariah, *Imre Bina*, chapter 9.

물론, 요나단이 바벨론 포로기 이후이자 예루살렘이 최종적으로 멸망하기 이전까지의 시대에 속한 인물이었다는 것을 보여주는 역사적인 증거는 어디에도 없다. 따라서 이 모든 주장은 아무런 증거가 없는 유대인의 전승에 의존하는 것이기 때문에 신빙성이 없다. 많은 유대인이 모든 탈굼(곧 율법서와 선지서)이 요나단을 통해 완성되었다고 강력하게 주장한다. 나는 이 논쟁에 뛰어들어 내 의견을 제시할 생각이 없다. 그러나 만일 요나단이라는 인물이 실제로 율법서 탈굼과 선지서 탈굼을 둘 다 저술했다면, 요나단이 두 사람 있었다고 생각할 수밖에 없다. 그 이유는 〈선지서 탈굼〉을 저술한 사람은 〈율법서 탈굼〉을 저술한 사람만큼 어리석지 않기 때문이다. 후자는 후안무치하게도 하나님의 말씀을 크게 왜곡시켰다.

〈선지서 탈굼〉을 잠시 간단하게 살펴보면 다음과 같다. 탈굼 저자는 성경의 역사서를 번역하면서 본문을 정확하게 번역하지는 않았지만 나름대로 상당한 자제력을 발휘해 허튼소리를 마구 남발하지는 않았다. 그러나 그의 해설에는 탈무드 저술가들의 경우처럼 어리석고, 유치한 이야기들이 적지 않게 포함되어 있다. 그렇게 무지하고, 안일한 사람이 유대 교회가 완전한 배교를 저지르기 전에 성경을 옳게 해설하는 수고로움을 자진해서 감당했을 리는 없을 것이다. 그의 어리석은 허튼소리를 일일이 언급하는 것은 성가신 일이다. 만일 그 내용을 알고 싶다면 독자 스스로가 직접 찾아보기 바란다. 대표적으로 사사기 5장을 번역한 탈굼을 읽어본다면 내 말이 결코 과장이 아니라는 것을 즉각 알 수 있을 것이다. 어느 곳을 살펴보아도 대부분 그런 식이다. 그가 이사야서, 예레미야서, 에스겔서의 예언들을 어떻게 다루었는지 살펴보라. 성경 구절의 의미가 난해하거나 확실하게 드러나지 않은 경우는 한결같이 풍유적 해석과 상상력을 동원해 육신적이고,

율법적인 의미로 왜곡시키는 부끄러운 짓을 서슴지 않았다. 메시아의 인격과 역할과 은혜를 다룬 성경 구절들을 다룰 때는 특히 더 그랬다.

이사야서 53장이 대표적인 경우다. 영적으로 눈이 먼 유대인들은 거기에 기록된 말씀을 달갑지 않게 생각하고, 랍비들의 불충실한 해석을 통해 그 진의를 적당히 왜곡시키기를 좋아했다. 탈무드 저술가들은 다른 선지서를 다룰 때도 마치 본문의 참된 의미로부터 가능한 한 가장 멀리 벗어나는 것이 자신들의 임무라도 되는 것처럼 제멋대로 그릇된 해석을 남발했다. 그들은 가장 사악한 풍유적 해석을 도입해 성경 말씀을 곡해했다. 마치 진리의 파편들이 여기저기에 흩어진 채 거대한 허구의 소용돌이에 휩쓸려 나뒹구는 것처럼 보였다.

이번에는 탈굼 합본서의 앞부분에 있는 〈율법서 탈굼〉을 간단히 살펴보기로 하자. 이 탈굼은 그야말로 거짓말로 가득 차 있다. 심지어 무함마드의 코란조차도 이 후안무치한 탈굼 저자가 의역을 통해 제시한 기괴한 거짓말만큼 많은 거짓말을 포함하고 있지는 않을 것이다. 탈굼 저자는 탈무드에서 발견되는 어리석고도, 놀라운 거짓말들을 모조로 빌려와 자신의 저서에 포함시켰다. 이 탈굼은 율법을 정직하게 해설하거나 진술한 책이 아닐 뿐 아니라 심지어는 탈굼이라는 이름으로조차 불릴 가치가 없는 부끄러운 사기협잡의 산물에 지나지 않는다. 이 책에 대한 평가는 흔히 〈예루살렘 탈무드〉로 불리는 책에도 똑같이 적용될 수 있다.

요셉이라는 사람이 〈성경 탈무드〉를 저술했다고 알려져 있다. 그가 누구이든 간에 그도 무지하고, 어리석은 사람인 것이 분명하다. 유대인들의 후안무치와 무지와 뻔뻔스러움과 어리석음과 거짓말을 알고 싶으면 그의 책을 읽어보라. 에스더서 전체가 처음부터 끝까지 우의적으로 해석되었고, 솔로몬의 아가서에는 탈무드식의 어리석음이 가득하다. 이는 전도서도 마찬가지다. 욥기는 여러 저술가의 견해를 짜깁기해 랍비적인 망상을 덧씌웠으며, 시편과 잠언도 크게 왜곡되었다.

이 모든 사실에도 불구하고, 탈굼이 아무런 가치나 용도가 없다고는 단정할 수 없다. 성경이 증언하는 하나님에 관한 진실들이 자주 반복되어 언급되었고, 메시아에 관한 내용도 후대의 유대 저술가들이 말한 내용만큼 왜곡되거나 곡해되지는 않았다. 그러나 그것이 성경을 크게 오염시킨 것은 분명한 사실이다.

유대인의 우화가 무엇인지 궁금하거든 탈굼을 읽어보기 바란다.

15장
유대 교회의 마지막 배교 2

태초에 약속된 위대한 선지자가 육신을 입고 나타날 때가 서서히 다가오고 있었다. 하나님은 자기 백성에게 그가 나타날 때까지 모세의 율법을 엄격히 지켜 행하라고 명령하셨고, 마지막으로 말라기서 4장 4-6절의 말씀을 허락하셨다. 그 후부터 몇 세기 동안, 하나님이 교회의 개혁을 위해 허락하신 선지자들의 사역이 완전히 중단되었다. 말라기의 시대부터 세례 요한이 광야에 나타나 말씀을 전하기까지 약 400년 동안, 하나님은 온갖 죄를 향해 치닫는 이스라엘 백성을 향해 회개를 촉구할 선지자의 사역을 허락하지 않으셨다. 심지어 요한도 이스라엘 백성을 배교라는 파괴적인 결과로부터 건져내는 사명을 부여받지 못하고, 단지 새 교회를 세울 강력한 건축자가 올 길을 예비하는 임무를 수행했을 뿐이다. 교회에서 선지자의 사역이 사라지고, 모세 신학에 이방 철학이 혼합되고, 이스라엘 백성이 이교도들과 한데 뒤섞였다. 그들은 조상들의 언어를 잊었고, 성령을 경험하지 못한 교사들에게 의존했다. 유대 교회는 모세 신학의 가르침을 저버리고, 차츰 세상의 도덕적 가치와 삶의 방식에 순응하면서 최종적인 파멸을 향해 신속하게 달려갔다. 이 배교의 과정을 간단하게 추적해보면 다음과 같다.

앞서 말한 대로, 모세 신학의 첫 번째 원리는 성경의 절대적인 권위에 근거했다. 하나님은 자신의 말씀을 기록하게 하고 나서 그것을 믿음과 복종과 예배의 유일한 규범이자 규칙으로 세우셨다. 그분은 교회와 신학자들에게 성경에 다른 것을 더하지 말라고 엄격하게 명령하셨다. 이 신학적 원리가 모든 것의 근간이자 보호책이다. 배교의 선봉대는 이 원리를 첫 번째 공격 목표로 삼았다. 예수 그리스도께서는 바리새인들의 가르침이나 행위 가운데서 그들이 '장로들의 전통'이라는 이름으로 수많은 거짓을 지어내 예배와 종교의식에 덧붙인 것을 가장 엄격하게 단죄하셨다. 예언이 중단되고 오래지 않아 '현인'을 자칭하는 사람들이 나타나서 모세의 율법을 해설하는 척하면서 사람들에게 새로운 가르침과 종교의식을 전하기 시작했다. 그런 일이 일단 시작되자 하찮고, 어리석은 학자들이 양산되는 온상이 마련되었다. 그들은 서로 앞다퉈 제멋대로 생각해낸 규칙과 새로운 가르침을 교회에 마구 제시했다. 종교의 모든 영역에 그들이 고안해낸 것들이 가득했다. 하나님이 정하신 한계를 일단 넘어서자 그들은 거침없이 자신들이 원하는 곳으로 나아갔다. 한 시대의 고안물은 다음 세대의 '전통'으로 굳어졌고, 거기에서 또다시 새로운 전통이 생겨났다.

인간이 새로 고안한 것들이 속기 쉬운 본성을 지닌 사람들 사이에서 하나님의 말씀보다 더 많은 인기를 누리게 되자, 이스라엘 백성은 곧 그분의 율법을 잊고 말았다. 많은 학자들이 그런 일에 가담했고, 그로 인해 다양한 학파의 가르침이 생겨났다. 그러자 온갖 모순, 다양한 견해, 상반된 의견 등, 갈등과 충돌이 빚어졌다. 새로운 가르침이 너무나도 많아 그것을 다 배워 이해한 사람이나 사람들에게 그것들의 상대적인 가치나 오류를 옳게 가르칠 수 있는 사람은 아무도 없었다. 새로 설립된 학파들은 고대의 '선지자들의 학교(하나님께 대한 올바른 예배와 성경을 연구하는 일에 헌신했던 학교)'의 전통을 따르지 않고, 철학자들의 다툼과 논쟁을 영속화시킨 헬라인들의 학파들을 모방했다. 그 결과, 유대인들의 학파는 서로 양립할 수 없는 전통(어리석은 옛 전통과 새로 만들어진 전통)을 근거로 맹렬하고, 혼란스러운 싸움을 주고받았다.

각 학파의 수장이 명성을 얻으면서(그들 가운데 가장 오래된 사람은 힐렐과 샴마이였다) 그의 제자들과 일반 대중은 그들의 가르침과 견해와 말을 마치 하나님의 영감을 받은 것처럼 신성시하기 시작했다. 사람들은 교사와 학파와 전통을 중심으로 종파를 형성했다. 그 가운데 가장 유명하고, 오래된 종파는 바리새파, 사두개파, 에세네파였다. 여기에 네 번째와 다섯 번째를 추가한다면, 갈릴리 유다 종파(행 5:37 참조)와 이단적인 헤롯당을 포함시킬 수 있다.

사두개파의 실천적인 무신론은 단 한 명의 교사의 말 한마디에서 시작되었다고 한다. 그는 하나님을 사랑하는 척하면서 영원한 보상을 바라고 그분께 복종해서는 안 된다고 가르쳤다. 그의 어리석은 제자들은 그의 말을 그릇 이해해 그가 부활과 영생을 부인했다고 말하기 시작했다. 한 유대인 역사가는 제2성전에 관해 말하면서 "사독과 바르예토스는 안티노노우스의 두 제자였다. 그들은 자기 스승의 말을 잘못 이해했다. 그는 '보상을 바라고 주인을 섬기는 종처럼 되지 말라'라고 말했지만, 한 제자는 다른 제자에게 '이보게, 스승께서 인간에게 보상이나 징벌이 없을 것이라고 말씀하네'라고 말했다. 그들은 그것을 기회로 믿음을 포기했다고 한다"라고 언급했다.

이런 전통들은 서로를 강하게 거부했지만, 하나님의 계명을 노골적으로 거스르거나 그것을 재해석해 하나님이 요구하시는 복종에 응할 필요가 없다고 가르쳤다는 점에서는 별다른 차이가 없었다. 그런 교사들의 가르침은 엄격하게 준수되었고, 마치 그것을 어기면 영원한 죽음이라는 고통을 당하게 될 것처럼 여겨졌다. 바리새파가 흥왕하는 곳마다 인간의 그릇된 해석을 통해 하나님의 계명들이 지니는 효율성과 완전성이 훼손되었고, 모든 참 신앙에서 벗어난 배교가 왕성하게 이루어졌다. 유대 교회가 예수 그리스도께서 오시기 전에 이 해악에 얼마나 깊이 오염되고, 물들었는지를 장황하게 묘사할 필요는 없을 듯하다. 왜냐하면 사복음서에 그들의 실상이 잘 묘사되어 있기 때문이다. 이 근본적인 오류를 통해 유대 교회의 최종적인 배교가 이루어진 원인을 찾을 수 있다.

이른바 '구전 율법'이라는 것이 배교자들의 종교에서 하나님의 말씀을 밀어내고 그 자리를 대신 차지했다. 그들은 오랫동안 그것을 전적으로 의존해왔다. 전통들을 짜깁기해서 만들어진 구전 율법은 무한정 늘어났고, 배교자들은 그것을 긍지와 즐거움의 원천으로 삼았다. 세월이 지나면서 구전의 기원과 출처가 불분명해질 무렵, 성령과는 무관한 새로운 세대의 교사들이 나타나 구전이 모세와 함께 시작되었다고 가르쳤다. "모세가 시내산에서 율법을 받아 여호수아에게 전달했고, 여호수아는 장로들에게, 장로들은 선지자들에게, 선지자들은 대회당의 의원들에게 각각 전달했다." 여기에서 그들이 말하는 '율법'은 '구전'을 의미했다.

랍비 모세 마이모니데스는 이렇게 말했다. "모세가 시내산에서 받은 계명들은 본문에 대한 해설과 함께 주어졌다. '내가 네게 두 돌판, 곧 율법과 계명들을 줄 것이다'라는 말씀은 기록된 율법과 그것을 말로 설명한 것을 가리킨다. 따라서 하나님은 우리에게 계명들을 따라 율법을 지키라고 명령하셨고, 계명들이란 다름 아닌 구전 율법을 가리킨다." 그는 그렇게 말하고 나서 "우리의 지도자 모세가 죽기 전에 모든 율법을 자신의 손으로 기록해서 그 사본을 각 지파에게 하나씩 나눠주었다. 그는 또한 '이 율법책을 가져다가 너희 하나님 여호와의 언약궤 곁에 두어 너희에게 증거가 되게 하라'(신 31:26)라는 명령에 따라 사본 하나를 언약궤 안에 넣었다. 그러나 모세는 율법에 대한 해설은 글로 기록하지 않고, '내가 너희에게 명령한 이 모든 말씀을 잘 보존해 지켜 행하라'라는 말씀에 따라 지도자들과 여호수아와 모든 이스라엘 사람들의 의무로 남겨주었다. 이 해설이 구전 율법으로 일컬어진다. 비록 기록되지는 않았지만, 이 율법도 모세가 우리의 지도자들에게 가르친 것이다. 엘르아살, 비느하스, 여호수아, 이 세 사람이 모세로부터 율법을 받았고, 여호수아는 그것을 자신의 계승자들에게 전해주었다"라고 덧붙였다.

그는 그런 식으로 여호수아로부터 랍비 예후다에 이르기까지 구전 율법을 받아서 전해준 사람들의 이름을 길게 나열하고 나서 "그것을 토대로 우리의 거룩한 랍비들이 미슈나를 작성했다"라고 결론지었다. 결국은 미슈나를 구전 율법(즉 모세가 시내산에서 받은 성문 율법에 대한 해설로 간주되는 것)과 동일시하는 것이 목적이었던 셈이다.

랍비들이 어떻게 이런 이야기를 만들어냈고, 또 그것이 어떻게 오늘날의 유대교를 떠받치는 토대가 되었는지는 이미 다른 저술가들이 충분히 논의한 바 있다. 이스라엘의 종교는 그 후로 줄곧 이런 허구에 근거해 왔다. 유일한 예외가 있다면, 유대인들이 '카라이트(구약성경만을 경전으로 인정하는 유대교의 한 종파)'로 일컬으며 극도로 증오하는 사람들뿐이다. 성경은 구전 율법을 전혀 언급하지 않는다. 구전 율법을 배우라는 내용은 성경 어디에도 없고, 오직 기록된 말씀을 지켜 행하라는 내용만 발견된다. 하나님의 사람들은 그분이 허락하신 말씀은 무엇이든 모두 글로 기록했다(출 24:3, 4). 거짓으로 주장된 구전 율법은 성문 율법에 생략되어있는 것을 보완할 목적으로 주어졌다고 주장되지만, 하나님은 성문 율법이 완전하고, 온전하다고 선언하셨다. 이것만으로도 오늘날의 유대교가 구약성경이 가르치는 종교와 전혀 다르다는 것을 알 수 있다.

이런 기괴한 허구는 전통이라는 교리를 받아들인 데서부터 생겨났다. 이것이 유대 교회가 최종적인 배교로 기울게 된 근본적인 원인이었다. 그러나 구전 율법과 같은 오류가 예루살렘과 성전이 멸망하기 (AD70) 이전에 발생했다는 것을 입증해줄 사람이나 그런 생각을 뒷받침해줄 유력한 증거는 어디에도 없다. 필로, 요세푸스, 벤시라는 전통을 많이 언급했지만, 구전 율법에 대해서는 한마디도 하지 않았다. 만일 당시에 구전 율법이 나타나서 신학과 예배의 토대가 되었다면 그들이 그것을 언급하지 않았을 리가 없다. 하나님을 예배하는 일에 전통을 끌어들인 유대인들을 엄히 질책하신 우리의 구원자께서도 그렇게 위험한 거짓이 존재했다면 결단코 침묵하지 않으셨을 것이다. 따라서 우리 시대에 날개가 다 자란 거대한 용으로 성장한 이 뱀은 당시에는 아직 부화하지 않은 알 정도의 크기였을 것이 틀림없다. 나는 이 구전 율법을 배교의 단계 가운데 하나가 아닌 그 종착점이자 결론으로 생각한다.

성경은 하나님을 거역하고 배교를 저지르도록 이끈 사람들이 전통을 빌미 삼아 끌어들인 갖가지 사악한 관습과 미신적인 거짓으로 인해 거룩한 예배가 더럽혀졌다고 증언한다. 우리 주님이 새 교회를 세우면서 하나님께 대한 예배와 관련해 그런 유대교의 전통 가운데 일부를 받아들였다고 가르치는 학자들이 더러 있다. 그들은 주님이 모든 기도의 전형이자 기준으로 가르치신 '주기도'가 전통을 통해 그분께 구두로 전해진 것이라고 주장하기를 서슴지 않는다. 그들은 그리스도께서 모세 시대의 종교를 종식시키셨다고 인정했지만, 복음적인 교회를 설립하면서 랍비들이 고안해낸 의식들 가운데 일부를 받아들임으로써 권위를 상실했다고 주장했다. 이것은 매우 두렵고, 충격적일 뿐 아니라 지극히 거룩하신 주님을 모욕하는 주장이지만, 유대 교회의 마지막 배교에 대한 결론을 내리기 전에 간단하게 짚고 넘어가는 것이 좋을 듯하다.

특별 주제: 유대교 의식과 기독교

하나님의 영감을 받아 일했던 선지자들(모세 신학의 원리에 따라 교회를 개혁하는 임무를 위탁받은 자들)의 사역이 끝난 이후에(즉 제2성전기에) 활동했던 이스라엘의 종교 지도자들은 이전의 지도자들과는 사뭇 달랐다. 그들은 이스라엘의 믿음과 예배에 새로운 것을 많이 도입했다. 그들은 처음부터 하나님의 거룩한 명령(모든 진리를 상세히 가르쳐줄 위대한 교사가 오기 전까지 정경인 구약성경에 기록된 하나님의 말씀에만 유의하라는 명령)을 외면했다. 그들은 모세 율법에 집중하지 않고, 새로운 의식을 고안하고, 구전을 체계화하는 일에만 몰두했다. 예언의 말씀이 사라지고, 인간의 철학이 등장한 데다 성령의 도움마저 구하지 않게 되자 교회는 사악하고, 그릇된 미신에 사로잡혀 최종적인 배교를 향해 치달았다. 복음서는 당시의 종교 지도자들이 성경을 해석하는 척하면서 백성들에게 강요하고, 주장했던 가르침 가운데 몇 가지를 상세하게 전하고 있다.

유대인들이 위대한 스승으로 떠받들던 사람들의 영향력은 그만큼 컸다. 일반 대중은 그런 인물들을 무한히 신뢰했다. 그들의 말은 무엇이든 신성한 것으로 존중되었다. 그들의 제자들은 그들이 지키라고 요구한 의식이나 가르침은 무엇이든 인간의 고안물이 아닌 하늘의 계시로 받아들여 열심히 따랐다. 그 결과, 전통이라는 잡동사니가 갈수록 더 크고, 복잡하게 불어났다. 유대교 내에 오염되지 않았거나 건강한 것은 거의 아무것도 남지 않게 되었고, 일반 대중은 무엇이 하나님이 직접 제정하신 것이고, 무엇이 최근에 새로 고안된 것인지 식별하기가 불가능했다. 영적 어둠이 온 땅을 뒤덮었다.

이것이 예수 그리스도께서 세상에 와서 자신의 교회를 세우고, 하나님이 기뻐하고, 인정하시는 예배를 재확립하려고 하셨을 때의 일반적인 상황이었다. 따라서 어떤 사람들은 그분이 유대인들이 지켜오던 종교적인 의식의 일부를 받아들여 자신의 권위로 그것들을 확증하고, 자기를 믿는 자들에게 대대로 지켜 행하라고 명령하셨다는 주장을 제기했다. 심지어 그들은 가장 완전한 기도의 전형이자 본보기인 주기도마저도 유대인들 사이에서 이미 흔히 사용되었던 기도의 형식을 띠고 있다고 주장하기까지 했다(그로티우스는 "예수님이 그 기도를 그대로 낭송하라고 요구하셨다는 말은 어디에도 없고, 사도들도 그렇게 하라고 권고한 흔적이 전혀 없다"라고 말했다). 그들은 이 주장을 근거로 기독교의 관습 가운데 유대인들에게서 넘겨받은 것들이 많았다고 덧붙였다. 특히 그들은 예수 그리스도께서 탈무드를 인정하셨다면서 주기도의 내용 가운데 전부는 아니더라도 대부분이 그 안에 분명하게 진술되어 있다고 말했다. 결국, 기독교의 독특한 가르침이 거의 모두 구전 율법(예루살렘이 멸망하기 이전에 살았던 유대교 학자들과 교사들이 처음 기록했고, 유대인들이 오래전부터 알고 받아들여 왔던 종교적 규칙들)에서 추출한 것에 지나지 않은 것이 되고 만 셈이었다. 랍비 예후다는 AD200년경에 구전 율법을 '거룩한 것'으로 일컬었다.

솔직히 말해, 나는 학자들의 그런 주장에 동의할 수 없을 뿐 아니라 몇 가지 이유에서 그것이 매우 혐오스럽기까지 하다. 사실, 그것은 전혀 근거가 없는 주장이자 우리 주 예수 그리스도를 모욕하는 것이다. 그것은 신중하게 고려할 가치가 전혀 없지만, 내가 해야 할 공적인 일이 이전처럼 그렇게 많지도 않고, 또 이 책을 완결하려면 그것을 조금이라도 언급하는 것이 필요할 듯해서 먼저 그 전체적인 개념을 간단히 다룬 후에 학자들이 그것을 지지하기 위해 개진한 논증들을 좀 더 자세히 검토해보고 싶은 생각이 들었다.

우선 학자들이 주장하는 내용 가운데 용인할 수 있는 것이 무엇이고, 그들이 제시하는 것보다 훨씬 더 많은 증거가 없는 한, 절대로 인정할 수 없는 것이 무엇인지부터 살펴보기로 하자. 첫째, 복음서의 기록 가운데 탈무드의 랍비들이 저술한 책들에서 발견되는 것과 비슷한 내용이 어느 정도는 포함되어 있을 수도 있다. 주기도의 간구 가운데 일부도 그런 경우라고 말할 수 있다. 그러나 그와 마찬가지로 신구약 성경은 물론, 상대적으로 건전한 이교도들이 저술한 책들에서도 그와 매우 비슷한 내용을 얼마든지 발견할 수 있다.

둘째, 탈무드의 랍비들이 행하라고 가르쳤고, 유대인들이 받아들여 준수했던 특정한 의식들 가운데 주 예수님이 하나님을 예배하는 것과 관련해 제자들에게 준수하라고 요구하신 의식들과 비슷한 것들이 존재하는 것도 사실이다. 이 점에 대해서는 나중에 다시 살펴볼 생각이다.

셋째, 미슈나와 게마라를 가르친 랍비들은 그런 의식을 새로 고안된 것으로 언급하지 않고, 자신들의 권위를 근거로 예루살렘이 멸망하기 이전부터 널리 준수되었고, 구전 율법의 해설자들과 초창기 랍비들을 통해 대대로 전수되어온 것이라고 확증했다.

주님도 일반 대중과 대화를 나누면서 당시에 통용되었던 관습적 표현을 사용하셨고, 그것이 복음의 역사 안에 유입되었을 수도 있다. 예를 들면, "의원아 네 병을 고쳐라," "처음 된 자가 나중되고, 나중된 자가 처음 되리라," "귀 있는 자는 들을지어다"와 같은 말들이 그런 표현들 가운데 속할 수 있다. 나라들은 제각기 자기 나라의 격언들을 소중히 여겼기 때문에 유대인들도 그런 표현들을 대대로 기억 속에 잘 간직해 왔을 것이다.

나는 이런 것들은 기꺼이 용인할 생각이 있다. 그러나 이런 것들을 용인한다고 해서 학자들의 견해에 동의하는 것은 결코 아니다. 이런 것들은 문제 해결의 열쇠가 아니다. 앞에서 언급한 의식들이 실제로 예루살렘과 유대 교회가 멸망하기 이전에 존재했고, 주님이 세상에 계실 당시의 유대인들을 통해 준수되었다는 증거는 어디에도 없다. 진실을 밝히 드러내 이 논쟁을 쉽게 해결하기 위해 몇 가지 사실을 미리 말해두는 것이 좋을 듯하다.

첫째, 거듭 말하지만 탈무드의 랍비들이 자신들이 제시한 성경 외적인 전통적인 가르침의 원천으로 간주하는 구전 율법은 모세 율법을 뒤엎고, 유대 민족의 완전하고, 영원한 멸망을 가져온 가장 사악하고, 끔찍한 허구이자 거짓이다. 성경에 무함마드의 코란을 언급한 내용이 전혀 없는 것처럼 구전 율법을 언급한 내용도 전혀 없기는 마찬가지다. 하나님의 말씀에 다른 것을 더하는 사람은 죽을 것이라는 경고가 주어졌지만, 구전 율법이 더해졌다. 유대인들은 온 세상에 흩어져 살고 있지만, 여전히 완악하고, 불충실하다. 그들은 거짓으로 꾸며낸 악마적인 가르침을 악착같이 준수하고, 신봉한 탓에 거룩하신 하나님의 징벌을 자초했다. 그들은 그런 거짓에 이끌려 전통과 편견에 미혹됨으로써 하나님의 말씀에서 멀어지자 가장 어리석은 신화와 우화만을 원했고, 또 알기를 바랐다. 아마도 이것은 누구나 인정하는 사실일 것이다.

둘째, 모세 율법으로 제정되지는 않았지만 탈무드의 랍비들이 인정한 예배 방식과 의식들은 두 종류였다. 즉 이미 존재하는 예배 방식을 새로운 방식으로 거행하거나(또는 기존의 예배 방식에 새로운 것을 더하거나) 그 자체로 전혀 새롭게 고안된 의식이거나 둘 중 하나였다. 두 번째 종류의 의식은 바벨론 포로 귀환 이전에는 전혀 존재하지 않았다. 과거의 경건한 신자들과 선지자들의 사역과 지도력 아래 유대 교회가 번영을 구가했을 때도 그런 의식은 없었다. 그것들은 교회가 마지막 최종적인 배교를 향해 신속하게 치달을 무렵, 곧 교회이기를 영원히 멈추었을 때 생겨났다.

셋째, 나는 그리스도께서 자신의 권위를 내세워 모세 율법으로 제정된 순수한 의식을 강화하셨다는 주장에도 결코 동의할 수 없다. "율법은 장차 오는 좋은 일의 그림자일 뿐이다"(히 10:1). '먹고 마시는 것과 여러 가지 씻는 것'은 '개혁할 때까지 맡겨둔 것일 따름이다'(히 9:10). 따라서 그런 것들은 예표된 실체가 나타났을 때는 더 이상 유지될 수 없다. 사라질 시기가 도래했는데 그런 것들이 다시 도입된다는 것은 있을 수 없는 일이다.

넷째, 모세 율법을 통해 제정된 것들을 지키고, 할례를 준수했던 예수 그리스도께서 항상 예외 없이 서기관들이 가르친 과거와 현재의 모든 전통을 배격했고, 극도의 혐오감을 드러내며 그것들을 단죄하셨다. 그분은 성경을 곡해하거나 새로운 의식과 규칙을 더하는 행위를 모두 거부하셨고, 백성들 사이에서 그것들을 가르치는 사람들을 엄히 꾸짖으셨다. 그런 분이 그들로부터 그런 의식을 받아들이셨다는 것은 터무니없는 거짓 주장에 지나지 않는다.

다섯째, 자연의 창조주이신 하나님이 보여주신 일반적인 증거와 올바른 이성을 통해 추론된 보편적인 예배 방식, 곧 모든 민족과 모든 역사적 시대에 알맞은 예배 방식이 있을 수 있다. 상식을 따르는 사람들은 그런 예배 방식을 추구하기 마련이다. 주님이 그런 것을 자신의 목적에 활용하셨다고 말하는 것은 틀린 말은 아닐 것이다. 그러나 주님의 목적은 그들을 자연적인 빛만을 받아들여야 하는 부실하고, 불안정한 상황에서 구해내 자신의 권위로 안전하게 보호하고, 충만하게 하는 것(곧 자신의 올바른 가르침을 통해 그것들의 참된 의미를 드러내는 것)이었다. 따라서 유대인들이 어떤 것을 준수했다고 해서 그리스도께서 그것을 그들로부터 받아들이셨다고 말할 수 있는 근거는 전혀 없다. 사실, 그것은 단지 유대인만의 것이 아닌 모든 인류의 것이었다.

여섯째, 성전이 파괴되고, 예루살렘이 멸망하기 이전에 그리스도를 믿었던 사람들은 거의 모두 율법의 가르침에 따라 모세 시대에 제정된 의식들을 준수했던 유대인들이었다. 그들은 신학이 절정에 달해 완성되기 전까지는 그것들을 지켰다. 심지어 사도들도 그리스도의 가르침을 통해 성전 자체와 성전을 중심으로 하는 예배 체계가 영원히 폐지되었다는 사실을 충분히 인지했는데도 모세 율법의 예배 체계를 피하지 않았다. 그들은 메시아의 고난에 참여해 자신들이 완전해지기를 기다리면서도 성전 예배를 준수했다.

하나님의 진노가 점차 증폭되어 예루살렘과 성전의 멸망이 임박했을 때도 초기 그리스도인들은 강제로 쫓겨나지 않는 한 회당이나 회당 예배를 포기하거나 외면하지 않았다. 그러던 중 믿지 않는 유대인들이 그리스도를 숭배한다는 이유로 충실한 신자들을 노골적으로 박해하기 시작하자, 그들은 어쩔 수 없이 분리해 나와 자체적인 모임을 결성했고, 복음의 원수들에게 하나님의 무서운 심판이 임할 것이라고 엄숙하게 선언했다(벧후 3:3-11 참조). 바울 사도가 히브리서를 통해 땅 위의 대제사장직과 모세 율법에 근거한 모든 의식 체계가 사라질 것이라고 예고한 대로, 유대 교회는 성전이 존재하는 동안까지는 계속 유지되다가 결국에는 종말을 고했다(정확히 말하면, 새로운 교회로 대체되었다).

하나님의 교회는 계속되었다. 예표적인 예배 행위는 사라졌지만, 그리스도의 죽음을 통해 모세 율법에 근거한 의식적인 요소들이 모두 폐지되자 교회는 더욱 신령해졌다. 유대교의 배타적인 특성이 신속하게 제거되고, 포괄적인 특성을 띤 신약시대의 하나님 나라가 도래하는 길이 열렸다. 사도들은 예루살렘 교회의 장로들과 신자들과 함께 성령의 뜻에 따라 이방인 회심자들은 모세 율법이 규정한 의식법을 준수할 필요가 없다고 결정했다(행 15장). 그러나 사도들 자신과 유대인 회심자들은 그 후로도 오랫동안 의식법을 지켜 행했다(행 21:21, 22). 예수님을 메시아로 인정하지 않았던 충실한 유대인들은 오랫동안 자신들의 예배 체계를 그대로 유지했다. 에우세비우스가 말한 대로, 예루살렘의 유대인 가운데 야고보를 의심하는 사람은 아무도 없었다. 그는 그리스도인이자 예루살렘 교회의 지도자였지만 성전 예배에 충실했고, 유대인들은 그런 사실을 잘 알고 있었다.[1] 그로티우스는 이런 중첩된 상황이 일부 지역에서 하드리아누스 황제의 통치 시대까지 계속되었을 것으로 생각했다.

일곱째, 교회는 마침내 하나님의 오랜 인내가 다한 마지막 시기에 이르렀다. 유대인들은 각처에서 강퍅한 마음으로 복음을 대적했고, 기회가 있을 때마다 그리스도인들을 박해했다. 그리스도인들은 그리스도께서 약속하신 일이 이루어지기를 바라며 그분이 속히 재림해 유대인의 불경함과 사악함을 심판해 주시기를 더욱 간절히 고대했다. 바울이 히브리서에서 언급한 대로, 한때 그리스도를 메시아로 받아들여 그분의 이름을 불렀던 많은 유대인이 믿음을 저버리고 유대교로 돌아갔다.

성전이 파괴되고, 나라가 망하자 율법이 규정한 의식법을 지키면

---

1   Eusebius, *Ecclesiastical History*, Book 3, chapter 13.

서 기독교를 믿으려고 했던 사람들은 두 가지를 한꺼번에 하려다가 결국 둘 다 망치고 말았다. 왜냐하면 그 후부터는 두 종교를 동시에 믿는 것이 불가능해졌기 때문이다. 어떤 사람들은 다시 유대교로 돌아갔고, 어떤 사람들은 두 종교의 요소를 짜깁기해 새로운 혼합 종교를 만들려고 생각했다. 그런 시도는 두 종교를 모두 오염시켰을 뿐 아니라 두 종교를 대적하는 결과를 낳았다. 에비온파와 천년주의자들이 대표적인 사례다. 그들은 오랫동안 독자적인 노선을 걷다가 결국에는 유대교로 돌아갔다. 그들은 유대교의 의식과 기독교의 가르침을 합친 혼합 종교를 발전시켰기 때문에 그 이후에 발전한 유대교 안으로 쉽게 흡수될 수 있었다. 이 시기의 유대인들이 처한 상황은 매우 불확실하기 때문에 그들의 내부에서 어떤 일이 일어났는지는 정확히 알 수 없다.

여덟째, 플라비우스 가문 출신들의 칼날을 피해 간신히 목숨을 부지했던 유대인들은 하나님을 어떻게 예배해야 할 것인지를 생각할 겨를이 전혀 없었다. 그들은 바로 다음 순간의 운명이 어떻게 될지도 모르는 상황에서 그저 잔뜩 겁에 질려 뿔뿔이 흩어져 도망쳐야 했기 때문에 모세 율법에 근거한 체계화된 의식을 거행할 수 있는 모든 장소로부터 완전히 분리되었다. 시간이 지나자 그들은 이곳저곳에서 학교와 의회를 세웠고, 그것들은 끝없는 다툼과 논쟁의 중심지가 되었다. 그러나 이 시기의 상세한 상황은 매우 불확실할 뿐 아니라 랍비들의 온갖 거짓 이야기와 공상으로 뒤덮여있기까지 하다. 하드리아누스가 로마 황제로 등극했을 때 유대인들은 '바르 코크바'라는 아무짝에도 쓸모없는 교활한 한 인물에게 속아 사방에서 유대와 갈릴리로 모여들어 로마인들을 상대로 무분별한 전쟁을 일으켜 불행을 더욱 가중시켰다. 전쟁은 양측에 모두 상당한 피해를 입혔다. 결국, 유대인들은 예루살렘과 성전이 함락되었을 때 발생했던 사상자들의 숫자에 못지않은 손실을 겪고 재진압되었지만, 여전히 하나님의 의로운 분노가 자기 민족을 향하고 있다는 것과 자신들이 이 새로운 징벌을 초래한 장본인이었다는 사실을 깨닫지 못했다. 모두가 크게 낙심했고, 많은 사람이 처형되었으며, 전보다 더 많은 사람이 도망쳤다. 남아 있는 사람들도 마지막 한 사람까지 모두 유대에서 추방되었다.

유대인들이 그 후 몇 세대 동안 뿔뿔이 흩어진 상태에서 어둠 속에서 살아간 역사는 '거룩한 자'로 불렸고, 유대교의 위대한 건설자로 알려진 랍비 예후다가 등장하기 전까지는 온통 베일에 가린 채 모든 것이 불투명했다. 오늘날 그가 확립한 미신적인 체계가 세계 각처에서 발견되고 있고, 하나님을 거스르고, 인간을 해롭게 하는 결과들을 초래하고 있다. 그는 오랫동안 누적되어온 온 수많은 유대 신화를 체계화했다. 그는 자기 민족 가운데서 대대로 전해져 온 종교적인 문제들을 신중하게 검토하고 나서 고대의 전통과 현대의 허구를 혼합시켜 예배와 의식과 교리를 비롯해 다양한 종교적, 사회적 의무에 관한 일관된 체계를 확립했다. 이것이 바로 '미슈나'로 일컬어지는 것이다. 여기에 랍비들의 해설과 논쟁들을 비롯해 두 개의 탈무드에서 유래한 신화와 쟁점들이 더해졌다. 일단 예후다가 그 일을 시작하자 학자를 자처하는 무식한 사람들이 늙은 아낙네들의 이야기를 있는 대로 긁어모으거나 그리스도인이나 이교도의 가르침을 제멋대로 활용해 성경을 곡해하는 불경한 죄를 마구 저질렀다. 간단히 말해, 그들은 모든 것을 자신들의 체계에 맞게 억지로 변형시켜 거짓과 허구와 미신이라는 수렁에 빠뜨렸다. 회교도들도 랍비들이 탈무드를 만든 것과 똑같은 방식으로 유대인의 우화와 복음 이야기를 그릇 해석해 코란을 만들어냈다.

이것은 분명하게 기록된 역사적 사실이기 때문에 내가 아무런 근거도 없이 비난을 일삼는다고 말하지는 못할 것이다. 이제 서론은 이쯤 해두고 이 가운데 몇 가지 요소를 좀 더 상세하게 살펴보기로 하자.

혹시라도 미슈나나 탈무드에서 복음적인 관습이나 가르침과 유사한 내용이 발견된다면, 복음이나 기독교를 믿다가 배교한 유대인들의 영향 때문이거나 유대인과 그리스도인 모두에게 해당하는 인류 역사의 공통적인 요소와 유대인들이 그리스도인들과 함께 살았던 도시들에서 발견되는 이야기에서 유래했다고 생각해야 온당할 것이다. 나는 그렇게 생각하는 것이 우리 주 예수 그리스도께서 유대교로부터 자신이 가르친 신성한 제도를 빌려오셨다는 위험한 주장보다 훨씬 더 개연성이 있다고 믿는다.

사실, 내가 말한 것은 분명한 진실이다. 이것을 논박할 수 있는 설득력 있는 논증을 제기하는 것은 불가능하다. 조상들의 종교와 삶의 터전을 잃어버린 데다가 하나님과의 관계마저 저버린 채 성령의 인도하심을 무시했던 강퍅하고, 무분별한 배교자들이 자료들을 제멋대로 조합해 새로운 종교와 예배 체계를 만들어낸 장본인들이었다. 만일 그들이 그런 체계를 확립하면서 자기 민족의 전통과 신화 외에 다른 것을 활용했다면, 그것이 과연 무엇이었을까? 그들이 유대화한 그리스도인들을 통해 전해 들은 것들 가운데서 자신들의 관습과 모순되지 않거나 자기들의 필요에 적합한 것을 발견해서 활용했을 것이라는 추측이 과연 틀렸을까? 그런 문헌들의 편찬자들 가운데 일부가 전에 기독교를 믿었던 배교자들이었다고 생각하는 것이 훨씬 더 가능성이 있지 않을까? 코란에서 복음과 유사한 내용이 많이 발견되는 것도 바로 이런 이유 때문이다. 우리는 세르기우스라는 인물에게서 하나의 구체적인 사례를 발견할 수 있다. 기독교 신앙을 중도에 저버린 네스토리우스파 수도사였던 그는 코란의 집필에 영향을 미쳤을 뿐 아니라 실제로 그것의 저자에게 직접적인 도움을 제공하기까지 했다.

　이번에는 반대 의견을 뒷받침하는 논증들을 주의 깊게 살펴보기로 하자. 유대인들이 사용했던 것으로 간주되는 기도의 형식과 종교적인 의식들이 예루살렘 멸망 이전에 존재했다고 주장하는 학자가 대체 누구인가? 물론, 유대인들은 그 모든 것이 구전 율법을 통해 모세로부터 자기들에게 전해졌다고 말한다. 그러나 이미 말한 대로, 이 구전 율법은 가장 뻔뻔스러운 거짓에 지나지 않는다. 유대 민족의 최종적인 배교가 이루어지기 전에 그런 율법이 존재했다는 흔적이나 기억이나 암시는 어디에서도 확인할 수 없다. 유대인들은 정해진 기도 시간을 지켰다. 마이모니데스가 말한 대로, 기도 시간은 하루에 세 차례였다.[2] 그렇다면 그런 기도 시간이 과거에 어떤 불문율이나 신적 명령을 통해 정해진 적이 있었을까? 마이모니데스는 "기도의 횟수나 이런 저런 기도 시간을 지켜야 할 의무나 특정한 기도 시간이 율법으로 명시되지는 않았다"라고 말했다.

　유대인들이 지키는 세 차례의 전통적인 기도 시간 가운데 첫 번째는 '여명 기도'로, 두 번째는 '봉헌 기도'로, 세 번째는 '저녁 기도'로 각각 일컬어진다. 테르툴리아누스가 『금식들에 관해(On Fasts)』라는 책에서 말한 대로, 초기 그리스도인들 가운데도 이 세 차례의 기도 시간을 준수한 사람들이 많았다. 그들은 또한 일정한 형식을 갖춘 기도문을 사용했다. 그러나 이런 사실이 이 문제와 무슨 상관이 있고, 무슨 증거가 될 수 있겠는가? 마이모니데스는 성경에 등장하는 가말리엘이라는 인물이 이단들, 즉 그리스도인들을 근절하기 위해 일정한 형태의 기도문을 만들었다고 말했다(그러나 사도행전 5장 38, 39절을 생각하면, 이런 주장에 동의하기는 어려울 듯하다). 그렇다면 유대인들이 예루살렘이 멸망하

2　　Moses Maimonides, *Mishna*, Book 2, Treatise on the Prayers and Benedictions of Priests 1.

기 전에 고정된 형태의 기도문을 사용했다는 사실은 대체 무슨 의미일까? 사마리아인들은 모세가 직접 쓴 기도서가 자기들에게 전해져 왔고, 그리심의 대제사장들이 대대로 그것을 하드리아누스라는 이름의 제사장 때까지 보존해왔다고 주장했다. 이런 주장을 믿을 사람은 아무도 없다. 그것은 유대인들조차도 혐오하는 터무니없는 거짓말이다. 아마도 모세의 기도서를 거론할 사람이 있다면, 십계명에 열한 번째 계명을 만들어 붙일 수 있는 사람뿐일 것이다. 그런 기도서가 존재했다고 말하는 사람들은 사마리아인들(앗수르의 식민지에 거주하는 자들이자 하나님과 교회의 철천지원수였던 불경하고, 혐오스러운 민족) 외에는 아무도 없다. 이것은 오레스테스(어머니를 살해한 자로 알려진 헬라 신화의 인물)조차도 미친 짓이라고 소리칠 만한 **뻔뻔한 거짓말**이다.

유대인들은 대부분 에스라 시대 이후에 일정한 형태의 기도문이 회당 예배와 성전 예배에서 사용되었다고 인정한다. 이것은 충분히 기대할 수 있는 일이다. 왜냐하면 예언의 말씀을 허락하신 성령께서 하나님과 그분의 말씀을 멸시하는 그들을 떠나셨기 때문이다. 그러나 미슈나와 탈무드의 랍비들이 그런 기도문을 자신의 저서에 포함시킨 것은 고사하고, 그것이 어떤 형태였는지를 알고 있었다는 증거조차 확인하기가 어렵다. 따라서 과거의 유대 교회가 오늘날의 유대교에서 사용되는 것과 똑같은 형태의 기도문을 사용했을 것이라고 말하는 것보다 더 터무니없는 주장은 없을 것이다.

우리 주님이 제자들을 위해 유대인들이 인정하는 랍비들과 매우 흡사한 방식으로 기도의 형식을 만드셨다고 주장하는 학자들이 있다. 그들은 주님이 유대인들이 흔히 사용했던 기도의 형식에 따라 자신의 가장 신성한 기도문을 구성하는 간구들과 용어들을 선정하셨다고 말한다. 그런 주장은 내가 볼 때 조금도 설득력이 없다. 그들이 우리에게 그런 주장을 믿으라고 요구하는 근거가 무엇인지 잠시 살펴보기로 하자. 그들은 제자들이 그리스도께 세례 요한이 그의 제자들에게 가르쳤던 대로 기도하는 법을 가르쳐달라고 요구했지만, 요한은 랍비들이 일정한 형태의 기도를 자기 제자들에게 가르쳐 암기하게 했던 관습을 따랐을 뿐이라고 덧붙였다. 그러나 눈먼 소경도 그런 추론이 매우 불확실할 뿐 아니라 신빙성이 전혀 없다는 것을 즉각 알아챌 수 있을 것이다. 하나님이 아론의 제사장직을 위해 엄숙한 형식의 기도문을 정해주셨고, 탈무드의 랍비들은 그것을 모방해 다른 기도문을 만들었을 것이라는 생각에는 동의할 수 있다. 그러나 인간의 척추뼈의 숫자대로 열여덟 개의 기도문이 주어졌다는 그들의 주장은 항상 그렇듯이 어리석기 짝이 없는 유치한 거짓말에 지나지 않는다.

유력한 교사들이 제자들을 위해 형식적인 기도문을 만들어 주었다는 것은 전혀 신빙성이 없는 주장이다. 그것을 뒷받침하는 증거는 어디에도 없다. 세례 요한이 자신이 무지하고, 위선적이고, 미신적이라고 대놓고 비난했던 교사들의 유형을 따랐다고 하는 주장은 얼토당토않다. 세례 요한은 물론, 하나님의 아들이 무지한 유대인 지도자들을 따랐다는 것은 도저히 받아들일 수 없는 주장이다. 인간의 목소리로 경건하게 하나님의 이름을 부르는 것은 종교와 예배에서 지극히 자연스러운 행위에 해당한다. 따라서 하나님에 대한 지식과 예배를 가르치는 사람들은 기도하는 법을 가르치는 것이 필요하다고 느끼고, 어떻게 하나님께 마음을 쏟아내야 하는지를 알려주어야 한다고 생각하기 마련이다. 세례 요한도 자연스럽게 자신의 제자들에게 그렇게 했다. 그가 어떤 형태와 방법을 사용했는지는 불확실하다. 알려진 사실은 그가 기도를 가르쳤다는 것뿐이다.

정해진 때에 새 언약의 약속에 따라 제자들에게 성령을 풍성하게 부어주실 예정이었던 우리 주 예수 그리스도께서는 그들이 하나님께 도움을 구해야 할 것들을 간략하게 요약해서 미리 알려줌으로써 그들의 어려움을 덜어주셨다. 성령께서는 우리 안에서 말씀의 규칙과 원리에 어긋나는 사역을 절대로 행하지 않으시기 때문에 제자들도 성령의 인도와 말씀의 규칙에 따라 하나님이 기뻐 받으실 기도를 드려야 했다. 그로티우스는 누가복음 11장 1절을 주석하면서 "우리에게도 기도를 가르쳐 주옵소서"라는 말이 "우리에게도 간략하게 기도할 수 있는 방법을 가르쳐 주옵소서"라는 의미라고 말했다. 제자들은 당시에 기도의 형식에 구애받지 않았지만, 요한이 요구한 회개와 관련이 있는 간략한 형태의 기도가 존재한다는 것을 알고 있었던 것으로 보인다.

그와 비슷하게 그리스도께서 가르치신 기도도 하나님의 나라와 관련이 있는 중요한 것들을 제시했다. 테르툴리아누스는 이 기도를 '복음 전체를 간략하게 요약한 것'으로 일컬었고, 키푸리아누스는 '기독교 교리의 요약'으로 일컬었다. 그로티우스는 한 걸음 더 나아가서 "그리스도께서는 그리스도인들에게 기도의 방법을 가르쳐 주셨지만, 그와 정확히 똑같은 말로 기도해야 한다고 요구하지 않으셨다. 그분은 단지 하나님께 구해야 할 것을 간결한 말로 구하도록 가르치셨을 뿐이다"라고 말했다. 코르넬리우스 아 라피데도 이 견해에 동의했다. 그로티우스는 그리스도께서 가르치신 기도는 기독교 교리 전체를 요약한 것이기 때문에 마태는 이 기도를 마치 산상설교의 요약이나 후기인 것처럼 위치시켰다고 덧붙였다(마 5, 6장). 예수님은 산상설교와 함께 공적 사역을 시작하셨다. 그리스도께서 제자들에게 똑같은 기도를 두 차례 가르쳤다고 생각하고, 그것이 곧 그분이 유대인들이 사용했던 기도문을 약간 수정해 가르치신 증거라고 주장하는 사람이 있는데 이는 전혀 사실이 아니다. 만일 그런 주장을 뒷받침하는 증거가 있다면, 탈무드 랍비들의 어리석고, 터무니없는 망상뿐이다.

그리스도를 믿었던 유대인들은 주기도(하나님과 교통해야 할 것을 완벽하게 요약하고 있고, 또 그분이 기꺼이 인정하실 기도)를 잘 알고 있었을 것이 틀림없다. 따라서 그리스도를 믿는 믿음을 중도에 포기하고 유대교로 되돌아간 사람들은 모세 율법에 근거한 의식과는 다른 예배의 형태를 그리스도인들과 함께 어울리며 알게 되었을 테고, 믿음을 저버린 뒤에도 그것을 완전히 망각하지 않았을 것이기 때문에 주기도에 대한 기억을 그대로 간직하고 있었을 가능성이 크다. 랍비들의 글에 주기도에 포함된 간구들이 희미하게 남아 있는 것은 바로 이런 이유 때문일 것이다.

셀던은 여러 가지 추론을 통해 당시에 유대인들 사이에 세례 의식이 존재했고, 그리스도께서 그것을 채택해 사용하셨다는 것을 입증해 보이려고 시도했다. 유대인들 가운데는 두 종류의 개종자들이 있었다. 하나는 '일반 개종자'였고, 다른 하나는 '정식 개종자'였다. 후자는 하나님의 백성으로 인정되어 모든 종교적 특권을 누렸다. 예를 들면, 에벳멜렉이 그런 개종자에 해당했다(렘 39:16-18). 그런 자격을 얻으려면 할례는 물론, 세례를 받아야 했다. 학자들은 할례를 받았더라도 세례를 받지 않으면 정식 개종자가 될 수 없었다고 자신 있게 주장한다. 그러나 성경이 명확하게 가르치는 대로 유대 교회의 모든 특권을 누리는 데 필요했던 것은 오직 할례뿐이었다. "너희와 함께 거류하는 타국인이 여호와의 유월절을 지키고자 하거든 그 모든 남자는 할례를 받은 후에야 가까이하여 지킬지니 곧 그는 본토인과 같이 될 것이나 할례받지 못한 자는 먹지 못할 것이니라"(출 12:48). 보다시피, 랍비들이 가르쳤다는 세례는 암시조차 되어 있지 않다.

물론, 세례가 율법의 다른 조항에 근거한 것이라는 주장을 제기할 수도 있겠지만 율법은 유대인과 개종자 모두에게 똑같이 적용되었다. 둘 다 율법을 통해 똑같은 의무들을 이행해야 했다(출 12:49, 민 15:15). 따라서 개종자들이 세례를 받았다면 모든 유대인이 세례를 받은 셈이 된다. 그러나 그런 사실이 과연 어디에 언급되었는가? 학자들이 제시할 수 있는 성경 구절이라곤 출애굽기 19장 10절뿐이다. 하나님은 율법을 수여하기 전에 모세에게 "너는 백성에게로 가서 오늘과 내일 그들을 성결하게 하며 그들에게 옷을 빨게 하고"라고 지시하셨다. 이스라엘 온 회중이 하나님의 명령에 따라 그렇게 세례를 받았고, 그 의식은 다시 되풀이할 필요가 없었다. 그리고 개종자들은 나중에 이스라엘 백성처럼 되려면 세례를 받아야 했다.

그러나 옷을 빨라는 것이 전부였다. 그런데 학자들은 '옷'이 곧 온몸을 가리키는 의미라고 말한다. 그런 주장에 동의할 사람이 누가 있을까? 그들이 과연 학식 있는 학자들일까? 성경의 명백한 말씀을 무시하고, 그들의 견해를 따라야 할까? 셀던은 고대의 유대인 의회(산헤드린)에 관해 언급하면서 "자신들이 덧붙인 관습들을 뒷받침해줄 성경적 근거를 찾는 것이 탈무드의 랍비들 사이에서 매우 흔하게 이루어졌다. 그들은 성경 말씀은 물론, 자신들의 해석과 비유를 이용해 그것들을 옹호했다. 그들의 저서에 익숙한 사람들도 이 사실을 잘 알고 있다. 그들의 관습이 정당한 것처럼 보이게 하려고 말씀의 본래 의미를 왜곡되거나 곡해하는 일이 발생했다"라고 말했다. 그러나 우리는 조금 전에 인용한 성경 구절을 왜곡할 필요가 없다. 그 말씀의 의미는 그 자체로 명백하다. '옷을 빠는 것'은 특별한 때를 위한 일이었다. 그것은 율법을 수여하기 위해 임재하신 하나님께 대한 공경심의 표현이었을 뿐이다. 그것이 하나님을 예배하는 수단으로 영구히 제정되었다는 암시는 없다. 따라서 옷을 빨았던 정화 의식을 통해 세례가 개인에게 베푸는 엄숙한 의식으로 영구히 제정되었다는 주장은 조금도 설득력이 없다. 그런 정화 의식은 구약성경에서 두 번 다시 반복되지 않았다. 그것을 되풀이하라는 하나님의 명령이나 지시나 제도가 추가로 언급된 적은 단 한 번도 없었다.

이교도들도 정결 의식을 사용해 물건들을 거룩하게 구별했다. 여기에서 신전에 들어가는 자들에게 성수를 뿌리는 관습이 생겨났다. 예를 들어, 베르길리우스의 『아이네이드』에 보면, "아버지여, 아버지의 손으로 조상들의 가정신(家庭神)과 거룩한 것들을 받으소서. 큰 전쟁을 치르면서 살육을 저지른 제가 흐르는 물로 씻어 정결하게 하기 전에 그것들을 만진다면 불경을 저지르게 될 것입니다"와 "그 사람은 동료의 주위를 돌면서 싱싱한 올리브 가지를 사용해 맑은 물을 세 차례 뿌렸다"와 같은 대목이 발견된다. '주위를 돌면서…뿌렸다'는 것은 예배자의 주위에 정화의 물을 뿌려 깨끗하게 했다는 뜻이다. 마크로비우스는 물을 뿌리는 것과 씻는 것의 차이를 상세하게 묘사했고,[3] 루키아노스도 그와 유사한 의식을 언급했다.[4] "그는 한밤중에 횃불을 들고 나를 티그리스강으로 데려가서 나와 오징어 한 마리를 비롯해 많은 것을 비슷한 방식으로 깨끗하게 씻었다."

플리니우스는 티마르키데스와 아스테리우스가 정화되지 않은 손으로 주피터의 제단을 만졌다가 벼락에 맞아 죽었다고 말했다. "그는 부정한 손으로 희생 제물을 마련해 주피터의 제단에 가져갔다, 그 순간, 화염이 이는 벼락이 떨어져 그를 불살랐다. 오직 정결해진 사람만이 거룩한 것을 만질 수 있다."[5] 물과 유황과 불에 의한 삼중 정화가

---

3   Macrobius, *Convivia*, Book 3, chapter 1.
4   Lucian, *Menippus*, Book 7.
5   Pliny, *Natural History*, Book 36, chapter 4.

이루어지는 것이 보통이었다. 오비디우스는 "그 노인을 불로 세 번, 물로 세 번, 유황으로 세 번 정화하라"라고 말했다. 순교자 유스티누스는 이교도들이 신성한 의식을 거행할 때 치렀던 정화 의식은 모두 성경에서 유래한 것이라고 말했다. 그는 신전에 들어갈 때 신발을 벗는 이교도의 관습도 하나님이 불붙은 가시떨기 앞으로 다가오는 모세에게 하신 말씀에서 유래했다고 말했다. 이것은 사실일 가능성이 없지 않다. 그러나 이런 것들 가운데 세례 의식과 관련이 있는 것은 아무것도 없다. 여성 개종자는 할례를 받을 수 없기 때문에 하나님의 백성에 포함되었다는 증표로 세례라는 부가적인 의식을 치르는 것이 당연시되었을 수도 있겠지만, 성경 어디를 보아도 부가적인 세례 의식을 언급한 내용은 발견되지 않는다(신 21:10-13). 이렇게 말하면, "바울이 모세 시대에 이스라엘 백성이 구름과 바다에서 모두 세례를 받았다고 분명하게 말하지 않았는가(고전 10:2)?"라고 반문할지도 모른다. 물론, 하나님은 이스라엘 백성을 바다 가운데로 지나가게 만들어 자신을 섬기는 백성이 되게 하셨다. 그렇다고 해서 기적적인 정화를 거친 이스라엘 백성을 통해 세례 의식이 시작되었고, 나중에 계속 반복되었다고 말하는 것은 조금도 온당하지 않다.

세례 의식이 제정되었다는 내용은 구약성경 어디에서도 발견되지 않는다. 유대 교회가 지속되는 동안, 그것이 거행된 사례는 단 한 번도 없었다. 개종자를 받아들일 때도 세례 의식은 거행되지 않았다. 요세푸스나 필로나 벤시라의 책에서도 세례를 언급한 적이 없고, 성경의 역사 속에서도 유대인들 가운데 그런 의식이 존재했다는 기록이 전혀 발견되지 않는다. 개종자의 세례라는 개념은 예루살렘의 멸망 이후, 곧 미슈나가 만들어지기 이전의 유대인 학자들에게서 기원했다. 학식 높은 쉬카르트는 그 시기에 유대인과 사마리아인을 좀 더 확실하게 구별하기 위해 세례 의식을 채택했다고 생각했다. 그는 탈무드를 근거로 이 견해를 옹호했다. 그러나 나는 그들이 요한의 세례를 모방했다고 생각한다. 왜냐하면 그의 세례에 관한 소문은 나라 전역에 파다했고, 일반 대중에게 큰 영향을 미쳤을 뿐 아니라 그의 시대 이전에는 세례 의식이 알려지지 않았기 때문이다.

순교자 유스티누스는 유대인들 가운데서 '세례 교리'를 가르친 이단이 있었다고 언급했지만, 그 의식을 거행한 자들을 유대인으로 일컫는 것은 온당하지 않다고 덧붙였다.[6] 그는 다른 곳에서는 "요한의 세례가 율법에 일치하지 않는 새로운 것이라면 그것이 불법이라고 어찌 말하지 않을 수 있겠는가? 율법 아래 있는 자들이 세례를 받으면 율법을 거스르는 죄를 짓는 셈이 되지 않겠는가?"라고 묻고 "요한의 세례는 은혜의 복음이 시작되었다는 것을 알렸다. 따라서 율법과는 아무런 상관이 없고, 율법을 초월한다"라고 대답했다.[7]

유대교의 세례 의식이 기독교로 전이되었고, 그리스도께서 그것을 친히 재가하셨다고 주장하는 학자들의 견해는 사실상 아무런 근거가 없다.

이는 성찬의 경우도 마찬가지다. 어떤 사람들은 주님이 제정하신 이 거룩한 의식이 기존의 유대 의식에서 유래했다고 주장한다. 이런 주장을 뒷받침하는 성경적인 근거는 없다. 그런 의식이 예루살렘이 멸망하기 이전에 유대인들 가운데 존재했다는 것을 입증하는 신빙성 있는 증거는 어디에도 없다. 이 주제는 이미 다른 사람들이 충분히 잘 다루었기 때문에 여기에서 다시 말할 필요는 없을 듯하다.

앞에서 논의한 대로, 출교의 경우는 확실한 근거가 있다. 복음적

---

6   Justin Martyr, *Dialogue with Trypho*.

7   Justin Martyr, *Questions to the Orthodox*.

인 교회의 관습 가운데는 올바른 이성과 자연법에 부합하는 것들이 많다. 그런 것들은 그리스도인이 아니더라도 인간이면 누구에게나 적용된다. 그런 관습의 유무나 강도는 각 나라가 자연 신학의 가르침에 얼마나 많은 영향을 받았는지에 따라 달라진다. 그런 관습 가운데 하나가 바로 출교. 이성은 사회를 어지럽히거나 법률을 거역하는 자들을 추방하도록 명령한다. 유력한 저술가들은 고대인들이 이 원리를 지켰다고 자주 언급했다. 유대인들도 자신들이 가르친 관습을 준수했다. 그러나 시간이 너무 많이 흘렀기 때문에 그들이 자연법의 명령에 따라 그렇게 했는지 하나님의 계시에 따라 그렇게 했는지는 확실하게 말하기 어렵다. 이교도들도 출교의 관습을 지켰다. 예를 들어, 카이사르는 "드루이드 교도는 일단 결정된 규칙을 어기는 자가 있으면 모든 희생 의식에서 배제했다. 그들은 이것을 가장 무서운 형벌로 간주했다. 그런 형벌을 받은 사람은 부정하고, 사악한 자로 간주되었다. 그런 사람이 다가오면 부정해질까 봐 두려워 모두가 피했고, 아무도 그들과 대화를 나누려고 하지 않았다. 복권은 쉽게 이루어지지 않았다"라고 말했다.[8]

어떤 사람들은 출교가 모든 나라에 널리 퍼져 있었던 이교의 관습이었고, 기독교가 나중에 그것을 채택했다고 주장한다. 아마도 초기 그리스도인들을 이보다 더 크게 모욕하는 주장은 없을 것이다. 그보다는 이 관습이 유대인들을 통해 기독교로 유입되었다고 생각하는 학자들이 훨씬 더 많다. 유대인의 출교 관습이 하나님이 제정하신 제도인지, 또 예루살렘과 성전이 파괴되기 이전에 그것이 존재했던 흔적이 있는지에 관한 논쟁에 가담하고 싶은 생각은 조금도 없다. 탈무드의 랍비들은 이 관습을 중시했지만, 주님이 그것을 유대인이나 이교

---

8   Caesar, *Gallic War*, chapter 13.

도에게서 넘겨받으셨다고 주장하는 것은 잘못이다. 생각이 비슷한 사람들끼리 한데 모여 사회나 공동체를 형성하는 것은 인간의 본성에서 비롯한 자연스러운 결과다. 사람들은 세속적인 것이든 종교적인 것이든 공통된 목적을 중심으로 결속한다. 사회의 특권들을 이용하고, 누리기를 원하는 사람들은 당연히 사회적 규약을 충실하게 지켜야 한다. 그렇지 않으면 어떤 조직체도 질서 있게 보존되거나 오랫동안 지속될 수 없다. 사회적 규약을 어기는 사람들은 사회적 특권과 교제를 박탈당할 수밖에 없다. 이것은 인간의 본성에 따른 이성의 명백한 명령이다. 인간은 랍비라는 사람들이 등장하기 오래전부터 이미 이 규칙을 이해하고, 실천해 왔다. 아마도 이 사실을 부인할 사람은 정신 이상자밖에는 없을 것이다.

우리 주 예수 그리스도께서는 왕이요 머리요 입법자이시기 때문에 교회의 모든 관습이 자신의 권위에 근거하기를 원하신다. 그분은 자신의 권위로 승인하고, 제정한 것을 복음적인 교회를 위해 굳건하게 확립하셨다. 이것은 이성에 일치하는 관습이지만, 그리스도의 가르침과 계시를 통해 교회에 적용되었다. 바울 사도가 먼저 각 나라의 법률과 공통된 정의를 근거로 이방인들이 모세 율법을 따르지 않더라도 본성적으로 율법의 일을 행한다고 말하고 나서 '나의 복음에 이른 바와 같이 하나님이…사람들의 은밀한 것을 심판하실 것'이라고 덧붙인 것도 바로 이런 이유 때문이었다(롬 2:14-16).

16장
유대 교회의 마지막 배교(결론)

다시 본래의 주제로 되돌아가서 모세 신학의 두 번째 근본 원리인 칭의, 곧 죄인이 어떻게 전능하신 하나님께 옳다 인정하심을 받을 수 있는지에 관한 문제를 생각해 보기로 하자. 복음의 역사를 살펴보면, 유대 교회가 이 두 번째 원리를 어떻게 거부하고 배교를 저질렀는지를 분명하게 알 수 있다. 앞서 말한 대로 이스라엘 민족은 자신들의 비참한 상태와 이 부패한 세상의 힘든 상황을 깊이 의식하고, '우리 조상은 방랑하는(멸망할) 아람 사람'이라고 고백했다(신 26:5). 많은 사람이 입으로 그렇게 부르짖었지만, 실제로는 큰 교만에 사로잡혀 목을 뻣뻣이 세우고, 오만한 얼굴로 '아브라함이 우리 조상이라'라고 자랑했다(마 3:9, 눅 3:8). 그들은 그런 헛된 자랑을 앞세워 자신들의 비참함과 벌거벗음을 은폐했다. 이런 이유로 세례 요한은 선지자의 사역을 시작하면서부터 그들의 교만함을 깨뜨려야 할 필요가 있다고 생각하고, "속으로 아브라함이 우리 조상이라고 생각하지 말라 내가 너희에게 이르노니 하나님이 능히 이 돌들로도 아브라함의 자손이 되게 하시리라"(마 3:8)라고 질타했다. 교만은 개선의 여지를 남기지 않는다.

유대인들은 자신들의 혈통을 부적처럼 내세워 어디에서나 도도하고, 단호하게 진리, 곧 그리스도를 믿고 회개하라는 진리를 거부했다.

그들은 '멸망할 아람 사람'은 전혀 언급하지 않고, '아브라함의 후손'이라고만 자랑했기 때문에 회개의 필요성을 전혀 의식하지 못했다. 그들은 그런 그릇된 오류에 사로잡혀 눈을 감은 채 진리의 빛을 외면했고, 귀를 닫은 채 양심의 소리를 묵살했다. 그들은 혈통을 믿는 교만함과 공허한 의식으로 하나님과 진정한 교통을 나눌 수 있는 능력과 자격을 모두 잃어버린 상태라는 것을 감추었다.

둘째, 모세 신학의 근본 원리는 하나님의 자유로운 선택은 물론, 선택받은 자들도 하나님의 개입이 없으면 율법에 복종할 수 없다는 사실을 확실하게 보여주었다. 그러나 배교자들은 이 진리를 그 어떤 것보다 더 강하게 거부했다. 하나님이 아무 공로도 없는 사람들에게 은혜를 베푸신다는 진리보다 그들을 더 불쾌하게 만드는 것은 없었다. 그들은 자기들이 그 어떤 것에도 영적으로 속박되지 않은 자유로운 민족이고, 또 하나님을 기쁘시게 할 수 있는 자질을 부여받았다고 항상 자랑했다. 그들은 누군가가 혹시라도 자신들을 눈먼 자나 병든 자나 죄인, 또는 치유나 용서가 필요한 자들로 간주하면 가장 큰 모욕감과 증오를 느끼며 강력하게 반발했다.

이런 오류와 떼려야 뗄 수 없는 관계를 맺고 있는 것이 하나 있다. 자신들이 본성적으로 하나님을 기쁘시게 하는 데 필요한 모든 자질을 타고났다고 믿는 사람들은 또한 자신들의 예배와 의식을 하나님께 인정을 받을 수 있는 근거로 내세울 뿐 아니라 자신들의 행위가 구원을 가져다주고, 하나님 앞에서 자기들을 순결하게 만든다고 믿는다. 복종과 예배가 행위와 의식으로 이루어진다고 생각하는 사람들은 그런 형태의 종교에 적합한 제의를 고안해 세상 사람들 앞에 보여준다. 배교자들은 이 두 가지 오류에 얽매임으로써 참 종교의 두 번째 근본 원리를 거스른다.

셋째, 배교자들은 하나님과의 화해, 죄의 용서, 전능하신 하나님과의 교통, 메시아를 통한 칭의가 필요하다는 가르침을 단호히 거부하고, 율법의 행위가 아니면 아무도 구원받을 수 없다고 가르친다. 그들은 자신들의 능력으로는 도저히 이룰 수 없는 '완전한' 복종을 통해서만 칭의가 이루어질 수 있다는 사실을 깨닫지 못한다. 그들은 세상과 죽음과 죄와 지옥으로부터의 구원과 해방을 구하거나 바라지 않는다. 유대인 저술가들은 이런 문제들을 진지하게 다루지 않았다. 그들은 죄의 속죄는 율법적인 희생 제사와 개인의 공로와 고난을 통해 이루어진다고 생각했다. 그들은 일평생 죽음에 속박된 상태로 살았고, 죽을 때는 "나의 죽음을 통해 나의 모든 죄가 속죄되기를 바란다"라고 말했다. 이런 사실은 복음서의 기록을 통해 충분하게 확인된다. 이런 식으로 칭의(하나님 앞에서 죄인이 의롭다 하심을 받는 것)의 문제와 관련된 유대 교회의 마지막 배교가 이루어졌다.

이제 마지막으로 남아 있는 문제, 곧 모세 신학의 세 번째 근본 원리(메시아의 강림과 생애와 사역)를 신속하게 살펴보기로 하자. 메시아는 하나님의 아들이요, 교회의 주님이요 위대한 대제사장이었다. 성부 하나님이 그에게 모든 권위를 부여하셨다. 모세 신학은 이 모든 것을 빠짐없이 가르쳤다. 메시아는 예배와 의식에 관한 새로운 방법을 제정할 권한이 있었다. 그를 통해 과거의 예배와 의식들의 예표적 의미가 서서히 실현되고 있었다. 모세 신학은 메시아의 강림을 고대하고, 그가 왔을 때 그에게 복종하지 않으면 영원히 멸망할 것이라고 가르쳤다. 그러나 유대인들은 매우 오랫동안 메시아의 강림을 고대하고, 갈망하다 보니 본래의 가르침에 그릇된 요소들이 침투하면서 과거에 믿었던 진리를 강하게 거부하기에 이르렀다. 그들은 단지 메시아가 자신들의 전통과 의식들을 폐할 것이라는 생각 때문에 그를 잔인하고,

고통스러운 죽음으로 몰아넣고 말았다.

그때 이후로 의식법의 절대적인 불변성이 배교한 유대 신학의 가장 중요한 토대로 자리 잡았다. 예표적인 율법이 사라질 시간이 가까이 다가올수록 개혁의 시간도 빠르게 다가오기 시작했지만, 그들은 더욱더 완강하게 의식법의 불변성이라는 교리를 옹호했다. 바울 사도는 그들의 원리, 곧 유대적 원리를 토대로 한 논증을 펼쳐 그들의 생각이 몹시 해로운 오류라는 것을 밝히 드러내 과감하게 훼파했다. 그는 히브리서에서 "제사 직분이 바꾸어졌은즉 율법도 반드시 바꾸어지리니 이것은 한 사람도 제단 일을 받들지 않는 다른 지파에 속한 자를 가리켜 말한 것이라 우리 주께서는 유다로부터 나신 것이 분명하도다 이 지파에는 모세가 제사장들에 관하여 말한 것이 하나도 없고 멜기세덱과 같은 별다른 한 제사장이 일어난 것을 보니 더욱 분명하도다 그는 육신에 속한 한 계명의 법을 따르지 아니하고 오직 불멸의 생명의 능력을 따라 되었으니 증언하기를 네가 영원히 멜기세덱의 반차를 따르는 제사장이라 하였도다"(7:12–16)라고 말했다.

사도의 논증 가운데서 가장 중요한 요점 하나를 설명하면 다음과 같다. 모세 율법이 정한 예배 체계, 곧 의식법은 대제사장직에 의존했다. 율법 전체가 이것을 중심으로 돌아갔다. 하나님은 이스라엘 민족이 재난과 파괴와 강제 이송과 같은 온갖 종류의 역사적 불행을 겪는 와중에서도 아론의 반차를 따르는 제사장직을 안전하게 보호해 율법에 따라 제사장직을 수행할 수 있게 하셨다. 하나님은 친히 아론의 후손이 아닌 사람이 제사장직을 수행하는 것을 금지하셨다(민 16:40). 하나님은 율법의 권위를 강조하기 위해 레위인들의 제사장직을 훼손하는 자들을 엄히 벌하셨다(민 18:7, 대하 26:18–21 참조). 따라서 제사장직이 바뀌면 율법적인 형태의 예배 체계도 반드시 바뀌어야 했다.

게다가 하나님은 예배를 드리는 특별한 장소를 정하셨고, 그 장소 밖에서는 예배나 희생 제사를 드리지 못하게 하셨다. 지정된 장소는 예루살렘에 있는 모리아산이었다. 하나님은 자신의 명령으로 그런 것들을 정하셨지만, 또 다른 제사장직(다른 지파와 가문에서 비롯한 새롭고, 더 나은 제사장직)으로 그것들을 대체할 것이라고 말씀하셨다. 메시아가 강림하기 오래전부터 그가 유다 지파에서 나와서 왕과 제사장을 둘 다 겸할 것이라는 예언이 주어졌다. 마침내 때가 되지 하나님은 아론의 후손이 아닌 대제사장을 세우셨고, 그로써 아론의 제사장직을 통해 이루어졌던 모든 것을 폐해야 할 필요성이 대두되었다. 바울 사도가 지적한 대로, 이것은 유대인이라면 누구나 알고 있던 명백한 사실이었다. 그의 말은 사실상 "너희들 모두가 메시아가 유다 지파에서 나와야 한다는 것을 인정한다"라는 의미였다.

이처럼 메시아는 새로운 대제사장이 될 예정이었다. 이를 뒷받침하는 증거로는 "여호와는 맹세하고 변하지 아니하시리라 이르시기를 너는 멜기세덱의 서열을 따라 영원한 제사장이라 하셨도다"(시 110:4)라는 시편 저자의 말 한마디면 충분하다. 이 시편은 메시아의 강림을 예언한다. 바울 당시의 유대인들 가운데 이 사실을 의심했던 사람은 아무도 없었다. 양대 탈굼도 그렇게 말하고, 과거의 유대인 저술가들 가운데도 이를 부인한 사람이 아무도 없다. 주님은 서기관들과 바리새인들이 채택한 논쟁 방식(질문과 응답 형식으로 이루어진 방식)을 사용해 그들의 무지를 밝히 드러내면서 이 시편 말씀을 언급하셨다. 그들은 큰 수치심을 느꼈지만, 다윗이 주로 일컫은 사람이 메시아를 가리킨다는 사실을 부인하지 못했다. 그리스도께서는 새로운 대제사장일 뿐 아니라 유일하고 참된 대제사장이셨다. 이전의 제사장직은 모두 주님의 제사장직을 가리키는 예표였다. 하나님은 주님의 제사장직이 영원무

궁할 것이라고 말씀하셨다.

그러나 오늘날의 배교자들은 참으로 어이없게도 이상한 주장을 제기했다. 그들은 '제사장'을 뜻하는 히브리어 '코헨'이 '왕자'를 뜻하기도 하기 때문에 메시아가 국가의 지도자를 가리킨다고 주장했다. 이것은 매우 하찮고, 무가치한 추론에 지나지 않는다. 멜기세덱은 살렘의 왕이자 지극히 높으신 하나님의 제사장이었다. 그는 '살렘의 왕이요 지극히 높으신 하나님의 제사장'으로 일컬어졌을 뿐, '왕자'로 불리지 않았다. 왕인 그를 왕자로 일컬어야 할 이유가 무엇인가? 만일 '코헨'이 왕족을 가리킨다면 그것은 통치하는 왕이 아닌 왕자를 뜻할 뿐이다. 더욱이 멜기세덱은 하나님의 이름으로 다른 사람들을 축복하는 '제사장'이었다(창 14:18). 그가 지닌 왕과 제사장의 직위는 너무나도 확실했다. 세속 정부 내에서 '코헤님'이라는 용어는 절대적인 권위를 지닌 왕이나 군주가 아닌 서열 2위나 3위에 해당하는 고관을 지칭하는 칭호로 사용되었다. 유대인들은 이 칭호를 메시아에게 적용하지 않았다. 메시아는 멜기세덱의 제사장직과 다윗의 왕권을 계승할 후계자였다. 전자는 교회를 통치하고, 후자는 국가를 통치한다. 이 두 직위는 메시아의 강림으로 온전히 성취되어 사라질 예정이었다.

하나님은 예루살렘을 자신을 예배하는 장소로 선택해 거룩하게 구별하셨다. 사도들은 이 사실을 부인하지 않았다. 메시아가 와서 사역을 시작했고, 예루살렘에서 희생 제사를 드릴 것이었다. 그 후로는 그의 희생 제사가 하나님이 받으시는 예배가 되어 세상 어디에서나 이루어질 예정이었다. 이것이 마지막 선지자인 말라기가 예언한 일이었다(말 1:11). 하나님은 이 진리를 분명하게 보여주기 위해 메시아의 시대가 도래하면 이방인들 가운데서 자신을 위해 제사장과 레위인을 일으켜 세울 것이라고 예고하셨다(사 66:21). 이 예언은 예루살렘의 신속한 멸망으로 확증되었다.

유대인들 가운데 비교적 정신이 올바른 사람들은 이런 성경 말씀들을 옳게 받아들여 율법이 변할 수 있다고 인정한다. 이크하림이라는 서기관은 이 점을 분명하게 인정할 뿐 아니라 율법이 불변한다는 모세 마이모니데스의 주장을 날카롭게 논박했다. 그는 마이모니데스의 주장을 길게 언급하고 나서 "이런 식의 논증을 좀 더 자세히 살펴보면 율법이 불변한다는 것을 입증하는 증거가 될 수 없다는 사실이 분명하게 드러난다"라고 말했다. 그는 그런 논증이 틀렸다는 것을 차례로 입증해 보이면서 메시아는 모세보다 더 위대한 선지자이기 때문에 자신이 제정한 것들을 원하는 대로 변경할 권한을 지닌다고 말했다.

아무튼, 유대 교회의 치명적인 마지막 배교는 신속하게 이루어졌다. 모세 신학의 본질적이고, 근본적인 원리들이 하나씩 무너져내렸고, 배교와 더불어 도덕성이 급격하게 쇠퇴했다. 거룩한 진리가 거부되자 인간의 죄는 무한정 늘어났고, 온 민족이 빠르게 타락해 온갖 종류의 죄와 악을 저질렀다. 수많은 죄로 인해 피폐해질 대로 피폐해진 그들은 마지막 멸망을 향해 달려갔다. 하나님의 아들이 배척을 당해 고난을 받고 십자가에서 죽자 모세 신학의 생명력이 급속하게 고갈되었다. 그것에 생명을 주는 유익한 것들이 모두 사라졌고, 살아 있는 육체는 없고, 오로지 썩어가는 시체뿐인 형국이 되고 말았다. 아마도 미가엘과 사탄이 서로 다투며 변론했던 '모세의 시체'(유 1:9)는 모세 신학을 가리키는 의미인 듯하다. 그 후부터는 하나님과의 교통이 완전히 단절되었고, 모세 신학도 더 이상 '신학'이라는 고귀한 명칭으로 불릴 수 없게 되었다. 훌시우스가 옳게 말한 대로, 만일 오늘날의 유대교 안에 신학이 존재한다면, "탈무드를 통해 전승되어 온 것, 곧 전에는 유대 국가에서 준수되었고, 지금은 온 세상에 흩어져 사는 유대인들의 삶의 규칙으로 간주되는 전설과 전통뿐일 것이다."[1] 이것이 참 신학의 방법과 원리로부터 얼마나 멀리 벗어나 있는지는 독자들이 스스로 잘 판단할 수 있을 것이다.

약속된 메시아를 배척한 배교자들과 그들이 신봉했던 배교 신학이 불같은 심판을 통해 모두 소멸하기까지는 약 한 세대의 시간이 흘렀다. 심판이 조금 지체되었던 이유는 크게 두 가지였다. 첫째는 배교자들이 변명할 수 있는 빌미가 조금이라도 남아 있어서는 안 되었기 때문이다. 즉 완전한 멸망이 이루어지기 전에 복음이 유대 전역은 물론, 각처에 흩어져 살던 유대인들에게 선포되어야 했다. 바울이 이 사역의 가장 중요한 도구로 선택되었다.

둘째는 흩어져 살던 유대인들 가운데 '남은 자들,' 곧 은혜의 선택을 받은 자들이 많았기 때문이다. 마지막 진노가 다른 사람들과 함께 그들을 덮치기 전에 그들을 불러 구원해야 했다. 이것이 배교자들이 구원자이신 주님의 피를 손에 묻히는 도저히 용서받을 수 없는 죄를 저지른 이후에도 하나님이 오랫동안 참고 인내하셨고, 교회가 모진 고난을 견뎌야만 했던 이유였다.

그들이 어떻게 멸망했는지를 좀 더 자세히 알고 싶으면 그 과정을 직접 목격했던 유명한 유대 역사가 요세푸스의 책을 읽어보기 바란다.[2] 그가 묘사한 것은 인간 세상이 아닌 생지옥, 곧 단순히 한 나라의 멸망과 패배가 아닌 끝을 알 수 없는 불행과 공포의 심연이었다. 인간이 그런 참상을 당한 적은 역사상 전무후무한 일이었다.

하나님은 에스라의 개혁 이후로 527년이라는 오랜 세월 동안 참으며 지켜보셨지만, 결국 유대 교회는 그렇게 비참한 종말을 고하고 말았다.

---

1   Hulsius, *Preface to On the Messiah*.
2   Josephus, *Jewish War*.

6권
복음 신학

1장
복음 신학 1

    지금 우리의 과제를 끝마치려고 서두르고 있지만, 아직 목표에는 도달하지 못했다. 그리스도의 신학을 제시하는 것이 나의 의도이자 목표다. 이 신학에 대한 논의에는 복음의 가르침은 물론, 그것을 받아들일 수 있는 마음의 성향이 포함된다. 나는 이 책을 처음 시작할 때부터 항상 이 목표를 염두에 두었다. 따라서 나는 그리스도의 가르침이 타락한 인류의 신학에 절대적으로 필요한 요소라는 사실을 간과하지 않은 채 그분에 관한 것을 직접 다루게 될 때를 기다려왔다. 내가 하늘의 지혜를 탐구하는 일이 절정에 이르렀다거나 그런 고귀한 것을 거침없이 말할 수 있는 능력을 갖추었다고 주장할 생각은 조금도 없다. 우리는 기껏해야 부분적으로 볼 수 있을 뿐이다. 이것은 온 인류의 지성을 모두 합해도 다 이해할 수 없는 주제다. 거울로 보는 것 같이 희미한 단계에서 벗어나 하나님이 우리를 아시는 것처럼 그분을 알고, 영원히 즐거워할 때가 오기 전까지는 그럴 수밖에 없다(고전 13:12). 바울 사도가 "만일 누구든지 무엇을 아는 줄로 생각하면 아직도 마땅히 알 것을 알지 못하는 것이요"(고전 8:2)라고 말한 대로, 우리는 우리 자신의 깊은 무지와 부끄러운 나태함을 기꺼이 인정해야 할 필요가 있다.

어떤 사람들(특히 젊은 사람들)은 주제넘게도 이 연구에 깊이 몰두해 왔다고 자랑하면서도 복음적인 연구에는 이르지 못한 채 겨우 몇 권의 책을 읽고서 전문가를 자처하며, 자신이 마치 위대한 학자들의 반열에 속하는 영예를 누릴 자격을 갖춘 것처럼 행세한다. 그것은 참으로 크나큰 오만이 아닐 수 없다. 세네카는 "이미 지혜를 얻었다고 생각하지만 않았다면, 많은 사람이 지혜를 얻을 수 있었을 것이다"라고 말했다. 그러나 아리스토텔레스의 말대로, "젊은 사람들은 자기들이 모든 것을 알고 있다고 생각하고, 종종 그렇게 떠벌린다." 그런 마음의 태도보다 사람을 신학 연구에 더 부적합하게 만드는 것은 없다.

"새로운 웅변가는 항상 미숙하고, 어리석어 보인다"라는 옛 격언은 오늘날에도 똑같이 적용된다.[1] 유다는 "이 사람들은 무엇이든지 그 알지 못하는 것을 비방하는도다 또 그들은 이성 없는 짐승같이 본능으로 아는 그것으로 멸망하느니라"(유 1:10)라고 말했다. 사람들은 철학에서 사물들의 이치를 조금 배우고 나서 교만(인간의 영혼을 가장 크게 오염시키는 요인)으로 잔뜩 부풀어 올라 복음의 신비를 멸시하기 시작한다. 하나님이 학자들의 눈을 열어 신학의 문제들이 철학의 목표와 완전히 다르다는 사실을 볼 수 있게 해주시기를 바란다. 신학을 연구하려면 그와는 다른 마음의 태도, 곧 인간의 모든 지식을 다룰 때의 태도와는 전혀 다른 인격적 성향(새 마음)이 필요하다. 은혜로우신 하나님이 내게 기쁘게 허락하신 이해력으로 이 연구를 시작하고, 그분이 나의 의도와 기도를 축복해 주신다면, 나의 수고를 통해 경건한 자들이 유익을 얻게 될 것이다. 그러면 나는 그것을 하나님의 주권적인 은혜를 통해 주어진 많은 축복 가운데 하나로 여길 것이다. 자, 그러면 이제 또다시 우리의 목표를 향해 나아가보기로 하자.

---

1   Seneca, *On Old Age*, chapter 6.

유대 교회가 완전히 멸망하면서 그 토대였던 모세 신학도 함께 종말을 고했다. 그 결과, 이 신학의 단계를 통해서는 더 이상 아무도 하나님께로 나아갈 수 없게 되었다. 그러나 하나님은 거기에 마지막 단계를 더해 자신의 계시를 최종적으로 완성하실 계획이셨다. 교회는 영적 경륜의 다양한 단계를 거치면서 가르침을 받았고, 마침내 영원한 상태(완전하고, 변하지 않는 본질을 지닌 상태)로 변화하기에 충분할 정도로 성숙했다. 때가 되자 이 위대하고 거룩한 과업을 완수하기 위해 영원 전부터 예정되었고, 창세 전부터 약속된 하나님의 독생자께서 세상에 오셨다. 바울 사도는 히브리서에서 이런 사실을 분명하게 설명했다. "옛적에 선지자들을 통하여 여러 부분과 여러 모양으로 우리 조상들에게 말씀하신 하나님이 이 모든 날 마지막에는 아들을 통하여 우리에게 말씀하셨으니 이 아들을 만유의 상속자로 세우시고 또 그로 말미암아 모든 세계를 지으셨느니라"(히 1:1, 2). 그리스도께서는 '우리가 믿는 도리의 사도이시며 대제사장'(히 3:1)이자 '믿음의 주요 온전하게 하시는 이'(히 12:2)로 일컬어지셨다. 하나님이요 사람이신 예수 그리스도께서는 하나님의 위대한 중보자이셨다. 이 점에 대해서는 나중에 좀 더 자세히 설명할 생각이다.

여기에서 내가 말하려는 요점은 복음 신학의 창시자가 바로 하나님의 독생자인 예수 그리스도이시라는 것이다. 앞에서 말한 대로, 참 신학은 모두 복음 신학에 해당한다. 그 이유는 그것이 어떤 단계에 이르렀든지 성자 하나님이 그것의 원천이자 목표이기 때문이다. 거룩한 하나님의 사람들이 성령의 감동을 받아 그리스도를 전했다(벧전 1:11, 벧후 1:21). 그리스도께서는 과거에도 인간의 모습으로 이스라엘의 조상들에게 자기를 나타내셨다. 그분은 광야 교회에 나타났던 '그 천사'였다(행 7:38). 그러나 엄밀히 말하면, 하나님의 아들이 성부의 품을 떠나 세상에 와서 자신의 인격을 통해 가르치신 것만이 복음 신학으로 일컬어질 수 있다. 오직 그분만이 이 신학의 참된 창시자이시다. 그분이 이 신학을 하나님의 완전하고, 최종적인 계시로 만드셨다. 테르툴리아누스는 "예수 그리스도 이후부터는 더 이상 호기심을 느끼거나 복음을 더 찾으려고 노력할 필요가 없어졌다. 믿음을 추가하기 위해 필요한 것은 아무것도 없다. 우리는 이미 믿음을 소유했다. 우리가 믿어야 할 것 가운데 우리에게 감추어져 있는 것은 아무것도 없다"라고 옳게 말했다.[2]

예수 그리스도께서 강림해 새로운 계시를 허락하신 시점에 대해 잠시 살펴봐야 할 필요가 있다. 나는 연대적인 난제를 제기할 생각이나 날짜 계산과 같은 복잡한 문제를 다룰 생각이 전혀 없다. 연대 학자들의 논쟁이나 복잡한 문제를 다뤄봤자 아무도 유익하게 할 수 없다. 나는 플루타르크가 솔론에 관해 쓴 내용에 동의한다. 플루타르크는 솔론과 크로이소스를 동시대 인물로 생각하지 않는 사람들이 많지만 그들이 서로 대화를 나누었다는 일반적인 생각을 무시하지 않고, "나는 이른바 연대학의 규칙이라는 것 때문에 이 이야기를 거부할 생각이 없다. 연대를 결정하는 학자들의 견해는 백이면 백 제각각 다르다. 확실한 것은 아무것도 없고, 오늘날까지도 논쟁이 계속될 뿐이다"라고 말했다.

그러나 연대와 관련된 논의 가운데는 신학과 관계가 있는 것도 있다. 성경은 그리스도께서 '때가 차매'(갈 4:4) 오셨고, 또 '이 모든 날 마지막에'(히 1:2) 오셨다고 말씀한다. 따라서 이 두 문구가 정확히 동일한 시점을 가리키는지 생각해 봐야 할 필요가 있다.

첫 번째 문구가 포함된 갈라디아서 4장 4절은 '때가 차매 하나님이

---

2   Tertullian, *Refutation of All Heresies*.

그 아들을 보내사 여자에게서 나게 하시고 율법 아래에 나게 하신 것은'이라고 말씀한다. 여기에서 '때가 차매'는 두 가지 상황, 곧 시간으로 측정되는 두 개의 시대나 시기를 묘사한다. 이 두 개의 시대가 하나님의 계획으로 동시에 종결되었다. 즉, 그리스도께서는 이 두 시대와 관련해 정확히 때가 찼을 때 강림하셨다.

첫째, 세상은 하나님의 오랜 인내가 다 했던 시기에 도달했다. 우상 숭배가 도처에 성행하고, 온 세상에 온갖 미신과 거짓 신들을 숭배하는 불경한 종교들이 가득했다. 우상 숭배는 모든 곳에서 영광과 위용과 명성을 드러내며 절정에 달했다. 앞에서 상세히 논의한 대로, 우상 숭배는 수많은 사건과 시대를 거치면서 서서히 퍼져나갔다.

어리석고, 무가치하고, 사악하게 시작된 우상 숭배가 전무후무한 영광을 누리는 단계에 도달했다. 썩어 없어질 것에 더할 나위 없이 탁월한 외적 영광이 부여되었다. 인류는 스스로 자원해서 미신에 속박되었지만, 우상들을 통해 얻은 위로나 도움이나 보상이 지극히 미미하다는 사실을 충분히 경험하기에 이르렀다. 하나님이 그리스도를 좀 더 일찍 보내 회개를 촉구하지 않으신 이유는 그런 쓰디쓴 경험의 열매들이 아직 무르익지 않았기 때문이다. 그리스도의 사역을 통해 우상 숭배의 체계와 위력이 파괴된 날부터는 그것에 더 이상의 영광이나 승리나 영예가 주어지지 않았다. 바울은 사도행전 14장 15, 16절과 17장 30절에서 '때가 차매'라는 문구에 함축된 이런 의미를 언급했다.

둘째, 인간의 지성과 창조된 질서의 유한성 때문에 철학을 이용해 자연 신학을 복원하려는 시도에 제동이 걸렸다. 당시에 인간의 지혜는 거의 완전한 상태에 도달했다고 평가되었다. 결함이 있더라도 인간적인 것은 무엇이나 완전한 것으로 간주되었다. 우주의 본질을 관찰함으로써 형성된 철학은 최고조에 달해 더욱 심오하고, 웅대하고,

유익한 것으로 여겨졌고, 역사상 그 어느 때보다 탁월하게 설파되었다. 헬라와 라틴 세계의 지성인들은 서로 경쟁하며 우위를 다투었다. 바울 사도는 "하나님의 지혜에 있어서는 이 세상이 자기 지혜로 하나님을 알지 못하므로 하나님께서 전도의 미련한 것으로 믿는 자들을 구원하시기를 기뻐하셨도다"(고전 1:21)라는 말로 철학이 절정에 달한 것 자체가 때가 찬 징후라고 암시했다. 다시 말해, 마침내 철학적 지혜의 한계와 공허함이 여실히 드러났고, 하나님의 완전한 지혜와 관용으로 인해 성자를 통해 구원의 좋은 소식이 전파되기에 이르렀다.

세속적이고, 인간적인 능력의 탁월성이 최고의 단계에 도달했다. 니므롯의 시대부터 인간이 목표한 것이 마침내 로마인들을 통해 달성되었다. 속된 영광이 머무는 영역은 가장 깊숙한 곳에 도사리고 있는 속된 것들, 곧 야망이나 사치나 탐욕이나 정욕이나 지성적 교만을 통해 추구되는 것들은 물론, 타락한 인간의 눈에 바람직하게 보이는 것들까지도 모조리 로마라는 하나의 도시에 빽빽하게 집중되었고, 그곳으로부터 모든 문명인의 눈과 마음을 온통 사로잡았다. 세계의 축소판이라고 할 수 있는 그곳에서 인간의 권력과 지혜, 활력과 힘, 정열과 부, 속된 교만과 사치스러운 삶이 확연하게 드러났다. 높은 건축물이 겹겹이 세워졌고, 땅속 깊은 곳의 발굴이 이루어졌다. 그러나 그리스도께서 강림하셨던 때부터 그런 영광이 연속적인 과정을 거치며 서서히 쇠퇴했고, 로마의 광휘가 하루하루 조금씩 사라져가기 시작했다. 때가 차자 로마인들 가운데 완전히 눈이 멀지는 않은 사람들, 곧 악이나 편견으로 인해 지성이 온전히 어두워지지 않은 사람들의 경우는 로마 제국의 경계선 밖에 있는 이민족들이 심한 박탈감과 생필품의 부족으로 고통을 겪는 상황에서 시기심과 질투심과 야욕과 탐욕에 이끌려 그런 쇠퇴의 과정을 주시하고 있다는 단순한 사실만으로도 머지않아 일어나게 될 결과를 예측할 수 있었다.

당시에 사람들은 매우 뛰어난 왕이 나타나 평화의 시대를 열고, 만물을 새롭게 할 것이라는 놀랍고도 불가사의한 기대감을 품고 있었다. 유대인들은 메시아가 나타나기를 갈망하고, 고대했고, 이방인들은 신화 속의 황금시대가 재현되기를 열망했다. 이것은 가장 뛰어난 역사가들이 언급한 확실하고, 보편적인 현실이었다. 동방 세계에서나 자연을 통해 위대한 왕이 저절로 나타나게 될 것이라는 기대감이 모든 곳에 팽배했다.

간단히 말해, 인류는 지혜와 미신, 도락과 권세, 미덕과 악덕 등 모든 면에서 최고점에 도달함으로써 '때가 찼다는' 것을 분명하게 보여주었다. 바로 그때 하나님은 은혜롭게도 자기 아들을 보내 가까운 곳에 있는 자들과 먼 곳에 있는 자들 모두에게 평화의 복음을 전하게 하셨다.

성경은 하나님이 미리 정하신 때, 곧 오랫동안 예고되어 온 때가 마침내 임박했다고 증언했다. 베드로에 따르면, 그리스도께서는 '창제 전부터 미리 알린 바 되신 이'(벤전 1:20)셨다. 그분은 영원한 목적과 미리 정해진 약속에 따라 강림하실 예정이셨다. 이것은 '예로부터 거룩한 선지자의 입으로 말씀하신' 사실이었다(눅 1:70). 이것이 세례 요한이 "오실 그이가 당신이오니이까 우리가 다른 이를 기다리오리이까"(마 11:3)라고 물으면서 그리스도를 '오실 그이'로 일컬었던 이유였다. 아담의 시대부터 기다려오던 분이 나타나셨다. 마침내 "모든 나라의 보배가 이르렀다"(학 2:7).

정해진 때, 곧 약속을 이룰 때가 오자 성자 하나님이 육신을 입고 나타나셨다. 유대인들은 메시아가 나타날 때가 이르렀다는 사실은 부인하지 못했지만, 그분이 아직 나타나지 않았다고 강력하게 주장했다. 왜 그랬을까? 그 이유는 나도 확실히 모르겠다. 다만 자신들의 죄 때문에 약속의 때가 늦춰졌다고 생각했던 것으로 추정된다. 그들의 죄가 크고, 중대했던 것은 분명한 사실이다. 그러나 그들의 불충실함 때문에 하나님의 충실하심이 지켜지지 않았다고 생각하는 것은 큰 오산이다. 유대인들이 배교로 인해 하나님을 믿는 참된 믿음을 저버렸더라도 그분의 충실하심은 절대로 변하지 않는다.

때가 차자 그리스도께서는 정확하게 나타나셨다. 나는 그분이 '이 모든 날의 마지막에' 오실 것이라는 말씀이 어떤 의미인지를 여러 각도에서 살펴볼 생각이다. 때가 찬 것과 마지막 날이 하나의 동일한 시점을 가리키는 것은 분명하다. 그리스도께서 강림하신 이후로 이미 수십 세기가 지났다. 하나님이 얼마나 더 오래 참으실지, 또 이 세상이 얼마나 더 지속되고, 언제 모든 역사가 끝나게 될지는 확실하지 않지만, 그리스도께서 '마지막 날'에 오셨다는 것은 엄연한 사실이다. 바울 사도는 히브리서 1장 1-3절에서 이 사실을 분명하게 언급했다. '마지막 날'은 절대적인 의미나 상대적인 의미로 이해할 수 있다. 그리스도의 사역이 이루어진 이후로 흘러간 수많은 시간과 만물이 종국에 도달할 때까지 남아 있는 시기를 절대적인 의미에서의 '마지막 날'로 일컬어야 한다고 생각해야 할 타당한 이유는 어디에도 없다.

어떤 사람들은 이 날이 신적 계시의 마지막 단계를 가리키기 때문에 마지막 날로 일컬어졌다고 생각한다. 마지막 계시가 주어졌기 때문에 그리스도의 성육신과 부활을 통해 복음이 전파되기 시작한 때부터 세상의 종말이 올 때까지의 전체 시기를 포괄적으로 마지막 날로 일컬어야 한다는 것이 그들의 견해다. 그러나 내가 아는 한, 이 견해는 확고한 증거나 개연성 있는 추론에 근거하지 않는다. 그 시기는 '장차 올 세상,' 곧 '마지막 날'이나 '마지막 때'가 아닌 새 세상을 가리킨다. 유대 교회와 관련해서는 그리스도의 강림이 마지막 날이나 다름없었다는 것은 분명하다. 유대 교회는 그때 종말을 고했다. 때가 차자 유대 교회는 사라졌다. 이것이 바울 사도가 앞에서 인용한 성경 구절에서 하나님이 '이 모든 마지막에' 유대인들에게 '아들을 통하여' 말씀하셨다고 말한 이유였다. 사도가 그 구절을 쓸 무렵 그 날은 아직 다 지나지 않았지만, 곧 지날 예정이었다. 히브리서가 기록될 당시 유대 교회는 여전히 건재했고, (하나님의 관용 덕분에) 그곳을 통한 예배도 여전히 하나님을 기쁘시게 했다. 유대 교회는 계속해서 예배를 진지하게 드렸고, 하나님은 아무도 거절하거나 못마땅하게 여기지 않으셨다. 그와 동시에 이방인들에게는 모세 신학의 멍에를 지우지 않아도 된다는 선언이 이루어졌다(행 15장). 유대인들 가운데 충실한 남은 자들은 그 후로도 한동안 율법이 정한 예배를 지속했다(행 21:20, 22, 26). 어떤 사본들에는 '마지막 날'이 아닌 '이 마지막 날'이라고 기록되어 있다. 이것은 모든 날이 끝나 마침내 유대 교회가 최후의 순간에 이르렀다는 뜻이다.

더욱이 그리스도께서 마지막 날에 보내심을 받았다고 말씀한 성경 구절은 예수님의 목회적 직임, 곧 그분이 세상에 계실 때 행하셨던 사도적 기능과 관련이 있다. 즉 그것은 '이스라엘 집의 잃어버린 양'(마 15:24)과 연관된다. 그리스도께서 '할례의 추종자'(롬 15:8)로 일컬어지신 이유도 그 때문이다. 이 모든 사실은 그리스도께서 포도원에 보냄을 받은 주인의 아들이자 상속자이시라는 뜻이다. 그분의 종들은 그곳에서 배척을 받았다(마 21:33-41). 이처럼 그분은 마지막 날, 곧 유대 교회가 거의 모두 사라지고, 없어졌을 때 오셨다.

'마지막 날'이라는 문구는 유대 교회의 마지막 단계를 예고한 구약 성경의 예언들을 상기시킨다. 야곱은 자신의 후손들이 메시아가 올 때까지 겪게 될 일들을 설명하면서 "후일(마지막 날)에 당할 일을 내가 너희에게 이르리라"(창 49:1)라는 말로 예언을 시작했다. 성령께서는 민수기 24장 14절에서도 정확히 똑같은 표현을 사용해 이 시기를 가리키셨다. 아마도 바울이 히브리서에서 인용한 구절이 이 구절일 것이다.

복음 신학의 창시자인 그리스도께서는 때가 차매 나타나셨다. 그분이 마지막 날에 나타나신 이유는 유대 교회의 마지막 날이 이르렀고, 하나님이 메시아를 보내실 때가 되었기 때문이다.

2장
복음 신학 2

바울 사도는 히브리서 3장 1절에서 "그러므로 함께 하늘의 부르심을 받은 거룩한 형제들아 우리가 믿는 도리의 사도이시며 대제사장이신 예수를 깊이 생각하라"라고 말했다. 나는 이 구절을 앞 장에서 간단히 언급한 바 있다. 이제 여기에서는 복음의 가르침과 우리가 그것을 받아들여 고백하는 것이 무슨 의미인지를 잠시 살펴볼 생각이다. 성부 하나님의 품을 떠나 세상에 오신 그리스도께서는 하나님의 뜻을 아는 지식으로 충만하셨기 때문에 그분의 사역이 완료된 후로는 그분을 믿는 자들에게 진리의 원천으로부터 새로운 계시가 더 이상 주어지지 않는다(전 2:12 참조). 이것은 모든 그리스도인이 동의하는 사실이다. '로고스,' 곧 하나님의 영원하신 말씀은 만물에 대한 온전한 지식을 소유하고 있고, 그 지식은 하나님의 뜻과 완벽하게 일치한다. 따라서 그리스도께서 성부께서 자기에게 계시하신 것만 알고 계신다고 말씀하신 이유는 하나님이 그분을 '우리의 믿는 도리의 사도'로 세워 교회의 머리이자 중보자의 역할을 맡기셨기 때문이다. 다시 말해, 그리스도께서는 중보 사역을 수행하기 위해 자기를 낮춰 인성을 취하셨다. 그리스도께서 성부께서 자기에게 계시하신 것만 알고 있다거나(요 5:30, 7:16, 17), 자기도 모르는 것이 있다고 말씀하신 것은(막 13:32) 모두 이런 의미에서 그렇다는 뜻이다.

그리스도께서 부활 승천해 하나님의 오른편까지 영광스럽게 높아지신 뒤에 요한계시록 1장 1절에서 하나님이 자기에게 주신 계시를 성령의 영감과 하늘의 음성을 통해 자신의 종에게 알려주셨다고 말씀하신 것도 그분의 인성과 관련된 말씀으로 똑같이 이해할 수 있다. 소시니우스주의자들은 인간 예수가 광야에서 금식할 때 하늘로 끌려 올라가서 하나님의 어전 회의에서 자신이 해야 할 일에 관해 가르침을 받았다고 주장했다. 이것은 이슬람교의 경전 코란에서 통째로 베낀, 얼토당토않은 거짓 이야기에 지나지 않는다. 나는 이 문제를 이미 다른 곳에서 충분히 다룬 바 있다.[1]

그리스도께서 하나님의 뜻을 온전히 알고 계시는 이유가 요한복음 1장 18절에 잘 설명되어 있다. "본래 하나님을 본 사람이 없으되 아버지의 품속에 있는 독생하신 하나님이 나타내셨느니라." 크리소스토무스는 이 말씀을 요한이 아닌 하나님이 직접 말씀하셨다고 생각했지만, 이것이 요한의 말인지 아닌지는 그다지 중요하지 않다. 중요한 것은 그리스도를 하나님과 본질이 똑같은 신적 존재로 선언하고 있다는 것이다. 그분은 모든 속성이 무한히 완전할 뿐 아니라 신성 안에 존재하는 진리를 모두 알고 계신다. 따라서 오직 그리스도께서만이 하나님을 완전하게 드러낼 능력을 갖추고 계신다. 오직 그분만이 하나님을 보았고, 하나님의 품속에 거하셨다. 그분은 하나님의 생각과 신비로운 비밀을 모두 공유하시고, 하나님의 뜻을 온전히 드러내는 일을 하기 위해 성령을 '한량없이' 부여받으셨다(요 3:34). 하나님은 그리스도에게 성령을 무한정 베풀어 무한한 바다와 같은 영적 능력을 허락하셨다. 하나님은 특히 그리스도에게 자기에 대한 예배와 지식을 가르

---

1   John Owen, "Vindication of the Gospel against the Socinians," *Works*, Vol. 12.

칠 지혜를 허락하셨다. 그분 안에는 '지혜와 지식의 모든 보화가 감추어져 있었다'(골 2:3).

이처럼 그리스도께서는 하나님을 사람들에게 나타내 보이시는 중보자이셨다. 그분은 하나님이 인간에게 요구하신 복종에 관한 모든 지식을 완전하게 알고 계셨을 뿐 아니라 하나님의 영광의 나타남, 하나님 나라의 건설, 예배의 제정, 하나님의 교회를 불러 모으는 일, 선택받은 자들의 부르심과 훈육과 위로와 같은 문제와 관련해 하나님의 생각 안에 감추어져 있던 것들을 밝히 드러내셨다. 그리스도께서는 이 모든 것과 관련해 하나님의 뜻을 인류에게 나타내는 중재자의 역할을 담당하셨다. 그리스도를 '우리가 믿는 도리의 사도'로 일컬은 것은 그분이 예배와 복종에 관한 하나님의 뜻을 온전히 알고 계셨다는 뜻이다. 이런 점에서 그리스도께서는 가장 유명한 입법자인 모세를 비롯해 하나님의 뜻을 전한 다른 모든 사람과 큰 차이가 있으시다. 그들은 교회의 역사적 시기에 적합한 하나님의 뜻만을 부분적으로 전했을 뿐이지만, 그리스도께서는 하나님의 영원한 생각 속에 깊이 간직된 측량할 수 없는 뜻을 모두 알고 계셨다. 가장 지혜로우신 그분은 하나님께 대한 예배와 관련된 가장 작은 문제까지도 빠짐없이 알고 계셨다.

복음 신학의 창시자요 지극히 거룩하신 그리스도께서는 교회를 향한 하나님의 온전하신 뜻을 제자들에게 가르치셨다. 그들에게는 그리스도께서 승천하면서 성부로부터 받아 그들에게 선물로 주신 성령의 사역을 의지해 복음을 모든 민족에게 전파해야 할 임무가 주어졌다. 그리스도께서는 '하나님의 충실한 종'일 뿐 아니라(사 42:1 참조) 자기의 집을 세우는 건축자이셨다(히 3:2 참조). 그는 자기의 집, 곧 교회를 지극히 사랑하신다(엡 5:25, 26). 그 사랑과 똑같거나 거기에 필적할 만한 사랑은 어디에도 존재하지 않는다(롬 5:6-8). 그분은 만물의 상속자이시기 때문에 자기 교회에 구원의 유익을 온전히 전하지 않을 수 없으시다. 그것이 성부께서 그분을 통해 구원의 유익을 허락하신 목적이다. 그리스도께서는 온 교회를 유익하게 할 목적으로 성부께서 자기에게 나타내신 뜻을 성령을 통해 사도들을 비롯한 충실한 신자들에게 전달하셨다. 이것이 곧 내가 설명하려고 애쓰는 복음 신학의 가르침이다.

이제 서론에서 다룬 전제들을 토대로 복음 신학의 핵심 주제들을 대략 개괄하고, 그것의 특별한 특징과 근본 원리가 무엇인지 살펴보도록 하자.

나의 첫 번째 요점은 인간의 능력이나 지성으로는 어떤 외적 도움을 빌리더라도 복음 신학을 옳게 이해할 수 없다는 것이다. 그런 것들을 통해서는 복음 신학이 인간에게 제시하는 구원을 경험할 수 없다. 그런 점에서 복음 신학은 다른 모든 학문과 근본적으로 다르다. 예수님은 "나를 보내신 아버지께서 이끌지 아니하시면 아무도 내게 올 수 없으니"(요 6:44)라고 말씀하셨다. 복음 신학에 따르면, 그리스도 밖에 있는 자들은 죄 가운데 죽은 상태, 곧 어리석고, 우둔하고, 눈먼 상태이기 때문에 이 신령한 가르침을 이해할 수도 없고, 그것을 구원에 이르는 방식으로 받아들일 수도 없다. 나는 이 점을 다른 곳에서 상세하게 논의한 바 있다.

둘째, 복음 신학은 구원에 이르는 유익한 방식으로 제시된 가르침을 배우기를 원하는 사람은 먼저 거듭나야 한다고, 곧 영적으로 다시 태어나야 한다고 가르친다. 여기에서 복음 신학이 다른 모든 형태의 인간적 지혜와 엄청난 차이가 있다는 사실이 분명하게 드러난다. 인간의 지성을 최대한 발휘해 아무리 애써 노력하고, 어떤 수단과 방법을 동원하더라도 구원에 이르는 방식으로 복음 신학의 가르침을 이해하기는 불가능하다. "사람이 거듭나지 아니하면 하나님의 나라를 볼수 없느니라"(요 3:3). 복음 신학은 하나님의 나라를 전한다. 그 개별적인 원리들은 나중에 좀 더 자세히 살펴볼 예정이다.

셋째, 성령의 능력이 아니면 아무도 거듭날 수 없다. 성령의 전능하신 능력만이 사람들을 죽음에서 생명으로 옮길 수 있다(요 3:5, 6, 요 1:13, 딛 3:5).

넷째, 오직 성령만이 복음 신학을 구원에 이르는 방식으로 이해하게 할 수 있고, 사람들에게 인식 능력을 주어 복음의 교리를 깨달아 구원에 이르게 하실 수 있다(요 16:13, 요일 2:20, 고전 2:10-16, 고후 4:6). 이 신학을 추구하는 사람들은 자신의 능력을 신뢰하지 않고, 끊임없는 기도를 통해 하나님의 도우심과 인도하심을 구해야 한다(눅 11:3, 약 1:5, 엡 1:17, 18).

다섯째, 복음 신학이 제정한 예배는 영적 예배다. 이 예배의 영광스러움은 육신적인 지성으로는 알 수 없고, 사람의 눈으로도 볼 수 없다(고후 3:6-10, 요 4:21-24).

마지막으로, 복음 신학에 따라 그리스도 안에서 하나님을 예배하는 자들은 이 세상과 본질적으로 구별된다. 그들은 세상이 받지 못한 성령을 받았기 때문에 세상의 미움을 받는다(고후 6:14-18, 요 15:18, 19, 요 14:16, 갈 1:4).

이제 복음 신학의 근본 원리들을 살펴보기로 하자.

3장
복음 신학 3

앞서 말한 대로, 복음 신학이란 그리스도께서 복음을 통해 나타내신 가르침을 가리킨다. 따라서 그분의 가르침을 알면 복음 신학을 알 수 있다. 그리스도께서는 복음 신학의 핵심이자 가장 큰 주제이시다. 어떤 측면에서는 복음 신학이 다른 과학들과 공통점이 있다고 말할 수 있다. 왜냐하면 교리들을 나누어 정리하고, 그것들을 전하는 다양한 수단을 여러 주제나 단계로 분류하는 방식이 이용되기 때문이다(물론, 앞장에서 살펴본 대로 이 방식은 복음의 진리들을 영적으로 이해하는 방식과는 사뭇 대조된다). 그런 분류 방식은 자연 상태의 인간에게 더 적합하다. 자연 상태의 인간은 그런 방법론을 주제에 적용할 뿐, 영적이고, 초자연적인 추론을 시도하지 않는다. 그런 추론은 성령께서 거듭난 사람 안에서 일으키는 역사를 통해서만 가능하다. 자연적인 방법과 영적인 방법을 둘 다 적절하게 적용할 수 있다. 먼저, 성령의 특별한 도우심 없이 인간의 지성을 통해 복음의 가르침을 이해하는 방법에서부터 출발하는 것이 순서인 듯하다. 그러나 이런 접근 방식이 하나님에 대한 지식을 습득하는 규범적인 방식은 아니라는 점을 기억해야 할 필요가 있다. 이런 접근 방식을 신학으로 일컫는 것은 조금도 적절하지 않다.

복음은 하나님(성부와 성자와 성령)께 합당한 예배와 복종에 관한 가르침이다. 이 가르침은 인간의 양심을 자극해 하나님께 복종하도록 이끌 뿐 아니라(딛 1:1, 2:12), 그분을 바라고, 갈망하며 즐거워하도록 영혼을 고무한다. 복음 신학의 모든 명제는 인간의 이성으로 분명하고, 확실하게 이해할 수 있는 어법으로 제시되었다. 복음 신학의 개념들은 그 어떤 학문의 개념들보다 더 명료하다. 복음 신학의 명료성은 모든 학문을 능가한다. 이 가르침은 '달려가면서도 읽을 수 있을' 만큼 분명하다(합 2:2). 하나님은 '경계에 경계를 더하며 교훈에 교훈을 더하며…여기서도 조금, 저기서도 조금' 하는 식으로, 곧 방금 젖을 뗀 어린아이조차도 이해할 수 있을 만큼 명확한 방식으로 자신의 말씀을 가르치신다(사 28:10, 히 5:13, 14 참조). 가장 중요한 문제들, 곧 복음 신학의 골자가 성령이 선택하신 말씀을 통해 제시되었다. 그분의 말씀은 완전하기 때문에 문제들을 설명하는 데 더할 나위 없이 적합할 뿐 아니라 그것들을 자주 반복해 모든 사람의 눈앞에 명확하게 제시하기 때문에 지독한 편견에 사로잡힌 상태만 아니라면 그 누구라도 그 의미를 확연하게 깨달을 수 있다. 따라서 이성을 소유하고 있을 뿐 아니라 그것을 자기가 지닌 재능의 정도에 따라 적절하게 사용할 능력만 있다면, 성령의 도우심이 없어도 누구든 성경적인 명제들의 의미를 찾아내 이해할 수 있다. 복음의 진리는 영적 본성을 지니고 있고, 인간은 타락한 본성과 타고난 어둠에 휩싸여 있기 때문에 성령의 도우심이 없으면 그런 것들을 전혀 이해할 수 없다고 주장하는 수다쟁이들의 말은 어리석은 헛소리에 지나지 않는다. 그런 주장은 구원의 교리가 담겨 있는 성경적인 가르침의 내적 명료성에 관한 나의 이해와 정면으로 충돌한다.

복음 신학의 원리들, 곧 하나님에 관한 올바른 예배와 그분께 합당한 복종에 관한 가르침은 철학과 과학에서 흔히 사용되는 규칙에 따라 일목요연하게 분류해 배열할 수 있다. 복음이 가르치는 주제는 상호 의존적 특성을 띠고 있을 뿐 아니라 발전 과정을 거치기 때문에 상호 관계를 분석해 체계적으로 적절하게 제시할 수 있다. 신조, 신앙고백, 교리문답을 비롯해 그와 비슷한 방식으로 성경의 진리들을 방법론적으로 배열한 것들은 바로 그런 목적을 수행하기 위해 만들어졌다.

내가 말하려는 요점은 그런 식으로 체계화되어 배열된 가르침 안에 자연 상태의 인간이 지닌 순수한 지성적 능력을 넘어서는 것이 아무것도 포함되어 있지 않다는 것이다. 내가 강조하고 싶은 것은 우리가 영적 현실 자체가 아닌 그 현실을 묘사하는 방법과 명제들을 다루고 있다는 것이다. 복음의 가르침을 순전히 지성적으로 이해함으로써 가르치고 습득한 지식은 일종의 기독교 철학으로 일컬어질 수 있다. 그것은 헬라 철학은 물론, 모든 인간의 철학을 크게 능가하는 철학이다. 지혜를 주제별로 분류하면, 그것들은 그 자체로 완전할 뿐 아니라 절대적인 현실을 다루기 때문에 다른 모든 철학을 능가할 수밖에 없다. 기독교 철학은 자연 철학의 가능한 대상들을 훨씬 뛰어넘는 주제들을 다루기 때문에 상대적으로 완전할 뿐 아니라 영원한 진리가 그것을 지탱해주기 때문에 늘 변하는 불확실한 인간적인 개념들의 함정에 빠질 위험이 없다.

간단히 말해, 우리 주 예수 그리스도를 통해 하나님의 진리가 성경에 온전하게 계시되었다. 이것이 곧 광의적인 의미의 신학이다. 이 신학에는 체계적인 배열이 가능한 명제들이 내포되어 있고, 그 내용은 인간의 지성으로 얼마든지 이해할 수 있다. 계시된 명제들과 그것들을 근거로 합법적으로 도출된 결론들은 글로 써서 체계화할 수 있고, 학문을 위한 연구 자료로 사용할 수 있다. 그러나 엄밀히 말해 이것은 기독교 철학일 뿐이라서 협의적인 의미의 신학의 특징과 그 내적 의미는 결여된 상태다.

성령께서 신학적 진리를 요약할 때 사용하신 언어는 히브리어와 헬라어다. 따라서 이 두 언어에 대한 지식은 모두에게 유익하며, 하나님의 특별한 뜻이 있는 일부 학생들에게는 필수적이다.

성경과 다른 책들의 공통된 특징들을 옳게 이해하려면, 언어와 품사와 다양한 의미를 올바른 방식으로 설명하는 학문을 철저하게 숙지해야 할 필요가 있다.

그러나 다시 말하지만 그런 지식은 참된 영적 지혜를 제공하지 않기 때문에 상대적으로 유익이 적고, 중요성도 그다지 크지 않다. 그렇다면 논리는 어떨까? 정확한 방법을 사용해 올바른 추론을 시도하고, 궤변을 식별해 내려면 논리를 구사해야 할 필요가 있다. 성령께서는 성경에서 고도의 논리를 구사하신다. 만일 성경의 논리를 변증적 규칙으로 요약할 수 없다면, 문제는 주제가 아닌 방법론과 인간의 지성이 지닌 한계에 있다. 그러나 성령께서는 대개 학자들이 문법학을 통해 정교하게 설명할 수 있는 일반적인 형태의 언어를 사용하신다. 내가 이성을 활용할 줄 아는 사람이면 누구든 성령의 특별한 도우심이 없더라도 타고난 예리한 지성을 사용해 일반적인 교육의 수단, 특히 언어와 인문학의 습득을 통해 신학을 구성할 수 있다고 주장하는 이유는 바로 그런 사실 때문이다. 다시 말해, 이성적인 인간은 지성을 통해 신학적 명제들에 대한 지식을 얻을 수 있고, 그것들을 상세하게 논의할 수 있을 뿐 아니라 신앙의 주제들을 심도 있게 해설하고, 설명하고, 옹호하고, 확증할 수 있다. 즉 자연 상태의 인간은 수학이나 다른 학문을 공부하는 것과 똑같은 방식으로 신학적 진리들을 탐구할 수 있다. 물론, 그런 신학을 '기독교 신학'으로 일컫는 것은 온당하지 않다. 재간이 있는 사람은 훈련을 받으면 매우 예리한 통찰력을 발휘할 수 있지만, 기독교 철학자에 불과할 뿐 복음 신학자는 될 수 없다. 내가 이렇게 말하는 이유에 대해서는 나중에 좀 더 자세하게 논의하기로 하고, 일단 여기에서는 내가 방금 언급한 지식이 참 신학이 아니라고 말할 수 있는 이유를 잠시 살펴보는 것으로 족할 듯하다. 한 마디로, 그런 지식의 훈련만을 받은 사람들이 진정한 신학자가 될 수 없는 이유는 성령의 성화 사역과 무관하기 때문이다.

참 신학은 하나님의 뜻과 생각을 아는 지식으로 일컬어진다. 하나님은 자기 백성이 그런 지식을 소유하기를 원하신다(시 119:27, 렘 22:15, 요 2:3, 4, 7, 17:3, 4). 하나님은 자신의 존재를 의식하고, 자기의 뜻을 아는 것을 기쁘게 여기신다(고전 28:9, 호 6:6). 하나님은 참 신학을 아는 사람들을 인정하고, 기쁘게 여기신다(렘 24:7). 내가 위에서 언급한 신학은 이것과는 크게 대조된다. "육신에 있는 자들은 하나님을 기쁘시게 할 수 없느니라"(롬 8:8)라는 말씀대로, 그런 신학은 하나님을 기쁘시게 할 수도 없고, 그분의 인정을 받을 수도 없다(고전 13:2 참조). 그런 신학으로는 하나님이 요구하고, 약속하신 참된 지식을 알 수 없다(렘 31:33, 34, 요 6:45). 학식을 쌓았다고 해서 신령한 지식, 곧 영적 진리에 관한 지식을 알 수 있는 것은 아니며, 시험에 합격했다고 해서 하나님의 사랑을 받을 수 있는 것도 아니다. 신령한 지혜는 성령의 구원 사역을 통해서만 생겨난다(요일 2:20-27, 엡 1:17, 18).

참 신학을 아는 사람은 '주 안에서 빛'(엡 5:8)이 되었고, '어두운 데서 불러내어 그의 기이한 빛에 들어간'(벧전 2:9) 상태다(엡 4:21-24 참조). 그와는 대조적으로 신학에 대한 학문적 지식만을 소유한 사람은 소경과 같고(벧후 1:9), '총명이 어두워진'(엡 4:18) 상태이기 때문에 하나님의 진리가 '어리석게' 보인다(고전 2:14, 15). 학문적 신학은 복음 신학의 목적을 수행할 수 없다. 그런 신학은 아무도 하나님께로 인도할 수 없고, 그분께 대한 복종도 끌어낼 수 없으며, 성부나 성자 하나님과 교제를 나눌 수 있게 할 수도 없고, 하나님을 영원히 즐거워하게 만들 수도 없다.

참된 그리스도인은 그런 지성적 업적을 하나님이 자기 종들에게 요구하시는 지식과 동일한 것으로 생각할 만큼 어리석지 않다. 영적인 사람은 영적 어둠을 없애지도 못하고, 하나님과 교제를 나눌 수 있게 하지도 못하는 학문을 영원하다고 일컫지 않는다. 그런 학문은 하나님과 절대 끊어지지 않는 관계를 맺어 영생을 얻도록 이끌 수 없다.

이번에는 "왜 어떤 사람들은 신학을 철저하게 공부했는데도 개인적인 삶을 통해서는 자신이 참된 복음 신학자라는 사실을 확실하게 보여주지 못하는 것일까?"라는 문제를 잠시 생각해 보기로 하자. 간단히 말해, 그 이유는 그들이 영적이고, 복음적인 복종에 대해 무지할 뿐 아니라 거룩함과 진리를 실제로 경험한 적이 없기 때문이다. 그들은 미덕과 경건에 관심을 기울이지 않는다. 그들이 신학적 지식을 뽑낼 때 성령께서 그들의 마음에 역사해 율법을 통해 죄를 깨우쳐주시면, 하나님의 진노를 두려워하면서 신앙의 의무를 실행하려고 노력해야 마땅하지만 그들은 그렇게 하지 않는다. 그들이 그런 경험이 전혀 없는 사람들처럼 사는 것을 보면, 단지 신학 자체를 공부하는 것만으로 의무를 이행하게 되는 것은 아니라는 것을 분명하게 안 수 있다. 거룩한 주제들을 다루는 신학을 공부하는 것만으로는 거룩해질 수 없다. 신학을 공부한 사람들 가운데 전혀 그리스도인답게 살아가지 못하는 사람들이 많다는 것은 일상 속에서 흔히 목격할 수 있는 명백한 사실이다. 그러나 이보다 훨씬 더 그릇된 상황이 존재한다.

구체적으로 말해, 영적인 문제를 탐구하면서도 성령과 그분의 복음적 사역에 무지한 사람들의 경우에는 신약성경의 약속에 따라 은혜롭게 은사들을 나눠주시는 그분(그리스도의 영)을 멸시하고, 적대시하는 결과가 나타날 수 있다. 그런 사람들은 자신이 습득한 학문적 지식을 통해 하나님을 기쁘시게 하는 복음적인 은사들이 공적으로 나타나야 하고, 또 경건한 신자들 사이에서 활발하게 활용되어야 한다는 것을 이해해야 마땅하지만 그렇지가 못하다. 그들은 성령을 대놓고 모욕하지는 않더라도 오만하게도 자신들이 공유하지 못하는 특권을 누리는 사람들을 비방하기를 좋아한다. 그런 학자들이 세련되고, 재치 있는 말로 경건한 신자들 가운데 거하시는 성령을 비방하기 때문에 불경한 조롱자들은 그것을 보고서 매우 흡족해한다. 그들은 그리스도의 왕국에 속한 은사를 하나도 받지 못했기 때문에 설혹 교회 안에서 어떤 직위를 맡게 되더라도 그리스도의 몸을 세우는 일에 아무것도 기여할 수가 없다.

그들은 기독교 신학과 세속적인 학문이 서로 겹치는 영역에서는 격렬하고, 열띤 논쟁을 벌인다. 그들은 신학적, 철학적 문제들을 예리하게 탐구하며, 심혈을 기울여 열심히 책들을 펴낸다. 그러나 사람들 앞에 서서 복음의 비밀을 설명할 때면 한없이 공허하고, 무기력한 모습을 드러내며, 영혼을 풍요롭게 하는 복음의 권고와 가르침을 전하는 대신 공교하게 꾸민 하찮은 연설을 신자들 앞에서 늘어놓는다. 그들은 복음에 대해 아무것도 알지 못할 뿐 아니라 순전히 겉으로만 사역의 직임을 수행한다. 일찍이 히에로니무스가 남긴 "세속적인 학문을 닦고 나서 성경을 연구하는 사람들은 제법 잘 꾸며진 연설을 사람들의 귀에 가득 채워주며 자신들이 전한 것이 하나님의 율법이라고 믿는다. 그들은 선지자들이나 사도들이 말한 것을 진지하게 살피지 않고, 스스로 고안해 낸 얼토당토않은 말을 내뱉는다. 협잡꾼들은 다른 사람들에게 자신이 알지 못하는 것을 전하면서 마치 다른 사람들이 알지 못하는 것을 알고 있는 척한다"라는 말은 매우 지당하다.

4장
복음 신학 4

이번 장에서는 복음 신학을 구체적으로 살펴볼 생각이다. 먼저, 어떤 부류의 사람들이 복음 신학을 진정으로 배울 수 있는지를 생각해 보도록 하자.

모든 사람은 만유의 통치자요 보상자이신 하나님 앞에서 살아간다. 사람들은 현재의 의무와 영원한 운명에 따라 두 부류로 나뉜다. 하나는 거듭난 자들이고, 다른 하나는 거듭나지 못한 자들이다. 성경은 여러 곳에서 영적 탄생의 현실을 언급한다. 따라서 어떤 사람이든 거듭났거나 거듭나지 않았거나 둘 중 하나다. 겉모습과 행실만 보아서는 이 두 가지 상태 가운데 어느 한쪽에도 속하지 않은 것처럼 보이는 사람들이 더러 있을 수 있지만, 실제로 그런 사람은 아무도 없다. 누구든 거듭나지 않았다면 거듭나지 않은 상태로 머물러 있을 수밖에 없다. 성경의 저자들은 항상 인류를 경건한 자들과 불경한 자들, 지혜로운 자들과 어리석은 자들, 충실한 자들과 불충실한 자들, 거룩한 자들과 순결하지 않은 자들로 나누었다. 거듭난 자라고 할지라도 여전히 죄의 영역 안에 있을 수 있다. 그들 가운데도 이런저런 행위를 통해 중대한 죄를 저지르는 사람들이 적지 않다. 그러나 그들의 죄는 용서하는 은혜의 한계를 절대로 넘어서지 않는다. 그들의 영적 상태와 행위는 하나님 앞에서 여전히 의롭다 함을 받는다. 그들은 경건하고, 지혜롭고, 충실하고, 거룩하고, 의롭다. 그들이 이따금 죄를 짓는데도 하나님의 성령께서는 여전히 그들 안에 거하신다.

그와는 달리 악인들은 많은 종교적인 의무를 행하고, 종교의식을 거행하지만, 여전히 악하고, 어리석고, 불충실하고, 불결하고, 불의하다. 그들은 거듭나지 않았다. 그들은 육신에 거하기 때문에 하나님을 기쁘시게 할 수 없다. 그들은 구원받지 못한 상태다. 이것은 그들의 행위에서 비롯한 결과가 아니다. 다시 말하지만, 구원받은 사람들만이 참된 복음 신학을 배울 수 있고, 그것에 참여할 수 있다. 그렇지 않은 사람들은 복음 신학을 연구했다고 자랑하더라도 구원과는 무관한 철학적 신학을 배우는 데 그쳤을 뿐이다. 이 책에서 지금까지 논의한 모든 내용이 이런 사실을 분명하게 보여준다. 앞에서 전개된 논의의 과정이 모두의 눈앞에 확연하게 드러나 있다. 따라서 여기에서는 그 논의를 간단하게 확증하는 것으로 충분할 듯하다.

아리스토텔레스는 젊은 사람들이 자신의 도덕 철학에 섣불리 접근하지 않기를 바랐다. 그는 그들이 아직 미성숙하기 때문에 악한 감정에 이끌릴 여지가 크다고 보고, 자신의 청중이 되기에는 부적합하다고 생각했다. 그렇다면 악과 죄를 추구하는 것만 알고 있을 뿐 복음 신학의 영역에 들어설 수 없는 사람들에게 복음의 진리를 가르치는 것은 더더욱 부적합하지 않겠는가? 술에 취해 흥청거리고, 성미가 고약하고, 정욕에 쉽게 이끌리는 젊은이들 가운데도 아리스토텔레스의 도덕 철학에 깊이 심취해 뛰어난 이해력을 바탕으로 그것을 정교하게 논의할 수 있는 사람들이 적지 않았지만, 그들은 참된 철학을 조금도 옳게 이해하지 못했다. 그들은 악에 깊이 물들었기 때문에 아리스토텔레스를 비롯한 고대의 다른 현자들의 수준에 도달하기가 불가능했다. 만일 고대의 도덕 철학자들이 그런 사람들을 자신의 제자로 받아들이려고 하지 않았다면, 그리스도인들도 그와 똑같은 권한을 행사하는 것이 온당하지 않겠는가? 우리도 그런 사람들은 참된 신학자나 주 예수 그리스도의 제자로 간주해서는 안 된다. 과거의 그리스도인들은 그런 사람들을 신학자로 간주하지 않았다. 그들은 그런 사람들을 신자로조차 여기지 않았다. 유스티누스는 "그리스도께서 가르치신 대로 살지 않는 자들은 그리스도인이 아니다. 아무리 큰 소리로 그리스도의 가르침을 고백하더라도 그런 행실을 통해 그들의 영적 상태가 확연하게 드러난다. 그리스도께서는 입으로 신앙을 고백만 하고, 그 신앙에 따라 살지 않는 사람들은 구원받지 못했다고 가르치셨다. 입으로 아무리 제자임을 자처하더라도 그리스도의 가르침과 일치하지 않는 삶을 사는 사람들은 징계로 다스려야 마땅하다"라고 말했다.[1]

이 경우는 양측에서 제시하는 증거들을 비교해 진리를 도출하는 대부분의 논쟁과는 사뭇 다르다. 복음의 증언은 일방적이다. 따라서 반대 의견이 있다면, 그것은 단지 무지로 인해 교회에 해를 입히려는 시도에 지나지 않는다. 성경에는 이런 사실을 입증하는 증거들이 헤아릴 수 없이 많다. 따라서 그 모든 증거는 고사하고, 그 가운데 몇 가지만 언급해도 독자들을 성가시게 할 뿐 아니라 장황하다는 비난을 받게 될 가능성이 크다. 따라서 논증의 핵심만을 간단히 짚고 넘어가는 것이 좋을 듯하다. 바울 사도는 "육에 속한 자는 하나님의 성령의 일들을 받지 아니하나니"(고전 2:14)라고 분명하게 말했다. '자연 상태의 인간'은 거듭나지 않은 사람을 가리킨다. 그런 사람이 받을 수 없는 '성령의 일들'이란 복음의 지혜, 무엇보다도 십자가의 가르침에 속한 모든 진리를 가리킨다. 바울 사도는 '그것들을 알 수도 없나니'라는

---

1   Justin Martyr, *Apology*, chapter 4.

말씀으로 '받지 아니하니'라는 문구의 의미를 설명했다. 성령의 일들이 자연 상태의 인간에게 어리석게 보이는 이유는 '영적인 일은 영적으로 분별해야' 하기 때문이다. 자연 상태의 인간은 영적인 일을 분별할 능력이 없다. 그에게는 그런 일들이 아무런 의미가 없다. 그가 그것을 분별하지 못하는 이유는 그것이 그의 이해 범위를 넘어서는 영적인 일이기 때문이다.

영적인 일을 이해할 수 없고, 그것을 어리석은 것으로 여기고, 그런 일을 할 능력이 전혀 없는 사람들을 과연 복음 신학자로 간주할 수 있을까? 그렇다고 생각하는 사람은 판단이 잘못되었거나 복음을 믿지 않거나 둘 중 하나일 것이다.

우리 주 예수 그리스도께서는 제자들 앞에서 "사람이 거듭나지 아니하면 하나님의 나라를 볼 수 없느니라"(요 3:3)라는 말씀으로 이 점을 강조하셨다. 여기에서 '본다'가 '안다'나 '이해한다'와 같은 뜻이라는 것을 부인할 사람은 아무도 없을 것이다. 이 용어는 성경에서 그런 의미로 자주 사용되었다. 아울러, '하나님의 나라'는 복음이 가르친 하늘나라를 가리킨다(마 13:11, 막 4:11, 눅 8:10). 이런 점들을 미루어 보면, 거듭나지 않은 사람은 복음의 가르침을 이해할 수 없다는 사실이 분명하게 드러난다.

그리스도께서는 믿지 않는 바리새인들을 꾸짖으면서 "하나님께 속한 자는 하나님의 말씀을 듣나니 너희가 듣지 아니함은 하나님께 속하지 아니하였음이로다"(요 8:47)라고 말씀하셨다. '하나님께 속했다'라는 말은 하나님의 능력으로 거듭났다는 말과 의미가 똑같다(요 1:13). 따라서 하나님께 속하지 않은 사람은 그분의 말씀을 들을 수 없다. 그런 사람이 하나님의 말씀을 옳게 이해할 수 없는 이유는 하나님의 영적 본성에 참여하지 못했기 때문이다. 하나님의 말씀을 듣지 못하면 그것에 복종할 수 없다. 그리스도께서는 그런 식으로 율법 해석에 능하다고 자랑하는 바리새인들이 실상은 하나님의 말씀을 듣지도 못하고, 그분의 형상을 볼 수도 없다고 말씀하셨다(요 5:37). 그들은 하나님의 말씀을 들을 수도, 그분의 형상을 볼 수도 없기 때문에 자신들이 듣고, 보는 것을 옳게 해석하기에 부적합했다. 만일 그런 사람들을 하늘나라에 속한 훈련받은 서기관들이거나 그리스도의 제자들이거나 하나님께 가르침을 받은 사람들로 생각하고 싶으면 마음대로 하라. 나는 그렇게 생각하고 싶지 않다. 그리스도께서도 그렇게 생각하지 않으셨다. 그분이 분명히 그렇게 말씀하셨는데 무슨 증거가 더 필요할 것인가? 거듭나지 않은 사람은 절대로 참 신학에 정통한 사람이 될 수 없다.

거듭나지 않은 사람은 눈먼 상태이고(벧후 1:9, 사 42:7), 어둠에 휩싸여 있다(요 1:5, 벧전 2:9, 행 26:18, 엡 5:8). 그들의 총명은 어두워졌고(엡 4:18), 어둠 속에 있으며(요 1:5), 어둠을 좋아하고(요 3:19), 영적으로 죽은 상태이며(엡 2:5), 하나님과 반목한다(롬 8:7). 그들은 '하나님의 법에 굴복하지 않을 뿐 아니라 할 수도 없다'(롬 8:7).

그와는 대조적으로 복음의 가르침은 '빛'이다(마 4:16, 벧전 2:9, 호 6:5, 요 9:9, 시 43:3). 복음의 가르침은 그것을 받아들이는 모든 사람에게 빛을 비춘다(시 19:8, 9, 36:9, 요 1:5, 12:34-46, 벧후 1:19). 그것은 '생명'이며(요 6:33, 빌 2:16), 그것을 아는 사람은 생명을 얻는다(요 17:3, 25). 하나님이 '눈먼 자들의 눈을 밝히실 때,' 곧 '마음을 새롭게 하실 때' 비로소 복음의 가르침을 받아들일 수 있다(사 42:7, 행 26:18, 롬 12:2, 엡 4:23). 이것이 곧 '어두운 데서 불러내어 빛에 들어가게 하는 것'(벧전 2:9, 엡 5:8), 곧 '죽은 자들 가운데서 깨어 일어나는 것'(엡 5:14)이다. 하나님은 이 빛을 명해 어두운 데를 비추라고 하신다. 하나님은 "예수 그리스도의 얼굴에 있는 하나님의 영광을 아는 빛을 우리 마음에 비추신다"(고후 4:6). 이것은 만물이 창조될 당시 빛이 처음 어둠을 비추었을 때와 같이 전능한 능력이 필요한 일이다. 눈먼 자가 보고, 어둠이 사라지고, 죽은 자가 살아난다. 시시한 궤변을 늘어놓아 이를 증명하려고 애쓸 필요가 전혀 없다. 오직 하나님만이 죄인들의 눈을 열어 자신의 기이한 빛으로 들어가게 하실 수 있고, 자신의 영광을 아는 빛을 진리를 받아들인 자들에게 비추실 수 있다.

어떤 사람들은 이 모든 것이 단지 비유적인 말에 지나지 않는다고 주장할지도 모른다. 만일 어리석고 하찮은 인간들이 하나님보다 더 정확하게 신령한 일을 논할 수 있다면, 기독교를 떠받쳐줄 확고한 토대가 아무것도 남지 않을 것이다. 생명을 주는 신령하고, 순수한 복음의 가르침을 인위적인 체계를 갖춘 세속 학문으로 변질시킨다면, 진리와 경건과 믿음이 모두 파괴되고 말 것이다. 바리새인들은 그런 식의 사고방식에 깊이 물들었던 사람들이었다. 그들은 소경인 사람은 시력을 상실했기 때문에 아무것도 볼 수 없다고 생각했지만, 실제로는 그들 자신이 두더지보다 더 앞을 못 보는 상태였다. 세속적인 영역에서 영적인 영역으로 옮겨져 사용되는 용어들이 많은 이유는 자연적으로 보거나 보지 못하는 상태가 영적으로 보거나 보지 못하는 상태나 자연적인 죽음이나 삶의 상태가 영적인 죽음이나 삶의 상태와 유사점이 많기 때문이다.

"의와 불법이 어찌 함께하며 빛과 어둠이 어찌 사귀며 그리스도와 벨리알이 어찌 조화되며 믿는 자와 믿지 않는 자가 어찌 상관하며"(고전 6:14-16)라는 말씀대로, 복음을 통해 믿음을 갖게 된 사람들은 그렇지 않은 사람들과는 엄연히 다르다. 복음 신학은 오직 성령을 통해서만 배울 수 있다. 교회의 참된 신자들은 '여호와의 교훈'을 받는다(사

54:13, 요일 2:27). 성령께서는 영적인 기름 부음을 통해 신자들에게 모든 것을 가르치신다. "너희는 거룩하신 자에게서 기름 부음을 받고 모든 것을 아느니라"(요일 2:20). "너희는 주께 받은 기름 부음이 너희 안에 거하나니 아무도 너희를 가르칠 필요가 없고"(요일 2:27). 성령의 가르침을 받은 사람은 어떤 사람이 무슨 말을 해도 자신의 의무를 등한시하지 않는다.

바울 사도는 고린도전서 2장 6-13절에서 이 점을 분명하게 가르쳤다. 이 본문은 앞에서 간단하게 설명한 바 있다. 그곳을 다시 읽어보기 바란다. 바울은 복음의 가르침이 감추어졌던 하나님의 진리라고 말했다. 그것은 인간의 지혜와는 다르며, 성령의 도우심이 없으면 이해할 수 없는 진리다. 충실한 자들의 마음을 밝혀 이 진리를 깨닫게 하는 분은 바로 성령이시다. 새 탄생을 경험하지 못한 사람들은 '육에 속한 자며 성령이 없는 자'이기 때문에 이 진리를 알 수 없다(유 1:19). 세상이 진리의 성령을 받지 못하는 이유는 그분을 '보지도 못하고 알지도 못하기' 때문이다(요 14:17). 세상은 그분의 기름 부음에 참여할 수도 없다. 따라서 성령과 아무런 관계도 없고, 그분을 바라지도 않는 사람들이 복음의 진리를 공유할 수 있을 가능성은 전혀 없다. 유스티누스는 "하나님의 풍성한 은혜를 통해 선지자들의 말과 행위를 이해할 수 있는 능력을 부여받지 못하면, 기록된 말씀과 문구를 머릿속에 떠올리더라도 아무런 유익도 얻을 수 없다"라고 말했다.[2]

마지막으로, 모든 참된 신학의 목적을 고려하는 것만으로도 이와 똑같은 진리를 가르칠 수 있다. 앞에서 이미 충분히 상세하게 논의한 대로, 본래의 자연 신학은 하나님의 존재에 대한 선천적인 의식을 일깨운다. 타락 이전의 인간은 그런 신학에 순응했다. 에픽테토스는 자

---

2 Justin Martyr, *Dialogue with Trypho*.

유롭고, 주체적이지 못할 뿐 아니라 모든 선한 일을 행할 잠재력을 갖추지 못한 사람에게는 철학자라는 칭호를 부여하기를 거부했다. 그와 마찬가지로 우리도 그리스도의 제자가 아닌 사람에게는 신학자라는 칭호를, 그리스도께서 명령하신 일을 행하지 않거나 행할 능력이 없는 사람에게는 그리스도인이라는 칭호를 부여할 생각이 없다. 그런 사람들은 모두 그리스도의 원수다. 주님 자신도 그런 사람을 그렇게 생각하신다. 그들은 학식이 높을수록 더 노골적인 태도로 그리스도의 영을 조롱하고, 거부한다. 그런 사람들이 뛰어난 신학자라니 그저 놀라울 뿐이다. 고대인들의 책을 열심히 탐독하고, 마음껏 격렬한 논쟁을 펼치고, 가장 야만적인 형태의 거친 쟁론을 벌이고, 비평가들을 논박하고, 각각 서로를 향해 자신의 견해를 주장하더라도 그들은 결코 참된 신학자가 될 수 없다. 그리스도의 교회 안에서 그들이 차지할 수 있는 자리는 어디에도 없다.

참 신학의 목적 가운데 하나는 하나님과의 거룩하고, 은혜로운 교통을 진작하는 것이다. 그것에 인간의 참된 행복이 있다. 이것은 인류의 첫 조상이 자연 신학의 축복을 통해 한때 누렸던 순결하고, 거룩한 상태와 매우 흡사하다. 하나님이 복음 신학을 제정하신 이유는 죄인들이 다시금 지극히 거룩한 자신과 교통을 나눌 수 있게 하기 위해서다. 이 점은 이미 앞에서 길게 설명한 바 있다. 예수 그리스도 안에서 새사람이 되지 않으면 아무도 이 신학을 배울 수 없다. 바꾸어 말해, 거듭나지 않은 사람은 구원받은 사람이 누리는 하나님과의 영적 교통에 참여할 수 없다.

참 신학의 궁극적인 목적은 하나님을 비롯해 죄인들의 영원한 구원을 통해 드러난 그분의 영광과 은혜를 우러러 찬양하는 것이다. 만일 거듭나지 않은 사람이 본성의 빛만으로 이 모든 일을 할 수 있고,

구원을 받아 하나님과 교통하는 축복을 누릴 수 있다면, 그들을 신학자로 부를 수 있을 것이다. 그러나 그런 일은 절대 있을 수 없다. 정치이론을 안다고 해서 정치력을 갖춘 정치인이 될 수 있거나 키케로의 『법률론(Laws)』이나 플라톤의 『국가론』을 열심히 읽는다고 해서 저절로 훌륭한 시민이 될 수 있는 것은 아닌 것처럼, 신학적 지식을 피상적으로 알거나 전문적인 신학 용어나 신학의 대략적인 윤곽을 조금 이해했다고 해서 신학자가 될 수 있는 것은 아니다. 그리스도의 참된 제자라는 표징이 없는 사람은 신학자가 될 수 없다. 그런 사람은 정죄당한 비참한 죄인일 뿐이다. 필로스트라토스는 오래전에 그런 학자들에 대해 "우리가 가르치는 것이 우리 자신의 행위와 모순된다면, 그것은 곧 우리의 본성에 맞지 않은 말을 하며, 마치 피리 연주자와 같은 소리를 냈다는 증거다"라고 말했다.

5장
복음 신학 5

나는 이전에 펴낸 책에서 거짓 주장을 색출해 예방하기 위해 참 신자의 상태와 특권을 상세히 논의한 바 있다. 그러나 정확히 누가 '거듭난 자'인지에 대해 아직도 의견이 많이 엇갈린다. 나는 이 자리를 빌려 미력하나마 최선을 다해 혼란을 정돈하고 싶다. 어떤 사람들은 물세례를 받은 사람이면 누구나 거듭났다고 주장한다. 복음적인 세례는 재탄생의 외적 표징이기 때문에 그런 점에서 세례를 받은 자는 일반적으로 거듭난 자로 일컬어질 수 있다. 그러나 초기 기독교 저술가들이 이 용어를 모호하게 사용한 탓에 교회 안에서 심각한 오류가 발생했다. 그들이 거의 모든 곳에서 세례받은 자들을 '거듭난 자들'로 일컬었던 이유는 그들의 상황이 오늘날 우리가 처한 상황과 사뭇 달랐기 때문이다. 당시에 교회의 거의 모든 활동이 복음 전도에 집중되고, 복음이 아무런 방해 없이 전달되면서 신자들의 숫자가 불어났는데 그 가운데 대부분은 이교도들이었다. 그들은 죄를 진지하게 뉘우치고, 거듭났다고 말하면서 믿음을 공개적으로 고백했고, 교회는 그들에게 거듭남의 표징인 세례를 베풀었다. 따라서 '거듭났다'라는 말과 '세례받았다'라는 말을 같은 의미로 사용해도 아무런 문제가 없었다. 순교자 유스티누스는 새로운 회심자들의 세례에 관해 이렇게 말했다. "우리는 우리가 전하고, 가르친 것들을 사실로 받아들여 믿고, 거기에 따라 사는 사람들에게 금식하며 하나님께 죄의 용서를 구하라고 가르친다. 그러고 나서는 그들을 물이 있는 곳으로 데려간다. 그들은 그곳에서 우리가 거듭난 것과 똑같은 방식으로 성부 하나님과 우리 주 예수 그리스도와 성령의 이름으로 물속에서 몸을 씻음으로써 거듭난다" 라고 말했다.[1] 그러나 그런 독특한 형성적 시기가 지난 이후로는 유아세례가 세계 전역에서 행해졌기 때문에 세례를 받았다고 해서 무작정 거듭났다고 말할 수가 없게 되었다.

성인 세례를 받은 사람에게는 진지한 태도로 새로운 삶을 살도록 요구하는 것이 성경의 가르침에 부합한다. 역사 대대로 많은 훌륭한 신자들이 이를 지지해왔고, 복음의 작용 방식을 주의 깊게 관찰한 결과를 보더라도 그렇게 하는 것이 합당하다. 이 경우는 외적 상징이 내적 현실을 확증하기 때문에 세례를 받은 사람들은 대부분 '거듭났다고' 말할 수 있다. 이것이 신자들을 '빛을 받아 거룩해진 자들'로 일컫는 이유다. 세례 의식을 거행하기만 해도 저절로 내적 효력이 발생하기 때문에 수세자가 필연적으로 거듭나게 된다는 어처구니없는 견해가 호응을 얻게 된 것은 오랜 시간이 지난 후부터였다. 이처럼, '거듭났다'라는 용어의 부정확성과 고대성 때문에 오늘날의 배교자들에 익해 그 의미가 크게 왜곡되어 구원을 받으려면 반드시 세례를 받아야 한다는 교리는 물론, '유아 림보(세례를 받지 못한 어린아이의 영혼이 머무는 장소)'라는 교리까지 등장해 산파들이 세례를 베푸는 일까지 발생했다. 이들은 세례의 효력이 의식 자체에서 비롯한다고 주장함으로써 세례를 성령의 사역과 분리시켰다.

초기 교부들의 글에서 혼란스러운 논의가 많이 발견되지만, 그렇

---

1   Justin Martyr, *Apology*, chapter 2.

다고 해서 그들이 이 견해를 지지했다고 주장하기는 매우 어렵다. 진정으로 거듭난 사람들과 관련된 것들을 단지 겉으로 그런 것처럼 보이는 사람들에게 적용하는 오류가 발생한 이유는 그들이 용어들을 모호하게 사용했기 때문이다. 아우구스티누스는 이 오류를 여러 차례 논박했다. 그는 교회가 단지 세례를 받았다는 이유만으로 '하나님의 자녀'로 일컫는 사람들 가운데는 하나님에게서 나지 않은 이들이 매우 많이 포함되어 있다고 지적했다. 이 오류는 또 하나의 심각한 오류를 불러일으켰다. 그것은 구원받은 성도들도 다시 구원을 잃을 수 있다는 것이다. 그들은 이렇다 할 이유를 제시하지도 않은 채 그런 오류를 스스럼없이 주장했다. 세례를 받기만 하면 누구든 '거듭난 자,' '성도,' '신자'로 일컬었으니 거듭난 신자가 구원을 잃을 수도 있다는 것을 어떻게 부인할 수 있었겠는가? 나는 '성도의 견인'을 다룬 책에서 그리스도와 연합해 성령의 약속에 참여한 하나님의 참된 자녀들은 궁극적으로 은혜에서 멀어지거나 사탄의 권세 아래 귀속되지 않는다는 것을 분명하게 보여주었다.

내가 여기에서 말하려는 요점은 그리스도의 뜻에 일치해 정식으로 세례를 받은 사람들을 거듭난 자로 일컬을 수 있다는 것이 아니라 마음속에서 성령의 역사가 일어나지 않은 상태에서 단지 세례를 받았다는 사실만으로는 진리 안에서 거듭나 구원을 받았다고 말할 수 없다는 것이다. 이것이 나의 확고한 신념이다. 외적인 의식만으로 거듭날 수 있고, 성례를 집행하고 거기에 참여하기만 하면 하나님이 누구에게나 생명을 주는 은혜를 베푸실 수밖에 없다는 것은 성경을 전혀 알지 못하는 사람만이 제기할 수 있는 주장이다. 그런 일은 절대로 있을 수 없다. 심지어 거짓의 아비인 마귀조차도 이보다 더 해로운 교리나 죄인들의 영혼에 주입할 독즙을 만들어내기는 어려울 것이다. 죄 가운데서 죽은 비참한 죄인들은 물세례만 받으면 거듭날 수 있다고 생각하며 스스로를 위로한다. 그 결과, 그들은 철저한 영적 회복이 필요하다는 사실을 망각한 채 귀를 단단히 틀어막고 깊은 영적 잠에서 깨어나지 못한다. 그들은 이 큰 거짓말에 속아 자신의 전적 타락을 깨닫지 못하고, 생명을 주는 그리스도의 은혜를 구하러 달려가지 않는다. 그들은 이런 식으로 치명적인 무관심에 사로잡혀 결국에는 완전히 멸망한다.

이 교리를 주장하는 교황주의자들은 자신들이 신학적으로 어떤 오류를 저지르고 있는지를 의식하지 못한다. 그들은 자신들의 가르침과 행위를 통해 자기들에게 세례를 받은 사람은 누구나 거듭난다고 주장한다. 그러나 과연 세례가 사람들을 모두 '성도(거룩한 자)'로 만들 수 있을까? 이것은 로마 교회도 인정하기 어려운 일일 것이다. 만일 그렇게 된다면 그들의 성인 추대 관습(교황이 자신이 선호하는 사람을 신의 반열에 올려놓는 행위)에 큰 문제가 생길 것이다. 복음은 거듭난 자들을 '성도'로 일컫는다. 성도들은 거듭난 자들이다. 이 사실을 어떻게, 무슨 근거로 부인할 것인가? 아마도 그들은 "그런 성도들은 기적을 행할 수 없소"라고 대답할지도 모른다. 그러나 기적을 행하는 것이 재탄생이나 성도의 자격을 입증하는 복음적 증거라고 말할 사람이 누가 있을까? 복음을 전혀 모르는 사람 외에는 아무도 그렇게 말하지 않을 것이다.

단지 외적 의식을 치르는 것만으로 거듭난 사람은 지금까지 아무도 없었다. 세례를 받은 사람이 각자 자신이 처한 상황 속에서 인격이 좀 더 낫게 변하고, 좀 더 건전한 삶을 추구하고, 참된 믿음을 고백하고, 정통 교리를 신봉하고, 그리스도의 법을 지키려고 노력하는 일들이 종종 있을 수 있다. 많은 사람이 그런 사람은 거듭난 사람으로 인정해야 한다고 생각한다. 물론, 그런 변화가 없으면 새로운 탄생이 이루어지지 않은 상태인 것이 분명하다. 하나님에게서 난 사람은 그분의 일을 행하기 마련이다. 그러나 새 탄생을 직접 경험한 사람들은 진정으로 거듭나지 않고서도 그런 변화가 얼마든지 일어날 수 있다고 말한다. 선한 행실의 증거가 없이 단지 신앙고백만으로 하나님 앞에서 의롭다 함을 받을 수 없는 것처럼, 참된 믿음이 없이 단지 선한 행실만으로는 거듭났다는 증거가 될 수 없다.

옛 철학자들의 제자들 가운데서도 그런 식의 삶의 변화와 엄격한 금욕의 삶을 실천했던 일이 종종 있었다. 피타고라스, 소크라테스, 플라톤, 아리스토텔레스, 제논, 클레안테스, 에픽테토스, 아폴로니우스 등이 정확히 이런 식으로 악하고, 추잡한 삶을 살던 많은 사람을 미덕을 실천하는 올바른 삶으로 이끌었다. 하나님이 말씀을 접하는 사람들 가운데서도 마음의 변화나 구원적 신생이 이루어지지 않은 상태에서 그런 삶의 갱신이 자주 일어난다. 죄인들이 악덕에서 돌이키는 이유나 외적인 복종을 실천하는 정도나 그런 변화의 배후에 있는 동기는 매우 다양하기 때문에 그것들을 여기에서 일일이 다 분석하려면 너무나 많은 시간이 걸릴 것이 틀림없다. 성령께서는 아직 거듭나지 않은 사람들의 영혼 속에서 그리스도의 말씀을 도구로 삼아 효과적인 사역을 행하신다. 그리스도의 말씀은 그 자체로 새로운 탄생을 일으키지 못한다. 그것은 그 목적을 이루는 수단일 뿐이다.

성령께서는 복음의 빛으로 마음을 밝히신다. 따라서 신자들은 '비침을 받은 자'로 일컬어진다(히 6:4). 이 말은 성령께서 특별한 은사를 베풀어 신자들의 이해력을 증대시킴으로써 성경에 계시된 하나님의 뜻을 분별할 수 있는 예리한 통찰력을 부여하신다는 뜻이다. 성령께서는 이 빛으로 그들의 양심을 자극해 의무를 열심히 수행하게 하고, 죄와 비행을 진지하게 뉘우치고, 슬퍼하는 마음을 갖게 하신다. 이런 깨달음은 그들의 마음을 꾸짖고, 각성시켜 더 이상 악에 무관심한 상태로 영적 잠에 빠지지 않게 해줄 뿐 아니라 말씀의 은혜로움과 신령한 기쁨을 제공함으로써 하나님의 말씀에 진정으로 복종하게 만든다. 어떤 사람들은 죽음과 지옥의 공포를 느끼며 괴로움과 두려움과 고뇌에 시달리다가 복종을 서약하고, 의를 추구하고, 규칙과 의식을 엄격하게 준수하겠다고 약속하면서 필사적으로 안도감을 얻을 수 있는 길을 찾는다. 하나님의 충실한 사역자들은 자신의 양 떼들 가운데서 그런 사례들을 많이 발견할 수 있다. 그들은 이전 신자들의 증언과 본보기를 통해 고민하는 자들을 격려하거나 거듭남의 외양만을 믿고 섣불리 안심해서는 안 된다고 경고할 수 있다. 개중에는 깊은 절망을 느끼며 끝까지 저급한 미신에서 헤어나오지 못하는 사람들도 얼마든지 있을 수 있다. 양심의 다양한 상태를 이보다 더 상세하게 논의하는 것은 이 책의 한계를 넘어서기 때문에 이쯤에서 중단하기로 하자.

이번에는 내게 주어진 이해력의 한계와 하나님이 내게 은혜로 허락하신 작은 빛에 의지해 어떤 사람이 진정으로 거듭난 사람인지를 잠시 살펴볼 생각이다. 진정으로 거듭난 사람만이 거룩한 지혜를 소유할 수 있다. 성령께서는 모든 사람이 부패한 본성의 영향을 받아 죄 가운데 태어나기 때문에 고유한 의를 전혀 소유하고 있지 못하며, 죄의 징벌(하나님의 무한한 진노를 영원히 경험하는 것)을 받아야 마땅할 뿐이라고 분명하게 말씀하셨다. 물론, 무가치하고, 하찮은 거짓말을 의지함으로써 이런 명백한 성령의 말씀을 회피하려고 시도하는 사람들이 있다. 그러나 이것은 참으로 크나큰 어리석음이 아닐 수 없다. 그들은 맹목적인 자기애에 사로잡혀 자신이 원죄에 오염되었다는 사실을 부인하려고 애쓴다. 그들은 자신들의 마음이 하나님 앞에서 어떤 상태인지도, 그분의 율법이 무엇인지도 알지 못할 뿐 아니라 복음의 은혜에 대해서도 큰 무지를 드러낸다. 그들은 악의 덫에 사로잡혀 있는 까닭에 왜 선한 것을 추구해야 하는지를 알 수 없다. 그런 사람들은 어찌해 볼 도리가 없다. 그들은 자신들의 눈이 멀었다는 사실을 모르기 때문에 정해진 때에 하나님의 의로운 분노가 그들에게 나타날 때까지 죄 가운데 머문다(요 3:36).

구원을 가져다주는 복음 신학은 모든 인류가 본질상 완전히 타락한 상태에 놓여 있다는 사실에 근거한다. 따라서 그런 자연적인 부패 상태를 분명하게 의식하지 않으면 복음 신학을 이해하거나 실천할 수 없다. 건강한 사람은 의원의 필요성을, 순결한 자는 성화의 필요성을, 살아 있는 자는 생명을 주는 성령의 필요성을, 무죄한 자는 잘못을 고쳐야 할 필요성을 느끼지 않는다. 눈이 좋은 사람은 자신을 인도해줄 사람을 원하지 않고, 자신의 힘으로 복종을 실천할 수 있는 사람은 하나님이 개입해 효과적인 능력으로 자신의 마음을 변화시켜주시는 것을 원하지 않는다. 하나님과 좋은 관계를 맺고 있는 사람은 그분과 화해할 필요가 없고, 축복을 받은 사람은 구원이 필요하지 않다. 나는 최근에 이런 가르침을 전하는 사람들의 책을 읽었다. 그들의 가르침이 무가치하기 짝이 없다는 것은 모든 사람이 익히 아는 바이다.

"사랑하는 주 예수님, 무한한 긍휼을 베푸시어 죄인의 괴수인 제가 주님께 감사할 만한 빚을 아무것도 진 것이 없다고 생각하거나 저의 목숨과 영혼보다 더 귀한 주님의 자비로운 은혜를 조금이라도 축소하거나 경시하는 잘못을 저지르지 않도록 도와주소서." 거듭나지 않은 자들이 복음 신학을 이해할 능력이 없다는 것을 보여주는 증거가 얼마나 많은지 모른다. 영적으로 눈이 먼 채 죽은 상태에 있는 그들은 하나님의 철천지원수다. 그들은 구원의 빛과 은혜가 전혀 없고, 영적으로 선한 모든 것을 등한시하며, 온갖 악의 먹잇감이자 사탄의 노예일 뿐이다. 그들은 스스로는 즐거울지 몰라도 하나님을 기쁘시게 하려는 의도나 능력은 전혀 없다. 그들은 사탄의 왕국이요 어둠의 영역에 속해 있다. 하나님의 은혜로 거듭난 사람들은 그곳에서부터 그리스도의 영광스러운 왕국과 기이한 빛 안으로 옮겨졌다. 이것이 곧 중생이다. 중생은 새 창조, 새로운 피조물, 마음의 할례, 새 생명으로 일컬어진다. 행위의 주체이신 하나님 편에서 생각하느냐 객체인 인간의 편에서 생각하느냐에 따라 표현들이 달라진다. 중생 자체는 하나님의 행위이고, 인간은 객체에 해당한다. 따라서 '거듭났다'와 '하나님에게서 났다'라는 표현은 의미가 똑같다. 하나님은 성령과 말씀을 통해 이 사역을 행하신다. "너희가 거듭난 것은 썩어질 씨로 된 것이 아니요 썩지 아니할 씨로 된 것이니…하나님의 말씀으로 되었느니라"(벧전 1:23). 죄인들은 '중생의 씻음과 성령의 새롭게 하심으로'(딛 3:5) 거듭난다. 거듭난 자들은 '혈통으로나 육정으로나 사람의 뜻으로 나지 아니하고 오직 하나님께로부터 난 자들'이다(요 1:13).

모든 사람은 전적 타락의 상태로 태어난다. 이 상태는 두 가지 측면을 지닌다. (1) 죄로 인해 비참한 상태가 초래됨으로써 하나님과의 관계가 단절되었다. (2) 우리 스스로 영적인 선을 행할 능력이 없다. 그 이유는 하나님의 일들을 행함으로써 그분께 인정을 받는 데 필요한 능동적인 원리를 상실했기 때문이다.

이런 무기력한 상태는 악을 저지르려는 선천적인 성향과 밀접하게 연관되어 있기 때문에 자연 상태의 인간은 비참한 죄인일 뿐이다. 하나님은 이 이중적인 불행을 해결하기 위해 이중적인 치유책을 마련하셨다. 이 치유책은 위에서 말한 전적 타락의 두 가지 측면에 정확하게 부합하는 이중적 사역을 통해 치유력을 발휘한다. 이 점에 대해서는 나중에 좀 더 자세히 살펴볼 생각이다.

인간의 비참한 상태를 인식하지 못하는 것은 인간의 본성적인 속성 가운데 하나다. 이런 무지는 인간의 교만과 자기애를 부추긴다. 죄인들은 참된 현실을 외면한 채 자신의 상태가 좋다거나 조금도 나쁘지 않다고 생각하기 때문에 스스로 마음만 먹으면 언제라도 자기를 변화시킬 수 있다고 믿는다. 사실. 인간은 변화가 필요하다는 생각조차 하지 않을 가능성이 크다. 이런 성향은 복음을 전하는 일에까지 영향을 미칠 수 있다(이 점에 관심을 기울이는 사람은 현재로서는 나 혼자뿐이다). 구체적으로 말해, 부패한 인간은 자기 마음에 드는 교사, 곧 하나님의 뜻을 옳게 헤아려 무엇이 구원을 가져다주는 참된 복음 사역인지를 실제로 경험한 적도 없을 뿐 아니라 성령(그리스도의 영)과도 전혀 무관한 채, 단순히 머리로만 아는 지식을 가지고서 신약성경의 사역자를 자처하는 사람을 선택하기 쉽다. 그런 교사는 양심의 가책을 적절하게 달래주고, 인간의 부패한 상태를 그대로 방치함으로써 영원한 구원을 얻을 희망을 박탈해버린다. 그렇게 그릇 인도된 사람은 자신도 모르는 사이에 구원을 얻으려는 생각을 포기하고, 영적인 잠에 깊이 빠져들 뿐 아니라 하나님의 말씀에 근거한 건전한 영적 조언을 통해 좁고 험한 구원의 길로 인도하려고 애쓰는 사람을 강력하게 거부한다. 복음의 빛이 임한 이 나라에도 새로운 탄생의 필요성을 무시하는 목회자들과 교인들이 너무나도 많다. 그러나 누구든 이 나라의 상태를 올바로 알고 있다면, 죄인의 재탄생을 가장 시급하게 요구하고 나설 것이 분명하다.

하나님은 말씀을 통해 죄인들에게 자신의 영혼을 살피고, 만민의 통치자요 의로운 재판관인 자기 앞에서의 상태가 어떠한지를 진지하게 생각해 보라고 권고하신다. 하나님과의 참된 만남은 죽음과 영원한 형벌에 대한 공포심을 통해 처음 이루어지는 것이 보통이다. 죄 가운데 죽어 있는 상태일 뿐 아니라 온갖 악덕에 속박되어있는 자기중심적인 인간, 곧 영원한 운명에 대해 아무런 관심도 없는 사람을 일깨워 마지막 심판을 생각하며 스스로를 진지하게 살피는 일을 시작하도록 이끄는 것은 결코 쉬운 일이 아니다. 하나님이 그런 결과를 일으키기 위해 사용하시는 방법과 수단들을 통해 그분의 주권적인 뜻과 무한한 지혜가 분명하게 드러난다. 하나님은 성경이 기록되기 전에는 신묘한 꿈을 통해 자신의 의로움과 두려움을 일깨워주셨다. 예를 들어, 욥기 33장 15-18절은 "사람이 침상에서 졸며 깊이 잠들 때에나 꿈에나 밤에 환상을 볼 때에 그가 사람의 귀를 여시고 경고로써 두렵게 하시니 이는 사람에게 그 행실을 버리게 하려 하심이며 사람의 교만을 막으려 하심이라 그가 사람의 혼을 구덩이게 빠지지 않게 하시며 그 생명을 칼에 맞아 멸망하지 않게 하시느니라"라고 말씀한다.

호메로스는 "꿈은 제우스에게서 비롯한다"라고 말했다.[2] 유스타티우스는 이 말을 설명하면서 "그것들이 꿈(오네이루스)으로 일컬어지는 이유는 진리이기 때문이다"라고 말했다.[3] 하나님은 섭리의 사역을 통해 자신의 인애와 긍휼을 나타내기도 하고, 분노와 정의를 드러내기도 하신다. "사람이 병상의 고통과 뼈가 늘 쑤심의 징계를 받나니 그의 생명은 음식을 싫어하고 그의 마음은 별미를 싫어하며 그의 살은 파리하여 보이지 아니하고 보이지 않던 뼈가 드러나서 그의 마음은 구덩이에, 그의 생명은 멸하는 자에게 가까워지느니라"(욥 33:19-22).

시편 저자도 "하나님이 그들의 날들을 헛되이 보내게 하시며 그들의 햇수를 두려움으로 보내게 하셨도다 하나님이 그들을 죽이실 때에 그들이 그에게 구하며 돌이켜 하나님을 간절히 찾았고"(시 78:33, 34)라

---

2   Homer, *Iliad*, Book 1.

3   Eustatius, *Commentary on the Iliad*, Book 1.

고 말했다. 이사야서 26장 10, 11절도 하나님이 행하시는 섭리의 사역을 언급했다. 섭리의 사역은 종종 죄인들에게 강한 영향을 미쳐 그들의 마음을 마치 무거운 놋쇠와 삼중 철로 짓누르는 듯한 압박감을 가하기 때문에 그들은 견디지 못하고 하나님 앞에서 극도의 두려움을 느낄 수밖에 없다. 하나님의 말씀을 전하고, 심판에 대한 두려움을 일깨워주면 그런 결과가 종종 나타난다(고전 14:24, 25, 호 6:5 참조). 우리는 말씀의 선포를 통해 그런 놀라운 능력과 힘이 역사하는 것을 거의 매일 목격하고 있다.

그런 문제로 인해 죄인의 영혼 깊숙한 곳에서 초조함이 느껴지기 시작하면, 자신이 하나님의 적인지 아닌지를 진지하게 생각하지 않을 수 없게 된다. 그렇게 되면 "네 속에 나를 경외함이 없는 것이 악이요 고통인 줄 알라"(렘 2:19)라는 말씀이 암시하는 대로, 죄인의 마음속에 그가 지은 온갖 죄들, 곧 오랫동안 잊고 지냈던 죄들이 떠오르며, 큰 번민과 은밀한 양심의 가책이 느껴지기 마련이다. 다시 말해, "내가 무슨 짓을 저질렀는가? 지금은 무엇을 하고 있는가? 하나님이 분노로 내게 영원한 형벌을 내리시지 않을까? 나의 양심을 달래려고 애썼던 일들이 모두 물거품이 되어 결국 헛된 일로 드러난다면 어떻게 될까? 새 생명을 얻어야 해. 그렇지 않으면 멸망할 거야"와 같은 생각이 떠오르게 된다.

이것이 말씀의 능력을 통해 죄를 깨닫게 된 죄인의 내면 깊숙한 곳에서 떠오르는 생각들이다. 그러나 자신의 실상과 상태를 알게 되었더라도 참된 빛과 광채를 밝히 드러내 줄 영적 현실을 가로막는 선천적인 무지, 육신적인 욕망, 세상의 것들을 향하는 정욕, 사탄의 유혹, 나쁜 친구들의 영향으로 인해 다시금 이전의 무감각한 상태로 되돌아가는 죄인들이 많다. 그들에게는 하나님이 기뻐하시는 삶의 길로 돌이키는 일이 더할 나위 없이 어렵게 느껴진다. 결국, 그런 사람들의 상태는 처음보다 더 나빠질 때가 많다(렘 8:9).

성령의 사역이 진행되는 초기 단계에는 죄인의 마음속에서 어둠의 세력과의 작은 전투들이 벌어진다. 이것은 적의 요새가 얼마나 강한지를 알아보기 위한 일종의 전초전이다. 강력하게 무장한 적들을 공격해 제압하려면 철저하게 준비한 다음에 좀 더 크고, 강한 영적 힘으로 좀 더 강력한 공격을 가해야 한다.

지금까지 영혼의 상태를 살피는 데 필요한 내적 생각들에 관해 간단히 살펴보았다. 그런 생각들은 깊은 잠에서 깨어난 사람의 마음속에서 통제되지 않은 상태로 마구 떠오르는 생각들이다. 그다음에는 그리스도의 또 다른 '날카로운 화살'이 필요하다(시 45:5, 6). 그것이 죄인의 마음속에 깊이 박히면 아무리 용을 써도 빼낼 수가 없다. 그리스도께서는 그 화살(즉 죄의 실상, 죽음의 공포, 다가올 심판의 무서움)로 죄인의 양심을 찌르고, 상처를 내고, 두렵게 만드신다(행 24:25 참조). 영혼 깊숙한 곳으로부터 부패한 본성, 죄책, 죄의 사악함 등이 드러나고, 죄를 지은 수많은 상황과 함께 과거에 지은 죄들이 생생하게 떠오르면, 죄인은 도망칠 가능성이 모두 차단된 상태로 죽음의 두려움을 느끼며 자신이 정죄를 당해 멸망할 수밖에 없는 비참한 상태라는 것을 깨닫지 않을 수 없다.

'죽기를 무서워하므로 한평생 매여 종노릇하는 모든 자들'(히 2:15)이라는 말씀에서 짐작할 수 있는 대로, 죄인들은 인간이 상상할 수 있는 온갖 두려움, 공포, 비애를 느끼게 된다. 바울 사도는 "율법으로 말미암지 않고는 내가 죄를 알지 못하였으니"(롬 7:7)라고 말했다. 율법의 가르침을 통해 회심의 첫 단계가 이루어진다. 죄에 대한 깨달음은 율법에서 비롯한다. 율법은 죄를 자각하게 만든다. 이것이 하나님이 죄인들에게 던지시는 그물이다. 그분은 그것으로 그들을 공중의 새처럼 떨어뜨리신다(호 7:12). 죄인의 영혼이 말씀의 강력하고, 효과적인 능력을 통해 자신의 실상과 죄책에 진지하게 관심을 기울이면, 율법은 그 앞에 거울을 들어 올려 죄의 더러움과 그로 인한 형벌을 생각하지 않을 수 없게 만든다(롬 7:9 참조). 성령께서 영혼의 깊은 곳을 율법으로 고통스럽게 만들어 불안과 고뇌와 불행 등, 인간이 느낄 수 있는 감정들을 느끼게 하시면, 불안해진 죄인은 양심이 강하게 활동하는 것을 느끼고, "내가 무엇을 해야 하나?"라고 부르짖게 된다. 죄인은 상황의 위급함과 절망감에 압도되어 큰 고통을 느끼며, "하나님이 나를 못마땅하게 여기실 리가 없을 것처럼 생각했지만, 정작 지금까지 내내 그분의 원수로 살아왔구나"라고 생각하게 된다. 그는 앞으로 어떻게 해야 할지 당혹스러워하며 자신이 지금까지 경시해온 율법이 순결하고, 거룩할 뿐 아니라 강력하고, 무섭다는 것을 발견한다. 율법을 어긴 죄는 마땅히 죽음, 곧 영원한 죽음으로 갚아야 한다는 것을 깨닫는 순간, 죄인의 입에서는 "지옥의 공포와 고통이 나를 에워싸고, 나를 고통스럽게 하며, 나를 찢는구나"라는 신음이 절로 새어 나온다. 바울도 "전에 율법의 깨닫지 못했을 때에는 내가 살았더니 계명이 이르매 죄는 살아나고 나는 죽었도다"(롬 7:9)라고 탄식하지 않을 수 없었다. 이 말은 "전에는 내가 살았고, 건강하고, 의롭고, 하나님께 인정을 받는다고 생각했지만, 율법이 이르자 내가 죽임을 당해 던져졌구나"라는 뜻이다.

이 단계에 이르면, 희망보다는 절망에 더 가까운 마음으로 구원을 크게 갈망하며 "내가 어찌할꼬? 어떻게 해야 구원을 받을까?"라고 묻기 시작한다(행 2:37, 16:30 참조). 죄인은 가능한 방법을 모두 동원해 하나님 앞에서 의롭게 되려고 노력하면서 하나님과 사람에 대한 의무와 의식들을 엄격하게 지키고, 눈물과 한숨과 마음에서 우러나오는 기도를 토해내게 된다. 그러나 이 단계에 이르렀더라도 아직 모든 것이 끝난 것은 아니다. 아직도 죄인은 여전히 회심이 필요한 상태다. 이 단계에서도 죄인의 마음속에는 하나님이 일으키신 사역의 불씨를 꺼뜨려 다시 자기만족에 빠져 영원한 죽음에 이를 때까지 온갖 죄를 짓게 만들 수 있는 요인이 여전히 남아 있다(벧후 2:20, 21 참조). 한편, 이 단계에 이른 사람들 가운데는 하나님의 긍휼과 의를 온전히 의지하지 않고, 종교적인 교리를 신뢰하려는 어리석음과 사악함에서 벗어나지 못한 채 율법의 행위로 의를 얻으려고 애쓰는 사람들도 있다(롬 10:3). 스스로 천국에 들어가려고 노력하는 것은 고통스러울 정도로 강렬하고, 열정적이고, 진지할 수 있지만(미 6:6, 7), 결국에는 죄인의 쇠락과 지옥행을 재촉할 뿐이다. 양심의 예리한 질책과 가책을 느꼈더라도 여전히 의의 태양이 비추는 길을 걷지 않는 사람들은 영원한 어둠을 향해 나아갈 수밖에 없다.

하나님이 능력과 은혜로 그리스도를 아는 구원의 지식을 주기로 작정하신 사람들의 경우는 위와는 사뭇 다르다. 첫째, 하나님은 그들의 마음속에서 성령의 사역을 일으켜 그들의 본성적 상태와 그들이 저지른 죄에 대한 율법의 판결이 지극히 의롭고, 정의롭다는 사실을 깨닫고, 인정하도록 이끄신다. 그들은 하나님을 율법 수여자로 인정하고, 존귀하게 여기며 수치심과 죄책감으로 인해 그분 앞에서 얼굴을 숨긴다. 이것이 바울 사도가 "이는 모든 입을 막고 온 세상으로 하나님의 심판 아래에 있게 하려 함이라 그러므로 율법의 행위로 그의 앞에 의롭다 하심을 얻을 육체가 없나니 율법으로는 죄를 깨달음이라"(롬 3:19, 20)라고 말한 이유다. 그들은 하나님의 순수한 선의와 값없는 은혜를 통해 주어지는 것을 구하며, 감사하는 마음으로 은혜를 의

지하고, 다른 구원책이나 치유책을 쉴 새 없이 찾아 헤매는 일을 중단한다(합 2:4 참조). 그들은 수치심, 불안감, 낙심, 두려움, 공허함, 절망과 같은 것에 짓눌리는 것을 피할 수 있는 길은 오직 하나, 곧 겸손한 태도로 하나님께 기꺼이 복종하고, 그분의 처분에 모든 것을 맡긴 채 기다리는 것뿐이라고 생각한다(눅 18:13, 시 130편).

그들이 확실하게 알고 있는 한 가지는 하나님이 자기들을 죽이기로 작정했으면 그분의 뜻을 거역하거나 외면할 수 없다는 것이다. 지친 영혼은 죄의 중압감 아래 숨을 헐떡거리며 신음을 토하면서 구원을 갈망하고, 칭의를 통해 의롭게 되어 하나님의 인정을 받을 수 있기를 염원한다. 그리스도께서는 성령께서 죄인에게 죄를 깨우쳐주고 나서 그들의 상처에 영적 향유를 발라주실 것이라고 약속하셨다(요 14:26). 복음의 말씀이 죄인의 떨리는 마음속에 은밀하고도 강력하게 역사하기 시작한다. 예를 들어, 시편 저자는 "사유하심이 주께 있음은 주를 경외하게 하심이니이다"(시 130:4)라고 말했다. 그 순간, 죄인의 양심과 그동안 멸시당해온 율법이 즉각 그런 은혜를 받을 자격이 있는 죄인은 아무도 없다고 소리친다. "너는 너무 큰 죄인이라 그런 약속들을 적용받을 수 없다. 너는 너무나도 사악하기 때문에 온전히 거룩하고 의로우신 하나님께 가까이 나갈 수 없다. 네가 은혜와 죄 사함을 받을 희망은 전혀 없다. 그냥 그대로 죽어라. 죄의 삯은 사망이지 않느냐(롬 6:23)?"라는 소리가 오랫동안 크게 윙윙거린다.

이 단계에 이르면 죄인은 극한으로 내몰리는 듯한 심정을 느낀다. 지금까지 율법을 통해 죄를 깨우쳐준 성령께서는 그 여세를 몰아 마음의 성채를 산산이 깨부수어 무너뜨리고, 그를 하나님 곁으로 새롭게 이끄신다. 성령께서는 기가 완전히 꺾인 죄인을 일으켜 세우고, 더는 감당하기가 어려워 절망감 속에서 모든 것을 포기하고픈 지경에 처한 그의 힘을 돋워 주신다. 그분은 희망과 인내의 방패를 제공해 율법의 심판과 사탄의 유혹을 극복하게끔 도와주신다. 죄의 자각으로 인한 죄책감과 영원한 형벌의 두려움에 짓눌린 죄인들이 하나님께 거절을 당해 쫓겨날까 봐 전전긍긍하는 것은 지극히 당연한 현상이 아닐 수 없다. 그들은 긍휼이 풍성하신 하나님의 품속에 뛰어든 상태에서도 그렇게 느낀다. 그들은 자신들이 아무런 자격이 없다고 생각하기 때문에 하나님이 은혜와 사랑으로 자기들을 받아주셨다는 사실을 선뜻 받아들이지 못한다. 사탄도 여전히 아무 근거 없는 두려움을 부추겨 그들을 다시 장악할 생각으로 낙심에 빠뜨리려고 애쓴다.

성령께서는 그런 상황을 극복할 수 있도록 초청(사 55:1, 요 7:37, 마 11:28, 29, 계 22:17), 복음 선포(요 3:16, 시 130:4), 권고(행 2:38), 복음의 약속과 같은 적절한 도움과 치유책을 계속해서 은밀하게 제공하신다. 성령께서는 이런 수단들을 사용해 죄인들을 어둠의 권세에서 건져내 그리스도의 기이한 빛 속으로 인도하신다. 그분은 이런 복음의 능력을 통해 죄인들에게 그리스도를 보여주신다. 전에도 그들은 그리스도의 말씀을 들었을 테지만, 마음이 강퍅하고, 죄를 사랑하며, 자기 의를 의지한 탓에 오랫동안 그분을 멸시해 왔었다. 그러나 이제는 버림받고 저주받아 기진맥진해진 죄인들이 세상 모든 끝에서부터(사 45:22) 높임 받으신 주님을 바라본다. 그들은 이제 오직 그분의 보혈을 통해서만 속죄를 받을 수 있고, 그분이 징벌을 당하신 덕분에 하나님이 죄를 간과하심으로써 의로우심을 나타내실 수 있게 되었다는 것을 진정으로 깨닫는다(롬 3:24, 25). 충실했던 아브라함의 축복이 하나님을 믿는 그들에게 임한다(갈 3:13, 14). 그들은 하나님이 그리스도 안에서 만족을 얻으셨고, 그분이 세상을 성부 하나님과 화목하게 하는 사역을 이루고 계신다는 것을 알고, 감사한다. 그들은 오직 그리스도만을 바라고,

이스라엘 백성이 과거에 도피성으로 달아났던 것처럼 그분 안에서 피난처를 발견한다. 그들은 그리스도께서 자신들이 저지른 중대한 죄에 대한 하나님의 진노를 온전히 만족시키고, 자신의 보배로운 피로 자기들이 받아야 마땅한 죗값을 치르신 덕분에(히 9:12) 영원한 구원을 얻게 되었다고 확신한다(고전 1:30). 구원의 열매는 정결함, 사랑, 자기 의의 제거, 겸손, 참된 회개다. 그들은 믿음으로 그리스도를 영접함으로써 그분을 신뢰하고, 사랑하고, 경배할 뿐 아니라 그분에게 온전히 복종한다. 그들은 그분을 통해 가르침과 다스림을 받고, 날로 거룩해진다. 그들은 장차 완전하게 되어 영원히 안전하게 거할 것이다.

죄인과 하나님 사이에서 이루어지는 이런 과정은 말씀의 역사를 통해 진행된다. 하나님은 예수 그리스도 안에서 무한한 긍휼을 베풀며 자신이 정한 때에 성령의 강력하고, 유효한 사역을 통해 죽어 있던 죄인의 영혼에 새로운 생명을 주고, 새 마음을 심어주신다. 죄인들의 눈이 떠져 전에는 전혀 보지 못했던 것들이 밝게 드러나면서 예수 그리스도의 얼굴에 나타난 하나님의 영광이 보인다. 그로써 죄인은 새로운 피조물로 거듭나 새 언약의 조건에 따라 하나님께 복종할 수 있는 자격과 능력을 갖추게 된다(렘 32:39, 겔 11:19, 36:26, 행 26:18, 롬 8:2, 11, 고후 6:6, 엡 2:2-5, 4:23, 24, 5:17 참조).

이런 식으로 하나님의 은혜를 통해 거듭나 생명을 회복하고, 인간 세상에서 원하는 것이나 뜻하는 것은 무엇이든 이루시는 하나님의 주권적인 결정을 통해 새 생명을 얻고, 내주하시는 성령을 통해 그리스도와 연합한 죄인은 기꺼이 자기를 거룩히 봉헌해 복음적인 복종을 실천하고, 선한 행위를 함으로써 그리스도 안에서 새롭게 창조된 목적을 수행한다(요 14:16, 17, 롬 6:2-7, 엡 2:10, 딛 2:11, 12, 요일 3:23 참조). "영으로 난 것은 영이다"(요 3:6).

그러나 중생의 획일적인 유형은 존재하지 않는다. 이 과정에 관한 우리의 지식은 매우 제한적이다. 개인적으로 경험하는 것이 많지만 말로 다 표현하기가 어렵다. "바람이 임의로 불매⋯어디서 와서 어디로 가는지 알지 못하나니 성령으로 난 사람도 다 그러하니라"(요 3:8). 성령께서는 어떤 사람은 영적 탄생의 고통에서 더 빨리 건져주고, 어떤 사람은 더 늦게 건져주신다. 그분은 어떤 사람은 때리고, 찌르고, 짓뭉개면서 생명으로 인도하시고, 어떤 사람은 그보다 훨씬 더 부드럽게 대하신다. 그분은 자신이 최선이라고 생각하는 방법으로 모든 것을 이루신다. 따라서 지금은 이 정도로 만족할 수밖에 없다.

6장
복음 신학 6

앞서 살펴본 대로, 복음 신학의 토대는 성령의 사역을 통한 인격의 새로운 변화다. 이번에는 이 신학 자체를 잠시 살펴볼 생각이다. 복음 신학은 영적인 은사, 곧 모든 영적 은사들의 결합체다. 영적 은사는 특별한 것도 있고, 일반적인 것도 있지만 여기에서는 일반적인 것을 먼저 살펴봐야 할 듯하다. 성령께서는 인간의 마음에 영적 능력을 부여해 영적으로 보고, 이해함으로써 그것을 영적 용도와 목적에 맞게 사용하도록 도와주신다. 성경에 언급된 그런 은사들이 다양하고, 균일하지 않은 이유는 그것들의 목적과 용도가 제각각 다르기 때문이다. 성령께서 주시는 특별한 은사들은 이 책과 관련된 나의 목적과 직접적인 관계가 없기 때문에 여기에서는 다루지 않을 생각이다. 여기에서는 그것들 가운데 일부가 복음 사역과 특별히 관련이 있고, 그것의 토대를 형성하고 있다는 것을 아는 것만으로 족할 듯하다(엡 4:8-11, 고전 12:7). 일반적인 은사들은 정도는 다르지만 모든 신자에게 공통된 것이다.

이런 은사들을 수여하는 능력은 그리스도께서 하나님의 오른편에 앉으신 데서부터 비롯했고, 그것과 동시에 이루어졌다. 이 능력은 그리스도께서 받으신 왕의 기업의 중요한 일부다. "주께서 높은 곳에 이르시며 사로잡은 자들을 취하시고 선물들을 사람들에게서 받으시며"(시 68:18). 베드로는 이 말씀을 "하나님이 오른손으로 예수를 높이시매 그가 약속하신 성령을 아버지께 받아서 너희가 보고 듣는 이것을 부어주셨느니라"(행 2:33)라고 해석했다. '이것'은 방언과 예언의 은사를 가리킨다. 유대인들은 그 모습과 소리에 크게 놀랐다. 그는 그리스도께서 이 은사들을 받아 성령을 통해 자기들에게 부어주겠다고 약속하신 사실을 분명하게 언급했다. 바울도 이 시편 말씀을 에베소서 4장 8절에서 다시 인용해 "그러므로 이르시기를 그가 위로 올라가실 때에 사로잡혔던 자들을 사로잡으시고 사람들에게 선물을 주셨도다"라고 말했다. 바울 사도는 '라카흐'라는 히브리어의 내적 의미를 분명하게 드러내기 위해 그것의 일상적인 의미를 다르게 고쳐 표현했다. 신약성경에 인용된 구약성경의 말씀을 모두 〈70인경〉과 비교하는 것을 주업으로 삼는 사람들이 이 구절을 간과했다는 사실은 그저 놀랍기만 하다. 〈70인경〉은 바울과는 달리 '선물을 주셨도다'가 아닌 '선물을 받으셨다'로 옮겼다. '라카흐'는 다른 사람들에게 건네줄 목적으로 선물을 받는다는 의미로 종종 사용되었다. "모든 불의를 제거하시고 선한 바를 받으소서"라는 호세아서 14장 2절과 "기쁜 마음으로 내는 자가 내게 바치는 모든 것을 너희는 받을지니라"라는 출애굽기 25장 2절 말씀과 비교해 보라. 유대인들은 이 용어를 전달할 목적으로 받는다는 의미, 곧 주기 위해 받는다는 의미로 사용했다. 이처럼 바울은 이 히브리어의 의미를 정확하게 포착해 그것을 헬라어로 다르게 고쳐 표현함으로써 요점을 분명하게 드러냈다.

그리스도께서는 사람들에게 나눠주기 위해 성부 하나님으로부터 모든 영적 은사를 받으셨다. 그분은 모든 영적 은사를 나눠주시는 분이시다. 그분은 승천하면서 그것들을 받으셨다. "예수께서 아직 영광을 받지 않으셨으므로 성령이 아직 그들에게 계시지 아니하시더라"(요 7:39). 제자들은 아직 38절에 언급된 특별한 방식으로 성령의 부으심을 받지 못한 상태였다. 세례 요한의 제자들은 "우리는 성령이 계심도 듣지 못하였노라"(행 19:2)라는 말로 성령에 대한 무지를 드러냈다. 그렇다고 해서 유대 교회 안에서 성장해 요한의 세례를 받은 사람들이 성령의 존재를 전혀 알지 못했다고 생각해서는 곤란하다. 그들은 단지 성령께서 오랜 침묵을 깨고 다시 나타나 특별한 은사들을 베풀어 주셨다는 사실을 몰랐을 뿐이다. 그리스도께서는 성령의 사역을 통해 모든 은사를 나눠주신다. 테르툴리아누스는 성령께서 그리스도의 대리자로서 그분을 대신해 사역하신다고 말했다. "이 모든 일은 같은 한 성령이 행하사 그의 뜻대로 각 사람에게 나누어 주시는 것이니라"(고전 12:11)라는 말씀대로, 성령께서는 자기가 원하시는 대로 자유롭게 역사하신다.

앞서 말한 대로, 정의가 모든 미덕을 포함하는 것처럼 넓은 의미에서의 신학은 모든 것을 포함한다. "천국의 비밀을 아는 것은 너희에게는 허락되었으나"(마 13:11)라는 말씀에서 '너희'는 복음 신학자들을 가리키고, "지혜가 부족하거든…하나님께 구하라"(약 1:5)라는 말씀에서 '지혜'는 참된 신학을 가리킨다. "온갖 좋은 은사와 온전한 선물이 다 위로부터 빛들의 아버지께로부터 내려오나니"(약 1:17), "또 아는 것은 하나님의 아들이 이르러 우리에게 지각을 주사 우리로 참된 자를 알게 하신 것과 또한 우리가 참된 자 곧 그의 아들 예수 그리스도 안에 있는 것이니"(요일 5:20). 그리스도께서 '참된 자'라는 사실을 아는 것, 그것이 곧 신학이다. 만일 그것이 아니라면 나는 신학이 무엇인지 전혀 모른다고 말할 수밖에 없다.

"어떤 사람에게는 성령으로 말미암아 지혜의 말씀을, 어떤 사람에게는 같은 성령을 따라 지식의 말씀을"(고전 12:8). 바울 사도는 이 말씀의 의미를 에베소서 1장 17-20절에서 분명하게 설명했다. "우리 주 예수 그리스도의 하나님, 영광의 아버지께서 지혜와 계시의 영을 너희에게 주사 하나님을 알게 하시고 너희 마음의 눈을 밝히사 그의 부르심의 소망이 무엇이며 성도 안에서 그 기업의 영광의 풍성함이 무엇이며 그의 힘의 위력으로 역사하심을 따라 믿는 우리에게 베푸신 능력의 지극히 크심이 어떠한 것을 너희로 알게 하시기를 구하노라 그의 능력이 그리스도 안에서 역사하사 죽은 자들 가운데서 다시 살리시고 하늘에서 자기의 오른편에 앉히사"(엡 1:17-20). 어둠 속에 있는 자들 가운데 바울 사도가 한 이 말씀에 주의를 기울일 마음이나 의지가 있는 사람이 있다면 더 바랄 것이 없겠다.

이처럼, 복음 신학은 '카리스마,' 곧 영적 은사다(고전 2:7-9). 전능하신 성령께서 모든 사람 안에서 모든 일을 행하면서 이 은사를 자신의 다른 사역들과 분명하게 구별하신다. 이 은사는 중보자이신 그리스도로부터 비롯하고, 그분을 통해 주어진다. "너희는 거룩하신 자에게서 기름 부음을 받고 모든 것을 아느니라"(요일 2:20). 구원의 은사들은 성령을 통해 사람들의 마음속에 주어진다. 따라서 논리력이나 이성의 힘이 아무리 뛰어난 전문가라고 해도 인간의 노력만으로는 그런 은사들을 얻을 수 없다. 한 뛰어난 학자는 인간의 영혼에 관해 말하면서 "영혼은 창조주를 통해 창조되었고, 부여되었다"라고 말했다. 영적 은사는 일단 주어지면 질과 양에 변화가 생긴다. 따라서 하나님이 우리의 성장과 발전을 위해 제공하신 수단들을 항상 부지런히 사용하는 것이 매우 유익할 뿐 아니라 절대적으로 필요하다.

복음적인 분별력을 예로 들어보자. 분별력은 모든 인간에게 공통된 것이지만, 올바른 이해에 도달하려면 구원의 빛을 통해 진리를 참된 영적 방식으로 이해할 수 있는 능력과 기능이 죄인의 마음속에서 생겨나야 한다. 단지 인간의 힘으로나 다른 조력자의 도움만으로는 이 빛을 얻을 수 없다. 태초에 빛을 향해 어둠을 비추라고 명령하신 하나님만이 그와 똑같은 기적적인 창조력을 발휘해 거룩한 빛으로 인간의 마음을 밝히실 수 있다(고후 4:6). 인간의 마음에 구원의 빛이 임하면, 처음에 그것이 임한 정도는 제각기 다르더라도 나중에 그것을 부지런히 활용하면 시간이 갈수록 더욱 밝고 선명해져 영적 현실들을 분별할 수 있는 능력이 배양된다. 그렇게 되면 신학이라는 주제를 추구하고, 탐구하고, 적용하는 일의 참된 가치를 알 수 있다. 그런 노력은 영적인 빛을 강화하고, 보강하는 역할을 해야만 비로소 유익을 줄 수 있다.

신학의 독특한 특성을 좀 더 자세하게 살펴보면 다음과 같다. 나는 최대한 성령의 인도하심을 따르고, 최선을 다해 위로부터 내려온 지혜의 말씀에만 귀를 기울일 생각이다. 성경은 거듭난 영혼에게 인간의 지혜나 철학이 가르치는 것보다 무한히 더 뛰어난 가르침을 제공한다. 성경은 성령께서 하신 말씀이기 때문에 학자들이 인위적으로 구축한 정교한 이론 체계보다 훨씬 더 명료하고, 이해하기 쉬운 가르침으로 신자들에게 강력한 영향을 미친다. 철학자들이 미사여구를 사용해 인위적으로 만들어낸 정교한 신학적 정의들, 곧 성령이 하신 말씀을 자신들의 생각으로 걸러내 재배열한 이론 체계는 굶주린 영혼을 영적으로 배부르게 수 없다. 따라서 나는 성령이 하신 말씀을 철학적으로 왜곡시킨 것들에는 관심을 두지 않고, 오로지 말씀 자체만을 다루려고 노력할 것이다.

성령께서는 다양한 용어들을 사용해 신학을 묘사하셨다. 따라서 이 용어들을 먼저 살펴봐야 할 필요가 있다. 그것들은 '지혜,' '신중함,' '명철,' '선악을 분별하는 능력,' '교훈,' '빛,' '총명,' '내적 음성,' '지각,' '진리 인식,' '하나님을 경외하는 것' 등이다. 이런 용어들은 다른 학문에는 적절하게 적용하기가 어렵다. 철학자들은 이것들을 사뭇 다른 의미로 받아들였을 것이 틀림없다. 또한, 신학은 반대되는 것들과 대조되는 용어로 정의되기도 한다. 다시 말해, 신학은 '무지,' '눈먼 상태,' '어리석음,' '허무한 것,' '정신적 어둠,' '마음의 부패,' '죄에 대한 사랑,' '세상에 순응하는 것'과 같은 것들과는 정반대다. 이런 용어들을 도외시한 채로 간결하고, 산뜻한 하나의 정의만을 찾으려고 애쓰거나 "만일 신학이 '지혜'라면 '신중함'이 될 수 없고, '선악을 분별하는 능력'이라면 '총명'이 될 수 없다"라고 말하는 것은 그릇된 철학적 사고일 뿐이다. 우리는 신학이 이 모든 용어로 정의된다는 것을 알고, 또 인정한다. 이런 용어들이 철학적 규칙에 적합하게 왜곡되도록 허용해서는 안 된다. 만일 우리가 인위적으로 구축한 이론 체계를 성령의 명백한 말씀보다 더 앞세운다면 헛수고를 하는 셈이 될 것이다.

복음 신학은 성령께서 신자들의 마음에 허락하신 영적 은사다. 신자들은 하나님의 은혜로 거듭난 사람들을 가리킨다. 그들은 지혜롭고, 신중한 자들이 되었고, 복음을 통해 그리스도 안에 계시된 하나님과 그분의 뜻은 물론, 경건의 비밀을 이해할 수 있는 능력을 부여받았다. 그들의 영혼은 새로워져 영원한 생명을 얻었기 때문에 하나님의 계시된 말씀과 성령의 조명을 통해 그리스도 안에서 하나님이 기뻐받으시는 예배를 드리는 방법을 깨우쳤다. 그들은 장차 하나님을 영원히 즐거워하며 살아갈 것이다.

이미 말한 대로, 복음 신학의 목적은 죄인의 재탄생이다. 그것은 성령께서 그리스도를 대신해 사람들 가운데서 역사하심으로써 이루어진 결과다. 이 은사는 사람을 지혜롭게 만들어 지혜와 지식의 모든 보화를 간직하고 계시는 그리스도와 연합한 효력을 통해 복음의 비밀을 이해할 수 있게 하는 독특한 성질을 지니고 있다. 따라서 우리는 성경의 가르침에 따라 신학을 영적 지혜로 일컬어야 마땅하다. "이것이 여러 민족 앞에서 너희의 지혜요 너희의 지식이라"(신 4:6). "우리가 온전한 자들 중에서는 지혜를 말하노니"(고전 2:6). 성령의 가르침을 받는 사람들은 지혜롭다고 일컬어진다. "또 어려서부터 성경을 알았나니 성경은 능히 너로 하여금…구원에 이르는 지혜가 있게 하느니라"(딤후 3:15). "지혜 있는 자는 궁창의 빛과 같이 빛날 것이요"(단 12:3). 하나님의 충실한 말씀은 우둔한 자를 지혜롭게 하고, '눈을 밝게 한다'(시 19:8). 이런 이유로 하나님의 백성은 '지혜와 지식이 있는 백성'(신 4:6)으로 일컬어진다. 다윗은 "나의 명철함이 나의 모든 스승보다 나으며 주의 법도들을 지키므로 나의 명철함이 노인보다 나으니이다"(시 119:99, 100)라고 말했다. 그리스도께서도 '지혜'로 일컬어지셨다. 그 이유는 오직 그분만이 사람들에게 참된 지혜를 주실 수 있기 때문이다 (잠 8:9).

이것이 골로새 신자들을 위한 바울의 엄숙한 기도('그리스도의 말씀이 너희 속에 풍성히 거하여 모든 지혜로…'-골 3:16)에 담긴 의미였다. 이 지혜를 받는 방법을 보더라도 그것의 독특함은 물론, 다른 모든 세속적인 지식이나 형식적인 이론 체계와의 엄청난 차이를 알 수 있다. "우리가 그리스도의 마음을 가졌느니라"(고전 2:16)라는 바울의 말은 "이제 우리는 알고, 이해한다"라는 뜻이다.

그렇다면 그런 지식과 이해가 가능해진 이유는 무엇일까? 바울은 "우리가 세상의 영을 받지 아니하고 오직 하나님으로부터 온 영을 받았으니 이는 우리로 하여금 하나님께서 우리에게 은혜로 주신 것들을 알게 하려 하심이라"(고전 2:12)라고 대답했다. 이것은 세상의 지혜가 아닌 영적 지혜다. 우리는 이것으로 하나님이 우리에게 허락하신 은혜들을 안다. 이것은 성령 하나님이 은혜로 우리에게 허락하셔야만 얻을 수 있다(요 16:13). 바울은 이 지혜가 참으로 놀라운 방식으로 효과를 나타낸다는 점도 아울러 강조했다. "우리 주 예수 그리스도의 하나님, 영광의 아버지께서 지혜와 계시의 영을 너희에게 주사 하나님을 알게 하시고 너희 마음의 눈을 밝히사 그의 부르심의 소망이 무엇이며 성도 안에서 그 기업의 영광의 풍성함이 무엇이며"(엡 1:17, 18). 이 은사는 그리스도를 통해 하나님에게서 온다. 곧 지혜와 계시의 영이 우리에게 주어진다. 우리는 그리스도를 머리로만 아는 냉랭한 지식이 아닌 복음의 계시를 통해 지혜롭게 된다. 이 안에는 인간적인 것, 곧 인간의 이론 체계는 아무것도 존재하지 않는다. 거듭난 사람은 이런 식으로 지혜롭고, 신중하고, 총명하게 되어 지혜와 계시의 영이신 성령과 교감한다. 세상은 이 성령을 받을 수 없다.

이미 충분히 설명했을 테지만, 여기에서 다시 이 지혜의 본질에 대해 잠시 생각해 보고 싶다. 성경은 이 지혜를 '모든 것'으로 일컬었다. "너희는 거룩하신 자에게 기름 부음을 받고 모든 것을 아느니라"(요일 2:20). "아무도 너희를 가르칠 필요가 없고 오직 그의 기름 부음이 모든 것을 너희에게 가르치며"(요일 2:27). '모든 것'은 우리의 복종과 위로와 구원을 비롯해 하나님이 인정하시는 예배에 필요한 모든 것을 의미한다. 이것은 요한복음 16장 13절의 '모든 진리'와 의미가 똑같다. '모든 진리'는 그리스도의 영적 왕국에 속한 모든 진리를 뜻한다.

신자들은 이런 식으로 그리스도의 거룩한 비밀에 참여한다. "하나님 나라의 비밀을 너희에게는 주었으나"(막 4:11). 이 비밀은 옛 사람들에게는 계시되지 않았다(롬 16:25). 바울은 '오직 은밀한 가운데 있는 하나님의 지혜를 말하는'(고전 2:7, 엡 3:9 참조) 이유를 "이는 그들로 마음에 위안을 받고 사랑 안에서 연합하여 확실한 이해의 모든 풍성함과 하나님의 비밀인 그리스도를 깨닫게 하려 함이니 그 안에는 지혜와 지식의 모든 보화가 감추어져 있느니라"(골 2:2, 3)라고 설명했다. 이해, 곧 영적 분별이 모든 것의 토대다. 하나님의 은혜로운 계획에 따라 여기에는 확신이 수반되고, 그 결과로 진리와 살아 있는 관계를 맺게 된다. 진리는 성부 하나님과 성자 하나님의 위대한 비밀을 가리킨다. 성령께서는 그리스도와 관계를 맺고 있는 신자들을 그 비밀 속으로 인도하신다. 나는 이 점을 "하나님과의 교통"이라는 주제를 다룬 책에서 상세하게 설명한 바 있다. 여기에서 다시 말하면, 이 가장 심원하고, 신비스러운 진리가 복음 신학의 본질이다. "오직 하나님이 성령으로 이것(진리)을 우리에게 보이셨으니 성령은 모든 것 곧 하나님의 깊은 것까지도 통달하시느니라"(고전 2:10).

거듭난 신자는 이 지혜를 통해 복음의 비밀을 깨닫고, 거룩한 진리의 형상을 따라 전인(全人)을 점진적으로 개혁해 나간다. 이것이 복음 신학의 가장 중요하고, 독특한 측면이다. 그것을 통해 죄로 인해 상실했던 하나님의 형상이 인간 안에서 새롭게 회복된다.

앞에서 '선천적인 자연 신학'은 인간이 처음에 창조되었을 때 지녔던 자연적인 신의식(神意識)으로 이루어졌고, 그 의식이 죄로 인해 하나님을 기쁘시게 하는 삶을 살 수 있는 능력과 함께 소실되었다고 말한 바 있다. 아울러, 하나님의 형상을 잃어버린 상황을 길게 설명하면서 '하나님의 형상'(고후 4:4, 골 1:15)이자 '하나님의 영광의 광채시요 그 본체의 형상'(히 1:3)이신 그리스도를 통하지 않으면 그것을 다시 회복할 수 없다고 강조했다. '예수 그리스도의 얼굴에 있는 하나님의 영광을 아는 빛'(고후 4:6)이라는 말씀에서 알 수 있는 대로, 그리스도께서는 거듭난 사람의 마음속에 성부 하나님의 영광을 밝히 드러내 그분을 흠

모하며 바라보게 만드는 거울이시다. 우리는 믿음으로 이 형상을 바라봄으로써(이것은 하늘의 지혜를 얻었을 때만 가능하다) 그 형상으로 변화되어 영광에서 영광에 이른다. 구원받은 신자는 "자기를 창조하신 이의 형상을 따라 지식에까지 새롭게 하심을 입는다"(골 3:10).

자연 신학과 함께 상실된 창조주의 형상이 생명을 주는 지식을 통해 회복되어 우리의 영혼을 '하나님의 형상'이신 그리스도의 형상으로 변화시킨다. 따라서 이 회복을 통해 우리가 참여하는 거룩함은 '진리의 거룩함'(엡 4:24)으로 일컬어진다. 이 거룩함은 진리로부터 나와 우리의 마음에 영향력을 행사해 그리스도의 형상을 본받게 만든다.

하나님이 복음 선포를 통해 그리스도 안에 있는 자신의 형상을 나타내기를 기뻐하실 때마다 성령께서는 그 말씀이 우리의 마음속에서 역사하게 만들어 살아서 활동하는 은혜가 되게 하신다. 그로써 우리의 전인이 새롭게 되어 그리스도의 형상으로 재형성된다. 이것이 살아 있는 지식(진리와의 내적 연합)의 원천이다. 믿음의 확신은 진리의 원천과의 효과적이고 실질적인 교류를 통해 주어진다. 이를 통해 복음적인 일들을 지각하고, 느끼고 맛볼 수 있는 능력이 생겨난다. 거듭 말하지만, 이것이 초자연적인 참된 신학의 첫 번째 효과다. 만일 이런 효과를 나타내지 못한다면, 그것으로 자연 신학을 대체해봤자 아무런 소용도 없을 것이다.

우리는 새롭게 주어진 지혜의 힘으로 진리, 곧 성경에 계시된 하나님의 생각을 이해할 수 있다. 이것이 이 진리를 '지식,' '깨달음,' '총명'으로 일컫는 이유다. 영적인 빛을 통해 이해력이 증진되어 복음의 비밀을 깨달아 구원에 이른 신자들은 그런 비밀들이 간직된 진리들을 자연스럽게 이해할 수 있게 된다. 성경은 종종 이를 하나님을 아는 지식으로 일컫는다. 여기에서 '지식'을 '과학'의 의미로 받아들여 신학을 일반 학문이나 철학과 같은 것으로 생각하면 큰 오산이다. 이미 말한 대로, 신학의 주제는 일반 학문과는 전혀 다른 특성을 띠기 때문에 그런 식으로 다루어서는 안 된다. 신학이 '지식'이면서 '빛'으로 일컬어지는 이유는 그것이 '어두운 데서 불러내어 그의 기이한 빛에 들어간'(벧전 2:9) 사람들만이 이해할 수 있는 것이기 때문이다.

신자들이 빠져나온 어둠은 외적인 어둠이 아닌 내적인 어둠, 곧 선천적인 어둠을 가리키고(이 때문에 진리가 분명히 존재하는데도 사람들은 그것을 알 능력이 없다), 그들이 들어간 기이한 빛은 외적인 복음의 교리는 물론, 성령의 내적 사역을 아울러 가리킨다. 성령의 내적 사역은 하나님의 영광을 의식할 수 있는 능력과 소질을 부여한다. 우리에게 비친 빛은 '그리스도의 영광의 복음의 광채'(고후 4:4)다. 이 빛은 우리의 마음을 밝힌다. 바울이 보내심을 받은 목적은 이방인들의 눈을 뜨게 해 '어둠에서 빛으로' 나오게 하기 위해서였다(행 26:18).

복음의 진리가 곧 빛이다. 그것은 보지 못하는 눈을 뜨게 만드는 안약이다. 선택받은 자들은 그것을 통해 진리의 빛을 본다. "주의 빛 안에서 우리가 빛을 보리이다"(시 36:9). 이 하늘의 빛이 영혼을 밝히면, 영혼은 그것을 통해 자신이 변화되어 새롭게 되었다는 것을 의식한다. "내 눈을 열어서 주의 율법에서 놀라운 것을 보게 하소서"(시 119:18). "주의 말씀을 열면 빛이 비치어 우둔한 사람들을 깨닫게 하나이다"(시 119:130). "또 아는 것은 하나님의 아들이 이르러 우리에게 지각을 주사 우리로 참된 자를 알게 하신 것과 또한 우리가 참된 자 곧 그의 아들 예수 그리스도 안에 있는 것이니"(요일 5:20). 새로워진 마음은 본래의 기능을 잘 수행할 수 있다. 하나님은 '마음을 열어 성경을 깨닫게 하신다'(눅 24:45). 바울은 디모데에게 "내가 말하는 것을 생각해 보라 주께서 범사에 네게 총명을 주시리라"(딤후 2:7)라고 말했고, 시편 저자는 "나로 하여금 깨닫게 하여주소서 내가 주의 법을 준행하며 전심으로 지키리이다…주의 법도들로 말미암아 내가 명철하게 되었으므로 모든 거짓 행위를 미워하나이다"(시 119:34, 104)라고 말했다. 신자들이 영적인 것을 인식할 수 있는 이유는 이 빛 때문이다. 복음적인 지혜는 그 어떤 인간의 지식과도 다르며, 추상적인 추론이나 진리에 대한 외적 지식만으로는 절대로 얻을 수 없다.

진리는 수동적이 아닌 능동적 속성을 지니기 때문에 이 새로운 빛과 지혜는 진리와 관련된 새로운 영적 감정을 불러일으킨다. 온 마음이 그리스도 안에서 하나님과 교통하며, 기꺼운 마음으로 부지런히 은혜 언약에 복종한다. 이것이 사람을 지혜롭고, 참된 신학자로 만든다. 간단히 말해, 복음의 비밀을 아는 지혜로운 사람은 성경의 계시를 통해 그리스도 안에 나타난 하나님의 뜻과 계획과 사랑과 은혜를 이해할 뿐 아니라 성령의 강력한 역사를 통해 기꺼이 하나님께 복종한다. 다시 말해, 그런 사람은 언약에 따라 복종과 거룩한 삶을 실천한다. 이것이 없으면, '지혜'의 이름을 아무리 내세워도 공허한 주장, 곧 한갓 그것의 그림자요 환영에 지나지 않을 뿐이다. 신학의 생명력은 지혜에 달려 있다. 이것이 신학이 '믿음과 경건함에 속한 진리의 지식'(딛 1:1)으로 일컬어지는 이유다. 참 신학은 경건이요 예배요 하나님을 경외하는 것이다.

욥기에는 우리가 항상 기억해야 할 가치가 있는 매우 중요한 말씀이 기록되어 있다. 그것은 바로 욥기 28장 12-23, 28절이다. "그러나 지혜는 어디서 얻으며 명철이 있는 곳은 어디인고 그 길을 사람이 알지 못하나니 사람 사는 땅에서는 찾을 수 없구나 깊은 물이 이르기를 내 속에 있지 아니하다 하며 바다가 이르기를 나와 함께 있지 아니하다 하느니라 순금으로도 바꿀 수 없고 은을 달아도 그 값을 당하지 못하리니 오빌의 금이나 귀한 청옥수나 남보석으로도 그 값을 당하지 못하겠고 황금이나 수정이라도 비교할 수 없고 정금 장식품으로도 바꿀 수 없으며 진주와 벽옥으로도 비길 수 없나니 지혜의 값은 산호보다 귀하구나 구스의 황옥으로도 비교할 수 없고 순금으로도 그 값을 헤아리지 못하리라 그런즉 지혜는 어디서 오며 명철이 머무는 곳은 어디인고 모든 생물의 눈에 숨겨졌고 공중의 새에게 가려졌으며 멸망과 사망도 이르기를 우리가 귀로 그 소문은 들었다 하느니라 하나님이 그 길을 아시며 있는 곳을 아시나니…또 사람에게 말씀하셨도다 보라 주를 경외함이 지혜요 악을 떠남이 명철이니라."

선한 욥은 지혜의 장소, 기원, 본질, 작용 방식을 진지하게 탐구하며, 하나님이 창조하신 만물이 그것의 상상을 초월하는 가치를 일치된 목소리로 증언하고 있다는 것을 알았지만, 그것들 가운데서는 지혜를 발견할 수 없다는 사실을 깨달았다. 가엾은 욥은 지혜를 찾기 위한 피곤한 노정을 한없이 지속할 수 없기 때문에 결국에는 영원히 멸망할 수밖에 없는 운명이었다. 그의 신세는 '들나귀 새끼'(욥 11:12)와 조금도 다르지 않았다. 그러나 마침내 하나님은 은혜롭게 개입하셨다. 그분은 욥을 불쌍히 여겨 그에게 참된 지혜의 장소와 본질을 알려주셨다. 그분은 그에게 "주를 경외함이 지혜요 악을 떠남이 명철이니라"라고 말씀하셨다. 하나님을 경외하며 거룩함을 추구하는 것이 곧 지혜다. 이것이 인간을 경건함을 추구하는 길로 인도하는 새로운 원리이자 참된 지식이다. "여호와를 경외함이 지혜의 근본이라"(시 111:10). "여호와의 친밀함이 그를 경외하는 자들에게 있음이여 그의 언약을 그들에게 보이시리로다"(시 25:14). 예수님은 "사람이 하나님의 뜻을 행하려 하면 이 교훈이 하나님께로부터 왔는지 내가 스스로 말함인지 알리라"(요 7:17)라고 말씀하셨다. 이 지혜는 하나님의 뜻을 행하고, 영과 진리로 그분께 복종하도록 이끈다. 매일 복음적인 경건을 실천하면, 이 지혜가 계속 증대되고, 강화된다. 이 모든 것이 서로 밀접하게 연관되어 있다.

이 영적 빛을 받지 못했거나 설혹 받았다고 하더라도 하나님이 그것의 성장을 위해 제공하신 수단들을 등한시한다면 어떻게 될까? 날마다 거룩한 삶을 살려고 노력하지 않고, 그런 수단을 등한시하며, 죄에 맞서 열심히 싸우지 않으면 크게 실망할 수밖에 없을 것이다. 그렇게 되면, 신학을 공부해도 아무런 진전도 없고, 자신에게도 전혀 유익하지 않을 뿐 아니라 하나님께도 인정을 받지 못할 것이 틀림없다. 예수님은 "너희가 내 말에 거하면 참으로 내 제자가 되고 진리를 알지니 진리가 너희를 자유롭게 하리라"(요 8:31, 32)라고 말씀하셨다.

바울 사도는 영적 지혜와 거룩한 삶이 불가분의 관계를 맺고 있다는 것과 참된 신학이 우리의 영혼을 복음적인 복종의 길로 인도하는 효력을 지닌다는 것을 놀랍도록 잘 설명했다. 즉 그는 "우리도 듣던 날부터 너희를 위하여 기도하기를 그치지 아니하고 구하노니 너희로 하여금 모든 신령한 지혜와 총명에 하나님의 뜻을 아는 것으로 채우게 하시고 주께 합당하게 행하여 범사에 기쁘시게 하고 모든 선한 일에 열매를 맺게 하시며 하나님을 아는 것에 자라게 하시고"(골 1:9, 10)라고 말했다. 그는 골로새 신자들이 하나님을 아는 지식(복음 신학)으로 충만하기를 바랐다. 오직 그것만이 그들의 지혜요 영적 지식이었다. 이 지식과 지혜는 가능한 모든 방법으로 복종을 실천할 때 구체적으로 드러난다. 바울은 그들이 단지 단순한 지식으로 충만하거나 영적 깨달음의 유익을 누리는 것만으로 그치지 않고, 그것을 통해 하나님을 기쁘시게 하는 삶을 살며 선한 행위의 열매를 맺기를 바랐다. 그것이 참된 지혜의 본질이자 속성이다. 참된 지혜가 그것에 참여하는 자들 안에서 강력하게 역사하면 그런 결과가 나타날 수밖에 없다. 하나님께 관한 살아 있는 지식은 매일 증대되면서 경건하게 살도록 고무함으로써 자기 형상으로 사람들을 새롭게 형성하시는 그분을 영화롭게 한다. 지혜와 경건은 서로 밀접한 관계를 맺고, 서로를 계속해서 고무하고, 증대하고, 강화하고, 촉진한다.

베드로는 내면에 영적 생명이 존재한다는 것을 보여주는 복음적인 덕성들을 나열하고 나서 "이런 것이 너희에게 있어 흡족한즉 너희로 우리 주 예수 그리스도를 알기에 게으르지 않고 열매 없는 자가 되지 않게 하려니와"(벧후 1:8)라고 덧붙였다. 그리스도와 연합했다고 아무리 열심히 고백하더라도 그런 열매들이 없다면 "이런 것이 없는 자는 맹인이라"(벧후 1:9)라는 말씀대로 참된 지혜에 도달할 수 없다.

이런 경험을 통해 깨달은 진리의 형태를 따라 전인(全人)이 서서히 새롭게 형성되고, 지성으로 이해한 말씀이 마음속에서 열매를 맺는 결과가 나타난다. 이 새로운 내적 지혜는 계속해서 의지를 움직여 복음적인 복종을 추구하고, 실천하게 만든다. 이것이 신학의 첫 번째 목적이다. 신학의 궁극적인 목적은 이미 다른 곳에서 다루었기 때문에 여기에서는 언급할 생각이 없다. 이 지혜의 정도는 제각기 다르고, 그 작용 범위는 성령께서 자신의 주권적인 뜻에 따라 적절하게 허락하시는 이해력(즉 하나님의 계시된 말씀인 성경을 이해하는 능력)의 한도는 물론, 우리의 영적 순종과 복종의 상태에 따라 달라진다.

성경에는 하나님에 관한 지식이 완벽하게 집약되어 있다. 성경은 완전하지만, 우리의 이해력은 성령께서 무한하신 지혜에 따라 신자들 개개인의 영적 상태에 알맞게 허락하신 빛의 정도와 지식의 향상을 돕는 수단들을 얼마나 충실하고, 부지런히 활용하느냐에 따라 달라진다. 복음 신학에 대한 이해의 정도는 신자가 이룬 성장의 수준에 따라 달라질 수밖에 없다. 그러나 이 지식은 정도는 제각각 다를지라도 우리 주 예수 그리스도를 통해 모든 영적 은사를 나눠주시는 성령의 사역에서 기인한다는 점에서는 모두 아무런 차이가 없다.

7장
복음 신학 7

　이미 말한 대로, 하나님의 계시된 말씀은 신학이 여러 과정을 거쳐 발전하는 동안, 줄곧 그분에 대한 올바른 예배를 가르치는 원천이자 규범으로 작용했고, 그 안에는 계시의 다양한 단계가 아울러 포함되어 있었다. 말세가 되자 성부의 품속에 있던 독생자를 통해 계시의 역사 속에 간직된 깊은 비밀이 명료하게 드러났고, 죄인들을 구원해 하나님이 인정하시는 예배를 드릴 수 있게 하신 그리스도의 영광이 분명하게 나타났다. 이 온전한 계시의 일반적인 속성과 그리스도께서 그 위에 자신의 새 교회를 세우신 사실에 대해서는 앞에서 이미 논의한 바 있다(이 새 교회는 마지막 날까지 존속할 것이다). 앞의 논의를 마무리하려면, 이 교회의 상태를 간단하게 살펴봐야 할 필요가 있다. 이 주제는 매우 중요하지만, 너무 길게 다룰 필요는 없을 듯하다. 왜냐하면 복음 교회의 참된 본질을 구체적으로 상세하게 밝히는 것은 내가 의도한 목적에 부합하지 않을 뿐 아니라 앞에서 말한 내용만으로도 대략적인 설명이 충분히 이루어졌다고 생각되기 때문이다.

　복음 신학은 참 교회는 거듭난 자들로만 구성된다고 가르친다. 교회의 토대는 예수 그리스도이고, 그분은 참된 '산 돌'이시기 때문에 오직 '산 돌들'만이 그분 위에 놓여 신령한 집으로 세워지도록 허락된다

(벧전 2:5). 그리스도께서 세상에서 가르치신 신학은 새로운 탄생을 요구한다. 새로운 탄생이 없으면, 그 누구도 그리스도의 제자가 될 수 없다.

두어 가지 부가적인 논증을 통해 이 점을 좀 더 설명하면 다음과 같다. 신명기 7장 6절("너는 여호와 네 하나님의 성민이라 네 하나님 여호와께서 지상 만민 중에서 너를 자기 기업의 백성으로 택하셨나니"), 14장 2절("너는 네 하나님 여호와의 성민이라"), 26장 19절("너를 네 하나님 여호와의 성민이 되게 하시리라")을 통해 익히 짐작할 수 있는 대로, 하나님은 옛 교회를 향해서도 똑같은 것을 요구하셨다. 옛 교회에 속한 모든 의식은 장차 주어질 축복의 그림자, 곧 예표이자 비유의 성격을 띠고 있었기 때문에 하나님이 이스라엘 백성에게 요구하고, 수여하신 이 거룩함도 그리스도 안에서 이루어질 영적 거룩함(온 교회를 위해 예비되었고, 성령을 통해 주어지게 될 거룩함)을 가리키는 예표적 성격을 지녔다. 앞에서 말한 대로, 모든 의로운 의식은 '시대의 큰 변화'가 일어날 때까지 지속하다가 마침내 온전히 성취되었다. 성령께서는 구약성경의 여러 곳에서 교회의 영원하고, 항구적인 상태, 곧 그것의 내적인 영적 현실을 보여주셨다. 교회에 관한 예언의 말씀 가운데 가장 자주 강조되었던 내용은 교회에 속한 지체들의 인격적인 의의 절대적 필요성이었다(시 2:6, 24:3, 4, 45:13, 68:13, 사 11:8-10, 35:8, 54:11-14, 60:21, 겔 47:9, 슥 14:20, 21, 말 4:1, 2).

주의 길을 예비하는 사명을 띠고 먼저 보내심을 받은 세례 요한은 하늘나라가 가까이 왔다는 선언과 함께 그곳에 들어가려면 회개(새롭게 되어 거룩해지는 것)가 반드시 필요하다고 강조했다(마 3:2). 또한, 그는 아브라함의 후손인 것과 이스라엘 회중에 속한 특권을 자랑하는 유대인들에게 참된 회개가 없으면 메시아의 왕국에 들어갈 수 없기 때문에 혈통은 아무런 가치가 없다고 질타했다(마 3:9, 10).

옛 선지자들은 유대 교회가 메시아의 강림을 오랫동안 기다리며 큰 시련을 겪게 될 것이라고 예고하면서 이스라엘 백성의 회개와 거룩함과 참된 경건을 가로막은 자들에게 무서운 보응이 뒤따를 것이라고 경고했다(말 3:1-5, 4:1-4). 말라기의 메시지는 세례 요한의 메시지와 일치했다(마 3:10). 그리스도께서는 자신의 사역을 통해 새 교회의 기초를 놓고서 모든 사람에게 자기에게 오라고 말씀하셨다. 그분은 성부께서 이끌지 않으시면 아무도 자기에게 올 수 없다고 가르치셨다(요 6:44). 그분은 참된 회심을 경험하지 못한 자들을 자신의 우리 안에 들이지 않으셨다. 그리스도께서는 서기관과 바리새인의 의보다 더 나은 의를 지니지 못한 사람은 자신의 제자가 되어 자기 교회에 들어올 수 없다고 선언하셨을 뿐 아니라 참된 회개가 없으면 경건의 형식을 빈틈없이 갖추었더라도 아무런 가치가 없다고 말씀하셨다. 자기를 부인하고 예수님을 따르지 않는 사람은 그 누구도 그분의 제자가 될 수 없었다(마 10:38, 16:24, 눅 9:23). 이와 비슷한 취지의 말씀들이 예수님의 사역 안에서 자주 발견되지만, 사역이 시작된 초기에 그런 가르침이 주어졌다는 것은 주목할 만한 사실이 아닐 수 없다. 예수님은 처음부터 엄격한 기준을 제시하셨다. 간단히 말해, 거듭나지 않으면 아무도 하늘나라에 들어갈 수 없다(요 3:3-5).

예수님은 자신의 사역을 끝마치고 나서 사도들에게 신자들을 불러 모아 세상과 구별되는 가시적인 교회를 세우라는 임무를 맡기셨다. 이 임무는 사도들로부터 다른 복음 전도자들과 제자들에게로 계속 이어졌지만, 교회에 들어오는 조건은 항상 똑같았다. 성경은 그리스도의 우리 안으로 들어온 사람들의 특성을 분명하게 언급했다. 즉 그들은 모두 거듭났다. 그들은 강력하고, 거룩한 부르심을 통해 의롭고, 충실하고, 거룩하고, 정결한 자가 되었다. 그들은 의롭다 하심을 받아 세상과 구별된 하나님의 자녀이자 산 돌들이 되었다. 그들은 성령의 가르침을 받고, 그리스도를 본받으며, 선한 일에 힘쓰고, 하나님의 형상으로 새롭게 되었다(행 2:41, 42, 47, 4:32, 8:37, 10:47, 13:48, 16:14, 15, 19:18, 19, 롬 1:7, 12:1, 2, 고전 1:2, 9, 30, 16:1, 고후 1:1, 8:5, 엡 1:1, 2, 13, 2:5, 9, 10, 빌 1:1, 6, 7, 골 1:2-5, 살전 1:1-10, 딤후 3:5, 히 3:6, 벧전 1:2-5, 2:4, 5, 벧후 1:1-4, 요일 2:20, 27, 유 1:1 참조).

불경하고, 무지하고, 불순종하고, 믿음이 없고, 복음의 비밀을 모르는 외인들, 위선자들, 속된 자들, 선을 미워하는 자들은 교회의 울타리 안으로 들어올 수 없다. 물론, 이런 가시적인 구별은 사람의 마음을 아시는 주님이 아닌 사람들을 통해 이루어지는 것이다. 가장 세심한 주의를 기울여 그리스도의 참된 양들만 교회에 들어오도록 허용하려고 노력했지만, 시간이 흐르자 이따금 저속한 위선자들이 몰래 침투하기 시작했다. 이들은 나중에 이탈과 배교를 통해 교회의 기초를 뒤흔들고, 교회를 오염시키는 역할을 했다.

복음 신학은 교회의 보편성을 요구했다. 교회는 더 이상 하나의 지역이나 특정한 종족이나 가족이나 인종이나 국가에 국한되지 않고, 지구상의 모든 사람을 위한 것이어야 했다. 그 어떤 도시나 산이나 장소나 지역도 더 이상 특별한 축복을 받은 예배 중심지가 될 수 없었다. 성전의 휘장은 찢어졌고, 중간에 막힌 담은 허물어졌으며, 거룩한 땅의 경계가 해 뜨는 곳에서부터 해 지는 곳까지 확장되었고, 인종과 지역을 막론하고 모두가 하나님과 화목할 수 있는 길이 열렸다. 하나님은 더 이상 예루살렘이나 로마나 콘스탄티노플이나 런던이나 옥스퍼드를 중요하게 여기지 않으신다. 가장 초라한 황야의 정착촌이더라도 성령을 따라 복음적인 예배를 드리고, 죄를 미워한다면 하나님은 그곳을 중요하게 여기신다. 하나의 장소나 도시가 하나님의 계획 속에서 영구적인 중요성을 지닌다는 가르침은 신약성경은 물론, 구약성경의 어디에도 암시되어 있지 않다.

물론, 하나님은 과거에 특정한 장소를 예배의 중심지로 지정하셨다. 그러나 예배를 오직 그곳에서만 드려야 한다는 암시는 어디에도 없다. 하나님은 자기 백성이 그런 예배 장소에서 멀리 떨어져 있을 때도 예배를 소홀히 하면 자신의 책에서 지워버리겠다고 경고하셨다. 복음이 나타난 이후로는 그런 예배 중심지가 전혀 언급되지 않았다. 두세 사람이 그리스도의 이름으로 모인 곳에는 그분이 임재하신다. 이제는 온 세상이 모두 그리스도의 소유이기 때문에 그 누구도 하나님의 거룩한 땅에서 신자를 끌어낼 수 없다. 비록 세상과 마귀의 폭압과 협잡으로 인해 광야와 사막과 변방으로 밀려나고, 태양과 계절의 유익을 누리지 못하는 신세로 전락하더라도 신자가 발견되는 곳이면 어디나, 심지어는 그들이 지친 머리를 뉘는 땅까지도 하나님 앞에서는 특별하고, 거룩하다. 하나님은 그들의 즉흥적인 모임도 그들이 런던이나 로마나 옥스퍼드에서 편안하게 모이는 모임처럼 귀하게 여기신다. 파벌주의와 어리석음으로 인해 복음 신학의 정신을 거부하며 하나님에 대한 예배가 제약을 받는다면, 그곳이 제아무리 화려한 건물일지라도 하나님을 전혀 기쁘시게 할 수 없다. 오히려 하나님은 충실한 신자 두세 사람이 그리스도의 이름으로 모여 예배를 드린다면, 양우리, 헛간, 외양간, 높이 솟은 절벽, 동굴, 구덩이 등, 어느 곳이 되었든 그곳을 훨씬 더 기쁘게 여기신다.

우리 주 예수 그리스도께서는 천국의 신민인 제자들에게 세상에서 가시적인 복음 예배를 정기적으로 드려 하나님의 영광을 드러내고, 충실한 자들을 위로하고, 굳세게 하라고 가르치셨다. 그분은 그들에게 함께 모여 서로 사랑과 형제애를 베풀고, 사람들을 선발해 지도자로 세우라고 요구하셨다. 사람들이 성령의 인도와 은혜를 통해 한자리에 모여 세상에서 자신의 나라를 세우는 데 필요한 훈련을 받을 수 있는 보편적인 교회를 세우는 것이 그분의 뜻이었다. 그런 복음적인 예배가 이루어지는 데 필요한 조건은 단 하나, 충실한 자들의 동의뿐이었다. 그리스도께서는 교회가 하나의 가족이나 마을이나 도시나 민족이나 인종이나 국가에 국한된다고 가르친 적이 한 번도 없으셨다. 참 교회는 보편적이다. 참 교회는 그리스도의 충실한 제자들이 서로 복종하겠다고 자발적으로 동의하는 것으로 구성된다. 그들은 그리스도 안에서 함께 모여 그분의 권위에 근거한 모임을 형성한다. 앞서 말한 대로, 이것은 그리스도께서 정하신 것이다. 충실한 자들은 그리스도의 명령에 따라 어디서나 그런 모임을 형성했고, 그곳에서 복음적인 예배를 드렸다. 그들은 새 신자들을 불러들이고, 권징을 실시해 교회의 순결을 유지하고, 성경이 가르친 규칙에 따라 자신들에게 주어진 의무를 성심껏 지키고, 서로 권고하고, 기도하고, 구제하고, 영적 교제를 나누고, 진리를 선포하고, 복음의 향기를 널리 퍼뜨리고, 선한 일을 위한 열정과 거룩한 삶으로 세상을 이기고, 서로의 평화와 사랑을 유지하는 데 힘써야 했다. 과거의 성도들은 그리스도의 명령에 순종해 세상 곳곳에 그런 모임을 형성했다. 그들은 지금도 그렇게 하고 있고, 앞으로도 세상이 끝날 때까지 계속 그렇게 할 것이다.

복음 신학은 그리스도께서 오로지 영적 예배만을 인정하신다고 가르친다. 그리스도께서는 아무리 화려하고, 매혹적이더라도 속된 장식이나 외형적인 웅장함은 모두 폐하고, 몇 가지 단순한 예배 의식으로 대체하셨다(요 4:23, 고후 3:6-11, 히 9:11, 12). 하나님이 옛 예배에 가시적으로 필요했던 것은 마지막 하나까지 빠짐없이 지시하셨던 것처럼, 그리스도께서도 자신이 원하시는 것들을 분명하게 요구하셨다. 그분은 온전히 성취되어 옛것이 되어버린 장식물들과 의식들을 참된 예배로부터 모두 제거하셨다. 그런 외형적인 것들은 다 폐지되고, 예배의 특별한 영적 속성, 복음적인 복종의 필요성, 권징과 그것의 영적 집행 방식만이 강조되었다. 이 점에 대해서는 다른 곳에서 좀 더 자세히 설명할 예정이다.

그리스도께서는 모든 것이 하나님의 뜻에 따라 적절하고, 질서 있게 이루어지도록 성경을 복음적인 예배의 기준이자 믿음과 복종과 예배에 관한 모든 문제를 판단하는 유일한 규칙으로 제시하셨다. 그분은 자신의 말에 다른 무엇을 더하는 것을 절대로 허락하지 않으신다(마 28:18-20). 그분은 세상 끝날까지 성령의 사역을 통해 교회가 모이는 곳이면 어디에나 은혜롭게 임재하겠다고 약속하셨다(마 28:20, 요 14:15, 16, 요 16:7). 그분은 또한 신자들에게 성부께 성령을 구해 그분을 복음적인 예배를 위한 동반자요 인도자로 삼으라고 당부하셨다(눅 12:10, 요 3:5, 6, 8, 4:24, 롬 7:6, 8:1, 9, 13, 26, 15:30, 고전 2:4, 12:13, 고후 3:8, 갈 5:16-25, 엡 2:4, 12:13, 고후 3:8, 갈 5:16-25, 엡 2:18, 4:3, 5:18, 빌 1:19, 2:1, 살전 5:19).

예수 그리스도께서는 제자들에게 복음 신학을 가르치고 나서 그들을 세상에 보내 자신과 하늘에 계신 성부 하나님께 영광을 돌리게 하셨다.

8장
복음 신학(결론)

　　길이요 진리요 생명이신 예수님은 자기 교회를 세우셨다(이것은 대다수 사람이 동의할 뿐 아니라 단 몇 마디로 확실하게 입증할 수 있는 사실이다). 성부께서는 그리스도에게 나라를 주셨고, 그분은 자신의 교회가 세상 끝날까지 존속할 것이라고 가르치셨다. 성자께서 성도에게 단번에 주신 믿음에 더 보태야 할 것은 아무것도 없을 뿐 아니라 계시된 신학을 통해 교회의 지위가 확고하게 확립되었기 때문에 앞서 말한 것과 같은 교회 전체를 쇄신하는 전면적인 개혁은 두 번 다시 일어나지 않을 것이다. 복음 교회는 가시적인 그리스도의 왕국이기 때문에 절대로 폐하여 없어질 수 없다.

　　복음 교회는 특정한 지역이나 예배 중심지나 씨족이나 인종이나 문화에 국한되지 않는 보편성을 띤다. 모든 지체가 한자리에 모일 필요가 없다. 복음 교회는 중단 없이 계속된다. 참 하나님을 예배하는 자들이 성령을 통해 그리스도 예수 안에서 함께 모이는 곳이면 어디나 교회가 성립된다. 이 조건만 충족되면 교회는 계속해서 유지된다. 성경을 통해 분명하게 알 수 있는 대로, 특정한 장소에서 함께 모이는 모임은 시간이 지나면 사라질 수밖에 없다. 일부 교회들이 처음에 부르심을 받고 나서 어느 정도의 시간이 지나면서 초창기의 믿음과 사랑과 순결함을 잃어버리는 일이 더러 있었기 때문에 성령께서는 신속한 개혁이 이루어지지 않으면 주님이 그들을 완전히 버리고 떠나실 것이라고 경고하셨다(계 3:1-4, 16-20). 성령께서는 심지어 사도들이 아직 살아서 사역하는 동안에도 그리스도의 이름을 고백한 일부 신자들이 그분의 멍에를 벗어던지고 배교를 저지를 것이라고 예고하셨다(살후 2:3, 7, 8). 요한은 그런 배교의 발단과 진행 과정과 불가피한 결말을 요한계시록의 여러 곳에서 언급했다.

세월이 흐르면서 세계 곳곳에서 많은 교회가 그런 죄를 저질렀지만, 온 세상에 가장 널리 퍼져 있던 위선자와 우상 숭배자들은 대부분 '로마 교회'로 불리기를 좋아했던 이들이었다. 이들의 사악함은 다른 모든 이들을 능가했다. 그런 이유로 배교에 관한 모든 예언이 그들에게 적용되었고, 그들은 복음 신학의 규범을 완전히 무시한 결과가 어떤 것인지를 보여주는 본보기가 되었다. 이 문제는 이미 많은 학자들이 다루었고, 배교의 발단과 진행 과정과 단계들을 조사해 로마 교회가 저지른 범죄를 일일이 파헤쳤기 때문에 여기에서는 길게 논의할 필요는 없을 듯하다. 그러나 비록 학자들의 수고와 부지런함을 통해 이루어진 결실을 대체할 만한 것은 못되더라도 내 나름대로 배교의 원천과 발흥 및 그로 인한 사악한 미신과 오류를 대략적으로나마 다루는 것은 필요하다는 생각이 들었다.

내가 이 문제를 다루는 데 열심을 낼 수밖에 없는 이유는 많은 교회가 오랫동안 배교의 덫에 걸려있다가 하나님의 은혜 덕분에 그 죄책과 범행에서 자유롭게 되었지만, 또다시 경계심과 경각심이 느슨해져 사악한 배교 행위를 부추기는 요인들과 오류에 빠져들 위험성이 여전히 존재하기 때문이다. 따라서 이전에 살펴보았던 과정을 다시 더듬어 살펴봐야 할 필요가 있다. 교회에 허락된 계시의 단계와는 상관없이 배교는 시대를 막론하고 항상 기본적인 신학적 원리를 무시하거나 의도적으로 저버리는 행위를 통해 일어난다. 예수님이 교회를 세우기 위해 가르치셨던 복음 신학의 근본 원리들이 무엇인지는 이미 앞에서 살펴본 바 있다. 로마 교회의 배교는 그런 원리들을 무시하거나 배척한 데서부터 시작되었다(이런 일이 오늘날에는 없었으면 좋겠다). 그렇게 된 원인을 순서대로 간단히 살펴보면 다음과 같다.

복음 신학의 첫 번째 요소는 교회의 구성원과 관계가 있다. 참 교회는 성령으로 거듭나서 삶의 변화를 보여주는 증거가 있는 자들, 곧 진리를 좇으며 사람들 앞에서 흠 없이 사는 자들로 구성된다. 이 원리를 무시한 데서 '불행의 첫 번째 일격'이 가해졌다.[1] 교회는 그 일격을 얻어맞고 배교를 향해 치닫기 시작했다. 초기 교회의 사역자들 가운데는 그런 상황을 인지하고 사태의 심각성을 의식한 사람들이 많았지만, 그와는 달리 아무나 마구 교인으로 인정하는 사역자들도 적지 않았다. 그러자 곧 영적인 것들에 대해서는 아무런 관심이 없고 단지 세속적인 이유만으로 교회에 나오는 사람들이 크게 불어났고, 성직자들은 그들을 기꺼이 받아들였다. 그리스도인을 자처하면서도 불경스럽고, 미신적이고, 육신적이고, 교만하고, 탐욕스럽고, 사치스럽게 사는 사람들이 많았다. 그런 사람들이 교회에 대거 유입되었다. 아우구스티누스는 "어떤 사람들은 일시적인 유익을 얻기 위해 사람들의 비위를 맞추거나 자신이 두려워하는 사람들의 심기를 거스르지 않으려고 그리스도인이 되기를 원했다"라고 증언했다.[2]

그런 사람들이 교회로 유입되자 믿음의 교리, 특히 중생의 교리가 교회 내에서 신속하게 오염되고 말았다. 세상과 구별되는 삶이 등

---

1 Virgil, *Aeneid*, Book 2, line 97.
2 Augustine, *Catechism*, chapter 2.

한시되자 복음의 신성함과 영광이 퇴색되었고, 회심을 경험하지 못한 이교도들과 함께 미신적인 관습이 물밀 듯 밀려 들어왔으며, 교회의 권징이 이교도의 속된 상태에 맞추어 재조정되었다. 위선자들을 비롯해 거듭나지 못한 사람들이 쇄도해 들어와서 참 신자들을 압도하자 영적 교리를 당시에 유행하던 철학 체계에 순응시키려는 교회 지도자들이 나타나기 시작했다. 믿음이 무시되고, 교리 연구가 중단되고, 중생이 기계적으로 거행되는 세례 의식과 동일시되고, 총회나 공회로 모일 때 진리와 경건함을 추구하는 일이 등한시되고, 다수가 그런 본질적인 것들이 묵살되는 것에 아무런 관심도 기울이지 않는 사태가 빚어졌다. 세상의 대부분이 기독교 신앙을 고백했지만, 정작 그리스도께서 제정하신 것은 모두 '다른 복음'으로 변질되고 말았다. 그런데 참으로 이상하게도 교회 안에서는 아무런 항변이나 분리가 일어나지 않았다.

그리스도께서 제정하신 권징은 영적인 성격을 띤다. 따라서 권징이 유지되려면 교회가 영적이어야 한다. 권징이 지속적인 효력을 발휘하려면 교인들이 계속해서 영적으로 새로워져야 한다. 위선자들과 육신적인 자들이 교회에 들어오도록 허용되자 그리스도께서 제정하신 거룩한 권징은 그들에게 아무런 영향도 미치지 못했기 때문에 그 본래의 기능을 제대로 발휘할 수가 없었다. 어쩌다 권징이 실시되더라도 한갓 겉치레에 지나지 않았다. 악하고, 부패한 자들이 교회를 장악하자 세속적인 교권만 살아남았다. 영적인 권징이 무시되고, 권징의 영성을 부인하는 가증스러운 가르침이 성행하자 교회는 이교도들로 가득 찼고, 유대적 관습의 잔재가 가미된 헬라주의가 규범으로 자리 잡았다. 그로 인해 천사 숭배, 죽은 자들을 위한 기도, 갖가지 형상, 연옥, 수도원 제도, 수녀들, 사제들, 미사 의식, 성전 봉헌식, 금식일 준수, 성인들을 위한 신당(이것은 이교도들이 과거에 지하세계의 신들에게 신당을 지어 바쳤던 것과 비슷했다)과 같은 것들이 생겨났다. 제단에 초를 태우는 의식을 비롯해 절기에 횃불을 들고 다니는 정화 의식과 같은 것들은 이교도들이 우상들을 숭배할 때 항상 했던 것들이다. 봄이 시작될 때 대지의 여신을 숭배했던 기쁨의 절기는 '동정녀의 날'로 바뀌었다. 이 밖에도 여기에서 언급하지 않은 관습들이 셀 수 없이 많다. 기독교가 고대의 미신이 새롭게 꽃을 피우는 온상이 되고 말았다.

바로니우스는 이런 관습들을 몇 가지 언급하고 나서 "이것들도 이방인들의 다른 많은 관습과 똑같은 방식으로 거룩한 의식을 통해 새롭게 탈바꿈되어 하나님의 교회에 더해졌다"라고 말했다.[3] 학식이 매우 뛰어난 로마 교회의 한 학자도 이교의 관습이 로마 교회 안으로 많이 유입되었다고 솔직하게 인정했다. 그는 "가장 신중한 사람도 계승된 것이 이전의 신앙인지 온갖 미신이 뒤섞인 것인지 구별하기가 어려울 것이다"라고 말했다.[4] 바로니우스가 말한 대로, 벨기에 검열자들은 이 말을 삭제 목록에 넣어 없애도록 지시했다. 이처럼 교회에 이교도를 허용한 결과로 시간이 지나면서 심각한 오염이 발생했다.

이번에는 영국의 역사를 통해 또 하나의 사례를 살펴보기로 하자. 이것은 아우구스티누스라는 이름의 로마 교회 수도사와 그의 '성수(聖水)'에 관한 이야기다. 캠던은 초창기 문서의 한 파편에서 발견된 이 이야기를 이렇게 소개했다. "'아우구스티누스'라는 수도사가 영국의 귀족들과 평민들이 함께 모여 축하했던 성탄 주일에 남자만 해도 만 명이 넘는 데다가 여자들과 아이들까지 합치면 그야말로 셀 수조차 없이 많은 사람들에게 세례 의식을 집행했다. 그렇게 많은 사람들의

---

3   Baronius, *Notes on Roman Martyrology*.

4   Virgil, *The Nature of Things*, Book 5, chapter 1.

죄를 깨끗하게 하는 의식을 거행하려면 많은 사제는 물론, 많은 양의 물이 필요했다. 따라서 아우구스티누스는 영국인들이 '스웨일(요크셔에 있는 강)'로 일컫는 강을 축사했다. 교사들과 포고자들은 사람들에게 거리낌 없이 앞으로 나와 제각기 자기 순서대로 성삼위 하나님의 이름으로 세례를 받으라고 지시했다. 그 광경은 이스라엘 백성 앞에서 홍해가 갈라지고, 요단강이 갈라졌다가 다시 닫혀 백성들이 마른 땅을 딛고 건너편 해안으로 건너갔던 기적을 방불했다." 비드는 이 이야기의 주인공이 파울리누스라고 말했다. 그러나 그가 누가 되었든, 복음 신학에서 벗어나면 어떤 결과가 나타나는지를 보여주는 교훈적인 사례를 제공했다는 점에서 감사를 표해야 할 듯하다.

불경스러운 혼합이 죄가 침투한 이래로 교회가 부패하게 된 첫 번째 원인이었다(창 6:1-4). 그 후로 하나님은 이스라엘 백성에게 그런 오류를 피하라고 여러 차례 경고하셨다(출 23:32, 34:12-14, 신 7:2-5). 사사기에 상세하게 묘사된 배교의 원인도 바로 그것 때문이었다(삿 2:1-3). 기독교 교회도 그와 똑같은 오류를 통해 배교를 저질렀다.

복음 신학과 교회론의 또 하나의 근본 원리는 교회의 참된 보편성이다. 이 원리를 무시한 것이 교회의 타락을 부추긴 두 번째 원인이었다. 초창기 그리스도인들은 이 원리를 오해했거나 대놓고 무시하기 시작했고, 그로 인해 기괴한 견해들이 제기되었다. '특별한 사도좌(使徒座)'라는 거짓이 이 원리에 첫 번째 일격을 가했다. 성경의 재가를 받지 않고 사람들이 제멋대로 인구가 많은 이런저런 도시의 교회를 다른 교회들의 우위에 올려놓자, 곧바로 그런 개념을 지지하는 거짓말과 갖가지 세속적인 특권들이 날조되었다. 그것들은 참된 복음 교회의 보편성을 정면으로 거슬렀다.

그리스도께서는 사도들에게 모든 민족에게 복음을 전하라는 사명을 부여하셨다. 그들은 그 사명을 이행하기 위해 한 곳에 오랫동안 머물지 않았다. 바울 사도는 예루살렘에서부터 일루리곤까지 많은 지역에 복음을 전했다(롬 15:19). 그러나 사도들이 세상을 떠나자 곧 이런저런 도시에 사도들이 영구적으로 거주한다는 거짓말이 득세하기 시작했다. 여기에는 베드로의 주교좌가, 저기에는 야고보의 주교좌가, 또 다른 곳에는 요한의 주교좌가 정해졌다. 그런 도시들은 거짓을 통해 명성을 얻었고, 다른 교회들을 능가하는 특권을 누리기 시작했다. 이런 거짓의 결과는 부끄러움을 모르는 다툼과 법정 소송이었다. 교회 지도자들은 예수 그리스도의 말씀을 노골적으로 거역하고, 형제들 위에 군림하려고 서로 아귀다툼을 벌였다. 이 속된 교만과 악마적인 야심(교회를 해치는 큰 범죄)으로 인해 한 사람(즉 로마 주교)이 다른 경쟁자들을 물리치고 승리를 거머쥠으로써 교회의 참된 보편성이 훼손되었다. 그 후로 하나의 도시, 아니 한 사람의 개인이 교회 전체의 이름과 존엄성을 가로채 독차지했고, 많은 아첨꾼들이 그를 칭송했다. 참된 보편 교회는 무참히 파괴되었고, 그들이 세운 교회는 세속적인 권력을 행사했다. 그들은 자신들의 주장이 교회의 참된 본질을 뒤엎고, 노골적으로 거스르는 것이라는 사실을 조금도 염두에 두지 않았다. 이 기괴한 배교를 통해 결국 교회 전체가 오염되었다. 이것이 교회의 타락을 가져온 두 번째 요인이었다.

셋째로 그리스도께서는 복음적인 예배를 드릴 수 있는 모임, 곧 충실한 신자들이 자발적으로 모이는 모임을 제정하셨다. 그러나 배교자들은 하나의 특별한 교회의 우월성을 내세워 보편 교회는 물론, 지역 교회를 모두 장악했다. 그 결과, 지역 교회들은 그리스도께서 명령하신 의무와 기능을 수행하는 데 제약을 받아야 했다. 단순히 그리스도의 이름을 고백했다는 이유만으로 도시와 지역과 국가 전체가 그들의 지배 아래 귀속되었다. 그 과정이 너무나도 신속했기 때문에 참된 회심이 이루어지기는 거의 불가능했다. 그 지역에서 이루어진 특별한 형태의 세속적인 행정 절차가 교회 안에까지 확대되어 적용되는 경우가 비일비재했다. 결국, 겉모습만 교회일 뿐, 세속 정부와 별반 차이가 없었다.

이처럼 로마 교회는 가장 대표적인 사례다. 로마 교회는 지역 교회로 시작했지만, 보편적인 우위를 차지하기를 원했다. 로마 교회는 개별적이면서도 보편적인 참 교회의 속성과 형태를 등지고, 세속 정부의 속성과 형태를 따랐다. 개별적이면서도 보편적인 속성을 상실한 로마 교회는 더 이상 교회가 아니었다. 로마 교회는 그리스도께서 정하신 한계를 넘어섰고, (한갓 하나의 지역 교회에 불과한데도) 기독교 신앙을 고백한 로마 제국의 모든 신민을 통제하고, 감독하고, 지배했다. 로마 교회는 차츰 제국의 형상으로 변질되었고, 그리스도께서 세우신 교회의 특성을 모두 잃고 말았다. 다른 국가들에서도 이와 비슷한 일이 발생했다.

넷째로 복음 신학은 예배의 영광스러움이 내적이고, 영적인 성질을 띠고 있다고 가르친다. 종교적인 예배에는 실제로 신성한 것이 존재한다는 것이 모든 사람의 생각이다. 따라서 사람들은 뭔가 영광스럽고, 장엄한 것이 없어 보이는 종교적인 예배는 흡족하게 여기지 않는다. 그러나 그들 자신이 영적이지 않으면 영적 예배의 영광스러움을 볼 수 없다. 구원받지 못한 상태로 복음적인 예배의 중심지인 교회 안으로 몰려든 사람들은 예배의 참된 영적 영광을 보거나 그 향기로운 냄새를 맡을 수 있는 준비가 되지 않았다. 따라서 그들은 자기들을 즐겁게 하려고 화려한 의식과 장엄하고, 호화롭고, 인상적인 예배로 영적 예배를 대체할 수밖에 없었다. 성령을 통해 성부와 성자와 은혜로운 교통을 나누는 사람들은 복음적인 예배가 말로 형용할 수 없는 아름다움과 영광과 찬란함을 지니고 있다는 것과 외적으로 꾸며진 그 어떤 것도 거기에 필적할 수 없다는 것을 분명하게 알고 있지만, 육신적인 눈으로만 볼 수 있는 육신적인 사람들은 외적인 것만 볼 뿐, 예배의 내적 영광에 참여할 수 없었다. 그들이 스스로 고안한 예배는 온갖 종류의 미신을 퍼뜨렸다. 그들은 자신들의 종교가 지닌 결함을 외적인 의식의 아름다움과 호화로움으로 가리려고 시도했다.

관념적인 종교는 항상 새로운 의식과 제의를 만들어내야 하기 때문에 예배는 결국 공허하고, 미신적인 것으로 변질되기 마련이고, 우상 숭배라는 소스를 곁들인 잡다한 의식들의 향연을 펼쳐 극적인 효과를 내는 데 치중할 수밖에 없다. 이런 요인들이 복음 신학의 쇠락을 가속화한 또 하나의 일격이 되었다. 배교자들은 상호 규칙이나 공유된 권위의 개념이 없었기 때문에 세속적인 위계 체계를 빌린 통치 형태를 구축할 수밖에 없었다. 그 결과, 성경적인 권징과 형제애에서 우러난 권고를 비롯해 성령의 뜻에 따라 이루어지는 책망, 경고, 사랑, 평화가 모두 사라지고, 재판, 소송, 법정 다툼, 형벌, 회중들의 소동, 소요, 폭압, 야심 따위가 그 자리를 대신 차지하게 됨으로써 사랑이 있고, 진실하고, 거룩하고, 영적이고, 복음적인 것은 교회 안에 아무것도 남지 않게 되었다.

다섯째로 초창기의 교회는 성경을 도외시하기 시작하다가 결국에는 완전히 등을 돌리고 말았다. 이 점은 많은 학자의 글과 책을 통해 충분히 입증되었기 때문에 나는 여기에서 이 문제를 최대한 간단하게 다룰 생각이다. 성경을 무시하는 태도는 앞 세대들로부터 불확실한 소문을 통해 전해져온 전통을 중요하고, 비중 있게 생각하면서부터 시작되었다. 그런 경향이 하나님을 공적으로 예배하는 자리에까지 영향을 미쳤다. 사실, 그런 전통은 성경 어디에도 암시되어 있지 않은 것이었지만, 일단 받아들여지기 시작하자 그리스도께서 가르치지 않으셨거나 그분의 말씀이 허락하지 않은 것들에 관심을 기울이는 경향이 갈수록 강해졌다. 그런 것들이 일부 사람들의 세속적인 이익에 부합해 눈을 즐겁게 하는 예배 의식의 외적 화려함을 더해 줄 때는 특히 더 그랬다. 성경은 그런 식으로 무시되었고, 전통은 사람들의 존중을 받으며 더 큰 권위를 지니게 되었다. 옛 뱀이 이보다 더 강력한 독즙을 교회에 주입했던 적은 일찍이 없었다. 성경의 확고한 권위와 규칙이 무너지자 그리스도인을 자처하는 사람들이 안전하게 물러나 피할 수 있는 곳이 사라졌다. 따라서 그들은 온갖 오류와 이단 사상과 우상 숭배의 심연 속으로 깊이 빠져들 수밖에 없었다.

여섯째로 이 모든 것에 그리스도께서 교회에 약속하신 성령을 멸시하는 극악한 태도까지 더해졌다. 그리스도께서는 세상 끝날까지 자기 교회를 감독하신다. 그분은 그 목적을 이루기 위해 기록된 말씀과 성령의 은혜로우신 임재를 허락하셨다. 성령께서는 믿음과 복종을 비롯해 교회의 예배에 필요한 것을 분명하게 보여주신다. 그분은 사람들의 눈을 열어 말씀을 깨닫게 함으로써 그렇게 하신다. 그분은 사역에 필요한 은사를 허락해 말씀을 옳게 전하고, 교회를 세우고, 위로하고, 굳세게 하신다. 이것이 그리스도께서 성령을 약속하신 이유였다. 그러나 사람들은 그리스도인을 자처하면서도 그리스도께서 제정하신 것들과 성경을 멸시하고, 과거로부터 전해온 전통을 받아들이고, 제멋대로 새로운 예배 방식을 만들어내고, 성령과 그분의 역할에 관한 그리스도의 가르침을 무가치하게 여겨 등한시하는 잘못을 저질렀다. '사역자의 능력'이나 '과학과 지식'이나 '성경이 가르치지 않은 예배'에 권위를 부여하면, 성령께서 부여하신 규칙이 폐지되어 무익하게 된다.

하나님의 말씀을 거부하고, 성령을 무시하고, '성경이 가르치지 않은 예배'가 성령의 은사와 선물을 대체하면, 불신앙과 배교가 한계를 모른 채 마구 번성할 수밖에 없다.

게다가 여기에 세속적인 철학적 개념들과 복음적인 교리를 의도적으로 뒤섞는 일까지 벌어졌다. 이것은 교회를 훼손하는 강력한 요인인데 안타깝게도 개혁주의 교회들 가운데도 이런 오류를 저지르는 교회들이 적지 않다. 이로 인한 폐해는 매우 심각하기 때문에 따로 떼어 특별 주제로 다루는 것이 좋을 듯하다.

특별 주제: 철학과 신학의 혼합

바울 사도는 골로새서 2장에서 충실한 신자들에게 "누가 철학과 헛된 속임수로 너희를 사로잡을까 주의하라"(골 2:8)라고 진지하게 경고했다. 사도가 경계한 것이 철학의 이용이 아닌 남용이라는 것이 모든 주석학자의 일치된 견해다. 그러나 철학과 신학을 혼합한 것이 철학의 이용인지 남용인지에 대해서는 학자들의 의견이 제각각 다르다. 교회 역사상 어느 시대든 높은 학식과 경건한 믿음을 겸비한 사람들이 있었다. 그들은 사도적인 제도와 권위를 크게 존중했고, 신성한 일을 다루는 데 철학적 개념을 활용하는 것을 일절 거부했다. 바울이나 그를 본받았던 자들은 하나님이 지으신 것들과 그분의 창조와 섭리 사역을 신중한 태도로 깊이 살피려는 행위를 단죄하거나 선과 악을 비롯해 명예로운 것과 저속한 것을 구별하고, 하나님께 복종하도록 이끄는 인간의 선천적 감정을 무시하지 않았다. 그러나 그런 개념들은 대부분 부패했고, 타락한 인간의 지성은 그런 행위나 감정을 통해 수집한 하나님에 관한 지식을 잘못 이해할 수밖에 없기 때문에 거룩한 성경이라는 시금석으로 시험하지 않으면 안 된다.

여기에서 우리가 생각해야 할 주제는 모든 지식의 일차적인 목적 (하나님께 인정받는 삶을 사는 것)이다. 인간의 심리 속에는 타고난 호기심이 존재하기 때문에 항상 그 목적을 알려고 노력하지만, 지성의 힘만으로는 참된 이해에 도달할 수 없다. 앞서 말한 대로, 인간이 타락하기 이전만 해도 선과 악에 관한 공통된 개념들이나 자연 세계에 대한 관찰이 참된 신학의 역할을 담당했다. 그러나 지금은 계시의 도움이 없이 그것들만 연구해서는 아무런 소용이 없게 되었다.

그러나 우리가 여기에서 생각하려는 것은 그런 개념들이 아니다. 하나님과 그분의 뜻을 알지 못하는 사상가들이 대대에 걸쳐 발전시켜 체계화한 철학을 생각하는 것이 우리의 목표다. 철학이 신학에 침투한 현상은 면밀하게 파헤쳐 봐야 할 필요가 있다. 철학의 원리와 개념과 가설과 결론을 복음의 가르침과 혼합하고, 인간의 지성에 부합하는 방법과 수단과 논리를 그것에 적용하는 것이 과연 온당할까? 철학자들의 분별력과 사상 학파에 따라 체계화된 것들과 그들의 추론과 방법론을 기독교 교리의 해석과 선포와 가르침에 적용하는 것이 과연 바람직할까?

몇 가지 증언을 살펴보면 과거의 학식 있는 성직자들이 이런 문제에 어떻게 대답했는지 알 수 있다. 알렉산드리아의 클레멘트는 "어떤 사람들은 철학이 사람들을 파멸시키려는 목적을 띤 악한 학문이 된 것으로 보아 악의적인 세력에 의해 고안된 것이 틀림없다고 생각한다"라고 말했다.[5] 테르툴리아누스는 "철학은 이단들을 진작시킨다. 발렌티누스는 플라톤 철학의 제자였기 때문에 플라톤이 하위 신으로 주장했던 '에온들'을 중시함으로써 삼위일체 교리를 혼탁하게 만들었다. 시노페 출신의 이단자 마르키온은 스토아학파의 사상을 토대로

---

5   Clement of Alexandria, *Miscellanies*, Book 1.

'더 나은 신'과 '마음의 평정'이라는 자신의 가르침을 확립했다. 에피쿠로스 철학자들은 영혼이 유한하다고 가르쳤다. 따라서 그들의 영향을 받은 사람들은 모두 육체 부활을 강력하게 부인한다. 예루살렘과 아덴이 무슨 상관이 있는가? 아카데미와 교회가 무슨 상관이 있고, 이단들과 그리스도인들이 무슨 상관이 있으며, 회랑에서 이루어진 철학적 가르침과 그리스도의 가르침이 무슨 상관이 있는가?"라고 말했다.

순교자 유스티누스도 "당신네 철학자들의 행위를 보면 당신들이 온갖 거짓과 무지로 가득하다는 것을 분명하게 알 수 있다"라고 말했고, 테르툴리아누스는 철학자들을 '이단들의 족장들'로 일컬었다. 이는 히에로니무스도 마찬가지였다.[6] 여기에서 더 많은 증언을 열거하는 것은 우리의 목적에 맞지 않는다. 단지 과거에 철학이 교회에 침투하는 것을 반대했던 경건한 신앙 위인들이 없지 않았다는 사실을 보여주는 것으로 족하다. 나는 이 주제에 대한 나의 견해를 간단하게 덧붙이고 싶다. 이제는 이 책의 결론을 향해 신속히 나아가고 있기 때문에 더욱 간결하게 언급해야 할 듯하다.

성경적인 교리를 가르치려면 두 가지 요소에 관심을 기울여야 한다. 하나는 거룩한 진리 자체이고, 다른 하나는 그것을 정확하게 해설하는 방법이다. 이미 언급한 대로, 성경의 진리는 세속 철학과 아무런 공통점이 없다. 그러나 하나님의 거룩한 생각에서 나와서 성경에 소중하게 보관된 진리를 전하고, 해석하는 방법은 논의해야 할 필요가 있다. 성경 안에 계시된 하나님의 뜻을 조금이라도 알고 있는 사람이라면 누구나 성경의 진리가 매우 다양하다는 것에 동의할 것이 틀림없다. 성경은 인간의 학문과 연구를 토대로 한 논리적인 규칙들을 근거로 진리를 체계화하려고 시도하지 않는다. 성경의 교리는 죄인인

---

6   Jerome, *Continuation of Eusebius' Chronicle*, Book 2, chapter 37.

인간의 믿음 및 복종과 관련이 있다. 그것은 독특한 원천, 곧 순수하고, 온전한 계시에서 비롯한 것으로 예수 그리스도를 통해 성부의 품속에서 직접 나온다. 따라서 성경의 진리를 해설하고, 해석하는 방법도 성령을 통해 주어진다. 이것이 이 방법이 독특하고, 거룩할 뿐 아니라 인간의 가르침이나 지식 전달 방법과는 전혀 다른 이유다.

이런 이유로 바울 사도는 "내 말과 내 전도함이 설득력 있는 지혜의 말로 하지 아니하고 다만 성령의 나타나심과 능력으로 하여 너희 믿음이 사람의 지혜에 있지 아니하고 다만 하나님의 능력에 있게 하려 하였노라 그러나 우리가 온전한 자들 중에서는 지혜를 말하노니 이는 이 세상의 지혜가 아니요 또 이 세상에서 없어질 통치자들의 지혜도 아니요"(고전 2:4-6)라고 말했다. 에베소서 1장 8, 9, 17-19절과 골로새서 1장 27, 28절과 2장 2, 8, 9절도 함께 읽어보기 바란다. 이것이 복음적인 진리와 거룩한 성경을 해설하는 원리를 묘사한 말씀이다. 그러나 세속 철학을 통해 이것 외에 두 가지 요소가 더 첨가되었고, 그것들은 결국 진리를 가로막는 장애 요인이 되고 말았다.

그 가운데 하나는 철학 학파들 안에서 널리 사용된 방법론적인 체계와 정교하게 구축된 형식에 맞추어 신학을 체계화하려는 시도였다. 성령을 통해 독특한 방식으로 계시된 진리들이 인위적으로 재편성되어 기계적인 공식으로 재기록되었다. 이것이 철학과 신학의 부자연스러운 조합을 통해 빚어진 결과였다. 이를 토대로 거의 모든 신학적 체계가 구축되었다. 일반적인 논증들과 온갖 이상한 명제들, 진리와 문맥을 무시한 내용과 그럴듯한 진술, 그것에서 끌어낸 원리들과 엄격한 규칙들이 함께 결합해 기독교 신학으로 제시되었다. 그것을 통해 이른바 철학적 신학이 만들어졌다. 철학적 신학을 전개하는 학자들에 따라 철학에 좀 더 가까운 경우도 있고, 신학에 좀 더 가까운 경우도 있었지만, 복음 신학이 영적 우월성과 장엄함을 잃기는 마찬가지였다. 오늘날, 거의 모든 기독교 교파 내에서 학자들은 학생들에게 철학적 신학을 가르치고 있다. 충실한 신자들의 눈에는 복음 신학의 본질이 더할 나위 없이 명명백백하게 드러나고, 그리스도 안에서 하나님과 교통하는 성도들은 복음 신학의 내적 효력을 온전히 의식하지만, 철학에 정통한 학자들은 그런 것을 전혀 보지 못하면서도 마치 신학을 정확하고, 체계적으로 설명하고 있는 척한다. 그들은 복음적인 진리는 단 한 가지도 제대로 제시하지 못하고, 오로지 다양한 용어들과 개념들과 논증들과 사소한 문제들을 다루는 데만 전념한다. 그런 것들은 아리스토텔레스의 철학을 배우지 않는 한, 심지어 바울 사도조차도 아무리 이해하려고 노력해도 이해하지 못할 것들이다.

고대 철학자들도 사소한 것을 지나치게 따지는 주장들을 일삼은 탓에 가장 명백한 진리조차 이해하지 못하는 사태가 빚어지기는 마찬가지였다. 루키아노스는 그런 사실을 간파하고, 비웃었다. 그는 그들의 의심스러운 추론을 재치 있게 비판하면서 "이 모든 이상한 것들 가운데 가장 분명하고, 그럴듯해 보이는 논증들조차도 서로 정반대되는 모순된 주장을 제기했다. 다시 말해, 물질이 뜨겁다는 주장도 있고, 물질이 차갑다는 주장도 있다. 마치 어떤 것이 동시에 뜨겁기도 하고, 차갑기도 할 수 없다는 명백한 사실조차도 항상 그런 것은 아닌 것처럼 들린다"라고 덧붙였다.[7] 따라서 이런 어처구니없는 일을 좀 더 자세히 살펴본다고 해서 불쾌하게 생각할 독자는 아무도 없을 것이다.

복음이 처음 전파되었을 때만 해도 복음의 교사들은 자신의 임무를 잘 알고 있었다. 그들은 자기들을 어두운 데서 불러내 기이한 빛에 들어가게 하신 주님의 충실하심과 사랑을 다른 사람들에게 전하는 것

---

7   Lucian, *Menippus* 4.

이 자신들의 의무라는 것을 알았다. 그들은 자신들이 그리스도의 보혈을 통해 의롭다 하심을 받아 장차 다가올 진노에서 벗어났다는 것을 알고는 하나님의 풍성한 은혜를 높이 찬양하며, 구원 사역을 이루신 중보자의 사랑을 깊이 묵상하고, 기꺼운 복종과 거룩한 삶을 통해 그분이 보인 거룩한 본을 본받으려고 끊임없이 노력했던 경건한 신자들이었다. 구원받은 자들은 성령을 충만하게 받아 그런 삶을 추구했고, 날마다 그리스도를 더 많이 닮아갔다. 그들은 서로의 교제를 통해 함께 기쁨을 나누었고, 이웃들 사이에서 선한 일을 행했으며, 영과 진리로 하나님을 예배하고, 그리스도께서 제정하신 순수하고, 단순한 의식과 공적 예배에 참여했다. 그것을 통해 그들의 신학과 행위가 완성되었다. 성령의 인도를 받고, 하나님을 의지하는 사람은 누구나 그리스도의 뜻에 일치하는 위대한 일을 행하고, 경험할 수 있다. 그들은 삶을 통해 은혜 안에서 자라간다. 그들은 항상 각자 자신이 처한 상황과 상태 속에서 말로 형용하기 어려운 영적 기쁨을 누린다. 그러나 복음이 처음 전파되고 난 후 얼마 지나지 않아 악하고 부패한 생각을 지닌 사람들, 곧 생각이 영적 어둠에 여전히 속박되어있는 사람들이 신령한 진리들을 갖가지 방식으로 왜곡하고, 곡해하기 시작했다. 그들은 여전히 육신 가운데 있었기 때문에 영적인 것들이 어리석고, 무가치하게 보였다. 그들은 복음의 진리를 변경시켰고, 그 결과 복음은 세속적인 지혜의 형식을 띠게 되었다.

초기의 철학적 오류는 그리스도의 인격을 왜곡시켰다. 그분은 환영, 유령, 인간, 영의 통제를 받은 인간, 신들의 반열에 오른 인간, 하늘의 태양과 동일시되는 인간 등으로 재해석되었다. 그와 함께 믿음도 아무런 근거가 없는 속임수, 상상, 환상적 투사(投射)와 같은 것으로 간주되었다. 그들은 성부나 성자를 인정하지 않았다. 영적인 일을 영적으로 이해할 수 있는 능력이 없었기 때문에 종교적인 개념들을 기존의 철학적 가르침과 조화시켜 관념화하려는 시도가 이루어졌다. 성경을 통해 알 수 있는 대로, 이런 오류는 사도들이 아직 살아 있는 동안에 이미 널리 유행했고, 시대를 거듭하면서 신속하게 퍼져나갔다.

진리에 대한 사탄의 최초 공격은 효과적으로 퇴치되었다. 그로 인해 그는 공격을 잠시 중단할 수밖에 없었지만, 사도들이 세상을 뜨자 그것을 기회로 삼아 복음의 진리를 왜곡시켰고, 상당한 성공을 거두었다. 그는 진리를 직접 공격했을 때는 성공을 거두지 못했지만, 그것을 해설하는 척하는 전략을 구사함으로써 자신의 목적을 이룰 수 있었다. 성령의 인도하심을 받았던 세대가 사라지자 세속적인 지혜를 가르치는 학교들에서 교육을 받은 사람들(클레멘트, 오리게누스, 테르툴리아누스를 비롯한 많은 사람들)이 믿음을 수호하는 일을 담당하게 되었다. 그들의 눈에는 초인적인 손(말씀과 성령)으로 만든 무기만으로는 진리를 대적하는 사람들을 상대하기가 충분하지 않은 것처럼 보였다. 따라서 그들은 세속적인 지혜에 근거한 논증들을 추가했다. 그들은 이단들이 성경의 명백한 말씀을 왜곡시켜 새롭고, 부자연스러운 의미를 도출하는 것을 보고, 철학에 철학으로 맞섬으로써 반격을 시작해 이단들이 갖가지 말과 논증으로 건설한 지성적 요새를 공략했다. 이 과정에서 새로운 용어들과 개념들이 생겨났다.

그 후로 시간이 흐르면서 진리를 수호할 목적으로 만들어진 용어들과 언어들과 철학적 논증들이 예수 그리스도의 종교에 없어서는 안 될 본질적인 요소들로 간주되었지만, '사도신경'이라는 이름으로 형식화된 의식서의 일부 요소들을 제외하고는 아직도 믿음을 체계적인 형태로 축소하려는 시도는 이루어지지 않은 상태였다. 진정으로 충실한 사람들은 어떤 체계도 용인하지 않았고, 신학적인 글이나 교리문답과 같은 것들은 제아무리 체계적으로 배열되고, 철학적으로 잘 꾸며진 것이더라도 아무런 권위도 부여하지 않았다. 그들은 오직 성경만을 논쟁을 해결하고, 사람들을 가르치는 기준으로 삼았다. 그들이 공허한 억측에 쉽게 휘말리지 않았던 이유는 약속된 성령을 인내심 있게 의지했기 때문이었다. 그러나 모든 지도자와 학식 있는 이들이 다 그랬던 것은 아니었다. 개중에는 세속적인 지혜와 철학적 격언들을 계시된 신학과 혼합하고 싶은 유혹을 강하게 느꼈던 사람들이 있었다. 성령의 은사도 없고, 그것을 의지하려는 믿음도 없었던 그들이 친구들의 견해를 지지하거나 적들을 물리칠 수 있는 수단은 오직 인간의 이성뿐이었다. 그로 인해 그들은 결국 교회에 재앙을 초래할 길로 내달리기 시작했다. 그 이후의 세대는 모두 그 악한 길로 매진했고, 교회의 토대는 크게 손상되고 말았다. 어떤 사람들은 새로운 용어와 표현들을 만들어냈고, 어떤 사람들은 교묘하고, 기만적인 철학적 추론을 도입했으며, 어떤 사람들은 진리를 대적하는 원수들을 옭아맬 의도로 변증적인 논리를 펼치기도 했다. 그 밖에 성령께서 초자연적인 진리를 설명할 때 사용하셨던 명백한 말씀들을 철학적 용법으로 억지로 왜곡시킨 사람들도 있었다. 그런 과정을 거치면서 예수 그리스도께서 가르치신 거룩한 영적 진리들이 오염되었고, 세속적인 지혜 밑에 감추어지고 말았다.

　베뢰아의 주교 아카치우스는 알렉산드리아의 키릴로스에게 보낸 편지에서 아폴리나리오스가 격렬한 논쟁을 일삼고, 진리를 옹호하는 과정에서 철학적 통찰력을 지나칠 정도로 자유롭게 구사함으로써 교회 안에서 분열을 일으키고, 불명예를 자초했다고 말했다. 아카치우스는 "아폴리나리오스가 그토록 오랫동안 믿음의 원수들을 상대로 그 누구보다도 앞장서서 믿음을 옹호하려고 애써왔지만, 결국 자신의 힘을 의지함으로써 일신의 능력을 헛되이 만들었으니 무슨 유익을 얻었다고 말할 수 있겠습니까? 그리스도에 대한 우리의 순수하고, 흠 없는 믿음을 참으로 어렵게만 논하려고 애쓰다가 결국 보편 교회 안에서 분열주의자의 한 사람으로 간주되고 말았지 않습니까?"라고 말했다. 이런 말을 생각하면, 아폴리나리오스의 시대에 신령한 진리를 존중했던 분별 있는 사람들이 그나마 조금이라도 남아 있었다는 사실을 알 수 있다. 그 후로 날카로운 논쟁이 더욱 성행했다면 그런 사람들마저도 모두 사라지고 말았을 것이 틀림없다. 만일 건전한 비판이 이루어졌다면 교회 안에서 그런 식으로 왜곡되고, 일관성 없고, 혼란스럽고, 순수하지 못한 교리들이 복음 신학을 대체했을 리가 만무하다. 아폴리나리오스의 시대에 이미 이방 철학과 참된 신학의 혼합으로 인해 복음의 순수성에서 벗어나는 일이 시작되어 차츰 가속화되었다.

철학이 그리스도의 학교 안에서 일단 교두보를 확보하자, 성령께서 성경을 통해 예고하신 대로 예수 그리스도를 통해 드러난 하나님에 관한 지식이 서서히 사라지기 시작했다. 이런 현상이 많은 사람의 경험을 통해 사실로 확증되었다. 그런 과정을 촉진하는 데 가장 크게 기여한 요소는 아리스토텔레스 철학(소요학파의 철학)이었다. 그의 철학은 오랫동안 등한시되어 오다가 학문적 업적을 추구하는 사람들의 이목을 다시 사로잡았다. 그동안은 이슬람교를 믿는 아랍인들이 그의 철학을 보존하고, 신장시켜 왔는데 이제는 사람들의 입을 통해 기독교 세계에 신속하게 침투하기 시작했다. 아리스토텔레스의 철학, 특히 아랍인들이 새롭게 다듬어 전달한 철학은 갖가지 문제에 대한 논쟁과 다툼과 법정 소송을 일으키며 분열을 조장하는 가장 강력한 수단이 되었다. 학자들은 이 철학을 채택해 사용함으로써 복음 신학의 규범과 신앙을 조잡하고, 철학적인 유사 과학적 지식으로 대체했다.

잘 알다시피, 스콜라 신학의 주제는 (전부는 아니더라도 대부분) 초자연적인 것을 논의하는 데 적용된 아리스토텔레스의 형이상학을 압축한 것에 지나지 않는다. 이프르의 코르넬리우스 얀센은 "베랄라미우스가 『새 방법(New Method)』이라는 책에서 옳게 지적한 대로, 그들은 자신들의 체계에 맞게 축소하고, 날카롭고, 공격적인 아리스토텔레스 철학으로 왜곡하고, 일종의 인문과학처럼 다듬어 만든 신학 외에는 그 무엇도 간결한 종교 체계를 이루었다고 생각하지 않는다"라고 말했다.[8] 그들은 왜곡되고 부적절한 사변과 해석을 전개할 때마다 항상 아리스토텔레스의 이름을 내세운다. 아리스토텔레스 철학에 심취해 그것을 통해 사상을 형성한 아랍인들은 대부분 헬라어와 라틴어를 알지 못했다. 그 두 언어를 아랍어로 번역한 것들은 매우 조잡하고, 어설펐다. 용어와 표현이 제한적이었기 때문에 무슨 의미인지를 파악하기 어려운 부분이 많았다. 에라스무스가 "이런 냉랭한 사변들을 모조리 쳐내고, 수수하고, 단순한 그리스도를 복원해 인간의 의식 속이 깊이 자리 잡게 한다면 얼마나 좋을까!"라고 외친 것은 매우 당연했다.

물론, 그런 신학자들 가운데도 성경을 알았고, 사용했을 뿐 아니라 진리라고 인정하기까지 한 사람들이 많았다. 문제는 소요학파의 철학에 깊이 물들었던 그들의 생각에 있었다. 그들은 영적으로 무지했고, 논쟁하기를 좋아했으며, 기독교를 철학자들이 원하는 이론 체계로 축소하려는 욕구가 강했다. 그들의 이론 체계는 예수 그리스도의 종교를 전하지 않았다. 이 신학자들과 그들 이전의 철학자들과의 차이가 있다면, 성경을 몰랐던 이전의 철학자들과는 달리 자신들의 체계를 구축하는 데 필요한 자료 가운데 성경을 포함시켰다는 것뿐이었다. 많은 사람이 그런 사람들은 신학자가 아닌 철학자로 분류해야 한다고

---

8   Cornelius Jansen of Ypres, *Augustinism*, Book 2, chapter 19.

주장한다. 어떤 독일인은 "그들이 아리스토텔레스 철학을 논의한 것 외에는 신학에 아무런 기여도 하지 못했다는 얀센의 말에 전적으로 동의한다"라고 말했다. 에라스무스도 "믿음의 상징들이 더는 내적으로 느껴지지 않고, 글로 축소되자 학자들의 수만큼 많은 신앙이 생겨났다. 진지함은 쇠퇴하고, 신조들만 증가했으며, 사랑은 냉랭해지고 다툼만 일어났다. 처음에는 논쟁과 전혀 무관했던 기독교의 가르침이 철학자들의 언어로 스스로를 변호하기 시작했다. 그 결과, 교회는 본래의 옛길에서 크게 벗어나고 말았다." 트리테미우스가 인정한 대로, 스콜라주의자들의 논쟁, 즉 난해한 주장들이 전면에 부각되었고, 신성한 신학은 세속적인 철학에 더욱 더럽혀지고, 오염되었다.

지난 세기에 하나님은 유럽의 여러 국가에서 교회 개혁을 시작하셨다. 교회는 다시 단순한 복음을 전함으로써 그리스도의 빛과 진리를 나타내기 시작했다. 경건한 사람들은 철학자들과 철학 학파들이 대중의 생각을 지배하는 것을 보고 분노를 느꼈다. 그러나 그 후로 개혁 교회의 교사들과 학자들이 철학에 오염되지 않은 상태를 계속 유지해왔는지는 각자가 알아서 판단해야 할 문제인 듯하다.

나는 요한네스 드루시우스가 '개가 그 토하였던 것에 돌아가고'(벧후 2:22)라는 베드로의 말을 주석하면서 언급한 말을 인용하고 싶다. 그는 "그런 자들은 스콜라 신학을 비롯해 종교개혁자들이 토해냈던 것들에 다시 돌아가는 자들이다. 하나님의 말씀에 근거한 참 신학, 즉 기독교의 모든 진리의 원천인 참 신학을 등한시하고 다시 그런 것들을 열심히 추구하는 사람들이 많다. 신학에 인간의 누룩이 혼합되어 더럽혀지면 그 순수성이 훼손된다. 그런 것들을 개혁하려면 얼마나 오랜 시간이 흘러야 할까? 어쩌면 이런 상황이 교회 안에 평화가 전혀 존재하지 않을 때까지 계속될지도 모른다. 거룩한 것들을 연구하는 사람들이 사소하고 무가치한 것들에 관심을 기울이지 않고, 연구 과제를 올바로 정하고, 성경 원어 연구와 성경 말씀에 충실했으면 더 바랄 것이 없겠다. 그렇게 하면 훌륭한 신학자들이 지금보다 훨씬 더 많아질 것이다. 그러나 신학자들이 성경을 무시하는 탓에 성경이 대중의 멸시를 받는 지경에 이르고 말았다. 강단에서 읽는 성경 본문조차도 이해하지 못하는 사람들이 수두룩하다. 그들은 주석이나 강의 노트에만 관심을 기울이기 때문에 그들의 입에서는 굶주린 영혼을 채워줄 말씀이 단 한 마디도 나오지 않는다. 한때 개혁주의라는 물로 씻었다가 다시 궤변을 일삼는 철학의 진흙 속에 나뒹굴어 교회, 특히 젊은 사람들에게 큰 해를 끼치는 사람들을 묘사하는 말로는 '물에 씻은 돼지'라는 표현이 적합할 듯하다. 무익한 논쟁은 대부분 그런 식의 진흙과 진창에서 비롯한다. 스콜라 신학을 다시 소환해 제시하는 사람, 곧 하나님의 입에서 나온 양식에 고대 철학이라는 누룩을 섞는 사람은 자기가 토한 것을 다시 먹는 것과 같다. 그런 사람은 단순한 믿음을 늘 새로운 주제를 생각해내기를 좋아하는 논쟁자들의 호기심 거리로 바꾸어놓는다. 그들이 다루는 주제들은 선지자들이나 서신서의 저자들은 전혀 알지 못했던 것들이 대부분이다. 그로 인해 오늘날 기독교 세계에 무익하고 요란한 소음만이 가득해졌다"라고 말했다.

『교회의 짐(*Church's Burden*)』이라는 책을 쓴 저자의 말에도 주의를 기울여야 할 필요가 있다. 그는 "이교도들은 여전히 복음의 규칙을 뒤엎으려고 애쓴다. 마귀는 새로운 교리를 만들도록 부추긴다. 그는 그런 교리를 옛 이방 철학자들 가운데서 찾도록 그리스도인들을 꼬드긴다. 이방인들의 교리가 믿음의 순수한 원리들과 혼합되어 마침내는 복음적인 진리 전체가 궤변에 의해 무너져내린다"라고 말했다. 에라스무스도 "모든 상황이 교회가 가장 큰 번영을 구가하는 새로운 국면에 접어든 것을 보여주는 듯하다. 나의 주의를 끄는 단 한 가지 문제가 있다면, 이교 문헌이 고대의 지혜를 가장하고 교회 안에서 다시 고개를 쳐들 수 있다는 것이다"라고 말했다.

종교개혁이 시작된 이후로 그런 위험이 항상 존재해왔다. 영적인 것을 철학적 방법으로 가르치는 것은 복음과는 아무런 상관이 없다. 사도들의 시대에 살았던 그리스도인들은 철학을 전혀 알지 못했다. 초창기 그리스도인들이 쓴 책들을 살펴보면, 그들이 최근의 신학자들과는 사뭇 다른 방식으로 신학을 다루었던 것을 알 수 있다. 이 옛길이 훨씬 더 나은 길이다.

하늘의 참된 빛은 신성을 드러내 사람들의 마음을 사로잡아 놀라움과 경이감을 느끼게 만드는 내재적 속성이 있다. 그것은 사람들의 마음속에 뚫고 들어가서 형언할 수 없는 영광과 광채를 드러내 그들의 양심을 일깨운다. 그것은 충만함과 장엄함과 자유로움이 있을 뿐아니라 불가항력적인 효력을 발휘한다. 그것이 참 신학의 생명이자 영혼이다. 참 신학의 능력과 활력이 궤변적인 개념들과 철학적인 용어들로 인해 크게 약해지고, 흐릿해지고, 사라져 없어진다면 무슨 경이로움이 있겠는가? 참 신학을 추구하는 사람들은 하나님을 믿는 거룩하고 단순한 믿음을 좇지 않고, 철학의 덫과 올무에 걸려 끌려가는 상황에 큰 불만을 느끼지 않을 수 없다. 생각이 철학적 편견에 압도되면 내면에서 울려 나오는 양심의 목소리가 묵살되고, 복음적인 진리를 깨닫는 데 필요한 영적 예리함이 둔해질 수밖에 없다. 영적 지혜가 무익하고, 무미건조한 견해들로 대체되는 바람에 믿음이 없고, 악하고, 세속적이고, 육적인 사람들이 그리스도 안에서 하나님을 아는 구원의 지식을 완강하게 거부하고 있다. 이런 일이 우리 주위에서 매일 일어나고 있다. 복음의 영적 본질은 대부분 퇴색되고, 학자를 자처하는 수많은 사람이 엄격하고, 정밀하게 체계화된 철학적 방법을 통해 복음을 가르치려고 애쓰고 있다.

트로이 목마에서 헬라인들이 쏟아져 나온 것처럼, 철학을 받아들임으로써 교회 안에 엄청난 오류가 물밀 듯 밀려 들어왔다. 아리스토텔레스 철학을 통해 무익한 논쟁과 다툼을 무한정 일삼을 수 있는 소재들이 충분히 공급되고 있다. 기지를 발휘해 논쟁을 즐기는 궤변론자들이 아리스토텔레스 철학의 파편들을 긁어모아 '신조'를 둘러싸고 끝없이 서로 다툰다. 프루덴티우스(스페인 출신의 기독교 시인)가 고대 철학자들에 관해 말한 대로, "그들은 법적인 다툼과 값싼 술수로 전능하신 하나님의 보좌를 소란스럽게 만들고 있다. 그들은 애매한 논증이라는 칼로 복음을 난도질하고, 그들의 숨결보다 더 공허한 말로 복잡한 삼단논법의 사슬을 묶었다가 풀었다가 하는 일을 반복한다."[9]

그런 개념들을 논하는 사람들이 스스로 그것들을 얼마나 잘 이해하고 있는지 궁금하다. 멜키오르 카무스는 "만일 그들이 자기들이 말하는 것을 스스로 전혀 이해하지 못하고 있다는 생각이 들지 않았다면, 그들의 철학을 이해하지 못한 나 자신이 참으로 부끄러웠을 것이다"라고 말했다. 비부스가 아우구스티누스의 『하나님의 도성』 18권을 주석하면서 한 말도 주목해 볼 가치가 있다. 그는 이렇게 말했다. "신학자들은 모두 오직 하나님만이 무에서 유를 창조하실 수 있다고 가르친다. 그러나 토마스 아퀴나스는 이 단순한 사실에 스코투스가 논박한 논증을 덧붙였다. 오캄은 그 논증을 교정해 자신의 견해로 대체했고, 그런 견해들은 또 다른 사람들의 견해로 계속 대체되었다. 그 결과 하늘의 진리는 마치 축구공과 같은 것이 되어버렸고, 분열과 파당과 격렬한 감정을 일으키는 원인으로 전락했다. 교리들이 온갖 이

---

9   Prudentius, *Deification: A Hymn against the Infidels.*

견에 휩싸이고, 사람들의 견해에 따라 좌우되고, 논쟁을 일삼는 사람들의 술수와 책략으로 인해 형편없이 망가졌는데 어떻게 올바른 도덕을 가르치고, 부패한 감정을 없애거나 잠재울 수 있겠는가?"

그런 것을 통해 신학적 논쟁이 발생했고, 한번 발생한 논쟁은 계속해서 이어졌다. 그리스도인을 자처하는 사람들이 하나님의 말씀과 성령의 인도하심을 따라 믿음을 굳게 지켰더라면 모든 논쟁이 사라졌을 것이다. 신앙에 진지한 관심을 기울이는 사람들도 비록 철학이라는 누룩에 생각이 완전히 오염되지는 않았더라도 대부분 철학에 깊이 물든 상태다. 신자들 사이에서 논쟁은 계속될 것이다. 사소하고 어리석은 문제로 서로 다투는 사람들이 화해할 가능성은 거의 없다. 신학교 도서관들에는 내용이 방대한 학술서들이 빼곡하게 들어차 있고, 우리의 논쟁은 끝이 없다. 대다수 사람이 기독교 세계가 전혀 듣지 못했으면 훨씬 더 나았을 주장들과 용어들과 주제들에 관심을 쏟고 있다. 아마도 오래전에 상상력이 풍부한 아리스토텔레스의 머릿속에 그런 생각들이 떠오르지 않았더라면 그런 것들을 전혀 듣지 못했을 것이다. 그로 인한 해악은 이루 다 말하지 못할 만큼 많지만, 여기에서는 그런 것들을 상세하게 설명할 자리가 못 된다.

우른비이크(네덜란드 개혁주의 신학자)는 소시니우스주의자들을 상대로 삼위일체 교리를 옹호하는 논문을 썼다. 그는 그곳에서 이렇게 말했다. "인간의 생각으로는 다룰 수 없는 지극히 심오한 주제를 다루거나 언급할 때 우리는 어떤 용어들이나 개념들을 사용해야 할까? 최근에 학교들에서 만들어낸 용어들과 표현들을 사용해야 할까? 그것들은 모두 훨씬 더 열등한 것을 묘사하기 위해 만들어낸 논리적, 형이상학적 용어들이 아닌가? 그런 것들을 신학에 사용하면, 신학적 주제의 깊고, 참된 비밀을 경시하는 것이 되지 않겠는가? 더 낫고, 더 만족스러운 정의를 제시하고, 더 명료한 개념을 전달한다는 이유로 매일 새로운 용어들이 만들어지고 있다. 그러나 우리가 나아가는 길을 계속해서 점검해야 할 필요가 있다. 나는 옛사람들이 현대적인 용어와 표현 방식을 몰랐다고 해서 우리보다 덜 정통적이었다고 생각하지 않는다. 새로운 용어가 만들어질 때마다 격렬한 논쟁이 벌어지고, 문제의 핵심이 간과되어 진리가 왜곡된다. 터무니없는 개념일수록 더 강력하게 주장된다."

다툼은 다툼을 낳고, 논쟁은 논쟁을 낳고, 구별은 구별을 낳기 때문에 처음에는 모든 것을 다 알고 있는 것처럼 보이지만 나중에는 아무것도 알지 못하는 것처럼 되어버린다. 얀센은 "최근의 신학적 사고는 대다수 그리스도인에게 논쟁이 치열하게 벌어지고 있다는 사실과 이견을 제시해 자신의 이름을 알리려는 사람들의 욕망을 상기시키는 것 외에는 아무런 목적도 수행하지 못한다. 기독교의 단순성을 거부하고 교묘해질수록 의로움도 그만큼 더 많이 줄어든다"라고 말했다.

이런 문제를 더 이상 길게 다루고 싶은 생각은 없다. 하나님이 오래 참아 주신다면 철학이 신학에 다시 영향을 미치게 된 상황의 해로움을 좀 더 상세하게 다룰 기회가 있을 것이다. 이제 이 특별 주제를 최대한 간단하게 마무리 짓고 싶다.

신학적 논쟁의 기원과 발생과 원인을 공정하게 탐구하며 모든 측면을 골고루 살피고, 종파적인 증오심이나 성급함에 휘말리지 않고, 사랑과 선의를 추구하는 사람들은 그것이 기독교에 큰 수치를 안겨 주고, 복음을 거부하는 것이라는 사실을 즉각 알아차릴 것이다. 그러나 안타깝게도 그런 공정한 사람들은 항상 너무나도 적다. 그들의 숫자는 '창일한 나일강 하구의 강줄기 숫자나 테베의 성문 숫자(일곱 개)'

에도 미치지 못한다.[10] 오랜 세월에 걸쳐 고착된 편견이 사람들의 생각을 다른 곳으로 돌려놓았다. 상호 간의 증오심을 누그러뜨려 논쟁을 종식시키려고 시도하는 사람들은 시간과 노력을 헛되이 낭비할 뿐이라는 사실을 깨달았다. 어떤 사람들은 이 모든 것을 하나님의 의로운 심판으로 간주한다. 그들은 하나님이 복음의 평화를 거부하는 사람들을 그들 자신의 어리석음과 허영을 좇도록 버려두셨다고 생각한다. 그런 심령 상태에서는 어둠과 편견과 정욕과 부패만이 나올 수밖에 없다. 사람들의 죄는 하나님의 의로운 심판을 받아야 마땅하다. 그로 인해 교회 안에서 가증스러운 오류들이 생겨났다. 그것들은 처음에는 논쟁을 불러일으켰고, 계속해서 플라톤 철학과 소요학파의 철학과 같은 철학을 복음의 순수한 교리에 섞어 넣도록 이끌었다. 학자들이 바벨론의 혼란스러움을 버리고 복음의 단순함으로 돌아오는 방법을 깨닫기 전까지는 끝없는 논쟁에서 벗어날 희망은 없을 것이다. 이것이 그리스도인을 자처하는 이들이 서로를 향해 저지르는 가장 큰 범죄 가운데 하나요 분열과 분쟁의 원천이다. 사람들이 계시의 영을 통해 복음의 비밀을 알게 될 때까지 이런 현상이 계속될 것이다.

이런 이유로 신학은 배우기가 난해하고, 혼란스러운 연구 주제가 되고 말았다. 신학은 다른 학문이나 과학과는 달리 성령의 도우심과 영적 빛이 없으면 배울 수 없다. 신학이 오히려 학생들의 생각을 오염시키고, 거룩한 것을 탐구하거나 믿음에서 비롯한 지혜를 추구하는 것을 방해하고, 하나님의 말씀을 배우는 것과 기도와 거룩한 복종의 행위를 등한시하게 만든다고 탄식하는 사람들이 많다. 그렇다면 모두 한목소리로 신학을 철학과 혼합하지 않고서 연구해야 한다고 말해야 옳지 않겠는가? 오직 성령의 주권적인 사역만이 인간의 생각을 편견

---

10 Juvenal, *Satire* 13, 26.

과 철학의 족쇄에서 풀어낼 수 있다고 인정하고, 지금까지 사람들의 교육에서 그토록 큰 역할을 차지해온 그릇된 학문을 근절해야 마땅하지 않겠는가? 교사를 자처하는 수많은 사람의 이론들을 거부하고, 다시금 성령의 도우심만을 바라는 법을 배워야 하지 않겠는가? 우리 모두 하나님이 이 문제와 관련해 성령을 충만하게 부어주시기를 간절히 기도하자.

9장
신학 공부

이제 '신학'으로 일컬어지는 하나님의 일에 관한 지식의 기원과 본질과 발전 과정을 살펴보는 것을 끝으로 내가 목표한 계획을 모두 마무리했다. 나는 지금까지 하나님이 우리에게서 마땅히 받으셔야 할 복종과 구원에 이르는 하늘의 지혜를 최대한 분명하게 설명하려고 노력했다(성령의 도우심이 없으면 그런 일이 이루어질 수 없다).

끝으로, 이 마지막 장에서는 신학의 참된 원리가 무엇인지를 잠시 살펴보고 싶다. 바꾸어 말해, 사람이 어떻게 하면 복음을 배우는 학생이 될 수 있는지를 간략하게 살펴볼 생각이다. 앞서 말한 대로, 복음의 거룩한 비밀을 옳게 이해하지 못한 사람, 곧 다른 사람들에게 복음의 거룩한 비밀을 가르치는 데 필요한 영적 은사를 받지 않은 사람은 그 누구도 참된 신학자가 될 수 없다. 어떤 일이든 시작이 잘못되면 결국에는 실패할 수밖에 없다. 나는 많은 사람이 참된 소명을 경험하거나 필요한 은사를 받지 않은 상태로 신학 공부를 시작했다가 중도에 포기하는 것을 목격했다. 이 자리에서 기존의 신학 공부 과정을 비난하거나 공격할 의도는 전혀 없다. 왜냐하면 그런 과정을 거치는 사람들 가운데 자신들의 일을 감당할 만한 권위를 갖춘 사람들이 적지 않기 때문이다. 대학교나 신학교에서 이루어지는 신학 교육은 큰 가치를 지니고 있지만, 실제보다 더 큰 가치가 부여되는 경우가 없지 않다. 오늘날의 신학 교사들은 서로 모순되는 주장을 펼칠 때가 많지만, 그들이 지지하는 교육 방법과 체계를 살펴보는 것도 나의 목적과는 무관하다. 모든 학문을 완벽하게 습득할 수 있는 사람은 아무도 없다. 어떤 학생들은 동료 학생들이 더는 못하겠다면서 좌절하는 공부를 통해 가장 유익한 성장을 이루기도 하지만, 신학만큼 다툼과 논쟁과 무가치한 견해와 이론과 편견으로 인해 엉망진창이 되는 학문은 찾아보기 어렵다. 하나님의 진리에 진정으로 관심이 있는 사람들은 그런 것을 단호하게 배격해야 한다.

나는 영적 진리를 제멋대로 빼고 더해 인간의 학문과 과학을 위해 확립한 일시적인 규칙들에 맞추려고 시도하는 잘못된 방식에 관해 다른 곳에서 길게 설명하며 논박한 바 있다. 신학은 인간의 학문을 초월한 신성한 것이기 때문에 그런 편협한 학문적 한계에 국한시킬 수 없다. 참된 신학은 학생들에게 세속 학문과 과학과 철학을 공부할 때와는 전혀 다른 정신적 태도와 심령 상태와 지성적 원리를 요구한다. 영적 지혜에 정통하기를 원한다면, 날마다 예수 그리스도의 공로를 힘입어 복음의 비밀에 관해 하나님과 거룩한 교통을 나눠야 하고, 경험을 통해 구원의 진리가 지닌 능력과 효력을 알아야 한다. 이런 것은 인간의 생각 속에 본성적으로 내재된 것도 아니고, 지성적인 노력이나 활동을 통해 얻어질 수 있는 것도 아니다. 성령을 통해 마음의 조명, 영적 분별력과 지혜, 그리스도의 왕국의 비밀에 대한 계시가 주어져 어둠에서 빠져나와 그리스도의 기이한 빛 가운데 들어가서 구원자 안에 감추어져 있는 경이로운 지혜와 지식을 공유할 수 있는 자격을 갖추어야 한다. 인간의 철학은 이런 것들이 아무런 의미도 없고, 가치도 없다고 주장하지만, 이것들이야말로 신학의 기원이자 중추요 핵심이자 골수다.

따라서 내가 독서 목록이나 체계적인 학습법을 제공할 것이라고 기대하지 말라. 그런 것들은 평판이 높은 학자들이 이미 다 제공했기 때문에 원하면 언제라도 활용할 수 있다. 나는 특별히 보에티우스의 『신학 서고(*Library of Theology*)』를 추천하고 싶지만(네덜란드 칼빈주의 신학자인 그는 진리에 대한 열정과 경건함이 남달리 뛰어난 학자다. 다만 약간 부족한 것이 있다면 그의 탁월한 지식에 비해 실천력이 조금 뒤떨어진다는 것이다), 이런 문제를 상세히 다루는 것은 내가 목표하는 것에서 벗어난다. 나는 신학 교수가 해야 할 일을 빼앗을 생각도 없고, 여기에서 학생들에게 이런저런 학문의 이론과 실천에 관해 직접 가르칠 생각도 없다. 나는 대학교들이 끝없는 궤변으로 요란하게 소란을 피우는 것이 싫다. 나의 유일한 목표는 믿음의 가족에 속한 사람들을 유익하게 하는 것이다. 내가 신학을 공부하는 바른길을 제시하려는 이유는 하나님을 경외하는 학생들이 하늘의 진리를 더욱 분명하게 이해하도록 돕기 위해서다. 몇 가지를 당부하면 다음과 같다.

첫째, '신학'과 '신학자'라는 명칭과 용어가 지닌 참된 의미를 이해해야 한다. 이 용어들은 단지 특정한 지식 분야나 그것에 정통한 사람들을 가리키지 않는다. 참된 그리스도인이라면 누구나 하나님의 신학자이다. 그들 모두에게 구원을 주는 복음의 빛이 주어졌다. 이들의 차이는 하나님의 주권적인 뜻에 달려 있다. "그의 뜻대로 각 사람에게 나누어 주시는 것이니라"(고후 12:11)라는 말씀대로, 하나님이 성령을 통해 충실한 신자들에게 신령한 은사들을 나눠주시지만, 그 정도는 제각기 다르다. 하나님이 정하신 때에 구원의 영이 그들 각자에게 임하시고, 그들은 하나님의 영을 통해 날마다 변화되어 영광에서 영광에 이른다. 신학자들의 성취도가 서로 큰 차이가 나는 이유는 성령께서 그들에게 허락하신 은사가 제각기 다르기 때문이다. 그들의 공통점은 영적 깨달음을 통해 마음이 새로워져 참된 빛이신 그리스도의 형상을 본받는 것이다. 오직 충실한 신자들만이 그렇게 될 수 있다. 내가 참 신학과 그 공부를 주제로 다루는 이유는 그런 빛을 증대시켜 심령을 굳건하게 하고, 영적 이해력을 한층 더 높여 구원이 무엇인지를 좀 더 분명하게 알고, 복음을 효과적으로 선포하는 역량을 기를 수 있는 방법을 제시하기 위해서다.

성령께서 자유롭게 허락하시는 은사들은 신자들 사이에서 서로 다른 차이를 만들어낼 뿐 아니라 그것들을 경험하는 사람들의 생각에 이중적인 영향을 미친다. 먼저, 모든 신자는 복음의 빛을 통해 새롭게 거듭난 후에는 주님을 나타내는 빛들이 된다. 그들은 새로운 복종과 구원의 경험을 통해 주님의 영광을 드러낸다. 그들은 하나님의 존재와 목적을 단번에 온전하게 의식하지는 못하지만, 날이 갈수록 영적 지식이 증대되고, 차츰 정확해지면서 자연과 성경을 통해 계시된 하나님의 진리를 더욱 분명하게 깨닫는다. 그로 인해 진리와 오류를 구별할 줄 아는 명료한 판단력이 생겨나고, 성경 말씀에 근거한 확고한 지식이 확립되며, 진리들을 상대적인 중요성에 따라 정확하게 체계화할 수 있는 능력이 배양된다. 오직 그런 신자들만이 다른 사람들에게 복음의 진리를 전하는 데 필요한 기본 자격을 갖출 수 있다.

생각을 비춰 복음의 진리를 인식할 수 있게 하는 구원의 빛, 그 빛을 더욱 선명하게 만드는 성령의 내주하심, 성경의 진정성을 이해하는 능력, 다른 사람들에게 자신이 은혜로 경험한 구원을 전하는 능력과 같은 은사들이 발견되는 사람만이 내가 말하는 진정한 신학자에 해당한다.

따라서 참 신학은 '성경의 규칙에 따라 내적인 영적 은사들과 참된 하늘의 지혜를 가져다주는 구원의 빛을 더욱 증대시키고, 강화하려는 지성적인 노력'으로 정의할 수 있다. 이것이 곧 성경의 가르침이다(고전 14:12, 고후 3:5, 6, 18, 4:6, 엡 1:17-19, 3:7, 16-19, 5:15, 16, 골 1:26, 27 참조).

둘째, 복음 사역에 신학을 활용하는 일에 특별한 관심을 기울여야 한다. 단언하건대, 지식만으로는 그리스도의 사역자가 될 수 없다. 지식 외에 엄숙한 소명(하나님의 부르심)과 교회의 선출과 임명을 통해 정식으로 직임을 맡는 것이 필요하다. 그것이 신학의 이중적인 본질이다. 즉 자신의 구원과 하나님의 영광에 관심을 기울이는 사람은 누구나 신학에 헌신해야 하지만, 그것을 가르치는 일은 하나님의 뜻을 통해 자기들에게 계시된 것들을 다른 사람들에게 알려주고 싶은 주체할 수 없는 열정을 느끼는 사람들만 할 수 있다. 만일 사역자라는 거룩한 직임에 관심을 기울이는 사람들이 하나님이 이 말세에 그리스도인들에게 큰 빛과 신령한 은사들을 허락하기를 얼마나 간절히 원하시는지를 생각한다면, 즉시 신명을 바쳐 자신이 소유한 신령한 은사들을 더욱 증대시켜야 할 필요성을 절감할 것이 틀림없다. 만일 그렇게 하지 않는다면, 수년 동안 인문학과 과학과 언어와 철학을 배우고서도 양 무리 앞에서 어리석게 보일 수밖에 없을 테고, 실질적인 유익을 제공하는 사역도 전혀 행하지 못할 것이다. 회중이 매일 필요로 하는 것을 직접 다루지 않는다면 그런 지식은 대부분 아무짝에도 쓸모가 없을 것이다. 만일 농부가 다른 일꾼들을 고용해 파종과 수확의 일을 시키고, 자기는 항해사나 군사 전문가로 일하겠다고 나선다면, 조롱과 비웃음만 살 것이 분명하다. 영성을 갖추지도 않고, 복음의 비밀도 모른 채 단지 세속적인 학문과 학문적인 술수에만 능한 사람이 기독교 공동체를 이끌고, 가르치는 신성한 직임에 헌신하겠다고 하는 것도 그런 농부와 조금도 다르지 않다. 그런데도 날마다 새로운 설교자들, 곧 각자의 능력과 성향에 따라 어설프게 고등교육을 마친 어리석은 젊은 이들이 사역 현상으로 밀려들고 있다. 우리는 특히 모든 학문에 역사 공부를 유익하게 활용할 수 있다고 강조한다. 모든 이성적인 생각이 글이나 말로 이루어진 언어라는 매개체를 통해 유포되고, 공유된다. 여기에서 모든 교육의 기초가 되는 개념들과 원리들이 생겨난다. 이런 근본적인 규칙들을 거부하는 것은 곧 합리성을 거부하는 것이다. 그렇게 되면 곧 모든 것이 뒤죽박죽 흐릿해지고 만다. 이성을 지닌 사람들끼리 개념과 사상을 서로에게 전하고, 의심스러운 점들을 논의하고, 서로의 생각을 주고받을 수 있는 수단들이 필요하다. 그런 과정은 모든 교육의 필수 요건이다.

만일 합의된 언어적 원리, 즉 이해를 가능하게 하는 유익한 수단이 없었다면 뛰어난 사고력을 지닌 사람들의 관찰과 추론들이 발견된 즉시 사라지고 말았을 것이다. 더욱이 일반 학문과 과학에 관한 지식과 그것들을 통한 정신적인 훈련은 개념적인 사고의 능력을 자극하고, 강화할 뿐 아니라 지적인 분별력을 증대시킨다. 학습을 통해 연구 주제를 합리적으로, 유익하게 다룰 능력이 길러지고, 불명료함과 속임수가 줄어든다. 인간의 정신 기능은 사고의 훈련을 통해 명료해지고, 분명해진다. 만일 학교와 대학교를 이끄는 사람들이 이런 사실을 좀 더 잘 이해하고, 학생들이 그런 기본적인 기술을 능숙하게 활용하도록 가르치는 데 좀 더 큰 관심과 열정을 쏟는다면 크나큰 유익이 뒤따를 것이다.

학교에서 흔히 관찰되는 바와 같이 이런 원리들을 그릇 알거나 부분적으로 알면, 아무도 실질적인 유익을 얻을 수 없고, 재능이 뛰어난 학생들에게도 장애가 초래된다. 그러나 안타깝게도 이런 문제를 능숙하게 처리할 수 있는 지식인들이 너무나도 적다.

게으른 성품을 타고난 탓에 성장하려고 노력하지 않는 학생들이 있다. 그들은 장기간 긴장된 상태로 학업에 매진할 수 있는 능력이 없다고 느낀다. 그보다 더 못한 학생들은 고된 학업은 어떻게 해서는 피하려고 하면서도 높은 지식을 갖춘 사람으로 인정받기를 원하는 학생들이다. 그런 학생들이나 그들을 가르치는 사람들은 얼마 지나지 않아 쓰디쓴 경험을 통해 그런 정신 상태로는 전혀 감당할 수 없는 직임을 맡게 되었다는 사실을 깨닫는다(그러나 그때는 이미 너무 늦는다).

이 밖에도 교육에 대한 열정은 매우 뜨겁지만 진정한 소명감이나 궁극적인 목표가 없는 까닭에 이 학문, 저 학문을 배우다가 결국에는 어느 하나에서도 만족할 만한 성장을 이루지 못하는 학생들도 있고, 항상 시작만 하고 끝을 맺지 못한 채 시간과 노력을 비효율적으로 낭비하는 학생들도 있다(후자의 경우는 그들 자신의 결함보다는 올바른 지도와 방향을 제시받지 못한 데 그 원인이 있다).

더욱이, 진정으로 유익한 지식은 모두 큰 어려움에 둘러싸여 있고, 불분명하게 보이기 때문에 그런 공부를 하는 사람들 가운데는 중도에 지쳐 포기해 버리고, 노력이 비교적 적게 들어가는 학문에서 만족을 얻거나 아무짝에도 쓸모없는 것을 배우면서 끊임없이 헛된 허영심만 채우려고 애쓰는 사람들이 많다.

가치 있는 노력을 물거품으로 만드는 또 다른 요인은 모든 학문과 과학의 참된 본질과 목적을 알지 못하는 무지다. 그런 학문들을 최초로 발견한 사람들은 인간의 타락으로 인한 결과와 그것을 통해 인류에게 가해진 저주를 극복하기 위해 노력하는 것을 목표로 삼았다. 다시 말해, 그들은 모든 인류의 본성을 짓누르는 형벌(내적 어둠과 진리에 대한 선천적인 반감)의 결과로부터 최대한 자신들을 자유롭게 하려고 노력했다. 인류는 앞으로도 항상 지성의 부패한 속성과 내면에 존재하는 어둠을 볼 때마다 자신의 힘으로 그것들을 극복하려고 힘써 노력할 것이 분명하다. 그러나 인문학과 과학을 완전히 습득하더라도 그런 목적을 이루기는 어렵다. 구원을 주는 복음의 빛을 경험하지 못한 사람들은 아무리 고귀한 목표를 지향하더라도 자신의 사고력만으로는 문제를 해결할 수 없다. 그들은 인문학과 과학을 부지런히 공부해 본성의 어둠을 극복하려고 애쓰지만, 그들이 활용하는 지성 자체가 부패한 상태이기 때문에 그것으로 진리를 인식할 수 있을 것이라는 확실한 보장이 없다. 진리 인식은 그리스도인인 우리가 인정하는 목표이지만, 하나님의 구원 은혜를 경험하지 못한 사람들은 결코 그런 목표를 이룰 수 없다. 하나님의 구원 은혜 안에서 인문학과 과학을 탐구하지 않으면, 그 어떤 시도도 결국에는 학생들에게 헛된 망상과 허영과 실패만을 안겨주고 말 것이다.

학생들은 어떤 학문이든 배움을 시작하기에 앞서 그 본질과 내용은 물론, 그것을 배우려는 목적과 목표를 신중하게 생각해봐야 한다. 목적이 모든 것을 판가름하는 기준이기 때문에 그것을 항상 염두에 두고, 부지런히 그것을 향해 나아가야 한다. 자료와 수단의 선택도 목적에 부합해야 한다. 그렇지 않으면 선택한 진로에서 벗어날 수밖에 없다. 만일 배우려는 학문이 신학이라면, 그것의 참된 본질과 학생이 지향해야 할 목적에 관해서는 이미 앞에서 말한 것만으로도 분명하게 알 수 있을 것이다.

신학생들이 흔히 저지르는 잘못 가운데 하나는 진리를 스스로 생각해서 깨우치려고 하지 않고, 복음을 여러 개의 항목이나 조항으로 압축한 조직 신학만을 밤낮으로 훑어보려고 하는 것이다. 그런 학생들은 성경 말씀을 통해 새롭게 드러나는 하나님의 뜻을 알기가 어렵다.

그와 마찬가지로, 이론 신학과 실천 신학과 관련해 초기 교부들이나 스콜라 신학자들이나 현대 목회자들의 견해를 읽고, 암기하는 데 몰두하는 학생들도 있고, 자기 나름대로 철학에 근거한 신학 체계를 세우려고 애쓰는 학생들도 있다. 나는 이미 그런 것들을 참 신학의 범주에서 제외하는 법을 깨우친 지 오래다. 참 신학이 목표로 하는 것은 무엇일까? 그것은 그리스도 안에 나타난 하나님에 관한 인격적인 지식을 경험함으로써 복음의 비밀을 깨달을 수 있는 지혜와 총명을 얻고, 역사적으로 전개되어온 하나님의 계획과 언약의 경이로움에 대한 통찰력을 갖추고, 영적 예배와 복종하는 믿음에 참여하는 것이다. 이 것이 복음을 배우는 학생이 충실하게 추구해야 할 목표다. 가용한 자료와 수단을 선택할 때도 이 목표를 항상 염두에 두어야 한다.

우리가 배우기를 갈망하는 신학이 빛의 아버지이신 하나님으로부터 그분의 충실한 자녀들에게 직접 전해지는 지혜이자 성령의 내주하심을 통해 주어지는 하나님의 비밀을 아는 총명이라면, 하나님이 친히 제공하신 것이 아닌 다른 수단으로 그런 지식을 추구하려는 시도보다 더 큰 어리석음은 없을 것이다. 따라서 이 목표를 확고하게 정하고, 성령과 교통하며, 자신의 힘과 본성을 의지하려는 생각을 버리고, 이 목표에 부합하는 것만을 엄격하게 지키며, 항상 하나님을 공경하고, 경외하는 마음을 유지해야 한다. 그러면 신학 공부를 통해 하나님의 축복을 받고, 형통할 것이다. 그러나 자신의 철학을 따르고, 이성이 인도하는 대로 이리저리 방황하고, 신학 공부를 사적인 목적에 사용한다면, 아무리 많은 금을 불 속에 집어넣더라도(즉 아무리 많은 노력을 기울이더라도) 결국에는 '금송아지'가 나오고 말 것이다(출 32:24). 신학을 공부하면서 시간과 노력을 헛되이 낭비하고 싶지 않으면, 항상 구원을 가져다주는 복음의 영적 지혜를 얻는 것이 목표라는 사실을 기억해야 한다.

앞서 말한 대로, 하나님이 계시하신 영적 진리가 모두 성경에 나타나 있다. 우리의 참된 지혜는 그런 성경적 진리들에 대한 영적 이해에 근거한다. 따라서 신학을 배우려는 사람들은 반드시 부지런히 성경을 읽고 묵상해야 한다. 다들 입으로는 그렇게 한다고 말하지만, 올바른 심령 상태로 실제로 그렇게 하는 사람들은 그렇게 많지 않다. 이 일을 무시하는 것은 단지 공부에 지장을 초래하는 것으로 그치지 않고, 치명적인 타격을 입힌다. 사람이 입으로는 특정한 목표를 지향한다고 말하면서도 실제로는 그 목표를 확실하게 이룰 수 있는 안전한 수단을 회피한다면 그런 결과를 피할 수 없다. 오늘날 적은 시간을 들여 성경을 두서없이 공부하는 사람들이 얼마나 많은지 모른다. 그들은 하나님의 말씀을 묵상하거나 설교 말씀을 들으려고 예배에 참석하는 것은 더더욱 등한시한다. 그러면서도 그들은 자신이 유능한 신학자가 될 것이라고 상상하기를 좋아한다. 참으로 어리석고, 천박한 사람들이 아닐 수 없다. 이 세상에서 그 어떤 것도 견주거나 필적할 수 없는 지식을 추구하는 데 헌신한다고 말하면서 그런 목적에 합당한 수단을 무가치하게 여기고, 가장 나중에 해도 되는 일처럼 생각한다니 어처구니가 없다. 그런 사람들은 불가능한 것을 이루려고 애쓰는 사람들과 같다. 아마도 그들은 고대와 현대의 신학자들이 공들여 성경을 설명한 내용이 담긴 책들을 길잡이로 삼아 부지런히 그것들을 읽고 많은 것을 배울 수 있다고 변명할 것이다. 물론, 나도 그런 방법을 무시하고픈 생각은 없다. 오히려 그들의 부지런함을 칭찬해주고 싶다. 그러나 그것은 성경을 공부하는 것과는 엄연히 다르다. 그런 권위자들의 책을 읽는 것과 그리스도를 믿는 믿음으로 성령의 조명을 구하고 나서 성경을 읽고 묵상함으로써 (성경을 기록하게 하셨고, 지금도 그 안에 살아 계시는) 성령으로 충만한 삶을 살아가는 것은 전혀 별개의 문제다. 다른 사람들이 아무리 학식이 높고, 믿음직하더라도 그들의 눈을 통해 보는 것과 성경을 직접 공부하는 것은 큰 차이가 있다. 그런 도움의 수단을 지나치게 의지하기를 좋아하는 사람들은 예수회 수도사 아코스타의 말을 귀담아들어야 할 필요가 있다. 그는 "순수한 마음으로 성경을 읽는 사람은 주석의 도움을 빌려 성경의 비밀을 풀려고 애쓰는 사람보다 더 큰 유익을 얻을 것이다"라고 말했다. 그는 그렇게 말하고 나서 많은 사람이 광신적인 언사로 여길 만한 내용의 말을 덧붙였다. "라틴어를 거의 모르는데도 성경 공부를 통해 높은 식견을 갖춘 사람들을 많이 보았다. 평생 교수로 일해온 사람들조차도 자신이 그런 사람들처럼 가르칠 수 없다는 것을 알고는 놀라움을 금치 못했다."

에라스무스는 "신약성경 서론(Preface to the New Testament)"에서 "만일 사람이 성령의 감동하심을 받아 믿음, 사랑, 거룩함, 하나님의 말씀을 위해 세상을 버리는 삶을 전하고, 가르칠 뿐 아니라 사람들을 불러모아 그런 것들을 추구하도록 고무하고, 격려한다면 그 이전에 도살업자나 방직공으로 살았더라도 참된 신학자라고 말할 수 있다. 특히 모든 사람이 보는 앞에서 자신의 인격을 통해 그런 것들을 실천하는 사람은 가장 위대한 교사가 될 수 있을 것이다"라고 말했다.

성경을 진지하게 공부하는 것을 두렵게 만들어 포기하도록 유도하는 요인들이 몇 가지 있다. 그런 요인들은 그들의 공부에 심각한 해를 끼치기 때문에 여기에서 잠시 살펴보는 것이 유익할 듯하다. 성경을 바르고, 확실하게 이해하는 것이 불가능하다고 생각하는 사람들이 많다. 그들은 성경에 인간의 이해력을 넘어서는, 파악하기 힘든 비밀들과 난제들이 가득하다고 생각한다. 그렇게 생각하는 이유는 한 가지, 곧 믿음이 없기 때문이다. 이들은 인간의 이성을 넘어서는 것을 이해하려고 시도하는 것에 대해 반감을 느끼기 때문에 성경에 관심을 기울이더라도 단지 역사를 비롯해 하나님의 뜻을 나타내는 계시와 다른 지식 분야가 서로 공통된 내용을 지니는 것에만 초점을 맞추기를 좋아한다. 이들은 영적인 문제와 관련해서는 표면적인 것에만 머무를 뿐, 더 깊은 곳으로 나아가지 못한다. 성경의 신성한 비밀에 겁을 먹거나 성경이 발하는 신령한 지혜의 빛에 눈이 부셔 앞을 제대로 보지 못하는 영혼들은 둔감하고, 세속적일 수밖에 없다. 이들은 선택적으로 골라낸 글들만을 모아 편집한 책들, 곧 일반적인 논증이 전개되거나 이런저런 종파가 옹호하는 주장들이 실린 책들에만 주로 관심을 기울일 뿐, 순수하고, 솔직한 태도로 성경에 나타난 성령의 생각과 뜻을 직접 살펴보려고 하지 않는다(오직 이것만이 성경적인 지혜를 얻는 유일한 길이다).

참으로 개탄스럽게도, 성경을 부지런히 읽는 것을 멸시하지는 않더라도 등한시하는 학생들이 너무나도 많다. 성경의 문체를 싫어하는 것처럼 보이는 학생들도 있고, 그 내용에 반감을 느끼는 것처럼 보이는 학생들도 있다. 히에로니무스는 "한밤중에 잠에서 깨어나 내가 과거에 지은 죄들을 돌아보며 나의 존재 깊은 곳으로부터 터져 나오는 눈물을 한바탕 쏟아내고 나서 감정이 어느 정도 가라앉은 후에 우연히 플라우투스(헬라의 극작가)의 책을 집어 들어 읽었다. 그런 다음, 나중에 선지자들의 글을 읽어보니 그들의 조잡해 보이는 문체가 몹시 거슬렸다. 내가 빛을 볼 수 없었던 이유는 나의 눈이 멀었기 때문이었다. 그러나 나는 내 눈을 탓하지 않고, 태양을 탓했다"라고 말했다.

문체가 조잡하다는 이유로 노골적으로 성경이 싫다고 말했던 폴리티아누스(이탈리아 인문학자이자 시인)의 이야기도 잘 알려져 있다. 카스파르 퓨쳐(독일 종교개혁자)도 크리스토퍼 칼로비츠에게 보낸 편지에서 그의 이야기를 언급한 바 있다. 폴리티아누스는 시편에 관해 이렇게 말했다고 한다. "내가 볼 때 시편은 지혜가 가득한 고대의 시다. 거기에는 모든 미덕에 대한 가르침, 갖가지 섭리를 상기시키는 내용, 죄인들을 향한 징벌의 경고, 의인들에 대한 보상과 보호의 약속이 간직되어 있다. 나는 시편의 지혜를 높이 평가하고, 그것이 인격을 형성하고, 인생을 살아가는 데 귀한 가치를 지니고 있다고 생각한다. 시편은 과거에는 음악에 맞추어 불렀다. 시편은 뛰어난 수사법으로 꾸며졌고, 감정을 자극할 수 있도록 잘 고안되었다. 그러나 핀다로스(헬라의 시인)의 시에서도 그와 똑같은 특색이 발견되는데 문체는 더 수려하고, 표현도 더 훌륭하다."

이 불경한 신성모독자가 어떻게 스스로 재판관을 자처하고 믿음 없는 이방인 저술가와 성령을 견주어 판단했는지 생각해 보라. 그는 궁극적으로 핀다로스를 높이 칭송하기 위해 다윗을 치켜세우는 척했다. 오직 신구약 성경에서만 발견할 수 있는 미덕을 핀다로스나 플라톤이나 플루타르크나 세네카나 에픽테토스나 아리아누스(로마의 정치가이자 역사가)나 플로티노스와 같은 사람들을 통해 발견하려는 사람이 한 사람도 없었으면 좋겠다. 그러나 우리는 주위에서 하나님이 날마다 그런 무신론자들을 영적 어둠으로 징벌하시는 것을 목격하고 있다.

한편, 어떤 사람들은 학자들의 책을 열심히 읽어야만 얻을 수 있는 지식을 성경을 통해 직접 얻을 수 있다는 사실을 믿기 어려워한다. 그들의 눈에는 그것이 너무 쉬워 보인다. 그들은 성경의 내용은 천박하고, 유치하고, 따분하지만, 인간의 책은 심오한 사상, 정밀한 논증, 섬세한 분류, 지성적인 자극, 많은 지식을 제공한다고 생각한다. 그것은 경험이 없는 초보자들의 어리석음에 지나지 않는다. 성경은 모든 진리를 평가하는 유일한 규칙이다. 진리의 원천이자 근원인 성경에 포함되지 않은 것은 그 무엇도 진리나 참으로 일컬을 수 없다. 성경에서

도출해내지 않았다면, 그 어떤 종교에 관한 사상이나 개념도 숭고함이나 가치를 지닐 수 없다.

하나님을 바라보지 않고, 그분에게 도움을 구하지 않는 사람들은 성경을 올바로 공부하는 데 필요한 것을 스스로 박탈하는 셈이다. 그리스도께서는 성부를 진지하게 예배하는 자들에게만 성령의 도우심을 약속하셨다. 경건한 태도로 성경을 공부해야만 기쁨과 유익을 얻을 수 있다. 다른 학문은 그 나름의 방법론에 따라 배울 수 있지만, 성경에는 어떤 외적인 도움을 구하더라도 인간의 지혜만으로는 알 수 없는 비밀이 간직되어 있다. 이것이 성령의 약속이 주어진 이유다. 성령의 도우심은 오직 믿음으로만 얻을 수 있다. 따라서 구원 신앙이 없는 탓에 성령을 받지도 못하고, 그분을 알지도 못하는 사람들이 성경을 지루하고, 따분하게 생각하며, 그것을 배우는 것을 지겹게 느끼는 것은 너무나도 당연하다. 성령의 약속을 믿지 않고, 정기적으로 그분의 도우심과 능력을 구하지 않고, 모든 비밀을 분명하게 보여주실 수 있는 그분의 인도를 따르지 않는다면, 성경을 아무리 공부해봤자 괜히 시간만 낭비할 뿐이다.

자신의 영혼 안에 하나님과 인격적인 관계를 맺는 것을 주저하는 성향이 도사리고 있는 것을 의식하는 사람들이 많다. 이것은 내주하는 죄로 인해 생겨난 결과다. 거듭나지 않은 사람들은 그런 성향에 지배되어 상습적으로 하나님을 적대시한다. 그러나 내주하는 죄가 거듭난 사람들 안에서도 어느 정도 영향력을 발휘하고 있다는 사실을 잊어서는 안 된다. 이 죄는 신학을 주제로 다룬 인간의 글이나 책에도 영향을 미친다. 그로 인한 영향은 신학과 일반 학문의 공통 요소들을 얼마나 많이 강조하느냐에 따라 달라진다. 따라서 그런 것들을 성경과 대조해 살펴야 한다. 영혼은 성경을 통해 전능하신 하나님과 직접 관계를 맺는다. 내적 공허함과 죄에 속박되어있는 사람이 말씀을 대하면 자연히 반감을 느껴 그것을 배우지 않으려고 피하기 마련이다. 그런 본성은 신학 공부를 방해하는 장애 요인이다. 성경을 공부할 때 극심한 불만을 느끼는 이유는 그것 때문이다. 이런 이유로 신학을 공부하더라도 그리스도의 일에 지혜로운 복음 신학자가 아닌 세속적인 철학자가 되는 것으로 끝날 때가 많다.

내가 주장하는 신학의 유형에 대해 좀 더 자세하게 말하면 다음과 같다. 첫째, 성경을 배우는 일에 헌신하기를 원한다면, 어떤 말씀을 읽고 묵상하든 지극히 거룩하신 하나님이 특별한 방식으로 자기에게 가까이 다가오신다는 사실을 잊어서는 안 된다. 하나님은 하늘에서 들려오는 음성에 못지않게 성경을 통해서도 죄인들에게 직접 말씀하신다. 복음을 배우려면 겸손해야 하고, 주님의 능력과 위엄을 공경하는 마음으로 공부에 임해야 한다. 배우는 사람의 마음속에 경외심과 신중함이 없는 것은 곧 하나님을 모욕하는 것이다. 하나님은 자신의 말씀 앞에서 공경한 태도를 취하는 사람들의 마음속에 거하기를 기뻐하신다. 경박하거나 경솔한 태도로 성경을 대하는 것은 영혼이 병들어 무신론이라는 죽음의 길로 들어섰다는 징후다. 성경을 올바로 공부하기를 원하는 사람은 "우리가 흔들리지 않는 나라를 받았은니 은혜를 받자 이로 말미암아 경건함과 두려움으로 하나님을 기쁘게 섬길지니 우리 하나님은 소멸하는 불이심이라"(히 12:28, 29)라는 사도의 경고를 명심해야 한다. 진실로, "여호와를 경외하는 것이 지혜의 시작이다." 말씀을 공부하면서 이 두려움을 느끼지 못한다면, 삶의 다른 측면들에서도 하나님을 경외하는 마음으로 살아갈 수 없다.

둘째, 말씀을 부지런히 배워 진리를 어느 정도나 깨달았는지, 또 하나님이 인정하시는 예배를 얼마나 잘 드렸는지를 살피고, 점검하는 일에 관심을 기울여야 한다. 성경을 배우고, 묵상하는 목적은 하나님이 기뻐하시는 예배를 드리기 위해서다. 성경을 통해 우리의 의무가 무엇인지를 알고, 하나님과 거룩한 교통을 나눠야 한다. 우리의 영혼 깊숙한 곳에서 은혜와 빛을 강력하게 드러내시는 성령의 능력을 경험해야 한다. 성령과 성경의 빛을 통해 드러난 대로, 우리가 하나님과 우리 주 예수 그리스도 앞에서 어떤 상태인지를 깨닫지 못한다면 성경을 공부해봤자 아무런 소용이 없다.

생각 속에 사실들에 관한 지식만 가득 채우고, 거룩한 묵상이라는 은혜의 수단을 무시하면 모든 노력이 물거품이 되고 만다. 그런 공부는 교회는 물론, 본인의 영원한 안전과 관련해서도 아무런 가치가 없다. 말씀은 영혼을 살찌우는 자양분이다. 구원의 빛과 구원 이후에 뒤따르는 영적 은사들이 말씀을 통해 주어진다. 구원의 빛은 우리에게 무한한 위로를 가져다주고, 영적 은사들은 다른 사람들을 섬기는 수단들이다. 신학 공부를 통해 전자를 경험하지 못한 사람은 후자의 열매를 거둘 수 없다.

셋째, 신학을 배우는 사람은 삶을 통해 성경의 절대적인 권위를 드러내고, 범사에 자신의 뜻과 판단력을 성경의 권위에 복종시켜야 한다. 성경 말씀은 우리에게 직접 말하고, 하나님의 이름으로 우리 가운데서 역사한다. 성경은 우리에 대해 최상의 권위를 지니기 때문에 우리의 생각과 지성을 성경에 기꺼이 복종시켜야 한다. 성경의 법정 앞에 우리의 양심을 소환해 우리 자신과 우리의 영원한 운명에 관해 성경의 판결과 판단을 받아야 한다.

넷째, 성령께서 성경을 기록하실 때 사용하셨던 언어들을 부지런히 배우면 진리를 탐구하는 데 큰 도움이 된다. 이것은 말씀이 지닌 본래의 효력과 의미를 발굴해 낼 수 있는 원천이다. 그런 언어들(특히 히브리어)은 성경을 다른 언어로 번역했을 때 살리기 어려운 말씀의 참된 효력과 섬세한 의미를 생생하게 보여준다.

다섯째, 이 모든 일을 시도할 때는 항상 진정 어린 기도로 시작해서 기도로 진행하고, 기도로 끝마쳐야 한다. 우리가 구하는 하늘의 지혜를 발견하고, 지혜 자체이신 하나님을 만나려면 기도해야 한다. 기도는 하나님이 허락하신 수단 가운데 가장 강력한 힘을 지닌다. 앞서 말한 대로, 복음의 저자는 성령 하나님이시다. 오직 그분만이 하나님의 은밀한 일들을 나타내고, 그것들을 우리에게 가르치신다. 그분은 그것들을 다른 사람에게 전하는 방법도 우리에게 알려주신다. 하나님의 자녀들은 성령을 통해 영적 이해에 도달한다. 그분은 우리에게 그리스도의 일을 계시에 우리를 모든 진리 가운데로 인도하신다. 주 예수 그리스도께서는 믿음으로 성령을 받고, 기도로 그분을 굳게 붙잡아야 한다고 가르치셨다. 성령께서 우리에게 간구하는 영을 허락하고, 은혜와 능력으로 우리를 도와주시면 우리는 그분의 인도와 위로를 구할 수 있다.

"너희 중에 누구든지 지혜가 부족하거든 모든 사람에게 후히 주시고 꾸짖지 아니하시는 하나님께 구하라"(약 1:5)라는 말씀에서 알 수 있는 대로, 참된 지혜는 하나님이 주시는 선물이다. 이 점을 항상 기억해야 한다. 신학 공부가 잘 진척되기를 바란다면, 하나님을 온전히 의지해야 한다. 유스티누스는 트리포에게 "무엇보다도 빛의 문이 활짝 열리게 해달라고 기도하시오. 이런 일들은 하나님과 그분의 그리스도께서 지혜를 허락하지 않으시면 감추어져 드러나지 않기 때문에 인간의 이해를 초월한다오"라고 말했다. 플라톤도 『법과 신들의 본성에 관한 논의(Discourse on the Law and the Nature of the Gods)』라는 책의 서문에서 섭리의 압도적인 힘에 관해 그와 비슷한 말을 했다. 그는 기도를 올리고 나서 클리미아스에게 "신께서 친히 우리를 인도해주신다면 우리는 이해할 수 있소. 나와 함께 기도합시다"라고 말했다.

놀랍게도 뛰어난 지성을 지닌 사람들 가운데 하늘의 진리를 공부하겠다고 나섰다가 중도에 포기하는 사람들이 너무나도 많다. 왜 그럴까? 그 이유는 그들이 기도하는 법을 알지 못하기 때문이다. 그들은 간구하는 영을 받지 않았다. 더욱이 그들은 겉으로 볼 때는 재치도 있고 유쾌한 듯 보이지만 실제로는 가장 사악하고, 신성모독적인 태도로 영적 진리의 현실을 비웃으며, 성령을 의도적으로 거부한다. 그들은 경건의 중요성을 비웃는 자들의 우두머리가 되거나 거친 농담으로 경건을 조롱함으로써 인기를 얻으려고 애쓴다. 그들은 자신들의 육적인 속성을 세상 앞에 보여주고, 자신의 지혜가 자신의 성품만큼이나 저속하다는 것을 적나라하게 드러낸다. 그들은 자신이 다른 사람들보다 더 낫다고 생각하고, 마치 자기들만 지혜로운 사람들인 척 과시하지만, 실제로는 배움이 없는 가장 비천한 그리스도인의 발꿈치에도 미치지 못한다.

우리의 연약함을 아시는 성령께서 우리에게 허락하신 기도를 쉬지 않고 드리는 충실한 영혼들은 하나님과 교제를 나누며 복음의 일을 이해할 수 있는 지혜를 얻는다. 그들은 기도하며 날마다 주님과 더욱 깊은 교제를 나눈다. 그들의 안에 있는 영혼을 통해 진리에 대한 그들의 지식이 날로 증대되고 있다는 사실이 여실히 드러나고, 구원의 지식에 대한 확신이 갈수록 더 강해진다. 그런 영혼들, 곧 복음을 배우는 자들은 그리스도 안에서 성도들에게 약속된 하나님의 언약의 비밀에 갈수록 더 많이 참여하면서 만유의 주님이자 우리의 머리이신 그리스도의 형상을 더 많이 닮아간다.

우리는 신학 공부 외에도 복음이 가르치는 참된 믿음과 경건을 실천하는 동료 그리스도인들과 정기적으로 경건한 사귐을 가져야 한다. 고대 이교도의 문헌을 살펴보면, 위대한 철학자들이 많은 비밀에 정통하다고 알려진 대가들의 조언과 가르침을 듣기 위해 온 세상을 돌아다니는 수고로움을 기꺼이 감당했다는 것을 알 수 있다. 굳이 멀리 여행하지 않아도 우리가 있는 곳에서 그런 교제를 얼마든지 나눌 수 있는데 참되고 영원한 지식을 얻는 수단을 무시해서야 되겠는가? 그러나 안타깝게도 우리 가운데는 경건과 은혜가 인간의 삶에 영향을 미치고 있는 명백한 현실을 무가치하게 여기거나 등한시하는 사람들이 얼마나 많은지 모른다. 어떤 사람들은 그런 습성이 너무나도 강한 탓에 가식 없는 믿음과 참된 복종으로 진정한 지혜를 보여주는 사람들을 그 어떤 사람들보다 더 강렬하게 증오한다. 그들은 경건하게 살면서 정기적으로 영적 예배를 드리는 것을 감당할 능력이 없다. 누구든 '성도의 교제'를 언급한 사도신경의 구절을 없애자고 진지하게 제안한다면, 아마도 모든 철학자들이 즉각 나서서 당장에 처단해 없애라고 소리칠 것이 분명하다. 그러나 교제를 실천하는 것은 고사하고, 가장 희미하게나마 그 개념을 알고 있는 사람조차 찾아보기가 어렵다. 오늘날, 성도의 교제는 철저하게 무시되고, 멸시당하고 있다.

신학을 배우는 사람에게는 신자들과의 교제가 반드시 필요하다. 참된 복음의 지혜를 지탱하고 있는 영적 은사들을 연습과 실천을 통해 더욱 예리하게 만들어야 한다. 복음의 지혜는 거룩한 실천을 통해 강화되고, 증대된다.

그것이 곧 신학의 본질적인 내적 속성이다.

신학은 우리 주 예수 그리스도의 은혜로운 뜻과 작정을 통해 제정되었다.

7권
성경

1장
성경이 하나님의 말씀인 이유와
그렇게 불리는 이유

우리의 논의는 두 가지로 나뉜다. 하나는 성경의 본질에 관한 논의이고, 다른 하나는 성경을 묘사할 때 사용할 수 있는 명칭들에 관한 논의다. 이 점을 분명하게 밝히는 이유는 논쟁의 주제와 초점이 무엇인지를 확실하게 정해 우리의 대적자들에게 원하는 대로 마음껏 반론을 제기할 기회를 제공하기 위해서다.

아울러, 첫 번째 논의(성경의 본질)는 다시 두 부분으로 나눌 수 있다. 하나는 '참된 본질'에 관한 것이고, 다른 하나는 '식별 가능한 본질'에 관한 것이다. 우리는 무신론자들과 이교도들은 물론, 심지어는 (신약성경을 인정하지 않는) 유대인들을 향해서까지 성경이 거룩한 저자가 주입한 그 자체의 영적 빛을 통해 하나님의 무오한 말씀이라는 사실을 분명하게 보여준다고 확실하게 선언하는 바이다. 성경의 본질에 관한 첫 번째 논의는 교황주의자들을, 용어에 관한 두 번째 논의는 이 나라의 광신도들을 각각 논파하기 위한 것이다. 광신도들은 신적 능력을 통한 감동이라는 망상으로 스스로를 어려움에 빠뜨리는 경향이 있다 (신적 능력이 아닌 악령의 능력이라고 말하는 것이 옳을 듯하다). 이들은 '떠는 사람들,' 또는 '전율자(Quakers)'로 일컬어진다.

무신론자들과 교황주의자들을 논파하기 위한 첫 번째 논의에 관해서는 이미 학식 있는 학자들이 저술한 책들이 많이 존재한다. 그들은 내가 여기에서 옹호하려는 진리들을 명확하게 설명했기 때문에 어디서나 쉽게 접할 수 있는 내용을 다시 반복할 필요는 없을 듯하다. 로마 교회 사제들을 상대로 하나님의 대의와 그분의 말씀을 옹호했던 학자들 가운데서 가장 뛰어난 인물을 하나 꼽는다면, 바로 휘태커(1548-1595, 청교도 지도자이자 케임브리지대학교 신학과 교수)다. 그와 견줄 만하거나 그를 능가하는 사람은 찾아보기 어렵다.

조금 전에 말한 대로, 두 번째 논의, 곧 성경의 온당한 명칭에 관한 논의는 이 나라의 광신도들을 논박하는 목적을 지닌다.

이들은 과거에 성경의 방벽을 허물어뜨리려고 공격했던 사람들에게 동조함으로써 성경을 모욕하는 행위를 인정하는 것도 모자랐는지 스스로 사탄에게 사로잡혀 성경의 저자이신 하나님이 성경에 부여하신 영광스러운 명칭인 '하나님의 말씀'을 공격하는 임무를 부여받기라도 한 것처럼 행세하기까지 한다. 그럴듯해 보이는 위장술로 속셈을 감추고, 속임수를 사용해 더 많은 독즙과 사악함을 은폐하는 것은 인류의 원수인 사탄이 항상 즐겨 사용하는 전술 가운데 하나다. 예를 들어, 지금부터 논의하려는 오류를 살펴보면, 사탄이 교회의 건전성을 해치기 위해 일찍이 이보다 더 해롭고 치명적인 독즙을 만들어낸 적이 없었다는 것을 분명하게 알게 될 것이다. 그는 살인적인 공격을 감추기 위해 가장 교활한 술책을 사용해 정직하고, 연약한 영혼들에게 올무를 씌우려고 한다. 그러면 이제 그런 오류 가운데 몇 가지를 간단하게 살펴보기로 하자.

첫 번째 오류는 "'하나님의 말씀'이라는 명칭은 오직 그리스도에게만 적용될 수 있다. 따라서 성경에 그 명칭을 부여하는 것은 신성모독이다. 오직 그리스도께만 합당한 영예를 성경에 돌려야 하겠는가? 성경은 그리스도가 아니다. 그것은 영이 아닌 문자일 뿐이다. '하나님의 말씀'은 예수 그리스도를 가리키는 명칭이다. 그 명칭은 오직 그분에게만 적용하고, 성경에는 그 자체의 속성에 어울리는 명칭을 부여해야 한다"라는 식으로 전개된다.

그러나 오직 그리스도만을 공경하고 사랑해야 하기 때문에 '똑같은 용어'를 다른 용도나 의미로 사용해서는 안 된다는 논리는 한갓 속임수요 눈속임에 지나지 않는다. 그런 식으로 소리만 같고 뜻은 다른 동음이의어의 특성을 이용해 성경의 권위와 완전함을 거부하도록 유도하는 것은 온당하지 않다. 이 가련한 광신도들은 단지 성경의 명칭을 거부하는 데 그치지 않고, 그릇된 의도를 드러냈다. 다시 말해, 이들은 성경의 권위를 무너뜨려 그 본래의 지위를 박탈할 뿐 아니라 그리스도의 인격성과 신적 실재를 공격한다. 이들은 '하나님의 말씀'이라는 칭호를 그리스도께만 적용함으로써 하나님이요 인간이신 역사적인 그리스도와 관련이 없어 보이는 성경 본문을 제멋대로 해석한 내용을 자신들의 상상으로 빚어낸 가공의 그리스도에게 자유롭게 적용한다. 이들은 그런 그리스도를 자기들이 말하는 '내적인 빛'과 동일시하고, 그것이 모든 사람에게 공통으로 존재한다고 주장한다. 결국, '아무도 알지 못하는 것,' 곧 실제로는 아무것도 아닌 것이 중요한 영적 실재로 둔갑하는 셈이다. 성경에는 그리스도를 전혀 염두에 두지 않고서 '하나님의 말씀,' '말씀의 전파,' '말씀을 전하거나 받아들이는 것'을 언급한 구절들이 많다. 그들은 그런 구절들을 자유롭게 왜곡해 '내적인 빛'이라는 허구를 통해 그려낸 것과 일치시킨다. 이들은 자기들이 (지금까지 전혀 들어본 적이 없는) 그런 빛을 소유하고 있다고 주장한다. '내적인 빛,' 또는 '내적인 말씀'이라는 이 허구는 가공의 그리스도와 함께 적절하게 평가해야 할 필요가 있지만, 일단은 먼저 성경에 관한 이들의 견해와 이들이 자신들의 견해를 옹호하고, 뒷받침할 목적으로 제시한 주장들을 먼저 살펴보는 것이 좋을 듯하다.

이들은 "성경에는 거룩한 계시, 곧 하나님의 뜻을 보여주는 내용이 간직되어 있다. 그것은 하나님에게서 기원했고, 그리스도께서 허락하신 내적인 빛을 통해 성경으로 불리는 책들을 저술한 사람들에게 주어졌다. 그러나 이 점을 인정하려면, 이 빛이 모든 사람 안에 똑같이 존재한다고 말하지 않으면 안 된다. 따라서 이 점을 인정하는 사람들은 성경이 제시하는 것과 똑같은 권위와 확실성을 가지고 하나님의 뜻을 선포할 수 있다. 성경에 포함된 모든 것이 하나님과 그분의 뜻에 관한 참된 진실을 전하는 것처럼, 마음을 열어 내적인 빛을 받아들이는 사람들에게는 그것에서 나온 것들도 똑같이 참된 진실이다. 하지만 기록된 성경 자체가 '하나님의 말씀'인 것은 결코 아니다"라고 주장한다.

이처럼 이들은 소리는 같고 뜻은 다른 동음이의어를 이용해 자신들과 다른 사람들을 속인다. 앞서 여러 번 언급한 대로, '교부들'로 불리는 고대의 저술가둘 가운데 일부는 플라톤 철학을 가르치는 학교에서 교육을 받았다. 그들은 그의 철학에 깊이 심취했기 때문에 '로고스,' 즉 '말씀'에 관한 논의와 그럴듯하게 들리는 여러 가지 견해를 익히 알고 있었다(플라톤 철학에서 '로고스'는 '생각'이나 '이성'과 거의 비슷한 의미로 사용되었다). 그런 이유로 그들은 이 용어를 매우 모호하게 사용하는 경향이 있었다. 순교자 유스티누스는 플라톤주의에 근거해 말씀이 곧 그리스도라고 말했다. 다시 말해, 그는 그 용어를 모든 인류가 공유하는 의미(생각, 또는 이성)로 사용했다. 이것은 오늘날의 광신도들의 견해와 크게 다르지 않다. 앞서 말한 대로, 그들은 모든 사람이 내적인 빛을 지니고 있다면서 그것을 그리스도와 동일시하려고 노력했다. 유스티누스는 '로고스,' 곧 '올바른 이성'에 일치하는 삶을 사는 사람들도 실제로는 그리스도께 참여하는 사람들이고, 그분을 전혀 모르더라도 그분이 곧 '로고스(이성)'이시기 때문에 영생을 얻을 수 있다고 확신했다. 따라서 가이사랴의 주교 바실리우스는 요한복음 1장을 주석하면서 "용어들의 소리가 같다고 해서 속지 않도록 조심하라. 그 누구도 소리는 같지만 의미는 여러 가지인 용어로 우리를 속이도록 놔두어서는 안 된다"라고 엄중히 경고했다. 유스티누스도 성경을 헬라 철학에 꿰맞추어 그 참된 의미를 왜곡했다는 비난을 면하기 어렵다. 타티아노스(120년경 시리아에서 출생해 155년경에 로마에서 회심한 기독교 변증가이자 유스티누스의 제자)는 성부 하나님에게서 나온 하늘의 말씀(즉 이성)과 인간을 하나님의 형상으로 창조할 때 사용된 하나님의 말씀을 구별했다. 그러나 이것이 '말씀'을 공정하게 해석한 것이요, 예수 그리스도를 옳게 묘사한 것일까? 과연 성경이 그런 식으로 성자에 관해 말씀할까?

이단들은 은신처에 숨어 교회의 신앙을 연신 공격하고 있다. 그런 그들을 그곳에서 쫓아내려면 성경에 사용된 '로고스'라는 용어의 다양한 의미를 신중하게 살펴봐야 할 필요가 있다.

로고스, 즉 '말씀'은 '영원히 존재하는 실재,' '하나님의 생각이나 개념,' '음성으로 나타난 말'이라는 세 가지 의미를 지닌다.

1) '영원히 존재하는 실재'란 말씀이신 그리스도를 가리킨다. 로고스는 그리스도의 명칭이다. "그 이름은 하나님의 말씀이라 칭하더라"(계 19:13). 말씀은 곧 하나님이고, 하나님은 곧 말씀이시다(요 1:1). 이것은 육신이 되신 말씀을 가리킨다(요 1:14). 시편 33편 6절, 누가복음 1장 2절, 사도행전 20장 32절, 히브리서 4장 12절

도 그렇게 가르친다. 신자들은 이런 성경 구절들을 잘 알고 있기 때문에 여기에서 굳이 길게 설명할 필요는 없다. 그리스도께서는 말씀이시고, 말씀은 곧 하나님이다. '로고스,' 즉 '말씀'은 그분의 고유한 이름이다. 이것은 모든 사람이 인정하는 사실이기 때문에 굳이 서로 논쟁을 벌일 필요가 없다. 그러나 그리스도께서 말씀이시라는 것이 과연 무슨 의미일까? 무엇이 그분을 가리키는 '말씀'의 본질일까? 이 물음에 대한 대답은 제각기 다르다. 이 점에 대해서는 나중에 좀 더 자세히 살펴볼 생각이다.

2, 3) '하나님의 생각이나 개념'과 '음성으로 나타난 말'은 신적 능력의 발현, 곧 하나님의 뜻을 수행하고, 그분의 계획을 이루는 것을 가리킨다. 하나님은 자기의 뜻과 계획에 따라 섭리를 베풀어 창조 사역을 이루셨다. "하나님이 이르시되 빛이 있으라 하시니 빛이 있었고"(창 1:3). "그의 명령을 땅에 보내시니 그의 말씀이 속히 달리는도다"(시 147:15). "그의 말씀을 보내사 그것들을 녹이시고"(시 147:18). "불과 우박과 눈과 안개와 그의 말씀을 따르는 광풍이며"(시 148:8). 앗수르 군대는 여호와의 음성, 즉 말씀을 통해 진멸되었다. "하늘이 옛적부터 있는 것과 땅이 물에서 나와 물로 성립된 것도 하나님의 말씀으로 된 것을 그들이 일부러 잊으려 함이로다"(벧후 3:5). "그의 능력의 말씀으로 만물을 붙드시며"(히 1:3). "믿음으로 모든 세계가 하나님의 말씀으로 지어진 줄을 우리가 아나니"(히 11:3). 바울은 히브리인들에게 그렇게 말했고, 베드로도 '말씀'을 그와 똑같은 의미로 이해했다. 다시 말해, 그들은 '하나님의 말씀(레마 데우)'이나 '말씀(토 로고)'이라는 용어를 사용해

말씀으로 인해 일어난 사건들을 언급했다. 이것들은 모두 하나님의 효과적인 섭리를 가리킨다. 이처럼, 때로 하나님이 섭리를 통해 자신이 작정한 뜻을 이루고, 사역을 완성하시는 것이 '하나님의 말씀'으로 일컬어졌다.

　　우리가 마음속으로 결정한 것과 의도한 것을 이루기를 원하고, 그것을 실현할 수 있는 수단이 우리에게 있으면, 우리는 입의 말을 통해 우리를 위해 일하는 사람들에게 지시를 내릴 수 있다. 그와 마찬가지로 하나님도 만사를 자기 뜻대로 다스리기 위해 자신의 전능한 능력을 발휘하고자 할 때면 직접 능력을 행사하거나 자신의 도구들을 이용하신다. 그분의 능력이 효과적으로 발현되는 것을 '하나님의 음성,' 또는 그분의 '말씀'으로 일컬을 수 있다. "그가 말씀하시매 이루어졌으며 명령하시매 견고히 섰도다"(시 33:9). 우리의 대적자들은 하나님의 말씀을 이런 의미로 이해하지 않지만, 그렇다고 해서 그들이 우리가 이 용어를 이런 의미로 사용하는 것을 논박할 수는 없다.

　　이번에는 이런 오류의 뿌리, 곧 원천을 잠시 살펴보기로 하자. 기독교를 옹호하려고 했던 초창기 변증가들, 곧 순교자 유스티누스, 아테나고라스(2세기경의 기독교 변증가), 테르툴리아누스를 비롯한 저술가들은 최선을 다해 이교도의 오류와 견해를 논박하려고 시도했다. 그들은 알렉산드리아의 클레멘트, 타티아노스, 안디옥의 데오빌루스, 에우세비우스, 키릴루스, 테오도레트와 같은 학자들의 견해를 근거로 그런 일을 시도했다. 그런 변증은 종종 독재자들의 광기와 잔혹함을 진정시키는 것을 일차적인 목표로 삼았기 때문에 기독교를 새롭거나 불합리한 것이 아닌 합리적인 철학에 부응하는 종교, 곧 올바른 이성과 상식에 부합할 뿐 아니라 이미 이방 세계의 현자들이나 '신탁'과 부분적인 공통점이 있는 종교로 제시하려고 노력했다. 그들은 이교도들의 생각 속으로 파고들어 가서 가장 교활한 적대자들의 관념 속에 발판을 구축할 목적으로 이방 철학자들의 글을 자유롭게 인용해 자신들의 목적을 뒷받침하는 증거로 활용했다. 따라서 우리는 그들이 믿음의 유추와 성경의 단순함에서 벗어나는 일이 없었는지 반드시 점검해야 한다. 내가 볼 때, 그들이 그런 실수를 저지른 것은 명백해 보인다. 그것에서부터 최초의 오류가 발생했고, 신령한 믿음의 비밀이 공허하고 헛된 이교주의의 의식 속으로 매몰되는 계기가 마련되었다. 몇 가지 예를 들어 이 점을 구체적으로 설명하면 다음과 같다. 익히 아는 대로, 플라톤주의자들의 '삼위일체 이론'은 잘 알려진 개념이다.

이 개념은 '자가 발생한 존재,' '정신(말씀의 창조자),' '영(말씀에 대한 이해)'이라는 세 가지로 구성된다. 테오도레트는 "그들은 시간을 초월하는 영원한 것들을 생각한다. 그것들은 바로 '선한 자,' '정신,' '영'이다. 그들은 우리가 '성부'로 부르는 분을 '선한 자'로, '아들'로 부르는 분을 '정신'으로, '성령'으로 부르는 분을 '영'으로 각각 일컫는다"라고 말했다. 이 말은 삼위일체 교리가 자연의 빛을 통해 이방인들에게 알려졌다는 주장이나 다름없다. 이는 참으로 그릇된 주장이 아닐 수 없다.

『막데부르크 센트리에이터스(*Magdeburgh Centuriators*-루터교 학자들이 주가 되어 막데부르크에서 저술한 기독교 역사서. 1559년 바젤에서 출판되었다)』는 이레나이우스가 '로고스'라는 칭호를 모호하고, 혼란스럽게 사용해 본질적인 말씀과 성육신한 말씀과 말을 통해 표현된 '입의 말씀'을 적절하게 구별하지 못한 것을 비판했다. 푸아르뎅(1539-1610)은 『센트리에이터스』를 격렬하게 비난하면서 이레나이우스에 대한 비난이 부당하다고 주장했지만, 사실을 공정하게 고려하면 그런 비판이 정당하다는 것을 분명히 알 수 있다. 사실, 고대 헬라인들이 '정신(누스)'과 '모든 영(토 판토스 프슈콘)'을 어떤 개념으로 이해했는지는 가장 뛰어난 시인 가운데 하나인 베르길리우스의 글을 읽어보면 쉽게 알 수 있다. 그는 명확하면서도 세련된 어조로 "태초에 영이 하늘, 땅, 넓은 바다, 밝게 빛나는 달을 비롯해 모든 타이탄의 별들을 조성했다. 정신은 그런 것들을 뚫고 흘러 물질을 움직이고, 그것을 온 피조 세계에 널리 분산시켰다. 영과 정신으로부터 모든 종류의 동물들과 인간들, 날짐승과 바다 밑에 사는 생물들이 생겨났다. 이 능력은 썩어 없어질 육체와의 접촉으로 오염되지 않으며, 세상의 지체들이나 소멸하는 것들은 그 힘을 제재하거나 약화시킬 수 없다. 그것들은 이 능력으로 인해 두려움과 욕망을 느끼기도 하고, 슬픔과 기쁨을 경험하기도 한다"라고 말했다.[1]

베르길리우스가 묘사한 세상 창조는 성자를 통해 이루어진 것으로 간주될 수 있다. 초기 그리스도인들 가운데는 그의 말을 삼위일체에 대한 성경의 계시와 동일시하면서 이교도들과 공통된 철학을 지녔던 사람들이 많았다. 다시 말해, 그들은 철학자들이 지어낸 말로 성경을 해석하기 시작했다.

두 번째로 소개할 수 있는 사람은 『학습자(The Learner)』를 쓴 루키아노스다. 그 책에는 트리폰이라는 인물이 등장한다. 트리폰은 기독교에 입문한 지 얼마 지나지 않아 "높은 곳에 영원히 죽지 않는 위대한 하늘의 하나님이 계신다. 또한, 그 하나님 아버지의 아들도 계시고, 영도 아버지에게서 나오신다. 이 모든 것은 사람들이 제우스에 관해 말하는 것과 너무나도 잘 일치한다"라고 주장했다.

이쯤 되면 '로고스'라는 용어가 매우 위험한 오류를 저지르는 데 이용될 가능성이 크다는 것을 익히 짐작할 수 있다. 따라서 키릴루스는 율리아누스를 논박하면서 "로고스(가시적인 것들 가운데서 가장 신성한 것)가

---

1   Virgil, *Aeneid*, Book 6, lines 724-733.

창조한 세상을 생각해 보라"라는 플라톤의 말을 상기시키고 나서 그의 글에서 그와 비슷한 문장들이 수없이 발견된다면서 이것을 '신성한 로고스'로 간주해야 마땅하다고 강하게 주장했다. 그러나 플라톤도 신성한 의식 속에 존재하는 특정한 생각이나 개념(곧 창조된 세계의 형상)을 염두에 두고 말한 것이 분명하다. 물론, 이것은 성경적인 로고스(하나님이 세상을 창조하신 말씀)와는 크게 다른 개념이다.

플라톤은 로고스를 무형의 신적 생각과 동일시했고, 에우세비우스는 세상과 모든 만물의 창조주를 플라톤을 비롯해 플로티노스, 누메니우스, 아멜리우스와 같은 그의 제자들이 말한 '두 번째 원리'와 동일시하기 위한 주장을 종종 펼쳤다.[2] 사실, 아멜리우스는 요한복음의 첫머리를 인용하고 나서 요한을 '야만적인 철학자'로 일컬었다. 에우세비우스도 그런 이방의 철학적 사고에 발맞추어 아무도 알 수 없는, 모든 것을 아우르는 '정신'은 시작도 없고, 끝도 없다고 주장하며, 그것을 하나님과 거의 동일시했다.

따라서 플라톤주의자들이 말하는 만물의 영(정신)과 하나님이 만물을 창조하신, 본질적인 말씀을 구별하는 것은 매우 중요하다. 마이모니데스는 "하나님이 창조하신 것은 무엇이든 모두 그분의 말씀을 통해 이루어졌다. 주님의 말씀으로 하늘이 창조되었다. 세상에서도 주권자의 뜻이 그분의 명령, 즉 말씀을 통해 실행된다"라고 말했다.[3] 그는 시편 33편 6절을 염두에 두고 말했다. 이 본문을 하나님의 영원하신 말씀을 언급한 것으로 해석해야 할지는 좀 의문이지만, 그의 설명은 나름대로 훌륭하다. 요셉 플라케우스는 『그리스도의 신성에 관한 논쟁(Disputations about the Divinity of Christ)』에서 '하나님이 이르시되'라는 표

---

2   다음 자료를 참조하라. Eusebius, *Preparation for the Gospel*, Book 2, chapter 15.
3   Maimonides, *Moreh Nebuchim*, chapter 23.

현으로 창세기에 거듭 언급된 창조의 말씀은 신성한 말씀(로고스), 곧 하나님의 아들을 가리킨다고 강력하게 주장했다. 그는 많은 논증을 펼쳐 그런 주장을 뒷받침했기 때문에 누구도 쉽게 논박하기가 어려울 것이다.

그러나 내가 볼 때는 여전히 한 가지 중요한 난제가 남아 있다. 창세기의 창조 기사를 살펴보면, 창조주를 항상 '엘로힘'으로 일컫은 것을 알 수 있다. 정통 삼위일체론을 주장하는 사람들은 모두 이 용어를 성삼위 하나님을 구별 없이 일컫은 의미로 이해한다. 그렇다면 어떻게 삼위 가운데 하나인 '로고스'가 창조의 명령을 내렸다고 말할 수 있을까? '여호와의 말씀'이 언급될 때마다 성부로부터 하나님의 음성이 분명하게 터져 나왔다. 음성으로 발현된 이 말씀에는 '엘로힘'이라는 칭호를 부여할 수 없다.

따라서 '로고스'라는 고유한 명칭을 "하나님이 이르시되 빛이 있으라 하시니 빛이 있었고"라고 모세가 기록한 말씀과 연관시켰던 휴고 그로티우스의 해석은 별로 신빙성이 없다. 그 말씀은 말로 표현된 하나님의 창조적인 명령일 뿐이다. 그로티우스가 인용한 마이모니데스는 이 점을 잘 알고 있었다. 그가 하나님의 능력을 그분의 말씀으로 표현한 아람어 의역본의 내용을 인용한 것도 신빙성이 없기는 마찬가지다. 설상가상으로 그는 플라톤주의자들과 필로가 성경과 똑같은 '로고스'를 염두에 두었다는 주장을 펼쳐 고대 이방 철학의 위험한 사상을 부활시켰다. 네오케아사리아의 그레고리우스도 이와 비슷한 주장을 펼쳤다. 그는 플라톤적인 방식을 따라 "로고스는 창조적인 능력의 발현이다"라고 말했다. 그러나 성경이 말하는 '로고스'는 능력이나 신적 속성이 아닌 신성의 모든 능력과 속성을 지닌 하나님의 본체(본질적 실체)를 가리킨다. 그로티우스는 이 모든 것을 몹시 혼란스럽게 만든 탓에 그가 플라톤주의자인지, 소시니우스주의자인지, 아니면 그리스도인인지 확실하게 말하기도 어렵고, 또 무슨 의도를 지녔는지조차 알기 힘든 정도가 되고 말았다. 그러나 이 문제에 대해서는 이것으로 충분할 듯하다. 우리의 목적은 말로 표현된 창조적인 말씀을 둘러싸고 우리의 대적자들과 논쟁을 벌이는 것이 아니다. 우리가 성경을 하나님의 말씀으로 일컫는 것이 온당하다고 믿고, 고백하는 이유는 단지 성경이 기록되었기 때문이 아니라 그 안에 하나님의 말씀이 간직되어 있기 때문이다. 우리의 대적자들은 그런 우리의 신념과 고백을 논박하려고 애쓴다.

아마도 우리의 생각과 목적이 말을 통해 표현된다는 사실을 부인할 사람은 아무도 없을 것이다. 우리는 말과 언어로 우리의 뜻을 전달하고, 알린다. 그렇다면 하나님이 자기의 생각을 나타내거나 드러내고자 할 때도 말씀으로 자기 자신과 자신의 계획을 알리신다고 생각해야 옳지 않겠는가? 하나님은 말씀이 기록되기 이전에도 귀로 들을 수 있는 살아 있는 음성으로 자기의 뜻을 알리셨다. 하나님은 자신의 말로 직접 말씀하셨다. 그런 말씀이 하나님의 명령에 따라 기록되었다고 해서 어떻게 더 이상 그분의 말씀이 아닐 수 있겠는가? 물론, 기록되었다는 사실 자체만으로 하나님의 말씀이 되는 것은 아니다. 그러나 그 기록은 하나님의 명령으로 이루어졌다. 그분은 자신이 한 말들을 기록하라고 명령하셨다.

용어들에 관한 공허하고, 헛된 논쟁에 얽매여서는 안 된다. 그러나 오늘날의 광신도들은 끊임없이 그런 논쟁을 벌이며 불경한 수다를 일삼고 있다. 나는 단지 성경이 하나님의 말씀이라는 것이 무슨 의미이고, 또 그렇게 불리는 것이 왜 온당한지를 밝히는 것에만 집중하고 싶다.

첫째, 이 명칭의 기원, 즉 원천을 살펴봐야 한다. 성경은 스스로에게 이 명칭을 부여한다. 성경은 하나님으로부터 비롯했다. 그분이 성자와 선지자들을 비롯해 자신이 선택한 저자들을 통해 직간접적으로 말씀하셨다. "옛적에 선지자들을 통하여 여러 부분과 여러 모양으로 우리 조상들에게 말씀하신 하나님이 이 모든 날 마지막에는 아들을 통하여 우리에게 말씀하셨으니"(히 1:1, 2). 하나님은 선지자들과 사도들을 비롯해 성령의 영감을 받은 저자들을 통해 교회에 말씀하신 것을 여전히 말씀하고 계신다. 그분은 일차적으로는 자신의 계시된 뜻을 기록의 형태로 축약하는 임무를 맡긴 사람들에게 말씀하셨고, 또한 이차적으로는 과거에 거룩한 선지자들의 입을 통해 말씀하신 것처럼 기록된 성경을 통해 우리에게 말씀하신다(히 1:1, 2, 눅 1:70).

둘째, 성경 안에 계시된 신성한 진리나 주제를 보더라도 그것이 하나님의 말씀이라는 것을 충분히 알 수 있다. 성경은 하나님에게서 비롯한 신적 의지를 분명하게 보여준다. 이런 이유로 성경은 많은 곳에서 하나님의 말씀으로 일컬어졌다(요 17:17 참조). 하나님의 말씀을 설파하고, 선언하고, 반포하고, 널리 알리거나 받아들인다는 것은 곧 단지 기록된 말씀이 아닌 성경의 의미와 내용이 그런 식으로 전달되고, 받아들여진다는 뜻이다. 청중이 스스로 성경 본문을 읽지 않아도 설교를 통해 하나님의 말씀이 널리 전파된다. 다시 말해, 듣는 자들이 모두 개인적으로 성경을 읽지 않더라도 그런 일이 매일 일어나고 있다. 성경의 내용을 토대로 한 가르침을 통해 말씀이 널리 퍼진다(행 26:22 참조). 모세나 선지자들에게 계시된 말씀 외에는 아무것도 더해지지 않는다.

셋째, 성경은 인간 저자들이 가장 좋다고 생각하는 의미를 임의로 판단해 기록한 것이 아니다. 성경을 기록한 언어는 물론, 문구들까지도 성령께서 결정하고, 배열한 것으로 모두 그분의 지시와 동의를 거쳐 기록되었다. 성경은 하나님의 생각과 뜻을 기록한 것이다(행 28:25, 눅 1:70, 벧후 1:2, 딤후 3:16). 성경 말씀은 모두 하나님의 영감으로 기록되었다. 성령께서 그 과정에서 선지자들을 비롯해 경건한 사람들을 도구로 사용하셨기 때문에 기록된 말씀은 이따금 '예언'으로 일컬어졌다(벧후 1:19). 선택받은 저자들에게 영감을 통해 말씀을 기록하는 능력이 부여되었다.

성경의 신성한 권위는 이런 사실에 근거한다. 바로 이것이 성경이 하나님의 말씀인 이유다. 성경은 모든 점에서 지고한 율법수여자이자 양심의 주요, 지극히 높으신 하나님의 말씀이다. 오직 그분만이 사람들에게 유익한 것과 필요한 것을 알고 있고, 또한 그것들을 계시하신다. 성경은 하나님의 영원한 목적에 이바지한다.

이제 위에서 주장한 내용들을 어떤 논증으로 옹호하고, 보강할 수 있는지를 생각해 보고, 광신도들이 어떤 주장들을 펼쳐 성경을 믿는, 순진한 보통 사람들의 믿음을 훼손하려고 애쓰는지를 살펴보기로 하자.

성령께서 하나님의 말씀으로 일컫는 것은 당연히 그렇게 일컬어야 마땅하다. 하나님은 인간이 신성한 것들에 임의로 칭호를 부여하도록 허락하지 않으신다. 성령께서 거룩한 지혜를 통해 부여하신 명칭들을 거부하는 것은 더더욱 용납할 수 없는 일이다. 성경을 대충 훑어만 보아도 성령께서 그것을 자주 '하나님의 말씀'으로 일컬으신 것을 알 수 있다. 이 점을 더욱 분명하게 보여주기 위해 성경의 증언을 몇 가지 소개하면 다음과 같다. "너희가 전한 전통으로 하나님의 말씀을 폐하며"(막 7:13). 바리새인들이 자신들의 전통으로 폐한 '말씀'은 무엇을 가리킬까? 그것은 다름 아닌 모세를 통해 주어진 기록된 말씀을 가리킨다. "모세는 네 부모를 공경하라 하고 또 아버지나 어머니를 모욕하는 자는 죽임을 당하리라 하였거늘"(10절). "내가 너희에게 명령하는 말을 너희는 가감하지 말고"(신 4:2). 주님이 하신 말씀은 곧 주님의 말씀이다. 이 말씀은 1절의 '규례와 법도'와 똑같다. 이것들이 기록되었다는 것은 아무도 부인할 수 없는 사실이다(렘 36:6, 26:1-6 참조).

하나님이 선지자들을 통해 하신 말씀, 곧 성령께서 그들에게 영감을 주어 그들의 입을 통해 전하신 말씀은 곧 하나님의 말씀이다. 하나님은 그 말씀을 기록하라고 명령하셨다. 방금 말한 대로, 하나님은 선지자들 안에서, 그들을 통해 말씀하셨고(히 1:1, 행 28:26, 눅 7:8), 이 말씀은 그분의 권위에 의해 성경에 기록되었다(출 17:14, 34:1, 27, 민 5:23, 신 6:9, 17:18, 27:3, 렘 2:2, 요일 2:7, 딤후 3:16, 계 21:5). 더욱이 하나님은 성경의 최초 기록자이셨다. 그분은 자신의 손가락으로 십계명을 직접 기록하셨다(출 20장).

하나님에게서 직접 나온 뜻과 생각을 선언한 것은 하나님의 말씀으로 일컬어져야 마땅하다. 하나님이 말씀하고, 선언함으로써 자기 생각을 밝히 드러내셨다. 그분은 우리가 알아야 할 것과 해야 할 일을 계시하셨다. 광신도들이 아무리 부인해도 성경은 하나님의 말씀이다. 그들이 말하는 '내적인 빛'이라는 주제를 생각할 때는 성경이 하나님의 말씀이라는 사실을 더더욱 분명히 해야 할 필요가 있다.

광신도들이 제기하는 반론을 몇 가지 살펴보면 다음과 같다.

첫 번째는 "그리스도께서는 하나님의 말씀이지만 성경은 아니다"라는 반론이다. 그들은 이런 유치한 궤변을 요란하게 되풀이하면서 말씀의 사역자들을 상대로 승리했다고 주장하며, "기록된 문서를 위조한 이들은 협잡꾼이다. 그들은 사람들을 미혹시키는 유혹자들이다. 그들은 오직 그리스도만이 하나님의 말씀이시라는 것을 알면서도 성경이 하나님의 말씀이라고 말한다"라고 소리친다. 이미 앞에서 지적한 대로, 이것은 동음이의어를 옳게 구별하지 못한 데서 생겨난 오류에 지나지 않는다. 그리스도께서는 하나님의 말씀, 곧 본질적인 말씀이시고, 성경은 하나님에 대해 말하는 그분의 기록된 말씀이다. '그리스도의 말씀'이라는 문구에 주목하라(골 3:16, 행 19:10). 그리스도의 말씀이 그리스도 자신이 될 수 없는 것은 너무나도 분명한 사실이다. 새로 등장한 이 이단들이 불분명한 동음이의어를 가지고 온갖 궤변을 늘어놓도록 허용해서야 되겠는가? 지금까지 말한 대로, 우리는 성령께서 사용하신 용어들의 서로 다른 의미를 옳게 구별해야 한다.

두 번째는 "성경이 하나님의 말씀이라고 주장하는 성경 구절은 어디에도 없다"라는 반론이다. 그러나 이미 살펴본 대로, 이런 반론이 틀렸다는 것을 보여주는 성경의 증언은 너무나도 많다. 만일 요구한다면 그런 성경 구절들을 얼마든지 제시할 수 있다.

세 번째는 "하나님의 말씀은 성경이 기록되기 이전부터 존재했다. 따라서 성경은 하나님의 말씀일 수 없다"라는 반론이다.

물론, 하나님이 자신의 말을 기록하게 하기 전부터 말씀하신 것은 분명한 사실이다. 그런 점에서 하나님의 말씀은 성경이 기록되기 이전부터 이미 존재했다고 말할 수 있다. 그러나 그 말씀이 기록되었다고 해서 하나님의 말씀이기를 중단했다고 주장할 수 있을까? 말씀의 본질은 기록된 형태로 전환되었다고 해도 결코 변하지 않는다.

네 번째는 "하나님의 말씀은 하나님에게서 나오는 것이기 때문에 책을 통해 배울 수 없다"라는 반론이다. 이것은 틀린 주장이요 신성모독적인 발언이다. 하나님의 말씀이 기록된 이유는 그분의 책을 통해 그분의 뜻을 알게 하기 위해서다(딤후 3:16). 하나님은 성경을 통해 자기의 뜻과 생각을 배우라고 명령하셨다(신 17:19, 사 8:20, 요 5:39). 기록된 율법을 주야로 묵상하는 사람은 축복을 받는다(시 1:1, 2). 그리스도께서는 성경 말씀을 모르는 데서부터 많은 오류가 생겨난다고 말씀하셨다. 성경 말씀을 따르지 않으면 참된 빛을 얻을 수 없다(사 8:20, 단 10:21, 눅 24:27, 45, 행 17:2, 11, 18:24, 28, 롬 1:2, 딤후 3:15).

다섯 번째는 "말씀은 우리 가까이에 있고, 우리의 마음과 입에 있다(롬 10:8). 그리스도의 말씀은 우리 안에 거한다(골 3:16). 이처럼 말씀은 문자가 아니라서 기록될 수 없다"라는 반론이다. 그러나 우리 안에 거하는 말씀은 사도들이 전파한 믿음의 말씀이다(롬 10:8). 사도들은 모세와 선지자들이 기록한 말씀을 전파했다(롬 16:26). 바울은 확실하고, 분명하게 기록된 말씀을 전했다(롬 10:11-15). 성경은 우리 가까이에 있고, 우리의 마음과 입에 있다는 것은 말씀이 기록된 종이가 아닌 그 안에 담겨 있는 진리, 곧 하나님의 말씀이 우리 안에 있다는 뜻이다. 성경은 하나님의 진리로서 우리의 마음에 거한다. 성경의 진리는 형식적으로가 아닌 효과적으로 우리 안에 거한다.

이것이 오늘날의 광신도들이 거리와 성전에서 사적으로나 공적으로 성경에 대해 제기하는 반론들이다. 그들은 자신들이 좋은 일을 하고 있다고 믿는다. 그들은 자신들이 자랑하는 내적인 빛에 이끌려 그런 일을 하는 줄로 생각한다. 성경의 권위와 필요성과 완전성을 거부하거나 무시하면, 사적인 '영감'을 통해 주장된 것들이 성경을 대체하는 결과가 빚어진다. 그런 결과는 혼란과 오류를 발생시킨다. 그것은 하나님을 모욕하는 불경스러운 행위다.

2장
성경 해석

  성경의 해석자가 될 자격을 지닌 사람이 누구인지에 대해서도 많은 논쟁이 벌어진다. 로마 교회는 오직 자기들만 성경을 해석할 수 있는 권한을 지니고 있다고 주장한다. 그들은 공공연히 그렇게 주장하면서 다른 사람들은 모두 경멸하고, 무작정 자기 자신만을 사랑한다. 바꾸어 말해, 그들은 아무나 원하는 대로 이단으로 일컬으며 그들을 죽여 없앨 방법만 찾는다. 그들은 한 국가를 무너뜨려 무거운 멍에를 지울 의도로 적들의 전쟁 무기와 장비들이 간직된 요새화된 성채를 가장 먼저 공략하는 사람들을 빼닮았다. 모두가 동의하는 대로, 성경에 담겨 있는 성령의 참된 의도와 생각을 알아내 우리의 영원한 구원과 축복에 필요한 것들을 끄집어내고, 우리에게 요구되는 의무와 복종이 무엇인지를 알아내기 위한 성경 해석의 방법이 필요하다. 그러나 로마 교회는 번개처럼 적들을 공격해 큰 승리를 거두기라도 하려는 듯, 자신의 권위를 내세워 그런 모든 시도를 일거에 차단하려고 시도한다. 그들은 단순하고, 무지한 일반 백성을 위해 과거부터 지금까지 항상 무오한 성경 해석의 참된 원천이 존재해왔다면서 그 원천이 다름 아닌 자신들의 교회라고 주장한다. 그들은 그리스도인은 누구나 그리스도의 뜻에 복종하는 것만큼 교회에 복종해야 하고, 그렇지 않을 때는 죽음과 영원한 단죄의 형벌을 받게 될 것이라고 위협한다. 그들은 "성경 해석은 모두 해석자를 통해 이루어지기 때문에 해석의 권위는 해석자의 권위에 달려 있다. 따라서 하나의 가시적인 공적 해석자가 존재해야 하고, 그 해석자는 오류가 없어야 한다"라는 논리에 근거해 자신들의 교회가 인류 전체를 위한 완전하고, 독립적인 재판관이자 해석자라고 주장한다. 그들은 그리스도의 권위를 통해 자기들에게 오류가 없는 해석을 할 수 있는 능력과 가르침이 주어졌다고 말한다. 충실한 신자들은 교회의 가르침에 복종해야 하고, 그것을 하나님의 말씀과 똑같이 여겨 신뢰와 확신으로 받아들여야 한다. 하나님은 교회의 신앙을 둘러싸고 많은 어려움이 발생할 것을 미리 알고, 이런 교회의 권위를 완벽한 재판관이자 유일한 중재자로 확립하셨다. 더욱이 인류는 죄와 허무함 속에서 태어나기 때문에 무오한 안내자이자 해석자의 도움을 받지 않으면 크게 부패해져 거룩한 것들을 불경하게 다루는 결과를 피하기가 어렵다. 간단히 말해, 이런 주장에는 만일 예수 그리스도께서 무오한 해석을 할 수 있는 교회를 뒤에 남겨 놓지 않으셨다면, 그 어떤 사람보다도 더 어리석은 왕국 설립자가 되셨을 것이라는 암시가 깔려있다. 이것은 하나님이 인간을 기쁘게 하는 방식으로 행동할 의도가 없으시다면 아무도 그분을 하나님으로 생각하지 않을 것이라는 말과 조금도 다르지 않다. 이처럼 로마 교회는 참으로 어리석게도 이런 터무니없는 논리를 전개해 자신들의 권위를 옹호하려고 애쓴다.

그렇다면 그들은 모든 인간을 다스리는 가장 높은 지위에 누구를 올려놓기를 원했을까? 하만이 누군가에게 가장 높은 영예를 주겠다고 말하는 왕의 말을 듣고는 즉시 "왕이 존귀하게 하기를 원하시는 자는 나 외에 누구리요"(에 6:6)라고 생각하며, 왕이 가장 총애하는 사람인 자신이 곧 그런 영예를 얻게 될 것이라 믿고, 이러저러한 방식으로 존귀하게 하는 것이 좋겠다고 대답했던 것처럼, 로마 교회도 영적 군주이자 무오한 재판관, 곧 성경의 유일한 해석자요 중재자의 영예를 자신들이 차지하게 될 것으로 상상했다. 그들은 그리스도께서 그 일을 전적으로 자기들에게 맡겨두셨다고 생각한다. 그들은 스스로 그렇게 생각할 뿐 아니라 다른 사람들도 그렇게 생각하도록 설득한다. 자신들을 하나님의 바로 아래에 올려놓는 것이 그들이 말하는 겸손이자 겸양이다. 그들은 하나님이 그런 자신을 땅 위에서 자기를 대표하는 자로 기쁘게 받아들이실 줄로 생각한다. 그들은 세상에 존재하는 또 하나의 신, 곧 '교황(자신을 하나님의 자리에 올려놓고, 경배를 받기를 원하는 인간)' 외에는 아무도 성경의 무오한 해석자이자 수호자의 직임을 감당할 수 없다고 믿는다.

만일 상황이 실제로 그렇다면, 누구나 쉽게 예상할 수 있는 대로 모든 논쟁이 즉각 중단되고 말 것이 틀림없다. 모든 논쟁을 결정짓는 유일한 기준인 성경이 '무오한 해석'을 필요로 한다면, 가장 좋은 해결책은 성경 말씀의 의미를 결정하는 절대적인 권위가 부여된 사람이나 집단을 세우는 것일 것이다. 그런 판결을 거스르는 항변은 무의미할 것이기 때문에 모든 논쟁이 즉시 종결되고, 모든 오류와 이단 사상이 말끔히 없어질 것이다. 휘태커는 "로마 교회는 공정함을 추구하지 않고, 자신들의 판단에 무조건 복종하고, 자신들의 해석에 의존하라고 요구한다. 그러나 그릇된 해석자는 물론, 적그리스도라고 비난받기까지 하는 사람들을 누가 의존할 수 있겠는가?"라고 말했다. 로마 교회는 단지 '무오한 해석!'이라고 외치는 방법만으로 모든 문제를 해결하려 든다. 왜 무오하다는 것일까? 그 이유는 그것이 곧 그들 자신의 해석이기 때문이다. 이것이 교황 종교의 기치다. 그런 기치 아래서 싸우는 것은 훌륭한 명분을 지닌 것처럼 보인다. 로마 교회는 그런 마법적인 부적을 앞세워 스스로 모든 공격과 오염으로부터 안전하다고 믿고, 자신들의 견해에 동의하지 않거나 다르게 판단하는 사람들을 가차 없이 단죄한다. 이런 큰 망상과 다른 사람들을 향한 격한 분노에 사로잡힌 그들의 모습은 '이단자들'과 조금도 다르지 않다. 한 재미있는 저자의 위협적인 말이 그들에게 꼭 알맞을 듯하다. 그는 "내가 가장 좋아하는 것은 한 무리의 사람들과 마주치면 먼저 그들의 눈을 때리고 거꾸로 쓰러뜨린 다음에 그들을 한자리에 모아놓고 사냥감처럼 쫓으며 붙잡아 쥐어패면서 완전히 멸하는 것이다"라고 말했다. 그들은 원하는 사람이면 누구든 이단자나 신성모독자로 몰아세워 비난하며, 모든 일에 재판관을 자처할 뿐 아니라 스스로를 치켜세우고, 자신들에게 찬사와 승리의 영광을 돌린다.

만일 그들이 우리의 모든 희망이 놓여 있는 곳을 장악하게 되면, 나중의 싸움은 과거에 이스라엘 백성과 블레셋 족속 사이에서 벌어진 싸움과 같아진다. 당시에 블레셋 족속은 이스라엘 백성들 가운데서 철공을 없애 오랫동안 철제 무기는 물론, 철제 농기구조차 만들지 못하게 만들었다(삼상 13:19-22). 로마 교회는 자기들이 그런 곳을 장악했다고 생각한다. 만일 그들이 그런 헛된 망상에서 벗어나지 못한다면, 늘 연회를 즐기며 먹고 마시다가 마침내 술에서 깨어나 보니 음식과 음료가 아무것도 남아 있지 않아 굶어 죽을 수밖에 없게 된 사람들처럼 되고 말 것이다. 그들이 마음껏 오랫동안 로마 교회의 특권을 주장하도록 놔두자. 나에게는 로마 교회가 전혀 중요하지 않다. 나는 로마 교회를 예수 그리스도의 교회로 간주하지 않는다. 그들이 마음껏 하고 싶은 일을 하게 하고, 스스로를 높이 치켜세우도록 놔두자. 그들이 외적으로 아무리 큰 번영을 누리더라도 그리스도께서는 그들을 거부하고, 아무런 관심도 기울이지 않으신다. 성경 해석은 그들의 전유물이 아니다. 집주인의 일이 집안에 든 도둑의 일과 무관한 것처럼, 성경 해석과 관련된 교회의 일과 그들은 아무런 관계도 없다.

이런 엄청난 인간적인 허영심을 더 자세히 다룰 필요는 없을 듯하다. 신학자들은 오래전부터 모든 논쟁을 초월한 두 가지 본질적인 요점을 제시해왔다. 그 가운데 하나는 성경의 참되고, 무오한 해석자는 오직 성경의 저자이신 주님 한 분뿐이라는 것이다. 성경은 주님의 영감으로 기록된 진리다. 성경의 명료함과 권위는 성령을 통해 주어졌다. 성령께서는 성경의 명확한 말씀과 문맥을 통해 하나님의 뜻을 보여주신다. 본문과 본문을 비교해 보면 그 의미를 알 수 있다. 불분명해 보이는 말씀은 좀 더 명백해 보이는 말씀에 비춰보면 하나님의 뜻이 무엇인지 이해할 수 있다. 성경의 빛이 해석자에게 비치면 말씀 안에 간직된 필요한 진리를 알 수 있다. 이것은 그리스도께서 성령께 맡기신 사역이다. 따라서 성령이 없으면 인간 중재자는 아무런 가치도 지니지 못한다. 다른 하나는 성경을 통해 하나님에 관한 지식을 배우라는 부르심이 모든 사람에게 주어졌다는 것이다. 성경에 나타난 하나님의 생각과 뜻을 최선을 다해 배우고, 탐구하고, 설명하고, 선포하고, 깨달은 의미를 가장 필요한 목적에 적용해 자신과 다른 사람들의 믿음을 굳건하게 하는 것이 모든 사람에게 주어진 의무다. 성경은 "의인은 그의 믿음으로 말미암아 살리라"(합 2:4, 롬 1:17, 갈 3:11, 히 10:38)라고 말씀한다.

인간은 짐승처럼 우둔해진 탓에 그리스도의 명백한 가르침, 성도들의 모범적인 행위, 공통된 합리성을 지닌 원리들, 인간을 인간답게 만드는 모든 것을 거부한 채 오로지 사적 유익을 추구하는 데만 몰두하는 영적인 사기꾼들을 좋아하는 습성이 있다. 구원에 대한 열망은 차갑게 식었고, 하나님의 뜻에 대한 무지와 어둠이 기승을 부리며, 온당한 의무를 고의로 무시하는 경향이 팽배한 상태다. 만일 이런 사실이 조금이라도 의심스럽거든, 우상 숭배의 매력에 사로잡힌 사람들 가운데서 아무나 한 사람을 골라 이 문제를 논의해보라. 이미 암시한 대로, "성경이라는 시장을 독점한 채 가격이 아무리 비싸더라도 사재기를 마다하지 않는 교황의 시대가 열릴 것이다."

한편, 오늘날의 광신도들은 올바른 성경 해석과 해석을 돕는 적법한 수단들에 관해서는 우리와 특별한 논쟁을 벌이지 않는다. 그들은 어떤 방법을 동원해서든 모든 해석을 거부하고, '새로운 계시'로 그것들을 대신하려고 애쓴다. 지금 우리는 성경 해석과 참되고, 올바른 해석 방법을 주제로 다루고 있기 때문에 이런 사실을 염두에 두고 이 나라의 신학자들 사이에서 벌어지는 이 문제에 대한 논쟁을 간단하게 살펴보는 것도 그리 과하지는 않을 듯싶다.

성경 해석자는 개개의 그리스도인들일 수도 있고, 또 특별히 구별되어 사역자로 부르심을 받은 교회의 목회자들일 수도 있다. 후자의 경우는 부지런히 온 힘을 다해 성경을 해석해야 할 의무가 있다. 이 점에 대해서는 그 어떤 논쟁도 있을 수 없다. 그렇다면 개개의 충실한 신자들, 곧 성경을 사적으로 해석하는 개인들은 어떨까? 그들은 자기들에게 위탁된 사람들에 대해 아무런 신경도 쓰지 않고 마음대로 성경을 해석해도 되는 것일까? 다시 말해, 오로지 자신만을 영적으로 돌보면 그만인 것일까? 모두 인정하는 대로, 개개의 신자들은 부지런히 성경을 읽고, 다른 사람들이 읽어주는 성경 말씀을 듣고, 성경을 살펴보고, '하나님의 율법을 묵상함으로써' 우리 주 예수 그리스도를 아는 지식과 은혜 안에서 성장해 나가야 한다. 그러나 그렇게 하려면 성경을 해석하는 일이 반드시 필요하다. 비록 개인적인 목적만을 위해서일지라도 성령의 생각을 이해하기 위해 적법한 수단을 통해 성경의 의미를 살피는 사람도 성경 해석자라고 말할 수 있다(신 6:6, 7 참조). 이 특권을 거부하는 그리스도인은 복음을 제한하는 잘못을 저지를 수밖에 없다. 자녀들을 양육하는 부모와 모든 가정의 가장들과 다른 사람들을 가르치는 책임을 부여받는 사람들도 비록 개인들일지라도 그와 같은 의무를 이행해야 한다. 다른 사람들을 가르치는 자들은 주님의 훈계와 경책으로 그들의 가장 큰 유익과 행복을 추구해야 한다. 즉 날마다 사람들을 감독하고, 교육하면서 부지런히 성경을 가르치고, 적용해야 한다. 이 의무를 경시하면, 옳고 그름의 개념들을 거부한 채 모든 도덕적 의무를 망각하고 어둠과 무지에 휩싸이는 결과가 초래될 수밖에 없다. 성령께서는 적합하게 생각하는 대로 자신의 은사들을 주권적으로 나눠주신다. 따라서 어떤 사람들은 자신들의 친형제들이나 다른 사람들의 덕을 세우고, 굳세게 하는 데 필요한 영적 은사들을 부여받기도 한다.[1]

영적 은사를 받은 그런 개인들이 여기에서 다루고자 하는 논의의 대상이다. 그런 사람들이 사역자의 소명을 받아 따로 구별되지 않았는데도 사람들을 모아놓고 공적으로 성경을 해설하는 것을 가만히 놔두어야 할까, 아니면 제재해야 할까? 그런 은사를 받은 사람들은 크게 둘로 나뉜다. 하나는 사역을 하려는 의도가 전혀 없는 사람들이고, 다른 하나는 그리스도의 뜻에 따라 사역자로 부르심을 받지도 않았고, 특정한 교회로부터 요청을 받지도 않았지만, 사역을 통해 그분을 섬기기를 원하는 사람들이다. 후자는 감독의 직임을 맡을 수 있는 참된 후보자들이다. 이들은 그 직임을 합법적으로 맡을 수만 있으면 즉

---

1   나는 이 문제를 다른 곳에서 이미 논의한 바 있다. 다음의 자료를 참조하라. John Owen, *The Duties of People and Pastors Distinguished.*

시 그렇게 하기를 진심으로 바란다. 그런 후보자들이라면 사람들의 모임을 주관하며, 공적으로 성경을 해설할 수 있는 능력이 있다. 교회 사역의 가장 큰 관심사 가운데 하나는 양들의 믿음과 경건을 돈독히 하는 것이다(딛 1:1). 학자들 사이에서 벌어지는 논쟁은 사역자의 소명을 받지 않은 개인들이 그들이 속한 교회에서 이따금 사람들의 모임을 주관하고, 성경을 해설함으로써 교회의 덕을 세우도록 허용하는 것이 옳은지 아닌지를 따지는 것이다.

그들이 성경을 해설하는 것이 온당할까, 온당하지 않을까? 그들이 원하면 사역을 행하도록 허락해야 할까. 아니면 그들의 영적 자유를 제한해야 할까? 나는 그들의 자유에는 명백한 한계가 있지만, "모든 것을 품위 있게 하고 질서 있게 하라"(고전 14:40)라는 성경의 가르침을 따르는 것이 옳다고 생각한다. 성령께서 어떤 기준으로 사람들에게 자신의 은사들을 나눠주는 것을 적합하게 생각하시는지를 합리적으로 설명할 방법은 없다. 성경은 "각 사람에게 성령을 나타내심은 유익하게 하려 하심이라…이 모든 일은 같은 한 성령이 행하사 그의 뜻대로 각 사람에게 나누어 주시는 것이니라"(고전 12:7, 11)라고 말씀한다(마 25:24, 25, 벧전 4:10, 11, 고전 14:12, 24 참조). 이것은 그리스도께서 제정하신 교회의 직임을 침해하는 것이 아니라(고전 12:15-20, 엡 4:3-7, 15, 16, 행 2:42) 형제애에 근거한 사역의 일부다(이것도 그리스도께서 제정하셨다. 롬 15:14, 엡 5:19, 골 3:16, 살전 5:14, 살후 3:15, 히 3:13). 이것은 신구약 성경에 나타난 성도들의 단순한 예배 체계에도 부합하고(대하 17:7-9, 욥 2:11, 말 3:16, 눅 4:16, 17, 행 13:15, 고전 14:24-34), 또 잘 알려진 초기 교회의 관습과도 일치할 뿐 아니라[2] 같은 길을 함께 걸어가는 성도들끼리 형제 사

---

2   다음의 자료들을 참조하라. Eusebius, *Epistle to the Churches Concerning the Martyrdoms at Lyons and Vienne*. Origen, *Contra Celsus*. Tertullian, *Apology*. Justin Martyr, *Apology*.

랑을 실천하는 방법이기도 하다(고전 13장). 이것은 그리스도께서 우리에게 허락하신 자유의 일부다(갈 6:1).

사역을 행하기를 원하는 사람들의 상황은 다음과 같다. 이성적인 피조물인 인간은 창조주요 최고선이신 하나님과 어떤 식으로든 교통해야 한다. 이 교통으로 인해 복종과 예배의 절대적인 필요성을 느끼게 된다. 모든 사람은 하나님을 인정하고, 은혜를 통해 자기들에게 부여된 수단들을 이용해 그분의 뜻을 이해하도록 요구된다. 이것은 율법의 명백한 명령이다. 여기에서 율법은 단지 십계명만이 아닌, 모든 인간의 마음속에 기록된 율법을 가리킨다. 하나님이 자기에 대한 지식을 허락하기 위해 사용하시는 수단들 가운데 성경은 다른 모든 수단을 단연코 능가할 뿐 아니라 필수불가결하다. 어떤 점에서 계시는 하나님의 주권적인 뜻에 전적으로 의존하기 때문에 모두 독단적이라고 말할 수 있다. 하나님은 사람들에게 자신이 원하는 것만 나타내신다. 계시의 수단들도 그분의 주권적인 뜻에 달려 있기는 마찬가지지만, 그분이 제공하시는 수단은 사람들에게 의무를 부여한다. 하나님의 계시는 기록되지 않은 '자연적인' 것조차도 모두 인정하는 것이 모든 인간의 책임이다(막 12:30, 31 참조). 하나님의 계시와 그분의 존재에 대한 의식은 우리의 모든 것을 그분께 복종시키라고 요구한다. 이것이 십계명의 첫 번째 돌판으로 일컫는 것에 분명하게 명시되었다. 이것은 '하나님을 사랑하라'라는 한 마디로 간략하게 요약된다. 그와 마찬가지로 두 번째 돌판도 '네 이웃을 사랑하라'라는 말로 간략하게 압축될 수 있다. 누군가를 사랑한다는 것은 그 사람을 위한 선한 의도와 바람으로 최선을 다해 선을 행하는 것을 의미한다. 심지어 옛 철학자도 그렇게 가르쳤다.[3] 사랑이 크면 클수록 사랑하는 사람이 잘되기

---

3   Aristoteles, *Rhetoric*, Book 2, chapter 4.

를 바라는 마음도 그만큼 커진다. 다른 사람들을 우리 자신처럼 사랑하면, 그들이 모든 것 가운데 가장 좋은 것을 경험하기를 바라는 마음으로 어떤 희생이 뒤따르더라도 온 힘을 다해 그것을 그들에게 주려고 노력하기 마련이다. 하나님을 아는 지식이 영생인데 그보다 더 좋은 것이 또 어디에 있겠는가(요 17:3)? 이것이 다른 사람들을 위해 바랄 수 있는 가장 큰 사랑의 소원이다. 이것은 그리스도인이 자기 마음대로 제공하기를 원하거나 거부할 수 있는 것이 아니라 모든 참된 신자에게 요구되는 절대적인 의무다. 모든 것이 하나님의 섭리에서 비롯한다. 하나님의 섭리를 통해 그리스도인들에게 이 신성한 의무를 이행하기에 적합한 때와 기회가 주어지고, 그와 관련된 모든 상황과 방식이 결정된다.

하나님은 자기의 기쁘신 뜻에 따라 은사들을 나눠주신다(시 147:20, 사 59:19). 하나님을 아는 지식으로 다른 사람들의 덕을 세우는 데 적합한 능력과 자질을 허락하시는 성령께서는 교회 안에서 사역을 위해 따로 부르심을 받아 목회자로 임명된 사람들만을 위한 선물이 아니시다. 성직 안수를 받으려면 그런 은사들을 경험하는 것이 반드시 필요하지만, 교회의 공적 사역을 담당하지 않은 사람들도 그것들을 얼마든지 경험할 수 있다. 이 은사들은 성령께서 주시는 것이다. 따라서 각 사람은 자기에게 주어진 빛의 정도에 따라 성경을 해석할 수 있다(고전 12:11, 엡 4:7).

앞에서 제기한 문제에 대한 해결책을 찾기는 그리 어렵지 않다. 하나님을 아는 지식이 있고, 다른 사람들의 덕을 세우는 데 필요한 영적 은사를 경험한 충실한 신자는 섭리를 통해 자기에게 주어진 이 의무를 올바로 이행하는 데 필요한 조건들과 시기만 적절히 갖추어진다면, 비록 성직을 수행할 의도가 없더라도 기존의 사역을 방해하지 않은 한, 다른 사람들과 함께 모인 자리에서 얼마든지 성경을 해설할 수 있다. 그런 신자를 허용하지 않아야 할 이유가 무엇이 있겠는가? 합법적인 소명을 받지 못했다는 이유만으로 다른 사람의 사역을 빼앗는 탈취자, 다른 사람의 직임을 침해하는 경쟁자, 하나님의 교회를 어지럽히는 무뢰한, 소요를 조장하는 불순한 자로 간주해서야 되겠는가? 과연 그가 자기에게 정해진 경계선을 넘어섰다고 비난하는 것이 온당할까? 어떤 사람들은 그렇다고 생각한다. 그러나 조금이라도 부끄러운 마음이 있다면, 도덕과 의무를 진작시키는 일은 무엇이든 하나님에게서 비롯한 것이라는 사실을 기꺼이 인정해야 할 것이다. 즉 영적인 빛이 부가적으로 더해진 것을 기뻐하고, 영적 은사들이 하나님의 섭리를 통해 적절하게 배분되는 것을 인정해야 마땅하다. 학자들은 성급한 판단을 내리기 전에 이런 점을 주의 깊게 살피고, 생각해야 한다. 영혼의 거룩한 목적은 하나님에게서 비롯한 것이다. 그 목적은 다른 모든 영적 은사와 더불어 하나님의 섭리를 통해 길이 열리는 대로 자유롭게 이루어져야 한다. 그리스도께서 은사를 허락하시는 곳에서는 항상 소명이 뒤따르기 마련이다. 사역자의 직임은 그런 소명으로 인해 조금도 훼손되지 않는다. 목회적 감독의 임무는 그리스도의 교회 안에서 사역의 수고를 담당하는 사람들이 이행하는 특별한 책임이다. 그 영역을 침범해서는 안 된다. 그러나 그렇다고 해서 다른 사람들이 그리스도와 자연법을 통해 주어진 의무들을 이행하는 것을 제한하는 것은 옳지 않다. 사역자들이 모든 의무를 홀로 감당하도록 놔두어서는 안 된다. 그것은 그들에게 불가능한 짐을 지우는 것이다. 하나님으로부터 어떤 은사를 받았든 다른 사람들을 위해 선을 행하는 것은 모든 신자의 의무다. 어떤 사람이 하나님께 복종하려는 생각으로 내가 선을 행해야 할 곳에서 선을 행한다면, 그것을 가로막아서는 안

된다.

은사와 확실한 소명이 둘 다 있는 경우에는 가능한 한 빨리 사역을 시작하는 것이 좋다. 그것이 그리스도의 뜻에 부합하는 것이다. '안수'를 받지 않은 사람이 성경을 해설한다고 불평하는 사람들도 장로들의 안수까지 금지하지는 못할 것이다. 만일 예비 목회자가 어디에서도 설교할 수 없다면 어떻게 '소명'을 받을 수 있겠는가? 성직 안수가 성령이 정해주신 특정한 양 떼를 감독하는 임무를 맡은 사람에게만 독점적으로 주어져야 한다면, 목회자가 되기를 원하는 사람들에게는 '안수를 받지 않은 상태로' 말씀을 전할 기회가 주어져야 할 필요가 있다. 그들의 성경 해설을 금지하는 것이 옳을까? 어떤 사람들은 칼케돈 공의회가 그런 설교를 금지했다고 주장한다. 그러나 그와는 정반대로 적법한 절차를 거쳐 특정한 양 떼를 감독하는 목회자로 임명된 사람이 성경을 신령하게 해설하는 일을 올바로 수행하지 못하거나 거부한다면 어떻게 해야 할까? 그를 호되게 비난해야 하지 않을까? 이것도 앞의 경우와 같은 '무질서'에 해당하지 않겠는가? 내가 지금까지 옹호해온 말씀 해설이 교회의 관습에 전혀 위배되지 않는다는 사실을 보여주는 역사적 근거와 사례를 원한다면, 가장 초창기에서부터 오늘날에 이르기까지의 증거들을 얼마든지 제시할 수 있다(나는 그런 증거들을 다른 곳에서 이미 제시한 바 있다).

마지막으로, 성직을 수임하지 않는 사람들이 성경을 해설하거나 말씀을 전하는 일이 불법이라면, 그로 인한 결과들이나 일반적인 이치를 통해서는 물론, (더욱 중요하게는) 성경의 명백한 금지 조항을 통해 그것이 사실로 입증되어야 할 것이다. 한 마디로, 그것은 처음부터 불법이 아니었다. 만일 그렇다면 성직자가 아닌 사람은 어떤 상황에서든 다른 사람들에게 하나님의 일을 가르칠 수 없을 것이다. 내가 판단할 때, 그리스도의 이름을 고백하는 사람들 가운데 그렇게까지 터무니없는 생각을 하는 사람들은 아직은 없는 듯하다.

친형제를 살해한 가인은 하나님 앞에서 자기가 동생을 지키는 자가 아니라고 주장했다. 그것은 사탄이나 살인자들은 물론, 그와 똑같은 본성을 지닌 자들이나 제기할 수 있는 주장이다. 하나님은 영원한 구원의 문제와 관련해 각 사람을 자신의 형제를 지키는 자로 세우셨다. 인류가 첫 조상인 아담과 하와와 함께 타락했기 때문에 예수 그리스도를 믿는 구원 신앙이 인류에게 절대적으로 필요하다고 믿는 사람들은 복음을 전하는 것을 모든 신자의 도덕적 의무로 간주한다. 한 가지 문제는 "사적으로 이루어지는 일, 곧 사람들에게 개인적으로 복음을 전하는 일을 좀 더 공개적이고 체계적인 방식으로 한꺼번에 많은 사람에게 행할 수 있느냐?"라는 것이다. 만일 사역이 잘 이루어졌다면 그렇게 하는 사람들을 칭찬해야 마땅하다. 그런 사역을 행한 사람들의 노력을 불법적이라고 비난하기보다는 존중해주어야 한다. 한두 사람에게 하나님에 관한 지식을 가르칠 수 있다면, 똑같은 방식으로 여러 사람을 한꺼번에 가르칠 수도 있지 않겠는가? 그렇게 하지 않아야 할 이유가 무엇인가? 충실한 사람들이 아무리 성령이 충만하고, 다른 사람들의 덕을 세우는 데 필요한 은사들을 모두 갖추었다고 해도 정식으로 사역자가 되어 검증받지 않으면 말씀을 가르쳐서는 안 된다고 주장한다면, 마땅히 그 이유를 설명해야 할 것이다. 내가 아는 한, 그런 주장을 제기하는 사람들 가운데 지금까지 그 이유를 설명한 사람은 아무도 없었다.

이제 다시 본래의 주제로 되돌아가서 우리의 대적자들의 가르침을 살펴보는 것이 좋을 듯하다. 위에서 다룬 논쟁은 "아무도 성경을 해석하거나 그 의미를 설명하도록 허용되지 않았다"라는 주장에 비하면 사실상 그렇게 심하지는 않다. 이것은 오늘날의 광신도들이 외치는 주장이다. 성경에 대한 그들의 견해는 이미 언급했기 때문에 이번에는 성경이 하나님의 교회에서 차지하는 위치에 관한 논의에 초점을 맞추어보기로 하자. 잘 알다시피, 광신도들 가운데도 개인적으로 성경을 읽을 뿐 아니라 읽거나 들은 성경 말씀을 암기하는 사람들이 있다. 사실, 그들은 자주 성경을 들고 다닌다. 그러나 그들은 정작 자신들의 모임에서는 성경에 관심을 기울이지도 않고, 어떤 식으로든 그것을 활용하지도 않는다. 그들은 하나님의 말씀을 읽지도 않고, 해설하지도 않을뿐더러 성경에서 자신들의 가르침을 뒷받침해줄 증거를 찾지도 않는다. 물론, 그들에게는 나름대로 그렇게 하는 이유가 있다. 그들은 모든 사람이 하나님으로부터 직접 영감을 받는다고 주장한다. 그러면서도 그들은 격렬한 논쟁을 벌일 때는 성경 말씀을 자주 되풀이한다. 부끄럽게도 그들은 성경 말씀의 의미를 대부분 곡해하며 왜곡한다. 이들의 광신적인 입장은 크게 세 부분으로 나누어 생각할 수 있다. 이 세 부분은 첫째는 성경 해석, 둘째는 해석 방법, 셋째는 해석의 활용과 각각 관련된다.

첫째, 성경 해석과 관련해 그들은 어떤 사람도 성경을 해석하거나 말씀의 의미를 설명하거나 성령의 말씀과 다른 말씀, 곧 기록된 말씀으로 영적 진리를 다루도록 허용되지 않았다고 주장한다.

둘째, 그들은 성경 해석과 더불어 병행 구절 비교, 신중한 문맥 검토, 반복되는 말씀, 믿음의 유추와 같은 하나님의 생각을 이해하는 데 필요한 성경 해석의 방법을 비난하고, 비방한다. 근시안적인 편견에 사로잡힌 그들은 다른 모든 성경 해석의 노력도 모두 결함이 있다고 비판한다.

셋째, 그들은 난해 구절을 명료하게 밝히고, 이단 사상들을 단죄하고, 거짓 교사들과 거짓 가르침을 가려내고, 유익한 권고와 가르침을 전하는 등, 성경 해석을 올바로 활용하는 것을 혐오하고, 가증스럽게 여긴다.

성경 해석은 두 가지 방식으로 이루어진다. 하나는 사실들을 설명하는 것이고, 다른 하나는 말씀의 의미를 설명하는 것이다. 광신자들은 이 두 가지를 모두 거부하는 탓에 자신들의 입장조차 올바로 설명할 수 없다(사실은 그들의 입장이 실제로 어떤 것인지조차 불분명하다). 그들은 자체적인 일관성을 유지해야 한다는 이유로 모든 해석을 거부한다. 그들은 성경을 제멋대로 번역하기 때문에 성경 말씀을 올바로 활용하기가 불가능하다(그들은 대부분 배우지 못한 사람들이고, 언어도 자국어밖에 알지 못한다). 모든 해석을 거부하는 것은 스스로에게서 성경을 박탈하는 것과 같다. 성경 번역은 필연적으로 성경 해석일 수밖에 없다. 따라서 위와 같은 이유로 영어 성경을 거부한다는 것은 전례 없는 어리석음과 사악함의 본보기가 아닐 수 없다.

그들은 모든 성경 해석 방법을 혐오하기 때문에 결국 가정이나 교회나 집회나 학교에서 충실한 신자들이 함께 모여 성경 해석에 근거해 말씀을 가르치는 일을 거부하고, 비난할 수밖에 없다. 그들은 단지 말로 성경을 해설하는 것만이 아니라 성경의 의미를 이해하도록 돕는 주석과 책들까지도 가차 없이 비판한다. 그들은 성경을 해석하거나 그 진리를 드러내거나 확증하려는 시도를 모두 거부하고, 성경 해설을 근거로 하나님의 일을 가르치거나 충실한 신자들을 권고하고, 굳건하게 하려고 노력하는 일을 비난한다.

이미 앞에서 이 광신도들의 미치광이와 같은 행위와 역사 대대로 유지되어온 그리스도인들의 견해와 관습을 대조해 논의했기 때문에 여기에서는 핵심 내용만 간략하게 요약하는 것으로 충분할 듯하다.

조금 전에 말한 대로 성경 해석은 두 가지 방식으로 이루어진다. 하나는 사실들을 해석하고, 분석하고, 해설하는 것이고, 다른 하나는 말씀의 의미를 밝히는 것(즉 번역)이다. 후자는 히브리어로 된 구약성경과 헬라어로 된 신약성경을 다른 언어들도 번역해 '원어'를 알지 못하는 하나님의 백성을 유익하게 하는 데 초점을 맞춘다. 단일 인종으로만 구성된 최초의 교회에서는 성경이 자국어로 기록되어 있었기 때문에 번역이 필요하지 않았다. 당시에 하나님은 자신의 말씀을 공통된 언어를 사용하는 교회에 맡기셨고, 번역을 요구하지 않으셨다. 그때에는 하나님의 백성이 자국어로 된 성경을 이미 소유한 상태였다. 번역의 필요성은 나중에 교회가 성경 원어를 자국어로 사용하지 않는 지역들로 확장되면서 비로소 대두되었다. 신약성경의 교회는 '모든 족속과 방언과 나라 가운데서' 온 사람들로 구성되었다. 그리스도께서는 하나의 인종만을 위해서가 아니라 온 세상에 흩어져 있는 하나님의 자녀들을 위해 죽으셨다. 그분은 그들을 불러 자기의 교회를 세우셨다(계 5:9. 요 11:52 참조).

따라서 교회가 무오하고, 영원히 변치 않는 믿음과 복종의 규칙인 성경을 소유하려면 반드시 성경을 번역해야 했다.

성경 해석은 진리를 가르치는 것, 곧 성경에 나타난 하나님의 생각을 밝히는 것을 가리킨다. 성경에 계시된 진리를 해설하고, 설명하는 것은 하나님이 정하신 것이다. 성령께서는 교회 안에서 양들을 가르치고, 오류를 논박하고, 교훈과 바르게 함과 의로 교육하기에 유익하도록 성경을 해설하게끔 도와주신다. 하나님은 이런 목적을 수행하는 수단들을 인정할 뿐 아니라 그것이 이루어지도록 은혜를 아낌없이 베풀어주신다.

이런 사실로 미루어 볼 때, 올바른 성경 해설은 합법적일 뿐 아니라 절대적으로 필요하다. 성경의 증언을 통해 확실하게 드러난 대로, 하나님은 말로 다 할 수 없는 말씀의 축복을 베풀어 자신의 길을 가르쳐주신다. 제정신을 가진 사람이라면 항상 학생의 수준에 맞춘 교육이 이루어져야 한다는 것을 부인하지 않을 것이 틀림없다. 하나님은 인간을 가르치는 데 가장 적합한 방식으로 말씀을 통해 자기의 생각을 계시하셨다. 성경의 가장 중요한 의미는 하나님의 생각이다. 이성적인 피조물은 또 다른 이성적인 존재, 곧 지성을 소유한 존재가 알고 있는 지식과 가르침을 배울 수 있다.

하나님이 우리에게 기록된 성경을 맡기신 이유는 우리가 그것을 통해 성령의 생각을 이해하기를 바라시기 때문이다. 앵무새와 찌르레기와 같은 것들만이 아무런 의미도 없는 소리를 낸다. 따라서 말씀의 취지를 이해하려면 그것의 실질적인 의미를 탐구해야 한다. 이것은 모든 해석의 기본이기 때문에 반드시 필요한 일이다. 그런데 어떻게 이것을 불법이라고 주장하며 합리적인 반론을 제기할 수 있겠는가? 일단 말씀의 의미가 분명하게 드러났다면 그것을 설명하는 것이 온당하지 않겠는가? 하나님의 말씀을 통해 깨달은 것을 다른 사람들에게 전해 유익하게 하도록 허용해야 마땅하지 않겠는가? 어떻게 성경 해석이나 해석한 것을 가르치는 것이 불가능하다거나 불법이라고 말할 수가 있을까? 성경 말씀은 의미를 지니고 있고, 그 의미에는 하나님의 생각이 담겨 있다. 하나님의 생각을 이해하려고 노력하는 것이 우리의 의무다. 우리가 깨달은 것을 다른 사람들에게 전하는 것을 제한하는 방해 요인을 허용해서는 곤란하다. 정신이 올바른 사람이라면 성경 해석을 금지해서는 안 된다. 꼭 필요한 일을 거부하는 것은 옳지 않다. 에디오피아 내시처럼 성경을 읽기는 하지만 누군가가 "읽는 것을 깨닫느냐"라고 물으면, "지도해 주는 사람이 없으니 어찌 깨달을 수 있느냐"라고 대답할 수밖에 없는 사람들이 얼마나 많은지 모른다(행 8:30, 31). 더욱이 성경에는 이해하기 어려운 난해 구절, 곧 올바른 해설과 건전한 적용이 없으면 일반 대중에게 유익이 거의 없는 구절들도 있다. 교육을 받지 못한 연약한 신자들이 많기 때문에 누군가가 성경을 올바로 해석해 이해하도록 도와주지 않으면 혼자 힘으로 진리를 깨달을 가능성이 매우 희박하다.

광신도들은 자기들도 성경을 이해한다고 주장하지만, 그것은 새빨간 거짓말이다. 그들의 주장은 성경을 소유하고만 있으면 저절로 그 의미를 알 수 있기 때문에 굳이 말씀의 취지를 탐구하려는 노력을 기울일 필요가 없다는 뜻이다. 누구나 이런 태도가 하나님의 지혜와 선하심을 얼마나 크게 모욕하는 것인지 쉽게 알 수 있을 것이다. 그것은 하나님의 말씀을 거부하는 것이요 교회를 오물 구덩이에 집어넣는 것과 같다. 만일 성경이 아무런 의미가 없거나 하나님이 우리가 알기를 원하지 않으시는 의미를 지니고 있거나 그 의미가 너무 심오하고 불분명해 파악하기가 어렵다면, 하나님이 그런 계시로 가없고, 비천한 우리를 조롱하셨다고밖에는 달리 결론지을 수 없을 것이다.

이성이나 경험을 통해 아무것도 배울 수 없다고 생각하는 사람들은 참으로 어리석기 그지없다. 그들은 근거 없는 확신에 사로잡혀 자신들이 이해할 수 없는 것은 무엇이든 비난하고, 항상 과거의 희극 배우처럼 "누구든 하고 싶은 말이 있으면 마음껏 떠들어라. 우리는 우리의 견해를 조금도 굽히지 않을 것이다"라고 목소리를 높인다. 만일 그들이 지금까지 살다 간 모든 그리스도인의 경험과 매일 듣고, 보는 것들을 조금이라도 가치 있게 생각한다면, 성경 해석과 설교 말씀은 물론, 성경 해석을 돕는 책들의 필요성과 가치를 부인하는 것이 얼마나 어리석은 일인지를 알 수 있을 것이다.

양쪽을 비교해 보자. 한쪽은 성경에 자유롭게 접근할 수는 있지만 성경을 해설하는 설교를 들을 기회를 박탈당한 쪽이고, 다른 한쪽은 성경은 물론, 그것을 해설하는 수단까지 소유하고 있는 쪽이다. 열매로 나무를 판단한다면, 하나님에 대한 올바른 지식이라는 건전한 열매를 얻는 것이 훨씬 더 낫다는 것을 즉각 알 수 있을 것이다. 합법적인 성경 해석이 이루어진다면, 그런 열매들이 어디에서나 풍성하게 열릴 것이다.

인간을 짐승과 구별하는 이성의 힘은 부지런히 성경의 의미를 탐구하라고 요구한다. 어둠의 왕에게 사로잡혀 눈이 멀었거나 어리석음이 극에 달하지 않은 이상, 이 필요성을 의심할 사람은 아무도 없을 것이다. 우리는 지극히 은혜로우신 하나님의 사랑과 보살핌과 신실하심을 의지하며 살아가고 있다. 그분은 죄로 인해 감각을 잃은 우리의 부주의한 생각과 영원한 것, 곧 가장 큰 노력과 재능을 쏟아부어야 할 것에 아무런 관심도 없는 우리의 본성과 우리 자신에게 더할 나위 없이 중요한 것들을 등한시하는 성향을 잘 알고 계신다. 그런 하나님이 절대적인 권위와 계명들을 통해 이 의무에 충실할 것을 명령하셨고, 우리의 나태함을 극복하도록 은혜로운 배려를 아끼지 않으셨다. 그분은 이스라엘 백성(신 6:20-24)과 여호수아(수 1:8)와 이스라엘 교회(사 8:2)를 향해 말씀을 가르치라고 명령하셨다. 구세주께서도 당시에 하나님의 백성이었던 유대인들에게 성경에 나타난 하나님의 생각을 알 수 있도록 그분의 말씀을 가르치셨다(마 19:3). 그분은 종종 성경의 참된 의미와 취지에 무지한 바리새인들을 강하게 책망하셨다(요 5:39).

하나님은 성경을 읽고, 말씀을 주야로 묵상하고, 최선을 다해 성경 구절의 의미를 파악해 성경을 근거로 자기와 자기의 뜻을 다른 사람들에게 널리 전하라고 명령하셨다. 이런 일은 합법적인 해석의 자유가 온전하게 보장되지 않으면 결코 이루어질 수 없다. 이것은 하나님이 우리에게 요구하신 의무다.

광신도들은 그리스도의 교회 안에서 이루어지고 있는 사역을 없애려고 안간힘을 쓰지만, 아직 그리스도께서 목회자와 교사의 직임, 곧 말씀의 사역자를 세우셨다는 사실을 부인하는 단계에까지는 이르지 못한 상태다. 그 사실을 부인하는 것은 복음이 거짓이고, 하나님의 말씀이 아니라고 말하는 것이나 다름없다. 만물의 종말이 이를 때까지 말씀의 사역자라는 직임이 그리스도의 교회 안에서 계속 유지되도록 계획되었다는 것에 관해서는 나중에 다시 살펴볼 생각이다. 여기에서는 성경 해석이 합법적이라는 사실을 밝히는 것으로 족하다. 성경 해석이 합법적이지 않다는 주장은 우리가 누리고 있는 이 큰 특권을 우리에게서 박탈하는 결과를 초래할 수밖에 없다. 이 의무와 말씀의 사역자라는 직임은 그리스도의 뜻에 따라 제정된 것이다(딤후 4:2, 벧전 5:2). 말씀의 사역자들은 '때를 얻든지 못 얻든지' 항상 권고의 말과 성경 해설을 통해 복종과 구원에 관한 하나님의 뜻과 계획을 가르치려고 힘써야 한다. 이 의무를 의심하는 사람들이 동의하지 않을 수 없는 증언이 셀 수 없이 많다. 사도 시대의 사역자들은 직접 하나님의 계시를 통해서나 성령의 도우심을 받아 성경을 주의 깊게 연구함으로써 지식과 정보를 얻었을 것으로 추정된다. 성경은 그들이 하나님의 이름으로 가르친 진리들을 모두 다 직접적인 계시를 통해 받았다고 말씀하지 않는다. 그들도 그런 암시를 하거나 자기들을 사도들과 동등한 위치에 올려놓으려고 하지 않았다. 성경은 "다 사도이겠느냐 다 선지자이겠느냐"(고전 12:29)라고 말씀한다(딤전 4:12-16 참조). 그들은 성경을 부지런히 연구하고, 주의 깊게 읽고, 경건한 태도로 묵상함으로써 자신들의 의무를 적절하게 수행했을 것이 틀림없다. 그들은 주님의 인도하심 아래 이 의무를 감당했고, 은혜를 통해 말씀을 이해해 옳게 전할 수 있는 분별력을 지니게 되었을 것이다. 성령께서는 그들이 주어진 은사를 감추어놓도록 가르치거나 이끌지 않으셨다.

더욱이 그리스도께서는 친히 유대인의 회당에서 선지자들의 글을 읽고 해설했을 뿐 아니라(눅 4:17, 21), 제자들에게 구약성경의 말씀을 설명함으로써(눅 24:27) 말씀의 사역자들을 세울 것을 암시하셨다(눅 4:17, 21). "내가 오늘까지…증언하는 것은 선지자들과 모세가 반드시 되리라고 말한 것밖에 없으니"(행 26:22)라는 말씀을 통해 짐작할 수 있는 대로, 바울은 누구보다 더 열심히 이 의무를 이행했다. 이는 에디오피아 내시를 회심으로 이끌었던 빌립도 마찬가지였다(행 8:34, 35). 성령께서는 믿음의 분량에 따라 그런 사역을 맡기겠다고 예고하셨다. 이처럼, 다른 사람들에게 하나님의 말씀을 가르치는 일은 복음 사역자들의 온당한 의무다(갈 6:6 참조).

성도들이 하나님의 뜻에 따라 성경을 해설하는 관습이 널리 퍼져 있었다는 사실은 오늘날의 광신도들이 전례 없는 교만과 광기에 사로잡혀 있다는 것을 보여주는 명백한 증거가 아닐 수 없다. 구약 시대에 거룩한 하나님의 사람들이 어떤 생각과 판단력을 지녔는지를 알려면 다윗을 보면 된다. 다윗은 늘 하나님의 말씀과 계명과 증거와 가르침에 따라 살려고 노력했다. 그는 말씀을 묵상하고, 말씀으로 자신을 훈련하는 일을 자신의 기쁨이자 의무로 여겼다. 다윗이 시편 119편에서 말한 내용을 살펴보면 구약 시대 성도들이 이 의무를 경건한 태도로 날마다 이행했다는 것을 분명하게 알 수 있다. 다윗은 또한 복된 사람을 묘사하는 데서부터 자신의 시편을 시작했고(시 1편), 그와 똑같은 내용의 시편으로 자신의 시편을 마무리했다. 하나님의 말씀을 열심히 연구해 주의 깊게 펼쳐 보이는 것이 그의 목적이었다. 그는 그것을 통해 무슨 유익을 얻었을까? 그는 하나님의 뜻과 생각을 깨달았고, 그것을 통해 구원에 이르는 지혜를 얻었다. 그것이 그의 가장 큰 소원이었다. 그는 그 소원을 이루어달라고 하나님께 간절히 기도했다. 신약시대 성도들도 하나님을 아는 지식 안에서 자라가기 위해 말씀을 갈망했고, 그것을 받고 즐거워하며 깊이 묵상했다. 그들이 성경의 판단을 구하고, 그 의미를 이해하려고 노력한 것이 온당하지 않다고 생각할 사람은 아무도 없을 것이다.

그렇다면, 하나님은 우리가 성경에 기록된 문자들의 숫자를 일일이 헤아리고, 말씀을 신비로운 부적처럼 여겨 그 배후에 모종의 힘이 숨겨져 있다고 생각했던 유대인들처럼 성경을 대하기를 원하셨을까? 이런 물음에 대한 대답을 찾기는 별로 어렵지 않다. 하나님은 진리를 분별하고, 판단하는 것은 물론, 영들을 시험하라고 명령하셨다. 그런데 어떻게 그렇게 할 수가 있겠는가? 인간이 자신의 영을 시금석으로 삼아 그것으로 영들을 판단하는 것이 과연 옳을까? 수많은 해석이 난무하는 것을 제한할 권한이 있는 사람이 누가 있겠는가? 아무도 없다. 영들을 시험하고 논쟁을 해결할 수 있는 공통된 규칙이 있어야 한다. 그렇지 않으면 영들은 제멋대로 날뛸 테고, 논쟁은 끝없이 이어질 것이다. 이미 말한 대로, 성경이 바로 그런 규칙에 해당한다. 그러나 성경을 이해하지 못한다면, 어떻게 그것이 규칙이 될 수 있겠는가? 성경의 언어와 의미를 살펴 그것을 가르치고 설명하지 않으면, 어떻게 그것을 이해할 수 있겠는가? 따라서 '선악을 분별하는'(히 5:14) 연습을 통해 우리의 정신적 기능을 훈련하는 일이 필요하다. 하나님의 말씀이 아니면 무엇으로 영적 분별력을 기를 수 있겠는가? 하나님의 말씀으로 우리의 정신적 기능을 훈련하려면 성경에 나타난 하나님의 생각을 분별하는 법을 배워야 한다. 옛 선지자들도 그런 식으로 성경을 살펴 생명에 이르는 가르침을 발견했고, 디모데의 어머니도 자기 아들을 말씀으로 양육했다(딤후 1:5, 3:14, 15, 벧전 1:11, 12 참조).

하나님은 무한한 지혜로 성경을 통해 자신의 생각을 드러냈을 뿐 아니라 성경 해설이 절대적으로 필요할 수밖에 없는 방법으로 자기의 뜻을 나타내셨다. 성경이 계속 존재하는 한, 교회는 그것을 해설하는 의무와 기능을 담당해야 한다.

성경의 여기저기에서 어려운 구절들이 종종 발견된다. 서로 모순되어 보이는 구절들도 있기 때문에 부지런히 살펴 문제를 해결해야 한다. 이것은 올바른 성경 해석을 통해서만 이룰 수 있는 일이다. 성경에 사용된 숫자와 예표들을 올바로 이해해야만 성경의 의미를 옳게 파악할 수 있다. 하나님은 헤아릴 수 없이 큰 말씀의 축복을 우리에게 허락하셨기 때문에 우리가 말씀을 실질적으로 활용해 유익을 얻기를 바라신다. 그분은 우리가 성경을 존중하며 존귀하게 여기기를 원하신다. 그러나 서로 모순되어 보이는 구절들을 해결하려고 노력하지 않는다면 어떻게 성경을 존귀하게 여길 수 있겠는가? 말씀을 살피거나 해설하는 일을 할 수 없고, 그것을 이해할 수 없다면 무슨 유익과 가치가 있겠는가? 따라서 나는 오늘날의 광신도들에게 성경을 해석하지 않는다면 대체 그런 난해 구절들을 어디에다 쓰려는 것이냐고 묻고 싶다.

마지막으로, 신속하게 처리해야 할 몇 가지 반론을 잠시 생각해 보기로 하자. 여기에는 광신도들이 글을 통해 분명하게 제시했거나 말로 강력하게 주장한 내용은 아니더라도 그들이 개진하는 것처럼 보이거나 그들의 그릇된 가르침의 저변에 깔려있는 반론들도 포함되어 있다.

첫째, "모든 성경이 하나님의 영감으로 기록되었다면 모든 해석도 하나님에게서 비롯한 것이어야 한다. 즉 성경과 해석이 둘 다 하나님의 계시여야 한다. 그러나 우리 가운데서 날마다 그런 일을 하는 교사들은 영감을 받은 사람들도 아니고, 말씀의 의미에 관해 하나님으로부터 직접 계시를 받았다고 주장하는 사람들도 아니다. 따라서 그들은 이 일을 해서는 안 된다."

이에 대한 나의 대답은 이렇다. 우선, 위의 반론은 해석까지도 하나님의 영감으로 이루어져야 한다고 주장하기는 하지만, 최소한 성경이 해석될 수 있다는 점은 인정하고 있는 셈이다. 이는 그 일이 불가능하지는 않다는 뜻이다. 하나님의 생각은 전에는 계시되지 않은 상태로 그분의 마음속에만 존재했다. 그러나 하나님은 성경을 통해 그것을 계시하셨다. 이 둘은 서로 전혀 다르다. 이 둘은 너무 달라 전자에 해당하는 원리를 후자에까지 확대 적용해야 하는 충분한 이유를 발견하기가 어렵다. 만일 어떤 사람이 하나님의 생각 속에 있는 무한한 지혜의 깊은 곳으로부터 이전에 알려지지 않은 것을 알아내 전하도록 선택되었다면, 성령에 감화되어 그분의 영감을 받는 것이 필요하겠지만, 성경에 이미 계시된 진리를 다른 사람들에게 설명하는 것은 일반적인 영적 은사 외에는 다른 것이 필요하지 않다.

둘째, "해석은 아무짝에도 쓸모가 없다. 해석은 아무런 유익이 없고, 오히려 해만 끼칠 뿐이다. 왜 그럴까? 그 이유는 해석이 분명한 것을 불분명하게 만들고, 확실한 것을 불확실한 것으로 만들기 때문이다. 방법론적으로 불확실한 것을 굳이 시도하려고 애쓸 필요가 무엇인가? 오류가 있을 수 있는 해석을 통해 무오한 말씀에 오류가 발생한다. 하나님의 말씀과 진리 자체가 해석을 통해 (비록 거짓이 되지는 않더라도) 오류를 저지르게 될 가능성이 크다. 인간이 하는 일에는 항상 오류가 뒤따를 수 있다는 것을 누가 부인할 수 있겠는가? 해석자들은 모두 오류를 저지를 수 있는 인간이 아닌가? 따라서 그 누구도 성경 해석을 통해 하나님의 이름으로 다른 사람들을 가르치거나 그분의 권위로 말한다고 주장할 수 없다. 설교자는 하나님의 말씀에 담겨 있는 순수하고, 선명한 진리를 있는 그대로 전하기보다 자신이 추측해낸 것을 더하는 잘못을 범할 수 있다. 따라서 기록된 말씀을 강해하거나 해석하는 일은 실속이 없고, 불확실할 뿐 아니라 아무런 필요가 없다."

이것은 전혀 새로운 반론이 아니다. 『개혁 교회를 위한 질문과 탐구 (Questions and Enquiries for the Reformed Chuches)』의 저자는 이 반론을 근거로 온갖 궤변을 전개해 순진한 신자들의 믿음을 훼손하려고 노력했다. 이 반론은 말씀의 사역을 공격하는 데 주로 초점을 맞춘다. 나는 다른 곳에서 이 문제를 좀 더 자세히 다루면서 적절하게 논박할 생각이다. 따라서 여기에서는 성경 해석에만 집중하고 싶다. 나의 대답은 이렇다.

1) 엄격히 말하면, 말씀의 해석자들은 모두 오류를 저지를 수 있다. 그러나 그것이 그들의 사역의 가치를 훼손하거나 무익하게 만들거나 불확실하게 만들지는 않는다. 하나님은 자기 백성에게 '지각을 사용함으로 연단을 받아 선악을 분별하라고' 요구하신다(히 5:14). 하나님은 그 목적을 위해 말씀의 사역을 교리와 진리를 탐구하는 수단으로 제정하셨다. 사도들의 설교를 들은 청중들은 자신들이 받은 가르침을 시험해 보고 그 가치를 인정하고, 귀하게 여겼다. 따라서 그 후로 계속되어온 말씀의 사역도 항상 똑같이 성경의 시금석으로 시험한다면 필요하고, 가치 있는 일로 인정받을 것이 분명하다.

2) 합법적으로 적절하게 해석된 말씀도 여전히 하나님이 말씀이다. 따라서 말씀 해설도 기록된 말씀에 근거해 그 의미를 상세히 설

명하는 역할을 한다면 똑같이 하나님의 말씀으로 간주할 수 있다. 이것은 해석자(해석자는 인간이기 때문에 오류를 저지를 수 있다)가 아닌 해석의 대상인 성경이 무오하고 거룩하기 때문이다. 인간 해석자는 무오한 말씀을 다룬다. 의무를 수행하는 우리 인간이 부족하다고 해서 의무 자체가 불법적인 일이 되는 것은 결코 아니다.

또 다른 반론 하나는 해석자들끼리의 치열한 논쟁에 근거한다. 이 논쟁은 그들의 해석이 서로 모순되기 때문에 발생한다. 이것이야말로 해석자들의 오류 가능성에서 비롯한 결과물이다. 일부 사역자들이 오류를 저질렀다고 해서 모든 사역자가 자신의 임무를 포기하는 것이 과연 온당할까? 그런 반론은 이 문제와 아무런 관련성이 없다.

3장
성경의 완전성

　성경의 절대적인 완전성과 완전 영감설을 옹호하려면 모든 이단이 이구동성으로 성경의 무오성(요 20:31, 롬 15:4, 딤후 3:15)을 거부한다는 사실을 가장 먼저 지적해야 할 필요가 있다(이것은 도저히 용납할 수 없는 악한 사람들 때문에 반드시 옹호하지 않으면 안 될 진리다).

　유대인, 로마 교회, 광신도를 비롯해 기독교를 노골적으로 적대시하는 자들은 서로 끊임없이 치열하게 다투지만, 신기하게도 성경의 무오성을 거부하는 데는 모두가 한마음 한뜻이 된다. 이들이 항상 분쟁을 일삼고, 서로 한목소리를 내지 못하는 것은 하나님의 의로운 심판의 결과다. 이들은 상대방이 무슨 말을 하든 크게 격분하지만, 하나님의 보좌(여기에서는 기록된 계시의 완전성)에 도달할 목적으로 탑을 쌓는 데는 마치 모종의 신비로운 합의가 이루어지기라도 한 것처럼 항상 서로 단합한다. 이들은 이 가장 중요한 문제와 관련해서는 서로 평화롭게 지내면서도 다른 문제들과 관련해서는 서로 무장을 하고서 가장 치명적인 분노를 쏟아낸다. 만일 이들이 일단 성경의 완전 영감설을 기꺼이 인정하고, 그 권위를 받아들인다면 하나님의 말씀을 근거로 모든 논쟁을 일시에 해결할 수 있을 것이다. 다시 말해, 성경의 빛을 통해 수많은 오류가 제거되고 서로 쟁론할 것이 거의 아무것도 남지 않게 될 것이다. 그러나 이들은 눈을 가린 검투사들처럼 어둠 속에서 서로 난투극을 벌이고, 과거에 암몬 족속과 모압 족속을 비롯해 세일산의 거주자들이 했던 대로 하나님의 백성을 쉬지 않고 대적한다.

어떤 사람들은 완전무장을 한 채로 '전통'이라는 무기를 앞세워 말씀을 대적하고, 어떤 사람들은 '새로운 계시'라는 무기를 앞세워 말씀을 향해 분노를 쏟아낸다. 그들은 마치 자기들의 집과 땅을 지키기라도 하는 듯 치열하게 싸운다. 그들은 삼손의 여우들처럼(삿 15:4) 꼬리와 꼬리를 한데 묶은 채로 교회라는 평화로운 밀밭을 불사르고, 서로 굳게 연맹해 성경을 진리의 자리에서 끌어내리려고 안간힘을 쓴다.

잘 알다시피, 유대인들은 모세에게 두 가지 율법이 주어졌다고 주장한다. 하나는 하나님의 명령에 따라 성경에 말씀으로 기록된 성문 율법이고, 다른 하나는 그것의 참된 의미를 설명한 구전 율법이다(후자는 산헤드린, 곧 칠십인 장로들의 모임과 제사장들과 거룩한 사람들을 통해 대대로 전승되었다). 이 '구전 율법'이 유대교의 예배를 비롯해 그들의 끔찍한 미신과 우상 숭배의 근간이었다. 이런 말이 의심스럽거든 랍비 모세 마이모니데스의 책을 읽어보기 바란다. 과거의 바리새인들은 예배와 복종의 의무를 엄격하게 이행하는 척하면서 백성들에게 수많은 미신과 전통을 강요했다. 그들은 마카비 시대부터 자신들의 스승과 학교를 통해 하나님의 말씀을 노골적으로 거스르는 것들을 전수받았다. 유대교는 여러 스승의 이름을 따라 다양한 종파로 나뉘었다. 예수 그리스도께서는 지상에 계실 때 그들을 엄히 책망하셨다. 그러나 후대의 유대인들은 유대교의 그런 독특성을 여전히 자랑거리로 삼았다. 그 이유는 비록 그것이 하나님이 인정하시는 모든 참된 예배를 파괴하는 결과를 초래했더라도 그들의 종교를 떠받치는 유일한 토대였기 때문이다. 성전이 파괴되고, 유대교와 국가가 전례 없이 큰 재난을 당했는데도 불구하고, 생존자들은 성경의 참뜻도 모르고, 성령도 없는 상태로 계속해서 불신앙과 반역을 일삼았던 탓에 하나님께 완전히 버림을 받고 말았다. 하나님도 떠나시고, 올바른 예배 체계도 없어지자 신화 제조자들이 나타나서 수많은 전통을 유대교에 도입하기 시작했다. 그들은 자신들의 죄에 대한 마땅한 형벌을 받았는데도 불구하고 의도적으로 수치스럽기 그지없는 새로운 체계를 구축했다. 그들은 흩어져 있는 모든 전통을 하나로 결합한 다음에 거기에 이교주의와 왜곡된 기독교를 혼합시켜 '불문 율법'을 만들었다. 그들은 과거에 모세가 그것을 성경에 기록된 율법과 함께 물려주었다고 주장했다. 그것은 불신앙과 불순종으로 강퍅해질 대로 강퍅해진 사람들의 필사적인 자구책에 지나지 않았다. 하나님께 버림을 받은 그들은 불신앙의 수치를 가리기 위해 새로운 종교를 만들어냈다. 바꾸어 말하면, 조상들이 누렸던 참 종교를 박탈당하는 심판을 받게 된 셈이었다. 그러나 새로운 종교도 그들을 만족시키지 못했다(이 점에 대해서는 특별 주제 "〈탈굼〉의 기원"과 "유대교의 마지막 배교"를 참조하기 바란다). 광기에 사로잡힌 그들은 자신들이 '카라이트(성경주의자들)'로 일컫는 유대교 신봉자들을 향해 격한 증오심을 쏟아냈다. 오늘날 로마 교회는 우리 개신교 신자들을 그런 식으로 일컫는다.

기왕에 로마 교회를 언급했으니 그들에 대해서도 한마디 해야 할 듯하다. 사실, 그들도 유대인들과 마찬가지로 전통을 높이 존중한다. 그들은 유대인들이 모세로부터 전통을 물려받았다고 주장하는 것처럼 그것이 사도들로부터 중단 없이 대대로 계승되어왔다고 주장한다. 그들은 그런 주장으로 성경의 완전성을 은밀하게 공격할 뿐 아니라 성경이 교회 안에서 차지하는 비중을 축소한다. 한편, 오늘날의 광신도들도 그와 똑같은 전철을 따르기는 마찬가지다. 차이가 있다면 '전통'이 아닌 '신비로운 황홀경,' 곧 '내적인 빛'을 내세우는 것만 다를 뿐이다. 그들도 자신들의 가르침이 무오하다고 주장하는 점에서는 교황들과 조금도 다르지 않다. 과거의 유대인들과 오늘날의 로마 교회가 전통을 내세우며 성경의 권위를 깎아내렸던 것처럼, 오늘날의 광신도들도 자신들이 받은 새로운 계시를 주장한다. 그들은 자신들이 주장하는 '찬란한 내적인 빛'에 눈이 먼 상태다. 그들이 펴낸 책들을 몇 권만 살펴보아도 그들의 주장이 얼마나 터무니없는 것인지 금세 알 수 있다. 로마 교회의 저명한 저술가가 "사도적 전통이라는 토대만 안전하다면 성경이 모두 없어지더라도 교회에는 아무런 해가 없을 것이다"라고 말했다면, 광신도들은 "모든 사람이 내적인 빛에 주의를 기울일 수 있도록 성경이 모두 없어졌으면 좋겠다"라고 말한다. 로마 교회의 견해는 교회가 성경보다 더 오래되었다는 어리석은 가설에 근거한다. 요한 에크가 이 가설을 '가톨릭주의의 아킬레스건'으로 일컬었다면, 오늘날의 광신도들은 새로운 계시를 아킬레스건으로 만들어 교회의 권위를 대체했다고 말할 수 있다.

이처럼 마귀는 성경의 완전 영감설에 맞서 자신의 왕국을 수호하기 위해 서로의 의견이 대부분 일치하지 않는 이들을 하나로 연합해 이 큰 악을 저지르도록 유도했다.

여러 나라의 유능한 학자들이 유대인과 로마 교회의 주장을 적절하게 차단해 성경의 완전성과 충족성을 입증해 보였다. 레이놀즈 휘태커, 유니우스, 리베투스, 고마리우스, 제라드 등 많은 사람이 로마 교회를 논박했고, 마틴 레이먼드, 피터 갈라티누스, 조제프 스칼리제르, 폴 파기우스, 뮌스터, 드루시우스, 북스토르프, 헬비쿠스와 같은 사람들이 유대교를 논박했다.

따라서 이제 내가 할 일은 광신도들의 견해를 논박하는 것뿐이다.

다시 말해, 나는 성경의 권위와 완전성을 옹호하기보다 가장 최근에 하나님의 말씀을 적대시하는 원수들로 등장한 그들을 적절히 다루어 하나님을 기쁘시게 하는 데 초점을 맞추고 싶다. 이것은 하나님의 영광을 위해 필요한 일이기 때문에 그분이 내게 이 일을 하는 데 필요한 능력과 도움을 허락해주실 것으로 확신한다.

성경의 가치와 완전성에 관한 이들의 정확한 견해를 진술하는 것은 결코 쉬운 일이 아니다. 그들의 견해는 서로 모순될 뿐 아니라 한결같이 어리석고 악의적인 태도로 각자 자기의 생각과 견해를 설명한다. 그들은 용어들의 정의와 의미와 표현을 전에 한 번도 들어보지 못한 방식으로 교묘하게 꾸며내 교육 수준이 낮은 사람들을 현혹한다. 그들의 주장에는 건전한 지성의 소유자가 이해할 수 있는 명백한 의미가 거의 내포되어 있지 않다. 그들의 견해는 이해하려고 애쓰기보다 가차 없이 논파하는 것이 훨씬 쉽다. 술수와 속임수의 껍질을 하나씩 벗겨내면 남은 것이 여실히 드러나기 마련이다. 그것은 너무나도 수치스럽고, 터무니없는 것이기 때문에 사고가 올바른 사람이라면 누구나 단번에 거부할 것이 틀림없다. 그들은 사람들을 현혹하기 위해 이것저것을 어설프게 꿰맞춘 가르침을 제시한다. 그들의 가르침은 의미가 있는 듯하기도 하고 전혀 없는 듯하기도 하다. 그들은 이해의 가능성을 차단하기라도 하듯 말을 힘들여 비비 꼬아 말하기를 좋아한다. 따라서 나는 이 종파의 지도자들이 전개하는 논리를 굳이 파헤칠 생각은 없다. 왜냐하면 결론이 빤하기 때문이다. 성경을 폄훼하는 불경하고, 악한 신성모독이 그들이 펼치는 주장의 결론이다. 나는 최대한 간결하게 그들의 가장 공통된 견해들을 나열하고, 그들이 펴낸 책들과 그들과 나눈 대화를 토대로 나의 요점을 밝히고 싶다. 그들의 책과 대화에는 이런 나의 목적에 부합하는 어리석은 사례들이 다량으로 발견된다.

먼저, 앞서 말한 대로 우리의 대적자들은 성경이 하나님의 생각과 뜻을 보여준다고 인정한다. 그들은 만일 성경의 계시가 그것이 처음 주어진 자들과 그것을 기록한 자들에게 진리였다면, 그것을 대대로 전달받아 후대에 넘겨준 사람들에게도 똑같이 진리여야 한다고 주장한다. 또한, 그들은 만일 이 계시가 그리스도의 영으로부터 비롯했다면 그것을 무오한 진리로 받아들여야 마땅하고, 성경에 기록된 것은 무엇이든 조금도 의심할 수 없는 하나님의 뜻으로 간주해야 온당할 것이라고 주장한다. 지금까지는 아무런 문제가 없어 보인다. 그들의 주장은 한치도 틀리지 않는다. 그러나 그런 식으로 성경을 인정한 사람들이 느닷없이 성경의 권위를 거부하기 시작한다. 그것은 명백한 자가당착이 아닐 수 없다. 그들은 교묘한 말을 이용해 이 진리를 모호하게 만드는 까닭에 무엇을 고백하고, 무엇을 부인하는 것인지조차 파악하기 어렵게 만든다.

그들은 처음부터 성경을 경멸하며, 그것을 거스르는 말을 거침없이 쏟아냈다. 그들은 지금보다 과거에 더욱 그랬다. 이것은 그들이 오래전부터 성경을 거부했다는 것을 여실히 보여준다. 그 누구도 이 사실을 의심해서는 안 된다. 그들이 성경을 인정하는 척한 이유는 하나님의 말씀을 존중해서가 아니라 대중의 견해에 억지로 떠밀렸기 때문이다. 그들이 먹이를 덮치는 독수리처럼 성경을 찢어발기지 않은 이유는 그 때문이었다. 그렇다면 이제부터 성경에 관한 그들의 신념이 무엇인지 간단히 살펴보기로 하자.

첫째, 그들은 성경이 예배와 복종에 관한 완전하고, 확고한 규칙이라는 사실, 곧 성경 외에 하나님에 관한 지식과 우리에게 요구되는 의무를 알려줄 새로운 계시는 존재하지 않는다는 사실을 부인한다.

둘째, 그들은 오직 자기들만이 성령의 영감을 받아 예언의 말씀을 전한다고 주장한다. 그들은 자기들이 하나님의 말씀을 기록했던 과거의 성경 저자들처럼 성령의 영감을 받는다고 말한다. 종교적인 문제와 관련해 그들이 말하는 것은 모두 하나님과 성령을 통해 직접 주어진 것으로 성경과 동등한 가치와 무오성을 지닌다는 것이 그들의 주장이다(그들이 어떤 영의 영감을 받았는지는 '내적인 빛'을 다룰 때 좀 더 자세히 살펴볼 생각이다).

셋째, 그들은 자신의 내면을 들여다보고 내적인 빛에 주의를 기울이는 사람은 그리스도의 영에 감화될 수 있기 때문에 성경이 제공된 목적이 즉각 이루어져 성경이 더는 필요하지 않다고 주장한다. 광신도들은 '모두에게 공통으로 주어지지만, 오직 충실한 자들만이 알 수 있는' 이 영의 인도를 받기 때문에 성경의 가르침이나 권위는 필요하지 않다고 생각한다.

지금까지 광신도들의 주장을 간단히 살펴보았다. 그들은 어디에서나 이런 주장을 펼치며 온갖 현란한 표현을 사용해 교육 수준이 낮은 사람들의 마음을 불안하게 만든다. 그들은 성경의 실질적인 가치와 권위와 완전성을 훼손한다. 하나님의 말씀이 광신도들의 하찮은 주장에 이리저리 휘둘린다면 그야말로 성경의 권위는 아무것도 남지 않게 될 것이다. 만일 성경이 불완전해 유한한 인간이 계속해서 무엇인가를 더해 나가야 한다면 더 이상 무슨 쓸모가 있겠는가? 구원의 길을 발견하기를 원하는 사람이 스스로 영감을 통해 새로운 계시를 받아야 한다면, 어떻게 성경의 완전성이 유지될 수 있겠는가? 성경과 전혀 공통점이 없는 신비로운 빛을 무오한 길잡이로 삼아 맹목적으로 쫓아갈 사람이 과연 누가 있을지 참으로 궁금하지 않을 수 없다.

나는 가능한 한 논쟁 중인 문제의 핵심을 벗어나지 않는 한도에서 우리의 성경관을 밝히고, 그런 성경관을 뒷받침하는 근거를 설명하고, 광신도들의 견해가 잘못되었다는 것을 보여줌으로써 그들의 교만한 헛소리를 논박하고, 성경의 완전성을 옹호할 생각이다.

성경의 저자이신 하나님은 더할 나위 없이 고귀한 성품을 소유하고 계신다. 그분의 그런 성품은 항상 정해진 목적에 부합하는 행동을 요구한다. 하나님의 생각과 뜻을 보여주는 계시, 곧 성경에 기록된 말씀도 그 목적을 지향한다. 이 목적은 이중적이다. 하나는 궁극적인 목적이고, 다른 하나는 즉각적인 목적이다. 이 두 가지 목적을 잠시 살펴보면 다음과 같다.

첫째, 하나님의 뜻을 나타낸 계시의 궁극적인 목적은 이미 분명하게 정해진 상태다. 그것은 하나님의 영광을 더 크게 드러내는 것이다. 하나님은 자신과 자신의 영광을 위해 모든 일을 하기 때문에 오로지 자신의 주권적인 뜻에 따라 기록된 성경이라는 놀라운 업적을 이룰 때도 그런 궁극적인 목적을 염두에 두셨다.

둘째, 성경의 즉각적인 목적은 하나님을 아는 지식과 예배를 사람들에게 가르쳐 영원한 구원에 이르게 하는 것이다.

이 두 가지 목적이 하나로 결합해 성경의 내용이 결정되어 우리에게 주어졌다. 성경은 하나님에 관한 지식과 그분에 대한 우리의 복종을 가르치는 안내서다. 이것이 성경의 기능이자 내용이다. 하나님이 성경을 허락하신 의도가 성경의 작용, 곧 말씀의 고유한 능력과 도덕적인 효력을 통해 이루어진다. 상대적인 완전성을 지닌 것들도 의도된 목적과 그 목적에 적합한 것을 지향하기 마련이기 때문에 정해진 목적을 이루지 못하거나 그것에 적합하지 않은 것은 무엇이든 불완전하다고 말할 수 있다. 가장 가능한 방법으로 목적을 이루는 것이 완전하다. 이런 원리를 적용하면 성경의 완전성이 온전하게 드러난다. 성경은 그 자체의 고유한 목적과 의도(하나님의 영광을 더 크게 드러내는 것과 사람들에게 하나님을 아는 지식과 예배를 가르쳐 영원한 구원에 이르게 하는 것)에 이상적으로 부합할 뿐 아니라 그것들을 효과적으로 달성한다. 이것이 우리가 성경이 거룩한 예배와 복종을 위한 절대적이고, 완전한 유일한 규칙이라고 주장하는 이유다.

이처럼, 성경의 완전성은 그것이 지향하는 목적과 밀접하게 연관되어 있다. 우리는 로마 교회와 광신도들을 비롯해 성경의 완전성을 부인하는 모든 사람들 앞에서 이 점을 분명하게 옹호해야 한다. 우리의 성경관을 간단하게 요약하면 다음과 같다.

1) 하나님은 우리의 구원과 하나님을 기쁘시게 하는 예배를 드리는 데 필요한 모든 것을 성경에 계시하셨다.

2) 그런 것들이 때로는 분명하게, 때로는 성경 말씀에서 즉각적으로 확실하게 추론할 수 있는 방식으로 모두 계시되었다.

3) 따라서 우리의 구원과 하나님이 인정하시는 예배에 필요한 것들 가운데 땅 위에 있는 교회가 권위를 부여한 고대의 전통이나 새로운 계시가 들어설 자리는 전혀 존재하지 않는다.

4) 하나님은 질투하는 하나님이시다. 그분은 자기의 영광을 다른 존재들과 공유하지 않으신다. 따라서 한갓 인간이 믿음과 실천에 관한 것들 안에 하나님이 직접 말씀으로 계시하지 않으신 것을 새로 집어넣으려는 행위는 더할 나위 없는 교만이자 오만이 아닐 수 없다.

5) 광신도들의 가르침에는 성경에 계시된 것들과 전혀 다르거나 모순되는 것들이 포함되어 있다. 우리는 그런 것들은 터무니없고, 무익

하고, 근거 없고, 사악하고, 그릇된 헛소리로 여겨 피해야 한다.

6) 그들이 성경의 완전성을 등한시하도록 유도하는 구실로 삼는 '내적인 빛'은 전적으로 상상력을 통해 새롭게 꾸며낸 모호한 개념에 지나지 않는다.

7) 우리는 성경이 우리의 구원을 이루고, 하나님의 영광을 더 크게 드러내기 위해 그분이 우리에게 허락하신 완전하고, 온전한 규칙이라고 믿는다. 성경의 정경이 완성된 이후로 성도들의 공통된 믿음이나 하나님께 합당한 예배에 관한 또 다른 계시가 주어진 적이 없기 때문에 새로운 계시를 기대하거나 허용해서는 안 된다.

신학자들이 '기록된 말씀을 멸시하는 자들'을 논박하기 위해 제시한 증거들을 몇 가지 범주로 나눠 열거하면 다음과 같다.

1) 성경의 완전성을 구체적으로 분명하게 언급한 성경 구절들이 많다(요 20:31, 딤후 3:13-16, 시 19:7, 눅 1:3, 4, 14:29, 행 1:1, 롬 10:17, 엡 2:19, 20, 벧후 1:19, 고후 3:14, 갈 6:16 참조).

2) 하나님의 기록된 말씀에 다른 것을 더하지 말라고 명령하는 성경 구절들이 많다(신 4:2, 12:32, 계 22:18, 갈 1:8, 마 15:6, 고전 4:6, 사 8:20).

3) 그리스도와 사도들이 항상 모든 것을 성경에 비춰 살피라고 가르쳤을 뿐 아니라 직접 그런 본을 보여주었다(눅 16:27-31, 행 17:2, 3, 18:24, 28, 26:22 참조).

4) 기록된 말씀을 모든 행위의 규칙으로 삼으라고 권고하는 성경

구절들도 또 하나의 중요한 증거에 해당한다(수 1:8, 신 28:58, 눅 24:27, 요 5:39, 롬 15:4, 빌 3:1, 요일 1:4). 신학자들은 이런 성경 구절들을 토대로 로마 교회를 비롯해 성경의 완전성을 믿지 않는 사람들을 오랫동안 효과적으로 논박해 왔다. 따라서 여기에서 다시 그런 일을 반복할 필요는 없다.

나는 로마 교회의 고위 성직자들을 논박하고, 성경의 완전성을 옹호한 주장들은 건너뛰고, 광신도들의 '내적인 빛(내적인 영),' 그들의 새로운 계시와 종교적 열광, 천사들과의 대화를 비롯해 그들의 허무맹랑한 주장들을 중점적으로 다룰 생각이다.

내가 말하려는 첫 번째 요점은 다음과 같다. 성경에 기록된 하나님의 계시가 온전하고, 절대적으로 완전하다면, 상상이든 진짜든 내적인 빛을 통한 새로운 계시, 영적 광채, 통제되지 않은 종교적 열광, 신비로운 영감, 천사들과의 대화 따위가 무슨 필요가 있겠는가? 성경 외에 우리에게 하나님의 길과 우리의 의무를 가르치고, 그분의 영광을 더 크게 드러내고, 우리를 구원으로 인도하는 데 필요한 도움을 다른 무엇을 통해 더 얻을 수 있다는 말인가? 광신도들이 상상하는 것들은 모두 불확실하고, 불필요하고, 위험하고, 무익하다. 그것들은 하나님과 그분의 뜻을 아는 확실한 지식을 제공하지 않는다. 우리는 그것들을 마땅히 거부하고, 피해야 한다.

우리가 성경의 완전성을 주장하는 이유는 다음과 같다.

1) 성경의 저자는 하나님이시다. 하나님은 수단이든 목적이든, 불완전한 것은 아무것도 행하지 않으신다. 완전한 원인으로부터는 오

직 완전한 결과만을 기대할 수 있다. 자기의 뜻을 계시하기를 원하시는 하나님이 불완전한 방법으로 그것을 계시하실 이유가 무엇인가? 하나님이 그것을 완전하게 할 능력이 없으시다고 말하는 것은 그분의 무한한 지혜와 전능한 능력을 모욕하는 것일 테고, 그분이 그렇게 할 기꺼운 마음이 없으시다고 말하는 것은 그분의 은혜와 선하심을 멸시하는 것일 터이다. 하나님은 자기의 뜻을 완전하게 나타내실 수밖에 없다.

2) 신구약 성경의 본질이 성경의 완전성을 입증한다. 바울 사도는 구약성경과 신약성경이 하나님의 완전한 말씀이라고 강조했다. 성경은 인간 저자가 기록했지만 모두 완전하다. "(설혹) 사람의 언약이라도 정한 후에는 아무도 폐하거나 더하거나 하지 못한다"(갈 3:15). 성경은 "여호와의 율법은 완전하다"라고 말씀한다(시 19:7).

3) 성경의 내용은 하나님의 전체적인 계획과 온전히 일치한다. "내가…증언하는 것은 선지자들과 모세가 반드시 되리라고 말한 것밖에 없으니"(행 26:22).

4) 성경의 목적(믿음을 불러일으키는 것)을 통해 그 완전성이 여실히 드러난다. "오직 이것을 기록함은 너희로 예수께서 하나님의 아들 그리스도이심을 믿게 하려 함이요"(요 20:31). "믿음은 들음에서 나며 들음은 그리스도의 말씀으로 말미암았느니라"(롬 10:17). 성경은 '알고 있는 바를 더 확실하게'(눅 1:4) 알게 해 '구원에 이르는 지혜가 있게 한다'(딤후 3:15). '더 확실한 예언'(벧후 1:19)을 통해 '모든 선한 일을 행할 능력'(딤후 3:17)이 갖추어진다. 우리는 성경으로 영생을 얻는다(요 5:39, 20:31). 이처럼, 기록된 말씀은 모

든 점에서 완전하다.

나의 두 번째 요점은 성경의 완전한 효과, 즉 작용이다. 성경은 독특한 방식으로 역사한다. 성경의 효과와 작용은 내적이고, 도덕적인 특성을 띤다. 우리는 그것을 통해 창조주께서 인정하시는 예배를 드릴 수 있고, 영원한 구원을 얻을 수 있다. 광신도들은 새로운 지식을 더해야 한다고 주장하지만, 성경은 그런 목적을 이루는 데 부족한 것이 아무것도 없다. "여호와의 율법은 완전하다"(시 19:7). "주의 말씀은 내 발에 등이요 내 길에 빛이다"(시 119:105). "복음은 구원을 주시는 하나님의 능력이다"(롬 1:16). 성경은 "구원에 이르는 지혜가 있게 하고"(딤후 3:15), "모든 선한 일을 행할 능력을 갖추게 한다"(딤후 3:17). 이렇듯 성경은 하나님의 영광과 인간의 구원에 필요한 모든 것을 이룬다(사 55:10, 11, 렘 23:29, 요 8:31, 51, 17:20, 롬 15:4, 히 4:12 참조). 이런 증거들은 광신도들의 주장이 아무런 근거도, 의미도 없는 허튼소리에 지나지 않는다는 것을 분명하게 보여준다.

나의 세 번째 요점은 성경 말씀에 다른 것을 더하려는 시도(즉 광신도들이 하나님을 알고 그분과 교통하는 데 필요하다고 주장하는 수단과 방법들)를 단죄하고, 금지하는 성경 구절들에 근거한다. 하나님은 위에서 인용한 성경 구절들을 비롯해 골로새서 2장 18절("아무도 꾸며낸 겸손과 천사 숭배를 이유로 너희를 정죄하지 못하게 하라 그가 그 본 것에 의지하여 그 육신의 생각을 따라 헛되이 과장하고")과 같은 성경 구절을 통해 그런 시도를 분명하게 단죄하셨다(히 1:2, 4, 고전 4:6, 눅 16:29 참조). "그러나 우리나 혹은 하늘로부터 온 천사라도 우리가 너희에게 전한 복음 외에 다른 복음을 전하면 저주를 받을지어다"(갈 1:8, 벧후 1:19 참조). "만일 누구든지 이것들 외에 더하면 하나님이 이 두루마리에 기록된 재앙들을 그에게 더하실 것이요"(계 22:18). 이처럼, 기록된 말씀 외에 다른 계시, 곧 성경에 부합하지 않은 가르침을 전하는 행위는 엄격히 금지되었다(히 1:1, 2, 고전 4:6, 골 2:18, 요일 4:1, 사 8:19, 벧후 2:18 참조). '내적인 빛'에 관해서는 다음 장에서 다시 자세히 살펴볼 생각이다.

나의 네 번째 요점은 만일 하나님이 속이는 영들, 새로운 계시, 근거 없는 상상, 거짓 교사, 꿈과 환상을 자랑하는 것, 천사들과의 교통과 같은 열광적 행위 등을 통해 자기를 아는 참되고, 올바른 지식에서 벗어나지 않도록 성경을 부지런히 살피라고 그토록 자주 명령하셨다면, 그것은 곧 그분이 그런 것들을 물리치는 방책으로 제시한 규칙이 완전하다는 증거라는 것이다. 그런 규칙을 신뢰하지 않는 사람들은 찬란한 태양 앞에서도 빛을 보지 못하는 소경일 것이 틀림없다. 예를 들어, 이사야는 "어떤 사람이 너희에게 말하기를 주절거리며 속살거리는 신접한 자와 마술사에게 물으라 하거든 백성이 자기 하나님께 구할 것이 아니냐…마땅히 율법과 증거의 말씀을 따를지니 그들이 말하는 바가 이 말씀에 맞지 아니하면 그들이 정녕 아침 빛을 보지 못하고"(사 8:19, 20)라고 말했다(딤후 3:13-17, 벧후 1:19 참조). 기록된 말씀의 권위는 심지어 확실하고 참된 기적보다 더 우위에 있다(눅 17:29, 요 5:47, 삼후 2:2, 요이 1:5, 6, 10 참조).

나의 다섯 번째 요점은 하나님이 우리가 행해야 할 의무를 알려주기 위해 성경 외에 다른 규칙이나 원리나 규범이나 신앙의 안내서나 지식이나 가르침이나 복종의 방법을 제시하지 않으셨다는 것이다. 하나님은 우리에게 새로운 계시나 종교적 열광이나 꿈이나 환상이나 내적 빛이나 사사로운 영을 허락하지 않으셨다. 만일 그런 것들을 통해 믿음과 복종에 관해 배우라고 말씀하는 성경 구절이 단 한 구절이라고 있다면, 광신도들 가운데 누구든 나서서 말해보기 바란다. 만일 그런 구절이 있다면, 나는 기꺼이 용서를 구하고, 그들의 주장을 참되다고 인정할 용의가 있다. 그러나 그들은 오직 그들 자신의 설명에만 의존한다. 그것이 곧 그들이 거짓말쟁이라는 증거다. 그들은 오로지 자신들의 주장만을 내세운다. 그들의 증언은 참되지 않다.

나의 여섯 번째 요점은 조사와 입증이 필요한 것은 무엇이든 성경을 시금석으로 삼아 판별해야 한다는 것이다. 어떤 것이 기록된 말씀과 일치하는지 아닌지를 조사해 보고, 일치하지 않는 것은 개인적으로든 집단적으로든 믿음과 복종과 예배의 규칙으로 받아들여서는 안 된다. 계시든 영이든 환상이든 꿈이든 종교적 열광이든, 어떤 것도 그 자체로 받아들여서는 안 되고 그런 식으로 조사하고, 입증해야 한다. 그러면 그런 것들이 참된 계시가 아니고, 믿음에 속하지 않은 무가치한 것들이라는 사실이 확연하게 드러날 것이다(고전 14:29, 살전 5:21, 요일 4:1).

나의 일곱 번째 요점은 광신도들의 가르침과 행위가 매우 불확실하다는 것이다. 모든 면에서 혼란스럽고, 불확실하고, 모순되는 것은 오류일 가능성이 크다. 그런 것이 어떻게 삶의 방식과 하나님에 대한 예배를 올바로 가르치는 계시의 원리이자 길잡이가 될 수 있겠는가? 광신도들의 주장은 모두 혼란스럽고, 불확실하기 짝이 없다. 그들이 가르치는 내용은 앞에서 이미 간략하게 설명했기 때문에 여기에서는 그런 가르침의 기원과 전달 방식이 매우 불확실하다는 사실을 강조하는 것으로 족할 듯하다. 그런 불확실함은 인간의 사악한 본성에서 비롯한다. 마술사 시몬과 무함마드를 비롯해 악하고, 저급한 목적을 위해 하나님의 능력을 외치는 비열하고, 무가치한 사람들은 자주 다른 사람들을 속이려고 애쓴다. 그들은 환상, 꿈, 영적 영감, 계시 따위를 받았다고 주장하며 다른 사람들의 영혼을 옭아맬 덫을 친다. 그들은 그 모든 것을 부주의한 자들을 사로잡는 올가미로 사용한다. 그것들은 그들이 성령의 영감을 받지 않았다는 것을 여실히 보여준다. 구약 시대에도 그런 사람들이 있었고(신 13:1-5, 렘 14:14, 23:21, 22, 29:31, 32), 그리스도께서도 그런 사람들이 끊임없이 나타날 것이라고 경고하셨다(마 24:24). 우리도 내적인 빛을 받은 척하거나 자랑하는 자들이 협잡꾼이요 사기꾼으로 드러나는 것을 수없이 목격했다. 오늘날의 광신도들도 그런 사람들에 비해 조금도 더 낫지 않다. 그들도 그와 똑같은 부류에 속한다.

나의 여덟 번째 요점은 성경이 주어진 이유가 사탄의 책략에 걸려들지 않도록 돕기 위해서라는 것이다. 거짓의 아비인 사탄은 오로지 사람들을 거짓의 길로 이끌어 영원한 멸망으로 몰고 가려는 한 가지 목적을 위해 창세 이후로 줄곧 거짓 계시와 내적 영감이라는 술책으로 교활하게 고안해낸 거짓 이야기와 헛된 추론을 만들어냈다. 이런 사실을 모르는 사람은 참된 경건이 무엇인지 모르는 사람일 것이 틀림없다. 하나님은 다른 무엇보다도 이런 사실 때문에 구전으로 전해오던 자신의 말씀을 기록된 형태로 남기기로 결정하셨다. 하나님의 말씀은 그분의 감독 아래 성경으로 기록되어 세상이라는 험한 길을 걸어가는 가엾은 인간들을 돕는 안내자가 되어 사탄의 덫, 곧 거짓 환상, 강신, 거짓 예언, 거짓 계시와 같이 그 길 위에 놓여 있는 온갖 광신적인 요소들을 헤치고 나가도록 이끄는 역할을 한다(고후 11:14, 왕상 22:22, 슥 13:2, 계 16:13, 14, 고후 2:11 참조). 광신도들의 주장들이 지닌 수많은 모순들을 생각해 보라. 각 사람이 저마다 가르침이나 환상이나 계시나 영감을 전한다. 더러운 영에 사로잡힌 그들을 한자리에 모아놓으면 어떤 것에 관해 서로 똑같은 말을 하는 사람을 단 두 사람도 찾아보기 어렵다. 그들은 매일 서로 반대되거나 모순되는 주장을 펼치면서 격렬하게 싸울 뿐 아니라 하나님의 이름으로 서로를 저주하고,

증오하기까지 한다. 언제든 그들에게서 확실한 것이나 분명한 것을 기대하기는 너무나도 어렵다.

나의 아홉 번째 요점은 광신도들이 내적인 빛을 자랑하면서 거짓 교리들, 곧 하나님의 말씀에 어긋나는 유해하고, 가증스러운 이단 사상들을 어둠 속에서 끄집어내 보인다는 것이다. 그런 귀신들의 교리를 어떻게 처리해야 옳을까? 그것들을 받아들여야 할까? 사탄을 흡족하게 할 생각이라면 복음을 거부하고, 외면하는 것이 필요하겠지만, 만일 그렇지 않다면 어떤 대가를 치르더라도 그것들을 단호하게 물리쳐야 할 것이다. 광신도들의 환상이 산산이 깨지면 그들이 말하는 '신앙'은 아무것도 남지 않게 될 것이다.

나의 열 번째 요점은 광신도들이 자신들의 지도자들을 좇아 기록된 말씀의 규칙을 거부한 채 그들의 가르침을 실천하면서 날마다 많은 장소에서 파괴적인 행위를 일삼고, 사악한 우상 숭배와 음행과 신성모독과 무분별한 만행을 저지른다는 것이다. 그들이 쓴 많은 책에서 그런 행위들을 조장하는 내용이 풍부하게 발견된다.

이번에는 그들이 자신들의 사악한 목적을 이루기 위해 펼치는 논증들과 진리에 대한 그들의 반론들을 잠시 살펴봐야 할 듯하다. 나는 이 논의를 가능한 한 간략하게 전개할 생각이다. 그들의 논증과 반론은 다음과 같다.

1) "과거에 하나님의 말씀을 전한 사람들과 똑같이 성령의 영감을 받는 사람들은 기록된 성경 말씀이 필요하지 않다. 같은 성령께서 자신이 거하는 모든 사람 안에서 똑같은 효과를 나타내신다. 이것이 오늘날의 사람들이 과거의 성경 저자들과 마찬가지로 하나님의 뜻을 무오하게 전할 수 있다는 증거다. 성경에 약속된 대로(요

16:7), 충실한 신자들은 모두 똑같은 성령을 받고, 똑같은 성령으로 세례를 받는 것이 분명하지 않은가? 따라서 참된 신자들에게 성경은 불필요하다. 그들은 더 이상 성경에 구속되지 않는다."

나의 대답은 이렇다. 과거에 하나님의 말씀을 기록하는 임무를 부여받은 경건한 사람들도 자기 시대 이전에 기록된 성경을 읽고서 하나님의 뜻을 이해해야 할 필요가 있었다. 다니엘은 하나님의 영감을 받은 성경 저자였지만 '책을 통해 여호와께서 말씀으로 선지자 예레미야에게 알려주신 그 연수를 깨달았다'(단 9:2). 또한, 베드로는 "이 구원에 대하여는…선지자들이 연구하고 부지런히 살펴서 자기 속에 계신 그리스도의 영이 그 받으실 고난과 후에 받으실 영광을 미리 증언하여 누구를 또는 어떠한 때를 지시하시는지 상고하니라"(벧전 1:10, 11)라고 말했다. 따라서 선지자들이 항상 특정한 교리나 예언과 관련해 종종 자신들에게 주어진 예언의 영만으로 하나님의 뜻을 무오하게 이해했다고 생각한다면, 이는 큰 잘못이다. 아울러, 같은 성령을 받은 사람들이 같은 목적이나 같은 이유로 계시를 받았다고 생각하는 것도 잘못이기는 마찬가지다. "은사는 여러 가지나 성령은 같다"(고전 12:4). "다 사도이겠느냐 다 선지자이겠느냐"(고전 12:29). 충실한 신자들은 모두 성령을 받는다. 그들은 성령을 통해 새롭게 태어났고, 거룩하게 되며, 위로를 받는다. 그러나 모두가 똑같이 하나님의 뜻을 전하는 데 필요한 예언의 은사나 영감, 곧 그분에게서 직접 비롯하는 계시를 받는 것은 아니다.

2) "성령께서 우리를 모든 진리 가운데로 인도하실 것이라고 약속되었다."

나의 대답은 이렇다. 물론, 맞는 말이다. 그러나 하나님은 말씀을 그 목적을 이루는 수단으로 허락하셨다. 다시 말해, 성령과 함께 말씀이 약속되었다. "여호와께서 이르시되 내가 그들과 세운 나의 언약이 이러하니 곧 네 위에 있는 나의 영과 네 입에 둔 나의 말이 이제부터 영원하도록 네 입에서와 네 후손의 입에서와 네 후손의 후손의 입에서 떠나지 아니하리라 하시니라 여호와의 말씀이니라"(사 59:21).

> 3) "성경이 성취되고, 그 목적이 이루어졌다면 그것은 더 이상 쓸모가 없다. 지금은 성경이 모두 성취되고, 그 목적이 온전히 이루어진 상태다. 그리스도께 나오는 모든 사람이 내적인 빛의 인도를 받기 때문에 성경은 더 이상 쓸모가 없다."

나의 대답은 이렇다. 궁극적으로는 그렇다. 왜냐하면 "예언도 폐하고 방언도 그치고 지식도 폐하리라"(고전 13:8)라고 말씀하기 때문이다. 그러나 아직은 그렇지 않다. 우리가 이 세상에 있는 동안에는 그렇게 주장해서는 안 된다. "천지가 없어지기 전에는 율법의 일점일획도 결코 없어지지 아니하고 다 이루리라"(마 5:18)라는 말씀대로, 성경은 하늘과 땅이 없어지기 전까지 계속해서 그 목적을 수행할 것이다. 성경은 우리를 믿음으로 거듭나게 할 뿐 아니라 새로운 생명을 계속해서 형성하고, 유지해 나가도록 돕는다. 이것이 성경의 목적이다. 그리스도께 나가는 과정은 두 단계로 이루어져 있다. 하나는 그분의 은혜로 나가는 것이고, 다른 하나는 그분의 영광으로 나가는 것이다. 장차 영광 중에 계시는 그리스도를 보게 될 때 우리의 현재 상태에만 적용되는 성경의 역할은 끝날 것이다. 그때에는 그리스도를 직접 보고, 그분처럼 될 것이다. 그때에는 기록된 말씀에 근거해 우리를 그리스도와 연합시키는 수단으로 사용되었던 믿음이 사라질 것이다. 육체적인 생명을 유지하기 위해 음식이나 의복이 더 이상 필요하지 않게 되듯, 날마다 우리의 영적 생명을 유지해주는 성경도 더 이상 필요하지 않을 것이다. 광신도들은 거짓과 속임수와 죄와 위선을 일삼는 탓에 완전하게 되지 못할 것이고, 영광 중에 계시는 그리스도를 만나지 못할 것이다. 모든 죄로부터 자유롭다고 자랑하는 광신도들은 아무리 작은 죄를 짓더라도 모든 율법을 어긴 사람들과 똑같기 때문에 형벌과 심판을 피하지 못할 것이다. 그들은 그런 징벌을 받고 늙은 여인처럼 불평하며, 투덜댈 것이다. 광신도들 가운데는 자칫 생명을 잃을 수도 있는 큰 위험이 뒤따르는데도 40일 동안 아무것도 먹지 않고 금식하며 육체의 생명을 유지하려고 시도하는 이들이 있다. 그러나 하나님의 말씀을 통해 공급되는 양식에 의존하지 않고서 영적 생명과 건강을 유지하려고 시도하는 것은 그보다 훨씬 더 위험한 일이 아닐 수 없다.

> 4) "성경은 죽은 문자에 지나지 않는다. 생명을 주시는 분은 성령이
>   시다. 죽은 문자에 매달리는 자들은 스스로가 죽었다는 것을 보
>   여주고 있는 셈이다."

나의 대답은 이렇다. 이것은 한 마디로 거짓 주장에 지나지 않는다. 성경은 살아 있고, 활력이 있는 하나님의 말씀이다(히 4:12). 성경을 죽은 문자로 일컫은 성경 구절은 어디에도 없다. 문자, 곧 계명은 오히려 죽인다(롬 7:9 참조). 이것은 문자가 살아 있다는 증거다. 복음과 동떨어진 율법의 문자는 율법으로 의롭다 함을 받고자 하는 사람들, 곧 성령도 없고, 하나님의 뜻에 담겨 있는 참된 의미도 모르는 자들을 죽인다. 이것이 바울 사도가 히브리서에서 유대인들을 책망하며 전하려

고 했던 내용이었다.

    5) "이사야는 '네 모든 자녀는 여호와의 교훈을 받을 것이니'(사 54:13) 라고 말했다. 따라서 다른 가르침이나 교훈은 필요하지 않다."

나의 대답은 이렇다. 그들이 받을 '여호와의 교훈'은 바로 성경의 가르침이다(시 119편 참조). 더욱이 이 약속은 모든 사람이 아닌 교회의 신자들에게만 주어졌다. 교훈을 받을 것이라는 약속은 그 목적을 이룰 수단의 존재를 암시한다. 하나님은 성령과 말씀으로 가르치신다(마 28:19, 20, 고후 4:6, 7).

    6) "하나님은 예레미야를 통해 '그들이 다시는 각기 이웃과 형제를 가리켜 이르기를 너는 여호와를 알라 하지 아니하리니 이는 작은 자로부터 큰 자까지 다 나를 알기 때문이라…여호와의 말씀이니라'(렘 32:34)라고 말씀하셨다."

나의 대답은 이렇다. 오히려 이 말씀은 도시와 나라 곳곳을 돌아다니며 교회(그들은 '성전'이라는 명칭을 즐겨 사용한다)에 들어가서 '주님을 알라!'라고 요란하게 떠드는 광신도들을 단죄한다. 여기에 묘사된 것은 사람들의 마음속에 기록된 율법(즉 그 자체로 은혜의 수단이 아니라 구원을 위한 은혜의 필요성을 일깨워주는 수단)을 가리킨다. 율법을 통해 죄를 깨닫게 하려면 형제들과 친구들에게 율법의 요구를 어느 정도 자각하게 만드는 것이 필요하다. 이 말씀은 율법보다 더 분명한 복음의 지식을 가르쳐 거듭나게 하는 은혜를 구하도록 이끄는 행위를 단죄하지 않는다.

7) "구세주께서는 '하나님의 나라는 너희 안에 있느니라'(눅 17:21)라고 말씀하셨다. 심지어 불경한 바리새인들 안에도 하나님의 나라가 있었다면, 그것은 모든 사람 안에 있을 것이 틀림없다. 하나님의 나라가 이미 모두의 마음속에 있다면, 그 나라의 외적인 메시지가 무슨 필요가 있겠는가?"

나의 대답은 이렇다. '안'으로 번역된 헬라어 '엔토스'는 신약성경의 다른 곳에서 '그릇의 안'을 뜻하는 의미로 한 번 더 사용되었다(마 23:26). 이 표현은 누가복음 11장 20절과 일맥상통한다. 누가는 그곳에서 "하나님의 나라가 이미 너희에게 임하였느니라"라고 말했다. 이 말씀은 하나님의 나라가 이미 도래해 기적과 복음 전도와 그리스도의 임재를 통해 사람들의 눈앞에 확연하게 드러나 입증되었다는 뜻이다. 따라서 '너희 안에'라는 표현은 하나님의 나라가 바리새인들 안에 있다는 의미가 아니라 그리스도의 임재를 통해 '그들 가운데' 나타났다는 의미로 이해해야 한다. 그리스도께서는 하나님 나라의 설립자요 선포자로서 그들이 보는 앞에서 그 나라를 세우고 계셨다. 그리스도께서 전하신 말씀의 전체적인 취지와 그분의 목적과 목표를 생각하면 이 표현의 의미를 그렇게 해석하지 않을 수 없다. 그리스도께서는 누가복음 17장 20, 21절에서 믿지 않는 유대인들에게 메시아 왕국(하나님의 나라)이 그들이 기대했던 것처럼 거창한 위용을 갖추고 나타나지 않을 것이라고 암시하셨다. 즉 그분은 "하나님의 나라는 볼 수 있게 임하는 것이 아니요"라고 말씀하셨다. 이는 그 나라가 땅 위의 왕국을 생각하는 사람들이 기대하는 방식으로 임하지 않을 것이라는 뜻이다. 그 나라는 이미 그들 가운데 임했다. 따라서 어리석고, 눈이 멀어

보지 못하지만 않는다면, 이미 예수 그리스도께서 행한 기적들과 가르치신 말씀을 통해 나타난 그 나라의 현실을 얼마든지 쉽게 발견할 수 있었다. 하나님의 나라는 충실한 신자들 안에 있다. 왜냐하면 '성령 안에 있는 의와 평강과 희락이기'(롬 14:17) 때문이다. 그 나라는 모든 사람 안에 있지 않다. '의와 평강과 희락'이 모든 사람 안에 있는 것은 아니기 때문에 당연히 그럴 수밖에 없다. 더욱이 그런 특성들은 말씀 선포의 결과이자 열매다. 그것들은 말씀 선포를 통해 성도들의 마음속에서 꾸준히 성장한다. 물론, 일부 유대인들, 곧 그리스도를 믿었던 유대인들 안에도 그 나라가 있었다. 시대와 장소를 막론하고 하나님의 나라에 내적으로 참여하는 사람들은 항상 있기 마련이다. 그리스도께서는 거창한 위용을 갖추고 나타날 외적 왕국을 기대했던 사람들을 엄히 꾸짖으셨다. 그분은 그 나라가 자신의 가르침과 인격을 통해 이미 나타났고, 신자들의 속사람 안에서 자라나는 열매와 증거들을 통해 분명하게 드러났다고 강조하셨다. 이 위대한 진리는 결코 기록된 말씀의 권위를 부인하지 않는다.

4장
내적인 빛과 성경

    '내적인 빛'에 관해 논의할 때는 가장 먼저 빛들의 아버지이신 하나님의 도우심을 간구해야 한다. 그분에게서 모든 선한 것과 좋은 것들이 나온다. 그분은 우리의 마음에 예수 그리스도를 통해 드러난 자기의 영광을 아는 지식의 빛을 비추신다. 그 덕분에 우리는 어둠의 권세에서 벗어나 하나님에 관한 올바른 예배와 참된 지식에 도달할 수 있다.

    '빛'은 두 종류다. 하나는 창조되지 않은 빛이고, 다른 하나는 창조된 빛이다. 하나님은 창조되지 않은 빛이시다(요일 1:5). 그분은 '가까이 가지 못할 빛에 거하신다'(딤전 6:16). 말씀, 곧 하나님의 영원한 아들도 '생명'과 '빛'으로 불리신다(요 1:4, 5). 하나님, 곧 창조되지 않은 신성한 빛은 거룩한 지혜와 신성함과 지성과 단순함과 선함의 본질이자 그런 속성들의 광채다. 하나님은 그런 속성들을 통해 무지와 변화와 불의는 조금도 없는 절대적인 독립성과 충족성과 완전성을 드러내신다. 하나님은 피조 세계와 관련해서도 빛으로 불리신다. 그분은 모든 빛의 창조자요 근원이시다. "여호와는 나의 빛이요"(시 27:1), "그 안에 생명이 있었으니 이 생명은 사람들의 빛이라"(요 1:4), "나는 세상의 빛이니"(요 8:12). 하나님은 모든 빛의 원천이자 기원이시다. 그분은 자신의 영광스러운 본성과 관련해서도 빛이시고, 우리와 관련해서도 빛이시다. "(우리의) 빛이 그와 함께 있다"(단 2:22). 빛이 그분의 기쁘신 뜻에 따라 그분으로부터 우리에게 비친다. 성경은 이와는 또 다른 의미에서 빛이 하나님에게서 나온다고 말씀한다. 다시 말해, 하나님의 본성은 본질적으로 무한히 영광스럽게 빛나고, 피조 세계를 빛으로 가득 채울 뿐 아니라 그 완전함의 광채와 광휘로 우리의 이성적인 지각과 지식을 비춘다. "주께서는 옷을 입음같이 빛을 입으시며"(시 104:2), "그의 광명은 햇빛 같다"(합 3:4). 하나님은 에스겔과 다니엘을 비롯해 여러 사람의 환상 속에서 찬란한 빛으로 나타나셨다(겔 1:27, 28, 단 7:9-11). 이것은 하나님의 영광, 곧 그분의 탁월하심이 찬란하게 드러난 것이다.

창조된 빛은 감각으로 인지할 수 있는 자연적인 빛이다. 이 빛은 위에서 말한 빛과는 크게 다르다. 눈에 보이는 것들은 자연적인 빛을 통해 우리에게 인식된다. 이 빛에 대해서는 여기에서 언급할 내용이 없다.

'빛'은 두 가지 의미를 지닌 비유적 표현으로 사용할 수 있다. 하나는 '사물의 상태'와 다른 하나는 '사람'과 각각 관련이 있다. 빛이 사물의 상태를 나타내는 비유로 사용될 때는 영광이나 명성을 가리킨다. 예를 들어, 번영을 누리는 교회의 영광이 빛으로 일컬어졌고(사 60:1-3), 하늘의 영광은 '성도들이 빛 가운데서 얻는 기업'으로 일컬어졌다(골 1:12 참조). 회개하지 않은 자들은 영원한 어둠 속에 거하게 될 것이다. 빛이 사람과 관련된 비유로 사용될 때는 내적인 주관적 성품이나 외적인 객관적 성품을 가리킨다. 사람이 외적인 빛을 받았다는 것은 비유적으로 많은 진리를 깨닫게 되었다는 뜻이다. 이런 의미에서 예언의 말씀은 '어두운 데를 비추는 등불'(벤후 1:19)로 일컬어졌다. 하나님은 시편 저자에게 '빛과 진리'를 보내 그를 인도하셨다(시 43:3 참조). "대저 명령은 등불이요 법은 빛이요"(잠 6:23)라는 말씀대로, 하나님은 자신의 진리를 빛처럼 분명하게 보여주신다. 이 빛이 없으면 고통을 당할 수밖에 없다. "너희 중에 여호와를 경외하며 그의 종의 목소리를 청종하는 자가 누구냐 흑암 중에 행하여 빛이 없는 자라도 여호와의 이름을 의뢰하며 자기 하나님께 의지할지어다"(사 50:10). 이 빛이 없으면, 평화, 기쁨, 위로를 얻을 수 없다. 유대인들이 하만을 물리치고 승리했을 때 성경은 그들이 '영광과 즐거움과 기쁨과 존귀함'을 얻었다고 말씀했다(에 8:16). 어둠과 그림자 속에는 슬픔과 고통만이 존재한다.

빛은 사람과 관련해서는 이성적인 추론의 능력이나 이성적인 피조물에게 부여된 지각을 가리키기도 한다. "네게 있는 빛이 어두우면 그 어둠이 얼마나 더하겠느냐"(마 6:23). 이 빛은 '마음의 눈'이나 '영혼의 눈'으로 일컬어진다. '그들의 총명이 어두워지고'(엡 4:18)라는 바울 사도의 말은 무지로 인해 그들의 이성적 기능이 어두워져 그의 가르침을 이해하지 못한다는 뜻이다. 이런 이성적인 내적 빛은 모든 사람에게 존재하지만, 그 정도가 다 똑같지는 않다. 다른 사람들보다 지혜가 더 뛰어난 사람들이 있다. 어떤 사람은 지성이 뛰어나고, 어떤 사람은 우둔하고 어리석다. 어떤 사람은 이해력이 탁월하고, 어떤 사람은 이성이 전혀 없는 짐승처럼 보인다. 이처럼 내직 이해력은 정도별로 세분해야 한다. 이런 이성적 기능은 순전히 자연적인 것들, 곧 개인의 즉각적인 가치와 의도에 따라 그가 속한 사회와 사람들 사이에서 세속적인 일이나 직업 활동과 관련해서 발휘될 수도 있고, 사물과 사건들의 궁극적인 목적, 곧 감추어진 초자연적이고 영원한 목적과 영적 진리와 관련해서 발휘될 수도 있다.

이 내적인 영적 빛, 즉 영적인 것을 영적으로 분별하는 기능은 간단하지 않다. 그것은 개인이나 역사와 교회의 발전 과정(곧 만물이 하나님의 궁극적인 목적을 향해 나아가는 과정)에 따라 제각기 다르다.

하나님은 창조의 목적에 온전히 부합하게끔 인간을 자신의 형상으로 완전하게 창조하셨다. 첫 사람 아담은 창조주의 은혜로운 배려를 통해 이성적인 빛, 곧 사물을 분별하고, 이해하는 지식의 기능을 부여받았다. 그는 하나님 앞에서 복종하며 즐겁게 살아가다가 영원한 지복에 이르는 데 필요한 모든 것을 올바로 이해할 수 있는 능력을 지녔다. 인류의 첫 조상이 타락하게 된 과정을 여기에서 상세히 다루기에는 지면이 부족하다. 간단히 말해, 인간은 창조주와의 언약적 관계를 파기하고, 원시적 천진성을 잃어버렸다. 그의 타락은 선천적인 영적 빛을 상실하는 결과를 초래했다.

인간은 죄의 상태로 전락해 은혜를 상실함으로써 어둠과 무지에 빠져들었다. 단순히 영적 빛만 사라진 것에 그치지 않고, 영적 어둠이 유입되었다. 인간의 인성은 내적으로나 외적으로나 어둠에 온통 휩싸였다. 그 결과, 그들은 자신들이 창조된 목적(하나님의 영광)과 피조 세계와 관련된 사명을 옳게 수행할 수 없게 되었다. 그들은 더 이상 하나님이 계시하신 것을 구원을 가져다주는 유익한 방식으로 이해할 수 없게 되었다. 무죄한 상태에서 벗어난 뒤로 그들에게 남아 있는 계시만으로는 하나님께 나아가 그분이 인정하시는 예배를 드릴 수가 없었다. 이것이 그들이 '어둠'으로 일컬어진 이유였다(요 1:5, 엡 4:18 참조). 그들의 상태는 어리석고, 눈이 멀게 되어 죽은 것과 다름없이 되고 말았다. 그들은 하나님의 일을 알아 구원에 이르거나 그분께 합당한 영광을 돌릴 수 없게 되었다. 성령께서는 이런 사실을 자주 강조하셨다. 인간은 대대로 유전되는 어둠 속에서 행하고, 살고, 존재한다. 이 점을 기억하면 그리스도께서 '사람들의 빛'이시라는 것이 무슨 의미인지 쉽게 알 수 있다. 성부 하나님을 보았거나 그분께 직접 나가서 구원의 계획과 방법을 묻거나 우리의 비참한 상태에 관한 그분의 뜻을 알려 달라고 말한 사람은 아무도 없다. 따라서 성부 하나님의 품속에 있는 성자 하나님께서 그런 일을 우리에게 설명해주셨다(요 1:18). 하나님은 그리스도를 통해 다양한 방식과 여러 모양으로 말씀하셨고, 사람들에게 빛, 곧 자신의 품속에 감추어진 구원의 진리를 단계적으로 허락하셨다. 하나님은 온전하게 될 마지막 날이 이를 때까지 앞으로도 계속해서 그렇게 하실 것이다.

첫째, 그리스도께서는 성령을 통해 선지자들에게 성부 하나님에 관해 말씀하셨다(벧전 1:11). 그리스도께서 육신을 입고 나타나시기 전에 살았던 선지자들은 하나님의 영감을 받아 각자 자신이 속한 시대와 장소에서 말씀을 전했다(눅 1:70). 그로 인해 태양이 새벽 여명의 빛을 비추기 시작하는 것처럼, 서서히 빛이 보이기 시작했다. 그리고 나서 그리스도께서 직접 나타나 복음을 선포하고, 가까운 곳에 있는 자들과 먼 곳에 있는 자들에게 평화를 선언하셨다. 마침내, "흑암에 앉은 백성이 큰 빛을 보았고 사망의 땅과 그늘에 앉은 자들에게 빛이 비치었도다"(마 4:16)라는 말씀대로, 의의 태양이 떠올라 치료하는 광선을 비추고(말 4:2 참조), 사도들과 제자들에게 성령을 부어주어 그들을 신약 시대의 사자들로 세워 하나님의 온전한 계획을 드러내고, 그분께 복종하는 자들이 모두 영원한 구원을 얻을 수 있도록 그분을 아는 지식의 빛을 비추게 했다. 따라서 바울 사도는 "이제는 우리 구주 그리스도 예수의 나타나심으로…사망을 폐하시고 복음으로써 생명과 썩지 아니할 것을 드러내신지라"(딤후 1:10)라고 말했다. 이렇게 죄인들의 구원을 위한 성부 하나님의 뜻이 나타났기 때문에 그리스도를 사람들의 빛, 즉 온 세상의 빛으로 기쁘게 인정해야 마땅하다. 그분이 없었다면 그 어떤 하나님의 진리도 나타나지 않았을 것이다. 그리스도에 관해 증언하는 성경을 통해 빛이 비쳐 구원에 이르는 지혜에 이르게 된다. 이 빛에 대해서는 이미 앞에서 충분히 설명했다.

인간의 생각은 본질상 어둡고, 인간의 지성은 큰 어둠에 휩싸여 있기 때문에 성령의 영감으로 기록된 말씀의 빛이 사방에서 비추더라도 여전히 영적인 진리를 스스로 깨달아 구원을 얻을 능력이 없다(요 1:5). 예수 그리스도께서는 사람들의 참된 생명이요 빛이시다. 그분은 자신의 효과적인 능력과 전능하신 성령을 통해 사람들의 마음을 새롭게 하고, 죄 가운데 죽은 자들을 살려내고, 눈먼 자들의 눈을 뜨게 하고, 생각을 밝혀 자기를 알고, 인지하게 함으로써 자기 백성을 어둠에서 건져내 자신의 가장 영광스러운 빛 가운데로 이끄신다. 이런 구원의 과정을 통해 그들에게 새롭고, 거룩한 영적 빛이 비침으로써 영적인 것을 인식하는 눈이 열려 하나님을 영화롭게 하고, 영원한 구원을 얻게 된다.

그리스도께서는 모든 사람에게 이 거룩한 구원의 빛을 비추지 않으신다. 그분은 인류 가운데 일부 사람들, 곧 선택받은 사람들에게만 이 빛을 허락하신다. 이것은 성경의 많은 증언과 역사의 경험을 통해 분명하게 알 수 있는 사실이다. 이 사실을 부인하는 사람은 영적 통찰력이 없는 사람이다. 인류의 첫 조상 아담이 무죄한 상태로 창조되었을 때 지녔던 빛의 잔해가 그의 후손들 안에 남아 있는 것은 분명한 사실이다. 인간의 지성 안에는 진리의 원리들과 '공통된 개념들'이 일부 남아 있다. 인간은 그것들로 도덕적인 선과 악을 구별할 수 있다. 인간은 그것들로 자신의 창조주인 하나님에 관한 많은 의무를 행할 수 있다. 다 자란 성인의 경우는 하나님의 섭리와 창조 사역을 유심히 살피거나 선포된 말씀에 주의를 기울이면 이 자연적인 빛이 강화되고, 증대될 수 있다. 하나님의 창조 사역과 섭리는 그분의 영원한 능력과 위엄을 드러낸다. 이 빛은 사람들의 생각을 자극해 하나님께 복종하라고 요구하고, 이끌기 때문에 아무도 하나님 앞에서 변명할 수 없다. 이것은 충분히 잘 알려진 사실이기 때문에 여기에서 더 이상 강조할 필요가 없다. 내가 말하려는 요점은 이 조금 남아 있는 아담의 빛(칠흑 같은 어둠 속에서 희미하게 깜박거리는 빛)이 광신도들이 '내적인 빛'으로 일컬으며, 적극적으로 내세워 의존하는 것이라는 사실이다. 그들은 이 내적인 빛을 그 어떤 것보다도 더 중시한다. 그들의 입장을 간단하게 정리하면 다음과 같다.

1) 그들은 이 빛이 자연적인 것이라는 사실을 부인한다. 그들은 이 빛이 그리스도와 그분의 영으로부터 비롯한다고 주장한다. 그들은 심지어 이 빛이 곧 세상에 있으면서 모든 사람과 함께하는 그리스도 자신이라고까지 말한다.

2) 그들은 이 빛이 구원을 가져다준다고 말한다. 그들은 이 빛이 선천적인 효력을 지니고 있기 때문에 누구든 그것에 주의를 기울이면 하나님의 뜻에 따라 그분을 기쁘시게 하는 삶을 살 수 있다고 주장한다.

3) 그들은 이 빛이 하나님의 기록된 말씀과 동등한 권위와 효력을 지닌다고 주장하며, 그것에 적절히 주의를 기울여 잘 받아들여 따르면 다른 빛이나 성령의 내적 감화나 외적인 계시나 기록된 말씀 따위는 필요하지 않다고 말한다. 따라서 인간이 해야 할 일은 오직 이 빛에 주의를 기울여 복종하는 것뿐이다.

4) 마지막으로, 그들은 이 빛이 전에 선지자들과 사도들을 비롯해 다른 성경 저자들 안에 계셨던 그리스도라고 말하면서 자기들도

과거의 성경 저자들과 마찬가지로 이 빛을 소유하고 있고, 하나님의 뜻을 무오하게 설명할 수 있다고 주장한다.

이것이 광신도들이 내적인 빛에 관해 말한 내용의 요점이다. 그들은 어둠 속에서 이 내적인 빛의 교설을 날조해 강력하게 주장할 뿐 아니라 자신들이 저지르는 미친 짓에 동참하지 않는 사람들을 맹렬히 비난한다. 그들이 자신들의 망상을 뒷받침하기 위해 제기하는 궤변을 깨부수기 전에 위에 언급한 거짓 주장과 정반대되는 우리의 입장을 간단하게 정리하면 다음과 같다.

1) 남아 있는 내적인 빛, 곧 모든 사람에게 공통된 진리의 요소들과 양심의 힘은 자연적인 것이다. 이것들은 인간이 처음 창조될 때부터 존재했던 인간의 속성으로 우리의 존재와 기질의 본질적인 요소로 남아 있다. 이 빛이 새 언약의 중보자이신 그리스도께서 주신 빛과 다르다는 것이 우리의 견해다. 이 빛은 그리스도와는 비교조차 할 수 없다.

2) 이 빛은 구원의 수단이 아니다. 이 빛은 하나님의 영원하고, 궁극적인 목적과 관련해서는 여전히 어두울 뿐이다.

3) 이 빛은 구원을 주기에 불충분할 뿐 아니라 구원에 진정으로 필요한 것들(즉 자연적이 아닌 영적으로 분별할 수 있는 것들)이 무엇인지를 이해할 수 있는 능력조차 부여하지 못한다.

4) 그리스도께서는 구원의 빛을 어떤 형태로든 모든 사람에게 허락한 적이 없으시다.

5) 내적인 빛은 행위의 규칙이나 지침으로 작용할 수 있다. 하나님은 그 목적을 위해 은혜롭게 그것을 허락하셨다. 따라서 구원을 더듬어 찾는 수단이 될 수는 있을지 몰라도 구원을 가져다주지는 못한다.

이 논점들을 좀 더 상세히 살펴보면 다음과 같다.

1) 인간은 창조의 법칙에 따라 도덕적인 복종을 통해 하나님을 영화롭게 하려는 목적으로 창조된 이성적인 피조물이다. 이런 인간에게 합리적인 속성을 지닌 빛이 주어졌다. 그 빛은 완전히 상실되지 않았고, 인간에게 자연적으로 남아 있다. 인간의 자연적 본성 안에서 인간의 행위를 이끄는 것이 '내적인 빛'이다. 이것은 아무도 부인하지 못할 사실이다. 이 빛은 인간의 창조 상태에 속한 한 부분이다. 많은 학자들이 논의한 대로, 이 선천적인 의식은 완전히 사라지지 않았다(그것의 한계와 효력은 모든 사람의 공통적인 경험을 통해 분명하게 드러난다).

2) 자연의 원리들로부터 필연적으로 발생하는 것은 선천적인(본성적인) 것으로 일컬어진다. 이것은 어떤 방해 요소나 환경에 의해 활동의 제약을 받지만 않는다면 모든 사람에게 공통으로 존재한다. 이 빛은 생득적인 것, 곧 고유하고 필연적인 것으로 인간의 마음속에 존재한다. 이것은 흔히 '양심'으로 불린다. 헬라인들은 이것을 '보존 기능(도덕성의 원리에 응하는 자연적 기능, 즉 자기 자신과 자신의 행위를 판단하는 양심의 필연적 습관)'으로 일컬었다. 만일 이 빛

이 선천적이지 않다면 지성도, 생각도, 양심도 자연적일 수 없다. 그러나 자연적인 것이 구원을 주는 수단이 될 수 없다는 것도 분명한 사실이다. 우리는 본질상 어떤 상태일까? '진노의 자녀'(엡 2:3), '어둠'(엡 5:8, 요 1:5), '죄 가운데 죽은'(엡 2:1) 상태다. 인간의 자연적인 생각은 어떤가? 그것은 '육신의 생각'으로 '하나님과 원수가 된다'(롬 8:7, 갈 5:16). 인간의 생각은 '어두워졌다'(엡 4:18). 구원에 관한 것들은 영적으로 분별하는 것이기 때문에 자연적인 생각은 그것들을 분별하는 기능이 없다(고전 2:14). 그것은 '육으로 난 것'(요 7:18)이기 때문에 선한 것을 행할 수 없다(롬 7:18). 그것은 오직 성령을 거스를 뿐이다(갈 5:17). 이 빛은 모든 사람이 본질상 귀와 눈이 멀고, 총명이 어두워진 죽은 상태로 어둠에 휩싸여 있을 뿐이라는 사실을 보여주는 증거다. 따라서 인간은 새 영, 새 생명, 거듭난 마음, 새롭게 된 지성이 필요하다. 이 모든 것은 오직 외부의 영적 빛이 마음과 생각을 비출 때만 가능해진다. 이 외부의 빛이 더해져야만 '하나님의 일'을 구원적으로 깨닫고, 하나님의 뜻에 복종할 수 있다. 이처럼, 내적인 빛은 구원의 수단이 될 수 없다.

3) 이 빛은 구원의 수단이 아닐 뿐 아니라 구원에 이르는 수단이 되기에 적합한 기능을 발휘할 수도 없다. 이것은 영적인 것들을 영적으로 분별하는 능력을 부여하지 못한다. 하나님은 아무런 목적 없이 헛된 일을 절대로 행하지 않으신다. 성자께서 흘리신 피를 통해 획득된 새 언약의 축복을 나눠주실 때도 마찬가지다. 만일 이 내적인 빛이 구원을 주는 효력을 지닌다면, 성령의 조명 사역

이나 마음의 거듭남이나 새로운 탄생과 새로운 이해력이 무슨 필요가 있고, 굳이 전능한 능력으로 영혼을 효과적으로 밝혀 예수 그리스도 안에 나타난 하나님을 아는 지식을 일깨워주는 것이 무슨 필요가 있겠는가? 만일 그렇다면 영혼의 자만심과 어둠을 없앨 필요도 없고, 눈이 먼 것을 치유할 필요도 없으며, 복음도 필요하지 않을 것이다. 만일 광신도들이 주장하는 대로 내적인 빛이 그 모든 것을 할 수 있다면, 아무것도 필요하지 않을 것이다.

4) 광신도들은 내적인 빛과 비교하면 기록된 하나님의 말씀은 전혀 무가치하다고 주장한다. 그러나 세상이 창조된 이후로 오늘날에 이르기까지 모든 시대, 모든 사람의 보편적인 경험에 따르면, 그 빛을 통해 하나님에 관한 참된 지식에 도달한 사람은 단 한 사람도 없었다. 다른 사람들에 비해 특출한 재능을 부여받은 사람들(남아 있는 내적인 빛을 가장 뛰어나게 사용하는 사람들)조차도 '그 생각이 허망하여지며 미련한 마음이 어두워졌을' 뿐이다(롬 1:21). 그와는 대조적으로 하나님은 은혜와 선함과 거룩한 지혜의 섭리를 베풀어 '선지자들을 통하여 여러 부분과 여러 모양으로 우리 조상들에게 말씀하셨고 이 모든 날 마지막에는 아들을 통하여 우리에게 말씀하셨다'(히 1:1, 2). 하나님은 그런 식으로 자기를 계시하셨기 때문에 가장 뛰어난 가치와 가장 큰 유익을 지닌 그분의 계시를 아무것도 아닌 것처럼 생각하는 사람들은 감사할 줄 모르는 태도로 스스로를 단죄함으로써 하나님의 저주를 받을 수밖에 없다.

5) 이 빛은 우리 안에 계시는 그리스도, 곧 길이요 진리요 생명이요 빛이요 구원이신 그리스도가 아니다. 이 빛이 그리스도라고 말

하는 광신도들의 주장보다 더 터무니없는 주장은 없다. 심지어 이 빛은 '그리스도의 영'일 수도 없다. 성경은 '성령이 없는' 자들이 있다고 분명하게 말씀한다(유 1:19). "주의 영이 계시는 곳에는 자유가 있지만"(고후 3:17), 인류의 대다수는 죄에 속박된 상태다. 어떤 사람들은 육에 속해 있고, 어떤 사람들은 영에 속해 있다(롬 8:9 참조). 성령께서는 영적인 사람들 안에만 거하신다. 성령을 통해 중생, 양자, 성화를 경험하고 있다는 증거, 곧 성령 안에 참여하고 있다는 증거를 보여주지 못하는 사람들이 많다. 이 모든 사실이 이 거짓된 주장을 분명하게 논박한다.

6) 교회도 '그리스도'로 일컬어진다. 그 이유는 교회가 그분의 몸으로 머리인 그리스도와 하나로 연합했기 때문이다(고전 12:12). 그러나 광신도들이 주장하는 '빛'은 교회가 아니다. 그들이 주장하는 그리스도는 상상으로 빚어낸 허구다. 그것은 성육신하신 하나님의 아들이 아니라 '아무도 알 수 없는' 허상이다.

7) 곁길로 치우쳐 부차적인 문제들을 다루는 잘못을 피하기 위해 여기에서는 아르미니우스주의와 소시니우스주의를 비롯해 '보편 구원'을 주장하는 사람들을 논박한 내용은 생략하고, 그리스도께서 모든 사람에게 아무렇게나 구원의 빛을 허락하지 않으신다는 한 가지 사실에만 집중하는 것이 좋을 듯하다. 그리스도께서는 성령과 말씀을 통하지 않고서는 그 누구에게도 구원을 베풀지 않으신다. 오직 그런 식으로만 구원이 주어진다는 것은 새 언약의 약속이자 그리스도 자신의 약속이다(사 59:21, 요 14:15, 16). 성경에 나타난 하나님의 계시가 이 사실을 분명하게 증언한다. 그리스도의

영이 없는 사람은 그리스도께 속하지 않는다(롬 8:9). 그리스도께서 모든 사람에게 성령을 허락하지 않으신다는 것은 이미 충분히 입증된 사실이다. 공통된 경험과 지식이 이 사실을 분명하게 증언한다.

그리스도를 통해 은혜로 주어진 거룩한 빛의 목적과 용도에 관해서는 성경의 완전성을 다루면서 충분히 설명했다.

여기에서 한 가지를 간단하게 덧붙이면 다음과 같다. 하나님께 대한 복종을 입증하는 규칙이 내적인 빛이라면, 그 규칙은 사람들의 숫자만큼 많을 것이 틀림없다. 그러나 복종의 규칙은 단 하나뿐이다(갈 6:16, 빌 3:16, 사 8:20). 내적인 빛을 규칙으로 삼으려면 하나님의 일들과 관련해 큰 혼란이 일어날 수밖에 없다. 어둠의 제왕은 자신의 목적을 위해 혼란과 불확실함을 이용하기를 좋아한다.

하나님이 약속하신 내적인 빛(또는 조명)은 올바로 이해하면 구원을 가져다준다. 우리는 그 빛이 날마다 증대되도록 기도해야 한다. 이 영적 빛은 하나님의 뜻과 생각을 보여주는 성경의 계시를 가리킨다. 이 점은 이미 충분히 입증한 바 있다. 이들 뒷받침하는 부가적인 증거들은 무한정하다.

성경이 유일한 규칙이라는 것은 이미 결정적으로 입증된 사실이다. 그러나 광신도들이 이성 없이 마구 날뛰지 않고, 혹여 조금이라도 주의를 기울여 들을 수도 있기 때문에 그들이 지껄이는 것들을 좀 더 생각해 보는 것이 좋을 듯하다. 그들의 주장은 전혀 새로울 것이 없는 내용으로 구성되어 있다. 그들의 주장은 진부하기 짝이 없는 아르미니우스주의의 잔재에 지나지 않는다.

그들은 그리스도에 관한 말씀을 가장 자주 거론한다. 그들은 그분이 '참 빛 곧 세상에 와서 각 사람에게 비추는 빛'(요 1:9)이라고 주장한다. 아마도 그들이 이 말씀보다 더 요란하게 주장하는 말씀은 없을 것이다. 그들은 이 말씀이 자신들의 주장을 강력하게 뒷받침한다고 믿고, 다른 견해를 지닌 사람들을 비웃으며 조롱한다. 그러나 이 구절에 사용된 용어들의 의미(좀 더 정확하게는 단 하나의 용어의 의미)를 둘러싸고 많은 논쟁이 벌어진다. 이를 간단하게 설명하면 다음과 같다.

첫째, 하나님이 빛이신 것처럼 그리스도께서도 빛이시다. 이 빛은 하나님의 본질적인 위엄과 신성과 영광을 나타낸다. 아울러, 하나님은 모든 창조된 빛의 창시자요 근원이요 원천이시다. 간단히 말해, 하나님은 본질적인 측면과 결과적인 측면에서 모두 빛이시다.

둘째, 그리스도께서는 사람들 안에 있는 빛이 아닌 '사람들의 빛'이시다. 그분은 모든 빛의 근원이시지만, 모든 빛이 다 그분인 것은 아니다. 그리스도께서는 피조 세계의 창조된 빛, 곧 조금 남아 있는 오염된 빛이 아니시다. 그리스도께서는 세상의 빛이지만, 제자들도 세상의 빛, 곧 세상에 사는 사람들의 빛이라고 말씀하셨다(마 5:14). 그렇다면 신자들 가운데 일부는 세상 사람들의 내적인 빛이고, 일부는 아니라는 것일까? 이 말씀은 그런 의미가 아니라 신자들이 매일 세상에서 활동하며 빛을 보여준다는 뜻이다. 더욱이, 그들의 빛은 그들 안에 내주하시는 그리스도의 빛이다. 그분은 자기를 믿는 신자들을 비추고, 그들을 통해 다른 사람들을 비추신다. 이처럼, 이 빛은 모든 인류에게 공통으로 존재한다고 주장되는 내적인 빛과는 거리가 멀다(그리스도의 고유한 속성은 모든 사람에게 분산되어 있지 않다). 그리스도께서는 빛을 사랑하고, 열심히 추구하는 사람들에게 빛을 주신다. 태양이 자신의 고유한 영역에서 자기에게 부여된 목적에 따라 세상에 빛을 비추는 것처럼, 그리스도인들도 자신의 고유한 영역에서 자기에게 부여된 목적에 따라 세상에 빛을 비춘다. 그리스도께서 세상에 온 모든 사람에게 빛을 비추신다는 것이 아니라 그분이 세상에 와서 모든 사람을 비추신다고 말씀한 것에 주의하라. 이것이 요한복음 본문의 의미다. 세상에 온 참 빛이 빛을 비추지만, 하나님의 섭리로 인해 그리스도께서 세상에 오시기 전에 살다가 죽은 사람들은 본문에 언급된 '모든 사람'에 포함되지 않는다. 따라서 이 빛은 모든 인류에게 공통되거나 자연적으로 존재하지 않는다.

이 본문에 대한 나의 설명은 이렇다. 모든 사람은 한갓 어둠에 지나지 않는다. 하나님의 아들이요 영원한 말씀이신 그리스도께서 성육신을 통해 빛과 영생을 허락하고, 창세 이후로 줄곧 어렴풋하게 인식되어왔던 것들을 밝히 드러내시기 전까지 사람들은 영적인 일들에 무지했다. 전에 깊은 어둠에 감추어져 있던 것들이 복음을 통해 영광스러운 빛으로 드러났고, 성령께서 거룩한 광채로 어둠으로부터 구원받은 사람들, 곧 그리스도 안에서 빛을 발견한 사람들을 비추기 위해 보내심을 받으셨다. 이 빛은 자연적인 빛이 아닌 영적인 빛이다. 이 빛은 창조를 통해 부여된 빛이 아니라 은혜로 새롭게 거듭난 데서 비롯한 결과물이다. 이런 사실이 사람들을 어둠으로 일컫고, 그들에게 빛이 비추어졌다는 말씀을 통해 분명하게 확인된다. 만일 이런 의미가 아니라면 사도의 말은 의미를 종잡을 수 없는 말이 되고 말 것이다. 사람들은 본질상 어둠이다. 그들은 성령께서 말씀하시는 것들을 알지 못한다. 이것은 부인할 수 없는 사실이다. "빛이 어둠에 비치되 어둠이 깨닫지 못하더라"(요 1:5)라는 말씀대로, 영적 거듭남이 없으면 인간은 어둠 속에 남아 있을 수밖에 없다. 따라서 본문의 빛은 자연적인 빛도 아니고, 모든 사람에게 공통된 빛도 아니다. 이 빛은 모든 사람이 소유하고 있는 속성이 아니다. 어둠의 왕국의 신민으로 남아 있는 한, 그들은 이 빛을 소유할 수 없다. 마음의 상태가 변화하고, 그들 안에 거하는 어둠이 사라져야만 비로소 그렇게 될 수 있다. 그리스도께서는 영적인 빛과 은혜를 아무에게나 허락하지 않으신다. 그분은 그것들을 허락할 때도 오직 말씀과 성령을 통해서만 그렇게 하신다. 성령으로 거듭나 하나님의 말씀, 곧 성경에 계시된 복음을 믿어 구원에 이른 신자 외에는 아무도 그 빛에 참여할 수 없다.

결론적으로 말해, 본문의 '각 사람'은 과거와 현재와 미래의 모든 사람이 아닌 그들 가운데 일부를 가리키는 의미로 이해해야 마땅하다. 그리스도께서는 그 일부 사람들에게만 성령과 말씀의 사역을 통해 구원의 은혜와 영적 빛을 허락하신다. 그분은 그런 사람들만을 자기와 자신의 빛으로 가까이 이끄신다. '모든'이라는 용어는 절대적인 의미가 아닌 상대적인 의미, 곧 다른 많은 성경 본문에서처럼 선택한 자들을 가리킬 뿐이다(골 1:16 참조).

우리의 대적자들은 또한 "율법 없는 이방인이 본성으로 율법의 일을 행할 때에는 이 사람은 율법이 없어도 자기가 자기에게 율법이 되나니 이런 이들은 그 양심이 증거가 되어 그 생각들이 서로 혹은 고발하며 혹은 변명하여 그 마음에 새긴 율법의 행위를 나타내느니라"(롬 2:14, 15)라는 바울 사도의 말을 인용하면서 "유대인이 아닌 사람들은 '자기가 자기에게 율법이 되기' 때문에 기록된 율법이 필요하지 않다. 율법의 진정한 취지는 선악을 판단하는 양심의 지속적인 증언과 더불어 이미 그들의 마음에 기록되어 있다. 그런데 무엇이 더 필요하겠는가? 이방인들이여, 단지 그런 것들에 주의를 기울이면 안전할 것이다"라고 주장한다.

그러나 나는 '자기가 자기에게 율법이 된다'라는 말씀이 율법이 필요하지 않다는 의미라고 생각하지 않는다. 이 말씀은 그런 의미가 아니라 사람들이 스스로 하는 말이나 행위와 관련이 있다. 이미 말한 대로, 모든 사람 안에는 비록 매우 미약하지만 창조의 잔해가 여전히 남아 있다. 물론, 남아 있는 것들만으로는 구원을 받는 데 충분하지 않다. 그것은 불충분할 뿐 아니라 영적이지도 않다. 바울 사도가 강조한 것은 사람들이 본성적으로 자연적인 상태를 넘어서지 못한다는 것, 곧 그들 안에 그들을 그리스도와 연결해줄 영적인 것이나 중보자이신 그분의 역할을 기대하는 바람이나 그분과의 교통을 원하는 갈망이나 생명력이나 그분을 구원의 유일한 길로 아는 지식이 전혀 존재하지 않는다는 사실이다. 그들이 본성의 목소리에 아무리 열심히 주의를 기울여도 그들은 본래의 상태에서 조금도 벗어날 수 없다. 바울 사도가 이 점을 강조한 이유는 자연적인 빛만을 소유한 사람들은 그것의 인도를 아무리 주의 깊게 따른다고 해도 여전히 하나님의 영광에 이르지 못할 뿐 아니라 그분과 구원적인 소통을 나눌 수 없다는 것을 보여주기 위해서였다. 이런 사실은 광신도들의 허구를 단박에 뒤집어엎는다. 그들은 사도가 자신들의 견해를 뒷받침하고, 지지한다고 주장했지만, 실상은 그들이 어둠의 권세에 속박되어 영적으로 눈이 먼 채 죽어버린 자에 지나지 않는다고 선언했던 셈이다. 본문은 그리스도나 빛은 전혀 언급하지 않고, 단지 하나님과의 관계가 완전히 단절된 사람들의 상태를 묘사할 뿐이다. 광신도들이 본문을 그리스도께서 모든 인류 안에 공통으로 거하는 빛이시라는 주장의 근거로 삼으려는 것은 본문의 취지를 크게 왜곡한 것이다.

물론, 모든 사람은 어떤 의미에서 본성적으로 '자기가 자기에게 율법이 된다.' 그 이유는 인간이 지성적인 피조물이고, 올바른 판단의 기능과 공통된 도덕성을 소유하고 있는 까닭에 자신들의 말과 행위와 관련해 자기 자신을 단죄하거나 변명할 수 있기 때문이다. 그러나 이것은 영적인 자질도 아니고, 하나님에 대한 의식과도 전혀 무관하다. 그 안에는 하나님의 뜻에 따라 그분을 기쁘시게 하려는 의도가 전혀 담겨 있지 않다. 인간의 자연적 능력이 그런 효력을 발생시킨다는 것은 허구다. 나는 그런 허구를 절대로 용납할 수 없다.

바울 사도는 하나님이 '우리 각 사람에게서 멀리 계시지 않기' 때문에 모든 사람은 그분을 '더듬어 찾아 발견하려고' 노력해야 한다고 강조했다(행 17:27). 사람들은 이 말씀을 가지고서도 도저히 무슨 의미인지 알기 어려운 온갖 종류의 허튼소리를 남발한다. 그들은 "만물이 곧 하나님이다. 피조 세계에는 하나님이 충만히 거하시기 때문에, 곧 만물을 통해 그분의 존재와 섭리와 능력을 비롯해 세상과 피조물을 향한 그분의 영원한 사랑이 여실히 드러나 있기 때문에" 자연 속에서 하나님을 탐구하는 것이 모든 사람의 의무이며, 다른 계시는 불필요하다고 주장한다.

그러나 그런 주장도 지금까지 살펴본 광신도들의 허튼소리와 조금도 다르지 않은 정신 나간 헛소리에 불과하기는 마찬가지다.